ISMS-P 기본서

인증심사원 자격검정

핵심이론+실전문제

김창중 · 한종빈 공저

다락원

들어가기 전에

Why ISMS-P

이 책은 ISMS-P 합격 지침서입니다.

이 책은 저자의 다년간의 국가 자격시험 수험 노하우를 집약한 책입니다.
이 책의 차별화된 특징은 다음과 같습니다.

첫째, 꼭 보셔야 할 자료를 핵심만 추려 집약했습니다. ISMS-P와 관련된 각종 보안전문서적, 국가기관 가이드, 컨설팅 경험 등 약 50여 권의 도서, 문서 등을 총 망라하여 집대성한 바이블입니다.

둘째, ISMS-P와 인증기준 취지, 관련 용어와 상세한 사례 설명으로 누구나 자가 학습이 가능하도록 집필하였습니다.

셋째, 필수로 기억해야 할 사항을 손쉽게 스토리가 있는 두음 암기법을 제시하여 시험에서 요구하는 지엽적인 지식 문항에 철저히 대비하였습니다.

마지막으로, 실전과 유사한 문제 유형으로 까다로운 문제에 대한 대응이 가능하도록 실전 문제 유형을 최대한 복원하고자 하였습니다.

목차

이 책의 구성

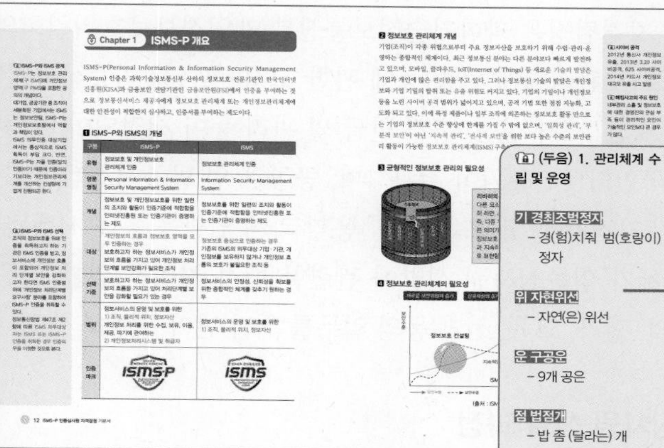

1 핵심 이론 정리

출제 기준에 맞춰서 중요한 이론만 뽑아 정리했습니다. 핵심내용과 연관된 보충설명을 상세히 수록하여 수험자들의 이해를 돕습니다.

자동 암기 두음법칙

시험의 당락을 좌우하는 어려운 키워드를 뽑아서 쉽게 기억하는 두음 암기법을 활용하면 자연스럽게 머리 속에 기억됩니다.

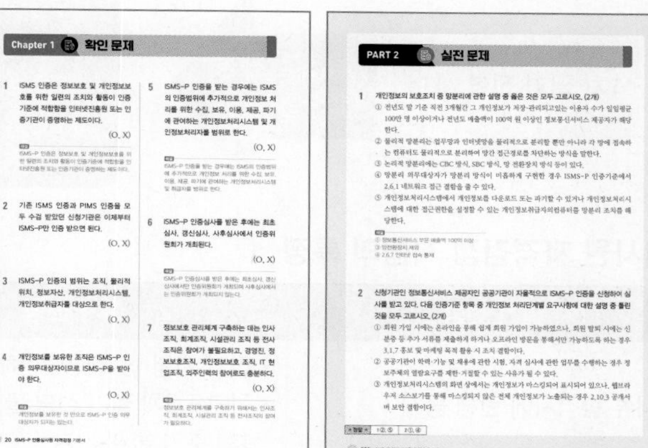

2 기출을 반영한 확인 문제와 실전 문제

확인 문제로 앞에서 배운 내용을 가볍게 워밍업하고 다양한 실전 문제를 풀어보며 문제 유형을 익힙니다.

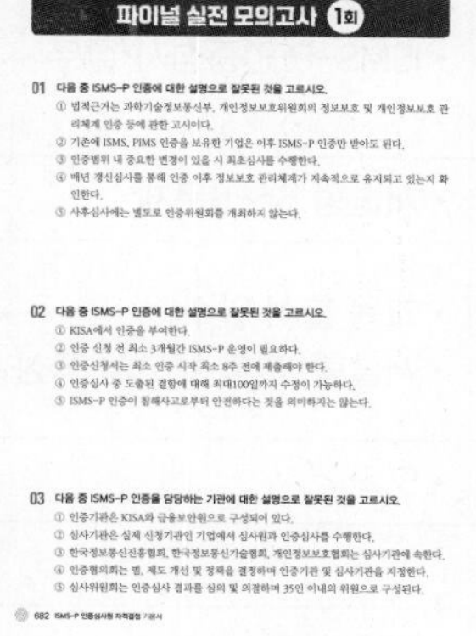

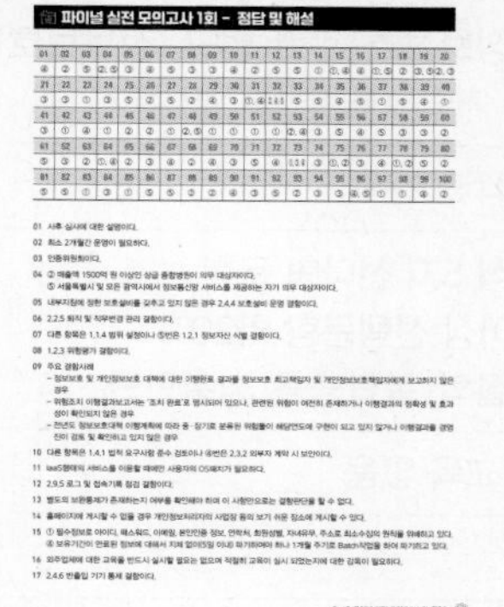

3 파이널 실전 모의고사 2회분 제공

기출문제를 완벽히 분석하여 반영한 모의고사를 실제 시험 처럼 풀어보면서 실전 감각을 키울 수 있습니다.

※ 실제 시험은 50문항이 출제되지만, 수험자 분들에게 도움이 되고자 파이널 실전 모의고사는 회당 100문항의 문제를 실었습니다.

Chapter 1 ISMS-P 인증심사원 자격 검정 정보

FAQ
ISMS-P 인증심사원 자격 검정을 치셔야 하는 이유
대한민국 최고의 국가 공인 정보보호 자격증입니다.
1년에 1회 시행되는 시험이기 때문에 자격증의 희소성이 매우 높습니다. 응시 비용이 없기 때문에 금전적인 부담이 없습니다.

1 ISMS-P 인증심사원 자격 검정의 법적 근거 및 시행 절차

ISMS-P 인증심사원 자격검정은 과학기술정보통신부·개인정보보호위원회의 「정보보호 및 개인정보보호 관리체계 인증 등에 관한 고시」 제4장 인증심사원에 따라 인증심사원 자격 요건, 자격 신청, 자격 발급 및 관리 등이 제정되어 있습니다. 자격검정 시험은 한국인터넷진흥원이 주관하며, 공공 사업 발주시스템인 G4C에 "ISMS-P 인증심사원 자격검정 및 교육 운영" 용역 과제 입찰을 통해 시행됩니다, 입찰에서 수주한 업체가 인증심사원 선발에 관련한 행정 처리를 위한 사무국을 두고, 시험 출제, 집필, 평가, 교육, 선발 등의 업무를 위탁 받아 운영하게 됩니다.

2 ISMS-P 인증심사원 선발 과정

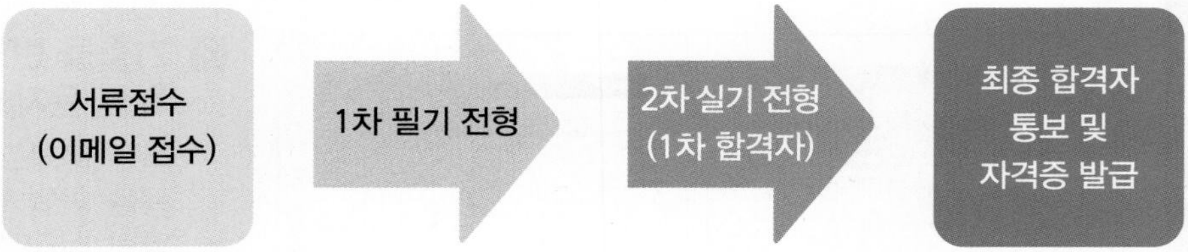

서류접수 (이메일 접수) → 1차 필기 전형 → 2차 실기 전형 (1차 합격자) → 최종 합격자 통보 및 자격증 발급

FAQ
필기, 실기 어느 시험이 중요한가요?
ISMS-P 인증심사원 시험은 필기, 실기 모두 어렵습니다. 하지만 시험은 사실상 필기 시험에서 당락이 판가름됩니다. 필기시험의 난이도는 매우 높기 때문에 심화 학습이 필요합니다. 실기시험은 합격자 제한수가 없기 때문에 일정 기준을 넘어서면 절대 평가로 합격자 수가 정해집니다. 일단, 실기를 걱정하기보다는 필기 시험에 집중하시기를 바랍니다.

3 ISMS-P 인증심사원 자격검정 시험의 특징

구분	1차 필기 전형	2차 실기 전형
응시 자격	• 신청 서류 합격자에 한해 응시	• 필기 시험 합격자에 한해 응시 • 전년도 2차 실기 전형 불합격자 1회 추가 응시 가능
시험 시간	• 120분	• 120분
출제 분야	• ISMS-P 인증제도, ISMS-P 인증기준, 개인정보보호 관련 법규, 정보보호 이론 및 기술, 개인정보 생명주기	• ISMS-P 인증심사 실무
문항수	• 객관식 50문제	• 서술형 5~ 6문제
문제형식	• 객관식 5지 선다형 문항 • 2개 이상 선택문항 약20% • 단순질의, 복합응용, 상황판단	• 교육 출석 일수 • 서술형, 결함 보고서 작성
교육기간	• 별도 교육 없음	• 5일
응시료	• 무료	
합격률	• 5% 내외	• 70% 내외
합격자 발표	• 무료	

3 ISMS-P 인증심사원 자격검정 시험 범위

No	특징	비고
1	ISMS-P 인증제도	• 인증제도 통합에 따른 고시 개정사항 안내 • 인증기준 주요 변경사항 및 인증심사 신청방법 • 통합 인증제도 질문과 답변
2	ISMS-P 인증기준	• ISMS-P 인증기준 안내서
3	(개인)정보보호 이론 및 기술	• 정보보안기사, CPPG, CISA, CISSP
4	(개인)정보보호 관련 법규	• 개인정보보호법, 정보통신망법 등
5	개인정보 생명주기	• 개인정보보호 종합포털 개인정보 자료

> FAQ
> **시험 범위가 매우 넓은데, 어떡하죠?**
> ISMS-P 시험범위 1~ 5 까지의 내용을 1권에 수록하였습니다. 이러한 방대한 시험범위를 커버하기 위해 실제 시험에서 출제된 지식을 분석하여 서적 10권, 가이드 50개 이상을 핵심 내용만 선별하여 최소한의 분량으로 집필하였습니다.

Chapter 2 ISMS-P 인증 대상자

ISMS-P 인증심사원 자격을 취득하면 금전적으로나 비금전적으로 다양한 혜택이 있습니다. 일단 취득하시면 권위가 있는 자격증이기 때문에 기분이 매우 좋습니다, 게다가 취득 후 체감할 수 있는 직·간접적인 혜택이 많습니다. 단, 본인의 열정에 따라 자격증의 쓰임새는 황금이 될 수도 있고, 쇠붙이가 될 수 있습니다.

> FAQ
> **CPPG도 없는 데 도전해봤자 떨어지지 않을까요?**
> ISMS-P 인증심사원 시험은 CPPG나 정보보안기사가 있으면 이해도 측면에서 수월할 수는 있습니다. 하지만 큰 도움이 되지 않습니다. 저 또한 어떠한 보안 자격증도 없이 도전하여 취득하였습니다. 기존 자격증이 많은 것이 중요한 게 아니라 얼마나 좋은 자료를 보느냐, 깊게 이해하느냐, 핵심을 암기하느냐가 가장 중요합니다.

1 ISMS-P 취득 시 금전적 혜택

구분	혜택
자문료	• 심사일 수 20일 이하 : 일 20만원 • 심사일 수 20일 이상 : 일 30만원 • ISMS-P 심사일수 15일 이상 : 일 35만원 • 책임심사원 임명 시 : 일 45만원
전문심사원 활동 가능	• 심사 자문료 : 월 15일 수행 시 500만원 이상 • 컨설팅 전문 프리랜서 : 월 800~2000만원(평균 : 1,000만원)
제안 평가위원	• KISA 사업 제안서 평가위원 신청 가능 • 평가 보수 : 시간당 10만원 이상
강의료	• 인증 컨설팅 기업 강의 : 시간당 5만원~50만원

※ 자문료를 제외하고, 개인의 역량에 따라 활동 보수가 차이가 있음

FAQ
보안 업무를 하고 있지만 개발자 출신이라, 법을 잘 모르는 데 괜찮을까요?
개발자 출신이시면 컴플라이언스를 어렵게 생각하실 수 있습니다. 하지만 단연코, 법을 모르시는 건 아닙니다. 현재 우리가 생활하는 IT환경(홈페이지, 스마트폰 앱, 종이서류)이 이미 법이 반영되어 있습니다. 마음을 여시고, 자료를 자주 보시면 이해가 되고, 암기도 하실 수 있습니다. 친절한 해설 자료와 핵심 암기 비법을 공유 드립니다.

FAQ
학습하다가 모르는 부분이 있으면 어떡하죠?
저자가 운영하는 ISMS-P 인증심사원 합격 네이버 카페에 방문하여 글을 남겨주세요. 어떠한 질문이 든지 언제든지 환영합니다. 신속하게 답을 드리겠습니다.
https://cafe.naver.com/ismspwin

2 ISMS-P 취득 시 금전적 혜택

구분	ISMS-P 인증심사원 자격
자격증 위상	• 정보보호 업계에서 인정해주는 최고 권위 자격증
업무 기회	• 신청기관 ISMS-P 인증 컨설팅 PM 기회 • 컨설팅 ISMS-P 인증 컨설팅 PM 기회 • 정보보호 프로젝트 투입 기회
보안 커뮤니티	• ISMS-P 인증심사원풀에 등록되어 심사원과 협력 가능 • KISA, TTA 기관 담당자, 보안컨설팅 기업과 보안 관련 사업, 교육, 강의 등 활동
보안전문가	• 보안전문가로서의 한단계 도약하는 지름길 • 기술사, 석사, 박사 등의 전문가로서의 도약
이직 시 혜택	• 보안 업무 담당 회사 이직 시 1순위 우대 자격증

※ 본인의 의지, 열정, 역량, 친화도에 따라 혜택의 수준의 좌우됨

Chapter 3 이 책의 학습 방법

요약하자면 이 책을 3회독 학습하면 기본적인 합격수준에 도달 할 수 있습니다. 1회 독은 이해를 위해 가볍게 읽고, 2회 독은 암기를 위해 푸른색 하이라이트 내용 위주로 정독하고, 3회 독은 암기를 확인하며 읽으면 됩니다. 개인의 역량에 따라 다르겠지만, 1회독은 3주, 2회독은 2주, 3회독은 1주로 잡으시고, 하루 1시간~5시간 씩 학습하시면 됩니다.
마지막 3일에는 본 책과 함께 첨부된 핵심 암기 노트를 보시며 지엽적 지식 문항에 대비하시면 됩니다. 자세한 이 책의 구성은 다음과 같습니다.

이 책의 차별화된 10가지 구성(핵심 몰입 학습)

1 바른 뜻이란 어려운 용어에 대한 쉽고, 정확한 뜻을 파악합니다.

(바른 뜻) 열람, 정정, 삭제, 처리정지

1. 열람(閱覽)
   - (정의) 책이나 문서 따위를 죽 훑어보거나 조사하면서 봄
   - 처리에서 출력과 유사
2. 정정(訂正)
   - (정의) 글자나 글 따위의 잘못을 고쳐서 바로잡음
3. 삭제(削除)
   - (정의) 깎아 없애거나 지워 버림
   - 처리에서 파기와 유사
4. 처리정지(處理停止)
   - (정의) 개인정보의 수집, 생성, 연계, 연동, 기록, 저장, 보유, 가공, 편집, 검색, 출력, 정정(訂正), 복구, 이용, 제공, 공개, 파기(破棄), 그 밖에 이와 유사한 행위를 정지

2 당락을 좌우하지만, 외기 어려운 지엽적인 내용을 쉽게 암기할 수 있게 도와 드립니다.

(두음) 정보주체 열람 제한·거절

보감법이 조성시
(명심보감법이 조성되면 열람)

보상금&급부금, 감사&조사, 법률, 생명&재산&이익, 조세, 성적, 시험&자격

3 출제 빈도가 낮지만, 당락을 좌우할 수 있는 심화 학습 내용입니다.

심화) 영상정보처리기기 적용 대상

이 법 제25조의 적용 대상은 공개된 장소에 영상정보처리기기를 설치·운영하는 '모든 자'에게 적용된다. 즉 업무를 목적으로 개인정보파일을 운용하기 위하여 영상정보를 처리하는 '개인정보 처리자'가 아니더라도 영상정보처리기기를 설치·운영하는 자라면 누구든지 영상정보처리기기에 관한 규제 대상에 포함된다.

4 인증기준에 대한 컴플라이언스 수준을 정의합니다.

1.1.2 요건 수준

Level 1. 법규 수준

1. 법규 : 개보법, 망법
2. 내규 : 해당
3. 인증기준 : 해당
4. 위험평가 : 해당

5 인증기준 선택에 혼동이 될만한 기준을 사전에 정리하여 드립니다.

유사 인증기준

1.1.3 조직 구성
1.1.5 정책 수립
2.2.1 주요 직무자 지정 및 관리
1.1.3 조직 구성은 (중략)
1.1.5 정책 수립은 (중략)
2.2.1 주요 직무자 지정 및 관리는 (중략)

6 핵심 학습 내용을 명확하게 정리하여 드립니다.

IT 재해 복구 체계 포함 사항

1. 재해 시 복구조직 및 역할 정의
   - IT 재해 발생 시 복구를 위한 관련부서 및 담당자 역할과 책임 부여
2. 비상연락체계
   - 조직 내 관련 부서 담당자, 유지보수 업체 등 복구 조직상 연락체계 구축
3. 복구 전략 및 대책 수립 방법론
   - 업무영향분석, 복구 목표시간 및 복구 목표시점 정의, 핵심 IT 서비스 및 시스템 식별 등
4. 복구순서 정의
   - 복구 목표시간 별로 정보시스템 복구 순서 정의
5. 복구 절차
   - 재해 발생, 복구 완료, 사후관리 단계 포함

7 법적용에 모호한 부분을 검증된 Q&A 자료로 명쾌하게 해설해 드립니다.

Q&A

법과 시행령이 정한 것 이외에 개인에게 민감한 정보면 모두 민감정보가 될 수 있는가?

법과 시행령은 사상, 신념, 노동조합(정당)의 가입/탈퇴, 정치적 견해, 건강, 성생활, 유전정보, 범죄경력, 개인의 신체적, 생리적, 행동적 특징, 인종이나 민족에 관한 정보로 한정하고 있으므로, 그 이외의 정보는 민감정보에 해당하지 않는다.

8 정보처리 기술사가 어려운 기술을 예를 들어 쉽게 정리해 드립니다.

수집의 주체에 따른 연계 방식

1. Polling 방식

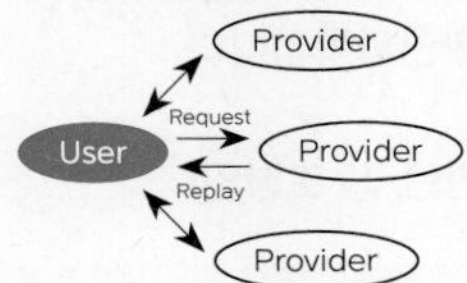

2. Push 방식

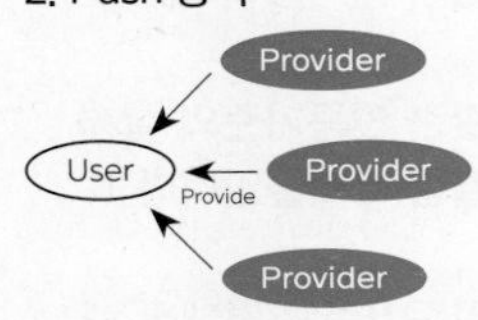

9 뉴스, 동향 등의 시사 자료로 재미와 이해도를 향상시켜 드립니다.

(참고) 옵트인(Opt-in) 과 옵트아웃(Opt-out)

1. 옵트인(선동의 후사용)
   - 정보주체 즉, 당사자에게 개인정보 수집·이용·제공에 대한 동의를 먼저 받은 후에 개인정보를 처리하는 방식
2. 옵트아웃(선사용 후배제)
   - 정보주체 즉, 당사자의 동의를 받지 않고 개인정보를 수집·이용한 후, 당사자가 거부의사를 밝히면 개인정보 활용을 중지하는 방식

※ 우리나라는 개인정보보호 법률에 따라 옵트인 방식을 채택하고 있기 때문에 우리가 흔히 관련 사항에 대해 '동의'를 한 후 개인정보를 활용할 수 있도록 제공하고 있다.
(출처 : 보안뉴스 카드뉴스)

ISMS-P 인증기준 입체적 분석

10 인증기준을 한줄에 반복 암기할 수 있습니다.

ISMS-P 인증기준을 기재하였습니다.

세부 점검 기준인 주요 확인사항입니다.

관련 법 조항입니다.

인증 심사 시 참고할 문서 내역입니다.

관련 인증기준의 실제 결함 사례들입니다.

인증기준의 명쾌한 해설 내용입니다.

인증기준 내용의 핵심을 표 형태로 요약하였습니다.

인증기준에 해당하는 지식에 대한 도식입니다.

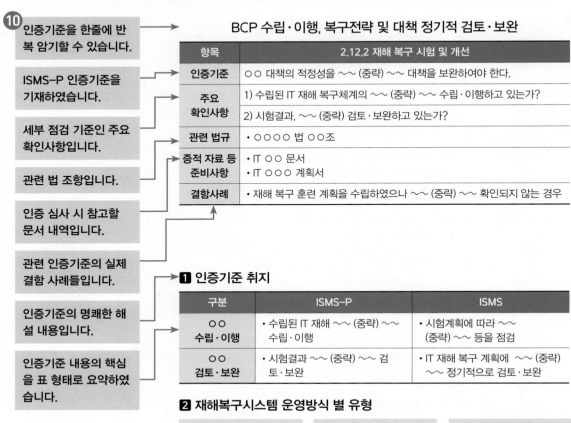

정보처리 기술사가 정리한 핵심 보안 기술을 명쾌하게 정리하였습니다.

BCP 수립·이행, 복구전략 및 대책 정기적 검토·보완

항목	2.12.2 재해 복구 시험 및 개선
인증기준	○○ 대책의 적정성을 ~~ (중략) ~~ 대책을 보완하여야 한다.
주요 확인사항	1) 수립된 IT 재해 복구체계의 ~~ (중략) ~~ 수립·이행하고 있는가?
	2) 시험결과, ~~ (중략) 검토·보완하고 있는가?
관련 법규	• ○○○○ 법 ○○조
증적 자료 등 준비사항	• IT ○○ 문서 • IT ○○○ 계획서
결함사례	• 재해 복구 훈련 계획을 수립하였으나 ~~ (중략) ~~ 확인되지 않는 경우

1 인증기준 취지

구분	ISMS-P	ISMS
○○ 수립·이행	• 수립된 IT 재해 ~~ (중략) ~~ 수립·이행	• 시험계획에 따라 ~~ (중략) ~~ 등을 점검
○○ 검토·보완	• 시험결과 ~~ (중략) ~~ 검토·보완	• IT 재해 복구 계획에 ~~ (중략) ~~ 정기적으로 검토·보완

2 재해복구시스템 운영방식 별 유형

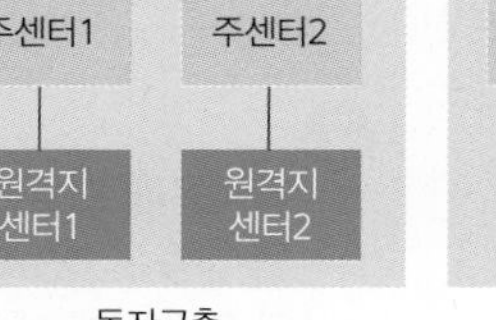

독자구축

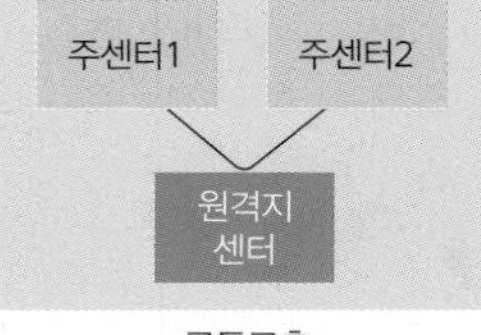

공동구축

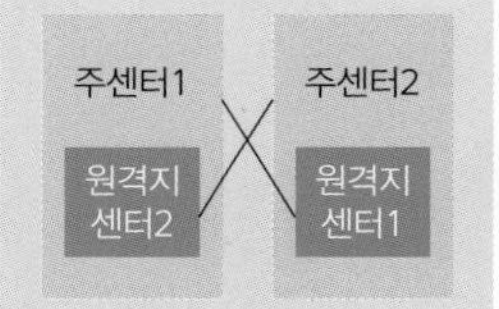

상호구축

3 인증기준 취지

구분	미러사이트	핫사이트	웜사이트	콜드사이트
개념	DB시스템 이중화로 실시간 이중 처리하는 시스템	백업센터에 동일한 전산센터 구축으로 가동 상태 유지	백업센터에 장비 일부를 설치하여 재해 시 주요 업무만 복구	시스템 가동 환경을 유지하고 재해 시 HW, SW 설치 사용
RPO	0	0 지향	수시간~1일	수일~수주
RTO	0	4시간	수일~수주	수주~수개월
장점	재해 즉시 업무대행	단시간 내 가동 유지	비용 다소 저렴	저비용
단점	고비용	고비용	복구 시간 다소 걸림 복구수준 불완전	복구시간 매우 김 저신뢰도
용도	DB 업데이트 저빈도	DB업데이트 고빈도	핵심 업무 백업	원격지 백업

PART 1

ISMS-P 제도

Chapter 1 ISMS-P 개요

Chapter 2 ISMS-P 인증 절차

Chapter 3 ISMS-P 인증 대상자

Chapter 4 ISMS-P 인증 범위

Chapter 5 ISMS-P 인증심사원

Chapter 1 ISMS-P 개요

ISMS-P와 ISMS 관계
ISMS-P는 정보보호 관리체계(구 ISMS)에 개인정보 영역(구 PIMS)을 포함한 광의의 개념이다.
대기업, 공공기관 중 조직이 세분화된 기업에서는 ISMS는 정보보안팀, ISMS-P는 개인정보보호팀에서 역할과 책임이 있다.
ISMS 의무인증 대상기업에서는 통상적으로 ISMS 획득이 부담 크다. 반면, ISMS-P는 자율 인증(임의인증)이기 때문에 인증이라기보다는 개인정보관리체계를 개선하는 컨설팅에 가깝게 진행되곤 한다.

ISMS-P와 ISMS 선택
조직의 정보보호를 위해 인증을 취득하고자 하는 기관은 ISMS 인증을 받고, 정보서비스에 개인정보 흐름이 포함되어 개인정보 처리 단계별 보안을 강화하고자 한다면 ISMS 인증범위에 '개인정보 처리단계별 요구사항' 분야를 포함하여 ISMS-P 인증을 취득할 수 있다.
정보통신망법 제47조 제2항에 따른 ISMS 의무대상자는 ISMS 또는 ISMS-P 인증을 취득한 경우 인증의무를 이행한 것으로 본다.

ISMS-P(Personal Information & Information Security Management System) 인증은 과학기술정보통신부 산하의 정보보호 전문기관인 **한국인터넷진흥원(KISA)**과 금융보안 전담기관인 **금융보안원(FSI)**에서 인증을 부여하는 것으로 정보통신서비스 제공자에게 **정보보호 관리체계 또는 개인정보관리체계**에 대한 안전성이 적합한지 심사하고, 인증서를 부여하는 제도이다.

1 ISMS-P와 ISMS의 개념

구분	ISMS-P	ISMS
유형	정보보호 및 개인정보보호 관리체계 인증	정보보호 관리체계 인증
영문 명칭	Personal information & Information Security Management System	Information Security Management System
개념	정보보호 및 개인정보보호를 위한 일련의 조치와 활동이 인증기준에 적합함을 인터넷진흥원 또는 인증기관이 증명하는 제도	정보보호를 위한 일련의 조치와 활동이 인증기준에 적합함을 인터넷진흥원 또는 인증기관이 증명하는 제도
대상	개인정보의 흐름과 정보보호 영역을 모두 인증하는 경우 보호하고자 하는 정보서비스가 개인정보의 흐름을 가지고 있어 개인정보 처리 단계별 보안강화가 필요한 조직	정보보호 중심으로 인증하는 경우 기존의 ISMS의 의무대상 기업·기관, 개인정보를 보유하지 않거나 개인정보 흐름의 보호가 불필요한 조직 등
선택 기준	보호하고자 하는 정보서비스가 개인정보의 흐름을 가지고 있어 처리단계별 보안을 강화할 필요가 있는 경우	정보서비스의 안정성, 신뢰성을 확보를 위한 종합적인 체계를 갖추기 원하는 경우
범위	정보서비스의 운영 및 보호를 위한 1) 조직, 물리적 위치, 정보자산 개인정보 처리를 위한 수집, 보유, 이용, 제공, 파기에 관여하는 2) 개인정보처리시스템 및 취급자	정보서비스의 운영 및 보호를 위한 1) 조직, 물리적 위치, 정보자산
인증 마크	정보보호 및 개인정보보호 관리체계 인증 ISMS-P Personal information & Information Security Management System	정보보호 관리체계 인증 ISMS Information Security Management System

2 정보보호 관리체계 개념

기업(조직)이 각종 위협으로부터 주요 정보자산을 보호하기 위해 수립·관리·운영하는 종합적인 체계이다. 최근 정보통신 분야는 다른 분야보다 빠르게 발전하고 있으며, 모바일, 클라우드, IoT(Internet of Things) 등 새로운 **기술의 발달**은 기업과 개인에 많은 **편리함**을 주고 있다. 그러나 정보통신 기술의 발달은 개인정보와 기업 기밀의 탈취 또는 **유출 위험**도 커지고 있다. 기업의 기밀이나 개인정보 등을 노린 **사이버 공격** 범위가 넓어지고 있으며, 공격 기법 또한 점점 지능화, 고도화 되고 있다. 이에 특정 제품이나 일부 조직에 의존하는 정보보호 활동 만으로는 기업의 정보보호 수준 향상에 한계를 가질 수 밖에 없으며, '**일회성 관리**', '**부분적 보안**'이 아닌 '**지속적 관리**', '**전사적 보안**'을 위한 보다 높은 수준의 보안관리 활동이 가능한 **정보보호 관리체계**(ISMS) 구축이 요구되었다.

사이버 공격
2012년 통신사 개인정보 유출, 2013년 3.20 사이버공격, 625 사이버공격, 2014년 카드사 개인정보 대규모 유출 사고 발생

해킹사고의 주요 원인
내부관리 소홀 및 정보보호에 대한 경영진의 관심 부족 등이 관리적인 요인이 기술적인 요인보다 큰 경우가 많다.

3 균형적인 정보보호 관리의 필요성

리비히의 최소량의 법칙
다른 요소가 충분할 지라도 어느 하나를 소홀히 하면, 소홀한 최소량 만큼만의 효과가 있음
즉, 다른 부분이 아무리 완벽해도 빈틈 하나로 큰 의미가 없을 수도 있다는 것을 의미한다.
정보보호 관리체계 구축을 통해 체계적 대응과 지속적, 종합적 관리가 필요함을 비유적으로 표현함

정보보호는 모든 분야가 중요하며, 모두가 이행 주체이다
경영진부터 정보보호조직, 임직원, 외주업체 모두가 정보보호를 알고, 실천해야 하며, 기술적, 물리적, 관리적 보안 어느 하나 소홀히 해서는 안된다.

4 정보보호 관리체계의 필요성

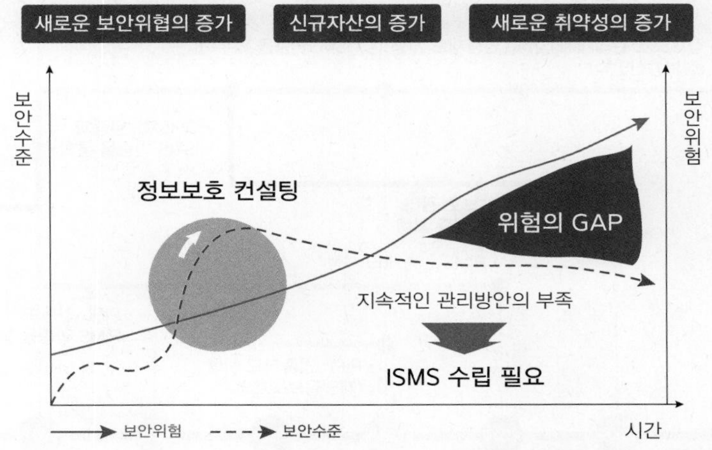

(출처 : ISMS 인증심사원 양성교육, KISA)

지속적인 정보보호 관리체계 유지의 필요성
지속적인 정보보호 활동을 관리하기 위한 체계가 없이는 위험의 GAP이 점점 커지게 되므로, 위험의 변화에 대응하기 위한 자율적, 체계적, 지속적 관리체계인 ISMS-P의 수립이 필요

인증을 받으면 안전한가
ISMS-P 인증을 받더라도 침해사고로부터 100% 안전하다고 보장하지는 못한다. 다만, 침해사고의 발생 가능성을 현저히 줄일 수 있다. 이는 주기적인 운동, 예방 접종으로 꾸준히 신체를 관리한 사람도 100% 질병에 걸리지 않음을 보장할 수 없는 것과 같다.

거짓 홍보 시 처벌
만약 인증 받은 내용을 거짓으로 홍보한 자는 1천만원 이하의 과태료 부과대상이 된다.
※ 정보통신망법 제76조(과태료) 제3항제7호

(구)ISMS-P, ISMS와 PIMS와의 관계
ISMS-P는 기존의 ISMS와 PIMS의 인증기준, 유사·중복은 통합하고 최신 기술 등 반영해 변경한 제도이다. 기존의 ISMS는 신규 ISMS와 유사하고, PIMS는 ISMS-P와 유사하다.

5 ISMS-P 기대효과

1. 정보보호 위험관리를 통한 비즈니스 안정성 제고
2. 윤리 및 투명 경영을 위한 정보보호 법적 준거성 확보
3. 침해사고, 집단소송 등에 따른 사회 · 경제적 피해 최소화
4. 인증 취득 시 정보보호 대외 이미지 및 신뢰도 향상
5. IT관련 정부과제 입찰 시 인센티브 일부 부여
6. 개인정보보호 관리체계 구축을 통해 기업이 보유하고 있는 개인정보를 안전하게 관리하고 인증 기업의 대외 신뢰도 향상에 기여

6 인증의 홍보

정보보호 관리체계 인증을 받은 자는 인증 받은 내용을 문서·송장·광고 등에 표시할 수 있으며 과학기술정보통신부 장관이 정하여 고시하는 정보보호 관리체계 인증 표시를 사용할 수 있다. 이 경우 인증의 범위와 유효기간을 함께 표시하여야 한다.(정보통신망법 시행령 제52조 참조)

ISMS-P 인증마크

ISMS 인증마크

ISMS 인증서

KISA
정보보호 관리체계
인증서

인증번호 :
업 체 명 :
대 표 자 :
주 소 :
인증의 범위 :
유효기간 : 2018.06.28 ~ 2021.06.27
심사기관 : 한국정보통신진흥협회

「정보통신망 이용촉진 및 정보보호 등에 관한 법률」 제47조제1항 및 제11항, 같은 법 시행령 제47조에 따라 위와 같이 정보보호 관리체계를 인증합니다.

한국인터넷진흥원장

7 인증제도 추진경과

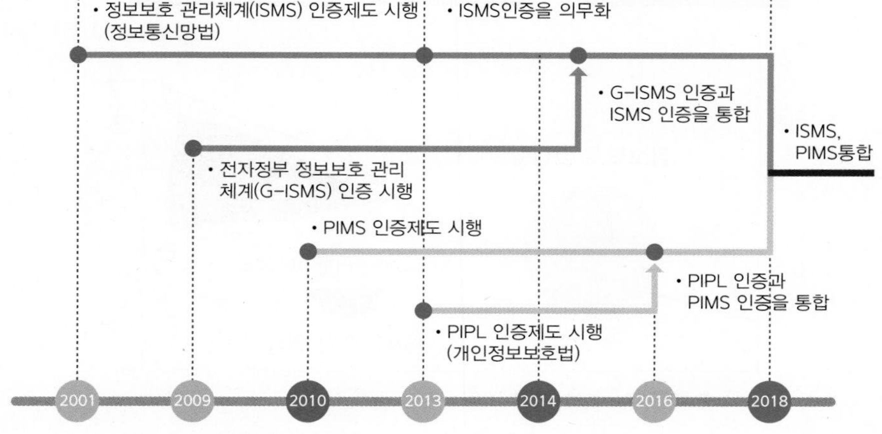

8 인증제도 통합 추진 배경

1. 융합화, 고도화되고 있는 침해 위협에 효과적인 대응 목적
2. 심사항목이 유사하고, 개별 운영에 따른 기업의 혼란 및 재정, 인력상 부담 발생

9 인증과 인증심사 용어 차이

(개인정보보호위원회) 정보보호 및 개인정보보호 관리체계 인증 등에 관한 고시에 나온 용어 정의를 보면 다음과 같다.

용어	의미
ISMS 인증 (정보보호 관리체계 인증)	• 인증 신청인의 정보보호 관련 일련의 조치와 활동이 인증기준에 적합함을 인터넷진흥원 또는 인증기관이 증명하는 것을 말한다.
ISMS-P 인증 (개인정보보호 관리체계 인증)	• 인증 신청인의 정보보호 및 개인정보보호를 위한 일련의 조치와 활동이 인증기준에 적합함을 한국인터넷진흥원 또는 인증기관이 증명하는 것을 말한다.
ISMS-P 인증심사	• 신청기관이 수립하여 운영하는 관리체계가 인증기준에 적합한지의 여부를 인터넷진흥원·인증기관 또는 심사기관(이하 "심사수행기관"이라 한다)이 서면심사 및 현장심사의 방법으로 확인하는 것을 말한다.

10 인증번호의 부여

인증번호는 유일성, 간결성, 관리의 용이성 등을 고려하여 최초심사, 갱신심사의 구분 없이 최초 발급순서별로 부여한다.

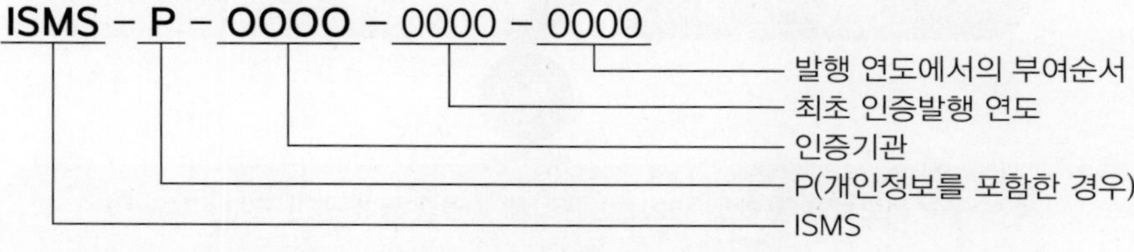

11 인증심사의 종류

정보보호 관리체계 인증심사의 종류는 최초심사, 사후심사, 갱신심사가 있다.

최초심사 → 1년 → 사후관리 → 1년 → 사후관리 → 1년 → 갱신심사

인증제도 통합에 따른 기업의 부담 경감
ISMS, PIMS 인증심사 2가지를 준비했던 것을 이제 1가지만 준비함으로써 관리체계 일원화, 심사비용 절감이 가능하다.

(구)ISMS와 (구)PIMS의 유사성
ISMS(인증항목 104개)와 PIMS(인증항목 86개) 가운데 두 인증 가운데 동일·유사한 인증항목이 58개로 분석되었다.

인증은 인증심사로부터
인증 신청기관이 인증을 받기 위해서는 인증기관에 신청하여 인증기관 또는 심사기관이 관리체계가 인증기준에 적합한지 확인하는 과정인 인증심사를 거쳐야 한다.

심사 종류 별 기간, 인력
최초심사와 갱신심사는 사실상 차이가 없으며, 보통 5일~15일 가량 5명 이상의 심사원이 수행한다. 사후심사는 사후1, 사후2로 구분하며, 3~5일 정도로 전년도 결함조치 확인, 관리체계 유지의 효과성 등을 3명 이상의 심사원이 수행한다.

사후심사, 갱신심사 연장신청 불가
갱신심사는 유효기간 만료 3개월 전에 신청하여야 하며, 미 신청 시 유효기간이 경과한 후에는 인증 효력 상실된다.

종류	특징	인증위원회
최초심사	• 정보보호 관리체계 인증을 처음 취득 시 시행 • 인증 범위의 중요한 변경이 있어 다시 인증을 신청 시 실시 • 최초 인증을 취득하면 3년의 유효기간 부여	개최
사후심사	• 인증 취득 이후 정보보호 관리체계가 지속적으로 유지 및 확인하는 목적으로 인증 유효기간 중 매년 1회 이상 시행	미개최
갱신심사	• 정보보호 관리체계 인증 유효기간 연장을 목적으로 하는 심사	개최

ISMS-P 법적근거
정보통신망 이용촉진 및 정보보호 등에 관한 법률(약칭 정보통신망법) 제47조와 개인정보보호법 제32조를 근간으로 한다.

12 ISMS-P 법적근거

법	정보통신망법 제47조	정보통신망법 제47조의 3	개인정보보호법 제32조의 2
하위 법령	시행령 제47조 ~ 제54조 시행규칙 제3조	시행령 제54조의 2	시행령 제34조의 2 ~ 제34조의 7
고시	정보보호 및 개인정보보호 관리체계 인증 등에 관한 고시		

ISMS-P를 위한 고시 통합
기존의 과학기술정보통신부의 정보통신망법 제47조의 ISMS 고시와 방송통신위원회의 정보통신망법 제47조의 3, 개인정보보호위원회의 개보법 제32조의 2의 PIMS 고시를 하나로 통합하여 과기정통부, 개인정보보호위원회의 ISMS-P 공동고시가 시행되었다. 2023년 현재 정보보호는 과기정통부 그대로이나 개인정보보호는 개인정보보호위원회로 이관되었다.

13 ISMS-P 법령, 고시와의 관계

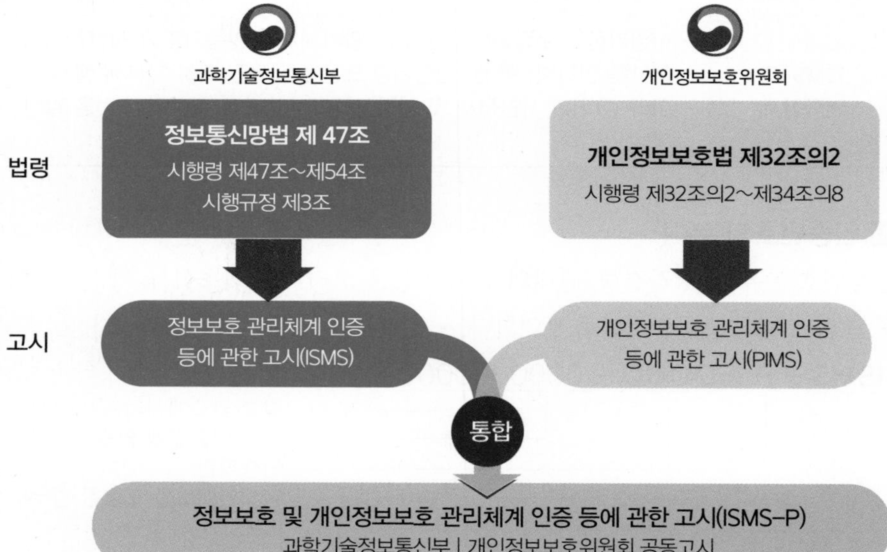

⑭ 담당기관 및 체계

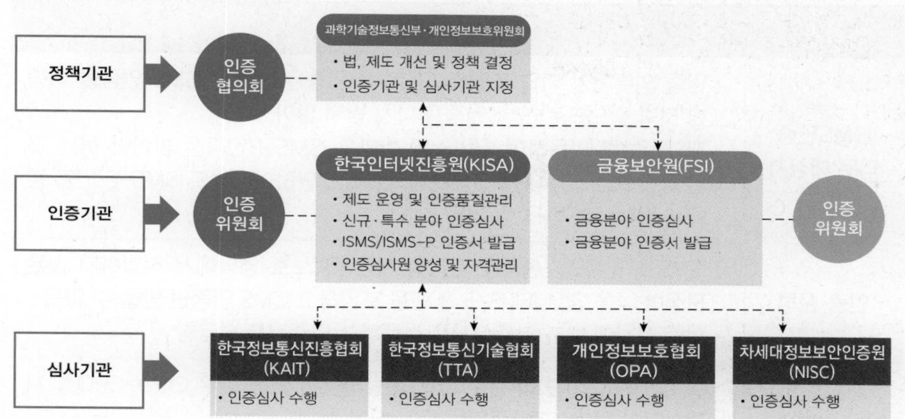

⑮ ISMS-P 관련 기관

정책기관	인증기관	심사기관
과학기술정보통신부, 개인정보보호위원회	한국인터넷진흥원(KISA), 금융보안원	한국인터넷진흥원(KISA), 금융보안원, 한국정보통신진흥협회(KAIT)·한국정보통신기술협회(TTA), 개인정보보호협회(OPA)+차세대정보보안 인증원(2023년 2월 추가 지정)

⑯ 인증위원회

1. 인증위원회는 인증심사 결과가 인증기준에 적합한지 여부, 인증 취소에 관한 사항, 이의신청에 관한 사항 등을 심의·의결한다.
2. 인증위원회는 35명 이하의 위원으로 구성하며, 위원은 정보보호 또는 개인 정보보호 분야에 학식과 경험이 있는 전문가 중에서 한국인터넷진흥원 또는 인증기관의 장이 위촉한다.

⑰ 신청기관

신청기관은 정보보호 및 개인정보보호 활동이 체계적이고 지속적으로 관리되고 있는지를 객관적으로 검증 받기 위하여 ISMS-P 인증을 취득하고자 신청하는 자를 의미한다.

인증 관련 기관 역할
정책기관에서는 ISMS-P인증과 관련된 상위 수준의 법, 제도, 정책을 수립하고, 인증기관은 제도 운영, 인증서 발급, 심사원 양성 등의 업무를 담당한다. 또한 심사기관은 실제 신청기관인 기업에서 심사원과 인증심사를 수행하는 기관이다.

(두음) ISMS-P 관련 기관
과개, 키금카티오차
(과한 행방은 기금을 가치요차)

과학기술정보통신부, 개인정보보호위원회, 키사, 금융보안원, 카이트, 티티에이, 오피에이, 티티에이, 차세대정보보안 인증

제도 통합 이후 기존의 ISMS, PIMS 인증기관(금보원)과 심사기관은 새롭게 지정 받아야 한다. 추가적으로 신청기관은 인증을 획득하기 위해 심사를 신청하는 기관이 있다.

> (참고) 인증제도 통합에 따른 질문과 답변
> ISMS-P 게시판 자료실에서 질문과 답변을 지속적으로 업데이트 하고 있다. (https://isms.kisa.or.kr)

⑱ ISMS-P 인증제도 통합에 따른 질문과 답변

용어	의미
ISMS인증 의무 대상자	• 인증 의무대상 기업의 경우 ISMS-P 인증을 받으면 ISMS 인증을 이행한 것과 같으므로 ISMS인증을 다시 받지 않아도 됨 • 개인정보를 이용하여 서비스를 한다고 ISMS-P인증을 받아야 하는 것은 아니므로 의무대상자는 자체적으로 판단하여 ISMS, ISMS-P 인증 중에서 선택하여 받을 수 있음
인증 신청	• ISMS-P 인증을 신청한 기업이 개인정보보호 영역에서 적합하지 않은 판정이 나올 경우 ISMS-P 인증을 포기하고 ISMS 인증만 받을 수 없음 • 인증 신청에 따라 인증심사를 수행하고 인증서를 발급함
인증기준	• (1.1.2) 기업(기관)이 준수해야 하는 법령이 있는 경우 CISO, CPO를 지정하여야 하며, 이를 증명할 수 있어야 함 • (1.2.2) ISMS 인증을 취득하는 경우, 인증기준 1.2.2 현황 및 흐름분 석 준비 시 개인정보 흐름도 작성 여부는 심사하지 않음 • (2.10.2) ISMS 인증을 취득하려는 경우 ISMS 인증을 받은 클라우드 사업자만 이용할 수 있는 것은 아니지만 해당 사업자의 안전한 운영을 확인할 수 있어야 함

> (참고) 개인정보보호위원회설치 근거법률
> 개인정보보호법 제7조(개인정보보호위원회) ① 개인정보보호에 관한 사항을 심의·의결하기 위하여 국무총리 소속으로 개인정보보호위원회(이하 "보호위원회")를 둔다. 보호위원회는 그 권한에 속하는 업무를 독립하여 수행한다.

⑲ 개인정보보호위원회

개인정보보호위원회(Personal Information Protection Commission, 약칭: PIPC)는 개인정보보호에 관한 사무를 독립적으로 수행하기 위하여 국무총리 소속으로 개인정보보호위원회(이하 "보호위원회"라 한다)를 둔다. 보호위원회는 「정부조직법」 제2조에 따른 중앙행정기관으로 본다.

① 보호위원회는 상임위원 2명(위원장 1명, 부위원장 1명)을 포함한 9명의 위원으로 구성한다.

② 보호위원회의 위원은 개인정보보호에 관한 경력과 전문지식이 풍부한 사람 중에서 위원장과 부위원장은 국무총리의 제청으로, 그 외 위원 중 2명은 위원장의 제청으로, 2명은 대통령이 소속되거나 소속되었던 정당의 교섭단체 추천으로, 3명은 그 외의 교섭단체 추천으로 대통령이 임명 또는 위촉한다.

③ 위원장과 부위원장은 정무직 공무원으로 임명한다.

④ 위원장, 부위원장, 제7조의13에 따른 사무처의 장은 「정부조직법」 제10조에도 불구하고 정부위원이 된다.

20 개인정보 분쟁조정위원회

개인정보 분쟁조정위원회는 개인정보와 관련한 분쟁사건을 합리적이고 원만하게 조정하여 해결하는 준사법적 기구이다.

1. 개인정보 분쟁조정위원회는 위원장 1명을 포함한 20명 이내의 위원으로 구성하며, 위원은 당연직위원과 위촉직위원으로 구성한다.
2. 개인정보 분쟁조정위원회는 조정업무의 효율적 처리를 위하여 조정부를 설치할 수 있으며, 조정부는 조정사건의 분야별로 위원장이 지명하는 5명 이내의 위원으로 구성하되 그 중 1명은 변호사 자격이 있는 위원으로 하게 된다.
3. 이러한 조정부가 위원회에서 위임받아 의결한 사항은 개인정보 분쟁조정위원회에서 의결한 것으로 간주된다.

(참고) 개인정보 분쟁조정위원회 설치 근거법률

「개인정보보호법」 제40조(설치 및 구성) ① 개인정보에 관한 분쟁의 조정(調停)을 위하여 개인정보 분쟁조정위원회를 둔다.

Chapter 1 확인 문제

1 ISMS 인증은 정보보호 및 개인정보보호를 위한 일련의 조치와 활동이 인증기준에 적합함을 인터넷진흥원 또는 인증기관이 증명하는 제도이다.

(O, X)

해설
ISMS-P 인증은 정보보호 및 개인정보보호를 위한 일련의 조치와 활동이 인증기준에 적합함을 인터넷진흥원 또는 인증기관이 증명하는 제도이다.

2 기존 ISMS 인증과 PIMS 인증을 모두 수검 받았던 신청기관은 이제부터 ISMS-P만 인증 받으면 된다.

(O, X)

3 ISMS-P 인증의 범위는 조직, 물리적 위치, 정보자산, 개인정보처리시스템, 개인정보취급자를 대상으로 한다.

(O, X)

4 개인정보를 보유한 조직은 ISMS-P 인증 의무대상자이므로 ISMS-P을 받아야 한다.

(O, X)

해설
개인정보를 보유한 것 만으로 ISMS-P 인증 의무대상자가 되지는 않는다.

5 ISMS-P 인증을 받는 경우에는 ISMS의 인증범위에 추가적으로 개인정보 처리를 위한 수집, 보유, 이용, 제공, 파기에 관여하는 개인정보처리시스템 및 개인정보처리자를 범위로 한다.

(O, X)

해설
ISMS-P 인증을 받는 경우에는 ISMS의 인증범위에 추가적으로 개인정보 처리를 위한 수집, 보유, 이용, 제공, 파기에 관여하는 개인정보처리시스템 및 취급자를 범위로 한다.

6 ISMS-P 인증심사를 받은 후에는 최초심사, 갱신심사, 사후심사에서 인증위원회가 개최된다.

(O, X)

해설
ISMS-P 인증심사를 받은 후에는 최초심사, 갱신심사에서만 인증위원회가 개최되며 사후심사에서는 인증위원회가 개최되지 않는다.

7 정보보호 관리체계 구축하는 데는 인사조직, 회계조직, 시설관리 조직 등 전사조직은 참여가 불필요하고, 경영진, 정보보호조직, 개인정보보호 조직, IT 현업조직, 외주인력의 참여로도 충분하다.

(O, X)

해설
정보보호 관리체계를 구축하기 위해서는 인사조직, 회계조직, 시설관리 조직 등 전사조직의 참여가 필요하다.

8 최근 악성코드 및 해킹 등의 공격이 지능화되고, IoT, Cloud, Bigdata 등의 IT 기술 발달로 인해 침해사고의 가능성이 확대되고, 개인정보의 유출 위험성이 커지고 있다. 이에 대한 대응책으로 정보보호 관리체계를 구축하는 것이 필요하다.

(O, X)

9 정보보호 관리체계가 구축되었다 하더라도 관리체계 한 곳에 결정적인 빈틈이 생기면 그곳을 통해 모든 정보가 유출될 수도 있다.

(O, X)

10 해킹 사고의 주요 원인으로는 다양한 기술적 취약점을 이용한 지능화되는 해킹, 악성코드의 증가 등이 원인이기 때문에 방화벽, 웹방화벽, DDoS 대응장비, 개인정보 암호화 솔루션 도입 등 보안 솔루션을 통한 기술적인 위협을 줄이는 것만으로도 대응이 가능하다.

(O, X)

해설

해킹 사고의 주요 원인으로는 내부관리 소홀 및 정보보호에 대한 경영진의 관심 부족 등이 관리적인 요인도 주요 원인에 포함되기 때문에 보안솔루션을 통한 기술적 위협을 줄이는 것과 더불어 관리적인 위협 등 종합적인 정보보호 대책을 수립하여 대응해야 한다.

11 정보보호 관리체계는 인증심사를 준비하는 기간부터 인증서를 받는 기간까지 기술적, 관리적, 물리적 보호대책을 수립하여 운영하는 것이다.

(O, X)

해설

정보보호 관리체계는 인증심사를 준비하는 기간부터 인증서를 받은 이후에도 지속적으로 기술적, 관리적, 물리적 보호대책을 수립하여 운영하는 것이다.

12 정보보호 인력의 기술적, 관리적, 물리적인 보안 전문성이 충분히 확보 되었다 하더라도, 제3자의 정보보호 컨설팅을 받는 등의 독립적인 보안 진단이 가능하기 때문에 인증 심사 전에 제3자의 컨설팅을 받아야 한다.

(O, X)

해설

정보보호 인력의 기술적, 관리적, 물리적인 보안 전문성이 충분히 확보 되었다면 독자적으로 인증 심사 대응이 가능하다.

13 정보보호 컨설팅을 받으면 새로운 보안 위협의 증가, 신규자산의 증가, 새로운 취약성의 증가에 대해 일시적으로 보안 위협을 낮출 수 있다.

(O, X)

★ 정답 ★	1 X	2 O	3 O	4 X	5 X	6 X	7 X	8 O	9 O	10 X	11 X	12 X	13 O

14 전사적으로 보안을 확대하는 것은 선택과 집중의 제한, 절차의 복잡도 증가 등으로 권장되지 않는다.

(O, X)

해설
전사적으로 보안을 확대하는 것은 보안 Hole을 줄이기 위해서 필수적이다.

15 ISMS-P 인증의 범위는 조직, 물리적 위치, 정보자산, 개인정보취급자를 대상으로 한다.

(O, X)

해설
개인정보 처리시스템도 포함하여야 한다.

16 ISMS-P 인증을 받으면 정보보호 위험관리를 통한 비즈니스 안정성 제고, 윤리 및 투명 경영을 위한 정보보호 법적 준거성 확보, 침해사고, 집단소송 등에 따른 사회·경제적 피해 최소화, 인증 취득시 정보보호 대외 이미지 및 신뢰도 향상 등의 효과를 얻을 수 있다.

(O, X)

17 ISMS-P 인증을 받으면 구축된 정보보호 관리체계에 대한 침해사고 발생에 대한 가능성이 없음을 인증기관에서 공인된 보증을 받는 것이다.

(O, X)

해설
ISMS-P 인증은 인증신청기관이 ISMS-P 인증심사기준을 준수하고 있음을 인증하는 것이나 이것이 침해사고가 절대 없다는 보증은 아니다.

18 ISMS-P 인증을 받지 않으면 법령에 따라 과태료가 부과된다.

(O, X)

해설
ISMS-P 인증의 경우 자율인증이므로 과태료는 부과되지 않지만 ISMS 의무인증의 경우 3천만원 이하의 과태료가 부과된다.

19 ISMS-P 인증을 받은 회사는 전사 조직의 모든 서비스에 대해 정보보호 관리체계의 적합성에 대해 대외에 홍보할 수 있다.

(O, X)

해설
ISMS-P 인증을 받은 회사는 인증범위의 서비스에 한해 정보보호 관리체계의 적합성에 대해 대외에 홍보할 수 있다.

20 (구)PIMS(Personal Information Management System)은 2016년 PIPL(Personal Information Protection Level) 인증제도와 통합되고 2018년 하반기에 ISMS-P로 통합되었다.

(O, X)

21 신청기관이 개인정보영향평가(PIA : Privacy Impact Assessment)를 받았고, 개인정보관리에 안전하다고 판단되면, ISMS-P까지 반드시 받을 필요는 없다.

(O, X)

22 2016년 인증 의무대상이 확대되어 의료기관인 병원, 고등교육기관도 특정 조건에 해당하면 ISMS인증을 반드시 받아야 한다.

(O, X)

23 ISMS와 PIMS의 인증제도의 통합배경에는 융합화, 고도화되고 있는 침해 위협에 효과적인 대응 목적과 심사항목이 유사하고, 개별 운영에 따른 기업의 혼란 및 재정, 인력상 부담 발생이 주요 원인이다.

(O, X)

24 인증 신청인의 정보보호 관련 일련의 조치와 활동이 인증기준에 적합함을 인터넷진흥원 또는 인증기관이 증명하는 것을 인증심사라 한다.

(O, X)

해설

인증 신청기관이 인증기관에 신청하여 인증기관 또는 심사기관이 관리체계가 인증기준에 적합한지 확인하는 과정을 인증심사라 한다.

25 정보보호 관리체계 인증심사의 종류는 최초심사, 사후심사, 연장심사로 구성된다.

(O, X)

해설

정보보호 관리체계 인증심사의 종류는 최초심사, 사후심사, 갱신심사로 구성된다.

26 최초심사는 정보보호 관리체계 인증을 처음 취득 시 또는 인증 범위의 중요한 변경이 있어 다시 인증을 신청 시 실시한다.

(O, X)

27 정보보호 관리체계의 유효기간은 최초 취득 시 3년이며, 연장을 위해서는 갱신심사를 받아야 한다.

(O, X)

28 ISMS-P 인증의 심사 후 보완조치기간은 기본 40일이고 추가 60일(총 100일)까지 보완 조치 기간을 연장하는 것이 가능하다.

(O, X)

★ 정답 ★	14 ×	15 ×	16 ○	17 ×	18 ×	19 ×	20 ○	21 ○	22 ○	23 ○	24 ×	25 ×	26 ○	27 ○	28 ○

29 사후심사 단계에서는 신청기관의 정보보호 관리체계가 유지되고 있음이 확인되면 인증위원회의 개최 없이 인증이 유지될 수 있다.

(O, X)

30 ISMS-P의 법적 근거는 정보통신망법 제47조, 개인정보보호법 제32조의 2를 근거로 하며, 2018년에 정보보호 및 개인정보보호 관리체계 인증 등에 관한 고시로 통합되었다.

(O, X)

31 ISMS의 정책 기관으로는 과학기술정보통신부, 방송통신위원회, 행정안전부, 한국인터넷 진흥원이 있다.

(O, X)

해설

ISMS-P의 정책 기관으로는 과학기술정보통신부, 개인정보보호위원회가 있다.

32 한국인터넷진흥원(KISA)는 제도를 운영하고 인증품질을 관리하는 인증기관이며, 인증심사를 실제로 수행하는 심사기관을 겸한다.

(O, X)

33 현재 ISMS-P 심사기관은 한국인터넷진흥원(KISA), 금융보안원(FSI), 한국정보통신진흥협회(KAIT)·한국정보통신기술협회(TTA), 정보통신산업진흥원(NIPA)이다.

(O, X)

해설

현재 ISMS-P 심사기관은 한국인터넷진흥원(KISA), 금융보안원(FSI), 한국정보통신진흥협회(KAIT)·한국정보통신기술협회(TTA), 개인정보보호협회(OPA), (주)차세대정보보안인증원이다.

34 인증위원회는 인증심사 결과를 심의, 의결하는 회의체로 6인 이상의 인증위원으로 구성된다.

(O, X)

35 기존 ISMS 인증에서 한국인터넷진흥원(KISA)와 금융보안원은 인증기관으로 인증위원회를 각각 두고, 인증제도를 운영하며, 심사원 양성 및 자격관리, 인증기준 개선 등의 책임을 가지고 있다.

해설

심사원 양성 및 자격관리, 인증기준 개선은 한국인터넷진흥원(KISA)의 업무이다.

★ 정답 ★	29 ○	30 ○	31 ×	32 ○	33 ×	34 ○	35 ×

Chapter 2 ISMS-P 인증 절차

ISMS-P 인증을 최초로 획득하기를 원하는 신청기관은 인증심사 신청 전 정보보호관리체계 또는 개인정보보호 관리체계를 수립·운영하여야 한다. 일부 대기업의 경우 전문성 있는 정보보안 인력이 존재하여 자체적인 ISMS 구축 및 심사 대응이 가능하기도 하지만, 대부분의 기업에서는 내부 인력만으로는 인증심사를 준비하기 어렵다. 그래서 보안컨설팅 업체의 도움을 받아 정보보호 관리체계를 구축하게 된다. 반드시 ISMS가 구축된 후 필수로 2개월 이상 운영기간이 있어야 심사를 신청할 수 있다. 또한 심사 시작일 기준으로 최소 8주전까지 신청서를 제출해야 한다. 실제 심사가 이루어진 후 결함에 대해 보완 조치 기간 40일 내에 완료해야 한다. 만약 보완조치가 미흡 시에는 추가적으로 60일 내 재조치가 이루어져야 한다. 만약 보완조치 기간 총 100일이 초과되면 인증을 받을 수 없다. 최종적으로 심사 팀장이 5일간 심사결과보고서를 작성하고, 인증위원회에 심의를 요청하여, 심의가 통과되면 신청기관은 드디어 인증서를 발급받게 된다.

(참고) 최초 인증 획득을 위한 기간

1. ISMS구축~인증서 교부
   - 평균 총 8개월
2. 심사신청~인증서 교부
   - 평균 총 4~5개월
3. 세부 기간
   - 인증 컨설팅 2.5개월
   - 개선과제 이행 및 심사신청 2개월
   - 인증심사 준비 0.5개월
   - 심사수검, 결함조치 1.5개월
   - 인증위원회 인증서 교부 1.5개월

1 인증 절차 및 단계별 소요기간

구분	① 준비		② 심사					③ 인증	
인증 절차	ISMS 운영	인증 신청	심사 준비	인증 심사	보완 조치	조치 확인	심사결과 보고서 작성	인증위원회 심의 준비	인증위원회 심의 및 인증서 교부
소요 시간	2개월 이상	심사 8주전	심사 6주전	1~2주	100일 이내		30일 이내	2주~4주	인증위원회 심의, 의결 후 2주 이내

※ 신청기관의 규모 및 인증범위, 결함사항의 보완조치 확인, 인증위원회 인증결정 여부 등 소요기간이 변동될 수 있음

인증 절차 준수사항

ISMS 운영은 최소 2개월 이상 운영하여야 함

인증심사 시작일 기준으로 최소 8주 전까지 신청서를 제출해야 함

2 ISMS-P 인증심사 절차

신청 단계에서 신청기관이 신청 공문과 인증신청서 등의 서류를 제출하면, 계약 단계에서 심사팀장이 예비점검을 하고, 계약을 통해 수수료를 납부한다. 심사 단계에서는 인증기관은 심사기관에 심사를 의뢰하고, 심사기관은 한국인터넷진흥원에 심사원 모집(https://isms.kisa.or.kr)을 요청하여 심사팀을 구성하고, 실제 심사가 이루어지고 결함보고서가 작성된다. 결함에 대한 보완조치가 완료되면 심사 결과보고서가 제출된다. 마지막으로 인증단계에서는 인증결과에 대한 심의를 의결되면, 신청기 관에 인증서가 발급된다.

ISMS-P ('18.11) 변경사항

보완조치 기간은 기존 30일에서 40일로 확대됨

(신규 기준부터 적용)

보안조치 사항 미흡 시 재조치 요구기간은 60일 유지

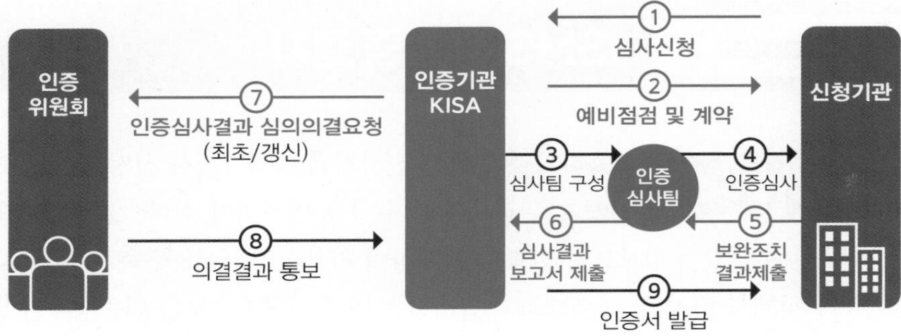

심사범위, 일정 확정 방법
신청기관은 인증의 범위 및 일정 등을 인증기관과 사전 협의하여 신청하여야 하므로 희망하는 범위, 일정으로 진행되지 않을 수 있다.
(근거 : 정보보호 관리체계 인증 등에 관한 고시 제 18조(인증의 신청 등))

인증심사 일정상의 부담
인증심사를 하게 되면, 방대한 양의 문서 심사, 다양한 목적의 개인정보처리시스템, 여러 보안 시스템에 대한 인터뷰와 시스템 실사를 해야 한다. 정보보호 관리체계 상의 위협이 되는 부분을 심사원의 보안 업무 경험을 활용하여 짧은 시간에 직관적으로 찾아내야 하는 예리함과 집중력이 요구된다.

3 인증 심사 단계 별 주요 내용

구분	설명
신청 단계	신청공문 + 인증신청서, 관리체계운영명세서, 법인/개인 사업자 등록증
계약 단계	수수료 산정 〉 계약 〉 수수료 납부
심사 단계	인증심사 〉 결함보고서 〉 보완조치내역서
인증 단계	최초/갱신심사 심의 의결(인증위원회), 유지(인증기관)

4 인증심사 일정 (예시)

심사원의 일정은 10시~17시는 Core Time이다. 신청 기관의 심사 범위와 심사원의 숙련도에 따라 10시 전에 오거나 17시 이후까지 심사가 진행되기도 한다. 5일 심사의 경우 1일차부터 5일차까지 나누어 봤을 때, 1일차는 소개, 5일차는 종료로 볼 수 있고, 실질적인 심사는 2~3일차에 수행하고, 4일차는 검토 회의 및 보고서 작성을 수행한다.

<table>
<tr><th>1일차</th><th>2~3일차</th><th>4일차</th><th>5일차</th></tr>
<tr><td>[시작회의]
• 심사원 소개, 일정 안내
• 인증 범위 및 업무 소개</td><td rowspan="3">[문서 및 현장 심사]
• 심사 분야 별 정책, 지침, 계획, 증적 자료 검토
• 시스템 시연 및 점검
• 업무 담당자 면담</td><td>[추가 증적 확인 및 인터뷰]</td><td rowspan="2">[검토회의]
• 심사결과 최종 확인(신청기관 담당자 참여)</td></tr>
<tr><td>[인증범위 설명]
• 조직 및 물리적 범위 설명
• 네트워크 및 인프라 설명</td><td rowspan="2">[심사팀 회의]</td></tr>
<tr><td>[문서 심사]
• 인증신청서/운영명세서
• 정보자산목록
• 정보보호정책문서
• 위험관리 및 내부감사 증적</td><td rowspan="2">[종료회의]
• 인증심사 최종 결과 총평, 향후 일정
• 질의 응답</td></tr>
<tr><td>[심사팀 회의]
• 추가 자료 요청 사항
• 인터뷰 대상 및 일정
• 심사 주안점</td><td>[심사팀 회의]
• 심사 이슈사항
• 현장확인 내용
• 심사 일정</td><td>[결함보고서 작성]</td></tr>
</table>

Chapter 3 ISMS-P 인증 대상자

인증신청자는 크게 임의신청자와 의무대상자로 구분할 수 있다. 자율 신청자는 의무대상자 기준에 해당하지 않으나 자발적으로 정보보호 및 개인정보보호 관리체계를 구축·운영하는 기업·기관은 임의신청자로 분류되며, 임의신청자가 인증 취득을 희망할 경우 자율적으로 신청하여 인증심사를 받을 수 있다.

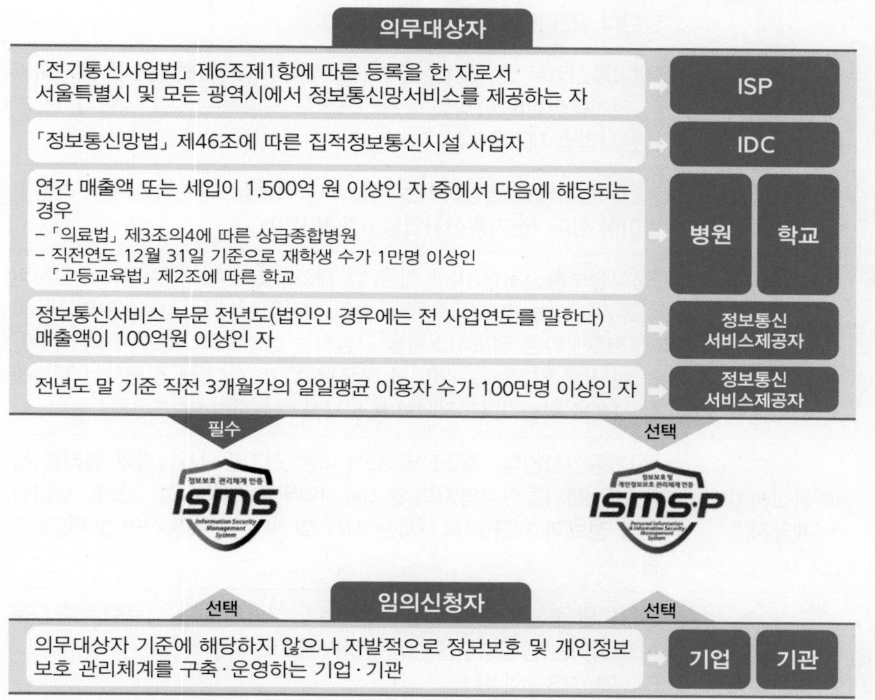

구분	설명
임의신청자 (자율신청자)	• 인증 취득 희망 시 ISMS, ISMS-P 인증 중 선택 가능 • 인증기준, 절차나 방법은 의무대상자와 동일함 • 임의신청자의 경우 인증범위를 신청기관이 정하여 신청할 수 있으며, 심사기준 및 심사절차는 의무대상자와 동일 • 인증을 취득하지 않아도 법적 처벌 받지 않음
의무대상자	• ISMS와 ISMS-P 인증 중 선택 가능 • 의무대상자가 되어 인증을 최초로 신청하는 경우 다음 해 8월 31일까지 인증 취득해야 함 • 의무대상자가 미인증 시 3,000만원 이하의 과태료 부과 • (정보통신망법 제76조 근거) • 인증의무는 매년 부과되기 때문에, 매년 과태료를 내야 함

인증 의무대상자 선정

KISA는 해마다 연내 의무 인증 대상을 선정해 통보하고 있다. 인증 의무에 해당하는 매출액이 발생하면 국세청의 기업별 재무제표 등의 자료를 통해 인증의무대상 기업을 선정한다.

PIMS와 ISMS-P가 임의신청인데 받는 이유

개인정보보호법 위반 시 최대 5년 이하의 징역, 5천만원 이하의 형사처벌 외에도 매출액의 3/100까지 과징금을 부과할 수 있는 등 기업의 입장에서는 상당히 두려운 규제이다. PIMS 인증 취득의 기업의 경우, 과징금과 과태료 부과 시 50%까지 감면 받을 수 있다.

Global 기업도 의무대상자가 될까

ISMS 인증 심사 대상 단위가 법인이기 때문에 기본적으로 국내에 법인을 둔 사업자여야 하고, 그 국내 법인명으로 매출(총 매출 또는 정보통신서비스부문 매출)이 발생해야 한다. 즉, 기준에 해당하면 당연히 의무대상자가 될 수 있다.

> **ISMS-P 의무대상자에 해당하는 법률**
> 1. 전기통신사업법
> 2. 정보통신망법
> 3. 고등교육법
> 4. 의료법

1 ISMS인증 의무대상자 법적 정의

ISMS 인증 의무대상자(정보통신망법 제47조 2항)는 「전기통신사업법」 제2조제8호에 따른 전기통신사업자와 전기통신사업자의 전기통신역무를 이용하여 정보를 제공하거나 정보의 제공을 매개하는 자로서 표에서 기술한 의무대상자 기준에 하나라도 해당되는 자이다.

용어	정의
전기통신사업자	"전기통신사업자"란 이 법에 따른 허가를 받거나 등록 또는 신고(신고가 면제된 경우를 포함한다)를 하고 전기통신역무를 제공하는 자를 말한다. (전기통신사업법 제2조 8호)
전기통신역무	"전기통신역무"란 전기통신설비를 이용하여 타인의 통신을 매개하거나 전기통신설비를 타인의 통신용으로 제공하는 것을 말한다. (전기통신사업법 제2조 6호)
기간통신사업자 (ISP)	기간통신사업을 경영하려는 자는 과학기술정보통신부장관의 허가를 받아야 한다. (전기통신사업법 6조 제1항)
집적정보통신시설 (IDC)	"집적정보통신시설"이라 함은 법 제2조제2호에 따른 정보통신서비스를 제공하는 고객의 위탁을 받아 컴퓨터장치 등 전자정부법 제2조 제13호에 따른 정보시스템을 구성하는 장비(이하 "정보시스템 장비"라 한다)를 일정한 공간(이하 "전산실"이라 한다)에 집중하여 관리하는 시설을 말한다. (집적정보 통신시설 보호지침 제2조 1호)
정보통신서비스 제공자	「전기통신사업법」 제2조제8호에 따른 전기통신사업자와 영리를 목적으로 전기통신사업자의 전기통신역무를 이용하여 정보를 제공하거나 정보의 제공을 매개하는 자를 말한다. (정보통신망법 제2조 3항)
상급종합병원	종합병원 중에서 중증질환에 대하여 난이도가 높은 의료행위를 전문적으로 하는 종합병원을 상급종합병원으로 지정 〈의료법 제3조의 4〉
학교의 종류	1. 대학 2. 산업대학 3. 교육대학 4. 전문대학 5. 방송대학·통신대학·방송통신대학 및 사이버대학 6. 기술대학 7. 각종학교 〈고등교육법법 제2조〉

> **정보통신망서비스를 제공하는 자**
> 정보통신망서비스를 제공하는 자(ISP)란 「전기통신사업법」 제6조 제1항에 따라 과학기술정보통신부 장관에게 등록을 하고 인터넷 서비스, 인터넷전화 서비스, 이동통신 서비스 등 정보통신망 서비스 제공 지역이 '서울특별시 및 모든 광역시'인 사업자를 말한다.

> **집적정보통신시설사업자**
> 정보통신서비스 제공을 위해 자체적으로 시설을 구축하여 운영하는 자로서, 공간 임대서비스(Colocation) 또는 서버 임대(서버호스팅) 서비스 및 네트워크 서비스 등을 제공하는 사업자를 말한다. 집적정보통신시설사업자의 경우, 매출액과 이용자 수에 관계없이 인증 의무대상자에 해당한다.

2 ISMS인증 의무대상자 기준

의무인증 대상자는 크게 ISP(Internet Service Provider), IDC(Internet Data Center), 의무대상자 조건 해당자로 구분할 수 있다.

ISP는 LG U+, KT, SKT와 같이 이동통신, 인터넷전화, 인터넷 접속서비스를 하는 사업자이고, IDC는 LG CNS, 삼성SDS와 같이 데이터센터를 운영관리하는 사업자이다. 마지막으로 정보통신서비스제공자는 인터파크, 쿠팡 등의 쇼핑몰 사업자, 네이버, 카카오 등의 포털사업자, 넷마블, 엔씨소프트 등의 게임사가 해당된다. 연간 매출액 또는 세입이 1,500억원인 경우에는 병원, 대학교 등이 포함된다.

구분	의무대상자 기준
ISP	「전기통신사업법」 제6조제1항에 따른 허가를 받은 자로서 서울특별시 및 모든 광역시에서 정보통신망서비스를 제공하는 자 – 이동통신, 인터넷전화, 인터넷접속서비스 등
IDC	정보통신망법 제46조에 따른 집적정보통신시설 사업자 – 서버호스팅, 코로케이션 서비스 등 ※ 재판매사업자(VIDC)는 연간 정보통신서비스 부문 매출액 100억 또는 이용자수 100만 명이상만 해당
다음의 조건 중 하나라도 해당하는 자	연간 매출액 또는 세입이 1,500억원 이상인 자 중에서 다음에 해당되는 경우 – 「의료법」 제3조의4에 따른 상급종합병원 – 직전연도 12월 31일 기준으로 재학생 수가 1만 명 이상인 「고등교육법」 제2조에 따른 학교
	정보통신서비스 부문 전년도(법인인 경우에는 전 사업연도를 말한다) 매출액이 100억 원이상인 자 – 쇼핑몰, 포털, 게임사 등
	전년도 직전 3개월간 정보통신서비스 일일평균 이용자 수가 100만 명 이상인 자 – 쇼핑몰, 포털, 게임사, 예약, Cable-SO 등

상급종합병원
우리가 흔히 볼 수 있는 동네의 종합병원은 해당되지 않고, 병상의 수가 100개 이상인 종합병원 중에서 난이도가 높은 의료행위를 하는 아산병원, 삼성병원 등이 해당한다.

고등교육법상의 학교
고등학교는 해당하지 않고, 2년제 전문대학, 4년제 대학이 해당한다. 또한 사이버대학도 포함된다. 이러한 대학은 사실상 공공기관에 해당한다고 볼 수 있다. 「고등교육법」상 '학교'의 종류에는 대학, 산업대학, 교육대학, 전문대학, 방송통신대학, 기술대학 등이 해당될 수 있다.

의무대상자 기준에 부합하는지에 대한 기업의 의무
기업은 스스로 법에서 정한 인증 의무대상자 기준에 해당하는지 여부를 확인하여 인증을 받아야 한다. KISA로부터 통보가 오지 않더라도 의무대상자에 해당하였다면, 인증을 받지 않을 경우는 3,000만 원의 과태료를 내야 한다.

Chapter 4 ISMS-P 인증 범위

일반적으로 ISMS 인증범위는 정보통신서비스를 기준으로 관련된 정보시스템, 장소, 조직 및 인력을 포함하게 된다. 반면에 ISMS-P 인증범위는 이에 더하여 해당 서비스에서 처리되는 개인정보의 흐름에 따라 해당 개인정보를 처리하는 정보시스템, 조직 및 인력, 물리적 장소 등을 모두 포함하여야 한다.

ISMS-P 인증범위

'정보시스템 및 개인정보 모두 고려'

정보통신서비스 등의 운영을 위한 **조직 및 인력**	정보통신서비스 등의 운영을 위한 **물리적 장소**	정보통신서비스 등의 운영을 위한 **설비**	개인 정보 처리를 위한 **조직 및 인력**	개인정보 처리를 위한 **물리적 장소**
· 시스템운영팀, 정보보안팀, 인사팀 등 · 관제, 재해복구	· 시스템 운영장소 · 정보서비스 운영 관련 부서		· 고객센터, 영업점, 물류센터 · 개인정보보호팀 등	· 개인정보 처리 부서 · 개인정보 처리 수탁사
ISMS 인증범위				

1 ISMS 인증범위 설정

인증 의무대상자인 경우, 인증범위는 신청기관의 정보통신서비스를 모두 포함하여 설정해야 한다. 정보통신서비스란 전기통신사업자의 전기통신역무를 이용하여 정보를 제공하거나 정보의 제공을 매개하는 서비스를 말한다.

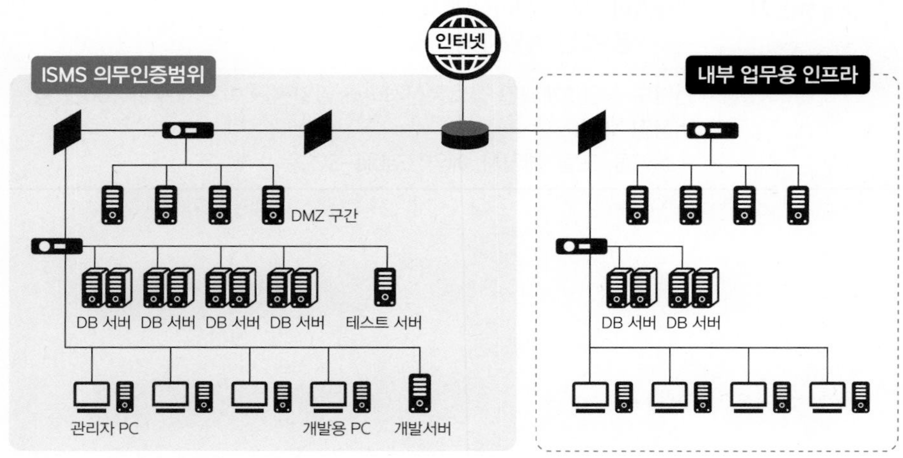

ISMS 인증 의무대상자의 인증범위 설정

ISMS 인증 의무대상자가 ISMS 의무인증 범위를 포함하여 ISMS-P 인증을 신청하는 경우 ISMS-P 단일 심사로 진행 가능하며 또한 ISMS 의무인증 범위에 대해서는 ISMS 인증을 신청하고 일부 서비스에 대해서는 개인정보 영역을 포함한 ISMS-P 인증을 신청하여 2개의 인증심사 동시에 진행하는 것도 가능하다.

ISMS 인증범위의 기준

인증범위는 신청기관이 제공하는 정보통신서비스를 기준으로, 해당 서비스에 포함되거나 관련 있는 자산(시스템, 설비, 시설 등), 조직 등을 모두 포함하다.

ISMS-P 인증범위 설정 시 고려사항

'개인정보 처리단계별 요구사항'을 포함하는 ISMS-P 인증은 의무사항이 아니므로, 신청기관이 자율적으로 인증을 받고자 하는 서비스를 지정하여 인증을 신청할 수 있다. 인증 받고자 하는 서비스의 범위는 이용자 중심의 대외 서비스만 포함할 것인지 임직원이 이용하는 내부 서비스까지 포함할 것인지에 대해서 고려하여야 한다. 다만, ISMS 인증 의무대상자가 ISMS-P 인증으로 대체하고자 하는 경우 ISMS-P 인증범위에는 ISMS 인증범위를 반드시 모두 포함하여야 한다.

범위	ISMS 인증 범위 기준
백오피스 시스템	해당 서비스의 직접적인 운영 및 관리를 위한 백오피스 시스템은 인증 범위에 포함되며, 해당 서비스와 관련이 없더라도 그 서비스의 핵심정보자산에 접근 가능하다면 포함한다.
보안시스템	ISMS 의무인증범위 내에 있는 서비스, 자산, 조직(인력)을 보호하기 위한 보안시스템은 모두 포함한다.
기업 내부 시스템	정보통신서비스와 직접적인 관련성이 낮은 전사적자원관리시스템(ERP), 분석용데이터베이스(DW), 그룹웨어 등 기업 내부 시스템은 제외한다.
영업/마케팅 조직	영업/마케팅 조직은 일반적으로 인증범위에서 제외한다.

2 서비스 유형별 인증범위

인증대상자 유형별로 서비스 및 설비에 대한 의무 심사 범위를 구분할 수 있다. 정보통신서비스 부문 매출액 또는 일일평균 이용자 수 요건에 해당하여 의무대상으로 포함된 경우는 정보통신서비스가 외부 정보통신망을 통해 접근 가능한지의 여부에 따른 의무 심사범위를 구분할 수 있다.

구분	서비스	설비
정보통신망 서비스제공자 (ISP)	전국망(서울특별시 및 모든 광역시)을 통한 정보통신망 서비스	IP기반의 인터넷 연결을 위한 정보통신설비 및 관련 서비스를 제공하기 위한 정보통신설비
집적정보 통신시설(IDC) 사업자	정보통신서비스를 제공하는 고객의 위탁을 받아 컴퓨터 장치 및 정보시스템을 구성하는 일정한 공간에 집중하여 시설을 운영·관리하는 서비스(공간 임대서비스, 서버 호스팅, 네트워크 서비스 등)	집적정보통신시설의 관리운영 용도로 설치된 컴퓨터 장치 및 네트워크 장비 등의 정보통신설비
연간 매출액, 이용자 수 등이 정보통신망법 및 시행령 기준에 해당하는 자	불특정 다수의 이용자가 접근 가능한 모든 정보통신서비스	해당 정보통신서비스의 제공 또는 운영을 위해 필요한 정보통신설비

3 외부 정보통신망 공개 여부에 따른 의무 심사범위

외부 정보통신망을 통해 서비스하는 경우 인터넷에 공개된 서비스는 인증범위에 포함되며, 미공개된 서비스는 포함되지 않는다. 그렇지만 미공개된 서비스라 하더라도 신청기관의 정보보호 측면에서 중요하다고 판단되면 자율적으로 포함할 수 있다.

ISMS-P 인증대상 서비스(예시)

대국민 또는 이용자 대상 서비스 유형에는 인터넷 포털서비스, 인터넷 쇼핑몰서비스, 온라인 게임서비스, 고객 멤버십서비스, 대국민 온라인 민원서비스 등이 있고, 임직원 또는 사내 서비스에는 출입통제서비스, 인사·노무 관리서비스, 재무회계서비스, 임직원 복지몰 서비스 등이 있다.

의무대상자 범위 설정 팁

- 먼저 신청기관이 운영하고 있는 서비스 목록들을 나열
- "4. ISMS-P 인증범위" 내용을 참고하여 의무로 인증을 받아야 하는 서비스를 선정
- 각 서비스 별로 조직범위를 선정함. 조직범위 선정 시, 각 서비스의 개발·운영 조직(여기서의 운영은 서버 관리, 네트워크·보안장비 관리 등 시스템적 운영을 말함)을 포함
- 각 서비스의 정보통신 설비(서버, 네트워크시스템, 보안시스템 등)범위를 포함
- 신청기관의 정보보호 조직(직무자), 인적 보안 관련 직무자, 물리적 보안 관련 직무자, 관리체계 점검 수행 인력 등을 포함
- 본 안내서의 내용만으로 모호한 부분이 있으면, 인증·심사기관에 전화(메일) 또는 방문 상담 가능
- 최종적인 인증범위 내의 정보통신 설비 수, 인원 수는 인증심사팀의 예비 점검 시 확정

인터넷 공개 서비스와 미공개 서비스 예시
인터넷 공개 서비스는 대표 홈페이지, 쇼핑몰, 포털, 채용사이트 등 이용자에게 공개된 서비스 뿐 아니라 사용자가 내부망에 접속하는 개인정보처리시스템 등이 포함된다. 인터넷 미공개서비스는 회사 내부에서 사용하는 이용자의 개인정보가 포함되지 않은 그룹웨어, ERP 등 내부 업무용 시스템이 해당한다.

인터넷 공개여부	설명	의무 범위
공개	• 외부 정보통신망을 통해 불특정 다수 또는 권한을 가지고 있는 자가 직접적으로 접근이 가능한 서비스 • 인증 의무대상인 신청기관이 다수의 정보통신서비스를 운영하는 경우, 개별 정보통신서비스가 인증 의무대상에 포함되지 않아도 모두 인증범위에 포함 • IP주소 제한을 통해 특정 위치 및 단말에서만 접속이 가능하도록 접근제어가 되어 있다 하더라도, 외부 정보통신망을 통해 직접 연결이 되어 있다면 인증범위에 포함 • 웹기반 서비스 뿐만 아니라, 모바일 기반 서비스도 동일한 기준이 적용됨	○
미공개	외부 정보통신망을 통해 직접 접속이 불가능한 내부용 서비스	X

4 심사 의무대상자 정보통신서비스

불특정 다수가 용이하게 접근할 수 있는 웹사이트는 심사 범위에 포함된다.

유형	설명	예시
대표홈페이지	기업(기관)의 대표홈페이지	단순 홈페이지 포함
채용사이트	인터넷을 통하여 채용공고, 입사지원 등 채용 절차를 수행하는 시스템	온라인 채용시스템
비영리 사이트	비영리 목적으로 운영하는 인터넷 사이트	공익 사이트(자원봉사 등) 학교 홈페이지(포털)
기타	임직원 복지를 위한 인터넷 시스템	임직원 복지몰
	기타 대외 서비스 및 업무처리를 위해 인터넷에 공개된 시스템	인터넷 방문예약 인터넷 신문고 등

5 ISMS 인증심사 일부 생략

정보보호 관리체계(ISMS) 인증을 신청한 자가 다음에 해당하는 인증을 받거나 정보보호 조치를 취한 경우 인증심사 일부 생략의 범위 내에서 인증심사의 일부를 생략할 수 있다.

ISMS 인증심사 일부 생략 대상자	설명
ISO/IEC 27001 인증	국제인정협력기구에 가입된 인정기관이 인정한 인증기관으로부터 받은 ISO/IEC 27001 인증
취약점 분석, 평가 수행	「정보통신기반 보호법」제9조에 따른 주요정보통신기반시설의 취약점 분석·평가
(ISMS, ISMS-P 인증심사 일부 생략)	「교육부 정보보안 기본지침」 제94조제1항에 따른 정보보안 수준에 대한 해당 연도의 평가결과가 만점의 100분의 80 이상인 교육기관

	분야	일부 생략 인증기준	
2.1	정책, 조직, 자산 관리	2.1.1	정책의 유지관리
		2.1.2	조직의 유지관리
		2.1.3	정보자산 관리
2.2	인적 보안	2.2.1	주요 직무자 지정 및 관리
		2.2.2	직무 분리
		2.2.3	보안 서약
		2.2.4	인식제고 및 교육훈련
		2.2.5	퇴직 및 직무변경 관리
		2.2.6	보안 위반 시 조치
2.3	외부자 보안	2.3.1	외부자 현황 관리
		2.3.2	외부자 계약 시 보안
		2.3.3	외부자 보안 이행 관리
		2.3.4	외부자 계약 변경 및 만료 시 보안
2.4	물리 보안	2.4.1	보호구역 지정
		2.4.2	출입통제
		2.4.3	정보시스템 보호
		2.4.4	보호설비 운영
		2.4.5	보호구역 내 작업
		2.4.6	반출입 기기 통제
		2.4.7	업무환경 보안
2.12	재해복구	2.12.1	재해, 재난 대비 안전조치
		2.12.2	재해 복구 시험 및 개선

6 인증수수료

ISMS, ISMS-P 인증을 신청한 자 중 다음에 해당하는 경우 수수료 할인을 받을 수 있다.

대상자	수수료 할인
소기업	30%
정보보호공시(자율공시만 해당)	30%
(ISMS 인증만 해당) **심사 일부생략 ('ISO/IEC 27001', '주요정보통신기반시설의 취약점 점검'을 한 경우)**	20%

ISMS 인증심사 일부 생략 법령 주요 사항

인증심사 일부 생략을 신청하고자하는 자는 인증심사 일부 생략 신청서를 심사수행기관에 제출하여야 한다. 심사수행기관은 인증심사 일부 생략의 범위를 생략하여 심사하고 인터넷진흥원 또는 인증기관이 인증을 부여할 때에는 그 사실을 인증서에 표기하여야 한다. 심사수행기관은 신청인의 인증범위 내에서 업무를 위탁받아 처리하는 자가 인증을 받은 범위의 현장심사를 생략할 수 있다.

Chapter 4 확인 문제

1 인터넷 서비스를 위한 정보통신망이 아닐 경우, 인증 의무대상자에 해당되지 않는다.

(O, X)

2 기업은 스스로 법에서 정한 인증 의무대상자 기준에 해당하는지 여부를 확인하여 인증을 받아야 한다.

(O, X)

3 전년도 직전 3개월간 정보통신서비스 일일평균 이용자 수가 100만 명 이상인 자는 의무대상자이다.

(O, X)

4 집적정보통신시설 사업자의 경우, 매출액 1, 500억 이하라면 인증 의무대상자에 해당하지 않는다.

(O, X)

해설
집적정보통신시설 사업자의 경우, 매출액에 관계없이 인증 의무대상자에 해당한다.

5 정보통신망서비스 제공자의 경우, 매출액과 이용자 수에 관계없이 인증 의무대상자에 해당한다.

(O, X)

6 집적정보통신시설 사업자는 정보통신서비스 제공을 위해 자체적으로 시설을 구축하여 운영하는 자로서, 공간 임대 서비스(Co-location) 또는 서버 임대(서버호스팅) 서비스 및 네트워크 서비스 등을 제공하는 사업자를 말한다.

(O, X)

7 인증 의무대상자 중 타인에 의해 구축된 집적정보통신시설의 일부를 임대하여 서비스를 재판매하는 사업자(이하 VIDC)의 경우에는 매출액 또는 이용자 수와 관계없이 의무인증 대상자이다.

(O, X)

해설
인증 의무대상자 중 타인에 의해 구축된 집적정보통신시설의 일부를 임대하여 서비스를 재 판매하는 사업자(이하 VIDC)의 경우에는 매출액 100억 원 이상일 경우 의무인증 대상자이다.

8 쇼핑몰, 포털 등의 정보통신서비스를 제공하는 자는 연간 매출액 및 이용자 수와 관계 없이 의무 인증대상자이다.

(O, X)

해설
쇼핑몰, 포털 등의 정보통신서비스를 제공하는 자는 정보통신서비스 부문 전년도(법인인 경우에는 전 사업연도를 말한다) 매출액이 100억 원 이상이거나 전년도 직전 3개월간 정보통신서비스 일일 평균 이용자 수가 100만 명 이상일 경우 의무인증 대상자이다.

9 집적정보통신시설 사업자의 세부서비스로는 서버 호스팅, 스토리지 호스팅, 코로케이션(Co-location), 네트워크 제공 서비스(회선 임대 포함), 보안관리 서비스, 도메인관리 서비스가 있다.

(O, X)

10 정보통신서비스 부문 매출액은 정보통신서비스 제공을 통해 발생하는 연간 매출액 중 대표 서비스의 매출액으로 산정하며, 여러 가지 정보통신서비스를 제공할 경우에는 해당 서비스의 매출액 중 가장 큰 것을 기준으로 계산한다.

(O, X)

해설

정보통신서비스 부문 매출액은 정보통신서비스 제공을 통해 발생하는 연간 매출액의 합산으로 계산한다.

11 인터넷 공개여부에 따른 의무심사 범위 설정 시, IP주소 제한을 통해 특정 위치 및 단말에서만 접속이 가능하도록 접근제어가 되어 있다면 인증 범위에 포함되지 않는다.

(O, X)

해설

IP 주소 제한을 통해 특정 위치 및 단말에서만 접속이 가능하도록 접근제어가 되어 있다 하더라도, 외부 정보통신망을 통해 직접 연결이 되어 있다면 인증범위에 포함된다.

12 해당 서비스의 직접적인 운영 및 관리를 위한 백오피스 시스템은 인증범위에 포함되며, 해당 서비스와 관련이 없더라도 그 서비스의 핵심정보자산에 접근 가능하다면 포함한다.

(O, X)

13 전사적자원관리시스템(ERP), 분석용데이터베이스(DW), 그룹웨어 등 기업 내부 시스템은 의무 인증범위에 포함한다.

(O, X)

해설

정보통신서비스와 직접적인 관련성이 낮은 전사적자원관리시스템(ERP), 분석용데이터베이스(DW), 그룹웨어 등 기업 내부 시스템은 제외한다.

14 ISMS 인증 신청을 위해서는 최소 3개월 이상의 운영 기간이 필요하다.

(O, X)

해설

준비부터 인증까지는 약 6개월 이상이 소요되고, 인증 신청을 위해서는 최소 2개월 이상의 운영 기간이 필요하다.

15 고등교육법상의 고등학교, 대학교는 의무인증대상자에 포함된다.

(O, X)

해설

고등학교는 중등교육법에 따른 학교로 ISMS 인증 의무대상자에 해당하지 않는다.

★ 정답 ★	1 ○	2 ○	3 ○	4 ×	5 ○	6 ○	7 ×	8 ×	9 ×	10 ×	11 ×	12 ○	13 ×	14 ×	15 ×

16 금융사는 ISMS 의무대상은 아니지만 상당수 금융사가 자율보안체계 확립 차원에서 ISMS 인증을 획득한다.

(O, X)

17 ISMS 인증 의무대상자가 인증을 받지 않으면 3,000만원 이하의 과태료를 연 1회, 매년 납부해야 한다.

(O, X)

18 "정보통신서비스"란 전기통신설비를 이용하여 타인의 통신을 매개하거나 전기통신설비를 타인의 통신용으로 제공하는 것을 말한다.

(O, X)

해설

"전기통신역무"란 전기통신설비를 이용하여 타인의 통신을 매개하거나 전기통신설비를 타인의 통신용으로 제공하는 것을 말한다.

19 정보보호 관리체계 인증을 신청한 자가 ISO/IEC 27001 인증 받거나 주요정보통신기반시설의 취약점 분석 · 평가를 수행한 경우 인증심사를 생략할 수 있다.

(O, X)

해설

인증심사의 일부를 생략할 수 있다.

20 인증 의무대상자는 스스로 법에서 정한 인증 의무대상자 기준에 적합한지 여부를 확인하여 인증을 받아야 하며, 만약 의무 대상자임에도 불구하고 인증을 취득하지 않은 사실이 확인되는 경우 과태료 부과 대상이 될 수 있다.

(O, X)

21 인증심사 일부 생략이 가능한 인증기준은 2.1 정책, 조직, 자산 관리, 2.2 인적 보안, 2.3 외부자 보안, 2.4 물리 보안, 2.6 접근통제, 2.12 재해복구이다.

(O, X)

해설

일부 생략 가능한 인증기준 : 2.1 정책, 조직, 자산 관리, 2.2 인적 보안, 2.3 외부자 보안, 2.4 물리 보안, 2.12 재해복구

22 중개쇼핑몰 이용하는 판매 유형의 경우 정보통신서비스 부문에 해당하는 매출액에 해당되지 않는다.

(O, X)

23 정보통신서비스에는 신용카드 검색서비스, 컴퓨터 예약서비스, 전자문서교환서비스, 전자지불(PG)서비스, 인터넷 포털서비스, 인터넷전자상거래서비스, 인터넷 방송, 인터넷 게임, 금융 관련 서비스, 콘텐츠 제공 서비스, 유선방송 서비스(Cable-SO)가 해당된다.

(O, X)

★ 정답 ★	16 ○	17 ○	18 ×	19 ×	20 ○	21 ×	22 ○	23 ○

Chapter 5 ISMS-P 인증심사원

한국인터넷진흥원으로부터 인증심사를 수행할 수 있는 자격을 부여 받고 인증심사를 수행하는 자를 말한다. (정보보호 및 개인정보보호 관리체계 인증 등에 관한 고시(ISMS-P))

1 인증심사원 등급별 자격 요건 (제12조 관련)

구분	자격 기준
심사원보	인증심사원 자격 신청 요건을 만족하는 자로서 인터넷진흥원이 수행하는 인증심사원 양성과정 통과하여 자격을 취득한 자
심사원	심사원보 자격 취득자로서 인증심사에 4회 이상 참여하고 심사일수의 합이 20일 이상인 자
선임심사원	심사원 자격 취득자로서 정보보호 및 개인정보보호 관리체계 인증심사를 3회 이상 참여하고 심사일수의 합이 15일 이상인 자
책임심사원	인터넷진흥원은 인증심사원의 인증심사 능력에 따라 매년 책임심사원을 지정할 수 있다.

등급에 따른 차이
등급은 심사일수로 산정하며, 등급이 높아질 수록 당연히 자문료가 높다. 자문료가 더 높은 만큼 보안에 대한 더 넓은 범위와 더 깊은 역량을 보여 주어야 한다. 처음 인증심사원이 되면 심사원보의 등급에 해당한다.

2 인증심사원 자격 신청 요건 (고시 제13조 별표4)

4년제 대학졸업 이상 또는 이와 동등학력을 취득한 자로서 정보보호 및 개인정보보호 경력을 각 1년 이상 필수로 보유하고 정보보호, 개인정보보호 또는 정보기술 경력을 합하여 6년 이상을 보유해야 한다. 경력 인정 요건은 중복되지 않는다.

구분	경력 인정 요건	연수
정보보호 경력	• "정보보호" 관련 박사 학위 취득자	2년
	• "정보보호" 관련 석사 학위 취득자 • 정보보안기사 • 정보시스템감사통제협회(ISACA)의 정보시스템감사사(CISA) • 국제정보시스템보안자격협회(ISC²)의 정보시스템보호전문가(CISSP)	1년
개인정보보호 경력	• "개인정보보호" 관련 박사 학위 취득자	2년
	• "개인정보보호" 관련 석사 학위 취득자 • 개인정보 영향평가에 관한 고시 제6조에 따른 개인정보 영향평가 전문인력 • 개인정보관리사(CPPG)	1년
정보기술 경력	• "정보기술" 관련 박사 학위 취득자 • 정보관리기술사, 컴퓨터시스템응용기술사 • 정보시스템감리사	2년
	• "정보기술" 관련 석사 학위 취득자 • 정보시스템감리원 • 정보처리기사, 전자계산기조직응용기사	1년

신규심사원 자격요건
아래 3가지 요건 모두 준수

1. 4년제 대학졸업 또는 동등학력 이상
2. (개인)정보보호, IT 경력 6년 이상
3. 개인정보보호, 정보보호 경력 각 1년 이상

심사원 평가 기준(KISA 지침)

1. 인증기준 이해력
   분야 전문성, 자료요구 및 인터뷰 내용과 인증기준과 연관성 등
2. 심사 보고서 작성능력
   양식작성, 문맥오류, 보고서의 논리력 및 전달력, 기한 내 작성 등
3. 피심사자와의 의사소통 능력
   인터뷰 언행, 자료요구 및 현장심사 태도 등
4. 결함 판단 능력
   정보수집력, 결함에 따른 조치방안의 적절성 등
5. 협업 및 심사태도
   심사팀 내 의견제시, 심사참여 적극성, 심사준비, 시간준수, 복장, 보안 의식 등
6. 인증심사 관련 이의제기 타당성이 인정된 민원 접수 건

심사활동을 통한 교육 이수

심사원 1,300 여 명이 있지만, 심사원 모두 심사에 참여 하는 것은 아니다. 대략 200 여 명이 자주 심사에 참여하고, 나머지 인원은 1년에 1~2번 씩 참여하는 게 현실이다. 저조한 심사 참여를 활발히 하기 위한 고시 개정 취지가 있다.

3 인증심사원 자격 신청 관련 참고사항

구분	내용
합산 불가	두 가지 이상 중복 업무경력인 경우에 경력기간을 중복하여 합산하지 않음
10년 이내	모든 해당 경력은 신청일 기준 최근 10년 이내의 경력에 한해 인정
보안 필수	정보보호 또는 개인정보보호 필수 경력을 옆 표(37쪽 2번 표 참고)와 같이 대체할 수 있으며 중복 인정불가
완료 자격증	신청일 기준 취득 완료한 자격만 인증

4 심사원 자격 유지 요건 (고시 제15조)

구분	고시 내용	KISA 지침
고시 제15조 2항	자격 유효기간 만료 전까지 KISA가 인정하는 보수교육 수료	• 유효기간 만료일로부터 3년 이내 – 필수 교육 :1일 7시간 – 선택 교육(심사대체과정) : 35시간
고시 제15조 3항	심사원이 인증심사를 참여한 경우 보수교육 시간 중 일부 인정	• 인증심사 1일 참여시마다 선택교육 5시간을 이수한 것으로 인정
고시 제15조 4항	KISA는 보수교육 운영에 관한 세부내용을 홈페이지에 사전 공지	• https://isms.kisa.or.kr

5 심사원 자격 취소 요건(고시 제16조)

인증심사원의 자격 취소 요건으로 윤리 문제, 비밀 유지 등으로 인한 문제 발생 시 기준이 되며, 자격 취소 시에는 자격심의위원회를 개최하여 인증위원회 3인 이상을 포함하여 심의한다. 자격 취소의 처분을 받은 심사원은 30일 이내에 이의 신청을 할 수 있고 절차에 따라 재심의 하여 처리결과를 통지해야 한다.

취소 요건	내용
부정 방법	거짓이나 부정한 방법으로 인증심사원 자격을 부여 받은 경우
기준 미충족	제15조제2항에 따른 자격 유지 기준을 충족하지 못한 경우
불공정 심사	인증심사원으로서 객관적이고 공정한 인증심사를 수행하지 않은 경우
비밀 누설	인증심사 과정에서 취득한 정보 또는 서류를 관련 법령의 근거나 인증신청인의 동의 없이 누설 또는 유출하거나 업무 목적 외에 이를 사용한 경우
부당 이익수수	인증 신청인으로부터 금전, 금품, 향응, 이익 등을 부당하게 수수하거나 요구한 경우

Chapter 5 확인 문제

1 선임심사원은 심사원보 자격 취득자로서 인증심사에 4회 이상 참여하고 심사일수의 합이 20일 이상인 자이다.

(O, X)

해설

심사원은 심사원보 자격 취득자로서 인증심사에 4회 이상 참여하고 심사일수의 합이 20일 이상인 자이다.

2 인터넷진흥원은 인증심사원의 인증심사 능력에 따라 매년 책임심사원을 지정할 수 있다.

(O, X)

3 정보보호 인정 경력을 받을 수 있는 자격증은 정보보안기사, CISA, CISSP, CPPG이다.

(O, X)

해설

정보보호 인정 경력을 받을 수 있는 자격증은 정보보안기사, CISA, CISSP 이다.

4 정보시스템감리사 자격증을 보유하면 정보기술 경력 1년을 인정 받을 수 있다.

(O, X)

해설

정보시스템감리사 자격증을 보유하면 정보기술 경력 2년을 인정 받을 수 있다.

5 인증심사 1일 참여시마다 선택교육 1일(5시간)을 이수한 것으로 인정한다.

(O, X)

6 인증심사원으로서 객관적이고 공정한 인증심사를 수행하지 않은 경우 인증심사원 자격 취소 요건에 해당한다.

(O, X)

★ 정답 ★	1 X	2 O	3 X	4 X	5 O	6 O

7 ISMS-P 인증심사원 자격의 유효기간은 5년이다.

(O, X)

해설
ISMS-P 인증심사원 자격의 유효기간은 3년이다.

8 한국인터넷진흥원(KISA)의 인증심사원의 평가기준으로 인증기준 이해력, 심사 보고서 작성능력, 피심사자와의 의사소통 능력, 결함 판단 능력, 협업 및 심사태도, 인증심사 관련 이의제기 타당성이 인정된 민원 접수 건이 있다.

(O, X)

9 심사원 자격유지 요건으로 유효기간 만료일로부터 3년 이내 필수교육 1일 7시간, 선택 교육 28시간을 이수하여야 한다.

(O, X)

해설
심사원 자격유지 요건으로 유효기간 만료일로부터 3년 이내 필수교육 1일 7시간, 선택 교육 35시간을 이수하여야 한다.

10 인증심사원의 자격 취소 요건으로 윤리 문제, 비밀 유지 등으로 인한 문제 발생 시 기준이 되며, 자격 취소 시에는 자격 심의위원회를 개최하여 인증위원회 위원 3인 이상을 포함하여 심의한다.

(O, X)

11 선임심사원은 심사원 자격 취득자로서 정보보호 관리체계 인증심사를 3회 이상 참여하고 심사일수의 합이 15일 이상인 자이다.

(O, X)

해설
선임심사원은 심사원 자격 취득자로서 정보보호 및 개인정보보호 관리체계 인증심사를 3회 이상 참여하고 심사일수의 합이 15일 이상인 자이다.

★ 정답 ★	7 X	8 O	9 X	10 O	11 X

PART 1  실전 문제

01 **다음은 ISMS-P 인증에 대한 설명이다. 잘못된 항목을 고르시오.**

① ISMS-P 인증은 개정전의 ISMS 인증과 PIMS 인증을 통합한 인증이다.
② ISMS-P 인증은 KISA 또는 금융보안원의 인증위원회에서 인증을 부여한다.
③ 인증 의무대상자가 개인정보를 보유하고 있으면 ISMS-P 인증을 받아야 한다.
④ ISMS-P의 인증 비용이 ISMS 인증과 PIMS 인증의 비용을 합한 것 보다 저렴하다.
⑤ 과학기술정보통신부와 개인정보보호위원회는 「정보보호 및 개인정보보호 관리체계 인증 등에 관한 고시」를 공동으로 개정하여 시행하고 있다.

해설

개인정보를 보유하고 있다 하더라도 ISMS-P 인증은 자율인증이므로 반드시 받을 필요는 없고, 기관의 선택에 ISMS-P 인증을 받을 수 있다.

02 **다음은 ISMS-P 인증에 대한 설명이다. 잘못된 항목을 고르시오.**

① ISMS-P 인증은 3년 단위로 갱신심사를 받으며 1년마다 사후심사를 받는다.
② 인증범위에 중대한 변경이 있을 경우 사후심사가 아닌 최초심사를 받아야 한다.
③ 인증 유효기간이 만료된 경우 갱신심사를 받을 때까지 인증효력이 정지된다.
④ 사후심사에는 인증위원회가 열리지 않는다.
⑤ 정보통신망법에 따른 ISMS 의무대상자는 ISMS 또는 ISMS-P 인증을 취득한 경우 인증의무를 이행한 것으로 본다.

해설

인증 유효기간이 만료된 경우 인증효력이 상실된다.

★ 정답 ★	01 ③	02 ③

03 **다음 중 ISMS-P 인증과 관련된 법, 제도, 정책을 수립하는 곳을 모두 고르시오. (2개)**

① 과학기술정보통신부
② KISA
③ 개인정보보호위원회
④ 금융보안원
⑤ 방송통신위원회

해설
정책기관에서는 ISMS-P 인증과 관련된 법, 제도, 정책을 수립한다. 과학기술정보통신부와 개인정보보호위원회가 ISMS-P 인증의 정책기관이다.

04 **다음 중 ISMS-P 인증 준비를 제대로 하지 못한 사례를 고르시오.**

① A 쇼핑몰은 1개월 간 정보보호 관리체계를 이상 없이 운영하고 심사를 신청했다.
② B 군청은 심사일 3개월 전에 신청서를 제출했다.
③ C대학은 심사 중 결함을 발견한 시점부터 조치한 기간은 총 100일이었다.
④ D 병원은 미흡한 보완조치를 60일에 거쳐 재조치 하였다.
⑤ E 게임사는 심사진행이 결정된 이후 인증범위, 심사기간, 심사 인원, 인증 수수료 등을 협의 하고 관리체계 인증심사 계약을 체결하였다.

해설
ISMS-P 인증을 위해서는 2개월 이상 정보보호 관리체계를 운영해야 한다.

05 **다음 인증심사 사례(총 5일 일정) 중 일반적인 일정에 맞지 않는 사례를 고르시오.**

① D 심사원은 1일차 오전에 서버실 실사를 진행하였다.
② K 심사원은 2일차 오후에 접근제어 관련 담당자 인터뷰를 진행하였다.
③ P 심사팀장은 3일차 저녁에 심사팀 회의를 통해 당일 이슈사항을 공유하였다
④ Y 심사원은 4일차 오전에 추가 요청한 증적 자료를 검토하였다
⑤ G 심사원보는 5일차 오전에 신청기관 담당자와 함께 검토회의에 참여하였다.

해설
1일차 오전에는 일반적으로 시작회의와 인증범위 설명을 진행한다.

06 **다음 중 ISMS-P 의무대상자가 아닌 것을 고르시오. (2개)**

① IDC 운영자
② 기간통신사업자
③ 정보통신부문 매출 100억 원 이상의 정보통신서비스 제공자
④ 사립대학교
⑤ 종합병원

해설
연간매출액 또는 세입이 1,500억 원 이상인 자 중에서 다음에 해당되는 경우
- 「의료법」 제3조의4에 따른 상급종합병원
- 직전연도 12월 31일 기준으로 재학생 수가 1만 명 이상인 「고등교육법」 제2조에 따른 학교

즉, 단순 사립대학교와 종합병원은 의무대상자가 아니다.

★ 정답 ★	03 ①, ③	04 ①	05 ①	06 ④, ⑤

07 **다음 중 ISMS-P 대상자에 관한 서술로 잘못된 것을 고르시오.**

① 의무 대상자가 인증 최초 신청 시 당년 12월 31일까지 인증을 취득해야 한다.

② 고등학교는 ISMS-P 인증 의무 대상이 아니다.

③ ISMS 인증 의무 대상자 여부는 기업이 스스로 판단해야 한다.

④ 의무 대상자가 미 인증 시 매년 3천만원 이하의 과태료를 부과 받는다.

⑤ 국내에 법인을 둔 사업자라면 글로벌 기업도 인증 대상이다.

해설

의무 대상자가 인증 최초 신청 시 다음 해 8월 31일까지 인증을 취득해야 한다.

08 **다음 중 ISMS-P 인증심사원 요건을 갖추지 못한 사람을 고르시오.**

① 정보보호박사 학위가 있으며 만 4년의 개인정보보호 경력을 가진 K씨

② 개인정보보호 석사 학위가 있으며 만 4년의 보안 경력과 정보보안기사와 CPPG를 보유한 M씨

③ 4년제 대학을 졸업하고 만 3년의 보안 경력, 만 1년의 개인정보보호경력, 정보관리기술사를 보유한 G씨

④ 4년제 대학을 졸업하고 만 5년의 보안경력과 정보보안기사, CPPG, 정보처리기사를 보유한 J씨

⑤ 고등학교를 졸업하고 만 9년의 보안 경력, 만1년의 개인정보보호경력을 보유한 P씨

해설

인증심사원의 인정 경력은 중복되지 않으므로, 해당 경력으로는 개인정보보호 경력 1년 또는 정보보호 경력 1년만 인정받을 수 있다. 따라서 총 6년의 경력에 1년 부족하다.

★ 정답 ★	07 ①	08 ②

09 **다음은 인증심사원 자격 유지요건과 취소요건이다. 설명이 잘못된 것은 무엇인가?**

① 유효기간 3년 이내 총 48시간의 교육을 이수해야 한다.

② 필수교육 7시간과 선택교육 35시간을 수료한 경우 자격유지요건을 만족한다.

③ 필수교육 1일과 인증심사 7일을 참여했을 경우 자격유지요건을 만족한다.

④ 심사원의 자격 취소의 적합여부를 심의·의결하는 경우 인증위원 3인 이상을 포함한 자격심의위원회를 개최하여 자격취소가 될 수 있다.

⑤ 자격취소의 처분을 받은 경우 30일 이내에 이의신청을 할 수 있다.

해설

유효기간 3년 이내에 총 42시간 이상 수료해야 하며 인증심사 1일은 선택교육 5시간을 이수한 것으로 인정된다..

10 **다음 ISMS-P 인증절차에서 잘못된 내용을 고르시오.**

① 신청기관이 서류를 제출하면 심사팀장이 예비점검을 한다.

② 예비점검 이후에 본 계약이 이루어지며 인증 수수료는 이때 납부된다.

③ 심사기관이 인증기관에 심사를 의뢰하면 인증기관은 심사원을 모집한다.

④ 심사기관이 심사를 수행하고 심사보고서를 인증기관에 제출한다.

⑤ 인증위원회가 인증결과 심의를 의결하면 인증서가 발급된다.

해설

인증기관이 심사기관에 심사를 의뢰하면 인터넷진흥원은 심사원을 모집한다.

★ 정답 ★	09 ①	10 ③

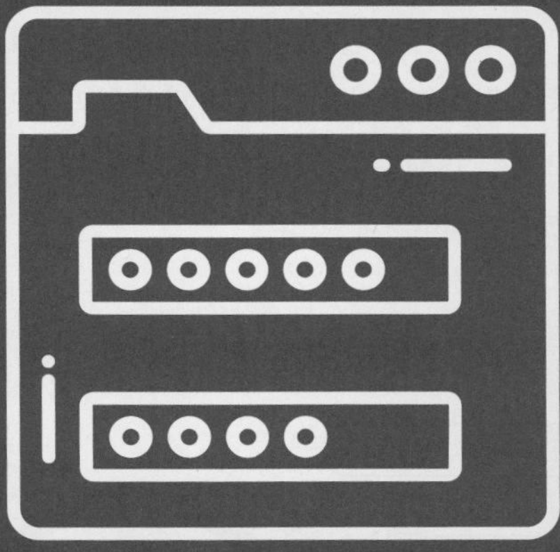

PART
2

ISMS-P 인증기준

Chapter 1 ISMS-P 인증기준 개요

(바른 뜻) 관리(Management)와 통제(Control)의 구분
1. 관리(Management)
   - (개념) 계획을 설정하고, 이를 달성하기 위한 모든 활동의 전체
   - 계획(Plan), 수행(Do), 검토(Check), 변경(Action)을 포함
2. 통제(Control)
   - (개념) 어떤 기준이나 한계를 정하여 그것에 대비시키면서 행동을 제어해 나가는 것
   - 수행(Do), 검토(Check)

(출처 : 미국 품질혁명의 창시자 조셉 주란)

ISMS-P 인증기준은 1. 관리체계 수립 및 운영, 2. 보호대책 요구사항, 3. 개인정보 처리 단계별 요구사항 3개의 영역에서 총 101개의 인증기준으로 구성되어 있다. ISMS 인증을 받고자 하는 신청기관은 1과 2의 2개 영역에서 80개의 인증기준을 적용받게 되며, ISMS-P 인증을 받고자 하는 신청기관은 3까지 포함하여 101개의 인증기준을 적용받게 된다.

1 정보보호 및 개인정보보호 관리체계 인증기준

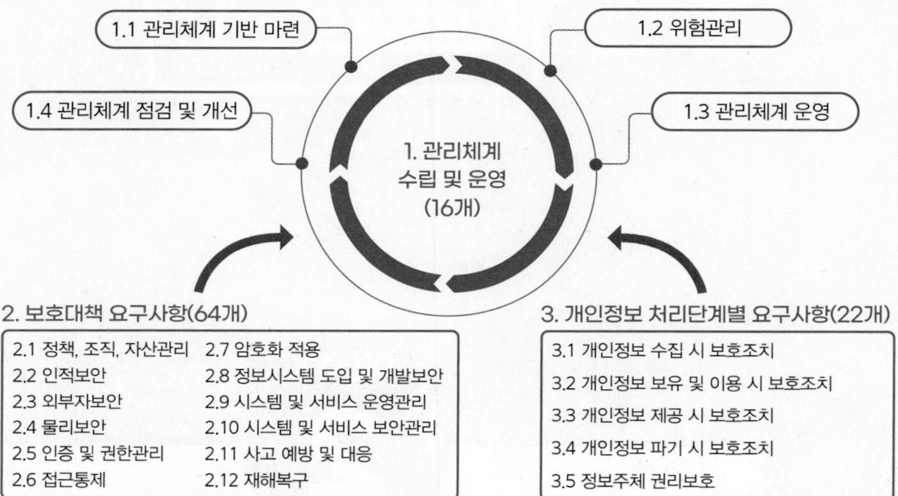

2 인증기준 중 ISMS, ISMS-P 영역

영역	분야	항목 수	ISMS	ISMS-P
1. 관리체계 수립 및 운영(16개)	1.1 관리체계 기반 마련	6	○	○
	1.2 위험 관리	4	○	○
	1.3 관리체계 운영	3	○	○
	1.4 관리체계 점검 및 개선	3	○	○
2. 보호대책 요구사항 (64개)	2.1 정책, 조직, 자산 관리	3	○	○
	2.2 인적 보안	6	○	○
	2.3 외부자 보안	4	○	○
	2.4 물리 보안	7	○	○
	2.5 인증 및 권한관리	6	○	○
	2.6 접근통제	7	○	○
	2.7 암호화 적용	2	○	○
	2.8 정보시스템 도입 및 개발 보안	6	○	○
	2.9 시스템 및 서비스 운영관리	7	○	○
	2.10 시스템 및 서비스 보안관리	9	○	○
	2.11 사고 예방 및 대응	5	○	○
	2.12 재해복구	2	○	○
3. 개인정보 처리 단계별 요구사항 (21개)	3.1 개인정보 수집 시 보호조치	7	-	○
	3.2 개인정보 보유 및 이용 시 보호조치	5	-	○
	3.3 개인정보 제공 시 보호조치	4	-	○
	3.4 개인정보 파기 시 보호조치	2	-	○
	3.5 정보주체 권리보호	3	-	○
합계		101	80	101

두음을 통한 인증기준 암기

ISMS-P 인증기준을 통째로 암기하면 문제를 푸는 시간을 줄일 뿐만 아니라, 관리체계의 흐름을 알 수 있으므로, 되도록이면 암기를 권고한다. 시험에서 암기는 가장 강력한 무기이다.

1, 2회독보다는 3회독 이후부터 본격적으로 암기한다.

두음 암기법

키워드의 앞 글자를 따서 암기하는 방법

1. 예시
   - 기위운점
   - 정인외물인접암도운보
   - 사재
   - 수보제파정
2. 두음에 스토리 부여
   - 귀여운 점(은) 정인외(집) 물(가)인접(한곳에) 압도(적)울보 사제(성직자)

※ 다소 유치하지만, 합격을 위해서는 도전하는 게 낫다.

(두음) 1. 관리체계 수립 및 운영

기 경최조범정자
- 경(험)치줘 범(호랑이) 정자

위 자현위선
- 자연(은) 위선

운 구공운
- 9개 공은

점 법점개
- 밥 좀 (달라는) 개

3 스토리가 있는 ISMS-P 인증기준 암기법

1. 관리체계 수립 및 운영	1.1 관리체계 기반 마련	1.1.1 경영진의 참여	경
		1.1.2 최고책임자의 지정	최
		1.1.3 조직 구성	조
		1.1.4 범위 설정	범
		1.1.5 정책 수립	정
		1.1.6 자원 할당	자
	1.2 위험 관리	1.2.1 정보자산 식별	자
		1.2.2 현황 및 흐름분석	현
		1.2.3 위험 평가	위
		1.2.4 보호대책 선정	선
	1.3 관리체계 운영	1.3.1 보호대책 구현	구
		1.3.2 보호대책 공유	공
		1.3.3 운영현황 관리	운
	1.4 관리체계 점검 및 개선	1.4.1 법적 요구사항 준수	법
		1.4.2 관리체계 점검	점
		1.4.3 관리체계 개선	개
2. 보호대책 요구사항	2.1 정책, 조직, 자산 관리	2.1.1 정책의 유지관리	정
		2.1.2 조직의 유지관리	조
		2.1.3 정보자산 관리	자
	2.2 인적 보안	2.2.1 주요 직무자 지정 및 관리	직
		2.2.2 직무 분리	분
		2.2.3 보안 서약	서
		2.2.4 인식제고 및 교육훈련	인
		2.2.5 퇴직 및 직무변경 관리	퇴
		2.2.6 보안 위반 시 조치	위
	2.3 외부자 보안	2.3.1 외부자 현황 관리	현
		2.3.2 외부자 계약 시 보안	계
		2.3.3 외부자 보안 이행 관리	보
		2.3.4 외부자 계약 변경 및 만료 시 보안	변

2. 보호대책 요구사항	2.4 물리 보안	2.4.1 보호구역 지정	구
		2.4.2 출입통제	출
		2.4.3 정보시스템 보호	정
		2.4.4 보호설비 운영	설
		2.4.5 보호구역 내 작업	작
		2.4.6 반출입 기기 통제	반
		2.4.7 업무환경 보안	업
	2.5 인증 및 권한 관리	2.5.1 사용자 계정 관리	계
		2.5.2 사용자 식별	식
		2.5.3 사용자 인증	인
		2.5.4 비밀번호 관리	비
		2.5.5 특수 계정 및 권한관리	특
		2.5.6 접근권한 검토	접
	2.6 접근통제	2.6.1 네트워크 접근	네
		2.6.2 정보시스템 접근	정
		2.6.3 응용프로그램 접근	응
		2.6.4 데이터베이스 접근	데
		2.6.5 무선 네트워크 접근	무
		2.6.6 원격접근 통제	원
		2.6.7 인터넷 접속 통제	인
	2.7 암호화 적용	2.7.1 암호정책 적용	정
		2.7.2 암호키 관리	키
	2.8 정보시스템 도입 및 개발 보안	2.8.1 보안 요구사항 정의	요
		2.8.2 보안 요구사항 검토 및 시험	검
		2.8.3 시험과 운영 환경 분리	시
		2.8.4 시험 데이터 보안	데
		2.8.5 소스 프로그램 관리	소
		2.8.6 운영환경 이관	운

(두음) 2. 보호대책 요구사항 2.1 ~ 2.8

정 정조자
- 정조의 아들

인 직분서인퇴위
- 직분이 서인인자가 퇴위시킴

외 현계보변
- 현재 계보는 변함

물 구출정설작반업
- (왕을) 구출(했다는) 정설은 작반업(작문반의 일)

인 계식인비특접
- 계식인(그아이는 식인종이) 비(아니고)특접(특 별 접촉)

접 네정응데무원인
- 내정(된) 응데(응대) 무원인(원인아님)"

암 정키
- 정(책다음) 키(관리)

정 요검시데소운
- 요검(요건) 시데(시대적) 소운(적은 운)

(두음) 2. 보호대책 요구사항 2.9 ~ 2.12

시 변성 백로 점시재
- 변성(기) 백로(가) 좀쉬제"

시 보클 공거전 업보 패악
- 보클(보글) 공거전(콩거전) 업보(가) 패악(질) 때문

사 체취 이훈대
- 체취(가) 이훈(인)대"

재 안시
- 안시(안전시험)

2. 보호대책 요구사항	2.9 시스템 및 서비스 운영관리	2.9.1 변경관리	변
		2.9.2 성능 및 장애관리	성
		2.9.3 백업 및 복구관리	백
		2.9.4 로그 및 접속기록 관리	로
		2.9.5 로그 및 접속기록 점검	점
		2.9.6 시간 동기화	시
		2.9.7 정보자산의 재사용 및 폐기	재
	2.10 시스템 및 서비스 보안관리	2.10.1 보안시스템 운영	보
		2.10.2 클라우드 보안	클
		2.10.3 공개서버 보안	공
		2.10.4 전자거래 및 핀테크 보안	거
		2.10.5 정보전송 보안	전
		2.10.6 업무용 단말기기 보안	업
		2.10.7 보조저장매체 관리	보
		2.10.8 패치관리	패
		2.10.9 악성코드 통제	악
	2.11 사고 예방 및 대응	2.11.1 사고 예방 및 대응체계 구축	체
		2.11.2 취약점 점검 및 조치	취
		2.11.3 이상행위 분석 및 모니터링	이
		2.11.4 사고 대응 훈련 및 개선	훈
		2.11.5 사고 대응 및 복구	대
	2.12 재해복구	2.12.1 재해·재난 대비 안전조치	안
		2.12.2 재해 복구 시험 및 개선	시
3. 개인정보 처리 단계별 요구사항	3.1 개인정보 수집 시 보호조치	3.1.1 개인정보 수집·이용	이
		3.1.2 개인정보 수집 제한	제
		3.1.3 주민등록번호 처리 제한	주
		3.1.4 민감정보 및 고유식별정보의 처리 제한	민
		3.1.5 개인정보 간접수집	간
		3.1.6 영상정보처리기기 설치·운영	영
		3.1.7 마케팅 목적의 개인정보 수집·이용	마

3. 개인정보 처리 단계별 요구사항	3.2 개인정보 보유 및 이용 시 보호조치	3.2.1 개인정보 현황관리	현
		3.2.2 개인정보 품질보장	품
		3.2.3 이용자 단말기 접근 보호	단
		3.2.4 개인정보 목적 외 이용 및 제공	목
		3.2.5 가명정보처리	가
	3.3 개인정보 제공 시 보호조치	3.3.1 개인정보 제3자 제공	3
		3.3.2 개인정보 처리 업무 위탁	처
		3.3.3 영업의 양도 등에 따른 개인정보의 이전	영
		3.3.4 개인정보의 국외이전	국
	3.4 개인정보 파기 시 보호조치	3.4.1 개인정보 파기	파
		3.4.2 처리목적 달성 후 보유 시 조치	목
	3.5 정보주체 권리보호	3.5.1 개인정보처리방침 공개	처
		3.5.2 정보주체 권리보장	권
		3.5.3 정보주체에 대한 통지	통

(두음) 3. 개인정보 처리 단계별 요구사항

수 이제주민간영마
- (김)이제 주민간(에) 영마

보 현품표단목가
- (현재품목) 현품 단목(양말)가

제 3위영국
- (올림픽)제 3위(는) 영국

파 파목
- 파먹

정 처권통
- 처(아내)권통(권투 대통령)

4 인증기준 두음 암기 확인 방법

기존 시험에서는 인증기준을 문제지 앞쪽에 포함시켰고, 이번 시험에서도 그럴 것이다. 하지만 120분에 50문제를 풀어야 하는 시간적인 부족함이 있어 사실상 앞 쪽의 인증기준을 펼쳐 내용을 확인하기 어렵다. 실제로 시간 부족으로 문제를 전부 제대로 풀지 못하는 응시생이 반 이상이다. 두음을 통해 암기해야 하는 이유가 이 때문이다.

두음 암기로 전체 101개 인증기준을 보지 않고 쓸 정도가 되었다면, 합격하는 데 매우 유리하다. 또한, 실제 정보보안 업무를 수행하는 데에도 탁월한 전문성을 확보할 수 있다. 최종적으로 101개의 두음을 2분에 쓸 수 있고, 모두 풀어 쓴다 해도 5분을 초과하지 않는다. 그렇다면 합격권에 한층 가까워졌음을 의미한다.

Chapter 2 ISMS-P 인증기준 통합의 방향성

인증기준 신규비교표
기존의 ISMS, PIMS 심사원 또는 공부하였던 분들은 KISA ISMS홈페이지(https://isms.kisa.or.kr/)에 올라온 ISMS-P 인증기준과 개정 전 인증기준 비교표를 참조하기 바란다.
처음 학습하는 분들은 새로운 기준으로 시작하면 되니, 참고할 필요는 크게 없을 듯하다.

기존의 ISMS와 PIMS를 통합한 가장 중요한 방향은 단순화, 효과성 강화, 신기술 대응, 개인정보보호 강화로 볼 수 있다.

첫째, 인증기준 통합이다. ISMS 104개, PIMS 86개의 인증기준 중 유사한 항목을 단일화시켜 102개로 통합하였다. 또한 비슷한 부류의 여러 개의 인증기준을 하나로 통합하였다. 이후 2023년 9월 개인정보보호법 개정시행으로 인해 인증기준은 101개로 변경되었다.

둘째, 명확한 현황관리를 요구한다. 즉, 현황관리를 통한 관리체계의 강화이다. 정보서비스 및 개인정보 처리 현황, 외부자 현황 등 현황자료를 리스트업하고, 주기적으로 현행화할 것을 요구하고 있다.

셋째, 신기술의 추가이다. 클라우드의 도입 활성화에 따른 클라우드 보안 인증기준을 신설하였다. 클라우드는 사용이 용이하지만, 보안이 허술하면 보안사고의 파급효과가 큰 점이 별도의 인증기준 추가 이유로 보인다.

마지막으로, 개인정보 강화이다. 개인정보보호에 대한 관심이 높아지고, 정보주체의 개인정보 자기결정권을 높이는 추세에 따라, 보다 명확하고 엄격한 개인정보 관련 인증기준이 추가되었다.

이제 인증기준이 단순화되고, 명확해졌기 때문에 인증기준을 선택하는 데에 따른 모호함이 상당부분 줄어들 것이다.

인증기준 통합 배경
인증기준 통합은 정보보호 관리체계 구축과 인증심사의 효율성과 효과성을 증대시키기 위함이다.
ISMS와 PIMS 인증을 동시에 받는 신청기관의 경우에는 비용과 시간을 거의 반으로 줄일 수 있게 되었다.

1 인증기준 통합

ISMS, PIMS, ISMS-P 인증기준 항목 수 비교

구분	ISMS	PIMS	ISMS-P(통합)
인증기준 항목	104개	86개	101개(80개 + 21개)
내용	기술적, 물리적 보안조치를 포함한 종합관리체계 인증	개인정보를 안전하게 관리하는 기업에 주는 인증제도	정보보호, 개인정보보호를 통합해 관리하는 인증체계
소관부처	과기정통부	방통위, 행안부	개보위, 과기정통부 공통

▶ ISMS, PIMS를 합치고도 인증 갯수는 오히려 줄어 들었다.

대폭 통합된 인증기준 사례

항목		(개정 전)ISMS 인증기준	(개정 전)PIMS 인증기준
1.1.5	정책 수립	(관)1.1 정보보호정책의 수립 (보)1.1.1 정책의 승인 (보)1.1.2 정책의 공표 (보)1.2.2 정책시행 문서수립 (보)10.1.1 접근통제 정책 수립 (보)11.1.1 운영절차 수립	(관)1.1.1 정책의 수립 (보)8.1.1 접근통제 정책 수립 (보)8.4.1 운영절차 수립

▶ 기존의 ISMS 인증기준 6개가 ISMS-P 인증기준 1개로 대폭 통합되었다.

2 명확한 현황 관리 요구

현황 관리 관련 인증기준

항목		(구)ISMS 인증기준	(구)PIMS 인증기준
1.2.1	현황 및 흐름분석	NEW	(관)2.1.2 개인정보 흐름파악
2.3.1	외부자 현황 관리	NEW	NEW

▶ 현황 관리 관련한 인증기준이 별도로 신설되었다.

3 신기술 추가

항목		(구)ISMS 인증기준	(구)PIMS 인증기준
2.10.2	클라우드 보안	NEW	NEW
2.10.4	전자거래 및 핀테크 보안	NEW	NEW

▶ 클라우드 보안과 핀테크 보안이 신기술 인증기준으로 별도 신설되었다.

현황 관리 신설 배경
정보보호 관리체계 현황을 문서나 시스템 기반으로 체계적으로 관리할 것을 요구한다. 현황에 대한 식별, 법적 요구사항 반영, GAP분석을 통한 개선, 최신 현행화 등이 제대로 이루어지지 않은 점을 개선하기 위함이다.

신기술 추가 배경
클라우드 활성화, 핀테크 적용에 항상 이슈가 되었던 보안 문제를 인증기준으로 넣어 클라우드의 보안성을 높이고, 활성화에 기여하기 위함이다.

개인정보 강화 배경
클라우드, 빅데이터, 인공지능 등의 신기술을 활용한 개인정보 처리 시 정보주체 식별로 인한 피해를 최소화하였다. 또한 개인정보 동의 철회 내용을 추가하여 정보주체의 자기결정권을 강화하였다. 기존에는 동의 철회 미흡 시 개인정보보호법 법적 요구사항이 미흡할 때 법적 준거성 쪽에 인증기준을 적용하였다면, 이제 새로운 인증기준을 적용할 수 있게 되었다.

4 개인정보보호 강화

항목		(구)ISMS 인증기준	(구)PIMS 인증기준
3.1.7	마케팅 목적의 개인 정보 수집·이용	NEW	NEW
3.2.3	이용자 단말기 접근 보호	NEW	NEW
3.2.5	가명정보처리	NEW	NEW
3.4.2	처리목적 달성 후 보유 시 조치	NEW	NEW
3.5.2	정보주체 권리보장	NEW	(생)6.1.4 권리행사의 방법 및 절차 (생)6.1.1 개인정보 열람 (생)6.1.2 개인정보 정정, 삭제 (생)6.1.3 개인정보 처리 정지 NEW 정보유통 보호대책 NEW 개인정보 동의 철회

▶ 2023년 9월 개인정보보호법 개정으로 인해 3.2.3 개인정보 표시제한 및 이용 시 보호조치 항목은 2.6.3 응용프로그램 접근 항목과 통합되었으며, 3.4.3 휴면 이용자 관리항목은 삭제되었다. 또한 3.2.5 가명정보 처리 항목을 신설해 가명정보 처리에 대한 인증기준을 마련하였다.

Chapter 3 정보보호 관리체계의 의의

1 정보보호 관리체계

기업의 자산은 부동산, 인력 등의 유형 자산이나 기업 중요정보, 가입자 등의 무형 자산이 있다. 물론 제조업을 영위하는 회사의 경우 유형자산을 중요 시하지만, 최근에는 비즈니스 생태계에서 개인정보나 중요정보 등을 직·간접적으로 활용하기 때문에 무형의 정보자산의 중요성이 높아지고 있다. 이러한 정보자산 보호를 위해 정보보호, 특히 정보의 기밀성, 무결성, 가용성을 확보해야 한다. 정보보호 거버넌스 관점에서 조직, 프로세스, 시스템을 종합한 정보보호 관리체계 구축이 필수적이다. ISMS-P 인증심사는 기업의 어두운 점을 들추어 내어 면박을 주는 용도가 아니라 비즈니스 영속성을 확보하기 위해 취약점을 진단하고, 개선하는 데 의의가 있다. 따라서 기업은 정보보호 관리체계 상의 취약한 면을 무턱대고 감추는 것이 아니라 오히려 정보보호 수준 제고를 위해 마음을 열고, 현황을 공유해야 한다.

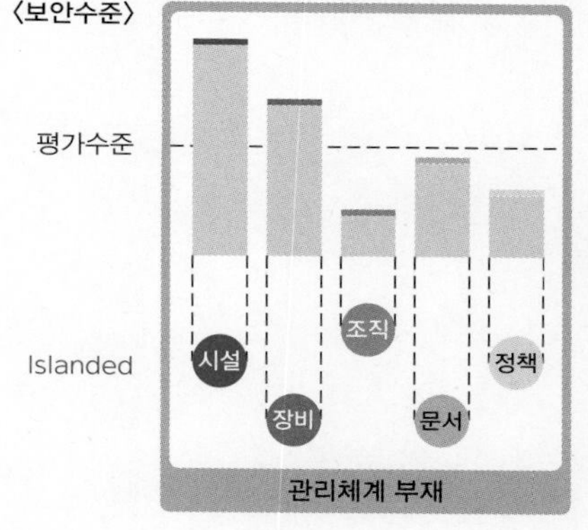

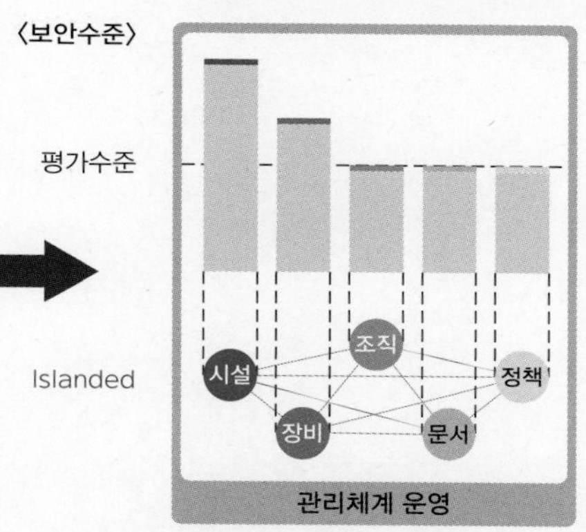

(출처 : ISMS 인증심사원 양성교육, KISA)

2 국내 ISMS의 근간이 되는 국제 표준

정보보호 관리체계는 1998년 영국에서 수립된 BS7799-2(정보보호관리 규격)를 기초로 하여, ISO(국제표준기구)와 IEC(국제전기기술위원회)를 통해 ISO/IEC 27001로 2005년 10월 15일 국제표준이 되었다. 대한민국의 방송통신위원회는 국제표준을 국내 IT 환경에 적합한 K-ISMS 인증기준을 정보보호 전문기관인 한국인터넷진흥원과 개발하였고, 정보통신망법 제47조(정보보호 관리체계의 인증)의 법적 근거를 시행하고 있다.

개선과 개선으로 진화! ISMS 핵심 사상 PDCA

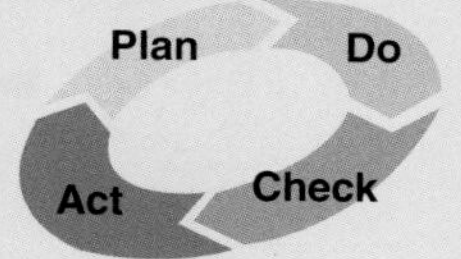

계획 – 실행 – 진단 – 개선을 반복하며 정보보호 관리체계의 품질을 높일 수 있다.

한국형 정보보호 관리체계(ISMS-P)의 탄생

bsi. BS 7799

국내 IT 환경에 최적화한 가장 정교하고, 명확한 정보보호관리체계(ISMS) 인증 표준인 ISMS-P가 당당히 탄생하였다.

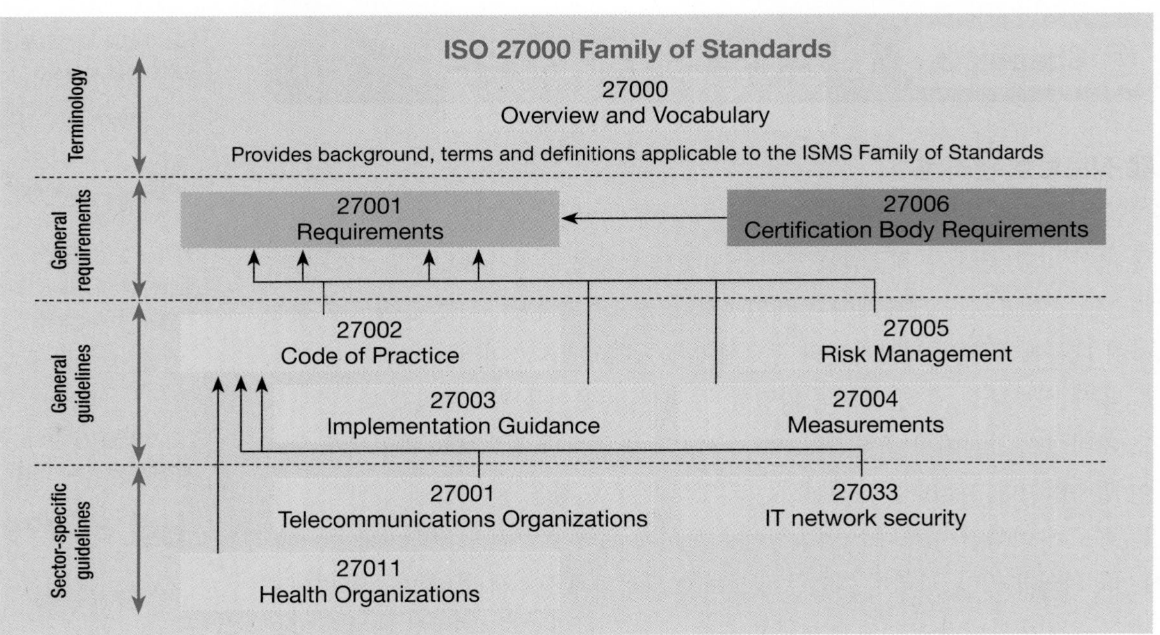
ISO 27000 Family of Standards
Terminology
General requirements
General guidelines
Sector-specific guidelines
27000
Overview and Vocabulary
Provides background, terms and definitions applicable to the ISMS Family of Standards
27001
Requirements
27006
Certification Body Requirements
27002
Code of Practice
27005
Risk Management
27003
Implementation Guidance
27004
Measurements
27001
Telecommunications Organizations
27033
IT network security
27011
Health Organizations

Chapter 4 ISMS-P 인증기준 요약

1 관리체계 수립 및 운영

ISMS-P의 관리체계 수립 및 운영 영역은 관리체계 기반 마련, 위험 관리, 관리체계 운영, 관리체계 점검 및 개선의 4개 분야 16개 인증기준으로 구성되어 있다. 관리체계 인증기준항목은 ISMS와 ISMS-P가 동일하며, 필수항목으로 모두 포함되어야 한다. 이러한 관리체계 수립 및 운영은 정보보호 및 개인정보보호 관리체계를 운영하는 동안 Plan, Do, Check, Act의 사이클에 따라 지속적이고 반복적으로 실행되어야 한다.

1.1 관리체계 기반 마련	1.3 관리체계 운영
1.2 위험 관리	1.4 관리체계 점검 및 개선

2 보호대책 요구사항

정보보호 관리체계가 상위 수준의 관리적인 절차라고 본다면, 보호대책 요구사항은 정보보호 관리체계가 실제로 관리적, 기술적, 물리적으로 구현되고 유지관리 대책을 이행하는 것이다. 보호대책은 법규의 변화와 보안사고 발생 등으로 정보보호 트렌드를 반영하여 제·개정이 된 부분이다. 신청기관의 기업 규모나 비즈니스 특성에 따라 공식적인 절차를 거쳐 인증기준을 취사선택할 수 있다. 또한 클라우드 서비스를 이용할 경우 위탁업체가 관리하는 해당 보안 영역에 대해서는 공식 문서를 통해 인증기준을 예외로 적용할 수도 있다.

2.1 정책, 조직, 자산 관리	2.7 암호화 적용
2.2 인적 보안	2.8 정보시스템 도입 및 개발 보안
2.3 외부자 보안	2.9 시스템 및 서비스 운영관리
2.4 물리 보안	2.10 시스템 및 서비스 보안관리
2.5 인증 및 권한관리	2.11 사고 예방 및 대응
2.6 접근통제	2.12 재해복구

(바른 뜻) 체계, 대책, 조치, 과제

1. 체계(體系)
- 일정한 원리에 따라서 낱낱의 부분이 짜임새 있게 조직되어 통일된 전체

2. 대책 (對策)
- 어떤 일에 대처할 계획이나 수단

3. 조치(措置)
- 벌어지는 사태를 잘 살펴서 필요한 대책을 세워 행함. 또는 그 대책

4. 과제(課題)
- 처리하거나 해결해야 할 문제

(출처 : 표준 국어대사전)

정보보호 위반 시 처벌

1. 법규 위반 시 처벌
- ISMS-P와 관계 없이 개인정보보호법이나 정보통신망법 또는 그 외의 법을 위반한 경우 사안의 경중에 따라 벌금, 과징금, 과태료 등의 처벌을 받게 된다. 처벌 수위가 가장 무겁고 심각하다고 볼 수 있다.

2. 내규 위반 시 처벌
- 내규 위반 시 기업의 정보보호 정책, 규정 등 위반 시 처벌 규정에 따라 처벌을 받게 된다. 실질적인 손해배상이 명시되어 있는 경우가 많으나, 일반적으로 해고 정도의 징계가 가장 강하다고 볼 수 있다.

3. 인증 위반 시 처벌
- ISMS 인증 의무 대상자가 인증심사를 신청하지 않거나, 결함 미조치로 인증을 취득하지 않으면 3천만 원의 경미한 과태료가 주어진다. 하지만 대부분이 법적 요구사항과 관련이 있으므로 법규 위반과 동일한 처벌 수위가 주어지기도 한다.

3 개인정보 처리 단계별 요구사항

개인정보 처리 단계별 요구사항은 ISMS-P의 개인정보 영역에 해당하는 인증기준이다. 현대 사회에서 강조되고 있는 개인의 인권에 관한 사항 중 개인정보의 중요성이 날로 증대되고 있다. 개인을 식별하는 것에서 가치가 발생하기도 하고, 인권이 침해되기도 한다. 이러한 사항들로부터 정보주체의 권리를 보장하기 위하여 개인정보 처리 전 과정에 걸쳐 보호대책을 수립해야 한다. 일반적인 정보보호 대책 구현이 2. 보호대책 요구사항이라면 개인정보의 처리에 관한 보호조치가 이에 해당한다.

3.1 개인정보 수집 시 보호조치	3.4 개인정보 파기 시 보호조치
3.2 개인정보 보유 및 이용 시 보호조치	3.5 정보주체 권리보호
3.3 개인정보 제공 시 보호조치	-

결함 보고서
심사원은 심사 기간 동안 서면심사, 인터뷰, 현장실사를 통해 정보보호 관리체계 또는 보호대책에서의 결함을 발견하고 보고서를 작성해야 한다.
보고서 작성은 필기 시험이 끝나면 합격자에 한해 인증심사원 양 성과정의 집체 교육을 받고, 마지막 날에 실기 시험에서 작성하게 된다.

결함 보고서 내용 숙지
필기 시험에서도 결함보고서를 종종 볼 수 있다. 결함보고서를 보고 인증기준을 잘못 선정한 경우나 작성상의 오류 등을 파악할 수 있어야 한다.

4 인증심사 결함 보고서 (예시)

ISMS-P 인증심사는 2가지의 큰 과제가 있다. 첫째는 현황 파악이다. 둘째는 결함 도출이다. 마지막으로 현황과 결함에 대해 결함 보고서를 작성하는 것이 인증심사의 핵심이다. 결함 보고서는 현황과 결함 내용에 대한 전문적인 지식이 없는 누구라도 이해할 수 있도록 쉽고, 정확하게 작성해야 한다. 결함보고서에 대한 형식을 이해하고, 핵심 포인트를 인지하고 있어야 한다.

1. 인증심사 기본 정보
- 인증 유형(ISMS/ISMS-P), 일자, 회사, 담당자

결함 보고서				
기록일자	2023 년 3 월 24 일		신청기관	좋은 회사
인증범위	구분	결함유형	인증범위명	기관 확인자
	ISMS	결함	좋은 쇼핑몰 운영	박팀장 (인)
심사원명	홍 길 동 (인)			
관계부서	정보보안팀, 좋은서비스팀 등			

2. 결함 중대성
- 중결함 : 중대한 결함
- 결함 : 일반적인 결함
- 권고 : 경미한 결함

관련조항	(보호대책) 2.5 사용자 계정 관리
관련 근거	◇ (인증기준) 정보시스템과 개인정보 및 중요정보에 대한 비인가 접근을 통제하고 업무목적에 따른 접근권한을 최소한으로 부여할 수 있도록 사용자 등록·해지 및 접근권한 부여·변경·말소 절차를 수립·이행하고, 사용자 등록 및 권한부여 시 사용자에게 보안책임이 있음을 규정화하고 인식시켜야 한다. ◇ (법령) OOO 법 제OO조(OOO) (OOOO.O.O) ※ 필요시 작성 필요시 간단히 서술 ◇ (내부규정) OO 지침 제6조(OOO) (2020.1.5) ※ 필요시 작성 필요시 간단히 서술
운영현황 및 결함내역	◇ (운영현황) 정보시스템 사용자에게 계정을 부여하고 있음 ◇ (결함내역) 사용자 계정 관리에 일부 미흡한 사항이 발견됨 • 사용이력이 없는 7개의 계정이 존재함 • 본사에 상주 중인 외부업체가 사용하는 관제용 계정에 대한 계정 관리가 미흡함 – 관제용 계정을 미리 만들어 두고, 아웃소싱 업체 관제팀장이 부여하여 사용하고 있음 ◇ (조치사항) 정보시스템의 사용자 계정 관리가 이루어 질 수 있도록 관리 절차를 검토 및 개선하여야 함
근거목록	•「계정관리 지침」(2020. 1. 5.) • OOO 계정관리 시스템

3. 인증기준

4. 결함에 대한 정황을 구체적으로 작성

5. 결함의 근거가 되는 문서 또는 증적 자료

(심화) 결함 보고서 작성 시 주의사항

결함 보고서는 다음을 사항들을 준수해야 잘 된 보고서가 될 수 있다.

1. 인증기준 선정
- 해당되는 인증기준을 선정하고, 취약한 부분을 담백하게 기술

2. 명확한 근거 제시
- 법규, 내규, 인증기준

3. 구체적 운영 정황 서술
- 대상 시스템, 대상자, IP 주소 등

4. 대안 제시가 아닌 문제 도출
- 기준을 만족하면, 프로세스나 솔루션을 명시하는 것은 지양

5. 문서 품질
- 보고서용 문어체와 자구 사용
- 폰트, 정렬, 표 등 문서 품질 확보

1.1.1 요건 수준
Level 2. 내규 수준
1. 법규 : 미해당
2. 내규 : 해당
3. 인증기준 : 해당
4. 위험평가 : 해당

유사 인증기준
1.1.2 최고책임자의 지정
1.1.3 조직 구성
1.1.5 정책 수립
1.1.6 자원 할당
1.1.2 CEO가 ISMS-P 전반에 경영진 참여 위한 의사결정 체계를 수립
1.1.3 CEO가 ISMS-P 구현을 위한 실무조직, 정보 보호위원회, 실무 협의체를 구성
1.1.5 정보보호와 정책 및 시행문서를 수립하여 경영진 승인을 받고, 임직원에게 전달
1.1.6 최고경영자는 정보보호 전문성을 갖춘 인력을 확보하고, 관리체계를 위한 예산 및 자원을 할당

역할 및 책임 문서화, 보고체계

항목	1.1.1 경영진의 참여
인증기준	최고경영자는 정보보호 및 개인정보보호 관리체계의 수립과 운영활동 전반에 경영진의 참여가 이루어질 수 있도록 보고 및 의사결정 체계를 수립하여 운영하여야 한다.
주요 확인사항	1) 정보보호 및 개인정보보호 관리체계의 수립 및 운영활동 전반에 경영진의 참여가 이루어질 수 있도록 보고 및 의사결정 등의 책임과 역할을 문서화하고 있는가?
	2) 경영진이 정보보호 및 개인정보보호 활동에 관한 의사결정에 적극적으로 참여할 수 있는 보고, 검토 및 승인 절차를 수립·이행하고 있는가?
관련 법규	• 해당사항 없음
증적 자료 등 준비사항	• 정보보호 및 개인정보보호 보고 체계(의사소통계획 등) • 정보보호 및 개인정보보호 위원회 회의록 • 정보보호 및 개인정보보호 정책·지침(경영진 승인내역 포함) • 정보보호계획 및 내부관리계획(경영진 승인내역 포함) • 정보보호 및 개인정보보호 조직도
결함사례	• 정보보호 및 개인정보보호 정책서에 분기별로 정보보호 및 개인정보보호 현황을 경영진에게 보고하도록 명시하였으나, 장기간 관련 보고를 수행하지 않은 경우 • 중요 정보보호 활동(위험평가, 위험수용수준 결정, 정보보호대책 및 이행계획 검토, 정보보호대책 이행결과 검토, 보안감사 등)을 수행하면서 관련 활동관련 보고, 승인 등 의사결정에 경영진 또는 경영진의 권한을 위임 받은 자가 참여하지 않았거나 관련 증적이 확인되지 않는 경우
결함예시	정보보안업무 추진계획, 개인정보보호 추진계획 등을 작성하였으나 정보보호 부서 내부에서만 관리되고 있으며, 경영진 또는 권한을 위임 받은 자가 최종 결재가 되어 있지 않거나, 보고되어 있지 않은 경우

1 인증기준 취지

1.1.1 경영진의 참여는 ISMS-P에 경영진 참여를 의무화한 인증기준이다. 경영진, CISO의 R&R(Role & Responsibility, 책임과 역할)에 정보보호 활동에 참여가 문서화되어야 하고, 경영진이 의사결정에 참여할 수 있는 보고체계, 즉 의사소통체계를 갖추도록 해야 한다.

2 인증기준 상세

확인사항	요구 사항	관련 사항
경영진 참여 위한 책임 및 역할 문서화	• 정보보호 및 개인정보보호 관리체계의 수립 및 운영활동 전반에 경영진의 참여가 이루어 질 수 있도록 보고 및 의사결정 등의 책임과 역할을 문서화하여야 함	• 정보보호, 개인정보보호 정책의 제·개정, 위험관리, 내부감사 등 관리체계 운영의 중요 사안에 대하여 경영진의 참여할 수 있도록 활동의 근거를 정보보호 및 개인정보보호 정책 또는 시행문서에 명시
경영진 참여 위한 의사소통 절차 수립·이행	• 경영진이 정보보호 및 개인정보보호 활동에 관한 의사결정에 적극 적으로 참여할 수 있는 보고, 검토 및 승인 절차를 수립·이행하여야 함	• 정보보호 및 개인정보보호 관리체계 내 경영진이 참여하는 중요한 활동을 정의하고 그에 따른 보고 체계 마련 – 정기·비정기 보고, 위원회 참여 등 • 경영진이 효과적으로 관리체계 수립·운영에 참여할 수 있도록 조직의 규모 및 특성에 맞게 보고 및 의사결정 절차, 대상, 주기 등 결정 • 수립된 내부절차에 따라 정보보호 및 개인정보보호 관리체계 내 주요 사항에 대하여 경영진이 보고를 받고 의사결정에 참여

체계·절차 관련 인증기준
정보보호 관리체계에는 체계수립과 관련된 인증기준이 많다. 1.1.1 경영진의 참여, 2.1.2 조직의 유지관리가 이에 해당된다. 이러한 인증기준은 다음 네 가지를 충족해야 한다.
1. 문서화 여부
2. 문서화의 적절성
3. 문서대로 수행 여부
4. 수행에 따른 문서 개선

1. 관리체계 수립 및 운영 ▶ 1.1. 관리체계 기반 마련

CISO, CPO 공식지정, 자격요건

항목	1.1.2 최고책임자의 지정
인증기준	최고경영자는 정보보호 업무를 총괄하는 정보보호 최고책임자와 개인정보보호 업무를 총괄하는 개인정보보호 책임자를 예산·인력 등 자원을 할당할 수 있는 임원급으로 지정하여야 한다.
주요 확인사항	1) 최고경영자는 정보보호 및 개인정보보호 처리에 관한 업무를 총괄하여 책임질 최고책임자를 공식적으로 지정하고 있는가? 2) 정보보호 최고책임자 및 개인정보보호책임자는 예산, 인력 등 자원을 할당할 수 있는 임원급으로 지정하고 있으며 관련 법령에 따른 자격요건을 충족하고 있는가?
관련 법규	• 개인정보보호법 제29조(안전조치의무), 제31조(개인정보보호책임자의 지정) • 정보통신망법 제45조의3(정보보호 최고책임자의 지정 등) • 개인정보의 안전성 확보조치 기준 제4조(내부관리계획의 수립·시행 및 점검)

1.1.2 요건 수준
Level 1. 법규 수준
1. 법규 : 개보법, 망법
2. 내규 : 해당
3. 인증기준 : 해당
4. 위험평가 : 해당

항목	1.1.2 최고책임자의 지정
증적 자료 등 준비사항	• 정보보호 최고책임자 및 개인정보보호책임자 임명관련 자료(인사명령, 인사카드 등) • 정보보호 및 개인정보보호 조직도 • 정보보호 및 개인정보보호 정책·지침 • 직무기술서(정보보호 최고책임자 및 개인정보보호책임자의 역할 및 책임에 관한 사항) • 정보보호 최고책임자 지정 내역 • 내부관리계획(개인정보보호책임자 지정에 관한 사항)
결함사례	• 정보통신망법에 따른 정보보호 최고책임자 지정 및 신고 의무 대상자임에도 불구하고 정보보호 최고책임자를 지정 및 신고하지 않은 경우 • 개인정보 보호와 관련된 실질적인 권한 및 지위를 보유하고 있지 않은 인원을 개인정보 보호 책임자로 지정하고 있어, 개인정보 처리에 관한 업무를 총괄해서 책임질 수 있다고 보기 어려운 경우 • 조직도상에 정보보호 최고책임자 및 개인정보 보호책임자를 명시하고 있으나, 인사발령 등의 공식적인 지정절차를 거치지 않은 경우 • ISMS 인증 의무대상자이면서 전년도 말 기준 자산총액이 5천억 원을 초과한 정보통신서비스 제공자이지만 정보보호 최고책임자가 CIO를 겸직하고 있는 경우
결함예시	CISO겸직금지에 해당되는 기업에서 CISO가 퇴사후 공석인 상태에서 CIO를 CISO와 겸직으로 임명하여 운영하고 있는 경우

유사 인증기준

1.1.1 경영진의 참여
1.1.3 조직 구성
1.1.5 정책 수립
2.2.1 주요 직무자 지정 및 관리
3.5.1 개인정보처리방침 공개
1.1.1 CEO가 ISMS-P 전반에 경영진 참여 위한 의사결정 체계를 수립
1.1.3 CEO가 ISMS-P 구현을 위한 실무조직, 정보 보호위원회, 실무 협의체를 구성
1.1.5 정보보호와 정책 및 시행문서를 수립하여 경영진 승인을 받고, 임직원에게 전달
2.2.1 개인정보, 시스템 접근 등 주요 직무의 기준과 관리방안을 수립하고, 직무자를 지정하여 목록을 최신으로 관리
3.5.1 개인정보의 처리에 필요한 사항을 포함하여 개인정보처리방침을 수립하고, 정보주체가 쉽게 확인할 수 있도록 공개하고 현행화

정보보호 최고 책임자(CISO)의 업무

정보통신망법 제43조3(정보보호 최고책임자의 지정 등) 제4항

1. 정보보호 계획의 수립·시행 및 개선
2. 정보보호 실태와 관행의 정기적인 감사 및 개선
3. 정보보호 위험의 식별 평가 및 정보보호 대책 마련
4. 정보보호 교육과 모의 훈련 계획의 수립 및 시행

1 인증기준 취지

1.1.2 최고책임자의 지정은 최고경영자(CEO)가 조직 내 정보보호와 개인정보보호 관리 활동을 총괄하는 정보보호 최고책임자(CISO), 개인정보보호책임자(CPO)를 인사발령 등의 절차를 통해 공식적으로 지정하도록 한 인증기준이다. 당연직의 경우 정보보호 및 개인정보 정책서에 그 직위를 명시해야 한다. 이때 반드시 최고책임자에 지정에 관한 법적 자격요건을 확인해야 한다. 법적 기준에 해당하는 경우 관계기관에 신고하고, 최고책임자의 업무를 정책 문서 등에 명시하여야 한다.

2 인증기준 상세

확인사항	요구 사항	관련 사항
최고경영자는 CISO, CPO를 공식적 지정	• 최고경영자는 조직 내에서 정보보호 및 개인정보보호 관리 활동을 총괄하여 책임질 수 있는 정보보호 최고책임자 및 개인정보 보호책임자를 인사발령 등의 절차를 통해 공식적으로 지정	• 정보보호 최고책임자 및 개인정보 보호책임자는 인사발령 등을 통해 공식적으로 임명하여야 하며, 당연직의 경우 정보보호 및 개인 정보보호 정책서에 그 직위를 명시하여야 함

확인사항	요구 사항	관련 사항
임원급 지정 및 법령 자격 요건 충족	• CISO, CPO는 예산, 인력 등의 자원을 할당할 수 있는 임원급으로 지정하고, 법령에 따른 자격 요건을 충족해야 함	• CISO 및 CPO는 조직의 정보보호 및 개인 정보보호 업무를 실질적으로 총괄할 수 있 도록 관련 지식 및 소양이 있는자로서 예산, 인력 등 자원을 할당할 수 있는 임원급으로 지정 • 정보보호 최고책임자(CISO) 지정에 대한 법적 요건 준수 필요 ▶ 3 참조 – 정보통신망법에 정하는 기준(종업원수, 이용자수)에 해당하는 정보통신서비스 제공자 는 과기정통부장관에게 신고 ▶ 4 참조 – 자산, 매출액 등 대통령령 정하는 기준 해당 정보통신 서비스 제공자의 경우 CISO는 CISO 업무 외의 다른 업무 겸직 금지 – 개인정보보호책임자(CPO) 지정에 대한 법적 요건 준수필요(시행령 개정 2024.3.15.) ▶ 5 6 참조

3 정보보호 최고책임자 지정요건(정보통신망법 시행령 제36조의7 제1항)

정보통신서비스 제공자	지정 요건
• 자본금 1억원 이하인 자 • 소기업 • 중기업으로서 전기통신사업자, 정보보호 관리체계 인증을 받아야 하는 자, 개인정보 처리방침을 공개해야 하는 개인정보처리자, 통신판매업자가 아닌 자	• 사업주 또는 대표자
• 직전 사업연도 말 기준 자산총액이 5조원 이상인 자 • 법 제47조제2항에 따라 정보보호관리체계 인증을 받아야 하는 자 중 직전 사업연도 말 기준 자산 총액이 5천억원 이상인 자	• 이사(「상법」 제401조의2 제1항 제3호에 따른 자와 같은 법 제408조의 2에 따른 집행임원을 포함) ※ 겸직 제한 요건 준수 필요(아래 업무 외 겸직금지) 가. 「정보보호산업의 진흥에 관한 법률」에 따른 정보보호 공시에 관한 업무 나. 「정보통신기반 보호법」에 따른 정보보호책임자의 업무 다. 「전자금융거래법」에 따른 정보보호최고책임자의 업무 라. 「개인정보 보호법」에 따른 개인정보 보호책임자의 업무 마. 그 밖에 이 법 또는 관계 법령에 따라 정보보호를 위하여 필요한 조치의 이행
• 그밖에 위 사항에 해당하지 않는 자	• 사업주 또는 대표자 • 이사(「상법」 제401조의2 제1항 제3호에 따른 자와 같은 법 제408조의 2에 따른 집행임원을 포함) • 정보보호 관련 업무를 총괄하는 부서의 장

4 정보보호 최고책임자(CISO) 지정 및 과기정통부 장관에게 신고 기준

원칙적으로 아래의 신고의무 제외 대상자를 제외하고 정보보호 필요성이 큰 '중기업' 이상의 정보통신서비스 제공자

CISO 신고의무 제외 대상자	관련 근거
1. (자본금 1억원 이하) **자본금이 1억원 이하인 정보통신서비스 제공자**	정보통신망 이용촉진 및 정보보호 등에 관한 법률 시행령 제36조의7(정보보호 최고책임자의 지정 및 겸직금지 등)
2. (소기업) **중소기업법 제2조제2항에 따른 소기업**	
3. (중기업 일부) **전기통신사업자, 정보보호 관리체계 인증을 받아야 하는 자, 개인정보처리자, 통신판매업자중 어느 하나에 해당하지 않는 자** ※ 전기통신사업자 중 소기업과 단순 안내·홍보 위주의 홈페이지만 운영하고 있던 중기업 규모의 제조기업 등은 신고의무에서 제외	

개인정보보호책임자(CPO)의 업무

개인정보보호법 시행령 제32조

1. 개인정보보호 계획의 수립 및 시행
2. 개인정보 처리 실태 및 관행의 정기적인 조사 및 개선
3. 개인정보 처리와 관련한 불만의 처리 및 피해 구제
4. 개인정보유출 및 오·남용 방지를 위한 내부통제 시스템 구축
5. 개인정보보호 교육 계획의 수립 및 시행
6. 개인정보파일의 보호 및 관리·감독
7. 그 밖에 개인정보의 적절한 처리를 위하여 대통령령으로 정한 업무

5 개인정보보호 보호책임자(CPO) 지정

구분	개인정보보호책임자(CPO)
민간기업	• 사업주 또는 대표자, 임원(임원이 없는 경우 개인정보 처리업무 담당 부서장)
	• 임원, 개인정보보호와 관련하여 이용자의 고충처리 담당 부서장 ※ 상시 종업원 5명 미만 시 정보통신서비스 제공자는 CPO 지정하지 않을 수 있으며 대표자가 CPO가 됨
공공기관	• 국회, 법원, 헌법재판소, 중앙선거관리위원회의 행정사무를 처리하는 기관 및 중앙행정기관 : 고위공무원단에 속하는 공무원
	• 정무직공무원을 장(長)으로 하는 국가기관 : 3급 이상 공무원
	• 고위공무원, 3급 공무원 또는 그에 상당하는 공무원 이상의 공무원을 장으로 하는 국가기관 : 4급 이상 공무원 또는 그에 상당하는 공무원
	• 기타 국가기관(소속기관 포함) : 해당기관의 개인정보 처리 업무 관련 업무 담당 부서장
	• 시·도 및 시·도 교육청 : 3급 이상 공무원 또는 그에 상당하는 공무원
	• 시·군 및 자치구 : 4급 이상 공무원 또는 그에 상당하는 공무원
	• 각급 학교 : 해당 학교 행정사무를 총괄하는 사람
	• 기타 공공기관 : 개인정보 처리 관련 업무를 담당하는 부서장

6 개인정보 보호책임자(CPO) 자격요건/대상 및 독립성 보장과 협의회의 사업 범위

자격 요건을 갖춘 CPO 의무 지정 대상	자격 요건
•「공공기관의 운영에 관한 법률」 제4조에 따른 공공기관 •「지방공기업법」에 따른 지방공사와 지방공단 • 특별법에 따라 설립된 특수법인 •「초·중등교육법」, 「고등교육법」, 그 밖의 다른 법률에 따라 설치된 각급 학교	• 개인정보보호 경력, 정보보호 경력, 정보기술 경력을 합하여 총 4년 이상 보유(개인정보보호 경력은 최소 2년 이상 보유하여야함)
CPO 독립성 보장 내용	
• 연간 매출액등이 1,500억원 이상인 자로서 다음 각 목의 어느 하나에 해당하는 자(제2조제5호에 따른 각급 학교 및 「의료법」 제3조에 따른 의료기관은 제외한다) 가. 5만명 이상의 정보주체에 관하여 민감정보 또는 고유식별정보를 처리하는 자 나. 100만명 이상의 정보주체에 관하여 개인정보를 처리하는 자 • 직전 연도 12월 31일 기준으로 재학생 수(대학원 재학생 수를 포함한다)가 2만명 이상인 「고등교육법」 제2조에 따른 학교 •「의료법」 제3조의4에 따른 상급종합병원 • 공공시스템운영기관	• 개인정보 처리와 관련된 정보에 대한 개인정보 보호책임자의 접근 보장 • 개인정보 보호책임자가 개인정보 보호 계획의 수립·시행 및 그 결과에 관하여 정기적으로 대표자 또는 이사회에 직접 보고할 수 있는 체계의 구축 • 개인정보 보호책임자의 업무 수행에 적합한 조직체계의 마련 및 인적·물적 자원의 제공

개인정보 보호책임자 협의회의 사업 범위
1. 개인정보처리자의 개인정보 보호 강화를 위한 정책의 조사, 연구 및 수립 지원 2. 개인정보 침해사고 분석 및 대책 연구 3. 개인정보 보호책임자 지정·운영, 업무 수행 현황 등 실태 파악 및 제도 개선을 위한 연구 4. 개인정보 보호책임자 교육 등 개인정보 보호책임자의 개인정보 보호 역량 및 전문성 향상 5. 개인정보 보호책임자의 업무와 관련된 국내외 주요 동향의 조사, 분석 및 공유 6. 그 밖에 개인정보처리시스템 등의 안전한 관리를 위해 필요한 사업

(두음) CPO 지정 요건

국법 헌중고
정3교3군4, 34학행

1. 국회, 법원, 헌법재판소, 중앙선관위 : 고위직공무원
2. 정무직 3급, 교육청 3급, 4. (시)군 및 자치구 : 4급, 3급 공무원:4급

(참고) 고위공무원단

1. 고위공무원단 제도
   - 중앙부처 실장(가급) 국장급(나급) 공무원 약 1,500여명으로 구성
2. 도입 배경
   - 중앙부처 실·국장급 공무원을 부처 칸막이 없이 범정부적 차원에서 적재적소에 활용하고 부처 간/민·관 간 개방과 경쟁을 확대
   - 신분과 연공서열 중심의 폐쇄적 계급제를 탈피하여 직무와 성과 중심으로 인사 관리함으로서 정부 경쟁력 향상 도모

실무조직, 정보보호, 개인정보보호위원회, 정보보호실무 협의체

항목	1.1.3 조직 구성
인증기준	최고경영자는 정보보호와 개인정보보호의 효과적 구현을 위한 실무조직, 조직 전반의 정보보호와 개인정보보호 관련 주요 사항을 검토 및 의결할 수 있는 위원회, 전사적 보호활동을 위한 부서별 정보보호와 개인정보보호 담당자로 구성된 협의체를 구성하여 운영하여야 한다.
주요 확인사항	1) 정보보호 최고책임자 및 개인정보보호책임자의 업무를 지원하고 조직 의 정보보호 및 개인정보보호 활동을 체계적으로 이행하기 위해 전문성 을 갖춘 실무조직을 구성하여 운영하고 있는가?
	2) 조직 전반에 걸친 중요한 정보보호 및 개인정보보호 관련사항에 대하여 검토, 승인 및 의사결정을 할 수 있는 위원회를 구성하여 운영하고 있는가?
	3) 전사적 정보보호 및 개인정보보호 활동을 위하여 정보보호 및 개인정보보호 관련 담당자 및 부서별 담당자로 구성된 실무 협의체를 구성하여 운영하고 있는가?
관련 법규	• 개인정보보호법 제29조(안전조치의무) • 개인정보의 안전성 확보조치 기준 제4조(내부 관리계획의 수립·시행 및 점검) • 개인정보의 기술적·관리적 보호조치 기준 제3조(내부관리계획의 수립·시행)
증적 자료 등 준비사항	• 정보보호 및 개인정보보호 위원회 규정/회의록 • 정보보호 및 개인정보보호 실무협의체 규정/회의록 • 정보보호 및 개인정보보호 조직도 • 내부관리계획 • 직무기술서
결함사례	• 정보보호 및 개인정보보호 위원회를 구성하였으나, 임원 등 경영진이 포함되어 있지 않고 실무부서의 장으로 구성되어 있어 조직의 중요 정보 및 개인정보보호에 관한 사항을 결정 할 수 없는 경우 • 내부 지침에 따라 중요 정보처리부서 및 개인정보처리부서의 장(팀장급)으로 구성된 정보보호 및 개인정보보호 실무협의체를 구성하였으나, 장기간 운영 실적이 없는 경우 • 정보보호 및 개인정보보호 위원회를 개최하였으나 연간 정보보호 및 개인정보보호 계획 및 교육계획, 예산 및 인력 등 정보보호 및 개인정보보호에 관한 주요 사항이 검토 및 의사결정 되지 않은 경우 • 정보보호 및 개인정보보호 관련 심의·의결을 위해 정보보호위원회를 구성하여 운영하고 있으나, 운영 및 IT보안 관련 조직만 참여하고 개인정보보호 관련 조직은 참여하지 않고 있어 개인정보보호에 관한 사항을 결정할 수 없는 경우
결함예시	XX기업에서 정보보호위원회를 개최시 의사결정이 불가능한 과장급 또는 사원들만 참석하고 있어 의사결정이 되지 않고 있는 경우

1 인증기준 취지

1.1.3 조직구성은 ISMS-P를 운영하기 위한 CISO, CPO, 실무 조직 구성에 관한 인증기준이다. 기업의 조직 규모, 업무 중요도 등 기업의 특성을 고려하여 ISMS-P 운영을 위한 실무 조직을 구성하여야 한다. 조직 구성의 근거를 정보보호 정책서 등에 명시하고, 전문성을 갖춘 구성원을 선발하여야 한다. 또한 조직 전반의 정보보호 관련 사항에 대하여 의사결정을 할 수 있는 위원회를 구성하여야 한다. 그리고 전사적인 ISMS-P 운영을 위해 정보보호조직과 부서별 담당자로 구성된 실무협의체로 구성하여야 한다. 중요한 보안 이슈가 있을 경우에는 정보보호 위원회로 의제를 상정하여 경영진 차원에서 처리될 수 있도록 해야 한다.

확인사항	요구 사항	관련 사항
ISMS-P 구축·운영 위한 실무 조직 구성	• 조직의 정보보호 및 개 인정보보호 관리체계를 구축·운영하기 위해 조직 구성의 근거를 정보보호 및 개인정보보호 정책서에 명시하고 전문성을 갖춘 실무조직을 구성하여 운영하여야 함	• CISO, CPO, 개인정보보호 실무 조직, 위원회 등 정보보호 및 개인정보보호 조직의 구성·운영에 대한 사항을 정책서, 내부관리계 획 등에 명시 • 실무조직 구성형태 및 규모는 조직 규모, 업무, 서비스 특성, 처리하는 (개인)정보 중요도, 민감도, 법제도 등 고려 ▶ 3 참조 • 실무조직은 전담조직 또는 겸임조직으로 구성할 수 있으나, 겸임조직으로 구성하더라 도 실질적인 역할을 역할 수행이 가능하도록 역할 및 책임을 공식적으로 부여 • 실무조직 구성원의 (개인)정보보호 전문성과 다양한 서비스 이해도 및 경험이 많은 직원으로 구성 – 관련 학위 및 자격증, 실무 경험, 관련 교육 이수 등
정보보호 관련 사항 의사결정 위한 정보보호 위원회 구성	• 조직 전반에 걸친 중요 한 정보보호 및 개인정 보보호 관련사항에 대하여 검토, 승인 및 의사결정을 할 수 있는 위원회를 구성하여야 함	• 정보보호위원회는 조직 내 이해관계를 대변하고 의사결정을 할 수 있도록 경영진, 임원, CISO, CPO 등 실질적인 검토 및 의사결정 권한이 있는 임직원으로 구성 • 정기 또는 수시로 위원회 개최 • 위원회는 조직 전반에 걸친 주요 (개인)정보보호 사안에 대한 검토, 승인 및 의사결정
정보보호 담당자 및 부서별 담당자로 구성된 실무 협의체 구성	• 전사적 정보보호 및 개인정보보호 활동을 위하여 정보보호 및 개인 정보보호 관련 담당자 및 부서별 담당자로 구성된 실무 협의체를 구성하여 운영하여야 함	• 조직의 규모 및 관리체계 범위 내 서비스의 중요도에 따라 실무 협의체 구성원, 조직체계 등을 결정 • 실무협의체에서 정보보호 및 개인정보보호 관련 사항에 대해 실무 차원에서 공유·조정·검토·개선하고, 의사결정 지원이 필요한 경우에는 위원회에 상정하여 논의

1.1.3 요건 수준

Level 1. 법규 수준
1. 법규 : 개보법
2. 내규 : 해당
3. 인증기준 : 해당
4. 위험평가 : 해당

유사 인증기준

1.1.1 경영진의 참여
1.1.6 자원 할당
1.1.1 주요 직무자 지정 및 관리
1.1.2 직무 분리
1.1.1 CEO가 ISMS-P 전반에 경영진 참여 위한 의사결정 체계를 수립
1.1.6. 최고경영자는 정보보호 전문성을 갖춘 인력을 확보하고, 관리체계를 위한 예산 및 자원을 할당
1.1.1 개인정보, 시스템 접근 등 주요 직무의 기준과 관리방안을 수립하고, 직무자를 지정하여 목록을 최신으로 관리
1.1.2 권한 오·남용 피해 예방을 위하여 직무 분리 기준을 수립하고, 직무 분리가 어려운 경우 보완대책 마련·이행

(심화) 정보보호조직 설계 기본 방향

1. 정보보호 조직 설계의 목표
   - 조직의 완전성, 감사 가능성, 통제 가능성 확보
2. 조직의 완전성
   - 정보의 기밀성, 무결성, 가용성 확보
3. 감사 가능성
   - 제3자가 수시로 용이하게 직원들의 통제 준수 또는 불법적 행위 점검 여부 확인 가능
4. 통제 가능성
   - 조직 부문들의 영역 안에서 자신들의 행위를 독립적으로 통제 가능 여부

정보보호조직 설명

우측의 정보보호조직을 보면, 정보보호 최고책임자와 개인정보보호책임자가 겸임하여 지정되어 있다. 감사업무를 담당하는 임원급의 감사 조직과 정보보호 관련 의사결정사항을 논의할 수 있는 정보보호 위원회가 임원급으로 구성되어 있다. 부서에 분야별로 정보보호 책임자와 개인정보 책임자가 지정된 것을 확인할 수 있다.

3 정보보호 위원회에서 검토 및 의사결정이 필요한 주요 사안 (예시)

1. 정보보호 및 개인정보보호 정책·지침의 제·개정
2. 위험평가 결과
3. 정보보호 및 개인정보보호 예산 및 자원 할당
4. 내부 보안사고 및 주요 위반사항에 대한 조치
5. 내부감사 결과 등

4 정보보호조직 예시

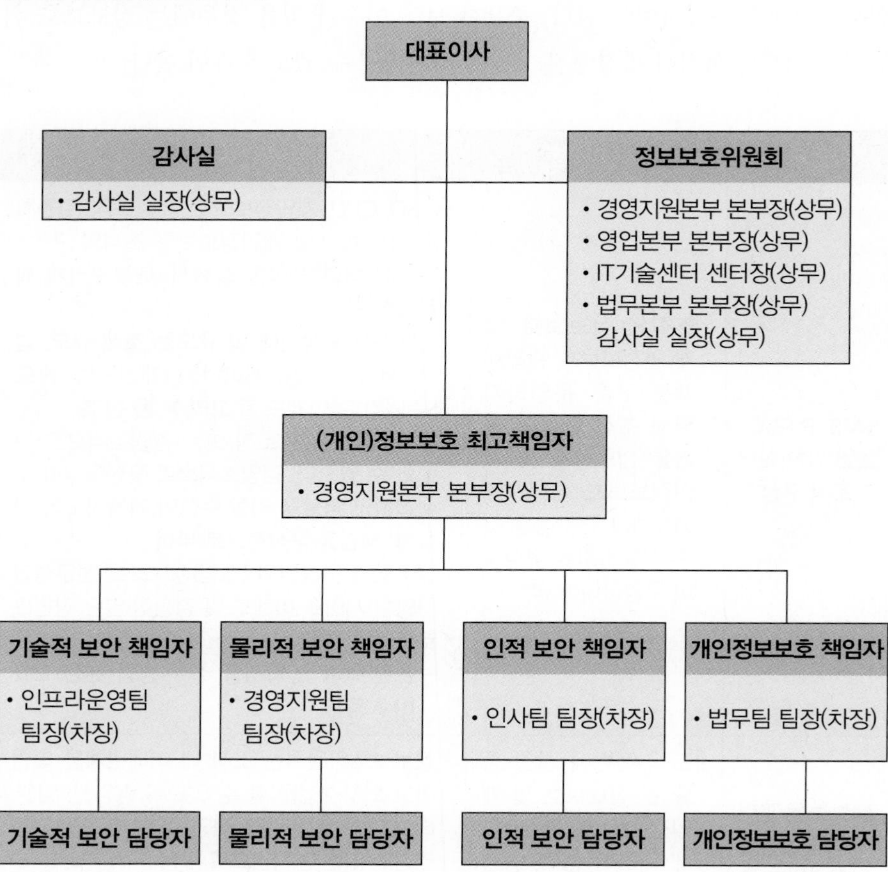

(출처 : ISMS 인증신청 가이드라인, KISA)

핵심자산, 예외사항 근거 관리, 문서화

항목	1.1.4 범위 설정
인증기준	조직의 핵심 서비스와 개인정보 처리 현황 등을 고려하여 관리체계 범위를 설정하고, 관련된 서비스를 비롯하여 개인정보 처리 업무와 조직, 자산, 물리적 위치 등을 문서화하여야 한다.
주요 확인사항	1) 조직의 핵심 서비스 및 개인정보 처리에 영향을 줄 수 있는 핵심자산을 포함하도록 관리체계 범위를 설정하고 있는가?
	2) 정의된 범위 내에서 예외사항이 있을 경우 명확한 사유 및 관련자 협의·책임자 승인 등 관련 근거를 기록·관리하고 있는가?
	3) 정보보호 및 개인정보보호 관리체계 범위를 명확히 확인할 수 있도록 관련된 내용(주요 서비스 및 업무 현황, 정보시스템 목록, 문서목록 등)이 포함된 문서를 작성하여 관리하고 있는가?
관련 법규	• 해당사항 없음
증적 자료 등 준비사항	• 정보보호 및 개인정보보호 관리체계 범위 정의서 • 정보자산 및 개인정보 목록 • 문서 목록 • 서비스 흐름도 • 개인정보 흐름도 • 전사 조직도 • 시스템 및 네트워크 구성도
결함사례	• 정보시스템 및 개인정보처리시스템 개발업무에 관련한 개발 및 시험 시스템, 외주업체직원, PC, 테스트용 단말기 등이 관리체계 범위에서 누락됨 • 정보보호 및 개인정보보호 관리체계 범위로 설정된 서비스 또는 사업에 대하여 중요 의사결정자 역할을 수행하고 있는 임직원, 사업부서 등의 핵심 조직(인력)을 인증범위에 포함하지 않은 경우 • 정보시스템 및 개인정보처리시스템 개발업무에 관련한 개발 및 시험 시스템, 개발자 PC, 테스트용 단말기, 개발조직 등이 관리체계 범위에서 누락된 경우
결함예시	OO기업은 ISMS인증 의무대상이나 심사시 OO기업에서 운영되는 모든 시스템은 클라우드를 기반으로 운영되고 있으나, 사내에서 운영중인 온프레미스 환경의 서버(DR용 백업서버, 로그서버, 보안서버등)는 인증범위에 포함되어 있지 않음

1 인증기준 취지

1.1.4 범위 설정은 조직의 핵심 서비스, 개인정보 관련 정보자산을 ISMS-P 범위로 설정하는 것에 관한 인증기준이다. 개인정보보호 관리체계(ISMS-P) 범위에 포함하는 이유는 보호 대상을 명확하게 한정하기 위함이다. 조직 내 관리체계 범위는 명확하게 설정하고, 확인을 위해 현황을 문서화하여야 한다. ISMS-P 범위 내의 정보자산은 침해로부터 기술적, 관리적, 물리적 보호대책을 적용해야 한다. 또한 위험이 발생 가능한 범위 밖 위협을 식별하고, 접근을 통제해야 한다.

1.1.4 요건 수준

Level 3. 인증기준 수준
1. 법 요건 : 미해당
2. 내규 : 미해당
3. 인증기준 : 해당
4. 위험평가 : 해당

유사 인증기준

1.1.1 정보자산 식별
1.1.2 현황 및 흐름분석
1.3.3 운영현황 관리
2.1.3 정보자산 관리
1.2.1 조직의 정보자산 분류기준을 수립하여 정보자산을 식별하고, 중요도를 산정한 후 그 목록을 최신화
1.1.2 정보서비스 및 개인정보 처리 현황을 분석하고 업무 절차와 흐름을 문서화하며, 검토하여 최신성을 유지
1.3.3 관리체계 운영활동 및 수행 내역은 기록하여 관리하고, 경영진은 운영활동의 효과성 확인하고 관리
2.1.3 정보자산의 용도와 중요도에 따른 취급 절차 및 보호대책을 수립·이행하고, 자산별 책임을 정의·관리

(심화) 범위 설정 고려 사항

1. 조직의 전략, 업무 목표 및 정책
2. 업무 프로세스
3. 조직의 업무 기능 및 구조
4. 법적, 계약적 요구사항 및 기타 조직이 만족해야 할 요구사항 및 제약사항
5. 주요 정보자산
6. 조직의 위치 및 지리적 특성
7. 이해관계자들의 기대
8. 사회문화적 환경
9. 조직 외부와 교환되는 정보 및 인터페이스

(심화) 시스템 구성도 확인 사항

1. 응용 프로그램의 서버 자산 구성 파악
2. DB서버, 웹서버, 로그 모니터링 시스템 등
3. IDC 및 물리적 구분된 경우 위치 확인
4. 시스템간 네트워크 연결 방법 확인

(심화) 네트워크 구성도 확인 사항

1. 정보처리 트래픽 경로
2. 네트워크 장비(라우터, 스위치 등)
3. 정보보호 관련장비(방화벽, IDS, IPS 등)
4. DMZ구역, VPN 구간
5. IP 대역

2 인증기준 상세

확인사항	요구 사항	관련 사항
핵심 서비스, 자산을 포함하도록 ISMS-P 범위 설정	• 조직의 핵심 서비스 및 개인정보 처리에 영향을 줄 수 있는 핵심 자산을 포함하도록 관리 체계 범위를 설정하여야 함	• 관리체계 범위에는 사업(서비스)와 관련된 임직원, 정보시스템, 정보, 시설 등 유·무형으로 핵심자산을 누락 없이 포함 • 특히 ISMS 의무대상자의 경우 법적 요구사항에 따른 정보통신서비스 및 관련 정보자산은 의무적으로 포함되도록 범위 설정
범위 내 예외사항은 사유 및 책임자 승인 등 관련 근거 기록·관리	• 정의된 범위 내에서 예외사항이 있을 경우 명확한 사유 및 관련자 협의·책임자 승인 등 관련 근거를 기록·관리하여야 함	• 정보보호 관리체계와 개인정보보호 관리체계가 상이할 경우 인증범위 내의 정보자산 목록(개인정보, 시스템, 네트워크 등)을 ISMS 및 ISMS-P 관점에서 명확하게 식별하여 정의 • 인증 범위에서 제외되는 서비스, 정보시스템 등에 대해서는 내부 협의 및 책임자 승인을 거친 후 그 사유 및 근거에 대해 기록하여 관리
ISMS-P 범위 확인을 위해 문서화 관리	• 정보보호 및 개인정보보호 관리체계 범위를 명확히 확인할 수 있도록 관련된 내용(주요 서비스 및 업무 현황, 정보시스템 목록, 문서 목록 등)이 포함된 문서를 작성하여 관리하여야 함	• 주요 서비스 및 업무 현황(개인정보 처리 업무 현황 포함) • 서비스 제공과 관련된 조직 현황(조직도 등) • 정보보호 및 개인정보보호 조직 현황 • 주요 설비 목록 • 정보시스템 목록 및 네트워크 구성도

3 시스템 구성 및 네트워크 구성도

ISMS-P 범위를 직관적으로 확인하기 위해서는 ISMS-P 범위에 해당하는 시스템 구성도나 네트워크 구성도를 살펴봐야 한다. 전사의 구성도에서 인증범위에 해당하는 부분만 떼어 놓은 것이다. 인증 범위에 해당하는 조직과 실제 물리적 위치도 함께 파악해야 한다. 별도로 보안 구성도를 작성하여 정보보호시스템만의 구성을 표시할 수도 있다.

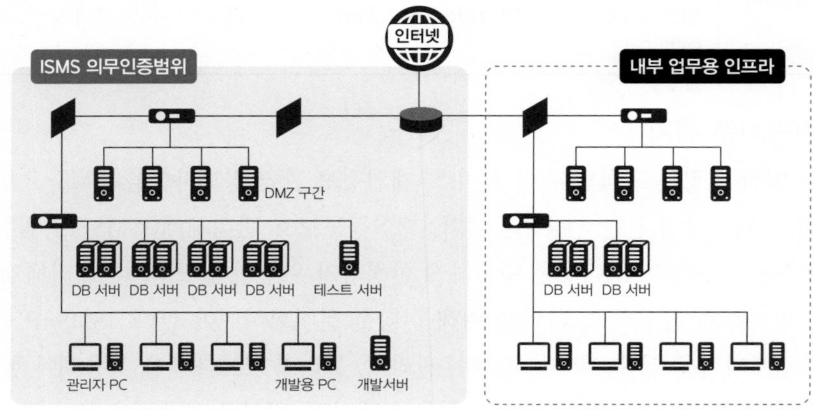

(출처 : ISMS 인증신청 양식, KISA)

정책, 시행문서 승인(CEO, CISO), 임직원 전달

항목	1.1.5 정책 수립
인증기준	정보보호와 개인정보보호 정책 및 시행문서를 수립·작성하며, 이때 조직의 정보보호와 개인정보보호 방침 및 방향을 명확하게 제시하여야 한다. 또한 정책과 시행문서는 경영진 승인을 받고, 임직원 및 관련자에게 이해하기 쉬운 형태로 전달하여야 한다.
주요 확인사항	1) 조직이 수행하는 모든 정보보호 및 개인정보보호 활동의 근거를 포함하는 최상위 수준의 정보보호 및 개인정보보호 정책을 수립하였는가?
	2) 정보보호 및 개인정보보호 정책의 시행을 위하여 필요한 세부적인 방법, 절차, 주기 등을 규정한 지침, 절차, 매뉴얼 등을 수립하고 있는가?
	3) 정보보호 및 개인정보보호 정책·시행문서의 제·개정 시 최고경영자 또는 최고경영자로부터 권한을 위임받은 자의 승인을 받고 있는가
	4) 정보보호 및 개인정보보호 정책·시행문서의 최신본을 관련 임직원에게 이해하기 쉬운 형태로 제공하고 있는가?
관련 법규	• 개인정보보호법 제29조(안전조치의무) • 개인정보의 안전성 확보조치 기준 제4조(내부 관리계획의 수립·시행 및 점검)
증적 자료 등 준비사항	• 정보보호 및 개인정보보호 정책/지침/절차서(제·개정 내역 포함) • 정보보호 및 개인정보보호 정책/지침/절차서 제·개정 시 이해관계자 검토 회의록 • 개인정보 내부관리계획 • 정보보호 및 개인정보보호 정책/지침 제·개정 공지내역(그룹웨어, 사내게시판 등) • 정보보호 및 개인정보보호 위원회 회의록
결함사례	• 내부 규정에 따르면 정보보호 및 개인정보보호 정책서 제·개정 시에는 정보보호 및 개인정보보호 위원회의 의결을 거치도록 하고 있으나, 최근 정책서 개정 시 위원회에 안건으로 상정하지 않고 정보보호 최고책임자 및 개인정보보호책임자의 승인을 근거로만 개정한 경우 • 정보보호 및 개인정보보호 정책 및 지침서가 최근에 개정되었으나, 해당 사항이 관련 부서 및 임직원에게 공유 전달되지 않아 일부 부서에서는 구버전의 지침서를 기준으로 업무를 수행하고 있는 경우 • 정보보호 및 개인정보보호 정책 및 지침서를 보안부서에서만 관리하고 있고 임직원이 열람할 수 있도록 게시판, 문서 등의 방법으로 제공하지 않는 경우
결함예시	OO기업에서 정책 및 지침서를 정보보안팀에서만 관리하고 있으며, 임직원에게 공지되지 않고 있고, 이전버전의 정책 및 지침서를 활용하여 운영되고 있음 또한, 내부관리계획내용 중 수립과 시행하는 내용에 대해선 있으나, 점검에 대한 사항은 개정을 하지 않고 누락되어있음.

1.1.5 요건 수준

Level 1. 법규 수준
1. 법규 : 개보법
2. 내규 : 해당
3. 인증기준 : 해당
4. 위험평가 : 해당

유사 인증기준

1.2.3 위험 평가
1.4.1 법적 요구사항 준수 검토
2.1.1 정책의 유지관리
2.2.4 인식제고 및 교육훈련
2.3.2 외부자 계약 시 보안
1.2.3 조직의 위협정보를 수집하고 적합한 방법론으로 연 1회 이상 위험을 평가하고 수용 가능 위험은 경영진 승인
1.4.1 정보보호 및 개인정보보호 관련 법규를 주기적으로 파악하여 규정에 반영하고, 준수 여부 지속적 검토
2.1.1 (개인)정보보호 정책은 법규, 조직 정책과의 연계성, 대내외 환경변화 등에 따라 검토하고 필요시 제·개정 후 이력관리
2.2.4 임직원 및 관련 외부자의 연간 인식제고 교육계획을 수립하고, 결과의 효과성을 평가하여 다음 계획에 반영
2.3.2 외부 서비스를 이용하거나 외부 업무를 위탁 시 (개인)정보보호 요구사항을 식별하고, 계약서에 명시

(바른 뜻) 개인정보 내부 관리계획
개인정보처리자가 개인정보의 분실·도난·유출·위조·변조 또는 훼손되지 아니 하도록 안전성 확보에 필요한 기술적·관리적 및 물리적 안전조치에 관한 사항 등을 규정한계획, 규정, 지침 등을 말한다.

(바른 뜻) 정책, 표준, 지침, 절차의 정의

1. 정책 (Policy)
   - 반드시 충족해야 할 특정 요구사항 또는 규칙에 대한 윤곽을 명세한 문서
2. 표준 (Standard)
   - 모든 사람에게 의해 충족되어야 할 모임 또는 시스템에 특화되거나 절차에 특화된 요구사항
3. 지침 (Guideline)
   - 최상의 실행을 위해 시스템에 특화되거나 시스템에 특화되거나 절차에 특화된 제안의 모임
4. 절차 (Procedure)
   - 정보보호 정책 표준 지침을 잘 적용할 수 있도록 도와주는 것으로 사용자 시스템 관리자 및 운영자가 새로운 계정을 준비하고 적절한 권한을 할당하는 등의 특정 작업을 수행하는 사람들이 따라 할 수 있는 자세한 내용

1 인증기준 취지

1.1.5 정책 수립은 정보보호 정책은 조직이 수행하는 정보보호 활동의 근간을 수립하기 위한 인증기준이다. 정책은 최상위 수준으로 경영진의 의지나 방향, 정보보호 근거, 보호 대상과 범위 등을 포함한다. 정책은 지침, 요령, 절차, 매뉴얼 등 기업의 특성에 맞게 세부적으로 수립된 문서에 대한 방향을 제공한다. 따라서 헌법과 법률의 방향이 동일한 것과 같이 관련 문서는 서로 연계되어야 한다. 정책, 지침, 절차 등은 제·개정 시 최고경영자 또는 최고경영자의 권한위임자로부터 승인을 받아 문서의 효력의 정당성을 확보할 수 있다. 이러한 문서들은 임직원에게 게시판, 교육, 매뉴얼 제공들의 수단으로 공유되어야 한다.

2 인증기준 상세

확인사항	요구 사항	관련 사항
정보보호 정책 수립 시 포함 사항	• 정보보호 및 개인정보보호 활동의 근거를 포함하는 최상위 수준의 정보보호 및 개인정보보호 정책을 다음의 내용을 포함하여 수립하여야 함	• 정보보호에 대한 CEO 등 경영진의 의지 및 방향 • 정보보호를 위한 역할과 책임 및 대상과 범위 • 관리적, 기술적, 물리적 정보보호 및 개인정보보호 활동의 근거
정보보호 사항을 시행하기 위한 하위 실행 문서 수립	• 정책 시행을 위하여 세부 방법, 절차, 주기, 수행주체 등을 규정하는 지침, 절차, 매뉴얼, 가이드 등의 하위 실행 문서를 수립하여야 함	• 하위 실행 문서는 조직이 수행하는 모든 정보보호 활동의 근거를 구체적으로 제시할 수 있어야 하며, 보호 대상 관점 또는 수행주체 관점 등 다양한 관점에서 조직 특성에 맞게 수립 ▶ 3 참조 • 정책 및 시행문서는 조직이 제공하고 있는 서비스, 사업 등에 관련된 개인정보보호 관련 법적 요구사항(법률, 시행령, 시행규칙, 하위 고시, 가이드 등)을 반영 ▶ 4 참조 • 개인정보를 처리하는 경우 개인정보보호법에 따른 내부관리계획을 관련 법규에서 요구하는 사항을 모두 포함하여 수립 ▶ 5 참조
정책·시행문서 제·개정 시 최고경영자 승인	• 정보보호 및 개인정보보호 정책·시행문서 제·개정 시 최고경영자 또는 최고경영자로부터 권한을 위임받은 자의 승인을 받아야 함	• 정책서와 시행문서를 제·개정하는 경우 이해관계자와 해당 내용을 충분한 협의·검토 • 정책 및 시행문서 변경으로 인한 업무, 서비스 영향도, 법적 준거성 등을 고려 • 검토가 완료된 정책서 및 시행문서를 경영 • 진에게 보고하고 승인

확인사항	요구 사항	관련 사항
정책·시행문서의 제·개정 시 최신본을 임직원에게 제공	• 정보보보 및 개인정보보호 정책·시행문서의 제·개정 시 최신본을 관련 임직원에게 이해하기 쉬운 형태로 제공하 여야 함	• 임직원 및 외부자가 용이하게 참고할 수 있는 형태(전자게시판, 책자, 교육자료, 매뉴얼 등)로 제공 • 정책서 및 시행문서는 제·개정사항이 발생되면 즉시 공표하고, 최신본 유지

3 하위 실행 문서 (예시)

보호대상 관점	수행주체 관점
• 서버 보안 지침 • 네트워크 보안 지침 • 데이터베이스 보안 지침 • 애플리케이션 보안 지침 • 웹서비스 보안 지침	• 임직원 보안 지침 • 개발자 보안 지침 • 운영자 보안 지침 등

4 정보보호 및 개인정보보호 관련 법률 (예시)

- 정보통신망 이용촉진 및 정보보호 등에 관한 법률
- 개인정보보호법
- 신용정보의 이용 및 보호에 관한 법률
- 위치정보의 보호 및 이용 등에 관한 법률
- 전자금융거래법
- 전자상거래 등에서의 소비자보호에 대한 법률
- 저작권법
- 정보통신 기반보호법
- 전자서명법
- 산업기술의 유출방지 및 영업비밀보호에 관한 법률
- 부정경쟁방지 및 영업비밀보호에 관한 법률 등

기업은 해당되는 법률에 따라 정책과 지침을 만들어야 한다.
(단, 개인정보보호법은 일반법으로 공통 적용)
- 금융권 : 신용정보법, 전자금융법
- 가상화폐거래소 : 특정금융거래정보의 보고 및 이용 등에 관한 법률

내부관리계획과 개인정보 처리방침
개인정보 처리방침을 내부 관리계획으로 사용할 수 없다.
*개인정보 처리방침: 개인정보 처리에 관한 사항을 이용자에게 홈페이지 등으로 공개
*개인정보 내부관리계획: 개인정보를 안전하게 처리하기 위한 조직(회사) 전체 대상

5 내부관리계획에 포함되어야 하는 사항

1. 개인정보 보호 조직의 구성 및 운영에 관한 사항
2. 개인정보 보호책임자의 자격요건 및 지정에 관한 사항
3. 개인정보 보호책임자와 개인정보취급자의 역할 및 책임에 관한 사항
4. 개인정보취급자에 대한 관리·감독 및 교육에 관한 사항
5. 접근 권한의 관리에 관한 사항
6. 접근 통제에 관한 사항
7. 개인정보의 암호화 조치에 관한 사항
8. 접속기록 보관 및 점검에 관한 사항
9. 악성프로그램 등 방지에 관한 사항
10. 개인정보의 유출, 도난 방지 등을 위한 취약점 점검에 관한 사항
11. 물리적 안전조치에 관한 사항
12. 개인정보 유출사고 대응 계획 수립·시행에 관한 사항
13. 위험 분석 및 관리에 관한 사항
14. 개인정보 처리업무를 위탁하는 경우 수탁자에 대한 관리 및 감독에 관한 사항
15. 개인정보 내부 관리계획의 수립, 변경 및 승인에 관한 사항
16. 그 밖에 개인정보 보호를 위하여 필요한 사항

※ 다만, 1만명 미만의 정보주체에 관하여 개인정보를 처리하는 소상공인·개인·단체의 경우에는 생략 가능

인력(전문성) 확보, 예산, 인력 지원, 계획, 결과 분석 평가

항목	1.1.6 자원 할당
인증기준	최고경영자는 정보보호와 개인정보보호 분야별 전문성을 갖춘 인력을 확보하고, 관리체계의 효과적 구현과 지속적 운영을 위한 예산 및 자원을 할당하여야 한다.
주요 확인사항	1) 정보보호 및 개인정보보호 분야별 전문성을 갖춘 인력을 확보하고 있는가?
	2) 정보보호 및 개인정보보호 관리체계의 효과적 구현과 지속적 운영을 위해 필요한 자원을 평가하여 필요한 예산과 인력을 지원하고 있는가?
	3) 연도별 정보보호 및 개인정보보호 업무 세부추진 계획을 수립·시행하고 그 추진결과에 대한 심사분석·평가를 실시하는가?
관련 법규	• 해당사항 없음
증적 자료 등 준비사항	• 정보보호 및 개인정보보호 활동 연간 추진계획서(예산 및 인력운영계획) • 정보보호 및 개인정보보호 활동 결과 보고서 • 정보보호 및 개인정보보호 투자 내역 • 정보보호 및 개인정보보호 조직도
결함사례	• 정보보호 및 개인정보보호 조직을 구성하는데, 분야별 전문성을 갖춘 인력이 아닌 정보보호 관련 또는 IT 관련 전문성이 없는 인원으로만 보안인력을 구성한 경우 • 개인정보처리시스템의 기술적, 관리적 보호조치의 요건을 갖추기 위한 보안 솔루션 등의 비용을 최고경영자가 지원하지 않고 법적 위험을 수용하고 있는 경우 • 인증을 취득한 이후에 인력과 예산 지원을 대폭 줄이고 기존 인력을 타부서로 배치하거나 일부 예산을 다른 용도로 사용하는 경우
결함예시	AA기업에서 ISMS인증 취득전 많은 정보보안예산을 투입하여 인증을 취득하였으나, 사후심사결과 정보보안예산과 인력을 대폭 감소시켜 관리체계가 제대로 운영되지 않고 있음

1 인증기준 취지

1.1.6 자원 할당은 정보보호 관리체계를 위한 자원을 할당하기 위한 인증기준이다. ISMS-P의 자원 중에는 전문성 있는 인력 확보가 가장 중요하다. 인력이 전략, 정책 수립도 하고 구축·운영도 하기 때문이다. 인력을 확보되면 ISMS-P 구축에 필요한 비용, 즉 예산 확보가 필요할 것이다. 마지막으로 인력, 예산의 자원을 어떻게 배분할 것인가에 관한 정보보호 업무 계획이 필요하다. 정보보호 계획은 PDCA 사이클에 따라 시행, 평가, 개선의 과정을 통해 관리되어야 한다.

- 교역책 암기 요수 권통 악물 조사위취변

교육, 역할&책임, 개인정보보호역임자, 암호화, 접속기록, 자격요건, 수탁자, 접근권한, 접근통제, 악성코드, 물리적, 조직, 사고, 위험 분석, 취약점 점검, 변경사항

1.1.6 요건 수준

Level 1. 법규 수준
1. 법규 : 미해당
2. 내규 : 해당
3. 인증기준 : 해당
4. 위험평가 : 해당

유사 인증기준

1.2.4 보호대책 선정
2.2.1 주요 직무자 지정 및 관리
2.8.1 보안 요구사항 정의
2.11.1 사고 예방 및 대응체계 구축

1.2.4 위험 처리 위한 보호 대책을 선정하고, 우선순위, 일정, 예산 등을 포함한 이행계획을 수립하여 경영진 승인
2.2.1 개인정보, 시스템 접근 등 주요 직무의 기준과 관리방안을 수립하고, 직무자를 지정하여 목록을 최신으로 관리
2.8.1 정보시스템의 도입·개발·변경 시 정보보호 관련 법적 요구사항, 안전한 코딩방법 등 보안 요구사항을 정의하고 적용
2.11.1 침해사고 등을 예방하고 사고 발생 시 대응할 수 있도록 침해시도의 분석 및 공유를 위한 체계와 절차를 수립하고, 협조 체계를 구축

(참고) 과기정통부 '2022년 정보보호 공시 현황' 분석

과학기술정보통신부가 19일 공개한 '2022년 정보보호 공시 현황 분석 보고서'를 보면, 지난해(2021년) 국내 온라인 플랫폼 기업 중 가장 많은 정보보호 예산을 쓴 곳은 네이버와 카카오였다. 네이버의 정보보호 투자는 250억 원, 카카오는 141억 원이었다. 전체 정보기술 투자 가운데 정보 보호 투자가 차지하는 비중은 각각 3.79%와 3.91%였다. 정보통신기술 기업들의 평균 정보보호 투자액은 49억 원으로 주요 7개 업종 기업 평균 가운데 금융업 (70억 원) 다음으로 컸지만, 전체 정보기술 투자액 대비 비중은 7.84%로 상대적으로 낮았다. 금융·보험 기업 들의 전체 정보기술 투자 대비 정보보호 투자 비중이 평균 10.49%으로 가장 높았고, 제조업(9.74%·35억 원)과 건설업(9.62%·7억 원)이 뒤를 이었다.

국내 기업들의 전체 정보기술 투자 대비 정보보호 투자 비중은 외국 기업들과 비교해도 현저하게 낮았다. 분석 대상 기업 627곳의 평균 정보보호 투자 비중이 9.13%로, 미국(23%), 스페인(22%), 영국·프랑스(20%) 등의 절반에도 못 미쳤다. 정보보호 투자 비중이 10%가 넘는 기업은 전체의 31.1%에 불과했다. (한겨레 신문 2022.12.19)

2 인증기준 상세

확인사항	요구 사항	관련 사항
정보보호 활동을 수행하기 위한 전문성 갖춘 인력 확보	• 최고경영자는 정보보호 및 개인정보보호 활동을 원활하게 수행하기 위하여 전문성을 갖춘 인력을 확보하여야 함	• 전문 지식 및 관련 자격 보유 – 정보보호 및 개인정보보호 관련 학위 또는 자격증 보유 • 정보보호 및 개인정보보호 관련 실무 경력 보유 • 정보보호 및 개인정보보호 관련 직무교육 이수
ISMS-P 구현과 운영에 필요한 예산 및 인력 지원	• 최고경영자는 정보보호 및 개인정보보호 관리체계의 효과적 구현과 지속적 운영을 위해 필요한 자원을 평가하여 필요한 예산과 인력을 지원하여야 함	• 매년 ISMS-P의 효과적 구축 및 지속적 운영을 위하여 예산과 자원을 평가하여 예산 및 인력운영 계획 수립 및 승인 • 예산 및 운영계획에 따라 필요한 자원(인력, 조직, 예산 등)을 지속적으로 지원
연도별 정보보호 업무 세부추진계획 수립·시행·분석·평가	• 연도별 정보보호 및 개인정보보호 업무 세부 추진 계획을 수립·시행하고 그 추진결과에 대한 심사분석·평가를 실시하여야 함	• 해당 연도의 정보보호 및 개인정보보호 업무 세부추진 계획을 수립·시행하고 그 추진결과에 대한 심사분석·평가를 실시하여야 함 • 세부추진 계획에 따른 추진결과를 심사분석 및 평가하여 경영진에게 보고

3 (참고) 금융회사/가상자산사업자 정보보호 자원 할당 기준

금융회사 또는 전자금융업자는 인력 및 조직의 운용에 관한 준수 기준이 있다.

정보기술부문인력비율	정보보호인력비율	정보보호 예산 비율
정보기술부문 인력은 총 임직원수의 100분의 5 이상	정보보호인력은 정보기술 부문 인력의 100분의 5 이상이 되도록 할 것	정보보호예산을 정보기술 부문 예산의 100분의 7 이상이 되도록 할 것

(출처 : 전자금융감독규정(제8조 2항))

1. 관리체계 수립 및 운영 ▶ 1.2. 위험 관리

기준, 식별, 보안등급, 정기적 최신화

항목	1.2.1 정보자산 식별
인증기준	조직의 업무특성에 따라 정보자산 분류기준을 수립하여 관리체계 범위 내 모든 정보자산을 식별·분류하고, 중요도를 산정한 후 그 목록을 최신으로 관리하여야 한다.

주요 확인사항	1) 정보자산의 분류기준을 수립하고 정보보호 및 개인정보보호 관리체계 범위 내의 모든 자산을 식별하여 목록으로 관리하고 있는가?
	2) 식별된 정보자산에 대해 법적 요구사항 및 업무에 미치는 영향 등을 고려하여 중요도를 결정하고 보안등급을 부여하고 있는가?
	3) 정기적으로 정보자산 현황을 조사하여 정보자산목록을 최신으로 유지하고 있는가?
관련 법규	• 해당사항 없음
증적 자료 등 준비사항	• 정보자산 및 개인정보 자산분류 기준 • 정보자산 및 개인정보 자산목록(자산관리시스템 화면) • 정보자산 및 개인정보 보안등급 • 자산실사 내역 • 위험분석 보고서(자산식별 내역)
결함사례	• 정보보호 및 개인정보보호 관리체계 범위 내의 자산 목록에서 중요정보 취급자 및 개인정보 취급자 PC를 통제하는 데 사용되는 출력물 보안, 문서암호화, USB매체제어 등의 내부정보 유출통제 시스템이 누락된 경우 • 정보보호 및 개인정보보호 관리체계 범위 내에서 제3자로부터 제공받은 개인정보가 있으나, 해당 개인정보에 대한 자산 식별이 이루어지지 않은 경우 • 내부 지침에 명시된 정보자산 및 개인정보 보안등급 분류 기준과 자산관리 대장의 분류 기준이 일치하지 않은 경우 • 온프레미스 자산에 대해서는 식별이 이루어졌으나, 외부에 위탁한 IT 서비스(웹호스팅, 서버호스팅, 클라우드 등)에 대한 자산 식별이 누락된 경우(단, 인증범위 내) • 고유식별정보 등 개인정보를 저장하고 있는 백업서버의 기밀성 등급을 (하)로 산정하는 등 정보자산 중요도 평가의 합리성 및 신뢰성이 미흡한 경우
결함예시	OO기업의 정보자산목록을 확인한 결과 개인정보가 저장되고 있는 2대의 DB서버를 이중화로 운영하고 있으나 보안등급이 서로 상이하게 지정되어 있으며, 무형으로 이루어진 자산(SW, 데이터 등)은 정보자산으로 분류가 되지 않고 있음.

1.2.1 요건 수준
Level 2. 내규 수준
1. 법규 : 미해당
2. 내규 : 해당
3. 인증기준 : 해당
4. 위험평가 : 해당

유사 인증기준
1.1.4 범위 설정
1.1.6 자원 할당
1.2.2 현황 및 흐름분석
2.1.3 정보 자산관리
1.1.4 조직의 서비스와 개인정보 처리 현황을 ISMS-P 범위를 설정하고, 문서화
1.1.6 최고경영자는 정보보호 전문성을 갖춘 인력을 확보하고, 관리체계를 위한 예산 및 자원을 할당
1.2.2 정보서비스 및 개인 정보 처리 현황을 분석하고 업무 절차와 흐름을 문서화하며, 검토하여 최신성을 유지
2.1.3 정보자산의 용도와 중요도에 따른 취급 절차 및 보호대책을 수립·이행하고, 자산별 책임을 정의·관리

1 인증기준 취지

1.2.1 정보자산 식별은 ISMS-P 내의 기업의 정보자산을 식별하기 위한 인증기준이다. 정보자산은 보호해야 할 대상으로 누락 없이 파악해야 한다. 명확한 분류기준을 자산관리조직(자산관리팀, IT기획팀, EA팀) 등에서 수립하면, 정보자산 소유부서에서 기준에 따라 자산을 식별하고, 관리하여야 한다. 정보자산의 중요도 평가는 정보보호 조직에서 기준을 수립하고, 해당 자산의 소유자가 평가하고, 정보보호조직과 자산관리조직에서 검토할 수 있다. 정보자산 관련 기준과 절차에 따르므로 정보자산과 관련한 이해관계자와의 협업이 필요하다.

(바른 뜻) 정보자산 관련

1. 자산
   - 정보(데이터), 소프트웨어(컴퓨터 소프트웨어 등), 물리적 자산(서버 등), 서비스, 인력 등 조직에서 보유하고 있는 가치가 있는 모든 것을 말함
2. 사용자
   - 정보처리 설비 및 시스템을 활용하여 자산을 실질적으로 사용하는 자(사람 혹은 기관)를 말함
3. 소유자
   - 자산의 소유권한과 관리에 대한 최종 책임을 지며, 자산의 취득, 사용허가, 처분 또는 폐기 등의 관리 권한을 가짐
4. 관리자
   - 자산의 소유자로부터 관리위임을 받은 자로 자산의 보관 및 운영 관리 책임을 가짐

(참고) 자산의 가치 평가

자산의 가치 등급(중요도) = (기밀성(C) + 무결성(I) + 가용성(A)) × 기여도

가치 평가는 각 자산이 조직에 미치는 잠재적 손실 규모와 자산의 기여도를 반영하여 측정하게 되는데, 일반적으로 정보보호 요구 사항인 기밀성, 무결성, 가용성 등을 고려하여 자산의 중요도를 평가한다. 자산이 파괴되거나 보안요구사항(보안성)을 충족하지 못했을 경우 조직에 미치는 영향을 근거로 중요도 평가를 할 수 있으며, 조직에서 정한 일정 기준에 의거하여 중요도 평가가 가능하다.

2 인증기준 상세

확인사항	요구 사항	관련 사항
정보자산 분류기준을 수립하고 ISMS-P 범위 내 자산 식별 및 목록화	• 정보자산의 분류기준을 수립하고 정보보호 및 개인정보보호 관리체계 범위 내의 모든 자 산을 식별하여 목록으로 관리하여야 함	• 조직의 특성에 맞게 정보자산의 분류기준을 수립하고 기준에 따라 정보자산을 빠짐없이 식별 ▶ 3 참조 • 자산명, 용도, 위치, 책임자 및 관리자, 관리정보 등 자산정보 확인하여 목록 작성 • 자산관리시스템 또는 전자문서(엑셀) 형태로 관리
정보자산 중요도 평가 및 보안등급 부여	• 식별된 정보자산에 대해 법적 요구사항 및 업무에 미치는 영향 등을 고려하여 중요도를 결정하고 보안등급을 부여하여야 함	• 법적 요구사항이나 업무 영향 등 각 자산 특성에 맞는 보안등급 평가기준 결정 – 기밀성, 무결성, 가용성, 법적준거성, 서비스 영향, 이익손실, 고객 상실, 대외이미지 손상 등도 고려 • 보안등급 평가기준에 따라 보안등급 산정 및 목록으로 관리 ▶ 4~5 참조
정기적 정보자산목록 최신 유지	• 정기적으로 정보자산 현황을 조사하여 정보자산목록을 최신으로 유지하여야 함	• 신규 도입, 변경, 폐기되는 자산 현황을 확인할 수 있도록 절차 마련 • 정기적으로 정보자산 현황 조사를 수행하고 정보자산목록을 최신으로 유지

3 정보자산 분류 (예시)

자산유형	식별 항목
서버	• Host 명칭, 자산 일련번호, 모델명, 용도, IP주소, 관리 부서명, 관리 실무자, 관리 책임자, 보안등급 등
데이터	• DB명, Table명, (개인)정보 항목(예: 이름, 성별, 생년월일, 휴대폰번호, 이메일 등), 관리 부서명, 관리 실무자, 관리 책임자, 저장 시스템(host 명칭), 저장 위치(IP주소), 보안등급 등
정보시스템	• 서버, PC 등 단말기, 보조저장매체, 네트워크 장비, 응용 프로그램 등 정보의 수집, 가공, 저장, 검색, 송수신에 필요한 하드웨어 및 소프트웨어
보안시스템	• 침입차단시스템, 침입탐지시스템, 침입방지시스템, 개인정보유출방지시스템 등
정보	• 문서적 정보, 전자적 정보 등 포함(중요정보, 개인정보 등)

4 (참고) 정보자산 목록 및 중요성 평가 예시

기본사항						자산 중요도			등급
관리번호	관리부서	자산명	관련시스템	책임자	관리자	C	I	A	

5 (참고) 자산 중요도 평가 등급 기준표 예시

중요성 등급	정보자산 중요성 지수 범위
'가' 등급	8 ~9점
'나' 등급	5 ~7점
'다' 등급	3 ~ 4점

구분		무결성(I) + 가용성(A)				
		2	3	4	5	6
기밀성(C)	1	3	4	5	6	7
	2	4	5	6	7	8
	3	5	6	7	8	9

1. 관리체계 수립 및 운영 ▶ 1.2. 위험 관리

정보서비스흐름도, 개인정보흐름도, 최신화

항목	1.2.2 현황 및 흐름분석
인증기준	관리체계 전 영역에 대한 정보서비스 및 개인정보 처리 현황을 분석하고 업무 절차와 흐름을 파악하여 문서화하며, 이를 주기적으로 검토하여 최신성을 유지하여야 한다.
주요 확인사항	1) 관리체계 전 영역에 대한 정보서비스 현황을 식별하고 업무 절차와 흐름을 파악하여 문서화하고 있는가? 2) 관리체계 범위 내 개인정보 처리 현황을 식별하고 개인정보의 흐름을 파악하여 개인정보흐름도 등으로 문서화하고 있는가? 3) 서비스 및 업무, 정보자산 등의 변화에 따른 업무절차 및 개인정보 흐름을 주기적으로 검토하여 흐름도 등 관련 문서의 최신성을 유지하고 있는가?
관련 법규	• 해당사항 없음
증적 자료 등 준비사항	• 정보서비스 현황표 • 정보서비스 업무흐름표/업무흐름도 • 개인정보 처리 현황표(ISMS-P 인증인 경우) • 개인정보 흐름표(ISMS-P 인증인 경우) • 개인정보 흐름도(ISMS-P 인증인 경우)
결함사례	• 관리체계 범위 내 주요 서비스의 업무 절차-흐름 및 현황에 문서화가 이루어지지 않은 경우 • 개인정보 흐름도를 작성하였으나 실제 개인정보의 흐름과 상이한 부분이 다수 존재하거나 중요한 개인정보 흐름이 누락되어 있는 경우 • 최초 개인정보 흐름도 작성 이후에 현행화가 이루어지지 않아 변화된 개인정보 흐름이 흐름도에 반영되지 않고 있는 경우
결함예시	OO기업은 ISMS-P 인증심사를 신청하여 개인정보 흐름도를 작성하였으나 개인정보 파기에 대한 흐름도가 누락이 되어 있음

1.2.2 요건 수준

Level 2. 내규 수준

1. 법규 : 미해당
2. 내규 : 해당
3. 인증기준 : 해당
4. 위험평가 : 해당

유사 인증기준

1.2.1 정보자산 식별
1.4.2 관리체계 점검
2.3.1 외부자 현황 관리
3.2.1 개인정보 현황관리

1.2.1 조직의 정보자산 분류기준을 수립하여 정보자산을 식별하고, 중요도를 산정한 후 그 목록을 최신화

1.4.2 관리체계가 효과적으로 운영되고 있는지 독립된 인력이 연 1회 이상 점검하고, 문제점을 경영진 보고

2.3.1 업무를 외부에 위탁하거나 외부의 서비스를 이용하는 경우 현황을 식별하고 위험을 파악하여 보호대책 마련

3.2.1 개인정보의 항목, 처리 목적 및 방법, 보유기간 등 현황을 관리하여야 하며, 공공기관의 경우 관계기관의 장에게 등록

1 인증기준 취지

1.2.2 현황 및 흐름분석은 위험분석은 ISMS-P의 정보서비스와 개인정보 처리 현황을 문서화하기 위한 인증기준이다. 문서화된 흐름 분석 자료는 관련자들이 손쉽게 이해하고, 신속하게 커뮤니케이션을 할 수 있게 도와 준다. 업무 절차와 흐름은 관리체계 범위 내 업무, 서비스, 네트워크, 보안통제 등이 처리의 시작부터 끝까지 흐름을 표현한다. ISMS 인증을 받는 기업은 개인정보의 흐름표, 흐름도 등의 개인정보보호영역의 문서는 생략할 수 있다. 정보서비스 업무흐름은 신청기관의 인증범위내 서비스에 대해서 주요 직무자(임직원, 운영자, 개발자 등)및 이용자 관점에서의 업무 흐름도, 개인정보 흐름도는 정보주체, 개인정보처리자 관점에서의 개인정보 라이프사이클과 관련된 모든 흐름도를 빠짐없이 작성하여야 한다.

2 인증기준 상세

확인사항	요구 사항	관련 사항
현황 및 흐름 분석의 의의	• 현황 및 흐름분석은 위험분석의 사전단계로 경영진이 정보보호 현황을 이해하고 위험관리를 위한 의사결정을 내리는데 효과적으로 활용할 수 있음	• 현황분석은 정보서비스 운영현황과 비교하는 GAP 분석표를 통해 인증기준과 운영현황과의 차이를 확인 • 흐름분석은 정보서비스 흐름분석과 개인저보 처리단계별 흐름분석으로 구분되며 그 결과는 흐름표 또는 흐름도로 도식화
정보서비스 현황 식별 및 업무 절차와 흐름을 문서화	• 관리체계 전 영역에 대한 정보서비스 현황을 식별하고 업무 절차와 흐름을 파악하여 문서화하여야 함	• 관리체계 범위 내 모든 정보서비스 현황 식별 • 각 정보서비스 별 업무 절차 및 흐름 파악 • 업무 절차 및 흐름에 대하여 문서화 ▶ 3참조 - 업무현황표, 업무흐름도 등
개인정보 흐름도, 흐름표 문서화	• 관리체계 범위 내 개인정보 처리 현황을 식별하고 개인정보의 흐름을 파악하여 개인정보 흐름표, 개인정보 흐름도 등으로 문서화하여야 함 (ISMS-P인증의 경우)	• (1단계) 개인정보 처리가 이루어지는 단위 업무를 식별 ▶ 5~6 참조 • (2단계) 각 단위 업무에 대한 개인정보 생명주기 별 개인정보 흐름표 작성 ▶ 7~9 참조 • (3단계) 작성된 개인정보 흐름표를 기반으로 수집, 보유, 이용·제공, 파기되는 개인정보 처리 단계별로 흐름을 한 눈에 파악할 수 있도록 총괄 개인정보 흐름도 및 업무별 개인정보 흐름도 작성 ▶ 10~11 참조
업무 절차 및 개인정보 흐름 주기적 검토 및 최신성 유지	• 서비스 및 업무, 정보자산 등의 변화에 따른 업무절차 및 개인정보 흐름을 주기적으로(최소 연 1회 이상) 검토하고, 최신성이 유지되도록 관리하여야 함	• 기존 서비스, 업무 및 개인정보 흐름의 변화 여부(신규 서비스 오픈 또는 개편 업무절차의 변경, 개인정보 처리 방법 변화, 조직의 변경, 외부 연계 및 제공 흐름 변경 등) • 처리되는 중요정보, 개인정보 항목의 변화 여부 • 신규 개인정보 처리업무 및 흐름 발생 여부 법규 개정, 신규 취약점의 발생 등 외부 환경의 변화 여부 등

3 정보서비스 흐름도 (서버 운영자 예시)

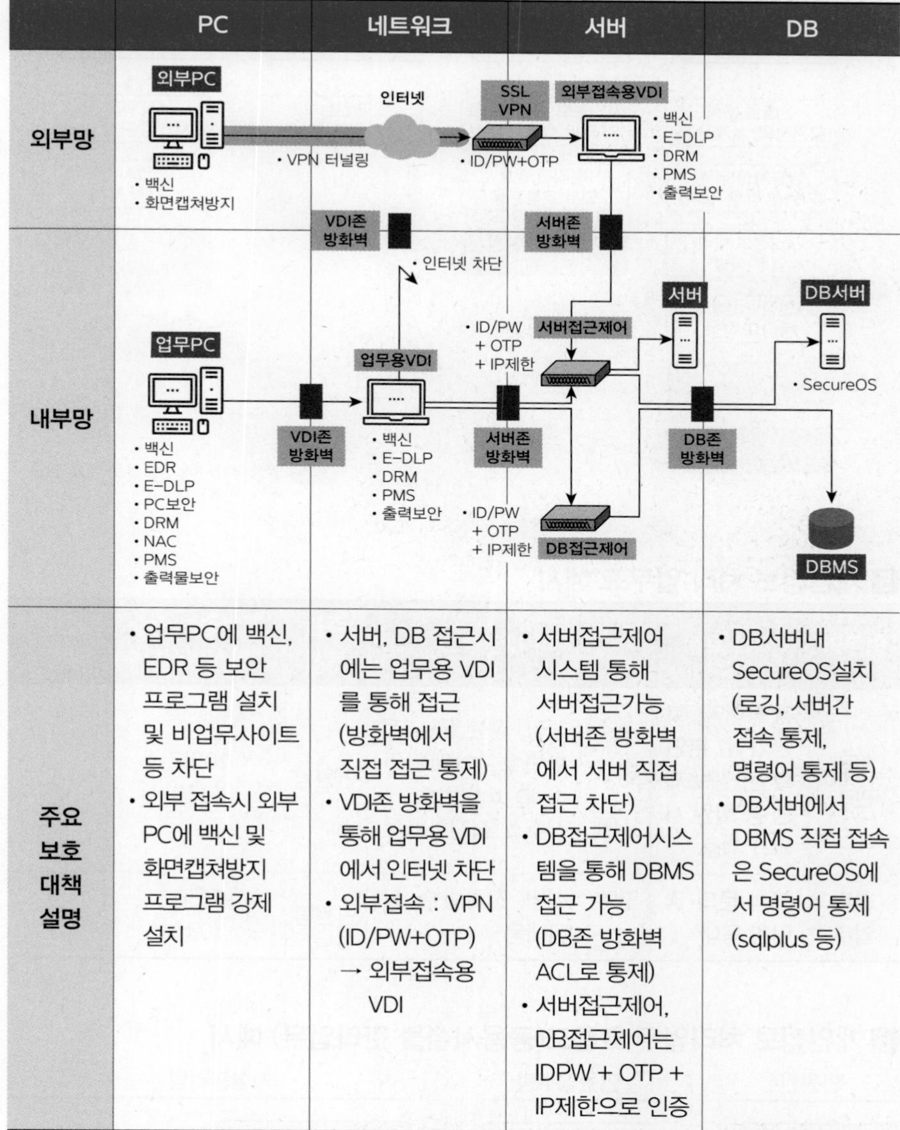

	PC	네트워크	서버	DB
주요 보호 대책 설명	• 업무PC에 백신, EDR 등 보안 프로그램 설치 및 비업무사이트 등 차단 • 외부 접속시 외부 PC에 백신 및 화면캡쳐방지 프로그램 강제 설치	• 서버, DB 접근시에는 업무용 VDI를 통해 접근 (방화벽에서 직접 접근 통제) • VDI존 방화벽을 통해 업무용 VDI에서 인터넷 차단 • 외부접속 : VPN (ID/PW+OTP) → 외부접속용 VDI	• 서버접근제어 시스템 통해 서버접근가능 (서버존 방화벽에서 서버 직접 접근 차단) • DB접근제어시스템을 통해 DBMS 접근 가능 (DB존 방화벽 ACL로 통제) • 서버접근제어, DB접근제어는 IDPW + OTP + IP제한으로 인증	• DB서버내 SecureOS설치 (로깅, 서버간 접속 통제, 명령어 통제 등) • DB서버에서 DBMS 직접 접속은 SecureOS에서 명령어 통제 (sqlplus 등)

(바른 뜻) 흐름도 종류

1. 정보서비스흐름도
   - 조직의 업무절차, 정보보호요구사항, 보안통제의 상호연계를 사용자 기반으로 도식화한 접근통제 개념도를 의미함
2. 개인정보흐름도
   - 수집, 보유, 이용, 제공, 파기되는 개인정보 처리 단계별 흐름을 한눈에 확인할 수 있도록 도식화한 개념도를 의미함
3. 업무흐름도
   - 해당업무를 수행하는 인력 및 부서 등을 함께 표시하고, 연계기관이 있는 경우에는 해당 기관도 포함하여 작성하는 개념도
4. 개인정보 흐름표
   - 개인정보 흐름표에는 이전 단계에서 분류한 업무명을 기준으로 개인정보의 수집, 보유, 이용·제공, 파기에 이르는 Life- Cycle별 현황을 기재하여 개인정보 흐름을 한눈에 이해할 수 있도록 작성하는 목록

(심화) 개인정보 흐름 분석 절차

① 개인정보 처리업무 분석(개인정보 영향도 등급표, 개인정보 처리 업무표 및 업무흐름도 작성)
② 개인정보 처리 업무표를 기반으로 개인정보 흐름표 작성
③ 개인정보 흐름표를 기반으로 개인정보 흐름도 작성
④ 기관 내 네트워크 및 보안시스템 구조 등을 분석하여 정보시스템 구조도 작성
(출처 : 개인정보 영향평가 수행안내서, 보호위원회)

(심화) 정보보호 정책자료

1. 내부 정책자료
   - (조직·체계 자료) 기관별 개인정보보호지침, 개인정보보호 내부관리계획, 개인정보 처리방침, 개인정보보호업무 관련 직제표, 개인정보보호규정, 정보보안규정 등
   - (인적 통제·교육 자료) 개인정보 관련 조직 내 업무 분장표 및 직급별 업무 권한 현황, 정보시스템의 접근권한에 대한 내부규정, 시스템 관리자 및 개인정보취급자에 대한 교육계획, 위탁업체 관리규정 등
   - (정보보안 자료) 방화벽 등 침입차단시스템 및 백신프로그램 도입현황, 네트워크 구성도 등
2. 외부 정책자료
   - (일반 정책자료) 법령, 지침, 고시, 시행규칙
   - (특수 정책자료) 특수규정, 가이드라인 등
   - (개인) 정보보호 관련 주요 법규

4 개인정보 흐름 분석 단계 별 세부 절차

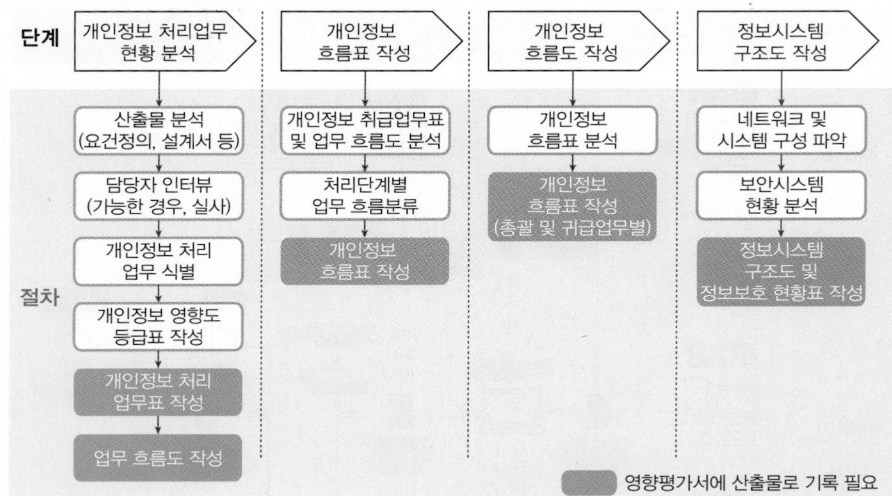

5 개인정보 처리 업무표 예시

업무명	처리 목적	처리 개인정보	주관 부서	개인정보 건수 (고유식별정보수)	개인정보 영향도
회원 관리	홈페이지 회원가입, 본인확인, 정보제공 등 회원 서비스 제공	필수 : 성명, 생년월일, 전화번호, 이메일주소, ID, 비밀번호 선택 : 집주소, 집전화번호	민원팀	10만건 (0건)	5
상담 업무	고객 문의 및 민원 응대	필수 : 성명, 전화번호, 상담내용	민원팀	5천건 (0건)	5

6 개인정보 처리업무 흐름도(공용시설물 관리업무) 예시

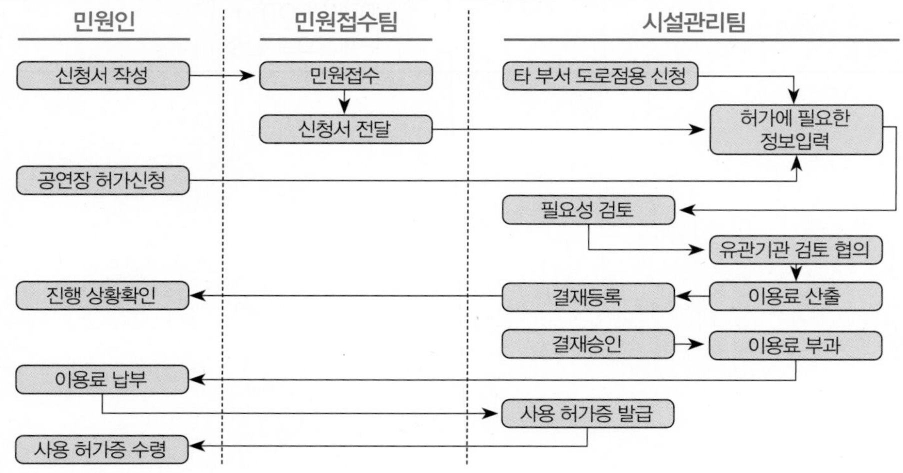

7 개인정보 흐름표(민원처리업무) 수집 흐름표 예시

업무명	수집					
	수집 항목	수집 경로	수집 대상	수집 주기	수집 담당자	수집 근거
민원 처리	(필수) 성명, 주민등록번호, 전화번호, 이메일 주소, 민원 내용 (선택) 집전화번호	온라인 (홈페이지)	민원인	상시	–	이용자 동의/ OO법제O조O항 (주민등록번호)
		오프라인 (민원신청서 작성)	민원인	상시	안내창구 담당자	이용자 동의/ OO법제O조O항 (주민등록번호)

8 개인정보 흐름표(민원처리업무) 보유·이용 흐름표 예시

업무명	보유·이용							
	보유 형태	암호화 항목	민원 처리			통계 관리		
			이용 목적	개인정보 취급자	이용 방법	이용 목적	개인정보 취급자	이용 방법
민원 처리	Web DB	주민등록번호, 비밀번호(일방향)	민원 처리 및 결과 관리	민원처리 담당자, 민원 관련 업무 담당자	관리자 홈페이지의 민원 처리 화면 접속	민원 현황 조회	통계 담당자	관리자 홈페이지의 통계 관리 화면 접속
	민원 DB	주민등록번호, 비밀번호(일방향)						
	캐비넷 (신청서류)							

9 개인정보 흐름표(민원처리업무) 제공·파기 흐름표 예시

업무명	제공								파기			
	제공 목적	제공자	수신자	제공 정보	제공 방법	제공 주기	암호화 여부	제공 근거	보관 기간	파기 담당자	파기 절차	분리 보관 여부
민원처리	민원처리 실적 집계	통계 담당자	ㅇㅇ 도청	민원인 성명, 민원 접수 내용, 처리 결과	실시간 DB 연동	상시	통신 구간 암호화 (VPN)	전자정부법 시행령 ㅇ조	민원 처리 완료 후 1년	DB 관리자	일단위 DB 파기	별도 보존 DB구성
									민원DB 입력 후 스캔 후 파기	통계 담당자	주단위 문서 절단	–

(심화) 개인정보 생명주기(Life-Cycle)란?

개인정보를 취득하여 활용하는 단계로써 통상적으로 수집, 보유, 이용·제공, 파기의 4단계로 구분

1. 수집

- 정보주체의 개인정보를 취득하는 단계로써, 통상적으로 웹사이트 회원 가입, 서면 신청서 작성, 민원 접수 등의 형태를 통해 이루어짐

2. 보유

- 수집한 개인정보를 보유하는 단계로써, 보유한 개인정보를 안전하게 관리하며 정보주체의 개인정보 열람·정정권리 등을 보장

3. 이용·제공

- 수집·저장한 개인정보를 업무적인 목적으로 이용하거나 수집한 공공기관 외의 제3의 기관에게 정보를 제공하는 행위

※ 예를 들어, 특정 자격제도를 운영함에 있어 자격 검정시험을 주관하는 기관과 자격 제도를 운영하는 기관이 상이한 경우에는 자격검정시험 주관 기관이 합격자 명단을 자격 제도 운영기관과 연계하여 제공

4. 파기

- 수집 및 이용 목적이 달성된 개인정보를 파기하는 행위를 말함

※ 예를 들어, 이용자가 웹사이트 회원을 탈퇴한 경우에는 특정한 사유가 없는 한 회원이 아닌 사람의 정보를 더이상 보유하고 있을 필요가 없으므로 해당 정보를 파기해야 함

(출처 : 개인정보 영향평가 수행안내서, 보호위원회)

⑩ 개인정보 흐름도(총괄 개인정보흐름도 예시)

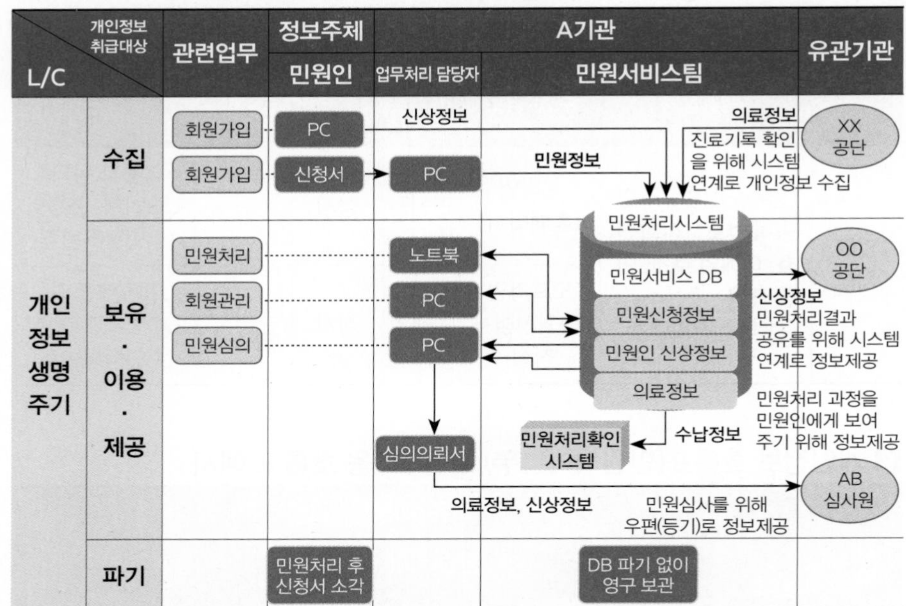

⑪ 개인정보 흐름도(세부 개인정보흐름도 예시)

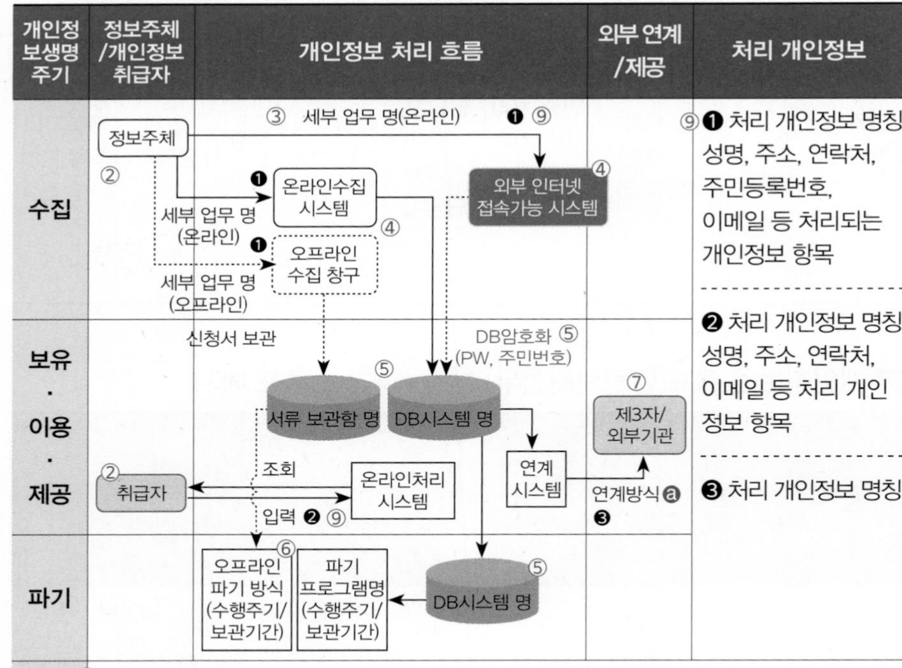

주요 업무흐름 설명 ⑧	• 정보 주체로부터 온라인 및 오프라인을 통해 개인정보를 수집하여 각각 DB시스템 및 서류보관함에 보관함 • DB시스템에 보관된 개인정보는 외부 기관으로 연계를 통해 제공됨
우려 사항 ⑩	ⓐ 외부기관과 인터넷을 통한 개인정보 제공 시, 안전 조치(암호화 전송)가 이루어지지 않음(ISMS-P 2.7.1)

위험평가 방법론, 계획, 연1회, DOA ,경영진 승인

항목	1.2.3 위험 평가
인증기준	조직의 대내외 환경분석을 통해 유형별 위협정보를 수집하고 조직에 적합한 위험 평가 방법을 선정하여 관리체계 전 영역에 대하여 연 1회 이상 위험을 평가하며, 수용할 수 있는 위험은 경영진의 승인을 받아 관리하여야 한다.
주요 확인사항	1) 조직 또는 서비스의 특성에 따라 다양한 측면에서 발생할 수 있는 위험을 식별하고 평가할 수 있는 방법을 정의하고 있는가?
	2) 위험관리 방법 및 절차(수행인력, 기간, 대상, 방법, 예산 등)를 구체화한 위험관리계획을 매년 수립하고 있는가?
	3) 위험관리계획에 따라 연 1회 이상 정기적으로 또는 필요한 시점에 위험평가를 수행하고 있는가?
	4) 조직에서 수용 가능한 목표 위험수준을 정하고 그 수준을 초과하는 위험을 식별하고 있는가?
	5) 위험식별 및 평가 결과를 경영진에게 보고하고 있는가?
관련 법규	• 개인정보보호법 제29조(안전조치의무) • 개인정보의 안전성 확보조치 기준 제4조(내부관리계획의 수립·시행)
증적 자료 등 준비사항	• 위험관리 지침 • 위험관리 매뉴얼/가이드 • 위험관리 계획서 • 위험평가 결과보고서 • 정보보호 및 개인정보보호 위원회 회의록 • 정보보호 및 개인정보보호 실무협의회 회의록 • 정보자산 및 개인정보자산 목록 • 정보서비스 및 개인정보 흐름표/흐름도
결함사례	• 수립된 위험관리계획서에 위험평가 기간 및 위험관리 대상과 방법이 정의되어 있으나, 위험관리 수행 인력과 소요 예산 등 구체적인 실행계획이 누락되어 있는 경우 • 전년도에는 위험평가를 수행하였으나, 금년도에는 자산 변경이 없었다는 사유로 위험 평가를 수행하지 않은 경우 • 위험관리 계획에 따라 위험 식별 및 평가를 수행하고 있으나, 범위 내 중요 정보자산에 대한 위험 식별 및 평가를 수행하지 않았거나, 정보보호 관련 법적 요구 사항 준수 여부에 따른 위험을 식별 및 평가하지 않은 경우 • 위험관리 계획에 따라 위험 식별 및 평가를 수행하고 수용 가능한 목표 위험수준을 설정하였으나, 관련 사항을 경영진(정보보호 최고책임자 등)에 보고하여 승인받지 않은 경우 • 내부 지침에 정의한 위험 평가 방법과 실제 수행한 위험 평가 방법이 상이할 경우 • 정보보호 관리체계와 관련된 관리적·물리적 영역의 위험 식별 및 평가를 수행하지 않고, 단순히 기술적 취약점진단 결과를 위험 평가 결과로 갈음하고 있는 경우 • 수용 가능한 목표 위험수준(DoA)을 타당한 사유 없이 과도하게 높이는 것으로 결정함에 따라, 실질적으로 대응이 필요한 주요 위험들이 조치가 불필요한 위험(수용 가능한 위험)으로 지정된 경우
결함예시	ㅁㅁ기업은 본사이전으로 인해 모든 정보시스템과 네트워크 장비들을 이전하여 대내외 많은 환경변화가 이루어 졌으나 이에 대한 위험평가가 수행되지 않았음

1.2.3 요건 수준

Level 1. 법규 수준

1. 법규 : 개보법
2. 내규 : 해당
3. 인증기준 : 해당
4. 위험평가 : 해당

유사 인증기준

1.2.4 보호대책 선정
1.1.1 법적 요구사항 준수
1.1.2 관리체계 점검
2.3.2 외부자 계약 시 보안
3.2.2 개인정보 품질보장
1.2.4 위험 처리 위한 보호대책을 선정하고, 우선순위, 일정, 예산 등을 포함한 이행계획을 수립하여 경영진 승인
1.4.1 정보보호 및 개인정보보호 관련 법규를 주기적으로 파악하여 규정에 반영하고, 준수 여부 지속적 검토
1.4.2 관리체계가 효과적으로 운영되고 있는지 독립된 인력이 연 1회 이상 점검하고, 문제점을 경영진 보고
2.3.2 외부 서비스를 이용하거나 외부 업무를 위탁 시 (개인)정보보호 요구사항을 식별하고, 계약서에 명시
3.2.2 수집된 개인정보는 처리 목적에 필요한 범위에서 개인정보의 정확성·완전성·최신성이 보장되도록 정보주체에게 관리절차를 제공

(심화) DoA(Degree of Assurance) 결정의 의의
모든 위험에 대응하거나 위험을 완전히 제거하는 것은 불가능하며 또한 불필요하기도 하다. 예를 들어 100원 짜리 정보를 보호하기 위하여 200원을 투자하는 것은 무의미한 일이다. 또는 조직의 규모에 따라 적은 규모의 손실은 일상적인 비용으로 처리할 수 있는 경우도 있다. 따라서 미리 조직에서 수용가능한 목표 위험수준(DoA)을 설정하고 이 이상의 위험에 대해서만 적절한 대응을 강구하는 것이 필요하다.
위험의 처리가 일관성 있게 이루어지기 위해서는 조직이 감수할 수 있는 위험 수준을 사전에 정의하는 것이 필요하다. 그렇지 않을 경우에는 높은 위험에 대해서는 수용을 하면서도 상대적으로 낮은 위험에 대하여 대책을 구현하는 등 일관성이 손상되고 자원이 낭비될 수 있다. 평가된 위험의 규모에 따라 수용할 위험과 수용할 수 없는 위험을 분류하고 수용할 수 없는 위험에 대해서는 적절히 대책을 강구하기 위하여 위험의 규모에 따라 우선순위를 정하여야 한다.
(출처 : 위험관리 가이드, KISA)

1 인증기준 취지

1.2.3 위험 평가는 기업의 정보자산을 위협으로부터 보호하기 위한 평가에 관한 인증기준이다. 모든 정보자산을 완벽하게 보호할 수 없다. 모든 위험을 완전하게 보호하는 것은 비용 효율적이지 않고, 기술적으로도 불가능하다. 위험 평가를 통해 '불필요한 투자'와 '과도한 투자'를 방지하도록 할 수 있다. 위험 평가가 실효성을 가지기 위해서는 위험 평가 절차 수립과 준수가 중요하다. 즉, 계획 수립, 평가, 보고 등의 활동에 경영진과 관련 이해관계자가들이 적극적으로 참여하여야 한다.

2 인증기준 상세

확인사항	요구 사항	관련 사항
위험 식별 및 평가 방법을 정의하고 문서화	• 조직의 특성을 반영하여 관리적, 기술적, 물리적, 법적 분야 등 다양한 측면에서 발생할 수 있는 정보보호 및 개인정보보호 관련 위험을 식별 하고 평가할 수 있도록 위험평가 방법을 정의하고 문서화하여야 함	• 위험평가 방법 선정 – 베이스라인 접근법, 상세위험 접근법, 복합접근법, 위협 및 시나리오 기반 등 ▶ 3~5 참조 • 비즈니스 및 조직 특성 반영 • 조직의 비전 및 미션, 목표, 서비스 유형, 컴플라이언스 등 • 다양한 관점 고려 • 해킹, 내부자 유출, 외부자 관리 소홀, 법규 위반 등 • 최신 위협 동향 고려 • 위험평가 방법론은 조직의 특성에 맞게 자체 적으로 정하여 적용할 수 있으나, 위험평가의 과정은 합리적이어야 하고 위험평가 결과는 실질적인 위험의 심각성을 대변할 수 있어야 함
위험관리 방법 및 절차 등 위험관리계획 수립	• 위험관리 방법 및 절차(수행인력, 기간, 대상, 방법, 예산 등)을 구체화한 위험관리계획을 수립하여야 함	• 수행인력 – 위험관리 전문가, 정보보호·개인정보보호 전문가, 법률 전문가, IT 실무 책임자, 현업부서 실무 책임자, 외부 전문컨설턴트 등 참여(이해 관계자의 참여 필요) • 기간 : 최소 연1회 이상 • 대상 : 인증 범위 내 모든 서비스 및 자산(정보자산, 개인정보, 시스템, 물리적 시설 등) • 방법 : 조직 특성에 따라 방법론 정의 • 예산 : 위험 식별 및 평가 시행을 위한 예산계획을 매년 수립하고 CISO 등 경영진 승인

확인사항	요구 사항	관련 사항
연1회 이상 수행	• 위험관리계획에 따라 정보보호 및 개인정보보호 관리체계 범위 전 영역에 대한 위험평가를 연 1회 이상 정기적으로 또는 필요한 시점에 수행하여야 함	• 사전에 수립된 위험관리 방법 및 계획에 따라 체계적 수행 • 위험평가는 연 1회 정기적 수행하되, 조직의 변화, 신규시스템 도입 등 중요한 사유 발생 시 별도 위험평가 수행 • 서비스 및 정보자산의 현황과 흐름분석 결과 반영 • 최신 법규를 기반으로 정보보호 및 개인정보보호 관련 법적 요구사항 준수여부 확인 • 정보보호 및 개인정보보호 관리체계 인증기준의 준수여부 확인 • 기 적용된 정보보호대책의 실효성 검토 포함
수용 가능한 수준 초과 위험 식별	• 조직에서 수용 가능한 목표 위험수준을 정하고 그 수준을 초과하는 위험을 식별하여야 함	• 각종 위험이 조직에 미치는 영향(발생가능성, 심각도 등)을 고려하여 위험도 산정 기준 마련 • 위험도 산정기준에 따라 식별된 위험에 대하여 위험도 산정 • 수용가능한 목표위험수준(DoA)를 CISO, CPO 등 경영진의 의사결정을 통해 결정 • DoA 초과 위험에 대해 문서화
위험 식별 및 평가 결과 경영진 보고	• 위험 식별 및 평가 결과를 정보보호 최고책임자, 경영진이 이해하기 쉽게 작성하여 보고하여야 함	• 식별된 위험에 대한 평가보고서 작성 • 식별된 위험별로 관련된 이해관계자에게 내용 공유 및 논의(실무 협의체, 위원회 등) • IT, 법률적 전문 용어보다는 경영진의 눈높이에서 쉽게 이해하고 의사 결정할 수 있도록 보고서를 작성하여 보고

3 위험관리 관계도

위협은 취약성을 공격하여 이용하게 되며, 취약성은 자산에 노출된다. 자산은 기본적으로 가치를 가지고 있다. 위협과 취약성, 자산 가치의 증가는 위험을 증가시키게 된다. 위험의 발생을 방어하기 위해서 보안요구사항을 정의하고, 이를 충족시키는 정보보호대책을 수립·운영하여 위험을 감소시킬 수 있다.

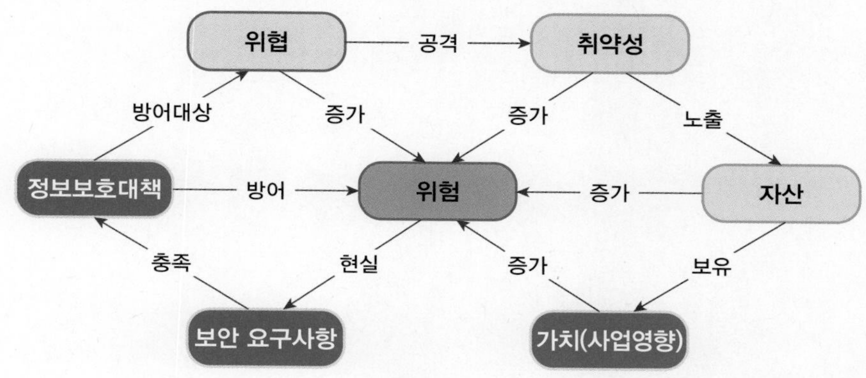

(출처: ISO 13335, Part1)

(심화) 위험평가 방법

1. **베이스라인 접근법**
   - 모든 시스템에 표준화된 보호대책을 체크리스트 형태로 작성하여, 이 체크리스트에 있는 보호 대책의 구현 여부에 따라 위험을 평가하는 방법
   (장점) 비용, 시간 절감
   (단점) 환경변화 미반영

2. **비정형 접근법**
   - 구조적인 방법론에 기반하지 않고, 경험자의 지식을 사용하여 위험 분석을 수행하는 방식
   (장점) 경험기반 중요 위험 식별, 시간과 노력 절감
   (단점) 전문인력 참여 필수, 신규 위협 식별 불가

3. **상세위험 분석**
   - 자산분석, 위협분석, 취약성 분석의 각 단계를 수행하여 위험을 평가
   (장점) 자산, 보안 요건 구체적 분석, 환경 변화에 유연히 대처 가능
   (단점) 분석방법론 이해 필요, 시간 노력 소모

4. **복합접근방법**
   - 고위험 영역은 상세 위험분석을 수행, 그 외의 다른 영역은 베이스라인 접근법을 사용
   (장점) 비용과 자원 효과적, 고위험 영역 처리 빠름
   (단점) 신규 위협 대응 어려움

4 위험관리 프로세스

위험관리 방법론의 개발 또는 선정 시 기본적인 프레임워크로서 활용

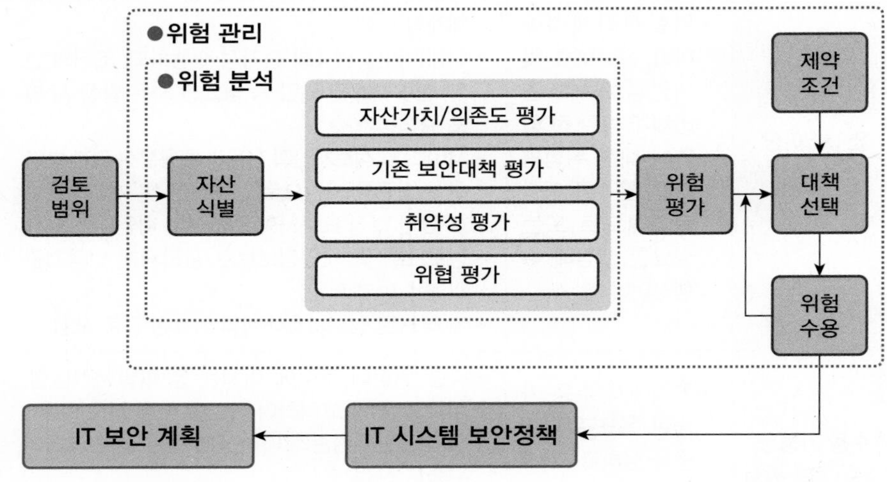

5 위험평가 방법

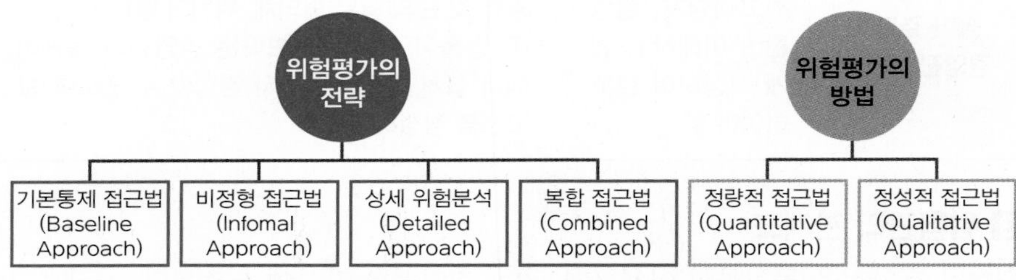

(출처 : 정보기술 보안 관리를 위한 국제 표준 지침(ISO/IEC 13335-1))

위험처리(회피, 전가, 감소, 수용), 이행계획

항목	1.2.4 보호대책 선정
인증기준	위험 평가 결과에 따라 식별된 위험을 처리하기 위하여 조직에 적합한 보호대책을 선정하고, 보호대책의 우선순위와 일정·담당자·예산 등을 포함한 이행계획을 수립하여 경영진의 승인을 받아야 한다.
주요 확인사항	1) 식별된 위험에 대한 처리 전략(감소, 회피, 전가, 수용 등)을 수립하고 위험처리를 위한 보호대책을 선정하고 있는가?
	2) 보호대책의 우선순위를 고려하여 일정, 담당부서 및 담당자, 예산 등의 항목을 포함한 보호대책 이행계획을 수립하고 경영진에 보고하고 있는가?
관련 법규	• 해당사항 없음
증적 자료 등 준비사항	• 정보보호 및 개인정보보호 이행계획서/위험관리계획서 • 정보보호 및 개인정보보호 대책서 • 정보보호 및 개인정보보호 마스터플랜 • 정보보호 및 개인정보보호 이행계획 경영진 보고 및 승인 내역
결함사례	• 정보보호 및 개인정보보호 대책에 대한 이행계획은 수립하였으나, 정보보호 최고책임자 및 개인정보 보호책임자에게 보고가 이루어지지 않은 경우 • 위험감소가 요구되는 일부 위험의 조치 이행계획이 누락되어 있는 경우 • 법에 따라 의무적으로 이행하여야 할 사항, 보안 취약성이 높은 위험 등을 별도의 보호조치 계획 없이 위험수용으로 결정하여 조치하지 않은 경우 • 위험수용에 대한 근거와 타당성이 미흡하고, 시급성 및 구현 용이성 등의 측면에서 즉시 또는 단기 조치가 가능한 위험요인에 대해서도 특별한 사유 없이 장기 조치계획으로 분류한 경우
결함예시	ㅅㅅ기업에서 개인정보의 안전성 확보조치 기준에 따라 개인정보처리시스템에 대한 접속기록을 1년 이상 보관 중이다. 접속기록은 개인정보처리시스템에 접속하여 수행한 업무내역에 대하여 식별자, 접속일시, 접속지 정보, 처리한 정보주체 정보, 수행업무 등을기록하여야 하는데 접속지 정보가 NAT 장비의 문제로 동일한 접속지 정보로 표시되는 이슈에 대해 위험수용으로 판단하여 운영하고 있다.

1 인증기준 취지

1.2.4 보호대책 선정은 위험 평가 결과에 따라 보호대책을 선정하기 위한 인증 기준이다. 정보자산에 대한 위험이 식별이 되면 이 위험을 처리하여야 한다. 위험의 처리 전략은 위험 회피, 위험 전가, 위험 감소, 위험 수용의 네 가지로 구분한다. 정보보호 관리체계의 효과성을 고려하여 위험 처리전략을 선택하여 보호대책을 선정해야 한다. 이해관계자들간에 협의를 거쳐 보호대책의 우선순위를 결정해야 한다. 그리고 보호대책을 구현하기 위한 자원(시기, 담당자, 예산, 방법)을 배분한

1.2.4 요건 수준
Level 3. 인증기준수준
1. 법 요건 : 미해당
2. 내규 : 미해당
3. 인증기준 : 해당
4. 위험평가 : 해당

유사 인증기준
1.2.3 위험 평가
1.3.1 보호대책 구현
1.4.2 관리체계 점검
2.3.2 외부자 계약 시 보안
1.2.3 조직의 위협정보를 수집하고 적합한 방법론으로 연 1회 이상 위험을 평가하고 수용 가능 위험은 경영진 승인
1.3.1 선정한 보호대책은 이행계획에 따라 구현하고, 경영진은 이행결과의 정확성과 효과성 여부를 확인
1.4.2 관리체계가 효과적으로 운영되고 있는지 독립된 인력이 연 1회 이상 점검하고, 문제점을 경영진 보고
2.3.2 외부 서비스를 이용하거나 외부 업무를 위탁 시 (개인)정보보호 요구사항을 식별하고, 계약서에 명시

불가피한 사유가 있을시 위험수용 전략을 선택할 수 있으나, 무조건적인 위험수용은 지양하여야함 특히, 법률 위반에 해당하는 위험은 수용 가능한 위험에 포함되지 않도록 주의하여 보호대책을 선정하여야 한다.

다. 최종적으로 선정된 보호대책을을 경영진에게 보고하고, 승인을 받아 공식화하면 ISMS-P의 보호대책이 된다.

2 인증기준 상세

확인사항	요구 사항	관련 사항
위험에 대해 위험처리 전략 수립 및 보호대책 선정	식별된 위험에 대해 처리전략(위험 감소, 위험회피, 위험전가, 위험수용 등)을 수립하고 이에 따라 각 위험 별로 위험처리를 위한 적절한 정보보호 및 개인정보보호 대책을 선정하 여야 함	• 위험 수준 감소를 목표로 처리전략을 수립하는 것이 일반적이며, 상황에 따라 위험 회피, 위험전가, 위섬수용 전략을 고려 ▶ 3 참조 • 보호대책 선정 시 정보보호 및 개인정보보호 대책은 ISMS, ISMS-P 인증기준 연계성 고려 • 불가피할 사유가 있는 경우에는 위험수용 전략을 선택할 수 있으나 무조건적인 위험수용은 지양하여야 하며 사유의 적정성, 보완대책 적용가능성 등을 충분히 검토한 후 명확하고 객관적 근거에 기반하여 위험수용 전략을 선택 • 법률 위반에 해당하는 위험은 수용 가능 위험에 포함하지 않도록 주의 • 수용가능한 위험수준(DoA)을 초과하지 않은 위험 중 내·외부 환경의 변화에 따라 위험수준이 상승할 높거나 조직이 중요하다고 판단하는 부분에 대해서는 보호대책 수립 고려
정보보호 대책의 이행계획 수립 및 경영진 보고	정보보호 및 개인정보보호 대책의 우선순위를 고려하여 일정, 담당부서 및 담당자, 예산 등의 항목을 포함한 보호대책 이행계획을 수립하고 CISO 및 CPO 등 경영진에게 보고하여야 함	• 위험의 심각성 및 시급성, 구현의 용이성, 예산 할당, 자원의 가용성, 선후행 관계를 고려하여 우선순위 결정 • 일정, 담당부서 및 담당자, 예산 등을 포함한 이행계획을 수립하여 경영진에 보고 및 승인

3 위험처리 절차

먼저 각 위험을 경영진이 결정한 수용 가능한 목표 위험 수준과 비교한다. 위험도가 목표 위험 수준과 같거나 그 이하인 경우 위험은 수용한다. 즉, 아무것도 하지 않는다. 목표 위험수준보다 위험도가 높은 경우 위험을 목표 위험 수준까지 감소시킬 수 있는 대책이 있는지 알아본다. 대책의 구현 및 유지에 들어가는 비용과 감소되는 위험을 비교하여 구현 비용을 감수할 가치가 있는지 평가한다. 대책 구현 비용이 적절하고 이 대책을 구현함으로써 위험이 목표 위험수준 이하로 감소될 수 있다고 판단되면 해당 대책을 선정함으로써 위험을 감소시킨다. 위험을 목

(두음) 위험처리 전략

회전 감소

1. 위험 수용(Acceptance)
   (개념) 위험이 발생할 가능성을 그대로 받아 들이는 것
   (예시) 기존시스템 운영, 대형 수탁자 관리·감독 생략
2. 위험 감소(Mitigation)
   (개념)위험을 줄이기 위한 대책을 구현하는 것
   (예시) 시스템 도입, 응용 프로그램 구현
3. 위험 전가(Transfer)
   (개념) 위험으로 인한 손실을 누군가에게 부담시키는 선택
   (예시) 전문업체 활용, 보험
4. 위험 회피(Avoidance)
   (개념) 위험이 발생할 상황 자체를 피하는 것
   (예시) 시스템 사용 중지, 데이터 파기

표 수준까지 감소시킬 수 있는 대책이 기술적으로 존재하지 않거나 대책이 존재하더라도 구현 및 유지 비용이 이로 인해 감소되는 위험의 규모 이상이라고 판단되면 이 위험을 전가할 적절한 대상이 있는지 알아본다. 예를 들어 위험 대응력이 있는 외주 업체나 위험에 대한 보험상품이 있는지 알아본다. 마지막으로 위험을 적절히 처리할 수 있는 외주업체나 보험상품이 없는 경우 해당 위험을 회피할 방법을 찾는다. 위험을 발생시키는 업무를 포기하거나, 네트워크 연결을 차단하거나, 물리적으로 철수하는 등의 방법을 고려한다.

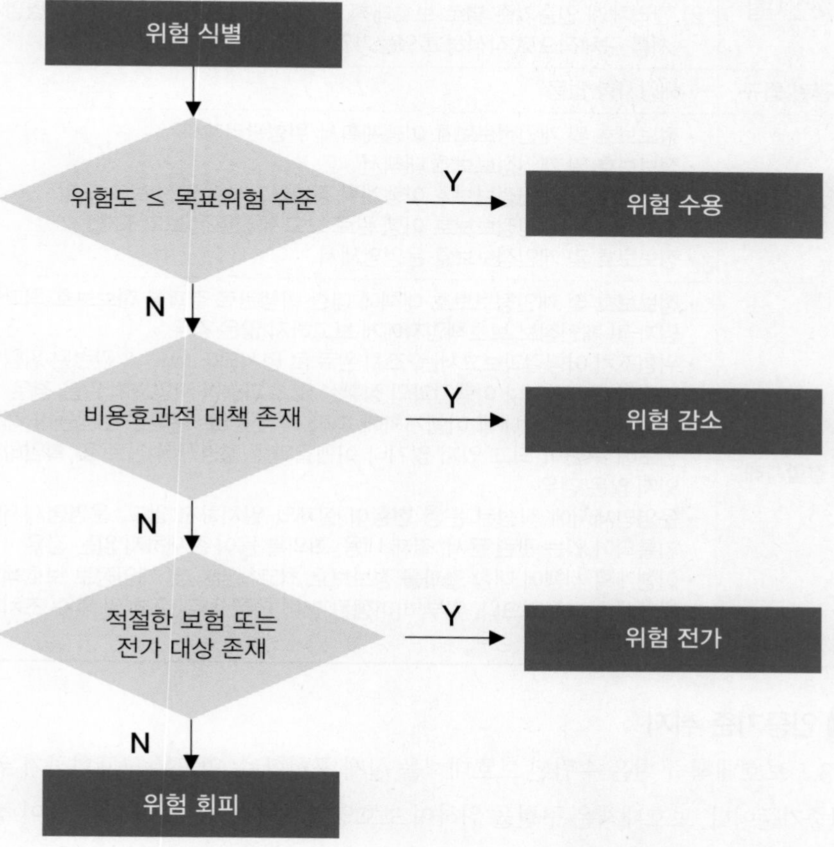

1.3.1 요건 수준
Level 3. 인증기준수준
1. 법 요건 : 미해당
2. 내규 : 미해당
3. 인증기준 : 해당
4. 위험평가 : 해당

유사 인증기준
1.2.3 위험 평가
1.4.1 법적 요구사항 준수
1.4.2 관리체계 점검
2.3.2 외부자 계약 시 보안
1.2.3 조직의 위협정보를 수집하고 적합한 방법론으로 연 1회 이상 위험을 평가하고 수용 가능 위험은 경영진 승인
1.4.1 정보보호 및 개인정보보호 관련 법규를 주기적으로 파악하여 규정에 반영하고, 준수 여부 지속적 검토
1.4.2 관리체계가 효과적으로 운영되고 있는지 독립된 인력이 연 1회 이상 점검하고, 문제점을 경영진 보고
2.3.2 외부 서비스를 이용하거나 외부 업무를 위탁 시 (개인)정보보호 요구사항을 식별하고, 계약서에 명시

보호대책 구현 정확성, 효과성, 구체성 진척 보고

항목	1.3.1 보호대책 구현
인증기준	선정한 보호대책은 이행계획에 따라 효과적으로 구현하고, 경영진은 이행 결과의 정확성과 효과성 여부를 확인하여야 한다.
주요 확인사항	1) 이행계획에 따라 보호대책을 효과적으로 구현하고 이행결과의 정확성 및 효과성 여부를 경영진이 확인할 수 있도록 보고하고 있는가?
	2) 관리체계 인증기준 별로 보호대책 구현 및 운영 현황을 기록한 운영명세서를 구체적으로 작성하고 있는가?
관련 법규	• 해당사항 없음
증적 자료 등 준비사항	• 정보보호 및 개인정보보호 이행계획서/위험관리계획서 • 정보보호 및 개인정보보호 대책서 • 정보보호 및 개인정보보호 이행계획 경과보고서(경영진 보고 포함) • 정보보호 및 개인정보보호 이행 완료 보고서(경영진 보고 포함) • 정보보호 및 개인정보보호 운영명세서
결함사례	• 정보보호 및 개인정보보호 대책에 대한 이행완료 결과를 정보보호 최고책임자 및 개인정보 보호책임자에게 보고하지 않은 경우 • 위험조치 이행결과보고서는 '조치 완료'로 명시되어 있으나, 관련된 위험이 여전히 존재하거나 이행결과의 정확성 및 효과성이 확인되지 않은 경우 • 전년도 정보보호대책 이행계획에 따라 중·장기로 분류된 위험들이 해당 연도에 구현이 되고 있지 않거나 이행결과를 경영진이 검토 및 확인하고 있지 않은 경우 • 운영명세서에 작성된 운영 현황이 실제와 일치하지 않고, 운명명세서에 기록되어 있는 관련 문서, 결재 내용, 회의록 등이 존재하지 않는 경우 • 이행계획 시행에 대한 결과를 정보보호 최고책임자 및 개인정보 보호책임자에게 보고하였으나, 일부 미이행된 건에 대한 사유 보고 및 후속 조치가 이루어지지 않은 경우

1 인증기준 취지

1.3.1 보호대책 구현은 수립된 보호대책을 실제 구현할 수 있도록 구체화하기 위한 인증기준이다. 보호대책은 구현을 위하여 보호영역, 구현방법, 구현 여부 등이 정의된 대책이 수립되어야 한다. 이를 ISMS-P에서는 정보보호 및 개인정보보호 대책서라고 한다. 대책서를 기반으로 정량적인 지표(Y/N 형태)로 이루어진 이행 계획 경과보고서를 작성한다. 그리고 이행조치가 완료될 때까지 의사결정권자에게 보고하며 관리하도록 해야 한다. 정보보호 및 개인정보보호 운영명세서는 ISMS 80개, ISMS-P 101개 항목의 대책을 기록한 문서이다. 운영명세서에는 인 증 기준을 기재하는데, 1. 관리체계 수립 및 운영은 모두 필수이며, 2. 보호대책 요구사항, 3. 개인정보 처리 단계별 요구사항은 해당되는 것만 선택한다. 인증기준 미선정 시에는 사유를 상세하게 기재해야 한다. 인증기준에 따른 정보보호대책의 운영현황을 기술하고, 관련 자료를 확인할 수 있도록 증적의 문서명 또는 파일명을 기재한다.

❷ 인증기준 상세

확인사항	요구 사항	관련 사항
보호대책 구현 및 이행결과를 경영진에 보고하여 효과성 확인	이행계획에 따라 선정된 보호대책을 효과적으로 구현하고 그 이행결과를 CISO, CPO 등 경영진에게 보고하여 이행결과의 정확성 및 효과성 여부를 확인하여야 함	• 이행계획에 따른 진행경과에 대해 정기적으로 완료 여부, 진행 사항, 미이행 또는 지연이 있는 경우 사유를 파악 후 CISO, CPO 등 경영진에게 보고 • 경영진은 정보보호 및 개인정보보호 대책이 이행 계획에 따라 정확하고 효과적으로 이행되었는지 여부를 검토 • 미이행, 일정 지연 시 원인을 분석하여 필요 시 이행계획을 변경하고 경영진에게 보고 및 승인 • 구현 결과에 대한 효과성 및 정확성 검토 결과 적절한 대책으로 판단하기 어렵거나 효과성에 상당한 의문이 제기되는 경우 대안을 수립하거나 추가적인 위험평가를 통한 보완할 수 있는 절차 마련
보호대책 구현 및 운영현황을 기록한 운영명세서 작성	관리체계 인증기준 별 보호대책 구현 및 운영현황 기록한 운영명세서를 구체적으로 작성하여야 함 ▶ ❸ 참조	• 인증기준 선정여부(YES/NO) 확인 – 관리체계 수립 및 운영 영역은 필수사항 • 운영 현황 – 해당기관의 정책 및 인증기준 대비 운영현황을 상 세히 기재 • 관련문서(정책, 지침 등) 기재 – 해당 기준에 해당하는 관련 문서명과 세부 문서번호를 명확히 기재 • 기록(증적자료) 제시 – 관련 문서, 결재 내용, 회의록 등 해당 기준이 실제 운영되는 과정에서 생성되는 문서 또는 증적자료 제시 • 인증기준 미선정 시 사유 – 인증범위 내의 서비스, 시스템 등이 해당 항목에 전혀 관련이 없는 경우에 미선정 사유를 상세하게 기입

❸ 운영명세서

각 인증기준 별 운영여부와 운영내용을 확인할 수 있도록 다음 항목을 상세히 작성하여야 한다. 항목별 설명은 다음과 같다.

항목	상세 내용	운영 여부 ❶	인증 구분 ❷	운영현황 (또는 미선택사유) ❸	관련문서 (정책, 지침 등 세부 조항번호까지) ❹	인증 구분 ❺
인증 기준 번호	인증 기준 내용	Y/N	ISMS & ISMS-P	ISMS와 ISMS-P 모두 동일하게 운영하는 경우의 운영현황 작성		
			ISMS	ISMS에만 적용되어 운영하는 경우의 운영현황 작성		
			ISMS-P	ISMS-P에만 적용되어 운영하는 경우의 운영현황 작성		

(출처 : ISMS-P 인증신청 양식, KISA)

(참고) 운영명세서
운영명세서는 101개의 인증기준(ISMS는 80개)에 대한 운영현황을 작성하는 문서로서 KISA에서 제공하는 양식에 따라 엑셀파일 형태로 작성한다.

❶ 운영여부

1. 관리체계 수립 및 운영 : 모든 항목 필수
2. 보호대책 요구사항 : 운영여부에 따른 Y/N/NA 선택
3. 개인정보 처리단계별 요구사항 : ISMS-P 인증심사만 선택

❷ 인증구분

- ISMS, ISMS-P, ISMS & ISMS-P 인증의 구분자 표시

❸ 운영현황(또는 미선택 사유)

1. 인증기준 대한 구축 및 실제 운영내용을 요약하여 작성하되 구축의 특성 및 정당성을 파악할 수 있도록 인증기준보다 상세히 작성
2. 운영하지 않는 경우 위험관리(위험평가 및 처리)의 결과 및 분석에 따른 미선택의 사유를 반드시 작성

❹ 관련문서(정책 또는 매뉴얼)

- 인증기준을 만족하는 내용이 포함되어 있는 기관의 문서(정책, 규정, 지침, 절차, 매뉴얼 등)의 제목을 작성하되 문서 내 부분에 해당할 경우 장, 절, 조 등 을 상세하게 표시

❺ 기록(증적자료)

- 인증기준에 따른 운영기록(증적자료)의 제목(파일명) 및 번호를 작성. 통제사항에 관련된 위험분석결과, 계획, 취약점 분석 관련 자료도 기록하여 운영명세서를 통해 관련내용을 확인할 수 있도록 함. 관련증적이 시스템으로 관리되는 경우 해당 시스템 위치, 시스템명 및 관련 메뉴를 작성

1.3.2 요건 수준
Level 3. 인증기준수준
1. 법 요건 : 미해당
2. 내규 : 미해당
3. 인증기준 : 해당
4. 위험평가 : 해당

1. 관리체계 수립 및 운영 ▶ 1.3. 관리체계 운영

보호대책 담당자, 보호대책 공유&교육

항목	1.3.2 보호대책 공유
인증기준	보호대책의 실제 운영 또는 시행할 부서 및 담당자를 파악하여 관련 내용을 공유하고 교육하여 지속적으로 운영되도록 하여야 한다.
주요 확인사항	1) 구현된 보호대책을 운영 또는 시행할 부서 및 담당자를 명확하게 파악하고 있는가?
	2) 구현된 보호대책을 운영 또는 시행할 부서 및 담당자에게 관련 내용을 공유 또는 교육하고 있는가?
관련 법규	• 해당사항 없음
증적 자료 등 준비사항	• 정보보호 및 개인정보보호 대책별 운영 또는 시행부서 현황 • 정보보호 및 개인정보 관리계획 내부공유 증적(공지 내역, 교육/공유 자료 등)

항목	1.3.2 보호대책 공유
결함사례	• 정보보호대책을 마련하여 구현하고 있으나 관련 내용을 충분히 공유·교육하지 않아 실제 운영 또는 수행 부서 및 담당자가 해당 내용을 인지하지 못하고 있는 경우
결함예시	ㅇㅇ기업에서 취약점 발견으로 인해 네트워크 장비 보안설정을 긴급히 할 소요가 발생하여 내부 그룹웨어에서 담당자를 지정하여 업무를 처리하도록 프로세스가 되어 있으나 보안팀 내부에서만 해당 내용이 공유되어있고 인프라팀 담당자에게 전달되지 못하여 해당 보안설정을 해야한다는 내용을 인지하지 못하고 있음

1 인증기준 취지

1.3.2 보호대책 공유는 구현된 정보보호대책을 공유하는 것에 관한 인증기준이 다. 보호대책은 업무 전문성을 고려하여 수행 가능한 사람에게 맡겨야 한다. 보호 대책의 특성을 파악하고, 담당할 부서와 담당자를 지정하여야 한다. 보호대책의 성격과 조직의 업무 성격이 일치한다면, 그대로 맡기면 되지만, Gray Zone(불분 명한 영역)이면, CISO 또는 CPO의 조정으로 할당해야 한다. 운영 담당자가 정해졌다면, 교육 절차에 따라 효과적인 방법(공지, 회의, 설명회, 교육, 가이드 배포 등)으로 공유한다.

2 인증기준 상세

확인사항	요구 사항	관련 사항
보호대책 운영 부서 및 담당자 파악	• 구현된 보호대책을 운영 또는 시행할 부서 및 담당자를 명확하게 파악하여야 함	• 보호대책의 운영 또는 시행부서 (예시) • 인프라 운영부서(서버 및 네트워크 장비 보안설정, 인프라 운영자 계정관리·권한관리 등) • 개발 부서(개발보안, 소스코드 보안, 개발 환경에 대한 접근 등) • 개인정보 취급부서(취급자 권한 관리(응용 프로그램), 개인정보 파기, PC저장 시 암호화 등) • 정보보호 운영부서(접근통제 장비 운영, 보안 모니터링 등) • 인사 부서(퇴직자 보안관리 등)
보호대책 운영 담당자에게 관련 내용 공유 또는 교육	• 정보보호 및 개인정보보호 관리체계를 내재화하기 위하여 구현된 보호대책을 운영 또는 시행할 부서 및 담당자에게 관련 내용을 공유 또는 교육하여야 함	• 공유 내용 • 정보보호 및 개인정보보호 정책과 시행문서 제·개정, 이행계획 및 구현결과, 보안시스 템 도입 및 개선사항 • 공유 대상 • 해당 정책·지침 및 보호대책을 실제 운영, 시행할 부서 및 담당자 • 공유 방법 • 게시판, 이메일 공지(간단한 이슈일 경우), 회의, 설명회, 교육 등

유사 인증기준

1.2.4 보호대책 선정
2.2.4 인식제고 및 교육훈련
2.10.1 보안시스템 운영
3.5.1 개인정보처리방침 공개

1.2.4 위험 처리 위한 보호대책을 선정하고, 우선순위, 일정, 예산 등을 포함한 이행계획을 수립하여 경영진 승인

2.2.4 임직원 및 관련 외부자의 연간 인식제고 교육계획을 수립하고, 결과의 효과성을 평가하여 다음 계획에 반영

2.10.1 보안시스템 유형별로 운영절차를 수립·이행하고 보안시스템별 정책적용 현황을 관리

3.5.1 개인정보의 처리에 필요한 사항을 포함하여 개인정보처리방침을 수립하고, 정보주체가 쉽게 확인할 수 있도록 공개하고 현행화

1.3.3 요건 수준
Level 1. 법규 수준
1. 법규 : 개보법/정보통신망법
2. 내규 : 해당
3. 인증기준 : 해당
4. 위험평가 : 해당

유사 인증기준
1.2.2 현황 및 흐름분석
1.3.1 보호대책 구현
2.1.1 정책의 유지관리
2.1.2 조직의 유지관리
2.1.3 정보자산 관리
2.2.2 정보서비스 및 개인정보 처리 현황을 분석하고 업무 절차와 흐름을 문서화하며, 검토하여 최신성을 유지
1.3.1 선정한 보호대책은 이행계획에 따라 구현하고, 경영진은 이행결과의 정확성과 효과성 여부를 확인
2.1.1 (개인)정보보호 정책은 법규, 조직 정책과의 연계성, 대내외 환경변화 등에 따라 검토하고 필요시 제·개정 후 이력관리
2.1.2 조직 구성원의 정보보호 역할 및 책임 할당, 활동 평가 체계와 구성원 간 의사소통체계 수립·운영
2.1.3 정보자산의 용도와 중요도에 따른 취급 절차 및 보호대책을 수립·이행하고, 자산별 책임을 정의·관리

(개인)정보보호활동 문서화, 경영진 확인

항목	1.3.3 운영현황 관리
인증기준	조직이 수립한 관리체계에 따라 상시적 또는 주기적으로 수행하여야 하는 운영활동 및 수행 내역은 식별 및 추적이 가능하도록 기록하여 관리하고, 경영진은 주기적으로 운영활동의 효과성을 확인하여 관리하여야 한다.
주요 확인사항	1) 관리체계 운영을 위해 주기적 또는 상시적으로 수행해야 하는 정보보호 및 개인정보보호 활동을 문서화하여 관리하고 있는가? 2) 경영진은 주기적으로 관리체계 운영활동의 효과성을 확인하고 이를 관리하고 있는가?
관련 법규	• 개인정보 보호법 제31조(개인정보 보호책임자의 지정) • 정보통신망법 제45조의3(정보보호 최고책임자의 지정 등)
증적 자료 등 준비사항	• 정보보호 및 개인정보보호 연간계획서 • 정보보호 및 개인정보보호 운영현황표 • 정보보호 및 개인정보보호활동 수행여부 점검 결과
결함사례	• 정보보호 및 개인정보보호 관리체계 운영현황 중 주기적 또는 상시적인 활동이 요구되는 활동 현황을 문서화하지 않은 경우 • 정보보호 및 개인정보보호 관리체계 운영현황에 대한 문서화는 이루어졌으나, 해당 운영현황에 대한 주기적인 검토가 이루어지지 않아 월간 및 분기별 활동이 요구되는 일부 정보보호 및 개인정보보호 활동이 누락되었고 일부는 이행 여부를 확인할 수 없는 경우
결함예시	OO기업에서 정보보호 및 개인정보보호 관리체계 운영현황 목록을 작성하여 관리하고 있으나 변경된 내역에 대한 현황이 업데이트가 이루어지지 않고 있음.

1 인증기준 취지

1.3.3 운영현황 관리는 정보보호 관리체계의 운영현황을 기록·관리하기 위한 인증 기준이다. 개인정보보호법에서는 개인정보보호책임자, 정보보호 최고책임자를 지정하고, 세부적인 정보보호 활동을 정의하였다. 이러한 활동을 포함하여 조직에 특성에 맞게 식별하여 재정의해야 한다. 정보보호 운영 활동은 문서에 의해 정의되고, 현황을 관리하여, 경영진에게 보고해야 한다. 경영진은 이를 검토하고 필요한 경우 자원을 할당하여야 한다.

2 인증기준 상세

확인사항	요구 사항	관련 사항
정보보호 활동을 식별하고 운영현황표 작성·관리	• 관리체계의 효과적인 운영을 위해 일·주·월·분기·반기·년 단위의 주기적 또는 상시적인 활용이 요구되는 정보보호 및 개인정보보호 활동을 식별하고 그 운영 현황을 쉽게 확인할 수 있도록 수행 주기 및 시점, 수행 주체(담당부서, 담당자) 등을 정의한 문서(운영현황표)를 작성하여 관리하여야 함	• 주기적인 정보보호 및 개인정보보호 활동 (예시) 1. 주요직무자, 개인정보취급자 접속기록 검토 2. 주요직무자 접근권한 검토 3. 정기 정보보호 및 개인정보보호 위원회 개최 4. 정보보호 및 개인정보보호 교육 5. 사무실 보안점검 6. 정보보호 및 개인정보보호 정책·지침 개정 검토 7. 법적 준거성 검토 8. 침해 대응 모의훈련, IT재해복구 모의 훈련 9. 내부 감사 등
운영활동을 경영진 보고 및 개선 조치	• 경영진은 주기적으로 관리체계 운영활동의 효과성을 확인하고 문제점이 발견된 경우 이를 개선하는 등 관리하여야 함	• 관리체계 운영활동이 운영현황표에 따라 주기적·상시적으로 이루어지고 있는지 정기적으로 확인하여 경영진에게 보고 • 경영진은 관리체계 운영활동의 효과성을 평가하여 필요 시 개선 조치(수행주체 변경, 수행주기 조정, 운영활동의 추가·변경·삭제 등)

1. 관리체계 수립 및 운영 ▶ 1.4. 관리체계 점검 및 개선

1.4.1 요건 수준
Level 1. 법규 수준
1. 법규 : 개보법
2. 내규 : 해당
3. 인증기준 : 해당
4. 위험평가 : 해당

법규 최신성, 연1회 검토

항목	1.4.1 법적 요구사항 준수 검토
인증기준	조직이 준수하여야 할 정보보호 및 개인정보보호 관련 법적 요구사항을 주기적으로 파악하여 규정에 반영하고, 준수 여부를 지속적으로 검토하여야 한다.
주요 확인사항	1) 조직이 준수하여야 하는 정보보호 및 개인정보보호 관련 법적 요구사항을 파악하여 최신성을 유지하고 있는가?
	2) 법적 요구사항의 준수여부를 연 1회 이상 정기적으로 검토하고 있는가?
관련 법규	• 개인정보보호법 제29조(안전조치의무) • 개인정보의 안전성 확보조치 기준 제4조(내부 관리계획의 수립·시행)
증적 자료 등 준비사항	• 법적 준거성 검토 내역 • 정보보호 및 개인정보보호 정책/지침 검토 및 개정이력 • 정책/지침 신구대조표 • 법 개정사항 내부공유 자료 • 개인정보 손해배상 책임보장 입증 자료(사이버보험 약정서 등) • 정보보호 공시 내역

항목	1.4.1 법적 요구사항 준수 검토
결함사례	• 정보통신망법 및 개인정보보호법이 최근 개정되었으나, 개정사항이 조직에 미치는 영향을 검토하지 않았으며 정책서 및 시행문서에도 해당 내용을 반영하지 않아 정책서 및 시행문서의 내용이 법령의 내용과 일치하지 않은 경우 • 조직에서 준수해야 할 법률이 개정되었으나, 해당 법률 준거성 검토를 1년 이상 수행하지 않은 경우 • 법적 준거성 준수 여부에 대한 검토가 적절히 이루어지지 않아 개인정보보호법 등 법규 위반 사항이 다수 발견된 경우 • 개인정보보호법에 따라 개인정보 손해배상책임 보장제도 적용 대상이 되었으나, 이를 인지하지 못하여 보험 가입이나 준비금 적립을 하지 않은 경우 또는 보험 가입을 하였으나, 이용자 수 및 매출액에 따른 최저가입금 액 기준을 준수하지 못한 경우 • 정보보호 공시 의무대상 사업자이지만 법에 정한 시점 내에 정보보호 공시가 시행되지 않은 경우 • 모바일앱을 통해 위치정보사업자로부터 이용자의 개인위치정보를 전송받아 서비스에 이용하고 있으나, 위치기반서비스사업 신고를 하지 않은 경우 • 국내에 주소 또는 영업소가 없는 개인정보처리자로서 전년도 말 기준 직전 3개월 간 그 개인정보가 저장·관리되고 있는 국내 정보주체의 수가 일일평균 100만명 이상인 자에 해당되어 국내대리인 지정의무에 해당됨에도 불구하고, 국내대리인을 문서로 지정하지 않은 경우
결함예시	ISMS 의무 인증을 받고 있는 신청기관이 개인정보 처리방침 및 안전성확보 조치에서 여러 결함사항이 식별됨

유사 인증기준

1.2.3 위험 평가
1.4.2 관리체계 점검
1.4.3 관리체계 개선
2.1.1 정책의 유지관리
1.2.3 조직의 위협정보를 수집하고 적합한 방법론으로 연 1회 이상 위험을 평가하고 수용 가능 위험은 경영진 승인
1.4.2 관리체계가 효과적으로 운영되고 있는지 독립된 인력이 연 1회 이상 점검하고, 문제점을 경영진 보고
1.4.3 법규 및 관리체계 점검결과 식별된 문제점의 재발방지 대책을 수립하며, 경영진은 개선 결과의 효과성 확인
2.1.1 (개인)정보보호 정책은 법규, 조직 정책과의 연계성, 대내외 환경변화 등에 따라 검토하고 필요시 제·개정 후 이력관리

1 인증기준 취지

1.4.1 법적 요구사항 준수 검토는 조직이 준수하여야 할 법적 요구사항을 반영하기 위한 인증기준이다. 정보보호 정책이 법 개정 사항을 반영하지 못한다면, 정책을 준수하더라도 법 위반이 될 수 있다. 따라서 법규 검토 활동을 주기적으로 정하여 수행하되, 중요한 변경에 대하여는 수시로 수행해야 한다. 법규 준수 여부를 점검하기 위해 체크리스트를 만들고, 최소 연 1회 이상 정기적으로 점검하여야 한다. 실제 심사에서는 ISMS심사시 개인정보보호법과 관련된 내용을 아예 심사를 하지 않는 게 아닌 개인정보에 관련된 항목은 해당 인증기준을 적용하여 결함 보고서가 작성되는 경우가 많이 있다.

(참고) 정보보호 및 개인정보보호 관련 법률(예시)

1. 정보통신망법
2. 개인정보보호법
3. 신용정보 보호법
4. 위치정보 보호법
5. 전자금융 거래법
6. 전자상거래법
7. 저작권법
8. 정보통신 기반보호법
9. 전자서명법
10. 산업기술의 유출방지 및 영업비밀보호법
11. 부정경쟁방지 및 영업비밀보호법

2 인증기준 상세

확인사항	요구 사항	관련 사항
정보보호 및 개인정보보호 법적 요구사항 파악 최신성 유지	• 조직이 준수하여야 하는 정보보호 및 개인정보보호 관련 법적 요구사항을 파악하여 최신성을 유지하여야 함	• 조직이 준수하여야 하는 정보보호 및 개인정보보호 관련 법규 파악 • 관련 법규의 제·개정 현황을 지속적으로 모니터링하여 제·개정이 이루어질 경우 조직에 미치는 영향을 분석하고 필요 시 내부 정책·지침 및 체크리스트 등에 반영하여 최신성을 유지

확인사항	요구 사항	관련 사항
법적 요구사항 준수 여부 연1회 정기적 검토	• 법적 요구사항의 준수 여부를 연 1회 이상 정기적으로 검토하여야 함	• 법적 요구사항 준수 여부 정기적으로 검토할 수 있는 절차 수립(검토 주기, 대상, 담당자, 방법 등) 및 이행 • 법적 요구사항 준수 결과 발견된 문제점에 대해 신속하게 개선 조치

3 개인정보 손해배상책임 보장제도

빅데이터·IoT·인공지능 등 4차 산업혁명 시대의 신기술 확산으로 개인정보의 중요성이 높아지는 한편, 사이버 공격의 대상과 규모가 증가하는 등 개인정보 유출로 인한 이용자 피해 사례도 증가하고 있으며, 기업의 배상능력이 부족한 경우 이용자가 손해배상을 청구해도 피해구제가 어려워 이용자 피해구제 제도의 실효성 제고가 필요하다. 이에 정부기업으로 하여금 손해배상책임의 이행을 보장하도록 보험 또는 공제에 가입하거나 준비금을 적립하도록 의무화하고 있다.

손해배상제도 적용 제외 대상

1. 공공기관. 다만, 제2조제2호부터 제5호까지에 해당하는 공공기관으로서 제32조제4항 각 호에 해당하는 공공기관은 제외한다.
2. 「공익법인의 설립·운영에 관한 법률」 제2조에 따른 공익법인
3. 「비영리민간단체 지원법」 제4조에 따라 등록한 단체
4. 「소상공인기본법」 제2조제1항에 따른 소상공인으로서 대통령령으로 정하는 자에게 개인정보 처리를 위탁한 자
5. 다른 법률에 따라 제39조(손해배상책임) 및 제39조의2(법정손해배상의 청구)에 따른 손해배상책임의 이행을 보장하는 보험 또는 공제에 가입하거나 준비금을 적립한 개인정보처리자

– 손해배상책임 보장제도 적용 대상

다음 각 호의 요건을 모두 갖춘 자(이하 "가입대상개인정보처리자"라 한다)를 말한다. 〈개정 2024. 3. 12.〉

1. 전년도(법인의 경우에는 직전 사업연도를 말한다)의 매출액 등이 10억원 이상일 것
2. 전년도 말 기준 직전 3개월간 그 개인정보가 저장·관리되고 있는 정보주체(제15조의3제2항제2호[개인정보처리자가 업무수행을 위해 그에 소속된 임직원의 개인정보를 처리한 경우 해당 정보주체]에 해당하는 정보주체는 제외한다. 이하 이 조에서 같다)의 수가 일일평균 1만명 이상일 것. 다만, 해당 연도에 영업의 전부 또는 일부의 양수, 분할·합병 등으로 개인정보를 이전받은 경우에는 이전받은 시점을 기준으로 정보주체의 수가 1만명 이상일 것

– 손해배상책임 보장제도 적용 대상

적용대상 사업자의 가입금액 산정요소		최저가입금액 (최소적립금액)
이용자수	매출액	
100만 명 이상	800억원 초과	10억원
	50억원 초과 800억원 이하	5억원
	10억원 이상 50억원 이하	2억원
10만 명 이상 100만 명 미만	800억원 초과	5억원
	50억원 초과 800억원 이하	2억원
	10억원 이상 50억원 이하	1억원
1만 명 이상 10만명 미만	800억원 초과	2억원
	50억원 초과 800억원 이하	1억원
	10억원 이상 50억원 이하	5천만원

(참고) 손해배상책임 보험 용어 정의

1. 보험가입금액
   계약상 보상 최고한도액으로, 보험계약자가 보험계약을 체결 시 약정한 금액
2. 보험료
   보험계약에 의하여 보험계약자가 보험회사에 납입한 금액
3. 이용자수
   보험(공제)에 가입하여야 할 연도의 전년도 말 기준 직전 3개월간 그 개인정보가 저장·관리되고 있는 일일 이용자수 평균
4. 매출액
   직전 사업연도의 매출액

4 정보보호 공시 제도

이용자에게 객관적인 기업 선택의 기준을 제시하고, 기업은 정보보호를 기업경영의 중요요소로 포함하기 위하여 이용자의 안전한 인터넷 이용 및 정보보호 투자 활성화를 위하여 정보보호 투자/인력/인증/활동 등 기업의 정보보호 현황을 일반에 공개하는 자율·의무공시제도를 시행하고 있다.

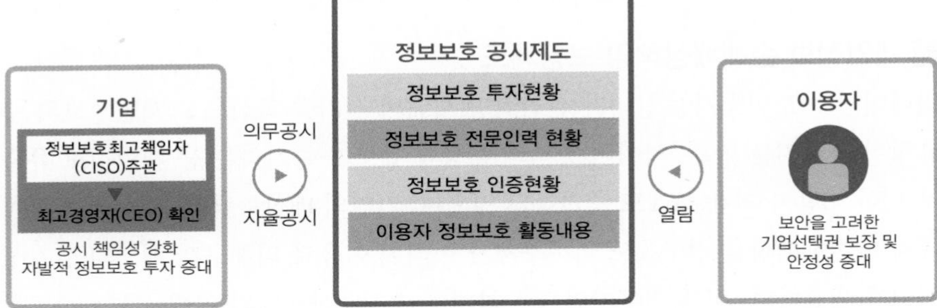

정보보호 공시 의무대상 기준

구분	내용	근거
사업 분야	• 회선설비 보유 기간통신사업자(ISP)	※전기통신사업법 제6조제1항
	• 집적정보통신시설 사업자(IDC)	※정보통신망법 제46조
	• 상급종합병원	※의료법 제3조의4
	• 클라우드컴퓨팅 서비스 제공자	※클라우드컴퓨팅법 시행령 제3조제1호
매출액	• 정보보호 최고책임자 지정·신고 상장법인 중 매출액 3,000억 원 이상	
이용자 수	• 정보통신서비스 일일평균 이용자 수 100만 명 이상(전년도 말 직전 3개월간)	

정보보호 공시 의무대상 예외 기준(의무대상 아님)

공공기관	공기업 및 준정보기관 등 *공공기관운영법
소기업	평균 매출액 120억원 이하 기업 *중소기업기본법 시행령 제8조제1항 -업종별 매출액 기준상이)10~120억원), 정보통신업은 50억원 이하
금융 회사	은행, 보험, 카드 등 금융회사 *전자금융거래법 제2조제3
전자금융업자	정보통신업 또는 도·소매업을 주된 사업으로 하지 않은 전자금융업자 *전자금융거래법 제2조제4호, 한국표준산업분류

정보보호 공시 항목 및 이행 기한

■ (공시 항목) 「정보보호 공시에 관한 고시」 [별표 3] 정보보호 공시내용 양식에 따라 정보보호 투자 현황, 정보보호 인력 현황 등 4가 지 항목별로 내용을 기재

(1) 정보보호 투자 현황(정보기술부문 투자액, 정보보호부문 투자액, 비중 등)
(2) 정보보호 인력 현황(정보기술부문 인력, 정보보호부문 전담인력, 비중 등)
(3) 정보보호 관련 인증, 평가, 점검 등에 관한 사항
(4) 정보보호를 위한 활동 현황

「정보보호산업의 진흥에 관한 법률 시행령」 제8조

■ (이행기한) 정보보호 공시를 하려는 자는 매년 6월 30일까지 정보보호 현황을 정보보호 공시종합포털(isds.kisa.or.kr) 에 등록(자율 · 의무공시 모두 해당)
■ (과태료) 의무공시 대상 기업이 공시를 이행하지 않을 경우, 최대 1천만원 이하의 과태료 부과

1. 관리체계 수립 및 운영 ▶ 1.4. 관리체계 점검 및 개선

인력(독립성, 전문성), 연1회 경영진 보고

항목	1.4.2 관리체계 점검
인증기준	관리체계가 내부 정책 및 법적 요구사항에 따라 효과적으로 운영되고 있는지 독립성과 전문성이 확보된 인력을 구성하여 연 1회 이상 점검하고, 발견된 문제점을 경영진에게 보고하여야 한다.
주요 확인사항	1) 법적 요구사항 및 수립된 정책에 따라 정보보호 및 개인정보보호 관리체 계가 효과적으로 운영되는지를 점검하기 위한 관리체계 점검기준, 범위, 주기, 점검인력 자격요건 등을 포함한 관리체계 점검 계획을 수립하고 있는가?
	2) 관리체계 점검 계획에 따라 독립성, 객관성 및 전문성이 확보된 인력을 구성하여 연 1회 이상 점검을 수행하고 발견된 문제점을 경영진에게 보고하고 있는가?
관련 법규	• 개인정보보호법 제29조(안전조치의무) • 개인정보의 안전성 확보조치 기준 제4조(내부 관리계획의 수립 · 시행)
증적 자료 등 준비사항	• 관리체계 점검 계획서(내부점검 계획서, 내부감사 계획서) • 관리체계 점검 결과보고서 • 정보보호 및 개인정보보호 위원회 회의록
결함사례	• 관리체계 점검 인력에 점검 대상으로 식별된 전산팀 직원이 포함되어 전산팀 관리 영역에 대한 점검에 관여하고 있어, 점검의 독립성이 훼손된 경우 • 금년도 관리체계 점검을 실시하였으나, 점검범위가 일부 영역에 국한되어 있어 정보보호 및 개인정보보호 관리체계 범위를 충족하지 못한 경우 • 관리체계 점검 시 발견된 문제점에 대하여 조치계획을 수립하지 않았거나 조치 완료 여부를 확인하지 않은 경우
결함예시	○○기업에서 관리체계 점검시 인증범위내 포함된 개인정보처리시스템의 점검을 수행하지 않았음

1 인증기준 취지

1.4.2 관리체계 점검은 관리체계를 독립된 인력에 의해 점검하기 위한 인증기준이다. 내부 감사란 조직에 가치를 부가하고 조직 운영을 개선하기 위해 디자인된 독립적, 객관적인 확신과 컨설팅 행위를 말한다. (국제감사인협회) 정보보호관리체계의 효과적인 개선을 위해 객관성, 독립성, 전문성이 보장된 인력이 감사하도록 해야 한다. 관리체계 점검에 관한 계획은 경영진에게 보고해야 한다. 연 1회 이상 점검을 수행하고, 발견된 문제점은 조치 계획이 경영진에게 보고되고 개선하도록 해야 한다.

1.4.2 요건 수준
Level 1. 법규 수준
1. 법규 : 개보법
2. 내규 : 해당
3. 인증기준 : 해당
4. 위험평가 : 해당

유사 인증기준
1.2.3 위험 평가
1.4.1 법적 요구사항 준수 검토
1.4.3 관리체계 개선
2.1.1 정책의 유지관리
1.2.3 조직의 위협정보를 수집하고 적합한 방법론으로 연 1회 이상 위험을 평가하고 수용 가능 위험은 경영진 승인
1.4.1 정보보호 및 개인정보보호 관련 법규를 주기적으로 파악하여 규정에 반영하고, 준수 여부 지속적 검토
1.4.3 법규 및 관리체계 점검결과 식별된 문제점의 재발방지 대책을 수립하며, 경영진은 개선 결과의 효과성 확인
2.1.1 (개인)정보보호 정책은 법규, 조직 정책과의 연계성, 대내외 환경변화 등에 따라 검토하고 필요시 제·개정 후 이력관리

2 인증기준 상세

확인사항	요구 사항	관련 사항
법규 및 내규에 따라 관리체계가 운영되는지 점검계획 수립 및 경영진 보고	• 법적 요구사항 및 수립된 정책에 따라 정보보호 및 개인정보보호 관리체계가 효과적으로 운영되는지를 점검하기 위한 점검기준, 범위, 주기, 점검인력 등을 포함한 관리체계 점검 계획을 수립하고 경영진에게 보고하여야 함	• 점검기준 – 정보보호 및 개인정보보호 관리체계 인증기준 포함 • 점검 범위 – 전사 또는 인증범위 포함 • 점검 주기 – 최소 연1회 이상 수행 필요 • 점검인력 자격 요건 – 점검의 객관성, 독립성, 전문성을 확보할 수 있도록 자격 요건 정의
독립성, 객관성, 전문성이 확보된 인력이 점검 수행 및 문제점 경영진 보고	• 관리체계 점검계획에 따라 독립성, 객관성 및 전문성이 확보된 인력을 구성하여 연 1회 이상 점검을 수행하고 발 견된 문제점을 CISO, CPO 등 경영진에게 보고하여야 함	• 점검의 객관성, 독립성 및 전문성을 확보할 수 있도록 점검조직 구성 • 점검 계획에 따라 연 1회 이상 점검 수행 • 점검 결과 발견된 문제점에 대해서는 조치계획을 수립·이행하고 조치 완료여부에 대하여 추가 확인 • 점검 결과보고서를 작성하여 CISO, CPO 등 경영진에게 보고

1.4.2 요건 수준
Level 1. 법규 수준
1. 법규 : 개보법
2. 내규 : 해당
3. 인증기준 : 해당
4. 위험평가 : 해당

1. 관리체계 수립 및 운영 ▶ 1.4. 관리체계 점검 및 개선

근본원인, 재발방지 기준 절차

항목	1.4.3 관리체계 개선
인증기준	법적 요구사항 준수검토 및 관리체계 점검을 통해 식별된 관리체계상의 문제점에 대한 원인을 분석하고 재발방지 대책을 수립·이행하여야 하며, 경영진은 개선 결과의 정확성과 효과성 여부를 확인하여야 한다.
주요 확인사항	1) 법적 요구사항 준수검토 및 관리체계 점검을 통해 식별된 관리체계 상의 문제점에 대한 근본 원인을 분석하여 재발방지 및 개선 대책을 수립·이행하고 있는가?
	2) 재발방지 및 개선 결과의 정확성 및 효과성 여부를 확인하기 위한 기준과 절차를 마련하였는가?
관련 법규	• 개인정보보호법 제29조(안전조치의무) • 개인정보의 안전성 확보조치 기준 제4조(내부 관리계획의 수립·시행 및 점검)
증적 자료 등 준비사항	• 관리체계 점검 결과보고서 • 관리체계 점검 조치계획서·이행조치결과서 • 재발방지 대책 • 효과성 측정 지표 및 측정 결과(경영진 보고 포함)

항목	1.4.3 관리체계 개선
결함사례	• 내부점검을 통해 발견된 정보보호 및 개인정보보호 관리체계 운영상의 문제점이 매번 동일하게 반복되어 발생되는 경우 • 내부 규정에는 내부점검 시 발견된 문제점에 대해서는 근본원인에 대한 분석 및 재발방지대책을 수립하도록 되어 있으나, 최근에 수행된 내부점검에서는 발견된 문제점에 대하여 근본원인 분석 및 재발방지 대책이 수립되지 않은 경우 • 관리체계 상 문제점에 대한 재발방지 대책을 수립하고 핵심성과지표를 마련하여 주기적으로 측정하고 있으나, 그 결과에 대해 경영진 보고가 장기간 이루어지지 않은 경우 • 관리체계 점검 시 발견된 문제점에 대하여 조치계획을 수립하지 않았거나 조치 완료 여부를 확인하지 않은 경우.
결함예시	OO기업은 정보보호 컨설팅업체를 통해 관리체계 점검(보안감사)을 수행하고 있으나, 주요점검 지적사항 중 동일한 내용(ex: 백신 업데이트 최신화가 다수의 단말기에서 이루어지지 않고 있음)이 3년간 지속적으로 나오고 있으나 경영진에 보고가 되고 있지 않고 재발방지 대책이 전혀 수립되지 않고 있음

유사 인증기준

1.2.4 보호대책 선정
1.3.1 보호대책 구현
1.4.1 법적 요구사항 준수 검토
1.4.2 관리체계 점검

1.2.4 위험 처리 위한 보호대책을 선정하고, 우선순위, 일정, 예산 등을 포함한 이행계획을 수립하여 경영진 승인
1.3.1 선정한 보호대책은 이행계획에 따라 구현하고, 경영진은 이행결과의 정확성과 효과성 여부를 확인
1.4.1 정보보호 및 개인정보보호 관련 법규를 주기적으로 파악하여 규정에 반영하고, 준수 여부 지속적 검토
1.4.2 관리체계가 효과적으로 운영되고 있는지 독립된 인력이 연 1회 이상 점검하고, 문제점을 경영진 보고

1 인증기준 취지

1.4.3 관리체계 개선은 관리체계 점검 시 발생한 문제점을 개선하기 위한 인증 기준이다. 법규와 내부감사를 통해 발견된 관리체계의 문제점은 개선하여야 한다. 그러나 동일한 문제점이 재발한다면 원인을 근본적으로 분석하여 재발방지 대책을 수립하여야 한다. 경영진은 개선 결과에 대해 보고 받고, 결과의 정확성, 효과성이 확보되었는지 판단하고, 필요 시 대책을 변경하거나 재수립하도록 하여야 한다.

재발방지 및 개선조치 관련 보안성과지표 (예시)

1. 보안 정책, 지침 위반율
2. 보안 예외 승인 건수
3. 보안 프로그램 설치율
4. 악성프로그램 감염율
5. 자가점검 수행율 등

2 인증기준 상세

확인사항	요구 사항	관련 사항
식별된 관리체계상의 문제점에 대한 근본 원인 분석 및 재발방지 대책 수립·이행	법적 요구사항 준수검토 및 관리체계 점검을 통해 식별된 관리체계 상 문제점에 대한 근본 원인을 분석하여 재발방지 및 개선대책을 수립·이행하여야 함	• 식별된 관리체계 상의 문제점 및 결함사항에 대한 근본 원인을 분석 • 근본원인 분석결과를 바탕으로 문제점의 재발방지 및 개선을 위한 대책을 수립·이행 • 재발방지대책 (예시) – (개인)정보보호 정책, 지침, 절차 개정 – 임직원 및 외부자에 대한 교육 강화 또는 개선 – 이상행위 등 모니터링 강화 – (개인)정보보호 운영자동화(계정관리 등) – (개인)정보보호 관련 검토, 승인 절차 개선 – 내부점검 체크리스트 또는 방식 개선 등 • 수립된 재발방지 대책에 대하여 관련자들에게 공유 및 교육 수행
재발방지 및 개선 결과 효과성 여부를 확인할 기준과 절차 마련	재발방지 및 개선 결과의 정확성 및 효과성 여부를 확인하기 위한 기준과 절차를 마련하여야 함	• 재발방지 및 개선조치의 정확성 및 효과성을 측정하기 위해 관리체계 측면에서의 핵심성과지표(보안성과지표) 도출 • 핵심성과지표(보안성과지표)에 대한 측정 및 모니터링 절차 수립·이행 • 재발방지 및 개선조치의 정확성·효과성에 대한 확인 및 측정 결과는 경영진에게 보고

(심화) 경영학에서의 성과지표 관계

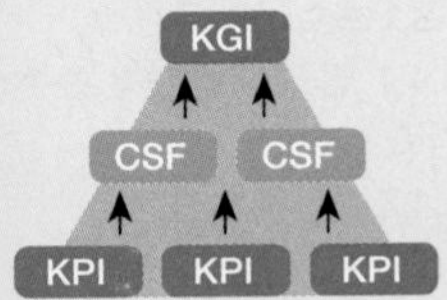

1. KGI(Key Goal Indicator)
   - 조직의 비전과 목표를 정량적으로 측정하기의 지표
2. CSF(Critical Success Factor)
   - KGI을 달성하기 위해 가장 영향이 있는 요인
3. KPI(Key Performance Indicator)
   - KGI에서 정한 목표를 달성하기 위해 중요한 중간 목표이며, 그것을 정량적으로 측정하기 지표

3 (참고) 정보보호 수준측정 지표 내역 (NIST SP800-55 사례)

SP800-55에서 예를 들고 있는 미 연방정부의 정보보호수준 측정지표 등을 분석한 내용이며 19가지 항목 중 5가지는 아래의 표와 같다.

번호	측정지표	측정대상	측정방법	증빙요구자료
1	보안 예산 측정	정보 시스템 예산에서 정보보호 관련 예상	(정보보호예산 / 기관의 총 정보기술 예산) X 100	조직 예산 문서
2	취약점 측정	조직이 정한 시간 내에 완화된 취약점 비율	(완화된 취약점 수 / 식별된 취약점 수) X 100	취약점 진단 도구 감사로그, 취약점 관리 시스템 등
3	원격 접근 제어 측정	비허가 접근을 얻을 수 있는 원격 접근 지점	(비허가 접근을 얻을 수 있는 원격 접근 지점 수 / 총 원격 접근지점 수) X 100	사고 데이터베이스, 감사 로그, 네트워크 다이어그램, IDS 로그 및 경보
4	보안 교육 측정	보안 훈련을 받은 정보 시스템 보안 인력	(지난해 보안 훈련을 완료한 정보 시스템 보안 인력 수 / 총 정보시스 템 보안 인력 수) X 100	훈련 및 교육(인식) 추적 기록
5	감사 기록 검토 측정	부적절한 행위에 대한 감사 기록 검토와 분석의 평균 빈도	보고 기간 동안 평균 빈도	감사 로그 보고서

(출처 : 한·미정부기관 정보보호수준 측정 체계 및 지표 분석, 2013, KSA)

취약점에 관한 측정방법을 살펴보면 "(완화된 취약점 / 총 식별된 취약점) × 100"으로 취약점을 측정하기 때문에 조직 내 정보 시스템의 취약점이 많이 발견되었더라도 해당 취약점을 완화시켰다면 결국은 취약점이 적은 조직과 같은 결과를 얻을 수 있는 것이다. 이러한 방법을 사용해서 발견된 취약점을 숨기기보다는 해결하는 것이 중요하다는 것을 보여준다. 다른 측정지표들 또한 분석해 본 결과 조직의 정보보호수준 자체도 중요하지만 정보보호를 관리하는 체계가 제대로 운영되고 있는지를 파악하는 항목들이 주목할 만한 부분이다.

4 (참고) 보안 성과관리 단계

단계	활동	내용
1단계	계획수립 및 예비 KPI 선정	• 조직 업무와 연관된 보안 관리 지표 선정 • 가급적 정량적인 효과를 나타낼 수 있도록 선정
2단계	기초 정보 수집	• 주요 지표를 핵심적으로 관리하기 위하여 조직 보안수준 평가 필요 • 기존에 누적하여 축적된 데이터가 있다면 충분히 활용
3단계	핵심 보안 관리 지표 선정	• 예비 지표와 업무 영향을 고려하여 핵심 보안관리 지표 선정
4단계	관련 데이터 수집 및 분석	• 수집된 성과지표는 모든 이해 관계자들이 모여 검토 • 초기에는 월 1회 정도의 검토 회의가 적절
5단계	결과 재검토	• 일정기간 축적되고 관리된 성과지표는 일정 주기로 효과를 재검토하여 개선하여야 함

(출처 : CERT 구축 운영 안내서, KISA)

5 (참고) 보안 관리 주요 KPI(Key Performance Indicator) 예시

단계	활동	비율
정보보호 활동 달성도	1. 정보보호 활동 계획 달성율	조직 규모, 특성에 따라 자체적으로 비율 조정
보안 성숙도 관리	2. 보안 정책 준수율 – 개인보안 – 계정 및 패스워드 – 출입보안 – 영상보안 – 문서보안 – 외부인 출입 관리 등	
보안사고 예방 관리	3. 보안성 승인율	
	4. 보안 패치 적용률	
	5. 취약점 점검 개선율	
	6. 보안 정책 검토	
보안사고 관리	7. 중대한 보안 사고 처리	
	8. 보안사고 처리율	
가용성 관리	9. 보안 서비스 가용성	

(출처 : CERT 구축 운영 안내서, KISA)

(참고) 핵심 보안 관리 지표 선정 시 참고 표준
1. ISO27001
2. ISMS
3. SSE-CMM
4. NIST SP800-26
5. NIST 800-53

(참고) KPI 관리 8단계
1. 경영진의 노력
2. KPI 측정 책임자 지정
3. 목표(Goal)의 명확화
4. 이정표의 명확화
5. 성과 창출 과정 확인
6. CSF 검토 및 KPI 설정
7. 담당자, 관계자에게 주지
8. 대시보드 구축

(최강의 데이터 관리 개인과 조직의 힘을 끌어내는 최고의 혁신 "Domo" 스기하라 츠요시)

2.1.1 요건 수준
Level 1. 법규 수준
1. 법규 : 개보법
2. 내규 : 해당
3. 인증기준 : 해당
4. 위험평가 : 해당

유사 인증기준
1.1.5 정책 수립
1.4.1 법적 요구사항 준수 검토
1.4.2 관리체계 점검
1.4.3 관리체계 개선
1.1.5 정보보호와 정책 및 시행문서를 수립하여 경영진 승인을 받고, 임직원에게 전달
1.4.1 정보보호 및 개인정보보호 관련 법규를 주기적으로 파악하여 규정에 반영하고, 준수 여부 지속적 검토
1.4.2 관리체계가 효과적으로 운영되고 있는지 독립된 인력이 연 1회 이상 점검하고, 문제점을 경영진 보고
1.4.3 법규 및 관리체계 점검결과 식별된 문제점의 재발방지 대책을 수립하며, 경영진은 개선 결과의 효과성 확인

타당성 검토, 환경 변화 제개정, 이해관계자 검토, 이력관리

항목	2.1.1 정책의 유지관리
인증기준	정보보호 및 개인정보보호 관련 정책과 시행문서는 법령 및 규제, 상위 조직 및 관련 기관 정책과의 연계성, 조직의 대내외 환경변화 등에 따라 주기적으로 검토하여 필요한 경우 제·개정하고 그 내역을 이력관리하여야 한다.
주요 확인사항	1) 정보보호 및 개인정보보호 관련 정책 및 시행문서에 대한 정기적인 타당성 검토 절차를 수립·이행하고 있는가?
	2) 조직의 대내외 환경에 중대한 변화 발생 시 정보보호 및 개인정보보호 관련 정책 및 시행문서에 미치는 영향을 검토하고 필요 시 제·개정하고 있는가?
	3) 정보보호 및 개인정보보호 관련 정책 및 시행문서의 제·개정 시 이해 관계자의 검토를 받고 있는가?
	4) 정보보호 및 개인정보보호 관련 정책 및 시행문서의 제·개정 내역에 대하여 이력 관리를 하고 있는가?
관련 법규	• 개인정보보호법 제29조(안전조치의무) • 개인정보의 안전성 확보조치 기준 제4조(내부 관리계획의 수립·시행 및 점검)
증적 자료 등 준비사항	• 정보보호 및 개인정보보호 정책 및 시행문서(지침, 절차, 가이드, 매뉴얼 등) • 정책·지침 정기·비정기 타당성 검토 결과 • 정책·지침 관련 부서와의 검토 회의록, 회람내용 • 정책·지침 제·개정 이력
결함사례	• 지침서와 절차서 간 패스워드 설정 규칙에 일관성이 없는 경우 • 정보보호 활동(정보보호 교육, 암호화, 백업 등)의 대상, 주기, 수준, 방법 등이 관련 내부 규정, 지침, 절차에 서로 다르게 명시되어 일관성이 없는 경우 • 데이터베이스에 대한 접근 및 작업이력을 효과적으로 기록 및 관리하기 위해 DB 접근통제 솔루션을 신규로 도입하여 운영하고 있으나 보안시스템 보안 관리지침 및 데이터베이스 보안 관리지침 등 내부 보안지침에 접근통제, 작업이력, 로깅, 검토 등에 관한 사항이 반영되어 있지 않은 경우 • 개인정보보호 정책이 개정 되었으나 정책 시행 기준일이 명시되어 있지 않으며, 관련 정책의 작성일자 작성자 및 승인자 등이 누락되어 있는 경우 • 개인정보보호 관련 법령, 고시 등에 중대한 변경사항이 발생하였으나 이러한 변경이 개인 정보보호 정책 및 시행문서에 미치는 영향을 검토하지 않았거나 변경사항을 반영하여 개정 하지 않은 경우
결함예시	ZZ기업의 전사 정보보호 정책에는 개인정보취급자의 패스워드는 영문대소문자, 숫자, 특수문자 등 3가지 이상의 조합으로 8자 이상 사용하게 되어있으나, 부서 개인정보취급자 지침에는 2가지 이상 조합에 8자 이상 사용하게 되어있음

❶ 인증기준 취지

2.1.1 정책의 유지관리는 정보보호 정책, 시행문서의 개정에 관한 인증기준이다. 정보보호 정책이나 시행문서는 실효성을 높이기 위해 정기적으로 타당성 검토 활동을 수행해야 한다. 또한 중요한 변화가 있다면 비정기적으로도 수행하여야 한다. 이때 관련된 담당자들이 함께 검토를 수행하여 제·개정에 합의 과정을 거쳐야 한다. 제·개정 내역은 추후 변경된 부분을 확인할 수 있도록 버전을 구분하여 이력관리해야 한다. 기본적으로 ISMS-P 에서는 어떠한 활동이 있으면 그 활동에 대한 절차가 모두 문서화되어야 한다. 1.1.5 정책수립과 2.1.1정책의 유지관리에 대해서 혼동되는 경우가 많은데 기본적으로 1.1.5 정책수립은 정책, 시행문서 등의 작성을 하고 경영진의 승인을 받고 임직원들에게 공유가 되었는지에 대해 주안점을 두고 있고 2.1.1 정책의 유지관리는 수립된 정책에 대해서 이력관리가 되고 있는지, 일관성이 있는지에 대해 주안점을 두고 있는 차이가 있다.

❷ 인증기준 상세

확인사항	요구 사항	관련 사항
(개인)정보보호 정책 민 시행문서의 타당성 검토 절차 수립 및 필요 시 정책 제·개정	• 정보보호 및 개인정보보호 관련 정책 및 시행문서(지침, 절차, 가이드 문서 등)에 대하여 정기적인 타당성 검토 절차를 수립·이행하고 필요 시 관련 정책 및 시행문서를 제·개정하여야 함	• 정보보호 및 개인정보보호 관련 정책과 시행문서의 정기 타당성 검토 절차 수립 • 정기 타당성 검토 절차에 포함되어야 할 사항 (예시) – 검토 주기 및 시기(연 1회 이상), 관련 조직별 역할 및 책임, 담당 부서 및 담당자, 검토 방법, 후속조치 절차(정책 및 시행문서 제·개정이 필요한 경우 관련 절차, 내부 협의 및 보고절차 등)
법규, 조직의 정책 연계성, 조직 환경 변화 등을 반영할 수 있도록 타당성 검토 수행	• 법령 및 규제, 상위 조직 및 관련기관의 정책과의 연계성, 조직의 대내외 환경변화 등을 반영할 수 있도록 타당성 검토 수행	• 상위조직 및 관련기관의 (개인)정보보호정책의 연계성, 조직의 대내외 환경변화 등을 반영할 수 있도록 타당성 검토 수행 – 상위 조직 및 관련 기관의 (개인)정보보호 정책과의 연계성 등을 분석하여 상호 부합되 지 않은 요소 존재 여부, 정책 간 상하 체계가 적절한지 여부 검토 – (개인)정보보호 활동의 주기, 수준, 방법 등 문서 간의 일관성 유지 여부 검토 • (개인)정보보호 관련 법규 제·개정사항(예정 사항 포함) 발생 여부 및 이러한 사항이 정 책과 시행문서에 적절히 반영되었는지 여부 검토 • 위험평가 및 관리체계 점검 결과 반영 • 새로운 위협 및 취약점 발견, 비즈니스 환경의 변화, 신기술의 도입 등 IT환경 변화, (개인)정보보호 환경의 변화 반영

(바른 뜻) 정책의 개념

1. 얀취(Jantsch)
   - 규범적 사고와 행위의 제1차적 표현이며 지침적 표상
2. 오츠베칸(Ozbekhan)
   - 가치에서 도출되고 당위성의 관점에서 규정되는 것
3. 이스턴(D. Easton)
   - 사회 전체를 위한 가치의 권위적 배분
4. 린드브롬(C. Lindblom)
   - 복합적인 사회집단이 상호타협을 거쳐서 도달한 결정

확인사항	요구 사항	관련 사항
중대한 변화 발생 시 검토하고 필요 시 정책 제·개정	• 조직의 대내외 환경에 중대한 변화 발생 시 (개인)정보보호 관련 정책 및 시행문서에 미치는 영향을 검토하고 필요시 제·개정하여야 함	• (개인)정보보호 관련 법규 제개정 • 비즈니스 환경변화(신규 사업 영역 진출, 대규모 조직 개편) • (개인)정보보호 및 IT 환경의 중대한 변화(신규 보안시스템 또는 IT시스템 도입 등) • 내외부의 중대한 보안사고 발생 • 새로운 위협 또는 취약점의 발견 등
제·개정 시 이해관계자와 협의·검토	• (개인)정보보호 관련 정책 및 시행문서를 제·개정하는 경우 이해관계자와 해당 내용을 충분히 협의·검토하여야 함	• CISO 및 CPO, (개인)정보보호 관련 조직, IT 부서, 중요정보 및 개인정보 처리부서, 중요정보취급자 및 개인정보취급자 등 이해관계자 식별 및 협의 • (개인)정보보호 관련 정책 및 시행문서 변경 으로 인한 업무 영향도, 법적 준거성 등을 고 려 • 회의록 등 검토 사항에 대한 증적을 남기고 정책, 지침 등에 관련사항 반영
변경사항 이력관리	• (개인)정보보호 관련 정책 및 시행문서의 변경사항(제정, 개정, 배포, 폐기 등)에 관한 이력을 기록·관리하기 위하여 문서관리 절차 마련·이행	• 문서 내에 문서버전, 일자, 개정 사유, 작성자, 승인자 등 개정이력을 기록하여 관리 • 관련 임직원들이 항상 최신본을 참조할 수 있도록 배포 및 관리

(참고) 정책 관계(ISO 13335 Part 1)

IT 정보보호 정책은 전략 진술의 토대가 되는 기관의 기술 및 관리 정책 범위에 적절하게 포함될 수 있다. 전략 진술은 정보보호의 중요성에 대한 설득력 있는 어구로 이루어져야 하는데 특히 정보보호가 그러한 전략에 따라 필요한 경우에 그러하다. 조직의 문서 자료와 구조에 관계없이 기술된 정책의 다양한 내용을 다루고 일관성을 유지하는 것이 중요하다. 더욱 세부적인 기타 정보보호 정책이 특정 시스템 및 서비스 또는 시스템 및 서비스 그룹을 위해서 필요하다. 이것은 보통 시스템 정보보호 정책으로 알려져 있다. 업무 및 IT 기술적 사유에 근거를 두고 적용범위 및 한계가 명확하게 정의된 관리가 중요하다.

3 정책 관계 (예시)

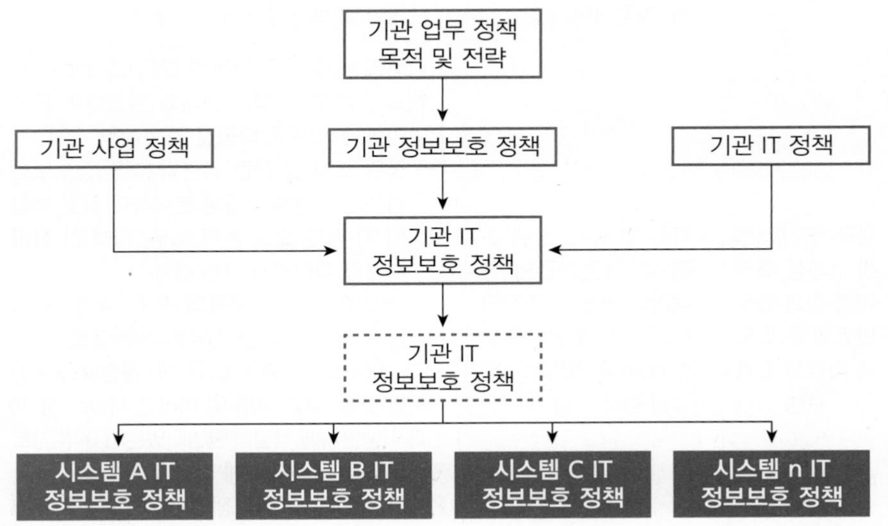

담당자 R&R, 평가(MBO, KPI), 의사소통체계(주간보고, 게시판)

항목	2.1.2 조직의 유지관리
인증기준	조직의 각 구성원에게 정보보호와 개인정보보호 관련 역할 및 책임을 할당하고, 그 활동을 평가할 수 있는 체계와 조직 및 조직의 구성원 간 상호 의사소통할 수 있는 체계를 수립하여 운영하여야 한다.
주요 확인사항	1) 정보보호 및 개인정보보호 관련 책임자와 담당자의 역할 및 책임을 명확히 정의하고 있는가?
	2) 정보보호 및 개인정보보호 관련 책임자와 담당자의 활동을 평가할 수 있는 체계를 수립하고 있는가?
	3) 정보보호 및 개인정보보호 관련 조직 및 조직의 구성원간 상호 의사소통할 수 있는 체계 및 절차를 수립·이행하고 있는가?
관련 법규	• 개인정보 보호법 제29조(안전조치의무), 제31조(개인정보 보호책임자의 지정) • 정보통신망법 제45조의3(정보보호 최고책임자의 지정 등) • 개인정보의 안전성 확보조치 기준 제4조(내부 관리계획의 수립·시행 및 점검)
증적 자료 등 준비사항	• 정보보호 및 개인정보보호 조직도 • 정보보호 및 개인정보보호 조직 직무기술서 • 정보보호 및 개인정보보호 업무 분장표 • 정보보호 및 개인정보보호 정책·지침, 내부관리계획 • 정보보호 및 개인정보보호 의사소통 관리계획 • 의사소통 수행 이력(월간보고, 주간보고, 내부공지 등) • 의사소통 채널(정보보호포털, 게시판 등)
결함사례	• 내부 지침 및 직무기술서에 정보보호 최고책임자, 개인정보보호책임자 및 관련 담당자의 역할과 책임을 정의하고 있으나 실제 운영현황과 일치 하지 않는 경우 • 정보보호 최고책임자 및 관련 담당자의 활동을 주기적으로 평가할 수 있는 목표, 기준, 지표 등의 체계가 마련되어 있지 않은 경우 • 내부 지침에는 부서별 정보보호 담당자는 정보보호와 관련된 KPI를 설정하여 인사평가 시 반영하도록 되어 있으나, 부서별 정보보호 담당자의 KPI에 정보보호와 관련된 사항이 전혀 반영되어 있지 않은 경우 • 정보보호 최고책임자 및 개인정보보호책임자가 지정되어 있으나, 관련 법령에서 요구하는 역할 및 책임이 내부 지침이나 직무기술서 등에 구체 적으로 명시되어 있지 않은 경우
결함예시	OO기업에서 개인정보 관련 업무를 개인정보보호팀으로 분리하였으나, 조직도에 반영이 되어 있지 않았으며, 개인정보보호팀원들에 대한 직무기술서가 정의되어 있지 않고 있음

2.1.2 요건 수준
Level 1. 법규 수준
1. 법규 : 개보법
2. 내규 : 해당
3. 인증기준 : 해당
4. 위험평가 : 해당

유사 인증기준
1.1.2 최고책임자의 지정
1.1.3 조직 구성
1.1.6 자원 할당
2.2.1 주요 직무자 지정 및 관리
1.1.2 CEO가 CISO, CPO를 임원급으로 지정
1.1.3 CEO가 ISMS-P 구현을 위한 실무조직, 정보 보호 위원회, 실무 협의체를 구성
1.1.6 최고경영자는 정보보호 전문성을 갖춘 인력을 확보하고, 관리체계를 위한 예산 및 자원을 할당
2.2.1 개인정보, 시스템 접근 등 주요 직무의 기준과 관리방안을 수립하고, 직무자를 지정하여 목록을 최신으로 관리

1 인증기준 취지

2.1.2 조직의 유지관리는 정보보호 관련 조직의 현행화에 관한 인증기준이다. 조

직의 정보보호 활동이 업무로 정의되면 책임자, 담당자의 역할을 부여된다. 명확한 업무 정의를 위해서는 공식적인 직무기술서를 작성해야 한다. 직무기술서를 통해 업무역량에 따른 성과의 편차를 줄일 수 있다. 그리고, 조직 구성원의 업무성과에 대한 평가체계를 수립하여, 업무 수행의 효과성을 높이고, 개선을 유도해야 한다. 그리고 조직 간 업무 커뮤니케이션 활성화를 위한 의사소통체계를 구축해야 한다. 대개 정보보호 효과성은 기술보다는 조직문화에 의해 수준이 결정된다.

(참고) CISO들의 고민

1. 정보보호 투자 미흡
2. CEO와의 소통 부재
3. 개인정보보호 겸직
4. 형사처벌 책임
5. 개인정보보호법 대상과 정보통신방법 적용 기준 불명확
6. 클라우드 보안 이슈

2 인증기준 상세

확인사항	요구 사항	관련 사항
정보보호 관련 책임자와 담당자의 역할 및 책임을 시행문서에 구체적으로 정의	• (개인)정보보호 업무 수행과 관련된 조직의 특성을 고려하여 관련 책임자와 담당자의 역할 및 책임을 시행문서에 구체적으로 정의하여야 함	• 정보보호 최고책임자 및 개인정보보호 보호 책임자 • 정보보호 및 개인정보 관리자. 담당자 • 부서별 책임자, 담당자 • CISO, CPO는 (개인)정보보호 법적 요구사항 등을 반영하여 다음과 같은 업무를 수행 ▶ 3 참조 • 정보보호 및 개인정보보호 관리자, 보호담당자, 보호실무자 등이 CISO 및 CPO의 관리 업무를 실무적으로 지원·이행할 수 있도록 직무기술서 등을 통해 책임 및 역할을 구체적으로 정의 • CPO는 조직의 개인정보보호 관련 법령 준 수 여부를 지속적으로 확인하여 위반 사실 을 알게 된 경우 시 지체없이 개선조치하고, 필요 시 그 사실을 경영진 또는 최고경영자 에게 보고하여야 함(정보통신망법 제27조 제4항)
정보보호 활동 평가체계 수립	• 정보보호 및 개인정보보호 관련 책임자와 담당자의 활동을 평가할 수 있는 체계를 수립하여야 함	• 조직 내 핵심성과지표(KPI), 목표관리(MBO), 인사 평가 등 정보보호 및 개인정보보호 활동을 평가할 수 있는 방안을 마련하여 주기적 평가
정보보호 구성원 간 의사소통 체계 수립·이행	• 정보보호 및 개인정보보호 관련 조직 및 조직의 구성원간 상호 의사소통할 수 있는 체계 및 절차를 수립·이행하여야 함	• 정보보호 및 개인정보보호 의사소통 관리 계획 수립 및 이행 • 정보보호 및 개인정보보호 관련 의사소통 관리계획 (예시) 1. 의사소통 관리 계획 개요 : 목적 및 범위 2. 의사소통 체계 : 협의체, 위원회 등 보고 협의체 운영방안, 역할 및 책임, 주기 등 3. 의사소통 방법 : 보고 및 회의(월간, 주간 등), 공지, 이메일, 메신저, 정보보호포털 등 4. 의사소통 양식 : 유형 별 보고서, 회의록 양식 등

(바른 뜻) MBO (Management by objectives)

피터 드러커(Peter Drucker)가 1954년에 저술한 'The Practice of Management'를 통해서 학문적으로 널리 알려지기 시작했으며, '목표에 의한 관리'를 의미한다.

(심화) MBO 도입 목적

1. 회사와 개인의 목표를 긴밀히 연결해 경영 목표를 효과적으로 달성할 수 있는 근간을 세운다.
2. 스스로의 참여를 통해 목표를 설정함으로써 자율적인 업무 수행이 가능하도록 한다.
3. 상급자와 하급자 사이에 협의된 목표를 통해 명확한 성과 평가 근거를 만들 수 있다.

3 정보보호 최고책임자, 개인정보보호책임자 업무

정보보호 최고책임자의 지정 등 (정보통신망법 제45조의3)	개인정보보호책임자의 지정 (개인정보보호법 제31조)
1. 정보보호 최고책임자의 업무 가. 정보보호 관리체계의 수립·시행 및 개선 나. 정보보호 실태와 관행의 정기적인 감사 및 개선 다. 정보보호 위험의 식별 평가 및 정보보호 대책 마련 라. 정보보호 교육과 모의 훈련 계획의 수립 및 시행 마. 그 밖에 정보통신망법 또는 관계 법령에 따라 정보보호를 위하여 필요한 조치의 이행 2. 정보보호 최고책임자의 겸직 가능 업무 가. 「정보보호산업의 진흥에 관한 법률」 제13조에 따른 정보보호 공시에 관한 업무 나. 「정보통신기반 보호법」 제5조제5항에 따른 정보 보호책임자의 업무 다. 「전자금융거래법」 제21조의2제4항에 따른 개인정보 보호책임자의 업무 라. 「개인정보 보호법」 제31조제2항에 따른 개인정보 보호책임자의 업무 마. 그 밖에 이법 또는 관계 법령에 따라 정보보호를 위하여 필요한 조치의 이행	1. 개인정보보호 계획의 수립 및 시행 2. 개인정보 처리 실태 및 관행의 정기적인 조사 및 개선 3. 개인정보 처리와 관련한 불만의 처리 및 피해 구제 4. 개인정보 유출 및 오용·남용 방지를 위한 내부통제시스템의 구축 5. 개인정보보호 교육 계획의 수립 및 시행 6. 개인정보파일의 보호 및 관리·감독 7. 개인정보 처리방침의 수립·변경 및 시행 8. 개인정보보호 관련 자료의 관리 9. 처리목적이 달성되거나 보유기간이 경과한 개인정보의 파기

(두음) CISO, CPO

CISO : 관실위교

CPO : 계조불내교파방자파
개조 (라이터)불 내고파 방잡아

2. 보호대책 요구사항 ▶ 2.1. 정책, 조직, 자산 관리

보안등급 취급절차, 책임자 & 관리자

항목	2.1.3 정보자산 관리
인증기준	정보자산의 용도와 중요도에 따른 취급 절차 및 보호대책을 수립·이행하고, 자산별 책임소재를 명확히 정의하여 관리하여야 한다.
주요 확인사항	1) 정보자산의 보안등급에 따른 취급절차(생성·도입, 저장, 이용, 파기) 및 보호대책을 정의하고 이행하고 있는가?
	2) 식별된 정보자산에 대하여 책임자 및 관리자를 지정하고 있는가?
관련 법규	• 해당사항 없음
증적 자료 등 준비사항	• 정보자산 목록(책임자, 담당자 지정) • 정보자산 취급 절차(문서, 정보시스템 등) • 정보자산 관리 시스템 화면 • 정보자산 보안등급 표시 내역

2.1.3 요건 수준
Level 2. 내규 수준
1. 법규 : 미해당
2. 내규 : 해당
3. 인증기준 : 해당
4. 위험평가 : 해당

결함사례	• 내부 지침에 따라 문서에 보안등급을 표기하도록 되어 있으나, 이를 표시하지 않은 경우 • 정보자산별 담당자 및 책임자를 식별하지 않았거나, 자산목록 현행화가 미흡하여 퇴직, 전보 등 인사이동이 발생하여 주요 정보자산의 담당자 및 책임자가 변경되었음에도 이를 식별하지 않은 경우 • 식별된 정보자산에 대한 중요도 평가를 실시하여 보안등급을 부여하고 정보 자산목록에 기록하고 있으나 보안등급에 따른 취급절차를 정의하지 않은 경우
결함예시	ㅁㅁ기업은 인증기준에 따라 자산식별을 하고 중요도를 산정하였으나, 해당 자산에 대한 책임자가 퇴사 후 변경되었음에도 변경하지 않고 관리되고 있음

유사 인증기준
1.1.4 범위 설정
1.1.6 자원 할당
1.2.1 정보자산 식별
2.2.1 주요 직무자 지정 및 관리
1.1.4 조직의 서비스와 개인정보 처리 현황을 ISMS-P 범위를 설정하고, 문서화
1.1.6 최고경영자는 정보보호 전문성을 갖춘 인력을 확보하고, 관리체계를 위한 예산 및 자원을 할당
1.2.1 조직의 정보자산 분류기준을 수립하여 정보자산을 식별하고, 중요도를 산정한 후 그 목록을 최신화
2.2.1 개인정보, 시스템 접근 등 주요 직무의 기준과 관리방안을 수립하고, 직무자를 지정하여 목록을 최신으로 관리
1.2.1 정보자산식별 자산을 식별하고 중요도(보안등급)를 산정하는 것에 대해 주안점을 두고있으며, 2.1.3 정보자산 관리는 해당 자산에 대해 담당자 및 책임자를 지정하였으며, 정보자산별로 표기가 제대로 되어있는지를 주안점으로 본다.

1 인증기준 취지

2.1.3 정보자산 관리는 조직의 정보자산에 대한 등급과 책임자를 지정하기 위한 인증기준이다. 정보자산 전체를 동일한 수준으로 보호하는 것은 비효율적이다. 따라서 지켜야 할 자산의 중요도를 산정하고 보안등급을 부여한다. 보안등급에 따라 정보자산 생성부터 파기까지의 취급절차를 정의하고, 보호대책을 수립한다. 이때 정보자산 관리를 책임성 강화를 위해 책임자, 담당자를 지정해야 한다.

2 인증기준 상세

확인사항	요구 사항	관련 사항
정보자산의 보안등급에 따른 취급절차 및 보호대책 정의·이행	• 정보자산의 보안등급에 따른 취급절차(생성·도입, 저장, 이용, 파기 등)를 정의하고 이에 따라 암호화, 접근통제 등 적절한 보호대책을 정의하고 이행하여야 함	• 임직원이 정보자산별 보안등급(기밀, 대외비, 일반 등)을 식별할 수 있도록 표시 – (전자)문서 : 표지나 워터마킹을 통해 표시 – 서버 등 하드웨어 자산 : 자산번호 또는 바코드 표시를 통한 보안등급 확인 • 정보자산 보안등급별로 취급절차(생성·도입, 저장, 이용, 파기 등) 및 보안통제 기준 수립·이행
정보자산 책임자, 관리자 지정	• 식별된 정보자산에 대하여 자산 도입, 변경, 폐기, 반출입, 보안관리 등의 책임을 질 수 있는 책임자와 자산을 실제 관리·운영하는 책임자, 관리자(또는 담당자)를 지정하여 책임소재를 명확하게 하여야 함	• 정보자산별로 책임자 및 관리자를 지정하고 자산목록에 기록 • 퇴직, 전보 등 인사이동이 발생하거나 정보자산의 도입·변경·폐기 등으로 정보자산 현황이 변경될 경우 정보자산 별 책임자 및 담당자를 파악하여 자산목록에 반영

기준 정의, 지정, 최신화, 개인정보취급자 목록, 최소화

항목	2.2.1 주요 직무자 지정 및 관리
인증기준	개인정보 및 중요정보의 취급이나 주요 시스템 접근 등 주요 직무의 기준과 관리방안을 수립하고, 주요 직무자를 최소한으로 지정하여 그 목록을 최신으로 관리하여야 한다.
주요 확인사항	1) 개인정보 및 중요정보의 취급, 주요 시스템 접근 등 주요 직무의 기준을 명확히 정의하고 있는가? 2) 주요 직무를 수행하는 임직원 및 외부자를 주요 직무자로 지정하고 그 목록을 최신으로 관리하고 있는가? 3) 업무상 개인정보를 취급하는 자를 개인정보취급자로 지정하고 목록을 관리하고 있는가? 4) 업무 필요성에 따라 주요 직무자 및 개인정보취급자 지정을 최소화하는 등 관리방안을 수립·이행하고 있는가?
관련 법규	• 개인정보 보호법 제28조(개인정보취급자에 대한 감독), 제29조(안전조치 의무) • 개인정보의 안전성 확보조치 기준 제4조(내부 관리계획의 수립·시행 및 점검)
증적 자료 등 준비사항	• 주요 직무 기준 • 주요직무자 목록 • 개인정보취급자 목록 • 중요 정보시스템 및 개인정보처리시스템 계정 및 권한 관리 대장 • 주요 직무자에 대한 관리 현황(교육 결과, 보안서약서 등)
결함사례	• 주요 직무자 명단(개인정보취급자 명단, 비밀정보관리자 명단 등)을 작성하고 있으나 대량의 개인정보 등 중요정보를 취급하는 일부 임직원(DBA, DLP 관리자 등)을 명단에 누락한 경우 • 주요 직무자 및 개인정보취급자 목록을 관리하고 있으나, 퇴사한 임직원이 포함되어 있고 최근 신규 입사한 인력이 포함되어 있지 않는 등 현행화 관리가 되어 있지 않은 경우 • 부서 단위로 개인정보취급자 권한을 일괄 부여하고 있어 실제 개인정보를 취급할 필요가 없는 인원까지 과다하게 개인정보취급자로 지정된 경우 • 내부 지침에는 주요 직무자 권한 부여 시에는 보안팀의 승인을 득하고 주요 직무에 따른 보안서약서를 작성하도록 하고 있으나, 보안팀 승인 및 보안서약서 작성 없이 등록된 주요 직무자가 다수 존재하는 경우
결함예시	ㅁㅁ기업에서 개인정보 취급자 목록에서 퇴사한 인원 등이 존재하고 직무가 변동이 되었음에도 현행화 되고 있지 않고, 팀장급의 인원에 대해서는 중요정보를 취급하고 있어 주요 직무자로 관리 하도록 정책서에 명시되어 있으나 일부인원이 목록에 누락되어 있음

1 인증기준 취지

2.2.1 주요 직무자 지정 및 관리는 정보자산의 운영과 관리를 위해 주요 직무자를 지정하는 것에 관한 인증기준이다. 주요 직무자 지정을 위해서는 명확한 기준 정

2.2.1 요건 수준
Level 1. 법규 수준
1. 법규 : 개보법
2. 내규 : 해당
3. 인증기준 : 해당
4. 위험평가 : 해당

유사 인증기준
1.1.2 최고책임자의 지정
1.1.3 조직 구성
1.1.6 자원 할당
2.1.3 정보자산 관리
1.1.2 CEO가 CISO, CPO를 임원급으로 지정
1.1.3 CEO가 ISMS-P 구현을 위한 실무조직, 정보 보호 위원회, 실무 협의체를 구성
1.1.6 최고경영자는 정보보호 전문성을 갖춘 인력을 확보하고, 관리체계를 위한 예산 및 자원을 할당
2.1.3 정보자산의 용도와 중요도에 따른 취급 절차 및 보호대책을 수립·이행하고, 자산별 책임을 정의·관리

(바른 뜻) 개인정보취급자
임직원, 파견근로자, 시간제근로자 등 개인정보처리자의 지휘·감독을 받아 개인정보를 처리하는 자

의가 선행되어야 한다. 중요정보를 판단할 수 있는 기준이 무엇인지, 그 기준에 중요정보를 어떤 사람이 접근할지에 대한 기준을 정의해야 한다. 또한 주요 직무자 최소화, 문서 현행화, 주기적 점검 등이 포함된 관리 방안을 수립해야 한다. 특히, 개인정보를 취급하는 경우는 개인정보보호법에 따른 개인정보취급자 목록을 별도로 관리해야 한다. 주요 직무자는 책임과 역할이 중요하기 때문에 특별히 관심을 가지고 관리해야 한다.

(심화) 공공기관의 개인정보취급자의 범위

1. 민원 등 대민 행정서비스 업무를 수행하는 자로 개인정보를 취급하는 자 열람 및 정정, 삭제 업무 수행자
2. 내부 조직구성원의 개인정보를 다루는 자
3. 개인정보를 처리하는 단말기관리자(무인민원단말기관리자 등)

※ 민간기관은 업무특성, 중요도에 따라 개인정보취급자의 범위를 정의하여야 함

(심화) 개인정보취급자의 관리방안

1. **개인정보 취급자의 지정**
   - 업무수행에 있어 개인정보를 다루는 자를 개인 정보취급자로 지정
2. **개인정보취급자 권한설정**
   - 업무목적외 개인정보에 대한 불필요한 접근 금지
   - 접근권한을 세분화하여 접근권한 설정
3. **개인정보취급자 누설금지 의무규정**
   - 업무상 처리하는 개인정보의 훼손 및 누설금지 의무를 규정
4. **개인정보보호교육**
   - 개인정보보호 정책의 실효성 확보를 위해 개인정보취급자에 대한 교육 실시

2 인증기준 상세

확인사항	요구 사항	관련 사항
개인정보의 취급, 주요 시스템 접근 등 주요 직무 기준 정의	• 개인정보 및 중요정보의 취급, 주요 시스템 접근 등 주요 직무의 기준을 명확히 정의하여야 함	• 주요 직무 기준(예시) 1. 중요정보(개인정보, 인사정보, 영업비밀 등) 취급 2. 중요 정보시스템(서버, DB, 응용 프로그램 등) 개인정보처리시스템 운영·관리 3. 정보보호 및 개인정보보호 관리 업무 수행 4. 보안시스템 운영 등
주요 직무자로 공식 지정하고 목록을 최신화하여 관리	• 주요 직무를 수행하는 임직원 및 외부자를 주요직무자로 지정하고 그 목록을 최신으로 관리하여야 함	• 주요 직무자 현황을 파악하여 주요 직무자 공식 지정 • 지정된 주요 직무자에 대해 목록으로 관리 ▶ 3 참조 • 주요 직무자의 신규 지정 및 변경, 해제 시 목록 업데이트 • 정기적으로 주요 직무자 지정 현황 및 적정성을 검토하여 목록 최신화
개인정보 취급자 지정 및 목록 관리	• 업무상 개인정보를 취급하는 자를 개인정보취급자로 지정하고 목록을 관리하여야 함	• 업무상 개인정보를 취급하는 개인정보취급자로 지정하고 목록으로 관리 • 개인정보취급자 목록에 개인정보 처리업무에 대한 위탁을 받은 수탁자의 개인정보취급자도 포함(단, 수탁자의 개인정보취급자 중 개인정보처리시스템에 접근권한이 없는 개인정보취급자에 대한 목록관리는 수탁자 자체적으로 관리 가능)

3 주요 직무자 목록 예시

순번	구분	시스템	업무	중요정보	소속	성명	근무 위치	계정	보안 서약서	교육 이수
1	응용	AA시스템	상품 기획	휴대폰, 이메일	A사	홍길동	인천	AA_Pro 01	O (19.1)	O (19.1)
2	응용	AA시스템	고객 응대	휴대폰, 이메일	B사	강감찬	과천	AA_CSR 01	O (18.11)	O (19.1)
3	서버	AA WEB	서버 관리	개인정보, 거래정보, 인증정보	A사	이순신	인천	Aa_ web_ Mgr01	O (19.1)	O (19.1)

순번	구분	시스템	업무	중요정보	소속	성명	근무 위치	계정	보안 서약서	교육 이수
3	보안	서버 접근제어	서버 접근 제어 운영	서버정보, 접근 대상자	A사	유관순	인천	Svr_ac_mgr01	O (19.1)	O (19.1)

2. 보호대책 요구사항 ▶ 2.2. 인적 보안

직무 분리 기준, 보완통제(상호검토, 상위관리자 승인, 개인계정, 로그감사)

항목	2.2.2 직무 분리
인증기준	권한 오·남용 등으로 인한 잠재적인 피해 예방을 위하여 직무 분리 기준을 수립하고 적용하여야 한다. 다만 불가피하게 직무 분리가 어려운 경우 별도의 보완대책을 마련하여 이행하여야 한다.
주요 확인사항	1) 권한 오·남용 등으로 인한 잠재적인 피해 예방을 위하여 직무 분리 기준을 수립하여 적용하고 있는가?
	2) 직무분리가 어려운 경우 직무자간 상호 검토, 상위관리자 정기 모니터링 및 변경사항 승인, 책임추적성 확보 방안 등의 보완통제를 마련하고 있 는가?
관련 법규	• 해당사항 없음
증적 자료 등 준비사항	• 직무분리 관련 지침(인적 보안 지침 등) • 직무기술서(시스템 운영·관리, 개발·운영 등) • 직무 미분리 시 보완통제 현황
결함사례	• 조직의 규모와 인원이 담당자별 직무 분리가 충분히 가능한 조직임에도 업무의 편의성만을 사유로 내부 규정으로 정한 직무분리 기준을 준수하고 있지 않는 경우 • 조직의 특성상 경영진의 승인을 득한 후 개발과 운영 직무를 병행하고 있으나, 직무자간의 상호 검토, 상위관리자의 주기적인 직무수행 모니터링 및 변경 사항 검토 승인, 직무자의 책임추적성 확보 등의 보완통제 절차가 마련되어 있지 않은 경우
결함예시	OO기업에서 조직의 규모가 적어 개발/운영업무 직무를 분리할 수 없어 정책서를 개정하고 위험평가를 수행하여 승인을 받았으나 실제 개발/운영 업무를 동시에 수행하고 있는 인원에 대한 보완통제(상호 검토, 모니터링, 상위관리자 승인 등)방안이 이루어 지지않고 관련 내용에 대한 인터뷰 결과 실제 보완통제 사항이 실행되지 못하고 있음

2.2.2 요건 수준
Level 2. 내규 수준
1. 법규 : 미해당
2. 내규 : 해당
3. 인증기준 : 해당
4. 위험평가 : 해당

유사 인증기준
1.1.6 자원 할당
2.1.3 정보자산 관리
2.5.1 사용자 계정 관리
2.8.3 시험과 운영 환경 분리
1.1.6 최고경영자는 정보보호 전문성을 갖춘 인력을 확보하고, 관리체계를 위한 예산 및 자원을 할당
2.1.3 정보자산의 용도와 중요도에 따른 취급 절차 및 보호대책을 수립·이행하고, 자산별 책임을 정의·관리
2.5.1 정보시스템의 비인가 접근을 통제 하기 위한 사용자 등록, 변경 등의 절차를 수립·이행하고 사용자에게 계정보안 책임 명시
2.8.3 개발 및 시험 시스템은 운영시스템에 대한 비인가 접근 및 변경의 위험을 감소시키기 위하여 원칙적으로 분리

1 인증기준 취지

2.2.2 직무 분리는 직무를 겸하며 나타나는 권한 오·남용을 예방하기 위한 인증기준이다. 직무 분리(Separation of duties, SoD)는 내부 통제의 핵심 개념이며 달성하기 어렵고 많은 비용이 들게 된다. 보안에서 SoD 문제는 매우 중요하다. 원칙적으로 보안 운영과 개발, 테스트와 모든 통제 수단이 분리되어야 한다. 무단 접근을 통한 권한 오남용 가능성을 최소화할 수 있는 방법으로 직무분리 기준이 수립되고, 적용되어야 한다.

2 인증기준 상세

확인사항	요구 사항	관련 사항
직무 분리 기준 수립, 적용	• 권한 오·남용 등으로 인한 잠재적인 피해 예방을 위하여 직무 분리 기준을 수립하여 적용하 여야 함	• 개발과 운영 직무 분리 • 정보보호 담당자, 개인정보취급자와 정보보호 및 개인정보 모니터링 직무 분리 • 정보시스템 및 개인정보처리시스템(서버, DB, 네트워크 등)간 운영직무 분리 • (개인)정보보호 관리와 (개인)정보보호 감사 업무 분리 • 개인정보보호 관리와 개인정보처리시스템 운영 직무 분리 • 개인정보보호 관리와 개인정보처리시스템 개발 직무 분리 등 • 외부 위탁업체 직원에게 사용자 계정 등록·삭제(비활성화) 및 접근권한 등록·변경·삭제 설정 권한 부여 금지(단, 불가피할 경우 보완통제 적용)
직무 분리가 불가피할 시 보완통제 마련	• 조직 규모가 작거나 인적 자원 부족 등의 사유로 불가피하게 직무 분리가 어려운 경우 직무자간의 상호 검토, 상위관리자 승인 등으로 보완통제를 마련하여야 함	• 직무자간 상호 검토, 상위관리자 승인 등으로 오·남용이 발생하지 않도록 관리 • 개인별 계정 사용, 로그 기록 및 감사·모니터링을 통한 책임추적성 확보 등

채용, 퇴직, 외부자, 서약서 보관

항목	2.2.3 보안 서약
인증기준	정보자산을 취급하거나 접근권한이 부여된 임직원·임시직원·외부자 등이 내부 정책 및 관련 법규, 비밀유지 의무 등 준수사항을 명확히 인지할 수 있도록 업무 특성에 따른 정보보호 서약을 받아야 한다.
주요 확인사항	1) 신규 인력 채용 시 정보보호 및 개인정보보호 책임이 명시된 정보보호 및 개인정보보호 서약서를 받고 있는가?
	2) 임시직원, 외주용역직원 등 외부자에게 정보자산에 대한 접근권한을 부여할 경우 정보보호 및 개인정보보호에 대한 책임, 비밀유지 의무 등이 명시된 서약서를 받고 있는가?
	3) 임직원 퇴직 시 별도의 비밀유지에 관련한 서약서를 받고 있는가?
	4) 정보보호, 개인정보보호 및 비밀유지 서약서는 안전하게 보관하고 필요 시 쉽게 찾아볼 수 있도록 관리하고 있는가?
관련 법규	• 해당사항 없음
증적 자료 등 준비사항	• 정보보호 및 개인정보보호 서약서(임직원, 외부인력) • 비밀유지서약서(퇴직자)
결함사례	• 신규 입사자에 대해서는 입사 절차상에 보안서약서를 받도록 규정하고 있으나, 최근에 입사한 일부 직원의 보안서약서 작성이 누락된 경우 • 임직원에 대해서는 보안서약서를 받고 있으나, 정보처리시스템에 직접 접속이 가능한 외주 인력에 대해서는 보안서약서를 받지 않는 경우 • 제출된 정보보호 및 개인정보보호 서약서를 모아 놓은 문서철이 비인가자가 접근 가능한 상태로 사무실 책상에 방치되어 있는 등 관리가 미흡한 경우 • 개인정보취급자에 대해 보안서약서만 받고 있으나 보안서약서 내에 비밀유지에 대한 내용만 있고 개인정보보호에 관한 책임 및 내용이 포함되어 있지 않은 경우
결함예시	OO기업은 신규 입사자, 외주인력 계약시 등 보안서약을 받도록 되어있으나, 신규 입사자에 대해서는 보안서약을 잘 작성되고 있으나 외주인력 계약변동으로 인해 인원이 변동되었음에도 보안서약서 작성이 누락되어 있음

2.2.3 요건 수준
Level 2. 내규 수준
1. 법규 : 미해당
2. 내규 : 해당
3. 인증기준 : 해당
4. 위험평가 : 해당

유사 인증기준
2.2.4 인식제고 및 교육훈련
2.2.5 퇴직 및 직무변경 관리
2.2.6 보안 위반 시 조치
2.3.2 외부자 계약 시 보안
2.2.4 임직원 및 관련 외부자의 연간 인식제고 교육 계획을 수립하고, 결과의 효과성을 평가하여 다음 계획에 반영
2.2.5 퇴직 및 직무변경 시 관련 부서별 이행하여야 할 자산반납, 계정 및 접근권한 회수, 결과확인 등의 절차 수립
2.2.6 임직원 및 관련 외부자가 법규, 내규를 위반한 경우 조치 절차를 수립·이행
2.3.2 외부 서비스를 이용하거나 외부 업무를 위탁 시 (개인)정보보호 요구사항을 식별하고, 계약서에 명시

1 인증기준 취지

2.2.3 보안 서약은 정보보호 의무를 준수하기 위해 서약서를 작성하도록 한 인증기준이다. 서약서를 작성하는 것은 지켜야 할 사항을 나열하고, 서명하여, 명시한 사항을 준수하도록 하는 것이다. 만일 약속한 내용을 지키지 않았을 경우 그에 따른 책임을 주지시킬 수 있다. 서약서는 서약을 받는 시기가 매우 중요하다. 그리고 서약한 문서는 필요 시 확인할 수 있도록 안전한 곳에 보관하여야 한다.

(참고) 보안 서약서 유형

1. 보안 서약서
2. 영업비밀보호 서약서
3. 재직자 보안 서약서, 퇴직자 보안 서약서, 프로젝트 보안 서약서
4. 영업비밀 보안 서약서
5. 회사 비밀 보안 서약서
6. 기밀 보호 서약서

(참고) 보안 서약서의 필요성

1. 보안은 심리이다
2. 보안은 문화이다.
3. 기술적 보완조치의 불완전성 보완할 수 있다.

2 인증기준 상세

확인사항	요구 사항	관련 사항
신규 인력 채용 시 (개인)정보보호서약서 징구	• 신규 인력 채용 시 정보보호 및 개인정보보호 책임이 명시된 정보보호 및 개인정보보호 서약서를 받아야 함	• 신규 인력이 입사하는 경우 정보보호 및 개인정보보호의 필요성과 책임, 내부 정책 및 관련 법규 준수, 비밀 유지 의무에 대해 명시된 서약서 서명 ▶ 3 참조 • 고용 조건의 변경 등 변경사항 발생 시 서약서 재작성 등의 조치 수행
외부자에게 정보자산 접근 권한 부여 시 서약서 징구	• 임시직원, 외주용역지원 등 외부자에게 정보자산(개인정보 포함), 정보시스템 등에 접근 권한을 부여할 경우 (개인)정보보호에 대한 책임, 비밀유지 의무 등이 명시된 서약서를 작성하도록 하여야 함	• 정보보호 및 개인정보보호 책임, 비밀유지 의무, 내부 규정 및 관련 법규 준수 의무, 관련 의무의 미준수로 인한 사건·사고 발생 시 손해배상 책임 등 필요한 내용 포함
임직원 퇴직 시 별도의 비밀유지 서약서 징구	• 임직원 퇴직 시 별도의 비밀유지에 관한 서약서를 받아야 함	• 퇴직자에게 정보유출 발생 시 그에 따르는 법적 책임이 있음을 명확히 인식시킬 수 있도록 비밀유지 서약서 징구(퇴직절차에 포함)
서약서를 안전하게 보존하고 확인 가능하도록 관리	• (개인)정보보호 및 비밀유지 서약서를 안전하게 보존하고 필요 시 쉽게 찾아볼 수 있도록 관리하여야 함	• 법적 분쟁 발생 시 법률적 책임에 대한 증거자료로 사용할 수 있도록 잠금장치가 있는 캐비닛 또는 출입통제가 적용된 문서고에 안전하게 보관·관리

3 (참고) 정보보호 서약서 예시

정보보호 서약서

ABC회사(이하 "회사"라 함)에 직·간접적으로 근무하는 모든 인원들은 아래의 보안사항을 준수할 것임을 입증하는 서약서에 서명해야 합니다. 본 서약서의 내용은 회사에 근무하는 기간뿐만 아니라, 퇴직 후에도 동일하게 적용됨을 인식하고 서명하기 전에 반드시 숙독해 주시기 바랍니다.

1. 나는 회사에 관한 정보와 비밀유지 대상으로 지정된 정보에 대해서는 회사의 승인을 받은 경우에만 이용한다.
2. 나는 회사로부터 얻은 정보, 자산의 모든 지적 재산권 및 권리는 특별히 명시하지 않는 한 회사에 귀속되며 이를 회사의 승인없이 내 외부에 유출, 공개하지 않는다.
3. 나는 업무와 관련한 각종 문서, 디스켓, PC 및 매뉴얼 등 정보 기록매체에 대하여 파괴, 유출, 변조, 복사 등으로부터 안전하게 보관 및 관리한다.
4. 나는 허가받지 않은 정보나 시설에 접근하지 않는다.
5. 나는 나에게 부여된 사용자 계정 및 비밀번호가 중요한 보안사항임을 인식하고 오직 나만이 사용할 것이며 타인에게 누설하지 않는다.
6. 나는 회사의 보안관련 제규정 등 보안정책을 준수할 뿐만 아니라, 이에 대한 위반사례를 발견했을 경우에는 지체 없이 보안담당 부서에 신고한다.
7. 나는 회사의 정상적인 업무수행을 위해 실시하는 개인의 문서, FILE, E-Mail, Internet 등에 대한 회사의 열람, 조사 등 제반 업무수행에 대해 동의한다.
8. 나는 개인이 사용하는 PC에 바이러스백신 S/W 설치하지 않거나 부적절하게 설치하여 발생하는 모든 피해에 대하여 책임을 진다.
9. 나는 불법S/W를 설치함으로 인하여 발생되는 모든 피해에 대하여 책임을 지며 관련 부서의 사용통제 등 제반업무 수행에 동의한다.
10. 나는 회사의 네트웍망을 이용하여 불법적으로 외부정보를 수집하거나 접근을 시도하지 않으며 개인 및 회사의 정보자산을 임의로 반입, 반출하지 않는다.
11. 나는 회사와 용역, 협력업체 사이에 체결된 계약사항을 준수하고 계약서에 없는 사항은 회사의 보안관련 제규정 등 보안정책을 회사의 임직원에 준하여 적용됨을 동의한다.

본인은 이상과 같은 서약사항을 숙지하여 성실히 준수할 것을 동의하며, 위반했을 경우에는 관련법령에 의한 민·형사상 책임과 회사의 보안관련 제 규정에 따른 징계조치 등 어떠한 처벌도 감수하겠습니다. 아울러, 회사에 손해를 끼친 경우에는 지체 없이 변상, 복구시킬 것을 서약합니다.

(후략)

(심화) 보안서약서 위반 시 책임

1. 계약 위반
   - 손해배상, 전직금지 청구 등
2. 형사처벌
   - 영업비밀 침해죄
   - 업무상 배임죄
3. 민사상 금지청구 또는 손해배상
   - 계약관계 등에 따라 영업비밀을 비밀로서 유지해야 할 의무가 있는 자가 부정한 이익을 얻거나 그 영업비밀의 보유자에게 손해를 입힐 목적으로 그 영업비밀을 사용하거나 공개하는 행위(영업비밀보호법 제3호 라목)

2.2.4 요건 수준
Level 1. 법규 수준
1. 법규 : 개보법
2. 내규 : 해당
3. 인증기준 : 해당
4. 위험평가 : 해당

유사 인증기준

1.3.2 보호대책 공유
2.2.6 보안 위반 시 조치
2.3.2 외부자 계약 시 보안
3.3.2 개인정보 처리 업무 위탁
1.3.2 보호대책의 실제 운영부서 및 담당자를 파악하여 관련 내용을 공유하고 교육하여 지속적 운영
2.2.6 임직원 및 관련 외부자가 법규, 내규를 위반한 경우 조치 절차를 수립·이행
2.3.2 외부 서비스를 이용하거나 외부 업무를 위탁 시 (개인)정보보호 요구사항을 식별하고, 계약서에 명시
3.3.2 개인정보 처리업무를 위탁하는 경우 위탁하는 업무의 내용과 수탁자 등 관련사항을 공개하거나 정보주체에게 알려야함

교육계획, 승인, 연1회 수행, 직무자 별도교육, 적정성 평가

항목	2.2.4 인식제고 및 교육훈련
인증기준	임직원 및 관련 외부자가 조직의 관리체계와 정책을 이해하고 직무별 전문성을 확보할 수 있도록 연간 인식제고 활동 및 교육훈련 계획을 수립·운영하고, 그 결과에 따른 효과성을 평가하여 다음 계획에 반영하여야 한다.
주요 확인사항	1) 정보보호 및 개인정보보호 교육의 시기, 기간, 대상, 내용, 방법 등의 내용이 포함된 연간 교육 계획을 수립하고 경영진의 승인을 받고 있는가?
	2) 관리체계 범위 내 모든 임직원과 외부자를 대상으로 연간 교육계획에 따라 연1회 이상 정기적으로 교육을 수행하고, 관련 법규 및 규정의 중대한 변경 시 이에 대한 추가교육을 수행하고 있는가?
	3) 임직원 채용 및 외부자 신규 계약 시, 업무 시작 전에 정보보호 및 개인정보보호 교육을 시행하고 있는가?
	4) IT 및 정보보호, 개인정보보호 조직 내 임직원은 정보보호 및 개인정보보호와 관련하여 직무별 전문성 제고를 위한 별도의 교육을 받고 있는가?
	5) 교육시행에 대한 기록을 남기고 교육 효과와 적정성을 평가하여 다음 교육 계획에 반영하고 있는가?
관련 법규	• 개인정보보호법 제26조(업무위탁에 따른 개인정보의 처리 제한), 제28조(개인정보 취급자에 대한 감독), 제29조(안전조치의무) • 개인정보의 안전성 확보조치 기준 제4조(내부 관리계획의 수립·시행 및 점검)
증적 자료 등 준비사항	• 정보보호 및 개인정보 교육계획서 • 교육 결과보고서 • 공통, 직무별 교육자료 • 교육참석자 목록
결함사례	• 전년도에는 연간 정보보호 및 개인정보보호 교육 계획을 수립하여 이행하였으나 당해년도에 타당한 사유 없이 연간 정보보호 및 개인정보보호 교육 계획을 수립하지 않은 경우 • 연간 정보보호 및 개인정보보호 교육 계획에 교육 주기와 대상은 명시하고 있으나 시행일정, 내용 및 방법 등의 내용이 포함되어 있지 않은 경우 • 연간 정보보호 및 개인정보보호 교육 계획에 전 직원을 대상으로 하는 개인정보보호 인식교육은 일정 시간 계획되어 있으나 개인정보보호책임자 및 개인정보 담당자 등 각 직무별로 필요한 개인정보보호관련 교육 계획이 포함되어 있지 않은 경우 • 정보보호 및 개인정보보호 교육 계획서 및 결과 보고서를 확인한 결과, 인증범위 내의 정보자산 및 설비에 접근하는 외주용역업체 직원(전산실 출입 청소원, 경비원, 외주개발자 등)을 교육 대상에서 누락한 경우 • 당해 연도 정보보호 및 개인정보보호 교육을 실시하였으나 교육시행 및 평가에 관한 기록(교육자료, 출석부, 평가 설문지, 결과보고서 등) 일부를 남기지 않고 있는 경우 • 정보보호 및 개인정보보호 교육 미이수자를 파악하지 않고 있거나 해당 미이수자에 대한 추가교육 방법(전달교육, 추가교육, 온라인교육 등)을 수립·이행하고 있지 않은 경우
결함예시	ㅁㅁ은행은 정보보호업무 담당직원에 대해 12시간의 의무 교육시간을 이수하여야 하나 6시간의 교육만 실시 하였고 교육 미참여자에 대한 재교육을 실시 하지 않고 있음

1 인증기준 취지

2.2.4 인식제고 및 교육훈련은 정보보호 교육에 관한 인증기준이다. 보안은 심리이자 문화라는 말이 있다. 정보보호 인식 제고를 위해서는 경영진의 참여와 교육훈련이 매우 중요하다. 교육이 요식행위로 시행된다면 효과성을 기대하기 어렵다. PDCA 사이클에 기반하여 교육 계획, 교육시행, 교육결과 평가, 교육 개선이 이루어져야 한다. 교육의 대상에는 내부의 임직원, 임시직원, 외부자를 모두 포함하여야 한다. 교육 시행은 정보보호 의식 수준이 낮아진 초기와 말기에는 수행되어야 한다. 그리고 주요 직무자의 경우 침해사고 발생 시의 파급효과가 크기 때문에 특별한 직무별 전문 교육을 시행해야 한다.

2 인증기준 상세

확인사항	요구 사항	관련 사항
연간 (개인)정보보호 교육계획 수립 후 경영진 승인	• 연간 정보보호 및 개인정보보호 교육 계획은 교육의 시기, 기간, 대상, 내용, 방법 등의 내용을 구체적으로 포함하여 수립하고 경영진의 승인을 받아야 함	• 교육 유형 : 임직원 인식 제고 교육, 주요 직무자, 개인정보취급자 교육, 수탁자 교육, 전문 교육 등 • 교육 방법 : 교육 목적, 교육 대상, 교육 일정, 교육 시간, 교육 내용, 온라인 및 집합교육 등 • 교육 승인 : 교육 계획을 검토, 승인하여 계획에 따라 이행될 수 있도록 예산 배정 지원 등
모든 임직원, 외부자를 연 1회 이상 정기적 교육	• 모든 임직원과 외부자를 포함하여 연 1회 이상 교육을 수행하고, 관련 법규 및 규정의 중대한 변경 시 이에 대한 추가교육을 수행하여야 함	• 정보자산에 직간접적으로 접근하는 임직원, 임시직원, 외주용역업체 등 모든 인력 포함 • 수탁자 및 파견된 직원의 경우 해당 업체가 교육을 수행할 수 있도록 관련자료를 제공하고 시행 여부 관리 감독 • 최소 연 1회 이상 교육(개인정보취급자의 경우 법규에 따라 연 1회 이상 개인정보보호 교육 시행) • 교육 내용에는 임직원 및 관련 외부자가 조직의 관리체계와 정책을 이해하고 이를 준수할 수 있도록 필요한 내용을 모두 포함하여야 함 • 출장, 휴가, 업무로 교육에 참석하지 못한 인력에 대한 교육 방법을 마련하여 시행(불참자 대상 추가교육, 전달 교육, 온라인 교육 등)
채용, 계약 시 업무 시작 전 교육 시행	• 임직원 채용 및 외부자 신규 계약 시, 업무 시 업무 시작 전에 정보보호 및 개인정보보호 교육을 시행하여야 함	• 신규 인력 발생 시점 또는 업무 수행 전에 정보보호 및 개인정보보호 교육을 시행하여 조직 정책, 주의해야 할 사항, 규정 위반 시 법적 책임 등에 대한 내용 숙지

(참고) 법적 의무 교육

1. 성희롱 예방 교육
2. 개인정보보호 교육
3. 산업안전보건 교육
4. 장애인 인식개선 교육
5. 퇴직연금 교육

(심화) 개인정보보호법상의 개인정보 취급자 교육

교육 미시행과 관련된 법령은 따로 있지 않으나, 교육이 포함된 개인정보 내부 관리계획 미수립 시 3,000만 원 과태료 부과 대상임

정보보호 및 개인정보보호 관련 교육에 반드시 포함될 내용 (예시)

1. 정보보호 외부 환경
   - 정보보호 및 개인정보보호의 기본 개요, 관리체계 구축 및 방법, 관련 법률
2. 정보보호 내부 환경
   - 정보보호 및 개인정보보호 관련 내부규정, 관리·기술적·물리적 조치사항
3. 사고 사례 교육
   - 중요정보 및 개인정보 침해(유출)사고 사례 및 대응방안, 규정 위반 시 법적 책임 등

주요 직무자에 직무별 전문성 제고를 위한 별도 교육 시행	• IT 및 정보보호, 개인정보보호 조직 내 임직원이 정보보호 및 개인정보보호와 관련하여 직무별 전문성 제고를 위한 별도의 교육을 받을 수 있도록 하여야 함	• 관련 직무자 – IT직무자, CISO, CPO, 개인정보취급자, 정보보호 직무자 등 • 교육 과정 – 정보보호 및 개인정보보호 컨퍼런스, 세미나, 워크샵, 교육 전문기관 위탁 교육, 외부 전문가 초빙을 통한 내부교육 및 세미나 등
교육 시행 기록 보존 및 교육 효과와 적정성 평가하여 다음 교육 계획에 반영	• 교육 시행에 대한 기록을 남기고 교육 효과와 적정성을 평가하여 다음 교육 계획에 반영하여야 함	• 교육 시행 후 교육 공지, 교육 자료, 출석부 등 기록을 남기고, 미리 마련된 평가 기준에 따라 설문 또는 테스트를 통해 적절성과 효과성 평가 • 교육 결과 내용에서 도출된 개선점에 대한 대책을 마련하고 차기 교육 계획 수립 시 반영

금융권/가상자산사업자 의무 교육시간

임원	3시간(단, 정보보호최고책임자는 6시간 이상)
일반직원	6시간 이상
정보기술부문업무 담당 직원	9시간 이상
정보보호업무 담당 직원	12시간 이상

2.2.5 요건 수준
Level 1. 법규 수준
1. 법규 : 개보법
2. 내규 : 해당
3. 인증기준 : 해당
4. 위험평가 : 해당

2. 보호대책 요구사항 ▶ 2.2. 인적 보안

인사변경 공유, 자산 반납 & 권한 회수 & 결과 확인

항목	2.2.5 퇴직 및 직무변경 관리
인증기준	퇴직 및 직무변경 시 인사·정보보호·개인정보보호·IT 등 관련 부서별 이행하여야 할 자산반납, 계정 및 접근권한 회수·조정, 결과확인 등의 절차를 수립·관리하여야 한다.
주요 확인사항	1) 퇴직, 직무변경, 부서이동, 휴직 등으로 인한 인사변경 내용이 인사부서, 정보보호 및 개인정보보호 부서, 정보시스템 및 개인정보처리시스템 운영부서 간에 공유되고 있는가?
	2) 조직 내 인력(임직원, 임시직원, 외주용역직원 등)의 퇴직 또는 직무변경 시 지체 없는 정보자산 반납, 접근권한 회수·조정, 결과 확인 등의 절차를 수립·이행하고 있는가?
관련 법규	• 개인정보보호법 제29조(안전조치의무) • 개인정보의 안전성 확보조치 기준 제5조(접근 권한의 관리)
증적 자료 등 준비사항	• 퇴직 및 직무변경 절차서 • 퇴직 시 자산(계정) 반납관리대장 • 퇴직자 보안점검 체크리스트 및 점검 내역

유사 인증기준
2.1.3 정보자산 관리
2.2.2 직무 분리
2.5.1 사용자 계정 관리
2.1.3 정보자산의 용도와 중요도에 따른 취급 절차 및 보호대책을 수립·이행하고, 자산별 책임을 정의·관리
2.2.2 권한 오·남용 피해 예방을 위하여 직무 분리 기준을 수립하고, 직무 분리가 어려운 경우 보완대책 마련·이행
2.5.1 정보시스템의 비인가 접근을 통제하기 위한 사용자 등록, 변경 등의 절차를 수립·이행하고 사용자에게 계정보안

결함사례	• 직무 변동에 따라 개인정보취급자에서 제외된 인력의 계정과 권한이 개인정보처리시스템에 그대로 남아 있은 경우 • 최근에 퇴직한 주요직무자 및 개인정보취급자에 대하여 자산반납, 권한 회수 등의 퇴직절차 이행 기록이 확인되지 않은 경우 • 임직원 퇴직 시 자산반납 관리는 잘 이행하고 있으나 인사규정에서 정한 퇴직자 보안점검 및 퇴직확인서를 작성하지 않은 경우 • 개인정보취급자 퇴직 시 개인정보처리시스템의 접근 권한은 지체 없이 회수되었지만, 출입통제 시스템 및 VPN 등 일부 시스템의 접근 권한이 회수되지 않은 경우
결함예시	OO기업은 퇴사 시 보안점검 체크리스트를 작성하여 확인코 있으나 실제 퇴직 한 직원의 VPN계정, 그룹웨어 계정이 그대로 남아있고, 사내 출입통제시스템에 다수의 퇴사인원들의 정보가 식별되었음

1 인증기준 취지

2.2.5 퇴직 및 직무변경 관리는 퇴직 및 직무 변경 시 정보자산의 접근을 제한하기 위한 인증기준이다. 퇴직 및 직무변경 관리에서는 퇴직 및 직무변경 등의 인사변경이 발생한 시점이 중요하다. 인사 변경 사항을 정보보호 관련 부서에서 즉시 통보받을 수 있도록 절차가 수립되어 있어야 한다. 또한 퇴직 및 직무변경자의 권한이 남아있지 않도록 자산반납, 권한 회수, 결과 확인, 퇴직 절차 이행 등의 절차를 수립, 이행해야 한다.

2 인증기준 상세

확인사항	요구 사항	관련 사항
인사 변경 내용을 관련 부서간 신속히 공유	• 퇴직, 직무변경, 부서이동, 휴직 등으로 인한 인사변경 내용이 인사부서, 정보보호부서, 개인정보보호부서, 시스템 운영부서 등 관련 부서 간 신속히 공유되어야 함	• 관련 조직 및 시스템 간에 인사변경 내용이 신속하게 공유될 수 있도록 절차 수립·이행
퇴직 및 직무변경 시 정보자산 반납, 접근 권한 회수 등 절차 수립 이행	• 조직 내 인력(인직원, 임시직원, 외주용역직원 등)의 퇴직 및 직무 변경 시 지체 없는 정보자산 반납, 접근권한 회수, 결과 확인 등 절차를 수립 이행하여야 함	• 퇴직 및 직무 변동 시 출입증 및 자산 반납, 계정 삭제, 접근권한 회수, 보안 점검 등 절차 등의 절차를 수립·이행 • 불가피하게 계정을 공유하여 사용하고 있었다면 해당 계정의 비밀번호를 즉시 변경 • 관련 기록을 보존하고 퇴직 절차 준수 여부에 대하여 정기적 검토

인사 변경 내용에 대한 신속한 공유 절차 (예시)

1. 인사시스템과 연동하여 실시간 또는 일배치로 계정정보 동기화
2. 협력사 인원에 대한 통합 계정관리시스템을 구축하여 개별 시스템과 계정 동기화
3. 퇴직 프로세스 내 관련 부서에 퇴직자 정보를 공유하는 절차 포함 등

2.2.6 요건 수준
Level 2. 내규 수준
1. 법규 : 미해당
2. 내규 : 해당
3. 인증기준 : 해당
4. 위험평가 : 해당

유사 인증기준

2.2.2 직무 분리
2.2.5 퇴직 및 직무변경 관리
2.5.1 사용자 계정 관리

2.2.2 권한 오·남용 피해 예방을 위하여 직무 분리 기준을 수립하고, 직무 분리가 어려운 경우 보완대책 마련·이행
2.2.5 퇴직 및 직무변경 시 관련 부서별 이행하여야 할 자산반납, 계정 및 접근권한 회수, 결과확인 등의 절차 수립
2.5.1 정보시스템의 비인가 접근을 통제하기 위한 사용자 등록, 변경 등의 절차를 수립·이행하고 사용자에게 계정보안 책임 명시

처벌규정 수립, 적발 시 조치

항목	2.2.6 보안 위반 시 조치
인증기준	임직원 및 관련 외부자가 법령, 규제 및 내부정책을 위반한 경우 이에 따른 조치 절차를 수립·이행하여야 한다.
주요 확인사항	1) 임직원 및 관련 외부자가 법령과 규제 및 내부정책에 따른 정보보호 및 개인정보보호 책임과 의무를 위반한 경우에 대한 처벌 규정을 수립하고 있는가?
	2) 정보보호 및 개인정보보호 위반 사항이 적발된 경우 내부 절차에 따른 조치를 수행하고 있는가?
관련 법규	• 해당사항 없음
증적 자료 등 준비사항	• 인사 규정(정보보호 및 개인정보보호 관련 규정 위반에 따른 처벌규정) • 정보보호 및 개인정보보호 지침 위반자 징계 내역 • 사고 사례(전사 공지, 교육 내용)
결함사례	• 정보보호 및 개인정보보호 규정 위반자에 대한 처리 기준 및 절차가 내부 규정에 전혀 포함되어 있지 않은 경우 • 보안시스템(DLP, 데이터베이스 접근제어시스템, 내부정보 유출 통제시스템 등)을 통해 정책 위반이 탐지된 관련자에게 경고 메시지를 전달하고 있으나, 이에 대한 소명 및 추가 조사, 징계 처분 등 내부 규정에 따른 후속 조치가 이행되고 있지 않은 경우
결함예시	ㅁㅁ기업은 사내 보안정책으로 USB는 인가된 USB만 사용하여야 하도록 되어 있으며, 위반 시 인사규정에 의거 징계토록 되어 있으나, 일부 직원이 외부에서 무단으로 반입한 USB를 사용한 내용이 발견되었음에도 불구하고 이에 따른 후속조치가 수행되지 않고 있음

1 인증기준 취지

2.2.6 보안 위반 시 조치는 법규 및 정보보호 정책 위반 시 조치에 관한 인증기준이다. 정보보호 정책이 있더라도 일부 사용자는 정보보호 정책을 위반한다. 정책의 위반은 주로 당사자의 고의 또는 실수로 발생하지만, 현재 정책을 정확히 이해하지 못해서 발생하기도 한다. 따라서 정책에 대한 명확한 가이드가 선행되어야 한다. 법규 및 내규 위반 발생 시 대응 절차를 수립되어야 한다. 위반 행위의 방법과 원인을 조사하고, 적절한 복구 조치 내용도 포함해야 한다. 정보보호 정책에는 위반의 유형에 따른 처벌 규정을 명확히 수립해야 한다.

2 인증기준 상세

확인사항	요구 사항	관련 사항
법규, 내규 위반 시 처벌 규정 수립	• 임직원 및 관련 외부자가 법령과 규제 및 내부 정책에 따른 정보보호 및 개인정보보호 책임과 의무를 위반한 경우 처벌 규정을 수립하여야 함	• 관련 법규 및 내규 미준수, 책임 미이행, 중요 정보 및 개인정보의 훼손, 유·노출, 오남용 등이 발견된 경우 조사, 소명, 징계 등의 조치 기준 및 절차 수립 • 정보보호 및 개인정보보호 책임과 의무를 충실히 이행한 경우에 대한 보상 방안도 고려
위반 적발 시 내부 절차에 따라 조치 수행	• 정보보호 및 개인정보보호 위반 사항이 적발 된 경우 내부 절차에 따른 조치를 수행하여야 함	• 상벌 규정에 따른 조치 수행 및 결과 기록 • 필요 시 전사 공지 또는 교육 사례로 활용

2. 보호대책 요구사항 ▶ 2.3. 외부자 보안

위탁 업무, 시설, 서비스 식별, 위험 파악, 보호대책 마련

항목	2.3.1 외부자 현황 관리
인증기준	업무의 일부(개인정보취급, 정보보호, 정보시스템 운영 또는 개발 등)를 외부에 위탁하거나 외부의 시설 또는 서비스(집적정보통신시설, 클라우드 서비스, 애플리케이션 서비스 등)를 이용하는 경우 그 현황을 식별하고 법적 요구사항 및 외부 조직·서비스로부터 발생되는 위험을 파악하여 적절한 보 호대책을 마련하여야 한다.
주요 확인사항	1) 관리체계 범위 내에서 발생하고 있는 업무 위탁 및 외부 시설·서비스의 이용 현황을 식별하고 있는가?
	2) 업무 위탁 및 외부 시설·서비스의 이용에 따른 법적 요구사항과 위험을 파악하고 적절한 보호대책을 마련하였는가?
관련 법규	• 개인정보보호법 제26조(업무위탁에 따른 개인정보의 처리 제한) • 정보통신망법 제50조의3(영리목적의 광고성 정보전송의 위탁 등)
증적 자료 등 준비사항	• 외부 위탁 및 외부 시설·서비스 현황 • 외부 위탁 계약서 • 위험분석 보고서 및 보호대책 • 위탁 보안관리 지침, 체크리스트 등
결함사례	• 내부 규정에 따라 외부 위탁 및 외부 시설·서비스 현황을 목록으로 관리하고 있으나, 수개월 전에 변경된 위탁업체가 목록에 반영되어 있지 않은 등 현행화 관리가 미흡한 경우 • 관리체계 범위 내 일부 개인정보처리시스템을 외부 클라우드 서비스로 이전하였으나 이에 대한 식별 및 위험평가가 수행되지 않은 경우
결함예시	OO게임사는 모바일 게임서버 구축을 클라우드를 사용하여 운영하고 있으나, 위탁업체 리스트에 해당 클라우드사 내용이 누락되어 있으며, 위탁종료된 업체가 일부 남아있음

(심화) 정보시스템 감사(CISA) 관점의 인적 통제
1. 직무 분리
2. 직무 순환
3. 교차 훈련
4. 강제 휴가
5. 퇴사 정책
6. 퇴사 면담

2.3.1 요건 수준
Level 1. 법규 수준
1. 법규 : 개보법
2. 내규 : 해당
3. 인증기준 : 해당
4. 위험평가 : 해당

유사 인증기준
1.3.3 운영현황 관리
2.2.1 주요 직무자 지정 및 관리
2.3.2 외부자 계약 시 보안
2.3.3 외부자 보안 이행 관리
1.3.3 관리체계 운영활동 및 수행 내역은 기록하여 관리하고, 경영진은 운영활동의 효과성 확인하고 관리
2.2.1 개인정보, 시스템 접근 등 주요 직무의 기준과 관리방안을 수립하고, 직무자를 지정하여 목록을 최신으로 관리
2.3.2 외부 서비스를 이용하거나 외부 업무를 위탁 시 (개인)정보보호 요구사항을 식별하고, 계약서에 명시
2.3.3 계약서 등에 명시된 (개인)정보보호 요구사항에 따라 외부자의 보호이행 여부를 점검 등 관리·감독

❶ 인증기준 취지

2.3.1 외부자 현황 관리는 외부자에 업무를 위탁하는 경우 그 현황을 파악하기 위한 인증기준이다. 외부자 보안 대책을 수립하기 전에 외부자 현황을 식별해야 한다. 외부자와 관련된 업무 위탁 및 외부 시설, 서비스 등에서의 이용 현황을 빠짐없이 식별하여야 한다. 그리고 주기적으로 그 현황을 최신으로 유지관리해야 한다. 외부자 현황은 해당 외부자와 계약 만료까지 꾸준히 관리해야 한다.

❷ 인증기준 상세

확인사항	요구 사항	관련 사항
업무 위탁, 시설, 서비스 이용 현황 식별	• 관리체계 범위 내에서 발생하고 있는 업무 위탁 및 외부 시설, 서비스의 이용 현황을 명확히 식별하여야 함	• 관리체계 범위 내 업무 위탁 및 외부 시설·서비스 이용 현황 파악 ▶ ❸ 참조
업무 위탁 및 외부 서비스 현황 목록 작성 현행화 관리	• 업무 위탁 및 외부 시설·서비스 이용 현황 목록 작성 및 지속적 현행화 관리	• 목록에 포함되어야 할 사항(예시) ▶ ❹ 참조
법적 요구사항, 위험 파악 및 보호대책 마련	• 업무 위탁 및 외부 시설·서비스의 이용에 따른 법적 요구사항과 위험을 파악하고 적절한 보호대책을 마련하여야 함 ▶ ❺ 참조	• 개인정보 처리업무 위탁에 해당되는지 확인 • 개인정보 등의 국외 이전에 해당되는지 확인 • 개인정보보호법, 정보통신망법 등 관련된 법적 요구사항 파악 • 법적 요구사항을 포함하여 업무 위탁 및 외부 시설·서비스 이용에 따른 위험평가 수행 • 위험 평가 결과를 반영하여 적절한 보호대책 • 마련 및 이행 – 예를 들어 고위험의 수탁자에 대해서는 점검 주기 및 점검항목을 달리하여 집중 현장 점검 수행 등

(참고) 개인정보 처리 위·수탁 단골 이슈 3가지

1. 위·수탁 문서에 법적 의무 사항 미포함한 경우
2. 개인정보 처리 업무 수탁자 및 위탁 업무 공개 미흡
3. 개인정보처리 업무 위탁에 따른 법적 의무사항을 이행하지 않은 경우

❸ 업무 위탁 및 외부 시설·서비스 이용 (예시)

1. IT 및 보안 업무 위탁
   - 정보시스템 개발·운영, 유지보수, 서버·네트워크·보안장비 운영, 보안 관제, 출입관리 및 경비, 정보보호 컨설팅 등
2. 개인정보 처리 위탁
   - 개인정보 처리 업무(개인정보 수집 대행 등), 고객 상담, 개인정보처리시스템 운영 등
3. 외부 시설 이용
   - 집적정보통신시설(IDC)
4. 외부 서비스 이용
   - 클라우드, 애플리케이션 서비스(ASP) 등

❹ 업무 위탁 및 외부 시설·서비스 이용현황 목록에 포함되어야 할 사항

1. 수탁자 및 외부시설, 서비스명
2. 위탁하는 업무의 내용 및 외부서비스 내용
3. 담당부서 및 담당자명
4. 위탁 및 서비스 이용 기간
5. 계약서 작성 여부, 보안점검 여부 등 관리·감독에 관한 사항 등

❺ (참고) 개인정보 처리 위·수탁 단계별 주요 조치사항

단계	주요내용
계약전	• 위험도 분석 등 예방조치를 통한 개인정보 유출 위험 최소화 – 위·수탁하는 개인정보의 가치, 유출 사고 시 정보주체가 입는 피해 정도 등 개인정보 위험 평가를 통한 위·수탁 대상 업무 구분 – 수탁자로 인한 개인정보 위험 최소화를 위하여 관리적, 기술적, 물리적 관점에서 수탁자 개인정보보호 역량 종합 평가 – 위·수탁 업무 수행에 필요한 최소한의 개인정보 목록을 위탁자와 수탁자 간 사전 협의하여 개인정보 처리 범위 및 책임소재 명확화 – 개인정보 위험의 체계적·지속적 관리를 위한 위·수탁자 주요 협의 사항 문서 작성 (「개인정보보호법」 제26조 제1항)
업무 수행 중	• 개인정보 위 수탁에 따른 위탁자 및 수탁자의 주요 의무 사항 명확화 **[위탁자]** – 수탁자의 개인정보 관리 체계, 기술적·물리적 보호 조치의 적절성 여부 감독 ※ 자료 제출 요구, 현장 방문, 시스템을 통한 원격 점검 등 다양한 수단 활용 가능 – 수탁자 대상 개인정보보호 교육 ※ (원칙) 위탁자 직접 교육 (예외) 외부 전문가, 수탁자 자체 교육 후 증빙 확인 **[수탁자]** – 「개인정보보호법」 제26조 제7항에 의한 의무 이행 ※ 특히 법 제29조의 안전조치 의무 적용 – 수탁자 고의 또는 과실로 정보주체에 피해를 입힌 경우 손해배상 책임 – 개인정보 처리 재위탁은 위·수탁 문서에 근거해야 함
업무 종료 후	• 위·수탁 종료 시 지체 없는 개인정보 파기(반환)를 통한 개인정보 불법 처리·유통 방지 – 위·수탁 문서에 명시된 개인정보 처리 기간이 종료되거나, 사업 중이라도 개인정보 처리 목적이 달성된 경우 지체 없는 파기(5일)가 원칙 – 수탁자는 위탁자 요청 시 개인정보를 즉시 반환하며, 이 경우 개인정보의 무결성 및 완전성을 보장 – 위탁자는 수탁자의 개인정보 파기 여부 확인 후 증빙 자료를 남겨야 함

(출처 : 개인정보 처리 위·수탁 안내서(2020.12))

(참고) 금융기관의 업무 위탁 등에 관한 규정 [금융위원회고시 제2019–12호]

금융기관은 업무위탁 시 발생하는 위험에 대한 파급효과가 크기 때문에 별도의 고시를 통해 강화된 위·수탁 관리를 요구한다.

제1조(목적)

– 이 규정은 금융기관이 「금융위원회의 설치 등에 관한 법률」 제17조제3호에 따라 인가·허가 또는 등록 등(이하 "인가등"이라 한다)의 업무를 수행함에 있어 그 업무의 위탁 등에 관한 사항을 정함을 목적으로 한다.

제3조의2(업무위수탁기준)

– 금융기관은 제3조에서 정한 업무위탁 등에 따른 리스크의 체계적 관리를 위하여 〈별표 3〉에서 정하는 업무위수탁 기준에 따라 금융권역 및 위탁대상자의 특성 등을 감안하여 자체 업무위수탁 운영기준을 마련하고 이를 준수하여야 한다.

2.3.2 요건 수준
Level 1. 법규 수준
1. 법규 : 개보법
2. 내규 : 해당
3. 인증기준 : 해당
4. 위험평가 : 해당

유사 인증기준
2.3.1 외부자 현황 관리
2.3.3 외부자 보안 이행 관리
2.3.4 외부자 계약 변경 및 만료 시 보안
3.3.2 개인정보 처리 업무 위탁
2.3.1 업무를 외부에 위탁하거나 외부의 서비스를 이용하는 경우 현황을 식별하고 위험을 파악하여 보호대책 마련
2.3.3 계약서 등에 명시된 (개인)정보보호 요구사항에 따라 외부자의 보호이행 여부를 점검 등 관리·감독
2.3.4 외부자 계약만료 시에는 정보자산 반납, 접근계정 삭제, 비밀유지 확약서 징구 등 보호대책 이행
3.3.2 개인정보 처리업무를 위탁하는 경우 위탁하는 업무의 내용과 수탁자 등 관련사항을 공개하거나 정보주체에게 알려야 함

2. 보호대책 요구사항 ▶ 2.3. 외부자 보안

위탁업체 역량 평가, 계약서(보안요건, 개발요건)

항목	2.3.2 외부자 계약 시 보안
인증기준	외부 서비스를 이용하거나 외부자에게 업무를 위탁하는 경우 이에 따른 정보보호 및 개인정보보호 요구사항을 식별하고, 관련 내용을 계약서 또는 협정서 등에 명시하여야 한다.
주요 확인사항	1) 중요정보 및 개인정보 처리와 관련된 외부 서비스 및 위탁 업체를 선정하는 경우 정보보호 및 개인정보보호 역량을 고려하도록 절차를 마련하고 있는가?
	2) 외부 서비스 이용 및 업무 위탁에 따른 정보보호 및 개인정보보호 요구사항을 식별하고 이를 계약서 또는 협정서에 명시하고 있는가?
	3) 정보시스템 및 개인정보처리시스템 개발을 위탁하는 경우 개발 시 준수 해야 할 정보보호 및 개인정보보호 요구사항을 계약서에 명시하고 있는 가?
관련 법규	• 개인정보보호법 제26조(업무위탁에 따른 개인정보의 처리 제한)
증적 자료 등 준비사항	• 위탁 계약서 • 정보보호 및 개인정보보호 협약서(약정서, 부속합의서) • 위탁 관련 내부 지침 • 위탁업체 선정 관련 RFP(제안요청서), 평가표
결함사례	• IT 운영, 개발 및 개인정보 처리업무를 위탁하는 외주용역업체에 대한 위탁계약서가 존재하지 않는 경우 • 개인정보 처리업무를 위탁하는 외부업체와의 위탁계약서 상에 개인정보 보호법 등 법령에서 요구하는 일부 항목(관리·감독에 관한 사항 등)이 포함되어 있지 않은 경우 • 인프라 운영과 개인정보 처리업무 일부를 외부업체에 위탁하고 있으나 계약서 등에는 위탁 업무의 특성에 따른 보안요구사항을 식별·반영하지 않고 비밀유지 및 손해배상에 관한 일반 사항만 규정하고 있는 경우
결함예시	OO기업은 표준 위·수탁 계약서를 사용하지 않고 사내 자체 위·수탁계약서를 이용하여 계약을 수행하고 있으나, 손해배상등의 내용이 계약서에 명시되어 있지 않음

1 인증기준 취지

2.3.2 외부자 계약 시 보안은 외부자 선정 시 전문성이 있는 위탁 업체를 선정하고, 보안 요구사항을 계약서 등에 명시하는 등의 절차를 수립·이행하기 위한 인증기준이다. 보안 요구사항은 업체 선정 이전에 위탁사가 요구사항을 정의해야 한다. 그리고 위탁 업체 선정 과정에서 수탁사가 요구사항에 대한 대응방안을 제시하게 된다. 이는 계약 전 협상 시 위탁사와 수탁자가 합의를 거쳐 확정된다. 외부자 계약 시 보안 요구사항은 계약 만료 시까지 이행되는 기준선(베이스라인)이다.

❷ 인증기준 상세

확인사항	요구 사항	관련 사항
외부자 선정 시 정보보호 역량 평가 절차 마련	• 주요정보 및 개인정보 처리와 관련된 외부 서비스 및 위탁 업체를 선정하는 경우 정보보호 및 개인정보보호 역량을 고려하도록 절차를 마련하여야 함	• 정보보호 및 개인정보보호 역량이 있는 업체가 선정될 수 있도록 관련 요건을 제안요청서(RFP) 및 제안 평가항목에 반영하여 업체 선정 시 적용 ▶ ❸ 참조
보안 요구사항 정의 및 계약 시 반영	• 조직의 정보처리 업무를 외부자에게 위탁하거나 외부 서비스를 이용하는 경우 보안 요구사항을 정의하여 계약 시 반영하여야 함 ▶ ❹ 참조	• (개인)정보보호 관련 법률 준수, 정보보호 및 개인정보보호 서약서 제출 • 위탁 업무 수행 직원 대상 주기적인 정보보호 교육 수행 및 주기적 보안점검 수행 • 업무 수행 관련 취득한 중요정보 유출 방지 대책 • 외부자 인터넷접속 제한, 물리적 보호조치(장비 및 반출입 등), PC 등 단말 보안(백신 설치, 안전한 패스워드 설정 및 주기적 변경, 화면 보호기 설정 등 무선 네트워크 사용 제한) • 정보시스템 접근 허용 시 과도한 권한이 부여되지 않도록 접근권한 부여 및 해지 절차 • 재위탁 제한 및 재위탁이 필요한 경우의 절차와 보안 요구사항 정의 • 보안 요구사항 위반 시 처벌, 손해배상 책임, 보안사고 발생에 따른 보고 의무 등
개발을 위탁 시 (개인)정보보호 요구사항을 계약서에 명시	• 정보시스템 및 개인정보처리시스템 개발을 위탁하는 경우 개발 시 준수해야 할 정보보호 및 개인정보 요구사항 계약서에 명시하여야 함	• 정보보호 및 개인정보보호 관련 법적요구사항 준수 • 안전한 코딩 표준 등 개발보안 절차 적용 • 개발 완료된 정보시스템 및 개인정보처리시스템에 대한 취약점 점검 및 조치 • 개발 관련 산출물, 소스 프로그램, 개발용 데이터 등 개발환경에 대한 보안관리 • 개발 과정에서 취득한 정보에 대한 비밀 유지 의무 • 위반 시 손해배상 등 책임에 대한 사항 등

개인정보 처리업무 위탁 시 포함 사항

개인정보 보호법 제26조 제1항

1. 위탁업무 수행 목적 외 개인정보의 처리 금지에 관한 사항
2. 개인정보의 기술적·관리적 보호조치에 관한 사항
3. 그 밖에 개인정보의 안전한 관리를 위하여 대통령령으로 정한 사항

개인정보 보호법 시행령 제28조 제1항

※ 위·수탁 문서는 반드시 별도로 작성하여야 하는 것은 아닌 바, 계약서 등에 위·수탁 시 법령에서 정한 내용이 필수적으로 포함되어 있다면 별도의 위·수탁 문서는 작성하지 않아도 됨

(참고) 업무 위탁 계약 절차 내 개인정보 처리 위·수탁 확인 절차 마련

개인정보 처리를 위·수탁할 때 반드시 문서에 의하여야 함(법 제26조 제1항)

3 (참고) 수탁자 개인정보보호 역량 분석 평가 지표

위탁자는 수탁자의 개인정보보호 역량을 종합적으로 검토하여 개인정보 위험을 최소화할 수 있는 자를 선정하는 것이 바람직하다.

	평가 지표
관리적 보호 수준	내부관리계획을 수립하고 정기적으로 현행화
	개인정보처리시스템에 대한 정기적인 위험평가 실시
	개인정보취급자에 대한 보안 각서 징구 및 개인정보보호 교육 실시
기술적 보호 수준	물리적·기술적 보호조치를 마련
	개인정보처리시스템에 침입차단 및 침입탐지 시스템 구축
	개인정보처리시스템에 대한 접근 권한 및 접근 이력 관리
물리적 보호 수준	주요 개인정보 처리 관련 설비에 대한 보호구역 지정 및 관리
	개인정보처리시스템에 대한 출입통제, 보안, 저장매체 등 관리
	개인정보취급자의 업무 환경에 개인정보보호를 위한 보안 관리 등 실시 여부 정기 점검
기타	PIMS 등 정보보호 및 개인정보보호 인증 획득 여부

※ 해당 지표는 예시로, 사용 시 각 위·수탁자의 사정에 맞게 수정 활용 가능

(출처 : 개인정보 처리 위·수탁 안내서(2020.12))

Q&A
위·수탁 시 자주 묻는 질문

Q1. 수탁업체의 개인정보 보유기간도 공개해야 하나요?

A1. 공개할 의무는 없습니다. 다만 이를 위·수탁 문서에 적절히 반영하는 것이 필요합니다. 또한 수탁자의 개인정보 처리기간은 위탁자가 정한 기간을 초과할 수 없습니다.

Q2. 개인정보 처리 위·수탁 시 정보주체의 동의를 받아야 하나요?

A2. 「개인정보 보호법」 제26조 제2항은 개인정보 처리 위·수탁 시 위탁 업무의 내용과 수탁자를 공개하도록 되어있을 뿐 별도의 동의는 요구하지 않습니다. 또한 동조 제3항에 의하면 위탁자가 재화 또는 서비스를 홍보하거나 판매를 권유하는 업무를 위탁하는 경우에는 서면, 전자우편, 팩스, 전화,

4 (참고) 표준 개인정보처리위탁 계약서(안)

개인정보보호법 제26조제1항에 따라 개인정보처리에 대한 위탁계약 시 최소한의 사항을 표준적으로 제시한 것으로서, 위탁계약이나 업무에 따라 달라질 수 있다.

표준 개인정보처리위탁 계약서(안)

OOO(이하 "갑"이라 한다)과 △△△(이하 "을"이라 한다)는 "갑"의 개인정보 처리업무를 "을"에게 위탁함에 있어 다음과 같은 내용으로 본 업무위탁계약을 체결한다.

제1조 (목적) 이 계약은 "갑"이 개인정보처리업무를 "을"에게 위탁하고, "을"은 이를 승낙하여 "을"의 책임아래 성실하게 업무를 완성하도록 하는데 필요한 사항을 정함을 목적으로 한다.

제2조 (용어의 정의) 본 계약에서 별도로 정의되지 아니한 용어는 「개인정보보호법」, 같은 법 시행령 및 시행규칙, 「개인정보의안정성 확보조치 기준」(행정안전부 고시 제2017-1호) 및 「표준 개인정보보호지침」(행정안전부 고시 제2017-1호)에서 정의된 바에 따른다.

제3조 (위탁업무의 목적 및 범위) "을"은 계약이 정하는 바에 따라 (　　) 목적으로 다음과 같은 개인정보 처리 업무를 수행한다.[1)]

1.

2.

제4조 (위탁업무 기간) 이 계약서에 의한 개인정보 처리업무의 기간은 다음과 같다.

계약 기간 : 20OO년 O월 O일 ~ 20OO년 O월 O일

제5조 (재위탁 제한) ① "을"은 "갑"의 사전 승낙을 얻은 경우를 제외하고 "갑"과의 계약상의 권리와 의무의 전부 또는 일부를 제3자에게 양도하거나 재위탁할 수 없다.

② "을"이 다른 제3의 회사와 수탁계약을 할 경우에는 "을"은 해당 사실을 계약 체결 7일 이전에 "갑"에게 통보하고 협의하여야 한다.

제6조 (개인정보의 안전성 확보조치) "을"은 「개인정보보호법」제23조제2항 및 제24조제3항 및 제29조, 같은 법 시행령 제21조 및 제30조, 「개인정보의 안전성 확보조치 기준」(행정안전부 고시 제2017-1호)에 따라 개인정보의 안전성 확보에 필요한 기술적·관리적 조치를 취하여야 한다.

제7조 (개인정보의 처리제한) ① "을"은 계약기간은 물론 계약 종료 후에도 위탁업무 수행 목적 범위를 넘어 개인정보를 이용하거나 이를 제3자에게 제공 또는 누설하여서는 안 된다.

② "을"은 계약이 해지되거나 또는 계약기간이 만료된 경우 위탁업무와 관련하여 보유하고 있는 개인정보를 「개인정보보호법 시행령」제16조 및 「개인정보의 안전성 확보조치 기준」(행정안전부 고시 제2017-1호)에 따라 즉시 파기하거나 "갑"에게 반납하여야 한다.

③ 제2항에 따라 "을"이 개인정보를 파기한 경우 지체없이 "갑"에게 그 결과를 통보하여야 한다.

제8조 (수탁자에 대한 관리·감독 등) ① "갑"은 "을"에 대하여 다음 각 호의 사항을 감독할 수 있으며, "을"은 특별한 사유가 없는 한 이에 응하여야 한다.

1. 개인정보의 처리 현황
2. 개인정보의 접근 또는 접속기록
3. 개인정보 접근 또는 접속 대상자
4. 목적외 이용·제공 및 재위탁 금지 준수여부
5. 암호화 등 안전성 확보조치 이행여부
6. 그 밖에 개인정보의 보호를 위하여 필요한 사항

② "갑"은 "을"에 대하여 제1항 각 호의 사항에 대한 실태를 점검하여 시정을 요구할 수 있으며, "을"은 특별한 사유가 없는 한 이행하여야 한다.

③ "갑"은 처리위탁으로 인하여 정보주체의 개인정보가 분실·도난·유출 변조 또는 훼손되지 아니하도록 1년에 (__)회 "을"을 교육할 수 있으며, "을"은 이에 응하여야 한다.[2)]

④ 제1항에 따른 교육의 시기와 방법 등에 대해서는 "갑"은 "을"과 협의하여 시행한다.

제9조 (정보주체 권리보장) "을"은 정보주체의 개인정보 열람, 정정·삭제, 처리 정지 요청 등에 대응하기 위한 연락처 등 민원 창구를 마련해야 한다.

제10조 (개인정보의 파기) ① "을"은 제4항의 위탁업무기간이 종료되면 특별한 사유가 없는 한 지체 없이 개인정보를 파기하고 이를 "갑"에게 확인받아야 한다.

제11조 (손해배상) ① "을" 또는 "을"의 임직원 기타 "을"의 수탁자가 이 계약에 의하여 위탁 또는 재위탁 받은 업무를 수행함에 있어 이 계약에 따른 의무를 위반하거나 "을" 또는 "을"의 임직원 기타 "을"의 수탁자의 귀책사유로 인하여 이 계약이 해지되어 "갑" 또는 개인정보주체 기타 제3자에게 손해가 발생한 경우 "을"은 그 손해를 배상하여야 한다.

② 제1항과 관련하여 개인정보주체 기타 제3자에게 발생한 손해에 대하여 "갑"이 전부 또는 일부를 배상한 때에는 "갑"은 이를 "을"에게 구상할 수 있다.

본 계약의 내용을 증명하기 위하여 계약서 2부를 작성하고, "갑"과 "을"이 서명 또는 날인한 후 각 1부씩 보관한다.

20 . . .

갑	을
OO시 OO구 OO동 OO번지	OO시 OO구 OO동 OO번지
성 명: (인)	성 명: (인)

문자전송 또는 이에 상당하는 방법에 의하여 정보주체에게 위탁하는 업무의 내용과 수탁자를 알려야 합니다. 따라서 「개인정보 보호법」에 의하면 개인정보 처리 위·수탁 시 정보주체의 동의를 받을 필요는 없습니다.

Q3. 법령에 근거가 있어 동의 없이 수집·이용한 개인정보의 처리를 위탁할 경우에도 위·수탁 문서에 의하여야 하나요?

A3. 개인정보의 처리를 위·수탁한다면 위·수탁 문서를 반드시 작성해야 합니다.

Q4. 수탁자가 다수 있는 경우 감독을 어떻게 하나요?

A4. 수탁자에 대한 감독이 반드시 수탁자의 개인정보 처리 현장에 대한 위탁자의 직접 방문을 뜻하는 것은 아닙니다. 법의 취지에 비추어 합리적이라면 현장 점검을 비롯하여 원격 점검 등 감독의 방법은 자율적으로 택할 수 있습니다.

(출처 : 위수탁 안내서, 개인정보보호위원회)

2.3.3 요건 수준
Level 1. 법규 수준
1. 법규 : 개보법
2. 내규 : 해당
3. 인증기준 : 해당
4. 위험평가 : 해당

유사 인증기준
2.3.1 외부자 현황 관리
2.3.3 외부자 보안 이행 관리
2.3.2 외부자 계약 시 보안
2.3.4 외부자 계약 변경 및 만료 시 보안
3.3.2 개인정보 처리 업무 위탁
2.3.1 업무를 외부에 위탁하거나 외부의 서비스를 이용하는 경우 현황을 식별하고 위험을 파악하여 보호대책 마련
2.3.2 외부 서비스를 이용하거나 외부 업무를 위탁 시 (개인)정보보호 요구사항을 식별하고, 계약서에 명시
2.3.3 계약서 등에 명시된 (개인)정보보호 요구사항에 따라 외부자의 보호이행 여부를 점검 등 관리·감독
2.3.4 외부자 계약만료 시에는 정보자산 반납, 접근계정 삭제, 비밀유지 확약서 징구 등 보호대책 이행
3.3.2 개인정보 처리 업무를 위탁하는 경우 위탁하는 업무의 내용과 수탁자 등 관련사항을 공개하거나 정보주체에게 알려야 함

외부자 점검&감사, 개선계획, 재위탁 시 승인

항목	2.3.3 외부자 보안 이행 관리
인증기준	계약서, 협정서, 내부정책에 명시된 정보보호 및 개인정보보호 요구사항에 따라 외부자의 보호대책 이행 여부를 주기적인 점검 또는 감사 등 관리·감독하여야 한다.
주요 확인사항	1) 외부자가 계약서, 협정서, 내부정책에 명시된 정보보호 및 개인정보보호 요구사항을 준수하고 있는지 주기적으로 점검 또는 감사를 수행하고 있는가? 2) 외부자에 대한 점검 또는 감사 시 발견된 문제점에 대하여 개선계획을 수립·이행하고 있는가? 3) 개인정보 처리업무를 위탁받은 수탁자가 관련 업무를 제3자에게 재위탁하는 경우 위탁자의 승인을 받도록 하고 있는가?
관련 법규	• 개인정보보호법 제26조(업무위탁에 따른 개인정보의 처리 제한) • 정보통신망법 제50조의3(영리목적의 광고성 정보전송의 위탁 등)
증적 자료 등 준비사항	• 외부자 및 수탁자 보안점검 결과 • 외부자 및 수탁자 교육 내역(교육 결과, 참석자 명단, 교육교재 등) • 개인정보 처리 업무 재위탁 시 위탁자 동의 증거자료 • 개인정보 위탁 계약서
결함사례	• 회사 내에 상주하여 IT 개발 및 운영 업무를 수행하는 외주업체에 대해서는 정기적으로 보안 점검을 수행하고 있지 않은 경우 • 개인정보 수탁자에 대하여 보안교육을 실시하라는 공문을 발송하고 있으나, 교육 수행 여부를 확인하고 있지 않은 경우 • 수탁자가 자체적으로 보안점검을 수행한 후 그 결과를 통지하도록 하고 있으나, 수탁자가 보안 점검을 충실히 수행하고 있는지 여부에 대하여 확인하는 절차가 존재하지 않아 보안점검 결과 의 신뢰성이 매우 떨어지는 경우 • 개인정보 처리업무 수탁자 중 일부가 위탁자의 동의 없이 해당 업무를 제3자에게 재위탁한 경 우 • 영리 목적의 광고성 정보전송 업무를 타인에게 위탁하면서 수탁자에 대한 관리·감독을 수행하 지 않고 있는 경우
결함예시	ㅁㅁ기업은 카드배송을 위해 ㅇㅇ수탁사에게 업무를 위탁하고 있다. 정기적으로 수탁사 점검을 한 이력은 존재하지만 실제 수탁사 실사 결과 점검내용과 심사 시 심사원이 수탁사 점검결과 점검내용이 일치하지 않고 점검 시 지적받은 내용들이 수정되지 않고 그대로 운영되고 있음

1 인증기준 취지

2.3.3 외부자 보안 이행 관리는 외부자와 계약 시 명시한 보안 요구사항을 기대하는 수준으로 이행하기 위해 관리하기 위한 인증기준이다. 외부자와 계약한 보안 요구사항은 주기적으로 점검하고, 문제점을 도출해야 한다. 그리고 개선계획을 수립하고, 이행하도록 해야 한다. 수탁자가 제3자에게 재위탁을 하는 경우에는 관리·감독 수준이 낮아질 수 있으므로 위탁자의 승인을 받도록 해야 한다. 위탁자는 재위탁 받은 자의 (개인)정보보호 역량을 평가하고 승인하여야 한다. 위탁받은 자는 재위탁자의 보안 수준을 위탁자가 수탁자에게 요구하는 동일한 수준으로 이행하도록 관리·감독해야 한다.

2 인증기준 상세

확인사항	요구 사항	관련 사항
외부자의 보안 요구사항 주기적 점검 또는 감사 수행	• 외부자가 계약서, 협정서, 내부정책에 명시된 정보보호 및 개인정보보호 요구사항을 준수하고 있는지 주기적으로 점검 또는 감사를 수행하여야 함	• 외부자와 계약 시 정의한 보안 요구사항을 준수하고 있는지 주기적 점검 또는 감사 수행 • 외부자 점검 또는 감사는 업무 시작 전, 업무 진행되는 과정, 업무 종료 시점에 진행하되, 필요한 경우 수시로 진행 • 수탁사의 정보보호 및 개인정보보호 역량, 자체 시스템 보유 여부, 처리하는 정보의 수량 및 민감도 등을 고려하여 실태점검 주기 및 방법 결정
발견된 문제점에 대한 개선 계획 수립·이행	• 외부자에 대한 점검 또는 감사 시 발견된 문제점에 대한 개선계획을 수립·이행하여야 함	• 점검 및 감사 결과에 대하여 공유하고 발견된 문제점에 대한 개선방법 및 재발 방지대책을 수립하여 이행 • 개선 조치 완료 여부에 대한 이행점검 수행
수탁자가 제3자에게 재위탁시 위탁자의 승인	• 개인정보 처리업무를 위탁받은 수탁사가 관련 업무를 제3자에게 재위탁하는 경우 위탁자의 승인을 받도록 하여야 함	• 개인정보 처리 수탁사는 위탁자의 동의를 받은 경우에 한하여 재위탁 • 위탁자가 수탁자에게 요구하는 동일한 수준의 기술적·관리적 보호조치를 재위탁자가 이행하도록 관리·감독

Q&A
위·수탁 시 자주 묻는 질문

Q5. 위탁자로부터 개인정보를 제공받은 수탁자는 정보주체에게 수집 출처 등을 알려야 하나요?

A5. 제3자 제공 시에는 적용이 되지만, 업무위탁에는 적용되지 않습니다. 그러나 수탁자는 정보주체의 요구가 있을 시 수집출처, 개인정보의 처리 목적, 개인정보 처리 정지 요구권의 존재를 정보주체에게 알려야 합니다.

Q6. '지체 없이 파기'의 시간적 기준을 알고 싶어요.

A6. 개인정보처리자는 처리목적이 달성되거나 해당 서비스 및 사업이 종료된 경우 자연재해 등 정당한 사유가 없는 한 5일 이내에 개인정보를 파기하여야 합니다. 따라서 수탁자도 개인정보 처리 목적을 달성한 경우에는 5일 이내에 파기하여야 합니다. 또한 위·수탁 계약 종료하거나 해지된 경우에는 위탁자와의 합의에 따라 지체 없이 개인정보를 파기하거나 반환하여야 합니다.

2.3.4 요건 수준
Level 1. 법규 수준
1. 법규 : 개보법
2. 내규 : 해당
3. 인증기준 : 해당
4. 위험평가 : 해당

유사 인증기준
2.2.3 보안 서약
2.2.5 퇴직 및 직무변경 관리
2.3.2 외부자 계약 시 보안
2.3.3 외부자 보안 이행 관리
2.2.3 정보자산에 접근하는 임직원·외부자 등이 내규, 법규, 비밀유지 등 준수사항을 인지하도록 정보보호 서약 징구
2.2.5 퇴직 및 직무변경 시 관련 부서별 이행하여야 할 자산반납, 계정 및 접근권한 회수, 결과확인 등의 절차 수립
2.3.2 외부 서비스를 이용하거나 외부 업무를 위탁 시 (개인)정보보호 요구사항을 식별하고, 계약서에 명시
2.3.3 계약서 등에 명시된 (개인)정보보호 요구사항에 따라 외부자의 보호이행 여부를 점검 등 관리·감독

외부자 자산, 계정, 권한 회수, 서약서 징구, 중요정보 파기

항목	2.3.4 외부자 계약 변경 및 만료 시 보안
인증기준	외부자 계약만료, 업무종료, 담당자 변경 시에는 제공한 정보자산 반납, 정보시스템 접근계정 삭제, 중요정보 파기, 업무 수행 중 취득정보의 비밀유지 확약서 징구 등의 보호대책을 이행하여야 한다.
주요 확인사항	1) 외부자 계약만료, 업무 종료, 담당자 변경시 공식적인 절차에 따른 정보자산 반납, 정보시스템 접근계정 삭제, 비밀유지 확약서 징구 등이 이루어질 수 있도록 보안대책을 수립·이행하고 있는가? 2) 외부자 계약 만료 시 위탁 업무와 관련하여 외부자가 중요정보 및 개인정보를 보유하고 있는지 확인하고 이를 회수·파기할 수 있도록 절차를 수립·이행하고 있는가?
관련 법규	• 개인정보보호법 제26조(업무위탁에 따른 개인정보의 처리 제한) • 정보통신망법 제50조의3(영리목적의 광고성 정보전송의 위탁 등)
증적 자료 등 준비사항	• 정보보호 및 개인정보보호 서약서 • 비밀유지 확약서 • 정보 및 개인정보 파기 확약서 • 외부자 계약 종료와 관련된 내부 정책, 지침
결함사례	• 일부 정보시스템에서 계약 만료된 외부자의 계정 및 권한이 삭제되지 않고 존재하는 경우 • 외주용역사업 수행과정에서 일부 용역업체 담당자가 교체되거나 계약 만료로 퇴직하였으나 관련 인력들에 대한 퇴사시 보안서약서 등 내부 규정에 따른 조치가 이행되지 않은 경우 • 개인정보 처리 위탁한 업체와 계약 종료 이후 보유하고 있는 개인정보를 파기했는지 여부를 확인 점검하지 않은 경우
결함예시	OO기업은 저장매체 파기 업무에 대해 위탁했지만, 저장매체 파기 후 파기 확약서가 수탁사로부터 제출되어 있지 않음

1 인증기준 취지

2.3.4 외부자 계약 변경 및 만료 시 보안은 외부자와의 업무가 종료되는 경우의 보호대책에 관한 인증기준이다. 외부자와의 업무가 종료되는 시점에는 외부자의 정보 자산, 접근계정, 접근 권한 등이 삭제되지 않고, 그대로 유지되기 쉽다. 외부자와 계약 만료 시에는 권한을 즉시 회수하여야 한다. 그리고 계약기간 내 업무 과정에서 알게 된 중요 정보를 계약자가 누설하는 경우 정보유출사고로 이어질 수 있다. 이를 방지하기 위해서는 계약 만료 시 비밀 유지 서약서나 노트북 포맷, 문서자료 파쇄, ID카드 회수 등 종합적인 정보보호대책이 필요하다.

2 인증기준 상세

확인사항	요구 사항	관련 사항
외부자 계약 만료 시 보안대책 수립·이행	• 외부자 계약 만료, 업무 종료, 담당자 변경 시 공식적인 절차에 따른 정보자산 반납, 정보시스템 접근계정 삭제, 중요정보 파기, 비밀유지 확약서 징구 등 보안대책을 수립·이행하여야 함	• 담당조직이 외부자 계약 만료, 업무 종료, 담당자 변경이 발생했음을 신속하게 인지할 수 있도록 정보 공유 방안 마련 • 외부자 계약 만료, 업무 종료, 담당자 변경에 따른 보안대책 수립 및 이행
중요정보 및 개인정보 보유 시 회수·파기 절차 수립·이행	• 외부자 계약 만료 시 위탁 업무와 관련하여 중요정보 및 개인정보 보유 확인 • 보유 시 회수·파기할 수 있도록 절차 수립·이행하여야 함	• 개인정보 등 중요정보를 회수·파기하기 위하여 수탁사 직접 방문 또는 원격으로 개인정보 파기 후 파기 확약서 작성 ▶ 3~4 참조 • 정보시스템과 담당자 PC뿐 아니라, 메일 송·수신함 등 해당 정보가 저장되어 있는 모든 장치 및 매체에 대한 삭제 조치 필요 • 해당 정보가 복구·재생되지 않도록 안전한 방법으로 파기

3 개인정보파일 파기 관리대장

개인정보 파기 (법 제21조, 영 제16조, 표준지침 제10~11조, 제56조)에 의하여 개인정보가 보유기간 만료 등으로 불필요하게 된 경우에는 정당한 사유가 없는 한 5일 이내에 그 개인정보를 파기한다.

번호	개인정보 파일명	자료의 종류	생성일	폐기일	폐기사유	처리담당자	처리부서장

외부자 계약 만료, 업무 종료, 담당자 변경 시 보안 대책 (예시)

1. 사용 중인 정보자산 반납 (업무용 PC, 스마트 디바이스 등)
2. 정보시스템 접근계정 삭제(VPN 등 관련된 모든 계정 포함)
3. 접근 권한의 회수 또는 변경
4. 공용 계정 비밀번호 변경
5. 출입증 회수 및 출입권한 삭제
6. 비밀유지 확약서 징구

개인정보 파기 방법

1. **완전파괴(소각·파쇄 등)**
   (예시) 개인정보가 저장된 회원가입신청서 등의 종이문서, 하드디스크나 자기테이프를 파쇄기로 파기하거나 용해, 또는 소각장, 소각로에서 태워서 파기 등
2. **전용 소자장비를 이용하여 삭제**
   (예시) 디가우저(Degausser)를 이용해 하드디스크나 자기테이프에 저장된 개인정보 삭제 등
3. **데이터가 복원되지 않도록 초기화 또는 덮어쓰기 수행**
   (예시) 개인정보가 저장된 하드디스크에 대해 완전포맷(3회 이상 권고), 데이터 영역에 무작위 값(0, 1 등)으로 덮어쓰기(3회 이상 권고), 해당 드라이브를 안전한 알고리즘 및 키 길이로 암호화 저장 후 삭제하고 암호화에 사용된 키 완전 폐기 및 무작위 값 덮어쓰기 등

(출처 : 개인정보의 안전성 확보조치 기준(제2020-2호))

4 개인정보 파기 확인서 (예시)

외부자 계약 만료 시 외부자가 보유한 개인정보에 대한 파기 절차가 이루어져야 한다. 다음과 같은 파기 확인서를 제출 받도록 한다.

> **개인정보 파기 확인서 (예시)**
>
> **(위탁 계약의 내용)**
> 사업명:
> 계약일자:
> 사업기간:
> 위탁업무 목적 및 범위:
>
> **(파기의 확인)**
> 개인정보 항목:
> 파기 건수:
> 파기 방법:
> 파기 일자:
> (수탁자 업체명)은 위탁사업 기간이 만료됨에 따라 보유하고 있던 개인정보를 복구 불가능한 방법으로 파기하였음을 확인하고 그 결과를 제출함
>
> 2019 . 4. 1
>
> **수탁업체명**
> **ㅇㅇ시 ㅇㅇ구 ㅇㅇ동 ㅇㅇ번지**
> **성 명 : 대표자 (인)**

2.4.1 요건 수준
Level 1. 법규 수준
1. 법규 : 개보법
2. 내규 : 해당
3. 인증기준 : 해당
4. 위험평가 : 해당

2. 보호대책 요구사항 ▶ 2.4 물리 보안

보호구역 지정 기준(통제, 제한, 접견), 보호대책

항목	2.4.1 보호구역 지정
인증기준	물리적·환경적 위협으로부터 개인정보 및 중요정보, 문서, 저장매체, 주요 설비 및 시스템 등을 보호하기 위하여 통제구역·제한구역·접견구역 등 물리적 보호구역을 지정하고 각 구역별 보호대책을 수립·이행하여야 한다.
주요 확인사항	1) 물리적, 환경적 위협으로부터 개인정보 및 중요정보, 문서, 저장매체, 주요 설비 및 시스템 등을 보호하기 위하여 통제구역, 제한구역, 접견구역 등 물리적 보호구역 지정기준을 마련하고 있는가? 2) 물리적 보호구역 지정기준에 따라 보호구역을 지정하고 구역별 보호대책을 수립·이행하고 있는가?
관련 법규	• 개인정보보호법 제29조(안전조치의무) • 개인정보의 안전성 확보조치 기준 제10조(물리적 안전조치)

증적 자료 등 준비사항	• 물리적 보안 지침(보호구역 지정 기준) • 보호구역 표시 • 보호구역 지정 현황 • 보호구역 별 보호대책 현황
결함사례	• 내부 물리보안 지침에는 개인정보 보관시설 및 시스템 구역을 통제구역으로 지정한다고 명시되어 있으나 멤버십 가입신청 서류가 보관되어 있는 문서고 등 일부 대상 구역이 통제구역에서 누락된 경우 • 내부 물리보안 지침에 통제구역에 대해서는 지정된 양식의 통제구역 표지판을 설치하도록 명시하고 있으나 일부 통제구역에 표지판을 설치하지 않은 경우
결함예시	OO기업은 중요 서버가 있는 구역에 대해 정책상 통제구역으로 지정하게 되어있으나 통제구역으로 지정되어 있지 않고 있으며, 다른 구역에서는 통제구역의 표지판이 부족하여 제한구역 표지판을 사용중

1 인증기준 취지

2.4.1 보호구역 지정은 정보자산의 물리적인 통제 수준을 구분하는 보호구역 지정에 관한 인증기준이다. 정보자산의 중요도에 따라 물리적으로 보호구역을 분리하는 것이 필요하다. 보호구역 별로 인가된 사용자, 인가된 시간, 인가된 출입 방법을 정의하고, 관련 기록은 보존해야 한다. 특히, 보호구역 중 가장 중요한 구역인 통제구역은 업무상 출입이 꼭 필요한 소수에게만 출입을 허용해야 한다.

2 인증기준 상세

확인사항	요구 사항	관련 사항
물리적 보호구역 지정기준 마련	• 물리적, 환경적 위협으로부터 개인정보 및 중요정보, 문서, 저장매체, 주요설비 및 시스템 등을 보호하기 위하여 통제구역, 제한구역, 접견구역 등 물리적 보호구역 지정기준을 마련하여야 함	• 접견구역, 제한구역, 통제구역 등으로 물리적 보호 구역을 지정 • 보호구역의 용어와 구분은 조직의 환경에 맞게 선택
보호구역 지정 및 보호대책 수립·이행	• 물리적 보호구역 지정기준에 따라 보호구역을 지정하고 보호대책 수립·이행하여야 함	• 구역 별로 출입통제 방식(ID카드, 생체인식 등), 출입 가능자, 출입 절차, 영상 감시 등 보호대책 적용 ▶ 3 참조 • 통제구역은 조직 내부에서도 출입 인가자를 최소한으로 제한하고 있으므로 필요 시 통제구역임을 표시하여 접근시도 자체를 원천적으로 차단하고 불법적인 접근시도 여부를 주기적으로 검토 ▶ 4 참조

유사 인증기준

1.2.4 보호대책 선정
2.4.2 출입통제
2.4.3 정보시스템 보호
2.4.4 보호설비 운영
2.6.2 정보시스템 접근

1.2.4 위험 처리 위한 보호대책을 선정하고, 우선순위, 일정, 예산 등을 포함한 이행계획을 수립하여 경영진 승인
2.4.2 보호구역은 인가된 사람만이 출입하도록 통제하고 책임추적성을 위해 출입 이력을 주기적 검토
2.4.3 정보시스템의 중요도를 고려하여 배치하고, 통신 및 전력케이블이 손상되지 않도록 보호
2.4.4 보호구역 내 정보시스템의 중요도에 따라 보호설비를 갖추고, 운영절차를 수립·운영
2.6.2 서버, 네트워크시스템 등 정보시스템에 접근을 허용하는 사용자, 접근제한 방식, 안전한 접근수단 정의 및 통제

(참고) 물리적 보안 특성

1. 수용가능한 위험수준(DoA)보다 같거나 작아야 함
2. 물리적 보안은 비용 대비 효율을 항상 고려해야 함
3. 생명의 안전은 모든 목적에 우선
4. 물리적 보안 정책은 현실과 관련성이 높음

3 물리적 보안 시점 별 유형

물리적 보안은 회사의 자원, 데이터 장치, 시스템 그리고 시설 자체의 보호상태를 유지하는 것으로 시점 별 보안 통제가 필요하다.

유형	통제 목적	사례
위험 저지	• 저지를 통한 범죄 혹은 파괴 방지에 목적	• 담장, 경비요원, 경고사인
위험 지연	• 단계적 방어 매커니즘을 통한 충격 감소	• 자물쇠, 보안 요원, 장벽, 조명
위험 탐지	• 범죄 또는 파괴를 탐지	• 연기 감지기, 모션 감지기, CCTV
위험 판단	• 사건을 탐지하고 충격 수준을 판단	• 경비원, 첨단 경비 시스템
위험 대응	• 위험 발생 시 대응	• 화재진압 시스템, 비상대응 프로세스, 법적 강제 사항 공지, 물리보안 관제

4 (참고) 보호구역 보안 대책 (사례)

물리적 보호 대책에는 물리적 보호대책, 통제 표지, 보호구역 대장, 출입자 명부를 통해 관리할 수 있다.

구분	대책	상세 내용
대책 수립·운영	• 제한구역 및 통제구역 정보보호대책 수립·운영	• 출입인가자의 한계설정과 비인가자의 출입 통제대책 • 주·야간 경계대책 • 방화대책 • 경보대책 • 보호구역내 촬영금지 대책 • 기타 필요한 보안대책
통제 표지	• 제한구역 및 통제구역에는 통제표지 설치	제한구역 관계자외 출입금지 / 통제구역 관계자외 출입금지
보호구역 대장	• 보호구역대장 비치 및 관리	• 각 조직 보안담당자는 보호구역대장을 비치하 고 관리하여야 함
출입자 명부	• 출입자 명부 비치 및 출입 상황 기록 유지	• 보호 구역 중 제한 및 통제구역에는 출입자 명부를 비치하고 고정출입자 이외의 자에 대한 출입상황을 기록 및 유지하여야 함

물리적 보호구역 (예시)

1. 접견구역
   - 외부인이 별다른 출입증 없이 출입이 가능한 구역(예 접견장소 등)
2. 제한구역
   - 비인가된 접근을 방지하기 위하여 별도의 출입통제 장치 및 감시 시스템이 설치된 장소로 출입 시 직원카드와 같은 출입증이 필요한 장소 (예 부서별 사무실 등)
3. 통제구역
   - 제한구역의 통제항목을 모두 포함하고 출입자격 이 최소인원으로 유지되며 출입을 위하여 추가적인 절차가 필요한 곳 (예 전산실, 통신장비실, 관제실, 공조실, 발전실, 전원실 등)

(심화) 물리적 위협 유형

1. 자연 환경적 위협
   - 홍수, 지진, 폭풍, 화재, 누수, 습도, 먼지, 시스템 고/저온 현상, 전압 변동 및 손실
2. 악의적 위협
   - 물리적 공격, 도난, 비인가된 접근, 공공시설 파괴, 방화, 도난, 파업, 시민 불복종, 폭탄, 테러, 파괴, 사기, 절취
3. 사고적 위협
   - 승인 받지 않은 접근, 직원의 실수, 단순 사고, 보안의무사항의 간과, 시스템 운영 미숙

출입 통제 절차, 출입 기록 점검

항목	2.4.2 출입통제
인증기준	보호구역은 인가된 사람만이 출입하도록 통제하고 책임추적성을 확보할 수 있도록 출입 및 접근 이력을 주기적으로 검토하여야 한다.
주요 확인사항	1) 보호구역은 출입절차에 따라 출입이 허가된 자만 출입하도록 통제하고 있는가?
	2) 각 보호구역에 대한 내·외부자 출입기록을 일정기간 보존하고 출입기록 및 출입권한을 주기적으로 검토하고 있는가?
관련 법규	• 개인정보보호법 제29조(안전조치의무) • 개인정보의 안전성 확보조치 기준 제10조(물리적 안전조치)
증적 자료 등 준비사항	• 출입 관리대장 및 출입로그 • 출입 등록 신청서 및 승인 내역 • 출입기록 검토서 • 출입통제시스템 관리화면(출입자 등록 현황 등)
결함사례	• 통제구역을 정의하여 보호대책을 수립하고 출입 가능한 임직원을 관리하고 있으나, 출입기록을 주기적으로 검토하지 않아 퇴직, 전배 등에 따른 장기 미 출입자가 다수 존재하고 있는 경우 • 전산실, 문서고 등 통제구역에 출입통제 장치가 설치되어 있으나 타당한 사유 또는 승인 없이 장시간 개방 상태로 유지하고 있는 경우 • 일부 외부 협력업체 직원에게 과도하게 전 구역을 상시 출입할 수 있는 출입카드를 부여하고 있는 경우
결함예시	OO기업은 정책에 따라 통제구역은 상시 잠금하고 출입통제 장치가 설치되어 운영하도록 되어있으나, 이전 장애대응 시점 이후 상시로 개방되어 있고 출입통제 장치를 우회하여 접근이 가능함

1 인증기준 취지

2.4.2 출입통제는 물리적 보호구역 내 인가된 사람만이 출입할 수 있도록 보호대책을 수립하는 인증기준이다. 보호구역 내 출입하려면, 공식적인 출입 신청과 승인 절차를 따라야 한다. 출입자에게 준수해야 할 사항을 사전에 알려주고, 이를 준수하도록 한다. 출입하는 방식이 시스템을 통해 자동화하는지, 사람을 통해 수기로 기록하는지 여부와 관계없이 출입기록을 남기고 이력을 관리해야 한다. 비인가자에 대한 출입을 방지하기 위해 출입 권한 보유자를 주기적으로 검토하여 출입이 불필요한 사람은 즉시 권한을 회수하도록 해야 한다.

2.4.2 요건 수준

Level 1. 법규 수준

1. 법규 : 개보법
2. 내규 : 해당
3. 인증기준 : 해당
4. 위험평가 : 해당

유사 인증기준

1.2.4 보호대책 선정
2.4.1 보호구역 지정
2.4.4 보호설비 운영
2.6.1 네트워크 접근
2.6.2 정보시스템 접근

1.2.4 위험 처리 위한 보호대책을 선정하고, 우선순위, 일정, 예산 등을 포함한 이행계획을 수립하여 경영진 승인

2.4.1 위협으로부터 정보자산의 중요도에 따라 보호구역을 지정하고, 구역별 보호대책을 수립·운영

2.4.4 보호구역 내 정보시스템의 중요도에 따라 보호설비를 갖추고, 운영절차를 수립·운영

2.6.1 네트워크에 대한 비인가 접근을 통제하기 위해 관리절차를 수립·이행하고 네트워크 분리와 접근통제 적용

2.6.2 서버, 네트워크시스템 등 정보시스템에 접근을 허용하는 사용자, 접근제한 방식, 안전한 접근수단 정의 및 통제

출입통제 대책 (예시)

1. 구역별 표지 라벨 부착
2. 출입통제 장비설치(카드키 등)
3. 외부자 방문증 규격화 및 패용, 통제 인력 배치
4. 출입자 명단 작성
5. 출입관리대장 관리
6. 출입자 및 출입기록의 주기적 검토
7. 보호구역 반입 금지 물품 정의 및 통제
8. 보호구역 내 작업에 대한 지침

(심화) 출입통제수단 설계 (예시)

1. 진입지점에 출입통제 장치가 설치되고 창문/비상문 등 우회경로 차단
2. 통제구역의 출입통제장치는 로그가 기록됨
3. 출입가능 지점에 감시카메라가 설치되어 있음
4. 개폐상태를 실시간 확인 가능하고 무단접근 시도 시 탐지 및 대응 가능

2 인증기준 상세

확인사항	요구 사항	관련 사항
출입통제 절차 마련 및 출입 인원 현황 관리	• 각 보호구역 별로 허가된 자만이 출입할 수 있도록 내·외부자 출입통제 절차를 마련하여 출입 가능한 인원 현황을 관리하여야 함	• 보호구역별로 출입 가능한 부서·직무·업무를 정의하고, 출입 권한이 부여된 임직원을 식별하고, 그 현황을 관리 • 통제구역의 경우 업무목적에 따라 최소한의 인원만 출입할 수 있도록 통제 • 출입절차 : 출입신청, 책임자 승인, 출입권 한 부여 및 회수, 출입내역 기록, 출입기록 정기적 검토 등 ▶ 5 참조 • 출입통제 장치 설치 : 비밀번호 기반, ID카드 기반, 생체정보 기반 등 • 출입통제 절차 수립·운영 : 출입자 등록·삭제, 출입권한 관리, 방문자 관리, 출입대장 관리
출입기록 보존 및 출입기록 및 출입권한 주기적 검토	• 각 보호구역에 대한 내·외부자의 출입기록을 일정기간 보존하고 출입기록 및 출입권한을 주기적으로 검토하여야 함	• 출입기록을 일정기간 보존하여 사후 모니터링이 가능하도록 문서적 또는 전자적으로 보존 • 출입기록 및 출입권한 검토 : 장기 미출입자, 비정상적 출입 시도, 출입권한 과다부여 여부 등 • 비인가자 출입시도, 장기 미출입자 등을 확인하여 그 사유를 확인하고 조치 • 주기적 검토를 통해 퇴직자 출입증 회수 및 출입권한을 삭제, 직무변경에 따른 출입권한 조정 • 시스템적으로 출입 로그를 남길 수 없는 경우 출입대장을 작성하여 출입기록을 확인

3 (참고) 물리보안의 주요 기능

물리적 보안의 주요 기능은 탐지, 지연 그리고 대응으로 구성됨

기능	개념	상세 내용
탐지 (Detect)	• 침입자의 존재를 감지하고, 침입의 유효성을 평가하며, 침입의 위협을 전달하는 것	• 전자보안시스템(침입탐지, 경고, 출입관리) • 경비 인력 순찰 • 보안등 센서 • 거주자 인지 • 행인, 주변인 인지
지연 (Delay)	• 침입에 대응하기 위한 조치를 취하기 전까지, 침입자가 보호자산에 접근하는 절차를 복잡하게 만들어 시간을 지연시킴	• 장애물(펜스, 지붕, 벽, 문, 창문, 자물쇠) • 침입 거리를 거리를 길게 만듦 • 침입 절차, 규정을 복잡하게 만듦 • 경비 인력을 통한 조치
대응 (Response)	• 보호해야 될 자산 및 인력을 물리적 방안을 활용하여 침입 혹은 위협의 요소를 제거하는 것	• 침입 및 위협 요소를 경비 인력에 통보 • 경비 인력 및 장비 출동 • 침입 및 위협 요소를 제거 혹은 무력화 가능한 능력

4 (참고) 물리보안 시스템 주요 기술

기능	주요 기능	상세 내용
CCTV 시스템	• 실시간 감시 • 영상 녹화, 영상인식 · 경보 • 영상전송	• 카메라, 렌즈, PTZ(팬/틸트/줌 움직임이 가 능한 카메라)
출입통제 시스템	• 인원, 차량 출입통제 • 반입물품 검색/통제	• 인식장치(스마트카드, 바이오 인식, RFID) • X-Ray 검색기, 금속탐지기 • 스피드 게이트
침입 경보 시스템	• 무단 침입 경보 · 통보 · 대응 • 무인경비 서비스 • 로컬 시스템	• 센서, 경보장치 • 관제 S/W

5 전산실 출입 신청서 (예시)

<table>
<tr><th colspan="4">전산실 출입신청서</th></tr>
<tr><td>신 청 자</td><td></td><td>소 속</td><td></td></tr>
<tr><td>업 체</td><td></td><td>연 락 처</td><td></td></tr>
<tr><td>관련부서</td><td></td><td>담당직원</td><td>(인)</td></tr>
<tr><td rowspan="2">출입일자</td><td rowspan="2"></td><td>입실시간</td><td></td></tr>
<tr><td>퇴실시간</td><td></td></tr>
<tr><td>출입목적</td><td colspan="3">□장애처리 □작업 □견학 및 방문 □점검 □기타 ( )</td></tr>
<tr><td>작업내역</td><td colspan="3"></td></tr>
<tr><td>특이사항</td><td colspan="3"></td></tr>
<tr><td>출입인원</td><td colspan="3">※ 다수인원 출입시 별도 첨부</td></tr>
<tr><td colspan="4">위 목적으로 전산실 출입을 신청합니다.
년 월 일
신청인 (인)</td></tr>
<tr><td colspan="4">전산실 출입을 승인합니다.
년 월 일
전산실 운영관리책임자 (인)</td></tr>
</table>

(심화) 물리보안의 목적

1. 인원 및 차량 출입통제
2. 물품 반출입 감시 및 통제
3. 주요 인원, 자산의 보호
4. 우발상황 및 재난의 예방 및 대응
5. 도청 방지 및 탐지

6 전산실 출입관리 대장 (예시)

결재	출입자					출입 시간	협조 부서	출입 목적	입회자		비고
관리자	년월일	소속	직급	성명	전화번호				성명	서명	
홍길동	'19.4.2	A팀	과장	원균	010-000-0000	10:00 12:00	B팀	AB 서버 패치 작업	강산	백두	
홍길동	'19.4.3	A팀	과장	원균	010-000-0000	11:05 11:35	B팀	AB 서버 확인 작업	강산	백두	

2.4.3 요건 수준
Level 3. 인증기준수준
1. 법 요건 : 미해당
2. 내규 : 미해당
3. 인증기준 : 해당
4. 위험평가 : 해당

유사 인증기준
1.2.4 보호대책 선정
2.4.2 출입통제
2.4.4 보호설비 운영
2.6.2 정보시스템 접근
1.2.4 위험 처리 위한 보호대책을 선정하고, 우선순위, 일정, 예산 등을 포함한 이행계획을 수립하여 경영진 승인
2.4.2 보호구역은 인가된 사람만이 출입하도록 통제하고 책임추적성을 위해 출입 이력을 주기적 검토
2.4.4 보호구역 내 정보시스템의 중요도에 따라 보호설비를 갖추고, 운영절차를 수립·운영
2.6.2 서버, 네트워크시스템 등 정보시스템에 접근을 허용하는 사용자, 접근제한 방식, 안전한 접근수단 정의 및 통제

2. 보호대책 요구사항 ▶ 2.4 물리 보안

특성 고려 배치, 배치도(서버, 랙), 케이블(전력, 통신)

항목	2.4.3 정보시스템 보호
인증기준	정보시스템은 환경적 위협과 유해요소, 비인가 접근 가능성을 감소시킬 수 있도록 중요도와 특성을 고려하여 배치하고, 통신 및 전력 케이블이 손상을 입지 않도록 보호하여야 한다.
주요 확인사항	1) 정보시스템의 중요도, 용도, 특성 등을 고려하여 배치 장소를 분리하고 있는가?
	2) 정보시스템의 실제 물리적 위치를 손쉽게 확인할 수 있는 방안을 마련하고 있는가?
	3) 전력 및 통신케이블을 외부로부터의 물리적 손상 및 전기적 영향으로부터 안전하게 보호하고 있는가?
관련 법규	• 해당사항 없음
증적 자료 등 준비사항	• 정보처리시설 도면 • 정보시스템 배치도 • 자산목록
결함사례	• 시스템 배치도가 최신 변경사항을 반영하여 업데이트 되지 않아 장애가 발생된 정보시스템을 신속하게 확인할 수 없는 경우 • 서버실 바닥 또는 랙에 많은 케이블이 정리되지 않고 뒤엉켜 있어 전기적으로 간섭, 손상, 누수, 부주의 등에 의한 장애 발생이 우려되는 경우
결함예시	ㅁㅁ기업은 전산실에 바닥에 임시로 포설된 케이블들이 정리되지 않고 뒤엉켜 있고, 각종 전원케이블들이 전원이 인가되어 있으나, 전산장비 등에 꽂혀있지 않고 바닥에 방치되어 있어 전기적 화재위험이 있음

1 인증기준 취지

2.4.3 정보시스템 보호는 보호구역 내 통제구역 내 위협으로부터 정보시스템을 보호하기 위한 인증기준이다. 정보시스템의 특성을 고려하여 배치시키고, 이러한 현황을 찾기 쉽게 목록과 배치도를 작성한다. 또한 정보시스템의 물리적 손상 방지를 위해 장비 간 거리유지, 케이블 매설 등 안전성 확보조치를 수행한다.

2 인증기준 상세

확인사항	요구 사항	관련 사항
정보시스템 중요도를 고려하여 배치 장소 분리	• 정보시스템의 중요도, 용도, 특성을 고려하여 배치 장소를 분리하여야 함	• 정보시스템, 개인정보처리시스템, 네트워크 장비, 보안시스템, 백업 장비 등 정보시스템 의 특성에 따라 전산랙을 배치하여 시스템을 외부로부터 보호 • 중요도가 높은 경우는 최소한의 인원만 접근이 가능하도록 전산랙에 잠금 장비 설치, 별도의 물리적 안전장치가 있는 케이지(cage) 등에서 관리
물리적 위치 확인 방안 마련	• 정보시스템의 실제 물리적 위치를 손쉽게 확인할 수 있도록 방안을 마련하여야 함	• 보안사고, 장애 발생 시 신속한 조치를 위한 물리적 배치도(시설 단면도, 배치도 등), 자산목록 관리 ▶ 3 참조 • 자산목록 등에 물리적 위치 항목을 포함하여 현행화하여 최신본을 유지
전력 및 통신케이블을 전기적 영향으로부터 보호	• 전력 및 통신케이블을 물리적 손상 및 전기적 영향으로부터 안전하게 보호하여야 함	• 물리적으로 구분하여 배선, 식별 표시, 상호 간섭 받지 않도록 거리 유지, 케이블 매설 등 조치 ▶ 4 참조 • 배전반, 강전실, 약전실 등에는 인가된 최소한의 인력만 접근할 수 있도록 통제

3 (참고) 서버 배치도와 랙 실장도

시스템 장애나 보안사고 발생 시 신속한 파악할 수 있도록 설계·구축되어야 한다.

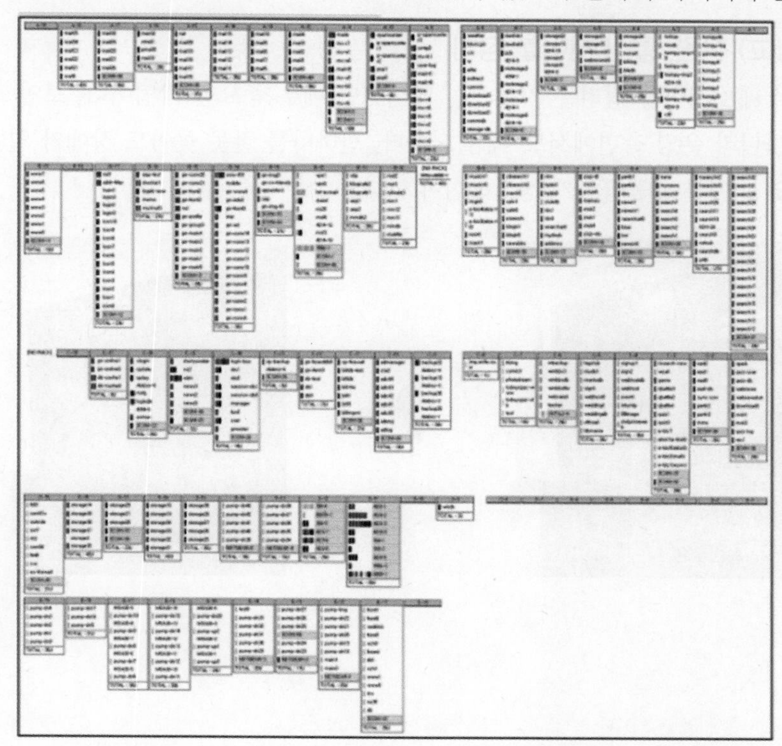

케이지(Cage)

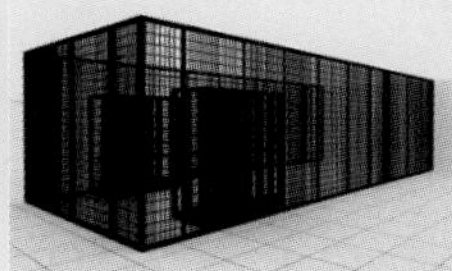

케이지는 IDC(데이터센터)에 가보면 대부분 구축되어 있다. 용도는 고객사별 정보시스템을 분리하거나, 특별 관리가 필요한 중요시스템에 대하여 2차적인 물리적 접근통제를 하기 위해 구축된다.

[KT 11H-16]
HP DL380 G5 zentop ESXi Server
조립 medi-dns (138)
HP DL360 G5 devweb (150)
HP DL360 G5 devdb (151)
HP DL360 G5 medi-report (152)
HP DL140 CrediSheild (133)
Compaq DL380 Messager (139)
Compaq DL380 Old-dns
HP ML570 G2 mail (136)
Sun E4500 dbs (135) (7.SU)
Sun A5100 DB Storage (4.5U)

[KT 11H-15]
패치 판넬
Sun Storage 3500
Sun Storage 3500
SunFire V240 Visits-db2 (147)
SunFire V240 Visits-db1 (146)
HP DL380 medi-backup (132)
EonStar Storage backup2
EonStar Storage backup
DELL 1850 visits-web1 (143)
DELL 1850 visits-web2 (144)
DELL 1850 visits-report(145)
EonStar Storage reporting
HP DL380 G6 Medi-sql1 (155)
HP DL380 G6 Medi-sql2 (156)
HP DL380 G4 sql-mgm (157)

[KT 11H-14]
패치 판넬
Alteon 180e L4 Untrust
TrusGuard 70 Firewall
Alteon 2424 L4 DMZ
Cisco 2900 L2 switch
패치 판넬
Cisco 2900 L2 switch
Qsan NAS image (153)
HP DL380 G4 Cache (173)
HP DL380P Gen8 Medi i-web1 (141)
HP DL380P Gen8 Medi-web2 (142)
HP DL380 G4 Medi-image (130)
HP DL380 G4 Medi-image (131)
HP DL360p Gen9 netpion(134)
HP DL360p Gen9 medi-sso(139)

(각 랙 단위: 40 ~ 1)

(바른 뜻) 케이블 처리
기기간을 접속하기 위하여 사용하는 각종 케이블(전원 케이블 등을 포함)을
1. 전기적으로서로 간섭하지 않도록 하고,
2. 케이블 자체의 손상 방지,
3. 안전 대책, 종합적인 미관 등을 고려하여 부설하는 것

(전자용어사전)

❹ (참고) 전원, 통신 케이블 정리

전산실 패치케이블 정리는 기본적인 일이지만 매우 중요한 작업이다. 보안 측면뿐만 아니라 운영 측면에서도 꼭 필요하다. 선하나를 잘못 꽂아도 장애가 일어날 수도 있기 때문에 꼼꼼하게 정리하여야 한다.

보호설비(항온항습, 화재감지, 소화, 누수, UPS, 발전기, 이중전원), IDC 계약서&검토

항목	2.4.4 보호설비 운영
인증기준	보호구역에 위치한 정보시스템의 중요도 및 특성에 따라 온도·습도 조절, 화재감지, 소화설비, 누수감지, UPS, 비상발전기, 이중전원선 등의 보호설비를 갖추고 운영절차를 수립·운영하여야 한다.
주요 확인사항	1) 각 보호구역의 중요도 및 특성에 따라 화재, 수해, 전력 이상 등 인재 및 자연재해 등에 대비하여 필요한 설비를 갖추고 운영절차를 수립하여 운영하고 있는가? 2) 외부 집적정보통신시설(IDC)에 위탁 운영하는 경우 물리적 보호에 필요 한 요구사항을 계약서에 반영하고 운영상태를 주기적으로 검토하고 있 는가?
관련 법규	• 정보통신망법 제46조(집적된 정보통신시설의 보호) • 집적정보 통신시설 보호지침 • 소방시설 설치 및 관리에 관한 법률(소방시설법) 제12조(특정소방대상물에 설치하는 소방시설의 관리 등), 제16조(피난시설, 방화구역 및 방화시설의 관리)
증적 자료 등 준비사항	• 물리적 보안 지침(보호설비 관련) • 전산실 설비 현황 및 점검표 • IDC 위탁운영 계약서, SLA 등
결함사례	• 본사 전산실 등 일부 보호구역에 내부 지침에 정한 보호설비를 갖추고 있지 않은 경우 • 전산실 내에 UPS, 소화설비 등의 보호설비는 갖추고 있으나 관련 설비에 대한 운영 및 점검기준을 수립하고 있지 않은 경우 • 운영지침에 따라 전산실 내에 온·습도 조절기를 설치하였으나 용량 부족으로 인하여 표준 온·습도를 유지하지 못하여 장애발생 가능성이 높은 경 우
결함예시	OO기업은 24시간 주기적으로 전산실을 순찰구역을 설정하여 온.습도, UPS 상태등을 점검하도록 되어있으나 해당 점검표가 수개월째 작성되고 있지 않고 있음

1 인증기준 취지

2.4.4 보호설비 운영은 정보시스템의 운영상의 재해 등의 사고로부터 업무연속성을 확보하기 위해 물리적인 보호설비를 갖추도록 하는 인증기준이다. 보호설비가 없는 상태에서 화재, 수해 등으로 인하여 정보시스템이 피해를 입는다면 복구가 불가능할 수도 있다. 이에 정보통신망법에서는 물리적 보호설비를 갖추도록 하고 있다. 또한 집적정보통신시설사업자(IDC)는 책임보험까지 의무적으로 가입하도록 하고 있다. 만약 IDC에 위탁운영하고 있다면 물리적 보호와 관련한 요구사항을 반드시 계약서에 명시하도록 해야 한다. 그리고, 주기적으로 운영상태를 검토하여 문제 발생 시 즉시 조치하도록 해야 한다.

2.4.4 요건 수준
Level 1. 법규 수준
1. 법규 : 망법
2. 내규 : 해당
3. 인증기준 : 해당
4. 위험평가 : 해당

유사 인증기준
1.2.4 보호대책 선정
2.4.2 출입통제
2.4.3 정보시스템 보호
2.6.2 정보시스템 접근
1.2.4 위험 처리 위한 보호대책을 선정하고, 우선순위, 일정, 예산 등을 포함한 이행계획을 수립하여 경영진 승인
2.4.2 보호구역은 인가된 사람만이 출입하도록 통제하고 책임추적성을 위해 출입 이력을 주기적 검토
2.4.3 정보시스템의 중요도를 고려하여 배치하고, 통신 및 전력케이블이 손상되지 않도록 보호
2.6.2 서버, 네트워크시스템 등 정보시스템에 접근을 허용하는 사용자, 접근제한 방식, 안전한 접근수단 정의 및 통제

무정전전원공급장치(UPS)

상용전원 또는 예비전원의 각종장애(정전사고, 순간정전, 전압변동 등)에 대한 무정전, 정전압 정주파수의 안정된 양질의 교류전원을 공급하여 부하장비의 원활한 운영을 도모하기 위한 순시전압 제어방식의 정지형 무정전전원 장치이다.

항온항습기(PACS)

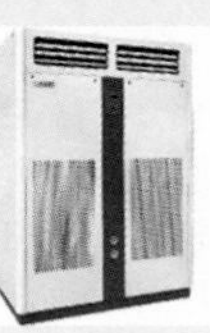

항온항습기는 실내공기에 영향을 받는 각종 장비나 기기가 최상의 상태에서 작동될 수 있도록 공기상태를 조절해 주는 다기능 공조기기를 말하는 것으로 전산실, 실험실, 환경시험설비의 적정 온·습도유지에 필요한 장치이다.

자동소화설비(Fire Protection)

전산실의 화재발생 시 스프링쿨러를 대신하는 대체 소방으로 청정소화약재를 사용하여 24시간 화재를 감시하고 화재발생 시 신속히 화재를 진압하는 역할을 수행하는 장치이다.

2 인증기준 상세

확인사항	요구 사항	관련 사항
보호구역 별 보호설비 운영절차 수립·운영	• 각 보호구역의 중요도 및 특성에 따라 화재, 수해, 전력 이상 등 인재 및 자연재해 등에 대비하여 필요한 보호 설비를 갖추고 운영절차를 수립하여 운영하여야 함 ▶ 3~4 참조	• 물리적 보호설비 (예시) – 온·습도 조절기(항온항습기 또는 에어컨) – 화재감지 및 소화설비 – 누수감지기 – UPS, 비상발전기, 전압유지기, 접지시설 – CCTV, 침입 경보기, 출입통제시스템 – 이중전원선 – 비상등, 비상로, 안내표지 등
IDC 위탁 운영 시 보안 요건 계약서 반영 및 운영 상태 주기적 검토	• 외부 집적정보통신시설(IDC) 위탁 운영 시 물리적 보호 요구사항을 계약서에 반영하고 운영 상태 주기적 검토	• 정보보호 관련 법규 준수, 화재, 전력 이상 등 재난·재해 대비, 출입통제, 자산 반출입 통제, 영상감시 등 물리적 보안통제 적용 및 사고 발생 시 손해 배상에 관한 사항 등 • IDC 책임보험 가입 여부(미가입 시 1천만원의 과태료 부과)

3 (참고) 전산실 상면(Lay-Out) 설계

상면 설계 후에는 보호설비들이 설치될 공간을 최적의 위치로 지정하여야 한다.

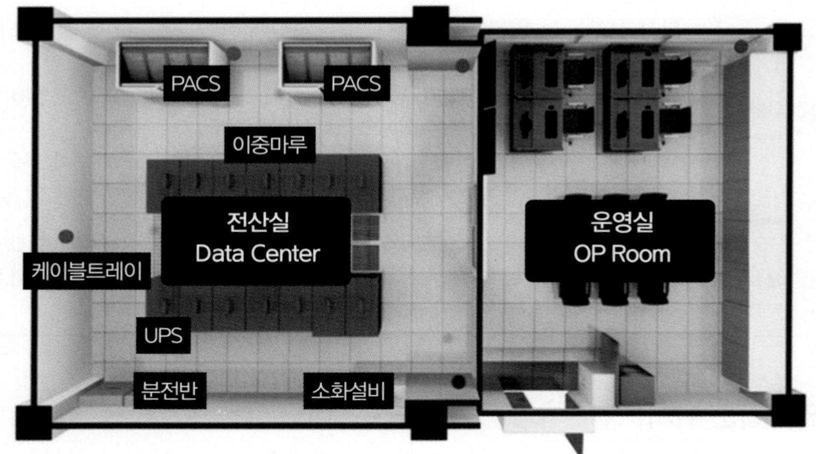

4 (참고) 전산 설비 구축/공사 서비스

전산시스템의 가동을 위한 부대설비의 구축/공사 서비스 내역이다.

기능	목적	상세 내용
전원 설비	• 전원 안정적 확보 • 정전 시 대책 • 접지대책 마련 • 설비 안전 가동	• UPS, 밧데리, AVR, 자가발전설비, 변전설비 등
공조 설비	• 시스템 안정 가동 • 온·습도 제어	• 패키지형 공조기, 항온항습기, AHU, 환기장치, 배연장치 등
건축 설비	• 기기의 내하중 • 운영의 효율화	• 엑세스플로어, 실내칸막이, 내장설비, OA 집기류 등
방재 설비	• 화재 검출, 소화 • 누수 조기 검출 • 재해 확대 방지	• 각종 소화설비, 방재 감시반 등
기타 자재	• 장비 탑재 등	• MDF, SERVER RACK, MODEM RACK 등

2. 보호대책 요구사항 ▶ 2.4 물리 보안

2.4.5 요건 수준
Level 2. 내규 수준
1. 법규 : 미해당
2. 내규 : 해당
3. 인증기준 : 해당
4. 위험평가 : 해당

보호구역 내 작업신청, 작업기록 검토

항목	2.4.5 보호구역 내 작업
인증기준	보호구역 내에서의 비인가행위 및 권한 오·남용 등을 방지하기 위한 작업 절차를 수립·이행하고, 작업 기록을 주기적으로 검토하여야 한다.
주요 확인사항	1) 정보시스템 도입, 유지보수 등으로 보호구역 내 작업이 필요한 경우에 대한 공식적인 작업신청 및 수행 절차를 수립·이행하고 있는가? 2) 보호구역내 작업이 통제 절차에 따라 적절히 수행되었는지 여부를 확인하기 위하여 작업 기록을 주기적으로 검토하고 있는가?
관련 법규	• 해당사항 없음
증적 자료 등 준비사항	• 작업 신청서, 작업 일지 • 통제구역 출입 대장 • 통제구역에 대한 출입기록 및 작업기록 검토 내역
결함사례	• 전산실 출입로그에는 외부 유지보수 업체 직원의 출입기록이 남아 있으나, 이에 대한 보호구역 작업 신청 및 승인 내역은 존재하지 않은 경우(내부 규정에 따른 보호구역 작업 신청 없이 보호구역 출입 및 작업이 이루어지고 있는 경우) • 내부 규정에는 보호구역 내 작업기록에 대해 분기별 1회 이상 점검하도록 되어 있으나, 특별한 사유 없이 장기간 동안 보호구역 내 직업기록에 대한 점검이 이루어지고 있지 않은 경우
결함예시	OO기업은 전산실을 통제구역으로 운영하고 있으며, 통제구역내 작업시 작업신청서 및 작업내역서를 작성하도록 되어있으나, 해당 서류가 존재하지 않음

유사 인증기준
1.2.4 보호대책 선정
2.4.2 출입통제
2.4.3 정보시스템 보호
2.4.6 반출입 기기 통제
2.6.2 정보시스템 접근
1.2.4 위험 처리 위한 보호대책을 선정하고, 우선순위, 일정, 예산 등을 포함한 이행계획을 수립하여 경영진 승인
2.4.2 보호구역은 인가된 사람만이 출입하도록 통제하고 책임추적성을 위해 출입 이력을 주기적 검토
2.4.3 정보시스템의 중요도를 고려하여 배치하고, 통신 및 전력케이블이 손상되지 않도록 보호
2.4.6 보호구역 내 정보자산의 반출입 통제절차를 수립·이행하고 주기적으로 검토
2.6.2 서버, 네트워크시스템 등 정보시스템에 접근을 허용하는 사용자, 접근제한 방식, 안전한 접근수단 정의 및 통제

1 인증기준 취지

2.4.5 보호구역 내 작업은 보호 구역 내 작업 시 통제하기 위한 인증기준이다. 보호 구역 내 작업은 대개 외부의 시스템 유지보수 직원에 의해 발생한다. 대부분의 경우 상시 접근권한이 없는 사람으로 임시로 출입권한을 획득하여 중요시스템에 접근하여 작업을 수행한다. 만약 유지보수 직원이 악의적인 의도를 가진다면 정보시스템에 논리폭탄이나 백도어 프로그램을 설치할 수도 있다. 설령 침해사고가 발생한다 하더라도 작업기록이 없다면 누가 어떠한 일을 했는지 알 수 없을 것이다.

2 인증기준 상세

확인사항	요구 사항	관련 사항
보호구역 내 작업 신청 및 수행 절차 수립·이행	• 정보시스템 도입, 유지보수 등으로 보호구역 내 작업이 필요한 경우 공식적인 작업 신청 및 수행 절차를 수립·이행 하여야 함	• 작업절차 – 작업 신청, 승인, 작업 기록 작성 • 작업 기록 – 작업일시, 작업목적 및 내용, 작업업체 및 담당자명, 검토자 및 승인자 등 • 통제 방안 – 보호구역 출입 절차, 작업 내역에 대한 책임추적성 확보 및 모니터링 방안
보호구역 내 작업 기록 주기적 검토	• 보호구역 내 작업이 통제 절차에 따라 적절히 수행되었는지 여부를 확인하기 위해 작업 기록을 주기적으로 검토하여야 함	• 작업 검토 – 사전 승인 내역, 출입기록, 작업기록에 대 한 정기적 검토 수행 등 • 검토 방법 – 출입신청서와 출입 내역(관리대장, 시스템 로그 등) 일치성 확인 등

2.4.6 요건 수준
Level 1. 법규 수준
1. 법규 : 개보법
2. 내규 : 해당
3. 인증기준 : 해당
4. 위험평가 : 해당

2. 보호대책 요구사항 ▶ 2.4. 물리 보안

반출입기기 통제절차(서버, 모바일, 저장매체/보안스티커, 보안SW설치), 반출입 이력 점검

항목	2.4.6 반출입 기기 통제
인증기준	보호구역 내 정보시스템, 모바일 기기, 저장매체 등에 대한 반출입 통제절차를 수립·이행하고 주기적으로 검토하여야 한다.
주요 확인사항	1) 정보시스템, 모바일기기, 저장매체 등을 보호구역에 반입하거나 반출하는 경우 정보유출, 악성코드 감염 등 보안사고 예방을 위한 통제 절차를 수립·이행하고 있는가?
	2) 반출입 통제절차에 따른 기록을 유지·관리하고, 절차 준수 여부를 확인할 수 있도록 반출입 이력을 주기적으로 점검하고 있는가?

항목	2.4.6 반출입 기기 통제
관련 법규	• 개인정보보호법 제29조(안전조치의무) • 개인정보의 안전성 확보조치 기준 제10조(물리적 안전조치)
증적 자료 등 준비사항	• 보호구역 내 반출입 신청서 • 반출입 관리대장 • 반출입 이력 검토 결과
결함사례	• 이동컴퓨팅기기 반출입에 대한 통제 절차를 수립하고 있으나, 통제구역 내 이동컴퓨팅기기 반입에 대한 통제를 하고 있지 않아 출입이 허용된 내 외부인이 이동컴퓨팅기기를 제약없이 사용하고 있는 경우 • 내부 지침에 따라 전산장비 반출입이 있는 경우 작업계획서에 반출입 내용을 기재하고 관리책임자의 서명을 받도록 되어 있으나, 작업계획서의 반출입 기록에 관리책임자의 서명이 다수 누락되어 있는 경우
결함예시	OO기업은 업무용 단말기를 데스크탑에서 모두 노트북으로 전환하였으나, 이에 대한 반출입 통제 절차가 존재하지 않고 통제구역에는 휴대폰 등 전자기기를 반입할 수 없고 반입시 승인받도록 정책에 명시되어있으나, 별도 승인내역이나 증적이 확인되지 않고 있음

유사 인증기준

1.2.4 보호대책 선정
2.4.2 출입통제
2.4.3 정보시스템 보호
2.4.5 보호구역 내 작업
2.6.2 정보시스템 접근

1.2.4 위험 처리 위한 보호대책을 선정하고, 우선순위, 일정, 예산 등을 포함한 이행계획을 수립하여 경영진 승인
2.4.2 보호구역은 인가된 사람만이 출입하도록 통제하고 책임추적성을 위해 출입 이력을 주기적 검토
2.4.3 정보시스템의 중요도를 고려하여 배치하고, 통신 및 전력케이블이 손상되지 않도록 보호
2.4.5 보호구역에 비인가 행위를 방지하기 위한 작업 절차를 수립하고, 작업기록을 주기적으로 검토
2.6.2 서버, 네트워크시스템 등 정보시스템에 접근을 허용하는 사용자, 접근제한 방식, 안전한 접근수단 정의 및 통제

1 인증기준 취지

2.4.6 반출입 기기 통제는 보호구역 내 정보기기의 반출입에 관한 인증기준이다. 정보기기의 반출입은 정보유출의 직접적인 원인이 될 수 있다. 이를 예방하기 위해서는 반출입 기기 통제절차를 수립하여야 한다. 보호구역 내 정보기기 반출입 신청, 승인 등 이력을 관리해야 한다. 그리고 반출입 금지 물품 안내, 반출입 금지 물품 탐지 및 검색, 반출입 불가 시 물품 보관, 반출입 위반 시 사유 소명 및 징계 등 실무적인 지침도 수립해야 한다. 주기적으로 반출입 현황과 기록을 점검하여 위반사항이 있는지 검토해야 한다.

2 인증기준 상세

확인사항	요구 사항	관련 사항
보호구역 내 정보기기 반출입 시 통제 절차 수립·이행	• 정보시스템, 모바일기기, 저장매체 등을 보호구역에 반입하거나 반출하는 경우 정보유출, 악성코드 감염 등 보안 사고 예방을 위한 통제 절차를 수립·이행하여야 함	• 반출입 통제 대상 – 정보시스템(서버, 네트워크 장비 등) – 모바일기기(노트북, 스마트패드, 스마트폰 등) – 저장매체(HDD, USB메모리, 외장하드디스크, CD/DVD, 테이프 등) 등 • 반출입 통제 절차 : 보호구역 출입통제 책임자 사전 승인, 반출입 관리대장 기록, 반출입 기기에 대한 보안점검 수행(백신 설치여부, 보안업데이트 여부, 악성코드 감염 여부, 보안스티커 부착 여부, 중요 정보 유출 여부 등), 반출입 내역 주기적 검토 등 • 예외 사용 절차 : 예외 신청·승인, 반출입 관리대장 기록 등

확인사항	요구 사항	관련 사항
반출입 기록 관리 및 이력 주기적 점검	• 반출입 통제절차에 따른 반출입 기록을 유지 관리하고 절차 준수 여부를 확인할 수 있도록 반출입 이력을 주기적으로 점검하여야 함	• 보호구역 내 반출입 이력에 대한 기록 유지(반출입 관리대장, 반출입 통제시스템 로그 등) ▶ ❸ 참조 • 반출입 이력을 주기적으로 점검하여 보호구역 내 반출입이 통제절차에 따라 적절하게 수행되었는지 여부 검토

반출입 관리대장 기록 사항 (예시)

1. 반출입 일시 및 장소
2. 사용자 정보
3. 기종(모델), 기기식별정보(시리얼번호 등)
4. 반출입 사유
5. 보안 점검 결과
6. 관리자 확인 서명 등

장비 반출입 확인을 위한 검색 장비

장비가 반출입 되었을 때 알려주는 탐지기가 있고, 어떠한 장비가 반출입되는지 알려주는 검색기가 있다.

1. 문형 금속 탐지기

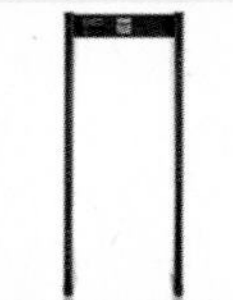

2. 휴대용 금속 탐지기

3. X-ray 검색기

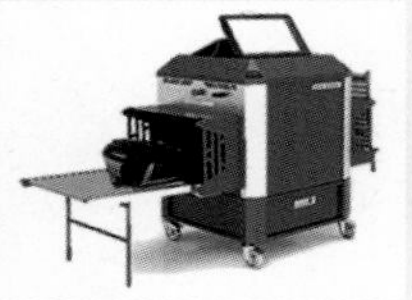

❸ (참고) 장비 반입·반출 신청(승인)서

출입관리 책임자가 작성된 반출입 신청서를 승인하여야만 장비 반출입이 되도록 프로세스화 하여야 한다.

<table>
<tr><th colspan="6">장비 반입·반출 신청(승인)서</th></tr>
<tr><td rowspan="5">신청인</td><td>성 명</td><td colspan="2"></td><td>생년월일</td><td></td></tr>
<tr><td>소 속</td><td colspan="2"></td><td>기 타</td><td></td></tr>
<tr><td>주 소</td><td colspan="2"></td><td>연락처</td><td>TEL
H.P</td></tr>
<tr><td>반입·출 일시</td><td colspan="2"></td><td rowspan="2">반입·출 사유
(관련 공문)</td><td rowspan="2"></td></tr>
<tr><td>반입·출 장소</td><td colspan="2"></td></tr>
<tr><td rowspan="3">물품내역</td><td>품 명</td><td>규격(모델, 시리얼)</td><td>수량</td><td>용 도</td><td>보안 점검결과</td></tr>
<tr><td></td><td></td><td></td><td></td><td></td></tr>
<tr><td></td><td></td><td></td><td></td><td></td></tr>
<tr><td colspan="2">확인담당자</td><td>(인)</td><td colspan="2">연락처</td><td></td></tr>
<tr><td colspan="6">위 장비의 (반입·반출)을 신청합니다.
년 월 일
위 신청인 : (인)</td></tr>
<tr><td colspan="6">위 조건으로 신청사항을 승인합니다.
년 월 일
시스템 관리자 (인)
정보보안 담당자 (인)</td></tr>
<tr><td colspan="4">※ 반입·출 장비 확인</td><td colspan="2">일 시 : 년 월 일</td></tr>
</table>

시설(문서고) ,기기(복합기, 파일서버), 개인 업무환경(PC, 책상) 보호대책, 출력·복사물 보호조치, 검토

항목	2.4.7 업무환경 보안
인증기준	공용으로 사용하는 사무용 기기(문서고, 공용 PC, 복합기, 파일서버 등) 및 개인 업무환경(업무용 PC, 책상 등)을 통해 개인정보 및 중요정보가 비인가자에게 노출 또는 유출되지 않도록 클린데스크, 정기점검 등 업무환경 보호대책을 수립·이행하여야 한다.
주요 확인사항	1) 문서고, 공용 PC, 복합기, 파일서버 등 공용으로 사용하는 시설 및 사무용 기기에 대한 보호대책을 수립·이행하고 있는가?
	2) 업무용 PC, 책상, 서랍 등 개인업무 환경을 통한 개인정보 및 중요정보의 유·노출을 방지하기 위한 보호대책을 수립·이행하고 있는가?
	3) 개인정보가 포함된 종이 인쇄물 등 개인정보의 출력·복사물을 안전하게 관리하기 위해 필요한 보호조치를 하고 있는가?
	4) 개인 및 공용업무 환경에서의 정보보호 준수여부를 주기적으로 검토하고 있는가?
관련 법규	• 개인정보보호법 제29조(안전조치의무) • 개인정보의 안전성 확보조치 기준 제10조(물리적 안전조치), 제12조(출력·복사시 안전조치)
증적 자료 등 준비사항	• 사무실 및 공용공간 보안점검 보고서 • 사무실 및 공용공간 보안점검표 • 미준수자에 대한 조치 시항(교육, 상벌 등)
결함사례	• 개인정보 내부관리계획서 내 개인정보보호를 위한 생활보안 점검(클린데 스크 운영 등)을 정기적으로 수행하도록 명시하고 있으나 이를 이행하지 않은 경우 • 멤버십 가입신청서 등 개인정보가 포함된 서류를 잠금장치가 없는 사무실 문서함에 보관한 경우 • 직원들의 컴퓨터 화면보호기 및 패스워드가 설정되어 있지 않고 휴가자 책상 위에 중요문서가 장기간 방치되어 있는 경우 • 회의실 등 공용 사무 공간에 설치된 공용PC에 대한 보호대책이 수립되어 있지 않아 개인정보가 포함된 파일이 암호화되지 않은 채로 저장되어 있 거나 보안 업데이트 미적용, 백신 미설치 등 취약한 상태로 유지하고 있는 경우
결함예시	OO은행은 매월 정보보안점검의 날을 시행하면서 임직원들에게 보안 점검표 체크리스트방식으로 운영을 할 수 있도록 하고 있으나, 실제 임직원들이 보안 점검을 제대로 수행하고 있지 않고 있으며, 공용 인터넷 PC에 별도 패스워드를 설정하지 않고 운영하고 있음

1 인증기준 취지

2.4.7 업무환경 보안은 물리적 보호대책이라기보다는 임직원, 외주직원 등의 업무 환경에 관한 인증기준이다. 프린터, 문서고 등의 공용 사무용 환경이나 PC, 책상, 휴지통 등의 사무 환경에 중요정보가 노출된 경우를 흔히 볼 수 있다. 비인가자가 노출된 정보를 이용하는 사회공학 공격을 감행한다면 큰 문제가 될 수 있다.

2.4.7 요건 수준
Level 1. 법규 수준
1. 법규 : 개보법
2. 내규 : 해당
3. 인증기준 : 해당
4. 위험평가 : 해당

유사 인증기준
1.2.4 보호대책 선정
2.5.4 비밀번호 관리
2.10.6 업무용 단말기기 보안
2.10.8 패치관리
2.10.9 악성코드 통제
1.2.4 위험 처리 위한 보호 대책을 선정하고, 우선순위, 일정, 예산 등을 포함한 이행계획을 수립하여 경영진 승인
2.5.4 법적 요건, 외부 위협을 고려하여 사용자, 이용자가 사용하는 정보시스템 비밀번호 관리절차 수립·이행
2.10.6 단말기기를 업무 목적으로 네트워크에 연결할 경우 접근통제 대책을 수립하고 주기적으로 점검
2.10.8 소프트웨어 등의 취약점으로 인한 침해사고를 예방하기 위하여 최신 패치를 적용하고, 최신 패치 적용이 어려울 경우 보완대책을 마련하여 이행
2.10.9 악성코드로부터 개인정보, 정보시스템 등을 보호하기 위하여 악성코드 보호대책을 수립·이행

(참고) 클린데스크 보안 검사에서 자주 걸리는 문서는…
1. 프로젝트 기획 관련 문서
2. 주간, 월간 보고
3. 세금계산서 등 지출관련 품의
4. 외부 업체 제안서
5. 개인정보관련 문서
(출처 : 중앙일보)

근래에는 클린데스크 활동으로 위반자를 찾아내고, 처벌하기보다는 클린데스크 체크리스트를 미리 배포하고, 자율적인 점검을 유도하는 추세이다. 또한 업무환경이 우수한 사람에게 보상을 통해 보안 의식 강화를 하는 사례도 있다. 금융권의 경우 전자금융감독 규정에 의거해서 정보보호최고 책임자는 정보보안점검의 날을 지정하고, 임직원이 금융감독원장이 정하는 정보보안 점검항목을 준수했는지 여부를 매월 점검하고, 그 점검결과 및 보완 계획을 최고경영자에게 보고하여야 한다.

업무 환경 관련 개인정보안전성 확보조치 기준

1. 업무용 컴퓨터, 모바일 기기 등에 접근 통제 등에 관한 조치
2. 일정 시간 업무 처리하지 않는 경우 자동으로 시스템 접속 차단
3. 모바일 기기에 비밀번호 설정 등의 보호조치
4. 업무용 컴퓨터 또는 모바일 기기에 고유식별정보를 저장하여 관리하는 경우 상용 암호화 소프트웨어 또는 안전한 암호화 알고리즘을 사용하여 암호화
5. 보안 프로그램의 자동 업데이트 또는 일1회 이상 업데이트
6. 관리용 단말기 안전조치(비인가자 임의조작 금지, 본래 목적외 사용 금지, 악성프로그램 감염 방지)
7. 서류, 보조저장매체 등을 잠금장치가 있는 안전한 장소에 보관
8. 보조저장매체의 반출입 통제
9. 개인정보 파기 시 복구 및 재생되지 않도록 함

(참고) 클린데스크 활동 우수자 보상

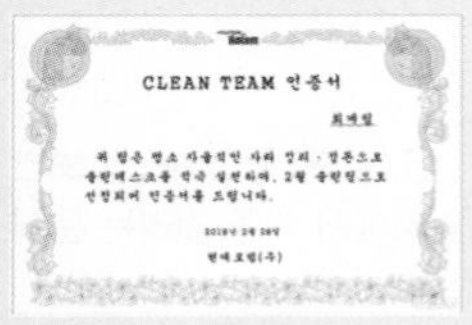

클린데스크 우수팀으로 선정되어 인증서와 회식비 포상을 한 경우도 있다. (출처 : 현대로템)

2 인증기준 상세

확인사항	요구 사항	관련 사항
공용 시설 및 사무용기기 보호대책 수립·이행	• 문서고, 공용PC, 복합 기, 파일서버 등 공용으로 사용하는 시설 및 사무용기기에 대한 보호 대책을 수립·이행하여야 함	• 문서고 : 출입인원 최소화, 부서·업무별 출입 접근권한 부여, 출입이력 관리 • 공용PC : 담당자 지정, 화면보호기 설정, 로그인 암호설정, 주기적 패스워드 변경, 중요정보 저장 제한, 백신 설치, 보안 업데이트 • 공용사무용기기 : 팩스, 복사기, 프린터 등의 공용사무기기 주변에 중요문서 방치금지 • 파일서버 : 부서별, 업무별 접근권한 부여, 불필요한 정보공개 최소화, 사용자별 계정 발급 • 공용 사무실 : 회의실, 프로젝트룸 등 공용 사무실 내 중요정보(개인정보)문서 방치 금 지 • 기타 공용업무 환경에 대한 보호대책 수립
개인업무 환경 내 중요정보 유·노출 방지 보호대책 수립·이행	• 업무용 PC, 책상, 서랍 등 개인업무 환경을 통한 개인정보 및 중요정보의 유·노출을 방지하기 위한 보호대책을 수립·이행하여야 함	• 자리 이석 시 보호조치 : 개인정보 및 개인정보가 포함된 서류와 보조저장매체 방치 금지(Clean Desk), 화면보호기 및 비밀번호 설정 등 • 모니터 및 책상 등에 로그인 정보(비밀번호 등) 노출 금지 • 개인정보 및 중요정보가 포함된 서류 및 보조저장매체는 잠금장치가 있는 안전한 장소에 보관 • 개인정보 및 중요정보가 포함된 서류는 세 절기 등을 이용하여 복구되지 않도록 파쇄 • 인가받지 않은 사람이 관리용 단말기에 접근하여 임의로 조작하지 못하도록 조치 등
개인 및 공용 업무 환경에서의 정보보호 준수여부 주기적 검토	• 개인 및 공용업무 환경에서의 정보보호 준수 여부를 주기적으로 검토하여야 함 ▶ 3 참조	• 개인 및 공용업무 환경 보안규정 미준수자는 상벌규정에 따라 관리

3 사무실 보안점검 방안 (예시)

1. 개인업무 환경
   - 정보보호 준수여부를 자가진단, 주기적으로 관리부서에서 정보보호 준수여부 점검
2. 공용업무 환경
   - 공용업무 보호대책 준수 여부를 주기적으로 점검, 미준수 사항은 공지 또는 교육 수행

사용자 계정 발급 절차(등록, 변경, 삭제), 최소권한, 계정책임(본인)

항목	2.5.1 사용자 계정 관리
인증기준	정보시스템과 개인정보 및 중요정보에 대한 비인가 접근을 통제하고 업무 목적에 따른 접근권한을 최소한으로 부여할 수 있도록 사용자 등록·해지 및 접근권한 부여·변경·말소 절차를 수립·이행하고, 사용자 등록 및 권한부여 시 사용자에게 보안책임이 있음을 규정화하고 인식시켜야 한다.
주요 확인사항	1) 정보시스템과 개인정보 및 중요정보에 접근할 수 있는 사용자 계정 및 접근권한의 등록·변경·삭제에 관한 공식적인 절차를 수립·이행하고 있는가?
	2) 정보시스템과 개인정보 및 중요정보에 접근할 수 있는 사용자 계정 및 접근권한 생성·등록·변경 시 직무별 접근권한 분류 체계에 따라 업무상 필요한 최소한의 권한만을 부여하고 있는가?
	3) 사용자에게 계정 및 접근권한을 부여하는 경우 해당 계정에 대한 보안책임이 본인에게 있음을 명확히 인식시키고 있는가?
관련 법규	• 개인정보보호법 제29조(안전조치의무) • 개인정보의 안전성 확보조치 기준 제5조(접근 권한의 관리)
증적 자료 등 준비사항	• 사용자 계정 및 권한 신청서 • 사용자 계정 및 권한 관리대장 및 화면 • 정보시스템 및 개인정보처리시스템별 접근권한 분류표 • 정보시스템 및 개인정보처리시스템별 사용자, 관리자, 개인정보취급자 목록
결함사례	• 사용자 및 개인정보취급자에 대한 계정 및 권한에 대한 사용자 등록, 해지 및 승인절차 없이 구두 요청, 이메일 등으로 처리하여 이에 대한 승인 및 처리 이력이 확인되지 않는 경우 • 개인정보취급자가 휴가, 출장, 공가 등에 따른 업무 백업을 사유로 공식적인 절차를 거치지 않고 개인정보취급자로 지정되지 않은 인원에게 개인정보취급자 계정을 알려주는 경우 • 정보시스템 또는 개인정보처리시스템 사용자에게 필요 이상의 과도한 권한을 부여하여 업무상 불필요한 정보 또는 개인정보에 접근이 가능한 경우
결함예시	OO기업의 고객관리 프로그램 사용자 계정이 최소한의 권한이 아닌 모두 동일한 권한으로 운영되고 있음

2.5.1 요건 수준
Level 1. 법규 수준
1. 법규 : 개보법
2. 내규 : 해당
3. 인증기준 : 해당
4. 위험평가 : 해당

유사 인증기준
2.2.5 퇴직 및 직무변경 관리
2.5.2 사용자 식별
2.5.3 사용자 인증
2.5.4 비밀번호 관리
2.5.5 특수 계정 및 권한관리
2.2.5 퇴직 및 직무변경 시 관련 부서별 이행하여야 할 자산반납, 계정 및 접근권한 회수, 결과확인 등의 절차 수립
2.5.2 사용자 계정은 사용자별로 유일하게 식별할 수 있도록 할당하고, 식별자 공유 시 보완대책을 수립·이행
2.5.3 정보시스템과 중요정보에 대한 접근은 안전한 인증절차와 강화된 인증방식을 적용하고 비인가자 접근을 통제
2.5.4 법적 요건, 외부 위협을 고려하여 사용자, 이용자가 사용하는 정보시스템 비밀번호 관리절차 수립·이행
2.5.5 정보시스템 및 중요정보 관리 등 특수 목적의 사용 계정 및 권한은 최소한으로 부여하고 별도 식별 통제

1 인증기준 취지

2.5.1 사용자 계정 관리는 정보시스템에 사용하는 계정을 안전하게 관리하기 위한 절차를 확인하는 인증기준이다. 사용자 계정에 권한이 정의되어 있으므로 계정 관리는 매우 중요하다. 계정관리의 핵심은 최소한의 권한 신청, 공식적인 승인, 적시 변경·말소이다. 접근권한 분류표의 기준에 따라 공식적인 승인 절차를 거쳐 발급하고, 접근이 불필요해지면 지체없이 권한을 회수해야 한다. 알 필요

(Need-to-know), 할 필요(Need-to-do)의 원칙이 구현되면 된다. 그리고 본인의 계정으로 인한 권한 오남용의 책임은 기본적으로 본인에게 있음을 주지시켜 관리책임을 강화하도록 한다.

2 인증기준 상세

확인사항	요구 사항	관련 사항
사용자 계정 및 접근권한 등록·변경·삭제·해지 절차 수립·이행	• 정보시스템과 개인정보에 대한 비인가 접근을 통제하기 위해 공식적인 사용자 계정 및 접근권한 등록·변경·삭제·해지 절차를 수립·이행하여야 함	• 사용자 및 개인정보취급자 별로 고유한 사용자 계정 발급 및 공유 금지 • 사용자 및 개인정보취급자에 대한 계정 발급 및 접근권한 부여·변경 시 승인 절차 등을 통한 적절성 검토 ▶ 3 참조 • 전보, 퇴직 등 인사이동 발생 시 지체없이 접근권한 변경 또는 말소(계정 삭제 또는 비 활성화 포함) • 정보시스템 설치 후 제조사 또는 판매사의 기본 계정, 시험 계정 등은 제거하거나 추측하기 어려운 계정으로 변경 • 사용자 계정 및 접근권한의 등록·변경·삭제·해지 관련 기록의 유지·관리 등
직무별 접근권한 분류체계에 따라 최소한의 권한만을 부여	• 정보시스템과 개인정보 및 중요정보에 접근 할 수 있는 사용자 계정 및 접근권한 생성·등록·변경 시 직무별 접근권 한 분류체계에 따라 최 소한의 권한만을 부여 하여야 함	• 접근권한은 업무수행 목적에 따라 최소한의 범위로 업무담당자에게 차등 부여 ▶ 4 참조 • 중요 정보 및 개인정보에 대한 접근권한은 알필요, 할필요의 원칙에 의해 업무적으로 꼭 필요한 범위에 한하여 부여 • 불필요하거나 과도하게 중요 정보 또는 개인정보에 접근하지 못하도록 권한 세분화 • 권한 부여 또는 변경 시 승인절차 등을 통하여 적절성 검토 등
계정에 대한 보안책임 본인임을 인식시킴	• 사용자에게 해당 및 접근권한을 부여하는 경우 해당 계정에 대한 보안책임이 본인에게 있음을 명확히 인식시켜야 함	• 정보보호 및 개인정보보호 정책, 서약서 등에 계정에 대한 책임과 의무를 명기(타인에게 본인 계정 및 비밀번호 공유 대여 금지, 공공장소에서 로그인 시 주의사항 등 • 서약서, 이메일, 시스템 공지, 교육 등 방법 활용

(바른 뜻) 접근권한 설정
"접근권한 설정"이란 개인정보처리시스템에 접근하는 개인정보취급자에게 다운로드, 파기 등 접근권한을 설정하는 것을 말한다.
[개인정보의 기술적·관리적 보호조치 기준]

(바른 뜻) 지체없이, 즉시
1. 지체 없이
   - 때를 늦추거나 질질 끎이라는 뜻으로 쓰이거나 '의무 이행을 정당한 이유 없이 지연하는 일'을 뜻하는 법 전문 용어
   - 개인정보보호법 해설서에는 5일을 기준으로 함
2. 즉시
   - 어떤 일이 행하여지는 바로 그때라는 뜻으로 시간적 즉시성이 지체없이보다 좀 더 강한 것
   - 개인정보보호법 해설서에는 3일을 기준으로 함

※ 일반적으로 개인정보 열람 등의 통지 시 기간은 대부분 10일이다.

❸ (참고) 개인정보처리시스템 접근권한 관리대장 (예시)

사용자 접근권한 생성/변경 신청서

처리시스템명			
업　　무			
소속(부서)			
사용자명		계정 ID	
사원번호		사용자 IP	
접근권한	※ 해당 개인정보, 업무현황에 대해 필요한 접근권한(생성, 읽기, 정정, 삭제권한)을 명기해 주시기 바랍니다.		
신청사유			

위와 같이 정보시스템 사용자 권한의 □ 생성, □ 변경을 신청합니다.

년　　월　　일

신청자:

❹ (참고) 개인정보처리시스템 접근권한 관리대장 (예시)

개인정보 접근권한 관리대장

처리시스템명 :

업　무　명:

번호	소속(부서)	사용자명	계정 ID	사용자 IP	개인정보 업무현황	개인정보 접근권한	권한부여 사유	등록일자	변경 사유	변경 일자	부서장 승인
1	상품 기획팀	홍길동	Hgd103	10.1.1.5	홈페이지 기획	게시판 관리	권한부여	'19.1.1	투입		
1	상품 기획팀	김말순	kms	10.1.1.6	홈페이지 기획	게시판 관리	권한삭제	'19.1.1	철수		

(심화) 공유 계정을 사용하면 2.5.1 사용자 계정 관리, 2.5.2 사용자 식별 어디에 해당할까?

결론은 2가지에 모두 해당할 수 있다. 하지만 취약점의 속성에 따라 인증기준을 선택해야 한다.

즉, 공용 계정 사용으로 인해 접근권한 이외의 사용이 문제라면 2.5.1 사용자 계정 관리이고, 공용 계정 사용으로 책임추적성 미확보가 문제라면 2.5.2 사용자 식별로 볼 수 있다.

2.5.2 요건 수준
Level 1. 법규 수준
1. 법규 : 개보법
2. 내규 : 해당
3. 인증기준 : 해당
4. 위험평가 : 해당

유사 인증기준
2.2.5 퇴직 및 직무변경 관리
2.5.1 사용자 계정 관리
2.5.3 사용자 인증
2.5.4 비밀번호 관리
2.2.5 퇴직 및 직무변경 시 관련 부서별 이행하여야 할 자산반납, 계정 및 접근권한 회수, 결과확인 등의 절차 수립
2.5.1 정보시스템의 비인가 접근을 통제하기 위한 사용자 등록, 변경 등의 절차를 수립·이행하고 사용자에게 계정보안 책임 명시
2.5.3 정보시스템과 중요 정보에 대한 접근은 안전한 인증절차와 강화된 인증방식을 적용하고 비인가자 접근을 통제
2.5.4 법적 요건, 외부 위협을 고려하여 사용자, 이용자가 사용하는 정보시스템 비밀번호 관리절차 수립·이행

식별(Identification)과 인증(Authentication)
1. 식별(Identification)
   - 문자열을 통해 시스템에 접근하는 사용자 신원 제공
2. 인증(Authentication)
   - 식별 정보와 패스워드를 통해 접근자 신원 제공

유일 식별자, 추측 식별자 제한, 동일식별자 타당성, 보완대책, 책임자 승인

항목	2.5.2 사용자 식별
인증기준	사용자 계정은 사용자별로 유일하게 구분할 수 있도록 식별자를 할당하고 추측 가능한 식별자 사용을 제한하여야 하며, 동일한 식별자를 공유하여 사용하는 경우 그 사유와 타당성을 검토하여 책임자의 승인 및 책임추적성 확보 등 보완대책을 수립·이행하여야 한다.
주요 확인사항	1) 정보시스템 및 개인정보처리시스템에서 사용자 및 개인정보취급자를 유일하게 구분할 수 있는 식별자를 할당하고 추측 가능한 식별자의 사용을 제한하고 있는가?
	2) 불가피한 사유로 동일한 식별자를 공유하여 사용하는 경우 그 사유와 타당성을 검토하고 보완대책을 마련하여 책임자의 승인을 받고 있는가?
관련 법규	• 개인정보보호법 제29조(안전조치의무) • 개인정보의 안전성 확보조치 기준 제5조(접근 권한의 관리)
증적 자료 등 준비사항	• 정보시스템 및 개인정보처리시스템 로그인 화면 • 정보시스템 및 개인정보처리시스템 관리자, 사용자, 개인정보취급자 계정 목록 • 예외 처리에 대한 승인 내역
결함사례	• 정보시스템(서버, 네트워크, 침입차단시스템, DBMS 등)의 계정 현황을 확인한 결과, 제조사에서 제공하는 기본 관리자 계정을 변경하지 않고 사용하고 있는 경우 • 개발자가 개인정보처리시스템 계정을 공용으로 사용하고 있으나, 타당성 검토 또는 책임자의 승인 등이 없이 사용하고 있는 경우 • 외부직원이 유지보수하고 있는 정보시스템의 운영계정을 별도의 승인 절차 없이 개인 계정처럼 사용하고 있는 경우
결함예시	OO기업은 업무효율 목적으로 정보시스템(서버, 네트워크), 및 보안시스템(방화벽, IPS 등)모두 공용계정(admin)으로 운영하고 있으나 이에 대한 별도 사유가 존재하지 않고 승인내역도 존재하지 않음

1 인증기준 취지

2.5.2 사용자 식별은 사용자 계정을 업무 또는 접근권한 별로 유일하게 구분할 수 있는 식별자를 할당하여, 책임 추적성을 확보할 수 있는지를 확인하는 인증기준이다. 특히, 제조사에서 제공하는 기본 관리자 계정은 해킹의 대상이 될 수 있으므로, 추측이 어려운 계정으로 반드시 변경하여 사용하여야 한다. 또한 동일한 계정(ID, 패스워드)을 공유하여 사용할 경우 침해 사고 발생 시 책임 추적이 불가능할 수 있기 때문에 지양하여야 한다. 동일 계정이 업무상 사용이 불가피한 경우는 그 타당성을 검토하고 승인 절차에 따라 사용하여야 하며, 계정 사용 현황을 주기적으로 검토하고 필요한 보완통제대책을 수립·이행하도록 해야 한다.

2 인증기준 상세

확인사항	요구 사항	관련 사항
사용자 별 유일 식별자 할당 및 추측 가능한 식별자 사용 제한	• 정보시스템 및 개인정보처리시스템에 대한 사용자 등록 시 사용자 및 개인정보 취급자별 유일하게 구분할 수 있는 식별자를 할당하고 추측 가능한 식별자 사용을 제한하여야 함	• 1인 1계정 발급을 원칙으로 사용자에 대한 책임추적성(Accountability) 확보 • 계정 공유 및 공유 계정 사용 제한 • 시스템이 사용하는 운영계정은 사용자가 사 용하지 못하도록 제한 • 시스템 설치 후 제조사 또는 판매사의 기본 계정 및 시험계정은 제거 또는 추측이 어려운 계정으로 변경하여 사용(디폴트 패스워드 변경 포함) • 관리자 및 특수권한 계정의 경우 쉽게 추측 가능한 식별자(root, admin, administrator 등)의 사용을 제한 ▶ 3 참조
동일한 식별자 공유 사용 시 책임자 승인	• 업무상 불가피하게 동일한 식별자를 공유해서 사용하는 경우 그 사유와 타당성을 검토하고, 책임자의 승인을 받아야 함	• 업무 분장상 정·부의 역할이 구분되어 관리자 계정을 공유하는 경우에도 사용자 계정을 별도로 부여하고 사용자 계정으로 로그인 후 관리자 계정으로 변경 • 유지보수 업무 등을 위하여 임시적으로 계정을 공유한 경우 업무 종료 후 즉시 해당 계정의 비밀번호 변경 • 업무상 불가피하게 공용계정 사용이 필요한 경우 그 사유와 타당성을 검토하여 책임자의 승인을 받고 책임추적성을 보장할 추가적인 통제방안 적용

3 (참고) 관리자 계정(Administrator) 이름 바꾸기 (예시)

관리자 계정의 경우 쉽게 추측 가능한 식별자(root, admin, administrator 등)의 사용을 제한

구분	내용
점검 내용	윈도우 최상위 관리자 계정인 Administrator의 계정명 변경 여부 점검
보안 위협	일반적으로 관리자 계정으로 잘 알려진 Administrator
대상	Windows NT, 2000, 2003, 2008, 2012
판단 기준	양호 : Administrator Default 계정 이름을 변경한 경우
	취약 : Administrator Default 계정 이름을 변경하지 않은 경우
조치 방법	Administrator Default 계정 이름 변경

(심화) Windows 계정 관리(net user 명령어)

심사원은 윈도우 PC에서 net user 명령어로 계정 관리현황을 점검을 요청한다.

1. 사용자 계정전체 보기
   C:\> net user
2. some1 계정 정보 보기
   C:\> net user some1
3. some1 계정 생성
   C:\> net user some1/add
4. some1 계정 삭제
   C:\> net user some1/delete

크리덴셜 스터핑

사용자 계정을 탈취해 공격하는 유형 중 하나로, 다른 곳에서 유출된 아이디와 비밀번호 등의 로그인 정보를 다른 웹사이트나 앱에 무작위로 대입해 로그인이 이뤄지면 타인의 정보를 유출시키는 수법을 말한다. 이 크리덴셜 스터핑에 노출되지 않기 위해서는 현재 사용하고 있는 웹사이트나 앱에서로 다른 아이디와 패스워드를 적용해야 한다. 또 외부로 아이디와 패스워드가 유출됐을 경우에는 기존의 정보를 바로 삭제한 뒤 바꾸는 것이 좋다. 아울러 관련 업체에서는 2단계 인증(계정 정보 외 SMS로 전송되는 인증코드 등 또 다른 정보를 입력해야만 본인을 인증할 수 있는 방식)을 설치해 이용자들의 크리덴셜 스터핑 피해를 줄이도록 해야 한다.

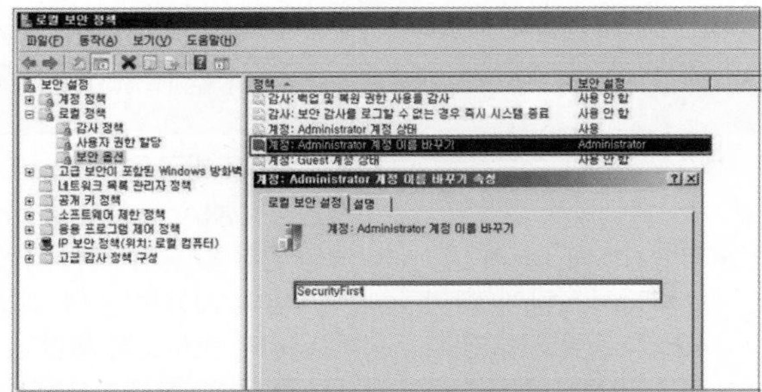

(출처 : 주요정보통신기반시설 기술적 취약점 분석 평가 상세 가이드(2017), KISA)

2.5.3 요건 수준

Level 1. 법규 수준

1. 법규 : 개보법
2. 내규 : 해당
3. 인증기준 : 해당
4. 위험평가 : 해당

유사 인증기준

2.2.5 퇴직 및 직무변경 관리
2.5.1 사용자 계정 관리
2.5.2 사용자 식별
2.5.4 비밀번호 관리
2.5.5 특수 계정 및 권한관리
2.2.5 퇴직 및 직무변경 시 관련 부서별 이행하여야 할 자산반납, 계정 및 접근권한 회수, 결과확인 등의 절차 수립
2.5.1 정보시스템의 비인가 접근을 통제하기 위한 사용자 등록, 변경 등의 절차를 수립·이행하고 사용자에게 계정보안 책임 명시
2.5.2 사용자 계정은 사용자별로 유일하게 식별할 수 있도록 할당하고, 식별자 공유 시 보완대책을 수립·이행
2.5.4 법적 요건, 외부 위협을 고려하여 사용자, 이용자가 사용하는 정보시스템 비밀번호 관리절차 수립·이행
2.5.5 정보시스템 및 중요정보 관리 등 특수 목적의 사용 계정 및 권한은 최소한으로 부여하고 별도 식별 통제

2. 보호대책 요구사항 ▶ 2.5. 인증 및 권한관리

인증 절차(로그인 횟수제한, 불법 로그인 시도 경고), 외부 개처시 안전 인증&접속 수단

항목	2.5.3 사용자 인증
인증기준	정보시스템과 개인정보 및 중요정보에 대한 사용자의 접근은 안전한 인증절차와 필요에 따라 강화된 인증방식을 적용하여야 한다. 또한 로그인 횟수 제한, 불법 로그인 시도 경고 등 비인가자 접근 통제방안을 수립·이행하여야 한다.
주요 확인사항	1) 정보시스템 및 개인정보처리시스템에 대한 접근은 사용자 인증, 로그인 횟수 제한, 불법 로그인 시도 경고 등 안전한 사용자 인증 절차에 의해 통제하고 있는가?
	2) 정보통신망을 통해 외부에서 개인정보처리시스템에 접속하려는 경우에는 법적 요구사항에 따라 안전한 인증수단 또는 안전한 접속수단을 적용하고 있는가?
관련 법규	• 개인정보보호법 제29조(안전조치의무) • 개인정보의 안전성 확보조치 기준 제5조(접근 권한의 관리), 제6조(접근통제)
증적 자료 등 준비사항	• 정보시스템 및 개인정보처리시스템 로그인 화면 • 로그인 횟수 제한 설정 화면 • 로그인 실패 메시지 화면 • 외부 접속 시 절차(외부접속 신청서, 외부접속자 현황 등)
결함사례	• 개인정보취급자가 공개된 외부 인터넷망을 통해서 개인정보처리시스템에 접근 시 안전한 인증수단을 적용하지 않고 아이디·비밀번호 방식으로만 인증하고 있는 경우 • 정보시스템 및 개인정보처리시스템 로그인 실패 시 해당 아이디가 존재하지 않거나 비밀번호가 틀림을 자세히 표시해 주고 있으며, 로그인 실패 횟수에 대한 제한이 없는 경우
결함예시	OO쇼핑몰은 외부에서 이용자의 개인정보를 처리하는 개인정보처리시스템(고객관리)에 접속시 VPN만을 적용하고 있고 별도 인증수단을 적용치 않고 ID, PW만 입력받아 접속하고 있음

1 인증기준 취지

2.5.3 사용자 인증은 정보시스템에 접근하는 사용자를 인증하는 방식과 절차의 적절성을 확인하는 인증기준이다. 인증기준은 정보시스템에 접근할 필요가 있

고, 인가된 사용자임을 확인하는 것을 의미하며, 불법적인 인증시도를 제한하고, 우회적인 인증을 방지할 수 있도록 엄격하게 적용해야 한다. 특히 정보서비스가 외부 인터넷을 통해 접근이 가능한 경우에는 접근통제 수준이 취약할 수 있으므로, 인증절차를 강화하여 안전성을 확보해야 한다.

2 인증기준 상세

확인사항	요구 사항	관련 사항
정보시스템에 대한 접근 시 안전한 인증절차에 의해 통제	• 정보시스템 및 개인정보시스템에 대한 접근 시 사용자 인증, 로그인 횟수 제한, 불법 로그인 시도 경고 등 안전한 인증 절차에 의해 통제하여야 함	• 사용자 인증 수단 예시 ▶ 3 참조 1. 지식 기반 : 비밀번호 2. 소유 기반 : 인증서(PKI), OTP(One Time Password), 기타(스마트 카드 방식, 물리적 보안 토큰 방식) 3. 생체 기반 : 지문, 홍채 얼굴 등 ▶ 5~6 참조 4. 기타 방식 : IP 주소, MAC 주소, 기기 일련번호, 기타 • 계정 도용 및 불법적인 인증 통제방안 예시 1. 로그인 실패횟수 제한 2. 접속 유지시간 제한 3. 동시 접속 제한 4. 불법 로그인 시도 경고 • 업무의 편리성을 제공하기 위해 싱글사인온(Single Sign-On)을 사용하는 경우에는 계정 도용 시 피해 확대가능성이 있으므로 위험평가에 기반하여 강화된 인증 적용, 중요 시스템 접속 시 재인증 요구 등 추가 보호대책 마련 ▶ 4 참조
외부에서 정보 시스템에 접속 시 안전한 인증 수단 또는 접속 수단 적용	• 인터넷 등 정보통신망을 통해 외부에서 개인정보처리시스템에 접속하려는 경우에는 법적 요구사항에 따라 안전한 접속수단 또는 안전한 인증수단을 적용하여야 함	• 안전한 인증수단 - 인증서(PKI), 보안토큰, 일회용 비밀번호(OTP) 등 • 안전한 접속수단 - 가상사설망(VPN), 전용망 등

대상 개인정보처리 시스템	이용자가 아닌 정보주체의 개인정보 처리	이용자의 개인정보 처리
적용 필요 사항	• 안전한 접속수단 또는 안전한 인증수단 적용 ※ 안전한 접속수단 : 가상사설망(VPN) 등	• 안전한 인증수단 적용

★ [참고] 외부 접속 시 안전한 인증수단 적용(개인정보의 안전성 확보조치 기준 제6조제2항)
② 개인정보처리자는 개인정보취급자가 정보통신망을 통해 외부에서 개인정보처리시스템에 접속하려는 경우 인증서, 보안토큰, 일회용 비밀번호 등 안전한 인증수단을 적용하여야 한다. 다만, 이용자가 아닌 정보주체의 개인정보를 처리하는 개인정보처리시스템의 경우 가상사설망 등 안전한 접속수단 또는 안전한 인증수단을 적용할 수 있다.

사용자 인증을 위한 주요 방식들

1. One-factor 인증/확인(단일 요소 인증) : 사용자 ID/Password 조합 방식
   - 고정 Password 방식 : 한번 엑세스 때 만으로 암호 유효 (암호 변경 불요)
   - One Time Password (OTP) 방식 : 엑세스할 때마다 다른 암호가 적용됨
2. Two-factor 인증/확인(이중요소 인증, 2단계 인증, 2FA)
   - '디지털서명 및 비밀', '카드번호 및 비밀번호', 'ID/Password 및 임시 비표' 등 2가지 조합 사용
   - 예 (인증서 : 개인 식별용) + (보안 카드 / USB / OTP 토큰 : 개인 비밀품)
3. 공유 비밀 키(Shared Secret Key) 방식
   - 양측 간에 공유되고 있는 비밀 키에 의함
4. 시도 응답 인증(Challenge-Response) 방식
   - 검증자(verifier)가, 매회 다른 질문(Challenge, Nounce : 난수, 타임스탬프 등)을 보내며, 주장자(claimant)는, 그 값에 함수를 적용하여 나온 응답으로 비밀을 안다는 것을 증명하는 방식
5. 생물학적 방법
   - 지문인식,홍체인식 등 (http://www.ktword.co.kr 웹사이트)

(두음) 계정 및 인증 침해 통제방안 예시

실시동경

1. 로그인 실패횟수 제한
   - (법) 계정정보 또는 비밀번호를 일정횟수 이상 잘못 입력한 경우 접근 제한
2. 접속 유지시간 제한
   - (법) 접속 후, 일정 시간 이상 업무처리를 하지 않은 경우 자동으로 시스템 접속 차단(Session Timeout 등)
3. 동시 접속 제한
   - 동일 계정으로 동시 접속 시 접속차단 조치 또는 알림 기능 등
4. 불법로그인 시도 경고
   - 해외 IP주소 등 등록되지 않은 IP에서의 접속 시 차단 및 통지
   - 주말, 야간 접속 시 문자 알림
   - 관리자 등 특수 권한로그인 시 알림 등

(바른 뜻) AAA : 인증, 권한부여, 계정관리

AAA 개념

1. 인증(Authentication)
   - 망, 시스템 접근을 허용하기 전에 사용자의 신원을 검증
2. 권한부여 (Authorization)
   - 검증된 사용자에게 어떤 수준의 권한과 서비스를 허용
3. 계정관리(Accounting)
   - 사용자의 자원에 대한 사용 정보를 모아서 과금, 감사, 용량증설, 리포팅 등

3 사용자 인증 수 예시

구분	인증 수단	비 고
지식 기반	• 비밀번호	• 안전한 비밀번호 작성규칙 및 주기적 변경 • 비밀번호 도용, 무작위 대입 공격 등에 대응 • 시스템 설치 시 제품 등에서 제공하는 디폴트 계정 및 비밀번호 사용정지 또는 변경
소유 기반	• 인증서(PKI)	• 개인키의 안전한 보관 필요(안전한 보안매체에 보관 권고)
	• OTP	• OTP토큰, 모바일OTP 등 다양한 방식
	• 기타	• 스마트 카드 방식 • 물리적 보안 토큰 방식 등
생체 기반	• 지문, 홍채 얼굴 등	• 생체 정보의 안전한 관리 필요
기타 방식	• IP 주소	• 특정 IP주소에서만 해당 아이디로 접속할 수 있도록 제한
	• MAC 주소	• 단말기의 MAC주소를 기반으로 해당 아이디로 접속할 수 있도록 제한하는 방식
	• 기기 일련번호	• 특정 PC 또는 특정 디바이스(스마트폰 등)에서만 접속할 수 있도록 제한하는 방식
	• 기타	• 위치 정보 등

4 (참고) 계정/권한 관리 솔루션 방식 비교

구분	SSO	EAM	IAM
개념	• 한번의 로그인으로 다양한 시스템 혹은 인터넷 서비스를 사용할 수 있게 해주는 보안 솔루션	• SSO와 사용자의 인증을 관리하며 어플리케이션 및 데이터에 대한 사용자 접근을 관리하기 위하여 보안정책 기반의 단일 메커니즘을 이용한 솔루션	• 단순한 한가지 어플리케이션을 지칭하는 용어가 아니라 계정관리 전반 및 프로비저닝 기능을 포함한 포괄적인 의미의 계정관리 솔루션
기술	• PKI, LDAP	• SSO, AC, LDAP, PKI, 암호화	• 통합자원관리 + Provisioning
특징	• 단일로그인, 여러 자원 접근	• SSO + 통합권한 관리	• EAM + 통합계정 관리
장점	• 사용 편의성	• 보안성 강화	• 관리 효율화
단점	• 인증 이외에 보안 취약	• 사용자 관리 어려움	• 시스템 구축 복잡

5 (참고) 생체 인증 방식 비교

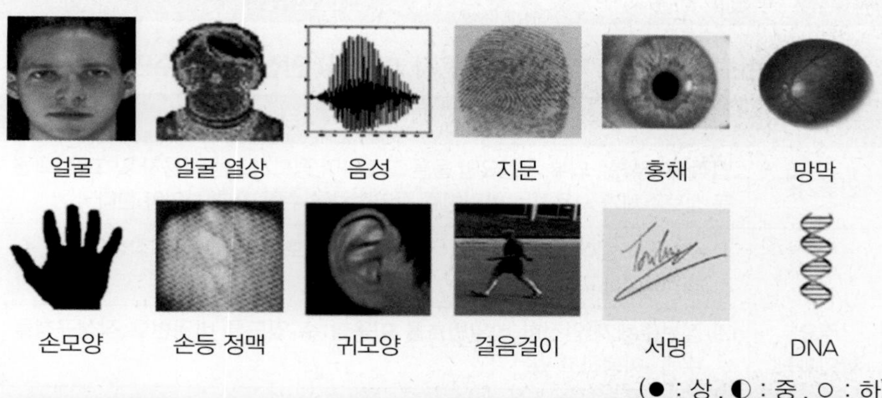

(● : 상 , ◐ : 중 , ○ : 하)

구분	보편성	유일성	영구성	획득성	정확성	수용성
얼굴	●	○	◐	●	○	●
지문	◐	●	●	◐	●	◐
홍채	●	●	●	◐	●	○
음성	◐	○	○	●	○	●
제스처	◐	○	○	●	○	●
정맥	◐	◐	◐	◐	◐	◐

(출처 : 생체인증 특성 비교, 소프트웨어 정보센터)

6 (참고) 생체 인증 사용자 등록 및 인증, 인식 과정

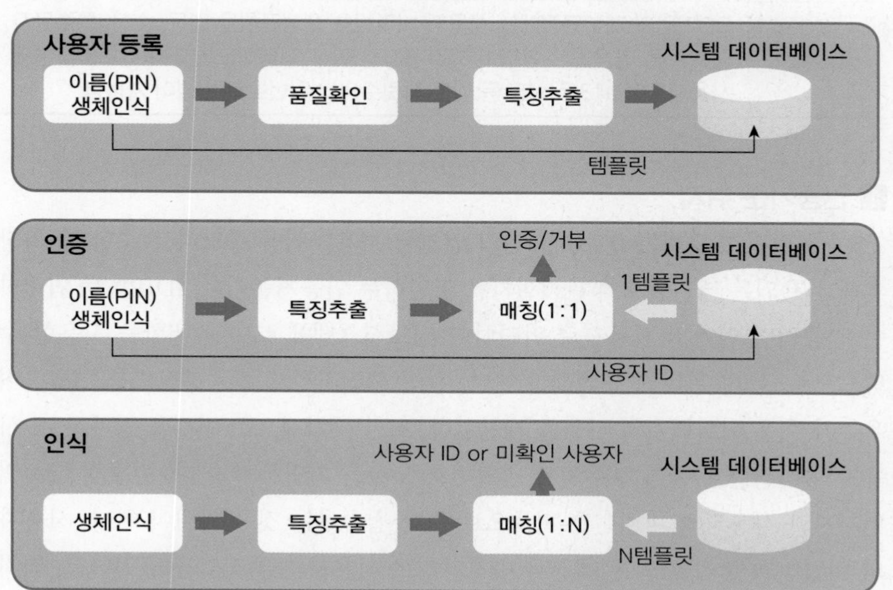

(출처 : 생체인식 기술현황 및 전망, 한국전자통신연구원(ETRI))

(심화) AAA 구현 프로토콜

1. RADIUS
   - 사용자가 네트워크에 연결하고 네트워크 서비스를 받기 위한 중앙 집중화된 인증, 인가, 회계 관리를 제공하는 네트워크 프로토콜
2. DIAMETER
   - 서버-클라이언트 단방향 통신을 지원하는 RADIUS를 대체하는 Peer-to-Peer 양방향 네트워크 프로토콜
3. TACACS+ (Terminal Access Controller Access Control System+)
   - RADIUS 프로토콜과 거의 비슷한 방식이지만, TCP를 사용하며 RADIUS가 비밀번호만 암호화하는 데 반해 패킷 payload 전체를 암호화하는 네트워크 프로토콜

> 2.5.4 요건 수준
> Level 1. 법규 수준
> 1. 법규 : 개보법
> 2. 내규 : 해당
> 3. 인증기준 : 해당
> 4. 위험평가 : 해당
>
> 유사 인증기준
> 2.5.1 사용자 계정 관리
> 2.5.2 사용자 식별
> 2.5.3 사용자 인증
> 2.5.5 특수 계정 및 권한관리
> 2.5.1 정보시스템의 비인가 접근을 통제하기 위한 사용자 등록, 변경 등의 절차를 수립·이행하고 사용자에게 계정보안 책임 명시
> 2.5.2 사용자 계정은 사용자별로 유일하게 식별할 수 있도록 할당하고, 식별자 공유 시 보완대책을 수립·이행
> 2.5.3 정보시스템과 중요정보에 대한 접근은 안전한 인증절차와 강화된 인증방식을 적용하고 비인가자 접근을 통제
> 2.5.5 정보시스템 및 중요정보 관리 등 특수 목적의 사용 계정 및 권한은 최소한으로 부여하고 별도 식별 통제

비밀번호 관리 절차, 작성규칙(사용자, 이용자), 안전한 인증수단 적용

항목	2.5.4 비밀번호 관리
인증기준	법적 요구사항, 외부 위협요인 등을 고려하여 정보시스템 사용자 및 고객, 회원 등 정보주체가 사용하는 비밀번호 관리절차를 수립·이행하여야 한다.
주요 확인사항	1) 정보시스템에 대한 안전한 사용자 비밀번호 관리절차 및 작성규칙을 수립·이행하고 있는가?
	2) 정보주체가 안전한 비밀번호를 이용할 수 있도록 비밀번호 작성규칙을 수립·이행하고 있는가?
	3) 개인정보취급자 또는 정보주체의 인증수단을 안전하게 적용하고 관리하고 있는가?
관련 법규	• 개인정보보호법 제29조(안전조치의무) • 개인정보의 안전성 확보조치 기준 제5조(접근 권한의 관리)
증적 자료 등 준비사항	• 웹페이지, 정보시스템 및 개인정보처리시스템 비밀번호 설정 화면 • 비밀번호 관리 정책 및 절차
결함사례	• 정보보호 및 개인정보보호 관련 정책, 지침 등에서 비밀번호 생성규칙의 기준을 정하고 있으나 일부 정보시스템 및 개인정보처리시스템에서 내부 지침과 상이한 비밀번호를 사용하고 있는 경우 • 비밀번호 관련 내부 규정에는 비밀번호를 초기화 시 임시 비밀번호를 부여받고 강제적으로 변경하도록 되어 있으나, 실제로는 임시 비밀번호를 그대로 사용하는 경우 • 사용자 및 개인정보취급자의 비밀번호 변경주기가 규정되어 있음에도 불구하고 변경하지 않고 그대로 사용하고 있는 경우
결함예시	OO기업의 내부규정에는 사용자 비밀번호 생성규칙을 영문, 숫자, 특수문자 중 2종류 이상을 조합하여 최소 8자리 이상 적용하도록 되어 있으나, 실제 사용자들이 a13@,b45! 등 짧은 자릿수의 비밀번호로 변경이 가능함

1 인증기준 취지

2.5.4 비밀번호 관리는 정보시스템의 인가된 사용자임을 증명하는 수단 중 가장 흔히 사용되는 비밀번호의 관리절차를 확인하는 인증기준이다. ID/PW를 입력하여 인증되면 인가된 사용자로 판단하여 정보시스템에 부여된 권한을 사용할 수 있으므로, 특히 관리에 유의해야 한다. 관리 중점사항으로는 복잡도를 설정하여 유추가 쉬운 비밀번호의 사용을 제한한다. 또한 주기적으로 변경을 강제하고, 사용자의 비밀번호 관리 부주의로 비밀번호 노출을 차단해야 한다. 결론적으로 비인가자가 사용자의 비밀번호 획득으로 인한 접속하는 것을 막아야 한다. 사용자의 비밀번호 관리 책임은 계정과 마찬가지로 사용자의 책임임을 규정하고, 인지시켜야 한다.

2 인증기준 상세

확인사항	요구 사항	관련 사항
사용자 비밀번호 관리절차 및 작성규칙 수립·이행	• 사용자, 관리자 및 개인 정보취급자가 안전한 비밀번호를 설정하여 사용할 수 있도록 비밀번호 관리 절차 및 작성규칙을 수립·이행하여야 함	• 비밀번호 작성 규칙 예시(불가피한 경우를 제외하고는 시스템적으로 강제화 필요) ▶ 3 참조 • 비밀번호 관리절차 ▶ 4 참조
정보주체(이용자) 비밀번호 작성규칙 수립·이행	• 정보주체가 안전한 비밀번호를 설정하여 사용할 수 있도록 비밀번호 작성규칙을 수립·이행하여야 함	• 사용자 및 개인정보취급자 비밀번호 작성규칙을 참고하되, 서비스의 특성 및 민감도 등을 고려하여 적절한 수준에서 비밀번호 작성규칙 적용 • 비밀번호 분실, 도난 시 본인확인 등을 통한 안전한 재발급 절차 마련 등
개인정보 취급자, 정보주체의 인증 수단을 안전하게 적용하고 관리	• 개인정보취급자 또는 정보주체의 인증수단으로 비밀번호를 사용할 경우 안전한 비밀번호 작성규칙을 수립. 적용	• 비밀번호 외의 인증수단(인증서, PIN, 생체인식, 보안토큰 등)을 사용할 경우 해당 인증수단이 비인가자에게 탈취되거나 도용되지 않도록 보호대책 적용

3 비밀번호 작성 규칙 예시 (불가피한 경우를 제외하고는 시스템적으로 강제화 필요)

규칙	내용
1. 조합 규칙 적용	• 영문, 숫자, 특수문자 중 2종류 이상을 조합하여 최소 8자리 이상 • 문자로만 구성한 경우 최소 10자리 이상(단, 숫자로만 구성할 경우 취약할 수 있음)
2. 변경 주기 설정	• 비밀번호 유효기간을 설정하여 주기적으로 변경(단, 주기적 변경 여부 및 변경주기는 위험평가 결과 등을 고려하여 자체적으로 결정)
3. 추측하기 쉬운 비밀번호 설정 제한	• 동일한 문자 반복, 키보드 상에서 나란히 있는 문자열, 일련번호, 연속적인 숫자, 생일, 전화번호 등 추측하기 쉬운 개인정보 및 ID와 비슷한 비밀번호 사용 제한
4. 동일한 비밀번호 재사용 제한	• 비밀번호 변경 시 이전에 사용한 비밀번호 재사용 제한 권고

4 비밀번호 관리절차 (예시)

- 시스템 도입 시 설정된 초기 또는 임시 비밀번호의 변경 후 사용
- 비밀번호 처리(입력, 변경) 시 마스킹 처리
- 종이, 파일, 모바일기기 등에 비밀번호 기록·저장을 제한하고 부득이하게 기록·저장해야 하는 경우 암호화 등의 보호대책 적용
- 침해사고 발생 또는 비밀번호의 노출 징후가 의심될 경우 지체없이 비밀번호 변경
- 비밀번호 분실 등에 따른 재설정 시 본인확인 절차 수행
- 관리자 비밀번호는 비밀등급에 준하여 관리

비밀번호 공격방법

1. 사전공격(Dictionary Attack) : 자주 사용되는 단어를 비밀번호에 대입하는 공격 방법
2. 무작위 대입공격(Brute Force) : 가능한 한 모든 값을 비밀번호에 대입해 보는 공격 방법
3. 레인보우 테이블공격(Rainbow Table) : 브루트 포스 공격시 더 빠르게 비밀번호를 시도해 보기 위해서 해시 함수(MD5, SHA-1, SHA-2 등)을 사용하여 만들어낼 수 있는 값들을 왕창 저장한 표를 이용한 공격

비밀번호 작성규칙 예

- 비밀번호는 문자, 숫자의 조합·구성에 따라 최소 8자리 또는 10자리 이상의 길이로 구성
- 최소 8자리 이상 : 두 종류 이상의 문자를 이용하여 구성한 경우
  ※ 문자 종류 : 알파벳 대문자와 소문자, 특수문자, 숫자
- 최소 10자리 이상 : 하나의 문자종류로 구성한 경우
  ※ 단, 숫자로만 구성할 경우 취약할 수 있음
- 비밀번호는 추측하거나 유추하기 어렵도록 설정
- 동일한 문자 반복(aaabbb, 123123 등), 키보드 상에서 나란히 있는 문자열(qwer 등), 일련번호(12345678 등), 가족이름, 생일, 전화번호 등은 사용하지 않는다.
- 비밀번호가 제3자에게 노출되었을 경우 지체 없이 새로운 비밀번호로 변경해야 함

(참고) 사고의 63%가 암호가 부실해서 발생한다

1. 디폴트 암호를 바꾼 적이 없다 : 20%
2. 암호를 이따금 공유한다 : 30%
3. 권한 계정의 암호를 만들 때 별도의 허가조치가 필요하지 않다 : 70%
4. 권한 계정으로 한 행동들은 감사 대상이 아니다 : 50%

(출처 : 데이터 유출 사고 조사 보고서)

2.5.5 요건 수준

Level 1. 법규 수준

1. 법규 : 개보법
2. 내규 : 해당
3. 인증기준 : 해당
4. 위험평가 : 해당

유사 인증기준

2.2.1 주요 직무자 지정 및 관리
2.5.1 사용자 계정 관리
2.5.2 사용자 식별
2.5.3 사용자 인증
2.5.4 비밀번호 관리
2.6.3 응용프로그램 접근
2.2.1 개인정보, 시스템 접근 등 주요 직무의 기준과 관리방안을 수립하고, 직무자를 지정하여 목록을 최신으로 관리
2.5.1 정보시스템의 비인가 접근을 통제하기 위한 사용자 등록, 변경 등의 절차를 수립·이행하고 사용자에게 계정보안 책임 명시
2.5.2 사용자 계정은 사용자별로 유일하게 식별할 수 있도록 할당하고, 식별자 공유 시 보완대책을 수립·이행

5 (참고) 윈도우 암호 정책 (예시)

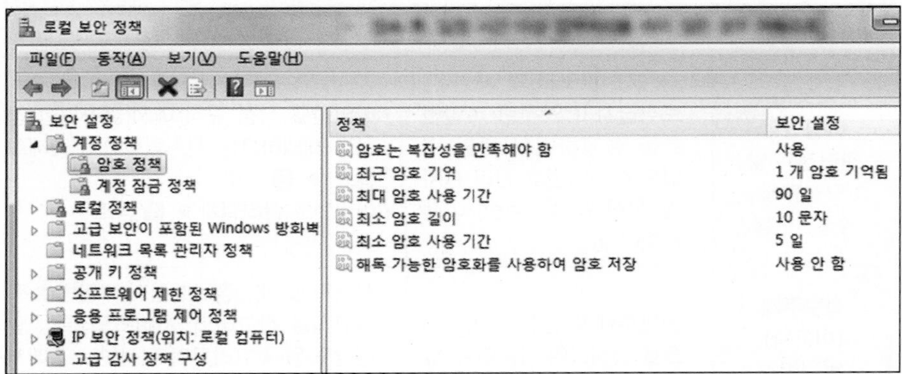

2. 보호대책 요구사항 ▶ 2.5. 인증 및 권한관리

특수권한 최소인원, 공식 승인, 별도 목록화

항목	2.5.5 특수 계정 및 권한 관리
인증기준	정보시스템 관리, 개인정보 및 중요정보 관리 등 특수 목적을 위하여 사용하는 계정 및 권한은 최소한으로 부여하고 별도로 식별하여 통제하여야 한다.
주요 확인사항	1) 관리자 권한 등 특수권한은 최소한의 인원에게만 부여될 수 있도록 공식적인 권한 신청 및 승인 절차를 수립·이행하고 있는가?
	2) 특수 목적을 위해 부여한 계정 및 권한을 식별하고 별도의 목록으로 관리하는 등 통제절차를 수립·이행하고 있는가?
관련 법규	• 개인정보보호법 제29조(안전조치의무) • 개인정보의 안전성 확보조치 기준 제5조(접근 권한의 관리)
증적 자료 등 준비사항	• 특수권한 관련 지침 • 특수권한 신청·승인 내역 • 특수권한자 목록 • 특수권한 검토 내용
결함사례	• 정보시스템 및 개인정보처리시스템의 관리자 및 특수 권한 부여 등의 승인 이력이 시스템이나 문서상으로 확인이 되지 않거나, 승인 이력과 특수권한 내역이 서로 일치되지 않는 경우 • 내부 규정에는 개인정보 관리자 및 특수권한자를 목록으로 작성·관리하도록 되어 있으나 이를 작성 관리하고 있지 않거나, 보안시스템 관리자 등 일부 특수권한이 식별 관리되지 않는 경우 • 정보시스템 및 개인정보처리시스템의 유지보수를 위하여 분기 1회에 방문하는 유지보수용 특수 계정이 사용기간 제한 없이 상시로 활성화되 어 있는 경우 • 관리자 및 특수 권한의 사용 여부를 정기적으로 검토하지 않아 일부 특수권한자의 업무가 변경되었음에도 불구하고 기존 관리자 및 특수 권한을 계속 보유하고 있는 경우
결함예시	OO기업의 개발자들은 개발시 Linux서버에의 개발자 계정에서 su명령어로 root접근이 가능하나 이에 대한 권한 신청 및 승인 절차가 존재하지 않음

1 인증기준 취지

2.5.5 특수 계정 및 권한 관리는 정보시스템의 관리자나 중요정보를 취급하는 사람, 이른바 수퍼유저에 대한 계정, 권한 관리에 관한 인증기준이다. 특수 계정은 정보시스템에 대한 접근에 대한 파급효과가 매우 크므로 일반 계정보다 관리수준을 더욱 강화할 필요가 있다. 즉, 일반 사용자보다 계정 생성, 관리 상의 추가적인 안전장치를 두어 계정·권한 탈취, 오남용으로 인한 피해를 예방하는 데 목적이 있다.

2 인증기준 상세

확인사항	요구 사항	관련 사항
최소한의 인원에게만 부여 위한 공식적인 권한 신청 및 승인 절차 수립·이행	• 관리자 등 특수권한은 최소한의 인원에게만 부여될 수 있도록 공식적인 권한 신청 및 승인 절차를 수립·이행하여야 함	• 정보시스템 관리, 개인정보 및 중요정보 관리 등 특수목적을 위한 계정 및 권한 유형 정의 • 특수권한 (예시) ▶ 3 참조 • 특수 계정 및 권한이 필요한 경우 공식적인 절차에 따라 신청 및 승인이 이루어질 수 있도록 특수계정·권한 발급·변경·해지 절차를 수립·이행 • 특수 계정·권한을 최소한의 업무 수행자에게만 부여할 수 있도록 일반 사용자 계정·권한 발급 절차보다 엄격한 기준 적용(임원 또는 보안 책임자 승인 등)
특수 계정 및 권한 식별 및 목록관리 등 통제 절차 수립·이행	• 특수 목적을 위해 부여된 계정 및 권한을 식별하고 별도의 목록으로 관리하는 등 통제절차를 수립·이행하여야 함	• 특수권한자 목록 작성·관리 ▶ 4 참조 • 특수권한자에 대해서는 예외조치 최소화, 모니터링 강화 등의 통제절차 수립·이행 • 정보시스템 유지보수 등 외부자에게 부여하는 특수권한은 필요 시에만 생성, 업무 종료 후에는 즉시 삭제 또는 정지하는 절차 적용 • 특수권한자 현황을 정기적으로 검토하여 목록 현행화

3 정보시스템 및 중요정보 접근을 위한 특수 권한 (예시)

1. 관리자 권한(Root, Administrator, admin, sys, system, sa 등 최상위 권한)
2. 배치 프로그램 실행이나 모니터링을 위하여 부여된 권한
3. 보안시스템 관리자 권한
4. 계정 생성 및 접근권한을 설정할 수 있는 권한 등

AD(Active Directory) 관리자 계정 탈취

윈도우 기반의 Active Directory(이하 AD) 체계를 이용하여 IT 서비스를 운영하는 기업이 해킹된 사례가 다수 확인된다. AD는 다수의 윈도우 시스템(PC, 서버)을 중앙에서 관리(계정정책 변경, 시스템 접근권한, 시스템 정보 수집 등)하기 위

2.5.3 정보시스템과 중요정보에 대한 접근은 안전한 인증절차와 강화된 인증방식을 적용하고 비인가자 접근을 통제
2.5.4 법적 요건, 외부 위협을 고려하여 사용자, 이용자가 사용하는 정보시스템 비밀번호 관리절차 수립·이행
2.6.3 정보의 중요도에 따라 응용프로그램을 접근권한을 제한하고, 불필요한 정보 노출을 최소화할 수 있는 기준을 수립·적용

(심화) Windows 시스템 계정관리 (관리자와 관리자 그룹)

1. 관리자(Administrator Account)와 관리자 그룹(Administrators Group)은 접근 권한의 제한이 없으므로 특별히 주의하여 설정되어야 한다.
2. 사용자 그룹 중 특별한 권한을 갖는 그룹은 그룹의 member를 검토하여 불필요한 사용자 계정은 삭제한다.
3. 기존 시스템에 새로운 운영자가 선임되었다면 시스템 운영자는 즉시 운영자 계정명과 패스워드를 변경하여야 한다.
4. 모든 운영자용 계정은 두 개의 계정(관리 작업용, 일반 작업용)을 사용한다.
5. 모든 운영자 계정으로의 실패한 로그온 시도는 기록되어야 한다.
6. Domain Admins Group과 Administrator Group의 member를 확인하여 불필요한 사용자는 모두 삭제한다.

(출처 : 중소기업 정보보호 관리체계(ISMS) 수립지원을 위한 정보보호실무 지침, KISA)

해 사용되는 효율적인 체계이지만, 시스템 관리 권한이 중앙으로 집중된다는 점에서 보안이 각별히 요구된다. 기업이 AD 체계를 운영할 때 가장 보안에 신경 써야 할 영역은 'AD 관리자 계정 탈취에 대한 위험성 관리'와 'Domain controller 서버 내부 침투에 대한 위험성 관리'이다.

4 계정 · 접근권한 관리대장과 특수 권한자 계정관리 대장 (예시)

시스템 계정관리 현황

확인	정보보안담당자	정보보안관리자

No	사용자	ID	용도	상태	변경일	정보보안관리자

DB접근권한 관리대장

확인	정보보안담당자	정보보안관리자

<table>
<tr><th rowspan="2">No</th><th colspan="2">계정</th><th rowspan="2">Data base</th><th rowspan="2">DB 계정</th><th rowspan="2">접근 권한 구분</th><th rowspan="2">접근 가능 테이블</th><th rowspan="2">용도</th><th rowspan="2">최종 변경일</th><th colspan="3">사용자</th><th rowspan="2">비고</th></tr>
<tr><th>Host name</th><th>IP</th><th>소속</th><th>성명</th><th>연락처</th></tr>
<tr><td></td><td></td><td></td><td></td><td></td><td></td><td></td><td></td><td></td><td></td><td></td><td></td><td></td></tr>
<tr><td></td><td></td><td></td><td></td><td></td><td></td><td></td><td></td><td></td><td></td><td></td><td></td><td></td></tr>
</table>

특수 권한자 계정관리 대장

확인	정보보안담당자	정보보안관리자

No	계정	사용자	부서	업무목적	대상서버	등록일	비고
1							
2							

계정 및 접근권한 변경 이력 남김, 검토기준(주체, 방법, 주기) 수립 및 이행, 문제점 조치

항목	2.5.6 접근권한 검토
인증기준	정보시스템과 개인정보 및 중요정보에 접근하는 사용자 계정의 등록·이용·삭제 및 접근권한의 부여·변경·삭제 이력을 남기고 주기적으로 검토하여 적정성 여부를 점검하여야 한다.
주요 확인사항	1) 정보시스템과 개인정보 및 중요정보에 대한 사용자 계정 및 접근권한 생성·등록·부여·이용·변경·말소 등의 이력을 남기고 있는가?
	2) 정보시스템과 개인정보 및 중요정보에 대한 사용자 계정 및 접근권한의 적정성 검토 기준, 검토주체, 검토방법, 주기 등을 수립하여 정기적 검토를 이행하고 있는가?
	3) 접근권한 검토 결과 접근권한 과다 부여, 권한부여 절차 미준수, 권한 오남용 등 문제점이 발견된 경우 그에 따른 조치절차를 수립·이행하고 있는가?
관련 법규	• 개인정보보호법 제29조(안전조치의무) • 개인정보의 안전성 확보조치 기준 제5조(접근 권한의 관리)
증적 자료 등 준비사항	• 접근권한 검토 기준 및 절차 • 접근권한 검토 이력 • 접근권한 검토 결과보고서 및 후속조치 내역
결함사례	• 접근권한 검토와 관련된 방법, 점검주기, 보고체계, 오·남용 기준 등이 관련 지침에 구체적으로 정의되어 있지 않아 접근권한 검토가 정기적으로 수행되지 않은 경우 • 내부 정책, 지침 등에 장기 미사용자 계정에 대한 잠금(비활성화) 또는 삭제 조치하도록 되어 있으나 6개월 이상 미접속한 사용자의 계정이 활성화되어 있는 경우(접근권한 검토가 충실히 수행되지 않아 해당 계정이 식별되지 않은 경우) • 접근권한 검토 시 접근권한의 과다 부여 및 오·남용 의심사례가 발견되었으나 이에 대한 상세조사, 내부보고 등의 후속조치가 수행되지 않은 경우
결함예시	OO기업은 1년 이상 접근권한에 대한 검토를 수행하지 않아 미사용 계정이 다수 식별되고 있음

2.5.6 요건 수준
Level 1. 법규 수준
1. 법규 : 개보법
2. 내규 : 해당
3. 인증기준 : 해당
4. 위험평가 : 해당

유사 인증기준
1.4.2 관리체계 점검
2.2.5 퇴직 및 직무변경 관리
2.5.1 사용자 계정 관리
2.5.5 특수 계정 및 권한 관리
2.9.5 로그 및 접속기록 점검
1.4.2 관리체계가 효과적으로 운영되고 있는지 독립된 인력이 연 1회 이상 점검하고, 문제점을 경영진 보고
2.2.5 퇴직 및 직무변경 시 관련 부서별 이행하여야 할 자산반납, 계정 및 접근권한 회수, 결과확인 등의 절차 수립
2.5.1 정보시스템의 비인가 접근을 통제하기 위한 사용자 등록, 변경 등의 절차를 수립·이행하고 사용자에게 계정보안 책임 명시
2.5.5 정보시스템 및 중요정보관리 등 특수 목적의 사용 계정 및 권한은 최소한으로 부여하고 별도 식별 통제
2.9.5 정보시스템의 정상적인 사용을 보장하고 오·남용을 방지하기 위하여 로그 검토기준을 수립하여 점검하며, 문제 발생 시 사후조치를 적시에 수행

1 인증기준 취지

2.5.6 접근권한 검토는 정보시스템을 인가된 사용자만이 필요한 업무만을 접근할 수 있도록 최소화하여 유지하기 위한 인증기준이다. 계정과 접근 권한은 정적으로 유지되지 않고, 동적으로 변경된다. 이 과정에서 주기적으로 검토하고 관리되지 않으면 보안상의 취약점이 발생할 것이다. 접근권한의 안전한 관리차원에서 접근권한 검토 방법, 검토 기준 등이 마련되어야 한다. 검토 시 발견된 문제점에 대해서는 원인을 분석하고 시정조치하도록 하고, 유사한 문제가 빈번히 재발할 때에는 근본적인 원인분석과 재발방지 대책을 수립하여 이행하여야 한다.

접근권한기록, 접속기록 보관 기간

1. 개인정보처리자
   접근권한기록 보관 : 3년
   접속기록 보관 : 1년, 2년(민감정보, 고유식별정보, 5만 명 이상 정보주체의 개인정보 보유)
   접속기록 검토주기 : 1개월
2. 정보통신서비스 제공자
   접근권한기록 보관 : 3년
   접속기록 보관 : 1년, 2년(기간통신사업자)
   접속기록 검토주기 : 1개월

※ 접속기록 검토주기는 월 1회 이상 점검해야 하며, 특히 개인정보를 다운로드한 것이 발견된 경우 내부관리 계획에서 정하는 바에 따라 그 사유를 확인해야 한다.

※ 접근권한 검토주기는 법에서는 명시적으로 있지 않으며, 인증기준에서는 최소 분기 1회를 권고함

2 인증기준 상세

확인사항	요구 사항	관련 사항
사용자 계정 및 접근권한 생성·등록·부여·이용·변경·말소 등의 이력 남김	• 정보시스템과 개인정보 및 중요정보에 대한 사용자 계정 및 접근권한 생성·등록·부여·이용·변경·말소 등의 이력을 남겨야 함	• 사용자 계정 및 접근권한에 대한 내역은 책임추적성 확보를 위해 필요한 사항을 모두 포함하여 기록 – 계정·접근권한 신청정보 : 신청자 또는 대리신청자, 신청일시, 신청목적, 사용기간 등 – 계정·접근권한 승인정보 : 승인자, 승인 또는 거부 여부, 사유 및 일시 등 – 계정·접근권한 등록정보 : 등록자, 등록일, 등록방법(결재시스템 연동, 수작업 등록 등) – 계정·접근권한 정보 : 대상 시스템명, 권한명, 권한 내역 등 • 접근권한 기록은 법적 요구사항을 반영하여 일정기간 동안 보관 –「개인정보 보호법」에 따른 개인정보처리자 : 최소 3년간 보관
사용자 계정 및 접근권한의 적정성 검토 정기적 이행	• 정보시스템과 개인정보 및 중요정보에 대한 사용자 계정 및 접근권한의 적정성 검토 기준, 검토주체, 검토방법, 주기 등을 수립하여 정기적 검토를 이행하여야 함	• 접근권한 검토 주체, 방법, 기준 주기(최소 월 1회 이상 권고), 결과보고 등 검토절차 수립 ▶ 3 참조
접근권한 검토 결과 문제점 발견 시 조치절차 수립·이행	• 접근권한 검토 결과 접근권한 과다 부여, 권한부여 절차 미준수, 권한 오남용 등 문제점 발견 시 조치절차를 수립·이행하여야 함	• 접근권한 검토 결과 권한의 과다 부여, 절차 미준수, 권한 오·남용 등 의심스러운 상황이 발견된 경우 소명요청 및 원인분석, 보완대책 마련, 보고체계 등이 포함된 절차 수립·이행 • 접근권한 검토 후 변경 적용된 권한에 대해서는 사용자 및 관련자에게 통지 • 유사한 문제가 반복될 경우 근본원인 분석 및 재발방지 대책 수립

3 접근권한 점검대장 (예시)

(　　)월 접근권한 점검대장

확인	정보보안담당자	정보보안관리자

시스템명	No	점검기준	점검결과	결과상세
	1	공식적인 절차에 따른 접근권한 부여 여부		
	2	접근권한 분류체계의 업무목적 및 보안정책 부합 여부		
	3	접근권한 승인자의 적절성		
	4	직무 변경 시 기존 권한 회수 후 신규 업무에 대한 적절한 권한 부여 여부		
	5	업무 목적 외 과도한 접근권한 부여 여부		
	6	특수권한 부여·변경·발급 현황 및 적정성		
	7	협력업체 등 외부자 계정·권한 발급 현황 및 적정성		
	8	접근권한 신청·승인 내역과 실제 접근권한 부여 현황의 일치 여부		
	9	장기 미접속자 계정 현황 및 삭제(또는 잠금) 여부		
	10	휴직, 퇴직 시 지체없이 계정 및 권한 회수 여부 등		

(심화) 보관기간과 보유기간

1. 보관기간
   - 접근권한기록, 접속기록과 같이 책임추적성을 위해 보관하는 기간으로, 보관기간보다 적게 가지고 있으면 결함
2. 보유기간
   - 개인정보의 목적 달성 시 파기해야 하는 기간으로 보유기간보다 오래 가지고 있으면 결함

2.6.1 요건 수준
Level 1. 법규 수준
1. 법규 : 개보법
2. 내규 : 해당
3. 인증기준 : 해당
4. 위험평가 : 해당

유사 인증기준
2.4.2 출입통제
2.6.2 정보시스템 접근
2.6.6 원격접근 통제
2.6.7 인터넷 접속 통제
2.10.1 보안시스템 운영
2.4.2 보호구역은 인가된 사람만이 출입하도록 통제하고 책임추적성을 위해 출입 이력을 주기적 검토
2.6.2 서버, 네트워크시스템 등 정보시스템에 접근을 허용하는 사용자, 접근제한 방식, 안전한 접근수단 정의 및 통제
2.6.6 원격 정보시스템 관리 및 개인정보 처리는 금지하고, 불가피한 사유로 허용 시 강화된 인증, 구간 암호화 등 보호대책 수립·이행
2.6.7 인터넷을 통한 침해를 예방하기 위하여 주요 정보시스템, 개인정보 취급 단말기 등에 대한 인터넷 접속 통제 정책을 수립·이행
2.10.1 보안시스템 유형별로 관리자 지정, 최신 정책 업데이트, 룰셋 변경, 이벤트 모니터링 등의 운영절차를 수립·이행하고 보안시스템별 정책적용 현황을 관리하여야 한다.

내부망 인가 사용자 접근, 영역 분리 및 접근통제, IP주소 기준(사설 IP), 원거리 구간 보호대책

항목	2.6.1 네트워크 접근
인증기준	네트워크에 대한 비인가 접근을 통제하기 위하여 IP관리, 단말인증 등 관리절차를 수립·이행하고, 업무목적 및 중요도에 따라 네트워크 분리(DMZ, 서버팜, DB존, 개발존 등)와 접근통제를 적용하여야 한다.
주요 확인사항	1) 조직의 네트워크에 접근할 수 있는 모든 경로를 식별하고 접근통제 정책에 따라 내부 네트워크는 인가된 사용자만이 접근할 수 있도록 통제하고 있는가?
	2) 서비스, 사용자 그룹, 정보자산의 중요도, 법적 요구사항에 따라 네트워크 영역을 물리적 또는 논리적으로 분리하고 각 영역간 접근통제를 적용하고 있는가?
	3) 네트워크 대역별 IP주소 부여 기준을 마련하고 DB서버 등 외부 연결이 필요하지 않은 경우 사설 IP로 할당하는 등의 대책을 적용하고 있는가?
	4) 물리적으로 떨어진 IDC, 지사, 대리점 등과의 네트워크 연결 시 전송구간 보호대책을 마련하고 있는가?
관련 법규	• 개인정보보호법 제29조(안전조치의무) • 개인정보의 안전성 확보조치 기준 제6조(접근통제)
증적 자료 등 준비사항	• 네트워크 구성도 • IP 관리대장 • 정보자산 목록 • 방화벽룰
결함사례	• 네트워크 구성도와 인터뷰를 통해 확인한 결과, 외부 지점에서 사용하는 정보시스템 및 개인정보처리시스템과 IDC에 위치한 서버간의 연결 시 일반 인터넷 회선을 통해 데이터 송수신을 처리하고 있어 내부 규정에 명 시된 VPN이나 전용망 등을 이용한 통신이 이루어지고 있지 않은 경우 • 내부망에 위치한 DB서버 등 일부 중요 서버의 IP주소가 내부 규정과 달리 공인 IP로 설정되어 있고, 네트워크 접근 차단이 적용되어 있지 않은 경우 • 서버팜이 구성되어 있으나 네트워크 접근제어 설정 미흡으로 내부망에서 서버팜으로의 접근이 과도하게 허용되어 있는 경우 • 외부자(외부 개발자, 방문자 등)에게 제공되는 네트워크를 별도의 통제 없이 내부 업무 네트워크와 분리하지 않은 경우 • 내부 규정과는 달리 MAC 주소 인증, 필수 보안 소프트웨어 설치 등의 보호대책을 적용하지 않은 상태로 네트워크 케이블 연결만으로 사내 네트워크에 접근 및 이용할 수 있는 경우
결함예시	OO기업은 트래픽 문제로 방화벽을 사용하지 못하고 중앙 라우터와 백본 스위치에 ACL을 설정하여 접근통제를 수행하고 있으나 해당 ACL룰셋의 관리가 제대로 되고 있지 않아 일부 내부망에서 불필요하게 다른 네트워크간의 접근과 업무네트워크과 Guest 네트워크간의 접근이 허용되고 있음

1 인증기준 취지

2.6.1 네트워크 접근은 주로 유선 네트워크의 접근통제에 관한 인증기준이다. 정

보시스템의 데이터 전송의 기반이 되는 네트워크에 비인가자의 침입을 예방하기 위해서는 보안 요건을 고려하여 네트워크 아키텍처의 설계가 이루어져야 한다. 먼저 정보자산의 용도와 중요도에 따라 네트워크 IP대역을 분리하여야 한다. 또한 내부의 중요자원을 보호하기 위해 사설IP주소를 사용한다. 그리고 영역간 경계에는 방화벽 등을 통하여 영역간 접근을 통제해야 한다. 또한 단말은 네트워크에 연결하는 경우 NAC를 통해 인증을 하는 등 인가된 자만이 네트워크에 접근하도록 한다. 전산센터가 물리적으로 떨어진 경우에는 구간 내 취약한 부분에서 정보유출 경로가 될 수 있으니 안전한 전송환경을 구현하여야 한다.

❷ 인증기준 상세

확인사항	요구 사항	관련 사항
네트워크 경로 식별 및 네트워크 접근통제 관리절차 수립·이행	• 조직의 네트워크에 접근 할 수 있는 모든 경로를 식별하고, 네트워크에 대한 비인가 접근 등 관련 위험을 효과적으로 예방·대응할 수 있도록 네트워크 접근통제 관리절차를 수립·이행하여야 함	• 정보시스템, 개인정보처리시스템, PC 등에 IP주소 부여 시 승인절차에 따라 부여하는 등 허가되지 않은 IP 사용 통제 • 비인가된 사용자 및 단말의 내부 네트워크 접근 통제 • 네트워크 장비에 설치된 불필요한 서비스 및 포트 차단 등
네트워크 영역 분리 및 영역간 접근 통제 적용	• 서비스, 사용자 그룹, 정보자산의 중요도, 법적 요구사항에 따라 네트워크 영역을 물리적 또는 논리적으로 분리하고 각 영역간 접근통제를 적용하여야 함	• 위험평가를 통해 핵심 업무영역의 네트워크 분리 및 영역 간 접근통제 수준 결정 ▶ ❸~❺ 참조 • 접근통제 정책에 따라 분리된 네트워크 영역 간에는 침입차단시스템, 네트워크 장비 ACL 등을 활용하여 네트워크 영역 간 업무수행에 필요한 서비스의 접근만 허용하도록 통제 ▶ ❻~❼ 참조
사설 IP 할당 및 외부에서 직접 접근이 불가능 하도록 설정	• 네트워크 대역별 IP주소 부여 기준을 마련하고 DB서버 등 중요시스템이 외부와의 연결이 필요로 하지 않는 경우 사설 IP로 할당하여 외부에서 직접 접근이 불가능하도록 설정하여야 함	• IP주소 할당 현황을 최신으로 유지하고, 외부에 유출되지 않도록 대외비 이상으로 안전하게 관리 • 내부망에서의 주소 체계는 사설 IP주소 체계를 사용하고 외부에 내부 주소체계가 노출되지 않도록 NAT(Network Address Translation) 기능 적용 • 사설 IP주소를 할당하는 경우 국제표준에 따른 사설 IP주소 대역 사용
물리적으로 떨어진 네트워크 연결 시 안전한 접속환경 구성	• 물리적으로 떨어진 네트워크 연결 시 안전한 접속환경을 구성하여야 함	• IDC, 지사, 대리점, 협력업체, 고객센터 등과의 네트워크 연결 시 전용회선 또는 VPN(가상사설망) 등을 활용하여 안전한 접속환경 구성

(바른뜻) 공인 IP, 사설 IP, 고정 IP, 유동 IP

1. 공인 IP(Public IP)
   - 전세계적으로 ICANN이라는 기관이 국가별로 사용할 IP 대역을 관리하고, 국내에는 한국인터넷 진흥원(KISA)에서 인터넷에 접속할 수 있도록 부여하는 주소
2. 사설 IP(Private IP)
   - 전체 IP 대역 중에서 특수한 목적으로 사용하기 위해서 몇 개의 대역을 제외하고 공인 IP 대역으로 할당하고 있는데, 제외된 대역 중에서 사용자가 임의로 부여하고 사용할 수 있지만 인터넷 상에서 서로 연결되지 않도록 되어 있는 주소
3. 고정 IP(Static IP)
   - 컴퓨터에 고정적으로 부여된 IP로 한번 부여되면 IP를 반납하기 전까지는 다른 장비에 부여할 수 없는 IP주소
4. 유동 IP(Dynamic IP)
   - 장비에 고정적으로 IP를 부여하지 않고 컴퓨터를 사용할 때 남아있는 IP 중에서 돌아가면서 부여하는 IP주소

국제표준 사설 IP주소 대역

1. A Class
   - 10.0.0.1~ 10.255.255.255
2. B Class
   - 172.16.0.1~ 172.31.255.255
3. C Class
   - 192.168.0.1~ 192.168.255.255

3 내부망 구성도 (예시)

내부망 구성도 예시 1

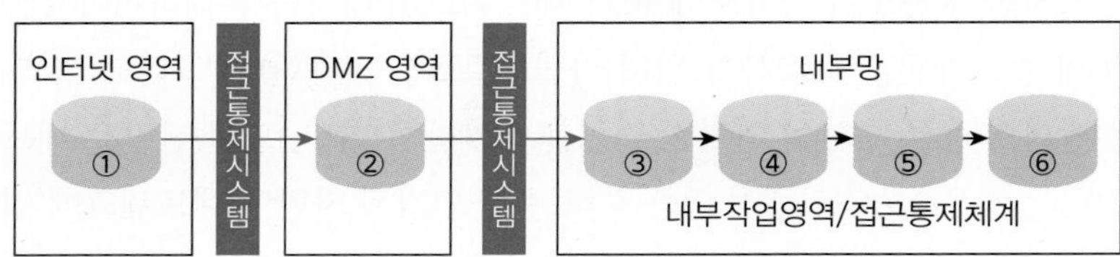

내부망 구성도 예시 2

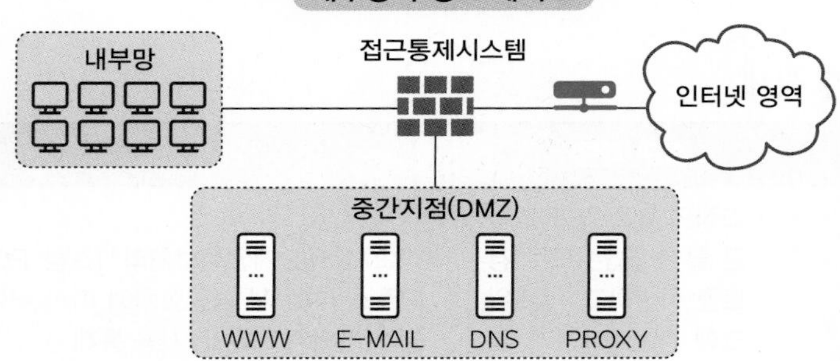

(출처 : 개인정보의 안전성 확보조치 기준 해설서)

(바른 뜻) 인터넷 구간, DMZ구간, 내부망 구간

1. 인터넷 구간
   - 개인정보처리시스템과 인터넷이 직접 연결되어 있는 구간
2. DMZ 구간
   - 인터넷과 내부망 사이에 위치한 중간 지점 또는 인터넷 구간 사이에 위치한 중간 지점으로서 인터넷 구간에서 직접 접근이 가능한 영역
   - 침입차단시스템 등으로 접근 제한 등을 수행하는 경우에도 해당
3. 내부망
   - 접근통제시스템 등에 의해 차단되어 외부에서 직접 접근이 불가능한 영역

(개인정보의 안전성 확보조치 기준 해설서)

4 DMZ 구성도 (예시)

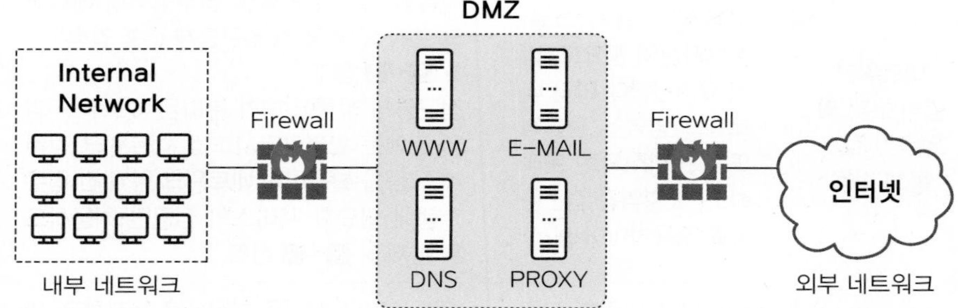

5 위험평가를 통한 접근통제 영역의 접근통제 적용

영역	접근통제 적용 예시
DMZ	• 외부 서비스를 위한 웹서버, 메일서버 등 공개서버는 DMZ에 위치 • DMZ를 경유하지 않은 인터넷에서 내부 시스템으로의 직접 연결은 차단
서버팜	• 다른 네트워크 영역과 구분하여 구성 • 인가 받은 내부 사용자의 접근만 허용하도록 접근통제 정책 적용
DB팜	• 개인정보 등 중요정보가 저장된 DB가 위치한 네트워크 영역은 다른 네트워크 영역과 분리

운영자 환경	• 서버, 보안장비, 네트워크 장비 등을 운영하는 운영자 네트워크 영역은 일반 사용자 네트워크 영역과 분리
개발 환경	• 개발업무(개발서버, 테스트서버 등)에 사용되는 네트워크는 운영 네트워크와 분리
외부자 영역	• 외부 인력이 사용하는 네트워크 영역(외주용역, 민원실, 교육장 등)은 내부 업무용 네트워크와 분리
기타	• 업무망의 경우 업무의 특성, 중요도에 따라 네트워크 대역 분리기준을 수립하여 운영 • 클라우드 서비스를 이용하는 경우 클라우드 환경의 특성을 반영한 접근통제 기준을 수립·이행 • 기업의 규모 등을 고려하여 서버팜과 DB팜 등을 구분하기 어려운 경우 위험평가 결과를 기반으로 보완대책을 적용할 필요가 있음(호스트기반 접근통제)

6 다계층 보안 통제 모델 구현 (예시)

외부의 위협으로부터 경계선(Perimeter), 네트워크(Network), 호스트(Host), 응용 프로그램(Application), 데이터(Data)로 저지 계층을 구축함으로써 한 계층이 뚫려도 다른 통제를 적용하여 전체 시스템을 보호하는 모델이다.

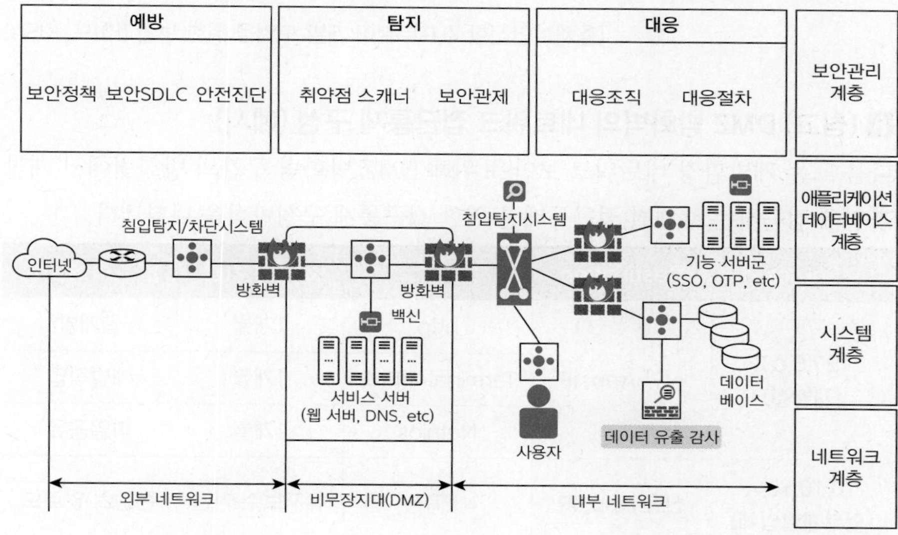

NAC(Network Access Control)
- 과거 IP 관리 시스템에서 발전한 솔루션이다. 기본적인 개념은 IP 관리 시스템과 거의 같고, IP 관리 시스템에 네트워크에 대한 통제를 강화한 것이다.

1. **접근 제어/인증**
   - 내부 직원 역할 기반의 접근 제어
   - 네트워크의 모든 IP 기반 장치 접근 제어
2. **PC 및 네트워크 장치 통제(무결성 체크)**
   - 백신 관리
   - 패치 관리
   - 자산 관리 (비인가 시스템 자동 검출)
3. **해킹, 웜, 유해 트래픽 탐지 및 차단**
   - 유해 트래픽 탐지 및 차단
   - 해킹 행위 차단
   - 완벽한 증거 수집 능력

네이버 지식백과] (정보 보안 개론, 2013. 6. 28., 양대일)

(참고) 개발 환경 네트워크 보안
소규모 조직에서는 개발 환경을 구성할 때에는 개발 편의성을 위하여 네트워크 보안을 고려하지 않는 경우가 있다. 하지만 운영환경의 데이터가 개발 환경으로 이관되는 경우가 흔히 발생하므로 개발환경의 네트워크도 운영환경과 동일한 수준으로 관리하여야 한다. 개발과 운영의 네트워크 IP 대역을 분리하고 접근을 통제하여야 한다. 그리고 개발환경과 운영환경에 접근하는 인원을 제한하고 권한을 최소화하여야 한다.

방화벽 보안점검 (예시)

1. 환경설정 파일 내역 점검 및 주기적 백업되고 있습니까?
2. 서비스 데몬 정상기동 및 정상작동 하고 있습니까?
3. 파일시스템 사용량 점검하였습니까?
4. 에러 및 보안장비 로그 확인하고 있습니까?
5. 보안 및 장비 이상 징후 파악되고 있습니까?
6. 디폴트 계정을 삭제(정지)하고, 운영하고 있습니까?
7. 계정 비밀번호를 암호화하여 저장하고 있습니까?
8. 계정 비밀번호는 영문자, 숫자, 특수문자 조합의 9자리 이상으로 사용하고 있습니까?
9. 제조사에서 제공하는 보안 패치를 적용하였습니까?
10. 관리자 페이지는 인가된 사용자(IP)만 접근이 가능합니까?
11. 보안에 허술하다고 생각되는 정책들이 있습니까?
12. 저장된 로그는 6개월 보관 중에 있습니까?

7 (참고) 개발 환경의 보안 구성 네트워크 설계 (예시)

개발환경 보안 요건 중 네트워크 보안은 외부 사이버 공격으로부터 개발 환경 보호를 위해 그림과 같이 개발 네트워크와 DMZ 네트워크를 구분하고 방화벽을 설치하는 등의 네트워크 보안환경을 구성하고 개발과 운영에 필요한 네트워크 접근 경로를 구성하여야 한다.

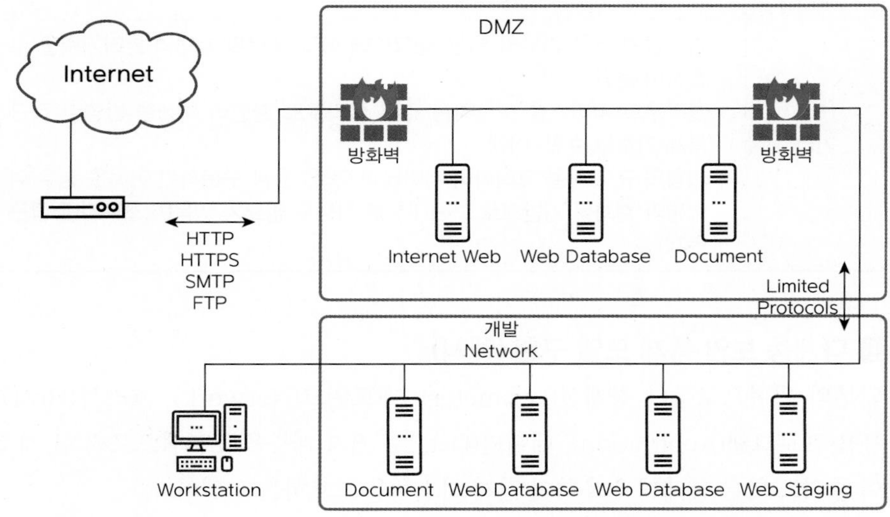

(출처 : 안전한 소프트웨어 개발 도입을 위한 보안가이드, KISA)

8 (참고) DMZ 방화벽의 네트워크 접근통제 구성 (예시)

다음 표는 개발환경 네트워크 보안을 위해 DMZ 방화벽 구간의 방화벽에서 개발 자원에 접근하는 주체별 접근통제를 위한 접근통제 구성방식을 나타낸다.

Source	Destination	Service	OPEN 기간	목적
127.0.0.X (개발실)	신규 App. IP	http	1개월	웹개발
		Terminal 서비스	1개월	개발작업
		Netnios	1개월	파일공유
10.10.10.X (외부개발업체)	신규 App. IP	FTP	유지보수 기간	콘텐츠 업로드
신규 App.IP	DB IP	SQL NET	서비스 기간	DB Query
Any	신규 App.IP	http	1개월	애플리케이션 시험서비스

9 (참고) 방화벽 정책설정 콘솔 화면 (예시)

ACL, 15	전체	INTERNAL	차단사이트 바이러스공격 북한차단IP	ALL	none	ANY	Deny
ACL, 16	전체	INTERNAL	차단사이트_추가	ALL	none	ANY	Deny
ACL, 17	전체	INTERNAL	불법사이트 차단사이트추가1	ALL	none	ANY	Deny
ACL, 18	전체	INTERNAL	차단사이트추가2 증권사이트	ALL	none	ANY	Deny
↳ 설명: 20110304_DDoS_상용메일							
ACL, 19	전체	INTERNAL	차단사이트추가3 상용클라우드	ALL	none	ANY	Deny
ACL, 20	전체	INTERNAL	원격제어사이트	HTTPS NateOn HTTP	none	ANY	Deny
ACL, 21	전체	INTERNAL	모바일 사이트	ALL	none	ANY	Deny
ACL, 22	전체	INTERNAL	P2P	ALL	none	ANY	Deny

(출처 : 개인정보 영향평가 수행안내서)

2. 보호대책 요구사항 ▶ 2.6. 접근통제

서버, NW, 보안시스템 OS 접근 통제, 세션타임아웃, 불필요서비스 제거, 주요서비스 독립서버

항목	2.6.2 정보시스템 접근
인증기준	서버, 네트워크시스템 등 정보시스템에 접근을 허용하는 사용자, 접근제한 방식, 안전한 접근수단 등을 정의하여 통제하여야 한다.
주요 확인사항	1) 서버, 네트워크시스템, 보안시스템 등 정보시스템 별 운영체제(OS)에 접근이 허용되는 사용자, 접근 가능 위치, 접근 수단 등을 정의하여 통제하고 있는가? 2) 정보시스템에 접속 후 일정시간 업무처리를 하지 않는 경우 자동으로 시스템 접속이 차단되도록 하고 있는가? 3) 정보시스템의 사용목적과 관계없는 서비스를 제거하고 있는가? 4) 주요 서비스를 제공하는 정보시스템은 독립된 서버로 운영하고 있는가?
관련 법규	• 개인정보보호법 제29조(안전조치의무) • 개인정보의 안전성 확보조치 기준 제6조(접근통제)
증적 자료 등 준비사항	• 정보시스템 운영체제 계정 목록 • 서버 보안 설정 • 서버 및 네트워크 구성도 • 정보자산 목록 • 서버접근제어 정책(SecureOS 관리화면 등)
결함사례	• 사무실에서 서버관리자가 IDC에 위치한 윈도우 서버에 접근 시 터미널 서비스를 이용하여 접근하고 있으나 터미널 서비스에 대한 Session Timeout 설정이 되어 있지 않아 장시간 아무런 작업을 하지 않아도 해당 세션이 차단되지 않는 경우 • 서버 간의 접속이 적절히 제한되지 않아 특정 사용자가 본인에게 인가된 서버에 접속한 후 해당 서버를 경유하여 다른 인가받지 않은 서버에도 접속할 수 있는 경우 • 타당한 사유 또는 보완 대책 없이 안전하지 않은 접속 프로토콜(telnet, ftp 등)을 사용하여 접근하고 있으며, 불필요한 서비스 및 포트를 오픈하고 있는 경우 • 모든 서버로의 접근은 서버접근제어 시스템을 통하도록 접근통제 정책을 가져가고 있으나, 서버접근제어 시스템을 통하지 않고 서버에 접근할 수 있는 우회 경로가 존재하는 경우

2.6.2 요건 수준

Level 1. 법규 수준
1. 법규 : 개보법
2. 내규 : 해당
3. 인증기준 : 해당
4. 위험평가 : 해당

유사 인증기준

2.5.1 사용자 계정 관리
2.6.1 네트워크 접근
2.6.3 응용프로그램 접근
2.6.6 원격접근 통제

2.5.1 정보시스템의 비인가 접근을 통제하기 위한 사용자 등록, 변경 등의 절차를 수립·이행하고 사용자에게 계정보안 책임 명시

2.6.1 네트워크에 대한 비인가 접근을 통제하기 위해 관리절차를 수립·이행하고 네트워크 분리와 접근통제 적용

2.6.3 정보의 중요도에 따라 응용프로그램 접근권한을 제한하고, 불필요한 정보 노출을 최소화할 수 있는 기준을 수립·적용

2.6.6 원격 정보시스템 관리 및 개인정보 처리는 금지하고, 불가피한 사유로 허용 시 강화된 인증, 구간 암호화 등 보호대책 수립·이행

서버접근제어(SAC)의 주요 기능
1. 인증 강화
2. 접근권한 통제(SSH, Telnet, FTP, RDP 등)
3. 주요 명령어 사용제한 사용 명령어 로그 기록 (Linux)
4. 작업로그(Linux / 스크립트 기반 Timestamp방식으로 커맨드입력 내용 및 작업결과까지 모두 기록가능하며 Windows는 동영상 녹화기능을 이용 작업 로그 생성 가능)

주요 OS별 서비스 확인 방법 (예시)
1. 리눅스
   1) /etc/xinetd.conf 파일의 서비스 목록 확인
   2) /etc/xinetd.d 디렉토리에 서비스 파일 사용 여부 확인
2. 윈도우
   [시작] - [제어판] - [관리 도구] - [서비스]
   각 서비스 별로 사용 여부 점검

(심화) 접속 IP 및 포트 제한 애플리케이션 종류
1. TCP Wrapper
   네트워크 서비스에 관련한 트래픽을 제어하고 모니터링할 수 있는 UNIX 기반의 방화벽 툴
2. IPFilter
   유닉스 계열에서 사용하는 공개형 방화벽 프로그램으로써 패킷 필터로 시스템 및 네트워크 보안에 아주 강력한 기능을 보유한 프로그램
3. IPTables
   리눅스 커널 방화벽이 제공하는 테이블들과 그것을 저장하는 체인, 규칙들을 구성할 수 있게 해주는 응용 프로그램

항목	2.6.2 정보시스템 접근
결함예시	ㅁㅁ기업은 서버접근제어(SAC)솔루션을 사용하여 모든 정보시스템의 접근은 SAC를 경유하여 접근하여야 하나 개발자 등 사용자 클라이언트에서는 SAC를 경유하고 접근하고 있으나 정보시스템에서 정보시스템간에 FTP, SSH, TELNET 등으로 특별한 사유 없이 접근가능함

1 인증기준 취지

2.6.2 정보시스템 접근은 네트워크 경로상의 접근이 아닌 호스트 상의 접근에 관한 인증기준이다. 기본적으로 호스트의 OS는 안전성 확보조치(Hardening)가 되어 있어야 한다. 그리고 가능하면 독립된 서버로 사용하여 여러 서비스들을 여러 사람이 관리하지 않도록 한다. 정보시스템 운영과 관계 없는 불필요한 서비스 등은 제거하도록 한다. 정보시스템이 운영 중에 비인가자가 접근하여 임의로 조작하지 못하도록 일정시간 미사용 시 세션 차단 등의 조치도 필요하다.

2 인증기준 상세

확인사항	요구 사항	관련 사항
정보시스템 별 OS접근이 허용되는 사용자, 접근 수단 등 정의	• 서버, 네트워크시스템, 보안시스템 등 정보시스템 별 운영체제(OS)에 접근이 허용되는 사용자, 접근 가능한 위치, 접근 수단 등을 정의하여 통제하여야 함	• 계정 및 권한 신청·승인 절차 • 사용자별로 개별 계정 부여 및 공용 계정 사용 제한 • 계정 사용 현황에 대한 정기 검토 및 현행화 관리 : 장기 미사용 계정, 불필요 계정 존재 여부 • 접속 위치 제한 : 접속자 IP주소 제한 등 • 관리자 등 특수권한에 대한 강화된 인증수단 고려 : 인증서, OTP 등 • 안전한 접근수단 적용 : SSH, SFTP • 동일 네트워크 영역 내 서버 간 접속에 대한 접근통제 조치 등
장시간 미사용 시 시스템 접속 차단 조치	• 정보시스템에 접속 후 일정시간 업무처리를 하지 않는 경우 자동으로 시스템 접속이 차단되도록 조치하여야 함	• 서버별 특성, 업무 환경, 위험의 크기, 법적 요구사항 등을 고려하여 세션 유지시간 설정
불필요한 서비스 또는 포트 제거 또는 차단	• 정보시스템의 사용 목적과 관련이 없거나 침해사고를 유발할 수 있는 서비스 또는 포트를 확인하여 제거 또는 차단하여야 함	• 안전하지 않은 서비스, 프로토콜, 데몬에 대해서는 추가적인 보안기능 구현 • Netbios, File-Sharing, Telnet, FTP 등과 같은 안전하지 않은 서비스를 보호하기 위하여 SSH, SFTP, IPSec, VPN 등과 같은 안전 한 기술 사용

주요서비스 제공서버는 독립된 서버로 운영	• 주요서비스 제공 서버는 독립된 서버로 운영하여야 함	• 외부에 직접 서비스를 제공하거나 민감한 정보를 보관·처리하고 있는 웹서버, DB서버, 응용프로그램 등은 공용 장비로 사용하지 않고 독립된 서버 사용

2. 보호대책 요구사항 ▶ 2.6. 접근통제

응용 접근권한 차등 부여, 정보 노출 최소화, 세션타임아웃, 동시세션 제한, 관리자 웹페이지, 표시제한

항목	2.6.3 응용프로그램 접근
인증기준	사용자별 업무 및 접근 정보의 중요도 등에 따라 응용프로그램 접근권한을 제한하고, 불필요한 정보 또는 중요정보 노출을 최소화할 수 있도록 기준을 수립하여 적용하여야 한다.
주요 확인사항	1) 중요정보 접근을 통제하기 위하여 사용자의 업무에 따라 응용프로그램 접근권한을 차등 부여하고 있는가? 2) 일정시간 동안 입력이 없는 세션은 자동 차단하고, 동일 사용자의 동시 세션 수를 제한하고 있는가? 3) 관리자 전용 응용프로그램(관리자 웹페이지, 관리콘솔 등은 비인가자가 접근할 수 없도록 접근을 통제하고 있는가? 4) 개인정보 및 중요정보의 표시제한 보호조치의 일관성을 확보할 수 있도록 관련 기준을 수립하여 적용하고 있는가? 5) 개인정보 및 중요정보의 불필요한 노출(조회, 화면표시, 인쇄, 다운로드 등)을 최소화할 수 있도록 응용프로그램을 구현하여 운영하고 있는가?
관련 법규	• 개인정보보호법 제29조(안전조치의무) • 개인정보의 안전성 확보조치 기준 제5조(접근권한의 관리), 제6조(접근통제), 제12조 (출력·복사시 안전조치)
증적 자료 등 준비사항	• 응용프로그램 접근권한 분류 체계 • 응용프로그램 계정/권한 관리 화면 • 응용프로그램 사용자/관리자 화면(개인정보 조회 등) • 응용프로그램 세션 타임 및 동시접속 허용 여부 내역 • 응용프로그램 관리자 접속로그 모니터링 내역 • 정보자산 목록 • 개인정보처리시스템의 개인정보 조회, 검색 화면 • 개인정보 마스킹 표준 • 개인정보 마스킹 적용 화면

2.6.3 요건 수준

Level 1. 법규 수준

1. 법규 : 개보법
2. 내규 : 해당
3. 인증기준 : 해당
4. 위험평가 : 해당

유사 인증기준

2.5.1 사용자 계정 관리

2.6.1 네트워크 접근

2.6.2 정보시스템 접근

2.5.1 정보시스템의 비인가 접근을 통제하기 위한 사용자 등록, 변경 등의 절차를 수립·이행하고 사용자에게 계정보안 책임 명시

2.6.1 네트워크에 대한 비인가 접근을 통제하기 위해 관리절차를 수립·이행하고 네트워크 분리와 접근통제 적용

2.6.2 서버, 네트워크시스템 등 정보시스템에 접근을 허용하는 사용자, 접근제한 방식, 안전한 접근수단 정의 및 통제

2023.10.31. ISMS-P 인증 기준 세부점검항목 개정으로 인하여 3.2.3 개인정보 표시제한 및 이용 시 보호조치 항목이 삭제되었고 2.6.3 응용프로그램 접근 인증기준의 세부항목으로 추가되었다.

(바른 뜻) 유출, 누출, 노출

1. 유출
   귀중한 물품이나 정보 따위가 불법적으로 나라나 조직의 밖으로 나가 버림 또는 그것을 내보냄
2. 누출
   비밀이나 정보 따위가 밖으로 새어 나감
3. 노출
   겉으로 드러나거나 드러냄

※ 유출은 누출과 유사하나 불법적인 의미로 쓰인다. 노출은 고의나 과실의 여부를 떠나 사업자, 해커, 정보 주체 등에 의해 정보가 공중에 떠다니는 것을 말한다. 해커가 고의로 개인정보를 노출시킬 수도 있지만 정보 주체 스스로의 실수로 인해 노출되는 경우도 있다.
(출처 : 국립국어원 국어사전)

(참고) 접근권한 부여 기준

1. 정보시스템의 종류 및 중요도에 따른 접근권한 부여 범위의 차등화
2. 국민의 개인 신상, 재산, 인가 등과 관련된 정보의 접근권한은 업무와 관련 있는 담당자 및 결재권자로 제한
3. 내부 의사결정과 관련된 행정정보는 정보의 중요도에 따라서 접근권한 부여 범위를 업무담당자 및 결재권자, 업무관련 부서 또는 기관 단위로 제한
4. 행정기관의 행정통계와 관련된 정보의 접근권한은 관련 부서 또는 기관 단위로 제한
5. 공개되어도 상관없는 정보의 접근권한은 기관 단위로 제한하거나 허용

(출처 : 행정기관 정보시스템 접근권한 관리 규정)

결함사례	• 응용프로그램의 개인정보 처리화면 중 일부 화면의 권한 제어 기능에 오류가 존재하여 개인정보 열람 권한이 없는 사용자에게도 개인정보가 노출되고 있는 경우 • 응용프로그램의 관리자 페이지가 외부인터넷에 오픈되어 있으면서 안전한 인증수단이 적용되어 있지 않은 경우 • 응용프로그램에 대하여 타당한 사유 없이 세션 타임아웃 또는 동일 사용자 계정의 동시 접속을 제한하고 있지 않은 경우 • 응용프로그램을 통하여 개인정보를 다운로드받는 경우 해당 파일 내에 주민등록번호 등 업무상 불필요한 정보가 과도하게 포함되어 있는 경우 • 응용프로그램의 개인정보 조회화면에서 like 검색을 과도하게 허용하고 있어, 모든 사용자가 본인의 업무 범위를 초과하여 성씨만으로도 전체 고객 정보를 조회할 수 있는 경우 • 개인정보 표시제한 조치 기준이 마련되어 있지 않거나 이를 준수하지 않는 등의 사유로 동일한 개인정보 항목에 대하여 개인정보처리시스템 화면별로 서로 다른 마스킹 기준이 적용된 경우 • 개인정보처리시스템의 화면상에는 개인정보가 마스킹되어 표시되어 있으나, 웹브라우저 소스보기를 통하여 마스킹되지 않은 전체 개인정보가 노출되는 경우
결함예시	OO기업에서 개인정보처리시스템의 개인정보 조회화면에서 일반 개인정보 취급자도 별도 마스킹이 되지않은 상태로 개인정보가 조회가 가능하며, Like 검색이 가능하여 필요외적인 개인정보가 조회가 되고 있으며, 다운로드 버튼 클릭시 별도 사유를 입력하는 기능이 적용되지 않고 있지만 이에 대한 승인이나 확인할 수 있는 사항이 없음

1 인증기준 취지

2.6.3 응용프로그램 접근 인증기준은 서버 호스트 OS가 아닌 응용프로그램 상에서 사용자별 업무와 접근에 관한 인증 기준이다. 이 기준은 서버 호스트 OS가 아닌 응용프로그램 내에서의 접근을 다루며, 정보 노출 시 사용자가 인지하기 쉽고 파급효과가 크기 때문에 더욱 세심한 관리가 필요하다. 사용자마다 필요에 맞게 권한을 부여하여야 하며, 이때 필요는 업무를 수행하기 위한 최소한의 기준을 의미한다. 응용프로그램은 세션 타임 아웃, 동시 사용자 접속 제한 등으로 비인가자에 대한 접근을 예방해야 하고, 관리자용 응용프로그램은 일반 사용자와 다르게 접속 위치를 제한하고, 강화된 접속수단이나 인증수단을 적용해야 한다. 2023년 10월 31일에 인증기준이 개정되면서 3.2.3 개인정보 표시제한 및 이용 시 보호조치 항목이 삭제되고 2.6.3 응용프로그램 접근 인증기준과 통합되었다. 개인정보를 처리하는 과정에서 출력되는 개인정보의 노출을 최소화하는 내용과 기술적, 관리적 대책을 수립하여 표시를 제한하고, 보호조치를 취해야 한다.

2 인증기준 상세

확인사항	요구 사항	관련 사항
응용프로그램 접근권한 차등 부여	• 중요정보의 접근을 통제하기 위하여 사용자의 업무에 따라 응용프로그램 접근권한을 차등 부여하여야 함	• 내부에서 사용하는 응용프로그램(백오피스 시스템, 회원관리시스템 등)을 명확히 식별 • 응용프로그램 중 개인정보를 처리하는 개인정보처리시스템 식별 • 최소권한 원칙에 따른 사용자 및 개인정보취급자 접근권한 분류체계(권한분류표 등) 마련 ▶ 3~4 참조 • 중요정보 및 개인정보 처리(입력, 조회, 변경, 삭제, 다운로드, 출력 등) 권한을 세분화하여 설정할 수 있도록 응용프로그램 기능 구현 • 식별된 응용프로그램 및 개인정보처리시스템에 대한 계정 및 권한을 부여하는 절차 수립·이행 • 권한 부여·변경·삭제 기록을 보관하여 접근권한의 타당성 검토
불필요한 노출 최소화 위한 응용프로그램 구현·운영	• 중요정보의 불필요한 노출(조회, 화면표시, 인쇄, 다운로드 등)을 최소화할 수 있도록 응용프로그램을 구현하여 운영하여야 함	• 응용프로그램(개인정보처리시스템 등)에서 개인정보 등 중요정보 출력 시(인쇄, 화면표시, 다운로드 등) 용도를 특정하고 용도에 따라 출력항목 최소화 • 개인정보 검색 시에는 과도한 정보가 조회되지 않도록 일치검색(equal 검색)이나 두 가지 조건 이상의 검색조건 사용 등 ▶ 5 참조
일정 시간 입력 없는 세션 자동 차단 및 사용자의 동시 세션수 제한	• 일정 시간 동안 입력 없는 세션은 자동 차단하고 동일 사용자의 동시 세션 수를 제한하여야 함	• 응용프로그램 및 업무별 특성, 위험의 크기 등을 고려하여 접속유지 시간 결정 및 적용 • 개인정보처리시스템의 경우 법적 요구사항에 따라 일정시간 이상 업무처리를 하지 않는 경우 자동으로 시스템 접속이 차단되도록 조치 ▶ 6 참조 • 동일 계정으로 동시 접속 시 경고 문자 표시 및 접속 제한
관리자 전용 응용프로그램 비인가자 접근 통제 수행	• 관리자 전용 응용프로그램(관리자 웹페이지, 관리콘솔 등)은 비인가자가 접근할 수 없도록 접근을 통제하여야 함	• 관리자 전용 응용프로그램의 외부 공개 차단 및 IP주소 등을 통한 접근제한 조치 • 불가피하게 외부 공개가 필요한 경우 안전한 인증수단(OTP) 또는 안전한 접속수단(VPN 등) 적용 • 관리자(사용자), 개인정보취급자의 접속 로그 및 이벤트 로그에 대한 정기적 모니터링 • 이상징후 발견 시 세부조사, 내부보고 등 사전에 정의된 절차에 따라 이행
개인정보 조회 및 출력 항목 최소화	• 개인정보의 조회 및 출력(인쇄, 화면표시, 파일생성 등) 시 용도를 특정하고 용도에 따라 출력항목을 최소화하여야 함	• 업무 수행 형태 및 목적, 유형, 장소 등 여건 및 환경에 따라 개인정보처리시스템에 대한 접근권한 범위 내에서 최소한의 개인정보를 출력 • MS 오피스(엑셀 등)에서 개인정보가 숨겨진 필드 형태로 저장되지 않도록 조치 • 웹페이지 소스 보기 등을 통하여 불필요한 개인정보가 출력되지 않도록 조치 등

확인사항	요구 사항	관련 사항
개인정보 표시제한 조치 기준 수립·적용	• 개인정보의 업무처리 목적으로 개인정보의 조회, 출력 등의 업무를 수행하는 과정에서 개인정보보호를 위하여 불필요한 개인정보를 마스킹하여 표시제한 조치를 취할 수 있으며, 이 경우 개인정보 표시제한 조치의 일관성 확보를 위하여 관련 기준을 수립·적용하여야 함	• 개인정보 표시제한 조치 기준 예시 ▶ 7~8 참조 1. 성명 중 이름의 첫 번째 글자 이상 2. 생년월일 3. 전화번호, 휴대폰 전화의 국번 4. 주소의 읍, 면, 동 5. 인터넷 주소 : 17-24비트(IPv4), 113-128(IPv6) 등
출력·복사물 보호조치 수행	• 개인정보가 포함된 종이 인쇄물 등 개인정보의 출력·복사물을 통한 개인정보의 분실·도난·유출 등을 방지하고 출력·복사물을 안전하게 관리하기 위해 필요한 보호조치를 하여야 함	• 출력·복사물 보호조치 (예시) – 출력·복사물 보호 및 관리 정책, 규정, 지침 등 마련 – 출력·복사물 생산·관리 대장 마련 및 기록 – 출력·복사물 운영·관리 부서 지정 및 운영 – 출력·복사물 외부반출 및 재생산 통제·신고·제한 등
개인정보 검색 시 보호조치	• 개인정보 검색 시 불필 요하거나 과도한 정보 가 조회되지 않도록 일치검색 또는 두 가지 항목 이상의 검색조건을 요구하도록 함	• 업무상 반드시 필요한 경우가 아니라면 개인정보 검색 시 'like 검색'이 되지 않도록 조치

(심화) Like(부분일치) 검색

1. 개념
   데이터베이스 테이블에서 문자열 컬럼 내에 검색 문자값이 부분이라도 일치하는 데이터를 조회 대상으로 잡을 때 사용한다. 부분 일치 검색을 위해서 특정 문자값 이외의 위치에는 와일드카드를 사용한다.
2. 와일드카드 종류
   1) % (Percent Sign)
   - 0개 이상의 자리수를 갖는 문자열
   - 형식 : 컬럼명 LIKE '%CD%'
   2) _ (underscore)
   - 1자리수의 문자
   - 형식 : 컬럼명 LIKE '_CD_'
3. 형식(Syntax)
   SELECT * FROM 테이블명
   WHERE 문자열컬럼
   LIKE '검색문자값'
   1) 문자열컬럼 : 검색할 대상 값을 갖고 있는 문자열 컬럼
   2) 검색문자값 : 검색하고자 하는 문자값
   - 와일드카드(% 또는 _)와 함께 사용

3 접근권한 분류 체계 (예시)

시스템	권한관리 책임자	권한관리 담당자	시스템 관리자	권한관리 부서책임자	업무	접근권한
자금운용 시스템	경영관리 본부장	정보지원 실장	보안 담당자	운용 지원팀장	자금운용 프로그램 총괄	자금운용업무 (생성, 읽기, 정정, 삭제)
지급업무 시스템				재무팀장	지급업무 총괄	지급업무 (생성, 읽기, 정정, 삭제)
홈페이지 시스템				정책홍보팀	홈페이지업무 총괄	홈페이지업무 (생성, 읽기, 정정, 삭제)

4 개인정보처리시스템 접근권한 부여화면 (예시)

367	MP00000371	구입약가산정관리	jr_buydesc::Msup	MP00000358	9	인증서로그인	30	xfdl
366	MP00000373	의약품구입내역목록표	jr_buydesc::Msup	MP00000358	11	인증서로그인	30	xfdl
365	MP00000374	구입약가 확인	jr_msupafmgmt::M	MP00000358	13	인증서로그인	30	xfdl
364	MP00000970	의약품공급청구 상이내역 서면확인(으	jr_sbstcpmdcfr::si	MP00000358	13	인증서로그인	30	xfdl
363	MP00000375	치료재료사전안내시스템	jb_trmat::TrmatOld	MP00000358	14	인증서로그인	30	xfdl
362	MP00000376	치료재료구입목록표	jb_trmat::TmcatBu	MP00000358	15	인증서로그인	10:30	xfdl
361	MP00000379	요양기관영상자료제출		MP00000358	16	인증서로그인	30	

상세정보

메뉴아이디		메뉴명	구입약가산정관리	상위메뉴ID	MP00000358
메뉴구분	xfdl	URL	jr_buydesc::MsupBuyDesciputQtBuyDescL.xfdl		
로그인유형	인증서로그인	정렬순서	9		
사용자구분	☐ 직원 ☐ 개인회원 ☑ 요양기관 ☐ 보장기관 ☐ 청구SW개발업체 ☐ 제약회사 ☐ 의료기기업체 ☐ 의료장비기관 ☐ 보건의약단체				
사용여부	◉ 예 ○ 아니오	담당부서		열람로깅여부	◉ 예
표시여부	◉ 예 ○ 아니오	추천컨텐츠여부	○ 예 ○ 아니오	출력로깅여부	◉ 예
사용제한여부	○ 예 ◉ 아니오	사용제한시작일자	1900-01-01	사용제한종료일자	9999-12-31

(출처 : 개인정보 영향평가 수행안내서)

5 Like 검색 조회 결과 (019으로 시작 데이터 모두 검색 예시)

- 조회하려는 홍길동의 개인정보 외에 홍경래, 홍정욱의 정보까지 열람 가능
- Like 검색 대신 일치검색 또는 두 가지 조건 이상 검색 사용해야 함

```
SELECT CUST_ID, CUST_NAME, PHONE_NUMBER
FROM ENC_CUSTOMER
WHERE PHONE_NUMBER LIKE '019%';
```

회원번호	고객명	전화번호
001101	홍길동	019-111-1111
001103	홍경래	019-111-1112
001105	홍정욱	019-141-1112

6 세션타임 및 동시접속 허용 여부 내역 (예시)

시스템	세션타임아웃	동시 접속 허용	허용 사유
자금운용시스템	30분	불가	해당 사항 없음
지급업무시스템	30분	불가	해당 사항 없음
홈페이지시스템	30분	허용	비중요시스템으로 정의

7 개인정보 표시 제한 조치 적용 (예시)

- 이름 : 홍*동
- 연락처 : 010-****-1234
- 주소 : 서울 영등포구 영등포로3길 ****
- 카드번호 : 4558-12**-****-3872
- IP주소 : 123.123.***.123
- 이메일주소 : ma******@abcd.com

8 마스킹 기준 수립 및 이행의 미흡에 따른 재식별 가능성 (예시)

마스킹 기준이 다른 경우

구분	A시스템	B시스템
성명	홍길동	홍길동
연락처	010-****-5678	010-1234-****
주소	송파구 중대로 1	송파구 중대로 1

위와 같이 연락처를 다른 방식으로 마스킹 할 때 개인정보취급자가 ㉠, ㉡시스템을 통하여 홍길동의 연락처가 02-1234-5678 이라는 것을 확인할 수 있으므로 동일한 방식의 표시제한 조치를 권고한다.

2. 보호대책 요구사항 ▶ 2.6. 접근통제

2.6.3 요건 수준
Level 1. 법규 수준
1. 법규 : 개보법
2. 내규 : 해당
3. 인증기준 : 해당
4. 위험평가 : 해당

유사 인증기준
2.6.2 정보시스템 접근
2.6.3 응용프로그램 접근
3.1.4 민감정보 및 고유식별정보의 처리 제한
2.6.2 서버, 네트워크시스템 등 정보시스템에 접근을 허용하는 사용자, 접근제한 방식, 안전한 접근수단 정의 및 통제
2.6.3 정보의 중요도에 따라 응용프로그램을 접근권한을 제한하고, 불필요한 정보 노출을 최소화할 수 있는 기준을 수립·적용

데이터베이스 테이블 목록 식별, 접근통제(응용프로그램, 서버, 사용자)

항목	2.6.4 데이터베이스 접근
인증기준	테이블 목록 등 데이터베이스 내에서 저장·관리되고 있는 정보를 식별하고, 정보의 중요도와 응용프로그램 및 사용자 유형 등에 따른 접근통제 정책을 수립·이행하여야 한다.
주요 확인사항	1) 데이터베이스의 테이블 목록 등 저장·관리되고 있는 정보를 식별하고 있는가?
	2) 데이터베이스 내 정보에 접근이 필요한 응용프로그램, 정보시스템(서버) 및 사용자를 명확히 식별하고 접근통제 정책에 따라 통제하고 있는가?
관련 법규	• 개인정보보호법 제29조(안전조치의무) • 개인정보의 안전성 확보조치 기준 제5조(접근권한의 관리), 제6조(접근 통제)
증적 자료 등 준비사항	• 데이터베이스 현황(테이블, 컬럼 등) • 데이터베이스 접속자 계정/권한 목록 • DB접근제어 정책(DB 접근제어시스템 관리화면 등) • 네트워크 구성도(DB존 등) • 정보자산 목록
결함사례	• 대량의 개인정보를 보관·처리하고 있는 데이터베이스를 인터넷을 통해 접근 가능한 웹 응용프로그램과 분리하지 않고 물리적으로 동일한 서버에서 운영하고 있는 경우 • 개발자 및 운영자들이 응응 프로그램에서 사용하고 있는 계정을 공유하여 운영 데이터베이스에 접속하고 있는 경우 • 내부 규정에는 데이터베이스의 접속권한을 오브젝트별로 제한하도록 되어 있으나, 데이터베이스 접근권한을 운영자에게 일괄 부여하고 있어 개인정보 테이블에 접근할 필요가 없는 운영자에게도 과도하게 접근 권한이 부여된 경우

항목	2.6.4 데이터베이스 접근
결함사례	• 데이터베이스 접근제어 솔루션을 도입하여 운영하고 있으나, 데이터베이스 접속자에 대한 IP주소 등이 적절히 제한되어 있지 않아 데이터베이스 접근제어 솔루션을 우회하여 데이터베이스에 접속하고 있는 경우 • 개인정보를 저장하고 있는 데이터베이스의 테이블 현황이 파악되지 않아, 임시로 생성된 테이블에 불필요한 개인정보가 파기되지 않고 대량으로 저장되어 있는 경우
결함예시	OO기업은 DB접근제어 솔루션을 사용하고 있으나, 실제 DB엔지니어는 DB접근제어 솔루션을 경유하지 않고 직접 접속하여 업무를 처리하고 있다. 사내 지침에는 모든 DB접근시 해당 솔루션을 경유하여 행위에 대한 로그를 남기도록 되어있으나 DB엔지니어는 직접 접속하여 별도 승인사항이나 로그를 남기지 않고 자체적으로 업무를 수행하고 있음

3.1.4 민감정보와 고유식별정보를 처리하기 위해서는 법령에서 처리를 허용하는 경우를 제외하고는 별도 동의를 받아야 함

1 인증기준 취지

2.6.4 데이터베이스 접근은 데이터 베이스 내의 테이블 목록을 식별하고, 필요에 의해서만 접근하도록 통제하는 인증기준이다. 먼저 데이터베이스의 보호대상인 테이블의 현황을 파악해야 한다. 테이블 내 컬럼 정의, 개인정보 유형, 암호화 여부 등을 식별한다. 그리고 데이터베이스 객체에 접근하는 사용자를 정의해야 한다. 사용자 계정은 DBA, 개발자, 운영자 등 업무 필요성에 따라 권한을 차등하여 분리하여야 한다. 사용자의 DB에 접근하는 행위는 DB접근제어시스템 등을 통하여 모두 로깅이 되고 통제되어야 한다. DB접근제어시스템의 기능을 활용하여 DB 내 테이블을 과다 조회하거나, 삭제하는 등의 명령어 사용은 금지할 수 있다. 또한 규칙을 적용하여 개인정보 테이블의 특정 조건의 쿼리 시 알람을 발생시켜 SMS를 통해 경고메시지를 발송하기도 한다.

(참고) DB접근제어 솔루션의 기능

1. DBMS에 원격으로 접속하는 모든 DB Client의 작업 행위를 감시
   - Inline 방식
   - Proxy 방식
   - Sniffing 방식
   - Hybrid 방식(Proxy + Sniffing)
2. DBMS 내부에서 접속하는 모든 DB Client의 작업 행위를 감시
3. DBMS 작업 통제를 위한 사용자 인증과 사전 결재를 지원
4. 사용자 접근 인증 결재 정책(자동 결재, 사전 결재, 사후 결재)
5. 사용자에게 기밀 정보 노출 방지를 위해 데이터 변조 전송(Masking)을 지원
6. DBMS 작업 Logging과 Server에서 작업하는 모든 행위를 기록, 통제

2 인증기준 상세

확인사항	요구 사항	관련 사항
데이터베이스 정보를 식별하고 지속적 현행화 관리	• 데이터베이스의 테이블 목록 등 저장·관리되고 있는 정보를 식별하고 지속적으로 현행화하여 관리하여야 함	• 데이터베이스에서 사용되는 테이블 목록, 저장되는 정보, 상관관계 식별 • 중요정보 및 개인정보의 저장 위치(데이터베이스 및 테이블명·컬럼명) 및 현황(건수, 암호화 여부 등) 식별 ▶ 3 참조

확인사항	요구 사항	관련 사항
데이터베이스 내 정보에 접근 대상 식별 및 접근 통제	• 데이터베이스 내 정보에 접근이 필요한 응용프로그램, 정보시스템(서버) 및 사용자를 명확히 식별하고 접근통제 정책에 따라 통제하여야 함	• 데이터베이스 접속 권한을 관리자(DBA), 사용자로 구분하여 직무별 접근통제 정책 수립·이행(최소권한 원칙에 따른 테이블, 뷰, 컬럼, 쿼리 레벨에서 접근통제 등) • 중요정보가 포함된 테이블, 컬럼은 업무상 처리 권한이 있는 자만 접근할 수 있도록 제 한) ▶ 4 참조 • DBA 권한이 부여된 계정과 조회 등 기타 권한이 부여된 계정 구분 • 응용프로그램에서 사용하는 계정과 사용자 계정의 공용 사용 제한 • 계정 별 사용 가능 명령어 제한 • 사용하지 않는 계정, 테스트용 계정, 기본 계정 삭제 • 일정시간 이상 업무를 수행하지 않는 경우 자동 접속차단 • 비인가자의 데이터베이스 접근 제한 • 개인정보를 저장하고 있는 데이터베이스는 DMZ 등 공개된 네트워크에 위치하지 않도록 제한 • 다른 네트워크 영역 및 타 서버에서의 비인가된 접근 제한 • 데이터베이스 접근을 허용하는 IP주소, 포트, 응용프로그램 제한 • 일반 사용자는 원칙적으로 응용프로그램을 통해서만 데이터베이스에 접근 가능하도록 조치

3 (참고) DB접근제어시스템 DB 보안규칙 구성요소

구성요소	설명
DB 사용자 정보	• DB에 접근할 수 있는 사용자들에 대한 IP, ID, 성명, 조직, 연락처 등에 관한 정보
DB 정보	• 사용자가 접속할 수 있는 DB에 대한 정보
통제 규칙	• 로그인 규칙, SQL 통제 규칙, 경보 규칙 등과 같이 DB접근제어 서버의 통제 근거가 되는 규칙 정보
딕셔너리 정보	• 테이블, 컬럼 단위로 설정을 위해 목표 DBMS의 딕셔너리에서 가져오거나, SQL을 Parsing하여 저장하는 정보로서, DB계정, 테이블, 컬럼 정보 등으로 구성
시스템 설정 정보	• 프록시 게이트웨이의 경우 패킷을 중계하기 위해 입력 포트와 목표 IP, Port을 매핑한 정보, 시스템 파라미터 정보

4 (Bad) DB접근제어시스템을 우회하여 직접 접속 사례

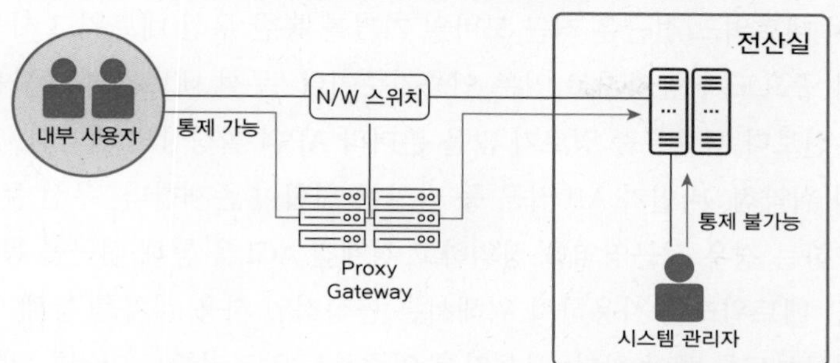

(출처 : DB보안 가이드라인, DB가이드넷)

2. 보호대책 요구사항 ▶ 2.6. 접근통제

무선 네트워크 보호대책(인증, 암호화), 사용신청 및 해지절차, 비인가 무선 네트워크 보호대책

항목	2.6.5 무선 네트워크 접근
인증기준	무선 네트워크를 사용하는 경우 사용자 인증, 송수신 데이터 암호화, AP 통제 등 무선 네트워크 보호대책을 적용하여야 한다. 또한 AD Hoc 접속, 비인가 AP 사용 등 비인가 무선 네트워크 접속으로부터 보호대책을 수립·이행하여야 한다.
주요 확인사항	1) 무선네트워크를 업무적으로 사용하는 경우 무선 AP 및 네트워크 구간 보안을 위해 인증, 송수신 데이터 암호화 등 보호대책을 수립·이행하고 있는가?
	2) 인가된 임직원만이 무선네트워크를 사용할 수 있도록 사용 신청 및 해지 절차를 수립·이행하고 있는가?
	3) AD Hoc 접속 및 조직내 허가 받지 않은 무선 AP 탐지·차단 등 비인가된 무선네트워크에 대한 보호대책을 수립·이행하고 있는가?
관련 법규	• 개인정보보호법 제29조(안전조치의무) • 개인정보의 안전성 확보조치 기준 제6조(접근통제)
증적 자료 등 준비사항	• 네트워크 구성도 • AP 보안 설정 내역 • 비인가 무선 네트워크 점검 이력 • 무선네트워크 사용 신청·승인 이력
결함사례	• 외부인용 무선 네트워크와 내부 무선 네트워크 영역대가 동일하여 외부인도 무선네트워크를 통해 별도의 통제없이 내부 네트워크에 접근이 가능한 경우 • 무선 AP 설정 시 정보 송수신 암호화 기능을 설정하였으나 안전하지 않은 방식으로 설정 한 경우 • 업무 목적으로 내부망에 연결된 무선AP에 대하여 SSID 브로드캐스팅 허용, 무선AP 관리자 비밀번호 노출(디폴트 비밀번호 사용, 접근제어 미적용 등 보안 설정이 미흡한 경우)
결함예시	ㅁㅁ기업은 외부인이 사용하는 무선망과 내부 업무망 무선 네트워크를 SSID 숨김 및 MAC 주소 기반 접근통제를 수행하여 운영중이며 추가로 NAC로 인증을 수행하여 해당 네트워크에 접근할 수 있도록 하였으나, 실제 외부인 네트워크 접속결과 NAC인증이후 내부 업무망으로도 별도 통제 없이 접근이 가능하였음

2.6.5 요건 수준

Level 1. 법규 수준
1. 법규 : 개보법
2. 내규 : 해당
3. 인증기준 : 해당
4. 위험평가 : 해당

유사 인증기준

2.6.1 네트워크 접근
2.6.2 정보시스템 접근
2.6.3 응용프로그램 접근
2.6.6 원격접근 통제
2.6.7 인터넷 접속 통제
2.10.6 업무용 단말기기 보안

2.6.1 네트워크에 대한 비인가 접근을 통제하기 위해 관리절차를 수립·이행하고 네트워크 분리와 접근통제 적용
2.6.2 서버, 네트워크시스템 등 정보시스템에 접근을 허용하는 사용자, 접근제한 방식, 안전한 접근수단 정의 및 통제
2.6.3 정보의 중요도에 따라 응용프로그램을 접근권한을 제한하고, 불필요한 정보 노출을 최소화할 수 있는 기준을 수립·적용
2.6.6 원격 정보시스템 관리 및 개인정보 처리는 금지하고, 불가피한 사유로 허용 시 강화된 인증, 구간 암호화 등 보호대책 수립·이행
2.6.7 인터넷을 통한 침해를 예방하기 위하여 주요 정보시스템, 개인정보 취급 단말기 등에 대한 인터넷 접속 통제 정책을 수립·이행
2.10.6 단말기기를 업무 목적으로 네트워크에 연결할 경우 접근통제 대책을 수립하고 주기적으로 점검

(참고) 무선 네트워크 유형
1. WPAN
- (개념) 단거리 Ad Hoc 방식 또는 Peer to Peer 방식
- (예) 노트북, 핸드폰, 헤드셋 등 무선단말기에 블루투스 사용
2. WLAN
- (개념) 유선랜의 확장 개념 또는 유선랜의 설치가 어려운 지역으로의 네트워크 제공
- (예) 임시 사무실과 같은 환경에서 유선랜 구축으로 인해 발생하는 불필요한 비용소모를 줄임
3. WMAN
- (개념) 대도시와 같은 넓은 지역을 대상으로 높은 전송속도를 제공
- (예) 대학 캠퍼스와 같이 넓은 지역에서 건물 간의무선 연결 기능을 제공

1 인증기준 취지

2.6.5 무선 네트워크 접근은 최근 모바일 기기를 통한 무선 네트워크 사용이 증가함에 따라 중요도가 높아지고 있는 인증기준이다. 무선 네트워크를 사용하는 경우에는 유선보다 정보유출 경로가 많을 뿐더라 AP의 설정상의 취약점, 인증 알고리즘 상의 취약점, 비인가 AP 접근 등 다양한 위협이 존재한다. 우선 무선네트워크를 사용하는 경우 접근영역을 정의하고 경계간 ACL을 통해 접근을 통제하여야 한다. 무선 네트워크를 사용하기 위해서는 공식적인 사용 절차를 통해 인가된 사용자가 접근하도록 해야 한다. 사용자를 인증하는 알고리즘도 안전한 알고리즘만을 사용하여야 한다. 그리고 비인가 AP의 접근을 통한 정보 유출을 방지하기 위해 WIPS(무선 침입방지시스템) 등을 도입하는 것도 고려할 수 있다.

2 인증기준 상세

확인사항	요구 사항	관련 사항
무선 AP 및 네트워크 구간 구간을 위한 보호대책 수립·이행	• 무선 네트워크를 업무적으로 사용하는 경우 무선 AP 및 네트워크 구간 보안을 위해 인증, 송수신 데이터 암호화 등 보호대책을 수립·이행하여야 함	• 무선 네트워크 장비(AP 등) 목록 관리 • 사용자 인증 및 정보 송수신 시 암호화 기능 설정(WPA2-Enterprise mode 등) • 무선 AP 접속단말 인증 방안(MAC 인증 등) • SSID 숨김 기능 설정 • 무선 네트워크에 대한 ACL 설정 • 무선 AP의 관리자 접근 통제(IP제한) 등
무선 네트워크 사용 신청 및 해지 절차 수립·이행	• 인가된 임직원만이 무선네트워크를 사용할 수 있도록 사용 신청 및 해지 절차를 수립·이행 하여야 함	• 무선 네트워크 사용권한 신청 및 승인 절차(사용자 및 접속단말 등록 등) • 퇴직, 기간 만료 등의 사유로 무선 네트워크 사용이 필요하지 않은 경우 접근권한 해지 절차 • 외부인에게 제공하는 무선 네트워크는 임직원이 사용하는 무선 네트워크와 분리
비인가된 무선네트워크에 대한 보호대책 수립·이행	• AD Hoc 접속 및 조직 내 허가 받지 않은 무선 AP 탐지·차단 등 비인가된 무선 네트워크에 대한 보호대책을 수립·이행하여야 함	• WIPS(무선침입방지시스템) 설치·운영, 주기적으로 비인가 AP(Rouge AP) 설치여부 점검 등

3 무선 네트워크 (예시)

무선네트워크란 선 연결 없이 네트워크를 이용할 수 있게 하는 환경을 말한다. 무선 네트워크 환경을 구축하기 위해서는 무선 공유기 등 무선 접속장치가 필요하다. 보안설정이 되어 있지 않은 무선 네트워크는 외부인이 무선공유기를 무단으로 사용 할 수 있고, 해커가 접속하여 해킹, 개인정보유출 등 다양한 보안사고를 유발할 수 있다.

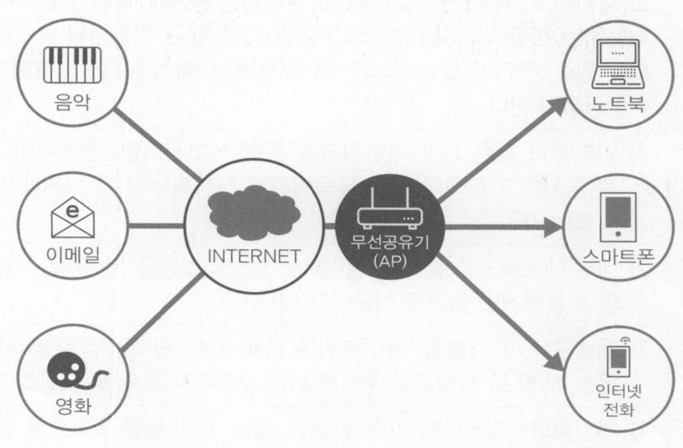

4 무선 공유기 보안기술

구분	WEP (Wired Equivalent Privacy)	WPA (Wi-Fi Protected Access)	WPA2 (Wi-Fi Protected Access2)
인증	• 사전 공유된 비밀키 사용(64비트, 128비트)	• 사전에 공유된 비밀키를 사용하거나 별도의 인증서버 이용	• 사전에 공유된 비밀키를 사용(Personal Mode)하거나 별도의 인증서버(Enterprise Mode) 이용
암호 방법	• 고정 암호키 사용 • RC4 알고리즘 사용	• 암호키 동적 변경(TKIP) • RC4 알고리즘 사용	• 암호키 동적 변경 AES 등 강력한 암호 알고리즘 사용
보안성	• 가장 취약하여 널리 사용되지 않음	• WEP 방식보다 안전하나 불완전한 RC4 알고리즘 사용	• 가장 강력한 보안기능 제공

(참고) 무선랜 네트워크 유형

1. Infrastructure 모드 (Client/Server)

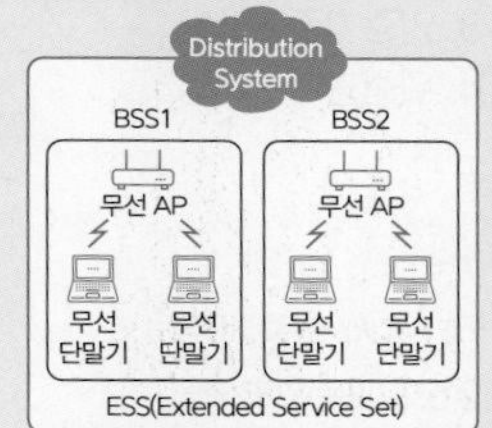

- (개념) 1개 이상의 무선 AP로 구성되고, 무선 AP는 기업용 백본 라인 또는 개인용 초고속 인터넷 라인 등에 연결되어 통신이 이뤄지는 모드

2. Ad hoc 모드 (Peer to Peer)

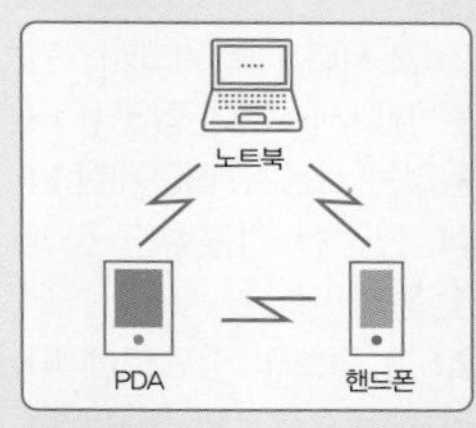

- (개념) Ad hoc 모드는 무선 AP를 이용하지 않고, 단말기간의 설정을 통해 통신이 이뤄지는 모드

3. Personal Mode
   - (개념) Preshared Key(사전 공유키) 이용 비밀번호등으로 인증하여 사용하는 일반적으로 사용되는 모드
4. Enterprise Mode
   - (개념) RADIUS인증서버를 사용하여 개별 사용자별로 유일한 키를 사용하며 주로 기업에서 사용한다.

2.6.6 요건 수준
Level 1. 법규 수준
1. 법규 : 개보법
2. 내규 : 해당
3. 인증기준 : 해당
4. 위험평가 : 해당

유사 인증기준
2.6.1 네트워크 접근
2.6.2 정보시스템 접근
2.6.3 응용프로그램 접근
2.6.5 무선 네트워크 접근
2.6.7 인터넷 접속 통제
2.10.6 업무용 단말기기 보안
2.6.1 네트워크에 대한 비인가 접근을 통제하기 위해 관리절차를 수립·이행하고 네트워크 분리와 접근통제 적용
2.6.2 서버, 네트워크시스템 등 정보시스템에 접근을 허용하는 사용자, 접근제한 방식, 안전한 접근수단 정의 및 통제
2.6.3 정보의 중요도에 따라 응용프로그램 접근권한을 제한하고, 불필요한 정보 노출을 최소화할 수 있는 기준을 수립·적용
2.6.5 무선 네트워크를 사용 시 사용자 인증, 송수신 데이터 암호화, AP 통제 적용하고, 비인가 무선 네트워크 접속으로부터 보호대책 수립·이행
2.6.7 인터넷을 통한 침해를 예방하기 위하여 주요 정보시스템, 개인정보 취급 단말기 등에 대한 인터넷 접속 통제 정책을 수립·이행
2.10.6 단말기기를 업무 목적으로 네트워크에 연결할 경우 접근통제 대책을 수립하고 주기적으로 점검

원칙금지, 보완대책(승인, 특정 단말, 허용범위, 기간 한정), 보호대책, 단말기 지정, 임의 조작 금지

항목	2.6.6 원격접근 통제
인증기준	보호구역 이외 장소에서의 정보시스템 관리 및 개인정보 처리는 원칙적으로 금지하고, 재택근무·장애대응·원격협업 등 불가피한 사유로 원격접근을 허용하는 경우 책임자 승인, 접근 단말 지정, 접근 허용범위 및 기간 설정, 강화된 인증, 구간 암호화, 접속단말 보안(백신, 패치 등) 등 보호대책을 수립·이행하여야 한다.
주요 확인사항	1) 인터넷과 같은 외부 네트워크를 통한 정보시스템 원격운영은 원칙적으로 금지하고 장애대응 등 부득이하게 허용하는 경우 보완대책을 마련하고 있는가?
	2) 내부 네트워크를 통해서 원격으로 정보시스템을 운영하는 경우 특정 단말에 한해서만 접근을 허용하고 있는가?
	3) 재택근무, 원격협업, 스마트워크 등과 같은 원격업무 수행 시 중요정보 유출, 해킹 등 침해사고 예방을 위한 보호대책을 수립·이행하고 있는가?
	4) 개인정보처리시스템의 관리, 운영, 개발, 보안 등을 목적으로 원격으로 개인정보처리 시스템에 접속하는 단말기는 관리용 단말기로 지정하고 임의조작 및 목적 외 사용 금지 등 안전조치를 적용하고 있는가?
관련 법규	• 개인정보보호법 제29조(안전조치의무) • 개인정보의 안전성 확보조치 기준 제6조(접근통제)
증적 자료 등 준비사항	• VPN 등 사외접속 신청서 • VPN 계정 목록 • VPN 접근제어 정책 설정 현황 • IP 관리대장 • 원격 접근제어 설정(서버 설정, 보안시스템 설정 등) • 관리용 단말기 지정 및 관리 현황 • 네트워크 구성도
결함사례	• 내부 규정에는 시스템에 대한 원격 접근은 원칙적으로 금지하고 불가피한 경우 IP 기반의 접근통제를 통해 승인된 사용자만 접근할 수 있도록 명시하고 있으나 시스템에 대한 원격 데스크톱 연결, SSH 접속이 IP주소 등으로 제한되어 있지 않아 모든 PC에서 원격 접속이 가능한 경우 • 원격운영관리를 위해 VPN을 구축하여 운영하고 있으나 VPN에 대한 사용 승인 또는 접속 기간 제한 없이 상시 허용하고 있는 경우 • 외부 근무자를 위해 개인 스마트 기기에 업무용 모바일 앱을 설치하여 운영하고 있으나 악성코드, 분실·도난 등에 의한 개인정보 유출을 방지하 기 위한 적절한 보호대책(백신, 초기화, 암호화 등)을 적용하고 있지 않은 경우 • 외부 접속용 VPN에서 사용자별로 원격접근이 가능한 네트워크 구간 및 정보시스템을 제한하지 않아 원격접근 인증을 받은 사용자가 전체 내부망 및 정보시스템에 과도하게 접근이 가능한 경우
결함예시	OO신청기관은 재택근무를 사유로 개인용 컴퓨터에서도 VPN을 이용하여 내부 업무망에 접속할 수 있으며, 사내 정책에 따라 보안프로그램(백신, NAC, DRM, DLP 등)을 설치하여 운영하도록 되어있으나 실제 VPN계정 생성시 승인절차가 없으며 보안프로그램 미설치 시에도 내부 업무망에 접속한 후 별도 접근통제 없이 정보시스템에 원격(SSH 등)으로 접근 가능함

❶ 인증기준 취지

2.6.6 원격접근 통제는 물리적으로 동일 지역의 네트워크 대역에 접근하는 것이 아니라 물리적으로 떨어진 원격지의 네트워크에 인증 수단, 접속 수단을 통하여 접근하는 인증기준이다. 원격지이다 보니 관리적, 기술적 취약점을 이용한 침해 가 발생할 가능성이 높다. 이에 원칙적으로 정보시스템이나 개인정보처리 업무는 원격접근을 금지해야 한다. 불가피하게 허용할 경우에는 신청, 승인 절차를 거쳐 한시적으로 허용하고, 강화된 인증수단과 접속수단 등을 통하여 안전하게 조치를 취하여야 한다. 또한 원격접속하는 관리용 단말기에는 강화된 안전조치를 이행하여야 한다.

❷ 인증기준 상세

확인사항	요구 사항	관련 사항
인터넷 외부 네트워크를 통한 원격운영 금지	• 인터넷 외부 네트워크를 통한 중요정보 처리, 정보시스템, 개인정보 처리시스템과 연관된 주요 자산(서버, 네트워크 장비, 보안장비 등)의 원격운영은 원칙적으로 금지하고 부득이하게 허용하는 경우 대책 수립·이행하여야 함	• 원격 운영 및 접속에 대한 책임자의 승인 • 안전한 인증수단(인증서, OTP 등) 적용 • 안전한 접속수단(VPN 등) 적용 • 한시적 접근권한 부여 및 권한자 현황 관리 • 백신 설치, 보안패치 등 단말 보안 • 원격운영 현황 모니터링(VPN 계정 발급·사용 현황의 주기적 검토 등) • 원격접속 기록 로깅 및 주기적 분석 • 원격 운영 관련 보안인식 교육 등
내부 네트워크를 통한 원격 운영 시 특정 단말에 한하여 접근 허용	• 내부 네트워크를 통해서 원격으로 정보시스템을 운영하는 경우 특정 단말에 한해서만 접근을 허용하여야 함	• 접속 가능한 단말을 IP주소, MAC주소 등으로 제한 • 정상적인 원격접속 경로를 우회한 접속경로 차단 등
원격업무 수행 시 침해사고 예방 대책 수립·이행	• 재택근무, 원격협업, 스마트워크 등과 같은 원격업무 수행 시 중요정보 유출, 해킹 등 침해사고 예방을 위한 보호대책을 수립·이행하여야 함	• 스마트워크 업무형태 정의 – 재택근무, 스마트워크 센터, 원격협업, 모바일오피스 환경 • 스마트워크 업무형태에 따른 업무 허가 범위 설정 – 내부 시스템 및 서비스 원격접근 허용 범위 • 스마트워크 업무 승인절차 – 스마트워크를 위한 원격접근 권한 신청, 승인, 회수 등 • 원격접근에 필요한 기술적 보호대책 – 전송구간 암호화(VPN 등), 강화된 사용자 인증(OTP 등) • 접속 단말(PC, 모바일기기 등) 보안 – 백신 설치, 보안패치 적용, 단말 인증, 분실/도난 시 대책(신고절차, 단말잠금, 중요정 보 삭제 등), 중요정보 저장 금지(필요 시 암 호화 조치) 등 • 스마트워크 업무환경 정보보호지침 수립 및 교육 등

(바른 뜻) 스마트 워크
종래의 사무실 개념을 탈피하여, 언제 어디서나(Anytime, Anywhere) 편리하게 효율적으로 업무에 종사할 수 있도록 하는 미래지향적인 업무환경으로서 과거의 하드워크(Hard Work)와 대비된다.
스마트 워크는 집에서 업무를 보는 재택 근무, 쌍방향 통신의 영향으로 인한 휴대기기를 활용하여 외부에서 일하는 모바일 오피스, 그리고 집이나 업무 현장과 가까운 곳에 위치한 스마트 워크플레이스(Smart Workplace, SWP)의 세 가지 새로운 업무 형태를 포괄하는 개념이다.

2.6.7 요건 수준
Level 1. 법규 수준
1. 법규 : 개보법
2. 내규 : 해당
3. 인증기준 : 해당
4. 위험평가 : 해당

유사 인증기준
2.6.1 네트워크 접근
2.6.2 정보시스템 접근
2.6.3 응용프로그램 접근
2.6.5 무선 네트워크 접근
2.6.6 원격접근 통제
2.10.6 업무용 단말기기 보안

2.6.1 네트워크에 대한 비인가 접근을 통제하기 위해 관리절차를 수립·이행하고 네트워크 분리와 접근통제 적용
2.6.2 서버, 네트워크시스템 등 정보시스템에 접근을 허용하는 사용자, 접근제한 방식, 안전한 접근수단 정의 및 통제
2.6.3 정보의 중요도에 따라 응용프로그램을 접근권한을 제한하고, 불필요한 정보 노출을 최소화할 수 있는 기준을 수립·적용

주요 직무자, 취급 단말기, 주요 정보시스템(DB서버 등) 인터넷 접속통제, 인터넷망 차단 대상 식별, 적용

항목	2.6.7 인터넷 접속 통제
인증기준	인터넷을 통한 정보 유출, 악성코드 감염, 내부망 침투 등을 예방하기 위하여 주요 정보시스템, 주요 직무 수행 및 개인정보 취급 단말기 등에 대한 인터넷 접속 또는 서비스(P2P, 웹하드, 메신저 등)를 제한하는 등 인터넷 접속 통제 정책을 수립·이행하여야 한다.
주요 확인사항	1) 주요 직무 수행 및 개인정보 취급 단말기 등 업무용 PC의 인터넷 접속에 대한 통제정책을 수립·이행하고 있는가?
	2) 주요 정보시스템(DB서버 등)에서 불필요한 외부 인터넷 접속을 통제하고 있는가?
	3) 관련 법령에 따라 인터넷망 차단 의무가 부과된 경우 대상자를 식별하여 안전한 방식으로 인터넷망 차단 조치를 적용하고 있는가?
관련 법규	• 개인정보보호법 제29조(안전조치의무) • 개인정보의 안전성 확보조치 기준 제6조(접근통제)
증적 자료 등 준비사항	• 비업무사이트(P2P 등) 차단정책(비업무사이트 차단시스템 관리화면 등) • 인터넷 접속내역 모니터링 이력 • 인터넷망 차단조치 대상자 목록 • 망간 자료 전송 절차 및 처리내역(신청·승인내역 등) • 네트워크 구성도
결함사례	• 개인정보 보호법에 따라 인터넷망 차단 조치를 적용하였으나, 개인정보처리시스템의 접근권한 설정 가능자 등 일부 의무대상자에 대하여 인터넷망 차단 조치 적용이 누락된 경우 • 개인정보 보호법에 따른 인터넷망 차단 조치 의무대상으로서 인터넷망 차단 조치를 적용하였으나, 다른 서버를 경유한 우회접속이 가능하여 인터넷망 차단 조치가 적용되지 않은 환경에서 개인정보처리시스템에 접속하여 개인정보의 다운로드, 파기 등이 가능한 경우 • DMZ 및 내부망에 위치한 일부 서버에서 불필요하게 인터넷으로의 직접 접속이 가능한 경우 • 인터넷 PC와 내부 업무용 PC를 망분리하고 망간 자료전송시스템을 구축·운영하고 있으나, 자료 전송에 대한 승인 절차가 부재하고 자료 전송 내 역에 대한 주기적 검토가 이루어 지고 있지 않은 경우 • 내부 규정에는 개인정보취급자가 P2P 및 웹하드 사이트 접속 시 책임자 승인을 거쳐 특정 기간 동안만 허용하도록 되어 있으나, 승인절차를 거치지 않고 예외 접속이 허용된 사례가 다수 존재하는 경우
결함예시	OO기업은 개인정보를 다운로드 할 수 있는 개인정보취급자의 컴퓨터에 대해서 인터넷망 차단 조치를 적용하고 있으나, 개인정보처리시스템의 접근권한을 설정할 수 있는 컴퓨터에 대해 별도 인터넷망 차단 조치가 되어 있지 않고 인터넷에 연결되어 있으며, 유해사이트에 대한 접근이 통제되고 있지 않은채 운영되고 있음

❶ 인증기준 취지

2.6.7 인터넷 접속 통제는 인터넷 구간에서의 위협에 대한 피해를 예방하기 위해 인터넷 접속을 통제하는 인증기준이다. 보통 인터넷은 다양한 정보를 획득할 수 있는 정보 송수신 수단이지만, 개방성 때문에 악성코드 감염이나 정보유출의 통로가 되기 쉽다. 개인정보를 처리하는 단말기나 주요 직무자의 PC에 랜섬웨어와 같은 악성코드가 설치되지 않도록 인터넷 접속을 통제해야 한다. 또한 정보시스템(서버)도 마찬가지로 불필요한 외부 인터넷 접속을 통제하여야 한다. 망분리 의무 대상자에 해당되는 정보통신서비스 제공자의 경우 필수로 망분리를 수행하여야 한다.

2.6.5 무선 네트워크를 사용 시 사용자 인증, 송수신 데이터 암호화, AP 통제 적용하고, 비인가 무선 네트워크 접속으로부터 보호대책 수립·이행
2.6.6 원격 정보시스템 관리 및 개인정보 처리는 금지하고, 불가피한 사유로 허용 시 강화된 인증, 구간 암호화 등 보호대책 수립·이행
2.10.6 단말기기를 업무 목적으로 네트워크에 연결할 경우 접근통제 대책을 수립하고 주기적으로 점검

❷ 인증기준 상세

확인사항	요구 사항	관련 사항
업무용PC의 인터넷 접속 통제정책 수립·이행	• 인터넷을 통한 정보유출, 악성코드 감염, 내부망 침투 등의 위험을 적절한 수준으로 감소시키기 위하여 주요 직무 수행 및 개인정보 취급 단말기 등 업무용 PC의 인터넷 접속에 대한 통제정책을 수립·이행하여야 함	• 인터넷 연결 시 네트워크 구성 정책 • 외부 이메일 사용, 인터넷 사이트의 접속, 소 프트웨어 다운로드 및 전송 등의 사용자 접속정책 • 유해사이트(성인, 오락 등) 접속 차단 정책 • 정보 유출 가능 사이트(웹하드, P2P, 원격 접 속 등) 접속 차단 정책 • 인터넷망 차단 관련 정책(인터넷망 차단 적용 여부, 인터넷망 차단 대상자, 인터넷망 차단 방식, 망간 자료전송 절차 등) ▶ ❸~❻ 참조 • 인터넷 접속내역 검토(모니터링) 정책 등
주요 정보시스템에서 불필요한 외부 인터넷 접속 통제	• 주요 정보시스템(DB 서버 등)에서 불필요한 외부 인터넷 접속을 통제하여야 함	• 악성코드 유입, 정보 유출, 역방향 접속 등이 차단되도록 내부 서버(DB서버, 파일서버 등)에서 외부 인터넷 접속 제한 • 불가피한 사유가 있을 시 위험분석을 통해 보호대책 마련 및 책임자의 승인 후 허용

확인사항	요구 사항	관련 사항
인터넷망 차단 조치 의무 대상자를 안전한 방식으로 차단조치 적용	• 관련 법령에 따라 인터넷망 차단 조치 의무 대상자를 식별하여 안전한 방식으로 인터넷망 차단 조치를 적용하여야 함	• 인터넷망 차단 조치 의무 대상자(개인정보의 안전성 확보조치 기준 근거) 및 인터넷망 차단 조치 적용이 필요한 개인정보취급자 • (의무대상개인정보처리자) 전년도말 직전 3개월간 개인정보가 저장·관리되고 있는 이용자수가 일일평균 100만명 이상인 개인정보처리자 • (의무대상 컴퓨터) 개인정보처리시스템에서 개인정보를 다운로드, 파기, 접근권한을 설정할 수 있는 경우 • (외부 클라우드서비스이용 시 조치사항) 클라우드컴퓨팅발전 및 이용자 보호에 관한 법률」 제2조제3호에 따른 클라우드컴퓨팅서비스를 이용하여 개인정보처리시스템을 구성·운영하는경우에는 해당 서비스에 대한 접속 외에는 인터넷을 차단하는 조치 적용
안전한 방식으로 인터넷망 차단 조치 적용	• 안전한 방식으로 인터넷망 차단 조치 적용	• 인터넷망 차단 조치 의무대상 여부 검토 및 의무 대상인 경우 망분리 대상자 식별 • 인터넷망 차단 조치 의무대상이 아닌 경우 위험분석 결과 등에 따라 인터넷망 차단 조치 여부 결정 • 물리적(네트워크가 분리된 2대의 PC) 또는 논리적(VDI 등 가상화 기술 활용) 인터넷망 차단 조치 적용 • 인터넷망 차단 조치 우회 경로 파악 및 차단 조치 • 인터넷망 차단 조치가 적용된 컴퓨터의 안전한 자료전송을 위한 통제 방안 마련 • 망분리 환경의 적정성 및 취약점 존재여부에 대한 정기 점검 수행 등

3 인터넷망 차단 조치(망분리) 방식 구분 (예시)

물리적 망분리 : 통신망, 장비 등을 물리적으로 이원화하여 인터넷 접속이 불가능한 컴퓨터와 인터넷 접속만 가능한 컴퓨터로 분리하는 방식이다.

논리적 망분리 : 물리적으로 하나의 통신망, 장비 등을 사용하지만 가상화 등의 방법으로 내부 업무영역과 인터넷 접속영역을 분리하는 방식이다. 컴퓨터는 물리적으로 분리하되, 네트워크는 하나의 회선을 가상화하여 분리하는 하이브리드 망분리 방식도 존재한다.

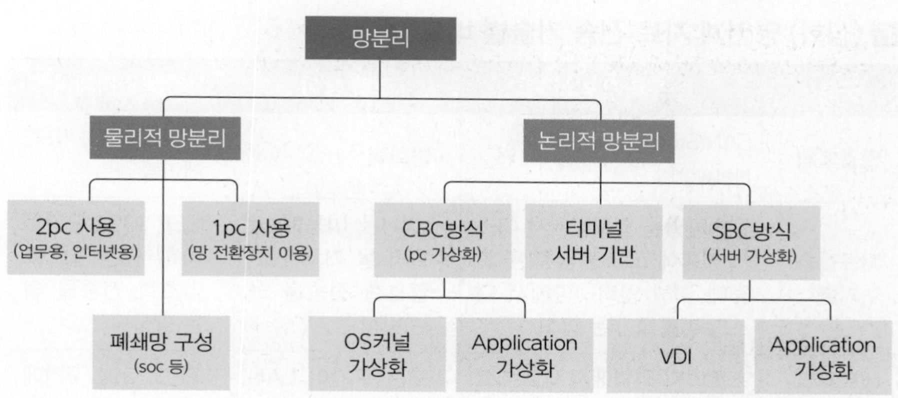

4 물리적·논리적 인터넷망 차단 조치 방식의 개념도

물리적 망분리	논리적 망분리 (VDI-업무 망분리)	논리적 망분리 (VDI-인터넷 망분리)	논리적 망분리 (CBC-인터넷 망분리)
인터넷망 업무망 인터넷PC 업무PC 사용자 환경	인터넷망 업무망 업무 VM 인터넷PC 사용자 환경	인터넷망 업무망 인터넷 VM 인터넷 VM 업무PC 사용자 환경	인터넷망 업무망 VPN 터널링 인터넷 영역 업무PC 사용자 환경

5 인터넷망 차단 조치 방식별 장·단점

구분	물리적 인터넷망 차단조치	논리적 인터넷망 차단조치
운영 방법	• 업무용 망과 인터넷용 망을 물리적으로 분리	• 가상화 등의 기술을 이용하여 논리적으로 분리
도입 비용	• 높음(추가 PC, 별도 망 구축 등)	• 구축환경에 따라 상이함
보안성	• 높은 보안성(근본적 분리)	• 상대적으로 낮은 보안성(구성 방식에 따라 취약점 발생 가능)
효율성	• 업무 환경의 효율성 저하	• 상대적으로 관리 용이

(참고) 금융전산 망분리 보안 가이드라인 기본 원칙

1. PC 보안관리
- 인터넷망과 업무망에 접근하는 PC를 분리하고, 인터넷 PC와 업무 PC에 대한 보안관리를 각각 수행하여야 한다.

2. 인터넷 메일 사용
- 외부 이메일 송수신을 위한 메일 서버는 업무망과 분리하고 인터넷PC에서만 접근가능하도록 하여야 한다.

3. 패치관리시스템 관리
- 패치관리시스템은 외부 인터넷과 분리되어 운영하여야 한다.

4. 네트워크 접근제어
- 비인가된 기기(PC, 노트북 등)는 인터넷망과 업무망에 접속할 수 없도록 통제되어야 한다.

5. 보조기억장치 관리
- 인가된 보조기억장치(USB메모리, CD, 이동식 하드디스크 등)만 사용하도록 통제되어야 한다.

6. 망간 자료 전송
- 인터넷 PC와 업무 PC 간의 자료 전송 또는 공개 서버와 업무서버 간 실시간 업무 연계 시 망간 자료 전송시스템 등을 운영 할 수 있다.

7. 프린터 등 주변기기 운영
- 프린터 등 주변기기는 인터넷용 또는 업무용으로 분리·운영되어야 한다.

출처의 개인정보의 기술적·관리적 보호조치 기준은 2023년 9월 22일 폐지되었지만 인터넷망 차단 조치(망분리)의 사항은 참고할 수 있다

6 (심화) 망연계 자료 전송 기술별 비교

구분	스토리지 방식	소켓 방식	시리얼 인터페이스
연결매체	• SAN(Storage Area Network)	• 방화벽	• IEEE 1394 카드/케이블
자료전송 기술	• 전송파일을 업무망에서 디스크 볼륨에 쓰고 볼륨 복제 기능에 의해 인터넷망에서 디스크 볼륨을 읽는 방식	• LAN을 이용해 방화벽 을 거쳐 TCP 암호화 전송을 하는 방식	• IEEE 1394 구간을 통한 단방향으로 암호화 전송을 하는 방식
네트워크 분리구간	• 스토리지 영역에서 네트워크 단절	• 모든 구간이 LAN 연결구간	• IEEE 1394 구간에서네트워크 단절
망간 중계 프로토콜	• FCP(파이버 채널 프로토콜) : 광범위하게 도입되는 FCP는 파이버 채널 네트워크를 사용하여 SCSI 명령을 전달한다. 원시 블록 데이터를 고속으로 제공하며 컴퓨터 스토리지와 서버 사이에 손실이 없다.	• TCP 암호화 통신	• IEEE 1398 커널

2. 보호대책 요구사항 ▶ 2.7. 암호화 적용

암호정책(대상, 강도, 사용) 수립, 저장, 전송, 전달 시 암호화

항목	2.7.1 암호정책 적용
인증기준	개인정보 및 주요정보 보호를 위하여 법적 요구사항을 반영한 암호화 대상, 암호 강도, 암호 사용 정책을 수립하고 개인정보 및 주요정보의 저장·전송·전달 시 암호화를 적용하여야 한다.
주요 확인사항	1) 개인정보 및 주요정보의 보호를 위하여 법적 요구사항을 반영한 암호화 대상, 암호강도, 암호사용 등이 포함된 암호정책을 수립하고 있는가?
	2) 암호정책에 따라 개인정보 및 주요정보의 저장, 전송, 전달 시 암호화를 수행하고 있는가?
관련 법규	• 개인정보보호법 제24조의2(주민등록번호 처리의 제한), 제29조(안전조치의무) • 개인정보의 안전성 확보조치 기준 제7조(개인정보의 암호화)
증적 자료 등 준비사항	• 암호통제 정책(대상, 방식, 알고리즘 등) • 암호화 적용현황(저장 및 전송 시) • 위험도 분석 결과(내부망 고유식별정보 암호화 미적용 시) • 암호화 솔루션 관리 화면

2.7.1 요건 수준
Level 1. 법규 수준
1. 법규 : 개보법
2. 내규 : 해당
3. 인증기준 : 해당
4. 위험평가 : 해당

유사 인증기준
2.5.4 비밀번호 관리
2.6.4 데이터베이스 접근
2.6.5 무선 네트워크 접근
2.7.2 암호키관리
2.10.6 업무용 단말기기 보안
2.5.4 법적 요건, 외부 위협을 고려하여 사용자, 이용자가 사용하는 정보시스템 비밀번호 관리절차 수립·이행
2.6.4 테이블 목록 등 데이터베이스 내에서 정보를 식별하고, 정보의 중요도와 사용자 유형 등에 따라 접근통제

항목	2.7.1 암호정책 적용
결함사례	• 내부 정책·지침에 암호통제 관련 법적 요구사항을 고려한 암호화 대상, 암호 강도, 저장 및 전송 시 암호화 방법, 암호화 관련 담당자의 역할 및 책임 등에 관한 사항이 적절히 명시되지 않은 경우 • 암호정책을 수립하면서 해당 기업이 적용받는 법규를 잘못 적용하여(정보통신서비스 제공자에게 「개인정보의 안전성 확보조치 기준」 요건 적용) 암호화 관련 법적 요구사항을 준수하지 못하고 있는 경우 • 개인정보취급자 및 정보주체의 비밀번호에 대하여 일방향 암호 화를 적용하였으나 안전하지 않은 MD5 알고리즘을 사용한 경우 • 개인정보처리자가 관련 법규 및 내부 규정에 따라 인터넷 쇼핑몰에 대하여 보안서버를 적용하였으나, 회원정보 조회 및 변경, 비밀번호 찾기, 비밀번호 변경 등 이용자의 개인정보가 전송되는 일부 구간에 암호화 조치가 누락된 경우 • 정보시스템 접속용 비밀번호, 인증키 값 등이 시스템 설정파일 및 소스코드 내에 평문으로 저장되어 있는 경우
결함예시	OO기업은 상담 녹취서버의 녹음파일을 암호화하여 상담팀장에 접근을 금지하도록 하고 있으나 취약한 암호화 방식(DES)으로 암호화하여 저장하고 있다

2.6.5 무선 네트워크를 사용 시 사용자 인증, 송수신 데이터 암호화, AP 통제 적용하고, 비인가 무선 네트워크 접속으로부터 보호대책 수립·이행

2.7.2 암호키의 안전한 생성·이용·보관·배포·파기를 위한 관리 절차를 수립·이행하고, 필요 시 복구방안을 마련

2.10.6 단말기기를 업무 목적으로 네트워크에 연결할 경우 접근통제 대책을 수립하고 주기적으로 점검

1 인증기준 취지

2.7.1 암호정책 적용은 개인정보의 암호화를 통해 기밀성을 보장하고, 법적 요건을 충족하기 위한 인증기준이다. 먼저, 법적 요건과 처리 정보의 중요도에 따라 암호화 대상을 파악하고, 암호화 방식, 암호 강도, 암호 사용 정책 등을 수립해야 한다. 그리고 안전한 방법으로 정보의 저장, 전송, 전달이 이루어질 수 있도록 암호화를 수행해야 한다.

2 인증기준 상세

확인사항	요구 사항	관련 사항
법적 요구사항을 반영한 암호정책 수립	• 개인정보 및 주요정보의 보호를 위하여 법적 요구사항을 반영한 암호화 대상, 암호강도, 암호사용 등이 포함된 암호정책을 수립하여야 함	• 암호화 대상 ▶ 3 참조 – 법적 요구사항, 처리 정보 민감도 및 중요 도에 따라 정의 • 암호화 알고리즘 ▶ 12 참조 – 법적 요구사항 등을 고려하여 안전한 암호 화 알고리즘 및 보안강도 선택
개인정보의 저장, 전송, 전달 시 암호화 수행	• 암호정책에 따라 개인정보 및 중요정보의 저장, 전송, 전달 시 암호화를 수행하여야 함	• 암호화 위치, 시스템 특성 등을 고려하여 암호화 방식 선정 및 적용 ▶ 4~10 참조

(두음) 암호화 대상 암기

저장, 송수신 암호화 : 인증정보

이용자 저장 암호화 : **정보주여운외신계생**
인증정보, 주민등록번호, 여권번호, 운전면허번호, 외국인등록번호, 신용카드번호, 계좌번호, 생체인식정보

(심화) 법률에서의 암호화 규정

1. **개인정보보호법**
   제23조(민감정보의 처리 제한), 제24조(고유식별정보의 처리 제한), 제24조의2(주민등록번호 처리의 제한), 제29조(안전조치의무)
2. **전자정부법**
   제56조(정보통신망 등의 보안대책 수립·시행)
3. **신용정보의 이용 및 보호에 관한 법률**
   제17조(처리의 위탁)

3 법적 요구사항에 따른 암호화 대상 개인정보

<table>
<tr><td rowspan="2">정보통신망을 통한 송·수신 시</td><td>정보통신망</td><td colspan="2">인증정보(비밀번호, 생체인식정보 등)</td></tr>
<tr><td>인터넷망</td><td colspan="2">개인정보
※ 단, 종전의 개인정보의 안전성 확보조치 기준 적용대상의 경우 2024.9.15 시행</td></tr>
<tr><td rowspan="4">저장 시</td><td rowspan="2">저장 위치 무관</td><td colspan="2">인증정보(비밀번호, 생체인식정보 등)
※ 단, 비밀번호는 일방향암호화</td></tr>
<tr><td colspan="2">주민등록번호
※ 법 제24조의2 제2항에 따라 암호화</td></tr>
<tr><td>인터넷구간, DMZ</td><td>고유식별정보</td><td rowspan="2">주민등록번호, 여권번호, 운전면허번호, 외국인등록번호, 신용카드번호, 계좌번호, 생체인식정보
※ 저장 위치 무관</td></tr>
<tr><td>내부망</td><td>※ 단, 주민등록번호 외의 고유식별정보를 내부망에 저장하는 경우에는 개인정보 영향평가의 결과 또는 위험도 분석에 따른 결과에 따라 암호화의 적용여부 및 적용범위를 정하여 시행 가능</td></tr>
<tr><td colspan="2">개인정보취급자 컴퓨터, 모바일기기, 보조저장매체 등에 저장 시</td><td>고유식별정보,
생체인식정보</td><td>개인정보</td></tr>
</table>

4 개인정보처리시스템 암호화 방식 비교

암호화 방식	암·복호화 모듈 위치	암·복호화 요청 위치	설명
응용 프로그램 자체 암호화	어플리케이션 서버	응용 프로그램	• 암·복호화 모듈이 API 라이브러리 형태로 각 애플리케이션 서버에 설치되고, 응용프로그램에서 해당 암·복호화 모듈을 호출하는 방식 • DB 서버에 영향을 주지 않아 DB 서버의 성능 저하가 적은 편이지만 구축시 응용프로그램 전체 또는 일부 수정 필요 • 기존 API 방식과 유사
DB 서버 암호화	DB 서버	DB 서버	• 암·복호화 모듈이 DB 서버에 설치되고 DB 서버에서 암·복호화 모듈을 호출하는 방식 • 구축 시 응용프로그램의 수정을 최소화 할 수 있으나 DB 서버에 부하가 발생하며 DB 스키마의 추가 필요 • 기존 Plug-In 방식과 유사
DBMS 자체 암호화	DB 서버	DBMS 엔진	• DB 서버의 DBMS 커널이 자체적으로 암·복호화 기능을 수행하는 방식 • 구축 시 응용프로그램 수정이 거의 없으나, DBMS에서 DB 스키마의 지정 필요 • 기존 커널 방식(TDE : Transparent Data Encryption)과 유사

암호화 방식	암·복호화 모듈 위치	암·복호화 요청 위치	설명
DBMS 암호화 기능 호출	DB 서버	응용 프로그램	• 응용프로그램에서 DB 서버의 DBMS 커널이 제공하는 암·복호화 API를 호출하는 방식 • 구축 시 암·복호화 API를 사용하는 응용프로그램의 수정이 필요 • 기존 커널 방식(DBMS 함수 호출)과 유사
운영체제 암호화	파일서버	운영체제 (OS)	• OS에서 발생하는 물리적인 입출력(I/O)을 이용한 암·복호화 방식으로 DBMS의 데이터파일 암호화 • DB 서버의 성능 저하가 상대적으로 적으나 OS, DBMS, 저장장치와의 호환성 검토 필요 • 기존 DB 파일암호화 방식과 유사

5 응용프로그램 자체 암호화 방식 개념도(API 라이브러리)

응용프로그램 자체 암호화 방식은 암·복호화 모듈이 API 라이브러리 형태로 각 애플리케이션 서버에 설치되고 응용프로그램에서 암·복호화 모듈을 호출하는 방식이다.

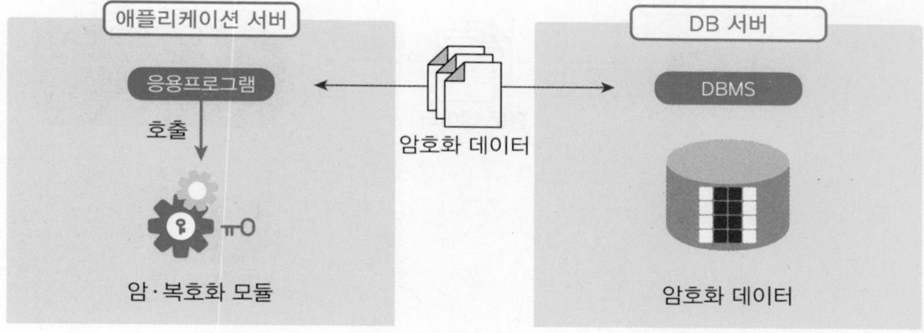

6 DB 서버 암호화 방식 개념도(Plug in)

DB 서버 암호화 방식은 암·복호화 모듈이 DB 서버에 설치되고 DBMS에서 플러그인(plug-in)으로 연결된 암·복호화 모듈을 호출하는 방식이다.

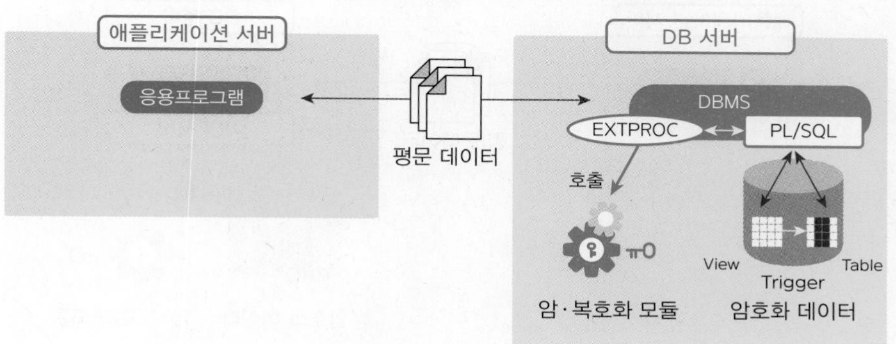

(바른 뜻) 암호화 관련

1. **암호화**
   일상적인 문자로 쓰이는 평문을 암호키를 소유하지 않은 사람이 알아볼 수 없도록 기호 또는 다른 문자 등의 암호문으로 변환하는 것을 말한다. 개인정보가 비인가자에게 유·노출되더라도 그 내용을 확인할 수 없거나 어렵게 하는 보안기술이다.
2. **암호키**
   메시지를 암호화 또는 복호화하는데 사용되는 키로서 암호키를 소유한 자만이 암호문을 생성하거나 복호할 수 있다.
3. **해쉬함수**
   임의의 길이의 메시지를 항상 고정된 길이의 해쉬값으로 변환하는 일방향 함수를 말한다.
4. **일방향 함수**
   결과값을 가지고 입력값을 구하는 것이 어려운 함수로서 해쉬함수는 일방향 함수에 해당한다.

(심화) 업무용 컴퓨터·보조저장매체 암호화
업무용 컴퓨터에서는 하드디스크, 이동식 디스크 또는 보조저장매체(USB 등)에 저장된 개인정보의 보호를 위해 개별 문서 파일 단위 암호화, 디렉터리 단위 암호화, 디스크 암호화 등의 방법을 사용할 수 있다.

7 DBMS 자체 암호화 방식 개념도(TDE)

DBMS 자체 암호화 방식은 DBMS에 내장되어 있는 암호화 기능(TDE : Transparent Data Encryption)을 이용하여 암·복호화 처리를 수행하는 방식이다.

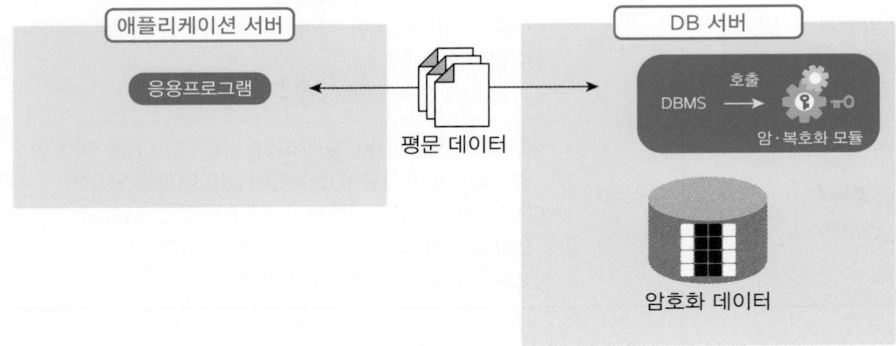

8 DBMS 암호화 기능 호출 방식 개념도(Hybrid)

DBMS 암호화 기능 호출 방식은 DBMS가 자체적으로 암·복호화 기능을 수행하는 API를 제공하고 해당 함수를 사용하기 위해 응용프로그램에서 호출하는 방식이다.

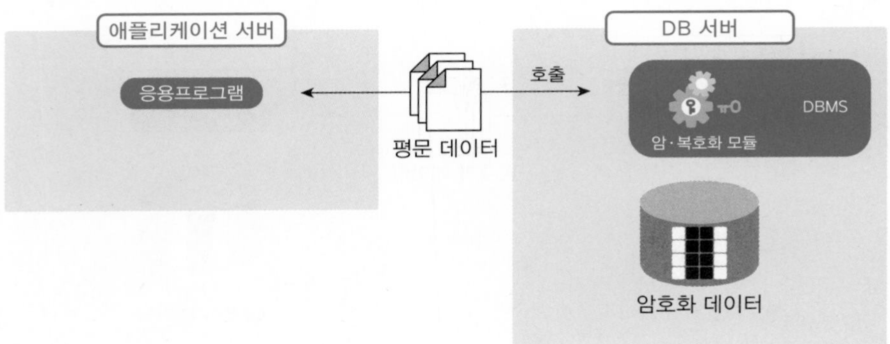

9 운영체제 암호화 방식 개념도(OS)

운영체제 암호화 방식은 OS에서 발생하는 입출력 시스템 호출을 이용한 암·복호화 방식으로서 DB 파일 자체를 암호화를 암호화한다.

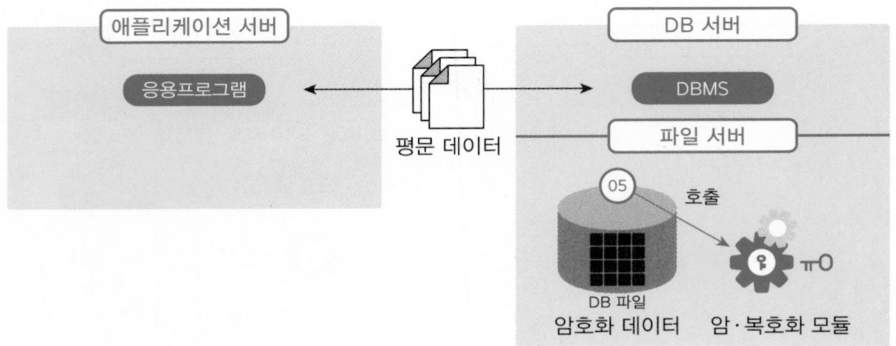

10 암호화 용도 별 암호화 방식

구분	암호화 방식
정보통신망을 통한 전송 시	1. 웹서버에 SSL 인증서를 설치하여 전송하는 정보를 암호화 송·수신 2. 웹서버에 암호화 응용프로그램을 설치하여 전송하는 정보를 암호화하여 송·수신 3. 그 밖에 암호화 기술 활용 : VPN, PGP 등
보조저장매체로 전달 시	1. 암호화 기능을 제공하는 보안 저장매체 이용(보안USB 등) 2. 해당 정보를 암호화한 후 보조저장매체에 저장 등
개인정보처리시스템 저장 시	1. 응용프로그램 자체 암호화(API 방식) 2. DB서버 암호화(Plug-in 방식) 3. DBMS 자체 암호화(TDE 방식) 4. DBMS 암호화 기능 호출 5. 운영체제 암호화(파일암호화 등) 6. 그 밖의 암호화 기술 활용
업무용 컴퓨터 및 모바일 기기 저장 시	1. 문서도구 자체 암호화(오피스 등에서 제공하는 암호 설정 기능 활용) 2. 암호 유틸리티를 이용한 암호화 3. DRM(Digital Right Management) 적용 등

11 (심화) 암호화 알고리즘의 수학적 기반 원리

암호 기술	유형	적용사례
대칭키 알고리즘	블록암호	DES, AES, SEED
	스트림암호	RC4, LFSR
공개키 알고리즘	소인수 분해 문제	RSA, Rabin
	이산대수 문제	Elgamal, DSA, Diffie-Hellman
	타원곡선(이산대수) 문제	ECC, ECDSA, KCDSA, EC-KCDSA
해시 알고리즘	MDC(Modification Detection Code)	MD5, SHA-1, SHA-2
	MAC(Message Authentication Code)	HMAC, CMAC, GMAC

업무용 컴퓨터·보조저장매체 암호화 방식 유형

1. **파일 암호화**
   업무용 컴퓨터의 하드 디스크, 이동식 디스크, 보조저장매체에 저장된 개인정보에 대한 보호뿐만 아니라 개인정보취급자 간에 네트워크상으로 파일을 안전하게 전송하기 위한 방식
2. **문서 도구 자체 암호화**
   업무용 컴퓨터에서 주로 사용하는 문서 도구 (한글, MS 워드 등)에서는 자체 암호화 기능을 통하여 개인정보 파일을 암호화하는 방식
3. **암호 유틸리티 암호화**
   업무용 컴퓨터에서는 해당 컴퓨터의 OS에서 제공하는 파일암호 유틸리티 또는 파일암호 전용 유틸리티를 이용하여 개인정보 파일 또는 디렉터리를 암호화하는 방식
4. **DRM(Digital rights management)**
   조직 내부에서 생성되는 전자문서를 암호화하고 해당 문서를 접근 및 사용할 수 있는 권한을 지정함으로써 허가된 사용자만 중요 문서(개인정보 문서, 기밀문서 등)를 사용하게 하는 방식
5. **디스크 암호화**
   디스크에 데이터를 기록할 때 자동으로 암호화하고, 주기억장치로 읽을 때 자동으로 복호화하는 방식

(바른 뜻) 대칭키 암호화 알고리즘 종류

1. SEED
   1999년 2월 한국정보보호진흥원(한국인터넷진흥원의 전신)의 기술진이 개발한 128비트 및 256비트 대칭 키 블록 암호 알고리즘으로, 미국에서 수출되는 웹 브라우저 보안 수준이 40비트로 제한됨에 따라 128비트 보안을 위해 별도로 개발된 알고리즘
2. ARIA
   대한민국의 국가보안기술연구소에서 개발한 블록 암호 체계로 학계(Academy), 연구소(Research Institute), 정부 기관(Agency)이 공동으로 개발한 특징을 함축적으로 표현함
3. AES
   Advanced Encryption Standard를 줄인 말로 높은 안전성과 속도로 인해 인기를 얻어 전 세계적으로 많이 사용되는 고급 암호화 표준
4. LEA
   Lightweight Encryption Algorithm의 줄임말로 국가보안기 술연구소에서 개발한 128비트의 데이터 블록 암호화 알고리즘
5. HIGHT
   저전력, 경량 환경에서 사용할 수 있도록 2010년 12월 ISO/IEC 국제표준으로 제정된 64비트 블록 암호 알고리즘으로 코드 사이즈가 작고 AES보다도 속도가 빠름

⑫ 암호화 유형별 취약, 안전한 알고리즘

구분	취약한 알고리즘	안전한 알고리즘
대칭키 암호 알고리즘	• DES, 128bit 미만의 AES, ARIA, SEED	• SEED, ARIA-128/192/256, AES-128/192/256, HIGHT, LEA 등
공개키 암호 알고리즘	• 2048bit 미만의 RSA, RSAES	• RSAES-OAEP, RSAES-PKCS1 등
일방향 암호 알고리즘	• MD5, SHA-1, HAS-160	• SHA-256/384/512 등

⑬ (심화) 취약, 안전한 암호 알고리즘 사용 (Java 코드 구현 사례)

알고리즘	Java 코드

안전하지 않은 Java코드 (MD5 사용)	public String getCryptedPassword(String salt, String password) {
	    return new MD5HashGenerator().getValue(password);
	}

안전한 Java 코드 (SHA256 사용)	public String getSalt(String userId, String password) {
	    return SHA256HashGenerator.getInstance().getValue("--" + Cal-endar.getInstance().getTime().toString() + "--" + userId + "--");
	}
	public String getCryptedPassword(String salt, String password) {
	    return SHA256HashGenerator.getInstance().getValue("nest--" + salt + "--" + password + "--");
	}

⑭ (Good) 주민등록번호 암호화 (ARIA 예시)

사번	성명	주민등록번호
80.*********	정**	82**** d8Rv7AjlUq+YAaYEjfThhA==
80.*********	한**	80**** paniWds7MyiaBlZbr7hQJw==
80.*********	배**	80**** 5pft8yEu8Tg8BkeCyBuWEA==

⑮ (Bad) 비밀번호 암호화 (MD5)

USER ID	성명	패스워드
004.*********	김**	s*{8me?T#mnX
004.*********	이**	lphj<w?S]0T!
004.*********	박**	PP%{we?hh*EY
005.*********	최**	(j8FMl6r>-9o
005.*********	이**	P7[d%l6rVmVR

⑯ (Bad) 회원관리 화면 개인정보 평문 전송

```
POST [redacted]_proc.php HTTP/1.1
Accept: image/jpeg, application/x-ms-application, image/gif, application/xaml+xml,
image/pjpeg, application/x-ms-xbap, application/vnd.ms-excel, application/vnd.ms-
powerpoint, application/msword, */*
Referer: [redacted]
Accept-Language: ko-KR
User-Agent: Mozilla/4.0 (compatible; MSIE 8.0; Windows NT 6.1; Trident/4.0;
SLCC2; .NET CLR 2.0.50727; .NET CLR 3.5.30729; .NET CLR 3.0.30729; Media Center PC
6.0; .NET4.0C; .NET4.0E; InfoPath.3)
Content-Type: application/x-www-form-urlencoded
Accept-Encoding: gzip, deflate
Host: [redacted]
Content-Length: 364
Connection: Keep-Alive
Cache-Control: no-cache
Cookie: hwaunique=1; hwatime=1397010625425; PHPSESSID=fee0d47460ee5ac28f526d9265d39df9

type=insert&findit=1&tid=1&bid=1&aid=1&comu_id=anjongik&comu_name=%BE%C8%C1%BE%C0%
CD&comu_ssn1=850413&comu_ssn2=1[redacted]&comu_jisa=0&comu_bunryu=10&comu_pwd=a[redacted]&comu
_pwd2=a[redacted]&comu_phone=028882222&comu_hp1=010&comu_hp2=8888&comu_hp3=8888&comu_addr_
no1=151&comu_addr_no2=868&comu_addr1=%BC%AD%BF%EF+%B0%FC%BE%C7%B1%B8+%BD%C5%B8%B21%B5%
BF+&comu_addr2=1461-22HTTP/1.1 200 OK
Date: Wed, 09 Apr 2014 02:36:10 GMT
Server: Hanbiro Server Centre(Powered by NetBSD)
X-Powered-By: PHP/4.4.9
Expires: Thu, 19 Nov 1981 08:52:00 GMT
Cache-Control: no-store, no-cache, must-revalidate, post-check=0, pre-check=0
Pragma: no-cache
Connection: close
Transfer-Encoding: chunked
Content-Type: text/html
```

☰ 2. 보호대책 요구사항 ▶ 2.7. 암호화 적용

암호키 관리절차(생성, 이용, 변경, 파기), 복구방안(보관), 암호키 접근권한 최소화

항목	2.7.2 암호키 관리
인증기준	암호키의 안전한 생성·이용·보관·배포·파기를 위한 관리 절차를 수립·이행하고, 필요 시 복구방안을 마련하여야 한다.
주요 확인사항	1) 암호키 생성, 이용, 보관, 배포, 변경, 복구, 파기 등에 관한 절차를 수립·이행하고 있는가?
	2) 암호키는 필요시 복구가 가능하도록 별도의 안전한 장소에 보관하고 암호키 사용에 관한 접근권한을 최소화하고 있는가?
관련 법규	• 개인정보보호법 제29조(안전조치의무) • 개인정보의 안전성 확보조치 기준 제7조(개인정보의 암호화)
증적 자료 등 준비사항	• 암호키 관리정책 • 암호키 관리대장 및 관리시스템 화면
결함사례	• 암호 정책 내에 암호키 관리와 관련된 절차, 방법 등이 명시되어 있지 않아 담당자 별로 암호키 관리 수준 및 방법이 상이한 등 암호키 관리 상에 취약사항이 존재하는 경우 • 내부 규정에 중요 정보를 암호화할 경우 관련 책임자 승인 하에 암호화 키를 생성하고 암호키 관리대장을 작성하도록 정하고 있으나, 암호키 관리대장에 일부 암호키가 누락되어 있거나 현행화되어 있지 않은 경우 • 개발시스템에 적용되어 있는 암호키와 운영시스템에 적용된 암호키가 동일하여, 암호화된 실데이터가 개발시스템을 통해 쉽게 복호화가 가능한 경우
결함예시	OO공공기관은 11만명의 정보주체에 관한 개인정보를 처리하는 기관이지만 내부관리계획에서 안전한 암호 키 생성, 이용, 보관, 배포 및 파등에 대한 절차를 수립하고 있지 않아 중요 정보 암호화 키에 대한 관리가 되고 있지 않고 개인정보처리시스템 구축 시부터 계속 동일한 키로 운영 중에 있음

2.7.2 요건 수준

Level 1. 법규 수준

1. 법규 : 개보법
2. 내규 : 해당
3. 인증기준 : 해당
4. 위험평가 : 해당

유사 인증기준
2.5.4 비밀번호 관리
2.6.4 데이터베이스 접근
2.6.5 무선 네트워크 접근
2.7.1 암호정책 적용
2.10.6 업무용 단말기기 보안
2.5.4 법적 요건, 외부 위협을 고려하여 사용자, 이용자가 사용하는 정보시스템 비밀번호 관리절차 수립·이행
2.6.4 테이블 목록 등 데이터베이스 내에서 정보를 식별하고, 정보의 중요도와 사용자 유형 등에 따라 접근통제
2.6.5 무선 네트워크를 사용 시 사용자 인증, 송수신 데이터 암호화, AP 통제 적용하고, 비인가 무선 네트워크 접속으로부터 보호대책 수립·이행
2.7.1 개인정보보호를 위하여 법적 요구사항을 반영한 암호화 대상, 암호 강도, 암호 사용 정책을 수립하고 저장·전송·전달 시 암호화 적용
2.10.6 단말기기를 업무 목적으로 네트워크에 연결할 경우 접근통제 대책을 수립하고 주기적으로 점검

1 인증기준 취지

2.7.2 암호키 관리는 암복호화 시 사용하는 핵심 정보인 암호키의 생명주기를 관리하는 인증기준이다. 암호키가 유출되는 경우 중요정보가 복호화되어 유출될 수 있다. 또한 암호키를 분실하는 경우에는 복호화할 수 없으므로 암호키 관리에 유의하여야 한다. 관리적인 측면에서 암호키의 생명주기(생성, 이용, 보관, 배포, 변경, 복구, 파기 등) 상의 정책과 취급 절차를 수립해야 한다. 그리고 암호키가 유출되지 않도록 안전하게 보관하도록 해야 한다. 일반적으로 키관리시스템인 KMS나 HSM을 통하여 키관리를 수행하게 된다.

2 인증기준 상세

확인사항	요구 사항	관련 사항
암호키 관리 정책 및 절차 수립	암호키 생성, 이용, 보관, 배포, 파기에 대한 정책 및 절차를 수립하여야 함 ▶ 3 참조	• 암호키 관리 담당자 • 암호키 생성, 보관(소산 백업 등) 방법 • 암호키 배포 대상자 및 배포방법(복호화 권한 부여 포함) • 암호키 사용 유효기간(변경 주기) – 암호키 변경 시 비용, 업무중요도 등을 고 려하여 결정 • 암호키 복구 및 폐기 절차와 방법 • 소스코드에 하드코딩 방식의 암호키 기록 금지에 관한 사항 등
암호키를 안전한 장소에 보관하고 암호키 사용 시 접근권한을 최소화	암호키는 필요시 복구 가능하도록 별도의 안전한 장소에 보관하고 암호키 사용에 관한 접근권한을 최소화하여야 함	• 암호키 손상 시 시스템 또는 암호화된 정보의 복구를 위하여 암호키는 별도의 매체에 저장한 후 안전한 장소에 보관(암호키 관리시스템, 물리적으로 분리된 곳 등) • 암호키에 대한 접근권한 최소화 및 접근 모니터링

3 암호화 수명주기

단계	단계 설명	상태
준비 단계	• 암호 키가 사용되기 이전의 단계	• 미생성 또는 준비 상태
운영 단계	• 암호 키가 암호 알고리즘 및 연산에 사용되는 단계	• 운영 상태
정지 단계	• 암호 키가 더 이상 사용되지 않지만, 암호 키에 대한 접근은 가능한 단계	• 정지 또는 위험 상태
폐기 단계	• 암호 키가 더 이상 사용될 수 없는 단계	• 폐기 또는 사고 상태

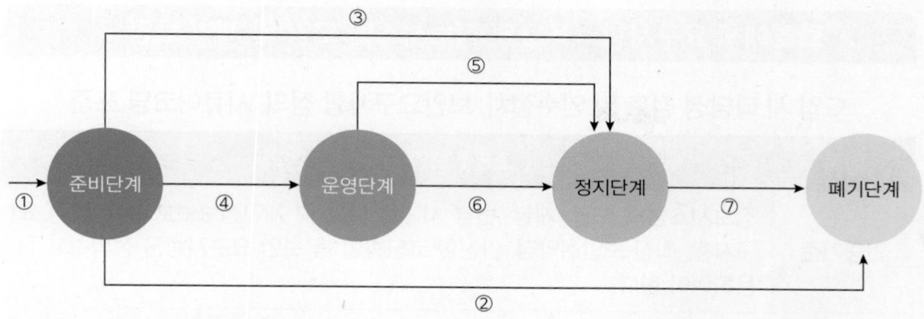

① 암호키는 생성됨과 동시에 준비 단계
② 암호키가 생성되고 한 번도 사용되지 않은 경우, 폐기 가능
③ 준비단계의 암호키가 손상시, 해당 암호키를 정지 단계로 전환
④ 준비 단계의 암호키가 사용될 준비가 되면 키 관리자는 해당 암호키를 적절한 때에 운영 단계로 전환
⑤ 운영 단계의 암호키가 손상되면 키 관리자는 암호 키를 정지 단계로 전환
⑥ 암호키의 유효기간이 만료되는 등으로 더 이상 사용되지 않지만 암호키에 대한 접근이 필요한 경우, 키 관리자는 해당 암호키를 운영 단계에서 정지 단계로 전환
⑦ 정지 단계에 있는 암호 키가 더 이상 필요하지 않은 경우, 해당 암호키를 폐기 단계로 전환하고 폐기

(출처 : 개인정보의 암호화 조치 안내서, KISA)

4 암호키 관리 시스템

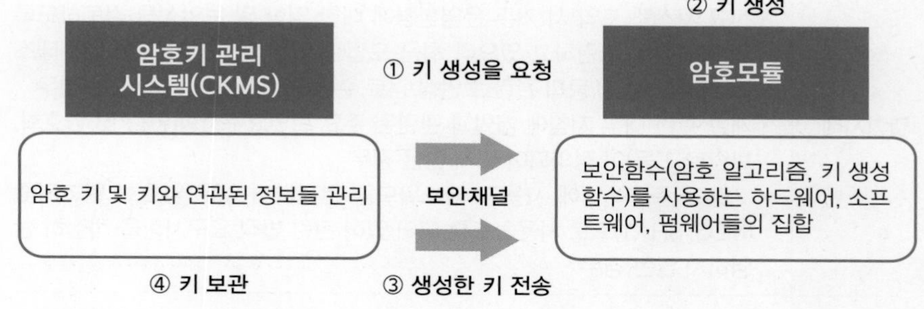

(심화) 키관리 시스템 비교)

1. KMS(KeyManagement System)
   - "암호화 키"의 라이프사이클을 관리하는 전용 시스템으로, "암호화 키"의 생성, 저장, 백업, 복구, 파기 등의 기능을 제공하는 시스템
2. HSM(Hardware Security Module)
   - 암호화 키를 필요로 하는 다양한 애플리케이션이 있을 경우 생성, 저장, 백업, 복구, 파기를 애플리케이션에서 하는 것이 아니라 전용 장치를 통해 기능을 제공하는 시스템

※ HSM을 사용하는 이유
보안, 성능, 관리 세 가지 목표 모두를 달성하기 위해 사용한다. HSM은 FIPS 등 인증을 받은 전용 장치이다 보니 안전하다. 또한 애플리케이션이 처리해야 할 작업을 대신 처리하기 때문에 키 생성 및 처리 관련 부하가 없다. 그리고, HSM을 사용하면 중앙집중적인 키관리가 가능하다.

※ HSM 도입하지 않으면 ISMS-P인증 받기 불가능?
KMS를 사용하여 안전한 키관리가 가능하면 받을 수 있다. 단, OS, 애플리케이션 취약점 관리, 키관리 절차 등에 더욱 관심을 가져야 한다.

2.8.1 요건 수준
Level 3. 인증기준수준
1. 법 요건 : 미해당
2. 내규 : 미해당
3. 인증기준 : 해당
4. 위험평가 : 해당

유사 인증기준
1.1.5 정책 수립
1.2.4 보호대책 선정
1.3.1 보호대책 구현
2.3.2 외부자 계약 시 보안
2.8.2 보안 요구사항 검토 및 시험
3.5.1 개인정보처리방침 공개
1.1.5 정보보호와 정책 및 시행문서를 수립하여 경영진 승인을 받고, 임직원에게 전달
1.2.4 위험 처리 위한 보호대책을 선정하고, 우선순위, 일정, 예산 등을 포함한 이행계획을 수립하여 경영진 승인
1.3.1 선정한 보호대책은 이행계획에 따라 구현하고, 경영진은 이행결과의 정확성과 효과성 여부를 확인
2.3.2 외부 서비스를 이용하거나 외부 업무를 위탁 시 (개인)정보보호 요구사항을 식별하고, 계약서에 명시
2.8.2 보안 요구사항에 따라 정보시스템이 도입 또는 구현되었는지를 검토하기 위하여 검토 기준과 절차를 수립·이행하고, 발견된 문제점에 대한 개선조치를 수행
3.5.1 개인정보의 처리에 필요한 사항을 포함하여 개인정보처리방침을 수립하고, 정보주체가 쉽게 확인할 수 있도록 공개하고 현행화

도입 시 타당성 검토 및 인수절차, 보안요구사항 정의, 시큐어코딩 표준

항목	2.8.1 보안 요구사항 정의
인증기준	정보시스템의 도입·개발·변경 시 정보보호 및 개인정보보호 관련 법적 요구사항, 최신 보안취약점, 안전한 코딩방법 등 보안 요구사항을 정의하고 적용하여야 한다.
주요 확인사항	1) 정보시스템을 신규로 도입·개발 또는 변경하는 경우 정보보호 및 개인정보보호 측면의 타당성 검토 및 인수 절차를 수립·이행하고 있는가?
	2) 정보시스템을 신규로 도입·개발 또는 변경하는 경우 법적 요구사항, 최신 취약점 등을 포함한 보안 요구사항을 명확히 정의하고 설계 단계에서부터 반영하고 있는가?
	3) 정보시스템의 안전한 구현을 위한 코딩 표준을 수립하여 적용하고 있는가?
관련 법규	• 해당사항 없음
증적 자료 등 준비사항	• 정보시스템 인수 기준 및 절차 • 정보시스템 도입 RFP(제안요청서) 및 구매계약서 • 개발 산출물(사업수행계획서, 요구사항정의서, 화면설계서, 보안아키텍처 설계서, 시험계획서 등) • 시큐어 코딩 표준
결함사례	• 정보시스템 인수 전 보안성 검증 기준 및 절차가 마련되어 있지 않은 경우 • 신규 시스템 도입 시 기존 운영환경에 대한 영향 및 보안성을 검토하도록 내부 규정을 마련하고 있으나 최근 도입한 일부 시스템에 대해 인수테스트(취약점 점검) 등의 관련 보안성 검토 수행 증적이 확인되지 않은 경우 • 개발 관련 내부 지침에 개발과 관련된 주요 보안요구사항(인증 및 암호화, 보안로그 등)이 정의되어 있지 않은 경우 • '개발표준정의서'에 사용자 패스워드를 안전하지 않은 암호화 알고리즘(MD5, SHA1)으로 사용하도록 되어 있어 관련 법적 요구사항을 적절히 반영하지 않는 경우
결함예시	OO기업에서 프로그램 개발 시 시큐어 코딩 표준절차 및 보안요구사항에 대해 정의되지 않고 프로그램 개발이 수행되고 있음

1 인증기준 취지

2.8.1 보안 요구사항 정의는 정보시스템을 도입, 개발, 변경하는 경우 사전에 보안 요구사항을 정의하도록 한 인증기준이다. 정보시스템을 개발할 때는 기능적인 요건에 주안점을 두고 보안 요건을 고려하지 않는 경우가 많다. 정작 정보시스템 개발이 완료될 때 쯤이면 프로젝트 초기 개발에 참여했던 인력은 대다수 철수하였을 것이다. 이때 정보시스템에 취약점이 다수 발견되었다는 경우가 흔하다. 업무와 프로그램 구현에 대해 파악하지 못한 새로운 인력에게 취약점을 알려주고,

조치하도록 요구해야 한다. 이 경우 비용이나 시간이 크게 늘어날 것이다. 본 인증기준에서는 정보시스템 도입 시 명확한 보안 요구사항을 초기에 정의하는데 목적이 있다.

2 인증기준 상세

확인사항	요구 사항	관련 사항
정보시스템 도입·개발·변경 시 (개인)정보보호 타당성 검토 및 인수 절차 수립·이행	• 정보시스템을 신규로 도입·개발 또는 변경하는 경우 정보보호 및 개인정보보호 측면의 타당성을 검토하고 인수절차를 수립·이행하여야 함	• 신규 정보시스템(서버, 네트워크 장비, 상용 소프트웨어 패키지) 및 보안시스템 도입 시 도입 타당성 분석 등의 내용이 포함된 도입 계획 수립 ▶ 3 참조 – 현재 시스템 자원의 이용률, 사용량, 능력 한계에 대한 분석 – 성능, 안전성, 보안성, 신뢰성 및 기존시스템과의 호환성, 상호 운용성 요건 – 개인정보처리시스템에 해당될 경우 개인정보 보호법, 정보통신망법 등에서 요구하는 법적 요구사항 준수 • 정보보호 및 개인정보보호 측면의 요구사항을 제안요청서(RFP)에 반영하고 업체 또는 제품 선정 시 기준으로 활용 • 정보시스템 인수 여부를 판단하기 위한 시스템 인수기준을 수립 – 도입계획 수립 시 정의된 성능, 보안성, 법적 요구사항 등을 반영한 인수 승인기준 수립 – 시스템 도입 과정에서 인수 기준을 준수하도록 구매계약서 등에 반영
정보시스템 도입·개발 또는 변경 시 보안요구사항 정의 및 설계 단계부터 반영	• 정보시스템을 신규로 도입·개발 또는 변경하는 경우 법적 요구사항, 최신 취약점 등을 포함한 보안 요구사항을 명확히 정의하고 설계 단계에서부터 반영하여야 함	• 개인정보보호 관련 법적 요구사항 – 접근권한, 접근통제, 암호화, 접속기록 등 • 상위 기관 및 내부 규정에 따른 정보보호 및 개인정보보호 요구사항 • 정보보호 관련 기술적 요구사항 ▶ 4 참조 – 인증, 개발보안 등 • 최신 보안취약점 등
시큐어코딩 표준 마련 및 적용	• 정보시스템의 안전한 구현을 위한 코딩표준을 마련하고 적용하여야 함	• 알려진 기술 보안 취약점으로 인한 위협을 최소화하기 위하여 안전한 코딩 표준 및 규약 마련 ▶ 5 참조 • Java, PHP, ASP, 웹, 모바일 등 관련된 개발 언어 및 환경을 모두 포함 • 안전한 코딩 표준 및 규약에 대하여 개발자 대상 교육 수행

(바른 뜻) 보안 요건 용어

1. **보안영역(Security Areas)**
   정보시스템(IT), 제어시스템, 클라우드, 무선, IoT 등 정보 서비스 종류 구분을 말함
2. **보안구분(Security Layers)**
   인프라(서버, 네트워크, 시설/설비 등), 응용프로그램, 데이터(DB), 단말기(PC, 노트북, 랩탑 등), 물리 영역으로 구분함
3. **보안요소(Security Elements)**
   영역별로 보안을 고려해야 할 기본 요소로 인증(Authentication), 접근통제(Access Control), 데이터 보호(Data Processing Protection), 암호화(Encryption), 감사(Audit Trails), 위협 탐지(Threat Detection)로 구분함
4. **보안기능**
   서비스 형태와 보안영역의 보안요소에 따라 보안기능을 구성하며, 보안 아키텍처 모델을 참고하여 목표시스템의 안전한 정보보안을 구현하기 위한 통제대책으로 침입탐지, 침입차단, 백신, DB 암호화, DB 접근통제 등을 말하며, 정보보호 솔루션으로 보안기능을 구현할 수 있음
5. **보안기능 설명서**
   보안아키텍처 모델에 따라 도출된 개별 보안기능에 대해 설명하는 문서로, 보안 요구사항, 성능 및 용량, 구매 또는 자체 개발 여부, 구축 절차 및 방법, 구축 일정 및 담당자, 운영관리 방법 등을 포함하여 작성

3 소프트웨어 개발 방법론 (예시)

요구사항 분석	설계	구현	테스트	유지보수
- 요구사항 중 보안 항목 식별 - 요구사항 명세서	- 위협원 도출을 위한 위협모델링 - 보안설계 검토 및 보안설계서 작성 - 보안 통제 수립	- 표준 코딩 정의서 및 SW개발 보안 가이드를 준수해 개발 - 소스코드 보안약정 긴단 및 개선	- 모의침투 테스트 또는 동작분석을 통한 보안 취약점 진단 및 개선	- 지속적인 개선 - 보안패치

(출처 : 소프트웨어 개발보안 가이드, 행안부, KISA)

(참고) 보안요구사항 효과

1:10:100의 법칙
불량이 생길 경우 즉시 고칠 경우 1의 원가가 들지만, 책임소재를 규명하거나 문책당할 것이 두려워 불량 사실을 숨기고 그대로 기업의 문을 나서면 10의 비용이 들며, 이것이 고객 손에 들어가 클레임이 되면 100의 비용이 된다는 것이다. 작은 실수를 그대로 내버려 두었을 경우 그 비용은 작게는 10배 크게는 100배, 그 이상까지 불어나는 것을 말한다.
보안요구사항을 개발 이전에 상세히 정의하면, 웹 취약점, 개인정보관리 상의 취약점 발생을 예방할 수 있다. 반면 불안전한 소스가 재사용되는 경우 취약점은 크게 확산되고, 취약점 조치 비용은 매우 커지게 된다

4 보안요구사항 (예시)

파일을 다운로드 하는 기능에 보안요구항목 적용

ID	SP-FILEDOWNLOAD-05	화면명	게시물 내 첨부파일 다운로드 화면
업무 시스템	전자정부 프레임워크 공통컴포넌트	관련 테이블	
업무기능	게시물 내 첨부파일 다운로드		

공지사항 - 글 조회

제목	[표준프레임워크 기술지원(SR요청) 안내]				
작성자	Admin	작성일	2010-11-16	조회	262
첨부파일	기술지원요청가이드.pdf [29, 422 byte]				

[표준프레임워크 기술지원 안내]

처리 개요

사용자가 조회하는 공지사항의 상세내용을 출력하는 화면 내 첨부파일을 누르면 다운로드 URL로 이동하여 해당 파일을 다운로드 받을 수 있도록 한다.

화면 입/출력 정보일람

번호	I/O	이벤트	포인트	기능(링크 포함)
1	I	입력	첨부파일	첨부파일 다운로드

업무 흐름

사용자는 첨부파일을 클릭하여 해당 파일을 다운로드 받을 수 있다.

보안요구항목

구분	보안요구항목	중점점검항목
SR1-1	DBMS 조회 및 결과 검증	첨부파일 다운로드를 위한 URL 파라미터에 쿼리를 조작할 수 있는 입력값으로 SQL 삽입공격이 시도될 수 있으므로 입력값 검증이 필요함.
SR1-5	웹 서비스 요청 및 결과 검증	첨부파일 다운로드시 입력정보에 악의적인 스크립트가 포함될 수 있으므로 입력값 검증이 필요함.

5 소프트웨어 보안약점 47개 (밑줄은 빈출 항목)

유형	취약점	유형	취약점
입력 데이터 검증 및 표현	1. SQL 삽입 2. 경로 조작 및 자원 삽입 3. 크로스사이트 스크립트 4. 운영체제 명령어 삽입 5. 위험한 형식 파일 업로드 6. 신뢰되지 않는 URL 주소로 자동접속 연결 7. XQuery 삽입 8. XPath 삽입 9. LDAP 삽입 10. 크로스사이트 요청위조 11. HTTP 응답분할 12. 정수형 오버플로우 13. 보안기능 결정에 사용되는 부적절한 입력값 14. 메모리 버퍼 오버플로우 15. 포맷 스트링 삽입	보안 기능	1. 적절한 인증 없는 중요기능 허용 2. 부적절한 인가 3. 중요한 자원에 대한 잘못된 권한 설정 4. 취약한 암호화 알고리즘 사용 5. 중요정보 평문 저장 6. 중요정보 평문 전송 7. 하드코드된 비밀번호 8. 충분하지 않은 키 길이 사용 9. 적절하지 않은 난수값 사용 10. 하드코드된 암호화 키 11. 취약한 비밀번호 허용 12. 사용자 하드디스크에 저장되는 쿠키를 통한 정보노출 13. 주석문 안에 포함된 시스템 주요정보 14. 솔트 없이 일방향 해시함수 사용 15. 무결성 검사 없는 코드 다운로드 16. 반복된 인증시도 제한 기능 부재
시간 및 상태	1. 경쟁조건: 검사 시점과 사용 시 점(TOCTOU) 2. 종료되지 않는 반복문 또는 재귀함수	에러 처리	1. 오류 메시지를 통한 정보노출 2. 오류 상황 대응 부재 3. 부적절한 예외 처리
코드 오류	1. Null Pointer 역참조 2. 부적절한 자원 해제 3. 해제된 자원 사용 4. 초기화되지 않은 변수 사용	캡슐화	1. 잘못된 세션에 의한 데이터 정보노출 2. 제거되지 않고 남은 디버그 코드 3. 시스템 데이터 정보노출 4. Public 메서드로부터 반환된 Private 배열 5. Private 배열에 Public 데이터 할당
API 오용	1. DNS lookup에 의존한 보안결정 2. 취약한 API 사용		

(출처 : 전자정부 SW개발·운영자를 위한 소프트웨어 개발보안 가이드)

(두음) 소프트웨어 보안약점 7유형

입보시 에코 캡아

1. 입력데이터 검증 및 표현
2. 보안 기능
3. 시간 및 상태
4. 에러 처리
5. 코드 오류
6. 캡슐화
7. API 오용

2.8.2 요건 수준
Level 1. 법규 수준
1. 법규 : 개보법
2. 내규 : 해당
3. 인증기준 : 해당
4. 위험평가 : 해당

유사 인증기준
1.4.2 관리체계 점검 및 시험
2.3.3 외부자 보안 이행 관리
2.9.5 로그 및 접속기록 점검
2.11.2 취약점 점검 및 조치
2.12.2 재해 복구 시험 및 개선

1.4.2 관리체계가 효과적으로 운영되고 있는지 독립된 인력이 연 1회 이상 점검하고, 문제점을 경영진 보고
2.3.3 계약서 등에 명시된 (개인)정보보호 요구사항에 따라 외부자의 보호이행 여부를 점검 등 관리·감독
2.9.5 정보시스템의 정상적인 사용을 보장하고 오·남용을 방지하기 위하여 로그 검토기준을 수립하여 점검하며, 문제 발생 시 사후조치를 적시에 수행
2.11.2 정보시스템의 정기적으로 취약점 점검을 수행하고 발견된 취약점에 대해서는 신속하게 조치
2.12.2 재해 복구 전략 및 대책의 적정성을 시험하여 시험결과, 법규 등에 따른 변화를 반영하여 복구전략 및 대책을 보완

검토기준(법 요건, 보안요건), 코딩 취약점 점검, 개선조치, 공공기관 개인정보영향평가 수행

항목	2.8.2 보안 요구사항 검토 및 시험
인증기준	사전 정의된 보안 요구사항에 따라 정보시스템이 도입 또는 구현되었는지를 검토하기 위하여 법적 요구사항 준수, 최신 보안취약점 점검, 안전한 코딩 구현, 개인정보 영향평가 등의 검토 기준과 절차를 수립·이행하고, 발견된 문제점에 대한 개선조치를 수행하여야 한다.
주요 확인사항	1) 정보시스템의 도입, 개발, 변경 시 분석 및 설계 단계에서 정의한 보안 요구사항이 효과적으로 적용되었는지를 확인하기 위한 시험을 수행하고 있는가?
	2) 정보시스템이 안전한 코딩 기준 등에 따라 안전하게 개발되었는지를 확인하기 위한 취약점 점검이 수행되고 있는가?
	3) 시험 및 취약점 점검 과정에서 발견된 문제점이 신속하게 개선될 수 있도록 개선계획 수립, 이행점검 등의 절차를 이행하고 있는가?
	4) 공공기관은 관련 법령에 따라 개인정보처리시스템 신규 개발 및 변경 시 분석·설계 단계에서 영향평가기관을 통해 영향평가를 수행하고 그 결과를 개발 및 변경 시 반영하고 있는가?
관련 법규	• 개인정보보호법 제33조(개인정보 영향평가) • 개인정보 영향평가에 관한 고시
증적 자료 등 준비사항	• 정보시스템 인수 시험 결과 • 시험 계획서, 시험 결과서 • 개인정보 영향평가서 • 개인정보 영향평가 개선계획 이행점검 확인서 • 요구사항 추적 매트릭스 • 취약점 점검 결과서
결함사례	• 정보시스템 구현 이후 개발 관련 내부 지침 및 문서에 정의된 보안요구사항을 시험하지 않고 있는 경우 • 응용프로그램 테스트 시나리오 및 기술적 취약점 점검항목에 입력값 유효성 체크 등의 중요 점검항목 일부가 누락된 경우 • 구현 또는 시험 과정에서 알려진 기술적 취약성이 존재하는지 여부를 점검하지 않거나, 타당한 사유 또는 승인 없이 확인된 취약성에 대한 개선조치를 이행하지 않은 경우 • 공공기관이 5만 명 이상 정보주체의 고유식별정보를 처리하는 등 영향평가 의무 대상 개인정보파일 및 개인정보처리시스템을 신규로 구축하면서 영향평가를 실시하지 않은 경우 • 공공기관이 영향평가를 수행한 후 영향평가 기관으로부터 영향평가서를 제출 받은지 2개월이 지났음에도 불구하고 영향평가서를 개인정보보호위원회에 제출하지 않은 경우 • 신규 시스템 도입 시 기존 운영환경에 대한 영향 및 보안성을 검토(취약점 점검 등)하도록 내부 지침을 마련하고 있으나, 최근 도입한 일부 정보시스템에 대하여 인수 시 취약점 점검 등 보안성 검토가 수행되지 않은 경우
결함예시	OO공단은 현재 운영중인 시스템은 개인정보영향평가를 수행하였지만, 성능개량되어 도입되는 시스템 구축 시에 개인정보가 그대로 연계되는 경우이나, 별도 개인정보영향평가를 수행하지 않고 있음

1 인증기준 취지

2.8.2 보안 요구사항 검토 및 시험은 2.8.1에서 정의된 보안 요구사항에 대해 확인하는 인증기준이다. 보안 요구사항이 구현되었다 하더라도 적정성을 판단해야 한다. 이때 취약점을 점검하는 시기는 테스트 단계에 실시하는 것이 적절하다. 발견된 취약점을 조치하고 재점검 시간까지 염두해 두고 일정을 수립해야 한다. 그리고 점검하는 인력은 프로젝트 내부가 아닌 외부에 독립된 사람에 의해 수행되어야 더욱 효과적이다. 점검 시 발견된 취약점에 대해 철저한 이행조치를 통해 정보시스템의 안전성을 확보해야 한다. 공공기관의 경우 일정 기준에 해당하면 개인정보 영향평가를 통해 정보시스템의 안전성을 평가받아야 한다.

2 인증기준 상세

확인사항	요구 사항	관련 사항
보안요구사항 검토기준과 절차 수립 및 시험 수행	• 정보시스템의 도입, 개발, 변경 시 분석 및 설계 단계에서 정의한 보안 요구사항이 효과 적으로 적용되었는지를 확인하기 위한 검토기준과 절차를 수립하고 이에 따른 시험 수 행하여야 함	• 정보시스템 인수 전 인수기준 적합성 여부를 확인하기 위한 시험 수행 – 정보시스템이 사전에 정의한 보안요구사항을 만족하여 개발·변경 및 도입되었는지 확인하기 위한 인수기준 및 절차 수립 – 정보시스템을 인수하기 전 사전 정의한 인수기준과의 적합성 여부를 테스트 등을 통해 확인한 후 인수여부 결정 – 시스템 보안 설정, 불필요한 디폴트 계정 제거 여부, 최신 보안취약점 패치 여부 등 확인 필요 • 개발·변경 및 구현된 기능이 사전에 정의된 보안 요구사항을 충족하는지 시험 수행 – 시험 계획서, 체크리스트, 시험 결과서 등에 반영
정보시스템 개발 후 취약점 점검 수행	• 정보시스템이 안전한 코딩 기준 등에 따라 안전하게 개발되었는지를 확인하기 위한 취약점 점검을 수행하여야 함	• 코딩 완료 후 안전한 코딩 표준 및 규약 준수 여부를 점검하고 기술적 보안 취약점이 존재하는지 점검 수행 – 시스템이 안전한 코딩표준에 따라 구현하는지 소스코드 검증(소스코드 검증도구 활용 등) – 코딩이 완료된 프로그램은 운영환경과 동일한 환경에서 취약점 점검도구 또는 모의진단을 통한 취약점 노출 여부 점검

(두음) 개인정보 영향평가 의무대상(개인정보보호법 시행령 제35조)

5민고 5십연 100개 변

1. **5만 명 민감정보**
   구축·운용 또는 변경하려는 개인정보파일로서 5만 명 이상의 정보주체에 관한 민감정보 또는 고유 식별정보의 처리가 수반되는 개인정보파일
2. **50만 명 연계**
   구축·운용하고 있는 개인정보파일을 해당 공공기관 내부 또는 외부에서 구축·운용하고 있는 다른 개인정보파일과 연계하려는 경우로서 연계 결과 50만 명 이상의 정보주체에 관한 개인정보가 포함되는 개인정보파일
3. **100만 명 개인정보**
   구축·운용 또는 변경하려는 개인정보파일로서 100만 명 이상의 정보주체에 관한 개인정보파일
4. **변경 시**
   개인정보 영향평가를 받은 후에 개인정보 검색체계 등 개인정보파일의 운용체계를 변경하려는 경우 영향평가 대상은 변경된 부분으로 한정

확인사항	요구 사항	관련 사항
발견된 문제점 개선계획 수립, 이행점검 절차 이행	• 시험 및 취약점 점검 과정에서 발견된 문제점이 신속하게 개선될 수 있도록 개선계획 수립, 이행점검 등 절차를 이행하여야 함	• 발견된 문제점은 시스템 오픈 전에 개선될 수 있도록 개선계획 수립, 내부 보고, 이행점검 등의 절차를 수립·이행 • 불가피한 사유로 시스템 오픈 전에 개선이 어려울 시 이에 따른 영향도 평가, 보완 대책, 내부 보고 등 위험을 줄일 수 있는 대책 마련
공공기관 영향평가 수행 및 개선사항 이행	• 공공기관은 관련 법령에 따라 개인 정보처리시스템 신규 개발 및 변경 시 분석·설계 단계에서 영향평가기관을 통해 영향평가를 수행하고 그 결과를 개발 및 변경 시 반영하여야 함	• 공공기관은 개인정보처리시스템 신규 개발 또는 변경을 위한 계획 수립 시 개인정보 영향평가 의무 대상 여부를 검토하여 의무 대상인 경우에 영향평가 계획을 수립하고 관련 예산 확보 ▶ 3 참조 • 공공기관은 개인정보처리시스템 신규 개발 및 변경 시 분석·설계 단계에서 개인정보보호위원회가 지정한 영향평가기관을 통해 영향평가를 수행하고 그 결과를 개발 및 변경 시 반영 – 영향평가기관 지정현황은 "개인정보보호 종합 포털(www.privacy.go.kr)"에서 확인가능 – 영향평가 수행절차, 평가기준 등은 '개인정보 영향평가 수행안내서' 참고 • 공공기관은 개인정보 영향평가서를 개인정보처리시스템 오픈 전 및 영향평가 종료 후 2개월 이내에 개인정보보호위원회에 제출 • 개인정보보호 종합지원시스템(intra.privacy.go.kr)에 영향평가서 등록 • 개인정보 영향평가 결과에 따른 개선요구사항에 대하여 이행여부를 관리 – 개선요구사항에 대한 상세 이행계획 수립 – 정기적인 이행 상황 점검 – 불가피하게 기간 내 조치가 어려운 경우 타당한 사유를 기록·보고하고 향후 조치를 위한 이행계획 수립 – 영향평가서를 제출 받은 공공기관의 장은 개선 사항으로 지적된 부분에 대한 이행현황을 1년 이내에 개인정보보호위원회에 제출(개선계획 이행 점검 확인서)

개인정보 영향평가 관련 시기

1. 영향평가서
   - 영향평가 종료 후 2개월 이내에 보호위원회 제출
2. 이행점검 확인서
   - 개선사항 이행 후 1년 이내에 보호위원회 제출

3 개인정보 영향평가 절차

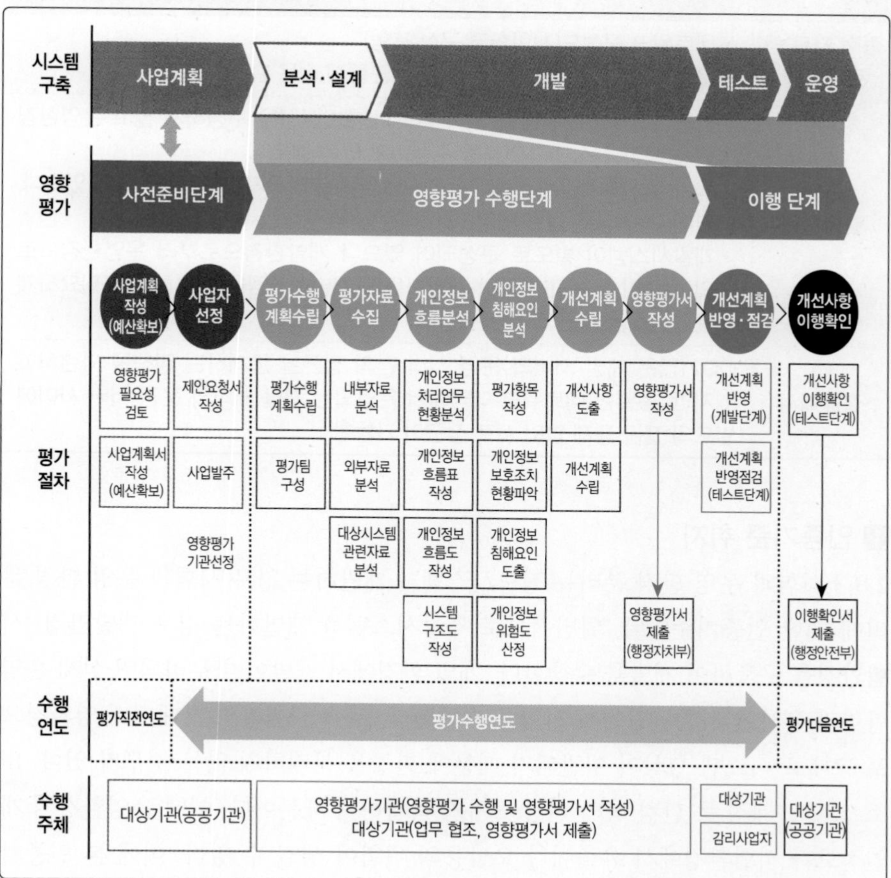

(바른 뜻) 개인정보파일 및 개인정보처리시스템

1. **개인정보파일**
   (개념) 개인정보파일은 개인정보를 쉽게 검색할 수 있도록 일정한 규칙에 따라 체계적으로 배열하거나 구성한 개인정보의 집합물(集合物)을 말한다.
   (참고) 개인정보파일은 데이터베이스 등 전자적인 형태뿐만 아니라 수기(手記) 문서 자료도 포함한다.
2. **개인정보 처리시스템**
   (개념) 개인정보처리시스템이란 데이터베이스 등 개인정보를 처리할 수 있도록 체계적으로 구성한 시스템을 말한다.
   (참고) 개인정보처리시스템은 일반적으로 데이터베이스(DB) 내의 데이터에 접근할 수 있도록 해주는 응용시스템을 의미하며 데이터베이스를 구축하거나 운영하는데 필요한 시스템을 말한다.

2. 보호대책 요구사항 ▶ 2.8. 정보시스템 도입 및 개발 보안

개발 및 시험과 운영시스템 분리, 어려울 경우 보안대책(상호검토, 변경승인, 상급자, 백업)

항목	2.8.3 시험과 운영 환경 분리
인증기준	개발 및 시험 시스템은 운영시스템에 대한 비인가 접근 및 변경의 위험을 감소시키기 위하여 원칙적으로 분리하여야 한다.
주요 확인사항	1) 정보시스템의 개발 및 시험 시스템을 운영시스템과 분리하고 있는가?
	2) 불가피한 사유로 개발과 운영환경의 분리가 어려운 경우 상호검토, 상급자 모니터링, 변경 승인, 책임추적성 확보 등의 보안대책을 마련하고 있는가?
관련 법규	• 해당사항 없음

2.8.3 요건 수준
Level 3. 인증기준수준
1. 법 요건 : 미해당
2. 내규 : 미해당
3. 인증기준 : 해당
4. 위험평가 : 해당

항목	2.8.3 시험과 운영 환경 분리
증적 자료 등 준비사항	• 네트워크 구성도(시험환경 구성 포함) • 운영 환경과 개발·시험 환경 간 접근통제 적용 현황
결함사례	• 타당한 사유 또는 승인 없이 별도의 개발환경을 구성하지 않고 운영환경에서 직접 소스코드 변경을 수행하고 있는 경우 • 불가피하게 개발시스템과 운영시스템을 분리하지 않고 운영 중에 있으나, 이에 대한 상호 검토 내역, 모니터링 내역 등이 누락되어 있는 경우 • 개발시스템이 별도로 구성되어 있으나 개발환경으로부터 운영환경으로의 접근이 통제되지 않아 개발자들이 개발시스템을 경유하여 불필요하게 운영시스템 접근이 가능한 경우
결함예시	OO기업은 개발 서버와 운영 서버 간의 접근을 통제하는 정책을 마련하고 있지만, 동일한 네트워크 대역에서 운영되는 개발 서버와 운영 서버 사이에 별도의 접근 통제 없이 서로 접근이 가능함

유사 인증기준
2.2.2 직무 분리
2.5.1 사용자 계정 관리
2.6.1 네트워크 접근
2.6.7 인터넷 접속 통제
2.8.4 시험 데이터 보안
2.10.2 클라우드 보안
2.10.6 업무용 단말기기 보안
2.2.2 권한 오·남용 피해 예방을 위하여 직무 분리 기준을 수립하고, 직무 분리가 어려운 경우 보완대책 마련·이행
2.5.1 정보시스템의 비인가 접근을 통제하기 위한 사용자 등록, 변경 등의 절차를 수립·이행하고 사용자에게 계정보안 책임 명시
2.6.1 네트워크에 대한 비인가 접근을 통제하기 위해 관리절차를 수립·이행하고 네트워크 분리와 접근통제 적용
2.6.7 인터넷을 통한 침해를 예방하기 위하여 주요 정보시스템, 개인정보 취급 단말기 등에 대한 인터넷 접속 통제 정책을 수립·이행
2.8.4 시험 과정에서 운영 데이터의 유출을 예방하기 위하여 시험 데이터의 기술적 보호조치에 관한 절차를 수립·이행
2.10.2 클라우드 서비스 이용 시 서비스 유형에 따른 중요정보가 유·노출되지 않도록 보호대책을 수립·이행
2.10.6 단말기기를 업무 목적으로 네트워크에 연결할 경우 접근통제 대책을 수립하고 주기적으로 점검

1 인증기준 취지

2.8.3 시험과 운영 환경 분리는 정보시스템을 개발하는 경우 시험과 운영 환경 분리에 대한 인증기준이다. 일반적으로 정보시스템을 개발하는 경우 개발환경, 시험환경을 구축하여 개발을 수행한다. 개발 환경에서 개발이 마무리되면 실제 운영 환경과 유사한 시험환경에서 시험을 수행한다. 이때 시험환경은 대개 운영환경으로 그대로 시스템 형상이 이관되기 때문에 환경을 분리하지 않는 경우가 있다. IP 소스코드, 계정 등 환경 상의 변경 절차가 복잡하기 때문이다. 이때 운영환경의 개인정보가 시험환경에서 유출이나 오남용의 위험이 생길 수 있다. 이에 본 인증기준에는 시험과 운영 환경을 원칙적으로 분리하도록 하고 있다. 또한 불가피하게 분리하기 어려운 경우에는 관리적인 절차로 보완 대책을 마련하도록 해야 한다.

2 인증기준 상세

확인사항	요구 사항	관련 사항
개발 및 시험환경을 운영환경과 분리	• 정보시스템의 개발 및 시험시스템을 운영시스템과 분리하여야 함	• 개발 및 시험시스템과 운영시스템은 원칙적으로 분리하여 구성 • 개발자가 불필요하게 운영시스템에 접근할 수 없도록 개발 및 시험 시스템과 운영시스템 간 접근통제 방안 수립·이행

확인사항	요구 사항	관련 사항
개발과 운영환경의 미분리 시 보완대책 마련	• 불가피한 사유로 개발과 운영환경의 분리가 어려운 경우 상호검토, 상급자 모니터링, 변경 승인, 책임추적성 확보 등의 보안대책을 마련하여야 함	• 조직 규모가 매우 작거나, 인적 자원 부족, 시스템 특성 등의 사유로 인해 불가피하게 개발과 운영환경의 분리가 어려운 경우, 이에 따른 보안 위험을 감소할 수 있도록 적절한 보완통제 수단 적용 – 직무자간 상호 검토 – 변경 승인 – 상급자의 모니터링 및 감사 – 백업 및 복구 방안, 책임추적성 확보 등

3 (참고) 데브옵스(DevOps) 도입 시 보안 대책

구분	내용
데브옵스 개념	• 소프트웨어의 개발(Development)과 운영(Operations)의 합성어로서, 소프트웨어 개발자와 정보기술 전문가 간의 소통, 협업 및 통합을 강조하는 개발 환경이나 문화
절차 개념도	code, plan, build, Dev, test, release, deploy, Ops, operate, monitor
목적	• 소프트웨어 개발조직과 운영조직간의 상호 의존적 대응이며 조직이 소프트웨어 제품과 서비스를 신속하게 개발 및 배포
활동	• 자동화 된 구성 관리, 테스트 및 응용 프로그램 배포 • 협업 및 롤백을 가능하게 하는 응용 프로그램 및 인프라 코드의 버전 제어 • CI (Continuous Integration)를 사용하여 코드 빌드를 자동화하고 빈번한 릴리스
보안 위험성	• 개발과 운영의 통제 경계가 약하여서 비인가 접근 및 변경의 위험 상존 • DevOps의 컨테이너 사용중인 기업의 70%가 보안을 위한 장치나 제도를 마련하고 있지 않음
보안 대책	• 개발 프로세스 상의 보안 요건을 포함해야 함 • 릴리즈 시 보안을 점검하는 절차 수립과 보안에 관심을 갖는 문화 정착이 필요함 • 소프트웨어 개발 라이프사이클에 관여하는 모든 사람에게 보안에 대한 책임이 있으며, 본질적으로 운영과 개발을 보안 기능과 함께 하나로 합치는 데브섹옵스(DevSecOps)를 도입하는 것이 필요함

(심화) 개발과 운영 미분리 시 방안

다수의 기업에서 개발과 운영 환경이 분리가 되지 않고 있다. 불가피하게 분리를 하지 못하더라도 최소한 개발과 운영간 관리적 통제를 강화하고, 침해사고 관점에서 개발 환경의 보안통제 수준을 높여야 한다. 궁극적으로 직무 분리, 방화 벽을 통한 네트워크 분리까지의 완전한 개발 및 시험과 운영 환경의 분리가 중 장기적인 계획에 따라 구축 해야 한다.

개발과 운영 네트워크 분리 관련 규정(금융사)

전자금융감독규정 제18조 (IP주소 관리대책)

정보처리시스템의 운영담당, 개발담당 및 외부직원 등 업무 특성별로 네트워크를 적절하게 분리하여 IP주소를 사용할 것. 다만, 외부직원 등과의 공동작업 수행 등 네트워크의 분리가 어렵다고 금융감독원장이 정하는 경우에는 업무특성별로 접근권한을 분리하여 IP주소를 사용할 수 있다.

※ 시험과 운영환경 분리에 대하여 감독규정에서 법적 요건이 명시적으로 마련되어 있지 않지만 안전성을 확보하기 위해서 원칙적으로 적용하도록 하고 있다.

2.8.4 요건 수준
Level 2. 내규 수준
1. 법규 : 미해당
2. 내규 : 해당
3. 인증기준 : 해당
4. 위험평가 : 해당

유사 인증기준
2.6.4 데이터베이스 접근
2.8.2 보안 요구사항 검토 및 시험
2.8.5 소스 프로그램 관리
2.8.6 운영환경 이관
2.6.4 테이블 목록 등 데이터베이스 내에서 정보를 식별하고, 정보의 중요도와 사용자 유형 등에 따라 접근통제
2.8.2 보안 요구사항에 따라 정보시스템이 도입 또는 구현되었는지를 검토하기 위하여 검토 기준과 절차를 수립·이행하고, 발견된 문제점에 대한 개선조치를 수행
2.8.5 소스 프로그램은 인가된 사용자만이 접근할 수 있도록 관리하고, 운영환경에 보관하지 않는 것을 원칙
2.8.6 신규 도입·개발 시스템을 운영환경으로 이관할 때는 절차를 따라야 하고, 실행코드는 절차에 따라 실행되어야 함

운영데이터 사용 제한, 불가피 사용 시 보완통제(책임자, 모니터링, 시험후 삭제)

항목	2.8.4 시험 데이터 보안
인증기준	시스템 시험 과정에서 운영데이터의 유출을 예방하기 위하여 시험 데이터의 생성과 이용 및 관리, 파기, 기술적 보호조치에 관한 절차를 수립·이행하여야 한다.
주요 확인사항	1) 정보시스템의 개발 및 시험 과정에서 실제 운영 데이터의 사용을 제한하고 있는가?
	2) 불가피하게 운영데이터를 시험 환경에서 사용할 경우 책임자 승인, 접근 및 유출 모니터링, 시험 후 데이터 삭제 등의 통제 절차를 수립·이행하고 있는가?
관련 법규	• 해당사항 없음
증적 자료 등 준비사항	• 시험데이터 현황 • 시험데이터 생성 규칙 • 운영데이터를 시험환경에 사용한 경우 관련 승인 이력
결함사례	• 개발 서버에서 사용할 시험 데이터 생성에 대한 구체적 기준 및 절차가 수립되어 있지 않은 경우 • 타당한 사유 및 책임자 승인 없이 실 운영데이터를 가공하지 않고 시험 데이터로 사용하고 있는 경우 • 불가피한 사유로 사전 승인을 받아 실 운영데이터를 시험 용도로 사용하면서, 테스트 DB에 대해 운영 DB와 동일한 수준의 접근통제를 적용하고 있지 않은 경우 • 실 운영데이터를 테스트 용도로 사용한 후 테스트가 완료되었음에도 실 운영데이터를 테스트 DB에서 삭제하지 않은 경우
결함예시	OO게임회사는 운영데이터베이스를 그대로 시험데이터베이스에 복사하여 사용하고 있어 유저 개인정보 및 데이터가 그대로 개발시에 사용되고 있으나, 이에 대한 타당한 사유 및 승인절차가 없음

1 인증기준 취지

2.8.4 시험 데이터 보안에는 시험 과정에서 운영데이터의 유출을 예방하기 위해 안전한 사용 절차를 수립하도록 하는 인증기준이다. 시험단계에서는 데이터를 임의로 생성하거나 실 운영 데이터를 비식별화하여 사용하는 방법으로 운영데이터 사용을 제한해야 한다. 불가피하게 사용하는 경우 책임자 승인, 시험 후 삭제 등의 보완 통제를 하여야 한다.

2 인증기준 상세

확인사항	요구 사항	관련 사항
개발 및 시험 과정에서 실제 운영데이터 사용 제한	• 정보시스템의 개발 및 시험 과정에서 실제 운영데이터의 사용을 제한하여야 함	• 개인정보 및 중요정보가 시스템 시험과정에서 유출되는 것을 방지하기 위하여 시험데이터는 임의의 데이터를 생성하거나 운영데이터를 가공·변환한 후 사용 • 시험데이터 변환 및 사용에 따른 기준·절차 수립·이행
운영데이터를 시험 환경에서 사용 시 통제 절차 수립·이행	• 불가피하게 운영데이터를 시험 환경에서 사용 시 책임자의 승인, 접근 및 유출 모니터링, 시험 후 데이터 삭제 등의 통제 절차 수립·이행	• 운영데이터 사용 승인 절차 마련 – 데이터의 중요도에 따른 보고 및 승인체계 정의 등 • 시험 기한 만료 후 데이터 폐기절차 마련 및 이행 • 운영데이터 사용에 대한 시험환경에서의 접근통제 대책 적용 • 운영데이터 복제·사용에 대한 모니터링 및 • 정기검토 수행 등

2. 보호대책 요구사항 ▶ 2.8. 정보시스템 도입 및 개발 보안

소스 접근통제 절차, 운영환경 아닌 곳 안전 보관, 변경이력 관리

항목	2.8.5 소스 프로그램 관리
인증기준	소스 프로그램은 인가된 사용자만이 접근할 수 있도록 관리하고, 운영환경에 보관하지 않는 것을 원칙으로 하여야 한다.
주요 확인사항	1) 비인가된 자에 의한 소스 프로그램 접근을 통제하기 위한 절차를 수립·이행하고 있는가?
	2) 소스 프로그램은 장애 등 비상시를 대비하여 운영환경이 아닌 곳에 안전하게 보관하고 있는가?
	3) 소스 프로그램에 대한 변경이력을 관리하고 있는가?
관련 법규	• 해당사항 없음
증적 자료 등 준비사항	• SVN 등 형상관리시스템 운영 현황(접근권한자 목록 등) • 소스 프로그램 변경 이력
결함사례	• 별도의 소스 프로그램 백업 및 형상관리 시스템이 구축되어 있지 않으며, 이전 버전의 소스코드를 운영 서버 또는 개발자 PC에 승인 및 이력관리 없이 보관하고 있는 경우 • 형상관리시스템을 구축하여 운영하고 있으나 형상관리시스템 또는 형상관리시스템에 저장된 소스코드에 대한 접근제한, 접근 및 변경이력이 적절히 관리되지 않고 있는 경우 • 내부 규정에는 형상관리시스템을 통해 소스 프로그램 버전관리를 하도록 되어 있으나, 최신 버전의 소스 프로그램은 개발자 PC에만 보관되어 있고 이에 대한 별도의 백업이 수행 되고 있지 않은 경우
결함예시	OO게임사에서 형상관리시스템을 구축하여 운영 하고 있지만 실제 확인결과 각 개발자의 소스코드 버전이 다르고 형상관리시스템의 소스프로그램은 3개월 이전의 소스코드가 저장되어 있음

(심화) 스크립트를 사용하여 데이터 자동 변경
변환 스크립트 프로그램을 사용하여 운영데이터의 중요정보를 의미 없는 임의데이터로 가공·변환할 수 있다. 임의의 데이터를 생성하여 시험하도록 하되, 불가피할 경우 운영 데이터를 변환 스크립트를 통해 변환하고 시험할 수 있다. 불가피하게 실제 운영데이터를 그대로 사용해야 할 경우에는 관리적, 기술적인 보완 통제를 적용하고, 시험이 끝나면 시험환경에서 운영 데이터를 즉시 삭제하도록 해야 한다.

2.8.5 요건 수준
Level 2. 내규 수준
1. 법규 : 미해당
2. 내규 : 해당
3. 인증기준 : 해당
4. 위험평가 : 해당

유사 인증기준
2.8.1 보안 요구사항 정의
2.8.3 시험과 운영 환경 분리
2.8.6 운영환경 이관
2.9.1 변경관리
2.10.3 공개서버 보안
2.8.1 정보시스템의 도입·개발·변경 시 정보보호 관련 법적 요구사항, 안전한 코딩방법 등 보안 요구사항을 정의하고 적용
2.8.3 개발 및 시험 시스템은 운영시스템에 대한 비인가 접근 및 변경의 위험을 감소시키기 위하여 원칙적으로 분리
2.8.6 신규 도입·개발 시스템을 운영환경으로 이관할 때는 절차를 따라야 하고, 실행코드는 절차에 따라 실행되어야 함
2.9.1 정보시스템 관련 자산의 변경내역을 관리할 수 있도록 절차를 수립·이행하고, 변경 전 시스템에 미치는 영향을 분석

2.10.3 외부 네트워크에 공개되는 서버의 경우 내부 네트워크와 분리하고 강화된 보호대책을 수립·이행

(참고) 보안에서 SW 개발도구 알아야 하나?
인증 심사를 나가 소프트웨어 개발 보안 파트를 인터뷰와 실사를 하려면, 담당자는 다양한 개발도구를 통해 SW개발을 관리하고 있다고 설명할 것이다. 소프트웨어 개발에 대하여 모든 과정을 알 수는 없지만, 보안통제 관점에서 소프트웨어 개발 관리 도구를 어느 정도 알아두는 것이 필요하다.

(참고) 프로그래밍 관련 용어
1. 컴파일(compile)
   프로그래머가 작성한 소스코드(사람이 읽을 수 있는 형태의 프로그램)를 바이너리 파일(기계어로 실행되는 이전법 0,1로 표현된 프로그램)로 변환하는 과정이다. 소스코드를 컴파일 하여 프로그램을 만들 수 있다. 요즘은 배포판 공급업체에서 이미 컴파일된 바이너리 파일들을 저장소에 관리하는 것이 일반적인 사항이 되었으며, 서버로 다운로드 후 바로 사용할 수 있다.
2. 빌드(build)
   소스코드를 실행 가능하도록 소프트웨어 결과물로 만 드는 과정이다. 한마디로 컴파일이 되어야 빌드가 된다. 그리고 빌드는 자바를 기준으로 설명하자면 Test.java → Test.class 되는 이것을 컴파일이라고 하고 build는 컴파일된 코드를 실제 실행할 수 있는 상태로 만드는 과정이다.

1 인증기준 취지

2.8.5 소스 프로그램 관리는 정보시스템의 구현의 원천인 소스 프로그램에 관한 인증기준이다. 소프트웨어의 특성상 소스프로그램은 형태가 없는데다가 복제가 용이하다. 접근 통제가 철저히 되지 않는다면 고생하여 개발한 소스 프로그램이 비인가자에 의해 손쉽게 유출될 수 있다. 또한 소스 프로그램이 삭제되거나 무결성이 훼손될 수도 있다. 그렇기 때문에 소스 프로그램은 백업과 변경관리를 철저히 하여야 한다. 소스에 접근하는 모든 기록은 이력으로 남겨야 하고, 정기적으로 검토하여 이상행위 시도를 모니터링해야 한다.

2 인증기준 상세

확인사항	요구 사항	관련 사항
소스 프로그램 접근 통제 절차 수립·이행	• 비인가자에 의한 소스 프로그램 접근을 통제하기 위한 절차 수립를·이행하여야 함	• 소스 프로그램의 접근 및 사용에 대한 절차 수립 • 인가된 개발자 및 담당자만이 접근할 수 있도록 접근권한을 부여하고 비인가자의 접근을 차단 • 소스 프로그램이 보관된 서버(형상관리서버등)에 대한 접근통제 조치 ▶ 3 참조
운영환경에 아닌 곳에 소스 프로그램 보관	• 소스 프로그램은 장애 등 비상시를 대비하여 운영환경이 아닌 곳에 안전하게 보관하여야 함	• 최신 소스 프로그램 및 이전 소스 프로그램에 대한 백업 보관 • 운영환경이 아닌 별도의 환경에 저장·관리 • 소스 프로그램 백업본에 대한 비인가자의 접근 통제
소스 프로그램 변경이력 관리	• 소스 프로그램에 대한 변경 이력을 관리하여야 함	• 소스 프로그램 변경 절차 수립 – 승인 및 작업 절차, 버전관리 방안 등 • 소스 프로그램 변경 이력 관리 • 변경·구현·이관 일자, 변경 요청사유, 담당자 등 • 소스 프로그램 변경에 따른 시스템 관련 문서(설계서 등)에 대한 변경통제 수행 • 소스 프로그램 변경 이력 및 변경통제 수행 내역에 대한 정기적인 검토 수행

3 SW 개발 관리 도구 (예시)

SW 개발과정 (Software Development Life Cycle) 전체에 걸쳐서 사용되는 도구(tool)로 프로젝트 관리도구, 형상관리도구, 테스팅 도구, 배포 도구가 있다.

구분	용도	도구
프로젝트 관리	• 프로젝트 관리(작업일정/상태 작업자 할당), 이슈관리, 문서 관리, 협업	• REDMINE • GanttProject • OpenProj
형상 관리	• 소스 코드나 문서의 버전 관리, 이력 관리, 추적 등 변경 사항을 체계적으로 관리	• CVS • SVN(Subversion) • Git
웹테스팅	• 웹에서 테스트 케이스를 작성하고, 테스트를 실행	• Fitnesse • HttpUnit • Selenium
CI(지속적 통합)	• 거의 모든 언어의 조합과 소스 코드 리포지토리(Repository)에 대한 지속적인 통합과 지속적인 전달 환경을 구축	• Hudson • Jenkins • Maven
빌드	• 소스를 실행 가능한 소프트웨어 변환 • 라이브러리 추가와 라이브러리의 버전을 동기화	• Ant • Maven • Gradle

3. **링커(linker)**
소스코드 양이 늘어남에 따라 한 파일에 모든 소스코드를 작성할 수 없게 되어 파일들은 분리해야 했는데, 이런 여러 소스코드 파일들을 하나로 합쳐주고, 추가로 Library도 추가해주어 실행파일을 만들어주는 프로그램이다.
4. **배포(deploy)**
코딩해서 빌드한 결과물을 사용자에게 전달하는 과정이다. 웹사이트의 경우, 서버에서 올린 다음 실행에서 사람들이 해당 사이트를 도메인으로 접근해서 볼 수 있도록 하는 작업이다.
5. **디버그(debug)**
프로그램중의 잘못(bug)을 발견하여 정정(訂正)하는 것이다. 디버그에는 1명령씩 컴퓨터를 작동시켜 흐름을 뒤따라가며 체크하는 머신 디버그(machine debug)와 자신이 작성한 프로그램을 책상 위에서 잘 고쳐 보고 버그를 찾아 점검하는 데스크 디버그(desk debug)가 있다.

2. 보호대책 요구사항 ▶ 2.8. 정보시스템 도입 및 개발 보안

운영환경 이관 통제 절차로 실행, 문제 대응 방안 마련, 필요한 파일만 설치

항목	2.8.6 운영환경 이관
인증기준	신규 도입·개발 또는 변경된 시스템을 운영환경으로 이관할 때는 통제된 절차를 따라야 하고, 실행코드는 시험 및 사용자 인수 절차에 따라 실행되어야 한다.
주요 확인사항	1) 신규 도입·개발 및 변경된 시스템을 운영환경으로 안전하게 이관하기 위한 통제 절차를 수립·이행하고 있는가
	2) 운영환경으로의 이관 시 발생할 수 있는 문제에 대한 대응 방안을 마련하고 있는가?
	3) 운영환경에는 서비스 실행에 필요한 파일만을 설치하고 있는가?
관련 법규	• 해당사항 없음

2.8.6 요건 수준
Level 2. 내규 수준
1. 법규 : 미해당
2. 내규 : 해당
3. 인증기준 : 해당
4. 위험평가 : 해당

유사 인증기준

2.8.1 보안 요구사항 정의
2.8.3 시험과 운영 환경 분리
2.8.5 소스 프로그램 관리
2.9.1 변경관리
2.10.3 공개서버 보안
2.8.1 정보시스템의 도입·개발·변경 시 정보보호 관련 법적 요구사항, 안전한 코딩방법 등 보안 요구사항을 정의하고 적용
2.8.3 개발 및 시험 시스템은 운영시스템에 대한 비인가 접근 및 변경의 위험을 감소시키기 위하여 원칙적으로 분리
2.8.5 소스 프로그램은 인가된 사용자만이 접근할 수 있도록 관리하고, 운영환경에 보관하지 않는 것을 원칙
2.9.1 정보시스템 관련 자산의 변경내역을 관리할 수 있도록 절차를 수립·이행하고, 변경 전 시스템에 미치는 영향을 분석
2.10.3 외부 네트워크에 공개되는 서버의 경우 내부 네트워크와 분리하고 강화된 보호대책을 수립·이행

항목	2.8.6 운영환경 이관
증적 자료 등 준비사항	• 이관 절차 • 이관 내역(신청·승인, 시험, 이관 등)
결함사례	• 개발·변경이 완료된 소스 프로그램을 운영환경으로 이관 시 검토·승인하는 절차가 마련되어 있지 않은 경우 • 운영서버에 서비스 실행에 불필요한 파일(소스코드 또는 배포모듈, 백업본, 개발 관련 문서, 매뉴얼 등)이 존재하는 경우 • 내부 지침에 운영환경 이관 시 안전한 이관·복구를 위해 변경작업 요청 서 및 결과서를 작성 하도록 정하고 있으나 관련 문서가 확인되지 않는 경우 • 내부 지침에는 모바일 앱을 앱마켓에 배포하는 경우 내부 검토 및 승인을 받도록 하고 있으나, 개발자가 해당 절차를 거치지 않고 임의로 앱마켓에 배포하고 있는 경우
결함예시	OO쇼핑몰은 쇼핑몰 앱 개발완료 후 테스트 서버에서 시험 후 운영서버의 이관시 운영팀장의 승인을 거치지 않고 개발자가 임의로 이관작업을 수행하고 있음

1 인증기준 취지

2.8.6 운영환경 이관은 시험환경에서 운영환경으로 이관 시 안전하게 이관하기 위한 인증기준이다. 정보시스템을 운영환경으로 이관하는 과정은 위험이 매우 높은 시기이다. 이관 시 장애나 정보유출이 발생할 수 있으므로 통제 절차를 수립하여야 한다. 또한 운영환경에서 개발자의 편의상 불필요한 파일이나 백도어 프로그 램을 삭제하지 않아 취약하지 않도록 점검하고 조치해야 한다.

2 인증기준 상세

확인사항	요구 사항	관련 사항
운영환경 이관 통제 절차 수립·이행	• 신규 도입·개발 및 변경된 시스템을 운영환경으로 안전하게 이관하기 위한 통제 절차를 수립·이행하여야 함	• 개발자 본인 이외의 이관담당자 지정 • 시험 완료여부 확인 • 이관 전략(단계적 이관, 일괄적 이관 등) • 이관 시 문제 방안(복귀 방안, 이전 버전의 시스템 보관 방안 등) • 이관에 대한 책임자 승인 • 이관에 대한 기록 보존 및 검토 등
이관 시 발생할 수 있는 문제에 대한 대응 방안 마련	• 운영환경으로의 이관 시 발생할 수 있는 문제에 대한 대응 방안을 마련하여야 함	• 운영환경으로의 정보시스템 이관이 원활하지 이루어지지 않았을 경우 복귀(Rollback) 방안 • 이전 버전의 시스템 보관 방안(소프트웨어, • 부가 프로그램, 구성파일, 파라미터 등) 등
운영환경에는 필요한 파일만 설치	• 운영환경에는 서비스 실행에 필요한 파일만을 설치하여야 함	• 운영환경에는 승인되지 않은 개발도구(편집기 등), 소스 프로그램 및 백업본, 업무 문서 등 서비스 실행에 불필요한 파일이 존재하지 않도록 관리

정보자산 변경 절차, 변경 수행 전 영향 분석

항목	2.9.1 변경관리
인증기준	정보시스템 관련 자산의 모든 변경내역을 관리할 수 있도록 절차를 수립·이행하고, 변경 전 시스템의 성능 및 보안에 미치는 영향을 분석하여야 한다.
주요 확인사항	1) 정보시스템 관련 자산(하드웨어, 운영체제, 상용 소프트웨어 패키지 등) 변경에 관한 절차를 수립·이행하고 있는가?
	2) 정보시스템 관련 자산 변경을 수행하기 전 성능 및 보안에 미치는 영향을 분석하고 있는가?
관련 법규	• 해당사항 없음
증적 자료 등 준비사항	• 변경관리 절차 • 변경관리 수행 내역(신청·승인, 변경 내역 등) • 변경에 따른 영향분석 결과
결함사례	• 최근 DMZ 구간 이중화에 따른 변경 작업을 수행하였으나 변경 후 발생 할 수 있는 보안위험성 및 성능 평가에 대한 수행 승인 증적이 확인되지 않은 경우 • 최근 네트워크 변경 작업을 수행하였으나 관련 검토 및 공지가 충분히 이루어지지 않아 네트워크 구성도 및 일부 접근통제시스템(침입차단시스템, DB접근제어시스템 등)의 접근 통제리스트(ACL)에 적절히 반영되어 있지 않은 경우 • 변경관리시스템을 구축하여 정보시스템 입고 또는 변경 시 성능 및 보안에 미치는 영향을 분석·협의하고 관련 이력을 관리하도록 하고 있으나 해당 시스템을 통하지 않고도 시스템 변경이 가능하며 관련 변경사항이 적절히 검토되지 않는 경우
결함예시	OO쇼핑몰은 대량 트래픽 발생으로 기존 방화벽을 제거하고 라우터에서 ACL 정책을 통해 접근 제어를 하고 있으나, 관련 담당자들은 이 사실을 인지하지 못하고 있고 시스템 변경 이력이 존재하지 않음

1 인증기준 취지

2.9.1 변경관리는 정보자산이 변경되는 경우 절차에 의해 관리하는 인증기준이다. 가장 기본적이면서도 지키기 어려운 것이 변경관리이다. 변경관리 절차를 수립하면 운영자가 절차를 준수하는지 여부에 대해 책임자가 관심을 가져야 한다. 그렇지 않으면 허가되지 않은 변경이 발생할 수 있고, 이에 따른 문제가 생길 수 있다. 하지만 변경관리 절차가 수립되어 있더라도 승인자가 제때 승인을 하지 않는다면 변경이 지체되거나 변경 수행자가 절차를 임의로 생략할 위험이 있다.

2.9.1 요건 수준

Level 2. 내규 수준

1. 법규 : 미해당
2. 내규 : 해당
3. 인증기준 : 해당
4. 위험평가 : 해당

유사 인증기준

2.1.1 정책의 유지관리
2.1.2 조직의 유지관리
2.1.3 정보자산 관리
2.2.5 퇴직 및 직무변경 관리
2.3.4 외부자 계약 변경 및 만료 시 보안
2.8.5 소스 프로그램 관리
2.1.1 (개인)정보보호 정책은 법규, 조직 정책과의 연계성, 대내외 환경변화 등에 따라 검토하고 필요시 제·개정 후 이력관리
2.1.2 조직 구성원의 정보보호 역할 및 책임 할당, 활동 평가 체계와 구성원 간 의사소통체계 수립·운영
2.1.3 정보자산의 용도와 중요도에 따른 취급 절차 및 보호대책을 수립·이행하고, 자산별 책임을 정의·관리
2.2.5 퇴직 및 직무변경 시 관련 부서별 이행하여야 할 자산반납, 계정 및 접근권한 회수, 결과확인 등의 절차 수립
2.3.4 외부자 계약만료 시에는 정보자산 반납, 접근 계정 삭제, 비밀유지 확약서 징구 등 보호대책 이행
2.8.5 소스 프로그램은 인가된 사용자만이 접근할 수 있도록 관리하고, 운영환경에 보관하지 않는 것을 원칙

변경절차에 포함되어야 할 사항(예시)
1. 변경 요청
2. 책임자 검토 및 승인
3. 변경 확인 및 검증
4. 관련 문서 식별 및 변경 (자산목록, 운영 매뉴얼, 구성도 등)
5. 변경 이력관리 등

2 인증기준 상세

확인사항	요구 사항	관련 사항
정보시스템 자산 변경 절차 수립·이행	• 정보시스템 관련(하드웨어, 운영체제, 상용 소프트웨어 패키지 등) 변경에 관한 절차를 수립·이행하여야 함	• 운영체제 업그레이드, 상용 소프트웨어 설치, 운영 중인 응용프로그램 기능 개선, 네트워크 구성 변경, CPU·메모리·저장장치 증설 등 정보시스템 관련 자산 변경이 필요한 경우 변경을 위한 공식적인 절차 수립 및 이행
정보시스템 자산 변경 수행 전 성능 및 보안 영향 분석	• 정보시스템 관련 자산 변경을 수행하기 전 성능 및 보안에 미치는 영향을 분석하여야 함	• 정보시스템 관련 정보자산 변경이 필요한 경우 변경에 따른 보안, 성능, 업무 등에 미치는 영향을 분석 – 방화벽 등 보안시스템 정책 변경 필요성, 정책 변경 시 문제점 및 영향도 등 • 변경에 따른 영향을 최소화할 수 있도록 변경 이행 • 변경 실패에 따른 복구방안을 사전에 고려

2.9.2 요건 수준
Level 2. 내규 수준
1. 법규 : 미해당
2. 내규 : 해당
3. 인증기준 : 해당
4. 위험평가 : 해당

유사 인증기준
2.4.4 보호설비 운영
2.8.1 보안 요구사항 정의
2.9.3 백업 및 복구관리
2.11.1 사고 예방 및 대응체계 구축
2.12.1 재해, 재난 대비 안전조치
2.4.4 보호구역 내 정보시스템의 중요도에 따라 보호설비를 갖추고, 운영절차를 수립·운영
2.8.1 정보시스템의 도입·개발·변경 시 정보보호 관련 법적 요구사항, 안전한 코딩방법 등 보안 요구사항을 정의하고 적용

2. 보호대책 요구사항 ▶ 2.9. 시스템 및 서비스 운영관리

성능 및 용량 모니터링 절차, 초과 시 대응절차, 장애 인지, 대응절차, 장애조치 기록, 재발방지대책

항목	2.9.2 성능 및 장애관리
인증기준	정보시스템의 가용성 보장을 위하여 성능 및 용량 요구사항을 정의하고 현황을 지속적으로 모니터링하여야 하며, 장애 발생 시 효과적으로 대응하기 위한 탐지·기록·분석·복구·보고 등의 절차를 수립·관리하여야 한다.
주요 확인사항	1) 정보시스템의 가용성 보장을 위하여 성능 및 용량을 지속적으로 모니터링 할 수 있는 절차를 수립·이행하고 있는가?
	2) 정보시스템 성능 및 용량 요구사항(임계치)을 초과하는 경우에 대한 대응절차를 수립·이행하고 있는가?
	3) 정보시스템 장애를 즉시 인지하고 대응하기 위한 절차를 수립·이행하고 있는가?
	4) 장애 발생 시 절차에 따라 조치하고 장애조치보고서 등을 통해 장애조치 내역을 기록하여 관리하고 있는가?
	5) 심각도가 높은 장애의 경우 원인분석을 통한 재발방지 대책을 마련하고 있는가?
관련 법규	• 해당사항 없음
증적 자료 등 준비사항	• 성능 및 용량 모니터링 절차 • 성능 및 용량 모니터링 증적(내부보고 결과 등) • 장애대응 절차 • 장애조치보고서

항목	2.9.2 성능 및 장애관리
결함사례	• 성능 및 용량 관리를 위한 대상별 요구사항(임계치 등)을 정의하고 있지 않거나 정기 점검보고서 등에 기록하고 있지 않아 현황을 파악할 수 없는 경우 • 성능 또는 용량 기준을 초과하였으나 관련 검토 및 후속조치방안 수립·이행이 이루어지고 있지 않은 경우 • 전산장비 장애대응절차를 수립하고 있으나 네트워크 구성 및 외주업체 변경 등의 내·외부 환경변화가 적절히 반영되어 있지 않은 경우 • 장애처리절차와 장애유형별 조치방법 간에 일관성이 없거나 예상소요시 간 산정에 대한 근거가 부족해 신속·정확하고 체계적인 대응이 어려운 경우
결함예시	OO기업은 네트워크 트래픽, 서버부하율, DB가동률등을 모니터링 하며, 주기적(월1회) 보고서를 작성하여 보고토록 지침이 되어 있으나 실제 운영팀에서 월간 정기보고를 하고 있지 않음

2.9.3 정보시스템의 가용성과 데이터 무결성을 유지하기 위하여 백업 절차를 수립·이행하여야 함 사고 발생 시 적시에 복구할 수 있도록 관리
2.11.1 침해사고 등을 예방하고 사고 발생 시 대응할 수 있도록 침해시도의 분석 및 공유를 위한 체계와 절차를 수립하고, 협조 체계를 구축
2.12.1 핵심 서비스 운영 연속성을 위협할 수 있는 재해 유형을 식별하고 유형별 피해규모 및 영향을 분석하고, 재해 복구체계를 구축

1 인증기준 취지

2.9.2 성능 및 장애관리는 정보시스템의 가용성 보장에 관한 인증기준이다. 본 인증기준은 광의의 개념에서 정보보호를 정의한 부분이 있다. 성능, 가용성 지표도 정보보호에 해당하지만, 협의의 개념에서는 운영 지표이다. 정보시스템의 성 능, 가용성을 보장하기 위해서는 이를 고려한 설계가 되고, 모니터링 할 수 있는 절차를 수립해야 한다. 그리고 절차대로 운영자가 모니터링을 하여 목표수준을 준수하는지 확인한다. 이때 모니터링 시 임계치를 설정하여 정상 수치를 초과하는 시점을 알 수 있어야 한다. 이상 징후가 보이면 적시에 대응하여 조치하고, 심각한 경우 원인분석을 통해 동일한 원인으로 이상현상이 재발되지 않도록 해야 한다. 이러한 과정 전반에 대한 절차를 수립하고 이행해야 한다.

(심화) 장애(Incident)(한국정보통신기술협회, TTA)

1. 개념
정보기술서비스관리의 통제 가능성 관점에서 협의의 장애' 개념으로서, "정보시스템의 통제 가능한 요인들로 인한 기능 저하, 오류, 고장"을 의미

2. 프로세스 관점 장애의 유형

1) 장애(incident)
정보기술 운영서비스에 영향을 주는 예상치 못한 사건

2) 문제(problem)
단순한 사고가 원인이 되어 발생하지만 근본원인(Root Cause)을 파악할 수 없는 사건

3) 알려진 오류(known-error)
문제에 대한 근본원인 이 밝혀져서 향후 재발생 시 참조 가능한 상태의 사건

2 인증기준 상세

확인사항	요구 사항	관련 사항
성능 및 용량 모니터링 절차 수립·이행	• 정보시스템의 가용성 보장을 위하여 성능 및 용량을 지속적으로 모니터링 할 수 있도록 절차를 수립·이행하여야 함	• 성능 및 용량관리 대상 식별 기준 – 서비스 및 업무 수행에 영향을 줄 수 있는 주요 정보시스템 및 보안시스템을 식별하여 대상에 포함 • 정보시스템 별 성능 및 용량 요구사항(임계치) 정의 – 정보시스템 가용성에 영향을 줄 수 있는 CPU, 메모리, 저장장치 등의 임계치 결정 • 모니터링 방법 – 성능 및 용량 임계치 초과여부를 지속적으로 모니터링하고 대처할 수 있는 방법 수립(예 알람 등) • 모니터링 결과 기록, 분석, 보고 • 성능 및 용량 관리 담당자 및 책임자 지정 등
임계치 초과 시 대응절차 수립·이행	• 정보시스템의 성 능 및 용량 요구 사항(임계치) 초과하는 경우 대응 절차를 수립·이행하여야 함	• 정보시스템의 성능 및 용량 현황을 지속적으로 모니터링하여 요구사항(임계치)를 초과하는 경우 조치 방안(예 정보시스템, 메모리, 저장장치 증설 등) 수립·이행

확인사항	요구 사항	관련 사항
장애 대응 절차 수립·이행	• 정보시스템의 장애를 즉시 인지하고 대응하기 위한 절차를 수립·이행하여야 함 • ▶ 3~6 참조	• 장애유형 및 심각도 정의 • 장애유형 및 심각도 보고 절차 • 장애유형 별 탐지 방법 수립 – NMS(Network Management System) 등 관리 시스템 활용 • 장애 대응 및 복구에 관한 책임과 역할 정의 • 장애기록 및 분석 • 대고객 서비스인 경우 고객 안내 절차 • 비상연락망체계(유지보수업체, 정보시스템 제조사)등
장애 조치내역 기록 및 관리	• 장애 발생 시 절차에 따라 조치하고 장애조치보고서 등을 통해 장애조치 내역을 기록하여 관리하여야 함	• 장애조치보고서에 포함되어야 할 사항(예시) – 장애일시 – 장애심각도(예 상, 중, 하) – 담당자, 책임자(유지보수 업체 포함) – 장애내용(장애로 인한 피해 또는 영향 포함) – 장애원인, 조치내용, 복구내용, 재발방지대책 등
장애원인 분석 및 재발방지 대책 마련	• 심각도가 높은 장애의 경우 원인분석을 통하여 재발방지 대책을 마련하여야 함	• 일상 업무가 중단되는 장애, 과다한 비용(피해)을 초래한 장애, 반복적으로 발생하는 장애 등과 같은 심각한 장애의 경우 원인을 규명하고 재발을 방지하기 위한 대책을 수립·이행하여야 함

3. 발생원인 관점에서 장애의 유형
1) 시스템 장애
운영체제(OS)결함, 응용프로그램의 결함, 하드웨어의 손상 등
2) 기반구조 장애
정전사고, 단수, 설비 장애 등
3) 기술적 장애
시스템 및 기반구조 등 기능저하, 오류, 고장
4) 운영 장애
시스템 운영과 관련된 통제 가능한 기술적 및 인적 요인에 의한 기능저하, 오류, 고장
5) 인적 장애
시스템운영 실수, 단말기 및 디스켓 등의 파괴 및 절취, 해커의 침입, 컴퓨터 바이러스의 피해, 자료누출 등 통제 가능한 인적 요인에 의한 기능저하, 오류, 고장

3 (참고) 장애의 요인 및 대응 방안

<table>
<tr><th>통제</th><th colspan="3">재해 및 장애</th><th>재해 및 장애의 요인</th><th>장애 대응방안</th></tr>
<tr><td rowspan="2">통제 불가능 요인</td><td colspan="3">자연 재해</td><td>화재(전산실, 사무실), 지진 및 지반침하, 장마 및 폭우 등의 수재, 태풍 등</td><td>재해복구센터 구축을 통한 기기 및 프로그램의 이중화, 데이터 백업 및 소산 철저</td></tr>
<tr><td colspan="3">인적 재해</td><td>노조파업, 시민폭동, 폭탄테러 등</td><td rowspan="2">백업 또는 대체요원 확보</td></tr>
<tr><td rowspan="3">통제 가능 요인</td><td colspan="2">인적 장애</td><td rowspan="2">운영 장애</td><td>시스템운영실수, 단말기 및 디스켓 등의 파괴 및 절취, 해커의 침입, 컴퓨터 바이러스의 피해, 자료누출 등</td></tr>
<tr><td rowspan="2">기술적 장애</td><td>시스템 장애</td><td>운영체제 결함, 응용프로그램의 결함, 통신프로토콜의 결함, 통신소프트웨어의 결함, 하드웨어의 손상 등</td><td rowspan="2">전산기기 이중화 및 프로그램 변경통제 강화, 재해복구센터 구축을 통한 기기 및 프로그램의 이중화, 통신망 이중화, 전력공급 중단에 대비한 무정전설비(UPS) 및 발전설비 구축</td></tr>
<tr><td colspan="2">기반구조 장애</td><td>정전사고, 단수, 설비 장애 (항온항습, 공기정화시설, 통신시설, 발전기, 공조기 등), 건물의 손상 등</td></tr>
</table>

4 장애관리 및 문제관리 프로세스 관계도

장애관리 프로세스와 문제관리 프로세스 관계는 아래와 같다. 즉, 문제관리 프로세스는 전체 장애관리 프로세스의 일부이며 보다 사전 예방적 관리에 집중하기 위 해 별도의 프로세스 관리자와 세부 프로세스를 갖는다.

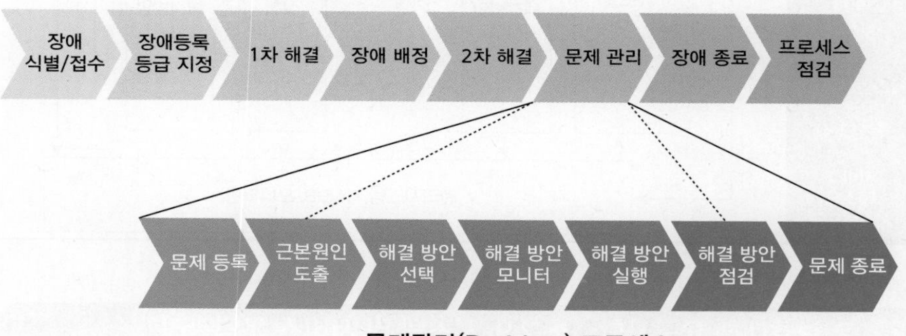

5 (참고) 장애관리 프로세스 흐름도

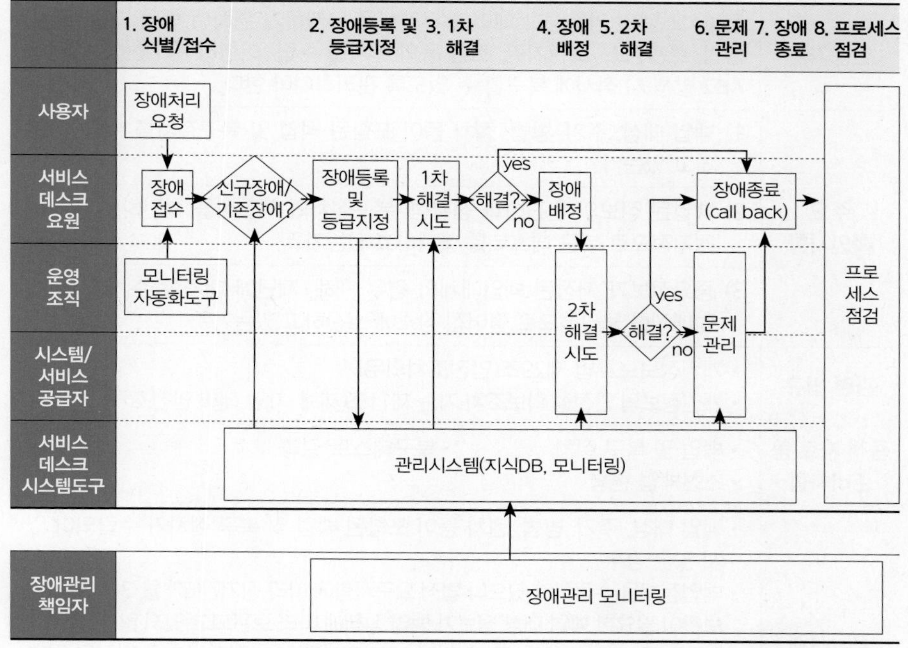

> **(심화) 장애요인 파악을 위한 시스템 점검 순서**
>
> **0. 시나리오**
>
> 사용자가 웹사이트에 접속하였는데, 본인의 개인정보 조회 시 데이터가 뜨지 않는다. 사용자는 유선을 통해 서비스데스크 요원에게 장애 상황을 접수하고 조치를 요청한다.
>
> **1. 웹서버**
>
> 1) 최근 서버/응용 소프트웨어 변경사항 점검
> 2) 메모리, 디스크 등 하드웨어 자원 점검
> 3) 인터페이스 프로세스 점검
>
> **2. 데이터베이스**
>
> 1) 최근 서버/응용 소프트웨어 변경사항 점검
> 2) Background 프로세스 점검
> 3) Archive 파일 Full 여부 점검
> 4) Oracle Listener 점검
> 5) Oracle Home Directory Full 여부 점검
> 6) Block 손상 여부 점검
> 7) 데이터베이스 점검 중 서버 장애로 의심되면 서버 담당자에게 점검 의뢰
>
> **3. 데이터베이스 서버**
>
> 1) 최근 서버/응용 소프트웨어 변경사항 점검
> 2) 메모리, 디스크 등 하드웨어 자원 점검
> 2) 인터페이스 프로세스 점검
> 3) 인터페이스 소스코드 점검
> 4) 데이터 오류 확인
> 5) 데이터 처리 소스코드 점검
> 6) 데이터 디스플레이 소스코드 점검
> 7) 이상이 없는 경우, 데이터베이스 담당자 또는 네트워크 담당자에게 점검 의뢰
>
> **4. 네트워크**
>
> 1) Firewall-1 점검
> 2) Firewall-2 점검
> 3) Router 점검
> 4) Switch 점검
> 5) Hub 점검

6 문제관리(Problem) 프로세스

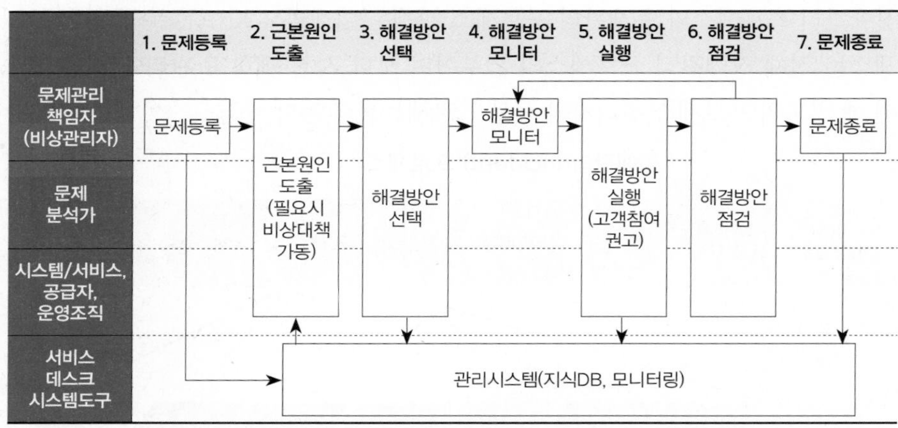

2.9.3 요건 수준
Level 1. 법규 수준
1. 법규 : 개보법
2. 내규 : 해당
3. 인증기준 : 해당
4. 위험평가 : 해당

유사 인증기준
2.4.4 보호설비 운영
2.8.1 보안 요구사항 정의
2.9.2 성능 및 장애관리
2.11.1 사고 예방 및 대응체계 구축
2.12.1 재해, 재난 대비 안전조치
2.4.4 보호구역 내 정보시스템의 중요도에 따라 보호설비를 갖추고, 운영절차를 수립·운영
2.8.1 정보시스템의 도입·개발·변경 시 정보보호 관련 법적 요구사항, 안전한 코딩방법 등 보안 요구사항을 정의하고 적용
2.9.2 정보시스템의 가용성 보장을 위하여 성능 및 용량 요구사항을 정의하고 모니터링하여야 하며, 장애 발생 시 절차를 수립·관리

2. 보호대책 요구사항 ▶ 2.9. 시스템 및 서비스 운영관리

백업 및 복구절차(대상, 주기, 방법, 절차), 복구테스트, 중요정보 저장 백업매체 소산

항목	2.9.3 백업 및 복구관리
인증기준	정보시스템의 가용성과 데이터 무결성을 유지하기 위하여 백업 대상, 주기, 방법, 보관장소, 보관기간, 소산 등의 절차를 수립·이행하여야 한다. 아울러 사고 발생 시 적시에 복구할 수 있도록 관리하여야 한다.
주요 확인사항	1) 백업 대상, 주기, 방법, 절차 등이 포함된 백업 및 복구절차를 수립·이행하고 있는가?
	2) 백업된 정보의 완전성과 정확성, 복구절차의 적절성을 확인하기 위하여 정기적으로 복구 테스트를 실시하고 있는가?
	3) 중요정보가 저장된 백업매체의 경우 재해·재난에 대처할 수 있도록 백업매체를 물리적으로 떨어진 장소에 소산하고 있는가?
관련 법규	• 개인정보보호법 제29조(안전조치의무) • 개인정보의 안전성 확보조치 기준 제11조(재해·재난 대비 안전조치)
증적 자료 등 준비사항	• 백업 및 복구 절차 • 복구테스트 결과 • 소산백업 현황
결함사례	• 백업 대상, 주기, 방법, 절차 등이 포함된 백업 및 복구 절차가 수립되어 있지 않은 경우 • 백업정책을 수립하고 있으나 법적 요구사항에 따라 장기간(6개월, 3년, 5년 등) 보관이 필요한 백업 대상 정보가 백업 정책에 따라 보관되고 있지 않은 경우 • 상위 지침 또는 내부 지침에 따라 별도로 백업하여 관리하도록 명시된 일부 시스템(보안시스템 정책 및 로그 등)에 대한 백업이 이행되고 있지 않은 경우 • 상위 지침 또는 내부 지침에는 주기적으로 백업매체에 대한 복구 테스트를 수행하도록 정하고 있으나 복구테스트를 장기간 실시하지 않은 경우
결함예시	OO기업은 모든 정보시스템의 중요데이터에 대해 전체, 증분백업 등을 수행하여야 하는 지침이 있으나, 실제 신규로 도입된 정보시스템에 대해 백업대상에서 누락되어 있음

❶ 인증기준 취지

2.9.3 백업 및 복구관리는 백업을 통해 정보시스템의 데이터 가용성과 무결성을 유지하기 위한 인증기준이다. 정보시스템이 장애가 발생한 경우 백업을 통해 복구할 수 있다. 또한 중요정보나 로그 등의 정보는 백업을 통해 위변조가 불가하도록 할 수 있다. 대부분의 기업이 정보시스템을 운영함에 있어 백업을 하고 있다. 하지만 백업 및 복구절차를 수립하고, 실효성 있게 복구 테스트까지 하는 경우는 생각보다 많지 않다. 백업은 잘하거나 못하거나 티가 잘 나지 않지만, 때에 따라서는 가장 중요한 일이 될 수 있다.

2.11.1 침해사고 등을 예방하고 사고 발생 시 대응할 수 있도록 침해시도의 분석 및 공유를 위한 체계와 절차를 수립하고, 협조 체계를 구축

2.12.1 핵심 서비스 운영 연속성을 위협할 수 있는 재해 유형을 식별하고 유형별 피해규모 및 영향을 분석하고, 재해 복구체계를 구축

❷ 인증기준 상세

확인사항	요구 사항	관련 사항
백업 및 복구절차 수립·이행	• 재해 및 재난, 장애, 침해사고 등으로 정보시스템 손상 시 적시에 복구가 가능하도록 백업 대상, 주기, 방법, 절차 등이 포함된 백업 및 복구절차를 수립·이행하여야 함 • ▶ ❸ 참조	• 백업 대상 선정기준 수립 • 백업 담당자 및 책임자 지정 • 백업 대상 별 백업 주기 및 보존기한 정의 • 백업 방법 및 절차 ▶ ❸~❺ 참조 • 백업시스템 활용, 매뉴얼 방식 등 • 백업매체 관리 – ㉼ 라벨링, 보관장소, 접근통제 등 • 백업 복구 절차 – 주요 정보시스템의 경우 IT 재해 복구 측면에서 백업정보의 완전성, 정확성 등을 점검하기 위하여 정기적인 복구 테스트 수행 필요 • 백업관리대장 관리 등
정기적 복구 테스트 실시	• 백업된 정보의 완전성과 정확성, 복구절차의 적절성을 확인하기 위하여 정기적으로 복구 테스트를 실시하여야 함	• 복구테스트 계획 – 복구테스트 주기 및 시점, 담당자, 방법 등 • 복구테스트 시나리오 수립 • 복구테스트 실시 및 결과 보고 • 복구테스트 결과 문제점 발견 시 개선계획 수립 및 이행
백업매체 소산	• 중요정보가 저장된 백업매체의 경우 재해·재난에 대처할 수 있도록 백업매체를 물리적으로 떨어진 장소에 소산하여야 함	• 중요정보가 저장된 백업매체는 운영 중인 정보시스템 혹은 백업시스템이 위치한 장소로부터 물리적으로 거리가 있는 곳에 소산 보관되고 관리대장으로 소산 이력 관리 – 소산일자(반출, 반입 등) – 소산 백업매체 및 백업정보 내용 • 소산이 적절히 이루어지고 있는지 여부에 대하여 주기적으로 점검 • 소산장소에 대해 보안대책 마련 – 화재, 홍수와 같은 자연재해에 대한 대책 (㉼ 내화금고, 방염처리 등) – 소산장소 및 매체에 대한 접근통제 등

주요 백업 대상 (예시)

대상 정보 및 정보시스템의 중요도를 고려하여 선정

1. **중요정보**
   – 개인정보, 기밀정보 등
2. **중요 데이터베이스**
   – 회원DB, 주문DB 등
3. **각종로그**
   – 정보시스템 감사로그, 이벤트로그, 보안시스템 이벤트로그 등
4. **환경설정 파일**
   – OS설정, 백업 설정, 접근통제 설정 등

(심화) 랜섬웨어 피해 예방 보안 수칙

1. 백신 소프트웨어를 설치하고 엔진 버전을 최신 버전으로 유지
2. 운영체제(OS), 브라우저 및 주요 애플리케이션의 최신 보안 업데이트
3. 발신자가 불분명한 이메일 내 링크 클릭 및 첨부파일 실행 자제
4. 보안이 취약한 웹사이트 방문자제
5. 업무 및 기밀문서, 각종 이미지 등 주요 파일의 주기적인 백업
6. 외장하드 등 외부 저장장치를 이용해 중요 파일 주기적으로 백업
7. 중요 문서에 대해서 '읽기 전용' 설정

3 (참고) 백업 관리 방안

백업데이터를 처리할 경우 정보보호담당자에 보고하여 처리해야 하며, 백업과 관련된 모든 이력은 관리대장에 기록하여 향후 데이터 외부 유출 시 추적성을 고려해야 한다.

변경상태	백업운영자	정보보호담당자	정보보호관리자
백업 계획 수립	백업계획 수립 – 주기/방법/대상 – 보관기관, 장소		
백업 계획 접수		작업검토 (No / Yes)	
결재/승인			계획서 검토/승인 (No / Yes)
백업 수행	백업 및 검증 백업관리대장 기록	백업 매체 ID부여 (백업매체 관리대장 작성) 백업 결과 보고	백업 결과 검토
보관	백업 매체 인계	백업 매체 인수/보관	
매체 소산	매체소산 사유발생	반출 인수자 인수인계석 수령	반출 승인 검토

(출처 : 랜섬웨어_대응을 위한 안전한 정보시스템 백업 가이드, KISA)

(심화) 백업 방식 유형

1. 1회 백업 시 대상
   1) 전체(Full) 백업
      1회 백업 시 전체 대상으로 함
   2) 차등(Differential) 백업
      가장 최근 완전 백업 후 변경된 파일만 백업
   3) 증분(Incremental) 백업
      1회 백업 시 변경분만 대상으로 함
2. 백업 시 업무서비스 제공 여부
   1) 온라인(Online) 백업
   2) 오프라인(Offline) 백업
      소산 백업, 내화 금고 및 기타

4 백업작업 유형과 특징

작업 유형	백업 특징	백업 대상
OS(시스템 등)	• OS 파일 시스템 백업	• OS, 파라미터, 로그 파일
데이터베이스 온라인 백업	• 서비스 가동 중 데이터베이스, 단위 백업	• 데이터베이스
데이터베이스 오프라인 백업	• 서비스 중단 후 데이터베이스, 단위 백업	• 데이터베이스
데이터베이스 변경로그 파일 백업	• 데이터베이스 변경로그 모드, 운영 시 변경로그 파일을 백업	• 데이터베이스 변경로그
파일 시스템 백업	• 특정 파일 시스템 백업(설정 파일 제외)	• 파일 시스템

5 (참고) 백업방식 및 장단점

구성방식	장점	단점	비고
직접연결 백업	• 소기업 환경 적합 • 고속의 백업(LAN 사용 안함) • 소규모 백업 장치 활용(DAT등)	• 시스템별 별도의 백업 장비 필요	• 네트워크 백업 과 혼용 • 전통적 방식
네트워크 백업 (원격 백업)	• 네트워크상에 있는 백업 장비 활용 • 구현이 간편하고 비용이 저렴	• 백업 시 네트워크에 부하를 줌 • 온라인 백업에 적합하지 않음	• 소규모 환경 적합 • 백업 윈도가 보장된 환경에 적합
대형 환경 네트워크 백업	• 네트워크상의 백업 장비 활용 • 구현이 간편하고 유연성이 뛰어남	• 별도의 백업 네트워크 구축이 필요(많은 비용 소용)	• SAN구성이 어려운 대형 백업 환경에 적합 • 전용 백업 네트워크 구성
SAN 백업	• SAN상의 장비 공유를 통해 백업장비의 활용성이 뛰어남	• 별도의 SAN 네트워크 구축으로 인한 많은 비용 소모	• 백업 관리가 매우 용이함
디스크 복제	• 백업 완료 후 변경 부분에 대한 백업 시간이 짧음	• 구축비용이 높은 단점	
Cloud 백업	• 많은 비용을 절감하고, 복구시간을 단축 • 백업 데이터가 지리적으로 복제된 저장소에 저장되므로 안정적임	• 기업의 기존 백업 방식 사용에 제한적임	

6 (참고) 백업 서버를 이용한 자동 백업 구성도

백업 에이전트에서 백업 대상 데이터를 정해진 정책에 따라 백업 마스터 서버로 전송하면, 백업 데이터가 악성코드 등에 감염되었는지 확인하고, 백업 마스터 서버에서 테이프 라이브러리로 소산하여 오프라인으로 관리하는 방법이다.

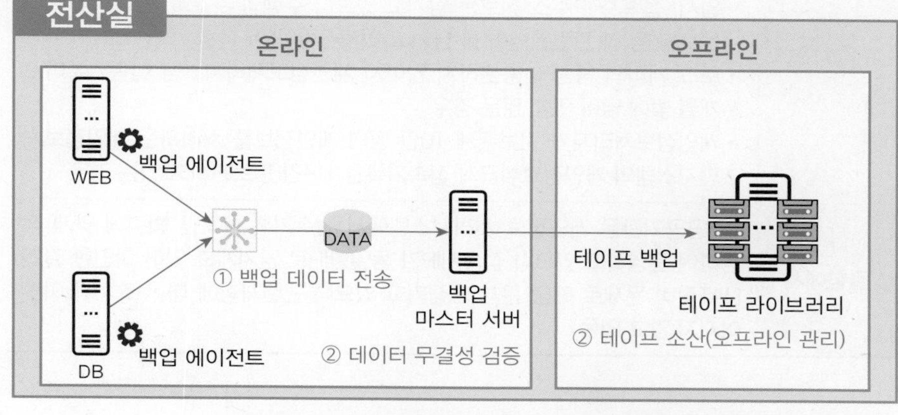

(출처 : 랜섬웨어_대응을 위한 안전한 정보시스템 백업 가이드, KISA)

3. 백업 데이터 형태
   1) 파일 단위 백업
   2) 디바이스 단위 백업

(바른 뜻) 백업 관련 용어

1. **시스템 백업**
   정보시스템 OS 영역, 시스템 설정파일, 시스템로그 등에 대한 백업을 의미한다. 데이터백업과 구별하여 보통 OS 백업이라 함
2. **데이터 백업**
   데이터가 손상되거나 유실되는 것을 대비하여 데이터를 복사하고 다른 곳에 저장하는 것
3. **MTTR(Mean Time To Recovery)**
   수리 가능한 품목의 유지보수성을 측정하는 기본 척도로 고장난 구성 요소 또는 장치를 수리하는 데 필요한 평균 시간
4. **복구시점목표(RPO : Recovery Point Objective)**
   재해 상황에서 수용할 수 있는 최대 허용 데이터 손실을 정의함
5. **복구시간목표(RTO : Recovery Time Objective)**
   복구 시간 목표 데이터를 반드시 복구해야 하는 최대 허용 시간 제한을 정의함

2.9.4 요건 수준
Level 1. 법규 수준
1. 법규 : 개보법
2. 내규 : 해당
3. 인증기준 : 해당
4. 위험평가 : 해당

유사 인증기준
2.4.5 보호구역 내 작업
2.5.6 접근권한 검토
2.9.5 로그 및 접속기록 점검
2.11.3 이상행위 분석 및 모니터링
2.4.5 보호구역에 비인가 행위를 방지하기 위한 작업 절차를 수립하고, 작업기록을 주기적으로 검토
2.5.6 사용자 계정의 등록·삭제, 접근권한의 부여·삭제 등의 이력을 남기고, 주기적으로 검토하여 적정성 여부 점검
2.9.5 정보시스템의 정상적인 사용을 보장하고 오·남용을 방지하기 위하여로그 검토기준을 수립하여 점검하며, 문제 발생 시 사후조치를 적시에 수행
2.11.3 침해시도 등을 탐지·대응할 수 있도록 분석하며, 모니터링 및 점검 결과에 따른 사후조치를 적시에 이행

개인정보 접속기록
1. 접속기록 개념
- "접속기록"이라 함은 이용자 또는 개인정보취급자 등이 개인정보처리시스템에 접속하여 수행한 업무 내역에 대하여 식별자, 접속일시, 접속지를 알 수 있는 정보, 수행업무 등 접속한 사실을 전자적으로 기록한 것을 말한다.

로그관리 절차, 생성 보관, 별도 저장장치 백업, 로그 접근권한 최소화, 개처시 접속기록 법준수

항목	2.9.4 로그 및 접속기록 관리
인증기준	서버, 응용프로그램, 보안시스템, 네트워크시스템 등 정보시스템에 대한 사용자 접속기록, 시스템로그, 권한부여 내역 등의 로그유형, 보존기간, 보존 방법 등을 정하고 위·변조, 도난, 분실 되지 않도록 안전하게 보존·관리하여야 한다.
주요 확인사항	1) 서버, 응용프로그램, 보안시스템, 네트워크시스템 등 정보시스템에 대한 로그관리 절차를 수립하고 이에 따라 필요한 로그를 생성하여 보관하고 있는가?
	2) 정보시스템의 로그기록은 위·변조 및 도난, 분실되지 않도록 안전하게 보관하고 로그기록에 대한 접근권한은 최소화하여 부여하고 있는가?
	3) 개인정보처리시스템에 대한 접속기록은 법적 요구사항을 준수할 수 있도록 필요한 항목을 모두 포함하여 일정기간 안전하게 보관하고 있는가?
관련 법규	• 개인정보보호법 제29조(안전조치의무) • 개인정보의 안전성 확보조치 기준 제8조(접속기록의 보관 및 점검)
증적 자료 등 준비사항	• 로그관리 절차 • 로그기록 내역 • 로그 저장장치에 대한 접근통제 내역 • 개인정보 접속기록 내역
결함사례	• 로그 기록 대상, 방법, 보존기간, 검토 주기, 담당자 등에 대한 세부 기준 및 절차가 수립되어 있지 않은 경우 • 보안 이벤트 로그, 응용 프로그램 및 서비스 로그(Windows 2008 서버 이상) 등 중요로그에 대한 최대 크기를 충분하게 설정하지 않아 내부 기준에 정한 기간 동안 기록·보관되고 있지 않은 경우 • 중요 Linux/UNIX 계열 서버에 대한 로그 기록을 별도로 백업하거나 적절히 보호하지 않아 사용자의 명령 실행 기록 및 접속 이력 등을 임의로 삭제할 수 있는 경우 • 개인정보처리시스템에 접속한 기록을 확인한 결과 접속자의 계정, 접속일시, 접속자 IP주소 정보는 남기고 있으나 수행업무(조회, 변경, 삭제, 다운로드 등)와 관련된 정보를 남기고 있지 않은 경우 • 로그 서버의 용량의 충분하지 않아서 개인정보처리시스템 접속기록이 3개월 밖에 남아 있지 않은 경우 • 개인정보처리자가 정보주체 10만 명의 개인정보를 처리하는 개인정보처리시스템의 개인정보취급자 접속기록을 1년간만 보관하고 있는 경우
결함예시	OO공공기관은 개인정보 처리시스템에서 접속기록 항목을 법령에 맞게 적용하여 운영하고 있으나 접속지IP가 동일한IP로 남겨지고 있어 확인한 결과 NAT장비 문제로 해당 문제가 생기고 있으나 관련사항에 대한 조치가 이루어지지 않고 있음

❶ 인증기준 취지

2.9.4 로그 및 접속기록 관리는 정보시스템에서 생성되는 다양한 로그에 대한 관리에 관한 인증기준이다. 접속기록은 법에서 정의한 개인정보처리시스템에 접속한 로그이다. 기본적으로 로그는 두 가지와 관련이 깊다. 첫째는 책임추적성이다. 언제 누가 어떤 작업을 어떻게 했는 지 알아야 한다. 둘째, 사고 발생시 원인을 규명하는데 중요한 정보를 제공한다. 로그는 관련 기록이 정확하게 남아야 하며, 위협으로부터 안전하게 보관되야 한다.

❷ 인증기준 상세

확인사항	요구 사항	관련 사항
로그관리 절차 수립 및 로그 생성, 보관	• 서버, 응용프로그램, 보안시스템, 네트워크시스템 등 정보시스템에 대한 로그관리 절차를 수립하고 이에 따라 필요한 로그를 생성하여 보관하여야 함	• 보존이 필요한 로그 유형 및 대상시스템 식별 • 각 시스템 및 장비별 로그 형태, 보존기간, 로그 보존(백업) 방법 등 정의 • 로그관리 절차 수립 및 이에 따른 로그 생성·보관
로그기록을 별도 저장장치를 통해 백업 및 로그기록 접근 권한 최소화	• 정보시스템의 로그기록은 별도 저장장치를 통해 백업하고 로그기록에 대한 접근권한은 최소화하여 부여하여야 함	• 로그기록은 스토리지 등 별도 저장장치를 사 용하여 백업하고 로그기록에 대한 접근 권한 부여는 최소화하여 비인가자에 의한 로그기록 위·변조 및 삭제 등이 발생하지 않도록 해야 함
개인정보처리 시스템 접속기록은 법적 요구사항 준수	• 개인정보처리시스템에 대한 접속기록은 법적 요구사항을 준수할 수 있도록 필요한 항목을 모두 포함하여 일정기간 안전하게 보관하여야 함	• 개인정보처리시스템 접속기록에 반드시 포함되어야 할 항목 ▶ ❸ 참조 • 개인정보 접속기록 보존기간 ▶ ❹ 참조 • 개인정보 접속기록이 위·변조, 도난, 분실되지 않도록 안전하게 보관 필요 ※접속기록의 안전한 보관방법(예시) – 물리적으로 분리된 별도의 저장장치에 백업 보관 – DVD, WORM Disk 등 덮어쓰기가 방지된 저장매체에 보존 등

2. 접속기록 항목 예시
- 식별자 : A0001(개인정보취급자 식별정보)
- 접속일시 : 2012-06-03, 15:00:00
- 접속지: 172.168.168.5
- 수행업무 : 홍길동(이용자 식별정보) 연락처 조회 등 (출처 : 정보통신망법)

주요로그유형 (예시)

1. 시스템 이벤트로그
- 운영체제 구성요소에 의해 발생하는로그(시스템 시작, 종료, 상태, 에러 코드 등)

2. 네트워크 이벤트로그
- IP주소 할당, 주요구간 트래픽로그

3. 보안시스템로그
- 관리자 접속, 보안정책(룰셋) 등록·변경·삭제 등

4. 보안관련 감사로그
- 사용자 접속기록, 인증 성공/실패로그, 파일 접근, 계정 및 권한 등록·변경·삭제 등(서버, 응용프로그램, 보안시스템, 네트워크시스템, DB 등)
- 개인정보처리시스템 접속기록(접속자 계정, 접속일시, 접속자 정보, 수행업무 등)
- 기타 정보보호 관련로그

접속기록의 안전한 보관방법(예시)
- 물리적으로 분리된 별도의 저장장치에 백업 보관
- DVD, WORM Disk 등 덮어쓰기가 방지된 저장 매체에 보존 등

접근권한기록, 접속기록 보관 기간
- 접근권한기록 보관 : 3년
- 접속기록 보관 : 1년 or 2년(5만명 개인정보, 고유식별정보, 민감정보 or 기간통신사업자)
- 접속기록 검토주기 : 월1회

보관(보존)기간과 보유기간

1. 보관(보존)기간
- 접근권한기록, 접속기록과 같이 책임추적성을 위해 보관하는 기간으로, 보관기간보다 적게 가지고 있으면 결함

2. 보유기간
- 개인정보의 목적 달성 시 파기해야 하는 기간으로 보유기간보다 오래 가지고 있으면 결함

2.9.5 요건 수준

Level 1. 법규 수준
1. 법규 : 개보법
2. 내규 : 해당
3. 인증기준 : 해당
4. 위험평가 : 해당

유사 인증기준

2.5.6 접근권한 검토
1.4.2 관리체계 점검
2.9.4 로그 및 접속기록 관리
2.11.2 취약점 점검 및 조치
2.11.3 이상행위 분석 및 모니터링

1.4.2 관리체계가 효과적으로 운영되고 있는지 독립된 인력이 연 1회 이상 점검하고, 문제점을 경영진 보고

3 개인정보처리시스템 접속기록에 반드시 포함되어야 할 항목

개인정보의 안전성 확보조치 기준	• 모바일 앱을 배포할 때 개발팀장과 운영팀장의 최종 승인 절차를 통해 운영 환경으로 이관하는 절차를 따르고 있으나 실제로는 운영팀장의 계정으로는 이관 작업이 불가능하며, 운영팀장의 최종 승인 없이도 개발팀장이 임의로 최종 배포가 가능한 것으로 확인됨
계정	• 개인정보취급자 ID 등
접속일시	• 접속한 시간 또는 업무를 수행한 시간 (연월일 및 시분초)
접속지 정보	• 접속자IP주소 등
처리한 정보주체 정보	• 개인정보취급자가 누구의 개인정보를 처리하였는지 알 수 있는 식별정보 (정보주체 또는 이용자 ID, 고객번호, 학번, 사번 등)
수행업무	• 개인정보 조회, 변경, 입력, 삭제, 출력 다운로드 등

4 개인정보 접속기록 보존기간

구분		보존 기간
개인정보 취급자의 접속기록	• 5만명 이상의 정보주체에 관한 개인정보를 처리하는 개인정보처리시스템에 해당하는 경우	최소 2년 이상
	• 고유식별정보 또는 민감정보를 처리하는 개인정보처리시스템에 해당하는 경우	
	• 개인정보처리자로서 「전기통신사업법」 제6조제1항에 따라 등록을 하거나 같은 항 단서에 따라 신고한 기간통신사업자에 해당하는 경우	
	• 위의 3가지 조건에 해당하지 않을 경우	최소 1년 이상

2. 보호대책 요구사항 ▶ 2.9. 시스템 및 서비스 운영관리

로그 검토기준(비인가 접속, 과다조회) 수립, 문제 발생 시 사후조치, 주기적 점검

항목	2.9.5 로그 및 접속기록 점검
인증기준	정보시스템의 정상적인 사용을 보장하고 사용자 오·남용(비인가접속, 과다조회 등)을 방지하기 위하여 접근 및 사용에 대한 로그 검토기준을 수립하여 주기적으로 점검하며, 문제 발생 시 사후조치를 적시에 수행하여야 한다.
주요 확인사항	1) 정보시스템 관련 오류, 오·남용(비인가접속, 과다조회 등), 부정행위 등 이상징후를 인지할 수 있도록 로그 검토 주기, 대상, 방법 등을 포함한 로그 검토 및 모니터링 절차를 수립·이행하고 있는가?
	2) 로그 검토 및 모니터링 결과를 책임자에게 보고하고 이상징후 발견 시 절차에 따라 대응하고 있는가?
	3) 개인정보처리시스템의 접속기록은 관련 법령에서 정한 주기에 따라 정기적으로 점검하고 있는가?
관련 법규	• 개인정보보호법 제29조(안전조치의무) • 개인정보의 안전성 확보조치 기준 제8조(접속기록의 보관 및 점검)

항목	2.9.5 로그 및 접속기록 점검
증적 자료 등 준비사항	• 로그 검토 및 모니터링 절차 • 로그 검토 및 모니터링 결과(검토 내역, 보고서 등) • 개인정보 접속기록 점검 내역 • 이상징후 발견 시 대응 증적
결함사례	• 중요 정보를 처리하고 있는 정보시스템에 대한 이상접속(휴일 새벽 접속, 우회경로 접속 등) 또는 이상행위(대량 데이터 조회 또는 소량 데이터의 지속적·연속적 조회 등)에 대한 모니터링 및 경고·알림 정책(기준)이 수립되어 있지 않은 경우 • 내부 지침 또는 시스템 등에 접근 및 사용에 대한 주기적인 점검·모니터링 기준을 마련하고 있으나 실제 이상접속 및 이상행위에 대한 검토 내역이 확인되지 않는 경우 • 개인정보처리자가 개인정보처리시스템의 접속기록 점검 주기를 분기 1회로 정하고 있는 경우 • 개인정보처리자의 내부관리계획에는 1,000명 이상의 정보주체에 대한 개인정보를 다운로드한 경우에는 사유를 확인하도록 기준이 책정되어 있는 상태에서 1,000건 이상의 개인정보 다운로드가 발생하였으나 그 사유를 확인하지 않고 있는 경우
결함예시	OO공공기관은 월1회 개인정보처리시스템에 대한 접속기록을 점검하고 있으나, 다운로드 사유가 입력이 안 된 개인정보취급자에 대해서 별도로 사유를 확인하지 않고 있음

1 인증기준 취지

2.9.5 로그 및 접속기록 점검은 생성된 로그 및 접속기록의 점검에 관한 인증 기준이다. 오늘날 정보시스템의 로그는 형태가 다양하며 그 양도 매우 많다. 만약 검토할 때 검토기준, 절차 등이 수립되지 않으면 검토하는 데 상당한 시간이 소모될 것이다. 접속기록 역시 접속기록 관리를 위한 별도의 시스템이 구축되지 않았다면 파악하기 쉽지 않을 것이다. 이 경우에는 최대한 자동화하여 검토가 용이하도록 해야 한다. 사용자의 오남용이나 부정행위 등 이상징후가 발견된 경우에는 절차에 따라 대응하도록 해야 한다. 그리고 접속기록은 법에서 정한 보존 의무, 점검 주기를 지켜야 한다.

2 인증기준 상세

확인사항	요구 사항	관련 사항
로그 검토 및 모니터링 절차 수립·이행	• 정보시스템 관련 오류, 오·남용(비인가 접속, 과다조회 등), 부정행위 등 이상 징후를 인지할 수 있도록 로그 검토 주기, 대상, 방법 등을 포함한 로그 검토 및 모니터링 절차를 수립·이행하여야 함 ▶ 3 참조	• 검토 주기 • 검토 대상 • 검토 기준 및 방법 • 검토 담당자 및 책임자 • 이상징후 발견 시 대응 절차 등

2.5.6 사용자 계정의 등록·삭제, 접근권한의 부여·삭제 등의 이력을 남기고, 주기적으로 검토하여 적정성 여부 점검
2.9.4 정보시스템에 대한 사용자 접속기록, 권한부여 내역 등의 로그유형, 보존기간 등을 정하고 안전하게 보존·관리
2.11.2 정보시스템의 정기적으로 취약점 점검을 수행하고 발견된 취약점에 대해서는 신속하게 조치
2.11.3 침해시도 등을 탐지·대응할 수 있도록 분석하며, 모니터링 및 점검 결과에 따른 사후조치를 적시에 이행

(참고) 상용 개인정보 접속기록 관리솔루션 기능 (예시)

1. 접속기록 보관, 관리
- 계정, 접속일시, 접속자 정보 외에도 개인정보보호 가이드라인의 명시사항을 기준으로 수행업무 16종의 기록 보관
- 수집한 접속기록을 암호화하여 별도의 파일로 생성 및 위변조 방지 조치하여 관리

2. 개인정보 접속기록 분석 및 보고서 생성
- 관리수준진단 보고서, 오·남용 현황 CPO보고서, 개인정보처리시스템 보고서, 고유식별정보 처리 현황 보고서 기능 제공
- 이상징후 감시 및 부정행위 탐지를 위한 다양한 정보와 기능을 제공

3. 후속조치 이행
- 점검 결과보고서 상 결과에 따른 후속조치 이행
- 접속기록 점검 및 분석 결과에 따라 후속조치는 기관특성에 맞는 적절한 계획 및 조치를 수행

확인사항	요구 사항	관련 사항
로그 검토 및 모니터링 결과 보고 및 이상 징후 발견 시 대응	• 로그 검토 및 모니터링 기준에 따라 검토를 수 행한 후 이상 징후 발견 여부 등 그 결과를 관련 책임자에게 보고하여야 함	• 로그 검토 및 모니터링 기준에 따라 검토를 수행한 후 이상징후 발견 여부 등 그 결과를 관련 책임자에게 보고 • 이상징후 발견 시 정보유출, 해킹, 오·남용, 부정행위 등 발생 여부 확인을 위한 절차 수립 대응 • 개인정보를 다운로드 한 것이 확인된 경우 사유를 확인·점검하여야 한다.
개인정보처리시스템 접속기록 정기적 점검	• 개인정보처리시스템의 접속기록은 관련 법령에서 정한 주기에 따라 정기적으로 점검하여야 함	• 법령에 따른 개인정보 접속기록은 관련 법령에서 정한 주기에 따라 정기적으로 점검하여야 한다. ▶ 법령에 따른 개인정보 접속기록 점검 주기 : 월 1회 이상

3 (참고) 개인정보처리시스템 접속기록 점검 방안 예시

항목	설명
접속기록 점검계획 (관리적 방안)	• 점검 방법/담당자 – 수작업 또는 자동화 도구 활동 등 • 점검 기준 – 유명인사 조회, 짧은 시간 내 대량 조회·다운로드, 야간 또는 주말 접속, 특정 건수 이상의 과다 조회, 민감정보 조회, 원격 접속 조회 등 • 점검 주기 – 일 단위/월 단위/분기 단위/반기 단위 등 • 보고 절차 – 점검결과 보고 절차, 의심사항 발견 시 조치 방법 및 절차 등
점검기능 구현 (기술적 방안)	• 점검계획에서 수립된 점검방법, 점검기준, 점검주기 등을 효과적이고 효율적으로 수행할 수 있도록 기능 구현 – 개인정보처리시스템의 응용프로그램 기능으로 구현(검색기능) – DB접근제어 등 보안시스템에서 제공하는 기능 활용 – 별도의 통합로그 분석시스템 도입 및 적용 등

4 (참고) 개인정보처리시스템 접속기록 관리 솔루션 (예시)

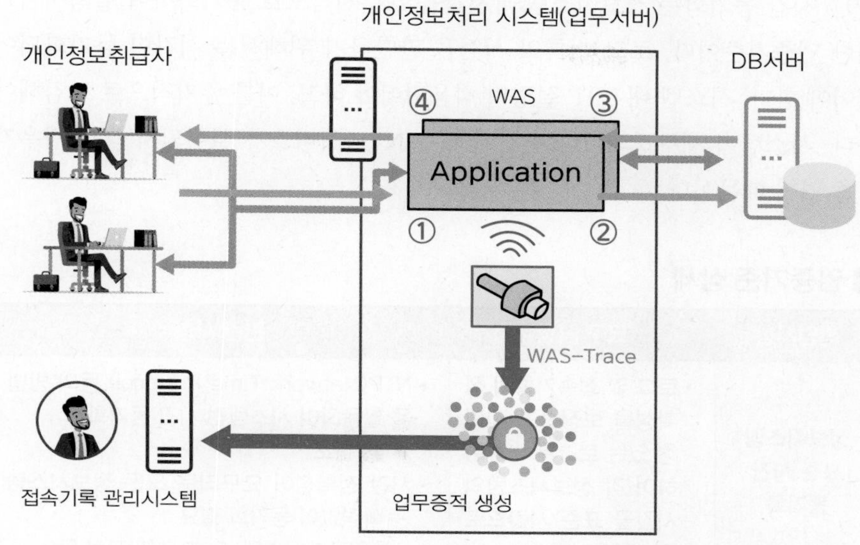

2. 보호대책 요구사항 ▶ 2.9. 시스템 및 서비스 운영관리

정보시스템 표준시간 동기화, 주기적 점검

항목	2.9.6 시간 동기화
인증기준	로그 및 접속기록의 정확성을 보장하고 신뢰성 있는 로그분석을 위하여 관련 정보시스템의 시각을 표준시각으로 동기화하고 주기적으로 관리하여야 한다.
주요 확인사항	1) 정보시스템의 시간을 표준시간으로 동기화하고 있는가? 2) 시간 동기화가 정상적으로 이루어지고 있는지 주기적으로 점검하고 있는가?
관련 법규	• 해당사항 없음
증적 자료 등 준비사항	• 시간 동기화 설정 • 주요 시스템 시간 동기화 증적
결함사례	• 일부 중요 시스템(보안시스템, CCTV 등)의 시각이 표준시와 동기화되어 있지 않으며 관련 동기화 여부에 대한 주기적 점검이 이행되고 있지 않은 경우 • 내부 NTP 서버와 시각을 동기화하도록 설정하고 있으나 일부 시스템의 시각이 동기화되지 않고 있고, 이에 대한 원인분석 및 대응이 이루어지고 있지 않은 경우
결함예시	OO기업은 사내 주요 서버실에 CCTV를 설치하고 운영 중인데 NVR서버의 시간동기화가 이루어지지 않고 있어 CCTV의 시간이 표준시간과 일치하지 않고 있음

2.9.6 요건 수준
Level 2. 내규 수준
1. 법규 : 미해당
2. 내규 : 해당
3. 인증기준 : 해당
4. 위험평가 : 해당

유사 인증기준

2.9.4 로그 및 접속기록 관리
2.9.5 로그 및 접속기록 점검
2.6.2 정보시스템 접근
2.11.3 이상행위 분석 및 모니터링

2.9.4 정보시스템에 대한 사용자 접속기록, 권한부여 내역 등의 로그유형, 보존기간 등을 정하고 안전하게 보존·관리

2.9.5 정보시스템의 정상적인 사용을 보장하고 오·남용을 방지하기 위하여 로그 검토기준을 수립하여 점검하며, 문제 발생 시 사후조치를 적시에 수행

2.6.2 서버, 네트워크시스템 등 정보시스템에 접근을 허용하는 사용자, 접근제한 방식, 안전한 접근수단 정의 및 통제

2.11.3 침해시도 등을 탐지·대응할 수 있도록 분석하며, 모니터링 및 점검 결과에 따른 사후조치를 적시에 이행

NTP(Network Time Protocol)

1. NTP 개념
   네트워크를 통해 컴퓨터 시스템 간 시간을 정확하게 유지시켜 주기 위한 네트워크 프로토콜
2. 취약성 판단기준
   - 양호 : NTP 서버와 연동 되어 있는 경우
   - 취약 : NTP 서버 연동이 되어 있지 않은 경우

1 인증기준 취지

2.9.6 시간 동기화는 정보시스템의 시각을 표준시각으로 동기화하여 일치시키기 위한 인증기준이다. 로그 기록의 시점을 판단하기 위해서는 시간이 동기화되어 있어야 한다. 시스템 내 NTP 설정이 적용되어야 하고, 이를 주기적으로 점검해야 한다. 시스템이 재부팅되거나 변경된 경우 NTP 서비스가 실행되지 않는 경우가 종종 있기 때문이다.

2 인증기준 상세

확인사항	요구 사항	관련 사항
정보시스템 표준 시간 동기화	• 로그 및 접속기록의 정확성을 보장하고 신뢰성 있는 로그분석을 위하여 각 정보시스템의 시간을 표준 시간으로 동기화하여야 함	• NTP(Network Time Protocol) 등의 방법을 활용하여 시스템간 시간 동기화 ▶ 3 참조 • 시간 정확성이 요구되는 모든 정보시스템은 빠짐없이 동기화 필요 – 출입통제시스템, CCTV저장장치 등
시간 동기화 주기적 점검	• 시간 동기화가 정상적으로 이루어지고 있는지 주기적으로 점검하여야 함	• 시간 동기화 오류 발생여부, OS 재설치 또는 설정 변경 등에 따른 시간 동기화 적용 누락 여부 등 점검

3 NTP 설정 예시

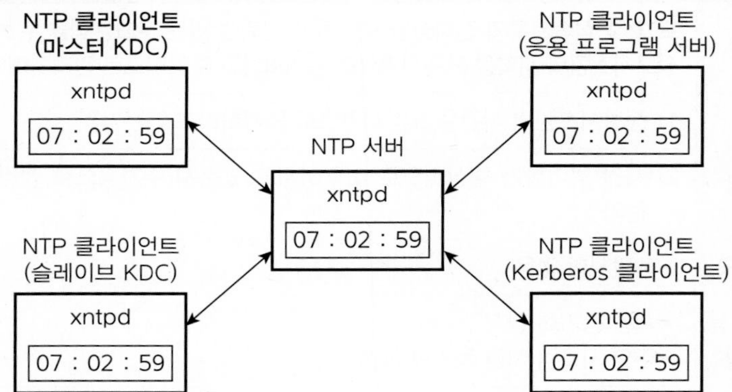

재사용 및 폐기 절차 수립, 복구 불가 방법, 폐기이력 및 증적, 폐기절차 계약서, 교체 복구시 대책

항목	2.9.7 정보자산의 재사용 및 폐기
인증기준	정보자산의 재사용과 폐기 과정에서 개인정보 및 중요정보가 복구·재생되지 않도록 안전한 재사용 및 폐기 절차를 수립·이행하여야 한다.
주요 확인사항	1) 정보자산의 안전한 재사용 및 폐기에 대한 절차를 수립·이행하고 있는가? 2) 정보자산 및 저장매체를 재사용 및 폐기하는 경우 개인정보 및 중요정보를 복구되지 않는 방법으로 처리하고 있는가? 3) 자체적으로 정보자산 및 저장매체를 폐기할 경우 관리대장을 통해 폐기이력을 남기고 폐기확인 증적을 함께 보관하고 있는가? 4) 외부업체를 통해 정보자산 및 저장매체를 폐기할 경우 폐기 절차를 계약서에 명시하고 완전히 폐기했는지 여부를 확인하고 있는가? 5) 정보시스템, PC 등 유지보수, 수리 과정에서 저장매체 교체, 복구 등 발생 시 저장매체 내 정보를 보호하기 위한 대책을 마련하고 있는가?
관련 법규	• 개인정보보호법 제21조(개인정보의 파기) • 개인정보의 안전성 확보조치 기준 제13조(개인정보의 파기)
증적 자료 등 준비사항	• 정보자산 폐기 및 재사용 절차 • 저장매체 관리대장 • 정보자산 및 저장매체 폐기증적 • 정보자산 및 저장매체 파기 관련 위탁계약서
결함사례	• 개인정보취급자 PC를 재사용할 경우 데이터 삭제 프로그램을 이용하여 완전삭제 하도록 정책 및 절차가 수립되어 있으나, 실제로는 완전삭제 조치 없이 재사용 하거나 기본 포맷만 하고 재사용하고 있는 등 관련 절차가 이행되고 있지 않은 경우 • 외부업체를 통해 저장매체를 폐기하고 있으나, 계약 내용 상 안전한 폐기 절차 및 보호대책에 대한 내용이 누락되어 있고 폐기 이행 증적 확인 및 실사 등의 관리 감독이 이루어지지 않은 경우 • 폐기된 HDD의 일련번호가 아닌 시스템 명을 기록하거나 폐기 대장을 작성하지 않아 폐기 이력 및 추적할 수 있는 증적을 확인할 수 없는 경우 • 회수한 폐기 대상 하드디스크가 완전 삭제되지 않은 상태로 잠금장치 되지 않은 장소에 방치되고 있는 경우
결함예시	OO기업은 임직원 변동 시에 사내PC를 반납하고 완전 초기화후 신규 임직원에게 배부토록 지침이 되어있으나 인수인계를 이유로 별도 PC반납절차 및 초기화 절차를 거치지 않고 그대로 사용 중이지만, 이에 대한 별도 보완대책과 승인 내역이 없음

2.9.7 요건 수준

Level 1. 법규 수준

1. 법규 : 개보법
2. 내규 : 해당
3. 인증기준 : 해당
4. 위험평가 : 해당

유사 인증기준

2.2.5 퇴직 및 직무변경 관리
2.3.4 외부자 계약 변경 및 만료 시 보안
3.4.1 개인정보 파기
3.4.2 처리목적 달성 후 보유시 조치
2.2.5 퇴직 및 직무변경 시 관련 부서별 이행하여야 할 자산반납, 계정 및 접근권한 회수, 결과확인 등의 절차 수립
2.3.4 외부자 계약만료 시에는 정보자산 반납, 접근 계정 삭제, 비밀유지 확약서 징구 등 보호대책 이행
3.4.1 개인정보의 보유기간 및 파기관련 내부 정책을 수립하고 개인정보의 파기 시점이 도달한 때에는 지체 없이 파기
3.4.2 개인정보의 처리목적 달성 후에도 파기하지 아니하고 보존하는 경우에는 다른 개인정보와 분리하여 저장·관리

1 인증기준 취지

2.9.7 정보자산의 재사용 및 폐기는 정보자산을 재사용이나 폐기 과정에서 비인가자에 의해 데이터가 복구되지 않도록 하기 위한 인증기준이다. 정보자산을 정상적으로 폐기하면 데이터복구가 불가능하기 때문에 유출가능성이 낮지만, 정보자산을 제대로 폐기하지 않았다면 얼마든지 복구가 가능하다. 그리고 PC 유지보수 서비스를 통해 운영체제를 재설치하는 경우 제3자에게 모든 비밀번호를 알려주기 때문에 데이터 열람이 가능하다. 이러한 과정에서 유출이 일어나지 않도록 적절한 절차, 방법, 기록 등을 준수해야 한다.

(심화) 정보자산 및 저장매체 파기 방법

1. 소프트웨어적인 파기
   1) 로우레벨 포맷 : 물리적으로 하드디스크를 포맷
   2) 와이핑 : 여러 번 난수 덮어쓰기
2. 물리적인 파기
   1) 천공 : 구멍 뚫기
   2) 소각 : 불태우기
   3) 파쇄 : 부수기
   4) 디가우저 : 자기장

IT 자산 파괴 장비

1. 물리적파괴(재사용 불가)

1) 하드디스크 파쇄기

2) 하드디스크 천공기

3) 디가우저

2 인증기준 상세

확인사항	요구 사항	관련 사항
정보자산의 재사용 및 폐기 절차 수립·이행	• 정보자산의 안전한 재사용 및 폐기에 대한 절차를 수립·이행하여야 함	• 정보자산 재사용 절차 – 데이터 초기화 방법, 재사용 프로세스 등 • 정보자산 폐기 절차 – 폐기 방법, 폐기 프로세스(승인 등), 폐기 확인, 폐기관리대장 기록 등
재사용 및 폐기 시 중요정보가 복구되지 않는 방법으로 처리	• 정보자산 및 저장매체를 재사용 및 폐기하는 경우 개인정보 및 중요 정보가 복구되지 않는 방법으로 처리하여야 함	• 개인정보를 파기할 때에는 법령에 따라 복구·재생되지 않도록 폐기 필요 • 복원이 불가능한 방법이란 현재의 기술 수준에서 사회통념상 적정한 비용으로 파기한 개인정보의 복원이 불가능하도록 조치하는 방법을 말함(표준 개인정보보호지침 제10조) ▶ 3 참조
자체적 폐기 시 관리대장을 통한 이력관리	• 자체적으로 정보자산 및 저장매체를 폐기 시 관리대장을 통해 폐기 이력을 남기고 폐기확인 증적을 함께 보관하여야 함	• 폐기 일자 • 폐기 담당자, 확인자명 • 폐기 방법 • 폐기 확인 증적(사진 등) 등
외부업체 통한 폐기 시 폐기절차를 계약서에 명시 및 절차 준수 확인	• 외부업체를 통해 정보자산 및 저장매체를 폐기 시 폐기 절차를 계약서에 명시하고 해당 절차에 따라 폐기되었는지에 대한 확인을 하여야 함	• 폐기 절차 및 보호대책, 책임소재 등 계약서에 반영 • 계약서에 반영된 폐기 절차에 따라 이행되고 있는지 사진 촬영, 실사 등 이행 증적 확인
유지보수 과정에서 교체, 복구 발생 시 보호 대책 마련	• 정보시스템, PC 등 유지보수, 수리 과정에서 저장매체 교체, 복구 등 발생 시 저장매체 내 정보를 보호하기 위한 대책을 마련하여야 함	• 유지보수 신청 전 데이터 이관 및 파기 • 데이터 암호화 • 계약 시 비밀유지 서약 • 데이터 완전삭제 또는 저장매체 완전파기 조치 등

3 (참고) 국가정보원 정보시스템 불용처리지침

저장매체/저장자료	공개자료	민감자료(개인정보)	비밀자료(대외비)
플로피디스크	(가)	(가)	(가)
광디스크 (CD, DVD 등)	(가)	(가)	(가)
자기 테이프	(가), (나) 중 택일	(가), (나) 중 택일	(가)
반도체메모리 (EEPROM등)	완전포맷이 되지 않는 저장매체는 (가)		
하드디스크	(라)	(가), (나), (다) 중 택일	(가), (나) 중 택일
처리방법	(가): 완전파괴(소각, 파쇄, 용해) (나): 전용 장비(디가우저) 이용 저장자료 삭제 (다): 완전포맷 3회 수행('난수', '0', '1'로 각각 중복 저장방식) (라): 완전포맷 1회 수행('난수' 중복 저장 방식)		

(출처 : 정보시스템 저장매체 불용처리지침, 「국가정보보안기본지침」제39조 제3항)

2. 소프트웨어 파괴(재사용)

1) 기본 이레이저

2) 네트워크 이레이저

3) USB 방식 이레이저

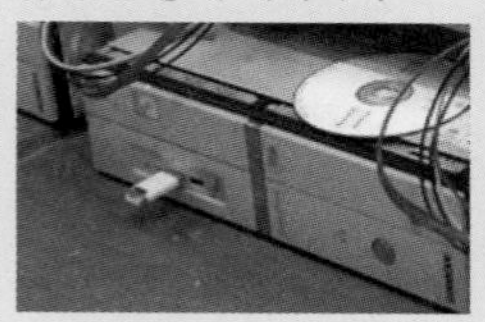

2. 보호대책 요구사항 ▶ 2.10. 시스템 및 서비스 보안관리

보안시스템 운영절차, 접근인원 최소화, 정책 변경 절차, 예외정책 최소화, 정책 타당성 검토, 설치

항목	2.10.1 보안시스템 운영
인증기준	보안시스템 유형별로 관리자 지정, 최신 정책 업데이트, 룰셋 변경, 이벤트 모니터링 등의 운영절차를 수립·이행하고 보안시스템별 정책적용 현황을 관리하여야 한다.
주요 확인사항	1) 조직에서 운영하고 있는 보안시스템에 대한 운영절차를 수립·이행하고 있는가? 2) 보안시스템 관리자 등 접근이 허용된 인원을 최소화하고 비인가자의 접근을 엄격하게 통제하고 있는가? 3) 보안시스템별로 정책의 신규 등록, 변경, 삭제 등을 위한 공식적인 절차를 수립·이행하고 있는가? 4) 보안시스템의 예외 정책 등록에 대하여 절차에 따라 관리하고 있으며, 예외 정책 사용자에 대하여 최소한의 권한으로 관리하고 있는가? 5) 보안시스템에 설정된 정책의 타당성 여부를 주기적으로 검토하고 있는가? 6) 개인정보처리시스템에 대한 불법적인 접근 및 개인정보 유출 방지를 위하여 관련 법령에서 정한 기능을 수행하는 보안시스템을 설치하여 운영하고 있는가?
관련 법규	• 개인정보보호법 제29조(안전조치의무) • 개인정보의 안전성 확보조치 기준 제6조(접근통제)

2.10.1 요건 수준

Level 1. 법규 수준
1. 법규 : 개보법
2. 내규 : 해당
3. 인증기준 : 해당
4. 위험평가 : 해당

유사 인증기준

1.2.4 보호대책 선정
2.8.1 보안 요구사항 정의
2.10.6 업무용 단말기기 보안
3.1.6 영상정보처리기기 설치·운영

1.2.4 위험 처리 위한 보호대책을 선정하고, 우선순위, 일정, 예산 등을 포함한 이행계획을 수립하여 경영진 승인
2.8.1 정보시스템의 도입·개발·변경 시 정보보호 관련 법적 요구사항, 안전한 코딩방법 등 보안 요구사항을 정의하고 적용
2.10.6 단말기기를 업무 목적으로 네트워크에 연결할 경우 접근통제 대책을 수립하고 주기적으로 점검

3.1.6 영상정보처리기기를 공개된 장소에 설치·운영하는 경우 설치 목적 및 위치에 따라 법적 요구사항을 준수하고, 보호대책을 수립·이행

보안시스템 유형(예시)

1. **네트워크 보안시스템**
   - 침입차단시스템(방화벽)
   - 침입방지시스템(IPS)
   - 침입탐지시스템(IDS)
   - 네트워크 접근제어(NAC)
   - DDoS 대응시스템
2. **서버보안 시스템**
   - 시스템 접근제어
   - 보안운영체제(SecureOS)
3. **DB보안시스템**
   - DB접근제어
4. **정보유출 방지시스템**
   - Network DLP (Data Loss Prevention), Endpoint DLP 등
5. **개인정보보호 시스템**
   - 개인정보 검출솔루션
   - 출력물 보안 등
6. **암호화 솔루션**
   - DB암호화
   - DRM 등
7. **악성코드 대응 솔루션**
   - 백신
   - 패치관리시스템(PMS)
8. **기타**
   - VPN
   - APT 대응 솔루션
   - SIEM(Security Incident & Event Monitoring)
   - EMS(Enterprise Management System)
   - 웹방화벽(WAF)

항목	2.10.1 보안시스템 운영
증적 자료 등 준비사항	• 보안시스템 구성 • 보안시스템 운영절차 • 방화벽 정책 • 방화벽 정책 설정/변경 요청서 • 보안시스템 예외자 목록 • 보안시스템별 관리 화면(방화벽, IPS, 서버접근제어, DLP, DRM 등) • 보안시스템 정책 검토 이력
결함사례	• 침입차단시스템 보안정책에 대한 정기 검토가 수행되지 않아 불필요하거나 과도하게 허용된 정책이 다수 존재하는 경우 • 보안시스템 보안정책의 신청, 변경, 삭제, 주기적 검토에 대한 절차 및 기준이 없거나, 절차는 있으나 이를 준수하지 않은 경우 • 보안시스템의 관리자 지정 및 권한 부여 현황에 대한 관리감독이 적절히 이행되고 있지 않은 경우 • 내부 지침에는 정보보호담당자가 보안시스템의 보안정책 변경 이력을 기록·보관하도록 정하고 있으나 정책관리대장을 주기적으로 작성하지 않고 있거나 정책관리대장에 기록된 보안 정책과 실제 운영 중인 시스템의 보안정책이 상이한 경우
결함예시	OO기업의 관문방화벽을 실사한 결과 불필요한 정책이 다수 식별되고 일반 모니터링 계정에서도 방화벽 정책을 추가/수정 할 수 있으며, 변경이력이 정책관리대장에 반영되어 있지 않음

1 인증기준 취지

2.10.1 보안시스템 운영은 보안시스템의 운영과 정책 설정 등을 관리하기 위한 인증기준이다. 보안시스템은 좋은 시스템을 쓰는 것이 중요하지만, 잘 쓰는 것도 중요하다. 즉 보안시스템이 구축된 수만큼 비례하여 보안성이 높아지지 않을 수 있다. 보안시스템 운영은 운영 절차와 정책 설정이 매우 중요하다. 그리고 설정된 정책을 주기적으로 검토하여 실효성이 떨어지면 개선을 통해 통제를 강화하여야 한다.

2 인증기준 상세

확인사항	요구 사항	관련 사항
보안시스템 운영절차 수립·이행	• 조직에서 운영하고 있는 보안시스템에 대한 운영절차를 수립·이행하여야 함 ▶ 3~4 참조	• 보안시스템 유형별 책임자 및 관리자 지정 • 보안시스템 정책(룰셋 등) 적용(등록, 변경, 삭제 등) 절차 • 최신 정책 업데이트 방안 : IDS, IPS 등의 보안시스템의 경우 새로운 공격기법을 탐지하기 위한 최신 패턴(시그니처) 및 엔진의 지속적 업데이트 • 보안시스템 이벤트 모니터링 절차(정책에 위배되는 이상징후 탐지 및 확인 등) • 보안시스템 접근통제 정책(사용자 인증, 관리자 단말 IP 또는 MAC 등) • 보안시스템 운영현황의 주기적 점검 • 보안시스템 자체에 대한 접근통제 방안 등

확인사항	요구 사항	관련 사항
보안시스템 허용 인원 최소화 및 비인가자 접근 통제	• 보안시스템 관리자 등 접근이 허용된 인원을 최소화하고 비인가자 접근을 엄격히 통제하여야 함	• 강화된 사용자 인증(OTP 등), 관리자 단말 IP 또는 MAC 접근통제 등의 보호대책을 적용하여 보안시스템 관리 등 접근이 허용된 인원 이외의 비인가자 접근을 엄격히 통제 • 주기적인 보안시스템 접속로그 분석을 통해 비인가자에 접근시도 여부 점검
보안시스템 정책 변경 공식 절차 수립·이행	• 보안시스템 별로 정책의 신규, 등록, 변경, 삭제 등을 위한 공식적인 절차를 수립·이행하여야 함	• 방화벽, DLP 등 보안시스템 별 정책 등록, 변경, 삭제를 위한 신청 및 승인 절차 • 책임추적성 확보를 위한 보안시스템 정책 신청·승인·적용 기록 보존 • 보안시스템 정책(룰셋) 적용 시 고려사항 – 최소권한의 원칙에 따라 업무상 필요한 최 소한의 권한만 부여 – 네트워크 접근통제 정책은 전체 차단을 기 본으로 하되 업무 상 허용해야 하는 IP와 Port만 개별적으로 추가하여 관리 – 보안정책 설정 시 목적에 따라 사용기간을 한정하여 적용 – 보안정책의 등록·변경은 공식적인 절차를 통하도록 관리 등
보안시스템 예외 정책 등록 절차 관리 및 예외 정책 사용자 최소화 관리	• 보안시스템의 예외 정책 등록에 대하여 절차에 따라 관리하고 있으며, 예외 정책 사용자에 대하여 최소한의 권한으로 관리하여야 함	• 신청사유의 타당성 검토 • 보안성 검토 : 예외 정책에 따른 보안성 검토 및 보완대책 마련 • 예외 정책 신청·승인 : 보안시스템 별로 책임자 또는 담당자 승인 • 예외정책 만료여부 및 예외 사용에 대한 모니터링 등
보안시스템 설정 정책 타당성 주기적 검토	• 보안시스템에 설정된 정책의 타당성 여부를 주기적 검토	• 내부 보안정책·지침 위배(과다 허용 규칙 등) • 공식적인 승인절차를 거치지 않고 등록된 정책 • 장기 미사용 정책 • 중복 또는 사용기간 만료 정책 • 퇴직 및 직무변경자 관련 정책 • 예외 관련 정책 등
개인정보처리시스템에 대한 보안시스템 설치·운영	• 개인정보처리시스템에 대한 불법적인 접근 및 개인정보 유출 방지를 위하여 법령에서 정한 기능을 수행하는 보안 시스템을 설치 및 운영하여야 함	• 개인정보 관련 법령에서 요구하는 접근통제 시스템 필수 요구 기능 – 개인정보처리시스템에 대한 접속 권한을 IP주소 등으로 제한하여 인가받지 않은 접근을 제한 – 개인정보처리시스템에 접속한 IP주소 등을 분석하여 불법적인 개인정보 유출 시도 탐지 및 대응

(심화) 솔루션 선정을 위한 절차

1. 장기적인 보안 정책로드맵 작성
2. 보안목표 수립
3. 핵심 자산정의
4. 주요 자산을 위협하는 위험 정의
5. 수용 가능한 위험수준(Acceptable Risk Level) 선정
6. 구현하고자 하는 보안목표와 현 수준 차이 분석
7. 정량적/정성적 분석을 통한 ROI(Return On Investment) 산정(비용 및 시간단축 측면)
8. 경쟁제품 성능비교 테스트(BMT)
9. 도입 후 솔루션 전담 관리
10. 도입한 보안 솔루션 유지보수 및 향후계획

3 기업 규모 별 보안솔루션 맵

분류	Step 1	Step 2	Step 3	Step 4
네트워크 보안	방화벽 (Firewall)	침입탐지시스템 (IDS) 프로토콜 분석 도구	침입방지시스템 (IPS)	네트워크 접근 통제 (NAC)
시스템 보안	바이러스 백신 시스템방화벽	스팸차단 소프트웨어 패치관리시스템 (PMS)	보안운영체제 시스템취약점 분석 툴	
애플리케이션 보안		웹방화벽(WAF) 스팸메일차단솔루션	문서저작권관리 (DRM) DB 보안 솔루션 웹스캐너(취약점 분석)	소스코드 분석 도구 취약점 스캔 Appliance
통합 보안 관리	로그관리 및 분석 도구	보안구성관리 (SCM)	통합보안시스템 (UTM) 전사적보안관리 (ESM)	위협관리시스템 (TMS) 위험관리시스템 (RMS) 포괄적위협관리 (CTM)
인증 및 접근통제	싱글사인온 (SSO)	스마트 카드 통합 접근관리(EAM)	하드웨어 토큰 일회용 비밀번호 (OTP) 통합계정관리(IAM)	생체 정보 시스템 (지문, 정맥, 얼굴, 홍채, 다중 인식 등)
PC 보안	바이러스 백신 안티 스파이웨어	개인용 PC 방화벽	개인용 안티스팸	통합 PC 보안
기타 보안	가상사설망 (VPN)	공개키기반구조 (PKI) 무선랜 보안 (Wireless)	모바일 보안 (Mobile) RFID 보안	기업정보 유출 방지
보안 서비스	인증(공인/사설)	솔루션 유지보수	보안관제 보안교육훈련	보안 컨설팅

(출처 : CERT구축_운영_안내서, KISA)

4 기업 규모 구분 기준

단계	적용범위	설명
Step 1	소규모 조직(15명 이하), 비영리 기관	• 조직을 안전하게 운영하기 위한 최소한의 보안 솔루션
Step 2	중소기업	• 중소 규모의 조직에서 효과적인 보안 체계를 갖추기 위한 보안 솔루션
Step 3	대기업	• 대규모 조직에서 관리 및 통제를 효율적으로 하기 위한 보안 솔루션
Step 4	기밀정보를 다루는 주요 조직	• 군사, 주요 정부기관, 핵심 사업부 등 고도의 보안 수준을 요구하는 조직을 위한 보안 솔루션

(출처 : CERT구축_운영_안내서, KISA)

2. 보호대책 요구사항 ▶ 2.10. 시스템 및 서비스 보안관리

CSP R&R SLA 반영, 클라우드 이용시 보안 통제 정책수립·이행, 관리자권한 보호대책, 정기적 검토

항목	2.10.2 클라우드 보안
인증기준	클라우드 서비스 이용 시 서비스 유형(SaaS, PaaS, IaaS 등)에 따른 비인가 접근, 설정 오류 등에 따라 중요정보와 개인정보가 유·노출되지 않도록 관리자 접근 및 보안 설정 등에 대한 보호대책을 수립·이행하여야 한다.
주요 확인사항	1) 클라우드 서비스 제공자와 정보보호 및 개인정보보호에 대한 책임과 역할을 명확히 정의하고 이를 계약서(SLA 등)에 반영하고 있는가?
	2) 클라우드 서비스 이용 시 서비스 유형에 따른 보안위험을 평가하여 비인가 접근, 설정오류 등을 방지할 수 있도록 보안 구성 및 설정 기준, 보안 설정 변경 및 승인 절차, 안전한 접속방법, 권한 체계 등 보안 통제 정책을 수립·이행하고 있는가?
	3) 클라우드 서비스 관리자 권한은 역할에 따라 최소화하여 부여하고 관리자 권한에 대한 비인가된 접근, 권한 오남용 등을 방지할 수 있도록 강 화된 인증, 암호화, 접근통제, 감사기록 등 보호대책을 적용하고 있는가?
	4) 클라우드 서비스의 보안 설정 변경, 운영 현황 등을 모니터링하고 그 적절성을 정기적으로 검토하고 있는가?
관련 법규	• 해당사항 없음

2.10.1 요건 수준
Level 3. 인증기준수준
1. 법 요건 : 미해당
2. 내규 : 미해당
3. 인증기준 : 해당
4. 위험평가 : 해당

유사 인증기준
2.6.1 네트워크 접근
2.6.6 원격접근 통제
2.6.7 인터넷 접속 통제
2.10.4 전자거래 및 핀테크 보안
3.2.3 이용자 단말기 접근 보호
2.6.1 네트워크에 대한 비인가 접근을 통제하기 위해 관리절차를 수립·이행하고 네트워크 분리와 접근통제 적용
2.6.6 원격 정보시스템 관리 및 개인정보 처리는 금지하고, 불가피한 사유로 허용 시 강화된 인증, 구간 암호화 등 보호대책 수립·이행
2.6.7 인터넷을 통한 침해를 예방하기 위하여 주요 정보시스템, 개인정보 취급 단말기 등에 대한 인터넷 접속 통제 정책을 수립·이행
2.10.4 전자거래 및 핀테크 서비스 제공 시 침해사고 예방을 위해 보호대책을 수립하고, 외부 시스템과 연계할 경우 안전성을 점검
3.2.3 정보주체의 이동통신 단말장치 내에 저장되어 있는 정보 및 기능에 접근이 필요한 경우 이를 알리고 동의를 받아야 함

항목	2.10.2 클라우드 보안
증적 자료 등 준비사항	• 클라우드 서비스 관련 계약서 및 SLA • 클라우드 서비스 위험분석 결과 • 클라우드 서비스 보안통제 정책 • 클라우드 서비스 관리자 권한 부여 현황 • 클라우드 서비스 구성도 • 클라우드 서비스 보안설정 현황 • 클라우드 서비스 보안설정 적정성 검토 이력
결함사례	• 클라우드 서비스 계약서 내에 보안에 대한 책임 및 역할 등에 대한 사항이 포함되어 있지 않은 경우 • 클라우드 서비스의 보안설정을 변경할 수 있는 권한이 업무상 반드시 필요하지 않은 직원들에게 과도하게 부여되어 있는 경우 • 내부 지침에는 클라우드 내 사설 네트워크의 접근통제 룰(Rule) 변경 시 보안책임자 승인을 받도록 하고 있으나 승인절차를 거치지 않고 등록·변경된 접근제어 룰이 다수 발견된 경우 • 클라우드 서비스의 보안설정 오류로 내부 로그 파일이 인터넷을 통해 공개되어 있는 경우
결함예시	OO기업은 주요 정보시스템을 클라우드 환경으로 이관하였으나 별도 클라우드 계약서내 보안사항에 대한 내용이 명시되어 있지 않고 있으며, Security Group정책 또한 별도 정책을 구성하지 않고 Default정책을 사용하고 있음

1 인증기준 취지

2.10.2 클라우드 보안은 클라우드 인프라 도입의 활성화에 따라 클라우드 사용상의 보호대책에 관한 인증기준이다. 클라우드를 사용을 희망하는 기업은 급속도로 확대되고 있다. 기업담당자는 도입 전에 클라우드 보안 전반에 대한 이해가 필요하다. 우선 클라우드 고유의 취약점과 보호대책에 대해 인지하고 있어야 한다. 클라우드에서는 온프레미스와 달리 수퍼유저의 권한이 막강하여 데이터센터 전체의 정보자산을 순식간에 날려버릴 수도 있다. 또한 서비스 영역이 다양하여 사용자와 클라우드 서비스 제공자와의 역할과 책임을 정의하고 보안 요구사항을 계약서 상에 명시해야 한다. 클라우드를 운영하는 경우 클라우드 거버넌스를 확립하여 운영상의 안전성을 확보해야 한다.

2 인증기준 상세

확인사항	요구 사항	관련 사항
클라우드 서비스 제공자와 (개인)정보 보호 책임과 역할 계약서 반영	• 클라우드 서비스 제공자와 정보보호 및 개인정보보호에 대한 책임과 역할을 명확히 정의하고 이를 계약서(SLA 등)에 반영하여야 함	• 클라우드 서비스 유형 별에 따른 역할 및 책임 ▶ 3~4 참조
클라우드 서비스 이용 시 보안 통제 정책 수립·이행	• 클라우드 서비스 이용 시 서비스 유형에 따른 보안위험을 평가하여 비인가 접근, 설정 오류 등을 방지할 수 있도록 보안 구성 및 설정 기준, 보안 설정 변경 및 승인 절차, 안전한 접속 방법, 권한 체계 등 보안 통제 정책을 수립·이행하여야 함	• 외부 클라우드 서비스 이용에 따른 위험 평가 ▶ 5 참조 – 서비스 품질 및 연속성, 법적 준거성, 보안성 측면 등 고려 • 클라우드 서비스에 대한 위험평가 결과를 반영한 보안통제 정책 수립·이행 ▶ 6 참조
클라우드 서비스 관리자 권한 최소화 및 보호대책 적용	• 클라우드 서비스 관리자 권한은 역할에 따라 최소화하여 부여하고 관리자 권한에 대한 접근, 권한 오·남용 등을 방지할 수 있도록 강화된 인증, 암호화, 접근통제, 감사기록 등 보호대책을 적용하여야 함	• 클라우드 서비스 관리자 권한 세분화 – 최고관리자, 네트워크 관리자, 보안관리자 등 • 업무 및 역할에 따라 관리자 권한 최소화 분여 • 클라우드 관리자 권한 접속에 대한 강화된 인증 적용 – OTP, 보안키 등 • 원격 접속 구간에 대한 통신 암호화 또는 VPN 적용 • 클라우드 관리자 접속, 권한 설정에 대한 상세 로그 기록 및 모니터링 등
클라우드 서비스 보안 운영현황 모니터링 및 정기적 검토	• 클라우드 서비스 보안 설정 변경, 운영 현황 등을 모니터링하고 그 적절성을 정기적으로 검토하여야 함	• 클라우드 서비스에 대한 승인받지 않은 환경설정 및 보안설정 변경을 적발할 수 있도록 알람 설정 및 모니터링 • 클라우드 서비스 보안 설정의 적정성 여부를 정기적으로 검토 및 조치 ※ 클라우드 환경에서의 네트워크 접근, 정보시스템 접근, 데이터베이스 접근, 응용프 로그램 접근 등 접근통제의 적절성, 인증 및 권한관리, 암호화, 시스템 및 서비스 보안관리 등 기타 필요한 보호조치가 모두 적용되어야 함

(바른 뜻) 클라우드컴퓨팅

1. **클라우드 컴퓨팅 서비스**
   클라우드컴퓨팅서비스 : 클라우드컴퓨팅법 제2조 제3호에 따라 클라우드 컴퓨팅을 활용하여 상용(商用)으로 타인에게 정보통신 자원을 제공하는 서비스로서 대통령령으로 정하는 것
   1) 서버, 저장장치, 네트워크 등을 제공하는 서비스
   2) 응용프로그램 등 소프트웨어를 제공하는 서비스
   3) 응용프로그램 등 소프트웨어의 개발·배포·운영·관리 등을 위한 환경을 제공하는 서비스
   4) 그 밖에 제1호부터 제3호까지의 서비스를 둘 이상 복합하는 서비스
2. **클라우드컴퓨팅(Cloud Computing)**
   집적·공유된 정보통신기기, 정보통신설비, 소프트웨어 등 정보통신자원을 이용자의 요구나 수요 변화에 따라 정보통신망을 통하여 신축적으로 이용할 수 있도록 하는 정보처리체계
3. **클라우드 보안인증**
   한국인터넷진흥원장이 클라우드컴퓨팅 서비스를 대상으로 클라우드컴퓨팅법 제23조제2항에 따라 과기정통부장관이 고시한 '클라우드컴퓨팅 서비스 정보보호에 관한 기준'을 만족하는지 여부를 조사 또는 시험 평가하여 인증하는 것

(출처 : 클라우드컴퓨팅 발전 및 이용자 보호에 관한 법률)

3 클라우드 서비스 유형 별에 따른 역할 및 책임

유형	클라우드 서비스 제공자	클라우드 서비스 이용자
IaaS	• 물리적 영역의 시설 보안 및 접근통제 • 호스트 OS에 대한 보안 패치 • 하이퍼바이저 등 가상머신에 대한 보안 관리 등	• 게스트 OS, 미들웨어 및 애플리케이션 보안 패치 • 게스트 OS, 미들웨어, 애플리케이션, 사설 네트워크 영역 보안 구성·설정 • 데이터 보안 • 관리자, 사용자 권한 관리 등
PaaS	• IaaS 영역에서 클라우드 서비스 제공자의 역할 및 책임 • 네트워크 영역의 보안 설정 • 게스트 OS 및 미들웨어 영역에 대한 보안패치, 보안 구성 및 설정	• 애플리케이션 보안 패치 및 보안 설정 • 데이터 보안 • 관리자, 사용자 권한관리 등
SaaS	• IaaS, PaaS 영역에서 클라우드 서비스 제공자의 역할 및 책임 • 애플리케이션 보안 패치 및 보안 설정 • 데이터 보안(접근통제, 암호화 등) 등	• 애플리케이션 관리자, 사용자 권한 관리 등

※ 클라우드 서비스 사업자, 서비스 구성 및 특성 등에 따라 달라질 수 있음

4 클라우드 서비스 모델 별 ISMS 인증범위

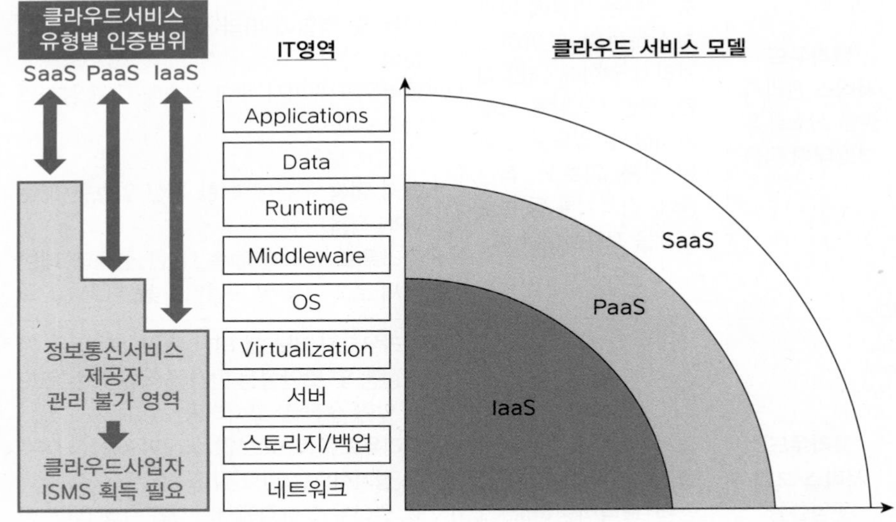

(출처 : AWS환경에서 ISMS 인증 준비하기, LG CNS 블로그)

(심화) 클라우드컴퓨팅 배포 유형
1. 사설 (Private) 클라우드
   - 침입차단시스템(방화벽)
   - 침입방지시스템(IPS)
   - 침입탐지시스템(IDS)
   - 네트워크 접근제어(NAC)
   - DDoS 대응시스템
2. 서버보안 시스템
   - 시스템 접근제어
   - 보안운영체제(SecureOS)
3. DB보안시스템
   - DB접근제어
4. 정보유출 방지시스템
   - Network DLP(Data Loss Prevention), Endpoint DLP 등
5. 개인정보보호 시스템
   - 개인정보 검출솔루션
   - 출력물 보안 등

5 CSA 클라우드 서비스의 보안위협 현황

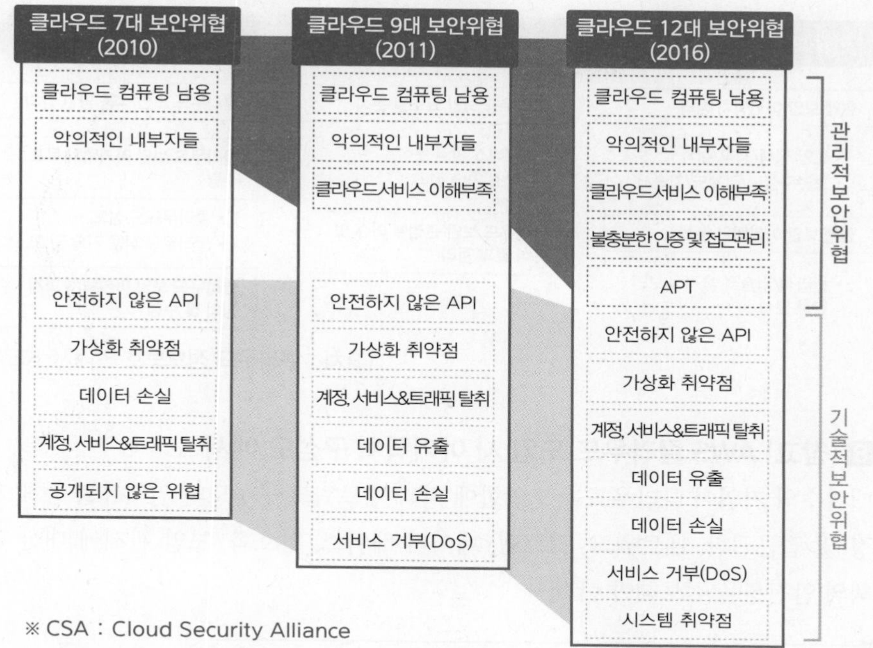

(출처 : 클라우드 정보보호 안내서, KISA)

6 클라우드 서비스 보안통제 정책 (예시)

구분	정책 내용
관리적 통제	• 보안 관리 관련 역할 및 책임 • 클라우드 서비스 관리자 계정 및 권한 관리 • 보안 설정 등록 · 변경 · 삭제 절차(신청, 승인 등) • 보안 구성 및 설정에 대한 적절성 검토 • 보안감사 절차 등
기술적 통제	• 사설 네트워크 보안 구성 및 접근통제 • 클라우드 서비스 관리자에 대한 강화된 인증(OTP) • 보안 설정 기준 – 인증, 암호화, 세션관리, 접근통제, 공개설정, 장기 미사용 잠금, 로그 기록, 백업 등 • 클라우드 서비스 원격접속 경로 및 백업 • VPN, IP 제한, 2 Factor 인증 등 • 클라우드 서비스 보안 관제 및 알람 · 모니터링 방안

6. 암호화 솔루션
   - DB암호화
   - DRM 등
7. **악성코드 대응 솔루션**
   - 백신
   - 패치관리시스템(PMS)
8. 기타
   - VPN
   - APT 대응 솔루션
   - SIEM(Security Incident & Event Monitoring)
   - EMS(Enterprise Management System)
   - 웹방화벽(WAF)

(출처 : 클라우드컴퓨팅 도입 가이드)

7 클라우드 보안 아키텍처 수립 절차 예시

현행 보안 아키텍처 정의	클라우드 보안 분석	목표 수립 및 과제 정의
현행 보안 아키텍처 정의 • 보안 정책/지침/절차 • 보안구성도/관계도/기술서	**클라우드 보안 요소별 분석** • 서비스 환경 분석 • 요소 기술 정의	**클라우드 보안 적용 방안 정의**
현행 보안 아키텍처 분석 • 관리적/기술적/물리적 보안 현황 분석	**클라우드 보안 관점별 이슈 및 분석 결과 정리**	**클라우드 보안 아키텍처 목표 수립** • 클라우드 구성도 • 클라우드 적용 기술 및 요소
		클라우드 보안 아키텍처 과제 정의 및 수행

(출처 : 클라우드 정보보호 안내서, KISA)

8 (참고) AWS 클라우드 도입 시 아키텍처 구성도 예시

대다수의 기업이 클라우드를 도입함에 따라 네트워크 구성도와 인터뷰를 통해 계정 및 접근권한, 네트워크, 시스템, 데이터 베이스, 암호화, 보안 관제에 대한 대책의 안전성을 검토해야 한다.

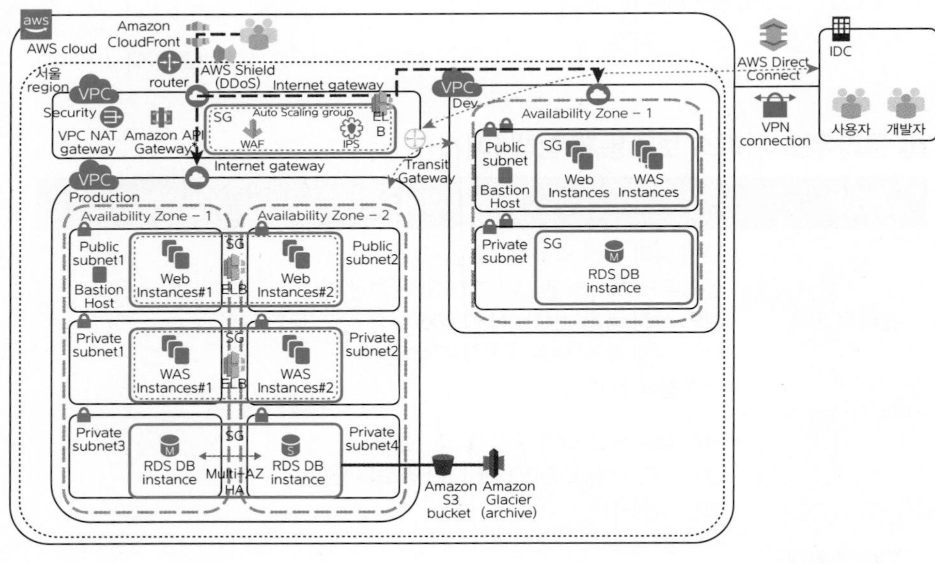

(참고) 클라우드 보안 서비스(SecaaS) 분야

1. **식별/접근 관리(IAM)**
   인증, 신원보증, 정보접근, 권한 있는 사용자 관리를 포함한 관리 및 접근 제어 제공
2. **데이터 유출/손실 방지**
   이동 및 사용 중인 데이터의 보안 및 모니터링, 보안 검증
3. **웹 보안**
   클라우드 서비스 공급자를 통해 웹 트래픽을 프록시 처리하여 일반적으로 제공되는 공개된 애플리케이션 서비스를 실시간으로 보호
4. **이메일 보안**
   인바운드 및 아웃바운드 Email을 제어하고, 피싱 및 악의적인 첨부 파일과 스팸으로부터 조직을 보호
5. **보안 감사**
   업계 표준을 기반 클라우드 서비스에 대한 제3자 감사
6. **침입 관리**
   패턴 인식을 사용하여 통계적으로 이벤트를 감지, 침입 시도 방지
7. **보안정보 및 이벤트 관리(SIEM)**
   보안로그 및 이벤트 정보 상관관계 실시간 분석
8. **암호화(Encryption)**
   해독할 수 없도록 데이터를 암호와 숫자를 사용하여 암호문으로 변환
9. **업무 연속성과 재난 복구(BCDR)**
   서비스 중단 시 운영 탄력성을 보장하도록 설계된 계획
10. **네트워크 보안**
    네트워크 액세스를 할당하고 네트워크 서비스를 배포·모니터링·보호하는 서비스

공개서버 보호대책, DMZ에 설치, 보안시스템 통해 보호, 게시 저장 시 절차, 노출 확인 및 차단

항목	2.10.3 공개서버 보안
인증기준	외부 네트워크에 공개되는 서버의 경우 내부 네트워크와 분리하고 취약점 점검, 접근통제, 인증, 정보 수집·저장·공개 절차 등 강화된 보호대책을 수립·이행하여야 한다.
주요 확인사항	1) 공개서버를 운영하는 경우 이에 대한 보호대책을 수립·이행하고 있는가
	2) 공개서버는 내부 네트워크와 분리된 DMZ(Demilitarized Zone)영역에 설치하고 침입차단시스템 등 보안시스템을 통해 보호하고 있는가?
	3) 공개서버에 개인정보 및 중요정보를 게시하거나 저장하여야 할 경우 책임자 승인 등 허가 및 게시절차를 수립·이행하고 있는가?
	4) 조직의 중요정보가 웹사이트 및 웹서버를 통해 노출되고 있는지 여부를 주기적으로 확인하여 중요정보 노출을 인지한 경우 이를 즉시 차단하는 등의 조치를 취하고 있는가?
관련 법규	• 해당사항 없음
증적 자료 등 준비사항	• 네트워크 구성도 • 웹사이트 정보공개 절차 및 내역(신청·승인·게시 이력 등) • 개인정보 및 중요정보 노출여부 점검 이력
결함사례	• 인터넷에 공개된 웹사이트의 취약점으로 인하여 구글 검색을 통해 열람 권한이 없는 타인의 개인정보에 접근할 수 있는 경우 • 웹 사이트에 개인정보를 게시하는 경우 승인 절차를 거치도록 내부 규정이 마련되어 있으나, 이를 준수하지 않고 개인정보가 게시된 사례가 다수 존재한 경우 • 게시판 등의 웹 응용프로그램에서 타인이 작성한 글을 임의로 수정·삭제하거나 비밀번호로 보호된 글을 열람할 수 있는 경우
결함예시	OO기업은 DMZ영역에 Web서버를 운영 중에 있으나 일반 이용자가 관리자 페이지를 구글검색으로 인해 접속할 수 있고 이용자에게 공개된 웹페이지는 SSL/TLS암호화를 수행하고 있으나 관리자페이지는 별도 암호화를 수행하지 않고 운영 중에 있음

1 인증기준 취지

2.10.3 공개서버 보안은 외부 인터넷 네트워크에 공개된 웹서버 등에 관한 인증기준이다. 공개서버는 이용자에게 서비스를 제공하기 위해 인터넷에 공개된 서버로 운영한다. 그래서 인터넷에 중요정보가 의도치 않게 노출되는 경우가 있다. 한 번 노출된 정보는 순식간에 유포되기 때문에 유의해야 한다. 중요정보나 개인정보를 게시하는 과정에 책임자의 검토와 승인이 필요하다. 혹시 게시가 잘못되어 정보가 노출되었다면 즉시 차단할 수 있어야 한다. 그리고 공개서버는 보안 취약

11. 취약점검사
공용 네트워크를 통해 대상 인프라 또는 시스템 취약점검사
12. 지속적인 모니터링
조직의 현재 보안 상태를 나타내는 지속적인 위험 관리 기능 수행
(출처 : 미국 클라우드 보안 연합(Cloud Security Alliance CSA))

2.10.3 요건 수준
Level 3. 인증기준수준
1. 법 요건 : 미해당
2. 내규 : 미해당
3. 인증기준 : 해당
4. 위험평가 : 해당

유사 인증기준
2.6.1 네트워크 접근
2.6.2 정보시스템 접근
2.6.3 응용프로그램 접근
2.6.7 인터넷 접속 통제
2.10.5 정보전송 보안
2.6.1 네트워크에 대한 비인가 접근을 통제하기 위해 관리절차를 수립·이행하고 네트워크 분리와 접근통제 적용
2.6.2 서버, 네트워크시스템 등 정보시스템에 접근을 허용하는 사용자, 접근제한 방식, 안전한 접근수단 정의 및 통제
2.6.3 정보의 중요도에 따라 응용프로그램을 접근권한을 제한하고, 불필요한 정보 노출을 최소화할 수 있는 기준을 수립·적용
2.6.7 인터넷을 통한 침해를 예방하기 위하여 주요 정보시스템, 개인정보 취급 단말기 등에 대한 인터넷 접속 통제 정책을 수립·이행

2.10.5 타 조직에 개인정보를 전송할 경우 안전한 전송 정책을 수립하고 조직 간 합의를 통해 기술적 보호조치 등을 협약하고 이행

(참고) 홈페이지 침해 사고 사례

1. **홈페이지 변조**
   홈페이지 변조 공격은 홈페이지 메인 화면 등을 변조하는 공격으로 디페이스 공격으로도 불린다. 공격자는 웹서버를 해킹하여 본래의 목적과 관련이 없는 내용으로 웹 콘텐츠를 변조한다.
2. **악성코드 유포**
   공격자는 악성코드 유포 시 홈페이지를 많이 이용하며, 불특정 다수를 대상으로 무분별하게 악성코드를 유포한다. 공격자는 사용자들이 인지하지 못한 채 악성코드를 감염시키기 위해 사용자 PC에 설치된 프로그램의 취약점을 악용한다. 일반적으로 문서편집기, 자바(JAVA), 플래시 플레이어, 브라우저(IE 등) 등 프로그램의 복합적인 취약점을 이용하여 악성 스크립트를 실행시켜 악성코드에 감염시킨다.
3. **디도스 공격**
   디도스(분산 서비스 거부, Distributed Denial of Service) 공격은 해커가 사전에 감염시킨 대량의 좀비 PC를 이용하여 특정 웹서버에 비정상적으로 많은 요청 패킷을 보내 홈페이지 서비스에 장애를 발생시킨다.

(웹서버 보안 강화 안내서, KISA)

점을 이용하여 해킹을 시도하기도 한다. 공개서버는 응용프로그램, 서버, 네트워크 상의 취약점이 발생하지 않도록 점검하고 조치해야 한다.

2 인증기준 상세

확인사항	요구 사항	관련 사항
공개서버 운영 시 보호대책 수립·이행	• 웹서버 등 공개서버를 운영 시 보호대책을 수립·이행하여야 함	• 웹서버를 통한 개인정보 송·수신 시 SSL (Secure Socket Layer)/TLS (Transport Layer Security) 인증서 설치 등 보안서버 구축 ▶ 4 참조 • 백신설치 및 업데이트 설정 • 응용프로그램(웹서버, OpenSSL 등), 운영체제 등에 대한 최신 보안패치 설치 • 불필요한 서비스 제거 및 포트 차단 • 불필요한 소프트웨어, 스크립트, 실행파일 등 설치 금지 • 에러 처리 페이지, 테스트 페이지 등 불필요한 페이지 노출 금지 • 주기적 취약점 점검 수행 등 ▶ 5~9 참조
공개서버는 DMZ영역에 설치 및 보안 시스템을 통한 보호	• 공개서버는 내부 네트워크와 분리된 DMZ (Demilitarized Zone) 영역에 설치하고 침입차단시스템 등 보안시스템을 통해 보호하여야 함	• 공개서버가 침해당하더라도 공개서버를 통한 내부 네트워크 침입이 불가능한 침입차단 시스템 등을 통한 접근통제 정책을 적용 • DMZ의 공개서버가 내부 네트워크에 위치한 DB, WAS(Web Application Server) 등의 정보시스템과 접속이 필요한 경우 엄격하게 접근통제 정책 적용
공개서버 중요정보 게시 절차 수립·이행	• 공개서버에 개인정보 및 중요정보를 게시하거나 저장 시 책임자 승인 등 허가 및 게시 절차를 수립·이행하여야 함	• 원칙적으로 DMZ구간의 웹서버 내에 개인정보 및 중요정보의 저장을 금지하고, 업무상 불가피하게 필요한 경우 허가 절차 및 보호대책 적용 • 웹 사이트에 개인정보 및 중요정보를 게시할 경우 사전 검토 및 승인 절차 수행 • 외부 검색엔진 등을 통해 접근권한이 없는 자에게 개인정보 및 중요정보가 노출되지 않도록 조치
웹사이트 중요정보 노출 차단 조치 수행	• 조직의 중요정보가 웹사이트 및 웹서버를 통해 노출되고 있는지 여부를 주기적으로 확인하여 중요정보 노출을 인지한 경우 이를 즉시 차단하는 등 조치를 수행하여야 함	• 검색엔진 등을 통해 주기적으로 점검 및 필요한 조치 적용 • 중요정보 노출을 인지한 경우 웹사이트에서 차단조치 및 해당 검색엔진 사업자에게 요청하여 캐시 등을 통해 계속적으로 노출되지 않도록 조치

3 (참고) 공개 웹방화벽 비교

구분		ModSecurity(Trustwave)	WebKnight(ARTRONIX)
개념		• OWASP에서 무료 탐지 룰(CRS)을 제공하며, OWASP TOP 10 취약점을 포함한 웹 해킹 공격으로부터 홈페이지(웹서버)를 보호하는 도구	• 웹서버 앞단에 필터(ISAPI) 방식으로 동작, 웹서버로 들어오는 모든 웹 요청에 대해 사전에 정의한 필터 룰에 따라 검증하고 SQL 인젝션 공격 등을 사전에 차단하는 도구
설치환경	WEB	Apache, IIS 등	IIS
	OS	Windows, Linux 등	Windows
특징		• 최신 버전 제공 • OWASP 무료 툴 제공	• 하위 버전 제공

(출처 : 웹서버 보안 강화 안내서, KISA)

4 SSL 적용 예시

정보통신망을 통하여 비밀번호를 송신하는 경우에는 SSL 등의 통신 암호 프로토콜이 탑재된 기술을 활용하여야 한다. 개인정보 암호화 전송기술 사용 시 안전한 전송을 위해 잘 알려진 취약점(예시: Open SSL 사용 시 HeartBleed 취약점)들을 조치하고 사용 할 필요가 있다.

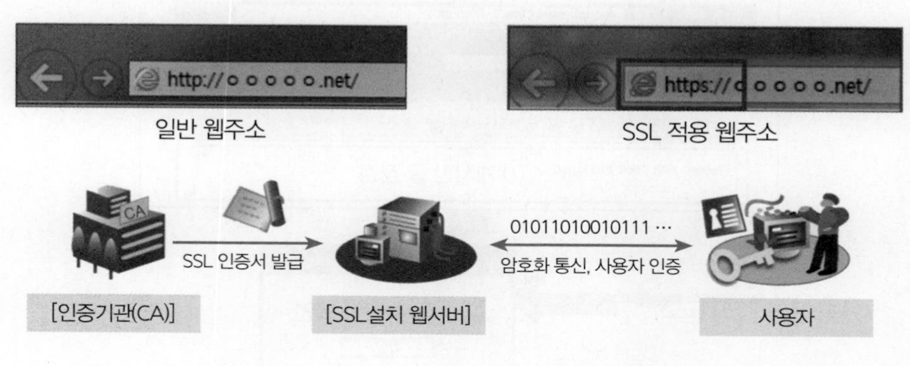

(바른 뜻) SSL(Secure Sockets Layer)
웹 브라우저와 웹 서버간에 데이터를 안전하게 주고받기 위해 암호화 기술이 적용된 보안 프로토콜

(참고) 웹서비스 SSL 인증서 안전성 확인

1. 서비스 명칭
   SSL Labs
2. URL
   https://www.ssllabs.com/
3. 특징
   사이트의 인증서, 브라우저의 SSL 안전성을 테스트하는 사이트로 웹서비스의 SSL 버전을 확인하고, 등급 평가

(심화) 오픈소스 SSL 취약점

1. Heartbleed
   사용자들의로그인 정보나 암호화된 정보의 개인키와 비밀키를 탈취해 개인정보를 탈취할 수 있는 취약점
2. Freak SSL
   SSL을 통해 강제로 취약한 RSA로 다운 그레이드 시킬 수 있는 취약점
3. Poodle
   TLS 연결 설정 과정에서 하위 버전인 SSL3.0으로 연결 수립을 유도한 뒤, 패딩 오라클 공격을 통해 암호화된 통신내용을 복호화하는 공격 기법

(심화) 리눅스 취약점

1. Shellshock
   리눅스 계열 OS에서 주로 사용하는 GNU Bash에서 공격자가 원격에서 악의적인 시스템 명령을 실행할 수 있는 취약점
2. Ghost
   리눅스 시스템의 특정 함수의 잘못된 메모리 사용으로 인해 오버플로우가 발생하여 프로그램의 실행 흐름 변경이 가능한 취약점

5 SQL 인젝션 점검

① 문자열을 입력해서 오류 페이지가 발생하는지 점검, ② 문자열들을 입력해 아이디 검사를 우회할 수 있는지 점검, ③번과 같이 본인이 알고 있는 아이디나 추측되는 아이디를 함께 인젝션 문구를 입력해 로그인이 되는지 확인

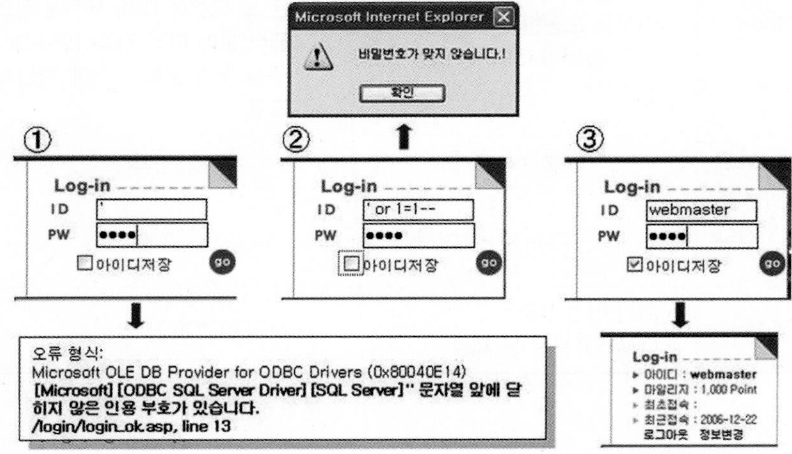

6 XSS (Cross Site Scripting) 공격 점검

입력하는 모든 곳에 입력스크립트(〈script〉 alert“(test”); 〈/script〉)를 통해 스크립트가 실행되는 지 확인

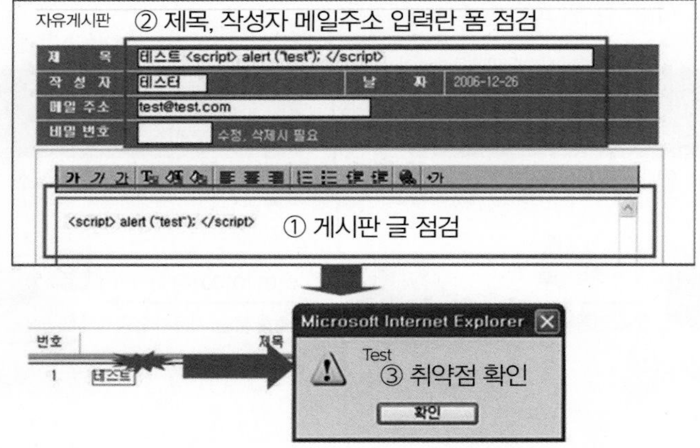

7 파일업로드 공격 점검

홈페이지 스크립트를 확인한 후 관련 웹쉘 스크립트 파일 업로드를 시도하고 필터링을 지원할 경우 필터링 대상이 되지 않는 jpg 확장자를 중간에 넣은 파일명 “(cmd.jpg.jsp”)으로 바꿔 업로드를 시도한다

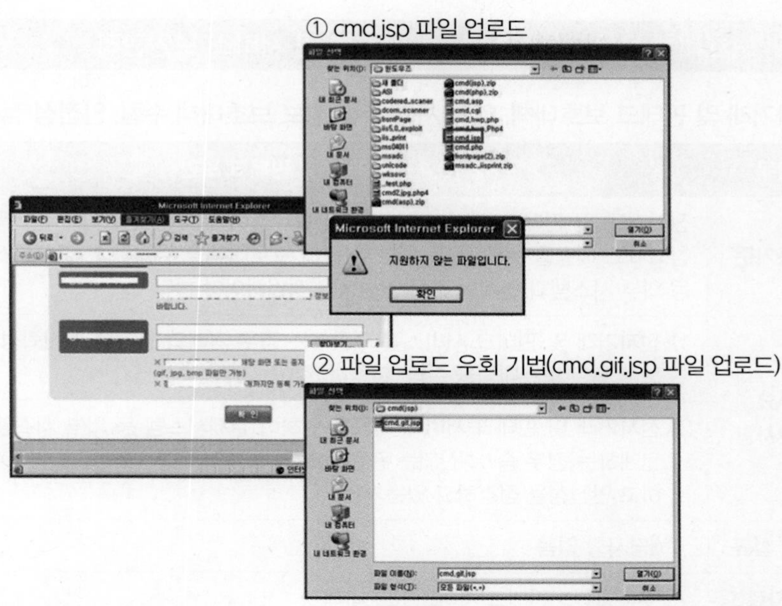

8 쿠키 값 변조 공격 점검

웹 서버에서 사용자 측에 생성하는 쿠키를 이용해 웹 프록시와 같은 도구를 이용하여 조작해 다른 사용자로 변경하거나 관리자로 권한 상승하는 공격을 할 수가 있다.

① 관리자 아이디 확인

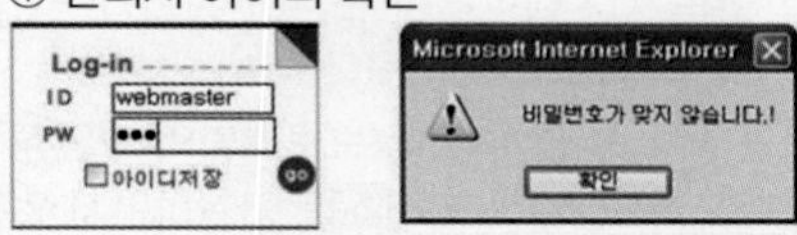

② 일반사용자로 로그인 후 쿠키 ID값 변경

```
Cookie: login=id=hackin9; ASPSESSIONIDCARBQSSC=NHLJMANBHOGMDAALBBEGLNFD
```

```
Cookie: login=id=webmaster; ASPSESSIONIDCARBQSSC=NHLJMANBHOGMDAALBBEGLNFD
```

9 파일 다운로드 공격 점검

홈페이지 상에서 파일 열람 또는 다운로드를 위해 입력되는 경로를 체크하지 않을 때 웹서버의 홈 디렉토리를 벗어나서 임의의 위치에 있는 파일을 열람하거나 다운로드 받는 공격이다.

보통 파일 다운 받을 때 전용 다운로드 프로그램을 이용해 다음과 같이 입력한다.

```
http://www.domain.com/bbs/download.jsp?filename=테스트.doc
```

여기서 테스트.doc 대신 다음과 같이 시도하면 /etc/passwd를 다운로드 받을 수 있다.

```
http://www.domain.com/bbs/download.jsp?filename=../../../../../../etc/passwd
```

(출처 : 웹서버 구축 안내서, KISA)

(심화) 웹서버 호스트 OS 보안

1. OS 최신 패치 적용
2. OS 취약점 점검
3. 웹 서버전용 호스트 구성
4. 서버 접근 제어
5. DMZ 영역에 위치
6. 강력한 패스워드 사용
7. 파일 접근권한 설정

(심화) 웹 서버 설치 시 보안

1. 소스 형태의 배포본 설치
2. 설치 시 네트워크 접속 차단
3. 웹 프로세스의 권한 제한
4. 로그 파일의 보호
5. 웹 서비스 영역의 분리
6. 링크 사용금지
7. 자동 디렉토리 리스팅 사용 중지
8. 기본 문서 순서 주의
9. 샘플 파일, 매뉴얼 파일, 임시 파일의 제거
10. 웹서버에 대한 불필요한 정보 노출 방지
11. 업로드 제어
12. 인증과 접근제어의사용
13. 패스워드 설정 정책 수립
14. 동적 컨텐츠 실행에 대한 보안대책 수립
15. 설치 후 패치 수행
16. 설정 파일 백업
17. SSL / TLS 사용

2.10.4 요건 수준
Level 3. 인증기준수준
1. 법 요건 : 미해당
2. 내규 : 미해당
3. 인증기준 : 해당
4. 위험평가 : 해당

유사 인증기준
2.10.3 공개서버 보안
2.10.5 정보전송 보안
3.3.1 개인정보 제3자 제공
3.3.2 개인정보 처리 업무 위탁
2.10.3 외부 네트워크에 공개되는 서버의 경우 내부 네트워크와 분리하고 강화된 보호대책을 수립·이행
2.10.5 타 조직에 개인정보를 전송할 경우 안전한 전송 정책을 수립하고 조직 간 합의를 통해 기술적 보호조치 등을 협약하고 이행
3.3.1 개인정보를 제3자에게 제공하는 경우 법적 근거에 의하거나 동의를 받아야 하며, 제공 과정에서 개인정보보호대책을 수립·이행
3.3.2 개인정보 처리업무를 위탁하는 경우 위탁하는 업무의 내용과 수탁자 등 관련사항을 공개하거나 정보주체에게 알려야 함

전자거래 및 핀테크 보호대책, 연계 시 송수신 정보 보호대책 수립, 안전성 점검

항목	2.10.4 전자거래 및 핀테크 보안
인증기준	전자거래 및 핀테크 서비스 제공 시 정보유출이나 데이터 조작·사기 등의 침해사고 예방을 위해 인증·암호화 등의 보호대책을 수립하고, 결제시스템 등 외부 시스템과 연계할 경우 안전성을 점검하여야 한다.
주요 확인사항	1) 전자거래 및 핀테크 서비스를 제공하는 경우 거래의 안전성과 신뢰성 확보를 위한 보호대책을 수립·이행하고 있는가? 2) 전자거래 및 핀테크 서비스 제공을 위하여 결제시스템 등 외부 시스템과 연계하는 경우 송·수신되는 관련 정보의 보호를 위한 대책을 수립·이행하고 안전성을 점검하고 있는가?
관련 법규	• 해당사항 없음
증적 자료 등 준비사항	• 전자거래 및 핀테크 서비스 보호대책 • 결제시스템 연계 시 보안성 검토 결과
결함사례	• 전자결제대행업체와 위탁 계약을 맺고 연계를 하였으나, 적절한 인증 및 접근제한 없이 특정 URL을 통해 결제 관련 정보가 모두 평문으로 전송되는 경우 • 전자결제대행업체와 외부 연계 시스템이 전용망으로 연결되어 있으나 해당 연계 시스템에서 내부 업무 시스템으로의 접근이 침입차단시스템 등으로 적절히 통제되지 않고 있는 경우 • 내부 지침에는 외부 핀테크 서비스 연계 시 정보보호팀의 보안성 검토를 받도록 되어 있으나, 최근에 신규 핀테크 서비스를 연계하면서 일정 상의 이유로 보안성 검토를 수행하지 않은 경우
결함예시	ㅁㅁ쇼핑몰은 PG사와 연동하여 결제시스템을 구축하여 운영하고 있으나 결제관련 정보의 암호화가 이루어지지 않고 있음

1 인증기준 취지

2.10.4 전자거래 및 핀테크 보안은 금융 거래 상의 보안에 관한 인증기준이다. 금융 거래상의 침해는 금전적인 피해로 연결될 수 있으므로 특히 안전성 확보가 중요하다. 이에 따라 개인정보에 중요정보 등에 인증, 접근통제, 암호화 등의 보호대책을 철저히 수립·이행해야 한다. 또한 외부시스템과 연계 시에 보안 통제 수준이 낮아질 수 있으므로 기술적인 보호대책을 수립·이행하여야 한다.

2 인증기준 상세

확인사항	요구 사항	관련 사항
전자거래 및 핀테크 서비스 제공 시 보호대책 수립·이행	• 전자거래 및 핀테크 서비스를 제공하는 경우 거래의 안전성과 신뢰성 확보를 위한 보호대책 수립·이행하여야 함 ▶ 5 참조	• 전자(상)거래사업자 및 핀테크 서비스제공자는 전자(상)거래 및 핀테크 서비스의 안전성과 신뢰성을 확보하기 위하여 이용자의 개인정보, 영업비밀(거래처 식별정보, 재화 또는 용역 가격 등 공개 시 영업에 손실을 초래할 수 있는 거래 관련 정보), 결제정보 수집, 저장관리, 파기 등의 과정에서의 침해사고를 예방하기 위한 보호대책(인증, 암호화, 접근통제 등)을 수립하여 이행해야 함 • 핀테크 서비스의 경우 핀테크 서비스의 유형 및 특성을 반영하여 해당 핀테크 서비스로 인해 발생 가능한 위험요인을 빠짐없이 식별하여 필요한 보호대책 적용 필요
외부시스템과 연계 시 송·수신 정보 보호 대책 수립·이행 및 안전성 점검	• 전자거래 및 핀테크 서비스 제공을 위하여 결제시스템 등 외부시스템과 연계하는 경우 송·수신되는 관련 정보의 보호를 위한 대책을 수립·이행하고 안전성 점검하여야 함	• 전자(상)거래사업자와 전자결제업자 또는 핀테크 서비스 제공자 간에 송·수신되는 결제 관련 정보의 유출·조작, 사기 등의 침해사고로 인한 거래당사자간 피해가 발생하지 않도록 적절한 보호대책을 수립·이행하고 안전성을 점검해야 함

3 전자거래 및 핀테크 보호대책 수립 시 고려해야 할 법률(예시)

1. 전자문서 및 전자거래 기본법
2. 전자상거래 등에서의 소비자 보호에 관한 법률
3. 전자금융거래법
4. 정보통신 이용촉진 및 정보보호 등에 관한 법률

(출처 : 개인정보의 안전성 확보조치 기준 해설서, KISA)

4 (참고) 핀테크 산업 분류

산업	업무	내용
금융서비스	송금	모바일 및 이메일 송금
	결제	전자결제서비스
	자산관리	온라인 펀드, 인터넷은행·보험·증권
	투자	금융투자플랫폼 (소셜트레이딩, 크라우드 펀딩)
ICT 기술	보안	정보보안
	데이터 분석	금융 빅데이터분석 및 금융 S/W

(출처 : 핀테크의 가치창출 요건 및 시사점, 여신금융연구소)

(바른 뜻) 전자거래, 전자상거래, 핀테크

1. **전자거래**
   재화나 용역을 거래할 때 그 전부 또는 일부가 전자문서에 의하여 처리되는 거래를 말함 (전자문서 및 전자거래 기본법 제2조)
2. **전자상거래**
   전자거래의 방법으로 상행위를 하는 것을 말함 (전자상거래 등에서의 소비자보호에 관한 법률 제2조)
3. **핀테크(Fintech)**
   금융(Finance)과 기술(Technology)의 합성어로 금융과 IT의 융합을 통한 금융서비스 및 산업의 변화를 통칭함

(출처 : 금융위원회 금융 용어사전)

(바른 뜻) 전자결제업자

1. 전자결제업자 개념

전자결제수단의 발행자, 전자결제서비스 제공자, 해당 전자결제수단을 통한 전자결제서비스의 이행을 보조하거나 중개하는 자를 말하며 다음에 해당하는 자를 말함 (전자상거래 등에서의 소비자 보호에 관한 법률 시행령 제8호)

2. 전자결제업자 유형

금융회사, 신용카드업자 결제수단 발행자(전자적 매체 또는 정보처리시스템에 화폐가치 또는 그에 상응하는 가치를 기록·저장하였다가 재화 등의 구매 시 지급하는 자), PG사

(바른 뜻) PG(Payment Gateway)

인터넷 상에서 금융기관과의 거래를 대행해 주는 서비스로서 신용카드, 계좌이체, 핸드폰 이용 결제, ARS 결제 등 다양한 소액 결제 서비스를 대신 제공해주는 회사

5 (참고) 핀테크 보안 기술

구분	기술	설명
인증	• IC Tagging	• IC카드 내 안전하게 저장된 인증정보를 통신기능이 포함된 스마트폰을 서버에 전달하여 인증
	• 생체인증 규격 (FIDO 등)	• 사용자의 고유한 신체구조 및 행위에 기반하여 인증
데이터 보호	• TEE(Trust Execution Environment)	• 모바일 AP를 일반응용(Normal)영역과 보안응용(Secure)영역으로 구분
	• 토큰화(네트워크)	• 결제시 가상의 카드번호를 이용하여 정보 유·노출에 대응하는 기술
모니터링	• FDS	• 다양하게 수집된 정보를 종합적으로 분석하여 이상 금융거래 유무를 판별

(출처 : 핀테크 포럼 내용 재 작성, 금융보안원)

6 (참고) PCI-DSS 표준

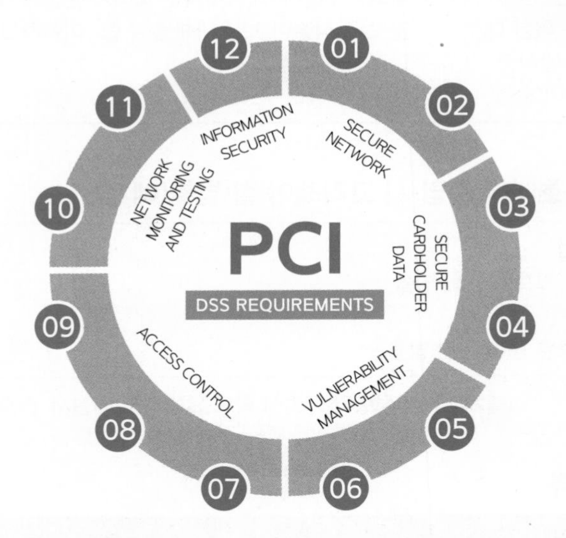

개념

PCI-DSS((Payment Card Industry Data Security Standards)는 비자, 마스터, 아멕스, 디스커버, JCB 등 5개 신용카드 브랜드가 2004년 지불결제 산업 정보보호와 신용카드 부정사용 및 정보 유출 방지 목적으로 제정한 글로벌 신용카드 데이터 보안 인증이다.

외부에 개인정보 전송 정책 수립, 조직 간 개인정보 상호교환 시 협약체결 등 보호 대책

항목	2.10.5 정보전송 보안
인증기준	타 조직에 개인정보 및 중요정보를 전송할 경우 안전한 전송 정책을 수립하고 조직 간 합의를 통해 관리 책임, 전송방법, 개인정보 및 중요정보 보호를 위한 기술적 보호조치 등을 협약하고 이행하여야 한다.
주요 확인사항	1) 외부 조직에 개인정보 및 중요정보를 전송할 경우 안전한 전송 정책을 수립하고 있는가?
	2) 업무상 조직 간에 개인정보 및 중요정보를 상호교환하는 경우 안전한 전송을 위한 협약체결 등 보호대책을 수립·이행하고 있는가?
관련 법규	• 해당사항 없음
증적 자료 등 준비사항	• 정보전송 협약서 또는 계약서 • 정보전송 기술표준 • 정보전송 관련 구성도, 인터페이스 정의서
결함사례	• 대외 기관과 연계 시 전용망 또는 VPN을 적용하고 중계서버와 인증서 적용 등을 통해 안전하게 정보를 전송하고 있으나 외부 기관별 연계 시기, 방식, 담당자 및 책임자, 연계 정보, 법적 근거 등에 대한 현황관리가 적절히 이루어지지 않고 있는 경우 • 중계과정에서의 암호 해제 구간 또는 취약한 암호화 알고리즘(DES, 3DES) 사용 등에 대한 보안성 검토, 보안표준 및 조치방안 수립 등에 대한 협의가 이행되고 있지 않은 경우
결함예시	OO기업은 3자 제공되는 개인정보를 전송하기 위하여 다른 기업과 전용선을 사용하여 정보를 전송 시 FTP를 사용하여 전송하고 있음

1 인증기준 취지

2.10.5 정보전송 보안은 개인정보를 조직 내부가 아닌 조직 외부에 전송하는 경우 보호조치 이행에 관한 인증기준이다. 조직 간 정보전송은 관리적인 측면에서 계약서 등을 통해 역할 및 책임에 관한 보안 협약을 맺도록 해야 한다. 기술적인 측면에서 전송 프로토콜 보안성이 확보되어야 한다. 정보전송 과정에서 인증, 암호화, 접근통제 등이 적절히 구현되어 보안상 빈틈이 발생하지 않도록 해야 한다.

2.10.5 요건 수준
Level 2. 내규 수준
법규 : 미해당
내규 : 해당
인증기준 : 해당
위험평가 : 해당

유사 인증기준
2.3.2 외부자 계약 시 보안
2.7.1 암호정책 적용
2.8.1 보안 요구사항 정의
2.10.4 전자거래 및 핀테크 보안
3.3.1 개인정보 제3자 제공
3.3.2 개인정보 처리 업무 위탁
2.3.2 외부 서비스를 이용하거나 외부 업무를 위탁 시 (개인)정보보호 요구사항을 식별하고, 계약서에 명시
2.7.1 개인정보보호를 위하여 법적 요구사항을 반영한 암호화 대상, 암호 강도, 암호 사용 정책을 수립하고 저장·전송·전달 시 암호화 적용
2.8.1 정보시스템의 도입·개발·변경 시 정보보호 관련 법적 요구사항, 안전한 코딩방법 등 보안 요구사항을 정의하고 적용
2.10.4 전자거래 및 핀테크 서비스 제공 시 침해사고 예방을 위해 보호대책을 수립하고, 외부 시스템과 연계할 경우 안전성을 점검
3.3.1 개인정보를 제3자에게 제공하는 경우 법적 근거에 의하거나 동의를 받아야 하며, 제공 과정에서 개인정보보호대책을 수립·이행
3.3.2 개인정보 처리업무를 위탁하는 경우 위탁하는 업무의 내용과 수탁자 등 관련사항을 공개하거나 정보주체에게 알려야 함

중요정보 전송 업무 예시

1. DM 발송을 위한 개인정보 DM업체 전달
2. 채권추심업체에 추심정보 전달
3. 개인정보 제3자 제공
4. 신용카드 결제정보 VAN(Value Added Network)사 전달

데이터 연계 방식 특징

1. P2P

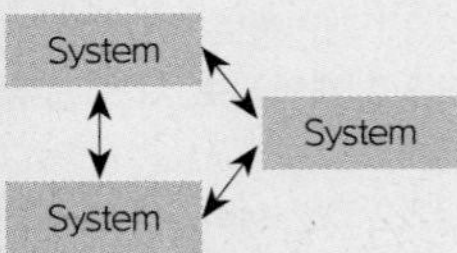

(장점) 복잡하지 않은 환경에서의 시스템간단순 연동 시 적용이용이함
(단점) 확장성, 유연성 떨어짐

2. EAI

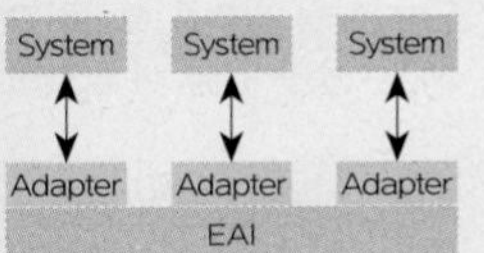

(장점) 신규 애플리케이션 도입 시 확장 용이
(단점) 중앙 허브 장애 시 전체 시스템에 영향을 미침

3. ESB

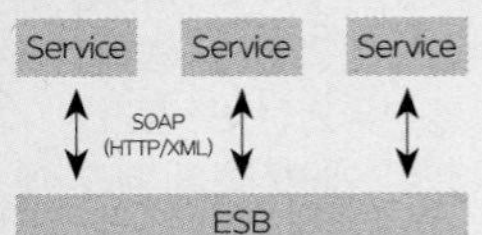

(장점) 버스(분산구조) 형태의 느슨한 연결방식이므로, 확장성과 유연성이 높음
(단점) 초기 구축비용이 높음

2 인증기준 상세

확인사항	요구 사항	관련 사항
외부에 중요정보 전송 시 안전한 전송 정책 수립	• 외부 조직에 개인정보 및 중요정보를 전송할 경우 안전한 전송 정책을 수립하여야 함	• 정보전송 기술 표준 ▶ 4 참조 – 암호화 방식, 키 교환 및 관리, 전문 규칙, 연계 및 통신 방식 등 • 정보전송 검토 절차 ▶ 5 참조 – 보고 및 승인, 관련 조직간 역할 및 책임, 보안성 검토 등 • 정보전송 협약 기준 – 표준 보안약정서 또는 계약서 양식 • 기타 보호조치 적용 기준 – 법적 요구사항을 반영한 보호조치 기준 등
조직 간 중요정보를 상호교환 시 보호대책 수립·이행	• 업무상 조직 간 중요정보 및 개인정보를 상호 교환하는 경우 안전한 전송을 위한 협약체결 등 보호대책을 수립·이행하여야 함	• 조직 또는 계열사 간 중요정보를 전자적으로 상호 교환하는 경우 안전한 전송을 위한 협약(보안약정서, 계약서, 부속합의서, SLA 등)을 체결하고 이에 따라 이행하여야 함 – 관련 업무 정의 – 정보전송 범위 정의 – 담당자 및 책임자 지정 – 정보 전송 기술 표준 정의 – 정보 전송, 저장, 파기 시 관리적·기술적·리적 보호대책 등

3 (참고) 대외기관 연계시스템 구조 (금융기관 예시)

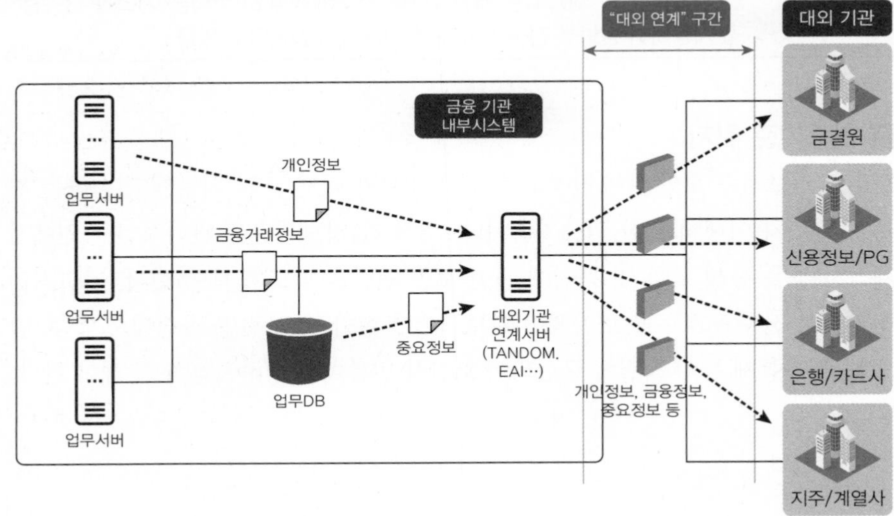

4 (참고) 연계 방식 분류

구분	연계 방식	설명
직접 연계	• DB Link	• 데이터베이스에서 제공하는 객체(Object) 이용
	• DB Connection pool(WAS)	• 수신 시스템 WAS에서 송신시스템 DB로 연결되는 커넥션 풀 생성
	• JDBC	• 수신 시스템의 프로그램에서 JDBC 드라이버를 이용하여 송신 시스템의 DB와 연결 생성
	• 화면링크(Link)	• 웹 애플리케이션 화면에서 하이퍼링크 이용
	• API	• 송신 시스템의 DB와 연결하여 데이터를 제공하는 인터페이스 프로그램
간접 연계	• 연계솔루션(EAI)	• 실제 송수신 처리와 진행현황을 모니터링 및 통제하는 EAI 서버, 송수신 시스템에서 설치되는 Adaptor (Client)를 이용
	• Web Service / ESB	• 웹서비스가 설명된 WSDL과 SOAP 프로토콜을 이용한 시스템 간 연계
	• Socket	• 소켓을 생성하여 포트를 할당하고 클라이언트의 요청을 연결하여 통신

수집의 주체에 따른 연계방식

1. Polling 방식

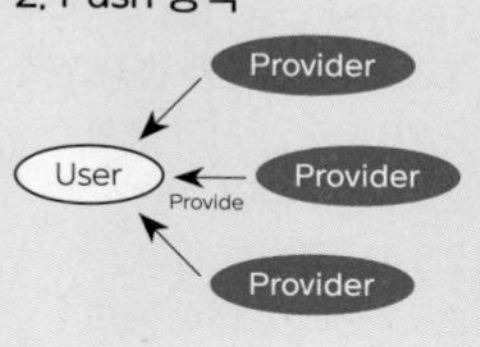

2. Push 방식

Provider

User ← Provider
Provide

Provider

5 (참고) 대외 기관 연계시스템 보안 이슈 및 대응 예시

보안 이슈	이슈	대응
복잡한 암호화 시스템	• 기관에 따라 서로 다른 암호화 모듈 또는 암호화 솔루션을 사용하여, 시스템이 복잡하고 난해함	• 대외기관 연계를 위한 통합 암호화 모듈 제공
비 검증 암호화 시스템	• 국가기관에서 권장하지 않는 낮은 비도의 암호화 알고리즘을 사용하는 경우도 있어 암호 데이터의 신뢰성이 낮음	• 국내 법령에서 인정받은 암호화 알고리즘 사용
암호키 관리 이슈 및 노출 위협	• 관리해야 할 암호화 키가 많고 개발 소스에 키가 그대로 노출되는 경우가 많아 키의 유출 가능성이 매우 높음	• HSM 등을 통한 안전한 키관리 인프라 도입
암호체계 구축의 표준 절차 부재	• 암호화 체계 구축을 위한 표준화된 절차 및 가이드 부재로 개발 및 테스트에 많은 시간이 소요되며 보안성 검증 절차가 미흡	• 안전한 전송 정책 수립

(출처 : 금융권 대외기관 연계보안 관련 홈페이지 내용 정리, 펜타시큐리티)

2.10.6 요건 수준
Level 1. 법규 수준
1. 법규 : 개보법
2. 내규 : 해당
3. 인증기준 : 해당
4. 위험평가 : 해당

유사 인증기준
2.2.5 퇴직 및 직무변경 관리
2.4.6 반출입 기기 통제
2.4.7 업무환경 보안
2.5.4 비밀번호 관리
2.6.7 인터넷 접속 통제
2.10.9 악성코드 통제
3.2.3 이용자 단말기 접근 보호
2.2.5 퇴직 및 직무변경 시 관련 부서별 이행하여야 할 자산반납, 계정 및 접근권한 회수, 결과확인 등의 절차 수립
2.4.6 보호구역 내 정보자산의 반출입 통제절차를 수립·이행하고 주기적으로 검토
2.4.7 공용 사무용 기기 및 개인 업무환경을 통해 중요정보가 비인가자에게 노·유출되지 않도록 보호대책 수립·이행
2.5.4 법적 요건, 외부 위협을 고려하여 사용자, 이용자가 사용하는 정보시스템 비밀번호 관리절차 수립·이행
2.6.7 인터넷을 통한 침해를 예방하기 위하여 주요 정보시스템, 개인정보 취급 단말기 등에 대한 인터넷 접속 통제 정책을 수립·이행
2.10.9 악성코드로부터 개인정보, 정보시스템 등을 보호하기 위하여 악성코드 보호대책을 수립·이행
3.2.3 정보주체의 이동통신 단말장치 내에 저장되어 있는 정보 및 기능에 접근이 필요한 경우 이를 알리고 동의를 받아야 함

업무용 단말기 접근통제 정책, 공유 시 DLP 정책, 분실 시 DLP 대책, 주기적 점검

항목	2.10.6 업무용 단말기기 보안
인증기준	PC, 모바일 기기 등 단말기기를 업무 목적으로 네트워크에 연결할 경우 기기 인증 및 승인, 접근 범위, 기기 보안설정 등의 접근통제 대책을 수립하고 주기적으로 점검하여야 한다.
주요 확인사항	1) PC, 노트북, 가상PC, 태블릿 등 업무에 사용되는 단말기에 대하여 기기 인증, 승인, 접근범위 설정, 기기 보안설정 등의 보안 통제 정책을 수립·이행하고 있는가?
	2) 업무용 단말기를 통해 개인정보 및 중요정보가 유출되는 것을 방지하기 위하여 자료공유 프로그램 사용 금지, 공유설정 제한, 무선망 이용 통제 등의 정책을 수립·이행하고 있는가?
	3) 업무용 모바일 기기의 분실, 도난 등으로 인한 개인정보 및 중요정보의 유·노출을 방지하기 위하여 보안대책을 적용하고 있는가?
	4) 업무용 단말기기에 대한 접근통제 대책의 적절성에 대해 주기적으로 점검하고 있는가?
관련 법규	• 개인정보보호법 제29조(안전조치의무) • 개인정보의 안전성 확보조치 기준 제6조(접근통제)
증적 자료 등 준비사항	• 업무용 단말기 보안통제 지침 및 절차 • 업무용 단말기 보안설정 • 업무용 단말기 기기인증 및 승인 이력 • 업무용 단말기 등록현황 • 업무용 단말기 보안점검 현황
결함사례	• 업무적인 목적으로 노트북, 태블릿PC 등 모바일기기를 사용하고 있으나 업무용 모바일 기기에 대한 허용 기준, 사용 범위, 승인 절차, 인증 방법 등에 대한 정책이 수립되어 있지 않는 경우 • 모바일 기기 보안관리 지침에서는 모바일 기기의 업무용 사용을 원칙적으로 금지하고 필요 시 승인 절차를 통해 제한된 기간 동안 허가된 모바일 기기만 사용하도록 정하고 있으나, 허가된 모바일 기기가 식별·관리되지 않고 승인되지 않은 모바일 기기에서도 내부 정보시스템 접속이 가능한 경우 • 개인정보 처리업무에 이용되는 모바일 기기에 대하여 비밀번호 설정 등 도난·분실에 대한 보호대책이 적용되어 있지 않은 경우 • 내부 규정에서는 업무용 단말기의 공유폴더 사용을 금지하고 있으나, 이에 대한 주기적인 점검이 이루어지고 있지 않아 다수의 업무용 단말기에서 과도하게 공유폴더를 설정하여 사용하고 있는 경우
결함예시	OO기업은 업무용단말기기에 필수 보안프로그램(백신, PMS등)을 설치하여 운영하도록 지침이 되어 있으나 실제 백신서버에서 설치된 업무용단말기 현황과 PMS서버에서 관제되는 업무용단말기 현황이 맞지 않고 필수프로그램이 설치된 단말기의 현황이 정확히 파악되지 않고 있음

1 인증기준 취지

2.10.6 업무용 단말기기 보안은 PC, 모바일 기기 등 단말기의 보안 통제에 관한 인증기준이다. 업무용 단말기는 침해사고에서 가장 큰 부분을 차지하곤 한다. 단

말기 자체의 기술적인 취약점보다는 정보보호 관리체계의 미흡이나 개인의 부주의로 인해 주로 발생한다. 단말기기 소유자는 업무용 단말기기 안의 모든 정보가 유출되거나 삭제될 수 있는 위험을 인지하고, 비밀번호 관리, 인증, 암호화, 공유 폴더 제한, 백신설치 등 단말 보안 관리를 철저히 준수해야 한다.

2 인증기준 상세

확인사항	요구 사항	관련 사항
업무용 단말기 보안 통제 정책 수립·이행	• PC, 노트북, 가상PC, 태블릿 등 업무에 사용되는 단말기에 대하여 기기인증, 승인, 접근범위 설정, 기기 보안설정 등의 보안 통제 정책을 수립·이행하여야 함	• 업무용 단말기 허용기준 • 업무용 단말기 통한 업무 사용범위 • 업무용 단말기 사용 시 승인 절차 및 방법 • 업무망 연결 시 인증 방안 – 기기인증, MAC 인증 등 • 백신 설치, 보안프로그램 설치 등 업무용 단말기 사용에 따른 보안 설정 정책 • 업무용 단말기 사용에 따른 보안 관리 및 오남용 모니터링 대책 등
업무용 단말기를 통해 중요정보 유출 방지 정책 수립·이행	• 업무용 단말기를 통해 개인정보 및 중요정보가 유출되는 것을 방지 하기 위하여 자료공유프로그램 사용 금지, 공유설정 제한, 무선망 이용 통제 등의 정책을 수립·이행하여야 함	• 불가피하게 공유설정 등을 할 때에는 업무용 단말기에 접근권한 비밀번호를 설정하고, 사용이 완료된 후에는 공유설정 제거 • 파일 전송이 주된 목적일 때에는 읽기권한을 부여하고 상대방이 쓰기를 할 때만 개별적으로 쓰기 권한 설정 • P2P 프로그램, 상용 웹메일, 웹하드, 메신저, SNS 서비스 등을 통하여 고의·부주의로 인한 개인정보 및 중요정보 유·노출 방지 • WPA2(Wi-Fi Protected Access 2) 등 보안 프로토콜이 적용된 무선망 이용 등
업무용 모바일 기기의 중요정보 유·노출을 방지 보안대책 적용	• 업무용 모바일 기기의 분실, 도난 등으로 개인 정보 및 중요정보의 유·노출을 방지하기 위하여 비밀번호 설정 등의 보안대책을 적용하여야 함 • ▶ 3 참조	• 업무용 모바일 기기 분실·도난 대책 (예시) – 비밀번호, 패턴, PIN, 지문, 홍채 등을 사용하여 화면 잠금 설정 – 디바이스 암호화 기능 등을 사용하여 어플리케이션, 데이터 등 암호화 • 모바일 기기 제조사 또는 이동통신사에서 제공하는 기능을 이용한 원격잠금, 원격 데이터 삭제(킬 스위치 서비스 등) – 중요한 개인정보를 처리하는 모바일 기기는 MDM(Mobile Device Management) 등 모바일 단말 관리 프로그램을 설치하여 원격 잠금, 원격 데이터 삭제, 접속통제 등
업무용 단말기기 접근통제 대책 적절성 점검	• 업무용 단말기기에 대한 접근통제 대책의 적절성에 대해 주기적으로 점검하여야 함	• 업무용 단말기 신청·승인, 등록·해제, 기기 인증 이력 • 업무용 단말기 보안설정 현황 등

(심화) 업무용 단말기 사용에 따른 보안관리 및 모니터링 대책(예시)

1. 업무용 단말기에 대한 사용자 보안 설정 정책
   - 백신설치, 보안패치, 공공장소에서 사용주의, 분실 시 데이터 초기화 등
2. 개인정보 및 내부자료 유출 방지를 위한 정책, 교육, 책임부여, 처벌기준
3. 업무용 기기의 오·남용 여부를 파악할 수 있는 모니터링 대책
4. 업무용 기기에 설치되는 소프트웨어의 안전성 점검 대책
5. 업무용 기기 악성코드 방지 대책
6. 인터넷, 공개망 등을 통한 개인정보유·노출을 방지하기 위한 업무용기기 접근통제 조치

🔒 (심화) 킬 스위치(kill switch)

킬 스위치(kill switch), 비상정지(emergency stop, e-stop), 긴급 전원 절단(emergency power off, EPO)은 일반적인 방식으로는 종료가 불가능한 위기 상황에 처한 장치나 기계를 종료하기 위해 사용되는 안전 매커니즘이다. 킬 스위치는 장비에 위해를 준다고 하더라도 동작을 가능한 빨리, 완전히 종료할 수 있도록 구성 및 설계되어 있으며 빠르고 단순한 방식으로 동작할 수 있다.

3 (참고) 모바일 단말기 보안 위협

보안 위협	관련 사항
개인정보 침해	• 위치정보 탈취를 통한 개인정보침해 • 카메라, 마이크 등 단말기의 하드웨어 자원을 이용한 개인정보 침해
도청	• mVoIP 사용 시 음성 및 영상 통화 도청
피싱 및 파밍	• 악의적인 사이트를 이용한 사용자 정보 입력 유도 • 문자 메시지, 이메일 등을 이용하여 악성 애플리케이션 설치 유도
서비스 거부 (DoS/DDoS)	• 지속적인 통화연결 및 데이터 전송요청 등을 통한 배터리 소진 등 단말기 서비스 거부 공격
권한탈취	• 단말기 루팅, 탈옥을 통해 관리자(Root)권한 탈취
악성코드·해킹	• 단말기에서 제공하는 테더링 기능을 사용하여 서버 보안정책 우회 및 공격 경로로 활용 • 단말기를 USB 이동저장매체로 사용하여 악성코드 전파
정보유출	• 내부자에 의한 기업 내부 정보자산 유출 • 단말기 분실, 도난, 양도, 공공장소 사용에 따른 내부정보 유출 • 단말기 녹음, 녹화, 화면캡처, 메모 기능을 통해 생성·저장된 정보 유출 • 키로거(Key Logger) 감염에 의한 사용자 입력정보 탈취

(출처 : 모바일오피스 정보보호 안내서, KISA)

2. 보호대책 요구사항 ▶ 2.10. 시스템 및 서비스 보안관리

보조저장매체 취급 정책, 관리 실태 주기적 점검, 통제구역 사용 제한, 악성코드 및 DLP 대책, 보관

항목	2.10.7 보조저장매체 관리
인증기준	보조저장매체를 통하여 개인정보 또는 중요정보의 유출이 발생하거나 악성코드가 감염되지 않도록 관리 절차를 수립·이행하고, 개인정보 또는 중요정보가 포함된 보조저장매체는 안전한 장소에 보관하여야 한다.
주요 확인사항	1) 외장하드, USB메모리, CD 등 보조저장매체 취급(사용), 보관, 폐기, 재사용에 대한 정책 및 절차를 수립·이행하고 있는가?
	2) 보조저장매체 보유현황, 사용 및 관리실태를 주기적으로 점검하고 있는 가?
	3) 주요 정보시스템이 위치한 통제구역, 중요 제한구역 등에서 보조저장매체 사용을 제한하고 있는가?
	4) 보조저장매체를 통한 악성코드 감염 및 중요정보 유출 방지를 위한 대책을 마련하고 있는가?
	5) 개인정보 또는 중요정보가 포함된 보조저장매체를 잠금장치가 있는 안전한 장소에 보관하고 있는가?

🔒 2.10.7 요건 수준

Level 1. 법규 수준
1. 법규 : 개보법
2. 내규 : 해당
3. 인증기준 : 해당
4. 위험평가 : 해당

항목	2.10.7 보조저장매체 관리
관련 법규	• 개인정보보호법 제29조(안전조치의무) • 개인정보의 안전성 확보조치 기준 제10조(물리적 안전조치)
증적 자료 등 준비사항	• 보조저장매체(USB, CD 등) 차단 정책 • 보조저장매체 관리대장 • 보조저장매체 실태점검 이력
결함사례	• 통제구역인 서버실에서의 보조저장매체 사용을 제한하는 정책을 수립하여 운영하고 있으나, 예외 승인 절차를 준수하지 않고 보조저장매체를 사용한 이력이 다수 확인되었으며, 보조저장매체 관리실태에 대한 주기적 점검이 실시되지 않아 보조저장매체 관리대장의 현행화가 미흡한 경우 • 개인정보가 포함된 보조저장매체를 잠금장치가 있는 안전한 장소에 보관하지 않고 사무실 서랍 등에 방치하고 있는 경우 • 보조저장매체 통제 솔루션을 도입·운영하고 있으나 일부 사용자에 대해 적절한 승인 절차없이 예외처리 되어, 쓰기 권한 등이 허용된 경우 • 전산실에 위치한 일부 공용 PC 및 전산장비에서 일반 USB에 대한 쓰기가 가능한 상황이나 매체 반입 및 사용 제한, 사용이력 기록 및 검토 등 통제가 적용되고 있지 않는 경우
결함예시	OO기업은 보조저장매체 통제 솔루션을 도입하고 있으며 인가된 저장매체는 쓰기, 읽기가 가능하고 외부에서 반입된 인가가 되지 않은 저장매체는 읽기 기능만 허용되어 있는 것으로 지침이 되어있으나, 실제 인가되지 않은 저장매체도 쓰기, 읽기가 가능하고 인가된 저장매체 목록과 실제 보유하고 있는 저장매체 목록도 일치하지 않음

유사 인증기준

2.2.5 퇴직 및 직무변경 관리
2.4.6 반출입 기기 통제
2.4.7 업무환경 보안
2.9.7 정보자산의 재사용 및 폐기
2.10.6 업무용 단말기기 보안
2.10.9 악성코드 통제

2.2.5 퇴직 및 직무변경 시 관련 부서별 이행하여야 할 자산반납, 계정 및 접근권한 회수, 결과확인 등의 절차 수립
2.4.6 보호구역 내 정보자산의 반출입 통제절차를 수립·이행하고 주기적으로 검토
2.4.7 공용 사무용 기기 및 개인 업무환경을 통해 중요 정보가 비인가자에게 노·유출되지 않도록 보호대책 수립·이행
2.9.7 정보자산의 재사용과 폐기 과정에서 개인정보가 복구·재생되지 않도록 재사용 및 폐기 절차를 수립·이행
2.10.6 단말기기를 업무 목적으로 네트워크에 연결할 경우 접근통제 대책을 수립하고 주기적으로 점검
2.10.9 악성코드로부터 개인정보, 정보시스템 등을 보호하기 위하여 악성코드 보호대책을 수립·이행

1 인증기준 취지

2.10.7 보조저장매체 관리는 정보 이동이 용이한 보조저장매체 관리에 관한 인증기준이다. 보조저장매체는 물리적인 매체 중 정보 이동이 매우 편리하다. 이러한 편리성 때문에 업무에 많이 사용되고 있지만, 그만큼 정보유출의 위험성도 크다. CD, USB를 저렴한 소모품일 수 있지만, 보조저장매체 정보자산으로 관리대상을 등록해야 한다. 그래서 인가되지 않은 보조저장매체는 사용을 제한하도록 해야 한다. 사용 시에는 승인 절차를 거쳐 관리대장에 사용내역을 기록한 후 사용하도록 해야 한다. 그리고 USB의 경우 자동실행 모드일 때에는 악성코드가 실행될 수 있으므로 이에 대한 기술적인 제한이 필요하다. 보조저장매체를 사용하지 않을 시에는 분실되지 않도록 잠금장치가 있는 안전한 장소에 보관하도록 해야 한다.

일반 보조저장매체 특징

일반 보조저장매체는 컴퓨터 등 정보통신 시스템에 연결 가능하고 다른 추가 프로세스 없이 해당 매체의 실행만으로 정보를 저장하거나 삭제할 수 있어 누구나 간편하게 사용할 수 있다. 그러나 이러한 장점은 오히려 누구나 쉽게 해당 매체에 접근해 저장 정보를 복사, 삭제할 수 있다는 것을 의미하므로 보안 측면에서는 단점으로 지적된다.

일반 보조저장매체 예시

1. USB

2. CD

3. 외장하드

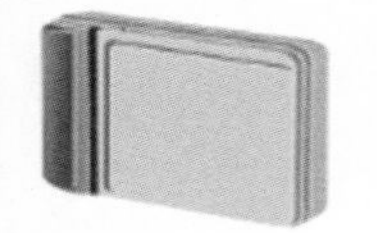

4. 핸드폰

2 인증기준 상세

확인사항	요구 사항	관련 사항
보조저장매체 사용 정책 및 절차 수립·이행	• 외장하드, USB메모리, CD 등 보조저장매체 취급(사용), 보관, 폐기, 재사용에 대한 정책 및 절차를 수립·이행하여야 함 ▶ 3 참조	• 보조저장매체 보유 현황 관리 방안 – 보조저장매체 관리대장 등 • 보조저장매체 사용허가 및 등록 절차 • 보조저장매체 반출·입 관리 절차 • 보조저장매체 폐기 및 재사용 절차 • 보조저장매체 사용 범위 – 통제구역, 제한구역 등 보호구역별 사용 정책 및 절차 • 보조저장매체 보호대책 등
보조저장매체 관리현황 주기적 점검	• 보조저장매체 보유현황, 사용 및 관리 실태 주기적으로 점검하여야 함	• 보조저장매체 사용 승인 증적, 보유 현황, 관리 대장, 사용이력 확인 등 관리 실태 점검
보호구역 내 보조저장매체 사용 제한	• 주요 정보시스템이 위치한 통제구역, 중요 제한구역 등에서 보조저장매체 사용을 제한하여야 함	• 불가피하게 사용할 경우 책임자의 허가 절차를 거친 후 적법한 절차에 따른 사용 • 통제구역, 중요 제한구역 내 보조저장매체 사용 현황에 대한 정기적인 검토 수행
보조저장매체 보호대책 마련	• 보조저장매체를 통한 악성코드 감염 및 중요 정보 유출 방지 대책을 마련하여야 함	• 보조저장매체 자동실행 방지 및 백신프로그램 검사 후 사용 등 보호대책 수립·이행 ▶ 4 참조
보조저장매체를 안전한 장소에 보관	• 개인정보 또는 중요정 보가 포함된 보조저장 매체를 잠금장치가 있는 안전한 장소에 보관하여야 함	• 개인정보 또는 중요정보가 포함된 보조저장 매체(이동형 하드디스크, USB메모리, SSD 등)는 금고, 잠금장치가 있는 안전한 장소에 보관

3 보조저장매체 관리 절차

선택단계: 저장정보의 보안등급설정 → 보조기억 매체선택

이용단계: 자동실행 기능해지 → 조기보안 설정변경 → 중요정보의 암호화관리

폐기단계: 저장정보의 완전삭제 → 보조기억 매체폐기

4 (참고) 보안 보조저장매체의 기능과 특징

제품	설명	주요 보안 기능					
		암호화	분실 시 데이터 삭제	인증·접근 제어	복사 방지	전자 서명	정보 이동 제한
보안 USB	• 정보 유출방지 등 보안기능을 갖춘 USB 메모리 • 데이터 암·복호화, 사용자 식별·인증, 복제방지, 분실 시 데이터 보호를 위한 삭제의 4가지 기능은 필수적으로 요구	○	○	○	○	–	–
보안 토큰	• 기기 내부 프로세스 및 암호연산장치를 통해 전자 서명 키를 생성하고 서명 및 검증이 가능한 하드웨어 장치	–	–	○	–	○	○
보안 외장 하드 디스크	• 정보 유출방지를 위한 보안기능을 갖춘 외장하드 디스크로 보안 USB와 유사 기능 지원 • 분실 시 데이터 삭제 기능은 제품에 따라 지원 여부가 달라 확인이 필요	○	△	○	○	–	–
보안 CD	• 정보 유출방지를 위한 보안기능을 갖춘 CD로 대부분 복사 방지기능 지원 • 제품에 따라 암·복호화 및 사용자 인증 기능도 제공	△	–	△	○	–	–

(출처 : 보조기억매체 이용 안내서, KISA)

(심화) 보조기억매체의 자동실행 기능 해지 설정
바이러스, 악성코드 전파 경로로 악용되지 않도록 보조기억매체의 자동실행 기능을 해지해야 한다. autorun.inf 등의 숨김 속성을 갖는 파일들이 바이러스나 악성코드 유포에 악용될 수 있으므로 일반 보조 기억매체를 이용할 경우, 사용자는 가장 수동으로 숨김파일 및 폴더 등이 표시되도록 폴더 옵션을 변경해야 한다.

2.10.8 요건 수준
Level 1. 법규 수준
1. 법규 : 개보법
2. 내규 : 해당
3. 인증기준 : 해당
4. 위험평가 : 해당

유사 인증기준
2.4.7 업무환경 보안
2.10.1 보안시스템 운영
2.10.6 업무용 단말기기 보안
2.10.9 악성코드 통제
2.11.2 취약점 점검 및 조치
2.4.7 공용 사무용 기기 및 개인 업무환경을 통해 중요정보가 비인가자에게 노·유출되지 않도록 보호대책 수립·이행
2.10.1 보안시스템 유형별로 운영절차를 수립·이행하고 보안시스템별 정책적용 현황을 관리
2.10.6 단말기기를 업무 목적으로 네트워크에 연결할 경우 접근통제 대책을 수립하고 주기적으로 점검
2.10.9 악성코드로부터 개인정보, 정보시스템 등을 보호하기 위하여 악성코드 보호대책을 수립·이행
2.11.2 정보시스템의 정기적으로 취약점 점검을 수행하고 발견된 취약점에 대해서는 신속하게 조치

패치관리 정책, 패치현황 관리, 불가시 보완대책, 인터넷 패치 제한, PMS 보호대책

항목	2.10.8 패치관리
인증기준	소프트웨어, 운영체제, 보안시스템 등의 취약점으로 인한 침해사고를 예방하기 위하여 최신 패치를 적용하여야 한다. 다만 서비스 영향을 검토하여 최신 패치 적용이 어려울 경우 별도의 보완대책을 마련하여 이행하여야 한다.
주요 확인사항	1) 서버, 네트워크시스템, 보안시스템, PC 등 자산별 특성 및 중요도에 따라 운영체제(OS)와 소프트웨어의 패치관리 정책 및 절차를 수립·이행하고 있는가?
	2) 주요 서버, 네트워크시스템, 보안시스템 등의 경우 설치된 OS, 소프트웨어 패치적용 현황을 주기적으로 관리하고 있는가?
	3) 서비스 영향도 등에 따라 취약점을 조치하기 위한 최신의 패치 적용이 어려운 경우 보완대책을 마련하고 있는가?
	4) 주요 서버, 네트워크시스템, 보안시스템 등의 경우 공개 인터넷 접속을 통한 패치를 제한하고 있는가?
	5) 패치관리시스템을 활용하는 경우 접근통제 등 충분한 보호대책을 마련하고 있는가?
관련 법규	• 개인정보보호법 제29조(안전조치의무) • 개인정보의 안전성 확보조치 기준 제9조(악성프로그램 등 방지)
증적 자료 등 준비사항	• 패치적용 관리 정책·절차 • 시스템별 패치적용 현황 • 패치 적용 관련 영향도 분석 결과
결함사례	• 일부 시스템에서 타당한 사유나 책임자 승인 없이 OS패치가 장기간 적용되고 있지 않은 경우 • 일부 시스템에 서비스 지원이 종료(EOS)된 OS버전을 사용 중이나, 이에 따른 대응계획이나 보완대책이 수립되어 있지 않은 경우 • 상용 소프트웨어 및 OS에 대해서는 최신패치가 적용되고 있으나, 오픈소스 프로그램(openssl, openssh, Apache 등)에 대해서는 최신 패치를 확인하고 적용하는 절차 및 담당자가 지정 되어 있지 않아 최신 보안패치가 적용되고 있지 않은 경우
결함예시	OO기업은 정책상 사용자 단말기에서 Windows 패치를 주기적으로 패치할 수 있도록 PMS를 운영하고 있으나 PMS에서 퇴근 후 업데이트가 되게 설정되어 있어, 업무시간 종료 후 컴퓨터가 종료되어 장기간 패치가 수행되지 않은 단말기가 존재하나 이에 대해 별도 공지나 다른 조치 없이 운영하고 있으며, Legacy환경의 EoS된 정보시스템이 다수 식별되고 있으나, Legacy환경이란 이유만으로 별도의 보완대책이나 개선계획이 없음

1 인증기준 취지

2.10.8 패치관리는 정보시스템의 발견된 취약점에 대한 패치 적용에 관한 인증기준이다. 일반적으로 해커가 할 수 있는 가장 쉬운 방법은 알려진 취약점을 검색해 보는 것이다. 공격 대상 시스템이 패치되지 않은 사실을 파악하였다면 인터넷 상에 공개된 공격 매뉴얼 그대로 공격할 것이다. 그래서 정보시스템의 패치는 최신의 패

치를 적용해야 한다. 현재 운영 중인 시스템 중 패치 영향도가 우려되어 즉시 패치 적용이 어려운 경우 인증, 접근통제 등으로 보완대책을 마련하고 이행하여야 한다.

2 인증기준 상세

확인사항	요구 사항	관련 사항
패치관리 정책 및 절차 수립·이행	• 서버, 네트워크시스템, 보안시스템, PC 등 자산별 특성 및 중요도에 따라 운영체제(OS)와 소프트웨어의 패치관리 정책 및 절차를 수립·이행하여야함	• 패치 적용 대상 – 서버, 네트워크시스템, DBMS, 응용프로그램, 상용 소프트웨어 오픈소스, 보안시스템, PC 등 • 패치 주기 – 자산 중요도 및 특성 반영 • 패치 정보 확인 방법 • 패치 배포 전 사전 검토 절차 • 긴급 패치 적용 절차 • 패치 미적용 시 보안성 검토 • 패치 담당자 및 책임자 • 패치 관련 업체(제조사) 연락처 등
패치적용 현황 주기적 관리	• 주요 서버, 네트워크시스템, 보안시스템 등의 경우 설치된 OS, 소프트웨어 패치적용 현황을 주기적으로 관리하여야 함	• 주요 서버, 네트워크시스템, 보안시스템 등에 설치된 운영체제 및 소프트웨어의 버전 정보, 패치 적용현황, 패치별 적용일자 등을 확인할 수 있도록 목록으로 관리 • 최신 보안패치 적용 필요 여부를 주기적으로 확인
최신 패치 미적용 시 보완대책 마련	• 서비스 영향도 등에 따라 취약점을 조치하기 위한 최신의 패치 적용이 어려운 경우 보완대책을 마련하여야 함	• 운영시스템에 패치를 적용하는 경우 시스템 가용성에 영향을 미칠 수 있으므로 운영시 스템의 중요도와 특성을 고려하여 영향도 분석 등 정해진 절차에 따라 충분하게 영향을 분석한 후 적용 • 운영환경에 따라 즉시 패치 적용이 어려운 경우 그 사유와 추가 보완대책을 마련하여 책임자에게 보고하고 그 현황을 관리
주요 자산은 인터넷 접속을 통한 패치 제한	• 주요 서버, 네트워크시스템, 보안시스템 등의 경우 공개 인터넷 접속을 통한 패치를 제한하여야 함	• 불가피할 경우 사전 위험분석을 통해 보호 대책을 마련하여 책임자 승인 후 적용
패치관리시스템(PMS)활용 시 보호대책 마련	• 패치관리시스템(PMS)을 활용하는 경우 내부망 서버 또는 PC에 악성코드 유포지로 악용될 수 있으므로 패치관리시스템 서버, 관리 콘솔 등에 접근통제 등 충분한 보호대책을 마련하여야 함	• 패치관리시스템 자체에 대한 접근통제 조치 – 허가된 관리자와 접근 차단, 기본 패스워드 변경, 보안 취약점 제거 등 • 업데이트 파일 배포 시 파일 무결성 검사 등

(참고) 주요 OS별 서비스 지원 종료(EOS 또는 EOL) 시점 확인 사이트

1. MS 윈도우
   https://support.microsoft.com/ko-kr/lifecycle/serch
2. 레드햇 리눅스
   https://access.redhat.com/support/policy/updates/errata
3. CentOS
   https://wiki.centos.org/About/Product
4. AIX
   https://www-01.ibm.com/support/docview.wss?uid=isg3T1012517
5. HP-UX
   http://hpe.com/info/hpuxservermatrix
6. Solaris
   https://www.oracle.co m/technetwork/server-storage/solaris/overview/releases-jsp-140987.html

(참고) 공급망 공격(Supply Chain Attack)
SW 공급망 공격이란 정상 소프트웨어를 배포하거나 업데이트하는 과정에 침투해, 이를 변조하거나 악성코드를 숨기는 공격 방식이다. 해당 악성코드들은 감염 컴퓨터의 데이터를 탈취하거나, 공격자의 명령제어 서버와의 통신으로 추가적인 악성코드도 다운로드 시킬 수 있다.
(출처 : ESTSecurity 게시판 내용 편집)

❸ (참고) 패치관리시스템 구성(단일 서버 / 다중 서버)

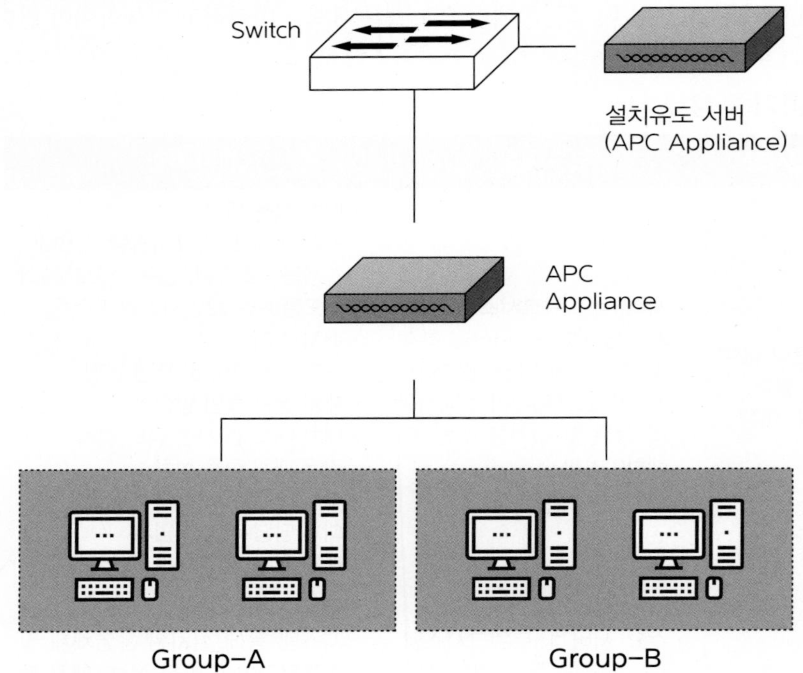

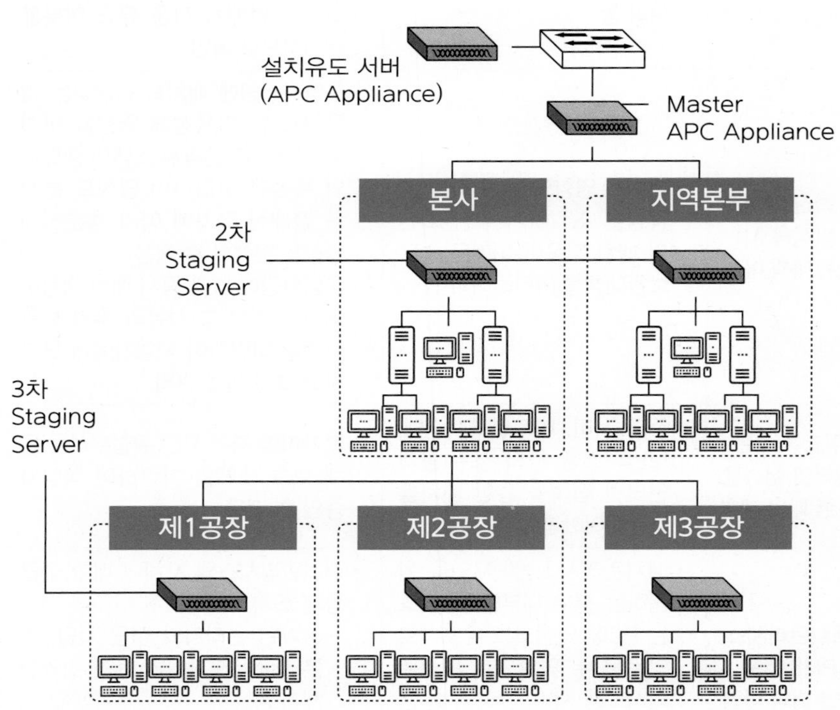

(출처 : 패치관리시스템, 안랩)

악성코드 보호대책, 예방탐지 활동, 보안프로그램 최신상태 유지, 감염 시 대응절차

항목	2.10.9 악성코드 통제
인증기준	바이러스·웜·트로이목마·랜섬웨어 등의 악성코드로부터 개인정보 및 중요정보, 정보시스템 및 업무용 단말기 등을 보호하기 위하여 악성코드 예방·탐지·대응 등의 보호대책을 수립·이행하여야 한다.
주요 확인사항	1) 바이러스, 웜, 트로이목마, 랜섬웨어 등의 악성코드로부터 정보시스템 및 업무용단말기 등을 보호하기 위하여 보호대책을 수립·이행하고 있는가?
	2) 백신 소프트웨어 등 보안프로그램을 통하여 최신 악성코드 예방·탐지 활동을 지속적으로 수행하고 있는가?
	3) 백신 소프트웨어 등 보안프로그램은 최신의 상태로 유지하고 필요 시 긴급 보안업데이트를 수행하고 있는가?
	4) 악성코드 감염 발견 시 악성코드 확산 및 피해 최소화 등의 대응절차를 수립·이행하고 있는가?
관련 법규	• 개인정보보호법 제29조(안전조치의무) • 개인정보의 안전성 확보조치 기준 제9조(악성프로그램 등 방지)
증적 자료 등 준비사항	• 악성프로그램 대응 지침·절차·매뉴얼 • 백신프로그램 설치 현황 • 백실프로그램 설정 화면 • 악성프로그램 대응 이력(대응 보고서 등)
결함사례	• 일부 PC 및 서버에 백신이 설치되어 있지 않거나, 백신 엔진이 장기간 최신 버전으로 업데이트되지 않은 경우 • 백신 프로그램의 환경설정(실시간 검사, 예약검사, 업데이트 설정 등)을 이용자가 임의로 변경할 수 있음에도 그에 따른 추가 보호대책이 수립되어 있지 않은 경우 • 백신 중앙관리시스템에 접근통제 등 보호대책이 미비하여 중앙관리시스템을 통한 침해사고 발생 가능성이 있는 경우 또는 백신 패턴에 대한 무결성 검증을 하지 않아 악의적인 사용자에 의한 악성코드 전파 가능성이 있는 경우 • 일부 내부망 PC 및 서버에서 다수의 악성코드 감염이력이 확인되었으나 감염 현황, 감염경로 및 원인 분석, 그에 따른 조치내역 등이 확인되지 않은 경우
결함예시	ㅁㅁ기관은 백신서버를 운영하여 중앙관제중이나 바이러스가 감염된 로그가 다수 존재함에도 자동치료가 되었다는 이유로 별도 조치를 하지 않고 있으며 일부 사용자 단말기에서 3개월이상 업데이트 되지 않은 단말기가 존재하나 별도 보완조치를 하지 않음

2.10.9 요건 수준

Level 1. 법규 수준

1. 법규 : 개보법
2. 내규 : 해당
3. 인증기준 : 해당
4. 위험평가 : 해당

유사 인증기준

2.4.7 업무환경 보안
2.10.1 보안시스템 운영
2.10.6 업무용 단말기기 보안
2.10.8 패치관리
2.11.2 취약점 점검 및 조치
3.2.3 이용자 단말기 접근 보호

2.4.7 공용 사무용 기기 및 개인 업무환경을 통해 중요정보가 비인가자에게 노·유출되지 않도록 보호대책 수립·이행

2.10.1 보안시스템 유형별로 운영절차를 수립·이행하고 보안시스템별 정책적용 현황을 관리

2.10.6 단말기기를 업무 목적으로 네트워크에 연결할 경우 접근통제 대책을 수립하고 주기적으로 점검

2.10.8 소프트웨어 등의 취약점으로 인한 침해사고를 예방하기 위하여 최신 패치를 적용하고, 최신 패치 적용이 어려울 경우 보완대책을 마련하여 이행

2.11.2 정보시스템의 정기적으로 취약점 점검을 수행하고 발견된 취약점에 대해서는 신속하게 조치

3.2.3 정보주체의 이동통신단말장치 내에 저장되어 있는 정보 및 기능에 접근이 필요한 경우 이를 알리고 동의를 받아야 함

(심화) 악성프로그램 유형

1. 악성코드(Malicious code)
제작사가 의도적으로 사용자에게 피해를 주고자 만든 모든 악의적인 목적을 가진 프로그램 및 매크로, 스크립트 등 컴퓨터 상에서 작동하는 모든 실행 가능한 형태
2. 바이러스(Virus)
자기 자신 또는 자신의 변형을 복사하여 컴퓨터 작동에 피해를 주는 명령어 집합
3. 웜(Worm)
자기복사 기능만 가진 프로그램이지만 막대한 시스템 과부하를 일으킴
4. 트로이목마(Trojan)
자신의 실체를 드러내지 않으면서 마치 다른 프로그램의 한 유형인 것처럼 가장하여 활동하는 프로그램으로 자료삭제 및 정보 탈취 목적으로 사용
5. 랜섬웨어(Ransomware)
데이터를 암호화하여 볼모로 잡고 암호화폐로 몸값을 지불할 때까지 기다리는 악성프로그램
6. 애드웨어(Adware)
소프트웨어에 내장된 광고, 감염되면 팝업 광고가 뜨거나 브라우저를 광고사이트로 연결시키는 악성프로그램
7. 스파이웨어(Spyware)
컴퓨터에서 정보를 수집해서 다른 시스템으로 전송하는 악성프로그램

1 인증기준 취지

2.10.9 악성코드 통제는 정보시스템 및 업무용 단말기에서 악성코드에 대한 보호대책을 수립·이행하는 것에 관한 인증기준이다. 악성코드는 다양한 형태로 존재하며 의도치 않게 유입되어 정보시스템의 기밀성, 무결성, 가용성을 침해한다. 한 번 전파가 되면 급속도로 퍼지고 완전한 복구가 어렵기 때문에 예방이 중요하다. 그래서 정보자산 내 백신 프로그램을 설치하고, 최신 업데이트를 유지하여 탐지하도록 해야 한다. 그리고 악성코드가 감염되었을 경우 케이블 분리, 백신 프로그램 개발사 연락 등 악성코드 대응절차를 수립하고 이행하여야 한다.

2 인증기준 상세

확인사항	요구 사항	관련 사항
악성코드 보호대책 수립·이행	• 바이러스, 웜, 트로이목마, 랜섬웨어 등 악성코드로부터 정보시스템 및 업무용단말기 보호 대책을 수립·이행하여야 함 ▶ 3 참조	• 사용자 PC 사용지침 – 불분명한 이메일 및 파일 열람 금지, 허가받지 않은 프로그램 다운로드 및 설치 금지 • 정보시스템 및 개인정보처리시스템 악성코드 대응지침 • 백신프로그램 설치 범위 – 악성프로그램 감염 가능한 정보자산 대상 • 백신프로그램 설치 절차 • 백신프로그램 등을 통한 최신 악성코드 예방, 탐지 활동 • 백신프로그램 등을 통한 주기적인 악성코드 감염여부 모니터링 정책 • 백신 소프트웨어 등 보안프로그램의 자동 업데이트 기능 설정 또는 일 1회 이상 업데이트 방법 • 정보시스템, 업무용 컴퓨터에 P2P, 웹하드 등과 같은 비인가 프로그램 설치 금지 • 사용자 교육 및 정보제공 등
백신을 통한 악성코드 예방·탐지 활동 수행	• 백신 소프트웨어 등 보안프로그램을 통하여 최신 악성코드 예방·탐지 활동을 지속적으로 수행하여야 함	• 이메일 등 첨부파일에 대한 악성코드 감염여부 검사 • 실시간 악성코드 감시 및 치료 • 주기적인 악성코드 점검 – 자동 바이러스 점검 일정 설정 • 백신엔진 최신버전 유지 – 주기적 업데이트 등

확인사항	요구 사항	관련 사항
백신 최신 상태 유지 및 필요 시 긴급 업데이트 수행	• 백신 소프트웨어 등 보안프로그램은 최신의 상태로 유지하고 필요 시 긴급 보안업데이트를 수행하여야 함	• 백신 업데이트 주기 준수 – 자동 업데이트 또는 일1회 이상 업데이트 • 악성프로그램 관련 경보가 발령되거나 긴급 업데이트 공지가 있는 경우 이에 따른 업데이트 수행 • 백신 중앙관리시스템을 이용하여 백신프로그램을 관리하는 경우 관리서버에 대한 접근 통제, 배포 파일에 대한 무결성 검증 등 보호 대책 마련
악성코드 감염 시 대응절차 수립·이행	• 악성코드 감염 발견 시 악성코드 확산 및 피해 최소화 등의 대응절차를 수립·이행하여야 함	• 악성코드 감염 발견 시 대응 절차 – 예 네트워크 케이블 분리 등 • 비상연락망 – 예 백신업체 담당자, 관련 기관 연락처등 • 대응보고서 양식 – 발견일시, 대응절차 및 방법, 대응자, 방지대책 포함 등

3 (참고) 악성코드 감염경로

구분	감염경로	대응 방안
신뢰할 수 없는 사이트	• 신뢰할 수 없는 사이트의 경우 단순한 홈페이지 방문만으로도 감염될 수 있으며, 드라이브 바이 다운로드(Drive-by-Download) 기법을 통해 유포	• PC의 운영체제 및 각종 SW의 보안 패치를 항상 최신으로 업데이트
네트워크망	• 네트워크를 통해 최신 보안패치가 적용되지 않은 PC를 스캔하여 악성코드를 감염·확산	
스팸메일 및 스피어피싱	• 출처가 불분명한 이메일 수신시 첨부파일 또는 메일에 URL 링크를 통해 악성코드를 유포	• 출처가 명확한 첨부파일도 바로 실행하기보다는 일단 PC에 저장 후 백신으로 검사하고 열어보기
파일공유 사이트	• 토렌트(Torrent), 웹하드 등 P2P 사이트를 통해 파일을 다운로드	
사회관계망 서비스(SNS)	• 페이스북, 링크드인 등 사회관계망서비스(SNS)에 올라온 단축URL 및 사진을 이용하여 유포	

(출처 : KISA인터넷보호나라*KrCERT)

(심화) 악성프로그램 비교

구분	바이러스	웜	트로이목마
침해 실행	○	○	○
자기 복제	○	○	–
코드 숨김	○	–	○

2.11.1 요건 수준
Level 1. 법규 수준
1. 법규 : 개보법
2. 내규 : 해당
3. 인증기준 : 해당
4. 위험평가 : 해당

유사 인증기준
2.6.7 인터넷 접속 통제
2.10.4 전자거래 및 핀테크 보안
2.11.4 사고 대응 훈련 및 개선
2.11.5 사고 대응 및 복구
2.12.1 재해, 재난 대비 안전조치
2.6.7 인터넷을 통한 침해를 예방하기 위하여 주요 정보시스템, 개인정보 취급 단말기 등에 대한 인터넷 접속 통제 정책을 수립·이행
2.10.4 전자거래 및 핀테크 서비스 제공 시 침해사고 예방을 위해 보호대책을 수립하고, 외부 시스템과 연계할 경우 안전성을 점검
2.11.4 침해사고 대응 절차를 시나리오에 따른 모의훈련을 연 1회 이상 실시하고 훈련결과를 반영하여 대응체계를 개선
2.11.5 침해사고 발생을 인지한 때에는 법적 통지 및 신고 의무를 준수하고, 대응 및 복구하고 재발방지 대책을 수립하여 대응체계에 반영
2.12.1 핵심 서비스 운영 연속성을 위협할 수 있는 재해 유형을 식별하고 유형별 피해규모 및 영향을 분석하고, 재해 복구체계를 구축

사고대응체계, 외부기관 침해사고 대응체계 구축 계약서 반영, 외부기관 협조체계 수립

항목	2.11.1 사고 예방 및 대응체계 구축
인증기준	침해사고 및 개인정보 유출 등을 예방하고 사고 발생 시 신속하고 효과적으로 대응할 수 있도록 내·외부 침해시도의 탐지·대응·분석 및 공유를 위한 체계와 절차를 수립하고, 관련 외부기관 및 전문가들과 협조체계를 구축하여야 한다.
주요 확인사항	1) 침해사고 및 개인정보 유출사고를 예방하고 사고 발생시 신속하고 효과적으로 대응하기 위한 체계와 절차를 마련하고 있는가?
	2) 보안관제서비스 등 외부 기관을 통해 침해사고 대응체계를 구축·운영하는 경우 침해사고 대응절차의 세부사항을 계약서에 반영하고 있는가?
	3) 침해사고의 모니터링, 대응 및 처리를 위하여 외부전문가, 전문업체, 전문기관 등과의 협조체계를 수립하고 있는가?
관련 법규	• 개인정보 보호법 제34조(개인정보의 유출 등의 통지·신고) • 정보통신망법 제48조의3(침해사고의 신고 등), 제48조의4(침해사고 원인분석 등)
증적 자료 등 준비사항	• 침해사고 대응 지침·절차·매뉴얼 • 침해사고 대응 조직도 및 비상연락망 • 보완관제서비스 계약서(SLA 등)
결함사례	• 침해사고에 대비한 침해사고 대응 조직 및 대응 절차를 명확히 정의하고 있지 않은 경우 • 내부 지침 및 절차에 침해사고 단계별(사고 전, 인지, 처리, 복구, 보고 등) 대응 절차를 수립하여 명시하고 있으나 침해사고 발생 시 사고 유형 및 심각도에 따른 신고·통지 절차, 대응 및 복구 절차의 일부 또는 전부를 수립하고 있지 않은 경우 • 침해사고 대응 조직도 및 비상연락망 등을 현행화하지 않고 있거나 담당자별 역할과 책임이 명확히 정의되어 있지 않은 경우 • 침해사고 신고·통지 및 대응 협조를 위한 대외기관 연락처에 기관명, 홈페이지, 연락처 등이 잘못 명시되어 있거나 일부 기관 관련 정보가 누락 또는 현행화 되지 않은 경우 • 외부 보안관제 전문업체 등 유관기관에 침해사고 탐지 및 대응을 위탁하여 운영하고 있으나 침해사고 대응에 대한 상호 간 관련 역할 및 책임 범위가 계약서나 SLA에 명확하게 정의되지 않은 경우 • 침해사고 대응절차를 수립하였으나 개인정보 침해 신고 기준, 시점 등이 법적 요구사항을 준수하지 못한 경우
결함예시	○○기관은 장애대응 지침에 대한 정책은 존재하나 침해사고 대응지침에 대한 내용은 누락되어 있음

1 인증기준 취지

2.11.1 사고 예방 및 대응체계 구축은 침해사고가 발생하는 경우나 이상행위가

탐지된 경우 대응하는 체계에 관한 인증기준이다. 침해사고가 발생하였다면 통제 가능 골든 타임 안에 대응하여야 한다. 침해사고 대응체계가 제대로 운영되지 않는다면 개인정보가 급속하게 전파되어도 대응할 수 없을 것이다. 또한 정보주체에게 피해를 막을 수 있는 방법도 제때 알릴 수 없을 것이다. 따라서 전문기관에서 발행한 매뉴얼을 참고하여 침해유형 별 대응절차를 구체적으로 수립해야 한다. 또한 협조체계에 등록된 비상 연락망을 주기적 현행화하여 최신으로 유지하여야 한다.

2 인증기준 상세

확인사항	요구 사항	관련 사항
침해사고 예방 및 대응체계 구축	• 침해사고 및 개인정보 유출사고를 예방하고 사고 발생 시 신속하고 효과적으로 대응하기 위한 체계와 절차를 마련하여야 함 ▶ 3~5 참조	• 침해사고의 정의 및 범위 – 개인정보 유출사고, 서비스거부공격 등 • 침해사고 유형 및 중요도 • 침해사고 선포절차 및 방법 • 비상연락망 등의 연락체계 • 침해사고 탐지 체계 • 침해사고 발생 시 기록, 보고절차 • 침해사고 신고 및 통지 절차 – 관계기관, 정보주체 및 이용자 등 • 침해사고 보고서 작성 • 침해사고 중요도 및 유형에 따른 대응 및 복구 절차 • 침해사고 복구조직의 구성, 책임 및 역할 • 침해사고 복구장비 및 자원조달 • 침해사고 대응 및 복구 훈련, 훈련 시나리오 • 외부 전문가나 전문기관의 활용방안 • 기타 보안사고 예방 및 복구를 위하여 필요한 사항 등
외부 기관 활용 시 침해사고 대응절차 내용 계약서 반영	• 보안관제서비스 등 외부 기관을 통해 침해사고 대응체계를 구축·운영하는 경우 침해사고 대응절차의 세부사항을 계약서(SLA)에 반영하여야 함	• 보안관제서비스의 범위 • 침해 징후 발견 시 보고 및 대응 절차 • 침해사고 발생 시 보고 및 대응 절차 • 침해사고 발생에 따른 책임 및 역할에 관한 사항 등
침해사고 관련 기관과 협조체계 수립	• 침해사고의 모니터링, 대응 및 처리를 위하여 외부전문가, 전문업체, 전문기관 등과의 협조체계를 수립하여야 함	침해사고 대응 7단계 (1) 사고 전 준비 (2) 사고 탐지 (3) 초기 대응 (4) 대응 전략 체계화 (5) 사고 조사 (6) 보고서 작성 (7) 해결

(두음) 침해사고 대응 7단계

준탐 초대 조보해

1. 사고 전 준비
2. 사고 탐지
3. 초기 대응
4. 대응 전략 체계화
5. 사고 조사
6. 보고서 작성
7. 해결

(심화) 사고 탐지 및 사고 징후

1. 사고 탐지 영역
1) IDS
2) 최종 사용자
3) 네트워크 관리자
4) 시스템 관리자
5) 보안
6) 인사부

2. 사고 징후
1) IDS가 탐지한 원격 접속
2) 여러 번의로그인 실패
3) 관리자가 생성하지 않은 계정 발견
4) 유휴 상태 및 디폴트 계정의로그인 시도
5) 서비스 미제공시간 동안의 시스템 활동
6) 출처 불명의 파일 또는 프로그램 발견
7) 설명할 수 없는 권한 상승
8) 웹서버의 경고 페이지
9) 로그 파일, 내용의 삭제
10) 시스템 성능 저하, 시스템 충돌
11) 이메일 도청 증거 발견
12) 음란 사진 및 동영상

3 (참고) 보안관제 상세 활동

확인사항	요구 사항	관련 사항
예방부문	보안패치	• 서버, 네트워크, 응용프로그램 등에 발생된 보안취약점에 패치를 통해 제거하는 활동
	취약점 점검	• 시스템 및 네트워크에 주기적인 취약점 점검 및 조치활동
	정책관리	• IDS, IPS, F/W, N/W 장비 등 보안정책 적용 활동
	모니터링	• 침입로그, 시스템 로그 등 각종 이벤트에 대한 확인 활동
탐지부문	NMS, Alert	• 네트워크 및 시스템에서 제공하는 예·경보 탐지 활동
	시스템 장애 이벤트	• 각종 시스템 장애에서 발생되는 경보에 대한 탐지 활동
	관리적 이벤트	• 기타 관리에 필요한 각종 이벤트에 대한 탐지 활동
대응부문	웜·바이러스	• 웜, 바이러스, 백도어, 악성 봇 등 악의적인 프로그램 감염에 대한 대응
	스캐닝	• 악의적인 의도로 시설에 관련된 정보 수집하는 활동
	침해사고	• 주요 시스템에 불법적인 접근을 시도 권한을 획득하는 활동
	기타 사고대응	• 정상적인 활동에 대한 대응활동(사이버 시위 등)

(출처 : CERT 구축 운영 안내서, KISA)

(참고) 침해사고 대응기관
1. 한국인터넷 진흥원 / 1544-5118 / www.kisa.or.kr
2. 경찰청 사이버수사국 / (국번 없이) 182 / www.police.go.kr/www/security/cyber.jsp
3. 대검찰청 사이버수사과 / (국번 없이) 1301 / www.spo.go.kr
4. 국가정보원 국가사이버 안전센터 / (국번 없이) 111 / www.nis.go.kr
5. KISA 인터넷침해사고 대응지원센터 / (국번 없이) 118 / www.krcert.or.kr

4 침해사고 대응 7단계

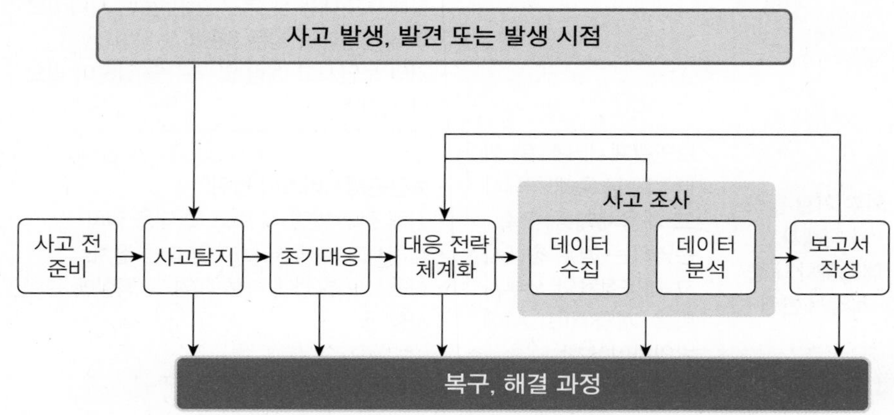

(출처 : 침해사고 분석 절차 안내서, KISA)

단계	절차	내용
1	사고 전 준비 과정	• 사고가 발생하기 전 침해사고 대응팀과 조직적인 대응을 준비
2	사고 탐지	• 정보보호 및 네트워크 장비에 의한 이상 징후 탐지. 관리자에 의한 침해 사고의 식별
3	초기 대응	• 초기 조사 수행, 사고 정황에 대한 기본적인 세부사항 기록, 사고대응팀 신고 및 소집, 침해사고 관련 부서에 통지
4	대응 전략 체계화	• 최적의 전략을 결정하고 관리자 승인을 획득, 초기 조사 결과를 참고하여 소송이 필요한 사항인지를 결정하여 사고 조사 과정에 수사기관 공조 여부를 판단
5	사고 조사	• 데이터 수집 및 분석을 통하여 수행. 언제, 누가, 어떻게 사고가 일어났는지, 피해 확산 및 사고 재발을 어떻게 방지할 것인지를 결정
6	보고서 작성	• 의사 결정자가 쉽게 이해할 수 있는 형태로 사고에 대한 정확한 보고서를 작성
7	해결	• 차기 유사 공격을 식별 및 예방하기 위한 보안 정책의 수립, 절차 변경, 사건의 기록, 장기 보안 정책 수립, 기술 수정 계획수립 등을 결정

5 (참고) 사고 유형에 따른 대응 전략 수립 예시

사고	예	대응 전략	예상 결과
DoS 공격	• TFN DDoS 공격	• Flooding의 효과를 최소화 하기 위해 라우터 재설정	• 라우터 재설정으로 공격의 효과를 완화
비인가 사용	• 업무용 컴퓨터 오용	• 증거물의 포렌식 이미지 확보와 조사 용의자와 면담	• 범인 식별, 징계를 위한 증거 확보 • 해당 직원의 직위나 과거 조직 정책의 위반 등을 고려하여 징계
파괴 행위	• 웹 사이트 손상	• 웹 사이트 모니터 온라인 상태로 조사 웹사이트 복구	• 웹사이트의 복구 • 범인 식별을 위해 수사기관이 참여할 수 있음
정보의 도난	• 신용카드 도난 및 고객정보 유출	• 관련된 시스템의 이미지 확보 • 도난 신고 법적 대응 준비	• 상세한 조사 시작. 수사 기관 참여 • 예상된 피해복구를 위한 민사 소송 • 얼마간 시스템의 오프라인 유지
컴퓨터 침입	• buffer overflow 또는 IIS 공격을 통한 원격 접속	• 공격자의 활동 감시 비인가 접속 봉쇄 • 시스템의 보안 재설정 및 복구	• 침입에 사용된 취약점을 식별하고 수정 및 패치 시행 • 범인의 식별 유무를 결정

(바른 뜻) 통지·고지·공지·공개·공표

1. **통지(通知)**
   - (정의) 게시나 글을 통하여 알림
   - (용도) '게시'나 '글'이 매개가 되어 상대방에게 무엇을 알리는 경우
   - (사례) 입영 통지서/합격 통지서
2. **고지(告知)**
   - (정의) 기별을 보내어 알게 함
   - (용도) 어떤 방식으로든 상대방에게 무엇을 알게 하는 경우
   - (사례) 납세 고지서, 전기세 고지서, 범칙금 고지서
3. **공지(公知)**
   - (정의) 세상에 널리 알림
   - (공지) 관보에 공지
4. **공개(公開)**
   - (정의) 어떤 사실이나 사물, 내용 따위를 여러 사람에게 널리 터놓음
   - (사례) 개인정보 처리 방침 공개
5. **공표公表)**
   - (정의) 여러 사람에게 널리 드러내어 알림
   - (사례) 정책 공표, 사실 공표

(출처 : 국립국어원)

2.11.2 요건 수준
Level 1. 법규 수준
1. 법규 : 개보법
2. 내규 : 해당
3. 인증기준 : 해당
4. 위험평가 : 해당

유사 인증기준
1.4.2 관리체계 점검
2.8.2 보안 요구사항 검토 및 시험
2.11.1 사고 예방 및 대응 체계 구축
2.11.4 사고 대응 훈련 및 개선
2.12.2 재해 복구 시험 및 개선
1.4.2 관리체계가 효과적으로 운영되고 있는지 독립된 인력이 연 1회 이상 점검하고, 문제점을 경영진 보고
2.8.2 보안 요구사항에 따라 정보시스템이 도입 또는 구현되었는지를 검토하기 위하여 검토 기준과 절차를 수립·이행하고, 발견된 문제점에 대한 개선조치를 수행
2.11.1 침해사고 등을 예방하고 사고 발생 시 대응할 수 있도록 침해시도의 분석 및 공유를 위한 체계와 절차를 수립하고, 협조 체계를 구축
2.11.4 침해사고 대응 절차를 시나리오에 따른 모의훈련을 연 1회 이상 실시하고 훈련결과를 반영하여 대응체계를 개선
2.12.2 재해 복구 전략 및 대책의 적정성을 시험하여 시험결과, 법규 등에 따른 변화를 반영하여 복구전략 및 대책을 보완

취약점 점검 절차 수립 및 정기적 점검, 결과 보고, 최신 보안취약점 발생 파악, 점검 이력 기록관리

항목	2.11.2 취약점 점검 및 조치
인증기준	정보시스템의 취약점이 노출되어 있는지를 확인하기 위하여 정기적으로 취약점 점검을 수행하고 발견된 취약점에 대해서는 신속하게 조치하여야 한다. 또한 최신 보안취약점의 발생 여부를 지속적으로 파악하고 정보시스템에 미치는 영향을 분석하여 조치하여야 한다.
주요 확인사항	1) 정보시스템 취약점 점검 절차를 수립하고 정기적으로 점검을 수행하고 있는가?
	2) 발견된 취약점에 대한 조치를 수행하고 그 결과를 책임자에게 보고하고 있는가?
	3) 최신 보안취약점 발생 여부를 지속적으로 파악하고 정보시스템에 미치는 영향을 분석하여 조치하고 있는가?
	4) 취약점 점검 이력을 기록관리하여 전년도에 도출된 취약점이 재발생하는 등의 문제점에 대해 보호대책을 마련하고 있는가?
관련 법규	• 개인정보보호법 제29조(안전조치의무) • 개인정보의 안전성 확보조치 기준 제4조(내부 관리계획의 수립·시행 및 점검), 제6조 (접근통제)
증적 자료 등 준비사항	• 취약점 점검 계획서 • 취약점 점검 결과보고서(웹, 모바일 앱, 서버, 네트워크시스템, 보안시스템, DBMS 등) • 취약점 점검 이력 • 취약점 조치계획서 • 취약점 조치완료보고서 • 모의해킹 계획서/결과보고서
결함사례	• 내부 규정에 연 1회 이상 주요 시스템에 대한 기술적 취약점 점검을 하도록 정하고 있으나, 주요 시스템 중 일부가 취약점 점검 대상에서 누락된 경우 • 취약점 점검에서 발견된 취약점에 대한 보완조치를 이행하지 않았거나, 단기간 내에 조치할 수 없는 취약점에 대한 타당성 검토 및 승인 이력이 없는 경우
결함예시	OO기업은 인증범위내 모든 정보시스템에 대해서 취약점 점검을 수행하는것으로 지침이 되어 있으나 일부 개발서버에서 취약점 점검 수행이 누락되어 있고 DB서버는 서버 운영을 위해 별도 취약점 점검을 수행하지 않고 있음

1 인증기준 취지

2.11.2 취약점 점검 및 조치는 정보시스템에 존재하는 취약점을 점검하고 조치하도록 하는 인증기준이다. 정보시스템의 취약점에 대해 바로 방금 조치를 하였다 하더라도 100% 안전하다고 말할 수 없다. 정보시스템 모든 영역에 대해 모든 해킹 방법으로 점검하였다고 보장할 수 없기 때문이다. 또한 알려지지 않은 취약점

을 통해서도 공격이 가능하다. 그러나 취약점 점검은 침해사고 발생 확률을 현저하게 떨어뜨리는 것은 사실이다. 따라서 취약점 점검 및 조치는 일회성으로 끝나는 활동이 아니며 지속적으로 수행되어야 하는 정기적 활동이다. 만약 동일한 취약점이 반복되는 경우에는 취약점의 근본원인을 분석하여 동일 문제의 재발을 방지하도록 보호대책을 수립해야 한다.

2 인증기준 상세

확인사항	요구 사항	관련 사항
취약점 점검 절차 수립 및 정기적 점검 수행	• 정보시스템 취약점 점검 절차를 수립하고 정기적으로 점검을 수행하여야 함	• 취약점 점검 절차에 포함되어야 할 사항 – 취약점 점검 대상 (예) 서버, 네트워크 장비 등) – 취약점 점검 주기 (법적 요구사항, 중요도 등 고려) – 취약점 점검 담당자 및 책임자 지정 – 취약점 점검 절차 및 방법 등 – 중요도에 따른 조치 기준 – 취약점 점검 결과 보고 절차 – 미 조치 취약점에 대한 보안성 검토 등 – 기타 보안사고 예방 및 복구를 위하여 필요한 사항 등 • 취약점 점검 대상 – 네트워크시스템, 서버, 보안시스템, 애플리케이션, 웹서비스, 스마트기기 및 모바일 서비스 구성 및 설정 취약점 등 • 취약점 점검 시 회사의 규모 및 보유하고 있는 정보의 중요도에 따라 모의침투테스트를 수행하는 것을 고려 • 고유식별정보를 처리하는 개인정보처리자에 해당하는 경우 인터넷 홈페이지를 통해 고유식별 정보가 유출·변조·훼손되지 않도록 연1회 이상 취약점 점검 실시(개인정보의 안전성 확보조치 기준 제6조 제4항)
발견된 취약점 조치 수행 및 책임자 보고	• 발견된 취약점에 대한 조치를 수행하고 그 결과를 책임자에게 보고하여야 함	• 취약점 점검 시 이력관리가 될 수 있도록 점검 일시, 점검대상, 점검방법, 점검내용 및 결과, 발견사항, 조치사항 등이 포함된 보고서를 작성 • 취약점 별로 대응 조치 완료 후 이행점검 등을 통하여 완료 여부 확인 • 불가피하게 대응조치를 할 수 없는 취약점에 대 해서는 그 사유를 명확하게 확인하고 이에 따른 위험성, 보완대책 등을 책임자에게 보고
최신 보안취약점 파악 및 영향도 분석·조치	• 최신 보안취약점 발생여부를 지속적으로 파악하고 정보시스템에 미치는 영향을 분석하여 조치하여야 함	• 정기적인 보안취약점 점검 이외에도 지속적으로 최신 보안취약점 파악 ▶ 3 참조 • 최신 보안취약점이 발견된 경우 해당 보안취약점이 정보시스템에 미치는 영향을 분석하여 필요 시 대응 조치

(바른 뜻) 취약점 점검
"취약점 점검"이라 함은 컴퓨터의 하드웨어 또는 소프트웨어의 결함이나 체계 설계상의 허점(CVE취약점)으로 인해 사용자에게 허용된 권한 이상의 동작(CCE 취약점)이나 허용된 범위 이상의 정보 열람, 변조·유출을 가능하게 하는 약점에 대하여 점검하는 것을 말한다.
(출처 : 방송통신위원회 고시 제2013-3호)

(심화) CCE와 CVE
1. CCE (Common Configuration Enumeration) : 취약점 구성 점검
2. CVE (Common Vulnerabilities and Exposures) : 취약점 표준코드

확인사항	요구 사항	관련 사항
취약점 점검 이력 기록관리	• 취약점 점검 이력을 기록관리하여 전년도에 도출된 취약점 재발생 등의 문제점에 대해 보호대책을 마련하여야 함	• 취약점 점검 이력에 대해 기록관리 • 취약점 점검 시 지난 취약점 점검결과와 비교 분석하여 취약점 재발 여부 확인 • 유사한 취약점이 재발되고 있는 경우 분석 및 재발방지 대책 마련

3 CCE와 CVE 비교

구분	CCE 취약점 진단	CVE취약점 진단
개념	• 인프라의 환경 구성을 평가하고 내부 정책 및 법규준수에 대한 감사와 지속적 이행 확인	• 호스트나 네트워크 단위로 공격자 관점의 취약점을 검색하여 관리 및 분석
목적	• 시스템 보안설정을 강화하여 감시와 규제 준수	• 공격자 관점에서 시스템의 알려진 취약점 존재여부 검사
주체	• 취약점 생성 : 사용자 • 취약점 조치 : 사용자	• 취약점 생성 : 솔루션 업체 • 취약점 조치 : 솔루션 업체
예시	• 관리자 단말기에 IP, MAC 주소로 접근제한이 되어 있는지 점검	• 관리자 단말기에 설치된 프로그램에 대해 알려진 취약점이 있는지 점검

(심화) 취약점 분석 도구 유형

1. 네트워크 취약점분석도구
   Nessus, SATAN, SAINT, SARA
2. 서버 취약점 분석 도구
   SecuDR, COPS
3. 웹 취약점 스캐너 도구
   Acunetix, Paros, AppScan
4. DB기반 웹 스캐너
   Nikto, N-Stealth
5. 컴퓨터 포렌식 도구
   Encase, FTK
6. 파일 무결성 점검도구
   Tripwire
7. 스캔 탐지도구
   mscan, sscan, portsentry

2. 보호대책 요구사항 ▶ 2.11. 사고 예방 및 대응

내외부 침해시도, 개인정보 유출시도, 부정행위 모니터링, 임계치 정의 및 이상행위 판단 등 조치

항목	2.11.3 이상행위 분석 및 모니터링
인증기준	내·외부에 의한 침해시도, 개인정보유출 시도, 부정행위 등을 신속하게 탐지·대응할 수 있도록 네트워크 및 데이터 흐름 등을 수집하여 분석하며, 모니터링 및 점검 결과에 따른 사후조치는 적시에 이루어져야 한다.
주요 확인사항	1) 내·외부에 의한 침해시도, 개인정보 유출 시도, 부정행위 등 이상행위를 탐지할 수 있도록 주요 정보시스템, 응용프로그램, 네트워크, 보안시스템 등에서 발생한 네트워크 트래픽, 데이터 흐름, 이벤트 로그 등을 수집하여 분석 및 모니터링하고 있는가?
	2) 침해시도, 개인정보유출시도, 부정행위 등의 여부를 판단하기 위한 기준 및 임계치를 정의하고 이에 따라 이상행위의 판단 및 조사 등 후속 조치가 적시에 이루어지고 있는가?
관련 법규	• 개인정보보호법 제29조(안전조치의무) • 개인정보의 안전성 확보조치 기준 제6조(접근통제)

2.11.3 요건 수준

Level 1. 법규 수준
1. 법규 : 개보법
2. 내규 : 해당
3. 인증기준 : 해당
4. 위험평가 : 해당

유사 인증기준

1.2.2 현황 및 흐름분석
2.5.6 접근권한 검토
2.11.1 사고 예방 및 대응 체계 구축
2.11.2 취약점 점검 및 조치
1.2.2 정보서비스 및 개인정보 처리 현황을 분석하고 업무 절차와 흐름을 문서화하며, 검토하여 최신성을 유지

항목	2.11.3 이상행위 분석 및 모니터링
증적 자료 등 준비사항	• 이상행위 분석 및 모니터링 현황 • 이상행위 발견 시 대응 증적
결함사례	• 외부로부터의 서버, 네트워크, 데이터베이스, 보안시스템에 대한 침해 시도를 인지할 수 있도록 하는 상시 또는 정기적 모니터링 체계 및 절차를 마련하고 있지 않은 경우 • 외부 보안관제 전문업체 등 외부 기관에 침해시도 모니터링 업무를 위탁하고 있으나, 위탁업체가 제공한 관련 보고서를 검토한 이력이 확인되지 않거나 위탁 대상에서 제외된 시스템에 대한 자체 모니터링 체계를 갖추고 있지 않은 경우 • 내부적으로 정의한 임계치를 초과하는 이상 트래픽이 지속적으로 발견되고 있으나 이에 대한 대응조치가 이루어지고 있지 않는 경우
결함예시	ㅁㅁ쇼핑몰은 외부 보안관제 전문업체에 침해시도 모니터링 업무를 위탁하고 있으나, 실제 위탁업체에서 탐지된 공격에 대해서 보고서를 작성하여 보내주고 있지만 해당 보고서에 대한 검토된 내용이 없고 위탁 대상에서 제외된 정보시스템에 대해서는 모니터링을 하고 있지 않음

❶ 인증기준 취지

2.11.3 이상행위 분석 및 모니터링은 이상 행위가 발생하였을 경우 신속하고 정확하게 분석하여 적시에 조치하기 위한 인증기준이다. 침해시도, 개인정보 유출 시도, 부정행위 등은 사전에 분석 및 모니터링 체계가 구축되지 않으면 효율적으로 운영될 수 없다. 따라서 분석체계에는 담당자 지정, 역할 및 책임 부여, 대상범위 지정, 이상 행위 대응, 보고체계 등이 포함되어야 한다. 그리고 이상행위 판단 기준이 명확히 수립되지 않는다면 이상행위인지 아닌지에 대해 판단하기 어렵다. 따라서, 이상행위에 대한 임계치가 설정되고, 환경변화에 따라 임계치 설정이 최적화되어야 실효성을 확보할 수 있다.

❷ 인증기준 상세

확인사항	요구 사항	관련 사항
이상행위 분석 및 모니터링 수행	• 내·외부에 의한 침해 시도, 개인정보유출 시도, 부정행위 등 이상 행위를 탐지할 수 있도록 주요 정보시스템 등에서 발생한 네트워크 트래픽, 데이터 흐름, 이벤트 로그 등을 수집하여 분석 및 모니터링 하여야 함	• 이상행위 판단을 위해 정보시스템, 보안시스템, 응용프로그램, 네트워크 장비 등의 로그를 수집하고 분석하는 체계를 갖추어야 함 ▶ ❸ 참조 - 이벤트 로그를 수집하거나 모니터링해야 할 대상 및 범위 수집 및 분석, 모니터링 방법 - 담당자 및 책임자 지정 - 분석 및 모니터링 결과 보고 체계 - 이상행위 발견 시 대응 절차 등 • 조직의 규모 및 정보시스템의 중요도가 높은 경우 24시간 실시간 모니터링 고려

2.5.6 사용자 계정의 등록·삭제, 접근권한의 부여·삭제 등의 이력을 남기고, 주기적으로 검토하여 적정성 여부 점검

2.11.1 침해사고 등을 예방하고 사고 발생 시 대응할 수 있도록 침해시도의 분석 및 공유를 위한 체계와 절차를 수립하고, 협조 체계를 구축

2.11.2 정보시스템의 정기적으로 취약점 점검을 수행하고 발견된 취약점에 대해서는 신속하게 조치

(바른 뜻) ESM과 SIEM

1. ESM(Enterprise Security Management)
   - 보안 기능 별, 솔루션 제품 별로 모듈화된 기능을 제공하며 수집되는 데이터를 통합하여 일관된 모니터링을 수행하기 위해 개발
   - ESM 도입을 통해 각종 보안 장비에서 쏟아지는 데이터를 하나의 화면에서 일관성 있게 모아볼 수 있어 효율적인 보안관제를 수행
   - ESM은 에이전트, 매니저, 콘솔의 3가지로 구성되고 각 보안 솔루션에 설치된 에이전트가 이벤트로그를 수집하여 매니저로 전송하고 보안 담당자는 매니저에 의해 제공되는 콘솔을 통해 각종 이벤트를 처리

2. SIEM(Security Information & Event Management)
- SIEM은 당일의 이벤트를 통합해서 모니터링을 수행하는 ESM과 달리 수 개월에 걸쳐 장기간에 수집된 빅데이터를 심층 분석
- 증가되는 보안장비에서 생성되는 로그데이터가 기하급수적으로 늘어나고 사이버 공격 유형이 장기간에 걸쳐서 복합적으로 이루어지게 되면서 빅데이터 기반의 SIEM이 필요하게 됨

확인사항	요구 사항	관련 사항
이상행위 판단 기준·임계치 정의 및 조치 수행	• 침해시도, 개인정보유출 시도, 부정행위 등의 여부를 판단하기 위한 기준 및 임계치를 정의하고, 이상행위의 판단 및 조사 등 후속 조치가 적시에 이루어지도록 해야 함	• 이상행위 판단을 위한 이상행위 식별기준 및 임계치를 설정하고 필요 시 시스템에 반영 ▶ 4 참조 • 설정된 기준 및 임계치를 주기적으로 검토하여 최적화 • 이상행위가 확인된 경우 규정에 따라 긴급대응, 소명 요청, 원인 조사 등 사후조치 수행 ▶ 5 참조

3 데이터 수집원에 따른 IDS 분류

구분	호스트 기반 (Host-based IDS)	네트워크기반 (Network-based IDS)
특징	• 서버에 직접 설치됨에 따라 네트워크 환경과 무관	• 네트워크 세그먼트당 하나의 감지기만 설치하면 되므로 설치 용이
장점	• 기록되는 다양한 로그자료를 통한 정확한 탐지 가능 • 트로이목마, 백도어, 내부자에 의한 공격 탐지 및 차단 가능	• 네트워크에서 실행되어 개발 서버의 성능 저하 없음 • 해커의 IDS공격에 대한 방어가 가능하며 존재 사실도 숨길 수 있음
단점	• 해커에 의한 로그 자료의 변조 가능성 존재 및 DoS공격으로 IDS 무력화 가능 • 호스트 성능에 의존적이며, 리소스 사용으로 서버 부하 발생	• 네트워크 패킷이 암호화되어 전송될 때 침입탐지 불가능 • 네트워크 트래픽이 증가함에 따라 성능 문제 야기

4 침입탐지 방법 비교

구분	지식기반 / 오용탐지(Misuse)	행위기반 / 이상탐지(Anomaly)
개념	• 과거에 발견되었던 부정행위 패턴과 일치하는 침입행위를 찾아내는 방식	• 기존의 거래와 비교하여 급격하게 다른 형태가 발견되면 침입행위로 탐지하는 방법
목적	• 알려진 사고의 차단	• 알려지지 않은 사고의 예방
기준	• 과거정보(Knowledge), 시그니처(Signature)	• 이용자 프로파일(Profile)
시점	• 사후 탐지 개념	• 사전 탐지 개념
장점	• 오탐률이 낮음	• 알려지지 않은 공격탐지 가능
단점	• 패턴에 없는 새로운 공격 탐지 불가	• 오탐률이 높음

5 (참고) KISA의 CTAS 정보수집 및 공유 수행절차

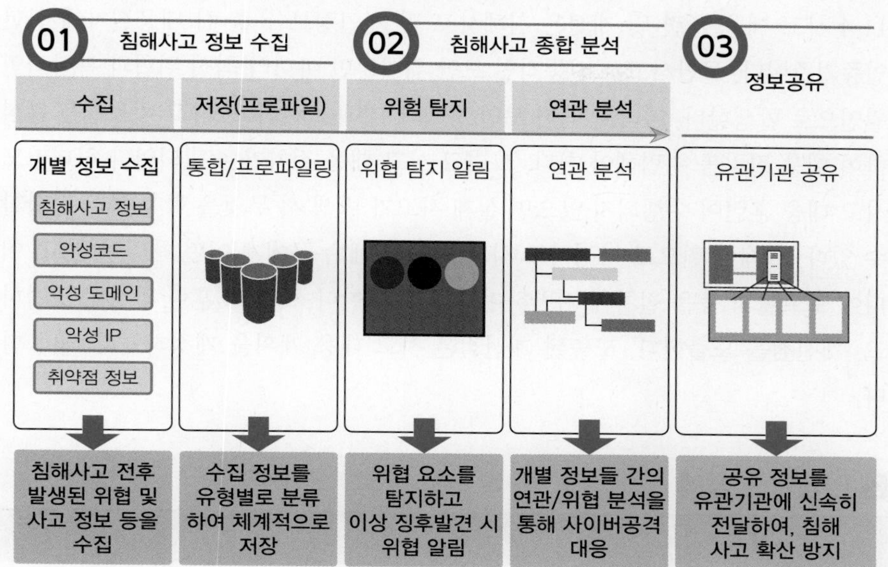

※ C-TAS(Cyber Threat Analysis & Sharing) (출처 : 사이버위협정보 분석·공유시스템, KISA)

2. 보호대책 요구사항 ▶ 2.11. 사고 예방 및 대응

침해사고 및 유출사고 대응 모의훈련 계획수립, 모의훈련 연1회 실시, 대응체계 개선

항목	2.11.4 사고 대응 훈련 및 개선
인증기준	침해사고 및 개인정보 유출사고 대응 절차를 임직원과 이해관계자가 숙지하도록 시나리오에 따른 모의훈련을 연 1회 이상 실시하고 훈련결과를 반영하여 대응체계를 개선하여야 한다.
주요 확인사항	1) 침해사고 및 개인정보 유출사고 대응 절차에 관한 모의훈련계획을 수립하고 이에 따라 연1회 이상 주기적으로 훈련을 실시하고 있는가?
	2) 침해사고 및 개인정보 유출사고 훈련 결과를 반영하여 침해사고 및 개인정보 유출사고 대응체계를 개선하고 있는가?
관련 법규	• 해당사항 없음
증적 자료 등 준비사항	• 침해사고 및 개인정보 유출사고 대응 모의훈련 계획서 • 침해사고 및 개인정보 유출사고 대응 모의훈련 결과서 • 침해사고 대응 절차
결함사례	• 침해사고 모의훈련을 수행하지 않았거나 관련 계획서 및 결과보고서가 확인되지 않는 경우 • 연간 침해사고 모의훈련 계획을 수립하였으나 타당한 사유 또는 승인 없이 해당 기간 내에 실시하지 않은 경우 • 모의훈련을 계획하여 실시하였으나 관련 내부 지침에 정한 절차 및 서식에 따라 수행하지 않은 경우
결함예시	ㅁㅁ기업은 연2회 침해사고 및 개인정보 유출사고 대응 모의훈련을 계획하여 스팸메일 대응 훈련으로 실시하고 있으나, 훈련 결과에 대한 내용이 존재하지 않음

(심화) STIX 9가지 구성 데이터 모델 요소

1. Observables
   사이버 공간에서 어떤 일이 일어났고 일어날 수 있는지 표현
2. Indicators
   어떤 것이 보일지와 보이는 현상에 대한 패턴
3. Incidents
   특정 적대적인 행위의 사례
4. TTP (Adversary Tactics,Techniques, and Procedures)
   적대적인 행위에 사용되는 공격 패턴, 취약점, 킬체인, 도구, 피해자 표적화
5. Exploit Targets
   취약점으로 이용될 수 있는 특성
6. Courses of Action
   공격에 대한 대응방법 또는 대응 행동
7. Campaigns
   적대적 행위와 같은 목적을 가진 집합
8. Threat Actors
   적대적인 행동을 구분하는 특징
9. Report
   보고양식

2.11.4 요건 수준

Level 2. 내규 수준
1. 법규 : 미해당
2. 내규 : 해당
3. 인증기준 : 해당
4. 위험평가 : 해당

유사 인증기준
1.4.3 관리체계 개선
2.2.4 인식제고 및 교육훈련
2.5.6 접근권한 검토
2.11.1 사고 예방 및 대응 체계 구축
2.12.2 재해 복구 시험 및 개선
1.4.3 법규 및 관리체계 점검결과 식별된 문제점의 재발방지 대책을 수립하며, 경영진은 개선 결과의 효과성 확인
2.2.4 임직원 및 관련 외부자의 연간 인식제고 교육 계획을 수립하고, 결과의 효과성을 평가하여 다음 계획에 반영
2.5.6 사용자 계정의 등록·삭제, 접근권한의 부여·삭제 등의 이력을 남기고, 주기적으로 검토하여 적정성 여부 점검
2.11.1 침해사고 등을 예방하고 사고 발생 시 대응할 수 있도록 침해시도의 분석 및 공유를 위한 체계와 절차를 수립하고, 협조 체계를 구축
2.12.2 재해 복구 전략 및 대책의 적정성을 시험하여 시험결과, 법규 등에 따른 변화를 반영하여 복구전략 및 대책을 보완

1 인증기준 취지

11.4 사고 대응 훈련 및 개선은 침해사고 및 개인정보 유출 시 대응절차에 관한 인증기준이다. 보안사고는 전통적인 보안 위협뿐만 아니라 최신 위협과 복합적인 원인으로 발생한다. 따라서 최신 보안 동향에 대해 조사하고, 사고 내용들을 분석하여 대응 절차를 수립해야 한다. 그리고 사고 대응 절차가 수립되었다 하더라도 사고 대응 훈련이 수행되지 않으면 실제 사고가 발생 시 무엇을 할지 몰라 당황할 수 있다. 실제 훈련으로 가정하고 사고 발생 시에 누구에게 어떤 책임이 있고, 어디에 보고할지 등을 절차에 기반하여 수행해야 한다. 그리고 훈련 과정의 평가하고, 개선점을 도출한다. 도출된 개선점은 사고 대응 계획을 개정하도록 해야 한다.

2 인증기준 상세

확인사항	요구 사항	관련 사항
사고 대응 훈련계획 수립 및 실시	• 침해사고 및 개인정보 유출사고 대응 절차에 관한 모의훈련계획을 수립하고 연1회 이상 주기적 훈련을 실시하여야 함	• 침해사고 대응 절차의 적정성을 검토하고 사고 발생 시 신속한 대응이 가능하도록 모의훈련 계획의 수립 및 이행 • 최신 침해사고 사례, 해킹 동향, 비즈니스 특성 등을 반영하여 현실적이고 실질적인 모의훈련 시나리오 마련 • 정보호보, 개인정보보호, IT, 법무, 인사, 홍보 등 침해사고 대응과 관련된 조직이 모두 참여할 수 있도록 모의훈련 조직 구성 • 관련 임직원이 침해사고 대응 절차를 숙지할 수 있도록 연 1회 이상 주기적으로 모의훈련 수행 ▶ 3~6 참조
사고 대응체계 개선	• 침해사고 및 개인정보 유출사고 훈련 결과를 반영하여 침해사고 및 개인정보 유출사고 대응체계를 개선하여야 함	• 모의훈련 시행 후 결과보고서 작성 및 내부 보고 • 모의훈련 결과를 바탕으로 개선사항을 도출하여 필요 시 대응 절차에 반영

3 정보보안 모의훈련 계획 (예시)

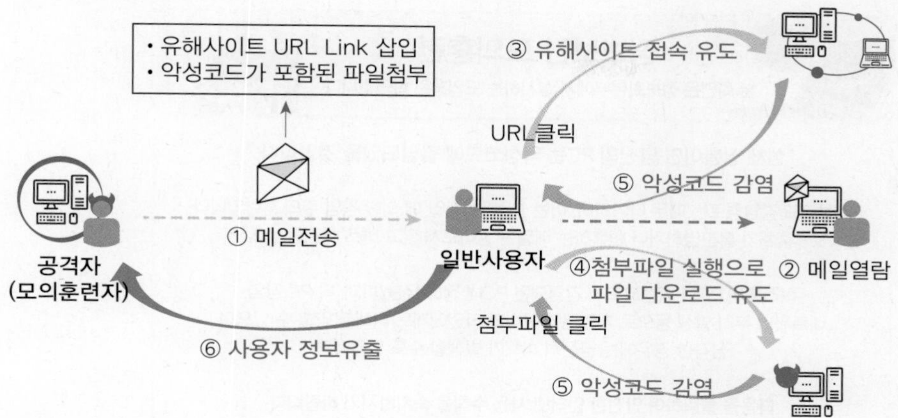

4 (참고) 모의훈련 평가 항목 (예시)

구분	내용
메일 열람	• 출처가 불명확한 발신자가 호기심을 유발할 수 있는 제목의 메일을 발송할 때 수신자가 해당 메일을 열람하는지 확인
URL 링크	• 모의훈련 메일에 삽입된 "가상 악성 URL 링크" 접속 여부 확인 ※ 스팸메일 차단솔루션을 우회하기 위해 악성 URL 링크를 메일에 포함하는 공격 대비
첨부파일 실행	• 모의훈련 메일에 첨부된 "가상 악성 첨부파일"의 실행 여부 확인 ※ 첨부파일 실행 시 악성코드에 감염되어 개인정보 등 유출 피해 대비

5 (참고) 모의훈련 평가 등급 (예시)

구분	내용
양호	• 메일을 수신했으나 열람하지 않은 경우
미흡	• 메일 내용은 확인했으나 URL 링크 또는 첨부파일을 실행하지 않은 경우
취약	• 메일 내용 확인하고 URL 링크 또는 첨부파일을 실행한 경우

(참고) Bob Violino CSO가 효과적인 모의 훈련 6가지 전략

1. 체계적이고 빈틈 없는 훈련 계획을 세운다.
2. 기관, 회사 각 부처의 다양한 인원을 훈련에 참여시킨다.
3. 참가자들에게 훈련의 기초 규칙들을 숙지시킨다.
4. 산업과 정부 내부의 자원을 활용한다.
5. 훈련 규모는 클 수록 좋다.
6. 최대한 현실적인 상황을 가정하고 훈련을 진행한다.

(출처 : ITWorld Korea)

6 (참고) 모의훈련 시 취약점 경고 안내 (예시)

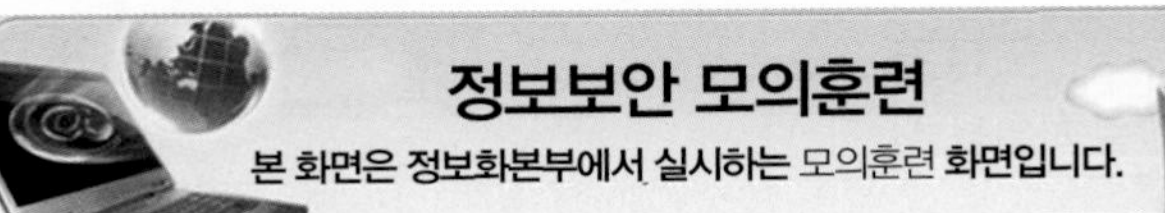

정보보안 모의훈련
본 화면은 정보화본부에서 실시하는 모의훈련 화면입니다.

"실제 상황이면 당신의 PC는 악성코드에 감염되었을 것입니다."

악성코드 감염경로는 매우 다양하며, 이번 훈련은 "메일"에 의한 감염 주의 훈련입니다.
"출처가 불분명하거나 현혹하는 메일은 열어보지 말고 바로 삭제합시다."

여러분의 PC가 악성코드에 감염되면 PC내 정보 유출/파괴, 타 PC 감염,
네트워크 부하 발생 등으로 개인뿐만 아니라 타인에게도 피해를 입힐 수 있으며,
심각한 경우에는 금전적 피해가 발생할 수도 있습니다.

다음을 클릭하여 안전한 인터넷 사용 수칙을 숙지하시기 바랍니다.

필수보안 수칙 스마트폰보안 수칙

2. 보호대책 요구사항 ▶ 2.11. 사고 예방 및 대응

침해사고 인지 시 대응 및 보고, 정보주체 통지 및 관계기관 신고, 종결 후 공유, 재발방지대책 수립

2.11.5 요건 수준

Level 1. 법규 수준

1. 법규 : 개보법
2. 내규 : 해당
3. 인증기준 : 해당
4. 위험평가 : 해당

유사 인증기준

2.7.2 암호키관리
2.9.2 성능 및 장애관리
2.9.3 백업 및 복구관리
2.11.1 사고 예방 및 대응 체계 구축
2.12.2 재해 복구 시험 및 개선
2.7.2 암호키의 안전한 생성·이용·보관·배포·파기를 위한 관리 절차를 수립·이행하고, 필요 시 복구방안을 마련
2.9.2 정보시스템의 가용성 보장을 위하여 성능 및 용량 요구사항을 정의하고 모니터링하여야 하며, 장애 발생 시 절차를 수립·관리

항목	2.11.5 사고 대응 및 복구
인증기준	침해사고 및 개인정보 유출 징후나 발생을 인지한 때에는 법적 통지 및 신고 의무를 준수하여야 하며, 절차에 따라 신속하게 대응 및 복구하고 사고 분석 후 재발방지 대책을 수립하여 대응체계에 반영하여야 한다.
주요 확인사항	1) 침해사고 및 개인정보 유출의 징후 또는 발생을 인지한 경우 정의된 침해사고 대응절차에 따라 신속하게 대응 및 보고가 이루어지고 있는가?
	2) 개인정보 침해사고 발생 시 관련 법령에 따라 정보주체 통지 및 관계기관 신고 절차를 이행하고 있는가?
	3) 침해사고가 종결된 후 사고의 원인을 분석하여 그 결과를 보고하고 관련 조직 및 인력과 공유하고 있는가?
	4) 침해사고 분석을 통해 얻어진 정보를 활용하여 유사 사고가 재발하지 않도록 대책을 수립하고 필요한 경우 침해사고 대응절차 등을 변경하고 있는가?
관련 법규	• 개인정보 보호법 제34조(개인정보의 유출 등의 통지·신고) • 정보통신망법 제48조의3(침해사고의 신고 등), 제48조의4(침해사고의 원인분석 등)
증적 자료 등 준비사항	• 침해사고 대응 절차 • 침해사고 관리대장 • 비상연락망 • 침해사고 대응보고서 • 개인정보 유출신고서

항목	2.11.5 사고 대응 및 복구
결함사례	• 내부 침해사고 대응지침에는 침해사고 발생 시 정보보호위원회 및 이해관계 부서에게 보고하도록 정하고 있으나, 침해사고 발생 시 담당 부서에서 자체적으로 대응 조치 후 정보보호위원회 및 이해관계 부서에 보고하지 않은 경우 • 최근 DDoS 공격으로 의심되는 침해사고로 인해 서비스 일부가 중단된 사례가 있으나 이에 대한 원인분석 및 재발방지 대책이 수립되지 않은 경우 • 외부 해킹에 의해 개인정보 유출사고가 발생하였으나, 유출된 개인정보 건수가 소량이라는 이유로 72시간 이내에 통지 및 신고가 이루어지지 않은 경우 • 담당자의 실수에 의해 인터넷 홈페이지 게시판을 통해 1천명 이상 정보주체에 대한 개인정보 유출이 발생하였으나, 해당 정보주체에 대한 유출 통지가 이루어지지 않은 경우

1 인증기준 취지

2.11.5 사고 대응 및 복구는 사고 발생 시 이를 신속하게 전파하고, 대응하기 위한 인증기준이다. 사고가 발생하면 법적 요건에 따라 기준에 해당하면 의무적으로 통지와 신고를 해야 한다. 이와 관련한 정의와 절차가 수립되어야 한다. 초기 사고 대응이 매우 중요하므로 신속히 대응할 수 있는 구체적인 계획이 수립되어야 한다. 또한 신고기관, 담당자, 연락처 등이 바뀔 수 있으므로 주기적으로 현행화하여야 한다. 사고가 발생하였을 때 이를 축소하거나 은폐하려는 경우 돌이킬 수 없는 파급효과가 발생할 수 있다. 따라서 보고체계가 신속하고 정확하게 이행될 수 있도록 관리해야 한다.

2 인증기준 상세

확인사항	요구 사항	관련 사항
사고 대응 절차에 따라 대응 및 보고	• 침해사고 및 개인정보 유출의 징후 또는 발생을 인지한 경우 정의된 침해사고 대응절차에 따라 신속하게 대응 및 보고	• 침해사고 초기 대응 및 증거 보존 조치 – 침해가 의심되는 정보시스템의 접속권한 삭제·변경 또는 접속차단 조치 – 네트워크, 방화벽 등 대내외 시스템 보안 점검 및 취약점 보완 조치 – 사고 조사에 필요한 외부의 접속기록 등 증거 보존 조치 – 로그 분석 등을 통한 개인정보 및 중요정보 유출 여부 확인 등 • 침해사고 보고서 작성 및 내부 보고 시 포함 사항 – 침해사고 발생 일시 – 보고자와 보고 일시 – 사고내용 (발견사항, 피해내용 등) – 사고대응 경과 내용 – 사고대응까지의 소요시간 등 • 침해사고가 조직에 미치는 영향이 심각할 경우 보고절차에 따라 최고경영진까지 신속히 보고

2.9.3 정보시스템의 가용성과 데이터 무결성을 유지하기 위하여 백업 절차를 수립·이행하여야 함 사고 발생 시 적시에 복구할 수 있도록 관리
2.11.1 침해사고 등을 예방하고 사고 발생 시 대응할 수 있도록 침해시도의 분석 및 공유를 위한 체계와 절차를 수립하고, 협조 체계를 구축
2.12.2 재해 복구 전략 및 대책의 적정성을 시험하여 시험결과, 법규 등에 따른 변화를 반영하여 복구전략 및 대책을 보완

(참고) 역대 개인정보유출 사고(만 명)
2008 옥션 1,863
2008 GS칼텍스 1,150
2010 25개 쇼핑몰 2,000
2011 넥슨 1,230
2011 SK컴즈 3,500
2012 KT 870
2013 KT 1,200
2014 홈플러스 900
2016 인터파크 1,030
2017 하나투어 42
2017 여기어때 99
2021 천재교육 350
2023 LG유플러스 30
(출처 : 한국인터넷진흥원)

확인사항	요구 사항	관련 사항
개인정보 침해사고 발생 시 신고 절차 이행	• 개인정보 침해사고 발생 시 관련 법령에 따라 정보주체 통지 및 관계기관 신고 절차 이행	• 개인정보 유출 시 정보주체에게 알려야 할 사항 ▶ 3 (개인정보 분실·도난·유출(이하 유출 등)에 따른 정보주체 통지 요건) 참조 • 개인정보 유출 신고 기준 ▶ 4 (개인정보 유출 등에 따른 관계기관 신고 요건) 참조
사고 종결 후 결과 보고	• 침해사고가 종결된 후 사고의 원인을 분석하여 그 결과를 보고하고 관련 조직 및 인력과 공유	• 침해사고가 처리되고 종결된 후 이에 대한 사고 원인에 대한 분석을 수행하고 결과보고서를 작성하여 책임자에게 보고 • 침해사고 정보와 발견된 취약점 및 원인, 조치방안 등을 관련 조직 및 인력에게 공유
침해사고 대응체계 변경	• 침해사고 분석을 통해 얻어진 정보를 활용하여 유사 사고가 재발하지 않도록 대책 수립 및 필요 시 침해사고 대응절차 변경	• 침해사고 분석을 통해 얻어진 정보를 활용하여 유사 사고가 재발되지 않도록 대책을 수립하고 필요한 경우 침해사고 대응절차 등을 변경 • 분석된 결과에 따라 필요한 경우 침해사고 대응절차, 정보보호 정책 및 절차 등의 침해사고 체계에 대한 변경 수행

(두음) 유출 시 정보주체에게 알려야 하는 사항

항시정개접 / 항시이정접

1. 개인정보보호법
개인정보 항목, 시점과 경위, 정보주체가 할 수 있는 방법, 개인정보처리자 대응조치 및 피해구제 절차, 신고 접수 담당부서 및 연락처

2. 정보통신망법
개인정보 항목, 시점, 이용자 조치, 정보통신서비스 제공자 대응조치, 신고 접수 부서 및 연락처

3 개인정보 분실·도난·유출(이하 유출 등)에 따른 정보주체 통지 요건 (알려야 할 사항)

구분	내용
통지 사항	1. 유출 등이 된 개인정보의 항목 2. 유출 등이 된 시점 및 경위 3. 유출 등으로 인해 발생할 수 있는 피해를 최소화하기 위하여 정보주체가 할 수 있는 방법 등에 관한 정보 4. 개인정보처리자의 대응조치 및 피해 구제절차 5. 정보주체에게 피해가 발생한 경우 신고 등을 접수할 수 있는 담당부서 및 연락처 ※ 통지 사항 중 1호. 2호 사항에 관한 구체적인 내용을 확인하지 못한 경우에는 개인정보가 유출된 사실, 그때까지 확인된 내용 및 같은 항 제3호부터 제5호까지의 사항을 서면 등의 방법으로 우선 통지해야 하며, 추가로 확인되는 내용에 대해서는 확인되는 즉시 통지
통지 방법	• 서면 등의 방법(서면, 전자우편, 팩스, 전화, 문자전송 등)
통지 시기	• 유출 등을 알게 된 때로부터 72시간 이내 • 다만, 다음 각 호의 어느 하나에 해당하는 경우에는 해당 사유가 해소된 후 지체 없이 정보주체에게 알릴 수 있음 1. 유출 등이 된 개인정보의 확산 및 추가 유출 등을 방지하기 위하여 접속경로의 차단, 취약점 점검 보완, 유출 등이 된 개인정보의 회수·삭제 등 긴급한 조치가 필요한 경우 2. 천재지변이나 그 밖에 부득이한 사유로 인하여 72시간 이내에 통지하기 곤란한 경우

통지 예외	• 정보주체의 연락처를 알 수 없는 경우 등 정당한 사유가 있는 경우에는 인터넷 홈페이지에 30일 이상 위의 5가지 통지 사항을 게시하는 것으로 통지 갈음 가능 • 다만, 인터넷 홈페이지를 운영하지 아니하는 개인정보처리자의 경우에는 사업장 등의 보기 쉬운 장소에 위의 5가지 통지 사항을 30일 이상 게시

4 개인정보 유출 등에 따른 관계기관 신고 요건

구분	내용
신고 사항	1. 유출 등이 된 개인정보의 항목 2. 유출 등이 된 시점 및 경위 3. 유출 등으로 인해 발생할 수 있는 피해를 최소화하기 위하여 정보주체가 할 수 있는 방법 등에 관한 정보 4. 개인정보처리자의 대응조치 및 피해 구제절차 5. 정보주체에게 피해가 발생한 경우 신고 등을 접수할 수 있는 담당부서 및 연락처 ※ 신고 사항 중 1호, 2호 사항에 관한 구체적인 내용을 확인하지 못한 경우에는 개인정보가 유출 등이 된 사실, 그때까지 확인된 내용 및 같은 항 제3호부터 제5호까지의 사항을 서면 등의 방법으로 우선 신고해야 하며, 추가로 확인되는 내용에 대해서는 확인되는 즉시 신고
신고 기관	• 개인정보 보호위원회 또는 한국인터넷진흥원
신고 방법	• 서면 등의 방법(서면, 전자우편, 팩스, 전화, 문자전송 등) ※개인정보 포털(www.privacy.go.kr)을 통해 신고 가능
신고 시기	• 유출 등을 알게 된 때로부터 72시간 이내 • 다만, 천재지변이나 그 밖에 부득이한 사유로 인하여 72시간 이내에 신고하기 곤란한 경우에는 해당 사유가 해소된 후 지체 없이 신고
신고 대상	1. 1천명 이상의 정보주체에 관한 개인정보가 유출 등이 된 경우 2. 민감정보 또는 고유식별정보가 유출 등이 된 경우 3. 개인정보처리시스템 또는 개인정보취급자가 개인정보 처리에 이용하는 정보기기에 대한 외부로부터의 불법적인 접근에 의해 개인정보가 유출 등이 된 경우 ※ 다만, 개인정보 유출 등의 경로가 확인되어 해당 개인정보를 회수·삭제하는 등의 조치를 통해 정보주체의 권익 침해 가능성이 현저히 낮아진 경우에는 미신고 가능

2.12.1 요건 수준
Level 1. 법규 수준
1. 법규 : 개보법
2. 내규 : 해당
3. 인증기준 : 해당
4. 위험평가 : 해당

유사 인증기준
2.9.2 성능 및 장애관리
2.9.3 백업 및 복구관리
2.11.1 사고 예방 및 대응 체계 구축
2.12.2 재해 복구 시험 및 개선
2.9.2 정보시스템의 가용성 보장을 위하여 성능 및 용량 요구사항을 정의하고 모니터링하여야 하며, 장애 발생 시 절차를 수립·관리
2.9.3 정보시스템의 가용성과 데이터 무결성을 유지하기 위하여 백업 절차를 수립·이행하여야 함 사고 발생 시 적시에 복구할 수 있도록 관리
2.11.1 침해사고 등을 예방하고 사고 발생 시 대응할 수 있도록 침해시도의 분석 및 공유를 위한 체계와 절차를 수립하고, 협조 체계를 구축
2.12.2 재해 복구 전략 및 대책의 적정성을 시험하여 시험결과, 법규 등에 따른 변화를 반영하여 복구전략 및 대책을 보완

개인정보의 안전성 확보조치 기준 제11조(재해·재난 대비 안전조치) 10만명 이상의 정보주체에 관하여 개인정보를 처리하는 대기업·중견기업·공공기관 또는 100만명 이상의 정보주체에 관하여 개인정보를 처리하는 중소기업·단체에 해당하는 개인정보처리자는 화재, 홍수, 단전 등의 재해·재난 발생 시 개인정보처리시스템 보호를 위한 다

IT 재해유형 식별, 피해&업무 영향 분석, 핵심 IT서비스 및 시스템 식별, RTO, RPO 정의, BCP

항목	2.12.1 재해, 재난 대비 안전조치
인증기준	자연재해, 통신·전력 장애, 해킹 등 조직의 핵심 서비스 및 시스템의 운영 연속성을 위협할 수 있는 재해 유형을 식별하고 유형별 예상 피해규모 및 영향을 분석하여야 한다. 또한 복구 목표시간, 복구 목표시점을 정의하고 복구 전략 및 대책, 비상시 복구 조직, 비상연락체계, 복구 절차 등 재해 복구체계를 구축하여야 한다.
주요 확인사항	1) 조직의 핵심 서비스(업무) 연속성을 위협할 수 있는 IT 재해 유형을 식별하고 유형별 피해규모 및 업무에 미치는 영향을 분석하여 핵심 IT 서비스(업무) 및 시스템을 식별하고 있는가?
	2) 핵심 IT 서비스 및 시스템의 중요도 및 특성에 따른 복구 목표시간, 복구 목표시점을 정의하고 있는가?
	3) 재해 및 재난 발생 시에도 핵심 서비스 및 시스템의 연속성을 보장할 수 있도록 복구 전략 및 대책, 비상시 복구 조직, 비상연락체계, 복구 절차 등 재해 복구 계획을 수립·이행하고 있는가?
관련 법규	• 개인정보보호법 제29조(안전조치의무) • 개인정보의 안전성 확보조치 기준 제11조(재해·재난 대비 안전조치)
증적 자료 등 준비사항	• IT 재해 복구 지침·절차 • IT 재해 복구 계획(RTO, RPO 정의 포함) • 비상연락망 • 개인정보처리시스템 위기대응 매뉴얼
결함사례	• IT 재해 복구 절차서 내에 IT 재해 복구 조직 및 역할 정의, 비상연락체계, 복구 절차 및 방법 등 중요한 내용이 누락되어 있는 경우 • 비상사태 발생 시 정보시스템의 연속성 확보 및 피해 최소화를 위해 백업센터를 구축하여 운영하고 있으나 관련 정책에 백업센터를 활용한 재해 복구 절차 등이 수립되어 있지 않아 재해 복구 시험 및 복구가 효과적으로 진행되기 어려운 경우 • 서비스 운영과 관련된 일부 중요 시스템에 대한 복구 목표시간이 정의되어 있지 않으며 이에 대한 적절한 복구 대책을 마련하고 있지 않은 경우 • 재해 복구 관련 지침서 등에 IT 서비스 또는 시스템에 대한 복구 우선순위, 복구 목표시간(RTO), 복구 목표시점(RPO) 등이 정의되어 있지 않은 경우 • 현실적 대책 없이 복구 목표시간(RTO)을 과도 또는 과소하게 설정하고 있거나 복구 목표시점(RPO)과 백업정책(대상, 주기 등)이 적절히 연계되지 않아 복구 효과성을 보장할 수 없는 경우
결함예시	OO쇼핑몰은 20만명의 정보주체에 관하여 개인정보를 처리하는 중견기업이지만, 화재, 홍수, 단전 등의 재해·재난 발생 시 개인정보처리시스템 보호를 위한 위기대응메뉴얼을 작성하고 있지 않음

❶ 인증기준 취지

2.12.1 재해, 재난 대비 안전조치는 조직의 업무 연속성을 보장할 수 있도록 재해 복구 계획을 수립하는 것에 관한 인증기준이다. 재해로부터 조직의 업무 연속성을 확보하기 위해서는 BCP(Business Continuous Plan)로 알려진 업무 연속성 계획을 수립해야 한다. BCP는 재해에 대한 복구 범위를 모든 업무를 대상으로 하는 것은 비효율적이다. 따라서 BIA(Business Impact Analysis)를 통해 핵심 업무를 식별하고, 재해 발생 시 영향도를 분석해야 한다. 그에 따라 복구해야 하는 목표 시간, 목표 시점을 정의하여야 한다. 그리고 복구 전략, 매뉴얼에는 조직, 보고체계, 절차 등을 포함하여 요식행위가 되지 않도록 효과성에 기반하여 수립해야 한다. 수립된 복구 전략에 따라 재해복구시스템(DRS, Disaster Recovery System)의 유형을 결정한다.

❷ 인증기준 상세

확인사항	요구 사항	관련 사항
IT 재해 유형 식별 및 핵심 업무 및 시스템 식별	• 조직의 핵심 서비스(업무) 연속성을 위협할 수 있는 IT 재해 유형을 식별하고 유형 별 피해규모 및 업무에 미치는 영향을 분석하여 핵심 IT 서비스(업무) 및 시스템을 식별하여야 함	• 자연재해, 해킹, 통신장애 등 조직의 핵심 서비스(업무) 연속성을 위협할 수 있는 IT 재해 유형 식별 • 다음 사항을 고려하여 재해 유형 별 조직의 핵심 서비스(업무) 중단 시 피해규모 및 영향을 분석하여 핵심 IT 서비스 및 시스템 식별 – 매출 감소, 계약위약금 지급 등 재무적 측면 – 손해배상 소송 등 법적 측면 – 대외 이미지 하락, 경쟁력 손상 등 정성적 측면
복구 목표시간, 복구 목표시점 정의	• 핵심 IT 서비스 및 시스템의 중요도 및 특성에 따른 복구 목표시간, 복구 목표시점을 정의하여야 함	• IT 서비스 및 시스템 중단시점부터 복구되어 정상 가동될 때까지 복구 목표시간(RTO : Recovery Time Objective)과 데이터가 복구되어야 하는 복구 목표시점(RPO : Recovery Point Objective)을 정의 ▶ ❸ 참조
재해 복구 계획 수립·이행	• 재해 및 재난 발생 시에도 핵심 서비스 및 시스템의 연속성을 보장할 수 있도록 복구 전략 및 대책, 비상 시 복구 조직, 비상연락체계, 복구 절차 등 재해 복구 계획을 수립·이행하여야 함	• IT 재해 발생 시 사전 정의한 서비스 및 시스템 복구 목표시간 및 복구 목표시점을 달성할 수 있도록 비용효과적인 복구전략 및 대책 수립 ▶ ❺~❽ 참조 • IT 재해 발생 시 신속한 복구가 가능하도록 IT 재해복구 체계 구축 • 개인정보처리자의 경우 화재, 홍수, 단전 등의 재해·재난 발생 시 개인정보처리시스템 보호를 위한 위기대응 매뉴얼 등 대응절차를 마련하고 정기적으로 점검하여야 함(개인정보의 안전성 확보조치 기준 제12조)

음 각 호의 조치를 하여야 한다.
1. 위기대응 매뉴얼 등 대응절차를 마련하고 정기적으로 점검
2. 개인정보처리시스템 백업 및 복구를 위한 계획을 마련

IT서비스 중단을 초래할 수 있는 IT 재해 유형

1. **자연 재해**
   – 화재, 홍수, 지진, 태풍 등
2. **외부요인**
   – 해킹, 통신장애, 정전 등
3. **내부요인**
   – 시스템 결함, 기계적 오류, 사용자 실수, 의도적·악의적 운영, 핵심 운영자 근무 이탈(사망, 병가, 휴직, 이직 등), 환경설정 오류 등

IT 재해 복구 체계 포함 사항

1. **재해 시 복구조직 및 역할 정의**
   – IT 재해 발생 시 복구를 위한 관련부서 및 담당자 역할과 책임 부여
2. **비상연락체계**
   – 조직 내 관련 부서 담당자, 유지보수 업체 등 복구 조직상 연락체계 구축
3. **복구 전략 및 대책 수립 방법론**
   – 업무영향분석, 복구 목표시간 및 복구 목표시점 정의, 핵심 IT 서비스 및 시스템 식별 등
4. **복구순서 정의**
   – 복구 목표시간 별로 정보시스템 복구 순서 정의
5. **복구 절차**
   – 재해 발생, 복구 완료, 사후관리 단계 포함

개인정보처리시스템 위기대응 매뉴얼 및 백업·복구 계획(예시)

1. 개인정보처리시스템 구성요소(개인정보 보유량, 종류, 중요도, 시스템 연계 장비·설비 등)
2. 재해·재난 등에 대한 파급효과(개인정보유출, 손실, 훼손 등) 및 초기대응 방안
3. 개인정보처리시스템 백업 및 복구 우선순위, 복구 목표시점, 복구 목표시간
4. 개인정보처리시스템 백업 및 복구 방안(복구센터 마련, 백업계약 체결, 비상 가동 등)
5. 업무 분장, 책임 및 역할
6. 실제 발생 가능한 사고에 대한 정기적 점검, 사후처리 및 지속관리 등

(두음) BCP 방법론

범영전계테

1. 프로젝트 범위 설정 및 기획
2. 사업영향평가
3. 복구전략 개발
4. 복구계획 수립
5. 프로젝트 수행 테스트 및 유지보수

3 RPO와 RTO 개념도

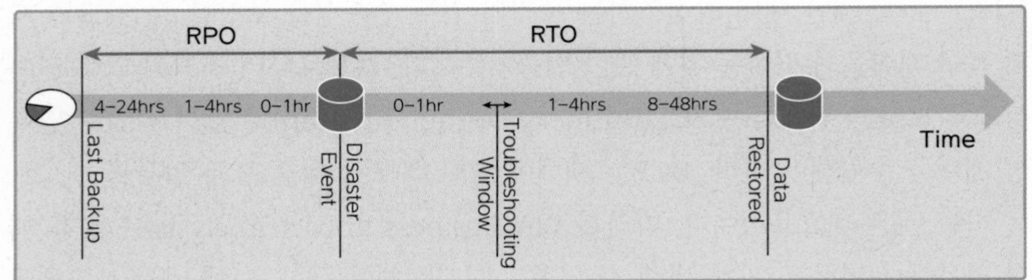

4 재해복구시스템 구성도 (예시)

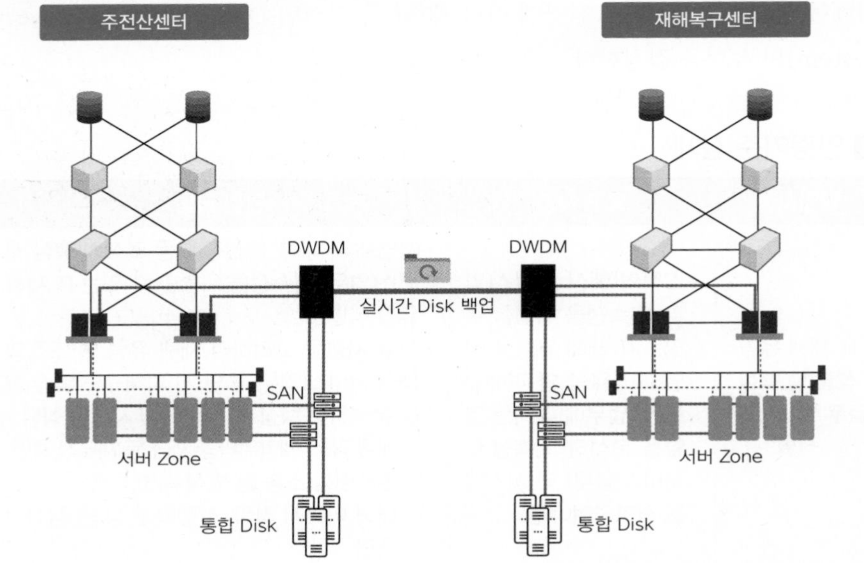

(출처 : 재해복구시스템 구성, LG CNS)

5 재해복구시스템 구축 방식 별 유형

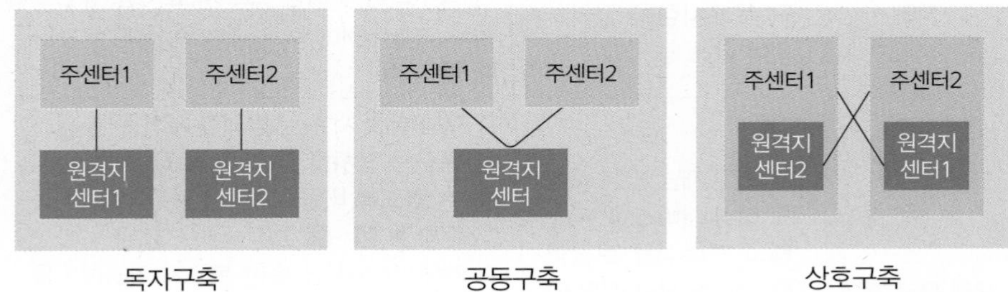

(출처 : 정보시스템 재해복구 지침, TTA)

6 재해복구시스템 구축 및 운영 방식 유형과 특징

구분	유형	설명	구축 비용	운영 비용	보안성	복구 신뢰성
구축 형태별	독자 구축	기관 전용의 재해복구시스템을 독자적으로 구축	H	H	H	H
	공동 구축	두 개 이상의 기관이 재해복구 시스템을 공동으로 구축	M	M	M	M
	상호 구축	복수의 기관 또는 단일 기관의 복수의 사이트 상호간 재해복구시스템의 역할을 수행	L	L	L	L
운영 주체별	자체 운영	기관 자체의 인력으로 재해복구 시스템을 운영		H	H	H
	공동 운영	두 개 이상의 기관이 재해복구 시스템의 운영인력을 상호 공유		M	기관협조 의존적	기관협조 의존적
	위탁 운영	재해복구시스템의 운영을 민간 IDC 운영자 등 외부의 다른 기관에 위탁		L	위탁운영자 신뢰도 의존적	위탁운영자 신뢰도 의존적

7 재해복구시스템(Disaster Recovery System)복구 수준 유형과 특징

구분	미러사이트	핫사이트	웜사이트	콜드사이트
개념	DB시스템 이중화로 실시간 이중 처리하는 시스템	백업센터에 동일 전산센터 구축으로 가동 유지	백업센터에 장비 일 부를 설치하여 주요 업무만 복구	시스템 가동 환경 유지하고 재해 시 HW,SW 설치 사용
RPO	0	0 지향	수시간~1일	수일~수주
RTO	0	4시간	수일~수주	수주~수개월
장점	재해 즉시 업무대행	단시간 내 가동유지	비용 다소 저렴	저비용
단점	고비용	고비용	복구시간 다소 걸림 복구수준 불완전	복구시간 매우 김 저신뢰도
용도	저빈도 DB 업데이트	고빈도 DB 업데이트	핵심 업무 백업	원격지 백업

(바른 뜻) 재해와 장애

1. 재해(Disaster)
   - 정보기술 외부로부터 기인하여 예방 및 통제 불가능한 사건으로 인해 정보기술서비스가 중단되거나, 정보시스템의 장애로부터의 예상 복구소요 시간이 허용 가능한 범위를 초과하여, 정상적인 업무수행에 지장을 초래하는 피해
2. 장애(Incident)
   - 정보기술서비스관리의 통제 가능성 관점에서 협의의 장애 개념으로서, 통제 불가능한 재해(자연 재해와 인적 재해)를 제외한 발생원인 관점에서 직접적으로 영향을 미치는 인적 장애, 시스템 장애, 기반구조 장애(운영 장애, 설비 장애 등 포함) 등과 같은 통제 가능한 요인들에 의한 정보시스템의 기능저하, 오류, 고장(정보시스템 재해복구 지침, TTA)

(두음) 재해복구시스템 복구수준별 유형

미핫웜콜

미러사이트, 핫사이트, 웜사이트, 콜드사이트

🔒 (심화) DR센터 위치 선정 시 고려사항

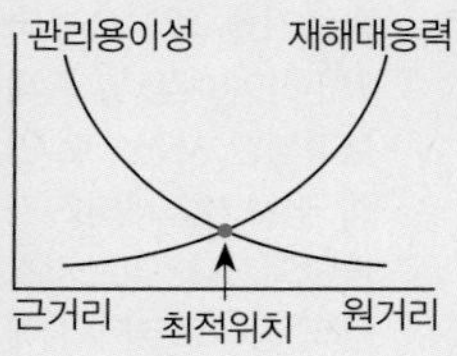

🔒 2.12.2 요건 수준
Level 2. 내규 수준
1. 법규 : 미해당
2. 내규 : 해당
3. 인증기준 : 해당
4. 위험평가 : 해당

🔒 유사 인증기준
1.4.3 관리체계 개선
2.9.2 성능 및 장애관리
2.9.3 백업 및 복구관리
2.11.1 사고 예방 및 대응체계 구축
2.12.1 재해, 재난 대비 안전조치
1.4.3 법규 및 관리체계 점검결과 식별된 문제점의 재발방지 대책을 수립하며, 경영진은 개선 결과의 효과성 확인
2.9.2 정보시스템의 가용성 보장을 위하여 성능 및 용량 요구사항을 정의하고 모니터링하여야 하며, 장애 발생 시 절차를 수립·관리

8 (참고) 데이터 복제방식에 따른 특징

구분	하드웨어 복제 방식	소프트웨어 복제 방식	
	디스크장치 이용 복제	운영체제 이용 복제	DBMS이용 복제
복제 대상	디스크 변경분	데이터 블록	SQL문 혹은 변경 로그
구성 조건	동일한 디스크 사용	동일한 논리볼륨 수준 복제 솔루션 사용	동일한 DBMS 사용
복제 시 소요자원	디스크 자체 자원	해당서버 자체 혹은 별도의 관리서버 자원	DBMS 서버 자원
사례	ContinuousAccess, SRDF, TrueCopy 등	HAGEO, IpStor, TDMF, VVR 등	DataGuard(Oracle), Replication(SyBase), RRDF(DB2) 등

2. 보호대책 요구사항 ▶ 2.12. 재해복구

BCP 수립·이행, 복구전략 및 대책 정기적 검토·보완

항목	2.12.2 재해 복구 시험 및 개선
인증기준	재해 복구 전략 및 대책의 적정성을 정기적으로 시험하여 시험결과, 정보시스템 환경변화, 법규 등에 따른 변화를 반영하여 복구전략 및 대책을 보완하여야 한다.
주요 확인사항	1) 수립된 IT 재해 복구체계의 실효성을 판단하기 위하여 재해 복구 시험계획을 수립·이행하고 있는가? 2) 시험결과, 정보시스템 환경변화, 법률 등에 따른 변화를 반영할 수 있도록 복구전략 및 대책을 정기적으로 검토·보완하고 있는가?
관련 법규	• 해당사항 없음
증적 자료 등 준비사항	• IT 재해 복구 절차서 • IT 재해 복구 시험 계획서 • IT 재해 복구 시험 결과서
결함사례	• 재해 복구 훈련을 계획·시행하지 않았거나 관련 계획서 및 결과보고서가 확인되지 않는 경우 • 재해 복구 훈련 계획을 수립하였으나 타당한 사유 또는 승인 없이 계획대로 실시하지 않았거나 관련 결과보고가 확인되지 않는 경우 • 재해 복구 훈련을 계획하여 실시하였으나 내부 관련 지침에 정한 절차 및 서식에 따라 이행되지 않아 수립한 재해 복구 절차의 적정성 및 효과성을 평가하기 위한 훈련으로 보기 어려운 경우
결함예시	OO기업은 재해 복구 시험계획에 의거하여 실제 시험을 실시하려 했으나, 시스템 장애 및 용량문제로 모의훈련(도상훈련)도 시행하지 않고 별도 시험을 실시 하지 않았음

1 인증기준 취지

2.12.2 재해 복구 시험 및 개선은 재해 복구 전략과 대책의 시험에 관한 인증기준이다. 재해 복구 시험은 1회 수립으로 끝나는 것이 아니라 지속적으로 변경해야 효과적이다. 초기에 수립된 재해 복구 계획은 지침서를 기반으로 수립하고, 최적화하지 않으면 실효성을 확보하기 어려울 것이다. 정기적인 시험을 통해 수립된 BCP 상의 개선점을 찾아내고, 대내외 환경, 법률에 관한 변화도 도출해야 한다. 이러한 변화를 반영하여 재해 복구 전략과 대책 등을 개정해야 한다.

2 인증기준 상세

확인사항	요구 사항	관련 사항
재해 복구 시험계획 수립·이행	• 수립된 IT 재해 복구체계의 실효성을 판단하기 위하여 재해 복구 시험계획을 수립·이행하여야 함	• 시험계획에 따라 정기적인 시험을 실시하여 복구 전략 및 대책이 효과적인지, 비상시 복구 조직 구성원이 복구절차에 따라 신속 하게 대응하는지 등을 점검
복구전략 및 대책 검토·보완	• 시험결과, 정보시스템 환경변화, 법률 등에 따른 변화를 반영할 수 있도록 복구전략 및 대책을 정기적으로 검토·보완하여야 함	• IT 재해 복구 계획에 대한 공식적인 변화관리 절차 마련 • 재해 복구 시험 결과와 정보시스템 환경변화 등을 고려하여 복구 계획을 정기적으로 검토·보완

2.9.3 정보시스템의 가용성과 데이터 무결성을 유지하기 위하여 백업 절차를 수립·이행하여야 함 사고 발생 시 적시에 복구할 수 있도록 관리

2.11.1 침해사고 등을 예방하고 사고 발생 시 대응할 수 있도록 침해시도의 분석 및 공유를 위한 체계와 절차를 수립하고, 협조체계를 구축

2.12.1 핵심 서비스 운영 연속성을 위협할 수 있는 재해 유형을 식별하고 유형별 피해규모 및 영향을 분석하고, 재해 복구체계를 구축

IT 재해 복구 시험계획 포함 사항(예시)

- 재해 복구 시험 일정(일시 및 장소)
- 참여인원
- 범위
- 방법 및 시나리오
- 절차 등

3.개인정보 처리단계별 요구사항 ▶ 3.1. 개인정보 수집 시 보호조치

적법요건, 명확 고지 동의, 방법 및 시점, 명확 표시, 만14세(법정대리인), 동의 기록 보관, 처리방침, 추가적 이용

항목	3.1.1 개인정보 수집·이용
인증기준	개인정보는 적법하고 정당하게 수집·이용하여야 하며, 정보주체의 동의를 근거로 수집하는 경우에는 적법한 방법으로 정보주체의 동의를 받아야 한다. 또한 만 14세 미만 아동의 개인정보를 수집하는 경우에는 그 법정대리인의 동의를 받아야 하며 법정대리인이 동의하였는지를 확인하여야 한다.
주요 확인사항	1) 개인정보를 수집하는 경우 정보주체 동의, 법령상 의무준수, 계약 체결·이행 등 적법 요건에 따라 수집하고 있는가?
	2) 정보주체에게 개인정보 수집 동의를 받는 경우 동의방법 및 시점은 적절하게 되어 있는가?
	3) 정보주체에게 개인정보 수집 동의를 받는 경우 관련 내용을 명확하게 고지하고 법령에서 정한 중요한 내용에 대해 알아보기 쉽게 표시하고 있는가?

3.1.1 요건 수준

Level 1. 법규 수준

1. 법규 : 개보법
2. 내규 : 해당
3. 인증기준 : 해당
4. 위험평가 : 해당

유사 인증기준

3.1.2 개인정보 수집 제한
3.1.3 주민등록번호 처리 제한
3.1.4 민감정보 및 고유식별정보의 처리 제한
3.1.5 개인정보 간접수집
3.5.2 정보주체 권리보장
3.1.2 개인정보는 서비스 제공을 위하여 필요한 최소한의 정보를 수집하여야 하며, 선택정보를 제공하지 않는다는 이유로 서비스 제공 거부 금지
3.1.3 주민등록번호는 법적 근거가 있는 경우를 제외하고는 수집·이용 등 처리할 수 없으며, 허용된 경우라 하더라도 대체수단을 제공
3.1.4 민감정보와 고유식별정보를 처리하기 위해서는 법령에서 처리를 허용하는 경우를 제외하고는 별도 동의를 받아야 함
3.1.5 정보주체 이외로부터 개인정보를 수집 시 최소한의 개인정보만 수집하고 법령에 근거하거나 정보 주체 요구가 있으면 수집 출처, 처리목적, 처리정지의 요구 권리를 알려야 함
3.5.2 정보주체가 개인정보의 열람, 정정·삭제 등의 권리행사 방법 및 절차를 수립·이행하고, 요구를 받은 경우 지체 없이 처리하고 기록 보존

항목	3.1.1 개인정보 수집·이용
주요 확인사항	4) 만 14세 미만 아동의 개인정보에 대해 수집·이용·제공 등의 동의를 받는 경우 법정대리인에게 필요한 사항에 대하여 고지하고 동의를 받고 있는가?
	5) 법정대리인의 동의를 받기 위하여 필요한 최소한의 개인정보만을 수집하고 있으며, 법정대리인이 자격 요건을 갖추고 있는지 확인하는 절차와 방법을 마련하고 있는가?
	6) 만 14세 미만의 아동에게 개인정보 처리와 관련한 사항 등의 고지 시 이해하기 쉬운 양식과 명확하고 알기 쉬운 언어로 표현하고 있는가?
	7) 정보주체 및 법정대리인에게 동의를 받은 기록을 보관하고 있는가?
	8) 정보주체의 동의 없이 처리할 수 있는 개인정보에 대해서는 그 항목과 처리의 법적 근거를 정보주체의 동의를 받아 처리하는 개인정보와 구분하여 개인정보 처리방침에 공개하거나 정보주체에게 알리고 있는가?
	9) 정보주체의 동의 없이 개인정보의 추가적인 이용 시 당초 수집 목적과의 관련성, 예측 가능성, 이익 침해 여부, 안전성 확보조치 등의 고려사항에 대한 판단기준을 수립·이행하고, 추가적인 이용이 지속적으로 발생하는 경우 고려사항에 대한 판단기준을 개인정보 처리방침에 공개하고 이를 점검하고 있는가?
관련 법규	• 개인정보 보호법 제15조(개인정보의 수집·이용), 제22조(동의를 받는 방법), 제22조의2 (아동의 개인정보 보호) • 개인정보 처리 방법에 관한 고시
증적 자료 등 준비사항	• 온라인 개인정보 수집 양식(홈페이지 회원가입 화면, 모바일앱 회원가입 화면, 이벤트 참여 등) • 오프라인 개인정보 수집 양식(회원가입신청서 등) • 개인정보 수집 동의 기록(회원 데이터베이스 등) • 법정대리인 동의 기록 • 개인정보 처리방침
결함사례	• 개인정보 보호법을 적용받는 개인정보처리자가 개인정보 수집 동의 시 고지 사항에 '동의 거부 권리 및 동의 거부에 따른 불이익 내용'을 누락한 경우 • 개인정보 수집 동의 시 수집하는 개인정보 항목을 구체적으로 명시하지 않고 '~ 등'과 같이 포괄적으로 안내하는 경우 • 쇼핑몰 홈페이지에서 회원가입 시 회원가입에 필요한 개인정보 외에 추후 물품 구매 시 필요한 결제·배송 정보를 미리 필수 항목으로 수집하는 경우 • Q&A, 게시판을 통하여 비회원의 개인정보(이름, 이메일, 휴대폰번호)를 수집하면서 개인정보 수집 동의 절차를 거치지 않은 경우 • 만 14세 미만 아동의 개인정보를 수집하면서 법정대리인의 동의를 받지 않은 경우 • 만 14세 미만 아동에 대하여 서비스를 제공하고 있지 않지만, 회원가입 단계에서 입력받는 생년월일을 통하여 나이 체크를 하지 않아 법정대리인 동의 없이 가입된 만 14세 미만 아동 회원이 존재한 경우

항목	3.1.1 개인정보 수집·이용
결함사례	• 법정대리인의 진위 여부를 확인하는 절차가 미흡하여 미성년자 등 아동의 법정대리인으로 보기 어려운데도 법정대리인 동의가 가능한 경우 • 만 14세 미만 아동으로부터 법정대리인 동의를 받는 목적으로 법정대리인의 개인정보(이름, 휴대폰번호)를 수집한 이후 법정대리인의 동의가 장기간 확인되지 않았음에도 이를 파기하지 않고 계속 보유하고 있는 경우 • 법정대리인 동의에 근거하여 만 14세 미만 아동의 개인정보를 수집하였으나, 관련 기록을 보존하지 않아 법정대리인 동의와 관련된 사항(법정대리인 이름, 동의 일시 등)을 확인할 수 없는 경우
결함예시	OO공공기관은 개인정보 수집동의서에 수집항목을 ~~등으로 표기하고 수집받고 있으며, 모바일앱에서 회원가입 시 개인정보 수집 동의에 대한 내용으로 동의를 하는 게 아닌 개인정보 수집 동의 항목을 체크 시 자세히 보기 항목을 클릭한 결과 개인정보 수집 동의서가 아닌 개인정보 처리방침 전문이 나오고 있음

1 인증기준 취지

3.1.1 개인정보의 수집·이용은 정보주체의 개인정보를 수집하려 할 때 절차적인 적법성을 준수하도록 하기 위한 인증기준이다. 개인은 개인정보의 소유자이므로 본인의 개인정보에 대한 자기 결정권을 가진다. 그러므로 본인의 의사에 반하여 수집되지 않도록 하여야 한다. 수집하려면 개인의 동의를 받거나, 법령에 의하여 업무상 꼭 필요한 경우로 제한하여야 한다. 동의를 받는 방법에 대해서는 회원가입 초기에 모든 개인정보 항목을 수집하는 것이 아니라 서비스 제공 시에 필요한 항목을 추가적으로 수집해야 한다. 예를 들어 사주팔자와 같은 추가적인 서비스를 제공하려는 경우 그 서비스를 제공하는 시점에 생년월일시 정보를 입력하도록 해야 한다. 또한 추가적인 이용 시 고려사항에 대한 판단기준을 수립·이행하여야 하며, 특히 만 14세 미만의 개인정보를 수집하는 경우에는 아동이 자기결정권을 행사하기에 미성숙한 상태로 보기 때문에 부모(법정 대리인)의 동의를 받도록 하는 것이다. 동의한 내용은 수집 출처를 고지할 때 사용될 수 있으므로 기록은 남기고 보존해야 한다.

(두음) 법정대리인 동의를 얻기 위한 방법 (예시)

전인우통

1. 법정대리인의 전자서명을 이용하는 방법
2. 법정대리인이 휴대폰 인증, 아이핀 등을 통해 본인확인 후 명시적으로 동의하는 방법
3. 우편, 팩스, 전자우편 등으로 법정대리인이 서명 날인한 서류를 제출받는 방법
4. 법정대리인과 직접 통화하여 확인하는 방법 등

법정대리인의 정의

법정대리인이란 본인의 의사에 의하지 않고 법률의 규정에 의하여 대리인이 된 자로 미성년자의 친권자(「민법」 제909조, 제911조, 제916조, 제920조), 후견인(「민법」 제931조 ~ 제936조), 법원이 선임한 부재자의 재산관리인(「민법」 제22조, 제23조), 상속재산관리인(「민법」 제1023조 제2항, 제1053조), 유언집행자(「민법」 제1096조) 등이 이에 해당한다.

2 인증기준 상세

확인사항	요구 사항	관련 사항
개인정보 수집 적법 요건을 명확히 식별 및 적법하게 수집	• 적법 요건을 명확히 식별하고 이에 따라 개인정보를 적법하게 수집하여야 함	• 개인정보 수집 경로 별로 개인정보 수집의 적법 요건을 명확히 식별하고, 이를 입증할 수 있도록 관련 근거를 기록·관리하여야 함 – 예를 들어, 법률에 특별한 규정이 있거나 법령상 의무를 준수하기 위하여 정보주체 동의 없이 개인정보를 수집하는 경우, 해당 법률 또는 법령의 조항 등 관련 근거를 문서화 • 개인정보처리자는 다음 각 호의 어느 하나에 해당하는 경우에는 개인정보를 수집할 수 있으며, 그 수집 목적의 범위에서 이용 가능 ▶ 1 참조
수집매체 특성 반영 및 정보 필요 시점에 수집	• 개인정보 수집매체의 특성을 반영하여 적절한 방법으로 정보주체의 동의를 받아야 하며, 해당 정보가 필요한 시점에 수집하여야 함	• 개인정보 수집매체에 따른 동의를 받는 방법 ▶ 2 참조 • 회원가입 또는 계약체결 단계에서 개인정보를 포괄적으로 수집하지 말아야 하며, 해당 정보가 필요한 시점에 수집하여야 함 – 서비스 개시를 위해 필요한 개인정보에 한하여 수집·이용 동의를 받아야 하며, 이후에 제공되는 서비스의 경우 해당 서비스 제공시점에 동의를 받아야 함 – 웹사이트 회원 가입 시에 웹사이트 내 특정 서비스 이용에만 필요한 개인정보는 해당 서비스 이용 시점에 수집 – 다만, 반복적인 서비스의 경우 최초 서비스 이용 시점에 선택 동의 항목으로 분류하여 동의를 받는 경우에는 수집·이용 가능
개인정보 수집 시 정보주체 내용 고지 후 동의	• 개인정보를 수집할 때에는 법령에 특별한 규정이 있는 경우를 제외하고는 정보주체에게 내용을 명확히 고지하고 동의를 받아야 함	• 개인정보의 수집·이용 동의 시 고지사항 ▶ 3 참조 • 정보주체의 동의가 적법하기 위해서는 정보주체의 자유로운 의사에 따른 동의 여부 결정, 동의 내용의 구체성 및 명확성 등 적법 요건을 모두 충족하여야 함 ▶ 4 참조
서면 동의 시 중요 내용 명확히 표시	• 정보주체에게 동의를 서면(전자문서 포함)으로 받는 경우 법령에서 정한 중요한 내용에 대해 명확히 표시하여 알아보기 쉽게 하여야 함	• 개인정보보호법 제22조(동의를 받는 방법)제2항에 따라 개인정보 처리를 위한 동의를 서면(전자문서 포함)으로 받을 때에는 중요한 내용을 명확히 표시하여 알아보기 쉽게 하여야 함 ▶ 5~6

확인사항	요구 사항	관련 사항
아동 개인정보 동의 시 법정대리인 고지 및 동의	• 만 14세 미만 아동에 대해 개인정보를 수집·이용·제공 등의 동의를 받는 경우 법정대리인에게 필요한 사항에 대하여 고지하고 동의를 받음	• 만 14세 미만 아동의 개인정보를 처리할 필요가 없는 경우에는 수집하지 않도록 조치 • 만 14세 미만 아동의 개인정보를 처리할 필요가 있는 경우에는 별도의 수집동의 양식과 법정대리인 확인 절차를 마련하여 법정대리인의 동의를 받을 수 있도록 조치 ▶ 7 참조
법정대리인 자격요건 확인 절차 및 방법 마련	• 법정대리인의 동의를 받기 위하여 최소한의 정보(성명, 연락처)만을 수집하여야 하며 법정대리인이 자격요건을 갖추고 있는지 확인하는 절차와 방법을 마련하여야 함	• 법정대리인 동의를 받기 위하여 필요한 법정대리인의 필요한 최소한의 정보(이름, 연락처)는 법정대리인의 동의 없이 아동으로부터 직접 수집이 가능함 • 단, 법정대리인의 성명·연락처를 수집할 때에는 해당 아동에게 자신의 신분과 연락처, 법정대리인의 성명과 연락처를 수집하고자 하는 이유를 알려야 함(표준개인정보보호지침 제13조 제 1 항) • 아동으로부터 동의를 얻기 위해서는 아동이 제공한 정보가 진정한 법정대리인의 정보인지와 법정대리인의 진위 여부를 확인해야 함 ▶ 8 참조 　– 법정대리인의 진위여부를 확인해야 함 　– 아동과의 나이 차이 확인 등 • 법정대리인이 동의를 거부하거나, 법정대리인의 동의 의사가 확인되지 않는 경우 수집일로부터 5일 이내에 파기해야 함(표준개인정보보호지침 제13조제2항)
이해하기 쉬운 양식과 명확하고 알기 쉬운 언어로 표현	• 만 14세 미만의 아동에게 개인정보 처리와 관련한 사항 등의 고지 시 이해하기 쉬운 양식과 명확하고 알기 쉬운 언어로 표현하여야 함	• 아동이 이해하기 쉬운 언어, 그림, 동영상 등 아동 친화적인 방식으로 정보를 투명하게 전달 ▶ 연령대별 아동의 역량과 이용행태 등을 고려 ※ 상세한 내용은 '아동·청소년 개인정보 보호 가이드라인(개인정보 보호위원회)' 참고
동의 기록 남기고 보존	• 정보주체 및 법정대리인의 동의를 받은 기록을 남기고 보존해야 함	• 기록으로 남겨야 할 사항 　– 동의일시, 동의항목, 동의자(법정대리인이 동의한 경우 법정대리인 정보), 동의방법 등 • 보존 기간 　– 회원탈퇴 등으로 인해 해당 개인정보를 파기할 때까지

개인정보의 보유기간 확인

1. 개인정보 처리방침이나 관련 법령 등을 통해 수집 이용할 개인정보의 보유기간을 확인한다.
2. 일시적인 개인정보 수집·이용 등 보유기간이 따로 명시되어 있지 않다면 업무의 특성을 고려하여 필요 최소한의 보유기간을 설정하면 된다.

동의 없이 수집할 수 있는 개인정보 안내

법령에 근거가 있거나 계약 체결·이행을 위해 불가피한 경우 동의 없이 수집이 가능하나, 이 경우에도 개인정보의 수집근거와 수집 목적·항목을 안내해야 함

아래 두 가지 경우 관행적으로 많이 사용하고 있음

1. 필수 정보 동의 방식
   – 위 개인정보 수집·이용에 동의합니다.
   (필수) 동의함 □
2. 고지 방식
   – 위 개인정보 수집·이용을 확인합니다.
   확인 □

확인사항	요구 사항	관련 사항
동의 없이 처리할 수 있는 개인정보 항목과 처리의 법적 근거 공개 또는 통지	• 정보주체의 동의 없이 처리할 수 있는 개인정보에 대해서는 그 항목과 처리의 법적 근거를 정보주체의 동의를 받아 처리하는 개인정보와 구분하여 개인정보 처리방침에 공개하거나 서면등의 방법으로 정보주체에게 알려야 함	• 정보주체의 동의 없이 개인정보 수집·이용이 가능한 경우 : 개인정보 보호법 제15조제1항 제2호부터 제7호에 해당하는 경우 • 정보주체에게 알려야 할 사항 : 동의 없이 처리할 수 있는 개인정보 항목 및 처리의 법적 근거 • 정보주체에게 알리는 방법 : 동의를 받아 처리하는 개인정보와 구분하여 개인정보 처리방침에 공개하거나 서면등의 방법(서면, 전자우편, 팩스, 전화, 문자전송 또는 이에 상당하는 방법)으로 정보주체에게 통지
추가적인 이용 시 고려사항에 대한 판단기준을 수립·이행	• 정보주체의 동의 없이 개인정보의 추가적인 이용 시 당초 수집 목적과의 관련성, 예측 가능성, 이익 침해 여부, 안전성 확보조치 등 고려사항에 대한 판단기준을 수립·이행하여야 하며, 추가적인 이용이 지속적으로 발생하는 경우 이를 개인정보 처리방침에 공개하고 기준 준수여부를 점검하여야 함	• 개인정보의 추가적인 이용 시 고려사항 ▶ **9** 참조

3 개인정보의 수집·이용이 가능한 경우

개인정보보호법(2024. 3. 15) 제15조 1항
1. 정보주체의 동의를 받은 경우 2. 법률에 특별한 규정이 있거나 법령상 의무를 준수하기 위하여 불가피한 경우 3. 공공기관이 법령 등에서 정하는 소관 업무의 수행을 위하여 불가피한 경우 4. 정보주체와 체결한 계약을 이행하거나 계약을 체결하는 과정에서 정보주체의 요청에 따른 조치를 이행하기 위하여 필요한 경우 5. 명백히 정보주체 또는 제3자의 급박한 생명, 신체, 재산의 이익을 위하여 필요하다고 인정되는 경우 6. 개인정보처리자의 정당한 이익을 달성하기 위하여 필요한 경우로서 명백하게 정보주체의 권리보다 우선하는 경우. 이 경우 개인정보처리자의 정당한 이익과 상당한 관련이 있고 합리적인 범위를 초과하지 아니하는 경우에 한한다. 7. 공중위생 등 공공의 안전과 안녕을 위하여 긴급히 필요한 경우

4 개인정보의 수집매체에 따른 동의를 받는 방법

개인정보보호법 시행령 제17조 제2항
1. 동의 내용이 적힌 서면을 정보주체에게 직접 발급하거나 우편 또는 팩스 등의 방법으로 전달하고, 정보주체가 서명하거나 날인한 동의서를 받는 방법 2. 전화를 통하여 동의 내용을 정보주체에게 알리고 동의의 의사표시를 확인하는 방법 3. 전화를 통하여 동의 내용을 정보주체에게 알리고 정보주체에게 인터넷주소 등을 통하여 동의 사항을 확인하도록 한 후 다시 전화를 통하여 그 동의 사항에 대한 동의의 의사표시를 확인하는 방법 4. 인터넷 홈페이지 등에 동의 내용을 게재하고 정보주체가 동의 여부를 표시하도록 하는 방법 5. 동의 내용이 적힌 전자우편을 발송하여 정보주체로부터 동의의 의사표시가 적힌 전자우편을 받는 방법 6. 그 밖에 제1호부터 제5호까지의 규정에 따른 방법에 준하는 방법으로 동의 내용을 알리고 동의의 의사표시를 확인하는 방법

수집매체 5가지 방법에 준하는 방법
전자문서를 통해 동의내용을 정보주체에게 알리고 정보주체가 전자서명을 받는 방법, 개인명의의 휴대전화 문자메세지를 이용한 동의, 신용카드 비밀번호를 입력하는 방법 등도 해당된다

5 개인정보의 수집·이용 시 고지사항

개인정보보호법(2024. 3. 15) 제15조 2항
1. 개인정보의 수집·이용 목적 2. 수집하려는 개인정보의 항목 3. 개인정보의 보유 및 이용 기간 4. 동의를 거부할 권리가 있다는 사실 및 동의 거부에 따른 불이익이 있는 경우에는 그 불이익의 내용

6 동의를 받을 때 충족해야 하는 조건

개인정보보호법 시행령 (2024. 9. 15) 제17조 1항
1. 정보주체가 자유로운 의사에 따라 동의 여부를 결정할 수 있을 것 2. 동의를 받으려는 내용이 구체적이고 명확할 것 3. 그 내용을 쉽게 읽고 이해할 수 있는 문구를 사용할 것 4. 동의 여부를 명확하게 표시할 수 있는 방법을 정보주체에게 제공할 것 ※ 단, 본 규정은 2024년 9월 15일부터 시행

※ 동의를 받을 때 충족해야 하는 실질적인 조건을 대법원 판례 및 EU GDPR을 참조하여 시행령에 명확히 규정하고, 현장에서의 준비기간을 고려하여 2024년 9월 15일부터 시행할 예정임

7 동의를 받는 경우 명확히 표시해야 하는 중요 내용

개인정보보호법 시행령 제17조 제3항

1. 개인정보의 수집·이용 목적 중 재화나 서비스의 홍보 또는 판매 권유 등을 위하여 해당 개인정보를 이용하여 정보주체에게 연락할 수 있다는 사실
2. 처리하려는 개인정보의 항목 중 다음 각 목의 사항
   가. 제18조에 따른 민감정보
   나. 제19조제2호부터 제4호까지의 규정에 따른 여권번호, 운전면허의 면허번호 및 외국인등록번호
3. 개인정보의 보유 및 이용 기간(제공 시에는 제공받는 자의 보유 및 이용 기간을 말한다)
4. 개인정보를 제공받는 자 및 개인정보를 제공받는 자의 개인정보 이용 목적

8 중요한 내용의 명확한 표시 방법

개인정보 처리 방법에 관한 고시 제4조

- 글씨의 크기, 색깔, 굵기 또는 밑줄 등을 통하여 그 내용이 명확히 표시되도록 할 것
- 동의 사항이 많아 중요한 내용이 명확히 구분되기 어려운 경우에는 중요한 내용이 쉽게 확인될 수있도록 그 밖의 내용과 별도로 구분하여 표시할 것

※ 종이 인쇄물, 컴퓨터 표시화면 등 서면 동의를 요구하는 매체의 특성과 정보주체의 이용 환경 등을 고려하여 정보주체가 쉽게 알아볼 수 있도록 표시

9 법정대리인이 동의했는지를 확인하는 방법

개인정보 보호법 시행령 제17조의2제1항

1. 동의 내용을 게재한 인터넷 사이트에 법정대리인이 동의 여부를 표시하도록 하고 개인정보처리자가그 동의 표시를 확인했음을 법정대리인의 휴대전화 문자메시지로 알리는 방법
2. 동의 내용을 게재한 인터넷 사이트에 법정대리인이 동의 여부를 표시하도록 하고 법정대리인의 신용카드·직불카드 등의 카드정보를 제공받는 방법
3. 동의 내용을 게재한 인터넷 사이트에 법정대리인이 동의 여부를 표시하도록 하고 법정대리인의 휴대전화 본인인증 등을 통하여 본인 여부를 확인하는 방법
4. 동의 내용이 적힌 서면을 법정대리인에게 직접 발급하거나 우편 또는 팩스를 통하여 전달하고, 법정대리인이 동의 내용에 대하여 서명날인 후 제출하도록 하는 방법
5. 동의 내용이 적힌 전자우편을 발송하고 법정대리인으로부터 동의의 의사표시가 적힌 전자우편을 전송받는 방법
6. 전화를 통하여 동의 내용을 법정대리인에게 알리고 동의를 받거나 인터넷주소 등 동의 내용을 확인할 수 있는 방법을 안내하고 재차 전화 통화를 통하여 동의를 받는 방법
7. 그 밖에 제1호부터 제6호까지의 규정에 준하는 방법으로서 법정대리인에게 동의 내용을 알리고 동의의 의사표시를 확인하는 방법

추가적인 이용·제공이 일회성으로 발생하는 경우

- 화장품을 판매한 소매점이 소비자(정보주체)의 동의를 받아 수집한 연락처 정보를 화장품 제조회사가 실시하는 소비자 보호 목적의 리콜 실시를 위해 화장품 제조회사에 제공하는 경우
- 고객이 가게에서 계산한 물건을 가져가지 않고 다른 고객이 실수로 그 물건을 가져간 경우 가게주인이 물건을 가져간 고객에게 연락하여 물건반환을 요청하기 위해 이용하는 경우
- 회사가 근로자의 경력증명을 위하여 취업규칙에 명시된 경력증명서 발급기간이 경과한 후 근로자의 요청에 따라 경력증명서를 발급하기 위해 개인정보를 이용하는 경우

(두음) 중요한 내용 명확 표시

홍민고기목자

(홍보, 민감, 고유식별정보, 기간, 제공받는 자, 목적)

⑩ 미성년자의 법정대리인

개인정보 보호법 시행령 제17조의2제1항
• 1차적으로 아동의 부모 등 친권자가 법정대리인에 해당(민법 제911조) • 미성년자에게 부모가 없거나 부모가 친권을 행사할 수 없는 때에는, 2차적으로 후견인이 법정 대리인이 되며, 후견인은 지정후견인(민법 제931조), 선임후견인(민법 제932조) 순서를 따름

⑪ 개인정보의 추가적인 이용 시 고려사항

항목	3.1.3 주민등록번호 처리 제한
당초 수집 목적과 관련성이 있는지 여부	• 당초 수집 목적과 추가적 이용·제공의 목적 사이에 관련성을 고려하여야 함 • 관련성이 있다는 것은 당초 수집 목적과 추가적 이용·제공의 목적이 서로 그 성질 이나 경향 등에 있어서 연관이 있다는 것을 의미함
개인정보를 수집한 정황 또는 처리 관행에 비추어 볼 때 개인정보의 추가적인 이용 또는 제공에 대한 예측 가능성이 있는지 여부	• 수집 정황이나 처리 관행에 비추어 합리적으로 예측 가능 한지 고려하여야 함 • 정황은 개인정보의 수집 목적·내용, 추가적 처리를 하는 개인정보처리자와 정보주체 간의 관계, 현재의 기술 수준과 그 기술의 발전 속도 등 비교적 구체적 사정을 의미하고, 관행은 개인정보 처리가 비교적 오랜 기간 정립된 일반적 사정을 의미함
정보주체의 이익을 부당하게 침해하는지 여부	• 정보주체의 이익을 부당하게 침해하는지 여부는 정보주체의 이익을 실질적으로 침해하는지와 해당 이익 침해가 부당한지를 고려하여야 함 • 추가적인 이용의 목적이나 의도와의 관계에서 판단되어야 함
가명처리 또는 암호화 등 안전성 확보에 필요한 조치를 하였는지 여부	• 개인정보 침해 우려를 최소화하기 위하여, 가명처리 또는 암호화 등 안전성 확보에 필요한 조치를 하여야 함
개인정보의 추가적인 이용 시 고려하여야 할 사항	• 개인정보처리자는 위 고려사항에 대한 구체적 기준을 스스로 정하여 개인정보 처리방침에 미리 공개하여야 함

⑫ (Bad) 개인정보 수집 항목을 포괄적으로 고지한 사례

▶ 개인정보 수집·이용 동의

○○○○는 "개인정보 보호법"에 따라 본인의 동의를 얻어 맞춤형 광고, 이벤트, 타깃 마케팅 서비스 제공을 위한 개인정보를 수집·이용합니다.

1. 개인정보 수집 목적 : 맞춤서비스, 이벤트, 타깃 마케팅
2. 개인정보 수집 항목 : 휴대전화번호, 쿠키, 이메일(등)
3. 보유 및 이용기간 : 회원탈퇴시(이벤트 종료시)

"수집목적과 수집항목을 구체적으로 명시하도록 개선"

수집 목적	수집 항목	보유기간
맞춤형 광고 경품행사	생년월일, 성별, 휴대전화번호, 이메일, 주소	수집일로부터 6개월 00년 00월 00일까지

* 귀하는 개인정보 수집에 동의를 거부할 권리가 있으며, 거부에 따른 불이익은 없습니다.

위 개인정보 수집·이용에 동의합니다.(선택) 동의 ☐ 동의하지 않음 ☐

추가적인 이용·제공이 지속적으로 발생하는 경우 (개인정보처리방침 공개)

- 정보주체가 택시 중개서비스 앱을 이용하기 위하여 이용계약을 체결하고 해당 택시 중개서비스 앱 사업자가 정보주체의 요청에 따른 택시 호출을 위해 정보주체의 개인정보를 제3자인 택시기사에게 제공하는 경우
- 인터넷 쇼핑몰(오픈마켓) 사업자가 상품 중개서비스 계약 이행을 위해 수집한 정보주체의 개인정보를 해당 인터넷 쇼핑몰에 입점하고 있는 제3자인 상품 판매자에게 배송 등 계약 이행을 목적으로 제공하는 경우
- 통신판매중개플랫폼 사업자가 플랫폼 입점 사업자와 고객을 연결하는 플랫폼을 통해 플랫폼 이용자의 이름, 주소, 연락처, 주문내역, 결제 내역 등의 개인정보를 거래 확인 및 배송 등을 위한 목적으로 입점 사업자에게 제공하는 경우
- 통신과금서비스 제공자가 소액결제 등 휴대전화 결제 서비스를 제공하는 과정에서 서비스 이용 계약을 체결 하고 통신과금서비스를 이용 중인 정보주체의 가입자식별정보, 결제일시·결제금액 등 결제내역정보를 결제 목적으로 이동통신사에 제공하는 경우

⑬ (Bad) 마케팅 목적으로 동시에 여러 개의 연락처 정보 수집 사례

▶ 개인정보 수집·이용 동의

○○○○는 "개인정보 보호법"에 따라 본인의 동의를 얻어 서비스 제공을 위한 개인정보를 수집·이용합니다.

1. 개인정보 수집 목적 및 항목

- 멤버십 마일리지 관리 : 성명, 아이디, 비밀번호

- 여행상품 안내 등 마케팅 : 휴대폰번호, 집 전화번호, 회사 전화번호, 주소, 이메일

2. 보유 및 이용기간 : 회원 탈퇴 시

* 개인정보 수집·이용에 대해서 거부할 수 있으며, 거부시에는 마일리지 적립 및 여행상품 안내를 받을 수 없습니다.

위 개인정보 수집·이용에 동의합니다.(선택) 동의 □ 동의하지 않음 □

수집 목적별로 개인정보 수집항목 등을 명확히 알리고 동의를 받아야 함

수집 목적	이용 내역	수집 항목	보유 기간	동의 여부(선택)
관심분야 상품 맞춤형 정보 제공	웹 매거진 발송(월1회)	이메일	회원 탈퇴 시까지	☑
이벤트	SMS를 통한 이벤트 참여 기회 제공	휴대전화번호	○○년 ○○월 ○○일까지	☑
맞춤형 광고	관심 상품 관련 쿠폰 배송	주소	수집일로부터 6개월	□

⑭ (Bad) 개인정보 수집 동의서에 동의 거부 시 불이익 안내

▶ 개인정보 수집·이용 동의

○○○○는 다음과 같은 목적을 위하여 개인정보를 수집하고 있습니다.

1. 개인정보 수집 목적 및 수집 항목

① 회원가입

- 회원제 서비스 이용에 따른 본인 식별 : 성명, 아이디, 중복확인정보, 생년월일, 비밀번호, 이메일, 주소, 전화번호
- 맞춤형 서비스 제공을 위한 자료 : 생년월일, 이메일, 휴대폰번호

② 서비스 이용정보

- 사용자 이용 편의서비스 제공, 이용정보 분석, 사이버 공격을 대비한 자료 취득 : 접속 IP, 이용한 콘텐츠 로그, 쿠키

2. 보유 및 이용기간 : 회원 탈퇴시

※ 고객님께서는 상기 동의를 거부할 수 있습니다.

다만, 이에 동의하지 않을 경우에는 관련 서비스에 제한이 있을 수 있습니다.

동의서에 동의 거부 시 제한되는 서비스를 구체적으로 안내하고 있지 않음

위 개인정보 수집·이용에 동의합니다.(선택) 동의 □ 동의하지 않음 □

⑮ (Bad) 개인정보 수집·이용 동의서에 수집 목적 안내 미흡 사례

▶ 개인정보 수집·이용 동의

개인정보 수집 목적(누락) ← 개인정보 수집·이용 동의서에 개인정보 수집 목적 미고지

1. 개인정보 수집 항목 : 혈액형, 장애여부, 직업
2. 보유 및 이용기간 : 수집일로부터 6개월

* 개인정보 수집·이용에 동의를 거부할 권리가 있으며, 동의 거부시 홍보 및 맞춤형 광고 제공이 불가합니다

위 개인정보 수집·이용에 동의합니다.(선택) 동의 □ 동의하지 않음 □

⑯ (Good) 동의를 받는 경우 중요 내용을 명확히 표시한 사례

□ 개인정보 수집·이용 내역

제공받는 자	제공목적	제공 항목	보유기간
○○계열사	채용절차 진행	학력, 경력	「채용공정화에 관한 법률」에 따라 채용 종료 후 180일까지

□ 민감정보 처리 내역

항목	수집목적	보유기간
정신질환 여부	운전직 채용 관리	「채용공정화에 관한 법률」에 따라 채용 종료 후 180일까지

□ 고유식별정보 수집·이용 내역

항목	수집목적	보유기간
운전면허번호	운전직 채용 관리	「채용공정화에 관한 법률」에 따라 채용 종료 후 180일까지

□ 개인정보 3자 제공 내역

제공받는 자	제공목적	제공 항목	보유기간
○○호텔	홍보 및 마케팅	관심 여행지, 여행이력	1년

(출처 : 개인정보 수집·제공 동의서 작성 가이드라인)

⑰ 개인정보의 수집·이용이 가능한 경우 상세

수집 이용 가능	설명	업무	근거
법률에 특별한 규정	• 법률에서 개인정보의 수집·이용을 구체적으로 요구하거나 허용하고 있어야 함 • 법률에 위임근거가 없는 한 시행령이나 시행규칙에 규정하는 것은 안됨	채권추심	신용정보법 제40조(신용정보회사등의 금지사항)
		순보험요율 산출	보험업법 제176조(보험요율산출기관)
		진료기록의 열람	자동차 손해배상 보장법 제14조(진료기록의 열람 등)
		병역판정 검사	병역법 제11조의2(자료의 제출 요구 등
		진료기록의 송부	의료법 제21조의2(진료기록의 송부 등)

수집 이용 가능	설명	업무	근거
법령상 의무 준수	• 법령에서 개인정보처리자에게 일정한 의무를 부과하고 있는 경우로서 해당 개인정보처리 자가 그 의무 이행을 위해서는 불가피하게 개인정보를 수집·이용할 수밖에 없는 경우 • 법률에 의한 의무뿐만 아니라 시행령, 시행규칙에 따른 의무도 포함	본인확인	정보통신망법 제44조의5 게시판이용자의 본인확인
			공직선거법 제82조의6 인터넷언론사 게시판·대화방 등의 실명확인
			금융실명거래 및 비밀보장에 관한 법률 제3조 금융실명거래를 위한 실명확인
			「법원경비관리대의 설치, 조직 및 분장사무 등에 관한 규칙」 제5조 청사 출입자의 신분을 확인
			선원법 신원조사
		연령 확인	청소년보호법 제16조: 청소년유해매체물 판매·대여·배포 시 연령 확인
			청소년보호법제26조 인터넷게임 이용 시 연령 확인
			청소년보호법 제29조 청소년유해업소 업주는 종업원을 고용 시 연령 확인
			「민법」상 미성년자 보호제도 미성년자와 거래 연령 확인
공공기관이 법령 등에서 정하는 소관업무	• 공공기관의 경우에는 개인정보를 수집할 수 있도록 명시적으로 허용하는 법률 규정이 없더 라도 법령 등에서 소관 업무를 정하고 있음	공공기관 소관 업무	「정부조직법」 및 각 기관별 직제령·직제규칙, 개별 조직법 등 「주민등록법」, 「국세기본법」, 「의료법」, 「국민건강보험법」 등
정보 주체와의 계약 체결·이행	• 정보주체와 계약 체결 및 이행을 위하여 정보주체의 동의를 받도록 하면 경제활동에 막대한 지장을 초래하고 동의 획득에 소요 되는 비용만 증가시키게 됨 • '계약체결'에는 계약체결을 위한 준비단계도 포함 • '계약이행'은 물건의 배송·전달이나 서비스의 이행과 같은 주된 의무의 이행뿐만 아니라 부수의무 즉 경품배달, 계약 체결	계약체결	보험회사가 계약체결을 위해 청약자의 자동차사고 이력, 다른 유사보험의 가입여부
			거래 체결 전에 거래상대방의 신용도 평가
			회사가 취업지원자와 근로계약 체결 전에 지원자의 이력서, 졸업증명서, 성적증명서 수집
		계약 이행	고객이 주문한 상품을 배송하기 위하여 주소, 연락처 정보를 수집
			경품행사시 당첨자에게 경품을 발송하기 위해 주소와 연락처 수집
			쇼핑몰이 주문시 포인트를 지급하기로 약정하고 주문정보 수집

수집 이용 가능	설명	업무	근거
급박한 생명·신체·재산상 이익	• 명백히 정보주체 또는 제3자의 급박한 생명, 신체, 재산의 이익을 위하여 필요하다고 인정되는 경우	명백히 정보주체 등의 이익	명백하게 정보주체 또는 제3자의 생명·신체·재산상의 이익 제3자의 재산상 이익은 정보주체의 생명·신체상 이익을 앞설 수는 없다고 봄
		급박한 생명·신체·재산상 이익	조난·홍수 등으로 실종되거나 고립된 사람을 구조 아파트에 화재가 발생한 경우, 집안에 있는 사람 구조 의식불명이나 중태에 빠진 환자의 수술 등 의료조치 고객이 전화사기(보이스피싱)에 걸린 것으로 보여 은행이 임시로 자금이체 중단
개인정보 처리자의 정당한 이익 달성	• 개인정보처리자의 정당한 이익을 달성하기 위하여 필요한 경우로서 명백하게 정보주체의 권리보다 우선하는 경우	개인정보 처리자의 정당한 이익	요금 징수 및 정산, 채권추심, 소 제기 및 진행 등을 위하여 증빙자료를 조사·확보 정보주체로부터 직접 제공받은 성명·주민등록번호 등의 정보가 아니더라도 사업자가 생성한 정보도 개인정보의 '수집'행위에 해당 도난방지, 시설안전 등을 위해서 회사 출입구(현관), 엘리베이터, 복도 등에 CCTV를 설치·운영
친목단체의 운영	• 친목단체는 친목단체의 운영을 위하여 회원의 개인정보를 수집·이용하는 경우	친목단체의 운영	자원봉사, 취미, 정치, 종교 등 공통의 관심사나 목표를 전제로 단체를 이루는 구성원 상호간 친교하면서 화합을 조성하는 것을 목적

(바른 뜻) 법정대리인
법정대리인이란 본인의 의사에 의하지 않고 법률의 규정의 의하여 대리인이 된 자로 미성년자의 친권자, 후견인, 법원이 선임한 부재자의 재산관리인, 상속재산관리인, 유언집행자 등이 이에 해당한다.

3.개인정보 처리단계별 요구사항 ▶ 3.1. 개인정보 수집 시 보호조치

개인정보 최소한 정보 수집, 최소 이외 개인정보 미동의 가능 사실 고지, 거부권

항목	3.1.2 개인정보 수집 제한
인증기준	개인정보를 수집하는 경우 처리 목적에 필요한 최소한의 개인정보만을 수집하여야 하며, 정보주체가 선택적으로 동의할 수 있는 사항 등에 동의하지 아니한다는 이유로 정보주체에게 재화 또는 서비스의 제공을 거부하지 않아야 한다.

3.1.2 요건 수준
Level 1. 법규 수준
1. 법규 : 개보법
2. 내규 : 해당
3. 인증기준 : 해당
4. 위험평가 : 해당

유사 인증기준

3.1.1 개인정보 수집·이용
3.1.3 주민등록번호 처리 제한
3.1.4 민감정보 및 고유식별정보의 처리 제한
3.1.5 개인정보 간접수집
3.5.2 정보주체 권리보장

3.1.1 개인정보는 정보주체의 동의를 받거나 법령에 따라 수집하여야 하며, 만 14세 미만 아동의 경우에는 법정대리인의 동의를 받아야 함
3.1.3 주민등록번호는 법적 근거가 있는 경우를 제외하고는 수집·이용 등 처리할 수 없으며, 허용된 경우라 하더라도 대체수단을 제공
3.1.4 민감정보와 고유식별정보를 처리하기 위해서는 법령에서 처리를 허용하는 경우를 제외하고는 별도 동의를 받아야 함
3.1.5 정보주체 이외로부터 개인정보를 수집 시 최소한의 개인정보만 수집하고 법령에 근거하거나 정보 주체 요구가 있으면 수집 출처, 처리목적, 처리정지의 요구 권리를 알려야 함
3.5.2 정보주체가 개인정보의 열람, 정정·삭제 등의 권리행사 방법 및 절차를 수립·이행하고, 요구를 받은 경우 지체 없이 처리하고 기록 보존

항목	3.1.2 개인정보 수집 제한
주요 확인사항	• 개인정보를 수집하는 경우 그 목적에 필요한 범위에서 최소한의 정보만을 수집하고 있는가? • 정보주체의 동의를 받아 개인정보를 수집하는 경우 필요한 최소한의 정보 외의 개인정보 수집에는 동의하지 않을 수 있다는 사실을 구체적으로 알리고 있는가? • 정보주체가 수집 목적에 필요한 최소한의 정보 이외의 개인정보 수집에 동의하지 않는다는 이유로 서비스 또는 재화의 제공을 거부하지 않도록 하고 있는가?
관련 법규	• 개인정보 보호법 제16조(개인정보의 수집제한), 제22조(동의를 받는 방법)
증적 자료 등 준비사항	• 온라인 개인정보 수집 양식(홈페이지 회원가입 화면, 이벤트 참여 화면 등) • 오프라인 개인정보 수집 양식(멤버십 가입신청서 등) • 개인정보 처리방침
결함사례	• 계약의 체결 및 이행을 근거로 정보주체 동의 없이 개인정보를 수집하면서 계약의 체결 및 이행을 위해 반드시 필요하지 않은 개인정보 항목까지 과도하게 수집하는 경우 • 정보주체로부터 선택사항에 대한 동의를 받으면서 해당 개인정보 수집에는 동의하지 아니할 수 있다는 사실을 구체적으로 알리지 않은 경우 • 회원가입 양식에서 필수와 선택 정보를 구분하여 별도 동의를 받도록 되어 있었으나, 선택정보에 대하여 동의하지 않아도 회원가입이 가능함을 정보주체가 인지할 수 있도록 구체적으로 알리지 않은 경우(개인정보 입력 양식에 개인정보 항목별로 필수, 선택 여부가 표시되어 있지 않은 경우 등) • 홈페이지 회원가입 화면에서 선택사항에 대하여 동의하지 않거나 선택정보를 입력하지 않으면 다음 단계로 넘어가지 않거나 회원가입이 차단되는 경우 • 채용 계약 시 채용 예정 직무와 직접 관련이 없는 가족사항 등 과도한 개인정보를 수집하는 경우
결함예시	OO 신청기관은 ISMS-P 인증을 신청하여 외부에서 신청기관 채용사이트를 운영하고 있으나 채용사이트에서 채용지원 시 불필요한 개인정보(가족사항, 취미, 특기 등)를 필수항목으로 수집하고 있음

❶ 인증기준 취지

3.1.2 개인정보 수집 제한은 정보주체의 개인정보를 수집함에 있어 최소 수집의 원칙 준수를 위한 인증기준이다. 최소한의 정보 이외의 개인정보는 대개 서비스 본질적인 기능보다는 맞춤형 서비스 기능으로 사생활 정보, 민감정보, 마케팅 관련 정보인 경우가 많다. 어떤 기업은 전혀 사용하지 않는 개인정보를 관행상 수집하기도 한다. 정보주체의 사생활 침해를 최소화하기 위해서는 수집하는 개인정보의 항목을 개인정보 처리자의 업무상 필요한 최소한의 항목으로 제한되어야 한다. 최소한의 정보가 아닌 정보는 선택항목으로 구분하여 수집에 동의하지 않더라도 본질적인 서비스 제공까지 거부해서는 안 된다. 만약, 필수정보 이외 추가적인 정보도 필수정보로 구분하여 수집을 하여야 한다면 입증책임은 개인정보 처리자에게 있다.

❷ 인증기준 상세

확인사항	요구 사항	관련 사항
서비스 제공 또는 법령에 근거하여 최소한의 정보 수집	• 개인정보를 수집하는 경우 서비스 제공 또는 법령에 근거한 처리 등을 위해 필요한 범위 내에서 최소한의 정보만을 수집하여야 함	• 정보주체의 동의를 받거나 법령에 따른 개인정보 수집 또는 계약의 체결·이행 등을 위해 불가피하게 개인정보를 수집하는 경우에도 최소한의 개인정보만을 수집해야 함 ▶ ❶ 참조 • 최소한의 개인정보에 대한 입증책임은 개인정보처리자(정보통신서비스 제공자)가 부담하므로 필수로 수집하는 정보에 대하여 서비스 제공 등에 필요한 최소한의 개인정보임을 입증할 수 있어야 함(최소한의 개인정보란 해당 서비스의 본질적 기능을 위하여 반드시 필요한 정보를 말함)
개인정보 수집 포괄 동의의 금지	• 정보주체의 동의를 받아 개인정보를 수집하는 경우 필요한 최소한의 정보 외의 개인정보 수집에는 동의하지 않을 수 있다는 사실을 구체적으로 알려야 함	• 어떤 정보가 필요 최소한의 정보이고 아닌지를 정보주체가 쉽게 알아볼 수 있도록 구분해서 고지 • 필요 최소한의 정보가 아닌 정보에 대해서는 재화 또는 서비스의 이용에 방해를 받음이 없이 자유롭게 동의를 거부할 수 있음을 고지 ▶ ❷ 참조
재화, 서비스 등의 제공 거부 금지	• 정보주체가 수집 목적에 필요한 최소한의 정보 이외의 개인정보를 제공하지 않는다는 이유로 서비스 또는 재화의 제공을 거부하지 않도록 해야 함	• 정보주체가 선택항목에 대한 동의를 거부하더라도 서비스의 이용이 가능하다는 사실을 명확하게 표시하여 알 수 있도록 고지 • 회원가입 과정에서 선택정보에 대하여 동의를 하지 않거나 입력을 하지 않더라도 회원가입 등 필수적인 서비스는 이용이 가능하도록 구현

최소한의 개인정보 (예시)

1. 쇼핑업체가 고객에게 상품을 배송하기 위해 수집한 이름, 주소, 전화번호 등은 필요 최소한의 개인정보라 할 수 있으나, 직업, 생년월일 등 배송과 관련 없는 개인정보를 요구하는 것은 최소 정보의 범위를 벗어난 것임
2. 경품 행사에 응모한 고객에게 경품추첨 사실을 알리는데 필요한 개인정보 외에 응모자의 성별, 자녀 수, 동거 여부 등 사생활의 비밀에 관한 정보, 고유식별정보 등을 요구하는 것은 최소 정보의 범위를 벗어난 것임
3. 취업 희망자의 경력, 전공, 자격증 등에 관한 정보는 업무 능력을 판단하기 위한 최소한의 정보라 할 수 있으나 가족관계, 결혼유무, 본적(원적) 등에 관한 정보는 최소한의 정보를 벗어난 것임

❸ (Bad) 채용 계약과 관련없는 가족사항 등 과도한 개인정보 수집 사례

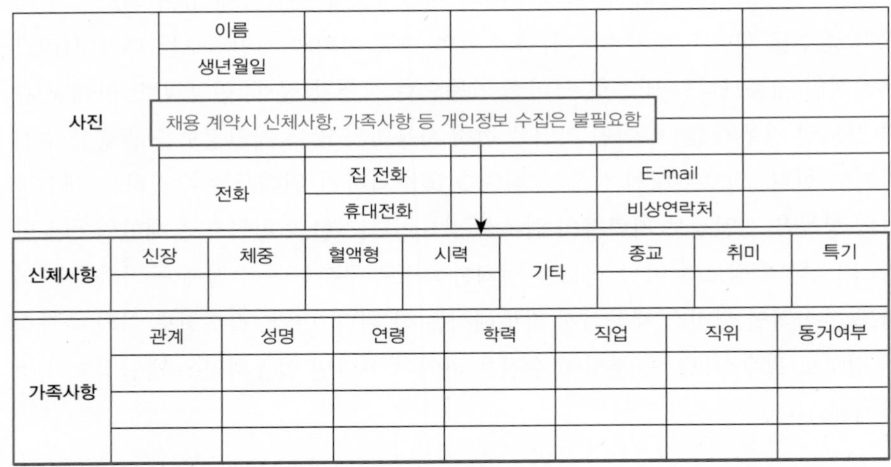

사진	이름				
	생년월일				
	전화	집 전화		E-mail	
		휴대전화		비상연락처	

신체사항	신장	체중	혈액형	시력	기타	종교	취미	특기

가족사항	관계	성명	연령	학력	직업	직위	동거여부

채용 계약시 신체사항, 가족사항 등 개인정보 수집은 불필요함

❹ (Bad) 최소한의 정보 이외의 개인정보에 동의하지 않는 경우 서비스제공이 거부된 경우 사례

▶ 개인정보 수집·이용 동의

OOOO는 "개인정보보호법"에 따라 동의를 얻어 홍보 및 마케팅 활용 개인정보를 수집·이용합니다.

1. 개인정보 수집 목적 : 신상품 홍보 및 맞춤형 광고, 타겟 마케팅
2. 개인정보 수집 항목 : 이메일
3. 보유 및 이용기간 : 회원 탈퇴 시

안내

개인정보 수집 이용 동의에 모두 동의하셔야 합니다.

확인

• 귀하는 개인정보 수집에 동의를 거부할 권리가 있으며, 거부에 따른 불이익은 없습니다.

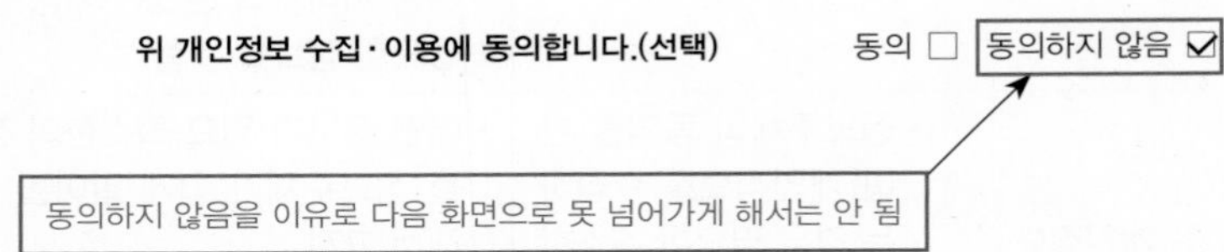

위 개인정보 수집·이용에 동의합니다.(선택)
동의 ☐ 동의하지 않음 ☑
동의하지 않음을 이유로 다음 화면으로 못 넘어가게 해서는 안 됨

주민번호 수집 법적 근거, 법조항 구체적 식별, 대체수단 제공

항목	3.1.3 주민등록번호 처리 제한
인증기준	주민등록번호는 법적 근거가 있는 경우를 제외하고는 수집·이용 등 처리할 수 없으며, 주민등록번호의 처리가 허용된 경우라 하더라도 인터넷 홈페이지 등에서 대체수단을 제공하여야 한다.
주요 확인사항	1) 주민등록번호는 명확한 법적 근거가 있는 경우에만 처리하고 있는가?
	2) 주민등록번호의 수집 근거가 되는 법조항을 구체적으로 식별하고 있는가?
	3) 법적 근거에 따라 주민등록번호를 처리하는 경우에도 정보주체가 인터넷 홈페이지를 통하여 회원으로 가입하는 단계에서는 주민등록번호를 사용하지 아니하고도 회원으로 가입할 수 있는 방법을 제공하고 있는가?
관련 법규	• 개인정보보호법 제24조의2(주민등록번호 처리의 제한) • 정보통신망법 제23조의2(주민등록번호의 사용 제한)
증적 자료 등 준비사항	• 개인정보 수집 양식(홈페이지 회원가입 화면, 이벤트 참여, 멤버십 가입신청서 등) • 온라인 개인정보 수집 양식(본인확인 등 대체가입수단 제공 화면) • 주민등록번호를 처리하는 경우 주민등록번호 처리 근거 증거자료 • 개인정보 처리방침
결함사례	• 홈페이지 가입과 관련하여 실명확인 등 단순 회원관리 목적을 위하여 정보주체의 동의에 근거하여 주민등록번호를 수집한 경우 • 정보주체의 주민등록번호를 시행규칙이나 지방자치단체의 조례에 근거하여 수집한 경우 • 비밀번호 분실 시 본인확인 등의 목적으로 주민등록번호 뒤 6자리를 수집하지만, 관련된 법적 근거가 없는 경우 • 채용전형 진행단계에서 법적 근거 없이 입사지원자의 주민등록번호를 수집한 경우 • 콜센터에 상품, 서비스 관련 문의 시 본인확인을 위하여 주민등록번호를 수집한 경우 • 주민등록번호 수집의 법적 근거가 있다는 사유로 홈페이지 회원가입 단계에서 대체가입수단을 제공하지 않고 주민등록번호를 입력받는 본인확인 및 회원가입 방법만을 제공한 경우
결함예시	OO공공기관은 차세대 개인정보처리시스템을 신규 도입하면서 이전 DB에 남아있던 주민등록번호 DB를 별도 사유 없이 파기하지않고 보관해두고 있으며, 차세대 시스템 도입을 이유로 암호화하지 않고 이전 DB의 주민등록번호를 그대로 보관하고 있음

3.1.3 요건 수준
Level 1. 법규 수준
1. 법규 : 개보법, 망법
2. 내규 : 해당
3. 인증기준 : 해당
4. 위험평가 : 해당

유사 인증기준
3.1.1 개인정보 수집·이용
3.1.2 개인정보 수집 제한
3.1.4 민감정보 및 고유식별정보의 처리 제한
3.1.5 개인정보 간접수집
3.5.2 정보주체 권리보장
3.1.1 개인정보는 정보주체의 동의를 받거나 법령에 따라 수집하여야 하며, 만 14세 미만 아동의 경우에는 법정대리인의 동의를 받아야 함
3.1.2 개인정보는 서비스 제공을 위하여 필요한 최소한의 정보를 수집하여야 하며, 선택정보를 제공하지 않는다는 이유로 서비스 제공 거부 금지
3.1.4 민감정보와 고유식별정보를 처리하기 위해서는 법령에서 처리를 허용하는 경우를 제외하고는 별도 동의를 받아야 함
3.1.5 정보주체 이외로부터 개인정보를 수집 시 최소한의 개인정보만 수집하고 법령에 근거하거나 정보 주체 요구가 있으면 수집 출처, 처리목적, 처리정지의 요구 권리를 알려야 함
3.5.2 정보주체가 개인정보의 열람, 정정·삭제 등의 권리행사 방법 및 절차를 수립·이행하고, 요구를 받은 경우 지체 없이 처리하고 기록 보존

1 인증기준 취지

3.1.3 주민등록번호 처리 제한은 대한민국 국민임을 증명하는 주민등록번호의 처리의 제한에 관한 인증기준이다. 주민등록번호는 우리나라만의 특수한 고유식별

(두음) 주민등록번호 처리 허용 사례

법급보 / 본

1. 개인정보보호법
   - 법률, 급박, 보호위원회

2. 정보통신망법
   - 본인확인기관

정보로 13자리의 번호 하나만으로 개인을 완벽하게 식별할 수 있다. 게다가 그 번호안에는 다양한 정보가 포함되어 있다. 성별, 생년월일, 출생지 등이 이에 해당한다. 이러한 이유로 주민등록번호는 명확한 법적 근거가 있는 경우를 제외하고는 처리를 엄격히 제한하고 있다. 설령 수집할 수 있는 법적 근거가 있다 하더라도 아이핀, 휴대폰 인증 등 대체수단을 제공하여 정보주체의 주민등록번호 수집을 대체하도록 해야 한다.

2 인증기준 상세

확인사항	요구 사항	관련 사항
주민등록번호의 원칙적 처리 금지	• 주민등록번호는 아래와 같이 법적 근거가 있는 경우를 제외하고는 수집 등 처리할 수 없음	• 주민등록번호 수집 등 처리가 가능한 경우 - 동의에 근거한 수집은 불가함
주민등록번호 처리 근거 법조항 식별 및 입증 책임	• 주민등록번호를 처리하는 경우에는 해당 처리의 근거가 되는 법조항을 구체적으로 식별하여 입증할 수 있어야 함	• "법령에서 구체적으로 주민등록번호의 처리를 요구하거나 허용한 경우"라 함은 법률 또는 대통령령, 총리령, 부령에 개인정보처리자로 하여금 주민등록번호 처리를 요구·허용하도록 하는 구체적인 근거규정이 마련되어 있는 것을 의미함 ▶ 3~4 참조 • 개인정보 보호법 제24조의2제1항제1호는 주민등록번호를 처리할 수 있는 법령의 범위를 한정하고 있으므로 시행규칙을 근거로는 주민등록번호 처리 불가 • 개인정보 보호법 제24조의2제1항제2호에 따라 정보주체 또는 제3자의 급박한 생명, 신체, 재산의 이익을 위하여 명백히 필요하다고 인정되는 경우에는 예외적으로 주민등록번호의 처리 가능 • 개인정보 보호법 제24조의2제1항 각 호에서 정하는 예외사유에 해당되지 않는 한 주민등록번호를 수집하거나 제3자에게 제공하거나 저장·보유하는 것도 금지됨 ▶ 5 참조
주민등록번호 대체 수단 제공	• 법적 근거에 따라 주민등록번호 수집·이용이 가능한 경우에도 홈페이지 회원가입 단계 또는 본인확인 절차상에 주민등록번호를 대체하는 수단을 제공하여야 함	• 주민등록번호 대체가입수단 예시 : 아이핀, 휴대전화, 신용카드, 인증서 등

❸ 법령에 근거한 주민등록번호 수집 (예시)

1. 각급 행정기관의 훈령·예규·고시 및 지방자치단체의 조례·규칙 등은 주민등록번호 수집의 근거가 될 수 없음
2. 법령에서 단순히 신원확인 또는 연령확인 등의 의무만을 규정하고 있다면 이는 주민등록번호에 대한 처리근거를 구체적으로 규정한 것에 해당하지 않음
3. 주민등록번호 전체가 아니라 뒤 7자리만 수집·이용하는 것은 주민등록번호의 부여 체계를 활용하여 주민등록번호의 고유한 특성, 즉 유일성과 식별성을 이용하는 행위이므로 이는 주민등록번호 전체를 수집·이용하는 것으로 볼 수 있음(뒤 7자리 중 일부만 처리하는 경우에도 마찬가지임)

❹ 주민등록번호 수집 등 처리가 가능한 경우

개인정보 보호법 제24조의 2 제1항 (주민등록번호 처리의 제한)	정보통신망법 제23조의2 제1항 (주민등록번호의 사용 제한)
1. 법률·대통령령·국회규칙·대법원규칙·헌법재판소규칙·중앙선거관리위원회규칙 및 감사원규칙에서 구체적으로 주민등록번호의 처리를 요구하거나 허용한 경우 2. 정보주체 또는 제3자의 급박한 생명, 신체, 재산의 이익을 위하여 명백히 필요하다고 인정되는 경우 3. 주민등록번호 처리가 불가피한 경우로서 개인정보보호위원회가 고시로 정하는 경우	1. 제23조의3에 따라 본인확인기관으로 지정받은 경우 2. 「전기통신사업법」 제38조제1항에 따라 기간통신사업자로부터 이동통신서비스 등을 제공받아 재판매하는 전기통신사업자가 제23조의3에 따라 본인확인기관으로 지정받은 이동통신사업자의 본인확인 업무 수행과 관련하여 이용자의 주민등록번호를 수집·이용하는 경우

❺ 주민등록번호 수집·이용 허용 법령 사례

법률	수집주체	사유
금융실명 거래 및 비밀 보장에 관한 법률	• 금융회사 등 (은행, 보험회사 및 카드회사 등)	• 금융거래 시 거래자의 성명·주민등록번호로 실지명의 확인
전자상거래 등에서의 소비자 보호에 관한 법률	• 전자상거래 사업자 (쇼핑몰 등 전자상거래업자)	• 거래 기록 및 그와 관련한 개인정보(성명, 주민번호 등) 보존
전자금융 거래법	• 금융기관 또는 전자금융업자	• 전자화폐를 사용하고자 할 경우 실지명의와 연결하여 관리
부가가치 세법	• 재화 또는 용역을 공급하는 자 (일반 사업자)	• 세금계산서에 공급받은 자의 주소, 성명, 주민번호 기재
소득세법	• 원천징수 의무자	• 원천징수영수 영수증 주민등록번호 기재
의료법	• 병원	• 진단서, 처방전, 진료기록부의 기재사항에 주민번호 포함

법률	수집주체	사유
보험업법	• 금융위원회보험요율 산출기관, 보험협회, 보험회사	• 각 호에서 정하는 업무 수행에 불가피한 경우
자격기본 법	• 공인자격 관리자	• 공인자격증 기재사항 및 관리를 위해 주민번호 수집·이용 가능
고용보험 법	• 사업주 또는 훈련기관	• 직업능력개발 훈련비용 청구를 위한 지원서 작성시 훈련생의 주민번호 기재
전기통신 사업법	• 전기통신 사업자가 수사기관에 제출	• 수사기관이 전기통신사업법에 의한 통신자료 요청 시
전자서명 법		• 공인인증기관
방송법	• 방송사업자	• 방송사업자에 대해 정보 공개 요구
벤처기업 육성에 관한 특별조치 법	• 벤처기업	• 주식교환시 주주의 주민번호 기재사항

6 주민등록번호 처리 관련 적법성 판단 예시

- 시행규칙 및 각급 행정기관의 훈령·예규·고시 및 지방자치단체의 조례·규칙 등은 주민등록번호 수집의 근거가 될 수 없음
- 법령에서 단순히 신원확인 또는 연령확인 등의 의무만을 규정하고 있다면 이는 주민등록번호에 대한 처리근거를 구체적으로 규정한 것에 해당하지 않음
- 주민등록번호 전체가 아니라 뒤 7자리만 수집·이용하는 것은 주민등록번호의 부여 체계를 활용하여 주민등록번호의 고유한 특성, 즉 유일성과 식별성을 이용하는 행위이므로 이는 주민등록번호 전체를 수집·이용하는 것으로 볼 수 있음(뒤 7자리 중 일부만 처리하는 경우에도 마찬가지임)
- 입사지원자가 최종 합격하여 직원이 되기 전까지는 법률이나 대통령령에서 기업이 해당 지원자의 주민등록번호를 처리하도록 하는 규정이 없으므로, 이력서·지원서 등에 주민등록번호를 기재하도록 하는 것은 금지됨. 다만 최종합격한 후에는 고용보험 등 4대 보험 가입, 급여 원천징수 등을 위해 관련 법률이나 대통령령에서 정하는 바에 따라 기업이 해당 지원자의 주민등록번호를 수집 등 처리하는 것은 가능
- 신분확인 목적으로 주민등록번호가 기재된 신분증을 육안으로 확인하고 돌려주는 행위는 주민등록번호를 수집하는 행위가 아니므로 주민등록번호 처리금지 원칙에 위배되지 않음

민감정보&고유식별정보 별도 동의, 법령 구체적 근거, 민감정보 공개가능성

항목	3.1.4 민감정보 및 고유식별정보의 처리 제한
인증기준	민감정보와 고유식별정보(주민등록번호 제외)를 처리하기 위해서는 법령에서 구체적으로 처리를 요구하거나 허용하는 경우를 제외하고는 정보주체의 별도 동의를 받아야 한다.
주요 확인사항	1) 민감정보는 정보주체로부터 별도의 동의를 받거나 관련 법령에 근거가 있는 경우에만 처리하고 있는가?
	2) 고유식별정보(주민등록번호 제외)는 정보주체로부터 별도의 동의를 받거나 관련 법령에 구체적인 근거가 있는 경우에만 처리하고 있는가?
	3) 재화 또는 서비스를 제공하는 과정에서 공개되는 정보에 정보주체의 민감정보가 포함됨으로써 사생활 침해의 위험성이 있다고 판단하는 때에는 재화 또는 서비스의 제공 전에 민감정보의 공개 가능성 및 비공개를 선택하는 방법을 정보주체가 알아보기 쉽게 알리고 있는가?
관련 법규	• 개인정보 보호법 제23조(민감정보의 처리제한), 제24조(고유식별정보의 처리 제한)
증적 자료 등 준비사항	• 온라인 개인정보 수집 양식(홈페이지 회원가입 화면, 이벤트 참여 등) • 오프라인 개인정보 수집 양식(회원가입신청서 등) • 개인정보 처리방침
결함사례	• 장애인에 대한 요금감면 등 혜택 부여를 위해 장애여부 등 건강에 관한 민감정보를 수집하면서 다른 개인정보 항목에 포함하여 일괄 동의를 받은 경우 • 회원가입 시 외국인에 한해 외국인등록번호를 수집하면서 다른 개인정보 항목에 포함하여 일괄 동의를 받은 경우 • 민감정보 또는 고유식별정보에 대하여 별도 동의를 받으면서 고지해야 할 4가지 사항 중에 일부를 누락하거나 잘못된 내용으로 고지하는 경우(동의 거부 권리 및 동의 거부에 따른 불이익 사항을 고지하지 않은 경우 등)
결함예시	OO기업은 민감정보를 수집하면서 개인정보 수집동의서상에 별도로 표시하지 않고 마케팅 동의항목과 합쳐서 일괄로 동의를 받고 있음

1 인증기준 취지

3.1.4 민감정보 및 고유식별정보의 처리 제한은 정보주체의 프라이버시 정보와 주민등록번호가 아닌 고유식별정보의 처리를 제한하는 인증기준이다. 개인의 신체상의 장애나 종교적인 신념 등의 정보가 노출되는 경우 심각한 사생활 침해를 입을 수 있다. 고유식별정보는 주민등록번호보다는 민감도가 낮지만 개인을 직접 식별할 수 있는 정보이기 때문에 처리를 제한해야 한다. 여기서 제한한다는 것은 전면 금지하는 것은 아니며, 정보주체의 동의나 법령에 근거하여서만 수집해야 함을 의미한다.

3.1.4 요건 수준
Level 1. 법규 수준
1. 법규 : 개보법
2. 내규 : 해당
3. 인증기준 : 해당
4. 위험평가 : 해당

유사 인증기준
3.1.1 개인정보 수집·이용
3.1.2 개인정보 수집 제한
3.1.3 주민등록번호 처리 제한
3.1.5 간접수집 보호조치
3.5.2 정보주체 권리보장
3.1.1 개인정보는 정보주체의 동의를 받거나 법령에 따라 수집하여야 하며, 만 14세 미만 아동의 경우에는 법정대리인의 동의를 받아야 함
3.1.2 개인정보는 서비스 제공을 위하여 필요한 최소한의 정보를 수집하여야 하며, 선택정보를 제공하지 않는다는 이유로 서비스 제공 거부 금지
3.1.3 주민등록번호는 법적 근거가 있는 경우를 제외하고는 수집·이용 등 처리할 수 없으며, 허용된 경우라 하더라도 대체수단을 제공
3.1.5 정보주체 이외로부터 개인정보를 수집 시 최소한의 개인정보만 수집하고 법령에 근거하거나 정보 주체 요구가 있으면 수집 출처, 처리목적, 처리정지의 요구 권리를 알려야 함
3.5.2 정보주체가 개인정보의 열람, 정정·삭제 등의 권리행사 방법 및 절차를 수립·이행하고, 요구를 받은 경우 지체 없이 처리하고 기록 보존

(두음) 민감정보의 정의와 종류

노사정유 범건성 특인

개인정보보호법 민감정보
1. 사상·신념
2. 노동조합·정당의 가입·탈퇴
3. 정치적 견해
4. 건강, 성생활 등에 관한 정보
5. 그 밖에 정보주체의사 생활을 현저히 침해할 우려가 있는 개인정보로서 대통령령이 정하는 정보

개인정보보호법 시행령 민감정보
1. 유전자검사 등의 결과로 얻어진 유전정보
2. 「형의 실효 등에 관한 법률」 제2조제5호에 따른 범죄경력자료에 해당하는 정보
3. 개인의 신체적, 생리적, 행동적 특징에 관한 정보로서 특정 개인을 알아볼 목적으로 일정한 기술적 수단을 통해 생성한 정보
4. 인종이나 민족에 관한 정보

※ 유전정보, 범죄경력 정보는 공공기관이 업무수행을 위하여 처리하는 경우에는 민감정보로 보지 아니하므로, 이 경우에는 정보주체로부터의 별도 동의 없이 처리가 가능

2 인증기준 상세

확인사항	요구 사항	관련 사항
민감정보 별도 동의 또는 법령 근거 처리	• 민감정보는 원칙적으로 처리하여서는 안됨 다만 정보주체로부터 동의를 받거나 관련 법령에 근거가 있는 경우에 한하여 처리할 수 있음	• 민감정보의 범위 1. 사상·신념 : 각종 이데올로기 또는 사상 적 경향, 종교적 신념 등 2. 정치적 견해 : 정치적 사안에 대한 입장이나 특정 정당의 지지여부에 관한 정보 3. 노동조합·정당의 가입·탈퇴 : 노동조합 또는 정당의 가입·탈퇴에 관한 정보 4. 건강 및 성생활에 관한 정보 : 개인의 과 거 및 현재의 병력, 신체적·정신적 장애(장 애 등급 유무 등), 성적취향 등에 관한 정보, 혈액형은 이에 해당하지 않음 5. 사생활을 현저하게 침해할 우려가 있는 개인정보 • 민감정보의 처리가 가능한 경우 1. 정보주체로부터 다른 개인정보의 처리에 대한 별도의 동의를 받은 경우 2. 법령에서 민감정보의 처리를 요구하거나 허용하는 경우 ▶ 3 참조
고유식별정보 별도 동의 또는 법령 근거 처리	• 고유식별정보(주민등록번호 제외)는 정보주체로부터 별도의 동의를 받거나 관련 법령에 구체적인 근거가 있는 경우에만 처리하여야 함	• 고유식별정보의 범위 1. 주민등록번호(동의에 근거한 수집 불가) 2. 여권번호 3. 운전면허번호 4. 외국인 등록번호 • 고유식별정보 수집이 가능한 경우 1. 정보주체로부터 개인정보의 처리에 대한 동의와 별도로 동의를 받는 경우 2. 법령에서 구체적으로 고유식별정보의 처리를 요구하거나 허용하는 경우 ▶ 3 참조
민감정보의 공개 가능성 및 비공개를 선택하는 방법 공개 또는 통지	• 사생활 침해의 위험성이 있다고 판단하는 때에는 재화 또는 서비스의 제공 전에 민감정보의 공개 가능성 및 비공개를 선택하는 방법을 정보주체 통지	• 고유재화 또는 서비스를 제공하는 과정에서 공개되는 정보에 정보주체의 민감정보가 포함됨으로써 사생활 침해의 위험성이 있다고 판단하는 때에는 재화 또는 서비스의 제공 전에 민감정보의 공개 가능성 및 비공개를 선택하는 방법을 정보주체가 알아보기 쉽게 알려야 함 • 해당되는 경우 개인정보 처리방침에도 공개 필요

3 공공기관이 업무수행을 위해 정보주체 별도 동의 없이 처리 가능 경우

개인정보보호법 시행령 제18조(민감정보의 범위) 공공기관 해당 정보
개인정보보호법 시행령 제19조(고유식별정보의 범위) 공공기관 해당 정보

5. 개인정보를 목적 외의 용도로 이용하거나 이를 제3자에게 제공하지 아니하면 다른 법률에서 정하는 소관 업무를 수행할 수 없는 경우로서 보호위원회의 심의·의결을 거친 경우
6. 조약, 그 밖의 국제협정의 이행을 위하여 외국정부 또는 국제기구에 제공하기 위하여 필요한 경우
7. 범죄의 수사와 공소의 제기 및 유지를 위하여 필요한 경우
8. 법원의 재판업무 수행을 위하여 필요한 경우
9. 형(刑) 및 감호, 보호처분의 집행을 위하여 필요한 경우

4 (Bad) 향후 이용 가능성이 낮은데도 민감정보 수집 사례

▶ 개인정보 수집·이용 동의

○○○○는 "개인정보보호법"에 따라 동의를 얻어 홍보 및 마케팅 활용 개인정보를 수집·이용합니다.

1. 개인정보 수집 목적 : 회사의 상품/서비스에 대한 이용실적 정보와 분석 및 고객의 관심에 부합하는 서비스와 이벤트 기획 및 개인별 최적화된 서비스 제공
2. 개인정보 수집 항목 : 설치한 애플리케이션 관련 정보(App 패키지 명, 버전, 설치경로, 이용횟수, 이용시간), 이용환경(단말기 모델명, OS, 통신사)정보, 기기관리 번호

   • 위 정보 중 이용자가 이용한 애플리케이션에 따라 (i)사상, 신념, (ii)노동조합, 정당의 가입, 탈퇴, (iii)정치적 견해, (iv)건강, 성생활 등에 관한 정보, (v)유전정보, 형의 실효에 관한 법률상 범죄 경력에 해당하는 정보가 포함될 수 있음
3. 보유 및 이용기간 : 회원 탈퇴 시 또는 동의 철회 시까지 민감정보 수집 시에는 다른 정보와 별도로 동의 필요

• 개인정보 수집·이용에 동의를 거부할 권리가 있으며, 동의를 거부할 경우 상품 홍보 및 이벤트 참여를 제한 받을 수 있습니다.

위 개인정보 수집 이용에 동의합니다.(선택) 동의 ☐ 동의하지 않음 ☐

민감정보의 수집 필요성이 불분명하면서 수집 가능성에 대하여 동의를 요구

5 (Good) 민감정보 처리에 대한 별도 동의 사례

아래와 같이 민감정보를 처리합니다.

항목	수집목적	보유기간
건강정보	맞춤형 건강정보 제공	3년

※ 위와 같이 개인정보를 처리하는 데 동의를 거부할 권리가 있습니다.
그러나 동의를 거부할 경우 일부 서비스 제공이 제한될 수 있습니다.

위와 같이 민감정보를 처리하는데 동의하십니까?

동의		미동의	

(두음) 공공기관 동의 없이 처리 경우

소조 범법형

1. 소관 업무+보호위원회
2. 조약 이행
3. 범죄 수사
4. 법원 재판
5. 형 집행

Q&A

법과 시행령이 정한 것 이외에 개인에게 민감한 정보면 모두 민감정보가 될 수 있는가?

법과 시행령은 사상, 신념, 노동조합(정당)의 가입/탈퇴, 정치적 견해, 건강, 성생활, 유전정보, 범죄경력, 개인의 신체적, 생리적, 행동적 특징, 인종이나 민족에 관한 정보로 한정하고 있으므로, 그 이외의 정보는 민감정보에 해당하지 않는다.

Q&A

장애우에 대한 요금감면 혜택을 제공하기 위해서는 상세한 장애등급 정보가 필요한데, 수집할 수 있는지?

전기통신사업법 제4조는 전기통신사업자에게 '보편적 역무' 제공을 의무화하고 있으며, 대통령령에서는 '보편적 역무' 중의 하나로 '장애인·저소득층 등에 대한 요금감면 서비스'를 규정하고 있다. 따라서 이 경우는 법 제23조제2호의 법령에서 민감정보의 처리를 요구하거나 허용하는 경우로서, 장애우 요금감면 혜택을 위한 장애등급 정보 수집이 가능하다.

6 (Good) 고유식별정보 처리에 대한 별도 동의 사례

아래와 같이 고유식별정보를 처리합니다.

항목	수집목적	보유기간
여권번호	출입증 발급 시, 본인확인 용도	2년

※ 위와 같이 개인정보를 처리하는 데 동의를 거부할 권리가 있습니다.
그러나 동의를 거부할 경우 일부 서비스 제공이 제한될 수 있습니다.
위와 같이 고유식별정보를 처리하는데 동의하십니까?

동의		미동의	

3.1.5 요건 수준
Level 1. 법규 수준
1. 법규 : 개보법
2. 내규 : 해당
3. 인증기준 : 해당
4. 위험평가 : 해당

유사 인증기준
3.1.1 개인정보 수집·이용
3.1.2 개인정보 수집 제한
3.1.3 주민등록번호 처리 제한
3.1.4 민감정보 및 고유식별정보의 처리 제한
3.1.1 개인정보는 정보주체의 동의를 받거나 법령에 따라 수집하여야 하며, 만 14세 미만 아동의 경우에는 법정대리인의 동의를 받아야 함
3.1.2 개인정보는 서비스 제공을 위하여 필요한 최소한의 정보를 수집하여야 하며, 선택정보를 제공하지 않는다는 이유로 서비스 제공 거부 금지

3.개인정보 처리단계별 요구사항 ▶ 3.1. 개인정보 수집 시 보호조치

간접수집 동의획득 책임(제공자), 사회통념 동의 의사 이용, 자동수집장치, 통지(요구, 처리자), 보관

항목	3.1.5 개인정보 간접수집
인증기준	정보주체 이외로부터 개인정보를 수집하거나 제3자로부터 제공받는 경우에는 업무에 필요한 최소한의 개인정보를 수집하거나 제공받아야 하며, 법령에 근거하거나 정보주체의 요구가 있으면 개인정보의 수집 출처, 처리목적, 처리정지의 요구권리를 알려야 한다.
주요 확인사항	1) 정보주체 이외의 제3자로부터 개인정보를 제공받는 경우 개인정보 수집에 대한 동의획득 책임이 개인정보를 제공하는 자에게 있음을 계약을 통하여 명시하고 있는가?
	2) 공개된 매체 및 장소에서 개인정보를 수집하는 경우 정보주체의 공개 목적·범위 및 사회 통념상 동의 의사가 있다고 인정되는 범위 내에서만 수집·이용하고 있는가?
	3) 서비스 계약 이행을 위해 필요한 경우로서, 서비스 제공 과정에서 자동수집장치 등에 의하여 수집·생성하는 개인정보의 경우에도 최소수집 원칙을 적용하고 있는가?
	4) 정보주체 이외로부터 수집하는 개인정보에 대해 정보주체의 요구가 있는 경우 즉시 필요한 사항을 정보주체에게 알리고 있는가?
	5) 정보주체 이외로부터 수집한 개인정보를 처리하는 경우 개인정보의 종류·규모 등이 법적 요건에 해당하는 경우 필요한 사항을 정보주체에게 알리고 있는가?
	6) 정보주체에게 수집 출처에 대해 알린 기록을 해당 개인정보의 파기 시까지 보관· 관리하고 있는가?

항목	3.1.5 개인정보 간접수집
관련 법규	• 개인정보보호법 제16조(개인정보의 수집 제한), 제19조(개인정보를 제 공받은 자의 이용·제공 제한), 제20조(정보주체 이외로부터 수집한 개인 정보의 수집 출처 등 통지)
증적 자료 등 준비사항	• 개인정보 제공 관련 계약서(제공하는 자와의 계약 사항) • 개인정보 수집출처에 대한 정보주체 통지 내역 • 개인정보 처리방침
결함사례	• 인터넷 홈페이지, SNS에 공개된 개인정보를 수집하고 있는 상태에서 정보주체의 수집 출처 요구에 대한 처리절차가 존재하지 않은 경우 • 개인정보 보호법 제17조제1항제1호에 따라 다른 사업자로부터 개인정보 제공동의를 근거로 개인정보를 제공받았으나, 이에 대하여 해당 정보주체에게 3개월 내에 통지하지 않은 경우(다만 제공받은 자가 5만 명 이상 정보주체의 민감정보 또는 고유식별정보를 처리하거나 100만 명 이상 정보주체의 개인정보를 처리하는 경우) • 법적 의무 대상자에 해당되어 개인정보 수집 출처를 정보주체에게 통지하면서 개인정보의 처리목적 또는 동의를 철회할 권리가 있다는 사실 등 필수 통지사항을 일부 누락한 경우 • 법적 의무 대상자에 해당되어 개인정보 수집 출처를 정보주체에게 통지하였으나, 수집 출처 통지에 관한 기록을 해당 개인정보의 파기 시까지 보관하지 않은 경우

1 인증기준 취지

3.1.5 개인정보 간접수집은 정보주체 이외의 대상으로부터 개인정보를 수집하는 경우 준수해야 하는 인증기준이다. 정보주체로부터 직접 개인정보를 수집하는 경우에는 정보주체가 해당 사실을 알기 쉽다. 그러나 간접적으로 수집하는 경우에는 해당 사실을 알기 어렵다. 그렇기 때문에 정보주체에게 간접수집에 대해 쉽게 알리는 방법을 제공해야 한다. 본 인증기준에서는 법에서 명시한 간접수집 시 통지 의무와 통지 방법, 시기 등을 준수하는지 등을 포함하고 있다.

2 인증기준 상세

확인사항	요구 사항	관련 사항
간접수집 적법성 확인 및 계약 명시	• 정보주체 이외의 개인 정보를 제공받는 경우 적법한 절차에 따라 수 집·제공되는 정보인지 여부를 확인하고 개인 정보 수집에 대한 동의 획득 책임이 개인정보를 제공하는 자에게 있음을 계약을 통해 구체적으로 명시하여야 함	• 정보주체 이외의 개인정보를 제공받는 경우 적법한 절차에 따라 수집·제공되는 정보 인지 여부를 확인 • 개인정보 수집에 대한 동의 획득 책임이 개인정보를 제공하는 자에게 있음을 계약을 통해 구체적으로 명시하여야 함

3.1.3 주민등록번호는 법적 근거가 있는 경우를 제외하고는 수집·이용 등 처리할 수 없으며, 허용된 경우라 하더라도 대체수단을 제공
3.1.4 민감정보와 고유식별정보를 처리하기 위해서는 법령에서 처리를 허용하는 경우를 제외하고는 별도 동의를 받아야 함

(심화) 정보주체 이외의 의미

정보주체 이외로부터 수집한 개인정보에는 제3자로부터 제공받은 정보, 신문·잡지·인터넷 등에 공개되어 있어 수집한 정보 등이 해당된다. 예를 들어, 인물 DB 사업자가 학교·기관 홈페이지 등에 공개된 자료를 통하여 개인정보를 수집하는 경우가 이에 해당한다. 그러나 자체적으로 생산하거나 생성된 정보는 제외한다.

개인정보 수집 출처 통지 거부 사유(개인정보보호법 제20조제4항)

1. 통지를 요구하는 대상이 되는 개인정보가 개인정보 보호법 제32조제2항 각 호의 어느 하나에 해당하는 개인정보파일(국가 안전, 외교상 비밀, 범죄의 수사, 다른 법령에 따라 비밀로 분류 등개인정보파일의 등록 및 공개 제외 대상)에 포함되어 있는 경우
2. 통지로 인하여 다른 사람의 생명·신체를 해할 우려가 있거나 다른 사람의 재산과 그 밖의 이익을 부당하게 침해할 우려가 있는 경우

확인사항	요구 사항	관련 사항
공개된 매체에서 수집 시 정보주체 동의 의사 표시 명확화	• SNS, 인터넷 홈페이지 등 공개된 매체 또는 장소에서 개인정보를 수집하는 경우 정보주체의 동의 의사가 명확히 표시되거나 인터넷 홈페이지 등의 표시 내용에 비추어 사회 통념상 동의 의사가 있다고 인정되는 범위 내에서만이용할 수 있음	• SNS, 인터넷 홈페이지 등 공개된 매체 또는 장소에서 개인정보를 수집하는 경우 정보주 체의 동의 의사가 명확히 표시되어야 함 • 인터넷 홈페이지 등의 표시 내용에 비추어 사회 통념상 동의 의사가 있다고 인정되는 범위 내에서만 이용할 수 있음
서비스 계약 이행 및 제공을 위해 필요한 최소한의 개인정보 수집	• 서비스 계약 이행을 위해 필요한 경우로서 사업자가 서비스 제공 과정에서 자동수집장치 등에 의해 수집·생성되는 개인정보(통화기록, 접속로그, 결제기록, 이용내역 등)에 대해서도 해당 서비스의 계약 이행 및 제공을 위해 필요한 최소한의 개인정보만을 수집하여야 함	• 서비스 계약 이행을 위해 필요한 경우로서 사업자가 서비스 제공 과정에서 자동수집장치 등에 의해 수집·생성되는 개인정보(통화 기록, 접속로그, 결제 기록, 이용내역 등)에 대해서도 해당 서비스의 계약 이행 및 제공을 위해 필요한 최소한의 개인정보만을 수집하여야 함 – 다만 서비스 제공 이행과는 무관한 목적으로 수집하는 경우에는 선택 동의 항목으로 분류하여 별도의 사전 동의를 받아야 함(예를 들어, 쿠키를 통해 수집하는 형태정보를 분석하여 개인별 맞춤형 광고에 활용되는 경우 등)
정보주체의 요구가 있을 시 정보주체 고지	• 정보주체 이외로부터 수집하는 개인정보에 대해 정보주체의 요구가 있으면 즉시 필요한 사항을 정보주체에게 알림	• 정보주체의 요구가 있는 경우 알려야 하는 사항 • 1. 개인정보의 수집 출처 • 2. 개인정보의 처리 목적 • 3. 개인정보 처리의 정지를 요구하거나 동의를 철회할 권리 • 정당한 사유가 없는 한 정보주체의 요구가 있는 날로부터 3일 이내에 알려야 함(표준 개인정보보호지침 제9조제1항) • 고지로 인하여 다른 사람의 생명·신체를 해할 우려가 있는 등으로 인하여 정보주체의 요구를 거부하는 경우에는 정당한 사유가 없는 한 정보주체의 요구가 있었던 날로부터 3일 이내에 그 거부의 근거와 사유를 알려야 함(표준 개인정보보호지침 제9조제2항)

개인정보 자동수집장치

1. 이용자에게 개별적인 맞춤서비스를 제공하기 위해 이용정보를 저장하고 수시로 불러오는 '쿠키(cookie)'를 사용
2. 쿠키는 웹사이트를 운영하는데 이용되는 서버(http)가 이용자의 컴퓨터 브라우저에게 보내는 소량의 정보이며 이용자들의 PC 컴퓨터 내 하드디스크에 저장되기도 함
3. 쿠키의 사용목적은 이용자가 방문한 각 서비스와 웹사이트들에 대한 방문 및 이용형태, 인기 검색어, 보안접속 여부 등을 파악하여 이용자에게 최적화된 정보 제공을 위해 사용됨

Q&A

외식업 매장에서는 전화 예약이 많이 이루어지며 고객명, 휴대전화번호 등의 개인정보를 수집하게 되는데, 이렇게 수집된 개인정보를 추후에 고객 만족도 설문조사(전화)를 위해 활용할 수 있는지?

서비스를 이용한 고객의 개인정보를 추후 만족도 조사만을 위해 이용하는 것은 '계약의 체결·이행에 불가피하게 필요한 경우'로 판단할 수 있으므로 별도 동의 없이도 이용이 가능하다. 다만 만족도 조사 이외에 다른 상품·서비스의 홍보 등에 이용하는 것은 목적 외 이용에 해당될 수 있으므로 주의하여야 한다.

(참고) 고지 거부 사유

고지로 인하여 다른 사람의 생명·신체를 해할 우려가 있거나 다른 사람의 재산과 그 밖의 이익을 부당하게 침해할 우려가 있는 때에도 개인정보처리자는 정보주체의 고지요구를 거부

확인사항	요구 사항	관련 사항
간접수집 처리 시 정보주체 통지	• 정보주체이외로부터 수집한 개인정보를 처리하는 때에는 개인정보의 종류·규모 등 법적 요건에 해당하는 경우 필요한 사항을 정보주체에게 통지	• 통지 의무 요건 및 방법 ▶ 3 참조 • 개인정보 보호법 제17조제1항제1호에 따라 정보주체의 개인정보 제3자 제공 동의를 근거로 다른 개인정보처리자로부터 개인정보를 제공받은 경우 통지 의무가 부과됨 • 개인정보처리자가 수집한 정보에 연락처 등 정보주체에게 알릴 수 있는 개인정보가 포함되지 아니한 경우에는 알리지 않아도 됨
수집출처 알린기록 보관·관리	• 정보주체에게 수집출처에 대해 알린 기록을 해당 개인정보의 파기 시까지 보관·관리하여야 함	• 수집출처 고지 관련 보관·관리해야 할 정보(개인정보보호법 시행령 제15조의2제3항) • 1. 정보주체에게 알린 사실 • 2. 알린 시기 • 3. 알린 방법

3 통지 의무 요건 및 방법

구분	내용
통지의무가 부과되는 개인정보처리자 요건	• 5만 명이상 정보주체에 관한 민감정보 또는 고유식별정보를 처리하는 자 • 100만 명이상의 정보주체에 관한 개인정보를 처리하는 자
통지해야 할 사항	• 개인정보의 수집 출처 • 개인정보의 처리 목적 • 개인정보 처리의 정지를 요구하거나 동의를 철회할 권리가 있다는 사실
통지 시기	• 개인정보를 제공받는 날로부터 3개월 이내 • 단, 동의를 받은 범위에서 연 2회 이상 주기적으로 개인정보를 제공받아 처리하는 경우에는 제공받은 날로부터 3개월 이내에 통지하거나 그 동의를 받은 날로부터 기산하여 연1회 이상 통지
통지 방법	• 서면·전화·문자전송·전자우편 등 정보주체가 쉽게 알 수 있는 방법
통지 예외	• 통지를 요구하는 대상이 되는 개인정보가 제32조제2항 각 호의 어느 하나에 해당하는 개인정보파일에 포함되어 있는 경우 • 통지로 인하여 다른 사람의 생명·신체를 해할 우려가 있거나 다른 사람의 재산과 그 밖의 이익을 부당하게 침해할 우려가 있는 경우 ※ 다만, 이 법에 따른 정보주체의 권리보다 명백히 우선하는 경우에 한함

할 수 있다. 예컨대 수사기관이 제보자 또는 참고인의 신분을 피의자에게 알릴 경우 생명·신체의 위험이 따를 수도 있으므로 개인정보의 출처 고지를 거부할 수 있다. 단, 개인정보보호법에 따른 정보주체의 권리보다 명백히 우선하는 경우에 한한다.

(두음) 개인정보 간접수집

1. 3일 사시방
   - 3일이내, 사실, 시기, 방법
2. 5민고 100개
   - 5만, 민감, 고유식별
   - 100만 개인정보
3. 3개월 연2연1
   - 3개월, 연2회 제공 시 연1회
4. 출목정
   - 출처, 목적, 정지요구 및 동의철회 권리

Q&A

대학 홈페이지 등에 공개된 교수 등의 개인정보를 이용하여 인물DB를 만들려 하는 경우 어떻게 해야 하는지?

이른바 '공개된 개인정보'는 당초 공개된 목적 내에서만 이용할 수 있다. 예컨대 동창회 명부라면 해당 회원들의 상호 연락 및 친목 도모에만 이용될 수 있으며, 회원의 동의를 얻지 않은 마케팅 행위 등에는 이용할 수 없다.

대학 홈페이지 등에 공개된 교수의 개인정보는 학술연구와 자문, 저술활동, 기고 등에 쓰일 것을 전제하고 있다고 보이므로 정보주체에게 개인정보 수집에 대한 동의를 받을 필요는 없으나, 만약 정보주체가 요구한 경우에는 즉시 개인정보의 수집출처, 처리 목적, 개인정보 처리의 정지를 요구할 권리가 있다는 사실을 고지하여야 한다.

기타	• 법 제20조제2항에 따라 개인정보의 수집 출처 등에 관한 사항을 알리는 것과 법 제20조의2제1항에 따른 이용· 제공 내역의 통지를 함께 할 수 있음 • 정보주체에게 수집 출처에 대하여 알린 기록을 해당 개인정보의 파기 시까지 보관·관리(정보주체에게 알린 사실, 알린 시기, 알린 방법)

4 (Bad) 서비스 제공과 관련 없는 마케팅 목적으로 쿠키를 동의 받지 않고 수집한 경우

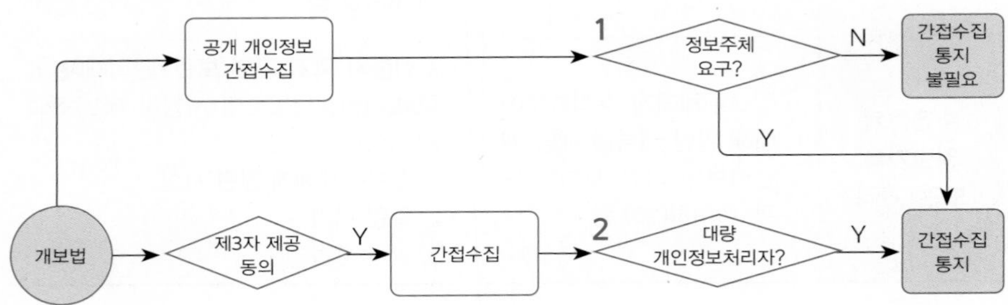

3.1.6 요건 수준
Level 1. 법규 수준
1. 법규 : 개보법
2. 내규 : 해당
3. 인증기준 : 해당
4. 위험평가 : 해당

3.개인정보 처리단계별 요구사항 ▶ 3.1. 개인정보 수집 시 보호조치

허용장소 및 목적, 공공기관 공청회, 안내판, 이동형 촬영 표시, 운영관리방침, 보관기간 만료 시 파기, 위탁 계약서

항목	3.1.6 영상정보처리기기 설치·운영
인증기준	고정형 영상정보처리기기를 공개된 장소에 설치·운영하거나 이동형 영상정보처리기기를 공개된 장소에서 업무를 목적으로 운영하는 경우 설치 목적 및 위치에 따라 법적 요구사항을 준수하고, 적절한 보호대책을 수립·이행하여야 한다.
주요 확인사항	1) 공개된 장소에 고정형 영상정보처리기기를 설치·운영할 경우 법적 허용 요건에 해당하는지를 검토하고 있는가?
	2) 공공기관 등이 공개된 장소에 고정형 영상정보처리기기를 설치·운영하려는 경우 공청회·설명회 개최 등의 법령에 따른 절차를 거쳐 관계 전문가 및 이해관계자의 의견을 수렴하고 있는가?
	3) 고정형 영상정보처리기기 설치·운영 시 정보주체가 쉽게 인식할 수 있도록 안내판 설치 등 필요한 조치를 하고 있는가?
	4) 업무를 목적으로 공개된 장소에서 이동형 영상정보처리기기를 운영하는 경우 법적 허용 요건에 해당하는지를 검토하고 있는가?
	5) 업무를 목적으로 공개된 장소에서 이동형 영상정보처리기기로 사람 또는 그 사람과 관련된 사물의 영상을 촬영하는 경우 불빛, 소리, 안내판 등의 방법으로 촬영 사실을 표시하고 알리고 있는가?

항목	3.1.6 영상정보처리기기 설치·운영
주요 확인사항	6) 영상정보처리기기 및 영상정보의 안전한 관리를 위한 영상정보처리기기 운영·관리 방침을 마련하여 시행하고 있는가?
	7) 영상정보의 보관 기간을 정하고 있으며, 보관 기간 만료 시 지체 없이 파기하고 있는가?
	8) 영상정보처리기기 설치·운영에 관한 사무를 위탁하는 경우 관련 절차 및 요건에 따라 계약서에 반영하고 있는가?
관련 법규	• 개인정보 보호법 제25조(고정형 영상정보처리기기의 설치·운영 제한), 제25조의2(이동형 영상정보처리기기의 운영 제한)
증적 자료 등 준비사항	• 영상정보처리기기 운영 현황 • 영상정보처리기기 안내판 • 영상정보처리기기 운영·관리방침 • 영상정보처리기기 관리화면(계정/권한 내역, 영상정보 보존기간 등) • 영상정보처리기기 운영 수탁자와의 계약서 및 점검 이력
결함사례	• 영상정보처리기기 안내판의 고지 문구가 일부 누락 되어 운영되고 있거나 영상정보처리기기 운영·관리 방침을 수립·운영하고 있지 않는 경우 • 영상정보처리기기 운영·관리 방침을 수립·운영하고 있으나 방침의 내용과 달리 보관기간을 준수하지 않고 운영되거나, 영상정보 보호를 위한 접근통제 및 로깅 등 방침에 기술한 사항이 준수 되지 않는 등 관리가 미흡한 경우 • 영상정보처리기기의 설치·운영 사무를 외부업체에 위탁하고 있으나 영상정보의 관리현황 점검에 관한 사항, 손해배상 책임에 관한 사항 등 법 령에서 요구하는 내용을 영상정보처리기기 업무 위탁 계약서에 명시하지 않은 경우 • 영상정보처리기기의 설치·운영 사무를 외부업체에 위탁을 주고 있으나 영상정보처리기기 안내판에 수탁자의 명칭과 연락처를 누락하여 고지한 경우
결함예시	OO리조트는 영상정보처리기기 안내판의 촬영 범위 및 시간, 관리책임자 등이 누락되어 있으며, 영상정보처리기기 운영·관리방침을 수립하여 운영하고 있으나 실제 방침상 저장되어야 하는 영상자료는 30일이지만 디스크용량의 부족으로 인해 15일간의 영상만 저장되고 있음

유사 인증기준

2.4.2 출입통제
2.4.4 보호설비 운영
2.4.7 업무환경 보안
2.10.1 보안시스템 운영
3.5.2 정보주체 권리보장

2.4.2 보호구역은 인가된 사람만이 출입하도록 통제하고 책임추적성을 위해 출입 이력을 주기적 검토

2.4.4 보호구역 내 정보시스템의 중요도에 따라 보호설비를 갖추고, 운영절차를 수립·운영

2.4.7 공용 사무용 기기 및 개인 업무환경을 통해 중요정보가 비인가자에게 노·유출되지 않도록 보호대책 수립·이행

2.10.1 보안시스템 유형별로 운영절차를 수립·이행하고 보안시스템별 정책적용 현황을 관리

3.5.2 정보주체가 개인정보의 열람, 정정·삭제 등의 권리행사 방법 및 절차를 수립·이행하고, 요구를 받은 경우 지체 없이 처리하고 기록 보존

1 인증기준 취지

3.1.6 영상정보처리기기 설치·운영은 공개된 장소에 영상정보처리기기를 설치, 운영하는 경우 준수사항과 보호대책 수립에 관한 인증기준이다. 영상정보처리기기에서 촬영한 동영상은 사진과 같은 정적인 이미지보다 개인에 대해 식별할 수 있는 가능성이 크다. 또한 다양한 개인 관련 정보가 포함되어 있다. 그렇게 때문에 설치하는 데 기준을 엄격히 적용하고 보호조치를 철저히 해야 한다. 또한 정보주체가 촬영에 대해 인지할 수 있도록 명확하게 알려야 한다. 그리고 정보주체가 영상정보에 대해 열람, 삭제를 요구할 때는 그 권리행사 방법을 제공해야 한다. 2023년 9월 개인정보보호법 개정으로 인해 이동형 영상정보 처리기기에 대한 운

영기준을 마련하였으며, 공개된 장소 등에서 업무 목적으로 이동형 영상정보처리기기를 이용하여 개인영상정보를 촬영하는 행위를 원칙적으로 제한하되 개인정보 수집·이용 사유(제15조제1항 각 호)에 해당하거나, 정보주체가 촬영 사실을 알 수 있었으나 거부의사를 밝히지 않은 경우 촬영할 수 있도록 하였다. 또한 촬영을 하는 경우에는 불빛, 소리, 안내판 등으로 촬영 사실을 표시하도록 하는 등 이동형 영상정보처리기기의 운영 기준 마련하여 자율주행차, 로봇, 드론 등이 주행 경로 주변의 영상을 촬영하여 장애물 파악 및 회피 등에 활용할 수 있도록 하였다. 단, 업무 목적이 아닌 사적인 용도의 이동형 영상정보처리기기를 통한 영상촬영에는 적용되지 않는다.(교통사고 발생시 원인분석 및 사고 대응 목적으로 운영하는 자동차 블랙박스. 다만 촬영된 영상을 별도의 업무상 목적으로 이용하는 경우에는 해당하지 않음)

영상정보처리기기기 적용 대상

이 법 제25조의 적용 대상은 공개된 장소에 영상정보처리기기를 설치·운영하는 '모든 자'에게 적용된다. 즉 업무를 목적으로 개인정보파일을 운용하기 위하여 영상정보를 처리하는 '개인정보 처리자'가 아니더라도 영상정보처리기기를 설치·운영하는 자라면 누구든지 영상정보처리기기에 관한 규제 대상에 포함된다.

고정형 영상정보처리기기의 범위(개인정보 보호법 시행령 제3조제1항)

1. 폐쇄회로 텔레비전: 다음 각 목의 어느 하나에 해당하는 장치
   가. 일정한 공간에 설치된 카메라를 통하여 지속적 또는 주기적으로 영상 등을 촬영하거나
   나 촬영한 영상정보를 유무선 폐쇄회로 등의 전송로를 통하여 특정 장소에 전송하는 장치
   나. 가목에 따라 촬영되거나 전송된 영상정보를 녹화·기록할 수 있도록 하는 장치
2. 네트워크 카메라: 일정한 공간에 설치된 기기를 통하여 지속적 또는 주기적으로 촬영한 영상정보를그 기기를 설치·관리하는 자가 유무선 인터넷을 통하여 어느 곳에서나 수집·저장 등의 처리를 할 수있도록 하는 장치

2 인증기준 상세

확인사항	요구 사항	관련 사항
공개된 장소에 고정형 영상정보 처리기기 설치·운영 시 법적 요건 검토	• 공개된 장소에 고정형 영상정보처리기기를 설치·운영할 경우 법적으로 허용한 장소 및 목적인지 검토하여야 함	• 공개된 장소에 고정형 영상정보처리기기를 설치·운영할 수 있는 경우 1. 법령에서 구체적으로 허용하고 있는 경우 2. 범죄의 예방 및 수사를 위하여 필요한 경우 3. 시설의 안전 및 관리, 화재 예방을 위하여 정당한 권한을 가진 자가 설치·운영하는 경우 4. 교통단속을 위하여 정당한 권한을 가진 자가 설치·운영하는 경우 5. 교통정보의 수집·분석 및 제공을 위하여 정당한 권한을 가진 자가 설치·운영하는 경우 6. 촬영된 영상정보를 저장하지 아니하는 경우로서 다음 중 어느 하나에 해당하는 경우로서 촬영된 영상을 별도로 저장하지 아니하는 경우 – 출입자 수 등 통계값 산출을 위해 필요한 경우 – 성별, 연령대 등 통계적 특성값을 도출하기 위해 필요한 경우 – 그 밖에 위의 2가지에 준하는 경우로서 개인정보 보호위원회의 심의·의결을 거친 경우 • 불특정 다수가 이용하는 목욕실, 화장실, 발한실, 탈의실 등 개인의 사생활을 현저히 침해할 우려가 있는 장소의 내부를 볼 수 있도록 영상정보처리기기를 설치·운영하는 것은 금지됨. 다만 교도소, 정신보건 시설 등 법령에 근거하여 사람을 구금하거나 보호하는 시설로서 대통령령으로 정하는 시설 – 교정시설, 정신의료기관, 정신질환자사회복귀시설 및 정신요양시설에 대하여는 예외적으로 허용됨

확인사항	요구 사항	관련 사항
공공기관은 설치·운영 시 공청회·설명회 등 의견 수렴	• 공공기관이 공개된 영상정보처리기기를 설치·운영하려는 경우 공청회·설명회 등의 법적 절차를 거쳐 관계 전문가 및 이해관계인의 의견을 수렴하여야 함	• 의견 수렴 절차를 거쳐야 하는 자 1. 공개된 장소에 고정형 영상정보처리기기를 설치·운영하려는 공공기관의 장 2. 개인의 사생활을 현저히 침해할 우려가 있는 장소의 내부를 볼 수 있도록 고정형 영상정보처리기기를 설치·운영하려는 교정시설, 정신의료기관, 정신요양시설, 정신재활시설 • 의견 수렴 절차 1. 『행정절차법』에 따른 행정예고의 실시 또는 의견청취 2. 영상정보처리기기의 설치로 직접 영향을 받는 지역 주민 등을 대상으로 하는 설명회·설문조사 또는 여론조사 • 의견 수렴 대상자 1. 관계 전문가 2. 해당 시설에 종사하는 사람, 해당 시설에 구금되어 있거나 보호받고 있는 사람 또는 그 사람의 보호자 등 이해관계인
정보주체가 인식할 수 있도록 안내판 설치	• 고정형 영상정보처리기기 설치·운영 시 정보주체가 쉽게 인식할 수 있도록 안내판을 설치하여야 함	• 안내판에 포함되어야 할 사항 ▶ 1 참조 1. 설치 목적 및 장소 2. 촬영 범위 및 시간 3. 관리책임자 성명 및 연락처 4. 위탁받은 자의 명칭 및 연락처(영상정보처리기기 설치·운영 사무 위탁 시) • 안내판 설치 예외 사항 1. 군사시설 2. 국가 중요시설 3. 국가 보안시설 • 안내판 설치 시 고려사항 – 정보주체가 쉽게 알아볼 수 있는 위치에 설치 – 건물 안에 여러개의 고정형 영상정보처리기기를 설치하는 경우에는 출입구 등 잘 보이는 곳에 해단 시설 또는 장소 전체가 고정형 영상정보처리기기 설치지역임을 표시하는 안내판 설치 가능 – 공공기관이 원거리 촬영, 과속·신호위반 단속 또는 교통흐름조사 등의 목적으로 고정형 영상정보처리기기를 설치하는 경우로서 개인정보 침해의 우려가 적은 경우, 산불감시용 고정형 영상정보처리기기를 설치하는 경우 등 장소적 특성으로 인하여 안내판을 설치하는 것이 불가능하거나 안내판을 설치하더라도 정보주체가 쉽게 알아볼 수 없는 경우에는 인터넷 홈페이지에 관련 사항 게재 가능

법률의 일부 적용 제외 (법 제58조 제2항)

제15조(개인정보의 수집·이용) 정보주체에 대한 개인정보 수집·이용 고지 및 동의획득 의무
▶ 안내판 설치 등의 의무로 대체

제22조(동의를 받는 방법) 정보주체에게 각각의 동의 사항을 구분하여 알리고 개별적으로 동의
▶ 공개된 장소에 설치된 영상정보처리기기는 불특정 다수의 특성상 동의곤란

제27조(영업양도 등에 따른 개인정보의 이전 제한) 영업의 양도·합병시 통지의무
▶ 불특정 다수의 특성상 통지곤란

제34조(개인정보 유출 등의 통지·신고) 개인정보 유출사고 발생시 정보주체에 대한 통지 및 관계기관에 대한 신고의무 ⇒ 불특정 다수의 특성상 통지곤란

제37조(개인정보의 처리정지 등) 개인정보처리자가 처리하고 있는 자신의 개인정보에 대한 처리정지 요구 ⇒ 특정 정보주체만 처리정지 불가

이동형 영상정보처리기기의 정의(개인정보 보호법 제2조제7호의2 및 동법 시행령 제3조제2항)
신체에 착용 또는 휴대하거나 이동 가능한 물체에 부착 또는 거치(据置)하여 사람 또는 사물의 영상 등을 촬영하거나 이를 유·무선망을 통하여 전송하는 장치로서 대통령령으로 정하는 장치를 말함

이동형 영상정보처리기기의 범위(개인정보 보호법 시행령 제3조제2항)
1. 착용형 장치: 안경 또는 시계 등 사람의 신체 또는 의복에 착용하여 영상 등을 촬영하거나 촬영한 영상정보를 수집·저장 또는 전송하는 장치
2. 휴대형 장치: 이동통신 단말장치 또는 디지털 카메라 등 사람이 휴대하면서 영상 등을 촬영하거나 촬영한 영상정보를 수집·저장 또는 전송하는 장치
3. 부착·거치형 장치: 차량이나 드론 등 이동 가능한 물체에 부착 또는 거치(据置)하여 영상 등을 촬영하거나 촬영한 영상정보를 수집·저장 또는 전송하는 장치

확인사항	요구 사항	관련 사항
공개된 장소에서 이동형 영상정보처리기기를 운영하는 경우 법적 허용 요건 검토	• 업무를 목적으로 공개된 장소에서 이동형 영상정보처리기기를 운영하는 경우 법적 허용 요건에 해당하는지를 검토하고 이에 따른 조치를 이행하여야 함	• 업무를 목적으로 공개된 장소에서 이동형 영상정보처리기기를 운영할 수 있는 경우 ▶ 2 참조 • 누구든지 불특정 다수가 이용하는 목욕실, 화장실, 발한실, 탈의실 등 개인의 사생활을 현저히 침해할 우려가 있는 장소의 내부를 볼 수 있는 곳에서 이동형 영상정보처리기기로 사람 또는 그 사람과 관련된 사물의 영상 촬영 금지. 다만 범죄, 재난, 화재 또는 이에 준하는 상황에서 인명의 구조·구급 등을 위해 영상 촬영이 필요한 경우에는 예외적으로 촬영 가능
이동형 영상정보처리기기 촬영 사실을 정보주체가 촬영 사실을 쉽게 알 수 있도록 표시	• 업무를 목적으로 공개된 장소에서 이동형 영상정보처리기기로 사람 또는 그 사람과 관련된 사물의 영상을 촬영하는 경우 불빛, 소리, 안내판 등의 방법으로 촬영 사실을 정보주체가 촬영 사실을 쉽게 알 수 있도록 표시하고 알려야 함	• 촬영 사실 표시 방법 : 불빛, 소리, 안내판, 서면, 안내방송 또는 그 밖에 이에 준하는 수단 • 촬영 사실 표시 예외 : 드론에 의한 항공촬영 등 촬영 방법의 특성으로 인해 정보주체에게 촬영 사실을 쉽게 알 수 있도록 표시하고 알리기 어려운 경우에는 개인정보 보호위원회가 이동형 영상정보처리기기의 촬영사실 표시를 지원하기 위하여 구축·운영하는 홈페이지를 통해 촬영 사실 및 목적, 촬영 일시 및 장소 등의 사항을 공지(표준 개인정보 보호지침 제39조의2제2항)
영상 정보처리기기 운영·관리 방침 마련	• 영상정보처리기기 운영자는 영상정보처리기기 및 영상정보의 안전한 관리를 위한 영상정보처리기기 운영·관리 방침을 마련하여 시행하여야 함	• 고정형 영상정보처리기기운영자의 경우 고정형 영상정보처리기기 운영·관리 방침을 마련하고, 이동형 영상정보처리기기운영자의 경우 이동형 영상정보처리기기 운영·관리 방침을 마련 • 영상정보처리기기 운영·관리 방침에 포함해야 할 사항 ▶ 3 참조 • 고정형 영상정보처리기기가 설치된 목적과 다른 목적으로 고정형 영상정보처리기기를 임의로 조작하거나 다른 곳을 비추지 않도록 규정에 포함할 필요가 있음 • 고정형 영상정보처리기기의 녹음 기능을 사용할 수 없도록 조치 필요
영상정보 보관기간 만료 시 지체 없이 삭제	• 영상정보의 보관 기간을 정하여 보관 기간 만료 시 지체 없이 삭제하여야 함	• 영상정보의 보유 목적 달성을 위한 최소한의 기간으로 보관 기간 결정 • 영상정보처리기기운영자가 그 사정에 따라 보유 목적의 달성을 위한 최소한의 기간을 산정하기 곤란한 때에는 보관 기간을 개인정보영상정보 수집 후 30일 이내로 함(표준 개인정보 보호지침 제41조 제2항)

확인사항	요구 사항	관련 사항
위탁 시 위탁 계약서에 문서화	• 영상정보처리기기 설치·운영에 관한 사무를 위탁하는 경우 다음 각호에 포함된 문서에 의하여야 함	• 영상정보처리기기 설치·운영사무 위탁 계약서에 포함되어야 할 내용 1. 위탁하는 사무의 목적 및 범위 2. 재위탁 제한에 관한 사항 3. 영상정보에 대한 접근 제한 등 안전성 확보 조치에 관한 사항 ▶ ❹ 참조 4. 영상정보의 관리 현황 점검에 관한 사항 5. 위탁받는 자가 준수해야 할 의무를 위반한 경우의 손해배상 등 책임에 관한 사항

❸ 안내판 및 홈페이지 게재 내용

CCTV 설치 안내

◆ **설치목적 : 범죄 예방 및 시설안전**

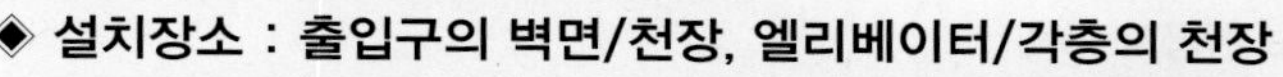

◆ **설치장소 : 출입구의 벽면/천장, 엘리베이터/각층의 천장**

◆ **촬영범위 : 출입구, 엘리베이터 및 각층 복도(360° 회전)**

◆ **촬영시간 : 24시간 연속 촬영**

◆ **관리책임자 : OOOO과 홍길동 (02-000-000)**

(설치·운영을 위탁한 경우)

◆ **수탁관리자 : OOOO업체 박길동 (02-000-0000)**

❹ 영상정보처리기기 운영·관리 방침에 포함해야 할 사항

ㅇㅇㅇㅇ영상정보처리기기 운영·관리 방침
1. 영상정보처리기기의 설치 근거 및 설치 목적 2. 영상정보처리기기의 설치 대수, 설치 위치 및 촬영 범위 3. 관리책임자, 담당 부서 및 영상정보에 대한 접근 권한이 있는 사람 4. 영상정보의 촬영시간, 보관기간, 보관장소 및 처리방법 5. 영상정보처리기기운영자의 영상정보 확인 방법 및 장소 6. 정보주체의 영상정보 열람 등 요구에 대한 조치 7. 영상정보 보호를 위한 기술적·관리적 및 물리적 조치 8. 그밖에 영상정보처리기기의 설치·운영 및 관리에 필요한 사항

5 이동형 영상정보처리기기를 운영할 수 있는 경우

개인정보보호법 제25조의2
1. 제15조(개인정보의 수집·이용) 제1항 각 호(제1호~제7호)의 어느 하나에 해당하는 경우 2. 촬영 사실을 명확히 표시하여 정보주체가 촬영 사실을 알 수 있도록 하였음에도 불구하고 촬영 거부 의사를 밝히지 아니한 경우. 이 경우 정보주체의 권리를 부당하게 침해할 우려가 없고 합리적인 범위를 초과하지 아니하는 경우로 한정 3. 그 밖에 제1호 및 제2호에 준하는 경우로서 대통령령으로 정하는 경우

6 개인영상정보에 대한 안전성 확보조치(표준지침 제47조)

개인영상정보에 대한 안전성 확보조치
1. 개인영상정보의 안전한 처리를 위한 내부 관리계획의 수립·시행 ① 개인영상정보 관리책임자 지정 ② 개인영상정보 관리책임자 및 취급자의 역할 및 책임에 관한 사항 ③ 안전성 확보조치에 관한 사항 ④ 개인영상정보 취급자 교육 ⑤ 그 밖에 개인영상정보의 안전성 확보에 필요한 조치에 관한 사항 2. 개인영상정보에 대한 접근 통제 및 접근 권한의 제한 조치 3. 개인영상정보를 안전하게 저장·전송할 수 있는 기술의 적용 (네트워크 카메라의 경우 안전한 전송을 위한 암호화 조치, 개인영상정보파일에 대한 비밀번호 설정 등) ※ 괄호안의 내용은 안전한 저장 전송 방법의 예시를 든 것이며, 상황에 맞게 적절한 안전조치 기술을 적용하시면 됩니다. 4. 처리기록의 보관 및 위조·변조 방지를 위한 조치 5. 개인영상정보의 안전한 물리적 보관을 위한 보관시설 마련 또는 잠금장치 설치

7 개인영상정보 제공 시 준수사항 및 절차

정보주체/경찰 등		공공기관(개인정보처리자)		
사유 발생	신청서 제출 (공문 제출)	본인 여부, 신청서 확인	영상 유무, 3자포함 확인	마스킹 등 처리후 제공

□ 준수사항
- 문서(전자문서 포함)로 명확한 목적 명시와 필요한 최소한의 자료 요청 및 제공
- 제공받은 자는 제공받은 목적 범위 내에서 이용과 안전한 관리
- 제공한 기관은 제공 사실에 대해 인터넷 등 공개 및 기록·관리
- 목적 달성 등 불필요하게 된 경우, 즉시 파기 및 파기사실 통보

□ 요청·제공 절차
- (신청) 정보주체 또는 수사관서에서 신청서 또는 공문으로 요청
- (접수·확인) 본인 여부, 신청서 내용 확인 및 해당 영상 유무 파악
- (내용 검토) 제3자 영상 포함 및 타인의 사생활 침해 등 검토
- (열람·제공) 영상화면의 현장 열람 또는 영상파일/출력물 등 제공, 필요시 제3자의 영상 모자이크 또는 마스킹 처리후 제공
- (안전 관리) 제공받은 자는 제공받은 목적 범위 내 이용 및 안전한 관리
- (파기) 제공받은 자는 제공목적 달성한 후 즉시 파기 및 통보

홍보 별도 동의, 광고 사전 동의, 2년 확인, 영리목적 광고 고지(전송자, 수신거부방법), 야간 금지

항목	3.1.7 마케팅 목적의 개인정보 수집·이용
인증기준	재화나 서비스의 홍보, 판매 권유, 광고성 정보전송 등 마케팅 목적으로 개인정보를 수집·이용하는 경우에는 그 목적을 정보주체가 명확하게 인지할 수 있도록 고지하고 동의를 받아야 한다.
주요 확인사항	1) 정보주체에게 재화나 서비스를 홍보하거나 판매를 권유하기 위 하여 개인정보 처리에 대한 동의를 받는 경우 정보주체가 이를 명확하게 인지할 수 있도록 알리고 별도 동의를 받고 있는가?
	2) 전자적 전송매체를 이용하여 영리목적의 광고성 정보를 전송하는 경우 수신자의 명시적인 사전 동의를 받고 있으며, 2년마다 정기적으로 수신자의 수신동의 여부를 확인하고 있는가?
	3) 전자적 전송매체를 이용한 영리목적의 광고성 정보 전송에 대해 수신자가 수신거부의사를 표시하거나 사전 동의를 철회한 경우 영리목적의 광고성 정보 전송을 중단하도록 하고 있는가?
	4) 영리목적의 광고성 정보를 전송하는 경우 전송자의 명칭, 수신거부 방법 등을 구체적으로 밝히고 있으며, 야간시간에는 전송하지 않도록 하고 있는가?
관련 법규	• 개인정보보호법 제22조(동의를 받는 방법) • 정보통신망법 제50조(광고성 정보 전송 제한)
증적 자료 등 준비사항	• 온라인 개인정보 수집 양식(홈페이지 회원가입 화면, 모바일앱 회원가입 화면, 이벤트 참여 등) • 오프라인 개인정보 수집 양식(회원가입신청서 등) • 마케팅 동의 기록 • 광고성 정보전송 수신동의 기록 및 수신동의 의사확인 기록 • 광고성 정보 발송 시스템 관리자 화면(메일, SMS, 앱푸시 등) • 광고성 정보 발송 문구 • 개인정보 처리방침
결함사례	• '홍보 및 마케팅' 목적으로 개인정보를 수집하면서 '부가서비스 제공', '제휴 서비스 제공' 등과 같이 목적을 모호하게 안내하는 경우 또는 다른 목적으로 수집하는 개인정보와 구분하지 않고 포괄 동의를 받는 경우 • 모바일 앱에서 광고성 정보전송(앱푸시)에 대해 거부 의사를 밝혔으나, 프로그램 오류 등의 이유로 광고성 앱 푸시가 이루어지는 경우 • 온라인 회원가입 화면에서 문자, 이메일에 의한 광고성 정보 전송에 대해 디폴트로 체크되어 있는 경우 • 광고성 정보 수신동의 여부에 대해 매 2년마다 확인을 하지 않은 경우 • 영리목적의 광고성 정보를 전자우편으로 전송하면서 제목이 시작되는 부분에 '(광고)' 표시를 하지 않은 경우
결함사례	OO쇼핑몰은 사전에 정보주체가 명시적으로 광고거부의사를 밝히고 있으나 재화 등의 거래관계를 통하여 동종의 재화 등에 대한 영리목적의 광고성 정보를 전송하였음(거래관계에 의한 동종재화는 6개월 이내 광고성 정보 전송이 가능하지만 명시적인 거부의사가 있을 시 전송하지 못함)

3.1.7 요건 수준

Level 1. 법규 수준

1. 법규 : 개보법, 망법
2. 내규 : 해당
3. 인증기준 : 해당
4. 위험평가 : 해당

유사 인증기준

3.1.2 개인정보의 수집 동의
3.1.5 개인정보 간접수집
3.2.4 개인정보 목적 외 이용 및 제공
3.3.1 개인정보 제3자 제공
3.3.2 개인정보 처리 업무 위탁

3.1.2 개인정보는 정보주체의 동의를 받거나 법령에 따라 수집하여야 하며, 만 14세 미만 아동의 경우에는 법정대리인의 동의를 받아야 함

3.1.5 정보주체 이외로부터 개인정보를 수집 시 최소한의 개인정보만 수집하고 법령에 근거하거나 정보주체 요구가 있으면 수집 출처, 처리목적, 처리정지의 요구 권리를 알려야 함

3.2.4 개인정보는 수집 시 정보주체에게 고지·동의를 받은 목적 또는 법령에 근거한 범위 내에서만 이용 또는 제공하고 보호대책을 수립·이행

3.3.1 개인정보를 제3자에게 제공하는 경우 법적 근거에 의하거나 동의를 받아야 하며, 제공 과정에서 개인정보보호대책을 수립·이행

3.3.2 개인정보 처리업무를 위탁하는 경우 위탁하는 업무의 내용과 수탁자 등 관련사항을 공개하거나 정보주체에게 알려야 함

(바른 뜻) 전자적 전송매체
정보통신망법 제2조(정의)
"전자적 전송매체"란 정보통신망을 통하여부호·문자·음성·화상 또는 영상 등을 수신자에게 전자문서 등의 전자적 형태로 전송하는 매체를 말한다.

(참고) 옵트인(Opt-in)과 옵트아웃(Opt-out)
1. 옵트인(선동의 후사용)
   - 정보주체 즉, 당사자에게 개인정보 수집·이용·제공에 대한 동의를 먼저 받은 후에 개인정보를 처리하는 방식
2. 옵트아웃(선사용 후배제)
   - 정보주체 즉, 당사자의 동의를 받지 않고 개인정보를 수집·이용한 후, 당사자가 거부의사를 밝히면 개인정보 활용을 중지하는 방식

※ 우리나라는 개인정보보호 법률에 따라 옵트인 방식을 채택하고 있기 때문에 우리가 흔히 관련 사항에 대해 '동의'를 한 후 개인정보를 활용할 수 있도록 제공하고 있다.
(출처 : 보안뉴스 카드뉴스)

1 인증기준 취지

3.1.7 마케팅 목적의 개인정보 수집·이용은 개인정보를 이용하여 재화나 서비스 판매를 권유하는 경우 준수해야 할 사항에 관한 인증기준이다. 과거에는 개인정보를 불법적으로 수집하여 수집출처도 밝히지 않고 전화하여 상품 판매를 시도하는 경우가 많았다. 이제는 홍보 목적으로 개인정보를 이용할 때에는 그 내용을 명확하게 알리고 사전에 별도의 동의(Opt-In)를 받아야 한다. 그리고 마케팅 정보를 더이상 수신받고 싶지 않은 경우 이용자가 손쉽게 수신을 거부(Opt-out)할 수 있도록 기능을 제공하도록 하고 있다. 수신거부는 즉시 적용되며, 그 범위는 해당 분야에 한정되지 않고 포괄적으로 볼 수 있다. 또한 거부 기간은 수신 재동의 전까지 영구적으로 적용된다.

2 인증기준 상세

확인사항	요구 사항	관련 사항
홍보 및 마케팅 목적 처리 시 정보주체 별도 동의	• 정보주체에게 재화나 서비스를 홍보 하거나 판매를 권유하 기 위하여 개인정보를 처리하고자 하는 경우 에는 정보주체가 명확히 인지할 수 있도록 알리고 별도 동의를 받아야 함	• '홍보 및 마케팅' 목적으로 개인정보를 수집하면서 '부가서비스 제공', '제휴 서비스 제공' 등으로 목적을 기재하는 행위 금지 • 상품 홍보, 마케팅 목적으로 수집하는 개인정보는 다른 목적으로 수집하는 정보와 명확하게 구분하여 동의를 받고 수집 • 재화나 서비스의 홍보 또는 판매 권유 등을 위하여 해당 개인정보를 이용하여 정보주체에게 연락할 수 있다는 사실을 명확하게 표시하여 알아보기 쉽도록 동의서 양식 구현(글씨의 크기, 색깔, 굵기 또는 밑줄 등을 통하여 그 내용을 명확히 표시)
광고 전송 시 정기적 동의 여부 확인	• 전자적 전송매체를 이용하여 영리목적의 광고성 정보를 전송하는 경우 2년 마다 정기적으로 수신자의 수신동의여부를 확인하여야 함	• 수신자의 수신동의를 받아 광고성 정보를 전송하는 자는 수신 동의 여부를 수신동의를 받은 날부터 매 2년마다 확인해야 함 - 수신동의자에게 수신동의 했다는 사실에 대한 안내의무를 부과한 것이므로 재동의를 받을 필요는 없음 - 수신자가 아무런 의사표시를 하지 않는 경우에는 수신동의 의사가 그대로 유지되는 것으로 봄 - 수신여부 확인 시 수신자에게 알려야 할 사항 1. 전송자의 명칭 2. 수신동의 날짜 및 수신에 동의한 사실 3. 수신동의에 대한 유지 또는 철회 의사를 표시하는 방법

확인사항	요구 사항	관련 사항
영리목적의 광고성 정보 전송 중단	• 전자적 전송매체를 이용한 영리목적의 광고성 정보 전송에 대해 수신자가 수신거부의사를 표시하거나 사전 동의를 철회한 경우 영리목적의 광고성 정보 전송을 중단하여야 함	• 거래관계가 있더라도 수신자가 수신거부 의사를 표시한 경우 광고성 정보의 전송이 금지됨 ▶ 4 참조 • 회원탈퇴를 하는 것도 수신거부 의사를 표시한 것으로 볼 수 있으므로 회원탈퇴를 한 수신인에게 광고성 정보를 전송하면 안 됨 • 수신자가 특별히 범위를 정하여 수신동의 철회 및 수신거부 의사표시를 한 것이 아니라면 그 효력은 당해 광고만이 아니라 당해 전송자가 보내는 모든 광고에 적용됨
영리성 광고 정보 전송 시 고지사항	• 영리목적의 광고성 정보를 전송하는 경우 전송의 명칭, 수신거부 방법 등을 구체적으로 밝혀야 함	• 전자적 전송매체를 이용하여 영리목적의 광고성 정보 전송 시 함께 알려야 할 사항 1. 전송자의 명칭 및 연락처 2. 수신의 거부 또는 수신동의의 철회 의사표시를 쉽게 할 수 있는 조치 및 방법에 관한 사항 • 야간시간(오후 9시부터 그 다음날 오전 8시까지)에 전자적 전송매체를 이용하여 영리목적의 광고성 정보 전송은 금지됨 – 야간시간에 광고성 정보를 전송하기 위해서는 별도의 수신동의가 필요함 ※ 상세한 내용은 '불법 스팸 방지를 위한 정보통신망법 안내서' 참고

(참고) 야간시간에 광고성 정보를 전송할 수 있는 매체

제50조(영리목적의 광고성 정보 전송 제한)

오후 9시부터 그 다음 날 오전 8시까지의 시간에 전자적 전송매체를 이용하여 영리목적의 광고성 정보를 전송하려는 자는 제1항에도 불구하고 그 수신자로부터 별도의 사전 동의를 받아야 한다. 다만, 대통령령으로 정하는 매체의 경우에는 그러하지 아니하다.

시행령 제61조(영리목적의 광고성 정보 전송기준)

"대통령령으로 정하는 매체"란 전자우편을 말한다.

3 영리 목적의 광고성 정보의 개념

- 영리목적의 광고성 정보는 전송자가 경제적 이득을 취할 목적으로 전송하는 ① 전송자에 관한 정보, ② 전송자가 제공할 재화나 서비스의 내용을 말한다. 전송을 하게 한 자도 전송자에게 포함됨
- 영업을 하는 자가 고객에게 보내는 정보는 원칙적으로 모두 광고성 정보에 해당함
- 영리법인은 존재 목적이 영리추구이기 때문에 원칙적으로 고객에게 전송하는 모든 정보는 영리 목적 광고성 정보에 해당하며, 비영리법인은 전송하는 정보의 성격에 따라 영리 목적 광고성 여부를 판단함
- 구체적인 재화나 서비스의 홍보가 아니더라도 수신자에게 발송하는 정보가 발신인의 이미지 홍보에 해당하는 경우에는 광고성 정보로 볼 수 있음
- 주된 정보가 광고성 정보가 아니더라도 부수적으로 광고성 정보가 포함되어 있으면 전체가 광고성 정보에 해당함

(두음)

광고 불가 시간 : P9A8 동의

4 영리 목적의 광고성 정보의 예외

- 수신자와 이전에 체결하였던 거래를 용이하게 하거나, 완성 또는 확인하는 것이 목적인 정보
- 수신자가 사용하거나 구매한 재화 또는 서비스에 대한 설명, 보증, 제품 리콜, 안전 또는 보안 관련 정보
- 고객의 요청에 의해 발송하는 1회성 정보(견적서 등)
- 수신자가 금전적 대가를 지불하고 신청한 정보(뉴스레터, 주식정보, 축산물 거래정보 등)
- 전송자가 제공하는 재화 또는 서비스에 대해 수신자가 구매 또는 이용과 관련한 안내 및 확인 정보 등(회원 등급 변경, 포인트 소멸 안내 등)
- 정보제공을 서비스로 하는 자가 이용자와 명시적인 계약체결을 하여 정보를 전송하되 이를 대가로 직접적인 수익이 발생하지 않아야 하며, 정보의 내용이 서비스·재화 구매와 직접적인 관련이 없는 정보

(참고) 수신거부 의사표시를 쉽게 할 수 있는 조치 및 방법

1. 수신의 거부 및 수신동의 철회의 의사표시를 쉽게 할 수 있는 조치 및 방법을 광고 본문에 표기하여 구체적으로 밝혀야 한다.
2. 동 조치 및 방법으로 수신의 거부 또는 수신동의 철회가 쉽게 이루어지지 않거나 불가능할 경우에는 이를 표기하지 않은 것으로 간주한다.

※ 전자우편을 수신거부하기 위하여 웹사이트에 로그인하도록 하는 것은 수신 거부 또는 수신동의 철회를 어렵게 하는 것으로 법 위반에 해당한다.

5 거래관계에 의한 광고성 정보전송 수신 동의 예외

- 재화 등의 거래관계를 통하여 수신자로부터 직접 연락처를 수집한 자가 거래가 있은 날로부터 6개월 이내에 자신이 처리하고 수신자와 거래한 것과 동종의 재화 등에 대한 영리목적의 광고성 정보를 전송하려는 경우
- 『방문판매 등에 관한 법률』에 따른 전화권유 판매자가 육성으로 수신자에게 개인정보의 수집출처를 고지하고 전화권유 하는 경우

6 수신 거부 처리 결과의 통지 방법

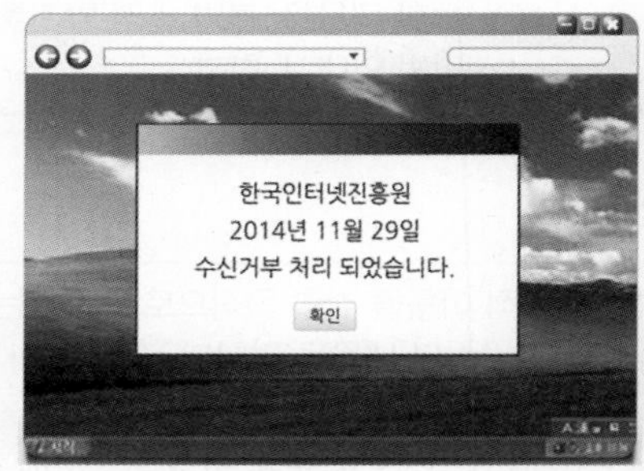

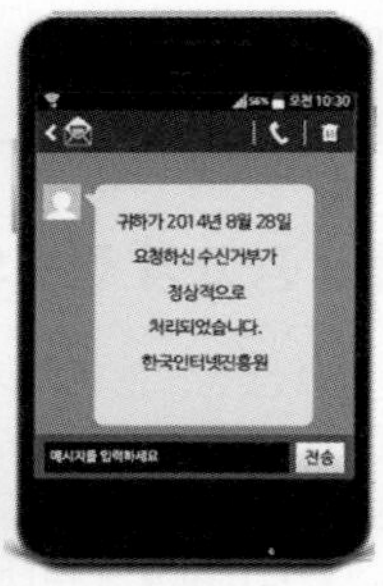

(출처 : 불법 스팸 방지를 위한 정보통신망법 안내서)

(참고) (광고)의 표시 기준

1. (광고)를 표시하는 경우에는 수신자의 수신거부(필터링)를 회피하기 위한 목적으로 빈칸·부호·문자 등을 삽입하거나 표시방법을 조작하는 조치를 하여서는 안 된다.
2. (광/고), (광고), (광.고), ("광고"), (대출광고) 와 같이 변칙 표기하여서는 안 된다.
3. 전송자가 통신사업자, 수신자 등의 필터링을 방해하거나 회피할 목적으로 위와 같은 방법이나 특수문자를 사용하여서는 안 된다.
4. 광고성 정보의 표시의무 사항을 이미지파일로 하여 전송하는 것도 금지된다.

7 (광고)등 표시 방법 (모사전송 예시)

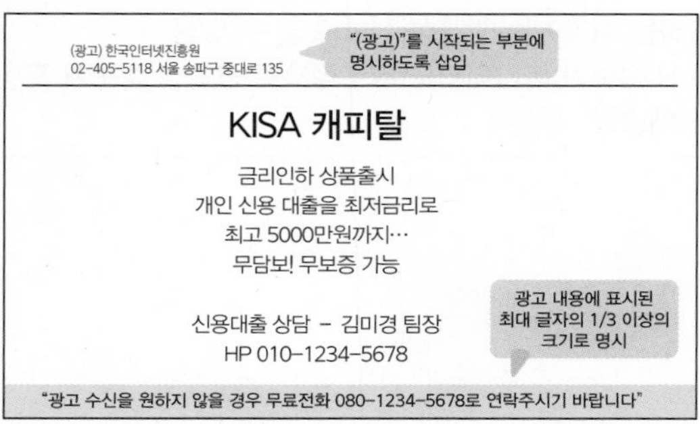

8 (광고) 표시 방법 (전화 예시)

안녕하세요?
한국인터넷진흥원입니다.
본 음성메시지는 인터넷진흥원에서
안내하는 음성광고입니다.
본 광고의 수신을 원하지 않는 분은
무료전화 080-1234-5678로
연락주시기 바랍니다.
[광고내용 안내]
광고성 정보가
시작되는 부분에서
안내하여야 함

9 (Bad) 개인정보 수집 동의서의 동의함이 기본값으로 설정

▶ 개인정보 수집·이용 동의

OOOO는 "개인정보보호법"에 따라 본인의 동의를 얻어 개인 맞춤형 광고 및 마케팅 제공을 위해 개인정보를 수집·이용합니다.

'동의함'이 기본값(Default)으로 설정되어서는 안 됨

1. 개인정보 수집 목적 : 신상품 홍보 및 맞춤형 광고, 타깃 마케팅 제공
2. 개인정보 수집 항목 : 이메일, 휴대폰번호
3. 보유 및 이용기간 : 회원 탈퇴 시

위 개인정보 수집·이용에 동의합니다.(선택) 동의 ☑ 동의하지 않음 □

(참고) 약관 동의의 유효성
약관과 개인정보 처리에 대한 동의를 일괄하여 한 번의 서명을 받는 경우에는 정보주체가 자신의 개인정보처리에 대한 사항을 자세하게 인지하지 못할 우려가 있고 정보주체의 선택권 행사가 어려울 수 있으므로 개인정보 처리에 대한 동의는 약관에 대한 동의와는 별도로 동의를 받아야 한다.

3.2.1 요건 수준
Level 1. 법규 수준
1. 법규 : 개보법
2. 내규 : 해당
3. 인증기준 : 해당
4. 위험평가 : 해당

유사 인증기준
1.2.2 현황 및 흐름분석
1.3.3 운영현황 관리
3.2.2 개인정보 품질보장
1.2.2 정보서비스 및 개인정보 처리 현황을 분석하고 업무 절차와 흐름을 문서화하며, 검토하여 최신성을 유지
1.3.3 관리체계 운영활동 및 수행 내역은 기록하여 관리하고, 경영진은 운영활동의 효과성 확인하고 관리
3.2.2 수집된 개인정보는 처리 목적에 필요한 범위에서 개인정보의 정확성·완전성·최신성이 보장되도록 정보주체에게 관리절차를 제공

(바른 뜻) 개인정보파일
개인정보보호법 제2조(정의)
"개인정보파일"이란 개인정보를 쉽게 검색할 수 있도록 일정한 규칙에 따라 체계적으로 배열하거나 구성한 개인정보의 집합물(集合物)을 말한다.
※ 개인정보파일은 일반적으로 전자적 형태로 구성된 데이터베이스(database; DB)를 의미하는 경우가 많지만, 그 외에 체계적인 검색·열람을 위한 색인이 되어 있는 수기(手記) 문서 자료 등도 포함된다.

개인정보 현황 정기적 관리, 공공기관 개인정보파일 등록,
개인정보파일을 처리방침에 공개

항목	3.2.1 개인정보 현황관리
인증기준	수집·보유하는 개인정보의 항목, 보유량, 처리 목적 및 방법, 보유기간 등 현황을 정기적으로 관리하여야 하며, 공공기관의 경우 이를 법률에서 정한 관계기관의 장에게 등록하여야 한다.
주요 확인사항	1) 수집·보유하고 있는 개인정보의 항목, 보유량, 처리 목적 및 방법, 보유기간 등 현황을 정기적으로 관리하고 있는가?
	2) 공공기관이 개인정보파일을 운용하거나 변경하는 경우 관련된 사항을 법률에서 정한 관계기관의 장에게 등록하고 있는가?
	3) 공공기관은 개인정보파일의 보유 현황을 개인정보 처리방침에 공개하고 있는가?
관련 법규	• 개인정보보호법 제32조(개인정보파일의 등록 및 공개)
증적 자료 등 준비사항	• 개인정보 현황표, 개인정보 흐름표, 개인정보 흐름도 • 개인정보파일 등록 현황 • 개인정보파일 관리대장 • 개인정보 처리방침
결함사례	• 개인정보파일을 홈페이지의 개인정보파일 등록 메뉴를 통하여 목록을 관리하고 있으나, 그 중 일부 홈페이지 서비스와 관련된 개인정보파일의 내용이 개인정보 처리방침에 누락되어 있는 경우 • 신규 개인정보파일을 구축한 지 2개월이 경과하였으나, 해당 개인정보파일을 개인정보 보호위원회에 등록하지 않은 경우 • 개인정보 보호위원회에 등록되어 공개된 개인정보파일의 내용(수집하는 개인정보의 항목 등)이 실제 처리하고 있는 개인정보파일 현황과 상이한 경우 • 공공기관이 임직원의 개인정보파일, 통계법에 따라 수집되는 개인정보파일에 대해 개인정보파일 등록 예외사항에 해당되지 않음에도 불구하고 해당 개인정보파일을 개인정보 보호위원회에 등록하지 않은 경우
결함예시	OO공공기관은 법 개정으로 인하여 개인정보파일을 추가로 등록하여야 하나 지속 관리 필요성이 있는 일회성 파일도 등록하지 않고 있음

1 인증기준 취지

3.2.1 개인정보 현황관리는 개인정보처리자가 관리하고 있는 개인정보의 현황 관리에 관한 인증기준이다. 기업의 비즈니스가 변화하면 정보의 흐름, 특히 개인정 보의 흐름도 변화한다. 정기적으로 현황을 조사하고 현행화하지 않으면 정확한 현황을 파악하기 어렵다. 만일 정보주체나 감독기관의 열람 요구가 있을 경우

현황 파악하지 못해 적절히 대응하지 못할 수 있다. 그래서 본 인증기준에는 이를 파악하고, 지속적으로 현행화하도록 요구하고 있다. 공공기관의 경우 개인정보파일을 등록하도록 의무화하고 있다.

2 인증기준 상세

확인사항	요구 사항	관련 사항
개인정보 현황 관리	• 수집·보유하고 있는 개인정보의 항목, 보유량, 처리 목적 및 방법, 보유기간 등 현황을 정기적으로 관리하여야 함	• 개인정보처리자(정보통신서비스 제공자)는 수집·보유하고 있는 개인정보의 항목, 보유량, 처리 근거(동의, 법령 등), 처리목적 및 방법, 보유기간 등을 파악하여 개인정보 현황표, 개인정보 흐름표, 개인정보 흐름도 등을 기록·관리해야 함 ▶ 3~5 참조 • 정기적으로 개인정보 현황을 점검하고 관련 문서를 최신화하여야 함
공공기관 개인정보파일 등록	• 공공기관이 개인정보파일을 운용하거나 변경하는 경우 관련된 사항을 법률에서 정한 관계기관의 장에게 등록하여야 하며 등록된 사항에 변경이 있는 경우에도 그 내용을 등록하여야 함	• 개인정보파일 등록 또는 변경 신청을 받은 개인정보보호책임자는 등록·변경 사항을 검토하고 그 적정성을 판단한 후 개인정보보호위원회에 60일 이내에 등록 • 중앙행정기관 및 지방자치단체의 소속기관, 기타 공공기관은 상위 관리기관에 해당 사항(개인정보파일 등록·변경)의 검토 및 적정성 판단을 요청한 후, 상위 관리기관의 확인을 받아 개인정보보호위원회에 60일 이내에 등록 • 국회, 법원, 헌법재판소, 중앙선거관리위원회(그 소속기관 포함)의 개인정보파일 등록 및 공개는 국회규칙, 대법원규칙, 헌법재판소규칙 및 중앙선거관리위원회 규칙을 따름 ▶ 6 참조 • 단, 『개인정보보호법』 제32조제2항에 해당하는 개인정보파일은 개인정보보호위원회에 등록하지 않아도 됨
개인정보파일 현황을 개인정보 처리방침에 공개	• 공공기관은 개인정보파일의 보유 현황을 개인정보 처리방침에 공개하여야 함	• 공공기관의 개인정보보호책임자는 개인정보파일의 보유·파기현황을 주기적으로 조사하여 그 결과를 해당 공공기관의 개인정보처리방침에 공개(표준 개인정보보호지침 제61조) • 개인정보보호위원회는 개인정보파일 등록 현황을 누구든지 쉽게 열람할 수 있도록 인터넷에 공개(개인정보보호 종합포털 • www.privacy.go.kr)

개인정보보호위원회 등록이 면제되는 개인정보파일(공공기관)
개인정보파일 예외 : 국범조일회자금비
– 국가, 범죄, 조세범, 일회성, 회의, 자료, 금전, 비밀

1. 국가 안전, 외교상 비밀, 그 밖에 국가의 중대한 이익에 관한 사항을 기록한 개인정보파일
2. 범죄 수사, 공소 제기 및 유지, 형 및 감호 집행, 교정 처분, 보호처분, 보안관찰처분과 출입국 관리에 관한 사항을 기록한 개인정보파일
3. 「조세범처벌법」에 따른 범칙행위 조사 및 「관세법」에 따른 범칙행위 조사에 관한 사항을 기록한 개인정보파일
4. 일회성으로 운영되는 파일 등 지속적으로 관리할 필요가 낮다고 인정되어 대통령령으로 정하는 개인정보파일
   - 회의 참석 수당 지급, 자료·물품의 송부, 금전의 정산 등 단순 업무 수행을 위해 운영되는 개인정보 파일로서 지속적 관리 필요성이 낮은 개인정보파일
   - 공중위생 등 공공의 안전과 안녕을 위하여 긴급히 필요한 경우로서 일시적으로 처리되는 개인정보파일
   - 그 밖에 일회적 업무처리만을 위해 수집된 개인정보파일로서 저장되거나 기록되지 않는 개인정보파일
5. 다른 법령에 따라 비밀로 분류된 개인정보파일

❸ 개인정보파일 등록사항(법 제32조1항, 영 제33조)

1. 개인정보파일의 명칭
2. 개인정보파일의 운영 근거 및 목적
3. 개인정보파일에 기록되는 개인정보의 항목
4. 개인정보의 처리방법
5. 개인정보의 보유기간
6. 개인정보를 통상적 또는 반복적으로 제공하는 경우에는 그 제공받는 자
7. 개인정보파일을 운용하는 공공기관의 명칭
8. 개인정보파일로 보유하고 있는 개인정보의 정보주체 수
9. 해당 공공기관에서 개인정보 처리 관련 업무를 담당하는 부서
10. 영 제41조에 따른 개인정보의 열람 요구를 접수·처리하는 부서
11. 개인정보파일의 개인정보 중 법 제35조제4항에 따라 열람을 제한하거나 거절할 수 있는 개인정보의 범위 및 제한 또는 거절 사유

※ 개인정보파일에 대하여 개인정보 영향평가를 실시한 경우에는 그 결과를 함께 첨부하여야 함(법 제33조제4항)

❹ 개인정보파일 구분 예시

개인정보파일이란 개인정보를 쉽게 검색할 수 있도록 일정한 규칙에 따라 체계적으로 배열하거나 구성한 개인정보의 집합물(集合物)을 말한다. 데이터베이스 기준이 아닌 개인별 업무분장 또는 정보시스템에 의해 처리하는 단위 업무 수준을 말하며 전자파일 형태 외에 민원서류 등의 수기문서를 포함한다.

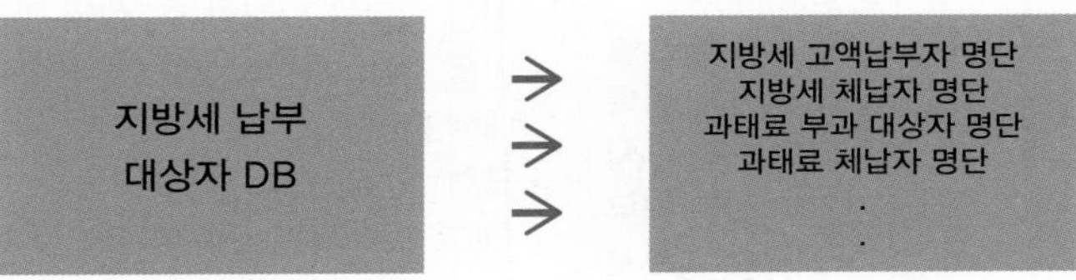

❺ 개인정보파일 등록 현황 관리 시스템 예시

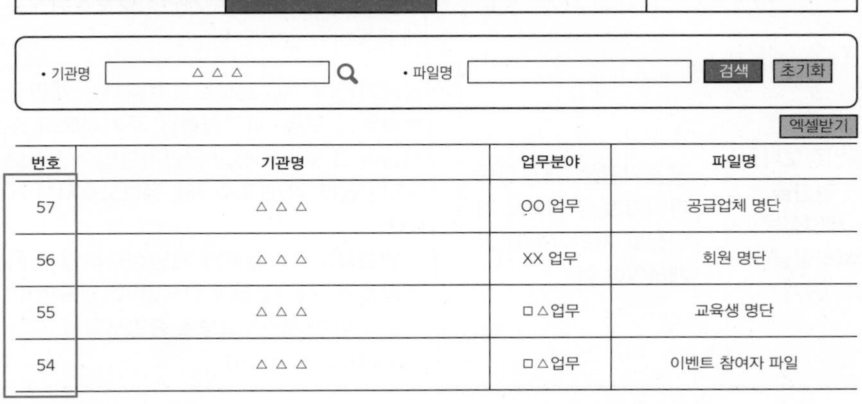

번호	기관명	업무분야	파일명
57	△ △ △	OO 업무	공급업체 명단
56	△ △ △	XX 업무	회원 명단
55	△ △ △	ㅁ△업무	교육생 명단
54	△ △ △	ㅁ△업무	이벤트 참여자 파일

(출처 : 개인정보 영향평가 수행안내서)

(바른 뜻) 개인정보 영향평가

1. 개인정보파일을 운용하는 새로운 정보시스템의 도입이나 기존에 운영 중인 개인정보 처리시스템의 중대한 변경 시
2. 시스템의 구축·운영·변경 등이 개인정보에 미치는 영향(impact)을 사전에 조사·예측·검토하여 개선방안을 도출하는 체계적인 절차

개인정보 영향평가 대상

일정규모 이상의 개인정보를 전자적으로 처리하는 개인정보파일을 구축·운영 또는 변경하려는 공공기관은 「개인정보보호법」(이하 "법"이라 한다) 제33조 및 「개인정보보호법 시행령」(이하 "영"이라 한다) 제35조에 근거하여 영향평가를 수행

1. (5만 명 조건) 5만 명 이상의 정보주체의 민감정보 또는 고유식별정보의 처리가 수반되는 개인정보파일
2. (50만 명 조건) 해당 공공기관의 내부 또는 외부의 다른 개인정보파일과 연계하려는 경우로서, 연계 결과 정보주체의 수가 50만 명 이상인 개인정보 파일
3. (100만 명 조건) 100만 명 이상의 정보주체 수를 포함하고 있는 개인정보파일

6 공공기관의 분류

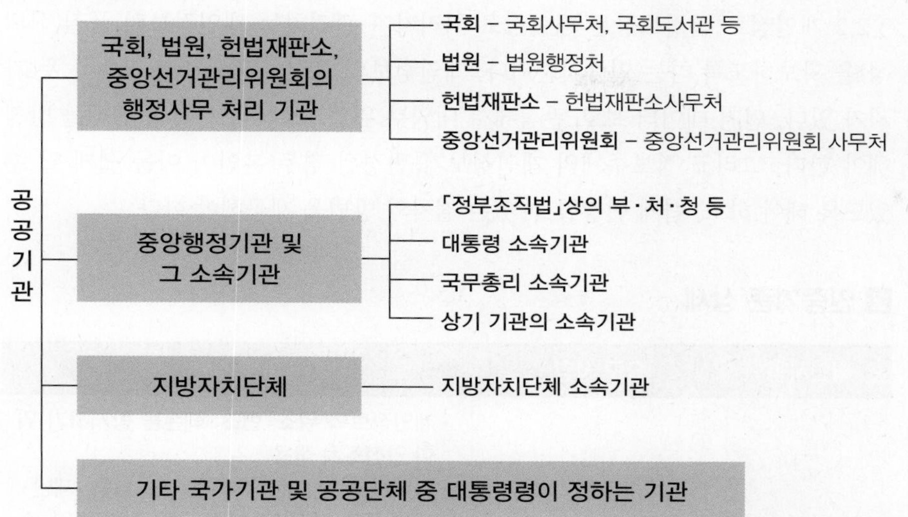

(출처 : 개인정보보호 법령 및 지침·고시 해설)

(두음) 공공기관의 분류

국법헌선 중지기

국회, 법원, 헌법재판소, 중앙선거관리위원회

중앙행정기관, 지방자치단체, 기타 공공기관

3.개인정보 처리단계별 요구사항 ▶ 3.2. 개인정보 보유 및 이용 시 보호조치

수집 개인정보 최신화, 정보주체 개인정보 품질(정확성, 완전성, 최신성) 유지

항목	3.2.2 개인정보 품질보장
인증기준	수집된 개인정보는 처리 목적에 필요한 범위에서 개인정보의 정확성·완전성·최신성이 보장되도록 정보주체에게 관리절차를 제공하여야 한다.
주요 확인사항	1) 개인정보를 최신의 상태로 정확하게 유지하기 위한 절차 및 방안을 수립·이행하고 있는가?
	2) 정보주체가 본인의 개인정보에 대하여 정확성, 완전성 및 최신성을 유지할 수 있는 방법을 제공하고 있는가?
관련 법규	• 개인정보보호법 제3조(개인정보보호 원칙)
증적 자료 등 준비사항	• 정보주체 개인정보 수정·변경 양식(온라인, 오프라인) • 개인정보 최신성 유지 절차
결함사례	• 인터넷 홈페이지를 통해 회원정보를 변경할 때는 본인확인 절차를 거치고 있으나, 고객센터 상담원과의 통화를 통한 회원 정보 변경 시에는 본인확인 절차가 미흡하여 회원정보의 불법적인 변경이 가능한 경우 • 온라인 회원에 대해서는 개인정보를 변경할 수 있는 방법을 제공하고 있으나, 오프라인 회원에 대해서는 개인정보를 변경할 수 있는 방법을 제공하고 있지 않은 경우
결함예시	OO공공기관은 인터넷 홈페이지 회원정보 변경 시에는 휴대폰 본인인증을 통하여 인증 후 변경토록 하고 있으나, 담당자에게 직접 전화하여 회원 정보 변경 시에는 본인 확인 절차를 거치지 않고 임의적으로 변경 가능함

3.2.2 요건 수준

Level 1. 법규 수준
1. 법규 : 개보법
2. 내규 : 해당
3. 인증기준 : 해당
4. 위험평가 : 해당

유사 인증기준

1.2.2 현황 및 흐름분석
1.3.3 운영현황 관리
3.2.1 개인정보 현황관리
3.5.1 개인정보처리방침 공개

1.2.2 정보서비스 및 개인정보 처리 현황을 분석하고 업무 절차와 흐름을 문서화하며, 검토하여 최신성을 유지
1.3.3 관리체계 운영활동 및 수행 내역은 기록하여 관리하고, 경영진은 운영활동의 효과성 확인하고 관리
3.2.1 개인정보의 항목, 처리 목적 및 방법, 보유기간 등 현황을 관리하여야 하며, 공공기관의 경우 관계기관의 장에게 등록
3.5.1 개인정보의 처리에 필요한 사항을 포함하여 개인정보처리방침을 수립하고, 정보주체가 쉽게 확인할 수 있도록 공개하고 현행화

(참고)개인정보보호법 제3조제3항 개인정보보호 원칙

3. 개인정보처리자는 개인정보의 처리 목적에 필요한 범위에서 개인정보의 정확성, 완전성 및 최신성이 보장되도록 하여야 한다.

(심화) 개인정보 품질 보장 방법

개인정보처리자는 개인정보의 정확성과 최신성을 확보하기 위하여 개인정보 입력시 입력내용을 사전에 확인하는 절차, 개인정보에 대한 열람 및 정정 요구 등을 통해 정확한 정보를 입력할 수 있는 절차나 방법 등을 마련하여야 하며, 오류정보를 발견한 경우 정정이나 삭제할 수 있는 절차도 마련하여야 한다. 또한 개인정보를 처리하는 과정에서 개인정보취급자 등이 고의 또는 과실로 개인정보를 변경·훼손되는 일이 없도록 주의의무를 다하여야 한다.

1 인증기준 취지

3.2.2 개인정보 품질보장은 개인정보 처리자가 관리하는 개인정보의 품질(신뢰성)을 확보하도록 하는 인증기준이다. 개인정보의 품질을 확보하는 방법은 두 가지가 있다. 먼저 데이터 보호 관점에서 내외부 위협으로부터 무결성 침해를 방지해야 한다. 그리고 정보주체의 개인정보가 변경된 경우 본인이 이를 쉽게 알 수 있도록 해야 하고, 쉽게 변경할 수 있는 절차와 방법을 제공해야 한다.

2 인증기준 상세

확인사항	요구 사항	관련 사항
개인정보 안전성 및 최신성 유지	• 수집된 개인정보는 내부절차에 따라 안전하게 처리하도록 관리하여 최신의 상태로 정확하게 유지하여야 함	• 개인정보의 위조·변조·훼손을 방지하기 위한 안전조치 적용 • 외부자 해킹, 내부자 권한, 오·남용, 재난·재해 등에 의해 불법적인 개인정보 변경, 손상 등이 발생하더라도 개인정보의 정확성, 완전성을 확보할 수 있도록 백업·복구 등의 체계 구축 및 이행 • 개인정보취급자에 의한 개인정보 변경 시 오입력 등이 발생하지 않도록 관리적·기술적 조치 적용 • 정보주체가 개명(改名), 주민등록번호 유출 등에 따라 성명 또는 주민등록번호를 변경한 경우, 이를 반영하여 정보주체의 개인정보를 최신화할 수 있는 절차 수립·이행
정보주체에게 정확성, 완전성, 최신성 유지 방법 제공	• 정보주체에게 개인정보의 정확성, 완전성 및 최신성을 유지할 수 있는 방법 제공	• 홈페이지를 통한 개인정보 수정이 주기적으로 이루어질 수 있도록 공지 ▶ 3 참조 • 개인정보 등록 현황을 쉽게 조회하고 변경할 수 있도록 다양한 방법 제공(온라인, 오프라인 등) • 개인정보 변경 시 안전한 본인확인 절차 마련 및 시행 • 장기 미접속에 따른 휴면 회원인 경우 휴면 회원 해제 시 회원정보 업데이트 절차 마련 • 정보주체가 수집 및 처리되는 개인정보의 현황을 쉽게 알 수 있도록 개인정보 처리방침의 변경과 이력 관련 내용을 쉽게 인지할 수 있도록 게시

3 개인정보 변경 신청 방법 가이드 (예시)

메뉴 : [MY PAGE → 마이메뉴 → 기록사항 → 개인정보변경신청]

경기도교육청 교육행정정보시스템						HOME / SITE MAP / HELP / MY PAGE / 사용자정보수정
회원인사 업무공통						
메뉴검색	[김세희]	[경기도교육청 교육국 초등교육과]		[일반직/전산9급/2호봉]		MENU
승인사항 ▶	공무원구분	행정부지방공무원	직급	지방전산서기보	직위	일반직인사
	최초임용일	2005.07.01	현소속 교육청임용일	2007.01.15	현직급임용일 2005.07.01	마이메뉴 기록사항 ▸기본사항 ▸개인정보변경신청
승인사항 확인						

(출처 : NEIS 개인정보변경신청 및 승인 매뉴얼)

3.개인정보 처리단계별 요구사항 ▶ 3.2. 개인정보 보유 및 이용 시 보호조치

이동통신단말장치 접근권한 고지, 동의, 거부권, 동의 및 철회방법 마련

항목	3.2.3 이용자 단말기 접근 보호
인증기준	정보주체(이용자)의 이동통신단말장치 내에 저장되어 있는 정보 및 이동통신단말장치에 설치된 기능에 접근이 필요한 경우 이를 명확하게 인지할 수 있도록 알리고 정보주체(이용자)의 동의를 받아야 한다.
주요 확인사항	1) 정보주체(이용자)의 이동통신단말장치 내에 저장되어 있는 정보 및 이동통신단말장치에 설치된 기능에 대하여 접근할 수 있는 권한이 필요한 경우 명확하게 인지할 수 있도록 알리고 정보주체(이용자)의 동의를 받고 있는가?
	2) 이동통신단말장치 내에서 해당 서비스를 제공하기 위하여 반드시 필요한 접근권한이 아닌 경우, 정보주체(이용자)가 동의하지 않아도 서비스 제공을 거부하지 않도록 하고 있는가?
	3) 이동통신단말장치 내에서 해당 접근권한에 대한 정보주체(이용자)의 동의 및 철회방법을 마련하고 있는가?
관련 법규	• 정보통신망법 제22조의2(접근권한에 대한 동의)
증적 자료 등 준비사항	• 앱 접근권한 동의 화면 • 앱 접근권한 설정 현황
결함사례	• 스마트폰 앱에서 서비스에 불필요함에도 불구하고 주소록, 사진, 문자 등 스마트폰 내 개인 정보 영역에 접근할 수 있는 권한을 과도하게 설정한 경우 • 정보통신서비스 제공자의 스마트폰 앱에서 스마트폰 내 저장되어 있는 정보 및 설치된 기능에 접근하면서 접근권한에 대한 고지 및 동의를 받지 않고 있는 경우 • 스마트폰 앱의 접근권한에 대한 동의를 받으면서 선택사항에 해당하는 권한을 필수권한으로 고지하여 동의를 받는 경우 • 접근권한에 대한 개별동의가 불가능한 안드로이드 6.0 미만 버전을 지원하는 스마트폰 앱을 배포하면서 선택적 접근권한을 함께 설정하여, 선택적 접근권한에 대해 거부할 수 없도록 하고 있는 경우

3.2.3 요건 수준

Level 1. 법규 수준

1. 법규 : 망법
2. 내규 : 해당
3. 인증기준 : 해당
4. 위험평가 : 해당

유사 인증기준

2.5.1 사용자 계정 관리
2.6.3 응용프로그램 접근
2.6.4 데이터베이스 접근
2.10.6 업무용 단말기기 보안
3.1.1 개인정보 수집·이용
3.1.5 개인정보 간접수집

2.5.1 정보시스템의 비인가 접근을 통제하기 위한 사용자 등록, 변경 등의 절차를 수립·이행하고 사용자에게 계정보안 책임 명시
2.6.3 정보의 중요도에 따라 응용프로그램을 접근권한을 제한하고, 불필요한 정보 노출을 최소화할 수 있는 기준을 수립·적용
2.6.4 테이블 목록 등 데이터베이스 내에서 정보를 식별하고, 정보의 중요도와 사용자 유형 등에 따라 접근통제
2.10.6 단말기기를 업무 목적으로 네트워크에 연결할 경우 접근통제 대책을 수립하고 주기적으로 점검

3.1.1 개인정보는 정보주체의 동의를 받거나 법령에 따라 수집하여야 하며, 만 14세 미만 아동의 경우에는 법정대리인의 동의를 받아야 함
3.1.5 정보주체 이외로부터 개인정보를 수집 시 최소한의 개인정보만 수집하고 법령에 근거하거나 정보 주체 요구가 있으면 수집 출처, 처리목적, 처리정지의 요구 권리를 알려야 함

이동통신단말장치 범위
1. 스마트폰 및 이동 통신이 가능한 태블릿 PC에 적용
2. 2G 이동통신 단말장치의 경우, 사실상 앱이 동작할 수 있는 환경이 아니므로 대상에서 제외
3. 이동통신망을 이용하지 않고 단순히 블루투스, 와이파이, 테더링 등의 기능만 수행하는 기기는 적용 대상에서 제외
4. 스마트워치는 화면 크기 제약으로 인해 접근권한에 대한 고지·동의 기능을 당장 구현하기 어려운 점을 고려하여, 우선 필수적 접근권한만 설정하도록 권장(단, 고지·동의 기능이 구현된 기기가 제조 된 이후에는 스마트폰 및 태블릿 PC와 동일하게 적용)

1 인증기준 취지

3.2.4 이용자 단말기 접근 보호는 정보주체가 사용하는 단말기의 접근 통제에 관한 인증기준이다. 이용자가 스마트폰에 앱을 설치하면 스마트폰안에 저장된 개인정보가 본인도 모르게 유출되기도 한다. 이를 방지하기 위해 서비스 제공자는 스마트폰 OS에서 제공하는 접근권한(데이터 접근, 데이터 전송 등)에 대해 정보주체에게 명확히 알려야 하고, 동의를 받아 처리하여야 한다. 또한 서비스 제공자의 서비스에 제공에 필요한 범위에서 해당 시점에 접근권한에 허용 동의를 받고, 이용자가 원하면 언제든지 동의를 철회할 수 있도록 동의 철회 절차와 방법을 제공해야 한다.

2 인증기준 상세

확인사항	요구 사항	관련 사항
이동통신단말장치 접근 권한에 대한 정보주체 동의	• 정보주체의 이 동통신 단말장치 내에 저장되어 있는 정보 및 이동 통신단말장치에 설치된 기능에 대하여 접근할 수 있는 권한이 필요한 경우 관련 사항을 명확하게 인지할 수 있도록 알리고 정보주체의 동의를 받아야 함	• 앱이 스마트폰 내 저장되어 있는 정보와 설치된 기능에 접근할 수 있는 권한을 서비스 에 필요한 범위 내로 최소화하여야 함 ▶ 3~7 참조 • 접근권한에 대한 동의를 받기 전에 해당 서비스 제공을 위해 반드시 필요한 접근권한(필수 접근권한)과 반드시 필요한 접근권한이 아닌 접근권한(선택적 접근권한)을 구분하여 접근권한이 필요한 항목 및 그 이유 등을 정보주체에게 알기 쉽게 고지한 후, 정보주체로부터 필수적·선택적 접근권 한에 대한 동의를 각각 받아야 함 – (필수적 접근권한의 경우) ① 접근권한이 필요한 정보 및 기능의 항목, ② 해당 정보 및 기능에 접근이 필요한 이유를 알려야 함 – (선택적 접근권한의 경우) 상기 ①, ②와 함께 ③ 접근권한 허용에 동의하지 않을 수 있다는 사실을 알려야함
선택접근 권한 미동의라도 서비스 제공 거부 금지	• 이동통신단말장치 내에서 해당 서비스를 제공하기 위하여 반드시 필요한 접근권한이 아닌 경우, 정보주체(이용자)가 동의하지 않아도 서비스 제공을 거부하지 않아야 함	• 이동통신단말장치 내에서 해당 서비스를 제공하기 위하여 반드시 필요한 접근권한이 아닌 경우, 정보주체가 동의하지 않아도 서비스 제공을 거부하지 않아야 함

확인사항	요구 사항	관련 사항
접근권한 동의 및 철회방법 마련	• 이동통신단말장치 내에서 해당 접근권한에 대한 정보주체 의 동의 및 철회방법을 마련하여야 함	• (개별 동의 선택이 가능한 운영체제, 안드로이드 6.0 이상 및 아이폰) 정보주체는 접근권한에 이미 동의한 경우일지라도 해당 운영 체제에서 제공하는 앱 별 접근권한 동의 철회 기능을 사용하여 각 앱에 대한 접근권한을 재설정할 수 있음 • (개별 동의 선택이 불가능한 방식의 운영체제) 접근권한 별 거부 기능이 구현되지 않아 원칙적으로 필수적 접근권한만 설정하도록 하였기 때문에 정보주체가 이러한 필수적 접근권한에 대한 동의를 철회하고자 한다면 이미 설치한 앱을 삭제하면 됨 • 단, 이러한 운영체제임에도 불구하고 앱 자체적으로 선택적 접근권한을 설정하여 이에 대한 동의여부를 선택할 수 있는 기능을 구현한 경우라면 해당 앱에서 제공하는 동의 철회 기능을 사용하여 접근 권한을 재설정할 수 있음

3 (참고) 앱 권한 설정 개념도

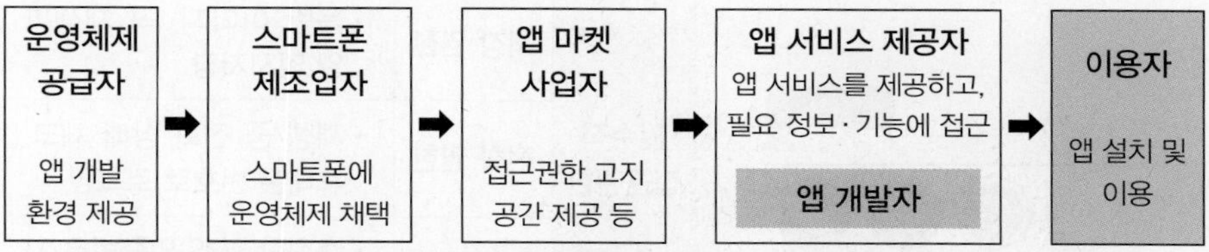

운영체제 공급자 앱 개발 환경 제공	➡	스마트폰 제조업자 스마트폰에 운영체제 채택	➡	앱 마켓 사업자 접근권한 고지 공간 제공 등	➡	앱 서비스 제공자 앱 서비스를 제공하고, 필요 정보·기능에 접근 앱 개발자	➡	이용자 앱 설치 및 이용

주체	설명	사례
OS사업자	• 스마트폰에서 앱이 동작할 수 있는 운영체제를 제공	• 구글 안드로이드, 애플 iOS
앱 개발자	• OS사업자가 제공한 운영체제에 맞추어 스마트폰에서 동작하는 앱을 개발	• VOD앱, 뉴스 앱, 게임 앱
앱 마켓	• 이용자와 앱 서비스 제공자 사이에서 앱이 거래될 수 있는 장터를 제공	• 애플 앱스토어, 구글 플레이, 원스토어, N스토어
앱 서비스 제공자	• 앱 개발자가 설계한 앱을 앱 마켓에 올려 이용자에게 서비스	• 다음카카오(카카오톡), SK플래닛(T맵)

안드로이드 6.0 미만 버전의 스마트폰

안드로이드 6.0 미만 버전의 스마트폰의 경우, 앱 실행 시 접근권한에 대해 개별 적인 동의를 할 수 있는 운영체제가 아니기 때문에 앱을 설치할 때 필수적 접근권한만 설정하여 고지해야 함

(참고) 스마트폰 정보와 기능의 범위

1. 이용자 저장 정보
- (개념) 스마트폰 이용자가 스마트폰을 이용하는 과정에서 직접 저장한 정보는 그 자체로 특정 개인을 알아볼 수 있거나, 설사 알아볼 수 없더라도 다른 정보와 쉽게 결합하여 특정 개인을 식별할 수 있는 가능성이 높으므로 동의 대상에 포함
- (예) 연락처, 일정, 영상, 통신내용, 생체인식정보 등

2. 자동 저장 정보
- (개념) 스마트폰 이용 과정에서 이용자의 입력 행위 없이도 자동으로 스마트폰에 저장된 정보는 축적되거나 다른 정보와 쉽게 결합하여 특정 개인을 알아볼 수 있는 가능성이 높으므로 동의 대상에 포함
- (예) 위치정보, 통신 기록, 인증정보, 신체활동 기록 등

3. 단말장치 고유식별정보
- (개념) 스마트폰 이용이 보편화됨에 따라 스마트폰을 식별할 경우 스마트폰 이용자도 식별될 가능성이 높고, 이용자의 동의 없이 1:1 맞춤형 광고 등에 활용될 우려가 있는 정보이므로 동의 대상에 포함
- (예) 고유식별번호(IMEI) 및 MAC 주소

4. 입력 출력 기능
- (개념) 스마트폰의 기능에 접근·동작하여 이용자가 인식하지 못하는 사이에 개인정보를 침해할 수 있는 가능성이 있으므로 동의 대상에 포함
- (예) 영상촬영 기능, 음성인식 기능, 생체인식 정보 및 건강정보 감지 센서 기능

4 (참고) 접근 권한 별 목적 안내 (예시)

접근 권한	권한이 필요한 이유
위치	• SNS 위치 공유, 주변 맛집 찾기
카메라	• SNS 서비스 사진 업로드, 사진 전송, 사진촬영 즉시 업로드
마이크로폰	• 보이스톡 기능 이용
연락처	• SNS 친구추가, 연락처 공유 기능
캘린더	• 이용자가 지정한 온라인 캘린더 동기화
전화	• 앱에서 바로 전화걸기
SMS	• 문자 메시지 인증번호를 자동으로 입력해 주는 기능
웨어러블·활동 센서	• 지문인식, 심박수 측정 등 센서 사용
미리 알림	• 미리 알림 데이터 베이스 읽기, 쓰기
사진	• SNS 서비스 사진 업로드, 사진 전송

5 (참고) 앱 설치 시 접근권한 고지 (음악 앱 예시)

<table>
<tr><th>스마트폰 앱 화면</th><th>유형</th><th>접근권한</th><th>권한이 필요한 이유</th></tr>
<tr><td rowspan="4">설치
광고 포함
10 4.5
다운로드 수 45,673,376 소셜 유사항목
사진으로 공유해보세요. 빠르고, 무료이며, 재미있습니다!
자세히 알아보기</td><td rowspan="3">필수적 접근권한</td><td>저장 권한</td><td>• 음반 이미지, 곡 재생파일 임시저장</td></tr>
<tr><td>전화 권한</td><td>• 재생 중 전화 상태 체크, 휴대폰 번호로 로그인</td></tr>
<tr><td>SMS 권한</td><td>• 수신한 SMS 인증번호 자동 입력</td></tr>
<tr><td>선택적 접근권한</td><td>위치 권한</td><td>• 위치기반 상품 추천 서비스 제공
※ 선택적 접근권한의 허용에는 동의하지 않아도 서비스의 이용이 가능합니다.</td></tr>
<tr><td colspan="4">○○○의 다음 작업을 허용하시겠습니까?
저장 권한 사용 [거부] [허용]</td></tr>
</table>

6 필수동의 절차 명확화 (예시)

<table>
<tr><th>필수 동의 항목만 운영하는 경우</th><th>회원 가입이 필요한 경우</th></tr>
<tr><td>※ 아이디
※ 비밀번호
※ 비밀번호 재확인
※ 이름
※ 이메일

[필수] 서비스 이용약관 ① 주요내용보기 ② 전문보기
[필수] 개인정보 수집 및 이용 동의 전문보기 ③
약관 및 개인정보 동의내용을 확인하였으며 위 내용에 동의합니다.
(만 14세 미만 아동은 회원가입이 제한됩니다)
동의하고 회원가입 ④</td><td>① 약관 주요내용보기
- 중요한 사항은 주요내용보기에 포함하여 고지(약관규제법) 만약, 개인위치정보를 수집하는 경우에는 위치정보 수집·이용 및 제공과 관련한 약관 내용도 포함 가능
② 약관 전문보기
- 이용약관 전문을 게시하여 이용자가 확인할 수 있도록 조치
③ 개인정보 수집·이용 동의 전문보기
- 법정고지사항을 간결하게 알리고 동의
- 서비스 목적, 개인정보 항목, 보유기간
※ "개인정보 처리방침" 전문을 고지하고 동의받는 것은 적법한 동의로 볼 수 없음을 유의
④ 원클릭 동의
- 필수동의 항목인 서비스 이용약관 동의, 개인정보 수집 및 이용 동의는 원클릭으로 동의 가능함</td></tr>
</table>

7 선택동의 절차 명확화 (예시)

<table>
<tr><th>선택 동의 항목만 운영하는 경우</th><th>회원 가입이 필요한 경우</th></tr>
<tr><td>[선택] 개인정보 마케팅 활용 동의 ①
<table><tr><th>목적</th><th>항목</th><th>보유기간</th><th>동의여부</th></tr><tr><td>신규서비스 안내 등 마케팅 활용</td><td>이메일 휴대전화번호</td><td>회원탈퇴 후 5일까지</td><td>동의함 □ 동의안함 □</td></tr><tr><td>상품추천 등 맞춤형 광고</td><td>쿠키 정보</td><td>회원탈퇴 후 5일까지</td><td>동의함 □ 동의안함 □</td></tr></table>※ 동의하지 않은 경우에도 서비스는 이용하실 수 있습니다.

[선택] 개인정보 제3자 제공 동의 ②
<table><tr><th>제공 받는자</th><th>목적</th><th>항목</th><th>보유기간</th><th>동의여부</th></tr><tr><td>(주)○○○</td><td>(주)○○○ 마케팅</td><td>이름 휴대전화 번호</td><td>동의일 부터 1년</td><td>동의함 □ 동의안함 □</td></tr><tr><td>(주)○○○</td><td>고객 맞춤형 상품 추천</td><td>아이디 쿠키 검색이력</td><td>동의일 부터 1년</td><td>동의함 □ 동의안함 □</td></tr></table>※ 동의하지 않은 경우에도 서비스는 이용하실 수 있습니다.</td><td>① 마케팅 활용 동의
- 이메일, 휴대전화번호, 쿠키 정보 등을 마케팅에 활용하기 위해서는 별도 동의 절차를 마련해야 함
- 이용자가 동의하지 않는 경우에도 서비스를 제공하여야 함
* 위반 시 3천만원 이하의 과태료
② 제3자 제공 동의
- 개인정보를 제3자의 서비스 목적으로 제공하는 경우에는 선택동의 사항으로 분류하여 별도 동의 절차를 마련해야 함
- 이용자가 동의하지 않는 경우에도 서비스를 제공하여야 함
* 위반 시 3천만원 이하의 과태료</td></tr>
</table>

(출처 : 스마트폰 앱 개인정보보호 가이드라인)

(바른 뜻) SDK와 API

1. SDK(Software Development Kit)
   - 운영체제(OS) 등에 맞추어 응용프로그램을 만들 수 있도록 소프트웨어 (앱) 개발자에게 제공하는 개발도구의 집합
2. API(Application Programming Interface)
   - 응용프로그램에서 사용할 수 있도록 운영체제나 프로그래밍 언어가 제공하는 기능을 제어할 수 있게 만든 형식이나 규격
   - OS사가 제공하는 API는 앱이 단말기정보 등에 접근할 수 있도록 하는 규격을 정함

(참고) 접근권한 고지 내용으로 볼 수 없는 사례

카메라
- 사진과 동영상 찍기

연락처
- 기기에서 계정 검색
- 주소록 수정
- 주소록 읽기

위치
- 대략적인 위치(네트워크 기반)
- 정확한 위치(GPS 및 네트워크 기반)

마이크
- 오디오 녹음

현재 각 운영체제별로 기본설정(Default) 값으로 제공하는 '권한정보'의 접근 권한에 대한 아래와 같은 간단한 설명은 접근권한의 항목, 이유 등의 세부 내용이 없기 때문에 고지 내용으로 볼 수 없음

3.2.4 요건 수준
Level 1. 법규 수준
1. 법규 : 개보법
2. 내규 : 해당
3. 인증기준 : 해당
4. 위험평가 : 해당

유사 인증기준
3.1.4 민감정보 및 고유식별정보의 처리 제한
3.1.5 개인정보 간접수집
3.1.7 마케팅 목적의 개인정보 수집·이용
3.3.1 개인정보 제3자 제공
3.3.2 개인정보 처리 업무 위탁
3.1.4 민감정보와 고유식별정보를 처리하기 위해서는 법령에서 처리를 허용하는 경우를 제외하고는 별도 동의를 받아야 함
3.1.5 정보주체 이외로부터 개인정보를 수집 시 최소한의 개인정보만 수집하고 법령에 근거하거나 정보 주체 요구가 있으면 수집 출처, 처리목적, 처리정지의 요구 권리를 알려야 함
3.1.7 서비스의 홍보, 판매 권유 등 마케팅 목적으로 개인정보를 수집·이용하는 경우에는 그 목적을 고지하고 동의를 받아야 함
3.3.1 개인정보를 제3자에게 제공하는 경우 법적 근거에 의하거나 동의를 받아야 하며, 제공 과정에서 개인정보보호대책을 수립·이행
3.3.2 개인정보 처리업무를 위탁하는 경우 위탁하는 업무의 내용과 수탁자 등 관련사항을 공개하거나 정보주체에게 알려야 함

목적 외 별도 동의, 법적 근거, 제3자 안전조치, 공공기관(목적 외 관보&홈페이지 게재, 목적 외 대장)

항목	3.2.4 개인정보 목적 외 이용 및 제공
인증기준	개인정보는 수집 시의 정보주체에게 고지·동의를 받은 목적 또는 법령에 근거한 범위 내에서만 이용 또는 제공하여야 하며, 이를 초과하여 이용·제공하려는 때에는 정보주체의 추가 동의를 받거나 관계 법령에 따른 적법한 경우인지 확인하고 적절한 보호대책을 수립·이행하여야 한다.
주요 확인사항	1) 개인정보는 최초 수집 시 정보주체로부터 동의받은 목적 또는 법령에 근거한 범위 내에서만 이용·제공하고 있는가?
	2) 개인정보처리자로부터 개인정보를 제공받은 경우 제공받은 목적의 범위 내에서만 이용·제공하고 있는가?
	3) 개인정보를 수집 목적 또는 개인정보처리자로부터 제공받은 목적의 범위를 초과하여 이용하거나 제공하는 경우 정보주체에게 별도의 동의를 받거나 법적 근거가 있는 경우로 제한하고 있는가?
	4) 개인정보를 목적 외의 용도로 제3자에게 제공하는 경우 제공받는 자에게 이용목적· 방법 등을 제한하거나 안전성 확보를 위하여 필요한 조치를 마련하도록 요청하고 있는가?
	5) 공공기관이 개인정보를 목적 외의 용도로 이용하거나 제3자에게 제공하는 경우 그 이용 또는 제공의 법적 근거, 목적 및 범위 등에 관하여 필요한 사항을 관보 또는 인터넷 홈페이지 등에 게재하고 있는가?
	6) 공공기관 등이 개인정보를 목적 외의 용도로 이용하거나 제3자에게 제공하는 경우 목적 외 이용 및 제3자 제공대장에 기록·관리하는 등 절차를 마련하고 있는가?
관련 법규	• 개인정보 보호법 제18조(개인정보의 목적 외 이용·제공 제한), 제19조(개인정보를 제공받은 자의 이용·제공 제한)
증적 자료 등 준비사항	• 개인정보 목적 외 이용 및 제3자 제공 내역(요청서 등 관련 증적 포함) • 개인정보 목적 외 이용 및 제3자 제공 대장(공공기관인 경우) • 홈페이지 또는 관보 게재 내역(공공기관인 경우) • 자료 제공 요청 대응 지침 • 자료 제공 요청 공문 및 개인정보 제공내역, 대장 등
결함사례	• 상품배송을 목적으로 수집한 개인정보를 사전에 동의 받지 않은 자사 상품의 통신판매 광고에 이용한 경우 • 고객 만족도 조사, 경품 행사에 응모하기 위해 수집한 개인정보를 자사의 할인판매 행사 안내용 광고 발송에 이용한 경우 • 공공기관이 다른 법률에 근거하여 민원인의 개인정보를 목적 외로 타 기관에 제공하면서 관련 사항을 관보 또는 인터넷 홈페이지에 게시하지 않은 경우 • 공공기관이 범죄 수사의 목적으로 경찰서에 개인정보를 제공하면서 '개인정보 목적 외 이용 및 제3자 제공 대장'에 관련 사항을 기록하지 않은 경우

결함예시	ㅁㅁ기업은 CS처리를 위한 고객의 개인정보를 목적 외로 홍보메시지 발송으로 이용함

❶ 인증기준 취지

3.2.5 개인정보 목적 외 이용 및 제공은 개인정보를 본래 수집한 목적 이외의 용도로 사용되는 것을 제한하기 위한 인증기준이다. 이용자와의 동의는 일종의 계약의 합의이다. 합의한 바대로 계약이 이행되지 않고, 범위를 초과한다면 추가계약을 하듯이 추가적인 동의를 받아야 한다. 제3자에게 제공되는 경우 통제 수준이 낮아지므로 계약서 등에 준수사항을 명시하여 보호조치하도록 해야 한다. 행정정보가 공유되는 공공기관이 목적 외 용도로 제3자에게 제공하는 경우는 흔히 볼 수 있다. 공공기관이라 하여도 목적 외의 용도로 이용하는 경우 인터넷 홈페이지나 관보 등에 게재하여 이 사실을 알려야 한다. 그리고 공공기관은 목적 외 이용 및 제3자 제공대장을 기록해야 하는 의무를 가진다.

❷ 인증기준 상세

확인사항	요구 사항	관련 사항
동의 목적 또는 법령 범위 내 이용·제공	• 개인정보는 최초 수집 시 정보주체로부터 동의 받은 목적 또는 법령에 근거한 범위 내에서만 이용 또는 제공하여야 함	• 개인정보는 최초 수집 시 정보주체로부터 동의 받은 목적 또는 법령에 근거한 범위 내에서만 이용 또는 제공하여야 함
목적 외 또는 범위 초과 시 별도 동의 또는 법령 근거하여 제한	• 개인정보를 수집 목적 또는 범위를 초과하여 이용하거나 제공하는 경우 정보주체로부터 별도의 동의를 받거나 법적 근거가 있는 경우로 제한하여야 함	• 개인정보를 목적 외의 용도로 이용·제공 가능한 경우 - 공공기관과 공공기관 외로 구분 ▶ ❸ 참조 • 개인정보를 목적 외 용도로 이용·제공하기 위해 동의를 받을 경우 고지사항 1. 개인정보를 제공받는 자 2. 개인정보의 이용 목적(제공 시에는 제공받는 자의 이용목적) 3. 이용 또는 제공하는 개인정보의 항목 4. 개인정보의 보유 및 이용 기간(제공 시에는 제공받는 자의 보유 및 이용기간) 5. 동의를 거부할 권리가 있다는 사실 및 동의 거부에 따른 불이익이 있는 경우에 그 불이익의 내용

(참고) 목적 외 이용사례

- 공무원들에게 업무용으로 발급한 이메일 계정 주소로 사전 동의절차 없이 교육 등 마케팅 홍보자료를 발송한 경우
- 조세 담당 공무원이 자신과 채권채무 관계로 소송 중인 사람에 관한 납세정보를 조회하여 소송에 이용한 경우
- 상품배송을 목적으로 수집한 개인정보를 사전에 동의받지 않은 자사의 별도 상품·서비스의 홍보에 이용
- 고객 만족도 조사, 판촉 행사, 경품행사에 응모하기 위하여 입력한 개인정보를 사전에 동의받지 않고 자사의 할인판매행사 안내용 광고물 발송에 이용
- A/S센터에서 고객 불만 및 불편 사항을 처리하기 위해 수집한 개인정보를 자사의 신상품 광고에 이용
- 공개된 개인정보의 성격과 공개 취지 등에 비추어 그 공개된 목적을 넘어 DB마케팅을 위하여 수집한 후 이용하는 행위

(참고) 목적 외 제공사례

- 주민센터 복지카드 담당 공무원이 복지카드 신청자의 개인정보(홍보 마케팅 등으로 개인정보 제공을 동의하지 않은 경우)를 정보주체의 동의 없이 사설학습지 회사에 제공
- 홈쇼핑 회사가 주문상품을 배달하기 위해 수집한 고객정보를 정보주체의 동의 없이 계열 콘도미니엄사에 제공하여 콘도미니엄 판매용 홍보자료 발송에 활용

(두음) 관보 게재

3010

목적 외 이용 30일 이내, 인터넷 홈페이지 10일 이상

확인사항	요구 사항	관련 사항
목적외 용도로 제3자 제공 시 이용 제한 또는 안전성 확보 조치 요청	• 개인정보를 목적외의 용도로 제3자에게 제공하는 경우 제공받는 자에게 이용목적·방법 등을 제한하거나 안전성 확보를 위해 필요한 조치를 마련하도록 요청하여야 한다.	• 개인정보를 제공받는 자에게 이용 목적, 이용 방법, 이용 기간, 이용 형태 등을 제한 • 개인정보의 안전성 확보를 위해 구체적인 조치를 마련하도록 문서(전자문서 포함)로 요청 • 해당 개인정보를 받는 자와 개인정보의 안전성 확보조치에 관한 책임관계 명확화
공공기관 목적 외 이용 또는 제3자 제공 시 관보 또는 인터넷 홈페이지 게재	• 공공기관이 개인정보를 목적 외의 용도로 이용하거나 이를 제3자에게 제공하는 경우 그 이용 또는 제공의 법적 근거, 목적 및 범위 등에 관하여 필요한 사항을 관보 또는 인터넷 홈페이지 등에 게재하여야 함	• 목적 외 이용·제공 시 관보 또는 인터넷 홈페이지에 게재하지 않아도 되는 경우 1. 정보주체의 동의를 근거로 목적 외 이용·제공 시 2. 범죄의 수사와 공소의 제기 및 유지를 위하여 목적 외 이용·제공 시 • 관보 또는 인터넷 홈페이지 게재 사항 1. 목적 외 이용 등을 한 날짜 2. 목적 외 이용 등의 법적 근거 3. 목적 외 이용 등의 목적 4. 목적 외 이용 등을 한 개인정보의 항목 • 관보 또는 인터넷 홈페이지 게재 시점 및 기간 1. 게재 시점 – 목적 외 이용·제공한 날로부터 30일 이내 2. 게재 기간 – 인터넷 홈페이지에 게재하는 경우 10일 이상
개인정보 목적 외 이용 및 제3자 제공대장 기록·관리	• 공공기관이 개인정보를 목적 외의 용도로 이용하거나 목적 외의 용도로 제3자에게 제공하는 경우 '개인정보 목적 외 이용 및 제3자 제공대장'에 기록·관리하여야 함	• 개인정보 목적 외 이용 및 제3자 제공대장에 기록·관리해야 하는 사항 1. 이용하거나 제공하는 개인정보 또는 개인정보파일의 명칭 2. 이용기관 또는 제공받는 기관의 명칭 3. 이용 목적 또는 제공받는 목적 4. 이용 또는 제공의 법적 근거 5. 이용하거나 제공하는 개인정보의 항목 6. 이용 또는 제공의 날짜, 주기 또는 기간 7. 이용하거나 제공하는 형태 8. 개인정보보호를 위해 제한을 하거나 필요한 조치를 마련할 것을 요청하는 경우에는 그 내용 • 사법기관 또는 정부기관의 개인정보 등 자료 제공 요청(영장, 명령, 자료제출 요구 등)에 체계적으로 대응하기 위한 절차를 마련

3 개인정보를 목적 외의 용도로 이용·제공이 가능한 경우

No	목적 외의 용도로 이용·제공이 가능한 경우	공공기관	공공기관 외
1	정보주체의 별도의 동의가 있는 경우	○	○
2	다른 법률에 특별한 규정이 있는 경우	○	○
3	정보주체 또는 그 법정대리인이 의사표시를 할 수 없는 상태에 있거나 주소 불명 등으로 사전 동의를 받을 수 없는 경우로서 명백히 정보주체 또는 제3자의 급박한 생명, 신체, 재산의 이익을 위하여 필요하다고 인정되는 경우	○	○
4	개인정보를 목적 외의 용도로 이용하거나 이를 제3자에게 제공하지 아니하면 다른 법률에서 정하는 소관 업무를 수행할 수 없는 경우로서 보호위원회의 심의·의결을 거친 경우	○	–
5	조약, 그 밖의 국제협정의 이행을 위하여 외국정부 또는 국제기구에 제공하기 위하여 필요한 경우	○	–
6	범죄의 수사와 공소의 제기 및 유지를 위하여 필요한 경우	○	–
7	법원의 재판업무 수행을 위하여 필요한 경우	○	–
8	형(刑) 및 감호, 보호처분의 집행을 위하여 필요한 경우	○	–
9	공중위생 등 공공의 안전과 안녕을 위하여 긴급히 필요한 경우	○	○

4 (참고) 개인정보의 단계별 규제 수준 비교

구분	수집·이용 및 제공기준	목적 외 이용·제공 기준
공통기준	–	정보주체 또는 제3자의 이익을 부당하게 침해하지 않는 범위 안에서만 목적 외 이용·제공이 가능함
동의	정보주체의 동의를 받은 경우 ▶ 수집·이용 및 제공 가능	정보주체로부터 별도의 동의를 받은 경우(모든 개인정보처리자)
법률규정	법률에 특별한 규정이 있거나 법령상 의무를 준수하기 위하여 불가피한 경우 ▶ 수집 및 해당 목적범위안에서 이용·제공 가능	다른 법률에 특별한 규정이 있는 경우(모든 개인정보처리자)
공공기관 소관업무 수행	공공기관이 소관 업무의 수행을 위하여 불가피한 경우 ▶ 수집 및 해당 목적범위안에서 이용·제공 가능	개인정보를 목적 외로 이용하거나 제공하지 아니하면 다른 법률에서 정하는 소관 업무를 수행할 수 없는 경우로서 보호위원회의 심의를 거친 경우(공공기관만 적용)
계약이행	계약의 이행을 위하여 불가피하게 수반되는 경우 ▶ 수집 및 해당 목적범위안에서 이용 가능(제공 불가)	–

(두음) 목적외 용도 이용 제공·가능한 경우

동법급소조범법형안

동의, 법률, 급박, 소관, 조약, 범죄, 법원 재판, 형집행, 안전

(바른 뜻) 게재 (揭載)
신문·잡지 등에 글이나 그림 따위를 싣는 것
(출처 : 표준 국어대사전)

(바른 뜻) 소관(揭載)업무
맡아 관리하는 바 또는 그 범위의 업무
(출처 : 표준 국어대사전)

(참고) 다른 법률의 특별한 규정 사례
- 소득세법 제170조에 따른 세무공무원의 조사, 질문
- 감사원법 제27조에 따른 감사원의 자료 요구
- 국가유공자 등 예우 및 지원에 관한 법률 제77조에 따른 국가보훈처장의 자료제공 요구
- 병역법 제81조제2항에 따른 병무청장의 자료제공 요구
- 부패방지 및 국민권익위원회 설치와 운영에 관한 법률 제42조제1항 및 제3항에 따른 국민권익위원회의 자료제출 요청 등

구분	수집·이용 및 제공기준	목적 외 이용·제공 기준
정보주체 또는 제3자의 이익	정보주체 또는 제3자의 생명, 신체, 재산의 이익을 위하여 필요하다고 인정되는 경우로서 정보주체의 사전 동의를 받기 곤란한 경우 ▶ 수집 및 해당 목적범위안에서 이용·제공 가능	정보주체 또는 그 법정대리인이 의사표시를 할 수 없는 상태에 있거나 주소불명 등으로 사전 동의를 받을 수 없는 경우로서 명백히 정보주체 또는 제3자의 급박한 생명, 신체, 재산의 이익을 위하여 필요하다고 인정되는 경우(모든 개인정보처리자)
개인정보 처리자의 이익	개인정보처리자의 정당한 이익을 달성하기 위하여 필요한 경우로서 명백히 정보주체의 권리보다 우선하는 경우 ▶ 수집 및 해당 목적범위안에서 이용 가능(제공 불가)	-
통계·학술 연구목적	-	통계작성 및 학술연구등의 목적을 위한 경우로서 특정 개인을 식별할 수 없는 형태로 제공하는 경우(모든 개인정보처리자)
국제협정 이행	-	조약 그 밖의 국제협정의 이행을 위하여 외국정부 또는 국제기구에 제공하기 위하여 필요한 경우(공공기관만 적용)
범죄수사 등	-	범죄의 수사와 공소제기 및 유지를 위하여 필요한 경우(공공기관만 적용)
재판, 형·감호 집행	-	법원의 재판업무 수행을 위하여 필요한 경우(공공기관만 적용)

3.2.5 요건 수준
Level 1. 법규 수준
1. 법규 : 개보법
2. 내규 : 해당
3. 인증기준 : 해당
4. 위험평가 : 해당

3.개인정보 처리단계별 요구사항 ▶ 3.2. 개인정보 보유 및 이용 시 보호조치

가명처리 절차, 적정 가명처리, 결합전문기관, 추가정보 안전성 확보, 기간 경과 후 파기, 익명처리

항목	3.2.5 가명정보 처리
인증기준	가명정보를 처리하는 경우 목적제한, 결합제한, 안전조치, 금지의무 등 법적 요건을 준수하고 적정 수준의 가명처리를 보장할 수 있도록 가명처리 절차를 수립·이행하여야 한다.

주요 확인사항	1) 가명정보를 처리하는 경우 목적 제한, 가명처리 방법 및 기준, 적정성 검토, 재식별 금지 및 재식별 발생 시 조치사항 등 가명정보를 적정하게 처리하기 위한 절차를 수립하고 있는가?
	2) 개인정보를 가명처리하여 이용·제공 시 추가 정보의 사용·결합 없이는 개인을 알아볼 수 없도록 적정한 수준으로 가명처리를 수행하고 있는가?
	3) 다른 개인정보처리자와 가명정보를 결합하는 경우 결합전문기관 또는 데이터전문기관을 통해 결합하고 있는가?
	4) 가명정보를 처리하는 경우 추가 정보를 삭제 또는 별도로 분리하여 보관·관리, 관련 기록의 작성·보관 등 안전성 확보에 필요한 기술적·관리적 및 물리적 조치를 하고 있는가?
	5) 가명정보 처리목적 등을 고려하여 가명정보의 처리 기간을 적정한 기간으로 정하고 있으며, 해당 기간이 경과한 경우 지체 없이 파기하고 있는가?
	6) 개인정보를 익명처리하는 경우 시간·비용·기술 등을 합리적으로 고려할 때 다른 정보를 사용하여도 더 이상 특정 개인을 알아볼 수 없도록 적정한 수준으로 익명처리하고 있는가?
관련 법규	• 개인정보 보호법 제2조(정의), 제28조의2(가명정보의 처리 등), 제28조의3(가명정보의 결합 제한), 제28조의4(가명정보에 대한 안전조치의무 등), 제28조의5(가명정보 처리시 금지의무 등), 제28조의7(적용범위), 제58조의2(적용제외)
증적 자료 등 준비사항	• 가명처리·익명처리 적정성 평가 절차 및 결과 • 가명정보 처리 기록 • 개인정보 처리방침(가명정보 이용·제공에 관한 사항) 등
결함사례	• 통계작성 및 과학적 연구를 위하여 정보주체 동의 없이 가명정보를 처리하면서 가명정보 처리에 관한 기록을 남기고 있지 않거나, 또는 개인정보 처리방침에 관련 사항을 공개하지 않은 경우 • 가명정보와 동일한 데이터베이스 내에 추가 정보를 분리하지 않고 보관하고 있거나, 또는 가명 정보와 추가 정보에 대한 접근권한이 적절히 분리되지 않은 경우 • 개인정보를 가명처리하여 활용하고 있으나 적정한 수준의 가명처리가 수행되지 않아 추가 정보의 사용 없이도 다른 정보와의 결합 등을 통하여 특정 개인을 알아볼 수 있는 가능성이 존재하는 경우 • 테스트 데이터 생성, 외부 공개 등을 위하여 개인정보를 익명처리하였으나, 특이치 등으로 인하여 특정 개인에 대한 식별가능성이 존재하는 등 익명처리가 적정하게 수행되었다고 보기 어려운 경우
결함예시	ㅁㅁ기업은 시장조사를 위한 통계작성을 위해 가명정보를 처리하는 과정 중 다른 개인정보처리자와 가명정보를 결합 시 관련된 전문기관이 결합을 수행하지 않고 ㅁㅁ기업에서 직접 수행하여 개인정보보호법 제28조의3 제1항을 위반함

1 인증기준 취지

3.2.5 가명정보 처리는 가명처리시에 관한 인증기준이다. '가명정보'는 개인정보를 가명처리함으로써 원래의 상태로 복원하기 위한 추가 정보의 사용·결합 없이는 특정 개인을 알아볼 수 없는 정보를 이야기하며 개인정보의 범주에 포함되고 '가명처리'란 개인정보의 일부를 삭제하거나 일부 또는 전부를 대체하는 등의 방법으로 추가 정보가 없이는 특정 개인을 알아 볼 수 없도록 처리하는 것을 말한다. 해당 인증기준은 가명처리시 목적 제한, 가명처리 방법 및 기준, 적정성 검토, 재식별 금지 및 재식별 발생시 조치사항 등의 가명정보를 적정하게 처리하기 위한 절차가 수립·이행되는지 확인하는 기준이다. 정보주체의 동의 없이 처리가 가능한 가명정보로써 '통계작성, 과학적 연구, 공익적 기록보존' 목적으로 한정되고 처리 목적 및 이용환경, 데이터 특성 등을 고려하여 적정한 수준으로의 가명처리를 보장하기 위한 가명처리 절차를 수립하고 이행하는지 확인 하여야 한다.

2 인증기준 상세

확인사항	요구 사항	관련 사항
가명정보를 적정하게 처리하기 위한 절차 수립·이행	• 가명정보를 처리하는 경우 목적 제한, 가명처리 방법 및 기준, 적정성 검토, 재식별 금지 및 재식별 발생시조치사항 등 가명정보를 적정하게 처리하기 위한 절차를 수립·이행하여야 함	• '가명처리'란 개인정보의 일부를 삭제하거나 일부 또는 전부를 대체하는 등의 방법으로 추가 정보가 없이는 특정 개인을 알아볼 수 없도록 처리하는 것을 말함 • '가명정보'란 개인정보를 가명처리함으로써 원래의 상태로 복원하기 위한 추가 정보의 사용·결합 없이는 특정 개인을 알아볼 수 없는 정보로서 개인정보의 범주에 포함됨 • 가명정보는 가명정보 처리에 관한 특례에 따라 통계작성, 과학적 연구, 공익적 기록보존 등 3가지 목적에 대하여 정보주체의 동의 없이 이용·제공 등 처리 가능 • 가명정보 처리에 관한 특례에 따라 정보주체의 동의 없이 처리가 가능한 가명정보는 통계작성, 과학적 연구, 공익적 기록보존 등 목적에 한정되므로 처리 목적이 설정되지 않은 상황에서 보유하고 있는 개인정보를 가명처리하여 보관하는 것은 가명정보 처리에 관한 특례에 근거한 처리로 볼 수 없음 • 처리 목적 및 이용환경, 데이터 특성 등을 고려하여 적정한 수준으로의 가명처리를 보장하기 위한 가명처리 절차 수립 및 이행 • 가명처리 절차 예시(가명정보 처리 가이드라인) ▶ 3 참조 • 대상 분야에 대한 가명정보 처리 가이드라인이 별도로 존재하는 경우, 해당 가이드라인의 내용을 우선적으로 적용 – 보건의료 데이터 활용 가이드라인(보건복지부), 교육분야 가명·익명정보 처리 가이드라인(교육부), 공공분야 가명정보 제공 실무안내서(행정안전부), 금융분야 가명·익명처리 안내서(금융위원회) 등

확인사항	요구 사항	관련 사항
적절한 방법으로 가명처리 수행	• 개인정보를 가명처리하여 이용·제공 시 추가 정보의 사용·결합 없이는 개인을 알아볼 수 없도록 적절한 방법으로 가명처리를 수행하여야 함	• 개인식별정보는 삭제하거나, 결합 등을 위해 필요한 경우 랜덤값 생성, 해시값 생성 등을 통해 특정 개인을 식별할 수는 없지만 구별은 가능한 값으로 대체 • 개인식별가능정보는 가명정보 처리목적 상 반드시 필요하지 않은 경우에는 삭제하고 나머지 개인식별가능 정보에 대해서는 처리목적 및 식별 위험성 등을 고려하여 적절한 방법 및 수준으로 가명처리 • 가명처리·익명처리 방법 예시(가명정보 처리 가이드라인) ▶ 4 참조
가명정보를 결합하는 경우 결합전문 기관 또는 데이터전문 기관을 통해 결합	• 다른 개인정보 처리자와 가명정보를 결합하는 경우 결합전문기관 또는 데이터전문기관을 통해 결합하여야 함	• 서로 다른 개인정보처리자가 보유한 가명정보를 결합하여 통계작성, 과학적 연구, 공익적 기록보존 등의 목적으로 활용하고자 하는 경우에는 개인정보 보호위원회 또는 관계 중앙행정기관의 장이 지정한 결합전문기관을 통하여 수행 – 결합전문기관 현황 : 가명정보결합종합지원시스템 참고(link.privacy.go.kr) – 금융회사가 보유한 정보집합물과 결합 시에는 신용정보법에 따른 데이터전문기관을 통하여 수행 • 가명정보 결합 절차(가명정보 처리 가이드라인) ▶ 3 참조
안전성 확보에 필요한 기술적·관리적·물리적 조치	• 가명정보를 처리하는 경우 추가 정보를 삭제 또는 별도로 분리하여 보관·관리하고 관련 기록을 작성·보관 등 안전성 확보에 필요한 기술적·관리적·물리적 조치를 하여야 함	• (관리적 보호조치) 가명정보 및 추가 정보를 안전하게 관리하기 위한 내부 관리계획의 수립·시행, 가명정보 처리업무 수탁자에 대한 관리·감독, 가명정보 처리업무 위탁 및 제3자 제공 시 계약서 상 재식별 금지 등의 조항 포함, 가명정보 처리와 관련된 개인정보 처리방침의 수립 및 공개, 가명정보 보호에 관한 교육 등의 조치 • 가명정보 처리업무 위탁계약서에 포함되어야 할 사항(예시) ▶ 4 참조 • (기술적 보호조치) 추가 정보의 분리보관 또는 삭제, 가명정보 및 추가 정보에 대한 접근권한의 분리, 가명정보 처리 관련 기록의 작성·보관 등의 조치 ▶ 5 참조 • (물리적 보호조치) 가명정보 또는 추가 정보를 전산실이나 자료보관실에 보관하는 경우 비인가자의 접근으로부터 보호하기 위하여 출입 통제 등의 절차 수립·이행 등 • (기타 보호조치) 가명정보도 개인정보에 해당되므로 개인정보 보호법 제29조에 따른 개인정보의 안전성 확보 조치 기준 이행, 특정 개인을 알아보기 위한 목적으로의 가명처리 금지 등 • (재식별 모니터링 등) 가명정보를 처리하는 과정에서 특정 개인을 알아볼 수 있는 정보가 생성된 경우 즉시 해당 정보의 처리를 중지하고 지체 없이 회수·파기 조치 등

개인정보/가명정보/익명정보 예시

개인정보

살아있는 개인에 관한 정보로 성명, 주민등록번호, 영상 등 개인을 알아볼 수 있는 정보

성명	홍길동
나이	32세
전화번호	010-1234-5678
주소	서울 종로구 한글길 12

가명정보

개인정보의 일부 또는 전부를 삭제·대체하는 등 가명처리를 통해 추가정보 없이는 특정 개인을 알아볼 수 없는 정보

성명	홍○○
나이	30대 초반
전화번호	010-****-****
주소	서울특별시

익명정보

시간·비용·기술 등을 합리적으로 고려할 때 다른 정보를 사용하여도 더 이상 개인을 알아볼 수 없는 정보

성명	(삭제)
나이	30대
전화번호	(삭제)
주소	대한민국

출처 : 가명정보 처리 가이드라인 개인정보보호위원회 2024.2

가명정보에 적용되지 않는 규정
제20조(정보주체 이외로부터 수집한 개인정보의 수집 출처 등 통지), 제20조의2(개인정보 이용·제공 내역의 통지), 제27조(영업양도 등에 따른 개인정보의 이전 제한), 제34조(개인정보 유출 등의 통지·신고), 제35조(개인정보 열람), 제35조의2(개인정보의 전송요구) , 제36조(개인정보의 정정·삭제), 제37조(개인정보의 처리정지 등)

(두음) 가명정보 예외

간이양유전열정처

간접수집, 이용제공내역통지, 양도, 유출, 열람, 정정, 처리정지

확인사항	요구 사항	관련 사항
가명정보 파기	• 가명정보 처리 목적 등을 고려하여 가명정보의 처리 기간을 적정한 기간으로 정하고, 해당 기간이 경과한 경우 지체 없이 파기하여야 함	• 가명정보의 처리 기간은 가명정보 처리 목적을 달성하기 위해 필요한 기간으로 적정하게 설정 • 가명정보의 처리 기간이 경과한 경우 지체 없이 파기
가명정보 익명처리	• 개인정보를 익명처리하는 경우 시간·비용·기술 등을 합리적으로 고려할 때 다른 정보를 사용하여도 더 이상 특정 개인을 알아볼 수 없도록 적정한 수준으로 익명처리 하여야 함	• '익명정보'란 시간·비용·기술 등을 합리적으로 고려할 때 다른 정보를 사용하여도 더 이상 개인을 알아볼수 없는 정보를 말함 [참고] 개인정보 보호법 제58조의2(적용 예외)이 법은 시간·비용·기술 등을 합리적으로 고려할 때 다른 정보를 사용하여도 더 이상 개인을 알아볼수 없는 정보에는 적용하지 아니한다. • 익명처리를 하는 경우 개인식별정보는 삭제되어야 하며, 개인식별가능정보는 익명처리 방법을 복합적으로 활용하여 적정한 수준으로 익명처리하여야 함 • 익명처리의 적정성을 보장하기 위하여 내·외부 전문가로 구성된 검토위원회 구성 등 익명처리 적정성 검토 절차를 수립하여 이행할 수 있음

3 가명처리 절차 예시(가명정보 처리 가이드라인)

1단계	2단계	3단계	4단계	5단계
목적 설정 등 사전준비	위험성 검토	가명처리	적정성 검토	안전한 관리

단계	구분	공공기관 외
1	목적 설정 등 사전준비	• 개인정보 보호법에서 정한 3가지 목적(통계작성, 과학적 연구, 공익적 기록 보존 등) 중에서 가명정보 처리의 목적을 구체적이고 명확하게 설정 • 처리 목적 달성에 필요한 정보의 종류, 범위를 명확히 하여 가명처리 대상을 선정 • 처리 목적의 적합성 검토 • 가명정보 처리를 위한 안전조치 이행(가명정보 처리에 관한 내부 관리계획 수립 등) • 필요 서류 작성 등(가명정보 처리 위탁 시 위탁계약서 작성 등)

2	처리 대상의 위험성 검토	• 가명처리 대상 개인정보파일 및 개인정보항목 선정 • 가명처리 대상 데이터의 위험성 검토① 데이터 자체 식별 위험성 : 식별정보, 식별가능정보, 특이정보, 재식별 시 영향도 등② 처리 환경 식별 위험성 : 활용 형태(내부 활용, 외부 제공, 외부 결합 등), 처리 장소, 처리 방법
3	가명처리	• 식별 위험성 검토 결과를 기반으로 가명정보의 활용 목적 달성에 필요한 가명처리 방법 및 수준을 정하여 항목별 가명처리 계획 설정 • 항목별 가명처리 계획을 기반으로 가명처리 수행 • 가명처리 과정에서 생성되는 추가 정보는 원칙적으로 파기하고 필요한 경우 가명정보와 분리하여 별도로 저장
4	적정성 검토	• 가명처리에 대해 결과 적정성을 최종 검토 • 가명처리 적정성 검토는 내부 인원을 활용하여 자체적으로 검토하거나, 외부 전문가를 통하여 검토 가능(단, 최소 3명 이상으로 검토 위원회를 구성하는 것을 권고) • 적정성 검토 결과 부적정으로 판단될 경우 추가 가명처리 후 다시 적정성 검토 수행
5	안전한 관리	• 사전준비 단계에서 수립한 내부 관리계획에 따라 가명정보에 대한 안전조치 의무 이행(추가정보 분리 보관 또는 삭제, 접근권한 분리 등) • 재식별 금지 및 재식별 가능성 모니터링 • 가명정보를 처리하는 과정에서 특정 개인을 알아볼 수 있는 정보가 생성된 경우에는 즉시 해당 정보의 처리를 중지하고, 지체 없이 회수·파기 • 가명정보 처리 관련 기록 작성 및 보관 • 가명정보 처리에 관한 사항을 개인정보 처리방침에 공개 등

4 가명처리 · 익명처리 방법 예시(가명정보 처리 가이드라인)

분류	기술	세부기술	설명
개인정보 삭제	삭제 기술	삭제 (Suppression)	• 원본정보에서 개인정보를 단순 삭제
		부분삭제 (Partial suppression)	• 개인정보 전체를 삭제하는 방식이 아니라 일부를 삭제
		행 항목 삭제 (Record suppression)	• 다른 정보와 뚜렷하게 구별되는 행 항목을 삭제
		로컬 삭제 (Local suppression)	• 특이정보를 해당 행 항목에서 삭제
개인정보 일부 또는 전부 대체		마스킹 (Masking)	• 특정 항목의 일부 또는 전부를 공백 또는 문자('*', '_' 등이나 전각 기호)로 대체
	통계 도구	총계처리 (Aggregation)	• 평균값, 최댓값, 최솟값, 최빈값, 중간값 등으로 처리
		부분총계 (Micro aggregation)	• 정보집합물 내 하나 또는 그 이상의 행 항목에 해당하는 특정 열 항목을 총계처리. 즉, 다른 정보에 비하여 오차 범위가 큰 항목을 평균값 등으로 대체
	일반화 (범주화) 기술	일반 라운딩 (Rounding)	• 올림, 내림, 반올림 등의 기준을 적용하여 집계 처리하는 방법으로, 일반적으로 세세한 정보보다는 전체 통계정보가 필요한 경우 많이 사용
		랜덤 라운딩 (Random rounding)	• 수치 데이터를 임의의 수인 자리 수, 실제 수 기준으로 올림(round up) 또는 내림(round down)하는 기법
		제어 라운딩 (Controlled rounding)	• 라운딩 적용 시 값의 변경에 따라 행이나 열의 합이 원본의 행이나 열의 합과 일치하지 않는 단점을 해결하기 위해 원본과 결과가 동일하도록 라운딩을 적용하는 기법
		상하단코딩 (Top and bottom coding)	• 정규분포의 특성을 가진 데이터에서 양쪽 끝에 치우친 정보는 적은 수의 분포를 가지게 되어 식별성을 가질 수 있음 • 이를 해결하기 위해 적은 수의 분포를 가진 양 끝단의 정보를 범주화 등의 기법을 적용하여 식별성을 낮추는 기법
		로컬 일반화 (Local generalization)	• 전체 정보집합물 중 특정 열 항목(들)에서 특이한 값을 가지거나 분포상의 특이성으로 인해 식별성이 높아지는 경우 해당 부분만 일반화를 적용하여 식별성을 낮추는 기법

<table>
<tr><td rowspan="9">개인정보 일부 또는 전부 대체</td><td rowspan="3">일반화 (범주화) 기술</td><td>범위 방법 (Data range)</td><td>• 수치 데이터를 임의의 수 기준의 범위(range)로 설정하는 기법으로, 해당 값의 범위 또는 구간(interval)으로 표현</td></tr>
<tr><td>문자데이터 범주화 (Categorization of character data)</td><td>• 문자로 저장된 정보에 대해 보다 상위의 개념으로 범주화 하는 기법</td></tr>
<tr><td>양방향 암호화 (Two-way encryption)</td><td>• 특정 정보에 대해 암호화와 암호화된 정보에 대한 복호화가 가능한 암호화 기법
• 암호화 및 복호화에 동일 비밀키로 암호화하는 대칭키 (Symmetric key) 방식과 공개키와 개인키를 이용하는 비대칭키(Asymmetric key) 방식으로 구분</td></tr>
<tr><td rowspan="4">암호화</td><td>일방향 암호화 - 암호학적 해시함수 (One-way encryption - Cryptographic hash function)</td><td>• 원문에 대한 암호화의 적용만 가능하고 암호문에 대한 복호화 적용이 불가능한 암호화 기법
• 키가 없는 해시함수(MDC, Message Digest Code), 솔트 (Salt)가 있는 해시함수, 키가 있는 해시함수(MAC, Message Authentication Code)로 구분
• 암호화(해시처리)된 값에 대한 복호화가 불가능하고, 동일한 해시 값과 매핑(mapping)되는 2개의 고유한 서로 다른 입력값을 찾는 것이 계산상 불가능하여 충돌 가능성이 매우 적음</td></tr>
<tr><td>순서보존 암호화 (Order-preserving encryption)</td><td>• 원본정보의 순서와 암호값의 순서가 동일하게 유지되는 암호화 방식
• 암호화된 상태에서도 원본정보의 순서가 유지되어 값들 간의 크기에 대한 비교 분석이 필요한 경우 안전한 분석이 가능</td></tr>
<tr><td>형태보존 암호화 (Format-preserving encryption</td><td>• 원본 정보의 형태와 암호화된 값의 형태가 동일하게 유지 되는 암호화 방식
• 원본 정보와 동일한 크기와 구성 형태를 가지기 때문에 일반적인 암호화가 가지고 있는 저장 공간의 스키마 변경 이슈가 없어 저장 공간의 비용 증가를 해결할 수 있음
• 암호화로 인해 발생하는 시스템의 수정이 거의 발생하지 않아 토큰화, 신용카드 번호의 암호화 등에서 기존 시스템의 변경 없이 암호화를 적용할 때 사용</td></tr>
<tr><td>동형 암호화 (Homomorphic encryption)</td><td>• 암호화된 상태에서의 연산이 가능한 암호화 방식으로 원래의 값을 암호화한 상태로 연산 처리를 하여 다양한 분석에 이용가능
• 암호화된 상태의 연산값을 복호화 하면 원래의 값을 연산한 것과 동일한 결과를 얻을 수 있는 4세대 암호화 기법</td></tr>
</table>

개인정보 일부 또는 전부 대체	암호화	다형성 암호화 (Polymorphic encryption)	• 가명정보의 부정한 결합을 차단하기 위해 각 도메인별로 서로 다른 가명처리 방법을 사용하여 정보를 제공하는 방법 • 정보 제공 시 서로 다른 방식의 암호화된 가명처리를 적용 함에 따라 도메인별로 다른 가명정보를 가지게 됨
	무작위화 기술	잡음 추가 (Noise addition)	• 개인정보에 임의의 숫자 등 잡음을 추가(더하기 또는 곱하 기)하는 방법
		순열(치환) (Permutation)	• 분석 시 가치가 적고 식별성이 높은 열 항목에 대해 대상 열항목의 모든 값을 열 항목 내에서 무작위로 순서를 변경하여 식별성을 낮추는 기법 • 개인정보를 다른 행 항목의 정보와 무작위로 순서를 변경 하여 전체정보에 대한 변경 없이 특정 정보가 해당 개인과 연결되지 않도록 하는 방법
		토큰화 (Tokenisation)	• 개인을 식별할 수 있는 정보를 토큰으로 변환 후 대체함으로써 개인정보를 직접 사용하여 발생하는 식별 위험을 제거하여 개인정보를 보호하는 기술 • 토큰 생성 시 적용하는 기술은 의사난수생성 기법이나 양방향 암호화, 형태보존 암호화 기법을 주로 사용
		(의사)난수생성기 ((P)RNG, (Pseudo) Random Number Generator)	• 주어진 입력값에 대해 예측이 불가능하고 패턴이 없는 값을 생성하는 메커니즘으로 임의의 숫자를 개인정보와 대체
가명·익명처리를 위한 다양한 기술 (기타 기술)		표본추출 (Sampling)	• 데이터 주체별로 전체 모집단이 아닌 표본에 대해 무작위 레코드 추출 등의 기법을 통해 모집단의 일부를 분석하여 전체에 대한 분석을 대신하는 기법
		해부화 (Anatomization)	• 기존 하나의 데이터셋(테이블)을 식별성이 있는 정보집합물과 식별성이 없는 정보집합물로 구성된 2개의 데이터셋으로 분리하는 기술
		재현데이터 (Synthetic data)	• 원본과 최대한 유사한 통계적 성질을 보이는 가상의 데이터를 생성하기 위해 개인정보의 특성을 분석하여 새로운 데이터를 생성하는 기법
		동형비밀분산 (Homomorphic secret sharing)	• 식별정보 또는 기타 식별가능정보를 메시지 공유 알고리즘에 의해 생성된 두 개 이상의 쉐어(share)*로 대체 *기밀사항을 재구성하는데 사용할 수 있는 하위 집합

❶ 삭제(Suppression) 수치형데이타 문자형데이타

- 원본정보에서 개인정보를 단순 삭제

※ 이때 남아 있는 정보 그 자체로도 분석의 유효성을 가져야 함과 동시에 개인을 식별할 수 없어야 하며, 인터넷 등에 공개되어 있는 정보 등과 결합하였을 경우에도 개인을 식별할 수 없어야 함

성명	성별	나이	핸드폰번호	주소	통신료	단말기금액	누적포인트
김철수	남	41세	010-6666-8888	서울특별시 중구 무교동	98,700	1,198,700	356,800
이영희	여	61세	010-9999-2222	부산광역시 북구 화명동	69,400	505,400	203,000
박민호	남	30세	010-2222-7777	광주광역시 서구 금호동	104,400	1,604,400	198,000
이윤정	여	57세	010-3333-4444	전라남도 나주시 빛가람동	954,800	3,954,800	20,532,000
최동욱	남	28세	010-5555-6666	세종특별자치시 어진동	83,600	883,600	400,900

삭제

성별	나이	통신료	단말기금액	누적포인트
남	41세	98,700	1,198,700	356,800
여	61세	69,400	505,400	203,000
남	30세	104,400	1,604,400	198,000
여	57세	954,800	3,954,800	20,532,000
남	28세	83,600	883,600	400,900

❷ 부분삭제(Partial suppression) 수치형데이타 문자형데이타

– 개인정보 전체를 삭제하는 방식이 아니라 일부를 삭제

성명	성별	나이	핸드폰번호	주소	통신료	단말기금액	누적포인트
김철수	남	41세	010-6666-8888	서울특별시 중구 무교동	98,700	1,198,700	356,800
이영희	여	61세	010-9999-2222	부산광역시 북구 화명동	69,400	505,400	203,000
박민호	남	30세	010-2222-7777	광주광역시 서구 금호동	104,400	1,604,400	198,000
이윤정	여	57세	010-3333-4444	전라남도 나주시 빛가람동	954,800	3,954,800	20,532,000
최동욱	남	28세	010-5555-6666	세종특별자치시 어진동	83,600	883,600	400,900

삭제

성명	성별	나이	핸드폰번호	주소	통신료	단말기금액	누적포인트
김	남	41세	8888	서울특별시 중구	98,700	1,198,700	356,800
이	여	61세	2222	부산광역시 북구	69,400	505,400	203,000
박	남	30세	7777	광주광역시 서구	104,400	1,604,400	198,000
이	여	57세	4444	전라남도 나주시	954,800	3,954,800	20,532,000
최	남	28세	6666	세종특별자치시	83,600	883,600	400,900

❸ 행 항목 삭제(Record suppression) 수치형데이타 문자형데이타

– 다른 정보와 뚜렷하게 구별되는 행 항목을 삭제
– 통계분석에 있어서 전체 평균에 비하여 오차범위를 벗어나는 자료를 제거할 때 사용

성명	성별	나이	핸드폰번호	주소	통신료	단말기금액	누적포인트
김철수	남	41세	010-6666-8888	서울특별시 중구 무교동	98,700	1,198,700	356,800
이영희	여	61세	010-9999-2222	부산광역시 북구 화명동	69,400	505,400	203,000
박민호	남	30세	010-2222-7777	광주광역시 서구 금호동	104,400	1,604,400	198,000
이윤정	여	57세	010-3333-4444	전라남도 나주시 빛가람동	954,800	3,954,800	20,532,000
최동욱	남	28세	010-5555-6666	세종특별자치시 어진동	83,600	883,600	400,900

삭제

성명	성별	나이	핸드폰번호	주소	통신료	단말기금액	누적포인트
김철수	남	41세	010-6666-8888	서울특별시 중구 무교동	98,700	1,198,700	356,800
이영희	여	61세	010-9999-2222	부산광역시 북구 화명동	69,400	505,400	203,000
박민호	남	30세	010-2222-7777	광주광역시 서구 금호동	104,400	1,604,400	198,000
최동욱	남	28세	010-5555-6666	세종특별자치시 어진동	83,600	883,600	400,900

❹ 로컬 삭제(Local suppression) 수치형데이타 문자형데이타

– 특이정보를 해당 행 항목에서 삭제

(설명) 다른 누적포인트에 비하여 뚜렷이 구별되는 누적포인트를 항목에서 삭제

성명	성별	나이	핸드폰번호	주소	통신료	단말기금액	누적포인트
김철수	남	41세	010-6666-8888	서울특별시 중구 무교동	98,700	1,198,700	356,800
이영희	여	61세	010-9999-2222	부산광역시 북구 화명동	69,400	505,400	203,000
박민호	남	30세	010-2222-7777	광주광역시 서구 금호동	104,400	1,604,400	198,000
이윤정	여	57세	010-3333-4444	전라남도 나주시 빛가람동	954,800	3,954,800	20,532,000
최동욱	남	28세	010-5555-6666	세종특별자치시 어진동	83,600	883,600	400,900

삭제

성명	성별	나이	핸드폰번호	주소	통신료	단말기금액	누적포인트
김철수	남	41세	010-6666-8888	서울특별시 중구 무교동	98,700	1,198,700	356,800
이영희	여	61세	010-9999-2222	부산광역시 북구 화명동	69,400	505,400	203,000
박민호	남	30세	010-2222-7777	광주광역시 서구 금호동	104,400	1,604,400	198,000
이윤정	여	57세	010-3333-4444	전라남도 나주시 빛가람동	954,800	3,954,800	
최동욱	남	28세	010-5555-6666	세종특별자치시 어진동	83,600	883,600	400,900

❺ 마스킹(Masking) 수치형데이타 문자형데이타

– 특정 항목의 일부 또는 전부를 공백 또는 문자('*', '_' 등이나 전각 기호)로 대체

※ 분류는 개인정보 일부 또는 전부 대체로 분류되지만, 기술적으로 마스킹된 부분은 데이터로써의 가치가 없어져 일부 문건에서는 삭제로 분류되기도 함

성명	성별	나이	핸드폰번호
김철수	남	41세	010-6666-8888
이영희	여	61세	010-9999-2222
박민호	남	30세	010-2222-7777
이윤정	여	57세	010-3333-4444
최동욱	남	28세	010-5555-6666

마스킹

성명	성별	나이	핸드폰번호
김**	남	4*세	***-****-****
이**	여	6*세	***-****-****
박**	남	3*세	***-****-****
이**	여	5*세	***-****-****
최**	남	2*세	***-****-****

❶ 총계처리(Aggregation) 수치형데이타

– 평균값, 최댓값, 최솟값, 최빈값, 중간값 등으로 처리

※ 단, 데이터 전체가 유사한 특징을 가진 개인으로 구성되어 있을 경우 그 데이터의 대푯값이 특정 개인의 정보를 그대로 노출시킬 수도 있으므로 주의 필요

통신료
98,700
69,400
104,400
954,800
83,600

→ 평균값

통신료
262,180
262,180
262,180
262,180
262,180

통신료
98,700
69,400
104,400
954,800
83,600

→ 최댓값

통신료
954,800
954,800
954,800
954,800
954,800

통신료
98,700
69,400
104,400
954,800
83,600

→ 최솟값

통신료
69,400
69,400
69,400
69,400
69,400

통신료
98,700
69,400
104,400
954,800
104,400

→ 최빈값

통신료
104,400
104,400
104,400
104,400
104,400

통신료
98,700
69,400
104,400
54,800
83,600

→ 정렬

통신료
54,800
69,400
83,600
98,700
104,400

→ 중간값

통신료
83,600
83,600
83,600
83,600
83,600

1–1. 부분총계(Micro Aggregation) 수치형데이타

– 정보집합물 내 하나 또는 그 이상의 행 항목에 해당하는 특정 열 항목을 총계처리즉, 다른 정보에 비하여 오차 범위가 큰 항목을 평균값 등으로 대체

– 동질 집합 내의 특정 항목을 총계처리 하거나 특정 조건에 너무 특이한 값이 있어 개인의 식별 가능성이 높지만 분석에 꼭 필요한 값인 경우 처리

(설명) 지역, 나이 기준으로 동질집합을 형성하고, 오차 범위가 큰 소득금액을 동질집합 내 평균값으로 대체

지역	나이	소득금액
서울	30대	5,987,900
서울	30대	28,169,700
서울	30대	3,009,600
나주	30대	4,607,300
나주	30대	3,560,800
나주	30대	2,940,100
세종	30대	6,088,400
세종	30대	2,789,200
세종	30대	5,048,300

지역	나이	소득금액
서울	30대	12,389,067
서울	30대	12,389,067
서울	30대	12,389,067
나주	30대	4,607,300
나주	30대	3,560,800
나주	30대	2,940,100
세종	30대	6,088,400
세종	30대	2,789,200
세종	30대	5,048,300

❶ 라운딩(Rounding) 수치형데이타

1-1. 일반 라운딩

– 올림, 내림, 반올림 등의 기준을 적용하여 집계 처리하는 방법

나이
33세
61세
47세
66세
40세

올림	내림	반올림
40세	30세	30세
70세	60세	60세
50세	40세	50세
70세	60세	70세
40세	40세	40세

※ 적절하지 않은 라운딩의 경우 라운딩 후에도 남은 값의 유일성이 남게 될 수 있으며, 적용하는 단위에 대한 판단이 중요

금액	백 단위 라운딩
983,116,785	983,117,000
984,715,591	984,716,000
984,932,383	984,932,000
985,660,262	985,660,000
986,047,778	986,048,000

적절하지 않은 라운딩

금액	백만 단위 라운딩
983,116,785	980,000,000
984,715,591	980,000,000
984,932,383	980,000,000
985,660,262	990,000,000
986,047,778	990,000,000

적절하지 않은 라운딩

1-2. 랜덤 라운딩(Random Rounding) 수치형데이타

– 수치 데이터를 임의의 수인 자리 수, 실제 수 기준으로 올림(round up) 또는 내림(round down)하는 기법

금액		금액
869,250	만 단위 라운딩	900,000
4,559,120	십만 단위 라운딩	4,000,000
13,601,564	십만 단위 라운딩	14,000,000
979,118	만 단위 라운딩	900,000
122,848,878	백만 단위 라운딩	120,000,000

1-3. 제어 라운딩(Controlled rounding) 수치형데이타

- 라운딩 적용 시 값의 변경에 따라 행이나 열의 합이 원본의 행이나 열의 합과 일치하지 않는 단점을 해결하기 위해 원본과 결과가 동일하도록 라운딩을 적용하는 기법

※ 컴퓨터 프로그램으로 구현하기 어렵고 복잡한 통계표에는 적용하기 어려우며, 해결할 수 있는 방법이 존재하지 않을 수 있어 아직 실무에서는 잘 사용하지 않음

(설명) 나이에 대한 평균 분석 시 원본의 경우 평균이 51세가 되나 일반 라운딩을 적용한 경우 평균이 50세가 되어 결과가 다르게 되고, 이에 일부 값을 다르게 라운딩(제어)하여 평균 나이가 원본과 일치되도록 함

원본(나이)
33세
61세
50세
72세
43세
44세
23세
67세
68세
49세
평균 : 51세
합계 : 510

일반 라운딩	제어 라운딩
30세	30세
60세	60세
50세	50세
70세	70세
40세	40세
40세	50세
20세	20세
70세	70세
70세	70세
50세	50세
평균 : 50세	평균 : 51세
합계 : 500	합계 : 510

❷ 상하단코딩(Top and bottom coding) 수치형데이타

- 정규분포의 특성을 가진 데이터에서 양쪽 끝에 치우친 정보는 적은 수의 분포를 가지게 되어 식별성을 가질 수 있으며, 이를 해결하기 위해 적은 수의 분포를 가진 양 끝단의 정보를 범주화 등의 기법을 적용하여 식별성을 낮추는 기법

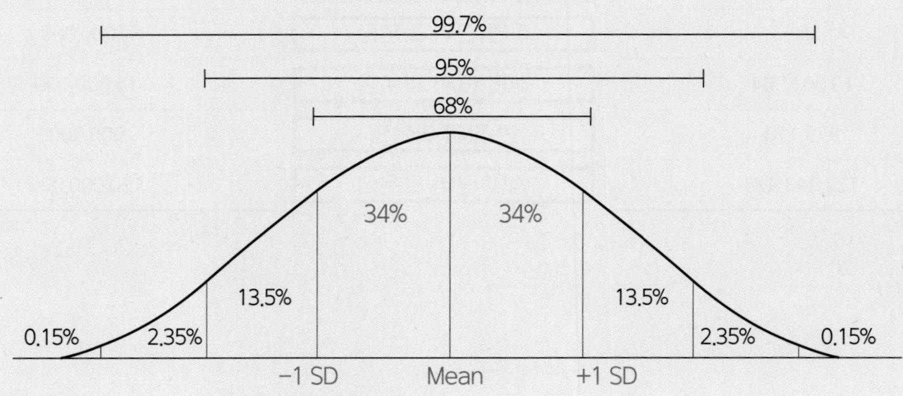

❸ 로컬 일반화(Local generalization) 수치형데이터

- 전체 정보집합물 중 특정 열 항목(들)에서 특이한 값을 가지거나 분포상의 특이성으로 인해 식별성이 높아지는 경우 해당 부분만 일반화를 적용하여 식별성을 낮추는 기법

(설명) 서울 지역의 30대 중 분포 상 다른 금액에 비해 특이한 값을 동질집합 내 범주화
※ 특이한 로컬(28,169,700)에만 3,009,600 ~ 28,169,700으로 범주화 할 수 있음

지역	나이	소득금액
서울	30대	5,987,900
서울	30대	28,169,700
서울	30대	3,009,600
나주	30대	4,607,300
나주	30대	3,560,800
나주	30대	2,940,100
세종	30대	6,088,400
세종	30대	2,789,200
세종	30대	5,048,300

지역	나이	소득금액
서울	30대	3,009,600~28,169,700
서울	30대	3,009,600~28,169,700
서울	30대	3,009,600~28,169,700
나주	30대	4,607,300
나주	30대	3,560,800
나주	30대	2,940,100
세종	30대	6,088,400
세종	30대	2,789,200
세종	30대	5,048,300

❹ 범위 방법(Data range) 수치형데이터

- 수치 데이터를 임의의 수 기준의 범위(range)로 설정하는 기법으로, 해당 값의 범위 또는 구간(interval)으로 표현

(예시) 소득 3,300만원을 소득 3,000만원~4,000만원으로 대체 표기

❺ 문자데이터 범주화(Categorization of character data) 문자형데이터

- 문자로 저장된 정보에 대해 상위의 개념으로 범주화하는 기법

품목	품목
분유	육아용품
기저귀	육아용품
젖병	육아용품
샤워타올	육아용품
욕실화	육아용품

❶ 잡음 추가(Noise addition) 수치형데이타 문자형데이타

- 개인정보에 임의의 숫자 등 잡음을 추가(더하기 또는 곱하기)하는 방법
- 지정된 평균과 분산의 범위 내에서 잡음이 추가되므로 원 자료의 유용성을 해치지 않으나, 잡음값은 데이터 값과는 무관하기 때문에 유효한 데이터로 활용하기 곤란하여, 중요한 종적정보는 동일한 잡음을 사용해야함 (예시로 입원일자에 +3이라는 노이즈를 추가하는 경우 퇴원일자에도 +3이라는 노이즈를 부여해야 전체 입원일수에 변화가 없음)

생년월일	잡음추가	잡음추가생년월일
2011-12-05	+3	2011-12-08
2016-08-09	-2	2016-08-07
2009-02-11	-5	2009-02-06
1998-05-27	-6	1998-05-21
1991-06-18	+9	1991-06-27

❷ 순열(치환)(Permutation) 수치형데이타 문자형데이타

- 기존 값은 유지하면서 개인이 식별되지 않도록 데이터를 재배열하는 방법
- 개인정보를 다른 행 항목의 정보와 무작위로 순서를 변경하여 전체정보에 대한 변경 없이 특정 정보가 해당 개인과 연결되지 않도록 하는 방법

※ 데이터의 훼손 정도가 매우 큰 기법으로 무작위로 순서를 변경하는 조건 선정에 주의 필요

(설명) 원본과 비교하여 평균 분석 시 전체 재배열은 결과가 다르며 동질집합 내 재배열 결과는 동일

지역	나이	소득금액(원본)	소득금액(전체 재배열)	소득금액(동질집합 내 재배열)
서울	30대	5,987,900	2,789,200	3,009,600
서울	30대	8,169,700	4,607,300	5,987,900
서울	30대	3,009,600	5,987,900	8,169,700
나주	30대	4,607,300	2,940,100	2,940,100
나주	30대	3,560,800	8,169,700	4,607,300
나주	30대	2,940,100	5,048,300	3,560,800
세종	30대	6,088,400	3,009,600	2,789,200
세종	30대	2,789,200	3,560,800	5,048,300
세종	30대	5,048,300	6,088,400	6,088,400

원본 분석결과	지역	서울	나주	세종
	평균소득	5,722,400	3,702,733	4,641,967

전체 재배열 분석결과	지역	서울	나주	세종
	평균소득	4,461,467	5,048,300	4,219,600

동질집합 내 재배열 분석결과	지역	서울	나주	세종
	평균소득	5,722,400	3,702,733	4,641,967

❸ 토큰화(Tokenisation) 수치형데이타 문자형데이타

- 개인을 식별할 수 있는 정보를 토큰으로 변환 후 대체함으로써 개인정보를 직접 사용하여 발생하는 개인에 대한 식별 위험을 제거하여 개인정보를 보호하는 기술
- 토큰 생성 시 적용하는 기술은 의사난수생성 기법이나 일방향 암호화, 순서보존 암호화 기법을 주로 사용

고객번호	이름	성별	핸드폰번호	나이	회원등급	연간 이용액
D1304365	이공재	남	010-1234-5678	30세	2등급	3,782,459
의사난수 생성기	암호화 기법		형태보존 암호화			

고객번호	이름	성별	핸드폰번호	나이	회원등급	연간 이용액
AD921648	Wzcd88qdp ekfhandkcosekrn	남	159-6857-6384	30세	2등급	3,782,459

❹ (의사)난수생성기((P)RNG, (Pseudo) Random Number Generator) 수치형데이타 문자형데이타

- 주어진 입력 값에 대해 예측이 불가능하고 패턴이 없는 값을 생성하는 메커니즘으로 임의의 숫자를 개인정보에 할당

※ 난수는 원칙적으로 규칙적인 배열순서가 없는 임의의 수를 의미하며 컴퓨터는 원천적으로 입력에 의한 처리 결과를 반환하는 것으로 처리의 방법과 입력이 동일하면 항상 동일한 출력이 발생하기 때문에 완전한 난수의 생성은 불가능

❶ 표본추출(Sampling) 수치형데이타 문자형데이타

- 데이터 주체별로 전체 모집단이 아닌 표본에 무작위 레코드 추출 등의 기법을 통해 모집단의 일부를 분석하여 전체에 대한 분석을 대신하는 기법
- 확률적 표본추출 방법과 비확률적 표본추출 방법으로 나누어지며, 확률적 표본추출이 통계적 분석에 많이 사용
- 확률적 표본추출 : 무작위 표본추출(복원 표본추출, 비 복원 표본추출), 계통적 표본추출, 층화 표본추출, 집락 표본추출 등
- 비확률적 표본부출 : 임의 표본추출, 판단 표본추출, 할당 표본추출, 누적 표본추출 등

❷ 해부화(Anatomization) 수치형데이타 문자형데이타

- 기존 하나의 데이터셋(테이블)을 식별성이 있는 정보집합물과 식별성이 없는 정보집합물로 구성된 2개의 데이터셋으로 분리하는 기술

Record ID	이름	성별	나이	월 납입금액	총 납부금액
1	조미선	F	33	817,250	66,300,000
2	홍길병	M	61	4,559,120	327,700,000
3	김영심	F	50	13,601,564	41,300,000
4	이미정	F	70	979,118	64,600,000
5	김경태	M	40	5,501,809	23,549,000
6	유영근	M	43	609,622	13,900,000

Record ID	이름	성별	나이
1	조미선	F	33
2	홍길병	M	61
3	김영심	F	50
4	이미정	F	70
5	김경태	M	40
6	유영근	M	43

Record ID	월 납입금액	총 납부금액
1	817,250	66,300,000
2	4,559,120	327,700,000
3	13,601,564	41,300,000
4	979,118	64,600,000
5	5,501,809	23,549,000
6	609,622	13,900,000

❸ 재현데이터(Synthetic data) 수치형데이타 문자형데이타

- 원본과 최대한 유사한 통계적 성질을 보이는 가상의 데이터를 생성하기 위해 개인정보의 특성을 분석하여 새로운 데이터를 생성하는 기법

※ 원본 데이터 포함 여부에 따라 완전 재현 데이터(Fully Synthetic Data), 부분 재현 데이터(Partially Synthetic Data), 하이브리드 재현 데이터(Hybrid Synthetic Data)로 구분

❹ 동형비밀분산(Homomorphic secret sharing) 수치형데이타 문자형데이타

- 식별정보 또는 기타 식별가능정보를 메시지 공유 알고리즘에 의해 생성된 두 개 이상의 쉐어(share)*로 대체

*기밀사항을 재구성 하는 데 사용할 수 있는 하위 집합

※ 재식별은 가명·익명처리된 데이터의 쉐어를 소유한 모두가 동의하는 경우만 가능

❺ 차분 프라이버시(Differential privacy) 수치형데이타 문자형데이타

- 특정 개인에 대한 사전지식이 있는 상태에서 해당정보가 포함된 데이터베이스와 포함되지 않은 데이터베이스 질의(Query)에 대한 응답 값으로 개인을 알 수 없도록 응답 값에 임의의 숫자 잡음(Noise)을 추가하여 특정 개인의 존재 여부를 알 수 없도록 하는 기법
- 1개 항목이 차이나는 두 데이터베이스간의 차이(확률분포)를 기준으로 하는 프라이버시 보호 모델

※ 질의응답 값을 확률적으로 일정 크기 이하의 차이를 갖도록 함으로써 차이에 따른 차분 공격 방지

5 가명정보 결합 절차(가명정보 처리 가이드라인)

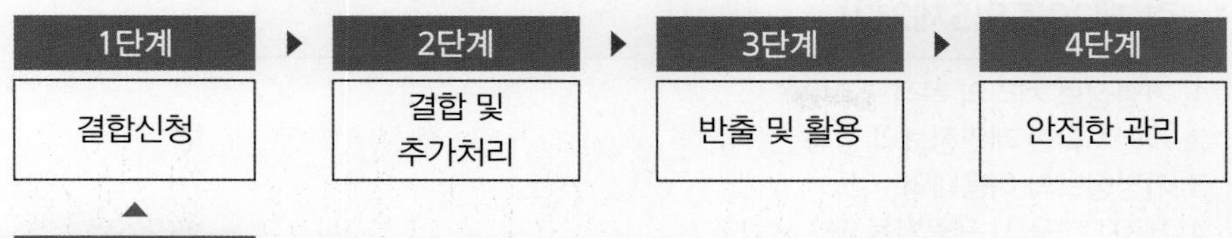

단계	구분	공공기관 외
1	결합신청	• 결합신청자는 신청자 간 결합신청에 필요한 사항의 협의, 결합신청서 작성 등가명정보 결합에 필요한 사전 준비사항을 확인하고 결합전문기관에 결합을 신청 • 모의결합, 결합률 확인, 가명정보 추출 등 선택 가능
2	결합 및 추가처리	• 가명정보를 제공하는 결합신청자는 결합키관리기관으로부터 결합키 생성에 이용되는 정보(Salt값)를 수신하여 결합키를 생성하고 결합신청 시 선택한 모의결합, 결합률 확인, 가명정보 추출 등이 완료되면 결합에 필요한 정보를 각기관에 전송
3	반출 및 활용	• 결합정보 또는 분석결과 등을 반출하려는 경우 결합전문기관에 반출을 신청
4	안전한 관리	• 결합정보를 이용하는 결합신청자는 반출한 결합정보(이하 반출정보)를 당초 결합신청서 및 반출신청서에 기재한 목적에 따라 처리하고 안전조치 의무 등을 준수

6 가명정보 처리업무 위탁계약서에 포함되어야 할 사항(예시)

1. 위탁업무 수행 목적 외 처리금지
2. 가명정보의 안전조치 사항
3. 위탁업무의 목적 및 범위
4. 재위탁 제한
5. 관리·감독에 관한 사항
6. 수탁자가 준수하여야 할 의무 위반시 손해배상 등 책임에 관한 사항
7. 재식별 금지
8. 재식별 위험 발생 시 통지

가명정보 처리 내부 관리계획에 포함될 사항(예시)

가. 가명정보 및 추가정보의 분리 보관에 관한 사항
나. 가명정보 및 추가정보에 대한 접근권한 분리에 관한 사항
다. 가명정보 또는 추가정보의 안전성 확보조치에 관한 사항
라. 가명정보를 처리하는 자의 교육에 관한 사항
마. 가명정보 처리 기록 작성 및 보관에 관한 사항
바. 개인정보 처리방침 공개에 관한 사항
사. 가명정보의 재식별 금지에 관한 사항
아. 가명정보의 처리기간을 별도로 정한 경우에 관한 사항

Q&A

가명정보를 통계작성, 과학적 연구, 공익적 기록보존 등을 위하여 정보주체의 동의 없이 공개할 수 있는지?

정보주체의 동의 없이 가명정보를 제공·공개하기 위해서는 통계작성, 과학적 연구, 공익적 기록보존 등의 목적에 해당하여야 하고(제28조의2제1항), 특정 개인을 알아볼 수 있는 정보가 포함되어서는 아니 된다(제28조의2제2항). 하지만, 가명정보를 불특정 다수에게 공개하는 경우에는 공개의 목적이 통계작성, 과학적 연구, 공익적 기록보존 등의 목적에 해당하는지가 불분명하고(제28조의2 제1항 위반 우려), 불특정 다수 중 누군가는 공개하는 정보와 결합하여 특정 개인을 알아볼 수 있는 정보를 가지고 있을 수 있어(제28조의2제2항 위반 우려), 가명 정보의 공개는 사실상 제한된다.

Q&A

가명정보를 통계 작성 목적으로 제공받으면 통계 작성 목적으로만 처리하여야 하는지?

가명정보를 정보주체의 동의 없이 처리할 수 있는 목적 범위는 통계작성, 과학적 연구, 공익적 기록보존 등의 목적이다. 따라서 가명정보를 통계작성 목적으로 제공받았다 하더라도 통계 작성 외에 과학적 연구, 공익적 기록 보존 목적 등으로 해당 정보주체의 동의 없이 처리할 수 있다.

가명정보를 과학적 연구 등 목적으로 제공하는 경우 대가를 받을 수 있는지?

가명정보를 과학적 연구 등 법에서 허용하는 범위로 제공하면서 대가를 받는 것은 금지하고 있지 않다. 다만, 가명정보 제공 대상이나 가명처리 목적이 특정되지 않은 상황에서 가명처리 하는 것과 그 가명정보를 제공하고 대가를 받는 것은 판매가 목적인 경우로 볼 수 있어 허용되지 않는다.

민감정보 또는 고유식별번호를 과학적 연구 등 목적으로 동의 없이 처리할 수 있는지?

가명정보의 처리에 관한 특례(제3절)는 일반 개인정보에 대한 규정에 우선하여 적용되므로 민감정보 또는 고유식별정보도 가명처리의 대상이 될 수 있다. 다만, 최소처리원칙(제3조제2항)에 따라 처리 목적과의 관련성을 고려하여 가명정보 처리 목적과 관련이 없는 민감정보 또는 고유식별정보는 삭제하여야 한다.

7 가명정보 처리 관련 기록에 포함되어야 할 사항(개인정보 보호법 시행령 제29조의5제2항)

1. 가명정보 처리의 목적
2. 가명처리한 개인정보의 항목
3. 가명정보의 이용내역
4. 제3자 제공 시 제공받는 자
5. 가명정보의 처리 기간(법 제28조의4제2항에 따라 처리 기간을 별도로 정한 경우에 한한다)
6. 그 밖에 가명정보의 처리 내용을 관리하기 위하여 보호위원회가 필요하다고 인정하여 고시하는 사항

※ 가명정보 처리 관련 기록은 가명정보를 파기한 날로부터 3년 이상 보관

3.개인정보 처리단계별 요구사항 ▶ 3.3. 개인정보 제공 시 보호조치

적법 요건, 각각 동의, 명확 고지, 최소정보 제한, 제3자 제공내역 기록보관, 제3자 접근 시 통제, 추가적 제공

항목	3.3.1 개인정보 제3자 제공
인증기준	개인정보를 제3자에게 제공하는 경우 법적 근거에 의하거나 정보주체의 동의를 받아야 하며, 제3자에게 개인정보의 접근을 허용하는 등 제공 과정에서 개인정보를 안전하게 보호하기 위한 보호대책을 수립·이행하여야 한다.
주요 확인사항	1) 개인정보를 제3자에게 제공하는 경우 정보주체 동의, 법령상 의무준수 등 적법 요건을 명확히 식별하고 이를 준수하고 있는가?
	2) 정보주체에게 개인정보 제3자 제공 동의를 받는 경우 관련 사항을 명확하게 고지하고 다른 동의사항과 구분하여 적법하게 동의를 받고 있는가?
	3) 정보주체에게 개인정보 제3자 제공 동의를 받는 경우 관련 내용을 명확하게 고지하고 법령에서 정한 중요한 내용에 대해 명확히 표시하여 알아보기 쉽게 하고 있는가?
	4) 개인정보를 제3자에게 제공하는 경우 제공 목적에 맞는 최소한의 개인정보 항목으로 제한하고 있는가?
	5) 개인정보를 제3자에게 제공하는 경우 안전한 절차와 방법을 통해 제공하고 제공 내역을 기록하여 보관하고 있는가?
	6) 제3자에게 개인정보의 접근을 허용하는 경우 개인정보를 안전하게 보호하기 위한 보호절차에 따라 통제하고 있는가?
	7) 정보주체의 동의 없이 개인정보의 추가적인 제공 시 당초 수집 목적과의 관련성, 예측 가능성, 이익 침해 여부, 안전성 확보조치 등의 고려사항에 대한 판단기준을 수립·이행하고, 추가적인 제공이 지속적으로 발생하는 경우 고려사항에 대한 판단기준을 개인정보 처리방침에 공개하고 이를 점검하고 있는가?

관련 법규	• 개인정보보호법 제17조(개인정보의 제공), 제22조(동의를 받는 방법) • 개인정보 처리 방법에 관한 고시
증적 자료 등 준비사항	• 온라인 개인정보 제3자 제공 관련 양식(홈페이지 회원가입 화면, 개인정보 제3자 제공 동의 화면 등) • 오프라인 개인정보 제3자 제공 관련 양식(회원가입신청서, 개인정보 제3자 제공 동의서 등) • 제3자 제공 내역 • 개인정보 처리방침
결함사례	• 개인정보처리자가 개인정보 제3자 제공 동의를 받을 때 정부주체에게 고지하는 사항 중에 일부 사항(동의 거부권, 제공하는 항목 등)을 누락한 경우 • 개인정보를 제3자에게 제공하는 과정에서 제3자 제공 동의 여부를 적절히 확인하지 못하여 동의하지 않은 정보주체의 개인정보가 함께 제공된 경우 • 개인정보를 제공 동의를 받을 때, 제공받는 자를 특정하지 않고 등과 같이 포괄적으로 안내하고 동의를 받은 경우 • 회원 가입 단계에서 선택사항으로 제3자 제공 동의를 받고 있으나, 제3자 제공에 동의하지 않으면 회원 가입 절차가 더 이상 진행되지 않도록 되어 있는 경우 • 제공받는 자의 이용 목적과 관련 없이 지나치게 많은 개인정보를 제공하는 경우
결함예시	ㅁㅁ기업은 제3자 제공 동의 시에 개인정보 수집 이용에 대한 동의와 구분하지 않고 포괄적으로 동의를 받고 있다.

❶ 인증기준 취지

3.3.1 개인정보 제3자 제공은 동의를 받은 처리자가 아닌 제3의 처리자에게 개인정보를 제공하는 것에 관한 인증기준이다. 여기서 말하는 제3자의 제공은 제공하는 자의 정보주체와의 계약 이행을 위한 것이 아니라 제공받는 자의 이익을 위해 수집하는 경우이다. 제공하는 자는 정보주체에게 제3자가 정보를 수집하는 것에 대해 사전에 명확히 알리고, 동의 하에 제공하여야 한다. 또한, 설령 제3자 제공에 동의하지 않더라도 본질적인 서비스 제공을 거부하면 안 된다. 제3자와 합의한 계약이 아니기 때문이다.

3.3.1 요건 수준

Level 1. 법규 수준
1. 법규 : 개보법
2. 내규 : 해당
3. 인증기준 : 해당
4. 위험평가 : 해당

유사 인증기준

3.2.4 개인정보 목적 외 이용 및 제공
3.3.3 영업의 양도 등에 따른 개인정보의 이전
3.3.4 개인정보 국외이전
3.2.4 개인정보는 수집 시 정보주체에게 고지·동의를 받은 목적 또는 법령에 근거한 범위 내에서만 이용 또는 제공하고 보호대책을 수립·이행
3.3.3 영업의 양도·합병 등으로 개인정보를 이전하는 경우 정보주체(이용자) 통지 등 보호조치를 수립·이행
3.3.4 개인정보를 국외로 이전하는 경우 국외 이전에 대한 동의, 관련 사항에 대한 공개 등 보호조치를 수립·이행

개인정보의 제3자 제공 (예시)

- 개인정보의 저장매체나 개인정보가 담긴 출력물·책자 등을 물리적으로 이전
- 네트워크를 통한 개인정보의 전송
- 개인정보에 대한 제3자의 접근권한 부여
- 개인정보처리자와 제3자의 개인정보 공유
- 기타 개인정보의 이전 또는 공동 이용 상태를 초래하는 모든 행위

공공기관 소관업무 (예시)

1. 인사혁신처가 「정부조직법」 제22조의3, 「인사혁신처와 그 소속기관 직제」 및 「인사혁신처와 그 소속기관 직제 시행규칙」에 따라 공무원의 인사·윤리·복무·연금 등 관리를 위해 공무원인사 관련파일을 수집·이용하거나 국가인재데이터베이스 시스템을 구축·운영하는 경우
2. 국민건강보험공단이 「국민건강보험법」 제14조에 따라 보험급여관리 등을 위하여 진료내역 등을 수집·이용하는 경우

2 인증기준 상세

확인사항	요구 사항	관련 사항
제3자 제공 시 적법 요건 식별 및 적법 제공	• 정보주체 동의, 법령상 의무준수 등 관련 법률에 따른 적법 요건을 명확히 식별하고 이에 따라 개인정보를 적법하게 제공하여야 함	• 제3자 범위 – 정보주체와 정보주체에 관한 개인정보를 수집·보유하고 있는 개인정보처리자를 제외한 모든 자(동일한 개인정보처리자 내부의 타 부서 및 조직은 제3자에 해당하지 않음) • 개인정보 제공 경로 별로 개인정보 제공의 적법 요건을 명확히 식별하고, 이를 입증할 수 있도록 관련 근거를 기록·관리 – 예를 들어, 법률에 특별한 규정이 있거나 법령상 의무를 준수하기 위하여 정보주체 동의 없이 개인정보를 제공하는 경우, 해당 법률 또는 법령의 조항 등 관련 근거를 문서화 • 개인정보를 제3자에게 제공할 수 있는 경우 ▶ 3 참조
제3자 제공 동의 별도 동의 및 서비스 제공 거부 금지	• 개인정보의 제3자 제공 동의는 수집·이용에 대한 동의와 구분하여 받고 제3자 제공이 서비스의 본질적 기능을 수행하기 위해 반드시 필요한 것이 아니라면 이에 동의하지 않는다는 이유로 서비스의 제공을 거부하지 않아야 함	• 개인정보의 제3자 제공 동의는 수집·이용에 대한 동의와 구분하여 받고 제3자 제공이 서비스의 본질적 기능을 수행하기 위해 반드시 필요한 것이 아니라면 이에 동의하지 않는다는 이유로 서비스의 제공을 거부하지 않아야 함 ▶ 4 참조
명확하게 고지하고 법령에서 정한 중요한 내용에 대해 명확히 표시	• 정보주체에게 개인정보 제3자 제공 동의를 받는 경우 관련 내용을 명확하게 고지하고 법령에서 정한 중요한 내용에 대해 명확히 표시하여 알아보기 쉽게 하여야 함	• 정보주체로부터 개인정보 제3자 제공 동의를 받을 때에는 5가지의 법정 고지사항 ▶ 5 참조 • 정보주체의 동의가 적법하기 위해서는 정보주체의 자유로운 의사에 따른 동의 여부 결정, 동의 내용의 구체성 및 명확성 등 적법 요건을 모두 충족하여야 함 ▶ 6 참조 • 개인정보 보호법 제22조(동의를 받는 방법)제2항에 따라 개인정보 처리에 대한 동의를 서면(전자문서및 전자거래기본법 제2조제1호에 따른 전자문서를 포함)으로 받을 때에는 다음과 같이 중요한 내용을 명확히 표시하여 알아보기 쉽게 하여야 함 ▶ 7, 8 참조

확인사항	요구 사항	관련 사항
제3자 제공 시 최소한의 개인정보 항목 제한	• 개인정보를 제3자에게 제공하는 경우 제공 목적에 맞는 최소한의 개인정보 항목으로 제한	• 동의에 근거한 제3자 제공 시 – 동의 시 고지한 제공 목적을 달성하기 위해 필요한 최소한의 개인정보 항목만 제공해야 함 • 법령에 근거한 제3자 제공 시 – 법률에서 구체적으로 명시하거나 해당 법령상 의무를 준수하기 위해 필요한 범위 내에서 최소한의 개인정보 항목만 제공해야 함
제3자 제공 시 안전한 절차와 방법으로 제공 및 제공 내역 기록·보관	• 제3자에게 개인정보를 제공하는 과정에서 개인정보가 유·노출되지 않도록 안전한 절차와 방법을 통해 제공하고 관련된 제공 내역은 기록하여 보관하여야 함	• 제3자 제공 시 안전한 절차 (예시) – 개인정보를 제공하는 자와 제공받는 자의 안전성 확보에 관한 책임관계 명확화(계약서 등) – 제3자 제공과 관련된 승인 절차(담당자에 의한 제공 시) – 전송 또는 전달 과정의 암호화 – 접근통제, 접근권한 관리 등 안전성 확보 조치 적용 – 제공 기록의 보존 등 • 제3자 제공 기록에 포함하여야 할 내용(예시) – 제공받는 자 – 제공 일시 – 제공된 개인정보 : 정보주체 식별정보 및 개인정보 항목 – 제공 목적 또는 근거 – 제공자(담당자) : 승인절차가 있는 경우 승인자 포함 – 제공 방법 : 시스템 연계, 이메일 전송 등 – 기타 필요한 정보
제3자에게 개인정보 접근 허용 시 보호절차에 따라 통제	• 제3자에게 개인정보의 접근을 허용하는 경우 개인정보를 안전하게 보호하기 위한 보호절차에 따라 통제하여야 함	• 권한이 있는 자만 접근할 수 있도록 안전한 인증 및 접근통제 조치 • 전송구간에서의 도청을 방지하기 위한 암호화 조치 • 책임추적성을 확보할 수 있도록 접속기록 보존 등
추가적인 제공 시 판단기준을 수립·이행 및 기준 준수여부 점검	• 정보주체의 동의 없이 개인정보의 추가적인 제공 시 당초 수집 목적과의 관련성, 예측 가능성, 이익 침해 여부, 안전성 확보조치 등 고려사항에 대한 판단기준을 수립·이행하여야 하며, 추가적인 제공이 지속적으로 발생하는 경우 이를 개인정보 처리방침에 공개하고 기준 준수여부를 점검하여야 함	• 개인정보의 추가적인 제공 시 고려사항 ▶ 9 참조

급박한 이익 경우 (예시)

1. 조난·홍수 등으로 실종되거나 고립된 사람을 구조하기 위하여 연락처, 주소, 위치정보 등 개인정보를 수집하는 경우
2. 아파트에 화재가 발생한 경우, 집안에 있는 자녀를 구하기 위해 해당 자녀 또는 부모의 이동전화 번호를 수집하는 경우
3. 의식불명이나 중태에 빠진 환자의 수술등 의료조치를 위하여 개인정보를 수집하는 경우
4. 고객이 전화 사기(보이스 피싱)에 걸린 것으로 보여 은행이 임시로 자금이체를 중단시키고 고객에게 사실 확인을 하고자 하는 경우

> **Q&A**
> **정보주체의 동의가 필요한 개인정보는 장래에 변경이 가능하다는 점에서 정부주체가 동의할 시점에서 확정한 동의를 받아야 할 항목을 모두 열거하고 그 외 이에 준하거나 유사한 항목을 포함하는 의미로 '등'의 용어를 사용하는 것이 허용되는지?**
> 「개인정보 보호법」은 개인정보 수집시 필요 최소한의 개인정보만을 수집하도록 하고 있으며, '등'의 용어를 써서 추가적인 개인정보를 받을 수 있도록 한다면 무분별한 개인정보 수집으로 이어질 소지가 있으므로 정보주체 동의시 수집할 구체적인 개인정보 항목을 나열하면서 '등'을 써서는 안 되며, 추후 업무상 새로운 개인정보가 필요한 경우 별도로 동의를 얻어야 한다.

> **Q&A**
> **같은 그룹 내의 호텔, 여행, 쇼핑몰 사이트 등 회원정보 DB를 통합하고 1개의 ID로 로그인이 가능하게 하는 이른바 '패밀리 사이트'제도를 도입하려 한다. 같은 그룹 내부의 계열사이기 때문에 고객들의 별도 동의는 필요 없는지?**
> 제3자는 고객으로부터 개인정보를 수집한 해당 사업자를 제외한 모든 법인, 단체 등을 의미하므로, 같은 그룹 내부의 계열사라 하더라도 개인정보의 수집·이용목적이 다른 별도의 법인에 해당한다면 제3자에 해당한다.따라서 그룹 계열사 간이라도 패밀리 사이트라는 명목으로 개인정보를 제공·공유하기 위해서는 제3자 제공에 따른 사항을 알리고 동의를 얻어야 한다.

3 개인정보를 제3자에게 제공할 수 있는 경우

개인정보보호법 제15조 제1항

1. 정보주체의 동의를 받은 경우
2. 법률에 특별한 규정이 있거나 법령상 의무를 준수하기 위하여 불가피한 경우
3. 공공기관이 법령 등에서 정하는 소관 업무의 수행을 위하여 불가피한 경우
5. 명백히 정보주체 또는 제3자의 급박한 생명, 신체, 재산의 이익을 위하여 필요하다고 인정되는 경우
6. 개인정보처리자의 정당한 이익을 달성하기 위하여 필요한 경우로서 명백하게 정보주체의 권리보다 우선하는 경우. 이 경우 개인정보처리자의 정당한 이익과 상당한 관련이 있고 합리적인 범위를 초과하지 아니하는 경우에 한한다.
7. 공중위생 등 공공의 안전과 안녕을 위하여 긴급히 필요한 경우

4 동의 사항의 구분이 필요한 경우

개인정보 보호법 제22조제1항

1. 제15조제1항제1호에 따라 동의를 받는 경우(개인정보 수집·이용 동의)
2. 제17조제1항제1호에 따라 동의를 받는 경우(개인정보 제3자 제공 동의)
3. 제18조제2항제1호에 따라 동의를 받는 경우(개인정보 목적외 이용·제공 동의)
4. 제19조제1호에 따라 동의를 받는 경우(개인정보를 제공받은 자의 목적외 이용·제공 동의)
5. 제24조제1항제1호에 따라 동의를 받는 경우(민감정보 처리 동의)
6. 제24조제1항제1호에 따라 동의를 받는 경우(고유식별정보 처리 동의)
7. 재화나 서비스를 홍보하거나 판매를 권유하기 위하여 개인정보의 처리에 대한 동의를 받으려는 경우

※ 정보주체가 동의 여부를 선택할 수 있다는 사실을 명확하게 알 수 있도록 구분하여 표시

5 개인정보의 제3자 제공 동의 시 알려야 할 사항

개인정보처리자

1. 개인정보를 제공받는 자의 성명(법인 또는 단체인 경우에는 그 명칭)
2. 제공받는 자의 개인정보 이용 목적
3. 제공하는 개인정보의 항목
4. 제공받는 자의 개인정보 보유 및 이용 기간
5. 동의 거부권이 존재하다는 사실 및 동의 거부에 따른 불이익이 있는 경우에는 그 내용

6 동의를 받을 때 충족해야 하는 조건

개인정보보호법 시행령 (2024. 9. 15) 제17조 1항

1. 정보주체가 자유로운 의사에 따라 동의 여부를 결정할 수 있을 것
2. 동의를 받으려는 내용이 구체적이고 명확할 것
3. 그 내용을 쉽게 읽고 이해할 수 있는 문구를 사용할 것
4. 동의 여부를 명확하게 표시할 수 있는 방법을 정보주체에게 제공할 것

※ 단, 본 규정은 2024년 9월 15일부터 시행

7 동의를 받는 경우 명확히 표시해야 하는 중요 내용

개인정보보호법 시행령 제17조 제3항
1. 개인정보의 수집·이용 목적 중 재화나 서비스의 홍보 또는 판매 권유 등을 위하여 해당 개인정보를 이용하여 정보주체에게 연락할 수 있다는 사실 2. 처리하려는 개인정보의 항목 중 다음 각 목의 사항 가. 제18조에 따른 민감정보 나. 제19조제2호부터 제4호까지의 규정에 따른 여권번호, 운전면허의 면허번호 및 외국인등록번호 3. 개인정보의 보유 및 이용 기간(제공 시에는 제공받는 자의 보유 및 이용 기간을 말한다) 4. 개인정보를 제공받는 자 및 개인정보를 제공받는 자의 개인정보 이용 목적

8 중요한 내용의 명확한 표시 방법

개인정보 처리 방법에 관한 고시 제4조
• 글씨의 크기, 색깔, 굵기 또는 밑줄 등을 통하여 그 내용이 명확히 표시되도록 할 것 • 동의 사항이 많아 중요한 내용이 명확히 구분되기 어려운 경우에는 중요한 내용이 쉽게 확인될 수있도록 그 밖의 내용과 별도로 구분하여 표시할 것 ※ 종이 인쇄물, 컴퓨터 표시화면 등 서면 동의를 요구하는 매체의 특성과 정보주체의 이용 환경 등을 고려하여 정보주체가 쉽게 알아볼 수 있도록 표시

9 개인정보의 추가적인 제공 시 고려사항

추가적 제공 요건	제공(제17조)
당초 수집 목적과 관련성이 있는지 여부	• 당초 수집 목적과 추가적 이용·제공의 목적 사이에 관련성을 고려하여야 함 • 관련성이 있다는 것은 당초 수집 목적과 추가적 이용·제공의 목적이 서로 그 성질 이나 경향 등에 있어서 연관이 있다는 것을 의미함
개인정보를 수집한 정황 또는 처리 관행에 비추어 볼 때 개인정보의 추가적인 이용 또는 제공에 대한 예측 가능성이 있는지 여부	• 수집 정황이나 처리 관행에 비추어 합리적으로 예측 가능한지 고려하여야 함 • 정황은 개인정보의 수집 목적·내용, 추가적 처리를 하는 개인정보처리자와 정보주체 간의 관계, 현재의 기술 수준과 그 기술의 발전 속도 등 비교적 구체적 사정을 의미하고, 관행은 개인정보 처리가 비교적 오랜 기간 정립된 일반적 사정을 의미함
정보주체의 이익을 부당하게 침해하는지 여부	• 정보주체의 이익을 부당하게 침해하는지 여부는 정보주체의 이익을 실질적으로 침해하는지와 해당 이익 침해가 부당한지를 고려하여야 함 • 추가적인 이용의 목적이나 의도와의 관계에서 판단되어야 함

Q&A

이전에 경품 이벤트에 응모했던 고객 리스트를 활용해 신상품 출시를 안내하는 홍보 이메일을 보내도 문제가 없는지?

경품 이벤트를 통해 이벤트 활용 목적으로만 동의를 받고 '상품광고'에 대해서는 동의를 받지 않았다면, 해당 개인정보는 상품출시 안내 이메일 발송 등의 광고 목적으로 이용할 수 없다.

Q&A

정보주체로부터 제공받은 명함이나, 전화번호부, 공개된 인터넷 홈페이지를 통해 개인정보를 수집하는 경우에도 법 제15조제1항제1호에 따라 정보주체의 동의를 받아야 하는지?

정보주체로부터 직접 명함 또는 그와 유사한 매체를 제공받음으로써 개인정보를 수집하는 경우, 정보주체가 동의의사를 명확히 표시하거나 그렇지 않은 경우 명함 등을 제공하는 정황 등에 비추어 사회통념상 동의 의사가 있었다고 인정되는 범위 내에서만 이용할 수 있다

Q&A

직원 채용시 이력서 등을 통하여 얻게 되는 직원 개인정보는 수집·이용에 대하여 동의가 면제되는 것으로 볼 수 있는지?

사업자는 직원의 성명, 주민등록번호, 가족수당의 계산기초가 되는 사항과 기타 근로조건에 관한 사항을 임금 대장에 기록하여야 하는 바, 이는 법령이 정한 경우에 해당한다. 기타 정보의 경우에도 구직예정자의 개인정보 또한 그 수집, 이용과 관련하여 법 제15조제1항제4호(계약의 체결 및 이행에 필요한 경우)에 의하여 구직 예정자의 동의가 면제될 수 있을 것이다.

가명처리 또는 암호화 등 안전성 확보에 필요한 조치를 하였는지 여부	• 개인정보 침해 우려를 최소화하기 위하여, 가명처리 또는 암호화 등 안전성 확보에 필요한 조치를 하여야 함
개인정보의 추가적인 이용 시 고려하여야 할 사항	• 개인정보처리자는 위 고려사항에 대한 구체적 기준을 스스로 정하여 개인정보 처리방침에 미리 공개하여야 함

10 개인정보의 수집·이용기준과 제공기준의 비교

기준	수집·이용(제15조)	제공(제17조)
정보주체의 동의를 받은 경우	• 수집·이용 가능	• 제공 가능
법률에 특별한 규정이 있거나 법령상 의무를 준수하기 위하여 불가피한 경우	• 수집·이용 가능	• 수집목적 범위 안에서 제공 가능
공공기관이 법령 등에서 정하는 소관 업무의 수행을 위하여 불가피한 경우	• 수집·이용 가능	• 수집목적 범위 안에서 제공 가능
정보주체와의 계약의 체결 및 이행을 위하여 불가피하게 수반되는 경우	• 수집·이용 가능	• 제공 불가 (정보주체 동의 필요)
명백히 정보주체 또는 제3자의 급박한 생명, 신체, 재산의 이익을 위하여 필요하다고 인정되는 경우	• 수집·이용 가능	• 수집목적 범위 안에서 제공 가능
개인정보처리자의 정당한 이익을 달성하기 위하여 필요한 경우로서 명백히 정보주체의 권리보다 우선하는 경우	• 수집·이용 가능	• 제공 불가 (정보주체 동의 필요)
공중위생 등 공공의 안전과 안녕을 위하여 긴급히 필요한 경우	• 수집·이용 가능	• 수집목적 범위 안에서 제공 가능

11 (Bad) 개인정보 제3자 제공 동의 (보험업 예시)

▶ 개인정보 제3자 제공 동의

지나치게 많은 개인정보를 제3자에게 제공해서는 안 됨

1. 개인정보를 제공 받는 자: ○○생명, ○○생명, ○○손해보험, ○○보험, ○○화재보험
2. 이용 목적: 생명, 손해보험 상품 등의 안내를 위한 전화, SMS등 마케팅 자료로 활용됩니다.
3. 제공하는 개인정보 항목: 이름, 생년월일, 이메일, 집 전화번호, 휴대전화번호, 자택주소, 회사주소, 사무실 전화번호, 가족사항
4. 보유/이용기간: ○○○○년 ○○월 ○○일까지

정보주체는 개인정보 제3자 제공에 동의하지 않을 권리가 있으며, 동의를 거부할 경우 일부 서비스를 제한 받을 수 있습니다.

위 개인정보를 제3자 제공에 동의합니다.(선택) 동의함 □ 동의하지 않음 □

⑫ (Good) 개인정보 제3자 제공 동의 (여행업, 건설 예시)

□ 개인정보 3자 제공 내역

제공받는 자	제공목적	제공 항목	보유기간
○○호텔	홍보 및 마케팅	관심 여행지, 여행이력	1년

※ 위와 같이 개인정보를 처리하는 데 동의를 거부할 권리가 있습니다.
그러나 동의를 거부할 경우 일부 서비스 제공이 제한 될 수 있습니다.

☞ 위와 같이 개인정보를 제3자 제공하는데 동의하십니까? [동의 □] [미동의 □]

□ 개인정보 3자 제공 내역

제공기관	수집목적	항목	보유기간
○○건축연구소	맞춤형 건설 동향 정보 수집	생년월일, 결혼여부, 관심지역, 성별	1년

※ 위와 같이 개인정보를 처리하는 데 동의를 거부할 권리가 있습니다.
그러나 동의를 거부할 경우 원활한 서비스 제공에 일부 제한을 받을 수 있습니다.

☞ 위와 같이 개인정보를 제3자 제공하는데 동의하십니까? [동의 □] [미동의 □]

3.개인정보 처리단계별 요구사항 ▶ 3.3. 개인정보 제공 시 보호조치

위탁(재위탁) 시 위탁 내용과 수탁자 공개,(업무, 수탁자), 홍보&판매 시 통지

항목	3.3.2 개인정보 처리 업무 위탁
인증기준	개인정보 처리업무를 제3자에게 위탁하는 경우 위탁하는 업무의 내용과 수탁자 등 관련사항을 공개하여야 한다. 또한 재화 또는 서비스를 홍보하거나 판매를 권유하는 업무를 위탁하는 경우 위탁하는 업무의 내용과 수탁자를 정보주체에게 알려야 한다.
주요 확인사항	1) 개인정보 처리업무를 제3자에게 위탁(재위탁 포함)하는 경우 인터넷 홈페이지 등에 위탁하는 업무의 내용과 수탁자를 현행화하여 공개하고 있는가?
	2) 재화 또는 서비스를 홍보하거나 판매를 권유하는 업무를 위탁하는 경우에는 서면, 전자우편, 문자전송 등의 방법으로 위탁하는 업무의 내용과 수탁자를 정보주체에게 알리고 있는가?
관련 법규	개인정보보호법 제26조(업무위탁에 따른 개인정보의 처리 제한)
증적 자료 등 준비사항	• 개인정보 처리방침(개인정보 처리업무 위탁 관련 공개 내역) • 개인정보 수집 양식 • 개인정보 처리위탁 계약서 • 재화 또는 서비스 홍보·판매 권유 업무 위탁 관련 정보주체 통지 내역

3.3.2 요건 수준
Level 1. 법규 수준
1. 법규 : 개보법
2. 내규 : 해당
3. 인증기준 : 해당
4. 위험평가 : 해당

항목	3.3.2 개인정보 처리 업무 위탁
결함사례	• 홈페이지 개인정보 처리방침에 개인정보 처리업무 위탁 사항을 공개하고 있으나, 일부 수탁자와 위탁하는 업무의 내용이 누락된 경우 • 재화 또는 서비스를 홍보하거나 판매를 권유하는 업무를 위탁하면서, 위탁하는 업무의 내용과 수탁자를 서면 등의 방법으로 정보주체에게 알리지 않고 개인정보 처리방침에 공개하는 것으로 갈음한 경우 • 기존 개인정보 처리업무 수탁자와의 계약 해지에 따라 개인정보 처리업무 수탁자가 변경되었으나, 이에 대하여 개인정보 처리방침에 지체 없이 반영하지 않은 경우 • 개인정보 처리업무를 위탁받은 자가 해당 업무를 제3자에게 재위탁을 하고 있지만, 재위탁에 관한 사항을 인터넷 홈페이지 등에 공개하고 있지 않은 경우
결함예시	ㅁㅁ기업은 개인정보처리방침상에 홍보 및 판매 권유에 관한 업무 위탁에 대해 공개하고 있지만 정보주체에게 통지하지 않고 있음

유사 인증기준

3.1.7 마케팅 목적의 개인정보 수집·이용
3.2.4 개인정보 목적 외 용 및 제공
3.3.3 영업의 양도 등에 따른 개인정보의 이전
3.5.3 정보주체에 대한 통지
3.1.7 서비스의 홍보, 판매 권유 등 마케팅 목적으로 개인정보를 수집·이용하는 경우에는 그 목적을 고지하고 동의를 받아야 함
3.2.5 개인정보는 수집 시 정보주체에게 고지·동의를 받은 목적 또는 법령에 근거한 범위 내에서만 이용 또는 제공하고 보호대책을 수립·이행
3.3.3 영업의 양도·합병 등으로 개인정보를 이전하는 경우 정보주체(이용자) 통지 등 보호조치를 수립·이행
3.5.3 개인정보의 이용내역 등 정보주체에게 통지하여야 할 사항을 파악하여 주기적으로 통지

1 인증기준 취지

3.3.2 개인정보 처리 업무 위탁은 제3자가 아닌 수탁사에 업무를 위탁할 때에 업무의 내용과 수탁자 현황을 인터넷 홈페이지 등에 공개하고 홍보, 마케팅 업무 위탁 시 정보주체에게 통지하는 것에 관한 인증기준이다. 수탁사는 위탁자의 이익을 위해 계약을 이행하는 것으로 정보주체도 위탁의 필요성을 인지하고 있다. 이 경우에는 업무 위탁 현황을 공개해야 한다. 그러나 홍보, 마케팅 업무 위탁의 경우 정보주체에게 알려야 한다. 그리고 수탁사가 재위탁하는 경우에는 위탁자의 동의를 받도록 하여 관리하도록 하고 있다.

(바른 뜻) 모사전송(模寫電送)

팩시밀리의하나. 문자, 도표, 그림, 사진 따위의 정지 화상을 흑백의 2치 화소(畫素)로 분해하여 통신 회선을 통해 전송하고, 수신하는 쪽에서 그것과 서로 같은 2치 화상을 재현하는 통신 방식.
(유사어) 복사전송·텔레 팩스
(출처 : 표준 국어대사전)

2 인증기준 상세

확인사항	요구 사항	관련 사항
위탁 업무 및 수탁자 현행화 공개	• 개인정보 처리업무를 제3자에게 위탁하는 경우 인터넷 홈페이지 등에 위탁하는 업무의 내용과 수탁자를 현행화하여 지속적으로 공개하여야 함	• 정보주체에게 알려야 할 사항 1. 위탁하는 업무의 내용 2. 개인정보 처리 업무를 위탁받아 처리하는 자(수탁자) ※ '수탁자'는 개인정보 처리 업무를 위탁받아 처리하는 자로부터 위탁받은 업무를 다시 위탁받은 제3자 (재수탁자)를 포함 • 개인정보 처리업무 위탁 사항 공개 방법 ▶ 5 참조 • 주의사항 – 수탁자의 수가 많을지라도 해당 수탁자명을 모두 열거하여 공개 필요 – 재위탁이 존재하는 경우 재위탁에 관한 사항도 함께 공개 필요 – 위탁하는 업무의 내용 또는 수탁자가 변경된 경우 지체 없이 변경된 내용을 반영하여 인터넷 홈페이지 등을 통하여 공개 필요

확인사항	요구 사항	관련 사항
홍보, 마케팅 업무 위탁 시 정보주체 통지	• 재화 또는 서비스를 홍보하거나 판매를 권유하는 업무를 위탁하는 경우에는 서면, 전자우편, 문자전송 등의 방법으로 위탁하는 업무의 내용과 수탁자를 정보주체에게 알려야 함	• 통지방법 – 서면, 전자우편, 모사전송, 전화, 문서전송 또는 이에 상당하는 방법 • 통지사항 – 위탁하는 업무의 내용, 수탁자

3 위탁자와 수탁자

구분	위탁자	수탁자
개념	본래의 개인정보 수집·이용 목적으로 개인정보를 이전하는 자	본래의 개인정보 수집·이용 목적으로 개인정보를 받는 자
예시	고객 대상 만족도 조사를 하려는 A기업	A기업과 계약을 맺고 고객명단을 넘겨받은 B컨설팅회사
	직원복지 일환으로 리조트와 계약을 맺은 A기업	A기업으로부터 직원의 성명, 전화번호를 받아 객실 예약을 하는 리조트
	도서관 대출 반납기기를 설치운영하는 도서관	반납기기를 유지보수하는 업체
	CCTV관제센터를 설립 운영하는 OO구	OO구의 CCTV를 24시간 모니터링하는 보안업체
	직원교육을 위해 교육업체와 계약을 맺은 A기업	교육 안내 문자를 위해 A기업으로부터 휴대폰번호, 이름을 받은 교육업체

4 업무 위탁과 제3자 제공 비교

구분	업무 위탁	제3자 제공
관련조항	• 개인정보보호법 제26조	• 개인정보보호법 제17조
예시	• 배송업무 위탁, TM 위탁 등	• 사업제휴, 개인정보 판매 등
이전 목적	• 위탁자의 이익을 위해 처리(수탁 업무 처리)	• 제3자의 이익을 위해 처리
예측 가능성	• 정보주체가 사전 예측 가능 • (정보주체의 신뢰 범위 내)	• 정보주체가 사전 예측 곤란 • (정보주체의 신뢰 범위 밖)
이전 방법	• 원칙 : 위탁사실 공개 • 예외 : 위탁사실 고지(마케팅 업무위탁)	• 원칙 : 제공목적 등 고지 후 정보주체 동의 획득

(바른 뜻) 편의 (便宜)
형편이나 조건 따위가 편하고 좋음.
(출처 : 표준 국어대사전)

위탁자의 책임과 의무
1. 수탁자에 대한 교육 및 감독(제4항, 영 제28조 제6항)
2. 수탁자의 불법행위로 인한 손해배상책임(제6항)

수탁자의 책임과 의무
1. 수탁업무 목적 외 개인정보 이용·제공 금지(제5항)
2. 개인정보처리자의 의무 등 준용(제7항)

업무위탁으로 인한 개인정보 침해유형
1. 판매실적 증대를 위한 무분별한 재위탁 등 개인정보의 전전제공
2. 다른 회사의 상품·서비스를 동시 취급하면서 개인정보를 공유
3. 고객 개인정보를 이용하여 부가서비스 등 다른 서비스에 무단 가입
4. 서비스가입신청서 등 개인정보의 분실·유출
5. 고객DB를 빼내어 판매
6. 정보시스템 안전조치 미비로 인한 개인정보 유출 등

관리·감독 책임	• 위탁자 책임	• 제공받는 자 책임
손해배상 책임	• 위탁자 부담(사용자 책임)	• 제공받는 자 부담

5 위탁 업무 내용 공개 (인터넷 홈페이지 게재 가능 vs 게재 불가능 경우)

게재 가능	게재 불가능
1. 인터넷 홈페이지에 게재	1. 위탁자의 사업장 등의 보기 쉬운 장소에 게시하는 방법 2. 관보(위탁자가 공공기관인 경우만 해당한다)나 위탁자의 사업장 등이 있는 시·도 이상의 지역을 주된 보급지역으로 하는 「신문 등의 진흥에 관한 법률」 제2조제1호가목·다목 및 같은 조 제2호에 따른 일반일간신문, 일반주간신문 또는 인터넷신문에 싣는 방법 3. 같은 제목으로 연 2회 이상 발행하여 정보주체에게 배포하는 간행물·소식지·홍보지 또는 청구서 등에 지속적으로 싣는 방법 4. 재화나 용역을 제공하기 위하여 위탁자와 정보주체가 작성한 계약서 등에 실어 정보주체에게 발급하는 방법

6 위수탁 시 절차 별 수행 내역

구분	절차	수행내역
1단계	개인정보 처리 위·수탁 전	개인정보처리 위탁 업무 및 수탁자 선정
		개인정보 위·수탁 문서 작성
2단계	개인정보처리 위·수탁 업무 수행 중	개인정보 위탁사실 홈페이지 공개
		수탁자 관리감독 및 교육
3단계	개인정보처리 위·수탁 업무 종료	개인정보 파기확인

양도·합병 이전 시 통지(도통수면), 통지요건(사실, 받는자, 이전 불원), 본래 목적 이용

항목	3.3.3 영업의 양도 등에 따른 개인정보의 이전
인증기준	영업의 양도·합병 등으로 개인정보를 이전하거나 이전받는 경우 정보주체 통지 등 적절한 보호조치를 수립·이행하여야 한다.
주요 확인사항	1) 영업의 전부 또는 일부의 양도·합병 등으로 개인정보를 다른 사람에게 이전하는 경우 필요한 사항을 사전에 정보주체에게 알리고 있는가?
	2) 개인정보를 이전받는 자는 법적 통지 요건에 해당될 경우 개인정보를 이전받은 사실 등 필요한 사항을 정보주체에게 지체 없이 알리고 있는가?
	3) 개인정보를 이전받는 자는 이전 당시의 본래 목적으로만 개인정보를 이용하거나 제3자에게 제공하고 있는가?
관련 법규	• 개인정보보호법 제27조(영업양도 등에 따른 개인정보의 이전 제한)
증적 자료 등 준비사항	• 개인정보 이전 관련 정보주체 고지 내역(영업 양수도 시) • 개인정보 처리방침
결함사례	• 개인정보처리자가 영업 양수를 통해 개인정보를 이전 받으면서 양도자가 개인정보 이전 사실을 알리지 않았음에도 개인정보 이전 사실을 정보주체에게 알리지 않은 경우 • 영업 양수도 등에 의해 개인정보를 이전 받으면서 정보주체가 이전을 원하지 않은 경우 조치할 수 있는 방법과 절차를 마련하지 않거나, 이를 정보주체에게 알리지 않은 경우
결함예시	ㅁㅁ기업은 영업 양수 시 양도기업에서 정보주체에게 통지가 되었던 것으로 확인하였지만 실제 확인결과 양도기업에서 통지를 하지 않았으며 양수하는 ㅁㅁ기업에서도 통지를 하지 않았음

1 인증기준 취지

3.3.3 영업의 양도 등에 따른 개인정보의 이전은 개인정보 처리자의 영업을 양도하는 경우에 관한 인증기준이다. 예를 들어 A회사가 M&A를 통해 B회사를 인수하였다면 B회사가 관리하는 개인정보는 A회사로 이전될 것이다. 개인정보 처리자는 이 경우 정보주체에게 이 사실을 알려야 할 의무가 있다. 원칙적으로 B회사는 이전하는 것에 대해 통지해야 하고, A회사는 이전 받는 것에 대해 통지해야 한다. 그리고 B회사는 개인정보 처리에 대해 기존에 동의했던 목적 그대로 개인 정보를 이용해야 한다. 그렇지 않다면 동의를 새로 받아야 한다.

3.3.3 요건 수준
Level 1. 법규 수준
1. 법규 : 개보법
2. 내규 : 해당
3. 인증기준 : 해당
4. 위험평가 : 해당

유사 인증기준
3.1.7 마케팅 목적의 개인정보 수집·이용
3.2.4 개인정보 목적 외 이용 및 제공
3.3.1 개인정보 제3자 제공
3.3.2 개인정보 처리 업무 위탁
3.3.4 개인정보 국외이전
3.5.3 정보주체에 대한 통지
3.1.7 서비스의 홍보, 판매 권유 등 마케팅 목적으로 개인정보를 수집·이용하는 경우에는 그 목적을 고지하고 동의를 받아야 함
3.2.5 개인정보는 수집 시 정보주체에게 고지·동의를 받은 목적 또는 법령에 근거한 범위 내에서만 이용 또는 제공하고 보호대책을 수립·이행
3.3.1 개인정보를 제3자에게 제공하는 경우 법적 근거에 의하거나 동의를 받아야 하며, 제공 과정에서 개인정보보호대책을 수립·이행
3.3.2 개인정보 처리업무를 위탁하는 경우 위탁하는 업무의 내용과 수탁자 등 관련사항을 공개하거나 정보주체에게 알려야 함
3.3.4 개인정보를 국외로 이전하는 경우 국외 이전에 대한 동의, 관련 사항에 대한 공개 등 보호조치를 수립·이행
3.5.3 개인정보의 이용내역 등 정보주체에게 통지하여야 할 사항을 파악하여 주기적으로 통지

(바른 뜻) 양수, 양도
1. 양수(讓受)
 - 타인의 권리, 재산 및 법률상의 지위 따위를 넘겨 받는 일
2. 양도(讓渡)
 - 권리나 재산, 법률에서의 지위 따위를 남에게 넘겨줌
(출처 : 표준 국어대사전)

영업양도, 합병 대상
민간 사업자를 대상으로 하며, 공공기관은 해당하지 아니한다.

(두음) 영업 양수 시 알리는 방법

모전서전 인사신

모사전송, 전자우편, 서면, 전화, 인터넷 홈페이지, 사업장, 신문

2 인증기준 상세

확인사항	요구 사항	관련 사항
영업 양수 등에 따라 개인정보 이전 시 정보주체 통지	• 영업의 전부 또는 일부의 양도·합병 등으로 개인정보를 다른 사람에게 이전하는 경우 사전에 정보주체에게 알려야 함 ▶ 3 참조	• 알려야 할 사항 1. 개인정보를 이전하려는 사실 2. 개인정보를 이전 받는 자의 성명, 주소, 전화번호 및 그 밖의 연락처 3. 정보주체가 개인정보의 이전을 원하지 아니한 경우 조치할 수 있는 방법 및 절차 • 알리는 방법 1. 전자우편·서면·모사전송·전화 또는 이와 유사한 방법 중 어느 하나의 방법 2. 과실 없이 정보주체의 연락처를 알 수 없는 등의 이유로 정보주체에게 직접 알릴 수 없는 경우에는 인터넷 홈페이지에 30일 이상 게재(단, 인터넷 홈페이지를 운영하지 않는 양도자 등의 경우 사업장 등의 보기 쉬운 장소에 30일 이상 게시 또는 전국을 보급지역으로 하는 둘 이상의 일반일간 신문에 1회 이상 공고 등의 방법 이용)
개인정보 이전받은 사실 정보주체 통지	• 영업양수자 등은 법적 통지 요건에 해당될 경우 개인정보를 이전받은 사실을 정보주체에게 지체 없이 알려야 함 ▶ 3 참조	• 양도자가 이전 사실을 정보주체에게 알린 경우 양수자는 추가로 알리지 않아도 됨 다만, 영업 양수 등에 따라 개인정보를 이전받았으나 개인정보를 이전하는 자가 이전한 사실을 알리지 않은 경우, 이전 사실을 정보주체에게 알려야 함
본래 목적으로만 이용 및 제공	• 개인정보를 이전받는 자는 이전 당시의 본래 목적으로만 개인정보를 이용하거나 제3자에게 제공하여야 함	• 개인정보를 이전받은 자가 당초의 목적 범위외로 개인정보를 이용하거나 제공하고자 하는 경우에는 별도로 정보주체의 동의를 받아야 함

3 영업 양도·합병에 따른 개인정보 이전 시 통지 의무 대상

통지 의무대상	개인정보보호법
양도자	• 통지 필요
양수자	• 통지 필요 ※ 단, 양도자가 이미 이전 사실을 알린 경우 통지의무 면제

❹ (참고) 제3자 제공, 처리위탁, 영업양도시 개인정보 이전의 차이점

구분	제3자 제공	처리 위탁	양도 개인정보 이전
목적	• '제공받는 자(제3자)'의 목적·이익을 위해 개인 정보 이전	• '제공하는 자'의 이익을 위해 개인정보를 위탁	• 개인정보 처리목적은 유지되고 단지 개인정보의 보유·관리주체만 변경
관리 책임	• 개인정보 이전 후에는 '제공받는 자(제3자)'의 관리 범위에 속함	• 개인정보 이전 후에도 원칙적으로 '제공하는 자'의 관리범위에 속함	• 영업양도·합병 후에는 양수자의 관리범위에 속함
허용 요건	• 정보주체 고지·동의 또는 법률의 규정 등	• 처리위탁사실 공개	• 정보주체에 통지
위반 시 처벌	• 형사벌(5년 이하 징역 또는 5천 만원 이하 벌금)	• 과태료 (2천만원 이하)	• 과태료 (1천만원 이하)
사례	• 기업 간 이벤트 또는 업무 제휴 등을 통한 개인 정보 제공	• 콜센터, A/S센터 등의 외부 위탁	• 기업간 양도·합병

Q&A

다른 사업자와 영업을 합병하게 되어서 고객을 대상으로 통지를 하려고 하는데, 우리 회사 및 합병 회사가 모두 다 통지를 해야 하는가?

영업 양도, 합병 등으로 개인정보를 이전하는 경우에는 원칙적으로는 개인정보를 이전하는 자 및 이전받는 자 모두가 이용자에게 알려야 한다. 다만, 경제현실상 양도자와 양수자 모두가 이를 통지하게 되면 비용상의 부담 및 정보주체의 혼란을 야기할 우려도 있으므로, 「개인정보보호법」은 개인정보를 이전하는 자(사업자)가 관련 사실을 알린 경우에는 이전받는 자(영업양수자 등)는 알리지 않아도 되도록 규정하고 있다.

3.3.4 요건 수준
Level 1. 법규 수준
1. 법규 : 개보법
2. 내규 : 해당
3. 인증기준 : 해당
4. 위험평가 : 해당

유사 인증기준
3.1.7 마케팅 목적의 개인정보 수집·이용
3.2.4 개인정보 목적 외 이용 및 제공
3.3.1 개인정보 제3자 제공
3.3.2 개인정보 처리 업무 위탁
3.5.3 정보주체에 대한 통지
3.1.7 서비스의 홍보, 판매 권유 등 마케팅 목적으로 개인정보를 수집·이용하는 경우에는 그 목적을 고지하고 동의를 받아야 함
3.2.5 개인정보는 수집 시 정보주체에게 고지·동의를 받은 목적 또는 법령에 근거한 범위 내에서만 이용 또는 제공하고 보호대책을 수립·이행
3.3.1 개인정보를 제3자에게 제공하는 경우 법적 근거에 의하거나 동의를 받아야 하며, 제공 과정에서 개인정보보호대책을 수립·이행
3.3.2 개인정보 처리업무를 위탁하는 경우 위탁하는 업무의 내용과 수탁자 등 관련사항을 공개하거나 정보주체에게 알려야 함
3.5.3 개인정보의 이용내역 등 정보주체에게 통지하여야 할 사항을 파악하여 주기적으로 통지

국외이전 적법요건, 고지(목항기거시방국자) 동의, 계약 이행 공개, 법령 준수 국외이전 계약, 보호조치

항목	3.3.4 개인정보 국외이전
인증기준	개인정보를 국외로 이전하는 경우 국외 이전에 대한 동의, 관련 사항에 대한 공개 등 적절한 보호조치를 수립·이행하여야 한다.
주요 확인사항	1) 개인정보를 국외로 이전하는 경우 정보주체에게 국외 이전에 관한 고지 사항을 모두 알리고 별도 동의를 받거나, 인증 또는 인정 등 적법 요건을 준수하고 있는가? 2) 정보주체와의 계약의 체결 및 이행을 위한 개인정보의 국외 처리위탁·보관에 대해 정보주체에게 알리는 경우 필요한 사항을 모두 포함하여 적절한 방법으로 알리고 있는가? 3) 개인정보보호 관련 법령 준수 및 개인정보보호 등에 관한 사항을 포함 하여 국외 이전에 관한 계약을 체결하고 있는가? 4) 개인정보를 국외로 이전하는 경우 개인정보 보호를 위해 필요한 조치를 취하고 있는가?
관련 법규	• 개인정보 보호법 제28조의8(개인정보의 국외 이전), 제28조의9(개인정보의 국외 이전 중지 명령), 제28조의10(상호주의), 제28조의11(준용규정) • 개인정보 국외 이전 운영 등에 관한 규정
증적 자료 등 준비사항	• 개인정보 국외 이전 관련 동의 양식 • 개인정보 국외 이전 관련 계약서 • 개인정보 처리방침 • 개인정보 국외 처리위탁·보관 관련 통지 또는 공개 내역
결함사례	• 개인정보를 처리하는 과정에서 국외 사업자에게 개인정보 제3자 제공이 발생하였으나, 인증, 대상국 인정 등 동의 예외 요건에 해당되지 않음에도 불구하고 개인정보 국외 이전에 대한 별도 동의를 받지 않은 경우 • 국외 클라우드 서비스(국외 리전)를 이용하여 개인정보 처리위탁 및 보관을 하면서 이전되는 국가, 이전 방법 등 관련 사항을 개인정보 처리방침에 공개하거나 정보주체에게 알리지 않은 경우 • 개인정보 국외 이전에 대한 동의를 받으면서 이전받는 자의 명칭(업체명)만 고지하고 이전되는 국가 등에 대하여 알리지 않은 경우
결함예시	OO쇼핑몰은 클라우드를 이용 쇼핑몰 홈페이지를 해외리전에 구축하여 운영중이지만 국외이전 내용에 대해 정보주체에게 알리지 않고 있으며, 개인정보처리방침에 공개하지 않고 있음

1 인증기준 취지

3.3.4 개인정보의 국외이전은 개인정보를 국외의 제3자에게 제공하는 것에 관한 인증기준이다. 국외에 제3자에게 제공이 되면 국내 정부의 통제가 사실상 어렵다. 따라서 정보주체에게 국외이전 사실을 알리고 예외요건에 해당되지 않는다면 별도 동의를 받아야 한다.

2 인증기준 상세

확인사항	요구 사항	관련 사항
국외 제3자 제공 시 적법 요건 준수	• 개인정보를 국외의 제3자에게 제공(조회되는 경우 포함)·처리위탁·보관(이하 '이전'이라 함)하는 경우 정보주체에게 국외 이전에 관한 고지 사항을 모두 알리고 별도 동의를 받거나, 인증 또는 인정 등 적법 요건을 준수하여야 함	• 개인정보의 국외 이전이 가능한 경우 ▶ 1 참조 • 개인정보 국외 이전 동의 시 고지사항 ▶ 2 참조
국외 처리위탁 또는 보관 고지로 동의절차 생략	• 정보주체와의 계약의 체결 및 이행을 위한 개인정보의 국외 처리위탁·보관에 대해 정보주체에게 알리는 경우 필요한 사항을 모두 포함하여 적절한 방법으로 알려야 함	• 정보주체에게 알리는 방법 1. 개인정보 처리방침에 공개 2. 서면등의 방법(서면, 전자우편, 팩스, 전화, 문자전송 또는 이에 상당하는 방법) • 정보주체에게 알려야 할 사항 1. 이전되는 개인정보 항목 2. 개인정보가 이전되는 국가, 시기 및 방법 3. 개인정보를 이전받는 자의 성명(법인인 경우에는 그 명칭과 연락처를 말한다) 4. 개인정보를 이전받는 자의 개인정보 이용목적 및 보유·이용 기간 5. 개인정보의 이전을 거부하는 방법, 절차 및 거부의 효과
국외 이전에 관한 계약 체결	• 개인정보 보호 관련 법령 준수 및 개인정보 보호 등에 관한 사항을 포함하여 국외 이전에 관한 계약을 체결하여야 함	• 개인정보 국외 이전에 관한 계약 시 고려사항 1. 개인정보 보호법 시행령 제30조제1항에 따른 개인정보 보호를 위한 안전성 확보 조치 2. 개인정보 침해에 대한 고충처리 및 분쟁해결에 관한 조치 3. 그 밖에 정보주체의 개인정보 보호를 위하여 필요한 조치
국외 이전 시 개인정보 보호 조치 이행	• 정보주체의 개인정보를 국외로 이전하는 경우 개인정보 보호를 위해 필요한 조치를 취하여야 함	• 개인정보 국외 이전 시 이행하여야 하는 보호조치 1. 개인정보의 국외 이전 관련 개인정보 보호법 규정 준수 2. 개인정보 보호법 제17조부터 제19조까지의 규정 준수 3. 개인정보 보호법 제5장(정보주체의 권리 보장) 규정 준수 4. 개인정보 보호법 시행령 제30조제1항에 따른 개인정보 보호를 위한 안전성 확보 조치 5. 개인정보 침해에 대한 고충처리 및 분쟁해결에 관한 조치 6. 그 밖에 정보주체의 개인정보 보호를 위하여 필요한 조치

국외이전 유형

1. **제3자 제공형**
   - 해외 여행업을 하는 사업자가 외국 협력사에게 고객정보를 제공하는 경우, 다국적기업의 한국지사가 수집한 고객정보를 미국 본사로 이전하는 경우
2. **해외 위탁형**
   - 인건비가 저렴한 중국에 자회사를 설치하고 국내 고객DB를 이용해 콜센터업무(고객대응업무)를 대행시키는 경우
3. **직접수집형**
   - 해외 인터넷쇼핑몰 사업자가 국내 소비자의 개인정보를 해외에서 직접 수집하는 경우

국외이전 사례

1. 온라인 업종
   - 국내에서 서버를 운영하는 국내업체는 해외 이전이 거의 없고, 국내 서버가 없는 해외 업체는 빈번하게 발생
2. 여행업
   - 여행사의 자체적 필요보다는 고객편의를 위해 항공사, 호텔 등 협력업체에 제공해야 할 개인정보를 수집하는 경우가 대부분
3. 쇼핑업종
   - 쇼핑의 경우는 온라인 업종과 유사함
   - 해외업체 대부분은 국내 서버를 운영하지 않음
4. 택배업종
   - 개인정보 국외 이전이 다량 발생
   - 수취인 정보(이름, 주소) 표기는 불가피, 조약 등에 따라 국제적으로 인정
5. 금융업종
   - 현지화가 중요한 업종으로 본사
   - 지사간 고객정보 공유 필요성이 낮고, 국제 송금시에도 계좌번호·이름 정도만 이전되는 등 국외로 이전되는 정보가 제한적임
6. 인사노무
   - 근로관계 설정 및 유지를 위해 다양한 개인정보 이전 발생

3 개인정보 국외 이전 허용 근거

순번	구분	양도 개인정보 이전
1	별도 동의	• 정보주체로부터 국외 이전에 관한 별도의 동의를 받은 경우
2	법률, 조약 등 근거	• 법률, 대한민국을 당사자로 하는 조약 또는 그 밖의 국제협정에 개인정보의 국외 이전에 관한 특별한 규정이 있는 경우
3	개인정보 처리방침 공개 등 (처리위탁·보관)	• 정보주체와의 계약의 체결 및 이행을 위하여 개인정보의 처리위탁· 보관이 필요한 경우로서, 관련 사항을 개인정보 처리방침에 공개하거나 전자우편 등으로 정보주체에게 알린 경우
4	인증	• 개인정보 보호 인증(ISMS-P 인증) 등 보호위원회가 정하여 고시하는 인증을 받은 경우로서 다음 각 목의 조치를 모두 한 경우 가. 개인정보 보호에 필요한 안전조치 및 정보주체 권리보장에 필요한 조치 나. 인증받은 사항을 개인정보가 이전되는 국가에서 이행하기 위하여 필요한 조치
5	대상국등 인정	• 이전되는 국가 또는 국제기구의 개인정보 보호체계, 정보주체 권리보장 범위, 피해구제 절차 등이 이 법에 따른 개인정보 보호 수준과 실질적으로 동등한 수준을 갖추었다고 보호위원회가 인정하는 경우

4 개인정보 국외 이전 동의 시 고지사항

개인정보 보호법 제28조의8(개인정보의 국외 이전)
1. 이전되는 개인정보 항목 2. 개인정보가 이전되는 국가, 시기 및 방법 3. 개인정보를 이전받는 자의 성명(법인인 경우에는 그 명칭과 연락처를 말한다) 4. 개인정보를 이전받는 자의 개인정보 이용목적 및 보유·이용 기간 5. 개인정보의 이전을 거부하는 방법, 절차 및 거부의 효과

개인정보 보유기간 및 파기 정책, 불필요 시 파기, 안전한 방법 파기, 파기 기록 관리

항목	3.4.1 개인정보의 파기
인증기준	개인정보의 보유기간 및 파기 관련 내부 정책을 수립하고 개인정보의 보유기간 경과, 처리목적 달성 등 파기 시점이 도달한 때에는 파기의 안전성 및 완전성이 보장될 수 있는 방법으로 지체 없이 파기하여야 한다.
주요 확인사항	1) 개인정보의 보유기간 및 파기와 관련된 내부 정책을 수립하고 있는가?
	2) 개인정보의 처리목적이 달성되거나 보유기간이 경과한 경우 지체 없이 해당 개인정보를 파기하고 있는가?
	3) 개인정보를 파기할 때에는 복구·재생되지 않도록 안전한 방법으로 파기하고 있는가?
	4) 개인정보 파기에 대한 기록을 남기고 관리하고 있는가?
관련 법규	• 개인정보보호법 제21조(개인정보의 파기) • 개인정보의 안전성 확보조치 기준 제13조(개인정보의 파기)
증적 자료 등 준비사항	• 개인정보 보유기간 및 파기 관련 규정 • 개인정보 파기 결과(회원 DB 등) • 개인정보 파기관리대장
결함사례	• 회원 탈퇴 등 목적이 달성되거나 보유기간이 경과된 경우 회원 데이터베이스에서는 해당 개인정보를 파기하였으나, CRM·DW 등 연계된 개인정보처리시스템에 복제되어 저장되어 있는 개인정보를 파기하지 않은 경우 • 특정 기간 동안 이벤트를 하면서 수집된 개인정보에 대하여 이벤트가 종료된 이후에도 파기 기준이 수립되어 있지 않거나 파기가 이루어지고 있지 않은 경우 • 콜센터에서 수집되는 민원처리 관련 개인정보(상담이력, 녹취 등)를 전자상거래법을 근거로 3년간 보존하고 있으나, 3년이 경과한 후에도 파기하지 않고 보관하고 있는 경우 • 블록체인 등 기술적 특성으로 인하여 목적이 달성된 개인정보의 완전 파기가 어려워 완전파기 대신 익명처리를 하였으나, 익명처리가 적절하게 수행되지 않아 일부 개인정보의 재식별 등 복원이 가능한 경우
결함예시	OO기업은 기존 시스템의 서비스를 종료하고 차세대 정보시스템 도입하여 개인정보DB를 복사하였으나 기존 시스템을 운영하지 않았음에도 불필요한 개인정보를 파기하지 않고 남겨두고 있음

3.4.1 요건 수준

Level 1. 법규 수준
1. 법규 : 개보법
2. 내규 : 해당
3. 인증기준 : 해당
4. 위험평가 : 해당

유사 인증기준

2.3.4 외부자 계약 변경 및 만료 시 보안
2.9.7 정보자산의 재사용 및 폐기
3.1.2 개인정보 수집 제한
3.4.2 처리목적 달성 후 보유 시 조치
2.3.4 외부자 계약만료 시에는 정보자산 반납, 접근계정 삭제, 비밀유지 확약서 징구 등 보호대책 이행
2.9.7 정보자산의 재사용과 폐기 과정에서 개인정보가 복구·재생되지 않도록 재사용 및 폐기 절차를 수립·이행
3.1.2 개인정보는 서비스 제공을 위하여 필요한 최소한의 정보를 수집하여야 하며, 선택정보를 제공하지 않는다는 이유로 서비스 제공 거부 금지
3.4.2 개인정보의 처리목적 달성 후에도 파기하지 아니하고 보존하는 경우에는 다른 개인정보와 분리하여 저장·관리

(참고) 개인정보가 불필요하게 된 때

1. 개인정보처리자가 당초 고지하고 동의를 받았던 보유기간의 경과
2. 동의를 받거나 법령 등에서 인정된 수집·이용·제공 목적의 달성
3. 회원탈퇴, 제명, 계약관계 종료, 동의철회 등에 따른 개인정보처리의 법적 근거 소멸
4. 개인정보처리자의 폐업·청산
5. 대금 완제일이나 채권소

개인정보 수집 및 이용 목적을 달성한 경우(예시)

1. 정보주체(이용자)가 웹사이트에서 탈퇴한 경우
2. 이용자가 초고속인터넷을 해지한 경우
3. 정보주체(이용자)가 마일리지 회원에서 탈퇴를 요청한 경우
4. 개인정보를 수집하는 이벤트가 종료된 경우
5. 제3의 업체에서 텔레마케팅을 위해 정보를 제공한 후 해당 업체의 TM업무가 종료된 경우 등

1 인증기준 취지

3.4.1 개인정보의 파기는 정보주체로부터 수집한 개인정보가 불필요하게 된 경우 파기에 관한 인증기준이다. 수집된 개인정보는 목적이 달성되거나 보유기간이 경과한 경우는 정보주체와의 합의가 효력을 상실한 것으로 볼 수 있다. 이 경우 개인정보를 보유하는 것은 안 된다. 지체 없이(5일 이내) 개인정보를 복구되지 않도록 파기하고, 개인정보 파기관리대장에 해당 내용을 기록하여야 한다.

2 인증기준 상세

확인사항	요구 사항	관련 사항
개인정보 파기 정책 수립	• 개인정보의 보유기간 및 파기와 관련된 내부 정책을 다음의 사항을 포함하여 수립하여야 함	• 수집항목 별, 수집목적 별, 수집경로 별로 보관장소(DB, 백업데이터 등), 파기방법, 파기시점, 법령근거 등 • 공공기관은 개인정보파일의 보유기간, 처리목적 등을 반영한 개인정보 파기계획을 수립·시행하여야 하며, 내부 관리계획에 개인정보 파기계획을 포함할 수 있음(표준 개인정보 보호지침 제55조제2항)
불필요하게 될 시 개인정보 파기	• 개인정보의 처리목적이 달성되거나 보유기간이 경과한 경우 지체 없이 해당 개인정보를 파기하여야 함	• 처리 목적 달성, 해당 서비스의 폐지, 사업의 종료, 법령에 따른 보존기간 경과 등 그 개인정보가 불필요하게 되었을 때에는 정당한 사유가 없는 한 그로부터 5일 이내에 그 개인정보를 파기해야 함
안전한 방법으로 파기	• 개인정보를 파기할 때는 복구·재생되지 않도록 안전한 방법으로 파기하여야 함 ※ 복원이 불가능한 방법이란 현재의 기술수준에서 사회통념상 적정한 비용으로 파기한 개인정보의 복원이 불가능하도록 조치하는 방법 ▶ 3 참조	• 완전파괴(소각·파쇄 등) • 전용 소자장비를 이용하여 삭제 • 데이터가 복원되지 않도록 초기화 또는 덮어쓰기 수행

확인사항	요구 사항	관련 사항
파기 기록 남기고 관리	• 개인정보 파기에 대한 기록을 남기고 관리하여야 함	• 개인정보 파기의 시행 및 파기 결과의 확인은 개인정보보호책임자의 책임 하에 수행되어야 하며, 파기에 관한 사항을 기록·관리 • 파기 관리대장에 기록하거나 파기 내용을 담은 사진 등을 기록물로 보관 • 공공기관은 개인정보파일을 파기하는 경우 파기 결과를 확인하고 개인정보파일 파기 관리대장을 작성(표준 개인정보보호지침 제55조)

3 개인정보 파기 방법

구분	파기 방법	내용
완전파괴	• 소각·파쇄 등	• 개인정보가 저장된 회원가입신청서 등의 종이문서, 하드디스크나 자기테이프를 파쇄기로 파기하거나 용해, 또는 소각장, 소각로에서 태워서 파기
전용 소자장비	• 디가우저	• 디가우저(Degausser)를 이용해 하드디스크나 자기테이프에 저장된 개인정보 삭제 등
초기화 또는 덮어쓰기	• 로우레벨 포맷, 와이 핑	• 개인정보가 저장된 하드디스크에 대해 완전포맷(3회 이상 권고), 데이터 영역에 무작위 값(0, 1 등)으로 덮어쓰기(3회 이상 권고), 해당 드라이브를 안전한 알고리즘 및 키 길이로 암호화 저장 후 삭제하고 암호화에 사용된 키 완전 폐기 및 무작위 값 덮어쓰기 등

4 (Bad) 회원 정보 테이블에 탈퇴 회원 개인정보를 그대로 보존한 경우

No.	☐	아이디	사용자 이름	사용자 이메일	전화번호	등록일	가입상태
1	☐	*****	이**	sse***@********	010-***-***2	2009-04-18	회원가입삭제
2	☐	*******	김**	w***@********	010-***-***4	2009-04-17	회원가입신청
3	☐	b****	마**	qq***@********	010-***-***4	2009-04-17	회원탈퇴
4	☐	ch****	최**	nik***@********	010-***-***3	2009-04-17	회원가입신청

(출처 : 개인정보 영향평가 안내서)

Q&A

쇼핑몰에서 탈퇴한 회원 들의 개인정보를 파기하려고 하는데, 일부 회원들은 할부 요금이 아직 미납되었거나 제품 A/S 기간이 남아있다. 이러한 경우에는 어떻게 해야 하는가?

사업자는 개인정보의 수집·이용 목적이 달성된 경우 등에는 5일이내에 개인정보를 파기하여야 하나, 전자상거래 등에서의 소비자보호에 관한 법률 및 시행령에서는 대금결제 및 재화공급에 관한 기록을 5년간 보관하도록 하고 있으므로, 질의와 같이 요금 미납, A/S 등에 해당하는 경우에는 동법에 의거 5년간 개인정보 보관이 가능하다.

Q&A

할인마트의 고객들을 대상으로 경품추첨 이벤트를 실시하였는데, 이벤트 종료 후 이벤트 응모신청서는 어떻게 처리하면 되는가?

경품추첨 이벤트가 종료되고 당첨자발표 및 경품배송까지 모두 종료되었다면, 그 이후에는 개인정보의 보유·이용기간에 대해 별도의 동의를 얻지 않은 한 5일 이내에 개인정보가 기재된 응모신청서를 파기하여야 한다.

3.4.2 요건 수준
Level 1. 법규 수준
1. 법규 : 개보법
2. 내규 : 해당
3. 인증기준 : 해당
4. 위험평가 : 해당

유사 인증기준
2.6.4 데이터베이스 접근
2.9.7 정보자산의 재사용 및 폐기
3.1.2 개인정보 수집 제한
3.4.1 개인정보 파기
2.6.4 테이블 목록 등 데이터베이스 내에서 정보를 식별하고, 정보의 중요도와 사용자 유형 등에 따라 접근통제
2.9.7 정보자산의 재사용과 폐기 과정에서 개인정보가 복구·재생되지 않도록 재사용 및 폐기 절차를 수립·이행
3.1.2 개인정보는 서비스 제공을 위하여 필요한 최소한의 정보를 수집하여야 하며, 선택정보를 제공하지 않는다는 이유로 서비스 제공 거부 금지
3.4.1 개인정보의 보유기간 및 파기 관련 내부 정책을 수립하고 개인정보의 파기 시점이 도달한 때에는 지체 없이 파기

불필요 시 최소 기간, 최소정보 보관, 보존 시 분리보관, 목적 범위 내 처리, 접근권한 최소인원 제한

항목	3.4.2 처리목적 달성 후 보유 시 조치
인증기준	개인정보의 보유기간 경과 또는 처리목적 달성 후에도 관련 법령 등에 따라 파기하지 아니하고 보존하는 경우에는 해당 목적에 필요한 최소한의 항목으로 제한하고 다른 개인정보와 분리하여 저장·관리하여야 한다.
주요 확인사항	1) 개인정보의 보유기간 경과 또는 처리목적 달성 후에도 관련 법령 등에 따라 파기하지 아니하고 보존하는 경우, 관련 법령에 따른 최소한의 기간으로 한정하여 최소한의 정보만을 보존하도록 관리하고 있는가?
	2) 개인정보의 보유기간 경과 또는 처리목적 달성 후에도 관련 법령 등에 따라 파기하지 아니하고 보존하는 경우 해당 개인정보 또는 개인정보파일을 다른 개인정보와 분리하여 저장·관리하고 있는가?
	3) 분리 보관하고 있는 개인정보에 대하여 법령에서 정한 목적 범위 내에서만 처리 가능하도록 관리하고 있는가?
	4) 분리 보관하고 있는 개인정보에 대하여 접근권한을 최소한의 인원으로 제한하고 있는가?
관련 법규	• 개인정보보호법 제21조(개인정보의 파기)
증적 자료 등 준비사항	• 개인정보 보유기간 및 파기 관련 규정 • 분리 DB 현황(테이블 구조 등) • 분리 DB 접근권한 현황
결함사례	• 탈퇴회원 정보를 파기하지 않고 전자상거래법에 따라 일정기간 보관하면서 Flag값 만 변경하여 다른 회원정보와 동일한 테이블에 보관하고 있는 경우 • 전자상거래법에 따른 소비자 불만 및 분쟁처리에 관한 기록을 법적 의무 보존 기간인 3년을 초과하여 5년간 보존하고 있는 경우 • 분리 데이터베이스를 구성하였으나 접근권한을 별도로 설정하지 않아 업무상 접근이 불필요한 인원도 분리 DB에 자유롭게 접근이 가능한 경우 • 탈퇴회원 정보를 파기하지 않고 전자상거래법에 따라 계약 또는 청약철회, 대금결제 및 재화 공급에 관한 기록을 분리하여 보존하였으나, 전자상거래법에 따른 보존의무가 없는 선택정보까지 과도하게 보존한 경우
결함사례	ㅁㅁ기업은 탈퇴회원 등의 개인정보를 법적 보유기간이 남아있어 보관하고 있지만 별도로 분리하지 않고 Flag값으로 탈퇴회원 표시만 남겨두고 있음

1 인증기준 취지

3.4.2 처리목적 달성 후 보유 시 조치는 개인정보를 파기하지 않고 보존할 필요가 있는 경우 보호조치에 관한 인증기준이다. 정보주체의 개인정보는 정보주체의 소유이므로 개인정보 처리자가 무기한으로 보관하여서는 안 된다. 하지만 법에 의

해 필요한 경우이면 보관할 수 있다. 주로 정보주체와의 다툼의 여지가 있는 경우 증거자료로 확인하기 위한 경우이다. 이 경우에는 최소한의 범위로 제한하여 개인정보를 보존하도록 해야 한다. 그리고 해당 정보는 운영중인 데이터와 분리하여 보관하여야 한다. 또한 분리 보관된 개인정보는 꼭 필요한 경우에 한하여 책임자의 승인을 얻은 소수의 사람만 열람할 수 있도록 엄격하게 접근을 통제해야 한다.

2 인증기준 상세

확인사항	요구 사항	관련 사항
개인정보 보존 시 보존·관리	• 개인정보의 보유기간 경과 또는 처리목적 달성 후에도 관련 법령 등에 따라 파기하지 아니하고 보존하는 경우 관련 법령에 따른 최소한의 기간으로 한정하여 최소한의 정보만을 보존하도록 관리하여야 함	• 개인정보의 항목을 보유목적에 맞는 최소한의 항목으로 제한 • 관련 법령에 따른 최소기간으로 보유기간 설정 ▶ 3 참조
분리DB를 물리적 또는 논리적으로 분리	• 개인정보의 보유기간 경과 또는 처리목적 달성 후에도 관련 법령 등에 따라 파기하지 아니하고 보존하는 경우 해 당 개인정보 또는 개인 정보파일을 다른 개인 정보와 분리하여 저장·관리하여야 함	• 분리 DB는 물리적 또는 논리적으로 분리하여 구성
분리 보관 개인정보 목적 외 활용 금지	• 분리 보관하고 있는 개인정보에 대하여 법령에서 정한 목적 범위 내에서만 처리 가능하도록 관리하여야 함	• 분리 보관된 개인정보는 마케팅 등 다른 목적으로 활용 금지
분리 보관 개인정보 접근권한 최소화	• 분리 보관하고 있는 개인정보에 대하여 접근 권한을 최소한의 인원으로 제한하여야 함	• 분리 DB의 접속 권한을 최소인원으로 제한하는 등 접근권한 최소화 • 분리 DB에 대한 접속기록을 남기고 정기적으로 검토 등

(심화) 개인정보의 일부만 파기하는 경우 (예시)

1. 운영 중인 개인정보가 포함된 여러 파일 중, 특정 파일을 파기하는 경우
2. 개인정보가 저장된 백업용 디스크나 테이프에서 보유기간이 만료된 특정 파일이나 특정 정보주체의 개인정보만 파기하는 경우
3. 운영 중인 데이터베이스에서 탈퇴한 특정 회원의 개인정보를 파기하는 경우
4. 회원가입신청서 종이문서에 기록된 정보 중, 특정 필드의 정보를 파기하는 경우 등

(심화) 개인정보 파기 의무 예외

개인정보처리자는 다른 법령에 따라 보존해야 하는 경우에는 예외적으로 개인정보를 파기하지 않아도 된다. 개인정보처리자가 개인정보를 파기하지 않고 보존하려고 하는 경우에는 그 법적 근거를 명확히 해야 한다.

3 (참고) 보존의무를 규정하고 있는 입법례

법령	보존의무 기간
「전자상거래 등에서의 소비자보호에 관한 법률」 제6조 및 동시행령 제6조	① 표시·광고에 관한 기록 : 6개월 ② 계약 또는 청약철회 등에 관한 기록 : 5년 ③ 대금결제 및 재화등의 공급에 관한 기록 : 5년 ④ 소비자의 불만 또는 분쟁처리에 관한 기록 : 3년
전자금융거래법 (전자금융거래기록)	① 건당 거래금액 1만원 이하 전자금융거래에 관한 기록, 전자지급수단 이용과 관련된 거래승인에 관한 기록 : 1년 ② 건당 거래금액 1만원 초과 전자금융거래에 관한 기록, 전자지급수단 이용과 관련된 거래승인에 관한 기록 : 5년
신용정보의 이용 및 보호에 관한 법률	① 신용정보 업무처리에 관한 기록 : 3년
「통신비밀보호법」 제15조의2 및 동시행령 제41조	① 법 제2조제11호가목부터라목까지 및 바목에 따른 통신사실확인자료 : 12개월 ② 위의 자료 중 시외·시내전화역무와 관련된 자료인 통신사실확인자료 : 6개월 ③ 법 제2조제11호마목 및 사목에 따른 통신사실확인자료(컴퓨터통신 또는 인터넷의 로그기록자료, 정보통신기기의 위치를 확인할 수 있는 접속지 추적자료) : 3개월
「의료법」 시행규칙 제15조	① 환자 명부 : 5년 ② 진료기록부 : 10년 ③ 처방전 : 2년 ④ 수술기록 : 10년 ⑤ 검사소견기록 : 5년 ⑥ 진단서 등의 부본 : 3년 (진단서·사망진단서 및 시체검안서 등을 따로 구분하여 보존할 것)
국세기본법	① 국세 부과 제척기간(조세시효) : 10년 ② 국세징수권 및 국세환급금 소멸시효 : 5년
상법	① 상사채권 소멸시효, 배당금 지급청구권 소멸시효 : 5년 ② 사채상환청구권 소멸시효 : 10년
제조물책임법	① 손해배상청구권 소멸시효 : 3년/10년

법령 요구내용 포함, 알기 쉬운 용어, 개인정보처리방침 공개, 변경 시 공지, 변경 사항 이력관리

항목	3.5.1 개인정보처리방침 공개
인증기준	개인정보의 처리 목적 등 필요한 사항을 모두 포함하여 정보주체가 알기 쉽도록 개인정보 처리방침을 수립하고, 이를 정보주체가 언제든지 쉽게 확인할 수 있도록 적절한 방법에 따라 공개하고 지속적으로 현행화하여야 한다.
주요 확인사항	1) 개인정보 처리방침을 법령에서 요구하는 내용을 모두 포함하여 알기 쉬운 용어로 구체적이고 명확하게 작성하였는가?
	2) 개인정보 처리방침을 정보주체가 쉽게 확인할 수 있도록 인터넷 홈페이지 등에 지속적으로 현행화하여 공개하고 있는가?
	3) 개인정보 처리방침이 변경되는 경우 사유 및 변경 내용을 지체 없이 공지하고 정보주체가 언제든지 변경된 사항을 쉽게 알아 볼 수 있도록 조치하고 있는가?
관련 법규	• 개인정보 보호법 제30조(개인정보 처리방침의 수립 및 공개), 제30조의2(개인정보 처리방침의 평가 및 개선권고)
증적 자료 등 준비사항	• 개인정보 처리방침 • 개인정보 처리방침 개정 관련 공지 내역(게시판 등)
결함사례	• 개인정보 처리방침에 공개되어 있는 개인정보 수집, 제3자 제공 내역이 실제 수집 및 제공하는 내역과 다른 경우 • 개인정보 보호책임자의 변경, 수탁자 변경 등 개인정보 처리방침 공개 내용 중에 변경사항이 발생하였음에도 이를 반영하여 변경하지 않은 경우 • 개인정보 처리방침이 공개는 되어 있으나, 명칭이 '개인정보 처리방침'이 아니라 '개인정보 보호정책'으로 되어 있고 글자 크기, 색상 등을 활용하여 정보주체가 쉽게 찾을 수 있도록 되어 있지 않은 경우 • 개인정보 처리방침이 몇 차례 개정되었으나, 예전에 작성된 개인정보 처리방침의 내용을 확인할 수 있도록 공개되어 있지 않은 경우 • 전자상거래법, 상법 등 다른 법령에 따라 개인정보를 파기하지 아니하고 일정기간 보관하고 있으나, 이에 따른 보존근거와 보존하는 개인정보 항목을 개인정보 처리방침에 공개하지 않은 경우
결함예시	OO기업은 개인정보처리방침상 수집되는 개인정보와 실제 수집되는 개인정보와 상이하여 확인결과 개인정보처리방침이 잘못 작성되어 있음

1 인증기준 취지

3.5.1 개인정보처리방침 공개는 개인정보가 처리되는 현황을 공개하는 것에 관한 인증기준이다. 개인정보 처리방침 수립의 목적은 정보주체가 개인정보의 자기결정권을 행사할 수 있도록 정보주체의 개인정보 처리현황을 공개하는 데 있다. 개인정보 처리방침은 개인정보처리 전반에 대한 요약 보고서이다. 누구나 개인정보 처리 현황과 변경사항을 쉽게 열람할 수 있어야 한다. 본 인증기준에는 처리방침을 공개하는 방법, 포함되어야 할 사항, 현행화 등을 명시하고 있다.

3.5.1 요건 수준

Level 1. 법규 수준

1. 법규 : 개보법
2. 내규 : 해당
3. 인증기준 : 해당
4. 위험평가 : 해당

유사 인증기준

1.2.2 현황 및 흐름분석
3.2.1 개인정보 현황관리
3.2.2 개인정보 품질보장
3.5.2 정보주체 권리보장
3.5.3 정보주체에 대한 통지

1.2.2 정보서비스 및 개인정보 처리 현황을 분석하고 업무 절차와 흐름을 문서화하며, 검토하여 최신성을 유지

3.2.1 개인정보의 항목, 처리 목적 및 방법, 보유기간 등 현황을 관리하여야 하며, 공공기관의 경우 관계기관의 장에게 등록

3.2.2 수집된 개인정보는 처리 목적에 필요한 범위에서 개인정보의 정확성·완전성·최신성이 보장되도록 정보주체에게 관리절차를 제공

3.5.2 정보주체가 개인정보의 열람, 정정·삭제 등의 권리행사 방법 및 절차를 수립·이행하고, 요구를 받은 경우 지체 없이 처리하고 기록 보존

3.5.3 개인정보의 이용내역 등 정보주체에게 통지하여야 할 사항을 파악하여 주기적으로 통지

개인정보 처리방침 명칭 일원화

개인정보보호법의 '개인정보처리방침'은 정보통신망법(이후 '정통망법')의 '개인정보취급방침'과 이름도 다르고 구성 요건에도 약간의 차이가 있었다. 2016년 3월 22일 개정안에서는 방침 구성 내용에 정통망법 일부 사항을 반영하여 유사한 구조를 갖추도록 했으며 정통망법 또한 '개인정보처리방침'으로 명칭을 변경함으로써 개인정보보호법과 일원화할 수 있게 되었다.

개인정보처리방침과 개인정보취급방침

개인정보보호법의 '개인정보처리방침'은 정보통신망법(이후 '정통망법')의 '개인정보취급방침'과 이름도 다르고 구성 요건에도 약간의 차이가 있었다. 2016년 3월 22일 개정안에서는 방침 구성 내용에 정통망법 일부 사항을 반영하여 유사한 구조를 갖추도록 했으며 정통망법 또한 '개인정보처리방침'으로 명칭을 변경함으로써 개인정보보호법과 일원화할 수 있게 되었다.

2 인증기준 상세

확인사항	요구 사항	관련 사항
법령 요건 포함 개인정보 처리방침 작성	• 개인정보 처리방침은 법령에서 요구하는 내용을 모두 포함하여 알기 쉬운 용어로 구체적이고 명확하게 작성되어야 함	• 개인정보 처리방침에 포함해야 할 필수 사항 ▶ 3 참조) • 개인정보 처리방침에 포함해야 할 기타 기재사항 ▶ 4 참조) • 정보주체의 동의 없이 개인정보를 수집하거나 제공한 경우 그 근거가 된 법령 및 조항 등 예외 사유를 개인정보 처리방침에 공개 • 개인정보의 처리목적, 처리하는 개인정보의 항목, 제3자 제공에 관한 사항 등 개인정보 처리방침의 내용은 실제 개인정보 처리현황과 일치하여야 하며, 서비스 및 정보주체의 특성 등을 반영하여 알기 쉬운 용어로 구체적이고 명확하게 작성 1. 개인정보 처리 근거, 정보주체의 권리 보장 등 법에서 개인정보 처리방침에 포함하도록 규정하고 있는 사항을 구체적이고 적정하게 수립 2. 개인정보 처리방침을 명확하고 알기 쉬운 언어로 정보주체가 이해하기 쉽게 수립 • 개인정보 보호법에 따른 예외사항에 해당되는 경우 개인정보 처리방침을 수립하지 않을 수 있음 ▶ 5 참조
개인정보 처리방침 공개	• 개인정보 처리방침을 정보주체가 쉽게 확인할 수 있도록 인터넷 홈페이지 등에 지속적으로 현행화하여 공개하여야 함	• '개인정보 처리방침'이라는 표준화된 명칭을 사용해야 함 • 인터넷 홈페이지 첫 화면에 공개하는 경우 글자 크기, 색상 등을 활용하여 다른 고지사항과 구분함으로써 정보주체가 쉽게 확인할 수 있도록 표시 • 인터넷 홈페이지를 운영하지 않는 경우에는 법령에서 정한 다른 방법을 통해 개인정보 처리방침 공개 가능 ▶ 6 참조
개인정보 처리방침이 변경 시 공지	• 개인정보 처리방침이 변경되는 경우 변경 내용을 지체없이 공지하고 정보주체가 언제든지 변경된 사항을 쉽게 알아 볼 수 있도록 조치하여야 함	• 정보주체가 언제든지 변경된 사항을 쉽게 확인할 수 있도록 변경 전·후를 비교하여 공개 ※ 개인정보 처리방침의 변경이유 및 내용을 공지하는 방법(예시) – 인터넷 홈페이지의 첫 화면의 공지사항란 또는 별도의 창을 통하여 공지하는 방법 – 서면·모사전송·전자우편 또는 이와 비슷한 방법으로 정보주체에게 공지하는 방법 – 점포·사무소 안의 보기 쉬운 장소에 써 붙이거나 비치하는 방법

3 개인정보 처리방침에 포함해야 할 필수 사항

개인정보 보호법 제30조제1항, 영 제31조제1항

1. 개인정보의 처리 목적
2. 개인정보의 처리 및 보유 기간
3. 개인정보의 제3자 제공에 관한 사항(해당되는 경우에만 정한다.)
4. 개인정보의 파기절차 및 파기방법(법 제21조제1항 단서에 따라 개인정보를 보존하여야 하는 경우에는그 보존근거와 보존하는 개인정보 항목을 포함한다.)
5. 법 제23조제3항에 따른 민감정보의 공개 가능성 및 비공개를 선택하는 방법(해당되는 경우에만 정한다.)
6. 개인정보처리의 위탁에 관한 사항(해당되는 경우에만 정한다.)
7. 법 제28조의2 및 제28조의3에 따른 가명정보의 처리 등에 관한 사항(해당되는 경우에만 정한다.)
8. 정보주체와 법정대리인의 권리·의무 및 그 행사방법에 관한 사항
9. 제31조에 따른 개인정보 보호책임자의 성명 또는 개인정보 보호업무 및 관련 고충사항을 처리하는 부서의 명칭과 전화번호 등 연락처
10. 인터넷 접속정보파일 등 개인정보를 자동으로 수집하는 장치의 설치·운영 및 그 거부에 관한 사항 (해당되는 경우에만 정한다.)
11. 처리하는 개인정보의 항목
12. 시행령 제30조에 따른 개인정보의 안전성 확보 조치에 관한 사항

4 처리방침에 포함해야 할 기타 기재사항

개인정보보호법 제32조(개인정보파일의 등록 및 공개)

1. 법 제28조의8제1항제3호에 따라 개인정보를 처리위탁·보관하기 위하여 국외이전이 필요한 경우 법제28조의8제2항 각 호의 사항(해당하는 경우에만 정한다)
2. 개인정보 처리방침의 변경에 관한 사항
3. 법 제31조의2제1항에 따라 국내대리인을 지정하는 경우 국내대리인의 성명, 주소, 전화번호 및전자우편 주소(해당하는 경우에만 정한다)
4. 개인정보의 열람, 정정·삭제, 처리정지 요구권 등 정보주체와 법정대리인의 권리·의무 및 그행사방법에 관한 사항
5. 개인정보의 열람청구를 접수·처리하는 부서
6. 정보주체의 권익침해에 대한 구제방법

개인정보 처리방침

1. 「개인정보 처리방침」이란 개인정보를 처리하고 있는 사업자/단체의 개인정보 처리기준 및 보호조치 등을 문서화하여 공개하는 것을 말함
2. 개인정보 보호법에서는 사업자 등 개인정보처리자로 하여금 개인정보 처리방침을 수립·공개하도록 의무화하고 있음(법 제30조)

※ 개인정보 처리방침을 정하지 않거나 공개하지 않는 자는 1천만원 이하 과태료가 부과됨

공공기관 개인정보 처리방침

1. 개인정보 보호법 제32조에 따라 '개인정보파일'을 보유·운용하는 경우에는 해당 개인정보파일의 명칭, 처리목적, 항목, 보유기간을 기재함원칙적으로 보호위원회에 개인정보파일을 등록한 사항을 전부 기재하되, 처리목적·항목 등의 분량이 너무 많아 기재가 곤란한 경우에는 정보주체가 알기 쉽게 이해할 수 있는 수준에서 요약하여 기재할 수 있음

※ 개인정보파일과 관련한 인터넷 홈페이지가 별도로 있는 경우에는 해당 홈페이지에서 해당 개인정보파일에 대한 개인정보 처리방침을 공개해야하며, 대표 홈페이지에서는 제외

5 보호위원회 등록이 면제되는 개인정보파일(공공기관)

개인정보보호법 제32조(개인정보파일의 등록 및 공개)
1. 국가 안전, 외교상 비밀, 그 밖에 국가의 중대한 이익에 관한 사항을 기록한 개인정보파일 2. 범죄 수사, 공소 제기 및 유지, 형 및 감호 집행, 교정 처분, 보호처분, 보안관찰처분과 출입국 관리에 관한 사항을 기록한 개인정보파일 3. 「조세범처벌법」에 따른 범칙행위 조사 및 「관세법」에 따른 범칙행위 조사에 관한 사항을 기록한 개인정보파일 4. 일회성으로 운영되는 파일 등 지속적으로 관리할 필요가 낮다고 인정되어 대통령령으로 정하는 개인정보파일 – 회의 참석 수당 지급, 자료·물품의 송부, 금전의 정산 등 단순 업무 수행을 위해 운영되는 개인정보 파일로서 지속적 관리 필요성이 낮은 개인정보파일 – 공중위생 등 공공의 안전과 안녕을 위하여 긴급히 필요한 경우로서 일시적으로 처리되는 개인정보파일 – 그 밖에 일회적 업무 처리만을 위해 수집된 개인정보파일로서 저장되거나 기록되지 않는 개인정보파일 5. 다른 법령에 따라 비밀로 분류된 개인정보파일

6 개인정보 처리방침 공개 방법

게재 가능	게재 불가능
1. 인터넷 홈페이지에 게재	1. 위탁자의 사업장 등의 보기 쉬운 장소에 게시하는 방법 2. 관보(위탁자가 공공기관인 경우만 해당한다)나 위탁자의 사업장등이 있는 시·도 이상의 지역을 주된 보급지역으로 하는 「신문 등의 진흥에 관한 법률」 제2조제1호가목·다목 및 같은 조 제2호에 따른 일반일간신문, 일반주간신문 또는 인터넷신문에 싣는 방법 3. 같은 제목으로 연 2회 이상 발행하여 정보주체에게 배포하는 간행물·소식지·홍보지 또는 청구서 등에 지속적으로 싣는 방법 4. 재화나 용역을 제공하기 위하여 위탁자와 정보주체가 작성한 계약서 등에 실어 정보주체에게 발급하는 방법

7 개인정보 처리방침 기재사항

구분	기재사항	
1	제목 및 서문	의무
2	개인정보의 처리 목적	의무
3	개인정보의 처리 및 보유 기간	의무
4	처리하는 개인 정보의 항목	의무
5	개인정보파일 등록 현황	의무 해당시
6	개인정보 영향평가 수행 결과	권장 해당시
7	개인정보의 제3자 제공에 관한 사항	의무 해당시
8	개인정보처리의 위탁에 관한 사항	의무 해당시
9	개인정보의 파기절차 및 파기방법	의무
10	정보주체와 법정대리인의 권리·의무 및 그 행사방법에 관한 사항	의무
11	개인정보의 안전성 확보조치에 관한 사항	의무
12	개인정보를 자동으로 수집하는 장치의 설치·운영 및 그 거부에 관한 사항	의무 해당시
13	가명정보를 처리하는 경우 가명정보 처리에 관한 사항	의무 해당시
14	개인정보 보호책임자에 관한 사항	의무
15	개인정보의 열람청구를 접수·처리하는 부서	의무
16	정보주체의 권익침해에 대한 구제방법	의무
17	개인정보 관리수준진단 결과	권장
18	영상정보처리기기 운영·관리에 관한 사항	권장 해당시
19	개인정보 처리방침의 변경에 관한 사항	의무
20	그밖에 개인정보처리자가 개인정보 처리 기준 및 보호조치 등에 관하여 자율적으로 개인정보 처리방침에 포함하여 정한 사항	권장 해당시

3.5.2 요건 수준
Level 1. 법규 수준
1. 법규 : 개보법, 망법
2. 내규 : 해당
3. 인증기준 : 해당
4. 위험평가 : 해당

유사 인증기준
3.1.2 개인정보 수집 제한
3.1.5 개인정보 간접수집
3.2.2 개인정보 품질보장
3.5.1 개인정보처리방침 공개
3.5.3 정보주체에 대한 통지
3.1.2 개인정보는 서비스 제공을 위하여 필요한 최소한의 정보를 수집하여야 하며, 선택정보를 제공하지 않는다는 이유로 서비스 제공 거부 금지
3.1.5 정보주체 이외로부터 개인정보를 수집 시 최소한의 개인정보만 수집하고 법령에 근거하거나 정보주체 요구가 있으면 수집 출처, 처리목적, 처리정지의 요구권리를 알려야 함
3.2.2 수집된 개인정보는 처리 목적에 필요한 범위에서 개인정보의 정확성·완전성·최신성이 보장되도록 정보주체에게 관리절차를 제공
3.5.1 개인정보의 처리에 필요한 사항을 포함하여 개인정보처리방침을 수립하고, 정보주체가 쉽게 확인할 수 있도록 공개하고 현행화
3.5.3 개인정보의 이용내역 등 정보주체에게 통지하여야 할 사항을 파악하여 주기적으로 통지

권리(열람, 정정·삭제, 처리정지) 행사 방법 및 절차, 이의제기, 동의 철회, 처리 기록, 타인 권리 침해

항목	3.5.2 정보주체 권리보장
인증기준	정보주체가 개인정보의 열람, 정정·삭제, 처리정지, 이의제기, 동의철회 등 요구를 수집 방법·절차보다 쉽게 할 수 있도록 권리행사 방법 및 절차를 수립·이행하고, 정보주체의 요구를 받은 경우 지체 없이 처리하고 관련 기록을 남겨야 한다. 또한 정보주체의 사생활 침해, 명예훼손 등 타인의 권리를 침해하는 정보가 유통되지 않도록 삭제요청, 임시조치 등의 기준을 수립·이행하여야 한다.
주요 확인사항	1) 정보주체 또는 그 대리인이 개인정보에 대한 열람, 정정·삭제, 처리정지 및 동의 철회 등(이하 '열람등요구'라 함)을 개인정보 수집방법·절차보다 어렵지 아니하도록 권리 행사 방법 및 절차를 마련하여 공개하고 있는가?
	2) 정보주체 또는 그 대리인이 개인정보 열람등요구를 하는 경우 기간 내에 열람등요구에 따른 필요한 조치를 하고 있는가?
	3) 정보주체 또는 그 대리인이 개인정보 수집·이용·제공 등의 동의를 철회하는 경우 지체 없이 수집된 개인정보를 파기하는 등 필요한 조치를 취하고 있는가?
	4) 정보주체의 열람등요구에 대한 조치에 불복이 있는 경우 이의를 제기할 수 있도록 필요한 절차를 마련하여 안내하고 있는가?
	5) 정보주체의 열람등요구 및 처리 결과에 대하여 기록을 남기고 있는가?
	6) 정보통신망에서 사생활 침해 또는 명예훼손 등 타인의 권리를 침해한 경우 침해를 받은 자가 정보통신서비스 제공자에게 정보의 삭제 요청 등을 할 수 있는 절차를 마련하여 시행하고 있는가?
관련 법규	• 개인정보 보호법 제34조의2(노출된 개인정보의 삭제·차단), 제35조(개인정보의 열람), 제35조의2(개인정보의 전송 요구), 제36조(개인정보의 정정·삭제), 제37조(개인정보의 처리정지 등), 제37조의2(자동화된 결정에 대한 정보주체의 권리 등), 제38조(권리행사의 방법 및 절차) • 정보통신망법 제44조(정보통신망에서의 권리보호), 제44조의2(정보의 삭제요청 등), 제44조의3(임의의 임시조치)
증적 자료 등 준비사항	• 개인정보 처리방침 • 개인정보 열람등요구 처리 절차, 관련 양식 • 개인정보 열람등요구 시 조치 내역 • 회원 탈퇴 및 동의 철회 절차

항목	3.5.2 정보주체 권리보장
결함사례	• 개인정보의 열람, 정정·삭제, 처리정지 요구 방법을 정보주체가 알 수 있도록 공개하지 않은 경우 • 개인정보의 열람 요구에 대하여 정당한 사유의 통지 없이 열람 요구를 접수받은 날로부터 10일을 초과하여 회신하고 있는 경우 • 개인정보의 열람 민원에 대한 처리 내역 기록 및 보관이 이루어지지 않은 경우 • 정보주체 당사자 또는 정당한 대리인이 맞는지에 대한 확인 절차 없이 열람 통지가 이루어지는 경우 • 개인정보의 정정·삭제 요구에 대하여 정정·삭제 요구를 접수받은 날로부터 10일을 초과하여 회신하는 경우 • 회원 가입 시에는 온라인을 통해 쉽게 회원 가입이 가능하였으나, 회원 탈퇴 시에는 신분증 등 추가 서류를 제출하게 하거나 오프라인 방문을 통해서만 가능하도록 하는 경우
결함예시	OO기업은 온라인에서 쉽게 회원 가입이 가능하나 회원 탈퇴 시에는 온라인에서 탈퇴하는 기능이 구현되어 있지 않아 상담원에게 전화하여 탈퇴를 요구하였으나 신분증을 들고 지점으로 방문하여 탈퇴하여야 한다고 하였음

1 인증기준 취지

3.5.2 정보주체 권리보장은 정보주체가 본인의 개인정보에 대한 자기결정권을 행사할 수 있도록 절차를 수립하기 위한 인증기준이다. 정보주체는 개인정보의 소유자이므로 언제든지 열람, 정정, 삭제, 처리정지 등을 요구할 수 있다. 법에서는 정당한 사유가 없다면 처리자가 10일이라는 기간 내에 조치하도록 하고 있다. 조치가 불가하다면 역시 10일 이내에 사유를 알려야 한다. 분란의 소지를 없애고자 청구하고, 조치하는 과정에 대한 기록을 남겨야 한다. 처리자는 영업상 이익을 위해 개인정보를 보유하기 위해 처리정지를 어렵게 하면 안 된다.

(바른 뜻) 우송료, 운송료

1. 우송료(郵送料)
   - (정의) 편지나 물건을 부치는 데 드는 비용
   - (예시) 선박 우송료, 소화물 우송료, 열차 우송료
2. 운송료(運送料)
   - (정의) 운반이나 운수 따위의 보수로 받거나 주는 돈
   - (예시) 속달 운송료, 화물 운송료

(출처 : 표준국어대사전)

정보주체 권리 조치 기간
열람&제공, 정정·삭제, 처리정지 모두 10일 이내 조치 하여야 함
거절의 사유가 있을 시는 10일 이내 사유를 알려야 함

2 인증기준 상세

확인사항	요구 사항	관련 사항
정보주체 권리 행사 방법 및 절차 마련	• 정보주체 또는 그 대리인이 개인정보 에 대한 열람, 정정·삭 제, 처리정지, 이의제기, 동의 철회(이하 '열람 등'이라 함) 요구를 개인정보 수집방법·절차 보다 쉽게 할 수 있도록 권리 행사 방법 및 절차 를 마련하여야 함	• 정보주체가 열람 등을 요구할 수 있는 구체적인 방법과 절차를 마련하고 이를 정보주체가 쉽게 알 수 있도록 공개해야 함 • 정보주체의 권리행사 방법 및 절차는 최소한 개인정보 수집절차 또는 회원가입 절차에 준해서 알기 쉽고 편리해야 하며 개인정보 수집 시 요구하지 않던 증빙서류를 추가로 요구하지 않아야 함 • 정보주체가 편리하게 선택할 수 있도록 가급적 다양한 권리 행사 방법을 마련하여 제공할 필요가 있음(방문, 서면, 전화, 전자우편, 인터넷 웹사이트 등) • 열람 등을 요구한 자가 본인이거나 정당한 대리인인지 확인하여야 하며, 확인 방법은 합리적인 수단이라고 객관적으로 인정되는 방식이어야 함(전자서명, 아이핀, 운전면허증 확인 등) • 개인정보처리자가 공공기관인 경우『전자 정부법』에 따른 행정정보의 공동 이용을 통하여 신분확인이 가능하면 행정정보의 공동 이용을 통해 확인해야 함 • 열람 등을 요구하는 자에게 관련 업무 수행에 필요한 실비의 범위에서 수수료와 우송료를 청구할 수 있으나, 개인정보를 열람·정정·삭제·처리정지 등을 요구하게 된 사유가 해당 개인정보처리자에게 있는 경우에는 수수료와 우송료를 청구할 수 없음
열람 요구 시 조치	• 정보주체 또는 그 대리인으로부터 개인정보 열람을 요구받 은 경우 10일 이내(또 는 지체없이)에 정보주 체가 해당 개인정보를 열람할 수 있도록 조치 하여야 함	• 정보주체가 열람이나 제공을 요구할 수 있는 정보 ▶ 3 참조 • 10일 이내에 열람할 수 없는 정당한 사유가 있는 경우 정보주체에게 그 사유를 알리고 열람을 연기할 수 있음 • 개인정보의 열람 및 거절의 사유가 있는 경우 정보주체에게 그 사유를 알리고 열람을 제한 또는 거절할 수 있음 ▶ 4 참조 • 열람 요구사항 중 일부가 열람 제한 및 거절의 사유가 있는 경우에는 그 일부에 대하여 열람을 제한할 수 있으며, 열람이 제한되는 사항을 제외한 부분에 대해서는 열람할 수 있도록 해야 함

확인사항	요구 사항	관련 사항
개인정보 전송 요구 대응 절차 및 방안 수립·이행	• 법적 의무 대상자에 해당하는 경우 정보주체 또는 대리인으로부터 개인정보 전송 요구에 대응하기 위한 절차와 방안을 수립·이행하여야 함	• 정보주체의 개인정보 전송 요구를 이행해야 할 법적 의무대상자(정보전송자) ▶ 6 참조 • 전송 요구를 할 수 있는 정보(아래의 요건을 모두 충족하는 개인정보) ▶ 7 참조 • 전송 요구에 따른 개인정보를 전송받을 수 있는 개인정보처리자 요건(정보수신자) ▶ 8 참조
정정·삭제 요구 시 조치	• 정보주체 또는 그 대리인으로부터 개인정보의 정정·삭제를 요구받은 경우 정보주체의 요구가 정당하다고 판단되면 지체없이 그 개인정보를 조사하여 정보주체의 요구에 따라 해당 개인정보의 정정·삭제 등의 조치를 한 후 그 결과를 정보주체에게 알려야 함	• 개인정보 정정·삭제 요구를 받은 날부터 10일 이내에 조치 결과 회신 • 외부위탁 또는 제3자에게 제공한 개인정보에 대한 정정요청 및 동의 철회 시에는 수탁자 또는 제3자에게 연락하여 조치 요청 • 다른 법령에서 그 개인정보가 수집 대상으로 명시되어 있는 경우에는 삭제 요구를 거절할 수 있으며, 이 경우 요구에 따르지 않기로 한 사실, 근거 법령의 내용 및 그 이유와 이의제기 방법을 개인정보 정정·삭제 통지서로 해당 정보주체에게 정정·삭제 요구를 받은 날부터 10일 이내에 알려야 함(전자상거래법에 따른 계약·청약 철회 기록 등)
처리정지 요구 시 정지	• 정보주체 또는 그 대리인으로부터 개인정보의 처리정지 요구를 받은 경우 특별한 사유가 없는 한 지체 없이 처리의 전부 또는 일부를 정지하고 그 결과를 정보주체에게 알려야 함	• 개인정보 처리정지 요구를 받은 날부터 10일 이내에 조치 결과 회신 • 개인정보의 처리정지를 거절할 수 있는 사유가 있는 경우 관련 사실을 처리정지 요구자에게 요구를 받은 날로부터 10일 이내에 알려야 함 ▶ 5 참조
동의 철회 시 조치	• 정보주체 또는 그 대리인이 개인정보 수집·이용·제공 등의 동의를 철회하는 경우 지체 없이 수집된 개인정보를 파기하는 등 필요한 조치를 취하여야 함	• 정보주체 동의 철회 시 조치 ▶ 9 참조)

(바른 뜻) 열람, 정정, 삭제, 처리정지

1. **열람(閱覽)**
   - (정의) 책이나 문서 따위를 죽 훑어보거나 조사하면서 봄
   - 처리에서 출력과 유사
2. **정정(訂正)**
   - (정의) 글자나 글 따위의 잘못을 고쳐서 바로잡음
3. **삭제(削除)**
   - (정의) 깎아 없애거나 지워 버림
   - 처리에서 파기와 유사
4. **처리정지(處理停止)**
   - (정의) 개인정보의 수집, 생성, 연계, 연동, 기록, 저장, 보유, 가공, 편집, 검색, 출력, 정정(訂正), 복구, 이용, 제공, 공개, 파기(破棄), 그 밖에 이와 유사한 행위를 정지

※ 처리정지는 열람, 정정, 삭제 등의 행위를 모두 정지시키는 것으로 이를 모두 포괄하는 것으로 볼 수 있음

확인사항	요구 사항	관련 사항
자동화된 결정 시 거부하거나 설명 등 요구 시 조치	• 정보주체 또는 대리인이 완전히 자동화된 시스템(인공지능 기술을 적용한 시스템을 포함)으로 개인정보를 처리하여 이루어지는 결정(자동화된 결정)을 거부하거나 설명 등을 요구한 경우 필요한 조치를 취하여야 함	• 정보주체는 자동화된 결정을 거부하거나 설명 등을 요구할 권리를 가짐 ▶ ⑩ 참조 • 정보주체가 자동화된 결정을 거부하거나 이에 대한 설명 등을 요구한 경우에는 정당한 사유가 없는 한 자동화된 결정을 적용하지 아니하거나 인적 개입에 의한 재처리·설명 등 필요한 조치를 이행할 수 있도록 관련 절차를 수립·이행 • 자동화된 결정을 하는 경우, 자동화된 결정의 기준과 절차, 개인정보가 처리되는 방식 등을 정보주체가 쉽게 확인할 수 있도록 공개 ※ 자동화된 결정에 대한 거부 및 설명 요구 등과 관련된 개인정보 보호법 제37조의2의 개정 규정은 공포후 1년이 경과한 날부터 시행(2024.3.15. 시행)
이의 제기 절차 마련	• 정보주체의 요구에 대한 조치에 불복이 있는 경우 이의를 제기할 수 있도록 필요한 절차를 마련하여 안내하여야 함	• 이 경우 이의제기 절차는 공정하게 운영될 수 있도록 외부전문가를 참여시키거나 내부의 견제장치 마련 필요
요구 및 처리 결과 기록 남김	• 개인정보 열람, 정정·삭제, 처리정지, 이의제기, 동의 철회 등의 요구 및 처리 결과에 대하여 기록을 남겨야 함	• 정보주체의 열람, 정정·삭제, 처리정지, 이의제기, 동의 철회 등을 접수하고 처리한 결과를 정기적으로 검토하여 정보주체 권리보장이 적절히 이루어지고 있는지 확인하고 필요 시 보완 조치
타인 권리 침해 시 처리 절차 마련	• 정보통신망에서 사생활 침해 또는 명예훼손 등 타인의 권리를 침해한 경우 침해를 받은 자가 정보통신서비스 제공자에게 정보의 삭제 요청 등을 할 수 있는 절차를 마련하고 시행하여야 함	• 정보통신망을 통하여 일반에게 공개를 목적으로 제공된 정보로 사생활 침해나 명예훼손 등 타인의 권리가 침해된 경우 침해를 받은 자는 해당 정보를 처리한 정보통신서비스 제공자에게 침해사실을 소명하여 그 정보의 삭제 또는 반박 내용을 게재를 요청할 수 있어야 함 • 타인의 권리가 침해된 경우 정보통신서비스 제공자가 해당 정보의 삭제 등을 요청받으면 지체 없이 삭제·임시조치 등의 필요한 조치를 하고 즉시 신청인 및 정보 게재자에게 알려야 함 • 타인의 권리가 침해된 경우에 구제절차 등 필요한 조치에 관한 내용·절차 등을 미리 약관에 구체적으로 밝혀야 함 • 개인정보처리자는 고유식별정보, 계좌정보, 신용카드정보 등 개인정보가 정보통신망을 통하여 공중(公衆)에 노출되지 아니하도록 하여야 하며, 공중에 노출된 개인정보에 대하여 개인정보 보호위원회 또는 한국인터넷진흥원의 요청이 있는 경우에는 해당 정보를 삭제하거나 차단하는 등 필요한 조치를 하여야 함

3 정보주체가 열람이나 제공을 요구할 수 있는 정보

개인정보보호법 시행령 제41조(개인정보의 열람절차 등) 제1항
1. 개인정보의 항목 및 내용 2. 개인정보의 수집·이용의 목적 3. 개인정보 보유 및 이용 기간 4. 개인정보의 제3자 제공 현황 5. 개인정보 처리에 대하여 동의한 사실 및 내용

4 정보주체의 열람요구를 제한·거절할 수 있는 사유

개인정보보호법 제35조(개인정보의 열람)제4항
1. 법률에 따라 열람이 금지되거나 제한되는 경우 2. 다른 사람의 생명·신체를 해할 우려가 있거나 다른 사람의 재산과 그 밖의 이익을 부당하게 침해할 우려가 있는 경우 3. 공공기관이 다음 각 목의 어느 하나에 해당하는 업무를 수행할 때 중대한 지장을 초래하는 경우 가. 조세의 부과·징수 또는 환급에 관한 업무 나. 「초·중등교육법」 및 「고등교육법」에 따른 각급 학교, 「평생교육법」에 따른 평생교육시설, 그 밖의 다른 법률에 따라 설치된 고등교육기관에서의 성적 평가 또는 입학자 선발에 관한 업무 다. 학력·기능 및 채용에 관한 시험, 자격 심사에 관한 업무 라. 보상금·급부금 산정 등에 대하여 진행 중인 평가 또는 판단에 관한 업무 마. 다른 법률에 따라 진행 중인 감사 및 조사에 관한 업무

5 처리정지 요구 거부 사유

개인정보보호법 제37조(개인정보의 처리정지 등) 제2항
1. 법률에 특별한 규정이 있거나 법령상 의무를 준수하기 위하여 불가피한 경우 2. 다른 사람의 생명·신체를 해할 우려가 있거나 다른 사람의 재산과 그 밖의 이익을 부 당하게 침해할 우려가 있는 경우 3. 공공기관이 개인정보를 처리하지 아니하면 다른 법률에서 정하는 소관 업무를 수행할 수 없는 경우 4. 개인정보를 처리하지 아니하면 정보주체와 약정한 서비스를 제공하지 못하는 등 계약의 이행이 곤란한 경우로서 정보주체가 그 계약의 해지 의사를 명확하게 밝히지 아니한 경우

(두음) 정보주체 열람 제공 요구 가능 정보

1. 개인정보보호법

목항기3동

– 목적, 항목, 기간, 제3자, 동의

(두음) 정보주체 열람 제한·거절

보감법이 조성시
(명심보감법이 조성되면 열람)

보상금&급부금, 감사&조사, 법률, 생명&재산&이익, 조세, 성적, 시험&자격

(두음) 정보주체 처리정지 거부

소계법이
(부분합하는 법이 거부됨)

소관업무, 계약이행&해지 불명확, 법률&법령, 이익

열람 거절과 처리정지 거부 기준 비교
열람 제한 거절 기준은 한정적으로 엄격한 반면, 처리정지 거부 기준은 포괄적이고, 수월하다.
즉, 열람은 쉽게 할 수 있고, 처리정지는 상대적으로 어렵다.

6 정보주체의 개인정보 전송 요구를 이행해야 할 법적 의무대상자(정보전송자)

구분	법적 의무대상자	비고
정보주체 자신에게로 전송할 것을 요구	개인정보 처리 능력을 고려하여 대통령령으로 정하는 기준에 해당하는 개인정보처리자	개인정보 보호법 제35조의2제1항
다른 개인정보처리자에게 전송할 것을 요구 (단, 기술적으로 허용되는 합리적인 범위 내)	매출액, 개인정보의 보유 규모, 개인정보 처리 능력, 산업별 특성을 고려하여 대통령령으로 정하는 기준에 해당하는 개인정보처리자	개인정보 보호법 제35조의2제2항

7 전송 요구를 할 수 있는 정보(아래의 요건을 모두 충족하는 개인정보)

순번	전송을 요구할 수 있는 정보의 요건
1	정보주체가 전송을 요구하는 정보가 정보주체 본인에 관한 개인정보로서 다음 각 목의 어느 하나에 해당하는 정보일 것 가. 제15조제1항제1호, 제23조제1항제1호 또는 제24조제1항제1호에 따른 동의를 받아 처리되는 개인정보 나. 제15조제1항제4호에 따라 체결한 계약을 이행하거나 계약을 체결하는 과정에서 정보주체의 요청에 따른 조치를 이행하기 위하여 처리되는 개인정보 다. 제15조제1항제2호, 같은 항 제3호, 제23조제1항제2호 또는 제24조제1항제2호에 따라 처리되는 개인정보 중 정보주체의 이익이나 공익적 목적을 위하여 관계 중앙행정기관의 장의 요청에 따라 보호위원회가 심의·의결하여 전송 요구의 대상으로 지정한 개인정보
2	전송을 요구하는 개인정보가 개인정보처리자가 수집한 개인정보를 기초로 분석·가공하여 별도로 생성한 정보가 아닐 것
3	전송을 요구하는 개인정보가 컴퓨터 등 정보처리장치로 처리되는 개인정보일 것

8 전송 요구에 따른 개인정보를 전송받을 수 있는 개인정보처리자 요건(정보수신자)

순번	정보수신자 요건
1	개인정보 보호법 제35조의3제1항에 따른 개인정보관리 전문기관
2	개인정보 보호법 제29조에 따른 안전조치의무를 이행하고 대통령령으로 정하는 시설 및 기술 기준을 충족하는 자

9 정보주체 동의철회 시 조치 (예시)

1. 해당 정보주체와 관련된 개인정보의 지체 없는 파기
2. 타 법령에 따라 보존의무가 부여된 경우 해당 법령에 따른 기간 동안 분리하여 보관
3. 제3자 제공 동의에 대한 철회인 경우 더 이상 제3자에게 개인정보를 제공하지 않도록 조치
4. 홍보, 마케팅 등을 위한 문자, 이메일 등이 더 이상 발송되지 않도록 조치 등

10 자동화된 결정에 대한 정보주체의 권리

개인정보 보호법 제37조의2

① 정보주체는 완전히 자동화된 시스템(인공지능 기술을 적용한 시스템을 포함한다)으로 개인정보를 처리하여 이루어지는 결정(「행정기본법」 제20조에 따른 행정청의 자동적 처분은 제외하며, 이하이 조에서 "자동화된 결정"이라 한다)이 자신의 권리 또는 의무에 중대한 영향을 미치는 경우에는 해당 개인정보처리자에 대하여 해당 결정을 거부할 수 있는 권리를 가진다. 다만, 자동화된 결정이 제15조제1항제1호·제2호 및 제4호에 따라 이루어지는 경우에는 그러하지 아니하다.
② 정보주체는 개인정보처리자가 자동화된 결정을 한 경우에는 그 결정에 대하여 설명 등을 요구할 수있다.

☰ 3.개인정보 처리단계별 요구사항 ▶ 3.5. 정보주체 권리보호

3.5.3 요건 수준
Level 1. 법규 수준
1. 법규 : 개보법
2. 내규 : 해당
3. 인증기준 : 해당
4. 위험평가 : 해당

개인정보 이용·제공 내역 주기적 통지(5민고 100개 연1회), 통지항목 법 요구항목 포함

항목	3.5.3 정보주체에 대한 통지
인증기준	개인정보의 이용내역 등 정보주체에게 통지하여야 할 사항을 파악 하여 그 내용을 주기적으로 통지하여야 한다.
주요 확인사항	1) 법적 의무 대상자에 해당하는 경우 개인정보 이용·제공 내역 또는 그 내역을 확인할 수 있는 정보시스템에 접속하는 방법을 정보주체에게 주기적으로 통지하고 있는가?
	2) 개인정보 이용내역 통지 항목은 법적 요구항목을 모두 포함하고 있는가?
관련 법규	• 개인정보보호법 제20조의2(개인정보 이용·제공 내역의 통지)
증적 자료 등 준비사항	• 개인정보 이용내역 통지 기록 • 개인정보 이용내역 통지 양식 및 문구
결함사례	• 전년도 말 기준 직전 3개월 간 일일 평균 저장·관리하고 있는 개인정보가 100만명 이상으로서 개인정보 이용제공 내역 통지 의무 대상자에 해당 됨에도 불구하고 금년도에 개인정보 이용·내역을 통지하지 않은 경우 • 개인정보 이용내역을 개별 이용자에게 직접적으로 통지하는 대신 홈페이지에서 팝업창이나 별도 공지사항으로 안내만 한 경우
결함예시	OO기업은 개인정보 간접수집에 대한 통지와 이용·제공 내역 통지를 함께 통지하고 있으나 통지 항목 일부가 누락되어 있음

유사 인증기준
2.11.5 사고 대응 및 복구
3.2.1 개인정보 현황관리
3.2.2 개인정보 품질보장
3.5.2 정보주체 권리보장
2.11.5 침해사고 발생을 인지한 때에는 법적 통지 및 신고 의무를 준수하고, 대응 및 복구하고 재발방지 대책을 수립하여 대응체계에 반영
3.2.1 개인정보의 항목, 처리 목적 및 방법, 보유기간 등 현황을 관리하여야 하며, 공공기관의 경우 관계기관의 장에게 등록
3.2.2 수집된 개인정보는 처리 목적에 필요한 범위에서 개인정보의 정확성·완전성·최신성이 보장되도록 정보주체에게 관리절차를 제공
3.5.2 정보주체가 개인정보의 열람, 정정·삭제 등의 권리행사 방법 및 절차를 수립·이행하고, 요구를 받은 경우 지체 없이 처리하고 기록 보존

(바른 뜻) 주기적, 정기적
1. 주기적
   - 일정한 간격을 두고 되풀이하여 진행하거나 나타나는 것
2. 정기적
   - 기한이나 기간이 일정하게 정하여져 있는 것

(국립국어원)

1 인증기준 취지

3.5.3 이용내역 통지는 정보주체에게 주기적으로 이용 내역을 알리도록 하는 인증기준이다. 여기서 통지 주기는 최소 연 1회 이상이다. 이용 내역을 알려야 할 의무가 있는 대상자는 5만명 이상의 민감정보, 고유식별정보를 처리하는 자와 100만명 이상의 개인정보를 처리하는 자이다. 기업에서는 통지를 업무상 잊을 수 있으므로 시스템적으로 자동화하도록 하는 것이 좋다.

2 인증기준 상세

확인사항	요구 사항	관련 사항
개인정보 이용·제공 내역 또는 내역 확인방법 통지	• 법적 의무 대상자에 해당하는 경우 개인정보 이용·제공 내역 또는 그 내역을 확인할 수 있는 정보시스템에 접속하는 방법을 정보주체에게 주기적으로 통지하여야 함	• 개인정보 이용·제공 내역 통지 관련 법적 요구사항 ▶ 3 참조
통지항목 내 법적 요건 포함	• 개인정보 이용·제공 내역 통지 항목 법적 요구항목을 모두 포함하여야 함	• 개인정보 이용내역 통지 항목 ▶ 4 참조

3 개인정보 이용·제공 내역 통지 관련 법적 요구사항

구분	내용
통지 의무 대상자	1. 5만명 이상의 정보주체에 관하여 민감정보 또는 고유식별정보를 처리하는 자 2. 100만명 이상의 정보주체에 관하여 개인정보를 처리하는 자 ※ 정보주체의 수는 전년도 말 기준 직전 3개월 간 일일평균을 기준으로 산정(단, 2024년 1월 1일부터 시행)
통지 방법	1. 서면·전자우편·전화·문자전송 등 정보주체가 통지 내용을 쉽게 확인할 수 있는 방법 2. 재화 및 서비스를 제공하는 과정에서 정보주체가 쉽게 알 수 있도록 알림창을 통해 알리는 방법(법 제20조의2제1항에 따른 개인정보의 이용·제공 내역을 확인할 수 있는 정보시스템에 접속하는 방법을 통지하는 경우로 한정한다)
통지 주기	• 연 1회 이상

통지 예외	1. 통지에 대한 거부의사를 표시한 정보주체 2. 개인정보처리자가 업무수행을 위해 그에 소속된 임직원의 개인정보를 처리한 경우 해당 정보주체 3. 개인정보처리자가 업무수행을 위해 다른 공공기관, 법인, 단체의 임직원 또는 개인의 연락처 등의 개인정보를 처리한 경우 해당 정보주체 4. 법률에 특별한 규정이 있거나 법령 상 의무를 준수하기 위하여 이용·제공한 개인정보의 정보주체 5. 공공기관이 법령 등에서 정하는 소관 업무의 수행을 위하여 이용·제공한 개인정보의 정보주체 ※ 연락처 등 정보주체에게 통지할 수 있는 개인정보를 수집·보유하지 아니한 경우

4 개인정보 이용내역 통지 항목

개인정보보호법 시행령 제48조의6(개인정보 이용내역의 통지)

1. 개인정보의 수집·이용 목적 및 수집한 개인정보의 항목
2. 개인정보를 제공받은 자와 그 제공 목적 및 제공한 개인정보의 항목(다만 「통신비밀보호법」 제13조, 제13조의2, 제13조의4 및 「전기통신사업법」 제83조제3항에 따라 제공한 정보는 제외)

Chapter 4  확인 문제

1 정보보호 최고책임자는 정보보호 공시에 관한 업무, 개인정보보호책임자의 업무를 겸할 수 있다.

(O, X)

2 정보보호위원회는 전사적 정보보호 및 개인정보보호 활동을 위하여 정보보호 및 개인정보보호 관련 담당자 및 부서별 담당자로 구성한다.

(O, X)

해설
정보보호위원회는 정보보호 및 개인정보보호 관련하여 조직 내 이해관계를 대변하고 의사결정을 할 수 있도록 경영진, 임원, 정보보호 최고책임자, 개인정보보호책임자 등 실질적인 검토 및 의사결정 권한이 있는 임직원으로 구성한다.

3 개인정보보호책임자 지정요건으로 대학의 경우 해당 학교의 정보통신 업무를 총괄하는 사람으로 지정하여야 한다.

(O, X)

해설
개인정보보호책임자 지정요건으로 대학의 경우 해당 학교의 행정사무를 총괄하는 사람으로 지정하여야 한다.

4 정보보호 및 개인정보보호 정책·시행 문서 제·개정 시 최고경영자 또는 최고경영자로부터 권한을 위임받은 자의 승인을 받아야 한다.

(O, X)

5 식별된 정보자산은 구매 또는 구축 금액에 따라 중요도를 결정하고 보안 등급을 부여하여야 한다.

(O, X)

해설
식별된 정보자산에 대한 법적 요구사항 및 업무에 미치는 영향 등을 고려하여 정보자산 분류기준에 따라 중요도를 결정하고 보안 등급을 부여하여야 한다.

6 인증 유형과 관계 없이 관리체계 범위 내 개인정보 처리 현황을 식별하고 개인정보의 흐름을 파악하여 개인정보 흐름표, 개인 정보 흐름도 등으로 문서화하여야 한다.

(O, X)

해설
ISMS-P 인증의 경우 관리체계 범위 내 개인정보 처리 현황을 식별하고 개인정보의 흐름을 파악하여 개인정보 흐름표, 개인 정보 흐름도 등으로 문서화하여야 한다.

7 조직에서 수용 가능한 목표 위험수준을 정하고 그 수준을 미달하는 위험을 식별하여야 한다.

(O, X)

해설
조직에서 수용 가능한 목표 위험수준을 정하고 그 수준을 초과하는 위험을 식별하여야 한다.

8 위험전가 전략으로는 중요정보 및 개인정보 유출 시 손해배상 소송 등에 따른 비용 손실을 줄이기 위하여 관련 보험에 가입할 수 있다.

(O, X)

9 정보보호 및 개인정보보호 관리체계를 내재화하기 위하여 구현된 보호대책을 운영 또는 시행할 부서 및 담당자에게 관련 내용을 공유 또는 교육하여야 한다.

(O, X)

10 개인정보 손해배상 책임보장 제도에 따라 모든 개인정보처리자는 보험 가입 또는 공제 최저 가입금액을 적립하여야 한다.

(O, X)

해설

개인정보 손해배상책임 보장제도의 적용대상은 전년도 매출액 10억원 이상이면서 전년도 말 기준 직전 3개월간 개인정보가 저장, 관리되고 있는 이용자 수가 일일 평균 1만명 이상인 개인정보처리자이다.

11 정보보호 최고책임자 지정·신고 상장법인 중 매출액 3,000억 원 이상인 경우 정보보호 공시 제도 의무대상이다.

(O, X)

12 정보보호 및 개인정보보호 관련 정책 및 시행문서를 제·개정하는 경우 이해관계자보다는 개인정보보호책임자 또는 정보보호최고책임자와 해당 내용을 검토하여야 한다.

(O, X)

해설

정보보호 및 개인정보보호 관련 정책 및 시행문서를 제·개정하는 경우 이해관계자와 해당 내용을 충분히 협의·검토하여야 한다.

13 정보보호 최고책임자는 개인정보 처리방침의 수립·변경 및 시행의 업무를 수행한다.

(O, X)

해설

개인정보 처리방침의 수립·변경 및 시행은 개인정보보호책임자의 업무이다.

14 주요 직무자 및 개인정보취급자 지정을 최대화하는 등 관리방안을 수립·이행하여야 한다.

(O, X)

해설

업무 필요성에 따라 주요 직무자 및 개인정보취급자 지정을 최소화하는 등 관리방안을 수립·이행하여야 한다.

★ 정답 ★	1 ○	2 ×	3 ×	4 ○	5 ×	6 ×	7 ×	8 ○	9 ○	10 ×	11 ○	12 ×	13 ×	14 ×

15 조직 규모가 작거나 인적 자원 부족 등의 사유로 인하여 불가피하게 직무 분리가 어려운 경우 CISO의 승인으로 직무를 겸임하여도 된다.

(O, X)

해설
조직 규모가 작거나 인적 자원 부족 등의 사유로 인하여 불가피하게 직무 분리가 어려운 경우 직무자 간의 상호 검토, 직무자의 책임추적성 확보 등의 보완통제를 마련하여야 한다.

16 임시직원, 외주용역직원 등 외부자에게 정보자산(개인정보 포함), 정보시스템 등에 접근권한을 부여할 경우 정보보호 및 개인정보보호에 대한 책임, 비밀유지 의무 등이 명시된 서약서를 작성하도록 하여야 한다.

(O, X)

17 정보자산에 직·간접적으로 접근하는 임직원, 임시직원을 정보보호 및 개인정보보호 교육 대상에 포함하며, 외주용역업체 직원 등은 제외한다.

(O, X)

해설
정보자산에 직·간접적으로 접근하는 임직원, 임시직원, 외주용역업체 직원 등 모든 인력을 정보보호 및 개인정보보호 교육 대상에 포함한다.

18 인사 변경 내용에 대한 신속한 공유 절차를 위해, 모든 정보 처리 시스템은 인사 시스템과 연동되어 계정 정보를 실시간 또는 일배치로 동기화하거나 퇴직 프로세스 내에서 관련 부서와 퇴직자 정보를 공유하는 절차를 포함할 수 있다.

(O, X)

19 개인정보 처리업무를 위탁받은 수탁자가 관련 업무를 제3자에게 재위탁하는 경우 수탁자의 승인을 받도록 하여야 한다.

(O, X)

해설
개인정보 처리업무를 위탁 받은 수탁자가 관련 업무를 제3자에게 재위탁하는 경우 위탁자의 승인을 받도록 하여야 한다.

20 비인가 접근을 방지하기 위하여 별도의 출입통제 장치 및 감시시스템이 설치된 장소로서 출입 시 직원카드와 같은 출입증이 필요한 장소인 부서별 사무실 등은 통제구역에 해당한다.

(O, X)

해설
비인가 접근을 방지하기 위하여 별도의 출입통제 장치 및 감시시스템이 설치된 장소로서 출입 시 직원카드와 같은 출입증이 필요한 장소인 부서별 사무실 등은 제한구역에 해당한다.

21 개인정보처리시스템 등 중요도가 높은 경우에는 최소한의 인원만 접근이 가능하도록 전산랙에 잠금 장치 설치, 별도의 물리적 안전장치가 있는 케이지(cage) 등에서 관리하여야 한다.

(O, X)

22 외부 집적정보통신시설(IDC)에 위탁 운영하는 경우 물리적 보호에 필요한 요구사항을 계약서에 반영하고 IDC의 책임보험 가입 여부를 검토하여야 한다.

(O, X)

23 정보시스템 및 개인정보처리시스템에 대한 접근권한은 업무 수행 목적에 따라 최소한의 범위로 업무 담당자에게 동등 부여하여야 한다.

(O, X)

해설
정보시스템 및 개인정보처리시스템에 대한 접근권한은 업무 수행 목적에 따라 최소한의 범위로 업무 담당자에게 차등 부여하여야 한다.

24 업무 분장상 정·부의 역할이 구분되어 관리자 계정을 공유하는 경우에도 사용자 계정을 별도로 부여하고 사용자 계정으로 로그인 후 관리자 계정으로 변경하여야 한다.

(O, X)

25 관리자 및 특수권한 계정의 경우 관리의 용이성을 위해 쉽게 추측 가능한 식별자(root, admin, administrator 등)을 사용하여야 한다.

(O, X)

해설
관리자 및 특수권한 계정의 경우 쉽게 추측 가능한 식별자(root, admin, administrator 등)의 사용을 제한하여야 한다.

26 비밀번호는 지식 기반, 인증서(PKI)는 소유 기반 인증수단이다.

(O, X)

27 특수 계정·권한을 최소한의 업무 수행자에게만 부여할 수 있도록 임원 또는 보안책임자 승인 등 일반 사용자 계정·권한 발급 절차보다 엄격한 기준을 적용하여야 한다.

(O, X)

28 개인정보처리시스템에 대한 접근 권한에 대한 변경 기록은 개인정보처리자는 최소 3년간, 정보통신서비스 제공자 등은 최소 5년간 보관해야 한다.

(O, X)

해설
정보통신서비스 제공자 등에 대한 구분 없이 개인정보처리자는 개인정보처리시스템에 대한 접근권한에 대한 변경기록을 최소 3년간 보관하여야 한다.

★ 정답 ★	15 ×	16 ○	17 ×	18 ○	19 ×	20 ×	21 ○	22 ○	23 ×	24 ○	25 ×	26 ○	27 ○	28 ×

29 네트워크 대역별 IP주소 부여 기준을 마련하고 데이터베이스 서버 등 중요 시스템이 외부와의 연결을 필요로 하지 않은 경우 사설 IP로 할당하여 외부에서 직접 접근이 불가능하도록 설정하여야 한다.

(O, X)

30 Netbios, File-Sharing, Telnet, FTP 등과 같은 안전하지 않은 서비스를 보호하기 위하여 SSH, SFTP, IPSec VPN 등과 같은 안전한 기술을 사용하여야 한다.

(O, X)

31 개인정보 검색 시에는 like 검색이나 두 가지 조건 이상의 검색조건 사용하여야 한다.

(O, X)

해설

개인정보 검색 시에는 과도한 정보가 조회되지 않도록 일치검색(equal검색)이나 두 가지 조건 이상의 검색조건 사용하여야 한다. like 검색의 경우 과도한 개인정보 조회가 가능하다.

32 일반 사용자는 원칙적으로 응용프로그램을 통해서만 데이터베이스에 접근 가능하도록 조치하여야 한다.

(O, X)

33 무선 네트워크 사용 시 사용자 인증 및 정보 송수신 시 WPA1의 암호화 기능을 설정할 수 있다.

(O, X)

해설

무선 네트워크 사용 시 사용자 인증 및 정보 송수신 시 WPA2-Enterprise mode의 암호화 기능을 설정할 수 있다. WPA1의 경우 안전한 무선 네트워크 프로토콜이 아니다.

34 인터넷과 같은 외부 네트워크를 통한 중요정보(개인정보) 처리, 정보시스템, 개인정보처리시스템과 연관된 주요 자산(서버, 네트워크 장비, 보안장비 등)의 원격운영은 원칙적으로 금지하여야 한다.

(O, X)

35 인터넷 망 차단 의무대상자는 개인정보처리시스템에서 개인정보를 다운로드, 파기, 접근권한을 설정할 수 있는 개인정보취급자의 컴퓨터에 대해서 인터넷 망 차단조치를 적용하여야 한다.

(O, X)

36 정보통신망을 통한 이용자의 개인정보 전송 시 고유식별정보, 비밀번호, 생체인식정보를 암호화 대상으로 한다.

(O, X)

해설

정보통신망을 통한 이용자의 개인정보 전송 시 개인정보, 인증정보를 암호화 대상으로 한다.

※ 이용자가 아닌 정보주체의 개인정보의 경우 24.09.15 시행

37 정보시스템을 신규로 도입·개발 또는 변경하는 경우 법적 요구사항, 최신 취약점 등을 포함한 보안 요구사항을 명확히 정의하고 개발 단계에서부터 반영하여야 한다.

(O, X)

해설
정보시스템을 신규로 도입·개발 또는 변경하는 경우 법적 요구사항, 최신 취약점 등을 포함한 보안 요구사항을 명확히 정의하고 설계 단계에서부터 반영하여야 한다.

38 공공기관 내부 또는 외부에서 구축·운용하고 있는 다른 개인정보파일과 연계하려는 경우로서 연계 결과 50만 명 이상의 정보주체에 관한 개인정보가 포함되는 개인정보파일은 개인정보 영향평가 대상이다.

(O, X)

39 고유식별정보 또는 민감정보를 처리하는 개인정보처리시스템의 경우 개인정보처리자는 2년 이상의 접속기록을 보존하여야 한다.

(O, X)

40 개인정보처리시스템의 접속기록은 월1회 이상 정기적으로 점검하여야 한다.

(O, X)

41 FTP(File Transfer Protocol) 등의 방법을 활용하여 시스템 간 시간을 동기화할 수 있다.

(O, X)

해설
NTP(Network Time Protocol) 등의 방법을 활용하여 시스템 간 시간을 동기화할 수 있다.

42 클라우드 서비스 제공자의 경우 PaaS 유형은 애플리케이션 보안 패치 및 보안 설정에 대한 보안 관리의 책임이 있다.

(O, X)

해설
클라우드 서비스 제공자의 경우 SaaS 유형은 애플리케이션 보안 패치 및 보안 설정에 대한 보안 관리의 책임이 있다.

43 공개서버는 내부 네트워크와 분리된 DMZ 영역에 설치하고 침입차단시스템 등 보안시스템을 통하여 보호하여야 한다.

(O, X)

44 「전자결제업자」는 전자결제수단의 발행자, 전자결제서비스 제공자, 해당 전자결제수단을 통한 전자 결제서비스의 이행을 보조하거나 중개하는 자를 말한다.

(O, X)

★ 정답 ★	29 ○	30 ○	31 ×	32 ○	33 ×	34 ○	35 ○	36 ×	37 ×	38 ○	39 ○	40 ○	41 ×	42 ×	43 ○	44 ○

45 중요한 개인정보를 처리하는 모바일 기기는 DRM(Digital Rights Management)등 모바일 단말 관리 프로그램을 설치하여 원격 잠금, 원격 데이터 삭제, 접속통제를 할 수 있다.

(O, X)

해설
중요한 개인정보를 처리하는 모바일 기기는 MDM(Mobile Device Management) 등 모바일 단말 관리 프로그램을 설치하여 원격 잠금, 원격 데이터 삭제, 접속통제를 할 수 있다. DRM(Digital Rights Management)은 문서보안 시스템이다.

46 운영시스템에 패치를 적용하는 경우 시스템 가용성에 영향을 미칠 수 있으므로 운영시스템의 중요도와 특성을 고려하여 영향도 분석 등 정해진 절차에 따라 충분하게 영향을 분석한 후 적용하여야 한다.

(O, X)

47 영상정보의 보관기간이 30일로 되어 있을 경우 30일 이상 보관하여도 정보주체에게 이득이므로 문제없다.

(O, X)

해설
보관기간이 30일로 되어 있다면 해당기간이 지나면 지체없이 파기하여야 한다. 영상정보안의 내용도 개인정보가 될 수 있기 때문이다.

48 개인정보 보호책임자는 접근 권한 관리, 접속기록 보관 및 점검, 암호화 조치 등 내부 관리계획의 이행 실태를 반기 1회 이상 점검·관리하여야 한다.

(O, X)

해설
개인정보 보호책임자는 접근 권한 관리, 접속기록 보관 및 점검, 암호화 조치 등 내부 관리계획의 이행 실태를 연 1회 이상 점검·관리하여야 한다

49 정보통신서비스 제공자는 개인정보 유출 시 유출 건수와 무관하게 5일 이내 개인정보보호위원회 또는 한국인터넷진흥원에 신고하여야 한다.

(O, X)

해설
개인정보처리자 (정보통신서비스 제공자 등 포함)는 1천명 이상의 정보주체에 관한 개인정보가 유출되거나 민감정보 또는 고유식별정보가 유출된 경우, 개인정보처리시스템 또는 개인정보취급자가 개인정보 처리에 이용하는 정보기기에 대한 외부로부터의 불법적인 접근에 의해 개인정보가 유출 된 경우 72시간 이내에 개인정보보호위원회 또는 한국인터넷진흥원에 신고하여야 한다.

50 IT 서비스 및 시스템 중단시점부터 복구되어 정상가동될 때까지의 RPO 와 데이터가 복구되어야 하는 RTO를 정의하여야 한다.

(O, X)

해설
IT 서비스 및 시스템 중단시점부터 복구되어 정상가동될 때까지의 복구 목표시간(RTO : Recovery Time Objective)과 데이터가 복구되어야 하는 복구 목표시점(RPO : Recovery Point Objective)을 정의하여야 한다.

51 최소한의 개인정보에 대한 입증책임은 개인정보처리자가 부담하므로 필수로 수집하는 정보에 대하여 서비스 제공 등에 필요한 최소한의 개인정보임을 입증할 수 있어야 한다.

(O, X)

52 웹사이트 회원가입 시 웹사이트 내 특정 서비스 이용에만 필요한 개인정보도 수집하여야 한다.

(O, X)

해설

웹사이트 회원가입 시, 웹사이트 내 특정 서비스 이용에만 필요한 개인정보는 해당 서비스 이용시점에 수집하여야 한다.

53 주민등록번호 수집 등은 법적 근거가 있거나 동의에 근거하여 처리가 가능하다.

(O, X)

해설

주민등록번호 수집 등의 처리 시 동의에 근거한 수집은 불가하다.

54 고유식별정보의 범위로 주민등록번호, 여권번호, 운전면허번호, 외국인등록번호가 있다.

(O, X)

55 정보주체(이용자) 이외로부터 수집하는 개인정보에 대하여 정보주체의 요구가 있으면 정보주체의 요구가 있었던 날로부터 10일 이내에 그 거부의 근거와 사유를 알려야 한다.

(O, X)

해설

정보주체(이용자) 이외로부터 수집하는 개인정보에 대하여 정보주체의 요구가 있으면 정보주체의 요구가 있었던 날로부터 3일 이내에 거부의 근거와 사유를 알려야 한다.

56 고정형 영상정보처리기기 설치·운영 시 안내판에 1. 설치 목적 및 장소 2. 촬영 범위 및 시간 3. 관리책임자의 연락처 4. 위탁받은 자의 명칭 및 연락처를 포함하여야 한다.

(O, X)

57 전자적 전송매체를 이용하여 영리목적의 광고성 정보를 전송하는 경우 수신자의 명시적인 사전 동의를 받아야 하며, 1년마다 정기적으로 수신자의 수신동의 여부를 확인하여야 한다.

(O, X)

해설

전자적 전송매체를 이용하여 영리목적의 광고성 정보를 전송하는 경우 수신자의 명시적인 사전 동의를 받아야 하며, 2년마다 정기적으로 수신자의 수신동의 여부를 확인하여야 한다.

★ 정답 ★	45 ×	46 ○	47 ○	48 ×	49 ×	50 ×	51 ○	52 ×	53 ×	54 ○	55 ×	56 ○	57 ×

58 개인정보파일 등록 또는 변경 신청을 받은 공공기관의 개인정보보호책임자는 등록·변경 사항을 검토하고 그 적정성을 판단한 후 개인정보보호위원회에 60일 이내에 등록하여야 한다.

(O, X)

59 개인정보를 가명처리하여 이용·제공 시 추가 정보의 사용·결합 없이 개인을 알아볼 수 없도록 적절한 방법으로 가명처리를 수행하여야 하며, 다른 개인정보처리자 간 가명정보 결합은 개인정보보호위원회 또는 관계 중앙행정기관의 장이 지정한 결합전문기관을 통하여야 한다.

(O, X)

60 공공기관이 개인정보를 목적 외의 용도로 이용하거나 이를 제3자에게 제공하는 경우 그 이용 또는 제공의 법적 근거, 목적 및 범위 등에 관하여 필요한 사항을 관보 또는 인터넷 홈페이지 등에 게재하여야 하는 경우 목적 외 이용·제공한 날로부터 30일이내, 인터넷 홈페이지에 게재하는 경우 10일 이상 게재하여야 한다.

(O, X)

61 개인정보 처리업무를 제3자에게 위탁하는 경우 인터넷 홈페이지 등에 개인정보 파일과 수탁자를 현행화하여 정보주체가 언제든지 쉽게 확인할 수 있도록 지속적으로 공개하여야 한다.

(O, X)

해설

개인정보 처리업무를 제3자에게 위탁하는 경우 인터넷 홈페이지 등에 위탁하는 업무의 내용과 수탁자를 현행화하여 정보주체가 언제든지 쉽게 확인할 수 있도록 지속적으로 공개하여야 한다.

62 영업양수자 등은 법적 통지 요건에 해당될 경우 반드시 개인정보를 이전받은 사실 등 필요한 사항을 정보주체에게 지체없이 알려야 한다.

(O, X)

해설

영업양수자 등은 법적 통지 요건에 해당될 경우 양도자가 이전 사실을 정보주체(이용자)에게 알린 경우 양수자는 추가로 알리지 않아도 된다.

63 개인정보 파기방법으로 완전파괴(파쇄, 용해, 소각), 전자 소자장비 이용(디가우저), 소프트웨어적 파기(로우레벨 포맷, 와이핑)이 있다.

(O, X)

64 개인정보의 처리 목적의 달성, 해당 서비스의 폐지, 사업의 종료, 법령에 따른 보존기간 경과 등 그 개인정보가 불필요하게 되었을 때에는 정당한 사유가 없는 한 그로부터 5일 이내에 그 개인정보를 파기하여야 한다.

(O, X)

65 개인정보의 처리 목적 등 필요한 사항을 모두 포함하여 '개인정보 처리방침'이라는 표준화된 명칭을 반드시 사용하여야 한다.

(O, X)

66 정보통신망을 통하여 일반에게 공개를 목적으로 제공된 정보로 사생활 침해나 명예훼손 등 타인의 권리가 침해된 경우, 침해를 받은 자는 해당 정보를 처리한 정보통신서비스 제공자에게 침해사실을 소명하여 그 정보의 삭제 또는 반박 내용의 게재를 요청할 수 있어야 한다.

(O, X)

67 전년도 말 기준 직전 3개월간 일일평균 5만명 이상의 정보주체에 관하여 민감정보 또는 고유식별정보를 처리하거나 10만 명 이상의 정보주체에 관하여 개인정보를 처리하는 자는 개인정보 이용내역을 주기적으로 정보주체(이용자)에게 통지하고 그 기록을 유지하여야 한다.

(O, X)

해설

전년도 말 기준 직전 3개월간 일일평균 5만명 이상의 정보주체에 관하여 민감정보 또는 고유식별정보를 처리하거나 100만 명 이상의 정보주체에 관하여 개인정보를 처리하는 자는 개인정보 이용내역을 주기적으로 정보주체(이용자)에게 통지하고 그 기록을 유지하여야 한다.

★ 정답 ★	58 ○	59 ○	60 ○	61 ×	62 ×	63 ○	64 ○	65 ○	66 ○	67 ×

PART 2 실전 문제

1 개인정보의 보호조치 중 인터넷망 차단 조치에 관한 설명 중 옳은 것은 모두 고르시오. (2개)

① 전년도 말 기준 직전 3개월간 그 개인정보가 저장·관리되고있는 이용자 수가 일일평균 100만 명 이상인 정보통신서비스 제공자가 해당한다.

② 물리적 방식은 업무망과 인터넷망을 물리적으로 분리할 뿐만 아니라 각 망에 접속하는 컴퓨터도 물리적으로 분리하여 망간 접근경로를 차단하는 방식을 말한다.

③ 논리적 방식에는 CBC 방식, SBC 방식, 망 전환장치 방식 등이 있다.

④ 인터넷망 차단조치 의무대상자가 인터넷망 차단조치 방식이 미흡하게 구현한 경우 ISMS-P 인증기준에서 2.6.1 네트워크 접근 결함을 줄 수 있다.

⑤ 개인정보처리시스템에서 개인정보를 다운로드 또는 파기할 수 있거나 개인정보처리시스템에 대한 접근권한을 설정할 수 있는 개인정보취급자의 컴퓨터는 인터넷망 차단조치 대상에 해당한다.

해설

① 개인정보처리자
③ 망전환장치 제외
④ 2.6.7 인터넷 접속 통제

2 신청기관인 정보통신서비스 제공자인 공공기관이 자율적으로 ISMS-P 인증을 신청하여 심사를 받고 있다. 다음 인증기준 항목 중 개인정보 처리단계별 요구사항에 대한 설명 중 틀린 것을 모두 고르시오. (2개)

① 회원 가입 시에는 온라인을 통해 쉽게 회원 가입이 가능하였으나, 회원 탈퇴 시에는 신분증 등 추가 서류를 제출하게 하거나 오프라인 방문을 통해서만 가능하도록 하는 경우 3.1.7 마케팅 목적의 개인정보 수집·이용 결함이다.

② 공공기관이 학력·기능 및 채용에 관한 시험, 자격 심사에 관한 업무를 수행하는 경우 정보주체의 열람요구를 제한·거절할 수 있는 사유가 될 수 있다.

③ 개인정보처리시스템의 화면 상에서는 개인정보가 마스킹되어 표시되어 있으나, 웹브라우저 소스보기를 통해 마스킹되지 않은 전체 개인정보가 노출되는 경우 2.6.3 응용프로그램 접근 결함이다.

★ 정답 ★	1 ②, ⑤	2 ①, ④

④ 정보통신서비스 제공자의 스마트폰 앱에서 스마트폰 내 저장되어 있는 정보 및 설치된 기능에 접근하면서 접근권한에 대한 고지 및 동의를 받지 않고 있는 경우 2.4.7 업무환경 보안 결함이다.

⑤ 전년도 말 기준 직전 3개월간 70만명의 정보주체에 관하여 개인정보를 처리한 기업은 개인정보 이용내역 통지의 예외가 될 수 있다.

해설

① 3.5.2 정보주체 권리보장
④ 3.2.4 이용자 단말기 접근 보호

3 **다음 중 개인정보 손해배상 책임보험에 대한 설명 중 틀린 것을 모두 고르시오. (2개)**

① 전기통신역무를 이용하여 이용자와 정보통신서비스 이용관계를 맺고 있고 그 서비스가 영리를 목적으로 한다 하더라도, 대학교 및 병원의 경우 손해배상 책임보험(공제)의 가입 또는 준비금 적립은 임의적(자율적)으로 할 수 있다.

② 전년도 말 기준 직전 3개월간 그 개인정보가 저장·관리되고 있는 정보주체의 수가 일일평균 1만명 이상일 것으로 개인정보처리자의 업무수행을 위해 그에 소속된 임직원에 해당하는 정보주체 수는 제외된다.

③ 대상이 되는 개인정보처리자의 매출액 기준은 전년도의 매출액이 10억 이상인 경우이다.

④ 공공기관은 손해배상책임의 이행을 위한 보험 또는 공제에 가입하거나 준비금을 적립하지 않아도 된다.

⑤ 신용정보법에 따른 의무보험(공제)에 가입했거나 준비금을 적립한 경우에는 손해배상의 책임 의무를 충족할 때 동 규정을 준수한 것으로 볼 수 있다.

해설

① 대학교, 병원도 영리목적이라면 손해배상 책임보험 대상이 됨
④ 공공기관의 경우 원칙적으로는 의무적용을 면제함. 다만 CPO 지정 시 자격요건 의무 대상인 공공기관은 면제 대상이 아님

★ 정답 ★	3 ①, ④

4 **ISMS-P 인증심사를 받고 있는 신청기관이 있다. 다음 보기에 해당하는 결함에 대한 인증 기준 선택이 옳은 것을 모두 고르시오. (2개)**

① 외부 보안관제 전문업체 등 유관기관에 침해사고 탐지 및 대응을 위탁하여 운영하고 있으나 침해사고 대응에 대한 상호 간 관련 역할 및 책임 범위가 계약서나 SLA에 명확하게 정의되지 않은 경우 2.3.2 외부자 계약 시 보안 결함이다.

② 외부직원이 유지보수하고 있는 정보시스템의 운영계정을 계정 공유 타당성 검토하고 책임자의 승인을 받고 사용하고 있는 경우 2.5.2 사용자 식별 결함이다.

③ 개인정보처리시스템 로그인 실패 시 해당 아이디가 존재하지 않거나 비밀번호가 틀림을 자세히 표시해 주고 있으며, 로그인 실패 횟수에 대한 제한이 없는 경우 2.5.3 사용자 인증 결함이다.

④ 중계과정에서의 암호 해제 구간 또는 취약한 암호화 알고리즘(DES, 3DES) 사용 등에 대한 보안성 검토, 보안표준 및 조치방안 수립 등에 대한 협의가 이행되고 있지 않은 경우 2.10.5 정보전송 보안 결함이다.

⑤ 정보통신망에서 명예훼손으로 본인의 권리를 침해받은 경우 정보통신서비스 제공자에게 정보의 삭제 요청을 하려고 하는데 절차를 마련되지 않은 경우 3.5.1 개인정보처리방침 공개 결함이다.

해설

① 2.11.1 사고예방 및 대응체계 구축
② 2.5.2 사용자 식별결함일 수 있으나 해당 내용만으론 결함으로 판단하기 힘들다.(타당성검토, 책임자 승인)
⑤ 3.5.2 정보주체 권리보장

5 **다음 ISMS-P 인증제도에 대한 설명 중 옳은 것을 모두 고르시오. (2개)**

① 인증의무대상 기업은 ISMS-P 인증을 받으면 ISMS 인증을 받지 않아도 된다.

② ISMS와 PIMS 인증을 모두 유지하고 있으며 인증범위는 서로 다른 상황에서 ISMS-P 인증을 취득하려면 전체 서비스를 개인정보 흐름을 포함하여 ISMS-P 인증을 받아야 한다.

③ 자율적으로 ISMS-P 를 받으려는 신청기관은 대외 웹서비스를 포함하여야 한다.

④ 인증기준 중 국외이전과 관련한 사항이 없을 경우 관련 정책이나 지침을 생략해도 된다.

⑤ KISA의 클라우드 보안 인증을 준수하면 ISMS 의 클라우드 보안 항목은 준수한 것으로 볼 수 있다.

해설

② 혼합인증, 인증범위별 구분하여 인증받을 수도 있다.
③ 자율인증의 경우 대외 웹서비스를 반드시 포함하지 않아도 된다.
⑤ 클라우드인증제도는 ISMS-P 인증과 무관하다.

★ 정답 ★	4 ③, ④	5 ①, ④

6 **다음 중 주민등록번호와 관련한 결함 중 3.1.3 주민등록번호 처리 제한 결함과 가장 관련이 적은 것을 모두 고르시오. (2개)**

① 주민등록번호를 회사의 업무망의 내부 서버존에 암호화하지 않고 저장하고 있는 경우
② 민간기업에서 채용전형 진행단계에서 입사지원자의 주민등록번호를 수집한 경우
③ 주민등록번호 수집 법정주의 이전에 저장하고 있던 주민등록번호를 법적 근거가 없음에도 파기하지 않고 보관하고 있는 경우
④ 주민등록번호 수집의 법적근거가 있는 개인정보처리자가 회원가입 단계에서 주민등록번호 입력 대체수단을 제공하지 않는 경우
⑤ 주민등록번호가 외부에 유출되었으나 관계기관에 72시간 이내에 신고 절차를 이행하지 않은 경우

해설

① 2.7.1 암호정책적용 결함
⑤ 2.11.5 사고대응 및 복구 결함 해당

7 **다음 보기 안에 설명에 해당하는 위험처리 전략으로 옳은 것은?**

ㄱ. 회사 홍보용 인터넷 홈페이지에서는 회원 관리에 따른 리스크가 크므로 회원 가입을 받지 않는 것으로 변경하고 기존 회원정보는 모두 파기한다.
ㄴ. 중요정보 및 개인정보 유출 시 손해배상 소송 등에 따른 비용 손실을 줄이기 위하여 관련 보험에 가입한다.
ㄷ. 패스워드 도용의 위험을 줄이기 위하여 개인정보처리시스템의 로그인 패스워드 복잡도와 길이를 3가지 문자조합 및 8글자 이상으로 강제 설정되도록 패스워드 설정 모듈을 개발하여 적용한다.
ㄹ. 유지보수 등 협력업체, 개인정보 처리 수탁자 중 당사에서 직접 관리·감독할 수 없는 PG사, 본인확인기관 등과 같은 대형 수탁자에 대하여는 해당 수탁자가 법령에 의한 정부감독을 받거나 정부로부터 보안인증을 획득한 경우에는 개인정보보호법에 따른 문서체결 이외의 별도 관리·감독은 생략할 수 있도록 한다.

① ㄱ : 위험 수용
② ㄴ : 위험 감소
③ ㄷ : 위험 전가
④ ㄹ : 위험 회피
⑤ ㄹ : 위험 수용

해설

ㄱ. 위험회피 ㄴ. 위험전가 ㄷ. 위험감소 ㄹ. 위험수용

★ 정답 ★	6 ①, ⑤	7 ⑤

8 ISMS 인증심사 일부 생략의 범위가 아닌 것은?

① 2.1 정책, 조직, 자산 관리

② 2.3 외부자 보안

③ 2.4 물리 보안

④ 2.9 시스템 및 서비스 운영관리

⑤ 2.12 재해복구

해설

ISMS 인증에서 보호대책 체계 수립 및 운영에 관련한 부분(주로 정책, 물리적 보안 관련 부분)은 변경 가능성이 낮으므로 ISO 27001, 주요정보통신시설 취약점 점검 시 일부 생략 대상이 되고, 시스템 설정에 관한 부분(주로 시스템 관련 부분)은 변경 가능성이 높으므로 일부 생략 대상에 포함되지 않는다.

9 다음 개인정보 침해 상황과 관련된 인증기준을 고르시오.

[침해 상황]

가. 가상통화취급업소에 회원가입 후 개인적인 사정이 생겨 회원탈퇴를 하려고 하는데 회원 가입 시에 요구하지 않았던 신분증 사진과 신분증을 들고 얼굴이 보이는 사진을 요구합니다.

나. 온라인 티켓 예매 사이트에서 불법 예매가 의심되니 신분증과 아이디, 전화번호, 주소 등의 개인정보를 소명하고 그렇지 않으면 티켓 예매를 취소할 수밖에 없다는 문자를 받았습니다.

다. 기업 개인정보보호 담당자인데 경찰로부터 우리 회사 고객 개인정보가 해킹 당해 조사 중이라는 연락을 받았는데 어떻게 해야 할지 모르겠습니다.

① 가. 3.2.1 개인정보 현황관리 / 나. 3.1.1 개인정보 수집 제한 / 다. 2.11.1 사고 예방 및 대응체계 구축

② 가. 3.2.2 개인정보 품질보장 / 나. 3.1.2 개인정보의 수집 동의 / 다. 2.11.1 사고 예방 및 대응체계 구축

③ 가. 3.2.2 개인정보 품질보장 / 나. 3.1.3 주민등록 처리제한 / 다. 2.11.4 사고 대응 훈련 및 개선

④ 가. 3.5.2 정보주체 권리보장 / 나. 3.1.4 민감정보 및 고유식별정보의 처리 제한 / 다. 3.2.5 개인정보 목적 외 이용 및 제공

⑤ 가. 3.5.2 정보주체 권리보장 / 나. 3.1.3 주민등록 처리제한 / 다. 2.11.4 사고 대응 훈련 및 개선

해설

가. 는 회원 가입보다 탈퇴가 어려운 문제로 3.5.2 정보주체 권리보장 결함
나. 는 신분증에 주민등록번호가 수집된 문제로 3.1.3 주민등록 처리제한 결함
다. 는 2.11.1 사고 예방 및 대응체계 구축과 2.11.4 사고대응 훈련 및 개선 결함 후보
현재 정보로는 모두 가능하며, 세부적으로 체계가 미구축인지 훈련을 안 한 건지 알 수가 없다.

★ 정답 ★	8 ④	9 ⑤

10 **정보주체 권리보장에 관한 설명 중 틀린 것을 모두 고르시오. (2개)**

① 개인정보 열람, 정정·삭제 및 처리정지에 대한 일부 절차만 수립하고 있거나, 일부 절차만 실시하고 있는 경우 3.5.2 정보주체 권리보장 결함에 해당한다.

② 정보주체의 개인정보 열람, 정정·삭제 및 처리정지에 대한 처리 절차를 수립하여야 하며 관련된 신청 양식을 만들고 신청을 처리한 내역을 기록하고 관리하여야 한다.

③ 열람에는 사본의 교부를 포함한다.

④ 정보주체가 직접 제공한 개인정보 이외에 제3자 또는 공개된 소스로부터 수집한 개인정보는 열람 요구 대상 정보에 포함되나, 개인정보처리자가 생산한 개인정보(신용평가, 인사평가, 거래내역, 진료기록 등)는 서비스제공 등의 과정에서 자동적으로 생성된 개인정보(수발신 내역, 입출기록, 쿠키, 로그기록 등)는 열람요구의 대상이 되지 않는다.

⑤ 개인정보 열람, 정정 및 삭제 처리에 대한 정보주체의 요구에 대하여, 정당한 사유가 없는 한 7일 이내에 열람, 정정 및 삭제에 대한 처리결과를 정보주체에게 알려야 한다.

해설

④ 정보주체로부터 수집한 정보를 포함하여 서비스제공과정에서 생산된 개인정보도 열람 요구가 가능하다.
⑤ 정당한 사유가 없는 경우 정보주체의 요구가 있은 날로부터 10일 이내 조치해야 한다.

11 **정보주체 이외로부터 수집한 개인정보 출처 고지 의무에 관한 설명 중 옳은 것을 모두 고르시오. (2개)**

① 정보주체 이외로부터 수집한 개인정보를 처리하는 때에는 정보주체의 요구가 있으면 즉시 개인정보의 수집 출처, 개인정보의 처리 목적, 개인정보 처리의 정지를 요구하거나 동의를 철회할 권리가 있다는 사실 등을 알려야 한다.

② 정당한 사유가 없는 한 정보주체의 요구가 있은 날로부터 10일 이내에 관련 사항을 정보 주체에게 알려야 한다.

③ 대량의 개인정보처리자인 경우 정보주체의 제3자 제공 동의에 근거하여 개인정보를 제공받아 처리하는 때에는 정보주체의 요구가 없더라도 제공받은 후 3개월 이내에 정보주체에게 알려야 한다.

④ 대량의 개인정보처리자는 15만 명 이상의 정보주체에 관하여 민감정보 또는 고유식별정보를 처리하는 자 또는 250만 명 이상의 정보주체에 관하여 개인정보를 처리하는 자에 해당한다.

⑤ 정보주체 이외로부터 수집한 개인정보 출처 고지 의무를 다하지 않은 경우 3.5.2 정보주체 권리보장 결함에 해당한다.

해설

② 정당한 사유가 없는 한 3일 이내 알려야 한다. ④ 15만 명 → 5만 명, 250만 명 → 100만 명, ⑤ 3.1.5 개인정보 간접수집

★ 정답 ★	10 ④, ⑤	11 ①, ③

12 개인정보 처리방침 수립 및 등록에 관한 설명 중 옳은 것을 모두 고르시오. (2개)

① 개인정보처리자는 처리하는 개인정보에 대하여 개인정보 처리방침을 정하여 정보주체가 쉽게 확인할 수 있도록 인터넷 홈페이지에 지속적으로 게재하여야 한다. 다만, 인터넷 홈페이지에 게재할 수 없는 경우 개인정보처리자의 사업장 등의 보기 쉬운 장소에 게시하되, 사업장이 없는 경우는 공개를 면제한다.

② 개인정보보호책임자의 변경, 수탁자 변경 등 개인정보 처리방침 공개 내용 중에 변경사항이 발생하였음에도 이를 반영하여 변경하지 않은 경우 3.5.1 개인정보처리방침 공개 결함에 해당한다.

③ 개인정보처리방침은 "개인정보 처리방침"이라는 명칭 사용을 권장하며, 다른 명칭을 사용하더라도, 개인정보보호와 관련하여 정보주체가 용이하게 인지할 수 있어야 한다.

④ 글자 크기, 색상 등을 활용하여 다른 고지사항과 구분함으로써 정보주체가 쉽게 확인할 수 있도록 해야 한다.

⑤ 「신용정보법」에 따른 신용정보활용체제를 홈페이지에 게시할 경우 개인정보 처리방침은 게시하지 않아도 된다.

해설

① 사업장외에도 관보, 신문, 계약서 등에 실어 공개하여야 한다.
③ "개인정보 처리방침"이라는 명칭을 사용해야 한다.
⑤ 신용정보활용체제와 개인정보처리방침 두 개 다 게시해야 된다.

13 비밀번호 관리에 관한 설명 중 틀린 것을 모두 고르시오. (2개)

① 개인정보처리자는 개인정보취급자 또는 정보주체가 안전한 비밀번호를 설정하여 이행할 수 있도록 비밀번호 작성규칙을 수립하고 이를 개인정보처리시스템, 접근통제시스템, 인터넷 홈페이지 등에 적용하여야 한다.

② 비밀번호 유효기간을 설정하고 적어도 3개월마다 변경함으로써 동일한 비밀 번호를 장기간 사용하지 않도록 하는 것은 안전한 비밀번호 관리 방법이 될 수 있다.

③ 비밀번호 작성 규칙에 관한 종전 기준이 삭제되었으므로, 비밀번호 작성규칙을 개인정보처리자가 임의로 정하여도 된다.

④ 개인정보취급자, 정보주체의 비밀번호는 구성하는 문자의 종류에 따라 최소 10자리 또는 8자리 이상의 길이로 반드시 구성하여야 한다.

⑤ 개인정보처리시스템의 데이터베이스(DB)에 접속하는 DB관리자의 비밀번호는 복잡하게 구성하고 변경 주기를 짧게 하는 등 강화된 안전조치를 적용할 필요가 있다.

★ 정답 ★	12 ②, ④	13 ③, ④

해설

③ 개인정보취급자의 비밀번호 작성규칙에 관한 종전 기준은 삭제되었으므로, 개인정보를 처리하는 방법 및 환경 등을 고려하여 정당한 접속권한을 가지지 않은 자가 추측하거나 접속을 시도하기 어렵게 비밀번호 작성규칙을 수립하여 운영하여야 한다.

④ 개인정보처리자는 개인정보를 처리하는 방법 및 환경 등을 고려하여 안전한 비밀번호 작성 규칙을 수립하여 운영하면 된다.

14 **개인정보의 암호화 조치에 대한 설명 중 적절하지 않은 것을 모두 고르시오. (2개)**

① 고유식별정보(주민등록번호 제외)를 인터넷 구간 및 인터넷 구간과 내부망의 중간지점(DMZ)에 저장하는 경우에는 이를 암호화하여야 한다.

② 주민등록번호 및 생체인식정보는 내부망을 제외하고, 외부인터넷망과 DMZ 영역에 저장할 시 암호화하여 저장하여야 한다.

③ 업무용 컴퓨터, 모바일 기기에 고유식별정보, 비밀번호, 생체인식정보를 저장하는 경우 상용 암호화소프트웨어 또는 안전한 암호화 알고리즘을 사용하여 암호화 저장하여야 한다.

④ 솔트란 해시 함수를 사용하여 변환 가능한 모든 해시 값을 저장시켜 놓은 표를 말하며, 일반적으로 해시 함수를 이용하여 저장된 비밀번호로부터 원래의 비밀번호를 추출해 내는데 사용된다.

⑤ 주민등록번호에 대해서는 시스템 성능 등의 사유로 전체 암호화가 어려운 경우에는 주민등록번호의 일부분만 암호화하는 부분암호화를 적용할 수 있고, 이 경우 주민등록번호 뒤 6자리는 반드시 암호화될 수 있도록 하여야 한다.

해설

② 주민등록번호는 내부망도 암호화하여야 한다. 단, 이용자가 아닌 정보주체의 개인정보인 경우에는 주민등록번호를 제외한 고유식별정보는 위험도평가, 영향평가결과에 따라 암호화 없이 저장이 가능하다.

④ 레인보우테이블에 대한 설명이다.

★ 정답 ★	14 ②, ④

15 **ㅁㅁ인터넷 쇼핑몰에 대해 ISMS-P 인증심사를 수행하고 있다. 1.1 관리체계 기반마련의 세부인증기준 중 심사원이 결함으로 판단한 내용으로 잘못된 것을 고르시오.**

① 정보보호 및 개인정보보호 정책서에 분기별로 정보보호 및 개인정보보호 현황을 경영진에게 보고하도록 명시하였으나, 1년 이상 보고를 수행하지 않아 1.1.1 경영진의 참여 결함으로 판단하였다.

② 중요 정보보호 활동을 수행하면서 관련 활동관련 보고, 승인 등 의사결정에 경영진 또는 경영진의 권한을 위임받은 자가 참여하지 않아 1.1.1 경영진의 참여 결함으로 판단하였다.

③ 중요 정보보호 활동을 수행 활동 보고, 승인 등 의사결정에 경영진 또는 경영진의 권한을 위임받은 자가 참여하였으나 관련 증거자료가 확인되지 않아 1.1.1 경영진의 참여 결함으로 판단하였다.

④ 조직도상에 정보보호 최고책임자 및 개인정보보호책임자를 명시하고 있으나 인사발령 등의 공식적인 지정절차를 거치지 않아 1.1.2 최고책임자의 지정 결함으로 판단하였다.

⑤ ISMS 인증 의무대상자이면서 전년도 말 기준 자산총액이 3천억 원인 정보통신서비스 제공자이며, 정보보호 최고책임자가 CIO를 겸직하고 있어 1.1.2 최고책임자의 지정 결함으로 판단하였다.

해설

ISMS 인증 의무대상 중 자산총액이 5천억 원 이상인 정보통신서비스 제공자가 CISO 겸직제한 기준이다.

16 **개인정보를 안전하게 파기할 수 있는 방법 중 비교적 적절한 조치를 모두 고르시오. (2개)**

① 개인정보가 저장된 회원가입신청서 등의 종이문서를 소각장, 소각로에서 태워서 파기하였다.

② 디가우저(Degausser)를 이용해 하드디스크나 자기테이프에 저장된 개인정보 삭제하였다.

③ 개인정보가 저장된 하드디스크에 대해 2회 완전포맷하였다.

④ 개인정보가 저장된 드라이브를 안전한 알고리즘 및 키 길이로 암호화 저장 후 삭제하고 암호화에 사용된 키를 안전한 곳에 보관하였다.

⑤ 개인정보처리자는 복원이 현재, 미래의 기술수준으로라도 절대로 복원 불가능한 방법으로 개인정보를 파기하여야 한다.

해설

③ 3회 이상 권고한다.
④ 키는 폐기하여야 한다.
⑤ 미래 기술수준까지 고려할 필요는 없다.

★ 정답 ★	15 ⑤	16 ①, ②

17 **개인정보의 암호화 조치 시 안전한 암호 알고리즘이 아닌 것을 모두 고르시오. (2개)**

① ARIA-128/192/256

② Blowfish, Camelia-128/192/256

③ 3DES

④ RSA 2048 bit

⑤ SHA-256/384/512

해설

안전한 암호 알고리즘(국내)
대칭키: seed, aria, lea, hight 128bit이상
비대칭키: rsa 2048bit이상
해시: sha 224이상

18 **OO게임사에 대해 ISMS 인증심사를 수행하고 있다. 1.1 관리체계 기반 마련 인증기준 중 심사원이 결함으로 판단한 내용으로 잘못된 것을 고르시오.**

① 정보보호 및 개인정보보호를 위한 인력, 예산 등의 자원을 할당할 수 있도록 책임자의 역할이 규정되어 있지 않아 1.1.2 최고책임자의 지정 결함으로 판단하였다.

② 임원급이 아닌 자가 정보보호 또는 개인정보보호 최고책임자로 명목상 지정되어 있으나, 정보보호 또는 개인정보보호 관련 의사결정 및 최종 승인을 상위 부서장에게 받지 않고 있어 1.1.2 최고책임자의 지정 결함으로 판단하였다.

③ 정보보호 최고 책임자가 시행령에서 명시한 학위, 정보보호 또는 정보기술 분야의 업무 경력, 자격요건을 만족하지 않고 있어 1.1.2 최고책임자의 지정 결함으로 판단하였다.

④ 개인정보보호법을 적용받는 민간기업이 개인정보 처리업무 관련 임원을 개인정보보호 책임자로 지정하고 있어 1.1.2 최고책임자의 지정 결함으로 판단하였다.

⑤ 정보통신망법에 따른 정보보호 최고책임자 지정 및 신고 의무 대상자임에도 불구하고 정보보호 최고책임자를 지정 및 신고하지 않아 1.1.2 최고책임자의 지정 결함으로 판단하였다.

해설

민간기업은 5인 미만의 소상공인의 경우 별도로 지정하지 않으면 사업주 또는 대표자가 개인정보보호책임자이며, 기업은 개인정보보호책임자를 사업주 또는 대표자, 임원으로 지정하면 되며, 임원이 없을 경우 개인정보 처리 관련 업무를 담당하는 부서의 장으로 지정할 수 있다. 단, ①개인정보 관련 처리 업무를 담당하고 ②의사결정을 할 수 있는 권한이 있는 자로 지정해야 한다.

★ 정답 ★	17 ②, ③	18 ④

19 **△△PG사에 대해 ISMS 인증심사를 수행하고 있다. 1.1 관리체계 기반 마련 인증기준 중 심사원이 결함으로 판단한 내용으로 잘못된 것을 고르시오.**

① 정보보호 및 개인정보보호 위원회를 구성하였으나, 조직의 중요 정보 및 개인정보보호에 관한 의사 결정 또는 의사결정을 지원할 수 있는 역할과 책임을 지닌 자로 구성되어 있지 않아. 1.1.3 조직구성 결함으로 판단하였다.

② 정보보호 및 개인정보보호위원회를 구성하였으나, 임원 등 경영진이 포함되어 있지 않고 실무부서의 장으로 구성되어 있어 조직의 중요 정보 및 개인정보보호에 관한 사항을 결정할 수 없어 1.1.3 조직구성 결함으로 판단하였다.

③ 인프라 운영/개발 조직 내 정보보호 조직이 편입되어 있지만 운영과 개발에 관련하여 정보보호 활동을 독립적으로 수행할 수 있는 보완통제(직무분리, 독립성 보장 등)가 존재하지 않아 1.1.3 조직구성 결함으로 판단하였다.

④ 내부 지침에는 부서별 정보보호 담당자는 정보보호와 관련된 KPI를 설정하여 인사평가시 반영하도록 되어 있으나, 부서별 정보보호 담당자의 KPI에 정보보호와 관련된 사항이 전혀 반영되어 있지 않아 1.1.3 조직구성 결함으로 판단하였다.

⑤ 마케팅 또는 IT 서비스 운영 그룹 내에서 (개인)정보보호 조직이 존재하며, 보안성 검토 등 부서간 결재/인가 절차 준수를 요구하기 어려워 (개인)정보보호 활동에 제약이 발생되고 있어 1.1.3 조직구성 결함으로 판단하였다.

해설

2.1.2 조직의 유지관리 결함이다.

20 **인증의무 대상인 ☆☆상급종합병원에 대해 ISMS-P 인증심사를 수행하고 있다. 1.1 관리체계 기반 마련 인증기준 중 심사원이 결함으로 판단한 내용으로 잘못된 것을 고르시오.**

① 의무대상인 ☆☆종합병원의 경우 조직의 핵심 서비스 및 개인정보 처리에 영향을 줄 수 있는 인터넷 서비스, 정보시스템, 개인정보처리시스템, 단말기 등이 인증범위에서 식별되지 않고 누락되어 있어 1.1.4 범위설정 결함으로 판단하였다.

② 정보시스템 및 개인정보처리시스템 개발업무에 관련한 개발 및 시험 시스템, 외주업체 직원, PC, 테스트용 단말기 등이 관리체계 범위에서 누락되어 있어 1.1.4 범위설정 결함으로 판단하였다.

③ 정보통신망법에 따른 정보보호 관리체계 의무대상자 임에도 불구하고 인터넷에 공개되어 있는 일부 웹사이트가 관리체계 범위에서 누락되어 있어 1.1.4 범위설정 결함으로 판단하였다.

★ 정답 ★	19 ④	20 ⑤

④ 정보보호 및 개인정보보호 관리체계 범위로 설정된 서비스 또는 사업에 대하여 중요 의사 결정자 역할을 수행하고 있는 임직원, 사업부서 등의 핵심 조직(인력)을 인증범위에 포함하지 않아 결함으로 판단하였다.

⑤ 내부 지침에 명시된 정보자산 및 개인정보 보안등급 분류 기준과 자산관리 대장의 분류 기준이 일치하지 않아 1.1.4 범위설정 결함으로 판단하였다.

해설

1.2.1 정보자산 식별 결함이다.

21 코인투 가상자산거래소에 대해 ISMS 인증심사를 수행하고 있다. 1.1 관리체계 기반 마련 인증기준 중 심사원이 결함으로 판단한 내용으로 잘못된 것을 고르시오.

① 핫/콜드월렛 관련 주요 작업 지침 및 절차는 비밀로 관리하지 않아 1.1.5 정책 수립 결함으로 판단하였다.

② 정보보호 및 개인정보보호 정책 및 지침서를 보안부서에서만 관리하고 있고, 임직원이 열람할 수 있도록 게시판, 문서 등의 방법으로 제공하지 않고 있어 1.1.5 정책 수립 결함으로 판단하였다.

③ 내부 규정에 따르면 정보보호 및 개인정보보호 정책서 제·개정 시에는 정보보호 및 개인정보보호 위원회의 의결을 거치도록 하고 있으나, 최근 정책 개정 시 위원회에 안건으로 상정하지 않고 정보보호 최고책임자 및 개인정보보호책임자의 승인을 근거로만 개정하여 1.1.5 정책 수립 결함으로 판단하였다.

④ CISO가 정보보안점검의 날을 지정하고, 정보보안 점검항목을 수립하여 매분기 준수여부 점검 및 그 결과를 최고경영자에게 보고하지 않고 있어 1.1.5 정책 수립 결함으로 판단하였다.

⑤ 가상자산 거래 서비스를 안전하게 제공/관리하기 위하여 취급업소의 주요 자산분류 및 작업에 대한 보안요구사항이 정책, 매뉴얼, 지침 등에 포함되어 있지 않아 1.1.5 정책 수립 결함으로 판단하였다.

해설

1.4.2 관리체계 점검 결함이다.

★ 정답 ★	21 ④

22 **☆☆게임사에 대해 ISMS 인증심사를 수행하고 있다. 1.1 관리체계 기반 마련 인증기준 중 심사원이 결함으로 판단한 내용으로 잘못된 것을 고르시오.**

① 여러 사업본부별로 개인정보보호 책임자가 각각 존재하고 있으나, 개인정보보호 활동(정책, 법적 준거성, 내부 감사 등)이 본부별로 일치되지 않게 운영되고 있어 1.1.6 자원할당 결함으로 판단하였다.

② 정보보호 및 개인정보보호 조직 내 구성 인력이 책임과 역할을 수행할 수 있는 지식, 경험 등이 부족하여 정보보호 및 개인정보보호 관리체계 수립 및 운영하는데 어려움이 있음을 인지하여 전문교육 수행, 전문 인력 확보 등 보완통제를 수행하고 있으나 1.1.6 자원할당 결함으로 판단하였다.

③ 인증을 취득한 이후에 인력과 예산 지원을 대폭 줄이고 기존 인력을 타부서로 배치하거나 일부 예산을 다른 용도로 사용하고 있어 1.1.6 자원할당 결함으로 판단하였다.

④ 정보보호 및 개인정보보호 조직을 구성하는데, 분야별 전문성을 갖춘 인력이 아닌 정보보호 관련 또는 IT 관련 전문성이 없는 인원으로만 보안인력을 구성하고 있어 1.1.6 자원할당 결함으로 판단하였다.

⑤ 개인정보처리시스템의 기술적, 관리적 보호조치의 요건을 갖추기 위한 보안 솔루션 등의 비용을 최고경영자가 지원하지 않고 법적 위험을 수용하고 있는 것을 확인하여 1.1.6 자원할당 결함으로 판단하였다.

해설

전문교육 수행, 전문 인력 확보 등 보완통제를 수행하고 있으므로 결함이 아니다.

23 **△△게임사에 대해 ISMS-P 인증심사를 수행하고 있다. 1.2 위험관리 인증기준 중 심사원이 결함으로 판단한 내용으로 잘못된 것을 고르시오.**

① 정보보호 및 개인정보보호 관리체계 범위 내의 자산 목록에서 중요정보 취급자 및 개인정보취급자 PC를 통제하는데 사용되는 출력물 보안, 문서암호화, USB매체제어 등의 내부정보 유출통제 시스템이 누락되어 있어 1.2.1 정보자산 식별 결함으로 판단하였다.

② 식별된 정보자산의 사용 용도에 따라 법적 요구사항 및 업무에 미치는 영향 등을 고려하여 중요도 및 보안등급을 부여해야 하나, 일률적으로 동일한 자산으로 판단하여 등급을 부여하고 있어 1.2.1 정보자산 식별 결함으로 판단하였다.

★ 정답 ★	22 ②	23 ⑤

③ 규정에는 모든 문서를 1등급, 2등급, 대외비로 분류하도록 명시하고 있지만 각 등급 분류 기준에 대한 세부적인 내용이 존재하지 않아 1.2.1 정보자산 식별 결함으로 판단하였다.

④ 정보보호 및 개인정보보호 관리체계 범위 내에서 제3자로부터 제공받은 개인정보가 있으나, 해당 개인정보에 대한 자산 식별이 이루어지지 않고 있어 1.2.1 정보자산 식별 결함으로 판단하였다.

⑤ 정보시스템 및 개인정보처리시스템 개발업무에 관련한 개발 및 시험 시스템, 외주업체 직원, PC, 테스트용 단말기 등이 관리체계 범위에서 누락되어 있어 1.2.1 정보자산 식별 결함으로 판단하였다.

해설

1.1.4 범위설정 결함이다.

24 **ㅁㅁ게임사에 대해 ISMS-P 인증심사를 수행하고 있다. 1.2 위험관리 인증기준 중 심사원이 결함으로 판단한 내용으로 잘못된 것을 고르시오.**

① 정보서비스 업무 흐름표, 흐름도가 문서화되지 않아 누락된 업무절차가 식별되어 1.2.2 현황 및 흐름분석 결함으로 판단하였다.

② 정보자산의 변경, 업무 프로세스의 변경, 정보 처리 단계의 변경이 흐름도에 반영되지 않아 1.2.2 현황 및 흐름분석 결함으로 판단하였다.

③ 개인정보 흐름도를 작성하였으나, 실제 개인정보의 흐름과 상이한 부분이 다수 존재하거나 중요한 개인정보 흐름이 누락되어 있어 1.2.2 현황 및 흐름분석 결함으로 판단 하였다.

④ 최초 개인정보 흐름도 작성 이후에 현행화가 이루어지지 않아 변화된 개인정보 흐름이 흐름도에 반영되지 않아 1.2.2 현황 및 흐름분석 결함으로 판단하였다.

⑤ 오프라인을 통하여 수집된 개인정보를 시스템 입력 또는 스캔하여 관리하고 있는 것을 식별하여 1.2.2 현황 및 흐름분석 결함으로 판단하였다.

해설

결함이 아니다. 일반적으로 개인정보를 수집하여 처리하는 형태 중 하나이다.

★ 정답 ★	24 ⑤

25 **ㅁㅁ게임사에 대해 ISMS 인증심사를 수행하고 있다. 1.2 위험관리 인증기준 중 심사원이 결함으로 판단한 내용으로 잘못된 것을 고르시오.**

① 인증 범위 내 자산을 보호하는 보안 솔루션이 자산목록에서 누락되어, 흐름도, 취약점 점검, 애플리케이션 점검 등 관련 위험평가에서 누락되어 있어 1.2.1 정보자산 식별 결함으로 판단하였다.

② 윈도우 XP, 윈도우 7 등 제조사의 지원이 종료되는 운영체제에 대한 위험평가가 시행되지 않아 1.2.3 위험평가 결함으로 판단하였다.

③ 개발 서버실 출입자 대장을 확인한 결과, 개발 업무와 상관없는 외부 업체 직원이 출입하였고, 출입에 대한 사전 승인 또는 출입에 대한 명확한 근거가 없이 출입하고 있는 상황이었으며, 이에 대한 위험평가 항목을 수행하였는지 확인하였으나 수행되지 않아 1.2.3 위험평가 결함으로 판단하였다.

④ 법률상 망분리 의무대상자이나, 이에 대한 법적 준수 여부 및 이에 대한 위험도(영향도) 등은 식별하지 않아 1.2.3 위험평가 결함으로 판단하였다.

⑤ 위험관리 계획에 따라 위험 식별 및 평가를 수행하고 수용 가능한 목표 위험수준을 설정 하였고, 관련 사항을 정보보호 최고책임자에게만 보고하여 승인 받아 1.2.3 위험평가 결함으로 판단하였다.

해설

결함이 아니다. 수용 가능한 목표 위험수준(DoA)를 설정하였고 관련사항을 권한이 있는 책임자(CISO)에게 보고하였다.

26 **ㅁㅁ게임사에 대해 ISMS 인증심사를 수행하고 있다. 1.관리체계 수립 및 운영 인증기준 중 심사원이 결함으로 판단한 내용으로 잘못된 것을 고르시오.**

① 정보보호 및 개인정보보호 대책에 대한 이행계획은 수립하였으나, 정보보호 최고책임자 및 개인정보보호책임자에게 보고가 이루어지지 않아 1.2.4 보호대책 선정 결함으로 판단하였다.

② 정보보호 및 개인정보보호 대책에 대한 이행완료 결과를 정보보호 최고책임자 및 개인정보보호책임자에게 보고하지 않아 1.2.4 보호대책 선정 결함으로 판단하였다.

③ 이행계획 시행에 대한 결과를 정보보호 최고책임자 및 개인정보보호책임자에게 보고하였으나 일부 미이행된 건에 대한 사유 보고 및 후속 조치가 이루어지지 않고 있어 1.3.1 보호대책 구현 결함으로 판단하였다.

★ 정답 ★	25 ⑤	26 ②

④ 전년도 위험평가 결과에 따라 선정된 정보보호대책 중 적용완료 시점이 경과했음에도 불구하고 지연에 대한 보고 또는 관련 의사결정 등의 절차 없이 지연되고 있어 1.3.1 보호대책 구현 결함으로 판단하였다.

⑤ 정보보호대책을 마련하여 구현하고 있으나 관련 내용을 충분히 교육하지 않아 실제 운영 부서 및 담당자가 해당 내용을 인지하지 못하고 있어 1.3.2 보호대책 공유 결함으로 판단하였다.

해설

1.3.1 보호대책 구현 결함이다.

27 ㅁㅁ게임사에 대해 ISMS 인증심사를 수행하고 있다. 1.3 관리체계 운영 인증기준 중 심사원이 결함으로 판단한 내용으로 잘못된 것을 고르시오.

① 정보보호 및 개인정보보호 관리체계 운영현황을 정보시스템으로 구축하여 이력관리하지 않고, 이행 여부를 수기로 관리하여 확인하고 있어 1.3.3 운영현황 관리 결함으로 판단하였다.

② 인증기준 요구사항, 주요직무자와 개인정보취급자의 접속기록 검토, 법적 준거성 검토, 정기 정보보호 및 개인정보보호 위원회 개최, 침해 대응 모의훈련, IT재해복구 모의훈련 등을 문서화하지 않고 있어 1.3.3 운영현황 관리 결함으로 판단하였다.

③ 정보보호 및 개인정보보호 관리체계 운영현황표를 작성하여 운영현황이 주기적으로 이루어지고 있는지 확인하고 있으나 이를 경영진에게 보고하지 않고 있어 1.3.3 운영현황 관리 결함으로 판단하였다.

④ 정보보호 및 개인정보보호 관리체계 운영현황 중 주기적 또는 상시적인 활동이 요구되는 활동 현황을 문서화하지 않고 있어 1.3.3 운영현황 관리 결함으로 판단하였다.

⑤ 정보보호 및 개인정보보호 관리체계 운영현황에 대한 문서화는 이루어졌으나, 해당 운영 현황에 대한 주기적인 검토가 이루어지지 않아 월별 및 분기별 활동이 요구되는 일부 정보보호 및 개인정보보호 활동이 누락되었고 일부는 이행 여부를 확인할 수 없어 1.3.3 운영현황 관리 결함으로 판단하였다.

해설

결함이 아니다. 반드시 정보시스템으로 구축하여 이력관리를 하지 않아도 된다. 수기로 관리하더라도 효과적으로 관리가 되고 있다면 문제가 되지 않는다.

★ 정답 ★	27 ①

28 **ㅁㅁ게임사에 대해 ISMS-P 인증심사를 수행하고 있다. 1.4 관리체계 점검 및 개선 인증기준 중 심사원이 결함으로 판단한 내용으로 잘못된 것을 고르시오.**

① 정보보호 관리체계의 인증 범위 내 시스템 중 관련 법률에 따른 준수 의무가 존재함에도 법령의 요구사항을 준수하지 않고 있어 1.4.1 법적 요구사항 준수 검토 결함으로 판단하였다.

② 신용정보법이 최근 개정되었으나, 신청기관이 신용정보업을 영위하지 않아 개정사항이 조직에 미치는 영향을 검토하지 않고 있어 1.4.1 법적 요구사항 준수 검토 결함으로 판단하였다.

③ 법적 요구사항의 준수 여부를 연 1회 이상 정기적으로 검토하고 있지 않고 있어 1.4.1 법적 요구사항 준수 검토 결함으로 판단하였다.

④ 개인정보보호법에 따라 개인정보 손해배상책임 보장제도 적용 대상이 되었으나, 이를 인지하지 못하여 보험 가입이나 준비금 적립을 하지 않은 경우 또는 보험 가입을 하였으나, 이용자 수 및 매출액에 따른 최저가입금액 기준을 준수하지 못하고 있어 1.4.1 법적 요구사항 준수 검토 결함으로 판단하였다.

⑤ 정보보호 공시 의무대상 사업자이지만 법에 정한 시점 내에 정보보호 공시가 시행되지 않고 있어 1.4.1 법적 요구사항 준수 검토 결함으로 판단하였다.

해설

신청기관이 신용정보업을 영위하지 않으므로 신용정보법 검토는 별도 필요치 않으므로 결함이 아니다.

29 **ΔΔ게임사에 대해 ISMS 인증심사를 수행하고 있다. 1.4 관리체계 점검 및 개선 인증기준 중 심사원이 결함으로 판단한 내용으로 잘못된 것을 고르시오.**

① 관리체계 점검 인력에 점검 대상으로 식별된 전산팀 직원이 포함되어 있어 점검의 독립성이 훼손되고 있으므로 1.4.2 관리체계 점검 결함으로 판단하였다.

② 관리체계 점검팀이 위험평가 또는 취약점 점검 등 관리체계 구축 과정에 참여한 내부 직원 및 외부 컨설턴트로 구성되어 1.4.2 관리체계 점검 결함으로 판단하였다.

③ 관리체계 점검 시 발견된 문제점에 대하여 조치계획을 수립하지 않았거나 조치 완료여부를 확인하지 않아 1.4.2 관리체계 점검 결함으로 판단하였다.

④ 수립된 재발방지 대책을 업무 이해관계자들에게 공유하거나 교육이 이뤄지지 않아 보안 위반사항이 지속되고 있어 1.4.3 관리체계 개선 결함으로 판단하였다.

⑤ 내부점검을 통하여 발견된 정보보호 및 개인정보보호 관리체계 운영상 문제점이 매번 동일하게 반복되어 발생되고 있어 1.4.3 관리체계 개선 결함으로 판단하였다.

해설

1.4.3 관리체계 개선 결함이다.

★ 정답 ★	28 ②	29 ③

30 **△△게임사에 대해 ISMS 인증심사를 수행하고 있다. 2.1 정책, 조직, 자산관리 인증기준 중 심사원이 결함으로 판단한 내용으로 잘못된 것을 고르시오.**

① 지침서와 절차서 간 패스워드 설정 규칙에 일관성이 없어 2.1.1 정책의 유지관리 결함으로 판단하였다.

② 이전 개인정보보호법 개정 이후로 개인정보보호 정책이 개정되지 않고 있어 2.1.1 정책의 유지관리 결함으로 판단하였다.

③ 개인정보보호 관련 법령, 고시 등에 중대한 변경사항이 발생하였으나, 이러한 변경이 개인 정보보호 정책 및 시행문서에 미치는 영향을 검토하지 않았거나 변경사항을 반영하여 개정하지 않고 있어 2.1.1 정책의 유지관리 결함으로 판단하였다.

④ 정보보호 관리체계 인증기준 항목 중 일부 항목에 대한 내용이 지침에 명시되어 있지 않아 2.1.1 정책의 유지관리 결함으로 판단하였다.

⑤ 외주 용역에 대한 지침과 절차서 상에 규정하고 있는 절차 및 서약서의 내용이 서로 상이하여 2.1.1 정책의 유지관리 결함으로 판단하였다.

해설

2.1.1 정책의 유지관리 인증기준의 결함에도 포함이 되지만 root cause로 1.4.1 법적 요구사항 준수 검토 결함이 더 가깝다. 개인 정보보호법 개정 이후 즉시 법적 요구사항 준수 검토를 하여 해당 정책서와 지침을 반영하여야 한다.

31 **△△게임사에 대해 ISMS 인증심사를 수행하고 있다. 2.1 정책, 조직, 자산관리 인증기준 중 심사원이 결함으로 판단한 내용으로 잘못된 것을 고르시오.**

① 정보자산 목록에 기재되어 있는 담당자, 관리자, 책임자 등의 현행화가 미흡하여 최신 담당자 정보가 반영되지 않아 2.1.3 정보자산 관리 결함으로 판단하였다.

② 관리체계 범위 내에서 제3자로부터 제공받은 개인정보가 있으나, 해당 개인정보에 대한 자산 식별이 이루어지지 않고 있어 2.1.3 정보자산 관리 결함으로 판단하였다.

③ 정책(지침, 규정, 절차 등)에 일부 자산(방화벽 정책정보, NW 구성도 등)에 대해 기밀로 분류하도록 규정하고 있으나 실제 자산목록 상 '대외비'로 표시하여 관련기준을 따르지 않고 있어 2.1.3 정보자산 관리 결함으로 판단하였다.

④ 내부 지침에서는 정보자산별 보안등급(기밀, 대외비, 일반 등)을 식별할 수 있게 문서(워터마킹), 서버 등 하드웨어자산(자산번호)등 표시하도록 되어 있으나 업무 문서 출력 시 워터마킹이 출력되지 않고, 신규 도입한 서버에 자산번호 등이 표시되어 있지 않아 2.1.3 정보자산 관리 결함으로 판단하였다.

⑤ 운영 중인 정보자산에 대해 책임자 및 관리자를 지정하고 자산목록에 기록하여야 하나 팀단위별 업무 조정으로 인해 정보자산 현황이 변경되어 책임자 및 담당자가 변경되었음에도 자산목록에 반영되지 않아 2.1.3 정보자산 관리 결함으로 판단하였다.

해설

1.2.1 정보자산 식별 결함이다.

★ 정답 ★	30 ②	31 ②

32 **△△게임사에 대해 ISMS 인증심사를 수행하고 있다. 2.2 인적보안 인증기준 중 심사원이 결함으로 판단한 내용으로 잘못된 것을 고르시오.**

① 주요 직무자 명단 내에 외부 수탁업체 인력은 기재되어 있으나, 내부 업무담당자의 정보가 누락되어 있어 2.2.1 주요 직무자 지정 및 관리 결함으로 판단하였다.

② 주요 직무자 명단 내에 중요 정보를 처리하지 않는 부서의 업무 담당자까지 포함하여 지정되어 있어 2.2.1 주요 직무자 지정 및 관리 결함으로 판단하였다.

③ 부서 단위로 개인정보취급자 권한을 일괄 부여하고 있어 실제 개인정보를 취급할 필요가 없는 인원까지 과다하게 개인정보취급자로 지정되어 있어 2.2.2 직무분리 결함으로 판단하였다.

④ 조직의 규모와 인원이 담당자 별 직무 분리가 충분히 가능한 조직임에도 불구하고 내부 규정으로 정한 직무 분리 기준을 준수하고 있지 않아 2.2.2 직무분리 결함으로 판단하였다.

⑤ 조직의 특성상 경영진의 승인을 득한 후 개발과 운영 직무를 병행하고 있으나, 직무자 간의 상호 검토, 상위관리자의 주기적인 직무수행 모니터링 및 변경 사항 검토 승인, 직무자의 책임추적성 확보 등의 보완통제 절차가 마련되어 있지 않아 2.2.2 직무분리 결함으로 판단하였다.

해설

2.2.1 주요 직무자 지정 및 관리 결함이다.

33 **△△게임사에 대해 ISMS 인증심사를 수행하고 있다. 2.2 인적보안 인증기준 중 심사원이 결함으로 판단한 내용으로 잘못된 것을 고르시오.**

① 임직원 및 외주 용역업체의 인력 대상으로 보안 서약서를 징구하고 있으나, 서약서 내 정보보호 규정 준수 의무 등에 대한 내용이 포함되어 있지 않아 2.2.3 보안서약 결함으로 판단하였다.

② 퇴직자 발생 시 정책(규정, 지침, 절차 등)에 따라 퇴직확인서, 보안 서약서와 같은 퇴직 절차가 이행되지 않아 2.2.3 보안서약 결함으로 판단하였다.

③ 전년도에는 연간 정보보호 및 개인정보보호 교육 계획을 수립하여 이행하였으나, 당해 연도에 타당한 사유 없이 연간 정보보호 및 개인정보보호 교육 계획을 수립하지 않고 있어 2.2.4 인식제고 및 교육훈련 결함으로 판단하였다.

★ 정답 ★	32 ③	33 ②

④ 임직원 또는 외주직원 등의 인사변동 시 직무변경 및 권한조정 회수가 이루어지지 않아 장기간 미사용 계정이 존재하고 있어 2.2.5 퇴직 및 직무변경 관리 결함으로 판단하였다.

⑤ 보안시스템(DLP, 데이터베이스접근제어시스템, 내부정보 유출 통제시스템 등)을 통해 정책 위반이 탐지된 관련자에게 경고 메시지를 전달하고 있으나, 이에 대한 소명 및 추가 조사, 징계 처분 등 내부 규정에 따른 후속 조치가 이행되고 있지 않아 2.2.6 보안위반 시 조치 결함으로 판단하였다.

해설

2.2.5 퇴직 및 직무변경 관리 결함으로 판단하였다.

34 △△게임사에 대해 ISMS-P 인증심사를 수행하고 있다. 2.3 외부자 보안 인증기준 중 심사원이 결함으로 판단한 내용으로 잘못된 것을 고르시오.

① 업무를 외부에 위탁 하거나 외부의 시설을 이용하고 있으나, 업무 위탁 및 외부 시설/서비스의 이용 현황이 파악되고 있지 않아 2.3.1 외부자 현황 관리 결함으로 판단하였다.

② 서비스 변경, 계약 변경 등으로 이용 중이던 외부 위탁 업체가 변경되었으나, 기존 서비스 현황 목록이 현행화 되지 않고 있어 2.3.1 외부자 현황 관리 결함으로 판단하였다.

③ 관리체계 범위 내 일부 개인정보처리시스템을 외부 클라우드 서비스로 이전하였으나 이에 대한 식별이 이루어지지 않아 2.3.1 외부자 현황 관리 결함으로 판단하였다.

④ 내부 규정에 따라 외부 위탁 및 외부 시설·서비스 현황을 목록으로 관리하고 있으나, 몇 개월 전에 변경된 위탁업체가 목록에 반영되어 있지 않은 등 현행화 관리가 미흡하여 2.3.1 외부자 현황 관리 결함으로 판단하였다.

⑤ 업무의 일부를 외부에 위탁하고 있고 재위탁시 계약사항을 반영해 재위탁이 가능하도록 명시되어 있지만 외부에 위탁한 곳에서 재위탁을 하고 있지 않고 원 위탁사에서 업무를 수행하고 있어 2.3.1 외부자 현황 관리결함으로 판단하였다.

해설

결함으로 판단할 수 없다. 재위탁이 가능하도록 명시되어있고, 재위탁이 의무가 아닌 필요에 의해 재위탁이며 현재 위탁사는 재위탁을 하고 있지 않으므로 문제가 되지 않는다.

★ 정답 ★	34 ⑤

35 **△△게임사에 대해 ISMS-P 인증심사를 수행하고 있다. 2.3 외부자 보안 인증기준 중 심사원이 결함으로 판단한 내용으로 잘못된 것을 고르시오.**

① 서비스 운영을 위한 유지보수 업무를 외부 업체에 위탁하고 있으나 위탁계약서가 존재하지 않아 2.3.2 외부자 계약시 보안 결함으로 판단하였다.

② 개인정보 처리업무를 위탁하는 외부업체와의 위탁계약서 상에 개인정보보호법 등 법령에서 요구하는 일부 항목(관리·감독에 관한 사항 등)이 포함되어 있지 않아 2.3.2 외부자 계약시 보안 결함으로 판단하였다.

③ 정책(규정, 지침, 절차 등) 내 외부 용역업체(수탁사)와 계약 시 보안 점검 절차를 규정하지 않거나 규정된 점검 절차의 내용이 일부 누락되어 있어 2.3.3 외부자 보안 이행 관리 결함으로 판단하였다.

④ 외부 용역업체(수탁사) 대상 점검을 위한 계획을 수립하고 있으나, 계획에 따라 보안 점검이 정기적으로 이루어지지 않고 있어 2.3.3 외부자 보안 이행 관리 결함으로 판단하였다.

⑤ 개인정보 처리를 위탁한 업체와 계약 종료 이후 보유하고 있는 개인정보를 파기했는지 여부를 확인 점검하지 않아 2.3.4 외부자 계약 변경 및 만료 시 보안 결함으로 판단하였다.

해설

2.3.2 외부자 계약 시 보안 결함이다.

36 **ㅁㅁ게임사에 대해 ISMS-P 인증심사를 수행하고 있다. 2.4 물리보안 인증기준 중 심사원이 결함으로 판단한 내용으로 잘못된 것을 고르시오.**

① 보호구역 내 출입자에 대한 검토가 이루어지지 않아 불필요한 인력이 보호구역의 접근이 허용되고 있어 2.4.1 보호구역 지정 결함으로 판단하였다.

② 통제구역의 통제항목들을 살펴봤을 때 제한구역의 일부 통제항목을 포함하지 않아 2.4.1 보호구역 지정 결함으로 판단하였다.

③ 내부 물리보안 지침에는 개인정보 보관시설 및 시스템 구역을 통제구역으로 지정한다고 명시되어 있으나, 멤버십 가입신청 서류가 보관되어 있는 문서고 등 일부 대상 구역이 통제구역에서 누락되어 2.4.1 보호구역 지정 결함으로 판단하였다.

★ 정답 ★	35 ③	36 ①

④ 구역별로 출입통제 방식이 규정되어 있으나, 모든 구역에 일관된 출입통제 방식이 적용되어 있으며, 통제구역 내 CCTV를 설치하도록 규정되어 있으나, 일부만 설치되어 운영되고 있어 보호대책 적용이 미흡하다고 판단하여 2.4.4 보호설비 운영으로 판단하였다.

⑤ 보호구역에 대한 안내판을 부착하도록 규정하고 있으나, 일부 통제구역 및 제한구역에 안내판 부착이 미흡하여 2.4.1 보호구역 지정 결함으로 판단하였다.

해설

2.4.2 출입통제 결함이다.

37 **ㅁㅁ게임사에 대해 ISMS-P 인증심사를 수행하고 있다. 2.4 물리 보안 인증기준 중 심사원이 결함으로 판단한 내용으로 잘못된 것을 고르시오.**

① 서버랙 내 사용하지 않는 통신 케이블이 정리되어 있지 않으며, 일부 통신 케이블은 누름 현상으로 장애가 발생할 가능성이 존재하여 2.4.3 정보시스템 보호 결함으로 판단하였다.

② 물리적 배치도(시설 단면도, 배치도 등)에 대한 기준일자가 명확하지 않으며, 현황일자를 확인할 수 없어 2.4.3 정보시스템 보호 결함으로 판단하였다.

③ 운영지침에 따라 본사 전산실 등 보호구역에 항온항습기와 화재감지, 소화설비, 누수감지기, UPS 등을 설치하도록 명시되어 있으나 일부 보호구역에 보호설비를 갖추고 있지 않아 2.4.4보호 설비 운영 결함으로 판단하였다.

④ 운영지침에 따라 전산실 내에 온·습도 조절기를 설치하였으나, 용량 부족으로 인하여 표준 온·습도를 유지하지 못하여 장애발생 가능성이 높아 2.4.3 정보시스템 보호 결함으로 판단하였다.

⑤ 서버실(통제구역) 내 보호설비(CCTV, UPS 등)를 설치하여 운용하고 있으나, 점검기준이 미흡하거나 주기적인 점검이 이루어지고 있지 않아 정상적인 동작이 이루어지지 않고 있어 2.4.4 보호설비 운영 결함으로 판단하였다.

해설

2.4.4 보호설비 운영 결함이다.

★ 정답 ★	37 ④

38 **ㅁㅁ게임사에 대해 ISMS-P 인증심사를 수행하고 있다. 2.4 물리보안 인증기준 중 심사원이 결함으로 판단한 내용으로 잘못된 것을 고르시오.**

① 보호구역 내 작업 시 정책(규정, 지침, 절차 등)에 따라 수행절차가 이루어지고 있지 않아 2.4.5 보호구역 내 작업 결함으로 판단하였다.

② 전산장비 등 유지보수 작업에 대한 작업일시, 검토자 및 승인자 내역의 누락, 작업 기록 등에 대한 주기적 검토가 미흡하여 2.4.5 보호구역 내 작업 결함으로 판단하였다.

③ 내부 지침에 따라 전산장비 반출입이 있는 경우 작업계획서에 반출입 내용을 기재하고 관리 책임자의 서명을 받도록 되어 있으나, 작업계획서의 반출입 기록에 관리책임자의 서명이 다수 누락되어 있어 2.4.5 보호구역 내 작업 결함으로 판단하였다.

④ 전산실 출입로그에는 외부 유지보수 업체 직원의 출입기록이 남아 있으나, 이에 대한 보호 구역 작업 신청 및 승인 내역은 존재하지 않고 있으며 보호구역 출입 및 작업이 이루어지고 있어 2.4.5 보호구역 내 작업 결함으로 판단하였다.

⑤ 내부 규정에는 보호구역 내 작업기록에 대하여 분기별 1회 이상 점검하도록 되어 있으나, 특별한 사유 없이 장기간 동안 보호구역 내 작업기록에 대한 점검이 이루어지고 있지 않고 있어 2.4.5 보호구역 내 작업 결함으로 판단하였다.

해설

2.4.6 반출입 기기 통제 결함이다.

39 **ㅁㅁ게임사에 대해 ISMS-P 인증심사를 수행하고 있다. 2.4 물리보안 인증기준 중 심사원이 결함으로 판단한 내용으로 잘못된 것을 고르시오.**

① 회의실 등 공용 공간의 노트북 및 부서 내 공용 PC에 유해사이트 접속에 대한 차단이 적용되어 있지 않아 2.4.7 업무환경 보안 결함으로 판단하였다.

② 클린데스크나 PC보안점검 등의 주기적인 보안점검 활동을 주기적으로 점검하고 있지 않아 2.4.7 업무환경 보안 결함으로 판단하였다.

③ 업무적인 목적으로 노트북, 태블릿PC 등 모바일 기기를 사용하고 있으나, 업무용 모바일 기기에 대한 허용 기준, 사용 범위, 승인 절차, 인증 방법 등에 대한 정책이 수립되어 있지 않아 2.4.7 업무환경 보안 결함으로 판단하였다.

④ 멤버십 가입신청서 등 개인정보가 포함된 서류를 잠금장치가 없는 사무실 문서함에 보관하고 있어 2.4.7 업무환경 보안 결함으로 판단하였다.

⑤ 회의실 등 공용 사무 공간에 설치된 공용PC에 대한 보호대책이 수립되어 있지 않아 개인정보가 포함된 파일이 암호화되지 않은 채로 저장되어 있거나, 보안 업데이트 미적용, 백신 미설치 등 취약한 상태로 유지하고 있어 2.4.7 업무환경 보안 결함으로 판단하였다.

해설

2.10.6 업무용 단말기기 보안 결함이다.

★ 정답 ★	38 ③	39 ③

40 **△△게임사에 대해 ISMS-P 인증심사를 수행하고 있다. 2.5 인증 및 권한관리 인증기준 중 심사원이 결함으로 판단한 내용으로 잘못된 것을 고르시오.**

① 정보보호정책 내 사용자 계정 및 접근권한 등록 변경 삭제 절차를 수립하고 있으나, 실제 업무 상 구두 또는 메신저로 사용자 계정을 신청하고 발급하고 있어 2.5.1 사용자 계정 관리 결함으로 판단하였다.

② 수탁 업무로 외부자(수탁사)에게 계정 발급 시 계정명을 수탁사명 등으로 공용계정이 발급되어 있어 2.5.1 사용자 계정 관리 결함으로 판단하였다.

③ 사용자 및 개인정보취급자의 계정·권한에 대한 사용자 등록, 해지 및 승인절차 없이 구두 요청, 이메일 등으로 처리하여 이에 대한 승인 및 처리 이력이 확인되지 않고 있어 2.5.1 사용자 계정 관리 결함으로 판단하였다.

④ 개인정보취급자가 휴가, 출장, 공가 등에 따른 업무 백업을 사유로 공식적인 절차를 거치지 않고 개인정보취급자로 지정되지 않은 인원에게 개인정보취급자 계정을 알려주고 있어 2.5.1 사용자 계정 관리 결함으로 판단하였다.

⑤ 정보시스템 또는 개인정보처리시스템 사용자에게 필요 이상의 과도한 권한을 부여하여 업무상 불필요한 정보 또는 개인정보에 접근이 가능하여 2.5.1 사용자 계정 관리 결함으로 판단하였다.

해설

2.5.2 사용자 식별 결함이다.

41 **△△게임사에 대해 ISMS-P 인증심사를 수행하고 있다. 2.5 인증 및 권한관리 인증기준 중 심사원이 결함으로 판단한 내용으로 잘못된 것을 고르시오.**

① 수탁 업무로 외부자(수탁사)에게 계정 발급 시 계정명을 수탁사명 등으로 공용계정이 발급되어 있어 2.5.2 사용자 식별 결함으로 판단하였다.

② 불필요한 기본 계정(Default 계정)이 존재하여 2.5.2 사용자 식별 결함으로 판단하였다.

③ 정보시스템 또는 개인정보처리시스템 사용자에게 필요 이상의 과도한 권한을 부여하여 업무상 불필요한 정보 또는 개인정보에 접근이 가능하여 2.5.2 사용자 식별 결함으로 판단하였다.

④ 개발자가 개인정보처리시스템 계정을 공용으로 사용하고 있으나, 타당성 검토 또는 책임자의 승인 없이 사용하고 있어 2.5.2 사용자 식별 결함으로 판단하였다.

⑤ 외부직원이 유지보수하고 있는 정보시스템의 운영계정을 별도의 승인 절차 없이 개인계정처럼 사용하고 있어 2.5.2 사용자 식별 결함으로 판단하였다.

해설

2.5.1 사용자 계정 관리 결함이다.

★ 정답 ★	40 ②	41 ③

42 **△△게임사에 대해 ISMS-P 인증심사를 수행하고 있다. 2.5 인증 및 권한관리 인증기준 중 심사원이 결함으로 판단한 내용으로 잘못된 것을 고르시오.**

① 로그인 실패 횟수 제한, 불법 로그인 시도 경고, 동시 접속 로그인 제한 등 보호대책을 적용하지 않고 있어 2.5.3 사용자 인증 결함으로 판단하였다.

② 개인정보취급자가 공개된 외부 인터넷망을 통하여 개인정보처리시스템에 접근 시 안전한 인증수단을 적용하지 않고 ID·비밀번호 방식으로만 인증하고 있어 2.5.3 사용자 인증 결함으로 판단하였다.

③ 계정 및 비밀번호 입력 오류 시 계정이 없다고 알려주거나 비밀번호가 틀렸다고 알려주고 있어 2.5.4 비밀번호 관리 결함으로 판단하였다.

④ 암호 만료 기간을 설정하지 않고 있어 2.5.4 비밀번호 관리 결함으로 판단하였다.

⑤ 비밀번호 관련 내부 규정에는 비밀번호를 초기화 시 임시 비밀번호를 부여받고 강제적으로 변경하도록 되어 있으나, 부여받은 임시 비밀번호로 계속 정보시스템에 접속할 수 있어 2.5.4 비밀번호 관리 결함으로 판단하였다.

해설

2.5.3 사용자 인증 결함이다.

43 **△△게임사에 대해 ISMS-P 인증심사를 수행하고 있다. 2.5 인증 및 권한관리 인증기준 중 심사원이 결함으로 판단한 내용으로 잘못된 것을 고르시오.**

① 관리자 계정 등 특수 계정을 부서 내 여러 명 또는 유관 부서 담당자와 공유하여 사용하는 경우가 있고, 주요 시스템 또는 애플리케이션 배포 당시 초기 Default 계정을 관리자 계정으로 사용하고 있어 2.5.5 특수 계정 및 권한관리 결함으로 판단하였다.

② 정보시스템 및 개인정보처리시스템 내 수탁 업무가 종료되었음에도 불구하고 수탁사 계정이 남아 있어 2.5.5 특수 계정 및 권한관리 결함으로 판단하였다.

③ 정보시스템 및 개인정보처리시스템의 유지보수를 위하여 분기 1회에 방문하는 유지보수용 특수 계정이 사용기간 제한 없이 상시로 활성화되어 있어 2.5.5 특수 계정 및 권한관리 결함으로 판단하였다.

④ 관리자 및 특수권한의 사용 여부를 정기적으로 검토하지 않아 일부 특수권한자의 업무가 변경되었음에도 불구하고 기존 관리자 및 특수권한을 계속 보유하고 있어 2.5.5 특수 계정 및 권한관리 결함으로 판단하였다.

⑤ 관리자 계정 정보를 소스코드에 하드코딩하여 사용하고 있어 2.5.5 특수 계정 및 권한관리 결함으로 판단하였다.

해설

2.3.4 외부자 계약 변경 및 만료 시 보안 결함이다.

★ 정답 ★	42 ③	43 ②

44 ☆☆쇼핑몰에 대해 ISMS-P 인증심사를 수행하고 있다. 2.5 인증 및 권한관리 인증기준 중 심사원이 결함으로 판단한 내용으로 잘못된 것을 고르시오.

① 접근권한 검토 시 관리자가 수동으로 권한 부여 후 수기로 접근권한 부여 이력을 관리하고 있어 2.5.6 접근권한 검토 결함으로 판단하였다.

② 내부 정책, 지침 등에 장기 미사용자 계정에 대한 잠금(비활성화) 또는 삭제 조치하도록 되어 있으나, 6개월 이상 미접속한 사용자의 계정이 활성화되어 있으며 접근권한 검토가 충실히 수행되지 않아 해당 계정이 식별되지 않고 있어 2.5.6 접근권한 검토 결함으로 판단하였다.

③ 접근권한 검토 시 접근권한의 과다 부여 및 오·남용 의심사례가 발견되었으나, 이에 대한 상세조사, 내부보고 등의 후속조치가 수행되지 않아 2.5.6 접근권한 검토 결함으로 판단하였다.

④ 추가 하위 계정을 생성할 수 있는 권한을 가진 외부 협력기관의 관리자 계정 사용에 대한 검토가 적절히 이뤄지지 않아 장기간 미사용된 계정임에도 불구하고 비활성화되지 않아 2.5.6 접근권한 검토 결함으로 판단하였다.

⑤ 주요 시스템 구축 이후 접근권한에 대해 검토하지 않아 장기미사용 계정, 퇴사자 계정 등이 존재하여 2.5.6 접근권한 검토 결함으로 판단하였다.

해설

결함이 아니다. 수기로도 접근권한 부여 이력을 관리하면 된다.

★ 정답 ★	44 ①

45 **☆☆쇼핑몰에 대해 ISMS-P 인증심사를 수행하고 있다. 2.6 접근통제 인증기준 중 심사원이 결함으로 판단한 내용으로 잘못된 것을 고르시오.**

① 정보시스템의 접근통제 정책이 누락되어 접근이 불필요한 PC에서 정보시스템으로 접근 가능하여 2.6.1 네트워크 접근 결함으로 판단하였다.

② 네트워크를 분리하여 방화벽을 통해 통제하고 있으나, 내부서버 IP가 공인IP로 할당되어 있고 외부와 통신 가능하여 2.6.1 네트워크 접근 결함으로 판단하였다.

③ 네트워크 구성도와 인터뷰를 통해 확인한 결과, 외부 지점에서 사용하는 정보시스템 및 개인정보처리시스템과 IDC에 위치한 서버간의 연결 시 일반 인터넷 회선을 통해 데이터 송수신을 처리하고 있어 내부 규정에 명시된 VPN이나 전용망 등을 이용한 통신이 이루어지고 있지 않고 있어 2.6.1 네트워크 접근 결함으로 판단하였다.

④ 운영서버와 테스트 서버 간 네트워크를 분리하지 않는 등 주요 시스템의 상호 네트워크 접근이 가능하여 2.6.1 네트워크 접근 결함으로 판단하였다.

⑤ 내부 규정과는 달리 MAC주소 인증, 필수 보안 소프트웨어 설치 등의 보호대책을 적용하지 않은 상태로 네트워크 케이블 연결만으로 사내 네트워크에 접근 및 이용할 수 있어 2.6.1 네트워크 접근 결함으로 판단하였다.

해설

2.6.2 정보시스템 접근 결함이다.

46 **☆☆쇼핑몰에 대해 ISMS-P 인증심사를 수행하고 있다. 2.6 접근통제 인증기준 중 심사원이 결함으로 판단한 내용으로 잘못된 것을 고르시오.**

① 정보시스템에 원격 접속 시 root 계정으로 직접 접속이 가능하여 2.6.2 정보시스템 접근 결함으로 판단하였다.

② 서버접근제어솔루션을 통해 서버에 접속하는 정책을 운영하고 있지만, 서버접근제어솔루션을 경유하지 않는 서버접속이 확인되어 2.6.2 정보시스템 접근 결함으로 판단하였다.

③ 외부에 노출된 관리자페이지에 ID/PW로만 인증하고 있으며, 안전한 인증수단을 적용하지 않고 있어 2.6.2 정보시스템 접근 결함으로 판단하였다.

★ 정답 ★	45 ①	46 ③

④ 접근 허용정책(hosts.allow)에 접근허용 대상을 적용하였으나, 접근하단 정책(hosts.deny)에는 모두 허용으로 적용하여 접근 통제 정책이 적용되지 않고 있어 2.6.2 정보시스템 접근 결함으로 판단하였다.

⑤ 서버접근제어솔루션에 내부규정에서 요구하고 있는 일부 금칙어(su, sudo) 차단이 적용되어 있지 않아 2.6.2 정보시스템 접근 결함으로 판단하였다.

해설

2.6.3 응용프로그램 접근 결함이다.

47 **☆☆쇼핑몰에 대해 ISMS-P 인증심사를 수행하고 있다. 2.6 접근통제 인증기준 중 심사원이 결함으로 판단한 내용으로 잘못된 것을 고르시오.**

① 인증범위 내 서비스들을 운영하기 위해 관리자페이지(웹)를 운영하고 있으나, 오류페이지에 대한 예외처리가 미흡하여 운영플랫폼 및 버전정보가 노출되고 있어 2.6.3 응용프로그램 접근 결함으로 판단하였다.

② 인증범위 내 개인정보처리시스템에서 회원정보 등을 조회할 때, 메뉴 권한을 설정하여 운영하고 있으나, 일부 회원정보 조회 시 LIKE 검색이 가능하여 권한과 상관없이 모든 정보가 검색되고 있어 2.6.3 응용프로그램 접근 결함으로 판단하였다.

③ 운영중인 서비스의 소스 관리가 미흡하여 브라우저 소스보기에서 불필요한 서버 접속 IP 및 데이터베이스 정보 등이 포함되어 있어 2.6.3 응용프로그램 접근 결함으로 판단하였다.

④ 응용프로그램을 통해 개인정보를 다운로드 받는 경우 해당 파일 내에 주민등록번호 등 업무상 불필요한 정보가 과도하게 포함되어 있어 2.6.3 응용프로그램 접근 결함으로 판단하였다.

⑤ 사무실에서 서버관리자가 IDC에 위치한 윈도우 서버에 접근 시 터미널 서비스를 이용하여 접근하고 있으나 터미널 서비스에 대한 Session Timeout 설정이 되어 있지 않아 장시간 아무런 작업을 하지 않아도 해당 세션이 차단되지 않고 있어 2.6.3 응용프로그램 접근 결함으로 판단하였다.

해설

2.6.2 정보시스템 접근 결함이다.

★ 정답 ★	47 ⑤

48 ☆☆쇼핑몰에 대해 ISMS-P 인증심사를 수행하고 있다. 2.6 접근통제 인증기준 중 심사원이 결함으로 판단한 내용으로 잘못된 것을 고르시오.

① 데이터베이스 접근 권한 부여시 구성원 전체에 대해 테이블에 접근을 허용하거나 스키마 단위로 접근권한을 부여하는 등 과도하게 접근을 허용하고 있어 2.6.4 데이터베이스 접근 결함으로 판단하였다.

② 내부 업무용 응용프로그램의 데이터베이스 설정 파일에 데이터베이스 접속을 위한 데이터베이스 비밀번호를 포함한 계정정보가 평문으로 저장되어 있어 2.6.4 데이터베이스 접근 결함으로 판단하였다.

③ 데이터베이스 접근 권한 부여시 유지보수 업체 직원에게 SQL Query 권한을 과도하게 부여되어 있어 2.6.4 데이터베이스 접근 결함으로 판단하였다.

④ 개인정보를 저장하고 있는 데이터베이스의 테이블 현황이 파악되지 않아, 임시로 생성된 테이블에 불필요한 개인정보가 파기되지 않고 대량으로 저장되고 있어 2.6.4 데이터베이스 접근 결함으로 판단하였다.

⑤ 대량의 개인정보를 보관·처리하고 있는 데이터베이스를 인터넷을 통하여 접근 가능한 웹 응용프로그램과 분리하지 않고 물리적으로 동일한 서버에서 운영하고 있어 2.6.4 데이터베이스 접근 결함으로 판단하였다.

해설

2.7.1 암호정책 적용 결함이다.

49 ☆☆쇼핑몰에 대해 ISMS-P 인증심사를 수행하고 있다. 2.6 접근통제 인증기준 중 심사원이 결함으로 판단한 내용으로 잘못된 것을 고르시오.

① 정보시스템에 원격접근을 위해 발급된 VPN 사용자의 사용기간에 대한 제한이 설정되어 있지 않거나 과도하게 설정되어 있어 2.6.6 원격접근 통제 결함으로 판단하였다.

② 원격접속 통제를 위한 방화벽의 허용 정책에 VPN 사용자 IP 대역이 아닌 IP 대역이 포함되어 있어 원격 접근 경로가 아닌 다른 네트워크 대역에서 우회 접속할 수 있어 2.6.6 원격접근 통제 결함으로 판단하였다.

③ 외부 근무자를 위해 개인 스마트 기기에 업무용 모바일 앱을 설치하여 운영 하고 있으나 악성코드, 분실 · 도난 등에 의한 개인정보 유출을 방지하기 위한 적절한 보호대책(백신, 초기화, 암호화 등)을 적용하고 있지 않아 2.6.6 원격접근 통제 결함으로 판단하였다.

★ 정답 ★	48 ②	49 ⑤

④ 외부에서 업무수행을 위해서 VPN을 이용하여 업무시스템에 접근하고 있으나, 업무 시스템 접근을 위한 VPN에 대해 사용자가 접속 가능한 서비스를 제한하고 있지 않아 2.6.6 원격접근 통제 결함으로 판단하였다.

⑤ 내부 규정에는 시스템에 대한 원격 접근은 원칙적으로 금지하고 있으나 원격접근을 허용하고 있어 2.6.6 원격접근 통제 결함으로 판단하였다.

해설

주어진 내용만으로는 결함여부를 단정지을 수 없다. 보완통제가 이루어지고 있는지 확인 후 결함으로 판단하여야 한다.

50 **☆☆쇼핑몰에 대해 ISMS-P 인증심사를 수행하고 있다. 2.6 접근통제 인증기준 중 심사원이 결함으로 판단한 내용으로 잘못된 것을 고르시오.**

① WIPS를 설치하여 무선네트워크 접근을 통제하고 있지만, 비인가 AP 탐지 및 차단, 인가된 AP에 침입시도 탐지 및 차단 정책 등의 누락으로 무선 네트워크 접근이 통제되고 있지 않아 2.6.5 무선 네트워크 접근 결함으로 판단하였다.

② 허가된 업무용 SSID로 내부 업무시스템에 접근 시 NAT IP로만 통제하고 있어, Guest AP 망에서도 내부 업무시스템에 접근 가능하여 2.6.5 무선 네트워크 접근 결함으로 판단하였다.

③ 무선 AP 설정 시 정보 송수신 암호화 기능을 WPA2-Enterprise 방식으로 설정 되어 있어 2.6.5 무선 네트워크 접근 결함으로 판단하였다.

④ 업무 목적으로 내부망에 연결된 무선AP에 대하여 SSID 브로드캐스팅 허용, 무선AP 관리자 비밀번호 노출, 디폴트 비밀번호 사용, 접근제어 미적용 등 보안 설정이 미흡하여 2.6.5 무선 네트워크 접근 결함으로 판단하였다.

⑤ 무선네트워크의 인증을 IP와 MAC 등의 통제가 아닌 SSID/PW로 통제하고 있어 비인가 PC도 접속이 가능하여 2.6.5 무선 네트워크 접근 결함으로 판단하였다.

해설

결함이 아니다.

★ 정답 ★	50 ③

51 △△게임사에 대해 ISMS-P 인증심사를 수행하고 있다. 2.6 접근통제 인증기준 중 심사원이 결함으로 판단한 내용으로 잘못된 것을 고르시오.

① 인증범위 내 주요 직무 수행 및 개인정보 취급자 PC에서 인터넷 접속이 가능하며 유해 사이트가 차단되어 있지 않아 2.6.7 인터넷 접속 통제 결함으로 판단하였다.

② 개인정보취급자가 내부 업무 시스템 접근 시 인터넷이 차단된 VDI 환경에서 접근하도록 통제하고 있으나, 개인정보취급자 VDI에서 외부 상용 메일로 파일 전송이 가능하여 2.6.7 인터넷 접속 통제 결함으로 판단하였다.

③ 내부망 PC와 인터넷망 PC로 망분리하여 사용하고 있지만, 내부망 PC와 인터넷망 PC 대역이 동일하게 설정되어 폴더 공유 및 원격 데스크톱으로 상호 연결이 가능하여 2.6.7 인터넷 접속 통제 결함으로 판단하였다.

④ 운영서버와 테스트 서버 간 네트워크를 분리하지 않는 등 주요 시스템의 상호 네트워크 접근이 가능하여 2.6.7 인터넷 접속 통제 결함으로 판단하였다.

⑤ 개인정보의 안전성 확보조치 기준에 따라 망분리를 적용하였으나, 개인정보처리시스템의 접근권한 설정 가능자 등 일부 의무대상자에 대하여 망분리 적용이 누락되어 2.6.7 인터넷 접속 통제 결함으로 판단하였다.

해설

2.6.1 네트워크 접근 결함이다.

52 △△쇼핑몰에 대해 ISMS-P 인증심사를 수행하고 있다. 2.7 암호화 적용 인증기준 중 심사원이 결함으로 판단한 내용으로 잘못된 것을 고르시오.

① 환불을 요청하는 게시판에 고객의 환불계좌정보 등이 평문으로 등록되어 있어 2.7.1 암호정책 적용 결함으로 판단하였다.

② 응용 프로그램 개발 시 개발 소스상에 암호키 인증 정보가 하드코딩되어 있어 2.7.2 암호키 관리 결함으로 판단하였다.

③ 개인정보 전송 구간에 암호화 통신(TLS)이 적용되어 있지 않아 중요정보 전송 시 평문으로 전송되고 있어 2.7.1 암호정책 적용 결함으로 판단하였다.

★ 정답 ★	51 ④	52 ⑤

④ 법규 및 내부 규정에 따라 인터넷 웹사이트에 대하여 보안서버를 적용하였으나, 회원 정보 조회 및 변경, 비밀번호 찾기, 비밀번호 변경 등 개인정보가 전송되는 일부 구간에 암호화 조치가 누락되어 2.7.1 암호정책 적용 결함으로 판단하였다.

⑤ 개인정보취급자 및 정보주체(이용자)의 비밀번호에 대하여 SHA-256 알고리즘으로 일방향 암호화를 적용하여 사용하고 있어 2.7.1 암호정책 적용 결함으로 판단하였다.

해설

SHA-256은 안전한 암호알고리즘(Hash)으로 결함이 아니다.

53 △△쇼핑몰에 대해 ISMS-P 인증심사를 수행하고 있다. 2.8 정보시스템 도입 및 개발 보안 인증기준 중 심사원이 결함으로 판단한 내용으로 잘못된 것을 고르시오.

① 정보시스템 개발 및 변경 시 안전한 코딩을 위한 표준(시큐어 코딩 등)이 수립되어 있지 않아 2.8.1 보안 요구사항 정의 결함으로 판단하였다.

② 개발 관련 내부 정책에 개발과 관련된 주요 보안 요구사항(인증 및 암호화, 보안로그 등)이 정의되어 있지 않아 2.8.1 보안 요구사항 정의 결함으로 판단하였다.

③ '개발표준정의서'에 사용자 패스워드를 안전하지 않은 암호화 알고리즘(MD5, SHA1)으로 사용하도록 되어 있어 관련 법적 요구사항을 적절히 반영하지 않고 있어 2.8.1 보안 요구사항 정의 결함으로 판단하였다.

④ 공공기관이 5만 명 이상 정보주체의 고유식별정보를 처리하는 등 영향평가 의무 대상 개인정보파일 및 개인정보처리시스템을 신규로 구축하면서 영향평가를 실시하지 않아 2.8.2 보안 요구사항 검토 및 시험 결함으로 판단하였다.

⑤ 공공기관이 영향평가를 수행한 후 영향평가 기관으로부터 영향평가서를 제출 받은지 1개월이 지났음에도 불구하고 영향평가서를 개인정보보호위원회에 제출하지 않아 2.8.2 보안 요구사항 검토 및 시험 결함으로 판단하였다.

해설

결함이 아니다. 2개월안에 제출하면 된다.

★ 정답 ★	53 ⑤

54 **△△쇼핑몰에 대해 ISMS-P 인증심사를 수행하고 있다. 2.8 정보시스템 도입 및 개발 보안 인증기준 중 심사원이 결함으로 판단한 내용으로 잘못된 것을 고르시오.**

① 테스트환경과 운영환경이 분리되지 않고 동일한 환경에서 운영하고 있어 2.8.3 시험과 운영 환경 분리 결함으로 판단하였다.

② 불가피하게 개발시스템과 운영시스템을 분리하지 않고 운영 중에 있으나, 이에 대한 상호 검토 내역, 모니터링 내역 등이 누락되어 있어 2.8.3 시험과 운영 환경 분리 결함으로 판단하였다.

③ 타당한 사유 또는 승인 없이 별도의 개발환경을 구성하지 않고 운영환경에서 직접 소스코드 변경을 수행하고 있어 2.8.3 시험과 운영 환경 분리 결함으로 판단하였다.

④ 조직의 특성상 경영진의 승인을 득한 후 개발과 운영 직무를 병행하고 있으나, 직무자 간의 상호 검토, 상위관리자의 주기적인 직무수행 모니터링 및 변경 사항 검토 승인, 직무자의 책임추적성 확보 등의 보완통제 절차가 마련되어 있지 않아 2.8.3 시험과 운영 환경 분리 결함으로 판단하였다.

⑤ 개발시스템이 별도로 구성되어 있으나, 개발환경으로부터 운영환경의 접근이 통제되지 않아 개발자들이 개발시스템을 경유하여 불필요하게 운영시스템 접근이 가능하여 2.8.3 시험과 운영 환경 분리 결함으로 판단하였다.

해설

2.2.2 직무분리 결함이다.

55 **△△쇼핑몰에 대해 ISMS-P 인증심사를 수행하고 있다. 2.8 정보시스템 도입 및 개발 보안 인증기준 중 심사원이 결함으로 판단한 내용으로 잘못된 것을 고르시오.**

① 시험환경에서 개인정보 사용에 대한 보안통제 절차가 수립되어 있지만 개발데이터베이스에 (실제) 개인정보(이름, 이메일주소, ID 등)가 과도하게 존재하여 2.8.4 시험 데이터 보안 결함으로 판단하였다.

② 실 운영 데이터를 저장하고 있는 테스트 데이터베이스에 대해 운영 데이터베이스와 동일한 수준의 보호 대책을 적용하고 있지 않아 2.8.4 시험 데이터 보안 결함으로 판단하였다.

③ 개발서버에서 사용할 시험데이터 생성에 대한 구체적 기준 및 절차가 수립되어 있지 않아 2.8.4 시험 데이터 보안 결함으로 판단하였다.

★ 정답 ★	54 ④	55 ④

④ 불가피한 사유로 사전 승인을 받아 실 운영데이터를 시험 용도로 사용하면서, 테스트 데이터 베이스에 대하여 운영 데이터베이스와 동일한 수준의 접근통제를 적용하고 있어 2.8.4 시험 데이터 보안 결함으로 판단하였다.

⑤ 실 운영데이터를 테스트 용도로 사용한 후 테스트가 완료되었음에도 실 운영데이터를 테스트 데이터베이스에서 삭제하지 않고 있어 2.8.4 시험 데이터 보안 결함으로 판단하였다.

해설

결함이 아니다. 동일하지 않은 수준(더 낮은 수준의)의 접근통제를 하면 결함이 될 수 있다.

56 △△쇼핑몰에 대해 ISMS-P 인증심사를 수행하고 있다. 2.8 정보시스템 도입 및 개발 보안 인증기준 중 심사원이 결함으로 판단한 내용으로 잘못된 것을 고르시오.

① 형상관리서버에서 형상관리 현황정보(담당자, 버전 이력 등)에 대한 관리를 하고 있지 않고 있어 2.8.5 소스 프로그램 관리 결함으로 판단하였다.

② 소스코드를 개발자 PC에 보관하고 있으나, 승인 및 이력관리 없이 보관하고 있어 2.8.5 소스 프로그램 관리 결함으로 판단하였다.

③ 응용프로그램 신규 도입 및 변경에 구두 승인만을 통하여 승인이 진행되고 있어 2.8.6 운영환경 이관 결함으로 판단하였다.

④ 운영서버에 서비스 실행에 불필요한 파일(소스코드 또는 배포모듈, 백업본, 개발 관련 문서, 매뉴얼 등) 이 존재하고 있어 2.8.6 운영환경 이관 결함으로 판단하였다.

⑤ 내부 규정에는 형상관리시스템을 통해 소스 프로그램 버전관리를 하도록 되어 있으나, 최신 버전의 소스 프로그램은 개발자 PC에만 보관되어 있고 이에 대한 별도의 백업이 수행 되고 있지 않고 있어 2.8.6 운영 환경 이관 결함으로 판단하였다.

해설

2.8.5 소스 프로그램 관리 결함이다

★ 정답 ★	56 ⑤

57 **ㅇㅇ게임사에 대해 ISMS-P 인증심사를 수행하고 있다. 2.9 시스템 및 서비스 운영관리 인증기준 중 심사원이 결함으로 판단한 내용으로 잘못된 것을 고르시오.**

① 백업 절차를 수립하고 있으나, 백업의 범위, 대상, 주기, 백업매체 관리(소산보관 여부, 물리적 접근통제 여부) 등 핵심 내용이 현행화가 되어있지 않고 실제 운영 현황과 상이하게 수립되어 있어 2.9.3 백업 및 복구관리 결함으로 판단하였다.

② 내부 지침에 따라 별도로 백업 및 관리하도록 규정하고 있는 주요 시스템에 대한 백업 계획이 존재하지 않고 백업을 수행한 이력이 존재하지 않아 2.9.3 백업 및 복구관리 결함으로 판단하였다.

③ 백업정책을 수립하고 있으나 법적 요구사항에 따라 장기간(6개월, 3년, 5년 등) 보관이 필요한 백업 대상 정보가 백업 정책에 따라 보관되고 있지 않아 2.9.3 백업 및 복구관리 결함으로 판단하였다.

④ 재해 복구 관련 지침서 등에 IT 서비스 또는 시스템에 대한 복구 우선순위, 복구 목표시간(RTO), 복구 목표시점(RPO) 등이 정의되어 있지 않아 2.9.3 백업 및 복구관리 결함으로 판단하였다.

⑤ 상위 지침 또는 내부 지침에는 주기적으로 백업매체에 대한 복구 테스트를 수행하도록 정하고 있으나 복구테스트를 장기간 실시하지 않고 있어 2.9.3 백업 및 복구관리 결함으로 판단하였다.

해설

2.12.1 재해, 재난 대비 안전조치 결함이다.

58 **ㅇㅇ게임사에 대해 ISMS-P 인증심사를 수행하고 있다. 2.9 시스템 및 서비스 운영관리 인증기준 중 심사원이 결함으로 판단한 내용으로 잘못된 것을 고르시오.**

① 신규 시스템 도입 시 변경관리시스템을 통해 사전 취약점 점검, 도입 일자, 도입 시스템 정보 등을 등록 관리하도록 절차를 마련하고 있으나, 시스템 등록이 누락되어 관리되고 있지 않고 있어 2.9.1 변경관리 결함으로 판단하였다.

② 변경관리시스템을 구축하여 정보시스템 입고 또는 변경 시 성능 및 보안에 미치는 영향을 분석·협의하고 관련 이력을 관리하도록 하고 있으나 해당 시스템을 통하지 않고도 시스템 변경이 가능하며 관련 변경 사항이 적절히 검토되지 않아 2.9.1 변경관리 결함으로 판단하였다.

★ 정답 ★	57 ④	58 ③

③ 최근 DMZ 구간 이중화에 따른 변경 작업을 수행하였으나 변경 후 발생할 수 있는 보안위험성 및 성능 평가에 대한 수행 승인 증적이 확인되지 않아 2.9.2 성능 및 장애관리 결함으로 판단하였다.

④ 성능 및 용량에 대한 임계치를 설정하고 있으나, 임계치 초과 시 관련 담당자 알람 등의 설정이 미비하여 즉각적인 대처에 제한이 되고 있어 2.9.2 성능 및 장애관리 결함으로 판단하였다.

⑤ 일상 업무가 중단되는 장애, 복구에 과다 비용 발생, 반복적으로 발생되는 장애 등 심각도가 높은 장애이나 별도의 재발방지 대책 등을 마련하고 있지 않아 2.9.2 성능 및 장애관리 결함으로 판단하였다.

해설

2.9.1 변경관리 결함이다.

59 **○○공공기관에 대해 ISMS-P 인증심사를 수행하고 있다. 2.9 시스템 및 서비스 운영관리 인증기준 중 심사원이 결함으로 판단한 내용으로 잘못된 것을 고르시오.**

① 주요 시스템(서버, 응용프로그램, 보안시스템, 네트워크 시스템 등)에 대해 로그 기록 범위, 보존기간(1년 이상), 검토 주기(월 1회) 등 세부 기준 및 절차를 수립하고 있지 않아 2.9.4 로그 및 접속기록 관리 결함으로 판단하였다.

② 개인정보처리자가 정보주체 10만 명의 개인정보를 처리하는 개인정보처리 시스템의 접속기록을 1년간만 보관하고 있어 2.9.4 로그 및 접속기록 관리 결함으로 판단하였다.

③ 보안 이벤트 로그, 응용 프로그램 및 서비스 로그(Windows 2008 서버 이상)등 중요 로그 에 대한 최대 크기를 충분하게 설정하지 않아 내부 기준에 정한 기간 동안 기록 · 보관되고 있지 않아 2.9.4 로그 및 접속기록 관리 결함으로 판단하였다.

④ 개인정보처리시스템에 접속한 기록을 확인한 결과 접속자의 계정, 접속 일시, 접속자 IP주소 정보는 남기고 있으나 수행업무(조회, 변경, 삭제, 다운로드 등)와 관련된 중요 정보를 남기고 있지 않고 있어 2.9.4 로그 및 접속기록 관리 결함으로 판단하였다.

⑤ 로그 관리 절차를 수립하고 있으나 중요 정보를 처리하고 있는 정보시스템에 대한 이상 접속(휴일 새벽 접속, 우회경로 접속 등) 또는 이상행위(대량 데이터 조회 또는 소량 데이터의 지속적·연속적 조회 등)에 대한 모니터링 및 경고·알림 정책(기준)이 수립되어 있지 않아 2.9.4 로그 및 접속기록 관리 결함으로 판단하였다.

해설

2.9.5 로그 및 접속기록 점검 결함이다.

★ 정답 ★	59 ⑤

60 ㅇㅇ게임사에 대해 ISMS-P 인증심사를 수행하고 있다. 2.9 시스템 및 서비스 운영관리 인증기준 중 심사원이 결함으로 판단한 내용으로 잘못된 것을 고르시오.

① NTP 서버를 운영하고 있으나, 특별한 사유 없이 NTP 서버와 동기화 되고 있지 않아 2.9.6 시간 동기화 결함으로 판단하였다.

② 일부 중요 시스템(보안시스템, CCTV 등)의 시각이 표준시와 동기화되어 있지 않으며 관련 동기화 여부에 대한 주기적 점검이 이행되고 있지 않아 관련 중요 로그들의 시간이 맞지 않아 2.9.5 로그 및 접속기록 점검 결함으로 판단하였다.

③ 정보시스템 재 사용 시 내부 지침에 따라 데이터 완전삭제를 수행하도록 규정하고 있으나, 별도 데이터 완전삭제 조치 없이 재사용하고 있어 2.9.7 정보자산의 재사용 및 폐기 결함으로 판단하였다.

④ 회수한 폐기 대상 하드디스크가 완전 삭제되지 않은 상태로 잠금장치 되지 않은 장소에 방치되고 있어 2.9.7 정보자산의 재사용 및 폐기 결함으로 판단하였다.

⑤ 디가우저를 이용한 하드디스크의 물리적 폐기나 개인정보가 저장된 하드디스크의 완전 포맷 등에 대한 절차가 수립되지 않아 2.9.7 정보자산의 재사용 및 폐기 결함으로 판단하였다.

해설

2.9.6 시간 동기화 결함이다. 중요 시스템의 시각이 동기화되어 있지 않아 관련 주요 로그들의 기록 시간이 맞지 않고 있다.

61 ㅇㅇ게임사에 대해 ISMS-P 인증심사를 수행하고 있다. 2.10 시스템 및 서비스 보안관리 인증기준 중 심사원이 결함으로 판단한 내용으로 잘못된 것을 고르시오.

① 보안시스템 접속 시 강화된 사용자 인증(OTP 등), 관리자 단말 IP 또는 MAC 접근통제 등의 보호대책을 적용하지 않아 비인가자의 접근통제가 이루어지지 않고 있어 2.10.1 보안시스템 운영 결함으로 판단하였다.

② 패턴 탐지형식의 보안시스템의 경우 최신 공격기법을 탐지하기 위한 업데이트가 장기간 이루어지지 않아 2.10.1 보안시스템 운영 결함으로 판단하였다.

③ 보안시스템 내 설정된 예외 정책들에 대한 설정 사유가 기록 관리되지 않아 해당 정책에 대한 타당성 확인이 되지 않고 있어 2.10.1 보안시스템 운영 결함으로 판단하였다.

★ 정답 ★	60 ②	61 ④

④ 보안시스템에서 발급된 계정 중 미사용 계정, 디폴트계정이 존재하며, 정보시스템에도 동일한 미사용 계정, 디폴트 계정이 존재하여 2.10.1 보안시스템 운영 결함으로 판단하였다.

⑤ 내부 지침에는 정보보호담당자가 보안시스템의 보안정책 변경 이력을 기록 · 보관하도록 정하고 있으나 정책관리대장을 주기적으로 작성하지 않고 있거나 정책관리대장에 기록된 보안 정책과 실제 운영 중인 시스템의 보안정책이 상이하여 2.10.1 보안시스템 운영 결함으로 판단하였다.

해설

2.5.1 사용자 계정 관리 결함이다.

62 **○○게임사에 대해 ISMS-P 인증심사를 수행하고 있다. 2.10 시스템 및 서비스 보안관리 인증기준 중 심사원이 결함으로 판단한 내용으로 잘못된 것을 고르시오.**

① 클라우드 서비스의 보안설정을 변경할 수 있는 권한이 업무상 반드시 필요하지 않은 직원들에게 과도하게 부여되어 있어 2.10.2 클라우드 보안 결함으로 판단하였다.

② 내부 지침에는 클라우드 내 사설 네트워크의 접근통제 룰(Rule) 변경 시 보안책임자 승인을 받도록 하고 있으나 승인절차를 거치지 않고 등록 · 변경된 접근제어 룰이 다수 발견되어 2.10.2 클라우드 보안 결함으로 판단하였다.

③ 클라우드 서비스의 보안설정 오류로 내부 로그 파일이 인터넷을 통해 공개되어 있어 2.10.2 클라우드 보안 결함으로 판단하였다.

④ 클라우드 서비스 이용에 대한 계약서를 작성하고 있으나 계약서 내에 보안에 대한 책임 및 역할 등에 대한 사항이 포함되어 있지 않아 2.10.2 클라우드 보안 결함으로 판단하였다.

⑤ 신청기관이 파악하고 있는 정보자산 목록에서 클라우드 서비스의 일부 영역(AWS의 IAM, EC2, Security group)에 대한 취약점 진단 항목을 누락했거나 진단을 하지 않아 2.10.2 클라우드 보안 결함으로 판단하였다.

해설

2.11.2 취약점 점검 및 조치 결함이다.

★ 정답 ★	62 ⑤

63 **○○카드사에 대해 ISMS-P 인증심사를 수행하고 있다. 2.10 시스템 및 서비스 보안관리 인증기준 중 심사원이 결함으로 판단한 내용으로 잘못된 것을 고르시오.**

① 전자결제대행업체의 외부 시스템과 연계하고 있으나 송·수신되는 중요 정보가 평문으로 전송되고 있으며, 별도의 추가적인 보안 통제 대책을 적용하고 있지 않아 2.10.4 전자거래 및 핀테크 보안 결함으로 판단하였다.

② 전자결제대행업체와 위탁 계약을 맺고 연계를 하였으나, 적절한 인증 및 접근제한 없이 특정 URL을 통해 결제 관련 정보가 모두 평문으로 전송되고 있어 2.10.4 전자거래 및 핀테크 보안 결함으로 판단하였다.

③ 내부 지침에는 외부 핀테크 서비스 연계 시 정보보호팀의 보안성 검토를 받도록 되어 있으나, 최근에 신규 핀테크 서비스를 연계하면서 일정 상의 이유로 보안성 검토를 수행하지 않고 있어 2.10.5 정보전송 보안 결함으로 판단하였다.

④ 조직 및 계열사 간 업무수행을 위해 중요정보를 상호 교환하고 있으나, 안전한 전송을 위한 별도의 협약을 체결하고 있지 않아 2.10.5 정보전송 보안 결함으로 판단하였다.

⑤ 대외 기관과 연계 시 전용망 또는 VPN을 적용하고 중계서버와 인증서 적용 등을 통해 안전하게 정보를 전송하고 있으나 외부 기관별 연계 시기, 방식, 담당자 및 책임자, 연계 정보, 법적 근거 등에 대한 현황관리가 적절히 이루어지지 않고 있어 2.10.5 정보전송 보안 결함으로 판단하였다.

해설

2.10.4 전자거래 및 핀테크 보안 결함이다.

64 **○○게임사에 대해 ISMS-P 인증심사를 수행하고 있다. 2.10 시스템 및 서비스 보안관리 인증기준 중 심사원이 결함으로 판단한 내용으로 잘못된 것을 고르시오.**

① 업무용 단말기에 대한 백신이 설치되어 있지 않거나 업데이트가 미흡하여 2.10.6 업무용 단말기기 보안 결함으로 판단하였다.

② 업무용 단말기에 대한 불필요한 소프트웨어(S/W)가 설치되어 있어 2.10.6 업무용 단말기기 보안 결함으로 판단하였다.

③ 업무용 단말기에 대한 PC 보안설정(화면보호기 등)이 미흡하여 2.10.6 업무용 단말기기 보안 결함으로 판단하였다.

★ 정답 ★	63 ③	64 ⑤

④ 보안시스템을 통한 보조저장매체 읽기 쓰기 정책을 차단하고 있으나, 해당 정책을 예외 받은 사용자에 대한 예외 사유, 사용 기한 등이 관리되고 있지 않은 경우 2.10.7 보조저장매체 관리 결함으로 판단하였다.

⑤ 보조저장매체 통제 솔루션을 도입하지 않고 있어 2.10.7 보조저장매체 관리 결함으로 판단하였다.

해설

보조저장매체 통제 솔루션 도입을 하지 않은 것만으로 결함으로 판단할 수 없다. 보완대책이 별도로 있는지 확인하여야 한다.

65 **○○게임사에 대해 ISMS-P 인증심사를 수행하고 있다. 2.10 시스템 및 서비스 보안관리 인증기준 중 심사원이 결함으로 판단한 내용으로 잘못된 것을 고르시오.**

① 사용 중인 프로그램(상용프로그램 및 오픈소스)의 취약점 존재 여부를 지속적으로 확인하지 않아 현재 취약점이 존재하는 버전을 사용하고 있어 2.10.8 패치관리 결함으로 판단하였다.

② 일부 시스템에 서비스 지원이 종료(EoS)된 OS버전을 사용 중이나, 이에 따른 대응계획이나 보완대책이 수립되어 있지 않아 2.10.8 패치관리 결함으로 판단하였다.

③ 일부 PC 및 서버에 백신이 설치되어 있지 않거나, 백신 엔진이 장기간 최신 버전으로 업데이트되지 않아 2.10.8 패치관리 결함으로 판단하였다.

④ 백신중앙관리시스템을 사용하고 있으나 시스템 및 관리자페이지에 대한 접근통제 및 보안설정이 미흡하여 2.10.9 악성코드 통제 결함으로 판단하였다.

⑤ 일부 내부망 PC 및 서버에서 다수의 악성코드 감염이력이 확인되었으나 감염 현황, 감염경로 및 원인 분석, 그에 따른 조치내역 등이 확인되지 않아 2.10.9 악성코드 통제 결함으로 판단하였다.

해설

2.10.9 악성코드 통제 결함이다.

★ 정답 ★	65 ③

66 **ㅇㅇ게임사에 대해 ISMS-P 인증심사를 수행하고 있다. 2.11 사고 예방 및 대응 인증기준 중 심사원이 결함으로 판단한 내용으로 잘못된 것을 고르시오.**

① 침해사고 신고, 통지 및 대응 협조를 위한 대외기관의 연락처가 과기정통부 또는 한국인터넷 진흥원으로 기재되어 있어 2.11.1 사고예방 및 대응체계 구축 결함으로 판단하였다.

② 외부 보안관제 전문업체 등 유관기관에 침해사고 탐지 및 대응을 위탁하여 운영하고 있으나 침해사고 대응에 대한 상호 간 관련 역할 및 책임 범위가 계약서나 SLA에 명확하게 정의되지 않아 2.11.1 사고예방 및 대응체계 구축 결함으로 판단하였다.

③ 침해사고 대응절차를 수립하였으나, 개인정보 침해 신고 기준, 시점 등이 법적 요구사항을 준수하지 못하여 2.11.1 사고예방 및 대응체계 구축 결함으로 판단하였다.

④ 신청기관에서 발생한 침해사고가 내부 기준에 따라 CISO보고 대상이나 실제 CISO에게 보고하지 않아 2.11.5 사고 대응 및 복구 결함으로 판단하였다.

⑤ 신청기관은 최근 DDoS 공격으로 의심되는 침해사고로 인해 서비스 일부가 중단된 사례가 있으나 이에 대한 원인분석 및 재발방지 대책이 수립되지 않아서 반복적으로 비슷한 공격에 대해 지속적으로 서비스가 중단되고 있어 2.11.5 사고 대응 및 복구 결함으로 판단하였다.

해설

결함이 아니다. 침해사고는 과기정통부 또는 KISA에 신고하면 되며 개인정보 유출신고는 개인정보보호위원회 또는 KISA에 신고하면 된다.

67 **ㅇㅇ게임사에 대해 ISMS-P 인증심사를 수행하고 있다. 2.11 사고 예방 및 대응 인증기준 중 심사원이 결함으로 판단한 내용으로 잘못된 것을 고르시오.**

① 정보서비스 흐름도 상 시스템 연계를 위한 중계 서버가 확인되었으나 취약점 진단 목록에서는 제외되어 진단하지 않아 2.11.2 취약점 점검 및 조치 결함으로 판단하였다.

② 취약점 점검 결과 이행계획을 세운 후 서비스 제공 상 불가피하게 미조치한 사항에 대한 보완대책이 확인되지 않고 있어 2.11.2 취약점 점검 및 조치 결함으로 판단하였다.

③ 취약점 점검 이력을 관리하고 있음에도 불구하고 전년도에 발견된 취약점이 반복적으로 발생되고 있어 2.11.2 취약점 점검 및 조치 결함으로 판단하였다.

★ 정답 ★	66 ①	67 ④

④ 신청기관에서 운영하고 있는 일부 정보처리시스템에 대하여 침해시도, 개인정보유출 시도, 부정행위 등 탐지하기 위한 로그 수집 대상에서 예외로 조치하였으나, 명확한 미수집 사유가 확인이 되지 않아 2.11.2 취약점 점검 및 조치 결함으로 판단하였다.

⑤ 외부 보안관제 전문업체 등 외부 기관에 침해시도 모니터링 업무를 위탁하고 있으나, 위탁업체가 제공한 관련 보고서를 검토한 이력이 확인되지 않거나 위탁 대상에서 제외된 시스템에 대한 자체 모니터링 체계를 갖추고 있지 않고 있어 2.11.3 이상행위 분석 및 모니터링 결함으로 판단하였다.

해설

2.11.3 이상행위 분석 및 모니터링 결함이다.

68 **○○게임사에 대해 ISMS-P 인증심사를 수행하고 있다. 2.11 사고 예방 및 대응 인증기준 중 심사원이 결함으로 판단한 내용으로 잘못된 것을 고르시오.**

① 신청기관에서 연간 침해사고 모의훈련 계획을 수립하였으나 타당한 사유 또는 승인 없이 해당 기간 내에 실시하지 않아 2.11.4 사고 대응 훈련 및 개선 결함으로 판단하였다.

② 모의 악성메일 발송 훈련을 실시하였으나, 해당 메일 열람자에 대하여 별도의 후속조치가 취해지지 않고 있어 2.11.4 사고 대응 훈련 및 개선 결함으로 판단하였다.

③ 관련 임직원이 침해사고 대응 절차를 숙지할 수 있도록 3년마다 1회씩 교육을 실시하여 2.11.4 사고 대응 훈련 및 개선 결함으로 판단하였다.

④ 모의훈련을 계획하여 실시하였으나, 관련 내부 지침에 정한 절차 및 서식에 따라 수행하지 않아 2.11.4 사고 대응 훈련 및 개선 결함으로 판단하였다.

⑤ 재해 복구 훈련을 계획·시행하지 않았거나 관련 계획서 및 결과보고서가 확인되지 않아 2.11.4 사고 대응 훈련 및 개선 결함으로 판단하였다.

해설

2.12.2 재해 복구 시험 및 개선 결함이다.

★ 정답 ★	68 ⑤

69 **○○게임사에 대해 ISMS-P 인증심사를 수행하고 있다. 2.12 재해복구 인증기준 중 심사원이 결함으로 판단한 내용으로 잘못된 것을 고르시오.**

① 중요도에 따라 복구 등급과 순위를 1~3 등급으로 분류하고 있으나 중요 서비스임에도 복구 순위 및 등급이 가장 낮은 3 등급으로 지정되어 있어 2.12.1 재해, 재난 대비 안전조치 결함으로 판단하였다.

② 현실적 대책 없이 복구 목표시간(RTO)을 과도 또는 과소하게 설정하고 있거나 복구 목표시점(RPO)과 백업정책(대상, 주기 등)이 적절히 연계되지 않아 복구 효과성을 보장할 수 없어 2.12.1 재해, 재난 대비 안전조치 결함으로 판단하였다.

③ IT 재해 복구 절차서 내에 IT 재해 복구 조직 및 역할 정의, 비상연락체계, 복구 절차 및 방법 등 중요한 내용이 누락되어 있어 2.12.1 재해, 재난 대비 안전조치 결함으로 판단하였다.

④ 재해 복구 훈련 계획을 수립하였으나, 타당한 사유 또는 승인 없이 계획대로 실시하지 않았거나 관련 결과보고가 확인되지 않아 2.12.2 재해 복구 시험 및 개선 결함으로 판단하였다.

⑤ 재해·재난, 침해사고 등으로 인한 정보시스템 피해 발생 시 적시에 복구가 가능하도록 백업 및 복구절차를 수립하지 않아 2.12.1 재해, 재난 대비 안전조치 결함으로 판단하였다.

해설

2.9.3 백업 및 복구관리 결함이다.

70 **○○게임사에 대해 ISMS-P 인증심사를 수행하고 있다. 3.1 개인정보 수집 시 보호조치 인증기준 중 심사원이 결함으로 판단한 내용으로 잘못된 것을 고르시오.**

① 직원 채용 시 가족사항과 같이 채용업무와 직접 관련이 없는 개인정보항목을 수집하고 있어 3.1.2 개인정보 수집 제한 결함으로 판단하였다.

② 개인정보보호법을 적용 받는 개인정보처리자가 개인정보 수집 동의 시 고지 사항에 '동의 거부 권리 및 동의 거부에 따른 불이익 내용'을 누락하여 3.1.2 개인정보 수집 제한 결함으로 판단하였다.

③ 회원가입 시 서비스 제공을 위해 필요한 최소한의 정보 외의 기타 정보들을 수집하면서 필수항목과 선택항목으로 구분하지 않고 일괄로 동의를 받고 있어 3.1.2 개인정보 수집 제한 결함으로 판단하였다.

★ 정답 ★	69 ⑤	70 ②

④ 홈페이지 회원가입 화면에서 선택사항에 대해 동의하지 않거나 선택정보를 입력하지 않으면 다음 단계로 넘어가지 않거나 회원가입이 차단되고 있어 3.1.2 개인정보 수집 제한 결함으로 판단하였다.

⑤ 개인정보 입력 양식에 개인정보 항목별로 필수, 선택 여부가 표시되어 있지 않아 3.1.2 개인정보 수집제한 결함으로 판단하였다.

해설

3.1.1 개인정보 수집·이용 결함이다.

71 **ㅇㅇ게임사에 대해 ISMS-P 인증심사를 수행하고 있다. 3.1 개인정보 수집 시 보호조치 인증기준 중 심사원이 결함으로 판단한 내용으로 잘못된 것을 고르시오.**

① 쇼핑몰 홈페이지에서 회원가입 시 회원가입에 필요한 개인정보 외에 추후 물품 구매 시 필요한 결제 배송 정보를 미리 필수 항목으로 수집하고 있어 3.1.2 개인정보 수집 제한 결함으로 판단하였다.

② 신청기관에서 제공하는 서비스와 관련이 없는 성별을 필수 항목으로 수집하거나 상세한 주소, 번지까지 수집하고 있어 3.1.2 개인정보 수집 제한 결함으로 판단하였다.

③ Q&A, 게시판을 통해 비회원의 개인정보(이름, 이메일, 휴대폰번호)를 수집하면서 개인정보 수집 동의 절차를 거치지 않고 있어 3.1.1 개인정보 수집·이용 결함으로 판단하였다.

④ 만 14세 미만 아동의 개인정보를 수집하면서 법정대리인의 동의를 받지 않고 있어 3.1.1 개인정보 수집·이용 결함으로 판단하였다.

⑤ 본인 인증 시 수집하는 CI, 성별, 생년월일, 성명, 휴대전화번호에 대한 동의를 받고 있지 않아 3.1.1 개인정보 수집·이용 결함으로 판단하였다.

해설

3.1.1 개인정보 수집 동의 결함이다.

★ 정답 ★	71 ①

72 **ㅇㅇ게임사에 대해 ISMS-P 인증심사를 수행하고 있다. 3.1 개인정보 수집 시 보호조치 인증기준 중 심사원이 결함으로 판단한 내용으로 잘못된 것을 고르시오.**

① 주민등록번호 법정주의 시행 이전에 수집하여 저장하고 있던 주민등록번호를 현재 법적 근거가 없음에도 파기하지 않고 보관하고 있어 3.1.3 주민등록번호 처리 제한 결함으로 판단하였다.

② 정보주체의 주민등록번호를 법률, 대통령령, 국회규칙, 헌법재판소규칙, 중앙선거관리위원회규칙 및 감사원규칙에 근거하여 수집하고 있어 3.1.3 주민등록번호 처리 제한 결함으로 판단하였다.

③ 주민등록번호 수집의 법적 근거가 있다는 사유로 홈페이지 회원가입 단계에서 대체수단을 제공하지 아니하고 주민등록번호를 입력 받는 본인확인 및 회원가입 방법만을 제공하고 있어 3.1.3 주민등록번호 처리 제한 결함으로 판단하였다.

④ 콜센터에 상품, 서비스 관련 문의 시 본인확인을 위해 주민등록번호를 수집하고 있어 3.1.3 주민등록번호 처리 제한 결함으로 판단하였다.

⑤ 비밀번호 분실 시 본인확인 등의 목적으로 주민등록번호 뒷 6자리를 수집하지만, 관련된 법적 근거가 없어 3.1.3 주민등록번호 처리 제한 결함으로 판단하였다.

해설

결함이 아니다.

73 **ㅇㅇ게임사에 대해 ISMS-P 인증심사를 수행하고 있다. 3.1 개인정보 수집 시 보호조치 인증기준 중 심사원이 결함으로 판단한 내용으로 잘못된 것을 고르시오.**

① 장애등급 등 민감정보를 수집하나 다른 개인정보 수집과 구분하여 별도로 동의받지 않고 있어 3.1.4 민감정보 및 고유식별정보의 처리 제한 결함으로 판단하였다.

② 채용전형 진행단계에서 법적 근거 없이 입사지원자의 주민등록번호를 수집하고 있어 3.1.4 민감정보 및 고유식별정보의 처리 제한 결함으로 판단하였다.

③ 장애인에 대한 요금감면 등 혜택 부여를 위해 장애여부 등 건강에 관한 민감정보를 수집하면서 다른 개인정보 항목에 포함하여 일괄 동의를 받고 있어 3.1.4 민감정보 및 고유식별정보의 처리 제한 결함으로 판단하였다.

★ 정답 ★	72 ②	73 ②

④ 회원가입 시 외국인에 한해 외국인등록번호를 수집하면서 다른 개인정보 항목에 포함하여 일괄 동의를 받고 있어 3.1.4 민감정보 및 고유식별정보의 처리 제한 결함으로 판단하였다.

⑤ 민감정보 또는 고유식별정보에 대하여 별도 동의를 받으면서 고지해야 할 4가지 사항 중에 일부를 누락하거나 잘못된 내용으로 고지하고 있어 3.1.4 민감정보 및 고유식별정보의 처리 제한 결함으로 판단하였다.

해설

3.1.3 주민등록번호 처리 제한 결함이다.

74 **○○공공기관에 대해 ISMS-P 인증심사를 수행하고 있다. 3.1 개인정보 수집 시 보호조치 인증기준 중 심사원이 결함으로 판단한 내용으로 잘못된 것을 고르시오.**

① 인터넷 홈페이지, SNS에 공개된 개인정보를 수집하고 있는 상태에서 정보주체(이용자)의 수집 출처 요구에 대한 처리절차가 존재하지 않아 3.1.5 개인정보 간접수집 결함으로 판단하였다.

② 5만 명 이상 정보주체의 민감정보 또는 고유식별정보를 처리하거나 100만 명 이상 정보주체의 개인정보를 처리하는 사업자가 다른 사업자로부터 개인정보 제공동의를 근거로 개인정보를 제공받았으나 이에 대해 해당 정보주체에게 3개월 내에 통지하지 않아 3.1.5 개인정보 간접수집 결함으로 판단하였다.

③ 서비스 제공과 직접 관련이 없는 타겟 마케팅 목적으로 쿠키에 포함된 개인정보를 동의받지 않고 수집하고 있어 3.1.5 개인정보 간접수집 결함으로 판단하였다.

④ 공용오피스 출입구에 범죄예방 목적으로 CCTV를 설치하였으나, 공용오피스 관리자가 아닌 오피스에 입주하여 업무를 하는 직원들이 영상정보에 접근 가능하여 3.1.6 영상정보처리기기 설치·운영 결함으로 판단하였다.

⑤ 영상정보처리기기의 설치·운영 사무를 외부업체에 위탁을 주고 있어 3.1.6 영상정보처리기기 설치·운영 결함으로 판단하였다.

해설

위탁하는 것만으로는 결함이 아니다. 단, 안내판에 수탁자의 명칭과 연락처를 고지하여야 한다.

★ 정답 ★	74 ⑤

75 **○○게임사에 대해 ISMS-P 인증심사를 수행하고 있다. 3.1 개인정보 수집 시 보호조치 인증기준 중 심사원이 결함으로 판단한 내용으로 잘못된 것을 고르시오.**

① 모바일앱에서 광고성 정보전송(앱푸시)에 대해 거부 의사를 밝혔으나, 프로그램 오류 등의 이유로 광고성앱 푸시가 이루어지고 있어 3.1.7 마케팅 목적의 개인정보 수집·이용 결함으로 판단하였다.

② 온라인 회원가입 화면에서 문자, 이메일에 의한 광고성 정보 전송에 대해 기본설정값으로 체크되어 있어 3.1.7 마케팅 목적의 개인정보 수집·이용 결함으로 판단하였다.

③ 광고성 정보 수신동의 여부에 대해 정보주체에게 매 2년마다 재확인을 하고 있어 3.1.7 마케팅 목적의 개인정보 수집·이용 결함으로 판단하였다.

④ '홍보 및 마케팅 동의서'가 별도로 구현되어 있으나, '개인정보 수집이용 동의서'와 혼재되어 있어 필수 동의항목, 선택 동의 항목을 식별하기 어려운 구조로 설계되어 있어 3.1.7 마케팅 목적의 개인정보 수집·이용 결함으로 판단하였다.

⑤ '홍보 및 마케팅' 목적으로 개인정보를 수집하면서 '부가서비스 제공', '제휴 서비스 제공' 등과 같이 목적을 모호하게 안내하는 경우 또는 다른 목적으로 수집하는 개인정보와 구분 하지 않고 포괄 동의를 받고 있어 3.1.7 마케팅 목적의 개인정보 수집·이용 결함으로 판단하였다.

해설

정보통신망법 제50조 제8항에 따라 2년마다 광고성 수신 동의 여부를 확인하여야 하므로 결함이 아니다.

76 **○○공공기관에 대해 ISMS-P 인증심사를 수행하고 있다. 3. 개인정보 처리단계별 요구사항 인증기준 중 심사원이 결함으로 판단한 내용으로 잘못된 것을 고르시오.**

① 개인정보보호위원회에 등록하여 개인정보파일을 관리하고 있으나, 신청기관이 운영하고 있는 개인정보 처리방침에 기술되어 있는 개인정보파일과 상이하여 3.2.1 개인정보 현황관리 결함으로 판단하였다.

② 신규 개인정보파일을 구축한지 50일 후 해당 개인정보파일을 개인정보보호위원회에 등록하여 3.2.1 개인정보 현황관리 결함으로 판단하였다.

③ 개인정보보호위원회에 등록되어 공개된 개인정보파일의 내용(수집하는 개인정보의 항목 등)이 실제 처리하고 있는 개인정보파일 현황과 상이하여 3.2.1 개인정보 현황관리 결함으로 판단하였다.

★ 정답 ★	75 ③	76 ②

④ 인터넷 홈페이지를 통해 회원정보를 변경할 때는 본인확인 절차를 거치고 있으나, 고객센터 상담원과의 통화를 통한 회원 정보 변경 시에는 본인확인 절차가 미흡하여 회원정보 도용 등 악의적인 변경이 가능할 가능성이 있어 3.2.2 개인정보 품질보장 결함으로 판단하였다.

⑤ 온라인 회원에 대해서는 개인정보를 변경할 수 있는 방법을 제공하고 있으나, 오프라인 회원에 대해서는 개인정보를 변경할 수 있는 방법을 제공하고 있지 않고 있어 3.2.2 개인정보 품질보장 결함으로 판단하였다.

해설

60일 이내 등록하면 되므로 결함이 아니다.

77 ○○공공기관에 대해 ISMS-P 인증심사를 수행하고 있다. 3.2 개인정보 보유 및 이용 시 보호조치 인증기준 중 심사원이 결함으로 판단한 내용으로 잘못된 것을 고르시오.

① 공공기관이 임직원의 개인정보파일을 개인정보 보호위원회에 등록하지 않아 3.2.1 개인정보 현황 관리 결함으로 판단하였다.

② 공공기관이 통계법에 따라 수집되는 개인정보파일을 개인정보 보호위원회에 등록하지 않아 3.2.1 개인정보 현황 관리 결함으로 판단하였다.

③ 공공기관이 개인정보파일을 운용하기 위해 개인정보보호위원회에 등록하였으나, 이후 변경된 사항에 대해서는 개인정보보호위원회에 등록하지 않아 3.2.1 개인정보 현황 관리 결함으로 판단하였다.

④ 공공기관이 고정형영상정보처리기기를 통하여 수집된 개인영상정보파일에 대해서는 개인정보호호위원회에 등록하지 않아 3.2.1 개인정보 현황 관리 결함으로 판단하였다.

⑤ 공공기관이 운용하고 있는 개인정보파일에 대해서 개인정보보호위원회에 등록하였으나 그 현황을 개인정보처리방침에는 공개하지 않아 3.2.1 개인정보 현황 관리 결함으로 판단하였다.

해설

결함이 아니다.

★ 정답 ★	77 ④

78 ○○게임사에 대해 ISMS-P 인증심사를 수행하고 있다. 3.2 개인정보 보유 및 이용 시 보호조치 인증기준 중 심사원이 결함으로 판단한 내용으로 잘못된 것을 고르시오.

① 접근권한에 대한 개별동의가 불가능한 안드로이드 6.0 미만 버전을 지원하는 스마트폰 앱을 배포하면서 선택적 접근권한을 함께 설정하여, 선택적 접근권한에 대해 거부할 수 없도록 하고 있어 3.2.3 이용자 단말기 접근 보호 결함으로 판단하였다.

② 선택적 접근권한(사진, 마이크 등)에 대한 이용자 동의 철회 기능이 존재하지 않아 3.2.3 이용자 단말기 접근 보호 결함으로 판단하였다.

③ 스마트폰앱에서 서비스에 불필요함에도 불구하고 주소록, 사진, 문자 등 스마트폰 내 개인 정보 영역에 접근할 수 있는 권한을 과도하게 설정하고 있어 3.2.3 이용자 단말기 접근 보호 결함으로 판단하였다.

④ 정보통신서비스 제공자의 스마트폰앱에서 스마트폰 내 저장되어 있는 정보 및 설치된 기능에 접근하면서 접근권한에 대한 고지 및 동의를 받지 않고 있어 3.2.3 이용자 단말기 접근 보호 결함으로 판단하였다.

⑤ 모바일앱에서 광고성 정보전송(앱푸시)에 대해 거부 의사를 밝혔으나, 프로그램 오류 등의 이유로 광고성앱 푸시가 이루어지고 있어 3.2.3 이용자 단말기 접근 보호 결함으로 판단하였다.

해설

3.1.7 마케팅 목적의 개인정보 수집·이용 결함이다.

79 ○○게임사 및 △△공공기관에 대해 ISMS-P 인증심사를 수행하고 있다. 3.2 개인정보 보유 및 이용 시 보호조치 인증기준 중 심사원이 결함으로 판단한 내용으로 잘못된 것을 고르시오.

① 주요 시스템 연계를 통하여 타 기관으로 개인정보 제공 시 암호화 전송이 이뤄지지 않고 있어 3.2.4 개인정보 목적 외 이용 및 제공 결함으로 판단하였다.

② 최초 수집목적을 벗어난 범죄 수사, 재판 관결 등을 목적으로 관련 기관(경찰청, 법원 등)에 개인정보 목적 외 제공 시 제공 이력을 기록·관리하지 않아 3.2.4 개인정보 목적 외 이용 및 제공 결함으로 판단하였다.

★ 정답 ★	78 ⑤	79 ①

③ 민간 기업이 범죄 수사 목적으로 경찰청에 목적 외로 개인정보를 제공하는 경우 영장과 같은 범죄와 관련된 구체적인 근거를 확인하지 않은 채 개인정보를 제공하여 3.2.4 개인정보 목적 외 이용 및 제공 결함으로 판단하였다.

④ 고객만족도 조사에 응답해준 회원을 대상으로 별도 동의 없이 신규 상품에 대한 프로모션을 이메일로 전송하거나 고객 만족도 조사, 경품 행사에 응모하기 위해 수집한 개인정보를 자사의 할인판매행사 안내용 광고 발송에 이용하고 있어 3.2.4 개인정보 목적 외 이용 및 제공 결함으로 판단하였다.

⑤ 공공기관이 다른 법률에 근거하여 민원인의 개인정보를 목적 외로 타 기관에 제공하면서 관련 사항을 관보 또는 인터넷 홈페이지에 게시하지 않아 3.2.4 개인정보 목적 외 이용 및 제공 결함으로 판단하였다.

2.7.1 암호정책 적용 결함이다.

80 **○○게임사에 대해 ISMS-P 인증심사를 수행하고 있다. 3.3 개인정보 제공 시 보호조치 인증기준 중 심사원이 결함으로 판단한 내용으로 잘못된 것을 고르시오.**

① 수탁자의 수가 너무 많아 해당 수탁자명을 업종별로 묶어 공개 하고 있어 3.3.2 개인정보 처리 업무 위탁 결함으로 판단하였다.

② 실제 서비스 이용 및 운영을 위한 업무를 위탁하고 있으나, 제3자 제공으로 오인하여 개인정보처리방침 등에 제3자 제공으로 구분하여 운영하고 있어 3.3.2 개인정보 처리 업무 위탁 결함으로 판단하였다.

③ 개인정보 처리방침 내 개인정보 처리를 위탁하지 않는 외부 업체를 고지하고 있어 3.3.2 개인정보 처리 업무 위탁 결함으로 판단하였다.

④ 개인정보 처리업무 위탁계약서의 재위탁 제한 조항에는 재위탁 시 위탁자의 사전 승인을 받도록 하고 있으나, 수탁자 중 일부가 위탁자의 동의 없이 해당 업무를 재위탁하고 있어 3.3.2 개인정보 처리 업무 위탁 결함으로 판단하였다.

⑤ 기존 개인정보 처리업무 수탁사와의 계약 해지에 따라 개인정보 처리업무 수탁사가 변경되었으나, 이에 대하여 개인정보 처리방침에 지체 없이 반영하지 않고 있어 3.3.2 개인정보 처리 업무 위탁 결함으로 판단하였다.

해설

2.3.3 외부자 보안 이행관리 결함이다.

★ 정답 ★	80 ④

81 **ㅇㅇ쇼핑몰에 대해 ISMS-P 인증심사를 수행하고 있다. 3.3 개인정보 제공 시 보호조치 인증기준 중 심사원이 결함으로 판단한 내용으로 잘못된 것을 고르시오.**

① 양도자 및 양수자가 이전 사실을 정보주체(이용자)에게 알리지 않아 3.3.3 영업의 양도 등에 따른 개인정보 이전 결함으로 판단하였다.

② 영업의 양도에 따라 개인정보를 다른 사람에게 이전하면서 정보주체의 연락처를 알 수 없어 고지해야 할 사항을 인터넷 홈페이지에 10일간 기재하고 있어 3.3.3 영업의 양도 등에 따른 개인정보 이전 결함으로 판단하였다.

③ 이전 사업자가 상품 배송을 목적으로 보유하던 개인정보를 영업 양수 후 상품 홍보 목적으로 이용하고 있어 3.3.3 영업의 양도 등에 따른 개인정보 이전 결함으로 판단하였다.

④ 양도자가 전자우편·서면·팩스·전화 또는 이와 유사한 방법 중 두 가지 이상이 아닌 한 가지 방법으로 정보주체에게 알렸으나, 3.3.3 영업의 양도 등에 따른 개인정보 이전 결함으로 판단하지 않았다.

⑤ 개인정보처리자가 영업 양수를 통하여 개인정보를 이전 받으면서 양도자가 개인정보 이전 사실을 알렸음을 근거로 개인정보 이전 사실을 정보주체에게 알리지 않고 있어 3.3.3 영업의 양도 등에 따른 개인정보 이전 결함으로 판단하였다.

해설

결함이 아니다.

82 **ㅇㅇ쇼핑몰에 대해 ISMS-P 인증심사를 수행하고 있다. 3.5 정보주체 권리보호 인증기준 중 심사원이 결함으로 판단한 내용으로 잘못된 것을 고르시오.**

① 개인정보처리방침 내 고지하는 개인정보 수집 항목 및 수집 목적과 실제 수집하는 개인정보 항목 및 목적이 상이하여 3.5.1 개인정보처리방침 공개 결함으로 판단하였다.

② 개인정보처리자 입장에서 불필요한 이메일주소가 개인정보 수집동의서상 필수항목으로 기재되어있으며, 개인정보처리 방침에서는 선택항목으로 되어있어 3.5.1 개인정보처리방침 공개 결함으로 판단하였다.

③ 개인정보처리방침 개정 시 개정 이유 및 내용을 공지하지 않아 3.5.1 개인정보처리방침 공개 결함으로 판단하였다.

④ 개인정보 처리방침에 공개되어 있는 개인정보 수집, 제3자 제공 내역이 실제 수집 및 제공하는 내역과 달라 3.5.1 개인정보처리방침 공개 결함으로 판단하였다.

★ 정답 ★	81 ⑤	82 ②

⑤ 개인정보보호책임자의 변경, 수탁자 변경 등 개인정보 처리방침 공개 내용 중에 변경사항이 발생하였음에도 이를 반영하여 변경하지 않아 3.5.1 개인정보처리방침 공개 결함으로 판단하였다.

해설

개인정보처리자 입장에서 선택항목인 이메일주소가 개인정보 수집동의서상 필수항목으로 기재되어 있다면 3.1.1 개인정보 수집·이용 결함이 더 가깝다. 다른 예로 개인정보수집동의서는 선택항목으로 되어 있으나 개인정보처리방침상 필수항목으로 되어있다면 개인정보처리방침의 오류이기 때문에 3.5.1 개인정보처리방침 결함에 더 가까워진다.

83 **ㅇㅇ쇼핑몰에 대해 ISMS-P 인증심사를 수행하고 있다. 3.3 개인정보 제공 시 보호조치 인증기준 중 심사원이 결함으로 판단한 내용으로 잘못된 것을 고르시오.**

① 개인정보처리자가 해외협력사에게 자사의 고객정보조회시스템을 사용하도록 제공하는 등 정보주체의 동의를 받아 개인정보를 국외의 제3자에게 제공하고 있어 3.3.4 개인정보의 국외이전 결함으로 판단하였다.

② 개인정보처리자가 서비스 제공을 위하여 국외 클라우드 서비스를 이용하여 개인정보 처리위탁 및 보관을 하면서 이전되는 국가, 이전 방법 등 관련 사항을 홈페이지에 공개하거나 이용자에게 알리지 않아 3.3.4 개인정보의 국외이전 결함으로 판단하였다.

③ 개인정보처리자가 국외이전 사항에 대해 개인정보처리방침을 통해 공개하지 않아 3.3.4 개인정보의 국외이전 결함으로 판단하였다.

④ 개인정보처리자가 개인정보 국외 이전에 대한 동의를 받으면서 이전 받는 자의 명칭(업체명)만 고지하고 이전되는 국가 등에 대해 알리지 않아 3.3.4 개인정보의 국외이전 결함으로 판단하였다.

⑤ 개인정보를 처리하는 과정에서 국외 사업자에게 개인정보 제3자 제공이 발생하였으나, 개인 정보 국외 이전에 대한 동의를 받지 않아 3.3.4 개인정보의 국외이전 결함으로 판단하였다.

해설

결함이 아니다.

★ 정답 ★	83 ①

84 **○○쇼핑몰에 대해 ISMS-P 인증심사를 수행하고 있다. 3.4 개인정보 파기 시 보호조치 인증기준 중 심사원이 결함으로 판단한 내용으로 잘못된 것을 고르시오.**

① 채용시스템 내 운영 데이터베이스 및 개발 데이터베이스에 보존기한이 경과한 지원자의 개인정보가 파기되지 않아 3.4.1 개인정보의 파기 결함으로 판단하였다.

② 탈퇴회원은 매일 배치파일에 의해 삭제되도록 데이터베이스를 구성하였으나 실제 배치파일이 작동하지 않아 보존기한이 6개월이 경과한 개인정보가 데이터베이스에 존재하고 있어 3.4.1 개인정보의 파기 결함으로 판단하였다.

③ 고객센터에서 사용하는 웹팩스 시스템에 인입된 주민등록등본, 통장사본 등이 고객상담 및 처리가 완료된 후에도 삭제되지 않고 일정기간 주요 서버 및 상담사 PC에 남아있어 3.4.1 개인정보의 파기 결함으로 판단하였다.

④ 탈퇴회원 정보를 파기하지 않고 전자상거래법에 따라 일정기간 보관하면서 Flag값만 변경하여 다른 회원정보와 동일한 테이블에 보관하고 있어 3.4.1 개인정보의 파기 결함으로 판단하였다.

⑤ 전자상거래법에 따른 소비자 불만 및 분쟁처리에 관한 기록을 법적 의무보존 기간인 3년을 초과하여 5년간 보존하고 있어 3.4.1 개인정보 파기 결함으로 판단하였다.

해설

3.4.2 처리목적 달성 후 보유 시 조치 결함이다.

85 **○○쇼핑몰에 대해 ISMS-P 인증심사를 수행하고 있다. 3.2 개인정보 보유 및 이용 시 보호조치 인증기준 중 심사원이 결함으로 판단한 내용으로 잘못된 것을 고르시오.**

① 통계작성 및 과학적 연구를 위하여 정보주체 동의 없이 가명정보를 처리하면서 가명정보 처리에 관한 기록을 남기고 있지 않아 2.3.5 가명정보 처리 결함으로 판단하였다.

② 개인정보를 가명처리하여 활용하고 있으나 추가 정보의 사용 없이도 다른 정보와 결합 등을 통하여 특정 개인을 알아볼 수 있는 가능성이 존재하여 3.2.5 가명정보 처리 결함으로 판단하였다.

③ 테스트 데이터 생성, 외부 공개 등을 위하여 개인정보를 익명처리하였으나, 특이치 등으로 인하여 특정 개인에 대한 식별 가능성이 존재하여 3.2.5 가명정보 처리 결함으로 판단하였다.

★ 정답 ★	84 ④	85 ④

④ 가명정보와 동일한 데이터베이스 내에 테이블을 분리하여 추가 정보를 보관하고 가명정보 테이블과 추가정보 테이블에 대한 접근권한을 분리하고 있으나 3.2.5 가명정보 처리 결함으로 판단하였다.

⑤ 가명정보의 처리 기간에 대해 적정한 기간을 설정하지 않아 3.2.5 가명정보 처리 결함으로 판단하였다.

해설

결함이 아니다.

86 **○○쇼핑몰에 대해 ISMS-P 인증심사를 수행하고 있다. 3.5 정보주체 권리보호 인증기준 중 심사원이 결함으로 판단한 내용으로 잘못된 것을 고르시오.**

① 모바일앱을 통해 회원가입 시 탈퇴가 불가능하여 3.5.2 정보주체 권리보장 결함으로 판단하였다.

② 선택항목인 개인정보항목에 대하여 수집 이용 동의에 대한 철회 방법이 제공되지 않아 3.5.2 정보주체 권리보장 결함으로 판단하였다.

③ 개인정보의 열람 민원에 대한 처리 내역을 기록 및 보관하지 않고 있어 3.5.2 정보주체 권리보장 결함으로 판단하였다.

④ 개인정보의 정정·삭제 요구에 대하여 정정·삭제 요구를 접수 받은 날로부터 10일째 회신하여 3.5.2 정보주체 권리보장 결함으로 판단하였다.

⑤ 정보주체 당사자 또는 정당한 대리인이 맞는지에 대한 확인 절차 없이 열람 통지가 이루어지고 있어 3.5.2 정보주체 권리보장 결함으로 판단하였다.

해설

결함이 아니다. 개인정보 정정·삭제 요구를 받은 날부터 10일 이내에 조치 결과 회신을 하면 된다.

★ 정답 ★	86 ④

87 **○○쇼핑몰에 대해 ISMS-P 인증심사를 수행하고 있다. 3.5 정보주체 권리보호 인증기준 중 심사원이 결함으로 판단한 내용으로 잘못된 것을 고르시오.**

① 개인인정보를 제3자에게 제공하고 있으나 개인정보 이용내역 통지 시 제3자 제공에 관한 사항이 누락되어 3.5.3 정보주체에 대한 통지 결함으로 판단하였다.

② 개인정보 이용내역 통지 법적의무 대상자에 해당하는데, 개인정보 이용내역 통지 계획은 수립되고 있으나 실제 이행은 하지 않아 3.5.3 정보주체에 대한 통지 결함으로 판단하였다.

③ 이용자의 이메일 주소를 보유하고 있음에도 불구하고 개인정보 이용내역을 개별 통지하지 않고 홈페이지에 팝업창과 공지사항으로만 안내하고 있어 3.5.3 정보주체에 대한 통지 결함으로 판단하였다.

④ 1만명의 정보주체에 대한 민감정보와 개인정보를 처리하고 있으나 개인정보 이용·제공내역을 통지하지 않아 3.5.3 정보주체에 대한 통지 결함으로 판단하였다.

⑤ 특정 정보주체가 이용내역 통지에 대한 거부의사를 표시함에도 불구하고 OO쇼핑몰은 법적의무사항이라고 판단하여 계속 이용내역 통지를 발송한 것에 대해 3.5.3 정보주체에 대한 통지 결함으로 판단하였다.

해설

결함이 아니다. 5만명의 정보주체에 대한 민감정보 또는 고유식별정보를 처리하거나 10만명의 정보주체에 대한 개인정보를 처리하는 자에 대해서 개인정보 이용·제공 내역 통지 법적 의무 대상자이다.

★ 정답 ★	87 ④

PART 3

정보보호 법규

Chapter 1 개인정보보호 관련 법제

한국은 성문법(成文法)을 원칙으로 한다. 법령이란 보통은 성문법 전체(헌법, 법률, 명령, 조약, 조례·규칙 등)를 가리킨다.

1 대한민국의 법제 구조

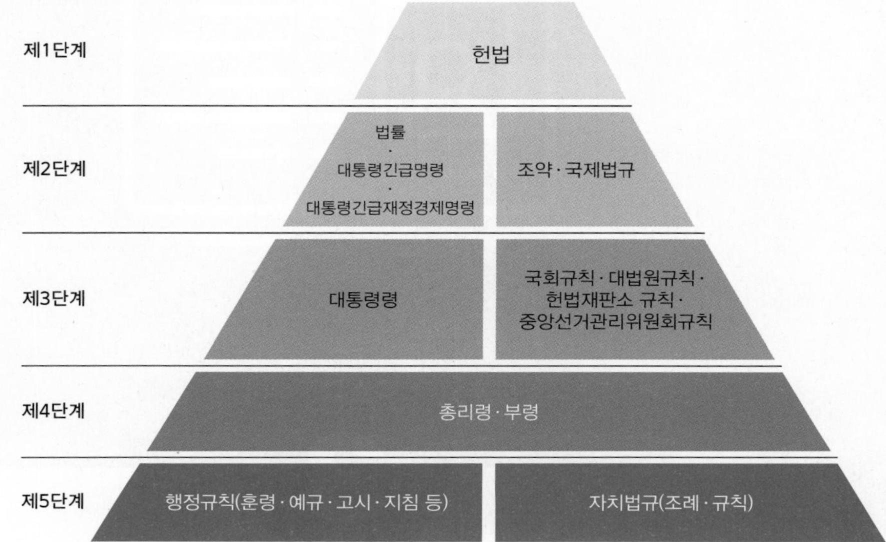

2 대한민국의 개인정보보호 관련 법제

단계	법제	주요 내용
1단계	헌법	• 헌법제10조 1문, 제17조 • 개인정보의 자기결정권의 근거 규정 • 헌법 제21조 알권리의 근거 규정
2단계	법률	• 일반법(개인정보보호법) • 특별법(정보통신망법, 위치정보보호법, 신용정보법)
3단계~5단계	시행령/시행규칙/고시/지침/가이드라인	• 개인정보보호법 시행령, 개인정보보호법 시행규칙 • 개인정보위원회 규정 • 개인정보 영향평가에 관한 고시 • 개인정보의 안전성 확보조치 기준 • 표준 개인정보보호 지침 등

(바른 뜻) 헌법, 법률, 시행령, 고시

1. 헌법
   헌법은 한 나라에서 최상위의 법 규범으로 국민의 권리·의무 등 기본권에 관한 내용과 국가기관 등 통치기구의 구성에 대한 내용을 담고 있으며, 모든 법령의 기준과 근거가 된다.
2. 법률
   법률은 헌법에 비해 보다 구체적으로 국민의 권리·의무에 관한 사항을 규율하며, 행정의 근거로 작용하고 있기 때문에 법체계상 가장 중요한 근간을 이루고 있다.
3. 시행령
   법률에서 그에 관한 모든 사항을 정하는 것이 아니라, 국민의 권리·의무에 관한 기본적인 사항만을 정하고 그에 관한 구체적인 내용은 국가 정책을 집행하고 담당하는 중앙행정기관에서 정할 수 있도록 위임해주는 하위규범이다.
4. 고시
   법령이 정하는 바에 따라 일정한 사항을 일반에게 알리기 위한 문서 또는 그러한 문서의 형태로 존재하는 법규범이다.

법 적용의 원칙

1. 상위법 우선의 원칙
   - 법규범 간에 충돌할 때 상위법이 우선 적용됨
2. 특별법 우선의 원칙
   - 특별법과 일반법이 충돌할 때 특별법이 우선 적용됨
3. 신법 우선의 원칙
   - 신법과 구법이 충돌할 때 신법이 우선 적용됨

Chapter 2 개인정보보호 개요

1 개인정보 의의

개인정보란 개인의 신체, 재산, 사회적 지위, 신분 등에 관한 사실, 판단, 평가 등을 나타내는 일체의 모든 정보를 말한다. 정보사회를 맞이하여 사회 각 분야에서 인터넷과 정보통신기술의 사용이 일상화되면서, 개인정보는 과거의 단순한 신분 정보에서 오늘날에는 전자상거래, 고객관리, 금융거래 등 사회의 구성, 유지, 발전을 위한 필수적인 요소로서 사용되고 있다. 또한 개인정보는 기업의 입장에서도 수익 창출을 위한 자산적 가치로서 높게 평가되고 있다.

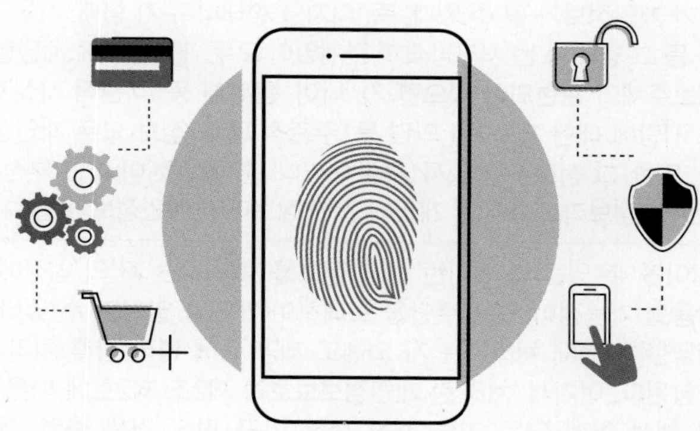

> **Q&A**
> **휴대전화번호 뒤 4자리는 개인정보?**
> '휴대전화번호 뒤 4자리'를 개인정보라고 본 판례가 있으나, 이는 다른 정보와의 결합가능성 등을 고려하여 개인 식별가능성이 있으므로 개인정보로 본 것이다. 만약 다른 결합 가능 정보가 일체 없이 오로지 휴대전화번호 뒤 4자리만 있는 경우에는 개인정보에 해당하지 않는다고 보아야 할 것이다.
> (개인정보보호법 해설서)

2 개인정보보호법에서의 용어 정의

개인정보보호법 제2조(정의)

- 1. "개인정보"란 살아 있는 개인에 관한 정보로서 다음 각 목의 어느 하나에 해당하는 정보를 말한다.
- 가. 성명, 주민등록번호 및 영상 등을 통하여 개인을 알아볼 수 있는 정보
- 나. 해당 정보만으로는 특정 개인을 알아볼 수 없더라도 다른 정보와 쉽게 결합하여 알아볼 수 있는 정보. 이 경우 쉽게 결합할 수 있는지 여부는 다른 정보의 입수 가능성 등 개인을 알아보는 데 소요되는 시간, 비용, 기술 등을 합리적으로 고려하여야 한다.
- 다. 가목 또는 나목을 제1호의2에 따라 가명처리함으로써 원래의 상태로 복원하기 위한 추가 정보의 사용·결합 없이는 특정 개인을 알아볼 수 없는 정보(이하 "가명정보"라 한다)

> **Q&A**
> **법인 대표와 임원진의 개인정보는 개인정보인가?**
> 법인 또는 단체에 관한 정보이면서 동시에 개인에 관한 정보인 대표자를 포함한 임원진과 업무 담당자의 이름·주민등록번호·자택주소 및 개인 연락처, 사진 등 그 자체가 개인을 식별할 수 있는 정보는 개별 상황 또는 맥락에 따라 법인 등의 정보에 그치지 않고 개인정보로 취급될 수 있다.
> (개인정보보호법 해설서)

(참고) 해외 국가에서의 개인정보의 정의

1. EU 개인정보보호법 (GDPR)
   - 식별되었거나 식별가능한 자연인 즉 정보주체에 관련된 모든 정보
2. 캐나다 프라이버시법
   - 신원을 확인할 수 있는 개인에 관한 정보
3. 독일 연방데이터보호법
   - 신원이 확실하거나 확인 가능한 정보주체의 인적, 물적 환경에 관한 일체의 정보

3 개인정보보호 법령 상의 개인정보 정의 특징

특징	관련 사항
살아 있는 개인에 관한 정보	• 자연인에 관한 정보이므로 사망했거나 실종선고 등 관계 법령에 의해 사망한 것으로 간주되는 자에 관한 정보는 개인정보로 볼 수 없다. 다만, 사망자의 정보라고 하더라도 유족과의 관계를 알 수 있는 정보는 유족의 개인정보에 해당한다.
개인에 관한 정보	• 개인정보의 주체는 자연인이어야 하며, 법인 또는 단체에 관한 정보는 개인정보에 해당하지 않는다. 따라서 법인 또는 단체의 이름, 소재지 주소, 대표 연락처(이메일 주소 또는 전화번호), 업무별 연락처, 영업실적 등은 개인정보에 해당하지 않는다. 또한, 개인사업자의 상호명, 사업장 주소, 전화번호, 사업자등록번호, 매출액, 납세액 등은 사업체의 운영과 관련한 정보로서 원칙적으로 개인정보에 해당하지 않는다.
정보의 내용·형태 등은 제한 없음	• 정보의 내용·형태 등은 특별한 제한이 없어서 개인을 알아볼 수 있는 모든 정보가 개인정보가 될 수 있다. 즉, 디지털 형태나 수기 형태, 자동 처리나 수동 처리 등 그 형태 또는 처리방식과 관계없이 모두 개인정보에 해당할 수 있다. • 정보주체와 관련되어 있으면 키, 나이, 몸무게 등 '객관적 사실'에 관한 정보나 그 사람에 대한 제3자의 의견 등 '주관적 평가' 정보 모두 개인정보가 될 수 있다. 또한, 그 정보가 반드시 '사실'이거나 '증명된 것'이 아닌 부정확한 정보 또는 허위의 정보라도 특정한 개인에 관한 정보이면 개인정보가 될 수 있다.
개인을 알아볼 수 있는 정보	• '알아볼 수 있는'의 의미는 해당 정보를 '처리하는 자'의 입장에서 합리적으로 활용될 가능성이 있는 수단을 고려하여 개인을 알아볼 수 있다면 개인정보에 해당한다. 현재 처리하는 자 외에도 제공 등에 따라 향후 처리가 예정된 자도 포함된다. 여기서 '처리'란 개인정보보호법 제2조 제2호에 따른 개인정보의 수집, 생성, 연계, 연동, 기록, 저장, 보유, 가공, 편집, 검색, 출력, 정정(訂正), 복구, 이용, 제공, 공개, 파기(破棄), 그 밖에 이와 유사한 행위를 말한다.
다른 정보와 쉽게 결합하여 개인을 알아볼 수 있는 정보	• '쉽게 결합하여'의 의미는 결합 대상이 될 정보의 '입수 가능성'이 있어야 하고 '결합 가능성'이 높아야 함을 의미한다. • '입수 가능성'은 두 종 이상의 정보를 결합하기 위해서는 결합에 필요한 정보에 합법적으로 접근·입수할 수 있어야 함을 의미하며, 이는 해킹 등 불법적인 방법으로 취득한 정보까지 포함한다고 볼 수는 없다. • '결합 가능성'은 현재의 기술 수준을 고려하여 비용이나 노력이 비합리적으로 수반되지 않아야 함을 의미하며, 현재의 기술 수준에 비추어 결합이 사실상 불가능하거나 결합하는데 비합리적인 수준의 비용이나 노력이 수반된다면 이는 결합이 용이하다고 볼 수 없다.
가명정보	• 가명정보란 법 제2조제1호가목 또는 나목에 따른 개인정보를 제1호의2에 따른 가명처리를 하여 원래의 상태로 복원하기 위한 추가 정보의 사용·결합 없이는 특정 개인을 알아볼 수 없는 정보(이하 '가명정보')로서 이러한 가명정보도 개인정보에 해당한다.

4 개인정보 유형 (예시)

유형	개인정보 항목
신분관계	• 성명, 주민등록번호, 주소, 본적, 가족관계, 본관 등
내면의 비밀	• 사상, 신조, 종교, 가치관, 정치적 성향 등
심신의 상태	• 건강상태, 신장, 체중 등 신체적 특징, 병력, 장애정도 등
사회 경력	• 학력, 직업, 자격, 전과 여부 등
경제관계	• 소득규모, 재산보유상황, 거래내역, 신용정보, 채권채무관계 등
새로운 유형	• 생체인식정보(지문, 홍채, DNA 등), 위치정보 등

5 개인정보보호 적용 대상

구분	개인정보보호법(2024. 3. 15)	정보통신망법(2023. 7. 4)
규제기관	• 개인정보보호위원회	• 방송통신위원회
정의	• 업무를 목적으로 개인정보파일을 운용하기 위하여 스스로 또는 다른 사람을 통하여 개인정보를 처리하는 공공기관, 법인, 단체 및 개인	• 「전기통신사업법」 제2조제8호에 따른 전기통신사업자와 영리를 목적으로 전기통신사업자의 전기통신역무를 이용하여 정보를 제공하거나 정보의 제공을 매개하는 자
목적	• 업무 목적 – 직업상 또는 사회생활상의 지위에 기하여 계속적으로 종사하는 사무나 사업의 일체를 의미하는 것으로 보수 유무나 영리 여부와는 관계가 없으며, 단 1회의 행위라도 계속·반복의 의사가 있다면 업무로 볼 수 있음	• 영리 목적의 의미 – 재산상 이익을 취득하거나 이윤을 추구하려는 목적이 있음을 의미한다. 그러므로 학술·종교·자선단체 등 비영리단체가 순수하게 해당 단체의 설립 목적을 실현하기 위해 웹사이트를 개설하여 운영하는 경우는 정보통신서비스 제공자로 보기 어려움
적용 대상	• 공공기관 – 국회, 법원, 헌법재판소, 중앙선거관리위원회, 중앙행정기관, 지방자치단체, 각급 학교 등 • 법인 • 단체 • 개인	• 전기통신사업자 1. 기간통신사업자(KT, LGU+, SKT) 2. 별정통신사업자(국제전화서비스, 인터넷 접속, 인터넷전화, 주차안심서비스 등) 3. 부가통신사업자(포털사이트, 게임사이트, 쇼핑몰, 커뮤니티 등)
보호 대상	• 정보주체란 처리되는 정보에 의하여 알아볼 수 있는 사람으로서 그 정보의 주체가 되는 사람	• 이용자란 정보통신서비스 제공자가 제공하는 제공하는 정보통신서비스를 이용하는 자
대상자	• 개인정보처리자	• 정보통신서비스 제공자

(참고) 조·항·호·목?

법령은 달랑 한 조문으로 이루어지는 경우도 있지만, 대개는 여러 조문으로 이루어진다. 따라서 이를 알아보기 좋게, 또한 인용(引用)하기에 편리하게 의미 단위별로 구분할 필요가 있는데, 기본적으로는 조(條)로써 구분하고, 조금 더 세분할 필요가 있을 때에는 항(項)으로써 구분한다. 법규정은 조와 항으로써 이루어지는 경우가 가장 많기 때문에 '조항'이라는 표현이 법규정의 대명사처럼 흔히 쓰인다. 한 '조'나 '항' 내에서 어떤 사항들을 나열할 필요가 있을 때에는 호(號)를 사용하고, 한 '호' 내에서 다시 나열이 필요할 때에는 목(目)을 사용한다.

1. 조(條, Article)
   – 제2조(정의)
2. 항(項, Paragraph)
   – ② 제1항에 따른 시책에는 다음 각 호의 사항이 포함되어야 한다.
3. 호(號, Sub-paragraph)
   – 1. 정보통신망에 관련된 기술의 개발·보급
   – 2. 정보통신망의 표준화
4. 목(目, Item)
   – 가. 접근권한이 필요한 정보 및 기능의 항목
   – 나. 접근권한이 필요한 이유

> **정보통신서비스 제공자 등의 의무**
> 정보통신서비스 제공자로부터 이용자의 개인정보를 제공받은 자는 정보통신서비스 제공자의 관리를 받지 않고 자기 책임하에 제공받은 목적 범위 내에서 개인정보를 이용하는 자이므로 정보통신서비스 제공자와 유사한 정도의 의무를 부담한다.

6 정보통신서비스 제공자 해당 여부

정보통신서비스 제공자란 전기통신사업법 규정에 의한 ①전기통신사업자와 ② 영리를 목적으로 전기통신사업자의 전기통신역무를 이용하여 정보를 제공하거나 정보의 제공을 매개하는 자를 말한다. (「정보통신망법」 제2조제1항제3호)

구분		정보통신서비스 제공자 해당 여부
전기통신사업자		• 정보통신서비스 제공자에 해당
영리 목적으로 전기 통신 역무를 이용하는 정보 제공자 또는 제공 매개자	상법상의 상인 및 회사	• 상법 상의 상인 및 회사는 영리를 목적으로 사업을 영위하므로 구체적인 영리행위가 없어도 기본적으로 정보통신서비스 제공자에 해당
	비영리 법인	• 학술·종교·자선·기예·사교 등 영리 아닌 사업을 목적으로 설립된 비영리법인이 순수하게 해당 법인의 설립 목적을 실현하기 위해 정보통신서비스를 제공하는 경우 정보통신서비스 제공자에 해당하지 않음 • 다만, 비영리법인이 수익사업을 위해 정보통신서비스를 제공하는 경우 정보통신서비스 제공자에 해당
	특수 법인	• 특수법인이 법률 상 목적 중 비영리사업을 위해 정보통신서비스를 제공하는 경우 정보통신서비스 제공자에 해당하지 않음 • 다만, 특수법인이 목적사업으로 수행하는 영리사업을 위해 정보통신서비스를 제공하는 경우 정보통신서비스 제공자에 해당
	공기업	• 기본적으로 영리를 목적으로 사업을 영위하므로 해당 사업을 목적으로 서비스를 제공하는 경우 정보통신서비스 제공자에 해당
	준정부 기관	• 정부 업무의 수탁 수행 또는 기금관리 업무를 수행하는 점에서 기본적으로 정보통신서비스 제공자에 해당하지 않음
	기타 공공 기관	• 개별적으로 영리 목적의 정보통신서비스 제공 여부를 판단 • 연구개발목적기관으로 분류된 경우 원칙적으로 정보통신서비스 제공자에 해당하지 않는 것으로 판단
영리 목적으로 전기 통신 역무를 이용하는 정보 제공자 또는 제공 매개자	의료 기관	• 의료기관이 웹사이트 등 정보통신서비스를 제공하면서 경제적 이익을 취할 목적으로 영리행위를 하는 경우에는 정보통신서비스 제공자에 해당 • 다만, 의료기관이 내원 환자를 대상으로 오프라인 진료만을 수행하는 경우(진료 사전예약을 위한 웹사이트, 전화예약서비스 등을 운영하는 경우 포함)에는 정보통신서비스 제공자에 해당하지 않음
	학교	• 관련 법률에 따라 설립되어 교육을 수행하는 학교는 그 범위 안에서는 비영리 목적에 해당하므로 원칙적으로 정보통신서비스 제공자에 해당하지 않음 • 다만, 사립학교 등이 상행위 등 영리 목적으로 정보통신서비스를 제공하는 경우에는 정보통신서비스 제공자에 해당
	금융 회사	• 금융회사는 영리를 목적으로 금융업을 영위하는 자이므로 기본적으로 정보통신서비스 제공자 해당

Chapter 3 개인정보보호 법률 개요

1 OECD 프라이버시 8원칙과 개인정보보호 원칙 비교

OECD 프라이버시	국내 개인정보보호 원칙	유럽 GDPR
수집제한의 원칙	• 목적에 필요한 최소정보의 수집 • 사생활 침해를 최소화하는 방법으로 처리 • 익명처리의 원칙	• 데이터 최소화
정보 정확성의 원칙	• 처리목적 내에서 정확성, 완전성, 최신성을 보장	• 정확성
목적 명확화의 원칙	• 처리목적의 명확화	• 목적제한
이용제한의 원칙	• 목적 범위 내에서 적법하게 처리, 목적외 활용금지	• 저장기간 제한
안전성 확보의 원칙	• 권리침해 가능성 등을 고려하여 안전하게 관리	• 무결성과 기밀성
처리방침 공개의 원칙	• 개인정보 처리방침 등 공개	• 적법성, 공정성, 투명성
정보주체 참여의 원칙	• 열람청구권 등 정보주체의 권리 보장	• N/A
책임의 원칙	• 개인정보처리자의 책임준수, 신뢰확보 노력	• 책임성

2 개인정보 피해구제 제도

제도	피해구제 내용	관련 기관	관련 근거
개인정보 침해 신고상담	• 제도 개선 권고 • 행정 처분 의뢰 • 수사 의뢰	• 개인정보침해 신고센터	• 개인정보보호법 제62조
개인정보 분쟁조정	• 제도 개선 권고 • 손해 배상 권고	• 개인정보 분쟁조정위원회	• 개인정보보호법 제40조
민사소송	• 손해 배상 청구	• 법원	• 민법 제750조

3 개인정보 손해배상제도

단계	징벌적 손해배상제도 (개인정보보호법제39조)	법정 손해배상제도 (개인정보보호법제39조의2)
적용 요건	• 기업의 고의·중과실로 개인정보 유출 또는 동의 없이 활용하여 피해 발생	• 기업의 고의·과실로 개인정보가 분실·도난·유출된 경우
입증 책임	• 기업이 고의·중과실이 없음을 입증 • 피해액은 피해자가 입증	• 기업이 고의·과실이 없음을 입증 • 피해자에 대한 피해액 입증책임 면제
구제 범위	• 재산 및 정신적 피해 모두 포함	• 사실상 피해입증이 어려운 정신적 피해
배경 규모	• 실재 피해액의 5배 이내 배상	• 300만 원 이하의 범위에서 상당한 금액
적용시기	• 2016년 7월 25일 이후 유출 사고	

4 개인정보 처리단계별 보호조치 비교

단계	개인정보 처리	개인정보보호법 (2024. 3. 15)	개인정보보호법 정보통신서비스제공자 등 특례(삭제)	정보통신망법 (2023. 7. 4)
수집	1) 수집 및 이용	제15조	삭제(제39조의3)	삭제 (제22조)
	2) 만14세미만 법정대리인 동의	제22조의2	삭제(제39조의3)	삭제 (제31조)
	3) 동의를 받는 방법	제22조	–	삭제 (제26조의2)
	4) 최소한의 개인정보 수집	제16조	삭제(제39조의5)	삭제 (제23조)
	5) 민감정보 처리제한	제23조	–	삭제 (제23조)
	6) 고유식별정보 처리제한	제24조	–	–
	7) 주민등록번호 처리제한	제24조의2	–	제23조의2
	8) 간접 수집 보호조치	제20조	–	–
	9) 영상정보처리기기의 설치·운영 제한 설치 운영 제한	제25조 제25조의2	–	–
이용 및 제공	10) 목적 외 이용 및 제공 제한	제18조	–	삭제 (제24조)
	11) 제3자 제공	제17조		삭제 (제24조의2), 삭제 (제63조)
	12) 국외 이전	28조의8 제29조의9	삭제(제39조의12)	
	12) 처리 위탁	제26조	–	삭제 (제25조)
	13) 영업 양도양수	제27조	–	삭제 (제26조)
관리 및 보관	14) 개인정보의 안전 조치 의무	제29조	삭제(제39조의10)	삭제 (제28조)
	15) 가명정보 처리	제28조의2~7	–	–
	16) 개인정보 처리방침	제30조	–	삭제 (제27조의2)
	17) 개인정보 보호책임자	제31조	–	삭제 (제27조)
	18) 개인정보 유출통지 및 신고	제34조	삭제(제39조의4)	삭제 (제27조의3)
	19) 개인정보파일 등록 및 공개신고	제32조	–	–
파기	20) 파기	제21조	삭제(제39조의6)	삭제 (제29조)
정보주체 권리	21) 개인정보의 열람	제35조	삭제(제39조의7)	–
	22) 개인정보의 정정 · 삭제	제36조	삭제(제39조의7)	–
정보통신 서비스	23) 이용, 제공 내역 통지	제20조의2	삭제(제39조의8)	–
	24) 손해배상의 보장	제39조의7	삭제(제39조의9)	
	25) 노출된 개인정보의 삭제 · 차단	제34조의2	삭제(제39조의10)	
	26) 영리목적의 광고성 정보 전송 제한	–		제50조

개인정보보호법 내 개인정보처리자와 정보통신서비스 제공자 등 해당 조항 비교

1 수집 및 이용

개인정보보호법(2024. 3. 15) 제15조
① 개인정보처리자는 다음 각 호의 어느 하나에 해당하는 경우에는 개인정보를 수집할 수 있으며 그 수집 목적의 범위에서 이용할 수 있다. 1. 정보주체의 동의를 받은 경우 2. 법률에 특별한 규정이 있거나 법령상 의무를 준수하기 위하여 불가피한 경우 3. 공공기관이 법령 등에서 정하는 소관 업무의 수행을 위하여 불가피한 경우 4. 정보주체와 체결한 계약을 이행하거나 계약을 체결하는 과정에서 정보주체의 요청에 따른 조치를 이행하기 위하여 필요한 경우 5. 명백히 정보주체 또는 제3자의 급박한 생명, 신체, 재산의 이익을 위하여 필요하다고 인정되는 경우 6. 개인정보처리자의 정당한 이익을 달성하기 위하여 필요한 경우로서 명백하게 정보주체의 권리보다 우선하는 경우. 이 경우 개인정보처리자의 정당한 이익과 상당한 관련이 있고 합리적인 범위를 초과하지 아니하는 경우에 한한다. 7. 공중위생 등 공공의 안전과 안녕을 위하여 긴급히 필요한 경우 ② 개인정보처리자는 제1항제1호에 따른 동의를 받을 때에는 다음 각 호의 사항을 정보주체에게 알려야 한다. 다음 각 호의 어느 하나의 사항을 변경하는 경우에도 이를 알리고 동의를 받아야 한다. 1. 개인정보의 수집 · 이용 목적 2. 수집하려는 개인정보의 항목 3. 개인정보의 보유 및 이용 기간 4. 동의를 거부할 권리가 있다는 사실 및 동의 거부에 따른 불이익이 있는 경우에는 그 불이익의 내용 ③ 개인정보처리자는 당초 수집 목적과 합리적으로 관련된 범위에서 정보주체에게 불이익이 발생하는지 여부, 암호화 등 안전성 확보에 필요한 조치를 하였는지 여부 등을 고려하여 대통령령으로 정하는 바에 따라 정보주체의 동의 없이 개인정보를 이용할 수 있다.

2 만14세미만 아동 법정대리인 동의

개인정보보호법 (2024. 3. 15) 제22조의2
제22조의2(아동의 개인정보 보호) ① 개인정보처리자는 만 14세 미만 아동의 개인정보를 처리하기 위하여 이 법에 따른 동의를 받아야 할 때에는 그 법정대리인의 동의를 받아야 하며, 법정대리인이 동의하였는지를 확인하여야 한다. ② 제1항에도 불구하고 법정대리인의 동의를 받기 위하여 필요한 최소한의 정보로서 대통령령으로 정하는 정보는 법정대리인의 동의 없이 해당 아동으로부터 직접 수집할 수 있다. ③ 개인정보처리자는 만 14세 미만의 아동에게 개인정보 처리와 관련한 사항의 고지 등을 할 때에는 이해하기 쉬운 양식과 명확하고 알기 쉬운 언어를 사용하여야 한다. ④ 제1항부터 제3항까지에서 규정한 사항 외에 동의 및 동의 확인 방법 등에 필요한 사항은 대통령령으로 정한다.

개인정보보호법 시행령 (2024. 9. 15) 제17조의2

제17조의2(아동의 개인정보 보호)

① 개인정보처리자는 법 제22조의2제1항에 따라 법정대리인이 동의했는지를 확인하는 경우에는 다음 각 호의 어느 하나에 해당하는 방법으로 해야 한다.

1. 동의 내용을 게재한 인터넷 사이트에 법정대리인이 동의 여부를 표시하도록 하고 개인정보처리자가 그 동의 표시를 확인했음을 법정대리인의 휴대전화 문자메시지로 알리는 방법
2. 동의 내용을 게재한 인터넷 사이트에 법정대리인이 동의 여부를 표시하도록 하고 법정대리인의 신용카드 · 직불카드 등의 카드정보를 제공받는 방법
3. 동의 내용을 게재한 인터넷 사이트에 법정대리인이 동의 여부를 표시하도록 하고 법정대리인의 휴대전화 본인인증 등을 통하여 본인 여부를 확인하는 방법
4. 동의 내용이 적힌 서면을 법정대리인에게 직접 발급하거나 우편 또는 팩스를 통하여 전달하고, 법정대리인이 동의 내용에 대하여 서명날인 후 제출하도록 하는 방법
5. 동의 내용이 적힌 전자우편을 발송하고 법정대리인으로부터 동의의 의사표시가 적힌 전자우편을 전송받는 방법
6. 전화를 통하여 동의 내용을 법정대리인에게 알리고 동의를 받거나 인터넷주소 등 동의 내용을 확인할 수 있는 방법을 안내하고 재차 전화 통화를 통하여 동의를 받는 방법
7. 그 밖에 제1호부터 제6호까지의 규정에 준하는 방법으로서 법정대리인에게 동의 내용을 알리고 동의의 의사표시를 확인하는 방법

② 법 제22조의2제2항에서 “대통령령으로 정하는 정보”란 법정대리인의 성명 및 연락처에 관한 정보를 말한다.

③ 개인정보처리자는 개인정보 수집 매체의 특성상 동의 내용을 전부 표시하기 어려운 경우에는 인터넷주소 또는 사업장 전화번호 등 동의 내용을 확인할 수 있는 방법을 법정대리인에게 안내할 수 있다.

3 동의를 받는 방법

개인정보보호법 시행령 (2024. 9. 15) 제17조

제17조(동의를 받는 방법)

① 개인정보처리자는 법 제22조에 따라 개인정보의 처리에 대하여 정보주체의 동의를 받을 때에는 다음 각 호의 조건을 모두 충족해야 한다.

1. 정보주체가 자유로운 의사에 따라 동의 여부를 결정할 수 있을 것
2. 동의를 받으려는 내용이 구체적이고 명확할 것
3. 그 내용을 쉽게 읽고 이해할 수 있는 문구를 사용할 것
4. 동의 여부를 명확하게 표시할 수 있는 방법을 정보주체에게 제공할 것

② 개인정보처리자는 법 제22조에 따라 개인정보의 처리에 대하여 다음 각 호의 어느 하나에 해당하는 방법으로 정보주체의 동의를 받아야 한다.

1. 동의 내용이 적힌 서면을 정보주체에게 직접 발급하거나 우편 또는 팩스 등의 방법으로 전달하고, 정보주체가 서명하거나 날인한 동의서를 받는 방법
2. 전화를 통하여 동의 내용을 정보주체에게 알리고 동의의 의사표시를 확인하는 방법
3. 전화를 통하여 동의 내용을 정보주체에게 알리고 정보주체에게 인터넷주소 등을 통하여 동의 사항을 확인하도록 한 후 다시 전화를 통하여 그 동의 사항에 대한 동의의 의사표시를 확인하는 방법
4. 인터넷 홈페이지 등에 동의 내용을 게재하고 정보주체가 동의 여부를 표시하도록 하는 방법
5. 동의 내용이 적힌 전자우편을 발송하여 정보주체로부터 동의의 의사표시가 적힌 전자우편을 받는 방법
6. 그 밖에 제1호부터 제5호까지의 규정에 따른 방법에 준하는 방법으로 동의 내용을 알리고 동의의 의사표시를 확인하는 방법

③ 법 제22조제2항에서 "대통령령으로 정하는 중요한 내용"이란 다음 각 호의 사항을 말한다.
1. 개인정보의 수집 · 이용 목적 중 재화나 서비스의 홍보 또는 판매 권유 등을 위하여 해당 개인정보를 이용하여 정보주체에게 연락할 수 있다는 사실
2. 처리하려는 개인정보의 항목 중 다음 각 목의 사항
가. 민감정보
나. 제19조제2호부터 제4호까지의 규정에 따른 여권번호, 운전면허의 면허번호 및 외국인등록번호
3. 개인정보의 보유 및 이용 기간(제공 시에는 제공받는 자의 보유 및 이용 기간을 말한다)
4. 개인정보를 제공받는 자 및 개인정보를 제공받는 자의 개인정보 이용 목적

④ 개인정보처리자는 정보주체로부터 법 제22조제1항 각 호에 따른 동의를 받으려는 때에는 정보주체가 동의 여부를 선택할 수 있다는 사실을 명확하게 알 수 있도록 표시해야 한다.

⑤ 법 제22조제3항 전단에서 "대통령령으로 정하는 방법"이란 서면, 전자우편, 팩스, 전화, 문자전송 또는 이에 상당하는 방법(이하 "서면등의 방법"이라 한다)을 말한다.

⑥ 중앙행정기관의 장은 제2항에 따른 동의방법 중 소관 분야의 개인정보처리자별 업무, 업종의 특성 및 정보주체의 수 등을 고려하여 적절한 동의방법에 관한 기준을 법 제12조제2항에 따른 개인정보 보호지침(이하 "개인정보 보호지침"이라 한다)으로 정하여 그 기준에 따라 동의를 받도록 개인정보처리자에게 권장할 수 있다.

4 최소한의 개인정보 수집

개인정보보호법(2024. 3. 15) 제16조

제16조(개인정보의 수집 제한)

① 개인정보처리자는 제15조제1항 각 호의 어느 하나에 해당하여 개인정보를 수집하는 경우에는 그 목적에 필요한 최소한의 개인정보를 수집하여야 한다. 이 경우 최소한의 개인정보 수집이라는 입증책임은 개인정보처리자가 부담한다.

② 개인정보처리자는 정보주체의 동의를 받아 개인정보를 수집하는 경우 필요한 최소한의 정보 외의 개인정보 수집에는 동의하지 아니할 수 있다는 사실을 구체적으로 알리고 개인정보를 수집하여야 한다. 〈신설 2013. 8. 6.〉

③ 개인정보처리자는 정보주체가 필요한 최소한의 정보 외의 개인정보 수집에 동의하지 아니한다는 이유로 정보주체에게 재화 또는 서비스의 제공을 거부하여서는 아니 된다.

5 민감정보 처리제한

개인정보보호법(2024. 3. 15) 제23조

제23조(민감정보의 처리 제한)

① 개인정보처리자는 사상 · 신념, 노동조합 · 정당의 가입 · 탈퇴, 정치적 견해, 건강, 성생활 등에 관한 정보, 그 밖에 정보주체의 사생활을 현저히 침해할 우려가 있는 개인정보로서 대통령령으로 정하는 정보(이하 "민감정보"라 한다)를 처리하여서는 아니 된다. 다만, 다음 각 호의 어느 하나에 해당하는 경우에는 그러하지 아니하다.
1. 정보주체에게 제15조제2항 각 호 또는 제17조제2항 각 호의 사항을 알리고 다른 개인정보의 처리에 대한 동의와 별도로 동의를 받은 경우
2. 법령에서 민감정보의 처리를 요구하거나 허용하는 경우

② 개인정보처리자가 제1항 각 호에 따라 민감정보를 처리하는 경우에는 그 민감정보가 분실 · 도난 · 유출 · 위조 · 변조 또는 훼손되지 아니하도록 제29조에 따른 안전성 확보에 필요한 조치를 하여야 한다.

③ 개인정보처리자는 재화 또는 서비스를 제공하는 과정에서 공개되는 정보에 정보주체의 민감정보가 포함됨으로써 사생활 침해의 위험성이 있다고 판단하는 때에는 재화 또는 서비스의 제공 전에 민감정보의 공개 가능성 및 비공개를 선택하는 방법을 정보주체가 알아보기 쉽게 알려야 한다.

6 고유식별정보 처리제한

개인정보보호법(2024. 3. 15) 제24조
제24조(고유식별정보의 처리 제한) ① 개인정보처리자는 다음 각 호의 경우를 제외하고는 법령에 따라 개인을 고유하게 구별하기 위하여 부여된 식별정보로서 대통령령으로 정하는 정보(이하 "고유식별정보"라 한다)를 처리할 수 없다. 1. 정보주체에게 제15조제2항 각 호 또는 제17조제2항 각 호의 사항을 알리고 다른 개인정보의 처리에 대한 동의와 별도로 동의를 받은 경우 2. 법령에서 구체적으로 고유식별정보의 처리를 요구하거나 허용하는 경우 ② 삭제 ③ 개인정보처리자가 제1항 각 호에 따라 고유식별정보를 처리하는 경우에는 그 고유식별정보가 분실 · 도난 · 유출 · 위조 · 변조 또는 훼손되지 아니하도록 대통령령으로 정하는 바에 따라 암호화 등 안전성 확보에 필요한 조치를 하여야 한다. ④ 보호위원회는 처리하는 개인정보의 종류 · 규모, 종업원 수 및 매출액 규모 등을 고려하여 대통령령으로 정하는 기준에 해당하는 개인정보처리자가 제3항에 따라 안전성 확보에 필요한 조치를 하였는지에 관하여 대통령령으로 정하는 바에 따라 정기적으로 조사하여야 한다. ⑤ 보호위원회는 대통령령으로 정하는 전문기관으로 하여금 제4항에 따른 조사를 수행하게 할 수 있다.

7 주민등록번호 처리제한

개인정보보호법(2024. 3. 15) 제24조의 2	정보통신망법(2023. 7. 4) 제23조의 2
제24조의2(주민등록번호 처리의 제한) ① 제24조제1항에도 불구하고 개인정보처리자는 다음 각 호의 어느 하나에 해당하는 경우를 제외하고는 주민등록 번호를 처리할 수 없다. 1. 법률 · 대통령령 · 국회규칙 · 대법원규칙 · 헌법재판 소규칙 · 중앙선거관리위원회규칙 및 감사원규칙에서 구 체적으로 주민등록번호의 처리를 요구하거나 허용한 경 우 2. 정보주체 또는 제3자의 급박한 생명, 신체, 재산의 이익을 위하여 명백히 필요하다고 인정되는 경우 3. 제1호 및 제2호에 준하여 주민등록번호 처리가 불가피한 경우로서 보호위원회가 고시로 정하는 경우 ② 개인정보처리자는 제24조제3항에도 불구하고 주민등 록번호가 분실 · 도난 · 유출 · 위조 · 변조 또는 훼손되지 아니하도록 암호화 조치를 통하여 안전하게 보관하여야 한다. 이 경우 암호화 적용 대상 및 대상별 적용 시기 등에 관하여 필요한 사항은 개인정보의 처리 규모와 유출 시 영향 등을 고려하여 대통령령으로 정한다. ③ 개인정보처리자는 제1항 각 호에 따라 주민등록번호를 처리하는 경우에도 정보주체가 인터넷 홈페이지를 통하 여 회원으로 가입하는 단계에서는 주민등록번호를 사용 하지 아니하고도 회원으로 가입할 수 있는 방법을 제공하 여야 한다. ④ 보호위원회는 개인정보처리자가 제3항에 따른 방법을 제공할 수 있도록 관계 법령의 정비, 계획의 수립, 필요한 시설 및 시스템의 구축 등 제반 조치를 마련 · 지원할 수 있다.	제23조의2(주민등록번호의 사용 제한) ① 정보통신서비스 제공자는 다음 각 호의 어느 하나에 해 당하는 경우를 제외하고는 이용자의 주민등록번호를 수집 · 이용할 수 없다. 1. 제23조의3에 따라 본인확인기관으로 지정받은 경우 2. 삭제 3. 「전기통신사업법」 제38조제1항에 따라 기간통신사 업자로부터 이동통신서비스 등을 제공받아 재판매하는 전기통신사업자가 제23조의3에 따라 본인확인기관으로 지정받은 이동통신사업자의 본인확인업무 수행과 관련 하여 이용자의 주민등록번호를 수집 · 이용하는 경우 ② 제1항제3호에 따라 주민등록번호를 수집 · 이용할 수 있는 경우에도 이용자의 주민등록번호를 사용하지 아니 하고 본인을 확인하는 방법(이하 "대체수단"이라 한다) 을 제공하여야 한다.

8 간접 수집 보호조치

개인정보보호법(2024. 3. 15) 제20조

제20조(정보주체 이외로부터 수집한 개인정보의 수집 출처 등 통지)

① 개인정보처리자가 정보주체 이외로부터 수집한 개인정보를 처리하는 때에는 정보주체의 요구가 있으면 즉시 다음 각 호의 모든 사항을 정보주체에게 알려야 한다.

1. 개인정보의 수집 출처
2. 개인정보의 처리 목적
3. 제37조에 따른 개인정보 처리의 정지를 요구하거나 동의를 철회할 권리가 있다는 사실

② 제1항에도 불구하고 처리하는 개인정보의 종류 · 규모, 종업원 수 및 매출액 규모 등을 고려하여 대통령령으로 정하는 기준에 해당하는 개인정보처리자가 제17조제1항제1호에 따라 정보주체 이외로부터 개인정보를 수집하여 처리하는 때에는 제1항 각 호의 모든 사항을 정보주체에게 알려야 한다. 다만, 개인정보처리자가 수집한 정보에 연락처 등 정보주체에게 알릴 수 있는 개인정보가 포함되지 아니한 경우에는 그러하지 아니하다.

③ 제2항 본문에 따라 알리는 경우 정보주체에게 알리는 시기 · 방법 및 절차 등 필요한 사항은 대통령령으로 정한다.

④ 제1항과 제2항 본문은 다음 각 호의 어느 하나에 해당하는 경우에는 적용하지 아니한다. 다만, 이 법에 따른 정보주체의 권리보다 명백히 우선하는 경우에 한한다.

1. 통지를 요구하는 대상이 되는 개인정보가 제32조제2항 각 호의 어느 하나에 해당하는 개인정보파일에 포함되어 있는 경우
2. 통지로 인하여 다른 사람의 생명 · 신체를 해할 우려가 있거나 다른 사람의 재산과 그 밖의 이익을 부당하게 침해할 우려가 있는 경우

개인정보보호법 시행령(2024. 9. 15) 제15조의2

제15조의2(개인정보 수집 출처 등 통지 대상 · 방법 · 절차)

① 법 제20조제2항 본문에서 “대통령령으로 정하는 기준에 해당하는 개인정보처리자”란 다음 각 호의 어느 하나에 해당하는 개인정보처리자를 말한다. 이 경우 다음 각 호에 규정된 정보주체의 수는 전년도 말 기준 직전 3개월 간 일일평균을 기준으로 산정한다.

1. 5만명 이상의 정보주체에 관하여 법 제23조에 따른 민감정보(이하 “민감정보”라 한다) 또는 법 제24조제1항에 따른 고유식별정보(이하 “고유식별정보”라 한다)를 처리하는 자
2. 100만명 이상의 정보주체에 관하여 개인정보를 처리하는 자

② 제1항 각 호의 어느 하나에 해당하는 개인정보처리자는 법 제20조제1항 각 호의 사항을 다음 각 호의 어느 하나에 해당하는 방법으로 개인정보를 제공받은 날부터 3개월 이내에 정보주체에게 알려야 한다. 다만, 법 제17조제2항제1호부터 제4호까지의 사항에 대하여 같은 조 제1항제1호에 따라 정보주체의 동의를 받은 범위에서 연 2회 이상 주기적으로 개인정보를 제공받아 처리하는 경우에는 개인정보를 제공받은 날부터 3개월 이내에 정보주체에게 알리거나 그 동의를 받은 날부터 기산하여 연 1회 이상 정보주체에게 알려야 한다.

1. 서면 · 전자우편 · 전화 · 문자전송 등 정보주체가 통지 내용을 쉽게 확인할 수 있는 방법
2. 재화 및 서비스를 제공하는 과정에서 정보주체가 쉽게 알 수 있도록 알림창을 통해 알리는 방법

③ 개인정보처리자는 법 제20조제2항에 따라 개인정보의 수집 출처 등에 관한 사항을 알리는 것과 법 제20조의2 제1항에 따른 이용 · 제공 내역의 통지를 함께 할 수 있다.

④ 제1항 각 호의 어느 하나에 해당하는 개인정보처리자는 제2항에 따라 알린 경우 다음 각 호의 사항을 법 제21조 또는 제37조제5항에 따라 해당 개인정보를 파기할 때까지 보관 · 관리하여야 한다.

1. 정보주체에게 알린 사실
2. 알린 시기
3. 알린 방법

---

9 영상정보처리기기의 설치·운영 제한

개인정보보호법(2024. 3. 15) 제25조

제25조(고정형 영상정보처리기기의 설치 · 운영 제한)

① 누구든지 다음 각 호의 경우를 제외하고는 공개된 장소에 고정형 영상정보처리기기를 설치 · 운영하여서는 아니 된다.

1. 법령에서 구체적으로 허용하고 있는 경우
2. 범죄의 예방 및 수사를 위하여 필요한 경우
3. 시설의 안전 및 관리, 화재 예방을 위하여 정당한 권한을 가진 자가 설치 · 운영하는 경우
4. 교통단속을 위하여 정당한 권한을 가진 자가 설치 · 운영하는 경우
5. 교통정보의 수집 · 분석 및 제공을 위하여 정당한 권한을 가진 자가 설치 · 운영하는 경우
6. 촬영된 영상정보를 저장하지 아니하는 경우로서 대통령령으로 정하는 경우

② 누구든지 불특정 다수가 이용하는 목욕실, 화장실, 발한실(發汗室), 탈의실 등 개인의 사생활을 현저히 침해할 우려가 있는 장소의 내부를 볼 수 있도록 고정형 영상정보처리기기를 설치 · 운영하여서는 아니 된다. 다만, 교도소, 정신보건 시설 등 법령에 근거하여 사람을 구금하거나 보호하는 시설로서 대통령령으로 정하는 시설에 대하여는 그러하지 아니하다.

③ 제1항 각 호에 따라 고정형 영상정보처리기기를 설치 · 운영하려는 공공기관의 장과 제2항 단서에 따라 고정형 영상정보처리기기를 설치 · 운영하려는 자는 공청회 · 설명회의 개최 등 대통령령으로 정하는 절차를 거쳐 관계 전문가 및 이해관계인의 의견을 수렴하여야 한다.

④ 제1항 각 호에 따라 고정형 영상정보처리기기를 설치 · 운영하는 자(이하 "고정형영상정보처리기기운영자"라 한다)는 정보주체가 쉽게 인식할 수 있도록 다음 각 호의 사항이 포함된 안내판을 설치하는 등 필요한 조치를 하여야 한다. 다만, 「군사기지 및 군사시설 보호법」 제2조제2호에 따른 군사시설, 「통합방위법」 제2조제13호에 따른 국가중요시설, 그 밖에 대통령령으로 정하는 시설의 경우에는 그러하지 아니하다.

1. 설치 목적 및 장소
2. 촬영 범위 및 시간
3. 관리책임자의 연락처
4. 그 밖에 대통령령으로 정하는 사항

⑤ 고정형영상정보처리기기운영자는 고정형 영상정보처리기기의 설치 목적과 다른 목적으로 고정형 영상정보처리기기를 임의로 조작하거나 다른 곳을 비춰서는 아니 되며, 녹음기능은 사용할 수 없다.

⑥ 고정형영상정보처리기기운영자는 개인정보가 분실 · 도난 · 유출 · 위조 · 변조 또는 훼손되지 아니하도록 제29조에 따라 안전성 확보에 필요한 조치를 하여야 한다.

⑦ 고정형영상정보처리기기운영자는 대통령령으로 정하는 바에 따라 고정형 영상정보처리기기 운영 · 관리 방침을 마련하여야 한다. 다만, 제30조에 따른 개인정보 처리방침을 정할 때 고정형 영상정보처리기기 운영 · 관리에 관한 사항을 포함시킨 경우에는 고정형 영상정보처리기기 운영 · 관리 방침을 마련하지 아니할 수 있다.

⑧ 고정형영상정보처리기기운영자는 고정형 영상정보처리기기의 설치 · 운영에 관한 사무를 위탁할 수 있다. 다만, 공공기관이 고정형 영상정보처리기기 설치 · 운영에 관한 사무를 위탁하는 경우에는 대통령령으로 정하는 절차 및 요건에 따라야 한다.

개인정보보호법(2024. 3. 15) 제25조의2

제25조의2(이동형 영상정보처리기기의 운영 제한)

① 업무를 목적으로 이동형 영상정보처리기기를 운영하려는 자는 다음 각 호의 경우를 제외하고는 공개된 장소에서 이동형 영상정보처리기기로 사람 또는 그 사람과 관련된 사물의 영상(개인정보에 해당하는 경우로 한정한다. 이하 같다)을 촬영하여서는 아니 된다.

1. 제15조제1항 각 호의 어느 하나에 해당하는 경우

2. 촬영 사실을 명확히 표시하여 정보주체가 촬영 사실을 알 수 있도록 하였음에도 불구하고 촬영 거부 의사를 밝히지 아니한 경우. 이 경우 정보주체의 권리를 부당하게 침해할 우려가 없고 합리적인 범위를 초과하지 아니하는 경우로 한정한다.
3. 그 밖에 제1호 및 제2호에 준하는 경우로서 대통령령으로 정하는 경우

② 누구든지 불특정 다수가 이용하는 목욕실, 화장실, 발한실, 탈의실 등 개인의 사생활을 현저히 침해할 우려가 있는 장소의 내부를 볼 수 있는 곳에서 이동형 영상정보처리기기로 사람 또는 그 사람과 관련된 사물의 영상을 촬영하여서는 아니 된다. 다만, 인명의 구조 · 구급 등을 위하여 필요한 경우로서 대통령령으로 정하는 경우에는 그러하지 아니하다.

③ 제1항 각 호에 해당하여 이동형 영상정보처리기기로 사람 또는 그 사람과 관련된 사물의 영상을 촬영하는 경우에는 불빛, 소리, 안내판 등 대통령령으로 정하는 바에 따라 촬영 사실을 표시하고 알려야 한다.

④ 제1항부터 제3항까지에서 규정한 사항 외에 이동형 영상정보처리기기의 운영에 관하여는 제25조제6항부터 제8항까지의 규정을 준용한다.

⑩ 목적 외 이용 및 제공 제한

개인정보보호법(2020.8.5) 제18조

제18조(개인정보의 목적 외 이용 · 제공 제한)

① 개인정보처리자는 개인정보를 제15조제1항에 따른 범위를 초과하여 이용하거나 제17조제1항 및 제28조의8 제1항에 따른 범위를 초과하여 제3자에게 제공하여서는 아니 된다.

② 제1항에도 불구하고 개인정보처리자는 다음 각 호의 어느 하나에 해당하는 경우에는 정보주체 또는 제3자의 이익을 부당하게 침해할 우려가 있을 때를 제외하고는 개인정보를 목적 외의 용도로 이용하거나 이를 제3자에게 제공할 수 있다. 다만, 제5호부터 제9호까지에 따른 경우는 공공기관의 경우로 한정한다.
1. 정보주체로부터 별도의 동의를 받은 경우
2. 다른 법률에 특별한 규정이 있는 경우
3. 명백히 정보주체 또는 제3자의 급박한 생명, 신체, 재산의 이익을 위하여 필요하다고 인정되는 경우
4. 삭제
5. 개인정보를 목적 외의 용도로 이용하거나 이를 제3자에게 제공하지 아니하면 다른 법률에서 정하는 소관 업무를 수행할 수 없는 경우로서 보호위원회의 심의 · 의결을 거친 경우
6. 조약, 그 밖의 국제협정의 이행을 위하여 외국정부 또는 국제기구에 제공하기 위하여 필요한 경우
7. 범죄의 수사와 공소의 제기 및 유지를 위하여 필요한 경우
8. 법원의 재판업무 수행을 위하여 필요한 경우
9. 형(刑) 및 감호, 보호처분의 집행을 위하여 필요한 경우
10. 공중위생 등 공공의 안전과 안녕을 위하여 긴급히 필요한 경우

③ 개인정보처리자는 제2항제1호에 따른 동의를 받을 때에는 다음 각 호의 사항을 정보주체에게 알려야 한다. 다음 각 호의 어느 하나의 사항을 변경하는 경우에도 이를 알리고 동의를 받아야 한다.
1. 개인정보를 제공받는 자
2. 개인정보의 이용 목적(제공 시에는 제공받는 자의 이용 목적을 말한다)
3. 이용 또는 제공하는 개인정보의 항목
4. 개인정보의 보유 및 이용 기간(제공 시에는 제공받는 자의 보유 및 이용 기간을 말한다)
5. 동의를 거부할 권리가 있다는 사실 및 동의 거부에 따른 불이익이 있는 경우에는 그 불이익의 내용

④ 공공기관은 제2항제2호부터 제6호까지, 제8호부터 제10호까지에 따라 개인정보를 목적 외의 용도로 이용하거나 이를 제3자에게 제공하는 경우에는 그 이용 또는 제공의 법적 근거, 목적 및 범위 등에 관하여 필요한 사항을 보호위원회가 고시로 정하는 바에 따라 관보 또는 인터넷 홈페이지 등에 게재하여야 한다.

⑤ 개인정보처리자는 제2항 각 호의 어느 하나의 경우에 해당하여 개인정보를 목적 외의 용도로 제3자에게 제공하는 경우에는 개인정보를 제공받는 자에게 이용 목적, 이용 방법, 그 밖에 필요한 사항에 대하여 제한을 하거나, 개인정보의 안전성 확보를 위하여 필요한 조치를 마련하도록 요청하여야 한다. 이 경우 요청을 받은 자는 개인정보의 안전성 확보를 위하여 필요한 조치를 하여야 한다.

11 개인정보의 제3자 제공

개인정보보호법(2024. 3. 15) 제17조

제17조(개인정보의 제공)

① 개인정보처리자는 다음 각 호의 어느 하나에 해당되는 경우에는 정보주체의 개인정보를 제3자에게 제공(공유를 포함한다. 이하 같다)할 수 있다.
  1. 정보주체의 동의를 받은 경우
  2. 제15조제1항제2호, 제3호 및 제5호부터 제7호까지에 따라 개인정보를 수집한 목적 범위에서 개인정보를 제공하는 경우

② 개인정보처리자는 제1항제1호에 따른 동의를 받을 때에는 다음 각 호의 사항을 정보주체에게 알려야 한다. 다음 각 호의 어느 하나의 사항을 변경하는 경우에도 이를 알리고 동의를 받아야 한다.
  1. 개인정보를 제공받는 자
  2. 개인정보를 제공받는 자의 개인정보 이용 목적
  3. 제공하는 개인정보의 항목
  4. 개인정보를 제공받는 자의 개인정보 보유 및 이용 기간
  5. 동의를 거부할 권리가 있다는 사실 및 동의 거부에 따른 불이익이 있는 경우에는 그 불이익의 내용

③ 삭제

④ 개인정보처리자는 당초 수집 목적과 합리적으로 관련된 범위에서 정보주체에게 불이익이 발생하는지 여부, 암호화 등 안전성 확보에 필요한 조치를 하였는지 여부 등을 고려하여 대통령령으로 정하는 바에 따라 정보주체의 동의 없이 개인정보를 제공할 수 있다.

개인정보보호법 제15조제1항 제2호 · 제3호 · 제5호 · 제6호 · 제7호

2. 법률에 특별한 규정이 있거나 법령상 의무를 준수하기 위하여 불가피한 경우
3. 공공기관이 법령 등에서 정하는 소관 업무의 수행을 위하여 불가피한 경우
5. 명백히 정보주체 또는 제3자의 급박한 생명, 신체, 재산의 이익을 위하여 필요하다고 인정되는 경우
6. 개인정보처리자의 정당한 이익을 달성하기 위하여 필요한 경우로서 명백하게 정보주체의 권리보다 우선하는 경우. 이 경우 개인정보처리자의 정당한 이익과 상당한 관련이 있고 합리적인 범위를 초과하지 아니하는 경우에 한한다.
7. 공중위생 등 공공의 안전과 안녕을 위하여 긴급히 필요한 경우

개인정보보호법 시행령(2024. 9. 15) 제14조의 2

제14조의2(개인정보의 추가적인 이용·제공의 기준 등)

① 개인정보처리자는법 제15조제3항 또는 제17조제4항에 따라 정보주체의 동의 없이 개인정보를 이용 또는 제공(이하 “개인정보의 추가적인 이용 또는 제공”이라 한다)하 려는 경우에는 다음 각 호의 사항을 고려해야 한다.
  1. 당초 수집 목적과 관련성이 있는지 여부
  2. 개인정보를 수집한 정황 또는 처리 관행에 비추어 볼 때 개인정보의 추가 적인 이용 또는 제공에 대한 예측 가능성이 있는지 여부
  3. 정보주체의 이익을 부당하게 침해하는지 여부
  4. 가명처리 또는 암호화 등 안전성 확보에 필요한 조치를 하였는지 여부

② 개인정보처리자는 제1항 각 호의 고려사항에 대한 판단 기준을 법 제30조 제1항에 따른 개인정보 처리방침에 미리 공개하고, 법 제31조제1항에 따른 개인정보 보호책임자가 해당 기준에 따라 개인정보의 추가적인 이용 또는 제공을 하고 있는지 여부를 점검해야 한다.

⑫ 개인정보의 국외 이전

개인정보보호법(2024. 3. 15) 제28조의8

제28조의8(개인정보의 국외 이전)

① 개인정보처리자는 개인정보를 국외로 제공(조회되는 경우를 포함한다) · 처리위탁 · 보관(이하 이 절에서 "이전"이라 한다)하여서는 아니 된다. 다만, 다음 각 호의 어느 하나에 해당하는 경우에는 개인정보를 국외로 이전할 수 있다.

1. 정보주체로부터 국외 이전에 관한 별도의 동의를 받은 경우
2. 법률, 대한민국을 당사자로 하는 조약 또는 그 밖의 국제협정에 개인정보의 국외 이전에 관한 특별한 규정이 있는 경우
3. 정보주체와의 계약의 체결 및 이행을 위하여 개인정보의 처리위탁 · 보관이 필요한 경우로서 다음 각 목의 어느 하나에 해당하는 경우
   가. 제2항 각 호의 사항을 제30조에 따른 개인정보 처리방침에 공개한 경우
   나. 전자우편 등 대통령령으로 정하는 방법에 따라 제2항 각 호의 사항을 정보주체에게 알린 경우
4. 개인정보를 이전받는 자가 제32조의2에 따른 개인정보 보호 인증 등 보호위원회가 정하여 고시하는 인증을 받은 경우로서 다음 각 목의 조치를 모두 한 경우
   가. 개인정보 보호에 필요한 안전조치 및 정보주체 권리보장에 필요한 조치
   나. 인증받은 사항을 개인정보가 이전되는 국가에서 이행하기 위하여 필요한 조치
5. 개인정보가 이전되는 국가 또는 국제기구의 개인정보 보호체계, 정보주체 권리보장 범위, 피해구제 절차 등이 이 법에 따른 개인정보 보호 수준과 실질적으로 동등한 수준을 갖추었다고 보호위원회가 인정하는 경우

② 개인정보처리자는 제1항제1호에 따른 동의를 받을 때에는 미리 다음 각 호의 사항을 정보주체에게 알려야 한다.

1. 이전되는 개인정보 항목
2. 개인정보가 이전되는 국가, 시기 및 방법
3. 개인정보를 이전받는 자의 성명(법인인 경우에는 그 명칭과 연락처를 말한다)
4. 개인정보를 이전받는 자의 개인정보 이용목적 및 보유 · 이용 기간
5. 개인정보의 이전을 거부하는 방법, 절차 및 거부의 효과

③ 개인정보처리자는 제2항 각 호의 어느 하나에 해당하는 사항을 변경하는 경우에는 정보주체에게 알리고 동의를 받아야 한다.

④ 개인정보처리자는 제1항 각 호 외의 부분 단서에 따라 개인정보를 국외로 이전하는 경우 국외 이전과 관련한 이 법의 다른 규정, 제17조부터 제19조까지의 규정 및 제5장의 규정을 준수하여야 하고, 대통령령으로 정하는 보호조치를 하여야 한다.

⑤ 개인정보처리자는 이 법을 위반하는 사항을 내용으로 하는 개인정보의 국외 이전에 관한 계약을 체결하여서는 아니 된다.

⑥ 제1항부터 제5항까지에서 규정한 사항 외에 개인정보 국외 이전의 기준 및 절차 등에 필요한 사항은 대통령령으로 정한다.

개인정보보호법 시행령(2024. 9. 15) 제29조의8

제29조의8(개인정보의 국외 이전 인증)

① 보호위원회는 법 제28조의8제1항제4호 각 목 외의 부분에 따른 인증을 고시하려는 경우에는 다음 각 호의 순서에 따른 절차를 모두 거쳐야 한다.

1. 제34조의6에 따른 개인정보 보호 인증 전문기관의 평가
2. 제5조제1항제1호에 따른 개인정보의 국외 이전 분야 전문위원회(이하 "국외이전전문위원회"라 한다)의 평가
3. 정책협의회의 협의

② 보호위원회는 법 제28조의8제1항제4호 각 목 외의 부분에 따른 인증을 고시할 때에는 5년의 범위에서 유효기간을 정하여 고시할 수 있다.

③ 제1항 및 제2항에서 규정한 사항 외에 인증의 고시 절차 등에 관하여 필요한 사항은 보호위원회가 정하여 고시한다.

개인정보보호법 시행령(2024. 9. 15) 제29조의9

제29조의9(국가 등에 대한 개인정보 보호 수준 인정)

① 보호위원회는 법 제28조의8제1항제5호에 따라 개인정보가 제공(조회되는 경우를 포함한다) · 처리위탁 · 보관(이하 이 장에서 "이전"이라 한다)되는 국가 또는 국제기구(이하 "이전대상국등"이라 한다)의 개인정보 보호체계, 정보주체 권리보장 범위, 피해구제 절차 등이 법에 따른 개인정보 보호 수준과 실질적으로 동등한 수준을 갖추었다고 인정하려는 경우에는 다음 각 호의 사항을 종합적으로 고려해야 한다.

1. 이전대상국등의 법령, 규정 또는 규칙 등 개인정보 보호체계가 법 제3조에서 정하는 개인정보 보호 원칙에 부합하고, 법 제4조에서 정하는 정보주체의 권리를 충분히 보장하고 있는지 여부
2. 이전대상국등에 개인정보 보호체계를 보장하고 집행할 책임이 있는 독립적 감독기관이 존재하는지 여부
3. 이전대상국등의 공공기관(이와 유사한 사무를 수행하는 기관을 포함한다)이 법률에 따라 개인정보를 처리하는지 여부 및 이에 대한 피해구제 절차 등 정보주체에 대한 보호수단이 존재하고 실질적으로 보장되는지 여부
4. 이전대상국등에 정보주체가 쉽게 접근할 수 있는 피해구제 절차가 존재하는지 여부 및 피해구제 절차가 정보주체를 효과적으로 보호하고 있는지 여부
5. 이전대상국등의 감독기관이 보호위원회와 정보주체의 권리 보호에 관하여 원활한 상호 협력이 가능한지 여부
6. 그 밖에 이전대상국등의 개인정보 보호체계, 정보주체의 권리보장 범위, 피해구제 절차 등의 개인정보 보호수준을 인정하기 위해 필요한 사항으로서 보호위원회가 정하여 고시하는 사항

② 보호위원회는 제1항에 따른 인정을 하려는 경우에는 다음 각 호의 절차를 거쳐야 한다.

1. 국외이전전문위원회의 평가
2. 정책협의회의 협의

③ 보호위원회는 제1항에 따른 인정을 할 때에는 정보주체의 권리 보호 등을 위하여 필요한 경우 이전대상국등으로 이전되는 개인정보의 범위, 이전받는 개인정보처리자의 범위, 인정 기간, 국외 이전의 조건 등을 이전대상국등별로 달리 정할 수 있다.

④ 보호위원회는 제1항에 따른 인정을 한 경우에는 인정 기간 동안 이전대상국등의 개인정보 보호수준이 법에 따른 수준과 실질적으로 동등한 수준을 유지하고 있는지 점검해야 한다.

⑤ 보호위원회는 제1항에 따른 인정을 받은 이전대상국등의 개인정보 보호체계, 정보주체의 권리보장 범위, 피해구제 절차 등의 수준이 변경된 경우에는 해당 이전대상국등의 의견을 듣고 해당 이전대상국등에 대한 인정을 취소하거나 그 내용을 변경할 수 있다.

⑥ 보호위원회가 제1항에 따른 인정을 하거나 제5항에 따라 인정을 취소하거나 그 내용을 변경하는 경우에는 그 사실을 관보에 고시하고 보호위원회 인터넷 홈페이지에 게재해야 한다.

⑦ 제1항부터 제6항까지에서 규정한 사항 외에 이전대상국등에 대한 인정에 필요한 사항은 보호위원회가 정하여 고시한다.

개인정보보호법 시행령(2024. 9. 15) 제29조의10

제29조의10(개인정보의 국외 이전 시 보호조치 등)

① 개인정보처리자는 법 제28조의8제1항 각 호 외의 부분 단서에 따라 개인정보를 국외로 이전하는 경우에는 같은 조 제4항에 따라 다음 각 호의 보호조치를 해야 한다.

1. 제30조제1항에 따른 개인정보 보호를 위한 안전성 확보 조치
2. 개인정보 침해에 대한 고충처리 및 분쟁해결에 관한 조치
3. 그 밖에 정보주체의 개인정보 보호를 위하여 필요한 조치

② 개인정보처리자는 법 제28조의8제1항 각 호 외의 부분 단서에 따라 개인정보를 국외로 이전하는 경우에는 제1항 각 호의 사항에 관하여 이전받는 자와 미리 협의하고 이를 계약내용 등에 반영해야 한다.

개인정보보호법(2024. 3. 15) 제28조의9

제28조의9(개인정보의 국외 이전 중지 명령)

① 보호위원회는 개인정보의 국외 이전이 계속되고 있거나 추가적인 국외 이전이 예상되는 경우로서 다음 각 호의 어느 하나에 해당하는 경우에는 개인정보처리자에게 개인정보의 국외 이전을 중지할 것을 명할 수 있다.
  1. 제28조의8제1항, 제4항 또는 제5항을 위반한 경우
  2. 개인정보를 이전받는 자나 개인정보가 이전되는 국가 또는 국제기구가 이 법에 따른 개인정보 보호 수준에 비하여 개인정보를 적정하게 보호하지 아니하여 정보주체에게 피해가 발생하거나 발생할 우려가 현저한 경우

② 개인정보처리자는 제1항에 따른 국외 이전 중지 명령을 받은 경우에는 명령을 받은 날부터 7일 이내에 보호위원회에 이의를 제기할 수 있다.

③ 제1항에 따른 개인정보 국외 이전 중지 명령의 기준, 제2항에 따른 불복 절차 등에 필요한 사항은 대통령령으로 정한다.

개인정보보호법 시행령(2024. 9. 15) 제28조의11

제29조의11(국외 이전 중지 명령의 기준 등)

① 보호위원회는 법 제28조의9제1항에 따라 개인정보의 국외 이전을 중지할 것을 명하려는 경우에는 다음 각 호의 사항을 종합적으로 고려해야 한다.
  1. 국외로 이전되었거나 추가적인 국외 이전이 예상되는 개인정보의 유형 및 규모
  2. 법 제28조의8제1항, 제4항 또는 제5항 위반의 중대성
  3. 정보주체에게 발생하거나 발생할 우려가 있는 피해가 중대하거나 회복하기 어려운 피해인지 여부
  4. 국외 이전의 중지를 명하는 것이 중지를 명하지 않는 것보다 명백히 정보주체에게 이익이 되는지 여부
  5. 법 제64조제1항 각 호에 해당하는 조치를 통해 개인정보의 보호 및 침해 방지가 가능한지 여부
  6. 개인정보를 이전받는 자나 개인정보가 이전되는 이전대상국등이 정보주체의 피해구제를 위한 실효적인 수단을 갖추고 있는지 여부
  7. 개인정보를 이전받는 자나 개인정보가 이전되는 이전대상국등에서 중대한 개인정보 침해가 발생하는 등 개인정보를 적정하게 보호하기 어렵다고 인정할 만한 사유가 존재하는지 여부

② 보호위원회는 법 제28조의9제1항에 따라 개인정보의 국외 이전을 중지할 것을 명하려는 경우에는 국외이전전문위원회의 평가를 거쳐야 한다.

③ 보호위원회는 법 제28조의9제1항에 따라 개인정보의 국외 이전을 중지할 것을 명할 때에는 개인정보처리자에게 중지명령의 내용, 사유, 이의 제기 절차 · 방법 및 그 밖에 필요한 사항을 문서로 알려야 한다.

④ 제1항부터 제3항까지에서 규정한 사항 외에 개인정보의 국외 이전 중지 명령의 기준 등에 관하여 필요한 사항은 보호위원회가 정하여 고시한다.

⓭ 개인정보 처리 업무 위탁

개인정보보호법(2024. 3. 15) 제26조
제26조(업무위탁에 따른 개인정보의 처리 제한) ① 개인정보처리자가 제3자에게 개인정보의 처리 업무를 위탁하는 경우에는 다음 각 호의 내용이 포함된 문서로 한다. 1. 위탁업무 수행 목적 외 개인정보의 처리 금지에 관한 사항 2. 개인정보의 기술적 · 관리적 보호조치에 관한 사항 3. 그 밖에 개인정보의 안전한 관리를 위하여 대통령령으로 정한 사항 ② 제1항에 따라 개인정보의 처리 업무를 위탁하는 개인정보처리자(이하 "위탁자"라 한다)는 위탁하는 업무의 내용과 개인정보 처리 업무를 위탁받아 처리하는 자(개인정보 처리 업무를 위탁받아 처리하는 자로부터 위탁받은 업무를 다시 위탁받은 제3자를 포함하며, 이하 "수탁자"라 한다)를 정보주체가 언제든지 쉽게 확인할 수 있도록 대통령령으로 정하는 방법에 따라 공개하여야 한다. ③ 위탁자가 재화 또는 서비스를 홍보하거나 판매를 권유하는 업무를 위탁하는 경우에는 대통령령으로 정하는 방법에 따라 위탁하는 업무의 내용과 수탁자를 정보주체에게 알려야 한다. 위탁하는 업무의 내용이나 수탁자가 변경된 경우에도 또한 같다. ④ 위탁자는 업무 위탁으로 인하여 정보주체의 개인정보가 분실 · 도난 · 유출 · 위조 · 변조 또는 훼손되지 아니하도록 수탁자를 교육하고, 처리 현황 점검 등 대통령령으로 정하는 바에 따라 수탁자가 개인정보를 안전하게 처리하는지를 감독하여야 한다. ⑤ 수탁자는 개인정보처리자로부터 위탁받은 해당 업무 범위를 초과하여 개인정보를 이용하거나 제3자에게 제공하여서는 아니 된다. ⑥ 수탁자는 위탁받은 개인정보의 처리 업무를 제3자에게 다시 위탁하려는 경우에는 위탁자의 동의를 받아야 한다. ⑦ 수탁자가 위탁받은 업무와 관련하여 개인정보를 처리하는 과정에서 이 법을 위반하여 발생한 손해배상책임에 대하여는 수탁자를 개인정보처리자의 소속 직원으로 본다. ⑧ 수탁자에 관하여는 제15조부터 제18조까지, 제21조, 제22조, 제22조의2, 제23조, 제24조, 제24조의2, 제25조, 제25조의2, 제27조, 제28조, 제28조의2부터 제28조의5까지, 제28조의7부터 제28조의11까지, 제29조, 제30조, 제30조의2, 제31조, 제33조, 제34조, 제34조의2, 제35조, 제35조의2, 제36조, 제37조, 제37조의2, 제38조, 제59조, 제63조, 제63조의2 및 제64조의2를 준용한다. 이 경우 "개인정보처리자"는 "수탁자"로 본다.

개인정보보호법 시행령(2024. 9. 15) 제28조

제28조(개인정보의 처리 업무 위탁 시 조치)

① 법 제26조제1항제3호에서 "대통령령으로 정한 사항"이란 다음 각 호의 사항을 말한다.

1. 위탁업무의 목적 및 범위
2. 재위탁 제한에 관한 사항
3. 개인정보에 대한 접근 제한 등 안전성 확보 조치에 관한 사항
4. 위탁업무와 관련하여 보유하고 있는 개인정보의 관리 현황 점검 등 감독에 관한 사항
5. 법 제26조제2항에 따른 수탁자(이하 "수탁자"라 한다)가 준수하여야 할 의무를 위반한 경우의 손해배상 등 책임에 관한 사항

② 법 제26조제2항에서 "대통령령으로 정하는 방법"이란 개인정보 처리 업무를 위탁하는 개인정보처리자(이하 "위탁자"라 한다)가 위탁자의 인터넷 홈페이지에 위탁하는 업무의 내용과 수탁자를 지속적으로 게재하는 방법을 말한다.

③ 제2항에 따라 인터넷 홈페이지에 게재할 수 없는 경우에는 다음 각 호의 어느 하나 이상의 방법으로 위탁하는 업무의 내용과 수탁자를 공개하여야 한다.

1. 위탁자의 사업장등의 보기 쉬운 장소에 게시하는 방법
2. 관보(위탁자가 공공기관인 경우만 해당한다)나 위탁자의 사업장등이 있는 시 · 도 이상의 지역을 주된 보급지역으로 하는 「신문 등의 진흥에 관한 법률」 제2조제1호가목 · 다목 및 같은 조 제2호에 따른 일반일간신문, 일반주간신문 또는 인터넷신문에 싣는 방법
3. 같은 제목으로 연 2회 이상 발행하여 정보주체에게 배포하는 간행물 · 소식지 · 홍보지 또는 청구서 등에 지속적으로 싣는 방법
4. 재화나 서비스를 제공하기 위하여 위탁자와 정보주체가 작성한 계약서 등에 실어 정보주체에게 발급하는 방법

④ 법 제26조제3항 전단에서 "대통령령으로 정하는 방법"이란 서면등의 방법을 말한다.

⑤ 위탁자가 과실 없이 제4항에 따른 방법으로 위탁하는 업무의 내용과 수탁자를 정보주체에게 알릴 수 없는 경우에는 해당 사항을 인터넷 홈페이지에 30일 이상 게재하여야 한다. 다만, 인터넷 홈페이지를 운영하지 아니하는 위탁자의 경우에는 사업장등의 보기 쉬운 장소에 30일 이상 게시하여야 한다.

⑥ 위탁자는 수탁자가 개인정보 처리 업무를 수행하는 경우에 법 또는 이 영에 따라 개인정보처리자가 준수하여야 할 사항과 법 제26조제1항 각 호의 사항을 준수하는지를 같은 조 제4항에 따라 감독하여야 한다.

14 영업 양도 양수에 따른 개인정보 이전

개인정보보호법(2024. 3. 15) 제27조

제27조(영업양도 등에 따른 개인정보의 이전 제한)

① 개인정보처리자는 영업의 전부 또는 일부의 양도 · 합병 등으로 개인정보를 다른 사람에게 이전하는 경우에는 미리 다음 각 호의 사항을 대통령령으로 정하는 방법에 따라 해당 정보주체에게 알려야 한다.

1. 개인정보를 이전하려는 사실
2. 개인정보를 이전받는 자(이하 "영업양수자등"이라 한다)의 성명(법인의 경우에는 법인의 명칭을 말한다), 주소, 전화번호 및 그 밖의 연락처
3. 정보주체가 개인정보의 이전을 원하지 아니하는 경우 조치할 수 있는 방법 및 절차

② 영업양수자등은 개인정보를 이전받았을 때에는 지체 없이 그 사실을 대통령령으로 정하는 방법에 따라 정보주체에게 알려야 한다. 다만, 개인정보처리자가 제1항에 따라 그 이전 사실을 이미 알린 경우에는 그러하지 아니하다.

③ 영업양수자등은 영업의 양도 · 합병 등으로 개인정보를 이전받은 경우에는 이전 당시의 본래 목적으로만 개인정보를 이용하거나 제3자에게 제공할 수 있다. 이 경우 영업양수자등은 개인정보처리자로 본다.

개인정보보호법 시행령(2024. 9. 15) 제29조

제29조(영업양도 등에 따른 개인정보 이전의 통지)

① 법 제27조제1항 각 호 외의 부분과 같은 조 제2항 본문에서 "대통령령으로 정하는 방법"이란 서면 등의 방법을 말한다.

② 법 제27조제1항에 따라 개인정보를 이전하려는 자(이하 이 항에서 "영업 양도자등"이라 한다)가 과실 없이 제1항에 따른 방법으로 법 제27조제1항각 호의 사항을 정보주체에게 알릴 수 없는 경우에는 해당 사항을 인터넷 홈페이지에 30일 이상 게재하여야 한다. 다만, 인터넷 홈페이지에 게재할 수 없는 정당한 사유가 있는 경우에는 다음 각 호의 어느 하나 이상의 방법으로법 제27조제1항 각 호의 사항을 정보주체에게 알릴 수 있다.

1. 영업양도자등의 사업장등의 보기 쉬운 장소에 30일 이상 게시하는 방법
2. 영업양도자등의 사업장등이 있는 시·도 이상의 지역을 주된 보급지역으로 하는 「신문 등의 진흥에 관한 법률」 제2조제1호가목·다목 및 같은 조제2호에 따른 일반일간신문·일반주간신문 및 인터넷신문에 싣는 방법

15 안전조치 의무

개인정보보호법(2024. 3. 15) 제29조

제29조(안전조치의무)

개인정보처리자는 개인정보가 분실 · 도난 · 유출 · 위조 · 변조 또는 훼손되지 아니하도록 내부 관리계획 수립, 접속기록 보관 등 대통령령으로 정하는 바에 따라 안전성 확보에 필요한 기술적 · 관리적 및 물리적 조치를 하여야 한다.

시행령 제30조 (2024. 9. 15) 개인정보의 안전성 확보 조치)

제30조(개인정보의 안전성 확보 조치)

① 개인정보처리자는 법 제29조에 따라 다음 각 호의 안전성 확보 조치를 해야 한다.

1. 개인정보의 안전한 처리를 위한 다음 각 목의 내용을 포함하는 내부 관리계획의 수립ㆍ시행 및 점검
   가. 법 제28조제1항에 따른 개인정보취급자(이하 "개인정보취급자"라 한다)에 대한 관리ㆍ감독 및 교육에 관한 사항
   나. 법 제31조에 따른 개인정보 보호책임자의 지정 등 개인정보 보호 조직의 구성ㆍ운영에 관한 사항
   다. 제2호부터 제8호까지의 규정에 따른 조치를 이행하기 위하여 필요한 세부 사항
2. 개인정보에 대한 접근 권한을 제한하기 위한 다음 각 목의 조치
   가. 데이터베이스시스템 등 개인정보를 처리할 수 있도록 체계적으로 구성한 시스템(이하 "개인정보처리시스템"이라 한다)에 대한 접근 권한의 부여ㆍ변경ㆍ말소 등에 관한 기준의 수립ㆍ시행
   나. 정당한 권한을 가진 자에 의한 접근인지를 확인하기 위해 필요한 인증수단 적용 기준의 설정 및 운영
   다. 그 밖에 개인정보에 대한 접근 권한을 제한하기 위하여 필요한 조치
3. 개인정보에 대한 접근을 통제하기 위한 다음 각 목의 조치
   가. 개인정보처리시스템에 대한 침입을 탐지하고 차단하기 위하여 필요한 조치
   나. 개인정보처리시스템에 접속하는 개인정보취급자의 컴퓨터 등으로서 보호위원회가 정하여 고시하는 기준에 해당하는 컴퓨터 등에 대한 인터넷망의 차단. 다만, 전년도 말 기준 직전 3개월 간 그 개인정보가 저장ㆍ관리되고 있는 「정보통신망 이용촉진 및 정보보호 등에 관한 법률」 제2조제1항제4호에 따른 이용자 수가 일일평균 100만명 이상인 개인정보처리자만 해당한다.
   다. 그 밖에 개인정보에 대한 접근을 통제하기 위하여 필요한 조치
4. 개인정보를 안전하게 저장ㆍ전송하는데 필요한 다음 각 목의 조치
   가. 비밀번호의 일방향 암호화 저장 등 인증정보의 암호화 저장 또는 이에 상응하는 조치
   나. 주민등록번호 등 보호위원회가 정하여 고시하는 정보의 암호화 저장 또는 이에 상응하는 조치
   다. 「정보통신망 이용촉진 및 정보보호 등에 관한 법률」 제2조제1항제1호에 따른 정보통신망을 통하여 정보주체의 개인정보 또는 인증정보를 송신ㆍ수신하는 경우 해당 정보의 암호화 또는 이에 상응하는 조치
   라. 그 밖에 암호화 또는 이에 상응하는 기술을 이용한 보안조치
5. 개인정보 침해사고 발생에 대응하기 위한 접속기록의 보관 및 위조ㆍ변조 방지를 위한 다음 각 목의 조치
   가. 개인정보처리시스템에 접속한 자의 접속일시, 처리내역 등 접속기록의 저장ㆍ점검 및 이의 확인ㆍ감독
   나. 개인정보처리시스템에 대한 접속기록의 안전한 보관
6. 개인정보처리시스템 및 개인정보취급자가 개인정보 처리에 이용하는 정보기기에 대해 컴퓨터바이러스, 스파이웨어, 랜섬웨어 등 악성프로그램의 침투 여부를 항시 점검ㆍ치료할 수 있도록 하는 등의 기능이 포함된 프로그램의 설치ㆍ운영과 주기적 갱신ㆍ점검 조치
7. 개인정보의 안전한 보관을 위한 보관시설의 마련 또는 잠금장치의 설치 등 물리적 조치
8. 그 밖에 개인정보의 안전성 확보를 위하여 필요한 조치

② 보호위원회는 개인정보처리자가 제1항에 따른 안전성 확보 조치를 하도록 시스템을 구축하는 등 필요한 지원을 할 수 있다.

③ 제1항에 따른 안전성 확보 조치에 관한 세부 기준은 보호위원회가 정하여 고시한다.

16 가명정보 처리

개인정보보호법(2024. 3. 15) 제28조의2~7

제28조의2(가명정보의 처리 등)

① 개인정보처리자는 통계작성, 과학적 연구, 공익적 기록보존 등을 위하여 정보주체의 동의 없이 가명정보를 처리할 수 있다.

② 개인정보처리자는 제1항에 따라 가명정보를 제3자에게 제공하는 경우에는 특정 개인을 알아보기 위하여 사용될 수 있는 정보를 포함해서는 아니 된다.

제28조의3(가명정보의 결합 제한)

① 제28조의2에도 불구하고 통계작성, 과학적 연구, 공익적 기록보존 등을 위한 서로 다른 개인정보처리자 간의 가명정보의 결합은 보호위원회 또는 관계 중앙행정기관의 장이 지정하는 전문기관이 수행한다.

② 결합을 수행한 기관 외부로 결합된 정보를 반출하려는 개인정보처리자는 가명정보 또는 제58조의2에 해당하는 정보로 처리한 뒤 전문기관의 장의 승인을 받아야 한다.

③ 제1항에 따른 결합 절차와 방법, 전문기관의 지정과 지정 취소 기준 · 절차, 관리 · 감독, 제2항에 따른 반출 및 승인 기준 · 절차 등 필요한 사항은 대통령령으로 정한다.

제28조의4(가명정보에 대한 안전조치의무 등)

① 개인정보처리자는 제28조의2 또는 제28조의3에 따라 가명정보를 처리하는 경우에는 원래의 상태로 복원하기 위한 추가 정보를 별도로 분리하여 보관 · 관리하는 등 해당 정보가 분실 · 도난 · 유출 · 위조 · 변조 또는 훼손되지 않도록 대통령령으로 정하는 바에 따라 안전성 확보에 필요한 기술적 · 관리적 및 물리적 조치를 하여야 한다.

② 개인정보처리자는 제28조의2 또는 제28조의3에 따라 가명정보를 처리하는 경우 처리목적 등을 고려하여 가명정보의 처리 기간을 별도로 정할 수 있다.

③ 개인정보처리자는 제28조의2 또는 제28조의3에 따라 가명정보를 처리하고자 하는 경우에는 가명정보의 처리 목적, 제3자 제공 시 제공받는 자, 가명정보의 처리 기간(제2항에 따라 처리 기간을 별도로 정한 경우에 한한다) 등 가명정보의 처리 내용을 관리하기 위하여 대통령령으로 정하는 사항에 대한 관련 기록을 작성하여 보관하여야 하며, 가명정보를 파기한 경우에는 파기한 날부터 3년 이상 보관하여야 한다.

제28조의5(가명정보 처리 시 금지의무 등)

① 제28조의2 또는 제28조의3에 따라 가명정보를 처리하는 자는 특정 개인을 알아보기 위한 목적으로 가명정보를 처리해서는 아니 된다.

② 개인정보처리자는 제28조의2 또는 제28조의3에 따라 가명정보를 처리하는 과정에서 특정 개인을 알아볼 수 있는 정보가 생성된 경우에는 즉시 해당 정보의 처리를 중지하고, 지체 없이 회수 · 파기하여야 한다.

제28조의6(가명정보 처리에 대한 과징금 부과 등) (삭제)

제28조의7(적용범위)

제28조의2 또는 제28조의3에 따라 처리된 가명정보는 제20조, 제20조의2, 제27조, 제34조제1항, 제35조, 제35조의2, 제36조 및 제37조를 적용하지 아니한다.

17 개인정보 처리방침

개인정보보호법(2024. 3. 15) 제30조

제30조(개인정보 처리방침의 수립 및 공개)

① 개인정보처리자는 다음 각 호의 사항이 포함된 개인정보의 처리 방침(이하 "개인정보 처리방침"이라 한다)을 정하여야 한다. 이 경우 공공기관은 제32조에 따라 등록대상이 되는 개인정보파일에 대하여 개인정보 처리방침을 정한다.

1. 개인정보의 처리 목적
2. 개인정보의 처리 및 보유 기간
3. 개인정보의 제3자 제공에 관한 사항(해당되는 경우에만 정한다)

3의2. 개인정보의 파기절차 및 파기방법(제21조제1항 단서에 따라 개인정보를 보존하여야 하는 경우에는 그 보존근거와 보존하는 개인정보 항목을 포함한다)

3의3. 제23조제3항에 따른 민감정보의 공개 가능성 및 비공개를 선택하는 방법(해당되는 경우에만 정한다)

4. 개인정보처리의 위탁에 관한 사항(해당되는 경우에만 정한다)

4의2. 제28조의2 및 제28조의3에 따른 가명정보의 처리 등에 관한 사항(해당되는 경우에만 정한다)

5. 정보주체와 법정대리인의 권리 · 의무 및 그 행사방법에 관한 사항
6. 제31조에 따른 개인정보 보호책임자의 성명 또는 개인정보 보호업무 및 관련 고충사항을 처리하는 부서의 명칭과 전화번호 등 연락처
7. 인터넷 접속정보파일 등 개인정보를 자동으로 수집하는 장치의 설치 · 운영 및 그 거부에 관한 사항(해당하는 경우에만 정한다)
8. 그 밖에 개인정보의 처리에 관하여 대통령령으로 정한 사항

② 개인정보처리자가 개인정보 처리방침을 수립하거나 변경하는 경우에는 정보주체가 쉽게 확인할 수 있도록 대통령령으로 정하는 방법에 따라 공개하여야 한다.

③ 개인정보 처리방침의 내용과 개인정보처리자와 정보주체 간에 체결한 계약의 내용이 다른 경우에는 정보주체에게 유리한 것을 적용한다.

④ 보호위원회는 개인정보 처리방침의 작성지침을 정하여 개인정보처리자에게 그 준수를 권장할 수 있다.

⑱ 개인정보 보호책임자

개인정보보호법(2024. 3. 15) 제31조

제31조(개인정보 보호책임자의 지정)

① 개인정보처리자는 개인정보의 처리에 관한 업무를 총괄해서 책임질 개인정보 보호책임자를 지정하여야 한다. 다만, 종업원 수, 매출액 등이 대통령령으로 정하는 기준에 해당하는 개인정보처리자의 경우에는 지정하지 아니할 수 있다.

② 제1항 단서에 따라 개인정보 보호책임자를 지정하지 아니하는 경우에는 개인정보처리자의 사업주 또는 대표자가 개인정보 보호책임자가 된다.

③ 개인정보 보호책임자는 다음 각 호의 업무를 수행한다.

1. 개인정보 보호 계획의 수립 및 시행
2. 개인정보 처리 실태 및 관행의 정기적인 조사 및 개선
3. 개인정보 처리와 관련한 불만의 처리 및 피해 구제
4. 개인정보 유출 및 오용 · 남용 방지를 위한 내부통제시스템의 구축
5. 개인정보 보호 교육 계획의 수립 및 시행
6. 개인정보파일의 보호 및 관리 · 감독
7. 그 밖에 개인정보의 적절한 처리를 위하여 대통령령으로 정한 업무

④ 개인정보 보호책임자는 제3항 각 호의 업무를 수행함에 있어서 필요한 경우 개인정보의 처리 현황, 처리 체계 등에 대하여 수시로 조사하거나 관계 당사자로부터 보고를 받을 수 있다.

⑤ 개인정보 보호책임자는 개인정보 보호와 관련하여 이 법 및 다른 관계 법령의 위반 사실을 알게 된 경우에는 즉시 개선조치를 하여야 하며, 필요하면 소속 기관 또는 단체의 장에게 개선조치를 보고하여야 한다.

⑥ 개인정보처리자는 개인정보 보호책임자가 제3항 각 호의 업무를 수행함에 있어서 정당한 이유 없이 불이익을 주거나 받게 하여서는 아니 되며, 개인정보 보호책임자가 업무를 독립적으로 수행할 수 있도록 보장하여야 한다.

⑦ 개인정보처리자는 개인정보의 안전한 처리 및 보호, 정보의 교류, 그 밖에 대통령령으로 정하는 공동의 사업을 수행하기 위하여 제1항에 따른 개인정보 보호책임자를 구성원으로 하는 개인정보 보호책임자 협의회를 구성 · 운영할 수 있다.

⑧ 보호위원회는 제7항에 따른 개인정보 보호책임자 협의회의 활동에 필요한 지원을 할 수 있다.

⑨ 제1항에 따른 개인정보 보호책임자의 자격요건, 제3항에 따른 업무 및 제6항에 따른 독립성 보장 등에 필요한 사항은 매출액, 개인정보의 보유 규모 등을 고려하여 대통령령으로 정한다.

⑲ 국내 대리인 지정

개인정보보호법(2024. 3. 15) 제31조의2

제31조의2(국내대리인의 지정)

① 국내에 주소 또는 영업소가 없는 개인정보처리자로서 매출액, 개인정보의 보유 규모 등을 고려하여 대통령령으로 정하는 자는 다음 각 호의 사항을 대리하는 자(이하 "국내대리인"이라 한다)를 지정하여야 한다. 이 경우 국내대리인의 지정은 문서로 하여야 한다.

1. 제31조제3항에 따른 개인정보 보호책임자의 업무
2. 제34조제1항 및 제3항에 따른 개인정보 유출 등의 통지 및 신고
3. 제63조제1항에 따른 물품 · 서류 등 자료의 제출

② 국내대리인은 국내에 주소 또는 영업소가 있어야 한다.

③ 개인정보처리자는 제1항에 따라 국내대리인을 지정하는 경우에는 다음 각 호의 사항을 개인정보 처리방침에 포함하여야 한다.

1. 국내대리인의 성명(법인의 경우에는 그 명칭 및 대표자의 성명을 말한다)
2. 국내대리인의 주소(법인의 경우에는 영업소의 소재지를 말한다), 전화번호 및 전자우편 주소

④ 국내대리인이 제1항 각 호와 관련하여 이 법을 위반한 경우에는 개인정보처리자가 그 행위를 한 것으로 본다.

개인정보보호법 시행령(2024. 9. 15) 제32조의2

제32조의2(국내대리인 지정 대상자의 범위)

① 법 제31조의2제1항 각 호 외의 부분 전단에서 "대통령령으로 정하는 자"란 다음 각 호의 어느 하나에 해당하는 자를 말한다.

1. 전년도(법인인 경우에는 전 사업연도를 말한다) 전체 매출액이 1조원 이상인 자
2. 전년도 말 기준 직전 3개월 간 그 개인정보가 저장 · 관리되고 있는 국내 정보주체의 수가 일일평균 100만 명 이상인 자
3. 법 제63조제1항에 따라 관계 물품 · 서류 등 자료의 제출을 요구받은 자로서 국내대리인을 지정할 필요가 있다고 보호위원회가 심의 · 의결한 자

② 제1항제1호에 따른 전체 매출액은 전년도 평균환율을 적용하여 원화로 환산한 금액을 기준으로 한다.

20 개인정보 유출등 통지 및 신고

개인정보보호법(2024. 3. 15) 제34조

제34조(개인정보 유출 등의 통지 · 신고)

① 개인정보처리자는 개인정보가 분실 · 도난 · 유출(이하 이 조에서 "유출등"이라 한다)되었음을 알게 되었을 때에는 지체 없이 해당 정보주체에게 다음 각 호의 사항을 알려야 한다. 다만, 정보주체의 연락처를 알 수 없는 경우 등 정당한 사유가 있는 경우에는 대통령령으로 정하는 바에 따라 통지를 갈음하는 조치를 취할 수 있다.

1. 유출등이 된 개인정보의 항목
2. 유출등이 된 시점과 그 경위
3. 유출등으로 인하여 발생할 수 있는 피해를 최소화하기 위하여 정보주체가 할 수 있는 방법 등에 관한 정보
4. 개인정보처리자의 대응조치 및 피해 구제절차
5. 정보주체에게 피해가 발생한 경우 신고 등을 접수할 수 있는 담당부서 및 연락처

② 개인정보처리자는 개인정보가 유출등이 된 경우 그 피해를 최소화하기 위한 대책을 마련하고 필요한 조치를 하여야 한다.

③ 개인정보처리자는 개인정보의 유출등이 있음을 알게 되었을 때에는 개인정보의 유형, 유출등의 경로 및 규모 등을 고려하여 대통령령으로 정하는 바에 따라 제1항 각 호의 사항을 지체 없이 보호위원회 또는 대통령령으로 정하는 전문기관에 신고하여야 한다. 이 경우 보호위원회 또는 대통령령으로 정하는 전문기관은 피해 확산방지, 피해 복구 등을 위한 기술을 지원할 수 있다.

④ 제1항에 따른 유출등의 통지 및 제3항에 따른 유출등의 신고의 시기, 방법, 절차 등에 필요한 사항은 대통령령으로 정한다.

개인정보보호법 시행령(2024. 9. 15) 제39조

제39조(개인정보 유출 등의 통지)

① 개인정보처리자는 개인정보가 분실 · 도난 · 유출(이하 이 조 및 제40조에서 "유출등"이라 한다)되었음을 알게 되었을 때에는 서면등의 방법으로 72시간 이내에 법 제34조제1항 각 호의 사항을 정보주체에게 알려야 한다. 다만, 다음 각 호의 어느 하나에 해당하는 경우에는 해당 사유가 해소된 후 지체 없이 정보주체에게 알릴 수 있다.

1. 유출등이 된 개인정보의 확산 및 추가 유출등을 방지하기 위하여 접속경로의 차단, 취약점 점검 · 보완, 유출등이 된 개인정보의 회수 · 삭제 등 긴급한 조치가 필요한 경우
2. 천재지변이나 그 밖에 부득이한 사유로 인하여 72시간 이내에 통지하기 곤란한 경우

② 제1항에도 불구하고 개인정보처리자는 같은 항에 따른 통지를 하려는 경우로서 법 제34조제1항제1호 또는 제2호의 사항에 관한 구체적인 내용을 확인하지 못한 경우에는 개인정보가 유출된 사실, 그때까지 확인된 내용 및 같은 항 제3호부터 제5호까지의 사항을 서면등의 방법으로 우선 통지해야 하며, 추가로 확인되는 내용에 대해서는 확인되는 즉시 통지해야 한다.

③ 제1항 및 제2항에도 불구하고 개인정보처리자는 정보주체의 연락처를 알 수 없는 경우 등 정당한 사유가 있는 경우에는 법 제34조제1항 각 호 외의 부분 단서에 따라 같은 항 각 호의 사항을 정보주체가 쉽게 알 수 있도록 자신의 인터넷 홈페이지에 30일 이상 게시하는 것으로 제1항 및 제2항의 통지를 갈음할 수 있다. 다만, 인터넷 홈페이지를 운영하지 아니하는 개인정보처리자의 경우에는 사업장등의 보기 쉬운 장소에 법 제34조제1항 각 호의 사항을 30일 이상 게시하는 것으로 제1항 및 제2항의 통지를 갈음할 수 있다.

개인정보보호법 시행령 (2024. 9. 15) 제40조

제40조(개인정보 유출 등의 신고)

① 개인정보처리자는 다음 각 호의 어느 하나에 해당하는 경우로서 개인정보가 유출등이 되었음을 알게 되었을 때에는 72 시간 이내에 법 제 34 조제1항 각 호의 사항을 서면 등의 방법으로 보호위원회 또는 같은 조 제3항 전단에 따른 전문기관 에 신고 해야 한다 . 다만 , 천재지변이나 그 밖에 부득이한 사유로 인하여 72시간 이내에 신고하기 곤란한 경우에는 해당 사유가 해소된 후 지체 없이 신고할 수 있으며, 개인정보 유출등의 경로가 확인되어 해당 개인정보를 회수 · 삭제하는 등의 조치를 통해 정보주체의 권익 침해 가능성이 현저히 낮아진 경우에는 신고하지 않을 수 있다.

1. 1천명 이상의 정보주체에 관한 개인정보가 유출등이 된 경우
2. 민감정보 또는 고유식별정보가 유출등이 된 경우
3. 개인정보처리시스템 또는 개인정보취급자가 개인정보 처리에 이용하는 정보기기에 대한 외부로부터의 불법적인 접근에 의해 개인정보가 유출등

② 제1항에도 불구하고 개인정보처리자는 제1항에 따른 신고를 하려는 경우로서 법 제34조제1항제1호 또는 제2호의 사항에 관한 구체적인 내용을 확인하지 못한 경우에는 개인정보가 유출등이 된 사실 , 그때까지 확인된 내용 및 같은 항 제3호부터 제5호까지의 사항을 서면등의 방법으로 우선 신고해야 하며, 추가로 확인되는 내용에 대해서는 확인되는 즉시 신고해야 한다

③ 법 제34조제3항 전단 및 후단에서 “대통령령으로 정하는 전문기관”이란 각각 한국인터넷진흥원을 말한다

21 개인정보파일 등록 및 공개신고 및 공개

개인정보보호법(2024. 3. 15) 제32조

제32조(개인정보파일의 등록 및 공개)

① 공공기관의 장이 개인정보파일을 운용하는 경우에는 다음 각 호의 사항을 보호위원회에 등록하여야 한다. 등록한 사항이 변경된 경우에도 또한 같다.

1. 개인정보파일의 명칭
2. 개인정보파일의 운영 근거 및 목적
3. 개인정보파일에 기록되는 개인정보의 항목
4. 개인정보의 처리방법
5. 개인정보의 보유기간
6. 개인정보를 통상적 또는 반복적으로 제공하는 경우에는 그 제공받는 자
7. 그 밖에 대통령령으로 정하는 사항

② 다음 각 호의 어느 하나에 해당하는 개인정보파일에 대하여는 제1항을 적용하지 아니한다.

1. 국가 안전, 외교상 비밀, 그 밖에 국가의 중대한 이익에 관한 사항을 기록한 개인정보파일
2. 범죄의 수사, 공소의 제기 및 유지, 형 및 감호의 집행, 교정처분, 보호처분, 보안관찰처분과 출입국관리에 관한 사항을 기록한 개인정보파일
3. 「조세범처벌법」에 따른 범칙행위 조사 및 「관세법」에 따른 범칙행위 조사에 관한 사항을 기록한 개인정보파일
4. 일회적으로 운영되는 파일 등 지속적으로 관리할 필요성이 낮다고 인정되어 대통령령으로 정하는 개인정보파일
5. 다른 법령에 따라 비밀로 분류된 개인정보파일

③ 보호위원회는 필요하면 제1항에 따른 개인정보파일의 등록여부와 그 내용을 검토하여 해당 공공기관의 장에게 개선을 권고할 수 있다.

④ 보호위원회는 정보주체의 권리 보장 등을 위하여 필요한 경우 제1항에 따른 개인정보파일의 등록 현황을 누구든지 쉽게 열람할 수 있도록 공개할 수 있다.

⑤ 제1항에 따른 등록과 제4항에 따른 공개의 방법, 범위 및 절차에 관하여 필요한 사항은 대통령령으로 정한다.

⑥ 국회, 법원, 헌법재판소, 중앙선거관리위원회(그 소속 기관을 포함한다)의 개인정보파일 등록 및 공개에 관하여는 국회규칙, 대법원규칙, 헌법재판소규칙 및 중앙선거관리위원회규칙으로 정한다.

개인정보보호법 시행령(2024. 9. 15) 제33조

제33조(개인정보파일의 등록사항 등)

① 법 제32조제1항제7호에서 "대통령령으로 정하는 사항"이란 다음 각 호의 사항을 말한다.
1. 개인정보파일을 운용하는 공공기관의 명칭
2. 개인정보파일로 보유하고 있는 개인정보의 정보주체 수
3. 해당 공공기관에서 개인정보 처리 관련 업무를 담당하는 부서
4. 제41조에 따른 개인정보의 열람 요구를 접수·처리하는 부서
5. 개인정보파일의 개인정보 중 법 제35조제4항에 따라 열람을 제한하거나 거절할 수 있는 개인정보의 범위 및 제한 또는 거절 사유

② 법 제32조제2항제4호에서 "대통령령으로 정하는 개인정보파일"이란 다음 각 호의 어느 하나에 해당하는 개인정보파일을 말한다. 〈신설 2023. 9. 12.〉
1. 회의 참석 수당 지급, 자료 · 물품의 송부, 금전의 정산 등 단순 업무 수행을 위해 운영되는 개인정보파일로서 지속적 관리 필요성이 낮은 개인정보파일
2. 공중위생 등 공공의 안전과 안녕을 위하여 긴급히 필요한 경우로서 일시적으로 처리되는 개인정보파일
3. 그 밖에 일회적 업무 처리만을 위해 수집된 개인정보파일로서 저장되거나 기록되지 않는 개인정보파일

개인정보보호법 시행령 (2024. 9. 15) 제34조

제34조(개인정보파일의 등록 및 공개 등

① 개인정보파일(법 제32조제2항 및 이 영 제33조제2항에 따른 개인정보파일은 제외한다. 이하 이 조에서 같다)을 운용하는 공공기관의 장은 그 운용을 시작한 날부터 60일 이내에 보호위원회가 정하여 고시하는 바에 따라 보호위원회에 법 제32조제1항 및 이 영 제33조제1항에 따른 등록사항(이하 "등록사항"이라 한다)의 등록을 신청하여야 한다 . 등록 후 등록한 사항이 변경된 경우에도 또한 같다 .

② 보호위원회는 법 제 32 조제 4 항에 따라 개인정보파일의 등록 현황을 공개 하는 경우 이를 보호위원회가 구축하는 인터넷 사이트에 게재해야 한다 .

③ 보호위원회는 제1항에 따른 개인정보파일의 등록사항을 등록하거나 변경하는 업무를 전자적으로 처리할 수 있도록 시스템을 구축 · 운영할 수 있다

22 개인정보의 파기

개인정보보호법(2024. 3. 15) 제21조

제21조(개인정보의 파기)

① 개인정보처리자는 보유기간의 경과, 개인정보의 처리 목적 달성, 가명정보의 처리 기간 경과 등 그 개인정보가 불필요하게 되었을 때에는 지체 없이 그 개인정보를 파기하여야 한다. 다만, 다른 법령에 따라 보존하여야 하는 경우에는 그러하지 아니하다.

② 개인정보처리자가 제1항에 따라 개인정보를 파기할 때에는 복구 또는 재생되지 아니하도록 조치하여야 한다.

③ 개인정보처리자가 제1항 단서에 따라 개인정보를 파기하지 아니하고 보존하여야 하는 경우에는 해당 개인정보 또는 개인정보파일을 다른 개인정보와 분리하여서 저장 · 관리하여야 한다.

④ 개인정보의 파기방법 및 절차 등에 필요한 사항은 대통령령으로 정한다.

개인정보보호법 시행령(2024. 9. 15) 16조

제16조(개인정보의 파기방법)

① 개인정보처리자는 법 제21조에 따라 개인정보를 파기할 때에는 다음 각 호의 구분에 따른 방법으로 하여야 한다.

1. 전자적 파일 형태인 경우: 복원이 불가능한 방법으로 영구 삭제. 다만, 기술적 특성으로 영구 삭제가 현저히 곤란한 경우에는 법 제58조의2에 해당하는 정보로 처리하여 복원이 불가능하도록 조치해야 한다.
2. 제1호 외의 기록물, 인쇄물, 서면, 그 밖의 기록매체인 경우: 파쇄 또는 소각

② 제1항에 따른 개인정보의 안전한 파기에 관한 세부 사항은 보호위원회가 정하여 고시한다.

개인정보보호법 표준지침 10조, 11조

제10조(개인정보의 파기방법 및 절차)

① 개인정보처리자는 개인정보의 보유 기간이 경과하거나 개인정보의 처리 목적 달성, 해당 서비스의 폐지, 사업의 종료 등 그 개인정보가 불필요하게 되었을 때에는 정당한 사유가 없는 한 그로부터 5일 이내에 그 개인정보를 파기하여야 한다.

② 영 제16조제1항제1호의 '복원이 불가능한 방법'이란 현재의 기술 수준에서 사회통념상 적정한 비용으로 파기한 개인정보의 복원이 불가능하도록 조치하는 방법을 말한다.

③ 개인정보처리자는 개인정보의 파기에 관한 사항을 기록·관리하여야 한다.

④ 개인정보 보호책임자는 개인정보 파기 시행 후 파기 결과를 확인하여야 한다.

⑤ 개인정보처리자 중 공공기관의 개인정보파일 파기에 관하여는 제55조및 제56조를 적용한다.

제11조(법령에 따른 개인정보의 보존)

① 개인정보처리자가 법 제21조제1항 단서에 따라 법령에 근거하여 개인정보를 파기하지 아니하고 보존하여야 하는 경우에는 물리적 또는 기술적 방법으로 분리하여서 저장·관리하여야 한다.

② 제1항에 따라 개인정보를 분리하여 저장·관리하는 경우에는 개인정보 처리방침 등을 통하여 법령에 근거하여 해당 개인정보 또는 개인정보파일을 저장·관리한다는 점을 정보주체가 알 수 있도록 하여야 한다.

23 정보주체의 권리

개인정보보호법(2024. 3. 15) 제4조

제4조(정보주체의 권리)
정보주체는 자신의 개인정보 처리와 관련하여 다음 각호의 권리를 가진다.
1. 개인정보의 처리에 관한 정보를 제공받을 권리
2. 개인정보의 처리에 관한 동의 여부, 동의 범위 등을 선택하고 결정할 권리
3. 개인정보의 처리 여부를 확인하고 개인정보에 대한 열람(사본의 발급을 포함한다. 이하 같다) 및 전송을 요구할 권리
4. 개인정보의 처리 정지, 정정 · 삭제 및 파기를 요구할 권리
5. 개인정보의 처리로 인하여 발생한 피해를 신속하고 공정한 절차에 따라 구제받을 권리
6. 완전히 자동화된 개인정보 처리에 따른 결정을 거부하거나 그에 대한 설명 등을 요구할 권리

24 개인정보의 열람

개인정보보호법(2024. 3. 15) 제35조

제35조(개인정보의 열람)
① 정보주체는 개인정보처리자가 처리하는 자신의 개인정보에 대한 열람을 해당 개인정보처리자에게 요구할 수 있다.
② 제1항에도 불구하고 정보주체가 자신의 개인정보에 대한 열람을 공공기관에 요구하고자 할 때에는 공공기관에 직접 열람을 요구하거나 대통령령으로 정하는 바에 따라 보호위원회를 통하여 열람을 요구할 수 있다.
③ 개인정보처리자는 제1항 및 제2항에 따른 열람을 요구받았을 때에는 대통령령으로 정하는 기간 내에 정보주체가 해당 개인정보를 열람할 수 있도록 하여야 한다. 이 경우 해당 기간 내에 열람할 수 없는 정당한 사유가 있을 때에는 정보주체에게 그 사유를 알리고 열람을 연기할 수 있으며, 그 사유가 소멸하면 지체 없이 열람하게 하여야 한다.
④ 개인정보처리자는 다음 각 호의 어느 하나에 해당하는 경우에는 정보주체에게 그 사유를 알리고 열람을 제한하거나 거절할 수 있다.
1. 법률에 따라 열람이 금지되거나 제한되는 경우
2. 다른 사람의 생명 · 신체를 해할 우려가 있거나 다른 사람의 재산과 그 밖의 이익을 부당하게 침해할 우려가 있는 경우
3. 공공기관이 다음 각 목의 어느 하나에 해당하는 업무를 수행할 때 중대한 지장을 초래하는 경우
가. 조세의 부과 · 징수 또는 환급에 관한 업무
나. 「초 · 중등교육법」 및 「고등교육법」에 따른 각급 학교, 「평생교육법」에 따른 평생교육시설, 그 밖의 다른 법률에 따라 설치된 고등교육기관에서의 성적 평가 또는 입학자 선발에 관한 업무
다. 학력 · 기능 및 채용에 관한 시험, 자격 심사에 관한 업무
라. 보상금 · 급부금 산정 등에 대하여 진행 중인 평가 또는 판단에 관한 업무
마. 다른 법률에 따라 진행 중인 감사 및 조사에 관한 업무
⑤ 제1항부터 제4항까지의 규정에 따른 열람 요구, 열람 제한, 통지 등의 방법 및 절차에 관하여 필요한 사항은 대통령령으로 정한다.

25 개인정보의 전송 요구

개인정보보호법(2024. 3. 15) 제35조의2
제35조의2(개인정보의 전송 요구) ① 정보주체는 개인정보 처리 능력 등을 고려하여 대통령령으로 정하는 기준에 해당하는 개인정보처리자에 대하여 다음 각 호의 요건을 모두 충족하는 개인정보를 자신에게로 전송할 것을 요구할 수 있다. 1. 정보주체가 전송을 요구하는 개인정보가 정보주체 본인에 관한 개인정보로서 다음 각 목의 어느 하나에 해당하는 정 보일 것 가. 제15조제1항제1호, 제23조제1항제1호 또는 제24조제1항제1호에 따른 동의를 받아 처리되는 개인정보 나. 제15조제1항제4호에 따라 체결한 계약을 이행하거나 계약을 체결하는 과정에서 정보주체의 요청에 따른 조치를 이행하기 위하여 처리되는 개인정보 다. 제15조제1항제2호 · 제3호, 제23조제1항제2호 또는 제24조제1항제2호에 따라 처리되는 개인정보 중 정보주체의 이익이나 공익적 목적을 위하여 관계 중앙행정기관의 장의 요청에 따라 보호위원회가 심의 · 의결하여 전송 요 구의 대상으로 지정한 개인정보 2. 전송을 요구하는 개인정보가 개인정보처리자가 수집한 개인정보를 기초로 분석 · 가공하여 별도로 생성한 정보가 아 닐 것 3. 전송을 요구하는 개인정보가 컴퓨터 등 정보처리장치로 처리되는 개인정보일 것 ② 정보주체는 매출액, 개인정보의 보유 규모, 개인정보 처리 능력, 산업별 특성 등을 고려하여 대통령령으로 정하는 기준 에 해당하는 개인정보처리자에 대하여 제1항에 따른 전송 요구 대상인 개인정보를 기술적으로 허용되는 합리적인 범위 에서 다음 각 호의 자에게 전송할 것을 요구할 수 있다. 1. 제35조의3제1항에 따른 개인정보관리 전문기관 2. 제29조에 따른 안전조치의무를 이행하고 대통령령으로 정하는 시설 및 기술 기준을 충족하는 자 ③ 개인정보처리자는 제1항 및 제2항에 따른 전송 요구를 받은 경우에는 시간, 비용, 기술적으로 허용되는 합리적인 범위 에서 해당 정보를 컴퓨터 등 정보처리장치로 처리 가능한 형태로 전송하여야 한다. ④ 제1항 및 제2항에 따른 전송 요구를 받은 개인정보처리자는 다음 각 호의 어느 하나에 해당하는 법률의 관련 규정에도 불구하고 정보주체에 관한 개인정보를 전송하여야 한다. 1. 「국세기본법」 제81조의13 2. 「지방세기본법」 제86조 3. 그 밖에 제1호 및 제2호와 유사한 규정으로서 대통령령으로 정하는 법률의 규정 ⑤ 정보주체는 제1항 및 제2항에 따른 전송 요구를 철회할 수 있다. ⑥ 개인정보처리자는 정보주체의 본인 여부가 확인되지 아니하는 경우 등 대통령령으로 정하는 경우에는 제1항 및 제2항 에 따른 전송 요구를 거절하거나 전송을 중단할 수 있다. ⑦ 정보주체는 제1항 및 제2항에 따른 전송 요구로 인하여 타인의 권리나 정당한 이익을 침해하여서는 아니 된다. ⑧ 제1항부터 제7항까지에서 규정한 사항 외에 전송 요구의 대상이 되는 정보의 범위, 전송 요구의 방법, 전송의 기한 및 방법, 전송 요구 철회의 방법, 전송 요구의 거절 및 전송 중단의 방법 등 필요한 사항은 대통령령으로 정한다.

26 개인정보의 정정 · 삭제

개인정보보호법(2024. 3. 15) 제36조

제36조(개인정보의 정정 · 삭제)

① 제35조에 따라 자신의 개인정보를 열람한 정보주체는 개인정보처리자에게 그 개인정보의 정정 또는 삭제 를 요구할 수 있다. 다만, 다른 법령에서 그 개인정보가 수집 대상으로 명시되어 있는 경우에는 그 삭제를 요 구할 수 없다.

② 개인정보처리자는 제1항에 따른 정보주체의 요구를 받았을 때에는 개인정보의 정정 또는 삭제에 관하여 다른 법령에 특별한 절차가 규정되어 있는 경우를 제외하고는 지체 없이 그 개인정보를 조사하여 정보주체 의 요구에 따라 정정 · 삭제 등 필요한 조치를 한 후 그 결과를 정보주체에게 알려야 한다.

③ 개인정보처리자가 제2항에 따라 개인정보를 삭제할 때에는 복구 또는 재생되지 아니하도록 조치하여야 한다.

④ 개인정보처리자는 정보주체의 요구가 제1항 단서에 해당될 때에는 지체 없이 그 내용을 정보주체에게 알 려야 한다.

⑤ 개인정보처리자는 제2항에 따른 조사를 할 때 필요하면 해당 정보주체에게 정정 · 삭제 요구사항의 확인 에 필요한 증거자료를 제출하게 할 수 있다.

⑥ 제1항 · 제2항 및 제4항에 따른 정정 또는 삭제 요구, 통지 방법 및 절차 등에 필요한 사항은 대통령령으로 정한다.

27 개인정보의 처리정지 등

개인정보보호법(2024. 3. 15) 제36조

제37조(개인정보의 처리정지 등)

① 정보주체는 개인정보처리자에 대하여 자신의 개인정보 처리의 정지를 요구하거나 개인정보 처리에 대한 동의를 철회할 수 있다. 이 경우 공공기관에 대해서는 제32조에 따라 등록 대상이 되는 개인정보파일 중 자신의 개인정보 에 대한 처리의 정지를 요구하거나 개인정보 처리에 대한 동의를 철회할 수 있다.

② 개인정보처리자는 제1항에 따른 처리정지 요구를 받았을 때에는 지체 없이 정보주체의 요구에 따라 개인정보 처리의 전부를 정지하거나 일부를 정지하여야 한다. 다만, 다음 각 호의 어느 하나에 해당하는 경우에는 정보주체 의 처리정지 요구를 거절할 수 있다.

1. 법률에 특별한 규정이 있거나 법령상 의무를 준수하기 위하여 불가피한 경우
2. 다른 사람의 생명 · 신체를 해할 우려가 있거나 다른 사람의 재산과 그 밖의 이익을 부당하게 침해할 우려가 있는 경우
3. 공공기관이 개인정보를 처리하지 아니하면 다른 법률에서 정하는 소관 업무를 수행할 수 없는 경우
4. 개인정보를 처리하지 아니하면 정보주체와 약정한 서비스를 제공하지 못하는 등 계약의 이행이 곤란한 경우로 서 정보주체가 그 계약의 해지 의사를 명확하게 밝히지 아니한 경우

③ 개인정보처리자는 정보주체가 제1항에 따라 동의를 철회한 때에는 지체 없이 수집된 개인정보를 복구 · 재생할 수 없도록 파기하는 등 필요한 조치를 하여야 한다. 다만, 제2항 각 호의 어느 하나에 해당하는 경우에는 동의 철 회에 따른 조치를 하지 아니할 수 있다.

④ 개인정보처리자는 제2항 단서에 따라 처리정지 요구를 거절하거나 제3항 단서에 따라 동의 철회에 따른 조치를 하지 아니하였을 때에는 정보주체에게 지체 없이 그 사유를 알려야 한다.

⑤ 개인정보처리자는 정보주체의 요구에 따라 처리가 정지된 개인정보에 대하여 지체 없이 해당 개인정보의 파기 등 필요한 조치를 하여야 한다.

⑥ 제1항부터 제5항까지의 규정에 따른 처리정지의 요구, 동의 철회, 처리정지의 거절, 통지 등의 방법 및 절차에 필요한 사항은 대통령령으로 정한다.

28 자동화된 결정에 대한 정보주체의 권리

개인정보보호법(2024. 3. 15) 제37조의2

제37조의2(자동화된 결정에 대한 정보주체의 권리 등)

① 정보주체는 완전히 자동화된 시스템(인공지능 기술을 적용한 시스템을 포함한다)으로 개인정보를 처리하여 이루어지는 결정(「행정기본법」 제20조에 따른 행정청의 자동적 처분은 제외하며, 이하 이 조에서 "자동화된 결정" 이라 한다)이 자신의 권리 또는 의무에 중대한 영향을 미치는 경우에는 해당 개인정보처리자에 대하여 해당 결정 을 거부할 수 있는 권리를 가진다. 다만, 자동화된 결정이 제15조제1항제1호 · 제2호 및 제4호에 따라 이루어지지 는 경우에는 그러하지 아니하다.

② 정보주체는 개인정보처리자가 자동화된 결정을 한 경우에는 그 결정에 대하여 설명 등을 요구할 수 있다.

③ 개인정보처리자는 제1항 또는 제2항에 따라 정보주체가 자동화된 결정을 거부하거나 이에 대한 설명 등을 요구 한 경우에는 정당한 사유가 없는 한 자동화된 결정을 적용하지 아니하거나 인적 개입에 의한 재처리 · 설명 등 필요 한 조치를 하여야 한다.

④ 개인정보처리자는 자동화된 결정의 기준과 절차, 개인정보가 처리되는 방식 등을 정보주체가 쉽게 확인할 수 있 도록 공개하여야 한다.

⑤ 제1항부터 제4항까지에서 규정한 사항 외에 자동화된 결정의 거부 · 설명 등을 요구하는 절차 및 방법, 거부 · 설명 등의 요구에 따른 필요한 조치, 자동화된 결정의 기준 · 절차 및 개인정보가 처리되는 방식의 공개 등에 필요 한 사항은 대통령령으로 정한다.

29 이용제공 내역 통지

개인정보보호법(2024. 3. 15) 제20조의2

제20조의2(개인정보 이용 · 제공 내역의 통지)

① 대통령령으로 정하는 기준에 해당하는 개인정보처리자는 이 법에 따라 수집한 개인정보의 이용 · 제공 내역이나 이용 · 제공 내역을 확인할 수 있는 정보시스템에 접속하는 방법을 주기적으로 정보주체에게 통지하여야 한다. 다만, 연락처 등 정보주체에게 통지할 수 있는 개인정보를 수집 · 보유하지 아니한 경우에는 통지하지 아니할 수 있다.

② 제1항에 따른 통지의 대상이 되는 정보주체의 범위, 통지 대상 정보, 통지 주기 및 방법 등에 필요한 사항은 대통령령으로 정한다.

개인정보보호법 시행령(2024. 9. 15) 제15조의3

제15조의3(개인정보 이용 · 제공 내역의 통지)

① 법 제20조의2제1항 본문에서 "대통령령으로 정하는 기준에 해당하는 개인정보처리자"란 다음 각 호의 어느 하나에 해당하는 개인정보처리자를 말한다. 이 경우 다음 각 호에 규정된 정보주체의 수는 전년도 말 기준 직전 3개월 간 일일평균을 기준으로 산정한다.

1. 5만명 이상의 정보주체에 관하여 민감정보 또는 고유식별정보를 처리하는 자
2. 100만명 이상의 정보주체에 관하여 개인정보를 처리하는 자

② 법 제20조의2제1항에 따른 통지의 대상이 되는 정보주체는 다음 각 호의 정보주체를 제외한 정보주체로 한다.

1. 통지에 대한 거부의사를 표시한 정보주체
2. 개인정보처리자가 업무수행을 위해 그에 소속된 임직원의 개인정보를 처리한 경우 해당 정보주체
3. 개인정보처리자가 업무수행을 위해 다른 공공기관, 법인, 단체의 임직원 또는 개인의 연락처 등의 개인정보를 처리한 경우 해당 정보주체
4. 법률에 특별한 규정이 있거나 법령 상 의무를 준수하기 위하여 이용 · 제공한 개인정보의 정보주체
5. 공공기관이 법령 등에서 정하는 소관 업무의 수행을 위하여 이용 · 제공한 개인정보의 정보주체

③ 법 제20조의2제1항에 따라 정보주체에게 통지해야 하는 정보는 다음 각 호와 같다.

1. 개인정보의 수집 · 이용 목적 및 수집한 개인정보의 항목
2. 개인정보를 제공받은 제3자와 그 제공 목적 및 제공한 개인정보의 항목. 다만, 「통신비밀보호법」 제13조, 제13조의2, 제13조의4 및 「전기통신사업법」 제83조제3항에 따라 제공한 정보는 제외한다.

④ 법 제20조의2제1항에 따른 통지는 다음 각 호의 어느 하나에 해당하는 방법으로 연 1회 이상 해야 한다.

1. 서면 · 전자우편 · 전화 · 문자전송 등 정보주체가 통지 내용을 쉽게 확인할 수 있는 방법
2. 재화 및 서비스를 제공하는 과정에서 정보주체가 쉽게 알 수 있도록 알림창을 통해 알리는 방법(법 제20조의2제1항에 따른 개인정보의 이용 · 제공 내역을 확인할 수 있는 정보시스템에 접속하는 방법을 통지하는 경우로 한정한다)

---

30 손해배상 책임

개인정보보호법(2024. 3. 15) 제39조

제39조(손해배상책임)

① 정보주체는 개인정보처리자가 이 법을 위반한 행위로 손해를 입으면 개인정보처리자에게 손해배상을 청구할 수 있다. 이 경우 그 개인정보처리자는 고의 또는 과실이 없음을 입증하지 아니하면 책임을 면할 수 없다.

② 삭제

③ 개인정보처리자의 고의 또는 중대한 과실로 인하여 개인정보가 분실 · 도난 · 유출 · 위조 · 변조 또는 훼손된 경우로서 정보주체에게 손해가 발생한 때에는 법원은 그 손해액의 5배를 넘지 아니하는 범위에서 손해배상액을 정할 수 있다. 다만, 개인정보처리자가 고의 또는 중대한 과실이 없음을 증명한 경우에는 그러하지 아니하다.

④ 법원은 제3항의 배상액을 정할 때에는 다음 각 호의 사항을 고려하여야 한다.

1. 고의 또는 손해 발생의 우려를 인식한 정도
2. 위반행위로 인하여 입은 피해 규모
3. 위법행위로 인하여 개인정보처리자가 취득한 경제적 이익
4. 위반행위에 따른 벌금 및 과징금
5. 위반행위의 기간·횟수 등
6. 개인정보처리자의 재산상태
7. 개인정보처리자가 정보주체의 개인정보 분실·도난·유출 후 해당 개인정보를 회수하기 위하여 노력한 정도
8. 개인정보처리자가 정보주체의 피해구제를 위하여 노력한 정도

개인정보보호법(2024. 3. 15) 제39조의 2

제39조의2(법정손해배상의 청구)

① 제39조제1항에도 불구하고 정보주체는 개인정보처리자의 고의 또는 과실로 인하여 개인정보가 분실 · 도난 · 유출 · 위조 · 변조 또는 훼손된 경우에는 300만원 이하의 범위에서 상당한 금액을 손해액으로 하여 배상을 청구할 수 있다. 이 경우 해당 개인정보처리자는 고의 또는 과실이 없음을 입증하지 아니하면 책임을 면할 수 없다.

② 법원은 제1항에 따른 청구가 있는 경우에 변론 전체의 취지와 증거조사의 결과를 고려하여 제1항의 범위에서 상당한 손해액을 인정할 수 있다.

③ 제39조에 따라 손해배상을 청구한 정보주체는 사실심(事實審)의 변론이 종결되기 전까지 그 청구를 제1항에 따른 청구로 변경할 수 있다.

개인정보보호법(2024. 3. 15) 제39조의 7

제39조의7(손해배상의 보장)

① 개인정보처리자로서 매출액, 개인정보의 보유 규모 등을 고려하여 대통령령으로 정하는 기준에 해당하는 자는 제39조 및 제39조의2에 따른 손해배상책임의 이행을 위하여 보험 또는 공제에 가입하거나 준비금을 적립하는 등 필요한 조치를 하여야 한다.

② 제1항에도 불구하고 다음 각 호의 어느 하나에 해당하는 자는 제1항에 따른 조치를 하지 아니할 수 있다.

1. 대통령령으로 정하는 공공기관, 비영리법인 및 단체
2. 「소상공인기본법」 제2조제1항에 따른 소상공인으로서 대통령령으로 정하는 자에게 개인정보 처리를 위탁한 자
3. 다른 법률에 따라 제39조 및 제39조의2에 따른 손해배상책임의 이행을 보장하는 보험 또는 공제에 가입하거나 준비금을 적립한 개인정보처리자

③ 제1항 및 제2항에 따른 개인정보처리자의 손해배상책임 이행 기준 등에 필요한 사항은 대통령령으로 정한다.

개인정보보호법 시행령(2024. 9. 15) 제48조의7

제48조의7(손해배상책임의 이행을 위한 보험 등 가입 대상자의 범위 및 기준 등)

① 법 제39조의7제1항에서 "대통령령으로 정하는 기준에 해당하는 자"란 다음 각 호의 요건을 모두 갖춘 자(이하 "가입대상개인정보처리자"라 한다)를 말한다. 〈개정 2024. 3. 12.〉

1. 전년도(법인의 경우에는 직전 사업연도를 말한다)의 매출액등이 10억원 이상일 것
2. 전년도 말 기준 직전 3개월간 그 개인정보가 저장 · 관리되고 있는 정보주체(제15조의3제2항제2호에 해당하는 정보주체는 제외한다. 이하 이 조에서 같다)의 수가 일일평균 1만명 이상일 것. 다만, 해당 연도에 영업의 전부 또는 일부의 양수, 분할 · 합병 등으로 개인정보를 이전받은 경우에는 이전받은 시점을 기준으로 정보주체의 수가 1만명 이상일 것

② 법 제39조의7제2항제1호에서 "대통령령으로 정하는 공공기관, 비영리법인 및 단체"란 다음 각 호의 기관을 말한다. 〈신설 2024. 3. 12.〉

1. 공공기관. 다만, 제2조제2호부터 제5호까지에 해당하는 공공기관으로서 제32조제4항 각 호에 해당하는 공공기관은 제외한다.
2. 「공익법인의 설립 · 운영에 관한 법률」 제2조에 따른 공익법인
3. 「비영리민간단체 지원법」 제4조에 따라 등록한 단체

③ 법 제39조의7제2항제2호에서 "대통령령으로 정하는 자"란 다음 각 호의 요건을 모두 갖춘 자를 말한다. 〈개정 2024. 3. 12.〉

1. 「소상공인기본법」 제2조제1항에 따른 소상공인으로부터 개인정보가 분실 · 도난 · 유출 · 위조 · 변조 또는 훼손되지 않도록 개인정보의 저장 · 관리 업무를 위탁받은 자
2. 제1호에 따라 위탁받은 업무에 대하여 법 제39조 및 제39조의2에 따른 손해배상책임의 이행을 보장하는 보험 또는 공제에 가입하거나 준비금을 적립하는 등 필요한 조치를 한 자

④ 가입대상개인정보처리자가 보험 또는 공제에 가입하거나 준비금을 적립할 경우 최저가입금액(준비금을 적립하는 경우 최소적립금액을 말한다. 이하 이 조에서 같다)의 기준은 별표 1의4와 같다. 다만, 가입대상개인정보처리자가 보험 또는 공제 가입과 준비금 적립을 병행하는 경우에는 보험 또는 공제 가입금액과 준비금 적립금액을 합산한 금액이 별표 1의4에서 정한 최저가입금액의 기준 이상이어야 한다.

31 영리목적의 광고성 정보 전송 제한

정보통신망법 (시행 2020. 12. 10) 제50조

제50조(영리목적의 광고성 정보 전송 제한)

① 누구든지 전자적 전송매체를 이용하여 영리목적의 광고성 정보를 전송하려면 그 수신자의 명시적인 사전 동의를 받아야 한다. 다만, 다음 각 호의 어느 하나에 해당하는 경우에는 사전 동의를 받지 아니한다.

1. 재화등의 거래관계를 통하여 수신자로부터 직접 연락처를 수집한 자가 대통령령으로 정한 기간 이내에 자신이 처리하고 수신자와 거래한 것과 같은 종류의 재화등에 대한 영리목적의 광고성 정보를 전송하려는 경우
2. 「방문판매 등에 관한 법률」에 따른 전화권유판매자가 육성으로 수신자에게 개인정보의 수집출처를 고지하고 전화권유를 하는 경우

② 전자적 전송매체를 이용하여 영리목적의 광고성 정보를 전송하려는 자는 제1항에도 불구하고 수신자가 수신거부의사를 표시하거나 사전 동의를 철회한 경우에는 영리목적의 광고성 정보를 전송하여서는 아니 된다.

③ 오후 9시부터 그 다음 날 오전 8시까지의 시간에 전자적 전송매체를 이용하여 영리목적의 광고성 정보를 전송하려는 자는 제1항에도 불구하고 그 수신자로부터 별도의 사전 동의를 받아야 한다. 다만, 대통령령으로 정하는 매체의 경우에는 그러하지 아니하다.

④ 전자적 전송매체를 이용하여 영리목적의 광고성 정보를 전송하는 자는 대통령령으로 정하는 바에 따라 다음 각 호의 사항 등을 광고성 정보에 구체적으로 밝혀야 한다.

1. 전송자의 명칭 및 연락처
2. 수신의 거부 또는 수신동의의 철회 의사표시를 쉽게 할 수 있는 조치 및 방법에 관한 사항

⑤ 전자적 전송매체를 이용하여 영리목적의 광고성 정보를 전송하는 자는 다음 각 호의 어느 하나에 해당하는 조치를 하여서는 아니 된다.

1. 광고성 정보 수신자의 수신거부 또는 수신동의의 철회를 회피 · 방해하는 조치
2. 숫자 · 부호 또는 문자를 조합하여 전화번호 · 전자우편주소 등 수신자의 연락처를 자동으로 만들어 내는 조치
3. 영리목적의 광고성 정보를 전송할 목적으로 전화번호 또는 전자우편주소를 자동으로 등록하는 조치
4. 광고성 정보 전송자의 신원이나 광고 전송 출처를 감추기 위한 각종 조치
5. 영리목적의 광고성 정보를 전송할 목적으로 수신자를 기망하여 회신을 유도하는 각종 조치

⑥ 전자적 전송매체를 이용하여 영리목적의 광고성 정보를 전송하는 자는 수신자가 수신거부나 수신동의의 철회를 할 때 발생하는 전화요금 등의 금전적 비용을 수신자가 부담하지 아니하도록 대통령령으로 정하는 바에 따라 필요한 조치를 하여야 한다.

⑦ 전자적 전송매체를 이용하여 영리목적의 광고성 정보를 전송하려는 자는 수신자가 제1항에 따른 사전 동의, 제2항에 따른 수신거부의사 또는 수신동의 철회 의사를 표시할 때에는 해당 수신자에게 대통령령으로 정하는 바에 따라 수신동의, 수신거부 또는 수신동의 철회에 대한 처리 결과를 알려야 한다.

⑧ 제1항 또는 제3항에 따라 수신동의를 받은 자는 대통령령으로 정하는 바에 따라 정기적으로 광고성 정보 수신자의 수신동의 여부를 확인하여야 한다.

정보통신망법 시행령(시행 2020. 10. 01) 제61~62조

제61조(영리목적의 광고성 정보 전송기준)

① 법 제50조제1항제1호에서 "대통령령으로 정한 기간"이란 해당 재화등의 거래가 종료된 날부터 6개월을 말한다.

② 법 제50조제3항 단서에서 "대통령령으로 정하는 매체"란 전자우편을 말한다.

③ 법 제50조제4항에 따라 전자적 전송매체를 이용하여 영리목적의 광고성 정보를 전송하는 자가 해당 정보에 명시하여야 할 사항과 그 방법은 별표 6과 같다.

제62조(수신거부 또는 수신동의 철회용 무료전화서비스 등의 제공)

법 제50조제6항에 따라 전자적 전송매체를 이용하여 영리목적의 광고성 정보를 전송하는 자는 별표 6에서 정하는 바에 따라 수신거부 및 수신동의 철회용 무료전화서비스 등을 해당 정보에 명시하여 수신자에게 이를 제공하여야 한다.

제62조의2(수신동의 등 처리 결과의 통지)

법 제50조제7항에 따라 전자적 전송매체를 이용하여 영리목적의 광고성 정보를 전송하려는 자는 수신자가 수신동의, 수신거부 또는 수신동의 철회 의사를 표시한 날부터 14일 이내에 다음 각 호의 사항을 해당 수신자에게 알려야 한다.

1. 전송자의 명칭
2. 수신자의 수신동의, 수신거부 또는 수신동의 철회 사실과 해당 의사를 표시한 날짜
3. 처리 결과

제62조의3(수신동의 여부의 확인)

① 법 제50조제1항 또는 제3항에 따라 수신자의 사전 동의를 받은 자는 같은 조 제8항에 따라 그 수신동의를 받은 날부터 2년마다(매 2년이 되는 해의 수신동의를 받은 날과 같은 날 전까지를 말한다) 해당 수신자의 수신동의 여부를 확인하여야 한다.

② 제1항에 따라 수신동의 여부를 확인하려는 자는 수신자에게 다음 각 호의 사항을 밝혀야 한다.

1. 전송자의 명칭
2. 수신자의 수신동의 사실과 수신에 동의한 날짜
3. 수신동의에 대한 유지 또는 철회의 의사를 표시하는 방법

Chapter 5 개인정보보호 보호 관련 고시

1 개인정보 보호조치 관련 고시 비교

구분	개인정보의 안전성 확보조치 기준	개인정보의 기술적·관리적 보호조치 기준 (폐지)
규제기관	• 개인정보보호위원회	• 개인정보보호위원회
대상자	• 개인정보처리자	• 정보통신서비스 제공자
고시 근거	• 개인정보 보호법 – 제23조의2항(민감정보의 처리 제한) – 제24조의3항(고유식별정보의 처리 제한) – 제29조(안전조치의무)	• 개인정보 보호법 – 제29조(안전조치의무)
	• 개인정보 보호법 시행령 – 제21조(고유식별정보의 안전성 확보 조치) – 제30조(개인정보의 안전성 확보 조치)	• 개인정보보호법 시행령 – 제48조의2(개인정보의 안전성 확보 조치에 관한 특례)
처벌 규정	• 안전성 확보에 필요한 조치를 하지 않은 자(제29조 위반) – 5천만원 이하 과태료(제75조제2항제5호)	
	• 개인정보처리자가 처리하는 개인정보가 분실 · 도난 · 유출 · 위조 · 변조 · 훼손된 경우 – 위반행위와 관련한 매출액의 100분의 3 이하 과징금(제64조의2제1항제9호) – 다만, 개인정보가 분실 · 도난 · 유출 · 위조 · 변조 · 훼손되지 아니하도록 개인정보처리자가 제29조(제26조제8항에 따라 준용되는 경우를 포함한다)에 따른 안전성 확보에 필요한 조치를 다한 경우에는 그러하지 아니함	

2 개인정보 안전성 확보조치 기준 '23년 9월 개정 요약

구분	개정사항	내용
1	• 일방 대상자에게만 적용되던 안전조치 기준을 확대 적용	• 개인정보처리자 * 및 정보통신서비스 제공자 ** 중 일방에만 적용되던 규정을 전체 개인정보처리자로 확대 적용 • 확대된 규정을 새로 적용받는 대상자의 경우 '24.9.15.부터 적용
2	• 양 대상자 간 상이한 안전조치 기준 일원화	• (유형 삭제) 별표의 "개인정보처리자 유형 및 개인정보 보유량에 따른 안전조치 기준"을 삭제하여 모든 개인정보처리자에 동일 규정 적용 • (내부 관리계획) 내부 관리계획 수록사항 중 중복 삭제 및 상이 내용을 통합하여 총 16개 항목으로 정비(제4조) • (권한변경 관리) 시스템 권한변경 내역 보관기간을 3년으로 통일(제5조 제3항) • (전송 시 암호화) 특례규정의 인터넷망 구간 전송 시 암호화(보안 서버 적용 등)를 전체 개인정보처리자로 확대(제7조 제4항)
3	• 수범자의 부담이 우려되는 일부 상이한 규정은 현행 유지	• 외부에서 접속 시 안전조치(제6조 제2항), 인터넷망 차단(제6조 제6항), • 저장 시 암호화(제7조 제2항 · 제3항 · 제5항) 등 수범자 부담이 우려되는 규정은 기존과 동일 * 하게 유지

3 개인정보보호조치 관련 고시 요약

구분	개인정보의 안전성 확보조치 기준	개인정보의 안전성 확보조치 기준(기존)	개인정보의 기술적·관리적 보호조치 기준(폐지)
1	제1조 (목적)	제1조 (목적)	제1조 (목적)
2	제2조 (정의)	제2조 (정의)	제2조 (정의)
3	제3조(안전조치의 적용 원칙)	제3조 (안전조치 기준 적용)	
4	제4조(내부 관리계획의 수립· 시행 및 점검)	제4조(내부 관리계획의 수립·시행)	제3조(내부관리계획의 수립·시행)
5	제5조(접근 권한의 관리)	제5조(접근 권한의 관리)	
6	제6조(접근통제)	제6조(접근통제)	제4조(접근통제)
7	제7조(개인정보의 암호화)	제7조(개인정보의 암호화)	제6조(개인정보의 암호화)
8	제8조(접속기록의 보관 및 점 검)	제8조(접속기록의 보관 및 점검)	제5조(접속기록의 위·변조방지)
9	제9조(악성프로그램 등 방지)	제9조(악성프로그램 등 방지)	제7조(악성프로그램 방지)
	제10조(물리적 안전조치)	~~제10조(관리용 단말기의 안전조치)~~	
10	제11조(재해·재난 대비 안전 조치)	제11조(물리적 안전조치)	제8조(물리적 접근 방지)
11	제12조(출력·복사시 보호조치)	제12조(재해·재난 대비 안전조치)	
12	제13조(개인정보의 파기)		
13	제14조(공공시스템운영기관의 안전조치 기준 적용)	제13조(개인정보의 파기)	
14	제15조(공공시스템운영기관의		제9조(출력·복사시 보호조치)
15	내부 관리계획의 수립 · 시행)		~~제10조(개인정보 표시 제한 보호조치)~~
16	제16조(공공시스템운영기관의 접근 권한의 관리)		
17	제17조(공공시스템운영기관의 접속기록의 보관 및 점검)		
18	제18조(재검토 기한)	제14조(재검토 기한)	제11조(재검토 기한)

Chapter 6 개인정보보호 보호 관련 고시 상세

1 목적

안전성 확보조치 기준(2023. 9. 22) 제1조
제1조(목적) 이 기준은 「개인정보 보호법」(이하 "법"이라 한다) 제29조와 같은 법 시행령(이하 " 영"이라 한다) 제16조제2항, 제30조 및 제30조의2에 따라 개인정보처리자가 개인정보를 처리함에 있어서 개인정보가 분실·도난·유출·위조·변조 또는 훼손되지 아니하도록 안전성 확보에 필요한 기술적·관리적 및 물리적 안전조치에 관한 최소한의 기준을 정하는 것을 목적으로 한다.

2 정의

안전성 확보조치 기준(2023. 9. 22) 제2조
1. "개인정보처리시스템"이란 데이터베이스시스템 등 개인정보를 처리할 수 있도록 체계적으로 구성한 시스템을 말한다. 2. "이용자"란 「정보통신망 이용촉진 및 정보보호 등에 관한 법률」 제2조제1항제4호에 따른 정보통신서비스 제공자가 제공하는 정보통신서비스를 이용하는 자를 말한다. 3. "접속기록"이란 개인정보처리시스템에 접속하는 자가 개인정보처리시스템에 접속하여 수행한 업무내역에 대하여 식별자, 접속일시, 접속지 정보, 처리한 정보주체 정보, 수행업무 등을 전자적으로 기록한 것을 말한다. 이 경우 "접속"이란 개인정보처리시스템과 연결되어 데이터 송신 또는 수신이 가능한 상태를 말한다. 4. "정보통신망"이란 「정보통신망 이용촉진 및 정보보호 등에 관한 법률」 제2조제1항제1호의 「전기통신사업법」 제2조제2호에 따른 전기통신설비를 이용하거나 전기통신설비와 컴퓨터 및 컴퓨터의 이용기술을 활용하여 정보를 수집·가공·저장·검색·송신 또는 수신하는 정보통신체계를 말한다. 5. "P2P(Peer to Peer)"란 정보통신망을 통해 서버의 도움 없이 개인과 개인이 직접 연결되어 파일을 공유하는 것을 말한다. 6. "공유설정"이란 컴퓨터 소유자의 파일을 타인이 조회·변경·복사 등을 할 수 있도록 설정하는 것을 말한다. 7. "모바일 기기"란 무선망을 이용할 수 있는 스마트폰, 태블릿 컴퓨터 등 개인정보 처리에 이용되는 휴대용 기기를 말한다. 8. "비밀번호"란 정보주체 및 개인정보취급자 등이 개인정보처리시스템 또는 정보통신망을 관리하는 시스템 등에 접속할 때 식별자와 함께 입력하여 정당한 접속 권한을 가진 자라는 것을 식별할수 있도록 시스템에 전달해야 하는 고유의 문자열로서 타인에게 공개되지 않는 정보를 말한다. 9. "생체정보"란 지문, 얼굴, 홍채, 정맥, 음성, 필적 등 개인의 신체적, 생리적, 행동적 특징에 관한 정보로서 특정 개인을 인증 · 식별하거나 개인에 관한 특징을 알아보기 위해 일정한 기술적 수단을 통해 처리되는 정보를 말한다. 10. "생체인식정보"란 생체정보 중 특정 개인을 인증 또는 식별할 목적으로 일정한 기술적 수단을 통해 처리되는 정보를 말한다. 11. "인증정보"란 개인정보처리시스템 또는 정보통신망을 관리하는 시스템 등에 접속을 요청하는 자의 신원을 검증하는데 사용되는 정보를 말한다. 12. "내부망"이란 인터넷망 차단, 접근 통제시스템 등에 의해 인터넷 구간에서의 접근이 통제 또는 차단되는 구간을 말한다. 13. "위험도 분석"이란 개인정보 유출에 영향을 미칠 수 있는 다양한 위험요소를 식별·평가하고 해당 위험요소를 적절하게 통제할 수 있는 방안 마련을 위한 종합적으로 분석하는 행위를 말한다. 14. "보조저장매체"란 이동형 하드디스크(HDD), 유에스비(USB)메모리 등 자료를 저장할 수 있는 매체로서 개인정보처리시스템 또는 개인용 컴퓨터 등과 쉽게 연결·분리할 수 있는 저장매체를 말한다.

안전성 확보조치 기준에서 규정하였던 용어 〈삭제〉
8. "개인정보 보호책임자"란 개인정보처리자의 개인정보 처리에 관한 업무를 총괄해서 책임지는 자로서 영 제32조제2항에 해당하는 자를 말한다. 9. "개인정보취급자"란 개인정보처리자의 지휘 · 감독을 받아 개인정보를 처리하는 업무를 담당하는 자로서 임직원, 파견근로자, 시간제근로자 등을 말한다.

3 안전조치 기준 적용

안전성 확보조치 기준(2021.9.15) 제3조
제3조(안전조치 기준 적용) 개인정보처리자가 개인정보의 안전성 확보에 필요한 조치를 하는 경우에는 [별표] 개인정보처리자 유형 및 개인정보 보유량에 따른 안전조치 기준을 적용하여야 한다. 이 경우 개인정보처리자가 어느 유형에 해당하는지에 대한 입증 책임은 당해 개인정보처리자가 부담한다.

4 내부 관리계획의 수립 · 시행 및 점검

안전성 확보조치 기준(2023. 9. 15)제4조
제4조(내부 관리계획의 수립 · 시행 및 점검) ① 개인정보처리자는 개인정보의 분실 · 도난 · 유출 · 위조 · 변조 또는 훼손되지 아니하도록 내부 의사결정 절차를 통하여 다음 각 호의 사항을 포함하는 내부 관리계획을 수립 · 시행하여야 한다. 다만, 1만명 미만의 정보주체에 관하여 개인정보를 처리하는 소상공인 · 개인 · 단체의 경우에는 생략할 수 있다. 1. 개인정보 보호 조직의 구성 및 운영에 관한 사항 2. 개인정보 보호책임자의 자격요건 및 지정에 관한 사항 3. 개인정보 보호책임자와 개인정보취급자의 역할 및 책임에 관한 사항 4. 개인정보취급자에 대한 관리 · 감독 및 교육에 관한 사항 5. 접근 권한의 관리에 관한 사항 6. 접근 통제에 관한 사항 7. 개인정보의 암호화 조치에 관한 사항 8. 접속기록 보관 및 점검에 관한 사항 9. 악성프로그램 등 방지에 관한 사항 10. 개인정보의 유출, 도난 방지 등을 위한 취약점 점검에 관한 사항 11. 물리적 안전조치에 관한 사항 12. 개인정보 유출사고 대응 계획 수립 · 시행에 관한 사항 13. 위험 분석 및 관리에 관한 사항 14. 개인정보 처리업무를 위탁하는 경우 수탁자에 대한 관리 및 감독에 관한 사항 15. 개인정보 내부 관리계획의 수립, 변경 및 승인에 관한 사항 16. 그 밖에 개인정보 보호를 위하여 필요한 사항 ② 개인정보처리자는 다음 각 호의 사항을 정하여 개인정보 보호책임자 및 개인정보취급자를 대상으로 사업규모, 개인정보 보유 수, 업무성격 등에 따라 차등화하여 필요한 교육을 정기적으로 실시하 여야 한다. 1. 교육목적 및 대상 2. 교육 내용 3. 교육 일정 및 방법 ③ 개인정보처리자는 제1항 각 호의 사항에 중요한 변경이 있는 경우에는 이를 즉시 반영하여 내부 관리계획을 수정하여 시행하고, 그 수정 이력을 관리하여야 한다. ④ 개인정보 보호책임자는 접근 권한 관리, 접속기록 보관 및 점검, 암호화 조치 등 내부 관리계획의 이행 실태를 연1회 이상 점검 · 관리 하여야 한다.

5 접근 권한의 관리

안전성 확보조치 기준(2023. 9. 15)제5조

제5조(접근 권한의 관리)

① 개인정보처리자는 개인정보처리시스템에 대한 접근 권한을 개인정보취급자에게만 업무 수행에 필요한 최소한의 범 위로 차등 부여하여야 한다.

② 개인정보처리자는 개인정보취급자 또는 개인정보취급자의 업무가 변경되었을 경우 지체 없이 개인정보처리시스템의 접근 권한을 변경 또는 말소하여야 한다.

③ 개인정보처리자는 제1항 및 제2항에 의한 권한 부여, 변경 또는 말소에 대한 내역을 기록하고, 그 기록을 최소 3년간 보관하여야 한다.

④ 개인정보처리자는 개인정보처리시스템에 접근할 수 있는 계정을 발급하는 경우 정당한 사유가 없는 한 개인정보취급 자 별로 계정을 발급하고 다른 개인정보취급자와 공유되지 않도록 하여야 한다.

⑤ 개인정보처리자는 개인정보취급자 또는 정보주체의 인증수단을 안전하게 적용하고 관리하여야 한다.

⑥ 개인정보처리자는 정당한 권한을 가진 개인정보취급자 또는 정보주체만이 개인정보처리시스템에 접근할 수 있도록 일정 횟수 이상 인증에 실패한 경우 개인정보처리시스템에 대한 접근을 제한하는 등 필요한 조치를 하여야 한다. 〈제6항 정보통신서비스 제공자 2024.9.15 시행〉

6 접근통제

안전성 확보조치 기준(2023. 9. 15)제6조

제6조(접근통제)

① 개인정보처리자는 정보통신망을 통한 불법적인 접근 및 침해사고 방지를 위해 다음 각 호의 안전조치를 하여야 한다.

1. 개인정보처리시스템에 대한 접속 권한을 인터넷 프로토콜(IP) 주소 등으로 제한하여 인가받지 않은 접근을 제한
2. 개인정보처리시스템에 접속한 인터넷 프로토콜(IP) 주소 등을 분석하여 개인정보 유출 시도 탐지 및 대응

② 개인정보처리자는 개인정보취급자가 정보통신망을 통해 외부에서 개인정보처리시스템에 접속하려는 경우 인증서, 보안토큰, 일회용 비밀번호 등 안전한 인증수단을 적용하여야 한다. 다만, 이용자가 아닌 정보주체의 개인정보를 처리하는 개인정보처리시스템의 경우 가상사설망 등 안전한 접속 수단 또는 안전한 인증수단을 적용할 수 있다.

③ 개인정보처리자는 처리하는 개인정보가 인터넷 홈페이지, P2P, 공유설정 등을 통하여 권한이 없는 자에게 공개되거나 유출되지 않도록 개인정보처리시스템, 개인정보취급자의 컴퓨터 및 모바일 기기 등에 조치를 하여야 한다.

④ 개인정보처리자는 개인정보처리시스템에 대한 불법적인 접근 및 침해사고 방지를 위하여 개인정보취급자가 일정시간 이상 업무처리를 하지 않는 경우에는 자동으로 접속이 차단되도록 하는 등 필요한 조치를 하여야 한다.

⑤ 개인정보처리자는 업무용 모바일 기기의 분실·도난 등으로 개인정보가 유출되지 않도록 해당 모바일 기기에 비밀번호 설정 등의 보호조치를 하여야 한다.

⑥ 전년도 말 기준 직전 3개월간 그 개인정보가 저장·관리되고 있는 이용자 수가 일일평균 100만명 이상인 개인정보처리자는 개인정보처리시스템에서 개인정보를 다운로드 또는 파기할 수 있거나 개인정보처리시스템에 대한 접근 권한을 설정할 수 있는 개인정보취급자의 컴퓨터 등에 대한 인터넷망 차단 조치를 하여야 한다. 다만, 「클라우드 컴퓨팅 발전 및 이용자 보호에 관한 법률」 제2 조제3호에 따른 클라우드 컴퓨팅 서비스를 이용하여 개인정보처리시스템을 구성·운영하는 경우에는 해당 서비스에 대한 접속 외에는 인터넷을 차단하는 조치를 하여야 한다.

7 개인정보의 암호화

안전성 확보조치 기준(2023. 9. 15) 제7조

제7조(개인정보의 암호화)

① 개인정보처리자는 비밀번호, 생체인식정보 등 인증정보를 저장 또는 정보통신망을 통하여 송·수신하는 경우에 이를 안전한 암호 알고리즘으로 암호화하여야 한다. 다만, 비밀번호를 저장하는 경우에는 복호화되지 아니하도록 일방향 암호화하여 저장하여야 한다.

② 개인정보처리자는 다음 각 호의 해당하는 이용자의 개인정보에 대해서는 안전한 암호 알고리즘으로 암호화하여 저장하여야 한다.

1. 주민등록번호
2. 여권번호
3. 운전면허번호
4. 외국인등록번호
5. 신용카드번호
6. 계좌번호
7. 생체인식정보

③ 개인정보처리자는 이용자가 아닌 정보주체의 개인정보를 다음 각 호와 같이 저장하는 경우에는 암호화하여야 한다.

1. 인터넷망 구간 및 인터넷망 구간과 내부망의 중간 지점(DMZ : Demilitarized Zone)에
2. 고유식별 정보를 저장하는 경우
3. 내부망에 고유식별정보를 저장하는 경우(다만, 주민등록번호 외의 고유식별정보를 저장하는 경우 에는 다음 각 목의 기준에 따라 암호화의 적용여부 및 적용범위를 정하여 시행할 수 있다)
   가. 법 제33조에 따른 개인정보 영향평가의 대상이 되는 공공기관의 경우에는 해당 개인정보 영향평가의 결과
   나. 암호화 미적용시 위험도 분석에 따른 결과

④ 개인정보처리자는 개인정보를 정보통신망을 통하여 인터넷망 구간으로 송·수신하는 경우에는 이를 안전한 암호 알고리즘으로 암호화하여야 한다. 〈제4항 개인정보처리자 2024.9.15 시행〉

⑤ 개인정보처리자는 이용자의 개인정보 또는 이용자가 아닌 정보주체의 고유식별정보, 생체인식정보를 개인정보취급자의 컴퓨터, 모바일 기기 및 보조저장매체 등에 저장할 때에는 안전한 암호 알고리즘을 사용하여 암호화한 후 저장하여야 한다.

⑥ 10만명 이상의 정보주체에 관하여 개인정보를 처리하는 대기업·중견기업·공공기관 또는 100만명 이상의 정보주체에 관하여 개인정보를 처리하는 중소기업·단체에 해당하는 개인정보처리자는 암호화된 개인정보를 안전하게 보관하기 위하여 안전한 암호 키 생성, 이용, 보관, 배포 및 파기 등에 관한 절차를 수립·시행하여야 한다. 〈제6항 정보통신서비스 제공자 2024.9.15 시행〉

8 접속기록 관리

안전성 확보조치 기준(2023. 9. 22) 제8조

제8조(접속기록의 보관 및 점검)

① 개인정보처리자는 개인정보취급자의 개인정보처리시스템에 대한 접속기록을 1년 이상 보관·관리하여 한다. 다만, 다음 각 호의 어느 하나에 해당하는 경우에는 2년 이상 보관·관리하여야 한다.

1. 5만명 이상의 정보주체에 관한 개인정보를 처리하는 개인정보처리시스템에 해당하는 경우
2. 고유식별정보 또는 민감정보를 처리하는 개인정보처리시스템에 해당하는 경우
3. 개인정보처리자로서 「전기통신사업법」제6조제1항에 따라 등록을 하거나 같은 항 단서에 따라 신고 기간통신사업자에 해당하는 경우

② 개인정보처리자는 개인정보의 오·남용, 분실·도난·유출·위조·변조 또는 훼손 등에 대응하기 위하여 개인정보처리시스템의 접속기록 등을 월 1회 이상 점검하여야 한다. 특히 개인정보의 다운로드가 확인 경우에는 내부 관리계획 등으로 정하는 바에 따라 그 사유를 반드시 확인하여야 한다.
〈제2항 정보통신서비스 제공자 2024.9.15 시행〉

③ 개인정보처리자는 접속기록이 위·변조 및 도난, 분실되지 않도록 해당 접속기록을 안전하게 보관 하기 조치를 하여야 한다.

9 악성프로그램 등 방지

안전성 확보조치 기준(2023. 9. 15)제9조

제9조(악성프로그램 등 방지)

① 개인정보처리자는 악성프로그램 등을 방지·치료할 수 있는 보안 프로그램을 설치·운영하여야 하며, 다음 각 호의 사항을 준수하여야 한다.

1. 프로그램의 자동 업데이트 기능을 사용하거나, 정당한 사유가 없는 한 일 1회 이상 업데이트를 실시하는 등 최신의 상태로 유지
2. 발견된 악성프로그램 등에 대해 삭제 등 대응 조치

② 개인정보처리자는 악성프로그램 관련 경보가 발령된 경우 또는 사용 중인 응용 프로그램이나 운영체제 소프트웨어의 제작업체에서 보안 업데이트 공지가 있는 경우 정당한 사유가 없는 한 즉시 이에 따른 업데이트 등을 실시하여야 한다.

10 물리적 안전조치

안전성 확보조치 기준(2023. 9. 22) 제10조

제10조(물리적 안전조치)

① 개인정보처리자는 전산실, 자료보관실 등 개인정보를 보관하고 있는 물리적 보관 장소를 별도로 두고 있는 경우에는 이에 대한 출입통제 절차를 수립·운영하여야 한다.

② 개인정보처리자는 개인정보가 포함된 서류, 보조저장매체 등을 잠금장치가 있는 안전한 장소에 보관하여야 한다.

③ 개인정보처리자는 개인정보가 포함된 보조저장매체의 반출·입 통제를 위한 보안대책을 마련하여야 한다. 다만, 별도의 개인정보처리시스템을 운영하지 아니하고 업무용 컴퓨터 또는 모바일 기기를 이용하여 개인정보를 처리하는 경우에는 이를 적용하지 아니할 수 있다.

11 재해·재난 대비 안전조치

안전성 확보조치 기준(2023. 9. 22) 제11조

제11조(재해·재난 대비 안전조치) 〈제11조 정보통신서비스 제공자 2024.9.15 시행〉

10만명 이상의 정보주체에 관하여 개인정보를 처리하는 대기업·중견기업·공공기관 또는 100만명 이상의 정 보주체에 관하여 개인정보를 처리하는 중소기업·단체에 해당하는 개인정보처리자는 화재, 홍수, 단전 등의 재해·재난 발생 시 개인정보처리시스템 보호를 위한 다음 각 호의 조치를 하여야 한다.

1. 위기대응 매뉴얼 등 대응절차를 마련하고 정기적으로 점검
2. 개인정보처리시스템 백업 및 복구를 위한 계획을 마련

12 출력·복사시 보호조치

안전성 확보조치 기준(2023. 9. 22) 제12조

제12조(출력·복사시 보호조치) 〈제12조 개인정보처리자 2024.9.15 시행〉

① 개인정보처리자는 개인정보처리시스템에서 개인정보의 출력시(인쇄, 화면표시, 파일생성 등) 용도를 특정하여야 하며, 용도에 따라 출력 항목을 최소화하여야 한다.

② 개인정보처리자는 개인정보가 포함된 종이 인쇄물, 개인정보가 복사된 외부 저장매체 등 개인정보의 출력·복사물을 안전하게 관리하기 위해 필요한 안전조치를 하여야 한다.

⑬ 개인정보의 파기

안전성 확보조치 기준(2023. 9. 22) 제13조

제13조(개인정보의 파기)

① 개인정보처리자는 개인정보를 파기할 경우 다음 각 호 중 어느 하나의 조치를 하여야 한다.
  1. 완전파괴(소각·파쇄 등)
  2. 전용 소자장비(자기장을 이용해 저장장치의 데이터를 삭제하는 장비)를 이용하여 삭제
  3. 데이터가 복원되지 않도록 초기화 또는 덮어쓰기 수행

② 개인정보처리자가 개인정보의 일부만을 파기하는 경우, 제1항의 방법으로 파기하는 것이 어려울 때에는 다 음 각 호의 조치를 하여야 한다.
  1. 전자적 파일 형태인 경우 : 개인정보를 삭제한 후 복구 및 재생되지 않도록 관리 및 감독
  2. 제1호 외의 기록물, 인쇄물, 서면, 그 밖의 기록매체인 경우 : 해당 부분을 마스킹, 구멍 뚫기 등으로 삭제

③ 기술적 특성으로 제1항 및 제2항의 방법으로 파기하는 것이 현저히 곤란한 경우에는 법 제58조 의2에 해당하는 정보로 처리하여 복원이 불가능하도록 조치를 하여야 한다.

⑭ 공공시스템운영기관의 안전조치 기준 적용

안전성 확보조치 기준(2023. 9. 22) 제14조

제14조(공공시스템운영기관의 안전조치 기준 적용) 〈공공시스템 운영기관, 공공시스템 이용기관 2024.9.15 시행〉

① 다음 각 호의 어느 하나에 해당하는 개인정보 처리시스템 중에서 개인정보보호위원회(이하 "보호위원회"라 한다)가 지정하는 개인정보처리시스템(이하 "공공시스템"이라 한다)을 운영하는 공공기관(이하 "공공시스템운영기관"이라 한다)은 제2장의 개인정보의 안전성 확보 조치 외에 이 장의 조치를 하여야 한다.
  1. 2개 이상 기관의 공통 또는 유사한 업무를 지원하기 위하여 단일 시스템을 구축하여 다른 기관이 접속하여 이용할 수 있도록 한 단일접속 시스템으로서 다음 각 목의 어느 하나에 해당하는 경우
    가. 100만명 이상의 정보주체에 관한 개인정보를 처리하는 시스템
    나. 개인정보처리시스템에 대한 개인정보취급자의 수가 200명 이상인 시스템
    다. 정보주체의 사생활을 현저히 침해할 우려가 있는 민감한 개인정보를 처리하는 시스템
  2. 2개 이상 기관의 공통 또는 유사한 업무를 지원하기 위하여 표준이 되는 시스템을 개발하여 다른 기관이 운영할 수 있도록 배포한 표준배포 시스템으로서 대국민 서비스를 위한 행정업무 또는 민원업무 처리용으로 사용하는 경우
  3. 기관의 고유한 업무 수행을 지원하기 위하여 기관별로 운영하는 개별 시스템으로서 다음 각 목의 어느 하나에 해당하는 경우
    가. 100만명 이상의 정보주체에 관한 개인정보를 처리하는 시스템
    나. 개인정보처리시스템에 대한 개인정보취급자의 수가 200명 이상인 시스템
    다. 「주민등록법」에 따른 주민등록정보시스템과 연계하여 운영되는 시스템
    라. 총 사업비가 100억원 이상인 시스템

② 제1항에도 불구하고 보호위원회는 다음 각 호의 어느 하나에 해당하는 개인정보처리시스템에 대하여는 공공시스템으로 지정하지 않을 수 있다.
  1. 체계적인 개인정보 검색이 어려운 경우
  2. 내부적 업무처리만을 위하여 사용되는 경우
  3. 그 밖에 개인정보가 유출될 가능성이 상대적으로 낮은 경우로서 보호위원회가 인정하는 경우

⓯ 공공시스템운영기관 내부 관리계획

안전성 확보조치 기준(2023. 9. 22) 제11조

제11조(재해·재난 대비 안전조치) 〈제11조 정보통신서비스 제공자 2024.9.15 시행〉
10만명 이상의 정보주체에 관하여 개인정보를 처리하는 대기업·중견기업·공공기관 또는 100만명 이상의 정 보주체에 관하여 개인정보를 처리하는 중소기업·단체에 해당하는 개인정보처리자는 화재, 홍수, 단전 등의 재해·재난 발생 시 개인정보처리시스템 보호를 위한 다음 각 호의 조치를 하여야 한다.
1. 위기대응 매뉴얼 등 대응절차를 마련하고 정기적으로 점검
2. 개인정보처리시스템 백업 및 복구를 위한 계획을 마련

⓰ 공공시스템운영기관 접근 권한의 관리

안전성 확보조치 기준(2023. 9. 22) 제16조

제16조(공공시스템운영기관의 접근 권한의 관리) 〈공공시스템 운영기관, 공공시스템 이용기관 2024.9.15 시행〉
① 공공시스템운영기관은 공공시스템에 대한 접근 권한을 부여, 변경 또는 말소하려는 때에는 인사정보와 연계하여야 한다.
② 공공시스템운영기관은 인사정보에 등록되지 않은 자에게 제5조제4항에 따른 계정을 발급해서는 안된다. 다만, 긴급상황 등 불가피한 사유가 있는 경우에는 그러하지 아니하며, 그 사유를 제5조제 3항에 따른 내역에 포함하여야 한다.
③ 공공시스템운영기관은 제5조제4항에 따른 계정을 발급할 때에는 개인정보 보호 교육을 실시하고, 보안 서약을 받아야 한다.
④ 공공시스템운영기관은 정당한 권한을 가진 개인정보취급자에게만 접근 권한이 부여·관리되고 있는지 확인하기 위하여 제5조제3항에 따른 접근 권한 부여, 변경 또는 말소 내역 등을 반기별 1회 이상 점검하여야 한다.
⑤ 공공시스템에 접속하여 개인정보를 처리하는 기관(이하 "공공시스템이용기관"이라 한다)은 소관 개인정보취급자의 계정 발급 등 접근 권한의 부여·관리를 직접하는 경우 제2항부터 제4항까지의 조치를 하여야 한다.

⓱ 공공시스템운영기관 접속기록의 보관 및 점검

안전성 확보조치 기준(2023. 9. 22) 제17조

제17조(공공시스템운영기관의 접속기록의 보관 및 점검) 〈공공시스템 운영기관, 공공시스템 이용기관 2024.9.15 시행〉
① 공공시스템 접속기록 등을 자동화된 방식으로 분석하여 불법적인 개인정보 유출 및 오용·남용 시도를 탐지하고 그 사유를 소명하도록 하는 등 필요한 조치를 하여야 한다.
② 공공시스템운영기관은 공공시스템이용기관이 소관 개인정보취급자의 접속기록을 직접 점검할 수있는 기능을 제공하여야 한다.

⓲ 재검토 기한 / 부칙

안전성 확보조치 기준(2023. 9. 22) 제18조

제18조(재검토 기한)
개인정보보호위원회는 「행정규제기본법」 제8조 및 「훈령·예규 등의 발령및 관리에 관한 규정」에 따라 이 고시에 대하여 2023년 9월 15일을 기준으로 매 3년이 되는 시점(매 3년째의 9월 14일까지를 말한다)마다 그 타당성을 검토하여 개선 등의 조치를 하여야 한다.

Chapter 6  확인 문제

1 "개인정보처리자"란 이용자의 개인정보보호 업무를 총괄하거나 업무처리를 최종 결정하는 사람을 말한다.

(O, X)

해설
"개인정보보호책임자"의 정의이다. "개인정보처리자"란 업무를 목적으로 개인정보파일을 운용하기 위하여 스스로 또는 다른 사람을 통하여 개인정보를 처리하는 공공기관, 법인, 단체 및 개인 등을 말한다.

2 "개인정보취급자"란 개인정보처리자의 지휘·감독을 받아 개인정보를 처리하는 업무를 담당하는 자로서 임직원, 파견근로자, 시간제근로자 등을 말한다.

(O, X)

3 업무용 컴퓨터, 노트북 등도 데이터베이스 관련 응용프로그램이 설치·운영되어 개인정보취급자가 개인정보를 처리할 수 있도록 구성되었다면 개인정보처리시스템에 해당될 수 있다.

(O, X)

4 "인증정보"라 함은 정보주체 및 개인정보취급자 등이 개인정보처리시스템 또는 정보통신망을 관리하는 시스템 등에 접속할 때 식별자와 함께 입력하여 정당한 접속 권한을 가진 자라는 것을 식별할 수 있도록 시스템에 전달해야 하는 고유의 문자열로서 타인에게 공개되지 않는 정보를 말한다.

(O, X)

해설
"비밀번호"의 정의이다. "인증정보"란 개인정보처리시스템 또는 정보통신망을 관리하는 시스템 등에 접속을 요청하는 자의 신원을 검증하는데 사용되는 정보를 말한다.

5 "접속기록"이라 함은 개인정보처리시스템에 접속하는 자가 개인정보처리시스템에 접속하여 수행한 업무내역에 대하여 식별자, 접속일시, 접속지 정보, 처리한 정보주체 정보, 수행업무 등을 전자적 또는 수기로 기록한 것을 말한다.

(O, X)

해설
"접속기록"은 전자적으로 기록한 것을 말한다.

6 "생체인식정보"라 함은 지문, 얼굴, 홍채, 정맥, 음성, 필적 등 개인의 신체적, 생리적, 행동적 특징에 관한 정보로서 특정 개인을 인증·식별하거나 개인에 관한특징을 알아보기 위해 일정한 기술적 수단을 통해 처리되는 정보를 말한다.

(O, X)

해설

"생체정보"의 정의이다. "생체인식정보"란 생체정보 중 특정 개인을 인증 또는 식별할 목적으로 일정한 기술적 수단을 통해 처리되는 정보를 말한다.

7 "암호화 서버"라 함은 정보통신망에서 송·수신하는 정보를 암호화하여 전송하는 웹서버를 말한다.

(O, X)

해설

"보안서버"의 정의이다.

8 보조저장매체에는 이동형 하드디스크, USB메모리, CD, SD메모리카드 등은 물론 경우에 따라 스마트폰도 포함될 수 있다.

(O, X)

9 법인 또는 단체에 관한 정보는 개인정보에 해당한다.

(O, X)

해설

법인 또는 단체의 이름, 소재지 주소, 대표 연락처(이메일 주소 또는 전화번호), 업무별 연락처, 영업실적 등은 개인정보에 해당하지 않는다.

10 "가명처리"란 개인정보의 일부를 삭제하거나 일부 또는 전부를 대체하는 등의 방법으로 추가 정보 없이는 특정 개인을 알아볼 수 없도록 처리하는 것을 말한다.

(O, X)

11 개인정보파일은 일반적으로 전자적 형태로 구성된 데이터베이스(database; DB)를 의미하며, 수기(手記) 문서 자료 등은 해당하지 않는다.

(O, X)

해설

개인정보파일은 일반적으로 전자적 형태로 구성된 데이터베이스(database; DB)를 의미하는 경우가 많지만, 그 외에 체계적인 검색·열람을 위한 색인이 되어 있는 수기(手記) 문서 자료 등도 포함된다.

★ 정답	1 ×	2 ○	3 ○	4 ×	5 ×	6 ×	7 ×	8 ○	9 ×	10 ○	11 ×

12 "개인정보처리자"란 업무를 목적으로 개인정보파일을 운용하기 위하여 스스로 또는 다른 사람을 통하여 개인정보를 처리하는 공공기관, 법인, 단체 및 개인 등을 말한다.

(O, X)

13 개인정보보호법과 정보통신망법이 경합할 경우 개인정보보호법을 따라야 한다.

(O, X)

해설

개인정보보호법과 정보통신망법이 경합할 경우, 특별법인 정보통신망법을 따라야 한다.

14 정보통신 서비스 제공자가 개인정보 처리 위탁 시 정보주체로부터 사전 동의를 받는 사항은 법적 의무사항은 아니다.

(O, X)

15 정보통신서비스 제공자는 개인정보 유출 사고 시 5일 이내에 한국 인터넷 진흥원에 신고해야 한다.

(O, X)

해설

정보통신서비스 제공자는 개인정보 유출 사고 발생 시 72시간 이내에 개인정보보호위원회 또는 KISA에 신고해야 한다. 또한 해킹 등 침해사고로 개인정보 유출이 발생한 경우, 개인정보 유출 신고(72시간 이내)와 침해사고 신고(즉시)를 각각 접수해야 한다.

16 1년 이상 이용하지 않은 이용자의 정보는 어떤 경우에도 분리보관 혹은 파기해야만 한다.

(O, X)

해설

2023년 개정된 개인정보 보호법에서 개인정보 유효기간제를 폐지하였고, 이에 따라 서비스 특성에 맞게 자율적으로 휴면이용 기간을 선택하여 관리하거나, 휴면이용 기간 없이 이용자 정보를 관리하는 것도 가능하다.

17 영업의 양도 또는 양수 등으로 개인정보를 이전하거나 이전 받는 경우 정보주체의 별도 동의 없이 법으로 정의하는 내용을 정보주체에게 알리면 된다.

(O, X)

18 모든 개인정보처리자는 개인정보 시스템에 대해 인터넷망 차단 조치를 해야 한다.

(O, X)

해설

인터넷망 차단조치 의무 대상자는 전년도 말 직전 3개월간 그 개인정보가 저장·관리되고 있는 이용자 수가 일일평균 100만 명 이상인 개인정보처리자에 해당한다.

19 정보통신 서비스 제공자의 내부망에 저장되는 신용카드정보는 암호화 저장되어야 한다.

(O, X)

20 개인정보취급자의 비밀번호 작성규칙은 사업자의 편의에 따라 임의로 정하여 사용하는 것도 가능하다.

(O, X)

해설

개인정보취급자의 비밀번호 작성규칙에 관한 종전 기준이 삭제되었으나, 비밀번호 작성규칙은 개인정보취급자의 편의에 따라 임의로 정하는 것이 아닌 개인정보를 처리하는 방법 및 환경 등을 고려하여 비밀번호 작성규칙을 수립하여 운영하여야 한다.

21 개인정보처리자가 인터넷망 구간으로 정보를 송수신하는 경우 암호화해야 할 대상은 개인정보이다.

(O, X)

해설

개인정보처리자는 인터넷망 구간으로 정보를 송수신하는 경우 암호화해야할 대상은 개인정보와 인증정보이다.

22 정보통신 서비스 제공자는 중기업 기준 임원급의 정보보호 최고책임자를 지정해야 한다.

(O, X)

해설

정보통신서비스, 제공자는 중기업 기준으로는 임직원(부서의 장)의 정보보호최고책임자를 지정할 수 있다. 다만 법에서 규정하는 일부 정보통신서비스 제공자는 정보보호 최고책임자를 지정하고 과학기술정보통신부장관에게 신고하여야 하며 대규모 기업(겸직제한 의무대상)은 임원(이사)급으로 지정하여야 한다.

★ 정답 ★	12 ○	13 ×	14 ○	15 ×	16 ×	17 ○	18 ×	19 ○	20 ×	21 ×	22 ×

PART 3 실전 문제

1 **개인정보 정의에 대한 설명으로 틀린 것을 고르시오.**

① 사망했거나 실종선고를 받은 자연인에 관한 정보는 개인정보에 해당하지 않는다.
② 대표자를 포함한 임원진과 업무 담당자의 이름, 자택주소 및 개인 연락처, 사진은 업무적으로는 개인정보가 아니나, 사적으로는 개인정보로 취급될 수 있다.
③ 개인의 혈액형이나 생년월일 정보는 개인정보에 해당한다.
④ 초고가의 컴퓨터를 이용하여야 결합 가능한 개인정보는 개인정보에 해당하지 않는다.
⑤ 거래내역 등 개인의 상거래정보는 개인정보에 해당한다.

해설

혈액형, 생년월일은 특정개인을 식별할 수 있는 개인정보에 해당하지 않는다. 다만 다른 정보와 결합하면 특정개인을 식별할 수 있는 개인정보가 된다.

2 **다음 중 개인정보의 안전성 확보조치 기준 상 용어가 바른 것을 고르시오.**

① "개인정보처리자"란 영리를 목적으로 개인정보파일을 운용하기 위하여 스스로 또는 다른 사람을 통하여 개인정보를 처리하는 공공기관, 법인, 단체 및 개인 등을 말한다.
② "개인정보보호책임자"란 개인정보처리자의 개인정보 처리에 관한 업무를 총괄해서 책임지는 자로서 영 제32조제2항 또는 제3항에 해당하는 자를 말한다.
③ "개인정보취급자"란 개인정보보호책임자의 지휘·감독을 받아 개인정보를 처리하는 업무를 담당하는 자로서 임직원, 파견근로자, 시간제근로자 등을 말한다.
④ "개인정보파일"이란 데이터베이스시스템 등 개인정보를 처리할 수 있도록 체계적으로 구성한 시스템을 말한다.
⑤ "인증정보"란 정보주체 또는 개인정보취급자 등이 개인정보처리시스템, 업무용 컴퓨터 또는 정보통신망 등에 접속할 때 식별자와 함께 입력하여 정당한 접속 권한을 가진 자라는 것을 식별할 수 있도록 시스템에 전달해야 하는 고유의 문자열로서 타인에게 공개되지 않는 정보를 말한다.

해설

① 영리(X)를 목적 → 업무를 목적
③ 개인정보보호책임자(X)의 지휘 · 감독 → 개인정보처리자의 지휘 · 감독
④ 개인정보파일(X) → 개인정보처리시스템
⑤ 인증정보(X) → 비밀번호

★ 정답 ★	1 ③	2 ②

3 **OECD 프라이버시 8원칙에 대한 설명으로 옳은 것을 고르시오.**

① 개인정보는 이용목적에 부합되어야 하고, 이용목적 범위에서 정확하고, 완전하며, 최신화하는 것은 목적 명확화의 원칙에 해당한다.

② 개인정보 분실, 불법접근, 파괴, 오남용, 수정, 게시 등 위험에 대하여 합리적인 안전조치를 함은 책임의 원칙에 해당한다.

③ 정보주체 동의, 법률 규정에 의한 경우 예외로 하고, 명확화된 목적이외에 이용, 제공을 금지하는 것은 목적 명확화의 원칙에 해당한다.

④ 합법적, 공정한 절차로 수집하고 익명처리를 원칙으로 함은 수집제한의 원칙에 해당한다.

⑤ 개인정보 관련 개발, 실시, 정책을 공개하는 것은 정보주체 참여의 원칙에 해당한다.

해설

① 정보 정확성의 원칙
② 안전성 확보의 원칙
③ 이용 제한의 원칙
⑤ 처리방침 공개의 원칙

4 **정보주체 동의 없이 개인정보를 수집·이용할 수 있는 경우에 대한 설명으로 틀린 것을 고르시오.**

① 정보주체와의 계약을 위해 계약 이행뿐 아니라 계약 체결전에도 정보주체의 동의없이 수집할 수 있는 경우가 있다.

② 연령 확인은 법령상 의무 준수를 위해 수집할 수 있는 경우로서 주로 청소년보호법에 따른 미성년 거래를 제한하기 위함이다.

③ 사전동의를 받을 수 없는 경우로 제3자의 재산상 이익이 정보주체의 생명·신체상 이익을 현저히 앞설 때는 정보주체의 동의 없이 수집할 수 있다.

④ 공통의 관심사나 목표를 전제로 단체를 이루는 구성원 상호간 친교하면서 화합을 조성하는 것이 목적인 경우에는 정보주체의 동의 없이 수집할 수 있다.

⑤ 요금 징수 및 정산, 채권추심의 경우 개인정보처리자의 정당한 이익 달성을 위해 정보주체의 동의 없이 수집할 수 있다.

해설

제 3자의 이익보단 생명, 신체상의 이익이 더 우선시해야 한다.

★ 정답 ★	3 ④	4 ③

5 **개인정보처리자는 개인정보의 분실· 도난· 위조· 변조 또는 훼손되지 아니하도록 내부 의사결정을 통하여 내부 관리계획을 수립· 시행하여야 한다. 다음 중 내부 관리계획에 포함되어야 하는 사항이 아닌 것을 고르시오.**

① 개인정보 보호 조직 구성 및 운영에 관한 사항
② 개인정보취급자에 대한 관리· 감독 및 교육에 관한 사항
③ 개인정보의 유출, 도난 방지 등을 위한 취약점 점검에 관한 사항
④ 위험 분석 및 관리에 관한 사항
⑤ 개인정보취급자의 자격요건 및 지정에 관한 사항

해설

개인정보취급자가 아닌 개인정보보호책임자의 자격요건 및 지정에 관한 사항이 포함되어야 한다.

6 **개인정보보호법과 동법 시행령에 따른 민감정보에 설명으로 옳은 것을 고르시오.**

① 개인정보처리자가 민감정보를 처리하는 경우에는 그 민감정보가 분실·도난·유출·위조·변조 또는 훼손되지 아니하도록 안전성 확보에 필요한 조치를 하여야 하나, 정보통신서비스 제공자 등은 일부 보호조치를 예외로 할 수 있다.
② 유전정보, 범죄경력 정보는 공공기관이 업무수행을 위하여 처리하는 경우에는 민감정보로 보지 아니하므로, 이 경우에는 정보주체로부터의 별도 동의 없이 처리가 가능하다.
③ 민족은 일정한 지역에서 오랜 세월 동안 공동생활을 하면서 언어와 문화 상의 공통성에 기초하여 역사적으로 형성된 사회 집단으로서, 인종이나 국가 단위인 국민과 일치한다고 볼 수 있다.
④ 사상, 신념, 노동조합(정당)의 가입/탈퇴, 정치적 견해, 건강, 성생활, 유전정보, 범죄경력, 개인 특징정보, 인종이나 민족에 관한 정보 이외의 통상적으로 정보주체가 민감하다고 판단하는 정보는 민감정보에 해당한다.
⑤ 사진을 이용하여 특정개인을 알아볼 수 있도록 기술적 수단을 통해 특징정보를 생성하는 특징정보뿐 아니라 사진 자체를 수집, 저장, 출력하는 등의 처리를 하는 것도 민감정보의 처리에 해당한다.

해설

① 정보통신서비스 제공자라고 예외가 있을 수 없다.
③ 민족과 국가(국민)는 일치한다고 볼 수 없다.
④ 민감정보는 정보주체의 주관적인 판단이 아닌 개인정보법령에 따른다.
⑤ 사진 그 자체를 수집, 저장, 출력하는 행위는 특정개인을 알아보는 행위가 아니므로 민감정보가 아니다.

★ 정답 ★	5 ⑤	6 ②

7 **1만명 미만의 정보주체의 개인정보에 관하여 개인정보를 처리하는 소상공인· 개인· 단체의 경우에 생략할 수 있는 보호조치가 아닌 것을 고르시오.**

① 개인정보처리자는 내부 관리계획을 수립·시행하여야 한다.

② 개인정보처리자는 개인정보처리시스템에서 개인정보를 다운로드 또는 파기할 수 있거나 개인정보처리시스템에 접근 권한을 설정할 수 있는 개인정보취급자의 컴퓨터 등에 대한 인터넷 망 차단 조치를 하여야 한다.

③ 개인정보처리자는 암호화된 개인정보를 안전하게 보관하기 위하여 안전한 암호키 생성, 이용,보관, 배포 및 파기 등에 대한 절차를 수립·시행하여야 한다.

④ 개인정보처리자는 화재, 홍수, 단전 등의 재해·재난 발생 시 개인정보처리시스템 보호를 위한 조치를 하여야 한다.

⑤ 개인정보처리자는 개인정보처리시스템에 대한 접근 권한을 개인정보취급자에게만 업무 수행에 필요한 최소한의 범위로 차등 부여하여야 한다.

해설

모든 개인정보처리자는 개인정보처리시스템에 대한 접근권한을 차등부여 하여야 한다.

8 **개인정보보호와 관련된 정보에 대한 개념이 가장 적절하지 않은 것을 고르시오.**

① 가명정보는 추가정보의 사용·결합 없이는 특정 개인을 알아볼 수 없는 정보로 개인정보에는 포함되지 않는다.

② 익명정보는 특정 개인을 알아볼 수 없는 정보로 자유롭게 제한 없이 사용 가능하다.

③ 추가정보는 개인정보의 전부 또는 일부를 대체하는 데 이용된 수단이나 방식으로 매핑테이블이나 알고리즘 등을 의미한다.

④ 개인정보에서 해당 정보만으로는 특정 개인을 알아볼 수 없더라도 다른 정보와 쉽게 결합하여 알아볼 수 있는 정보는 합법적으로 접근하여 그 지배력을 확보할 수 있는 두 개 이상의 정보를 쉽게 결합하여 특정 개인을 알아볼 수 있는 정보로 기술수준, 시간, 비용, 노력이 합리적으로 산정되어야 한다.

⑤ 개인영상정보란 영상정보처리기기에 의하여 촬영·처리되는 영상정보 중 개인의 초상, 행동 등과 관련된 영상으로서 해당 개인을 식별할 수 있는 정보를 말한다.

해설

가명정보는 개인정보에 해당, 익명정보는 개인정보에 미해당이다.

★ 정답 ★	7 ⑤	8 ①

9 **개인정보보호 처리를 위하여 정보주체의 동의가 필요한 것을 고르시오.**

① 개인정보처리자가 가명정보를 처리하는 경우
② 개인정보처리자가 개인정보 처리업무를 위탁하는 경우
③ 개인정보처리자가 국외이전(제3자 제공)에 따른 개인정보 이전을 하는 경우
④ 개인정보처리자가 정보주체에게 개인정보의 이용내역을 통지하려는 경우
⑤ 개인정보처리자가 영업 양수도에 따른 개인정보를 이전하는 경우

해설

① 가명처리 : 동의없이 가능
② 위탁 : 개인정보처리방침 공개
④ 이용내역 : 통지
⑤ 양도 양수 : 통지

10 **개인정보보호법에서 규정하고 있는 민감정보에 대한 설명으로 틀린 것을 모두 고르시오. (2개)**

① 개인의 사진, 안면 영상은 민감정보에 해당한다.
② 개인이 소속된 국가의 국민 여부 정보는 민감정보에 해당한다.
③ 개인의 적법하지 않은 노동조합 가입 여부는 민감정보에 해당한다.
④ 개인의 종교적 신념은 민감정보에 해당한다.
⑤ 개인의 특정 정당의 지지 여부는 민감정보에 해당한다.

해설

① 사진, 안면영상은 민감정보에 해당하지 않는다.
② 민족은 국민과 일치하는 것은 아니다.

★ 정답 ★	9 ③	10 ①, ②

11 개인정보보호법에 따른 개인정보보호책임자(CPO)에 대한 설명 중 틀린 것을 고르시오.

① CPO는 개인정보보호와 독자적인 의사결정을 하는 대표자, 임원이 있더라도 개인정보 처리 관련 업무 담당 부서장이 할 수 있다.

② 개인정보 처리방침에 개인정보보호책임자의 직통 연락처를 기재하지 않고 개인정보보호 실무나 개인정보 관련 고충 처리 및 상담을 처리할 수 있는 연락처를 기재하여도 된다.

③ 직원 수 5명 미만의 소규모 개인사업자도 개인정보보호책임자를 지정하지 않아도 되나 이 경우 사업주나 대표자가 개인정보보호책임자가 된다.

④ 공공기관에서 중앙 행정기관의 개인정보보호책임자는 고위공무원단에 속하는 공무원이 해야 한다.

⑤ 정보보호 관리체계 수립 및 운영 업무는 개인정보보호책임자의 업무가 아니다.

해설

CPO는 예산, 인력을 할당할 수 있도록 의사 결정권자가 맡아야 한다.
만약 임원이 없는 경우 개인정보 처리 업무를 담당하는 부서장이 CPO 직무를 수행할 수 있다.

12 개인정보처리자의 영업 양도양수 시 개인정보 이전에 대한 설명으로 틀린 것을 고르시오.

① 영업 양도자, 양수자 모두 개인정보 이전시 원칙적으로 통지 의무가 부과된다.

② 개인정보처리자의 통지의무가 부담이 될 수 있으므로 영업 양수자가 알릴 경우 영업 양도자가 미리 알리지 않을 수 있다.

③ 영업양수도에 따른 개인정보 이전 사실을 통지할 때에는 개인정보를 이전하기 전에 미리 통지하여야 한다.

④ 영업의 양도, 합병 등으로 개인정보를 이전받는 경우는 당시의 본래의 목적으로만 개인정보를 이용해야 한다.

⑤ 영업양도 등에 따라 가명정보를 이전하는 경우 정보주체에게 개인정보 이전 통지의무가 부과되지 않는다.

해설

영업 양도, 양수에 있어 양도자는 DB를 이전하기 전에 미리 정보주체에게 이전사실을 통지하여 이전을 원치 않는 경우에 거부할 수 있도록 해야 한다.

★ 정답 ★	11 ①	12 ②

13 **개인정보보호법에 명시된 가명정보 처리에 관한 설명 중 틀린 것을 고르시오.**

① 민간 회사가 도로구조 개선 및 휴게공간 추가설치 등 고객서비스 개선을 위하여 월별 시간대별 차량 평균속도, 상습 정체구간, 사고구간 및 원인 등에 대한 통계를 작성하는 경우 가명정보 처리가 가능하다.

② 민간 연구소에서 연령, 성별에 따른 체중관리 운동 시뮬레이션 프로그램 또는 운동관리 애플리케이션을 개발하기 위하여 웨어러블 기기를 이용하여 수집한 맥박, 운동량, 평균 수면시간 등에 관한 정보와 이미 보유한 성별, 연령, 체중을 가명처리하여 활용하는 경우 가명정보 처리가 가능하다.

③ 민간 연구소가 현대사 연구 과정에서 수집한 정보 중에서 사료가치가 있는 생존 인물에 관한 정보를 기록·보관하고자 하는 경우 가명정보 처리가 가능하다.

④ 가명정보 처리 시 기록 보관 사항으로 1. 가명정보 처리의 목적, 2. 가명처리한 개인정보의 항목, 3. 가명정보의 이용내역, 4. 제3자 제공 시 제공받는 자, 5. 가명정보의 처리 기간 (처리 기간을 별도로 정한 경우) 6. 그 밖에 가명정보의 처리 내용을 관리하기 위하여 보호위원회가 필요하다고 인정하여 고시하는 사항이 포함되어야 한다.

⑤ 가명정보를 통계작성, 과학적 연구, 공익적 기록보존 등을 위하여 공개할 수 있다.

해설

가명정보는 공개시 활용 목적을 특정할 수 없고, 누군가는 공개된 정보와 결합하여 특정인을 지칭할 수 있는 정보를 가지고 있을 수도 있으므로 공개를 제한한다.

14 **다음 설명에 해당하는 제도 명칭을 고르시오.**

빅데이터·IoT·인공지능 등 4차 산업혁명 시대의 신기술 확산으로 개인정보의 중요성이 높아지는 한편, 사이버 공격의 대상과 규모가 증가하는 등 개인정보 유출로 인한 이용자 피해 사례도 증가함에 따라 기업의 배상능력이 부족한 경우 이용자에 대한 피해 구제가 어려워 이용자 피해구제 제도의 실효성을 제고하기 위해 기업으로 하여금 책임을 이행하도록 의무화한 제도

① e프라이버시 클린 제도

② 장기 미사용자 개인정보 파기 제도

③ 개인정보 분쟁조정 제도

④ 개인정보 손해배상책임 보장제도

⑤ 휴면이용자 개인정보 파기 제도

해설

개인정보 손해배상책임 보장제도에 대한 설명이다.

★ 정답 ★	13 ⑤	14 ④

15 개인정보보호법 상의 개인정보의 정의에 대한 설명으로 틀린 것은?

① 법인 또는 단체에 관한 정보이면서 동시에 개인에 관한 정보인 대표자를 포함한 임원진과 업무 담당자의 이름·주민등록번호·자택주소 및 개인 연락처, 사진 등 그 자체로 개인을 식별할 수 있는 정보는 개별 상황에 따라 법인 등의 정보에 그치지 않고 개인정보로 취급될 수 있다.

② 개인사업자의 상호명, 사업장 주소, 전화번호, 사업자등록번호, 매출액, 납세액 등은 사업체의 운영과 관련한 정보로서 원칙적으로 개인정보에 해당하지 않는다.

③ 법인 또는 단체의 이름, 소재지 주소, 대표 연락처(이메일 주소 또는 전화번호), 업무별 연락처, 영업실적 등은 개인정보에 해당하지 않는다.

④ 해당 사물 등의 제조자 또는 소유자 등을 나타내는 정보는 개인정보에 해당하지 않는다.

⑤ '개인에 관한 정보'는 반드시 특정 1인만에 관한 정보이어야 한다는 의미가 아니며, 직·간접적으로 2인 이상에 관한 정보는 각자의 정보에 해당한다.

해설

사람이 아닌 사물에 관한 정보는 원칙적으로 개인정보에 해당하지 않으나 해당 사물 등의 제조자 또는 소유자 등을 나타내는 정보는 개인정보에 해당한다.

16 개인정보의 목적 외 이용·제공 제한에 대한 설명으로 틀린 것은?

① 개인정보처리자는 정보주체에게 이용·제공의 목적을 고지하고 동의를 받은 범위나 이 법 또는 다른 법령에 의하여 이용·제공이 허용된 범위를 벗어나서 개인정보를 이용하거나 제공해서는 안 된다.

② 홈쇼핑 회사가 주문 상품을 배달하기 위해 수집한 고객정보를 정보주체의 동의 없이 계열 콘도 미니엄사에 제공하여 콘도미니엄 판매용 홍보자료 발송에 활용은 목적 외 제공 사례에 해당한다.

③ 정보주체 또는 제3자의 이익을 부당하게 침해할 우려가 있을 때에는 개인정보를 목적 외의 용도로 이용하거나 제3자에게 제공할수 없다.

④ 법률, 시행령, 시행규칙에 관련 규정이 있는 경우에는 목적 외 이용·제공이 허용된다.

⑤ 공공기관외의 개인정보처리자는 범죄의 수사와 공소의 제기 및 유지를 위한 목적이라 하더라도 목적 외 이용·제공은 제한된다.

해설

개인정보의 목적 외 이용·제공은 개인정보 처리 상 오남용 우려가 크므로 시행령, 시행규칙이 아닌 법률에 의하여만 처리가 가능하다. 법률에 특별한 규정이 있어야 하므로 법률에 위임근거가 없는 한 시행령이나 시행규칙에 규정하는 것은 안 된다. 만약 법률에 위임근거가 있다면 시행령이나 시행규칙도 가능하다.

★ 정답 ★	15 ④	16 ④

17 개인정보보호법 상의 개인정보의 안전성 확보 조치 기준에 대한 설명으로 틀린 것은?

① 개인정보의 안전성 확보에 필요한 기술적·관리적 및 물리적 안전조치에 관한 최소한의 기준을 정한 것이다.

② 개인정보처리자는 처리하는 개인정보의 종류 및 중요도, 개인정보를 처리하는 방법 및 환경 등을 고려하여 필요하다면 이 기준에서 정한 것 이외에 추가적인 보호조치를 적용하여 개인정보의 안전성 확보조치를 강화하여야 한다.

③ 개인정보보호법의 제29조(안전조치의무), 같은 법 시행령 제16조(개인정보의 파기방법), 제30조(개인정보의 안전성 확보 조치)에 근거한다.

④ 이 기준은 「전기통신사업법」에 의한 전기통신사업자(기간·부가통신 사업자) 및 영리를 목적으로 전기통신사업자의 전기통신역무를 이용하여 정보를 제공하거나 정보의 제공을 매개하는 자 등에게 적용된다.

⑤ 개인정보처리자는 개인정보를 처리함에 있어서 개인정보가 분실·도난·유출·위조·변조 또는 훼손되지 아니하도록 안전성 확보에 필요한 기술적·관리적 및 물리적 안전조치를 취하여야 한다.

해설

안전성 확보 조치 기준은 업무를 목적으로 개인정보를 처리하는 모든 개인정보처리자에게 적용된다.

18 개인정보보호법 상의 고유식별정보에 대한 설명으로 틀린 것은?

① 고유식별정보란 법령에 따라 개인을 고유하게 구별하기 위하여 부여된 식별정보로서 대통령령으로 정하는 정보를 말한다.

② 고유식별정보의 범위를 여권번호, 운전면허번호, 외국인등록번호로 정하고 있고, 주민등록번호는 제외한다.

③ 이용자가 아닌 정보주체의 개인정보를 저장하는 개인정보가처리자의 경우 주민등록번호를 제외한 고유식별정보에 대해 개인정보 영향평가 또는 위험도 분석의 결과에 따라 암호화의 적용여부 및 적용 범위를 정하여 시행할 수 있다.

④ 정보주체에게 고지사항을 알리고 다른 개인정보의 처리에 대한 동의와 별도로 동의를 받은 경우 주민등록번호를 제외한 고유식별정보를 처리할 수 있다.

⑤ 법령에서 구체적으로 고유식별정보의 처리를 요구하거나 허용하는 경우 고유식별정보를 처리할 수 있다.

해설

고유식별정보는 주민등록번호, 여권번호, 운전면허번호, 외국인등록번호이다.
다만, 주민등록번호는 다른 고유식별정보보다 중요하므로 별도의 법조항으로 강화(동의에 의한 수집 불가 등)하여 처리하도록 하고 있다.

★ 정답 ★	17 ④	18 ②

19 개인정보보호법 상의 개인정보의 수집·이용하는 경우로 바르게 묶인 것은?

A. 법령상 의무를 준수하기 위해 불가피한 경우
B. 공공기관이 법령 등에서 정하는 소관 업무의 수행을 위하여 불가피한 경우
C. 정보주체의 동의를 받은 경우

ㄱ. 국민건강보험공단이 「국민건강보험법」 제14조에 따라 보험급여관리 등을 위하여 진료내역 등을 수집·이용하는 경우
ㄴ. 「청소년보호법」제16조에 따라 청소년유해매체물 판매·대여·배포 등을 하고자 하는 경우 그 상대방의 연령을 확인하여야 함
ㄷ. 정보주체가 자동차 구매를 위해 자동차판매점을 방문하고 담당직원에게 명함을 준 경우

① A-ㄱ, B-ㄴ, C-ㄷ
② A-ㄴ, B-ㄷ, C-ㄱ
③ A-ㄱ, B-ㄷ, C-ㄴ
④ A-ㄴ, B-ㄱ, C-ㄷ
⑤ A-ㄷ, B-ㄱ, C-ㄴ

해설

법령상 의무준수에 대표적인 경우가 신원 확인이다. 공공기관인 국민건강보험 공단의 소관업무 중 하나로 보험급여 관리가 있다. 대면하고 직접 명함을 준 경우는 묵시적인 동의 행위에 해당한다.

20 개인정보의 안전성 확보조치 기준 상의 용어 정의에 대한 설명으로 옳은 것은?

① 개인정보 처리자의 지휘·감독을 받아 개인정보를 처리하는 자는 개인정보취급자에 포함되며, 반드시 고용관계가 수반되어야 한다.
② 업무용 컴퓨터의 경우에도 데이터베이스 응용프로그램이 설치·운영되어 다수의 개인정보 취급자가 개인정보를 처리하는 경우에는 개인정보처리시스템에 해당될 수 있다.
③ 인증정보란 정보주체 또는 개인정보취급자 등이 개인정보처리시스템, 업무용 컴퓨터 또는 정보통신망 등에 접속할 때 계정정보(ID)와 함께 입력하여 정당한 접속 권한을 가진 자라는 것을 식별할 수 있도록 시스템에 전달해야 하는 고유의 문자열로서 타인에게 공개되지 않는 정보를 말한다.
④ 업무망이란 인터넷망 차단, 접근 통제시스템 등에 의해 인터넷 구간에서의 접근이 통제 또는 차단되는 구간을 말한다.
⑤ 보조저장매체에는 이동형 하드디스크, USB메모리, CD, DVD 등이 해당되며, 스마트폰은 보조저장매체에 해당되지 않는다.

해설

① 개인정보취급자는 고용 관계와 무관하다.
③ 비밀번호에 관한 설명이다.
④ 내부망에 대한 설명이다.
⑤ 스마트폰도 보조저장매체에 해당할 수 있다.

★ 정답 ★	19 ④	20 ②

21 **개인정보보호법 상의 고정형 영상정보처리기기 설치 시 안내판에 포함하여야 하는 사항이 아닌 아닌 것은?**

① 설치 목적 및 장소

② 촬영 범위 및 시간

③ 관리책임자 연락처

④ 위탁 시 위탁받는 자의 명칭 및 연락처

⑤ 영상정보 보관장소 및 처리방법

해설

① 설치 목적 및 장소
② 촬영 범위 및 시간
③ 관리책임자 성명 및 연락처
④ 그 밖에 대통령령으로 정하는 사항 (령 제26조제2항 안내판 등에 위탁받는 자의 명칭 및 연락처를 포함시켜야 한다.)

22 **개인정보보호법 상 영업양도 등에 따른 개인정보의 이전 제한에 대한 설명으로 틀린 것은?**

① 개인정보처리자는 영업의 전부 또는 일부의 양도·합병 등으로 개인정보를 다른 사람에게 이전하는 경우에는 1. 개인정보를 이전하려는 사실 2. 개인정보를 이전받는 자의 성명, 주소, 전화번호 및 그 밖의 연락처 3. 정보주체가 개인정보의 이전을 원하지 아니하는 경우 조치할 수 있는 방법 및 절차를 알려야 한다.

② 개인정보를 이전하려는 자가 과실 없이 령 제29조제1항의 영업양도 등에 따른 개인정보 이전의 통지를 위한 서면 등의 방법으로 법 제27조제1항 각 호의 사항을 정보주체에게 알릴 수 없는 경우에는 해당 사항을 인터넷 홈페이지에 30일 이상 게재하여야 한다.

③ 개인정보를 이전받는 자는 개인정보를 이전받았을 때에는 지체 없이 그 사실을 정보주체에게 알려야 한다. 다만, 개인정보처리자가 정보주체에게 그 이전 사실을 이미 알린 경우에는 그러하지 아니하다.

④ 서면등의 방법이란 서면, 전자우편, 팩스, 전화, 문자전송 또는 이에 상당하는 방법을 이용한 개별적 통지방법을 의미하며, 인터넷 홈페이지 게시와 같은 방법은 원칙적으로 허용되지 않는다.

⑤ 영업양도자등이 정보주체에게 개인정보의 이전 사실 등을 통지할 때에는 개인정보를 이전한 후에 즉시 통지하여야 한다.

해설

개인정보를 이전하기 전에 통지를 해야 한다.

★ 정답 ★	21 ⑤	22 ⑤

23 **개인정보의 안전성 확보조치 기준에 따른 내부관리계획의 수립, 이행에 대한 설명으로 틀린 것은?**

① 개인정보보호책임자는 내부 관리계획의 적정성과 실효성을 보장하기 위하여 연 1회 이상 내부 관리계획에 따른 기술적·관리적 및 물리적 안전조치의 이행 여부를 점검·관리하여야 한다.

② 1만 명 미만의 정보주체에 관하여 개인정보를 처리하는 개인, 소상공인, 중소기업, 단체의 경우 내부 관리계획을 수립하지 아니할 수 있다.

③ 내부 관리계획을 수정·변경하는 경우에는 그 내용, 수정 및 시행 시기 등 이력을 관리하여야 한다.

④ 내부 관리계획의 수정·변경 시에도 내부 의사결정 절차를 통하여 내부 관리계획을 수정하여 시행하여야 한다.

⑤ 내부 관리계획의 이행 실태 점검·관리 결과에 따라 적절한 조치를 취하여야 하며, 중대한 영향을 초래하거나 해를 끼칠 수 있는 사안 등에 대해서는 사업주·대표·임원 등에게 보고 후, 의사결정 절차를 통하여 적절한 대책을 마련하여야 한다.

해설

내부관리계획 수립 면제는 1만 명 미만의 정보주체에 관하여 개인정보를 처리하는 소상공인, 개인, 단체에게만 해당한다.

24 **개인정보의 목적 외 이용·제공이 가능한 경우가 아닌 것은?**

① 정보주체로부터 별도의 동의를 받은 경우

② 명백히 정보주체 또는 제3자의 급박한 생명, 신체, 재산의 이익을 위하여 필요하다고 인정되는 경우

③ 공공기관이 조약, 그 밖의 국제협정의 이행을 위하여 외국정부 또는 국제기구에 제공하기 위하여 필요한 경우

④ 법원의 재판업무 수행을 위하여 필요한 경우

⑤ 법률에 특별한 규정이 있거나 법령상 의무를 준수하기 위하여 불가피한 경우

해설

⑤는 수집 및 해당 목적 범위안에서 이용·제공시 기준이다. 목적외 이용·제공기준은 "다른 법률에 특별한 규정이 있는 경우"이다.

★ 정답 ★	23 ②	24 ⑤

25 **개인정보 수집 · 이용을 위해 정보주체의 동의를 받을 때 중요한 내용을 표시하는 방법으로 틀린 것은?**

① 개인정보의 수집·이용 목적 중 재화나 서비스의 홍보 또는 판매 권유 등을 위하여 해당 개인정보를 이용하여 정보주체에게 알릴 수 있다는 사실은 중요한 내용에 해당한다.

② 처리하는 개인정보 항목 중 민감정보, 여권정보, 운전면호, 외국인등록번호는 중요한 내용에 해당한다.

③ 글씨의 색깔, 굵기 또는 밑줄 등을 통하여 그 내용이 명확히 표시되도록 하여야 한다.

④ 동의 사항이 많아 중요한 내용이 명확히 구분되기 어려운 경우에는 중요한 내용이 쉽게 확인될 수 있도록 그 밖의 내용과 별도로 구분하여 표시하여야 한다.

⑤ 개인정보 처리 방법에 관한 고시 제4조제1호의 규정이 변경되어 이제는 서면 동의 시 글씨 크기가 9포인트 보다 작게 하는 등 개인정보처리자의 편의에 따라 명확히 표시하면 된다.

해설

23년 개인정보보호법의 개정에 따라 '개인정보 처리 방법에 관한 고시' 제4조제1호 규정이 변경되었는데, 이는 서면 동의 시 중요한 내용의 표시 방법을 디지털 환경에 맞게 정비한 것으로 '9포인트 이상', '다른 내용보다 20퍼센트 이상 크게' 규정은 삭제되었으나 글씨의 크기, 색깔, 굵기 또는 밑줄 등을 통하여 그 내용을 명확히 표시하여 글씨 크기를 의도적으로 작게 하는 등 정보주체를 기만하거나 알아보기 어려운 형태로 동의를 받아서는 안 된다.

26 **고정형 영상정보처리기기 설치·운영 관련 쟁점 사례 중 설명이 틀린 것은?**

① 택시, 버스 등 영업용 차량 내부에 설치되어 탑승공간 및 승객을 촬영하는 CCTV는 개인정보보호법에 따른 고정형 영상정보처리기기에 해당한다.

② 택시·버스 등 영업용 차량 내부에 설치되어 외부(차량, 도로 등)를 촬영하는 이른바 '블랙박스'의 경우는 개인정보보호법에 따른 고정형 영상정보처리기기에 해당한다.

③ 개인 소유의 차량은 공개된 장소가 아니며 순수한 사적(私的) 공간으로서, 여기에 설치된 '블랙박스'는 개인정보보호법의 적용을 받지 않는다.

④ 관공서의 민원실, 기업 건물의 로비 등은 불특정 다수가 출입하고 있으므로 여기에 설치된 고정형 영상정보처리기기는 개인정보보호법의 적용을 받는다.

⑤ 외부인의 출입이 통제되는 근로공간은 원칙적으로 비공개 장소에 해당하므로 개인정보보호법 제25조(고정형 영상정보처리기기의 설치운영·제한)에 적용되지 않는다.

해설

차 밖의 움직이는 영상을 촬영하는 블랙박스는 개인정보보호법 상의 고정형 영상정보처리기기에 해당하지 않는다. 또한, 외부를 촬영하는 블랙박스는 교통사고 발생시 증거확보를 목적으로 하고 있고, 자동차의 종류와 관계없이 교통사고는 예상치 못하게 우연히 발생하는 일에 해당하므로 업무 목적에 해당하지 않기 때문에 이동형 영상정보처리기기에도 적용되지 않는다. 다만 촬영된 영상을 저장하여 별도의 업무상 목적으로 활용하는 경우에는 보호법 적용 대상에 해당한다.

★ 정답 ★	25 ⑤	26 ②

27 업무위탁에 따른 개인정보의 처리 제한에 대한 설명 중 틀린 것은?

① 업무위탁과 개인정보 제3자 제공 모두 개인정보를 다른 사람에게 이전하거나 다른 사람과 공동으로 이용하게 된다는 측면에서는 동일하다.

② 개인정보처리자가 제3자에게 개인정보의 처리 업무를 위탁하는 경우에는 반드시 문서에 의하여야 한다.

③ 개인정보 처리 업무를 위탁하는 개인정보처리자(위탁자)는 위탁하는 업무의 내용과 개인정보 처리 업무를 위탁받아 처리하는 자(수탁자)를 정보주체가 언제든지 쉽게 확인할 수 있도록 자신의 인터넷 홈페이지에 지속적으로 게재하는 방법으로 공개하여야 한다.

④ 위탁자가 재화 또는 서비스를 홍보하거나 판매를 권유하는 업무를 위탁하는 경우에는 서면, 전자우편, 모사전송, 전화, 문자전송 또는 이에 상당하는 방법으로 위탁하는 업무의 내용과 수탁자를 정보주체에게 알리고, 동의를 받아야 한다.

⑤ 위탁자는 수탁자가 개인정보처리자가 준수하여야 할 사항 및 위·수탁 계약의 내용에 따라 준수하여야 할 사항의 준수 여부를 확인·점검하여야 한다.

해설

위탁의 경우 홈페이지에 공개하면 되며, 서비스홍보나 판매일 때는 정보주체에게 통지해야 한다.

28 개인정보 이용내역의 통지에 대한 설명 중 틀린 것은?

① 10만 명의 정보주체에 관하여 개인정보를 처리하는 개인정보처리자는 정보주체에게 개인정보 이용내역 통지를 하지 않아도 된다.

② 5만 명 이상의 정보주체에 관하여 민감정보 또는 고유식별정보를 처리하는 개인정보처리자는 정보주체에게 개인정보 이용내역 통지를 이행하여야 한다.

③ 이용자수 산정은 일일 방문자수, 페이지뷰(PV:page view), 순방문자수(UV:unique visitor)와는 무관하다.

④ 연 1회 이상 개인정보 이용내역을 주기적으로 이용자에게 통지하여야 하며, 그 시기는 개인정보처리자가 자유롭게 결정할 수 있다.

⑤ 이용자의 가명정보를 이용한 내역에 대해서도 통지 의무가 적용된다.

해설

정보주체의 가명정보를 이용한 내역에 대해서는 통지 의무가 적용되지 않는다.

★ 정답 ★	27 ④	28 ⑤

29 **개인정보의 안전성 확보조치 기준 상 용어와 관련한 설명 중 틀린 것은?**

① 개인정보처리시스템을 관리, 운영, 개발, 보안 등의 목적으로 개인정보처리시스템에 직접 접속할 수 있는 업무용 컴퓨터, 노트북 등이 관리용 단말기에 해당될 수 있다.

② 개인 소유의 휴대용기기라 할지라도 개인정보처리자의 업무 목적으로 개인정보 처리에 이용되는 경우 "모바일 기기"에 포함된다.

③ "비밀번호"란 정보주체 또는 개인정보취급자 등이 개인정보처리시스템, 업무용 컴퓨터 또는 정보통신망 등에 접속할 때 계정정보(ID)와 함께 입력하여 정당한 접속 권한을 가진 자라는 것을 식별할 수 있도록 시스템에 전달해야 하는 고유의 문자열로서 타인에게 공개되지 않는 정보를 말하며, 인증정보에 해당하지 않는다.

④ "위험도 분석"이란 개인정보 처리 시 다양한 위험요소를 사전에 식별·평가하고 해당 위험요소를 적절하게 통제할 수 있는 방안 마련을 위하여 종합적으로 분석하는 행위를 의미한다.

⑤ 개인정보처리자는 개인정보의 처리에 관한 업무를 총괄해서 책임질 개인정보보호책임자를 지정요건에 맞게 지정하고, 법률에 따라 업무를 수행하도록 보장하여야 한다.

해설

비밀번호는 인증정보에 해당된다.

★ 정답 ★	29 ③	2 ①

30 **다음 사항 중 저장·이용하는 개인정보에 대한 정보주체(또는 이용자)의 수가 100만명인 것이(전년도 직전 3개월 간 일평균 포함) 기준에 포함되지 않는 것은?**

① 개인정보처리자는 암호화된 개인정보를 안전하게 보관하기 위하여 안전한 암호 키 생성, 이용, 보관, 배포 및 파기 등에 관한 절차를 수립·시행하여야 한다.

② 정보주체 이외로부터 개인정보를 수집하여 처리하는 개인정보처리자는 정보주체의 요구가 있으면 즉시 개인정보의 수집 출처 등을 통지하여야 한다.

③ 개인정보처리자는 화재, 홍수, 단전 등의 재해·재난 발생 시 개인정보처리시스템 보호를 위한 대응 절차 마련, 백업 및 복구 계획 마련 등의 조치를 하여야 한다.

④ 개인정보처리자는 개인정보를 다운로드 또는 파기 할 수 있거나 개인정보처리시스템에 대한 접근 권한을 설정할 수 있는 개인정보취급자의 컴퓨터 등에 대한 인터넷 망 차단 조치를 하여야 한다.

⑤ 개인정보처리자는 연 1회이상 개인정보의 이용·제공 내역이나 이용·제공 내역을 확인할 수 있는 정보시스템에 접속하는 방법을 정보주체에게 통지하여야 한다.

해설

① '개인정보의 안전성 확보 조치 기준' 제7조제6항
② 모든 개인정보처리자에게 해당된다.
③ '개인정보의 안전성 확보 조치 기준' 제11조
④ '개인정보의 안전성 확보 조치 기준' 제6조제6항
⑤ '개인정보보호법 시행령' 제15조의3제1항

31 **개인정보 이용내역의 통지에 대한 사항으로 틀린 것은?**

① 개인정보 이용내역 통지제도는 처리하는 개인정보에 대한 정보주체의 수가 기준에 해당하는 모든 개인정보처리자에 적용된다.

② 전년도말 기준 직전 3개월간 일일평균 정보주체의 수는 이용내역을 통지하여야 할 연도의 전년도 10월, 11월, 12월 전체 일일 이용자 수의 총합을 92(일)로 나누어 산정한다.

③ 개인정보의 수집·이용 목적 및 항목만을 통지하면 되므로 개별적인 건별 이용내역은 통지하지 않아도 된다.

④ 제공한 내역이 없다면 통지하지 않아도 된다.

⑤ 개인정보처리자가 연락처 등 정보주체에게 통지할 수 있는 개인정보를 수집하지 않은 경우에는 통지 자체가 불가능하므로 이용내역을 통지하지 않아도 된다.

해설

이용 제공한 내역이 없으면 없다고 통지해야 한다.

★ 정답 ★	30 ②	31 ④

32 **개인정보 유출 관련 법 적용 관련하여 설명이 틀린 것은?**

① 개인정보처리자가 개인정보 유출 시 유출 규모가 1천 명 이상인 경우 개인정보보호위원회 또는 한국인터넷진흥원에 72시간 이내에 신고하여야 한다.

② 개인정보처리자는 1명의 정보주체에 대한 민감정보 또는 고유식별정보가 유출되어도 72시간 이내 개인정보보호위원회 또는 한국인터넷진흥원에 신고하여야 한다.

③ 개인정보처리자는 개인정보 유출에 따른 신고 시, 유출된 개인정보의 항목, 유출 등이 된 시점과 그 경위를 구체적으로 알지 못하는 경우에는 구체적으로 해당 사실을 확인한 후에 신고한다.

④ 유출 통지 시 포함해야 하는 항목으로는 유출된 개인정보 항목, 유출된 시점과 그 경위, 피해 최소화를 위한 정보주체가 할 수 있는 방법 등에 관한 정보, 개인정보처리자 대응조치 및 피해 구제절차, 피해 신고·상담 부서 및 연락처 등이 있다.

⑤ 모든 수범자는 단 1명의 개인정보가 유출되더라도 정보주체(이용자, 개인신용정보주체)에게 통지하여야 한다.

해설

개인정보처리자는 개인정보 유출 시 유출된 개인정보의 항목, 유출 등이 된 시점과 그 경위를 구체적으로 확인하지 못한 경우에는 서면 등의 방법으로 우선 신고하고, 추가로 확인된 내용은 확인되는 즉시 신고한다.

★ 정답 ★	32 ③	2 ①

PART 4

정보보안 이론 및 기술

[개요] ISMS-P와 정보보호 이론 및 기술과의 관계

정보보호 및 개인정보보호 관리체계 인증(ISMS-P)과 정보보호 이론 및 기술과는 매우 밀접한 관계에 있다.

ISMS-P 인증심사원을 준비하고 공부하는 사람이라면 당연히 알고 있겠지만, ISMS-P는 '정보보호 및 개인정보보호를 위한 일련의 조치와 활동이 인증기준에 적합함을 인터넷진흥원 또는 인증기관이 증명하는 제도'라고 설명하고 있다. 이처럼 관리적, 물리적인 분야뿐만 아니라 실제 적용되는 보안기술에 대해서 기본적인 내용은 알고 있어야 실제 시험에서 좋은 점수를 획득할 수 있을 것이다. 물론 현재 하고 있는 업무에 따라 정보보안담당자의 업무를 하는 사람이라면 많이 알고 있을 것이며, 개인정보보호업무를 하거나 관리적 보안업무를 담당하는 사람은 보안기술항목보다 법을 더 많이 알고 있을 수도 있을 것이다.

하지만 실제 시험을 겪어보면 시험문제는 인증기준+보안기술+관계법령까지의 이해를 기반으로 문제를 풀이해 나가는 시험이기 때문에 복합적인 응용능력과 객관적인 시각으로 바라보고 문제를 풀이해야 정답에 가까워진다. 단순하게 정보보안기사❶ 등의 시험처럼 단순한 보안기술에 대한 문제는 잘 나오지 않고 있으며, 심사원과 담당자와의 인터뷰내용과 법령위반사항, 인증기준에 해당하는 기술적인 조치를 기준에 맞춰 적용하였는지에 대한 여부를 확인하여 풀이해 나가는 형식이기 때문에 인증심사원을 준비하는 수험생 입장에서는 까다로운 문제가 많이 등장하고 있다.

ISMS-P인증심사원 시험에서 100% 무조건 정답인 문제는 많이 존재하지 않는다. 인증기준을 바라보는 시선과 객관성에 따라 해당되는 인증기준이 여러 가지❷가 될 수도 있기 때문이다. 문제를 출제하는 출제자의 의도를 잘 파악하고 냉철하고 객관적인 시선으로 판단하여야 심사원의 자질이 있다고 판단하는 시험이기 때문이다. 그렇다면 수험생의 입장에서 생각하여야 할 것은 첫째, 시험문제를 풀이하는 게 아닌 인증심사원의 시선으로 객관적으로 판단하는 능력과 둘째, 인증기준에 대한 이해력과 인증기준에 적용되는 보안기술과 관계법령이 어떠한 것이 있는지 숙지하고 있어야 한다는 것이다. 관계법령들은 명시되어 있는 규정이 존재하고 정확하게 하고 있는지 법령을 위반한 사항인지 확

---

❶ ISMS-P시험에서는 정보보안기사처럼 보안기술의 깊은 영역까지는 필요하지 않지만 기술적인 보안의 전반적인 사항을 알고 있는지 물어보는 문제가 자주 등장하고 있다.(ex:정보보안기사 문제에선 라우터의 Unicast RPF에 대한 내용을 서술하고 원리에 대해 설명하는 문제가 나오지만 ISMS-P시험에서 요구하는 수준은 Unicast RPF가 어떤 것인지에 대해서 물어보는 정도의 수준으로 출제되고 있다.

❷ 실제 시험문제에서 공용계정을 사용하고 있을 경우 사용자 식별에서 문제가 될 수 있지만 경우에 따라 공용계정 관리에 대한 정책이 없거나(1.1.5 정책수립 또는 2.1.1 정책의 유지관리), 2.5.1 사용자 계정관리, 2.5.5 특수계정 및 권한관리 2.5.6 접근권한 검토등 여러 가지 인증기준과 중복되는 경우가 많다. 주어진 지문 내에서만 출제자의 의도를 정확히 판단하고 객관적으로 선택하는 능력이 필요하다.

인이 가능하지만 보안기술에 대해서는 심사원의 개인 능력에 따라 판단할 수 있는 역량이 결정된다.

본 파트에서는 ISMS-P인증기준에 맞춘 기본적인 IT지식 및 보안기술 등에 대해 설명하고, 2022년도에 이슈가 되고 있는 보안사항, 새로 등장하는 신기술용어 등에 대해 설명하고 필기시험에 항상 단골로 출제되고 있는 방화벽 rule set 등에 대해 설명하고자 한다.

Chapter 1 네트워크 보안

1.1 OSI 7계층

OSI 7 Layer는 1970년 후반에 도입된 모델로 네트워크 통신을 위한 개방형 모델이다.
OSI 7 Layer의 특징은 개방성으로 인해 계층간 투명성을 보장, OS나 HW 등에 구애받지 않는 점이다.

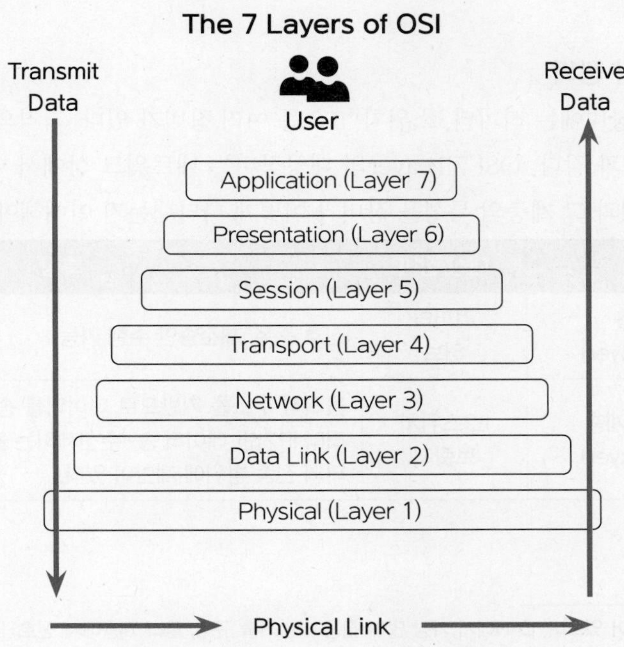

❶ OSI 7 Layer 특징

계층	이름	특징	프로토콜
1	물리 계층(Physical Layer)	Data를 0과 1과 같은 전기적인 신호로 변경하여 물리적으로 전송한다.	Ethernet[1]
2	데이터링크 계층(Datalink Layer)	Data의 흐름을 제어하고 에러를 검출한다.	MAC[2], PPTP[3], L2F[4], L2TP[5],
3	네트워크 계층(Network Layer)	Data의 전송 경로를 설정한다.	IP, ICMP, ARP, IPSec[6]
4	전송 계층(Transport Layer)	Data를 전송한다.	TCP[7], UDP[8]
5	세션 계층(Session Layer)	네트워크의 대화 방식을 설정하고 세션을 연결하고 제어, 관리한다.	TLS, SSH
6	표현 계층(Presentation Layer)	Data 포맷을 정의하고 압축·암호화·인코딩 한다.	SMB, JPEG, MP4
7	응용 계층(Application Layer)	사용자에게 직접적으로 서비스를 전달한다.	HTTP, HTTPS, FTP, DNS, DHCP

❷ OSI 7 Layer 대상 장비

네트워크를 구성하는 장비에는 리피터, 스위치, IPS 등 여러 장비가 있다. 각각의 장비를 OSI 7 Layer에 맞게 배치하면 다음과 같다. OSI 7 Leayer의 대상장비는 네트워크 상에서 어떻게 동작하는지 숙지하고, 각 계층의 특성과 그 계층의 특성을 장비가 어떻게 나타내는지 이해해야 한다.

계층	이름	대상 장비	특징
1	물리 계층 (Physical Layer)	리피터 허브	신호 증폭, 재전송만 수행 가능
2	데이터링크 계층 (Datalink Layer)	L2스위치 브릿지	물리적 주소를 기반으로 데이터를 송·수신을 제어 가능. 그러나 IP기반 데이터 송·수신제어는 불가능하기 때문에 데이터의 전송 범위에 제한이 있다.

---

❶ IEEE 802.3에서 표준화되어 있으며, LAN에서 가장 많이 활용되는 기술 규격, 물리 계층에서 신호와 배선, 데이터링크 계층에서 MAC(Media Access Control)패킷과 프로토콜 형식을 정의한다. 이더넷 프레임의 최대 전송단위(MTU:Maximum Transmission Unit)는 1500byte이다.
❷ 매체접근제어(Media Access Control)라고 하며 여러 단말들의 단말간 충돌을 제어하는 방식을 말한다.(CSMA/CD, CSMA/CA)
❸ 지점간 터널링 프로토콜(Point-To-Point Tunneling Protocol) : Windows에서 표준으로 사용되어 온 가장 오래된 VPN프로토콜
❹ 계층2 포워딩 프로토콜(Layer2 Forwading Protocol) : CISCO사에서 제안한 데이터링크 계층의 VPN프로토콜
❺ 계층2 터널링 프로토콜(Layer2 Tunneling Protocol) : L2F와 PPTP가 결합된 데이터링크 계층의 VPN프로토콜
❻ 통신 세션의 각 IP패킷을 암호화하고 인증하는 안전한 인터넷 프로토콜(IP) 통신을 위한 Internet Protocol Suite
❼ 양종단 호스트 내 프로세스 상호 간에 신뢰적인 연결지향성 서비스를 제공하는TCP/IP 프로토콜의 4계층(전송계층)에서 동작
❽ 네트워크 송수신 시 송신자가 수신자에게 일방적으로 데이터그램을 전송하는 통신 방식으로, TCP/IP 프로토콜의 4계층(전송계층)에서 동작하는 비연결형 프로토콜

3	네트워크 계층 (Network Layer)	라우터	IP를 기반으로 데이터를 송·수신 제어가 가능하다. 여기서부터 본격적으로 외부 연결이 가능하다.
4	전송 계층 (Transport Layer)	L4스위치 방화벽 Anti-DDoS	IP에 더해 포트기반 데이터 송·수신 제어가 가능하다. L4 장비는 IP/포트 기반 트래픽 제어가 가능해 FTP, HTTP 등 서로 다른 포트로 들어오는 트래픽에 대해 제어 가능. (Stateful inspection 미 지원) Anti-DDoS 장비의 경우, 컨텐츠 혹은 세션을 관리하지 않고, IP/Port 기반으로 트래픽 총량 제어를 하는 경우 여기에 해당한다. (Application 공격 방어 불가)
5	세션 계층 (Session Layer)		
6	표현 계층 (Presentation Layer)		
7	응용 계층 (Application Layer)	웹방화벽 IPS L7스위치 Anti-DDoS	세션연결 상태, 데이터의 내용 등을 기반으로 데이터 송·수신을 제어할 수 있다. L7 장비는 사용자 데이터를 직접 확인하고 해당 데이터를 기반으로 데이터 송·수신 제어가 가능하다. IPS, 웹방화벽, Anti-DDoS는 사용자 데이터에 있는 특정 구문, 혹은 세션 상태를 바탕으로 악성 트래픽을 탐지·차단 가능하다.

1.2 네트워크 보안장비

신규시스템 구성 시 다양한 보안장비가 구축된다. 이는 각각의 보안장비의 특성이 다르고 방어 가능한 공격 또한 다르기 때문이다.

이름	탐지 기반	특징
방화벽 (Firewall)	IP 및 포트	차단설정한 포트에 대한 모든 공격을 방어 가능 성능이 좋고 가장 기본적인 방어를 제공 열려 있는 포트에 대한 공격은 방어할 수 없다.
침입탐지시스템 (IDS)	패킷 내 컨텐츠	전통적인 방화벽이 탐지할 수 없는 모든 종류의 악의적인 네트워크 트래픽 및 컴퓨터 사용을 탐지 일부 차단 기능이 존재하나 탐지를 목적으로 운영된다. 탐지방법에 따라 오용탐지(Misuse Detection) 및 이상탐지(Anomaly Detection)로 구분하고 데이터수집원에 따라 N-IDS(Network Based IDS) 및 H-IDS(Host Based IDS)로 구분한다.
침입방지시스템 (IPS)	패킷 내 컨텐츠	전통적인 방화벽이 탐지할 수 없는 모든 종류의 악의적인 네트워크 트래픽 및 컴퓨터 사용을 탐지 및 차단 패킷 컨텐츠 분석을 통해 방화벽 대비 더욱 세밀한 방어를 제공 탐지 룰 업데이트를 주기적으로 하지 않으면 최신 공격에 대응 불가능

이름	탐지 기반	특징
네트워크접근제어 (NAC)	내부 사용자의 외부접근에 대한 제어 및 통제	단말기가 네트워크에 접속을 시도할 때 통제하여 엔드포인트 보안문제를 해결 가능 일반적으로 NAC제품군들은 접근제어를 위한 사용자인증, 백신관리, 패치관리, 무결성체크등의 기능을 포함하고 있다.
Anti-DDoS	패킷량 (임계치 기반)	DoS 및 DDoS 공격 DDoS 공격 시 최소한의 가용성을 보장 임계치 이하의 공격 패킷은 통과시킴
웹방화벽	패킷 내 컨텐츠	XSS, SQL Injection, 웹셸 업로드 웹 서비스 대상 공격에 특화되어 세밀한 방어를 제공 웹 서비스 대상 공격 이외의 공격은 방어 불가능
UTM	복합적	위 공격을 통합 방어 가능 다수의 보안장비를 1대로 대체 가능 다수의 기능 사용 시 성능 저하

1 방화벽

방화벽이란 가장 기본적인 네트워크 보안장비로 IP와 포트를 기반으로 패킷을 차단하는 장비를 말한다. 기술의 발전에 따라 Layer 4기반의 IP와 포트 기반 접근제어(1세대)뿐만 아니라 2세대(Proxy Firewall)❶, 3세대(Stateful Inspection Firewall)❷, NGFW❸등의 방화벽이 등장하고 있다.

방화벽에서는 다음 Five Tuple을 차단요소로 사용한다. (발신자 IP / 발신자 포트 / 방향 / 수신자 IP / 수신자 포트)

방화벽의 정책은 Any: Any → [내부망]:23 형식이며 이는 외부에서 내부망으로 유입되는 텔넷 패킷을 모두 차단하는 정책이다. 방화벽의 정책은 List로 관리되며 아래의 정책이 위의 정책을 덮어쓰고 마지막에는 허용 또는 차단이 명시되어 있지 않은 모든 패킷을 차단한다.

방화벽 정책 예시				
Src Ip	Src Port	Dst IP	Dst Port	Action
ANY	ANY	10.1.1.1	80,443/TCP	ALLOW
ANY	ANY	ANY	ANY	Deny
모든 출발지Ip,Port 대해 목적지 10.1.1.1의 80,443/TCP포트는 허용하고 그 외 패킷들은 모두 차단한다.				

❶ 2세대 방화벽으로 L7 계층까지의 패킷정보를 확인하고 차단

❷ 상태추적기반방화벽으로 세션정보를 저장하여 세션정보기반의 방어를 수행

❸ 차세대방화벽으로 기존 방화벽+애플리케이션 기능 검사+지능화 차단으로 포트기반제어의 한계를 극복하고 Deep Packet Inspection을 사용한 방화벽

❷ 침입탐지시스템(IDS)

IDS란 네트워크 또는 호스트로의 비정상적인 접근을 탐지하는 보안장비이다.

탐지방법으로 이상탐지❶ 및 오용탐지❷로 구분할 수 있으며 데이터 수집원에 따라 네트워크기반 IDS, 호스트 기반 IDS로 구분할 수 있다.

〈IDS구성도〉

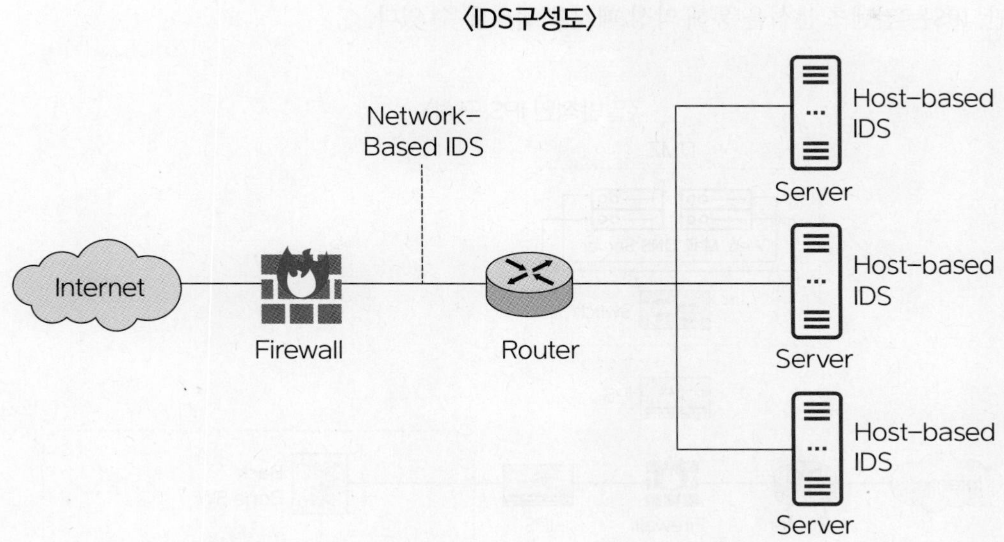

1) 네트워크기반 IDS(N–IDS)

IDS장비를 네트워크 회선상에 설치하고 네트워크의 트래픽을 분석한다.(비용 저렴, 암호화된 트래픽 분석 불가, 호스트 내부 비정상행위 탐지 불가)

2) 호스트기반 IDS(H–IDS)

특정 호스트 시스템에서 수집된 트래픽을 분석하고 비정상 행위를 탐지한다.(탐지 정확, 암호화된 트래픽 분석 가능, O/S종속적, 시스템 부하 발생)

---

❶ 정상행위와 비정상행위를 프로파일링 하여 통계 및 AI등을 이용하여 정상/비정상행위를 구분한다.(오탐률↑/미탐률↓)

❷ 시그니처기반 탐지라고도 하며 비정상행위에 대한 패턴을 입력하여 일치하는 패턴을 탐지한다.(오탐률↓/미탐률↑)

❸ 침입방지시스템(IPS:Intrusion Prevention System)

IPS란 침입방지 시스템을 일컫는 말로 패킷을 분석, 악성코드나 웜 등을 차단할 수 있다.
예를 들어 Any: Any → [내부망]:139, Content: [차단문구] 형식으로 SMB 포트로 오는 악성 코드를 차단 가능하다.
방화벽과 IPS의 차이는 컨텐츠 분석 가능 여부이다. 방화벽의 경우, 패킷 컨텐츠까지는 분석이 불가능하지만, IPS는 컨텐츠 분석을 통해 악성 패킷을 걸러낼 수 있다.

〈일반적인 IPS 구성〉

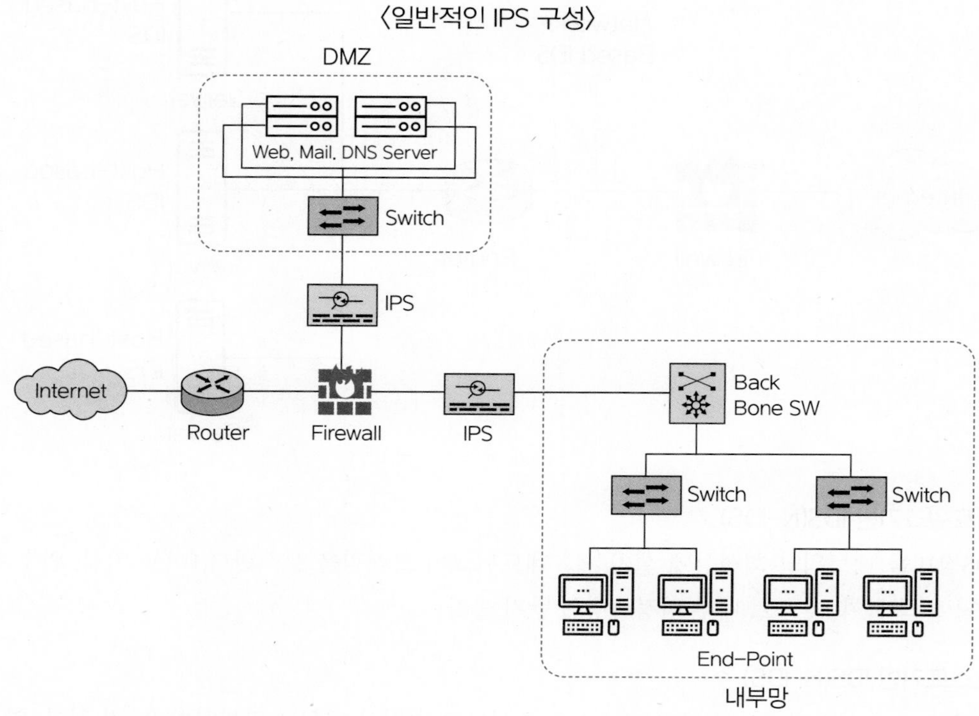

❹ Anti DDoS

Anti DDoS란 DDoS 공격에 대응하기 위한 장비로, 단순히 IP/PORT 기반으로 패킷의 총량을 제어하는 장비와 패킷 컨텐츠까지 분석 가능한 장비가 있다.
Anti DDoS 장비는 임계치를 기반으로 운영되며, 정책 설정 후 임계치를 넘는 분량의 패킷이 유입되면 능동적으로 해당 패킷을 탐지·차단한다.
예를 들어 123.123.123.123:Any → 59.59.59.59:80에 대해 1초당 100개로 임계치를 정했다면 매초 100개씩의 패킷은 통과시켜 주지만 100개를 넘는 패킷은 차단시킨다.

5 NAC

NAC(Network Access Control)이란 망 내부에서 동작하며 망 내부에 호스트가 접속하면 NAC에서 요구하는 보안정책 준수 여부에 따라 네트워크 접근을 통제하는 장비 및 기술을 일컫는다.

호스트가 보안정책을 준수하는지 여부를 알기 위해서는 NAC이 호스트의 정보를 알아야 한다. NAC이 호스트의 정보를 얻는 방식은 크게 Agent방식❶과 Agentless❷ 방식으로 나뉜다.

〈NAC의 동작원리〉

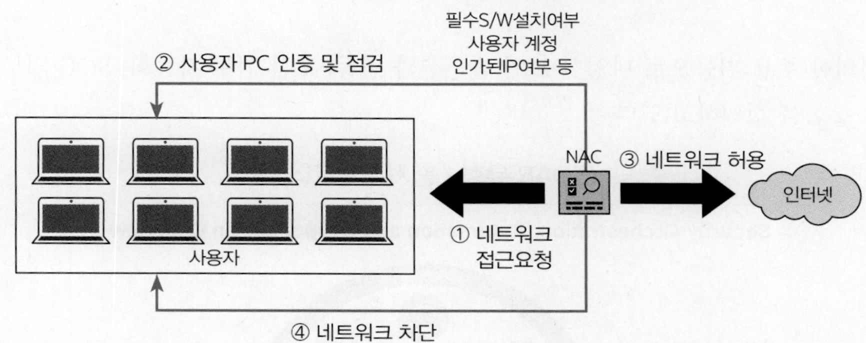

6 웹방화벽

웹방화벽은 특정 형식 파일 첨부, XSS 등 애플리케이션 기반 공격을 방어할 수 있는 장비로, 주로 웹서버 앞단에 설치되어서 웹서버를 대상으로 한 공격을 방어할 수 있다.

7 UTM

UTM(Unified threat management)이란 방화벽, IPS, Anti DDoS, NAC의 기능을 모두 포함한 관리 도구이다.

UTM의 단점은 많은 기능을 사용할수록 성능이 저하된다는 점이다.

따라서 일정 규모 이상의 회사는 개별 보안장비를 이용하는 것이 좋고, 중소기업의 경우 UTM을 이용하는 것이 좋다.

8 ESM(Enterprise Security Management)

방화벽, 침입 탐지 시스템, 침입 방지 시스템 등 각종 보안 시스템의 로그들을 모아 한곳에서 상호 연관분석을 통해 통합 관리를 할 수 있게 해 주는 시스템이다.

---

❶ 호스트에 Agent가 설치되어서 백그라운드에서 동작, 백신 프로그램 및 기타 보안 프로그램 설치 여부 등을 검증 후 접속을 허용한다.
❷ NAC에서 내부망을 스캔, 내부망의 정보를 얻은 뒤, 내부망 호스트들의 IP와 MAC 정보를 관리하며 등록되지 않은 호스트에 대해 네트워크단에서 패킷을 통제한다.

9 SIEM(Security Information & Event Management)

ESM의 진화된 형태로 빅데이터 기반으로 네트워크 경계부터 최종사용자까지의 전체 범위에서 로그를 수집, 저장 및 분석하여 경고 및 실시간 분석을 제공한다.

10 SOAR(Security Orchestration, Automation and Response)

보안 시스템 운영 시 유입되는 사이버 위협에 대한 대응 레벨을 자동으로 분류하고, 표준화된 업무 프로세스에 따라 사람과 기계가 유기적으로 협력해 대응역량을 높일 수 있도록 지원하는 플랫폼을 의미한다.

가트너가 정의한 주요 기능으로 다양한 보안 솔루션과 연동, 보안 업무 자동화, SOC 업무 중 리포트 및 대시보드 통합을 정의하고 있다.

〈SOAR 유형 / 출처 : 가트너〉

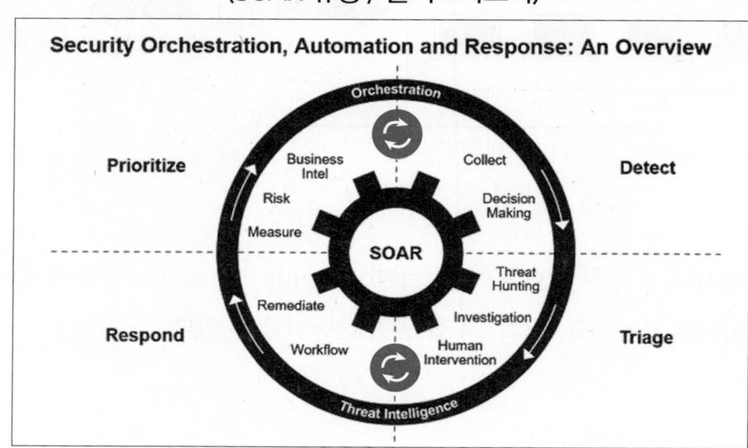

11 EDR(Endpoint Detection and Response)

사용자의 단말장비(Endpoint)에서 발생하는 각종 이벤트와 침투한 멀웨어를 탐지(Detection)하고 발생하는 사고에 대응(Response)하는 것을 목표로 하는 보안 솔루션이다. 백신(AV:Anti Virus)과의 차이점은 백신은 컴퓨터 바이러스 및 멀웨어 침투를 차단하는 보안 솔루션이고 EDR은 Endpoint의 실행 정보 전반을 파악하여 실시간 대응 및 사후 원인분석 및 대응방안이 수립 가능하다.

12 WIPS

WIPS(Wireless Intrusion Prevention System)는 무선 보안을 위해 사용되는 장비로 조직 내 인가받지 않은 AP(Rogue AP)와 통신하는 단말을 발견 시 지속적으로 연결 종료 패킷을 Rogue AP로 보내 연결을 종료한다.

Anti DDoS와 방화벽의 차이

방화벽의 경우, 임계치 개념이 없어 Drop으로 지정한 패킷은 숫자에 관계없이 차단한다. 그러나 Anti DDoS의 경우 임계치 이하의 패킷은 통과를 보장한다.

1.3 네트워크 보안장비 배치

네트워크 보안장비는 주로 다음과 같이 배치된다. 가장 먼저 Anti DDoS에서 DDoS 공격을 차단하고, 임계치 이하의 패킷만 내부로 전송한다. 이 단계에서 내부 장비에 부하가 가지 않는 수준의 패킷만 전송된다.

다음으로는 방화벽에서 서비스하지 않는 포트를 차단한다. 이 단계에서 서비스하는 포트를 대상으로 부하가 가지 않는 수준의 패킷만 전송된다. 다음으로는 IPS에서 Rule에 해당하는 악성 컨텐츠를 지닌 패킷을 차단한다. 이 단계에서 서비스하는 포트를 대상으로 부하가 가지 않는 수준의 정상 패킷만 전송된다. 다양한 네트워크 공격과 이를 방어할 수 있는 장비를 도표로 나타내면 다음과 같다.

❶ 네트워크 보안장비를 도입한 망 구성도

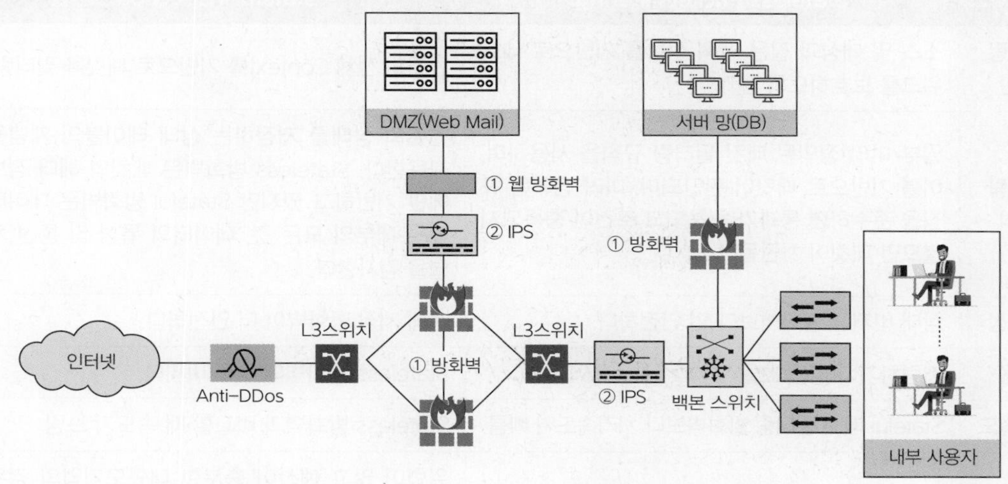

❷ 네트워크 공격 유형과 해당 공격을 방어 가능한 장비

공격 유형	방어위치
웹 서버 대상 DDoS 공격	Anti DDoS
내부 서버 대상 DDoS 공격	Anti DDoS, 방화벽
웹 서버 대상 악성코드	방화벽, IPS, 웹방화벽
웹 서버 대상 애플리케이션 공격	웹방화벽
내부 서버 대상 악성코드	방화벽, IPS
내부 서버 대상 애플리케이션 공격	방화벽 (80포트 트래픽 차단)

네트워크 보안장비 배치

위의 망 구성도에서 IPS를 한 대로 줄이고 방화벽과 Anti DDoS 사이에 배치해도 된다.
이 경우 다음과 같은 장단점이 있다. 장점은 방화벽단에서 걸러지는 공격에 대한 정보 수집이 가능하다. 단점은 IPS의 부하가 증가한다.

1.4 Stateful Inspection

1 Stateful Inspection 개념

Stateful Inspection은 방화벽의 보안성을 높이기 위해 사용되는 기술이다. 방화벽은 기본적으로 사용자가 지정하지 않은 트래픽은 모두 차단하도록 설정해야 한다. 그러나 Client가 서버로 접속 시 1024 이상의 임의의 포트를 사용하기 때문에 서버의 방화벽은 Outbound의 어떤 포트를 차단해야 할 지 알 수 없어 1024 이상으로 가는 모든 포트를 불필요하게 오픈해야 한다. 이를 보완하기 위해 사용되는 것이 Stateful Inspection이다.

Stateful Inspection은 트래픽의 유·출입을 기록해 자동으로 Rule을 생성하는 것을 의미한다.

	Stateful Inspection 방화벽 vs Stateless 방화벽 비교	
	Stateless Packet Filtering	Stateful Inspection
필터링 기반	소스 및 대상과 같은 정적 정보를 기반으로 네트워크를 보호하도록 설계	연결의 전체 Context를 기반으로 패킷을 필터링
필터링 방식	일부 미리 정의된 패킷 필터링 규칙을 사용하며, 이를 기반으로 패킷이 판단되며, 미리 정의된 규칙을 준수하면 통과가 허용되고 조건이 충족되지 않으면 패킷이 차단된다.	연결의 상태를 저장하는 상태 테이블의 개념을 사용한다. Stateless 방화벽은 패킷의 헤더 정보에만 기반하고 있지만 Stateful 방화벽은 데이터 패킷 내부의 모든 것, 데이터의 특성 및 통신 채널을 검사한다.
보안성	상태 비저장 방화벽보다 덜 안전하다.	상태 저장 방화벽이 더 안전하다.
비용	저렴하거나 비용 효율적	Stateless 방화벽에 비해 비싸다.
처리속도	Stateful 패킷 필터링 방화벽보다 처리속도가 빠름	Stateless 방화벽과 비교할 때 속도가 느림
적용	위협이 적고 예산이 제한적인 소규모기업의 경우 Stateless 방화벽이 좋은 선택이 될 수 있음	위협이 많고 예산이 충분한 대규모기업의 경우 Stateful 방화벽이 좋은 옵션이 될 수 있다. 상대적으로 Stateless 방화벽보다 공격에 대비한 더 두터운 보안계층 제공이 가능하다.

2 Stateful Inspection의 용도

사용자가 외부 서버에 HTTP로 연결할 때마다 아래와 같은 패킷을 주고받는다.

1. 사용자의 1024 이상의 임의의 포트 A → 웹서버의 80 포트 (SYN)
2. 웹서버의 80포트 → 사용자의 포트 A (ACK)
3. 사용자의 1024 이상의 임의의 포트 A → 웹서버의 80 포트 (SYN ACK)

만약 방화벽에 Outbound 80 포트만 있고 Stateful Inspection이 없다면 사용자는 정상적인 통신을 위해서는 자신의 1024~65535포트에 대한 모든 방화벽을 Any로 열어놓거나 자신이 접속하고 싶은 모든 서버 → 자신의 1024~65535포트에 대한 방화벽을 일일이 열어야 한다.

그러나 방화벽에서 Stateful Inspection이 지원된다면 1. 사용자의 1024 이상의 임의의 포트 A → 웹서버의 80 포트 패킷이 방화벽을 지날 때 방화벽에서 자동으로 2. 웹서버의 80포트 → 사용자의 포트

A에 대한 Rule을 생성한다. 따라서 사용자는 평소에 불필요하게 1024~65535포트를 Open 할 필요가 없어진다.

아래 그림은 Stateful inspection의 사례이다.

60.55.32.12:62600 → 123.80.5.34:80 트래픽에 대해 123.80.5.34:80 → 60.55.32.12:62600 Rule을 별도로 생성하지 않아도 Inbound 패킷이 정상적으로 유입된다.

3 Stateful Inspection의 사용 사례

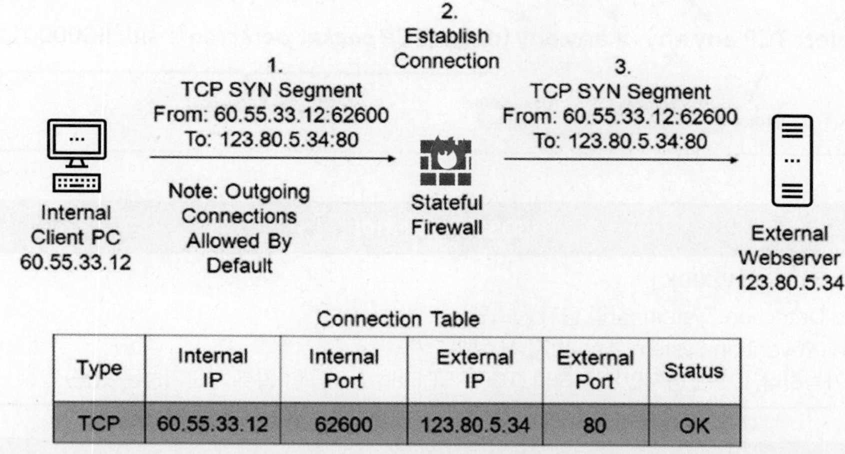

Type	Internal IP	Internal Port	External IP	External Port	Status
TCP	60.55.33.12	62600	123.80.5.34	80	OK

Stateful Inspection의 의의

Stateful Inspection이 지원 가능한 기기는 불필요한 Inbound 포트를 열 필요가 없다. 따라서 보안성이 크게 향상된다.

1.5 Snort & IPtables

1 Snort 개념

Snort는 1998년 Sourcefire에 의해 발표된 IP네트워크기반 실시간 트래픽 분석 및 패킷 Logging 오픈소스 IPS&IDS 시스템이다. Snort는 네트워크 상에 설치되는 방식에 따라 TAP(트래픽을 복제)과 Inline(망에 직접 설치)으로 나눌 수 있다.

2 Snort의 Tab mode와 Inline 모드의 차이

Inline은 Line상에 직접 설치되는 것이고 TAP은 패킷을 미러링(복사)해 탐지한다. 따라서 drop, reject, sdrop은 패킷을 차단해야 하기 때문에 Inline 모드로 설치되었을 때만 작동한다.

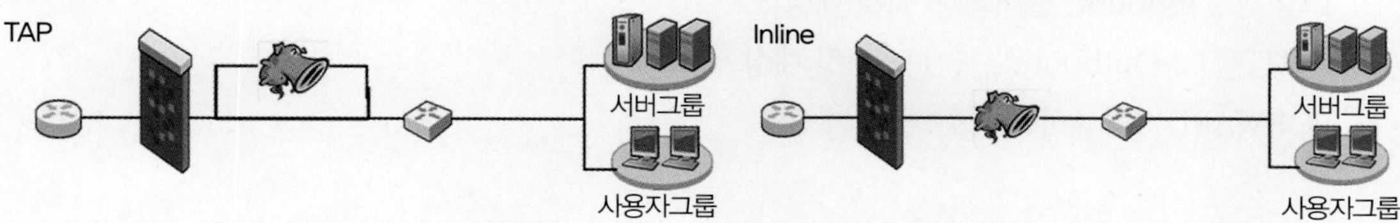

3 Snort의 Rule 형식

Snort의 Rule은 프로토콜, IP, 방향, Rule에 해당되는 패킷에 대한 대응을 결정하는 헤더와 컨텐츠, 플래그, 메시지를 기록하는 옵션(괄호 안 부분)으로 나눌 수 있다.

위 Rule을 헤더와 옵션으로 나누면 다음과 같다.

헤더: Alert TCP any any → any any (msg: "TCP packet detected";sid: 5000001;)

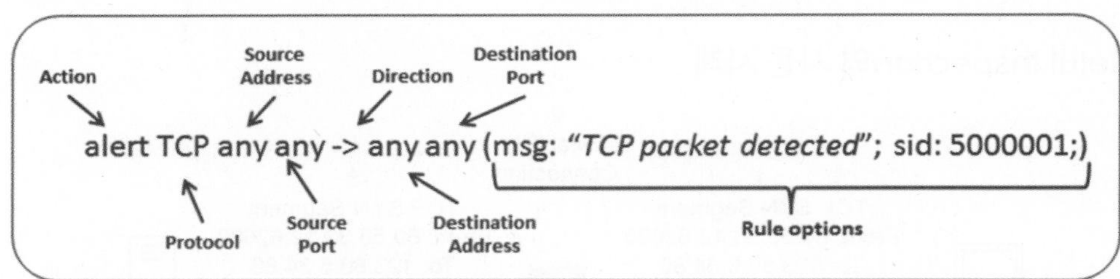

IDS와 IPS의 차이
IDS와 IPS는 각각 다음의 약자이다. IDS: (Intrusion Detection System, 침입 탐지 시스템) IPS: (Intrusion Prevention System, 침입 방지 시스템) IPS는 차단이 가능하나, IDS는 탐지만 가능하다.(TCP RST Flag를 이용한 일부 차단기능은 있음)

Snort의 대응
1. Pass : 통과시킨다. 2. Alert : 알람을 발생시키고 로그로 남긴다. 3. Log : 로그로 남긴다. 4. Drop : 패킷을 차단하고 로그로 남긴다. 5. Sdrop : 패킷을 차단하고 로그로 남기지 않는다. 6. reject : 패킷을 차단하고 로그를 남기고 메시지를 리턴한다.(보안상 권장하지 않음)

4 IP Tables

IP Tables는 **리눅스에서 사용되는** ACL **시스템**으로 /etc/sysconfig/iptables에 다음 포맷으로 규칙을 넣을 수 있다.

Iptables -A [방향] -s [소스 IP] -p [프로토콜] -dport [목적포트] -j [대응]

1) IP Tables의 예시 및 사용법

① 트래픽흐름은 INPUT, OUTPUT, FORWARD가 설정 가능하며 각각 다음과 같다.

INPUT : Inbount, 들어오는 패킷 대상

OUTPUT : Outbound, 나가는 패킷 대상

FORWARD : 경유하는 모든 패킷 대상

② 대응은 ACCEPT, DROP, REJECT, LOG가 설정 가능하다.

ACCEPT : 패킷을 통과시킴

DROP : 패킷을 차단시킴

REJECT : 패킷을 차단 후 응답 패킷을 전송함

LOG : 패킷을 전송 후 syslog에 기록

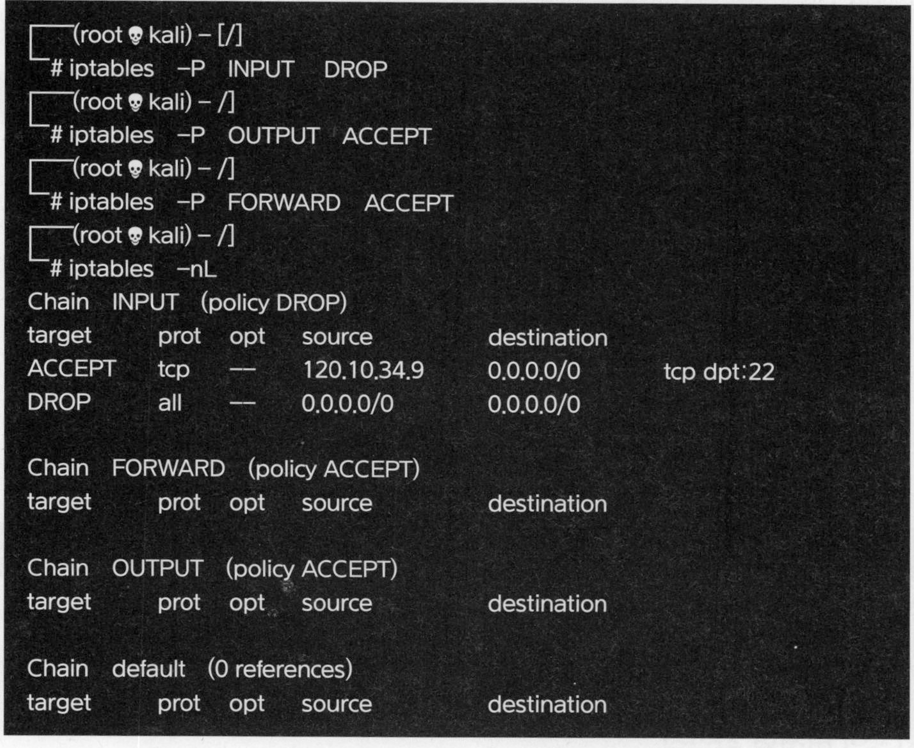

```
┌──(root💀kali) – [/]
└# iptables  –P  INPUT  DROP
┌──(root💀kali) – /]
└# iptables  –P  OUTPUT  ACCEPT
┌──(root💀kali) – /]
└# iptables  –P  FORWARD  ACCEPT
┌──(root💀kali) – /]
└# iptables  –nL
Chain  INPUT  (policy DROP)
target     prot  opt   source          destination
ACCEPT     tcp   --    120.10.34.9     0.0.0.0/0        tcp dpt:22
DROP       all   --    0.0.0.0/0       0.0.0.0/0

Chain  FORWARD  (policy ACCEPT)
target     prot  opt   source          destination

Chain  OUTPUT  (policy ACCEPT)
target     prot  opt   source          destination

Chain  default  (0 references)
target     prot  opt   source          destination
```

2 각 명령어의 상세 내역

1) INPUT 체인의 기본 정책(–P)을 모두 거부(DROP)로 설정

2) OUTPUT 체인 및 FORWARD체인의 기본정책을 모두 허용(ACCEPT)으로 설정

3) 출발지 120.10.34.9에 대해서 모든 목적지의 22번 포트(SSH) 허용

4) 그 외 나머지 모든 패킷은 차단

IP Tables

IP Tables는 기본적으로 제공되는 Tool이기 때문에 보안장비를 둘 여력이 없는 소상공인이나 테스트베드에서 사용하기 적당하다.

1.6 SSL / TLS

1) SSL / TLS 개념

SSL(Secure Socket Layer)와 TLS(Transportation Layer Security)는 단말간 데이터 암호화를 제공하는 네트워크 프로토콜이다. SSL과 TLS의 공개 일자는 다음과 같다.

2022년 현재는 TLS 1.2를 제외한 모든 버전에서 취약점이 발견되었으며, 웹브라우저에서는 더 이상 TLS 1.2를 지원하지 않고 TLS 1.3으로 지속적으로 변경되어 운영되고 있다.

프로토콜	발표년도	안전성
SSL 1.0	공식적으로 발표되지 않음	취약
SSL 2.0	1995	
SSL 3.0	1996	
TLS 1.0	1999	
TLS 1.1	2006	
TLS 1.2	2008	안전(일부 웹브라우저 TLS 1.2 지원종료)
TLS 1.3	2018	

SSL과 TLS
SSL과 TLS는 OSI 7 Layer의 4계층과 5계층에 걸쳐 있다. 외우기 힘들다면 SSL과 TLS의 두문자를 따서 Session과 Transportation으로 외우면 좋다.

2 SSL과 TLS의 버전별 취약점

프로토콜	설명
SSL 1.0	취약점으로 인한 외부 미공개 처리
SSL 2.0 ~ 3.0	DROWN취약점, 패딩 오라클 공격
TLS 1.0 ~ TLS 1.2	POODLE취약점으로 프로토콜 하향화
TLS 1.2	속도, 프라이버시 이슈(SNI 차단)문제
TLS 1.3	TLS 1.2에서 1.3으로 적용 중

SSL / TLS에서 발견되는 취약점은 각각 다음과 같다.

1) DROWN (Decryption RSA with Obsolete and Weakened eNcryption)

암호화된 세션키를 탈취하는 공격

2) POODLE (Padding Oracle in Downgraded Legacy Encryption)

클라이언트와 서버간 TLS통신을 차단하여 강제로 취약한 프로토콜인 SSL3.0통신을 하게 만들고 패딩 오라클 공격을 통해 임의 데이터를 패딩으로 이용하여 암호화 통신의 일부를 복호화 가능한 공격

3) FREAK(Factoring attack on RSA-EXPORT Keys)

RSA 키 길이를 강제로 512바이트로 변경시키는 공격

4) BEAST (Browser Exploit Against SSL/TLS)

CBC(암호 차단 체인)의 약점을 이용, 암호화 통신에서 평문 텍스트를 유출하는 공격

3 SSL / TLS의 연결 방식

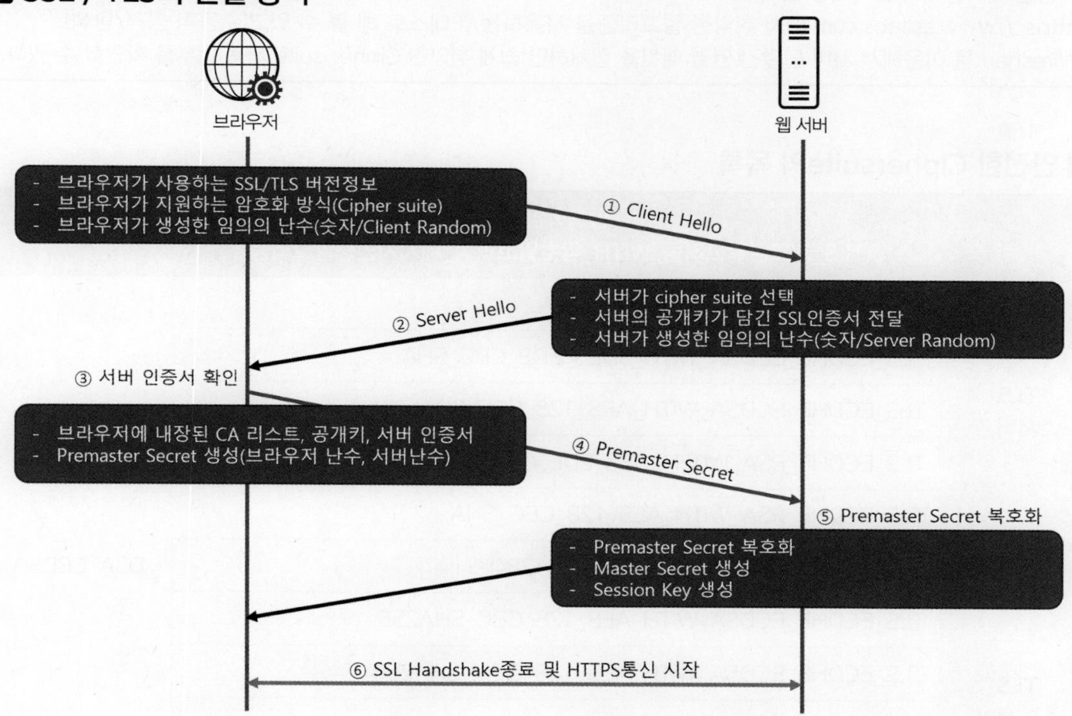

4 Ciphersuite 개념

SSL / TLS 연결 과정에서 상호간 사용할 암호화방식을 협상하는데, 이 방식들을 Ciphersuite[1]라고 한다.

---

[1] TLS 암호통신을 하는 데 사용되는 암호알고리즘 집합

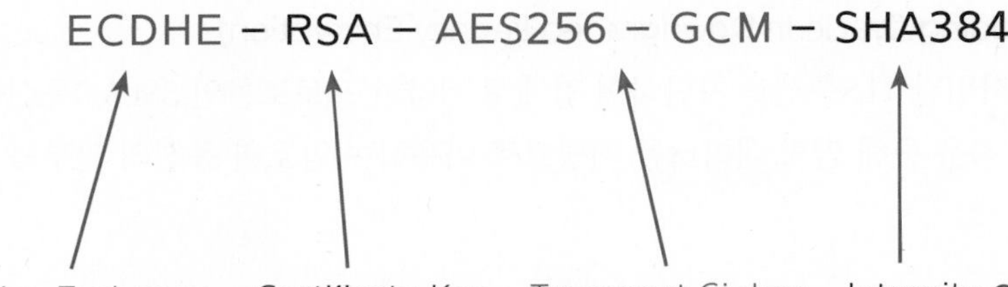

Ciphersuite는 위와 같은 형식이며 Ciphersuite가 나타내는 문구는 차례대로 다음과 같다. Ciphersuite는 서버와 클라이언트 양쪽이 지원하는 것만 사용 가능하기 때문에, 서버에서 안전한 Ciphersuite만 사용하도록 설정하면 안전한 통신이 가능하다.

Cipher suite
인증심사 과정에서 심사대상 웹서버가 취약한 Cipher suite를 지원하는 경우를 발견할 수 있다. https://www.ssllabs.com 에서 취약한 알고리즘을 사용하는지 테스트 해 볼 수 있고(수동적 공격/탐색) Wireshark를 이용해서 서버-단말간 연결 패킷을 캡처하면 쉽게 취약한 Cipher suite 사용 여부를 확인할 수 있다.

5 안전한 Ciphersuite의 목록

	암호화방식 (TLS_키교환알고리즘_WITH_암호알고리즘_메시지인증알고리즘)	서명 알고리즘
TLS 서버	TLS_RSA_WITH_AES_256_CBC_SHA	DSA, ECDSA
	TLS_ECDHE_ECDSA_WITH_3DES_EDE_CBC_SHA	
	TLS_ECDHE_ECDSA_WITH_AES_128_CBC_SHA	
	TLS_ECDHE_RSA_WITH_3DES_EDE_CBC_SHA	
	TLS_ECDHE_RSA_WITH_AES_128_CBC_SHA	
TLS 1.2 서버	TLS_RSA_WITH_AES_256_GCM_SHA384	
	TLS_ECDHE_ECDSA_WITH_AES_128_CBC_SHA256	
	TLS_ECDHE_ECDSA_WITH_AES_128_GCM_SHA256	
	TLS_ECDHE_ECDSA_WITH_AES_256_GCM_SHA384	
	TLS_ECDHE_RSA_WITH_AES_128_CBC_SHA256	
	TLS_ECDHE_RSA_WITH_AES_128_GCM_SHA256	

❶ Key Exchage : 암호통신시 사용하는 대칭암호키를 교환하는 알고리즘, Certificate Key : 인증서 검증, Transport Cipher : 대칭키를 이용한 블록암호화 알고리즘 방식, Intergrity : 무결성을 위한 메시지 인증 알고리즘 예시에서는 Elliptic Curve 및 Ephermeral을 지원하는 디피-헬만(diffie-hellman) 및 RSA비대칭키를 이용한 키교환방식을 사용한다. 또한 AES256-GCM알고리즘을 사용하여 대칭키 블록 암호화를 수행하고 SHA384로 메시지 인증을 수행한다.

1.7 VPN(Vitual Private Network)

인터넷과 같은 공중 네트워크를 이용해서 사설 네트워크를 사용할 수 있도록 가상의 네트워크를 구성한 것이다. 전용선 같이 직접적으로 구축하기에는 많은 비용이 들어가기 때문에 VPN을 구축하여 공중망을 이용하더라도 전용선을 이용하는 것과 같은 효과를 내도록 한다.

1 PPTP(Point-toPoint Tunneling Protocol)

보안결함이 있어 잘 사용되지 않는다. Microsoft사에서 정의하여 개발하였고 PPP 기술을 확장하여 만든 규격이며 터널을 확립하고 MS-CHAP와 RC4를 합성하여 암호화를 진행한다. IP, IPX 또는 NetBEUI (Network BIOS Enhanced User Interface, IBM) 페이로드를 암호화하고, IP헤더로 캡슐화하여 전송한다.

〈PPTP 프레임의 구조〉

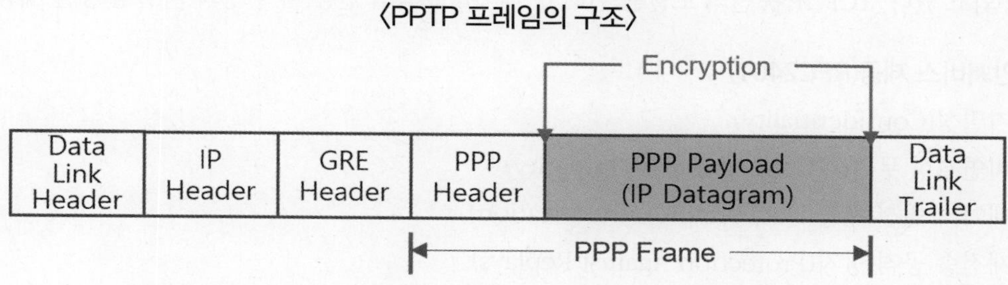

2 L2F(Layer 2 Forwading Protocol)

Cisco사에서 정의하여 개발하였고 데이터링크 계층에서 전용 헤더로 캡슐화를 지원한다. 주어진 도메인과 사용자ID가 VPN사용자인지만 검증하는 프로토콜이다.

〈L2F 프레임의 구조〉

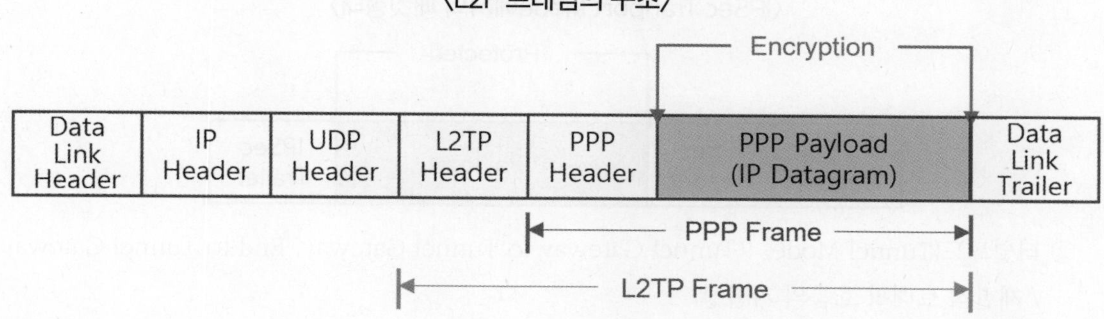

3 L2TP(Layer 2 Tunneling Protocol)

L2F와 PPTP의 장점을 결합하여 호환성이 뛰어난 프로토콜이며 PPP트래픽을 암호화하기 때문에 IP, IPX, NetBEUI, AppleTalk 등의 다양한 상위 프로토콜을 사용할 수 있다.❶

❶ PPTP, L2F, L2TP는 데이터링크 계층의 VPN으로 암기

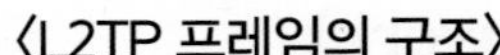
〈L2TP 프레임의 구조〉

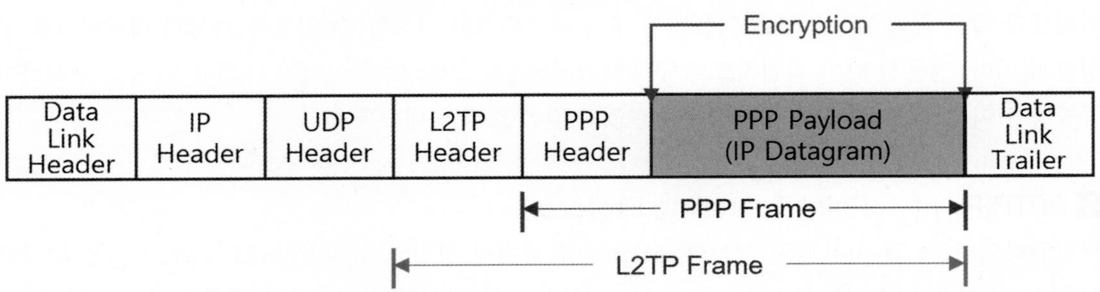

4 IPSec

네트워크 계층 터널링 프로토콜로 IP 계층의 보안을 위해 IETF에 의해 제안되어 VPN 구현에 가장 널리 사용되고 있다. TCP/IP 통신의 보안을 위해 IP 데이터그램의 인증, 무결성과 기밀성 등을 제공한다.

1) 보안서비스 제공(RFC2401)

① 기밀성(Confidentiality)
② 비연결형 무결성(Connectionless Integrity)
③ 데이터 원천 인증(Data origin Authentication)
④ 재전송 공격 방지(Protection Against Replays)
⑤ 접근 제어(Access Control)
⑥ 제한적 트래픽 흐름의 기밀성(Limited Traffic Flow Confidentiality)

2) IPSec의 동작 모드

① 전송모드(Transport Mode) : End to End / 종단간 보호

〈IPSec Tranport Mode에서의 패킷형태〉

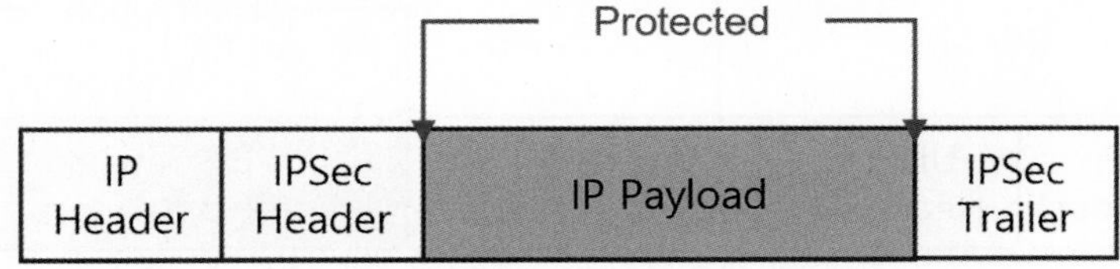

② 터널모드(Tunnel Mode) : Tunnel Gateway to Tunnel Gateway, End to Tunnel Gateway / 제한적 트래픽 흐름의 기밀성

〈IPSec Tunnel Mode에서의 패킷 형태〉

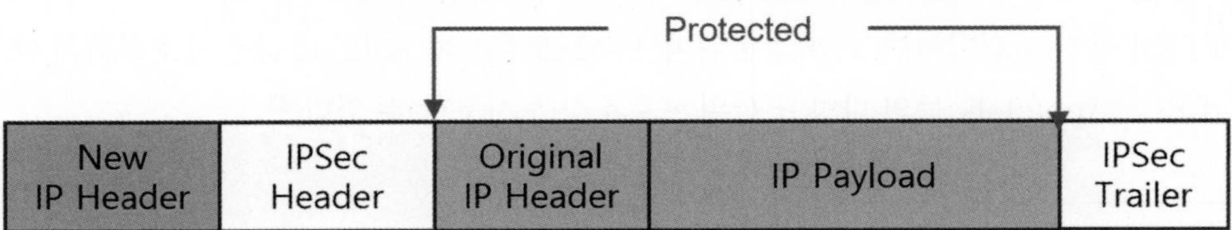

3) IPSec의 동작 모드별 세부 프로토콜

① AH프로토콜 : 메시지 인증 코드(MAC)을 이용하여 인증(무결성+송신처인증)을 제공하며, 암호화는 제공하지 않는다.

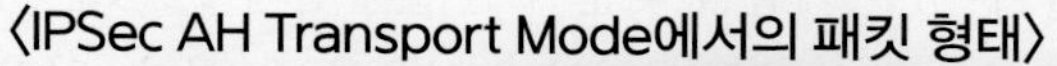

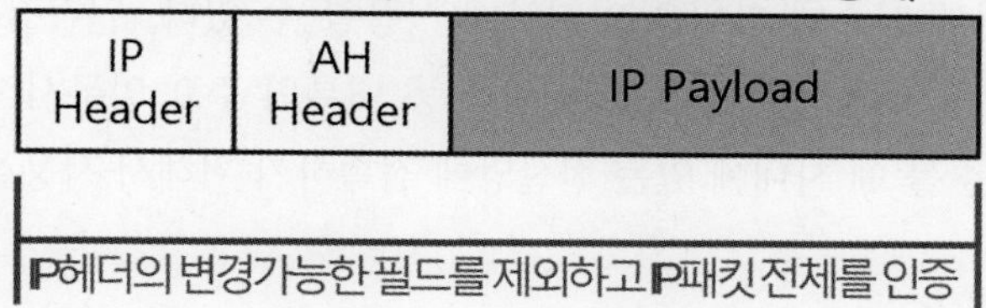

〈IPSec AH Tunnel Mode에서의 패킷 형태〉

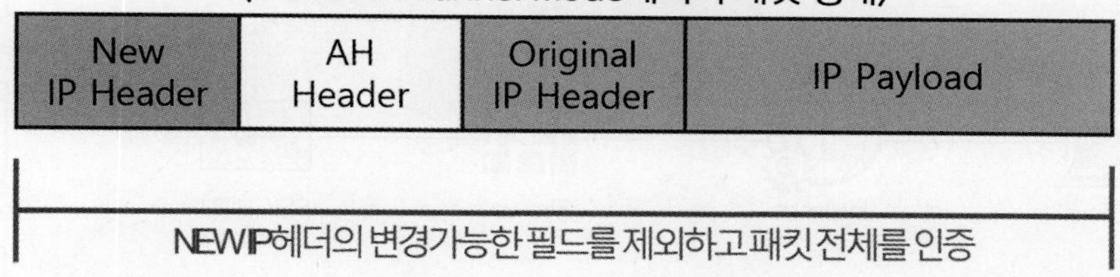

② ESP프로토콜 : 인증(무결성+송신처인증)과 암호화를 제공하며, 인증만 적용하거나 인증+암호화를 선택적으로 적용할 수 있다.

〈IPSec ESP Transport Mode에서의 패킷 형태〉[1]

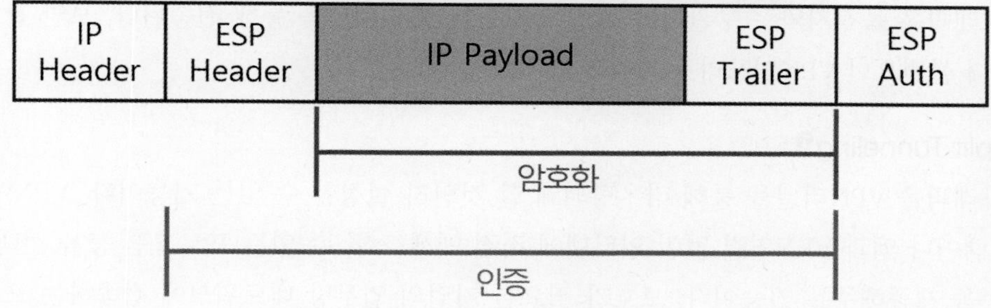

〈IPSec ESP Tunnel Mode에서의 패킷 형태〉[2]

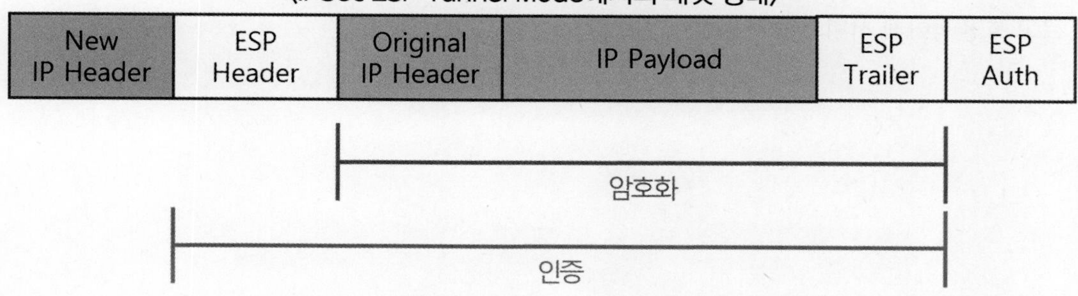

[1] ESP 전송모드는 IP Payload와 ESP트레일러를 암호화하고 ESP 헤더와 암호화된 데이터를 인증

[2] ESP 터널모드는 원본 IP패킷 전체와 ESP트레일러를 암호화하고 암호화된 데이터와 ESP 헤더를 인증

❺ SSL VPN

장소나 단말의 종류와 관계없이 내부 네트워크에 접속할 수 있는 **SSL 기반의 가상 사설망**(VPN). SSL은 웹 브라우저와 서버 간의 통신에서 정보를 암호화함으로써 도중에 해킹을 통해 정보가 유출되더라도 정보의 내용을 보호할 수 있는 기능을 갖춘 보안 솔루션이다. 이를 기반으로 한 SSL-VPN은 원격지에서 인터넷으로 내부 시스템 자원을 안전하게 사용할 수 있다. 원격접속(SSL-VPN) 시스템은 외부 인터넷에서 업무상 필요에 따라 전자결재 업무 등 내부의 주요 업무서버 접속을 가능하게 해준다. 주로 외부에서 업무를 볼 때 사내에 있는 전산망에 접속하기 위해서 사용한다.

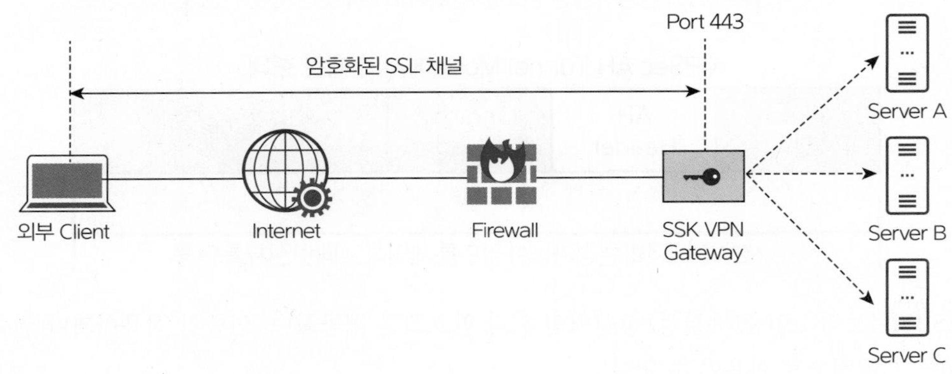

1) SSL Full Tunneling

모든 트래픽은 목적지와는 무관하게 항상 암호화된 VPN터널을 통해 전송된다. 보안 관점에서는 유리하나 불필요한 VPN인프라 트래픽이 발생하게 된다.

2) SSL Split Tunneling❶

어떤 트래픽을 VPN터널을 통해 라우팅되게 할 것인지 설정할 수 있는 기능이다. VPN이 필요한 프로그램이나 앱과 VPN연결 없이 인터넷에 직접 액세스 할 수 있는 프로그램 등을 선택할 수 있는 기능을 제공해주는 기능이다. 보호가 필요한 기업의 업무망 네트워크에 접속하는 프로그램은 VPN터널을 통해 라우팅되게 하고 그 외 보호가 필요 없는 프로그램은 인터넷에 직접 접속하여 빠르고 효율적이게 서비스를 제공하게 해준다.

❶ 인터넷 망 차단 의무 대상자의 경우 Split Tunneling은 제한된다. Split Tunnel이 적용될 경우 인터넷이 가능한 환경이 될 수도 있으므로 Split Tunneling은 망분리로 인정되지 않는다.

1.8 주요 공격 정리

❶ 서비스 거부(DoS) 공격

1) Ping of Death

ping명령을 보낼 때, ICMP패킷을 최대한 길게 하여(최대 65,500바이트) 공격대상에게 패킷을 보내면 패킷은 네트워크에서 수백 개의 단편화(Fragmentation)로 잘게 쪼개져 보내져 네트워크 부하로 인한 서비스 거부 상태에 빠진다.

〈Ping of Death〉

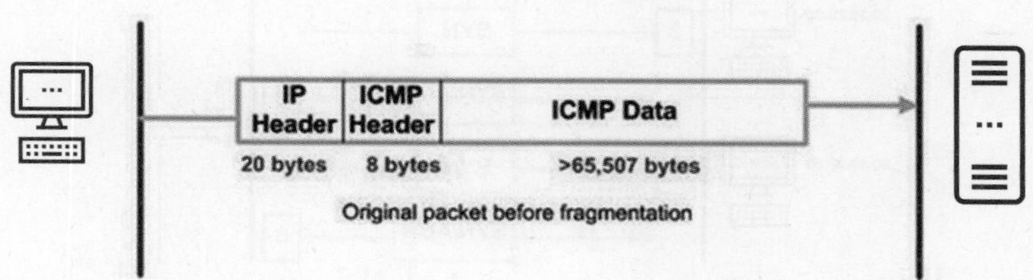

2) Tear drop

Tear drop은 패킷을 분할해서 보낼 때, Fragment Offset[❶]과 추가 패킷정보에 **논리적인 오류를 발생**시키는 공격이다. 아래 그림의 경우 Fragment Offset을 1400으로 설정한 뒤, 추가 패킷이 있다는 패킷과 Fragment Offset을 1300으로 설정한 뒤, 추가 패킷이 없다는 패킷을 동시에 보내서 논리적인 오류를 발생시킨다.

〈Tear drop 공격〉

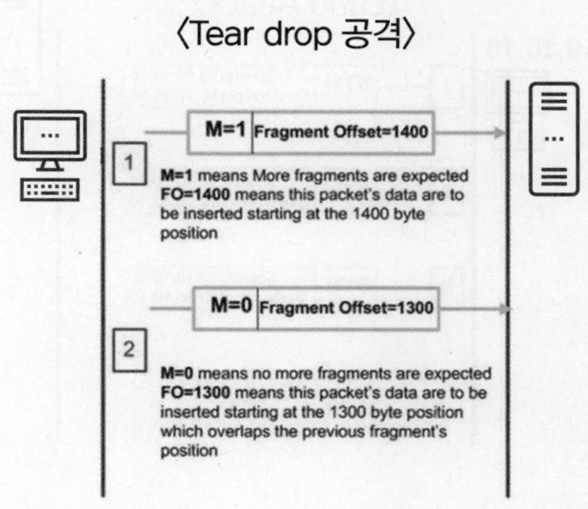

❶ Fragment : IP 패킷을 몇 개의 작은 패킷으로 나누어 전송되어 목적지 시스템에서 재조합되는 과정
MTU(Maximum Transmission Unit) : IP 데이터그램이 네트워크를 통해 전송될 때, 전송되는 IP 데이터그램 크기가 해당 전송매체에서 전송될 수 있는 최대 크기(IEEE 802.3 Ethernet : 1500byte)
Fragment Offset : 단편화된 패킷의 시작위치(4000byte 크기의 패킷을 이더넷환경에서 전송시 → 1500byte로 단편화시키고 첫 번째 패킷의 시작 offset=0으로 설정, 두 번째 패킷의 offset=185, 세 번째 패킷의 offset=370으로 설정하게 된다. 이때, offset값은 TCP헤더 20byte를 제외하고 1480byte의 Data를 분할하여 전송하게 되고 offset필드에 표시되는 값은 오프셋 단위를 8로 나눈 값이 되게 된다.)

3) Syn Flooding

TCP의 연결과정인 3way hand shaking의 문제점을 악용하여 위조한 SYN패킷을 수없이 만들어 존재하지 않는 클라이언트가 서버별로 한정되어 있는 접속 가능한 공간에 접속한 것처럼(백로그큐) 속여 다른 사용자가 서버의 서비스를 제공받지 못하게 하는 공격이다.

〈Syn Flooding〉

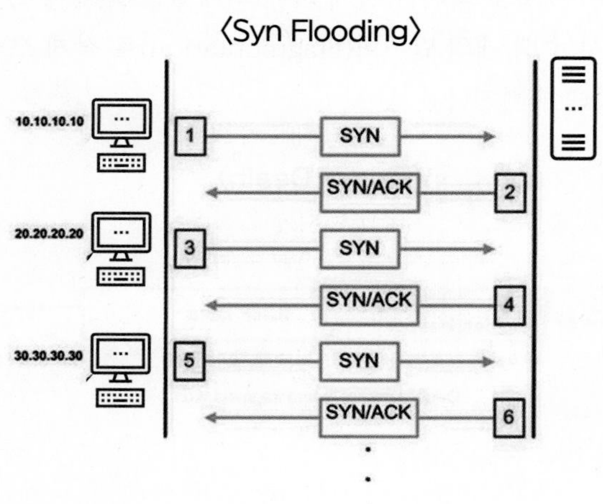

4) Land Attack

출발지IP주소와 목적지IP주소를 똑같이 만들어서 공격대상에게 보내어 서비스 거부 상태에 빠지게 하는 공격(same ip)이다.

〈Land Attack〉

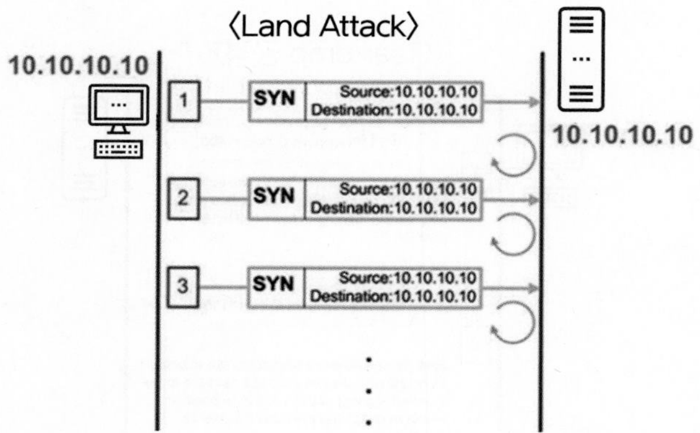

5) Smurf Attack

출발지 IP를 희생자의 IP로 위조(Spofing)하여 동일 네트워크상에 ICMP Echo Request를 다이렉트 브로드캐스트하면 희생자IP에게 네트워크내 모든 IP에게 ICMP Echo Reply를 전송하여 서비스 거부 상태에 빠지게 만드는 공격이다.

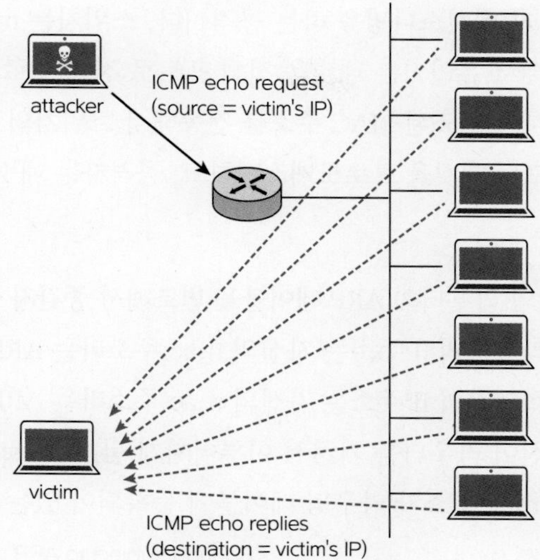

❷ 분산 서비스 거부(DDoS) 공격(Distributed Denial of Service)

1) 공격자 위치와 발원지 파악 힘듦, 공격 특성상 자동화된 툴을 이용하고 공격의 범위가 방대
2) 공격자 → C&C서버 → 좀비PC → 공격대상서버 C&C서버를 통해 좀비PC에 설치된 공격 모듈을 이용하여 공격대상서버에게 공격한다.
3) 새로운 공격방식이 지속적으로 업그레이드되어 DDoS공격 이외에도 스팸메일이나 좀비PC의 정보를 탈취할 수 있고 컴퓨터뿐만 아니라 각종IoT장비를 해킹하여 공격을 수행하기도 한다.
4) NTP서버, DNS서버, SSDP서버, 멤캐시드(Memcached)서버 등을 이용한 다양한 프로토콜 및 다양한 서비스로 제공하는 서버들을 이용하여 공격이 이루어지고 있다.
5) DRDoS(Distributed Reflection Denial of Service) : DDoS보다 발전된 형태의 공격이며 IP Spooing을 적극적으로 이용하고 정상적인 서버를 반사체(Reflector)로 이용하여 공격하는 특징이 있어 공격자를 찾기가 DDoS보다 더 힘들고 공격 트래픽(증폭 공격이 가능)이 더 큰 특징이 있다.

❸ 스니핑(Sniffing)

수동적 공격으로 네트워크상에서 자신이 아닌 다른 네트워크 트래픽을 도청하는 과정이다. 다양한 공격기법을 통해 여러 가지 스니핑 행위를 할 수 있다.

1) Promiscuous Mode

무차별 모드(Promiscuous)로 작동하게 되면 다른 패킷을 버리지 않고 받아볼 수 있기 때문에 스니핑이 가능하다.

2) Switch jamming(mac flooding)

스위치를 브로드캐스팅시켜 패킷스니핑을 하는 공격이다. 스위치는 mac 주소 테이블 저장공간이 가득 차면 허브처럼 동작해서 유입되는 패킷을 전체 포트로 전송(브로드캐스팅)한다. 이런 스위치의 특성을 악용해서 공격자가 **위조된 MAC 주소를 전송**해서 스위치의 mac 주소 테이블을 가득 채우면 스위치는 유입되는 모든 패킷을 브로드캐스팅하고, 공격자는 패킷 스니핑을 할 수 있게 된다.

3) ARP spoofing

ARP spoofing[1]은 희생자와 라우터의 ARP **테이블을 변조**해서 **중간자 공격**을 할 수 있는 공격이다.

① 공격자가 희생자에게 라우터의 IP주소는 자신의 mac 주소라는 ARP reply를 전송

② 공격자가 라우터에게 희생자의 IP주소는 자신의 mac 주소라는 ARP reply를 전송

③ 희생자와 공격자의 통신이 라우터를 거쳐서 이루어지게 됨, ARP spoofing은 희생자/라우터의 ARP 테이블에 엉뚱한 mac 주소가 라우팅 테이블에 등록되어 있는 것으로 탐지할 수 있다.

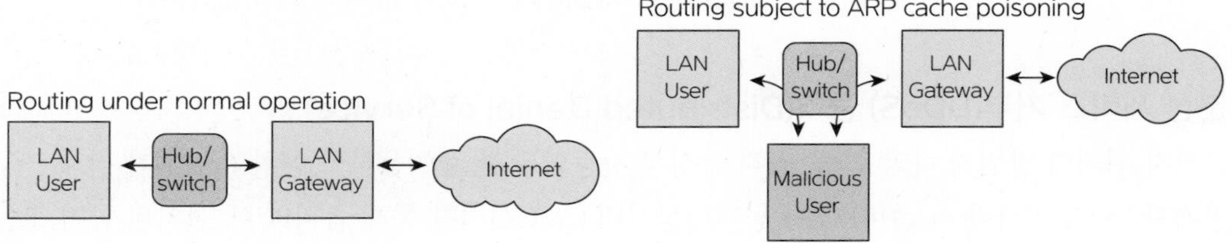

4 DNS cache poisoning (DNS Spoofing)

DNS cache는 DNS 서버에 저장되는 DNS 쿼리에 대한 응답 내역 캐시이다. DNS cache poisoning은 DNS cache에 잘못된 IP주소를 기록하는 것으로 **희생자가 접속하려는 사이트를 가짜 사이트로 연결**할 수 있다. (파밍)

1) DNS cache poisoning 공격 과정

① 공격자가 대상 사이트의 IP주소를 DNS 서버에 문의한다.

② DNS 서버가 자신의 cache에 대상 사이트의 IP 주소가 없을 경우 상위 DNS 서버로 DNS 쿼리를 요청한다.

③ 상위 DNS 서버에서 DNS 응답이 오기 전에 공격자가 대상 사이트의 IP는 공격자의 IP라는 DNS 응답을 DNS 서버로 전송한다.

④ DNS 서버에 대상 사이트의 IP가 공격자의 IP로 등록되고, DNS 서버의 DNS 응답은 Drop된다.

⑤ 이후 희생자가 대상 사이트에 접속할 경우 DNS 서버가 대상 사이트의 IP를 공격자의 IP로 안내한다.

---

[1] ARP Spoofing을 방어하기 위해서는 ARP 테이블을 정적으로 설정한다.
(Windows : arp -s [IP주소] [MAC주소] / Linux : arp -v -i eth0 -s [IP주소] [MAC주소])

⑥ 희생자는 공격자의 서버에 접속된다.

2) DNS cache poisoning의 발생 원인

DNS cache poisoning이 발생하는 근본적인 원인은 **DNS는 먼저 받는 응답을 cache에 저장하고 이후에 오는 응답은** Drop 하기 때문이다.
(악성 응답이 먼저 올 경우 별도의 인증 없이 악성 응답을 받아들이고 정상 응답을 Drop)

〈DNS cache poisoning의 원리〉

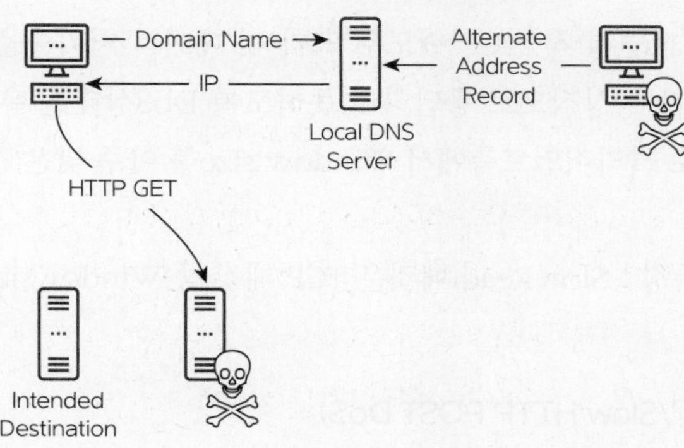

3) DNS❶ Spoofing 방어

사용자가 도메인 주소로 접속할 때, 먼저 자신의 hosts 파일을 확인한다. 따라서 사용자단에서 DNS Spoofing을 방어하기 위해서는 자신의 hosts **파일❷에 중요 도메인의 IP를 기재하면 된다.**

5 Application Layer 계층 네트워크 공격

1) Slowloris(Slow HTTP Header DoS)

웹서버는 HTTP 메시지❸의 헤더부분을 먼저 수신하여 이후 수신할 데이터의 종류를 판단하게 되는데, 헤더부분을 비정상적으로 조작하여 http헤더정보가 모두 전달되지 않은 것으로 판단하여 연결을 장시간 유지하여 서비스거부상태가 되는 공격을 말한다.

---

❶ Domain Name Service를 뜻하는 말로 도메인을 IP로 변경하는 서비스이다. 사용자가 DNS 서버에 DNS 쿼리를 보내면 DNS 서버가 해당 도메인에 맞는 IP를 회신해 준다.

❷ 호스트 이름에 대응하는 IP주소가 저장되어 있어 DNS서버에서 주소 정보를 요청하고 제공받지 않아도 해당 서버의 위치를 찾게 해준다.(Windows : windows/system32/drivers/etc/hosts, Linux : /etc/hosts
※ 사용자가 웹사이트를 검색할시 참조하게 되는 정보의 우선순위는 Local DNS Cache → Hosts.ics(윈도우 인터넷 연결공유) → Hosts → DNS서버순이다.

❸ HTTP는 TCP/IP기반으로 되어 있고 request/response 구조로 되어 있다. 클라이언트가 HTTP request를 서버에 보내면 서버는 HTTP response를 보내는 구조로 클라이언트와 서버의 모든 통신이 요청과 응답으로 이루어진다.

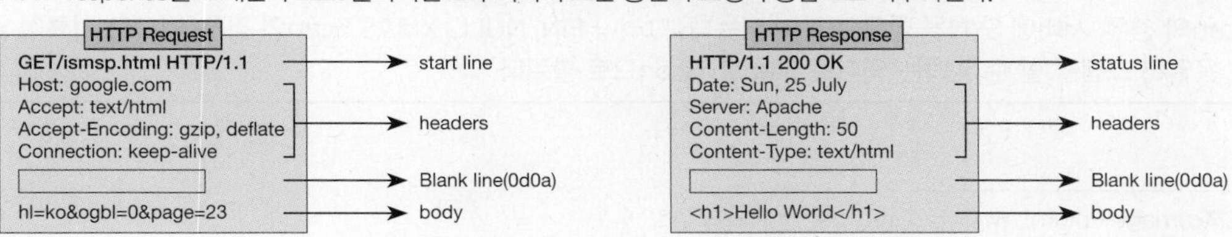

Slowloris 공격은 HTTP Header 패킷의 종료를 나타내는 ₩r₩n₩r₩n[1](HEX:0d0a0d0a) 패킷의 끝을 잘라 0d0a만 보내는 공격이다.

공격자가 웹서버에 접속 후 0d0a로 끝나는 패킷을 보내면 대상 서버는 0d0a가 추가로 들어올 때까지 지속적으로 세션을 유지하게 된다.

따라서 단 몇 백 개의 패킷만으로도 서버의 가능한 모든 세션을 점거할 수 있어 타 사용자의 정상 접속을 방해한다.

2) SlowRead(Slow HTTP Read DoS)

공격자는 웹서버와 TCP 연결 시, TCP 윈도우 크기 및 데이터 처리율을 감소시킨 후 HTTP 데이터를 송신하여 웹서버가 정상적으로 응답하지 못하도록 DoS상태를 유발한다. slowread 공격은 HTTP 공격의 일종으로 클라이언트측에서 Window size를 아주 낮은 값으로 설정해 세션을 지연시키는 공격이다.

- SlowRead 패킷의 특징 : SlowRead 패킷은 TCP 패킷 중 Windowsize가 0인 패킷을 보고 식별할 수 있다.

3) Rudy(RU-Dead-Yet?/Slow HTTP POST DoS)

HTTP POST 메소드를 이용하여 서버로 전달할 대량의 데이터를 장시간에 걸쳐 분할 전송하면 서버는 POST 데이터가 모두 수신하지 않았다고 판단하면 전송이 다 이루어질 때까지 연결을 유지하는 공격이다.

- 예를 들어 Content-Length를 100000byte로 하고 데이터는 일정한 간격으로 1byte씩 전송하는 방법으로 이런 연결을 다량으로 만들어 각각의 연결이 장시간 유지되도록 하여 가용성을 침해하는 공격이 Rudy공격이다.

웹서버 DoS(Slow계열 DoS)			
공격명	Slowloris	RUDY	Read
공격방식	헤더조작	분할전송	Window Size조작

6 기타 공격

1) 포트 Scan

포트 Scan 공격은 공격자가 희생자의 대상 시스템 정보 수집을 위해 열려있는 포트(제공하는 서비스)를 수집하는 수동적 공격이다.

Stealth Scan
SYN Scan의 경우, 서버에 SYN을 받은 기록이 남는다. 그러나 FIN, NULL, XMAS Scan의 경우, 별도로 기록이 남지 않아 은밀히 스캔을 할 수 있다는 의미로 Stealth Scan으로 불린다.

[1] ₩r = CR(carriage Return), ₩n = LF(Line Feed) = New line

〈포트 Scan의 종류〉

종류	포트가 열린 경우	포트가 닫힌 경우
TCP SYN	SYN + ACK	RST + ACK
TCP FIN	응답이 없음	RST
TCP NULL	응답이 없음	RST
TCP XMAS	응답이 없음	RST
TCP ACK (방화벽 필터링 정책 여부 확인)	방화벽에 필터링 되지 않는다면 포트가 열림/닫힘 상관없이 RST 패킷 반환 방화벽 정책이 설정되어 있으면 ICMP Destination Unreachable 메시지를 보내거나 응답없음	
UDP	응답이 없음	ICMP Unreachable

포트 Scan의 종류는 TCP Scan으로는 SYN, FIN, NULL(어떤 TCP Flag도 설정하지 않음), XMAS(모든 TCP Flag를 설정) Scan이 있고 방화벽 필터링 정책여부를 확인하기 위한 ACK Scan과 UDP 스캔이 있다.
스캔 종류에 따라 포트상태에 따른 응답이 다르기 때문에 스캔 이전에 이를 숙지해야 하며 각각의 스캔에서 포트 상태에 따른 응답은 다음과 같다.

2) Brute force

Brute force 공격은 원시적이지만 아주 확실한 공격으로 가능한 모든 경우의 수를 대입하는 공격이다. Brute force 공격을 막기 위해서는 일정 횟수 이상 시도 시 captcha나 계정 잠금 등을 도입하면 된다. 번호자물쇠의 번호를 잊어버렸을 때 000 부터 999까지 1천개를 대입하는 것이 바로 Brute force 공격의 사례이다.

3) 스캠/피싱/파밍/스미싱

① 스캠: 기업의 이메일을 도용해 결제계좌를 변경하도록 유도, 거래대금을 가로채는 공격이다.

② 피싱: Private Data와 Fishing이 합쳐져서 생긴 말로 피해자를 속여서 개인정보 혹은 금전을 탈취하는 공격이다. 대표적인 사례로 보이스 피싱이 있다.

③ 스미싱: SMS와 Phishing이 합쳐져서 생긴 말로 SMS 링크를 클릭하도록 유도해서 사용자 단말에 악성 프로그램을 설치하거나 소액결제를 유도하는 공격이다.

④ 파밍: Phishing과 Farming이 합쳐져서 생긴 말로, 희생자의 라우팅테이블 혹은 DNS 서버 등을 조작하여 가짜 사이트에 접속을 유도, 금융정보 및 금전를 탈취하는 공격이다. 대표적인 사례로 가짜 은행 사이트가 있다.

4) MITM(man in the middle attack, 중간자 공격)

MITM은 HTTPS 연결에서 **공격자가 서버와 클라이언트 사이에서 2중으로 연결**을 맺어 통신을 도청 및 위변조하는 공격이다.

〈MITM의 동작 원리〉

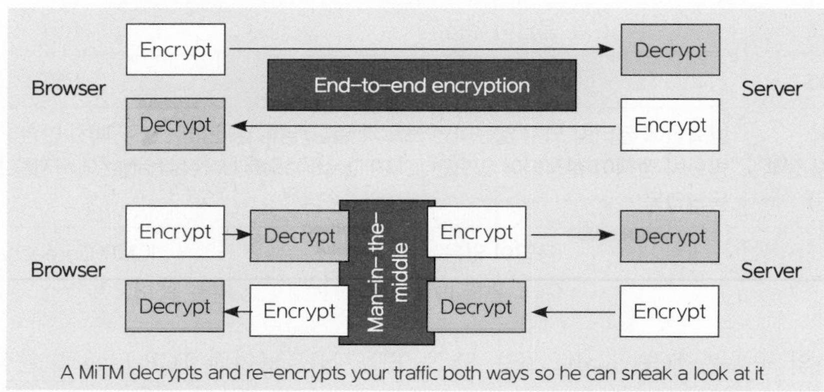

A MiTM decrypts and re-encrypts your traffic both ways so he can sneak a look at it

① MITM의 발생 원인 : MITM이 발생하는 원인은 Client가 서버의 인증서를 별도로 검증하지 않기 때문이다. Pinning[1]을 이용해 MITM을 방어할 수 있다.

② MITM의 공격 과정 : HTTPS의 경우, Client가 서버와 통신할 때 TLS 암호화 통신을 맺는다. (상단) 그런데 MITM의 경우, 중간에 공격자가 끼어들어 Browser에게는 자신이 서버인 것 처럼, Server에게는 자신이 Browser인 것처럼 위장해 **2중의 연결**을 맺는다. (하단) MITM시 **공격자는 브라우저에 자신의 인증서를 서버의 인증서로 속여서 제시, 서버에는 자신의 인증서를 브라우저의 인증서로 속여서 제시한다.**(상호 인증서를 요구할 경우에만) 이때 Browser-공격자, 공격자-Server 간 네트워크 통신은 모두 암호화된다. 그러나 공격자는 Browser과 Server, 두 Node와 각각 키 교환을 완료했기 때문에 공격자는 두 통신을 모두 풀어서 Browser가 보내는 패킷을 평문으로 확인하거나, 해당 패킷의 내용을 조작할 수 있다.

5) 허니팟/허니넷

① 허니팟은 **공격자를 꾀어내기 위해 일부러 취약하게 만든 시스템**으로, 실제 운영 시스템이 아닌 더미 시스템이다. 공격자는 해당 시스템을 실제 운영 시스템으로 오해하고 해당 시스템을 공격, 장악하려 시도하고 이는 허니팟을 관리하는 감시자에 의해 모니터링 된다.

---

[1] SSL Handshake 이후에도 서버측 증명서를 재검증하는 기법 즉, 클라이언트와 SSL/TLS 암호화 통신에 사용하는 서버의 인증서로 고정(Pinning)해두고 합법적인 인증서인지 확인하는 방법이다.

〈허니팟이 설치된 시스템의 망 구성도〉

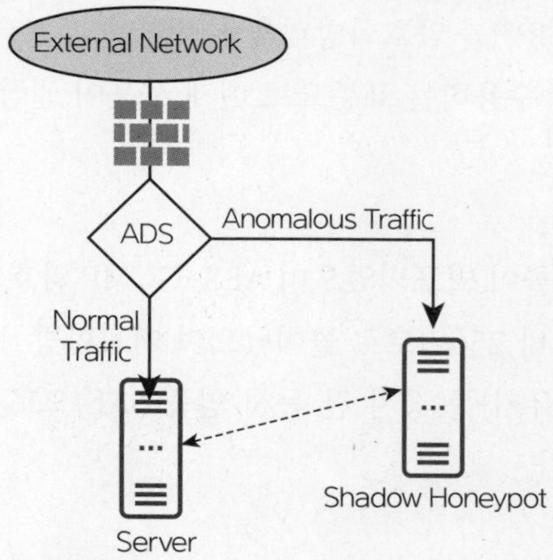

허니팟은 가능한 한 오래 공격자를 잡아두면서 **공격자의 공격수단과 행태를 수집**하는데 사용된다.

② 허니넷 : 다수의 허니팟으로 구성된 네트워크이다. 기업의 서버 시스템과 유사하게 설치되며 수많은 가짜 파일과 디렉터리, 진짜처럼 보일 수 있는 다른 정보를 저장하고 있는 허니팟을 네트워크 곳곳에 분포시켜놓고 있다. 허니팟의 확장판이라고 할 수 있다.

1.9 무선 네트워크 보안

간략하게 외우려면 WEP: 'WE'AK 로 외우고 나머지는 WPA WPA2로 갈수록 (보안이) 강력해진다고 외우면 된다.

1 WEP(Wired Equivalent Privacy)

1) 1999년 발표된 IEEE 802.11 규약의 일부분으로 무선 LAN 보안을 위해 사용되는 알고리즘
2) 사용자 인증 시 40비트의 RC4❶키에 24비트의 초기화 벡터를 이용한다.
3) 현재 RC4 알고리즘 자체가 보안에 취약하고, 40비트의 짧은 키길이, 동일한 암호키사용으로 사용을 권장하지 않는다.

2 WPA(Wi-Fi Protected Access)

1) WEP의 너무 짧은 암호화의 약점에 대응하여 개발되었고 RC4-TKIP❷ 암호화방식을 사용한다.
2) IEEE 802.11i의 주요 프로토콜이며 Kerberos❸, RADIUS를 지원하고 TKIP과 EAP를 이용한다.
3) 취약한 알고리즘으로 인해 사용을 권장하지 않는다.

---

❶ 대표적인 스트림암호 방식으로 완벽한 의사난수가 아니므로 안전성 문제가 있어 키스트림 일부가 편향되게 나와 현재 사용을 권장하지 않는다.

❷ WEP를 대체하기 위해 만들어진 보안프로토콜이나, WEP와 유사한 구조이기 때문에 사용을 권장하지 않는다.

❸ 티켓(Ticket)기반의 컴퓨터 네트워크 인증 프로토콜 - 보안이 보장되지 않은 네트워크 환경에서 요청을 보내는 유저와 요청을 받는 서버가 서로의 신뢰성을 확보하기 위해 사용된다.

3 WPA2

1) 2세대 WPA로서 AES-CCMP❶를 암호화방식을 사용한다.
2) IEE 802.11i 규격을 완전히 수용하는 표준으로 현재 사용이 권장된다.

4 WPA3

1) 2018년 WPA3 보안프로토콜이 발표되었으며 AES-GCMP 암호화방식을 사용한다. 키길이는 기존 WPA2에서는 128비트였으나 256비트로 늘어났으며 키교환방식도 PSK에서 SAE로 변경되었다.
2) WPA2에서의 PSK(사전공유키)를 장치 간 동시 인증(SAE)으로 대체하여 KRACK❷과 같은 키 재설치 공격을 예방할 수 있다.

1.10 Router ACL 및 NAT

1 Router ACL : 패킷을 포워딩하거나 필터링하는 기능

1) ACL의 종류

① Numbered ACL : 숫자로 ACL을 구분
② Named : 이름으로 ACL을 구분
③ Standard ACL(1~99) : 출발지 주소만 참조하여 필터링 여부 결정

```
access-list <list-number1~99> {permit|deny} {network|host address} {wildcard mask}

#1_Router(config)#access-list 10 deny 192.168.128.0 0.0.0.255
#1_Router(config)#access-list 10 permit any
#1_Router(config)#interface fastethernet0/0
#1_Router(config-if)#ip access-group 10 in

Standard ACL을 이용하여 라우터의 패스트이더넷 0/0포트에 출발지 192.168.128.0/24의 패킷이 들어올 경우 필터링(차단)하고 그 외 모든 패킷은 허용하는 설정이다.
```

❶ TKIP을 대체하기 위해 만들어진 암호화 프로토콜이다. WPA2표준의 필수요소이며 WPA표준의 선택적 요소이다.
❷ Key Reinstallation Attacks 2017년 10월 26일 공개된 WIFI+WPA2네트워크를 공격할 수 있는 취약점 4way hand shake과정의 취약점을 이용하여 WiFi트래픽의 암호화를 복호화하고 변조할 수 있다.

④ Extended ACL(100~199) : 출발지 주소 외에 목적지 주소, 프로토콜 유형, 포트번호 등으로 필터링 여부 결정

```
access-list 〈list number100~199〉 {permit|deny} {protocol} {source IP} {wildcard mask} {estination IP} {wildcard mask} {operator destination port number}
- list number100~199 : ACL list 번호를 지정한다(100~199)
- permit|deny : 해당 조건에 맞는 패킷을 허용할지 거부할지 결정한다.
- protocol : 필터링할 프로토콜을 정의한다.(tcp, udp, ip)
- source ip 및 (선택사항 wildcard maskt) : 출발지 주소를 지정한다.
- destination port ip 및 (선택사항 wildcard mask) : 목적지 주소를 지정한다.
- operator destination port number : 목적지 TCP/UDP 포트이름 또는 번호를 지정한다.

#1_Router(config)#access-list 101 deny tcp 192.168.128.0 0.0.0.255 host host 192.168.127.11 eq 80
192.168.128.0/24 대역의 네트워크는 192.168.127.11의 http접속을 거부하도록 설정
#1_Router(config)#access-list 101 permit ip any any
나머지는 모두 허용하도록 설정
#1_Router(config)#interface fastethernet0/0
#1_Router(config-if)#ip access-group 101 in
Extended ACL을 이용하여 라우터의 패스트이더넷 0/0포트에 출발지 192.168.128.0/24의 http접속을 차단하고 그 외 모든 패킷은 허용하는 설정이다.
```

2) ACL 규칙

① 윗줄부터 차례대로 적용된다. (좁은 범위의 ACL을 먼저 적용하여야 한다.)

```
#1_Router(config)#access-list 1 permit ant
#1_Router(config)#access-list 1 deny 192.168.128.0 0.0.0.255
다음과 같은 설정은 모든 패킷을 허용하게 된다.(deny룰이 적용되지 않는다.)
```

② ACL의 마지막 줄은 deny any가 생략되어 있다. 마지막줄에 permit any가 없으면 자동으로 deny any가 적용된다.

③ Numbered ACL은 순서대로 입력되기 때문에 중간 삽입이나 중간 삭제가 불가능하다. 즉, 수정시 삭제 후 새로 작성해야 한다.

④ Named ACL의 경우 중간 삭제 및 추가 삽입이 가능하다.

⑤ Interface에 ACL이 정의가 되어 있지 않으면 아무런 필터링이 동작하지 않는다.

```
#1_Router(config)#interface serial 0/1
#1_Router(config-if)#ip access-group 〈acl number〉 { in | out }
정의한 ACL의 필터링 내용을 인터페이스에 적용하는 과정
```

3) ACL 동작방식

① inbound(외부→내부) : 패킷이 라우터 내부로 들어올 때 필터링 여부를 결정한다.

② outbound(내부→외부) : 패킷이 라우터 외부로 나갈 때 필터링 여부를 결정한다.

2 NAT(Network Address Translation) :

NAT는 사설IP[1]를 공인IP로 변경하는 주소변환서비스이다. 즉, 다수의 사설IP(private IP)를 하나의 공인(Public IP)주소로 변환해준다. 공인IP주소를 절약할 수 있고 주로 기업이나 기관에서 보안의 목적으로 내부망구성하여 외부공격으로부터 내부망을 보호하는 목적(IP masquerading[2])으로 주로 이용된다. NAT는 다수의 주소 변환 정보에 대해 IP 주소와 Port번호로 구성된 NAT Forwarding Table을 보관하고 있고 이에 맞게 주소 변환 서비스를 제공한다.

〈NAT의 구성예(PAT)〉

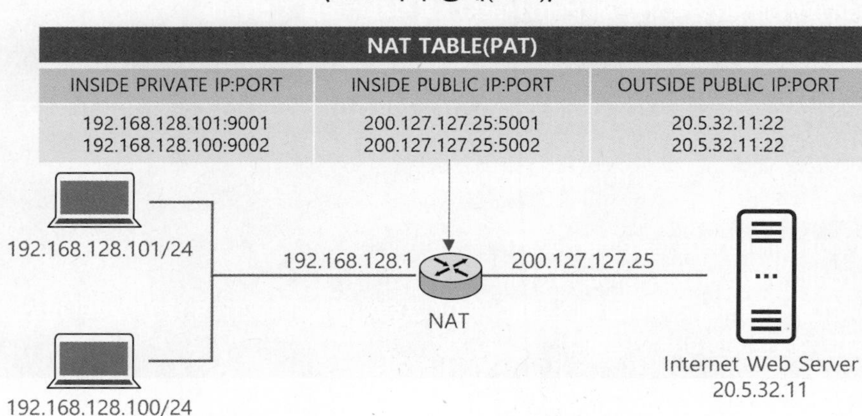

PAT의 구성예로 내부 클라이언트(192.168.128.100~101)에서 외부 인터넷의 웹서버에 SSH접속을 가정할 경우 출발지 IP주소는 192.168.128.100과 101이고 목적지 주소는 20.5.32.11:22로 설정한다. NAT에서는 사설IP주소인 192.168.128.101과 101을 공인IP주소(200.127.127.25)로 변환하는 NAT테이블을 포트기반(9001,9002)으로 각각 생성하고 외부 웹서버와는 NAT의 공인IP로 통신하게 된다. 외부 웹서버에서 클라이언트로 패킷을 전달할 때는 다시 NAT에서 매핑 테이블을 확인하여 등록된 포트정보를 통하여 각 클라이언트에게 패킷을 전달하는 방식으로 작동된다.

3 NAT의 종류

1) Static NAT

각 내부 IP주소에 대해 외부 IP주소가 1:1로 매핑된다.

---

❶ 인터넷으로 라우팅이 불가능한 IP대역
A Class(10.0.0.0/8) : 10.0.0.0 ~ 10.255.255.255
B Class(172.168.0.0/12) : 172.16.0.0 ~ 172.31.255.255
C Class(192.168.0.0/16) : 192.168.0.0 ~ 192.168.255.255

❷ MASQ : 사설IP를 은닉하는 기법으로 내부에서 생성한 모든 네트워크 요청은 MASQ를 통해서 외부 공인IP로 변환되어 연결되기 때문에, 외부에서는 NAT의 공인IP만 알 수 있으며, 내부 클라이언트의 존재를 알 수 없다. 보안상 장점이 존재하나 외부에서 먼저 내부로 통신을 시도할 수 없는 단점이 존재한다.

2) Dynamic NAT

여러 개의 내부 IP주소에 대해 여러 개의 외부IP주소를 동적으로 할당한다.

3) Port Address Translation(PAT)

하나의 외부 IP주소를 다수의 내부 IP주소가 port번호로 구분하여 사용한다.

1.11 방화벽 Rule set

1 방화벽(Firewall)

침입차단시스템이라고도 하며 외부 네트워크로부터의 침입에 대해 내부 네트워크를 보호하기 위한 정책 및 이를 지원하는 하드웨어 및 소프트웨어를 총칭하는 보안장비 또는 솔루션을 말한다.

2 주요 특징

1) IP/Port의 Trust여부를 기준으로 구분하는 접근제어기반의 보안솔루션으로 패킷의 IP주소와 TCP/UDP포트정보를 방화벽 룰셋과 비교하여 처리해주는 솔루션이다.

Application	FTP, DNS, HTTP, DHCP, Telnet	
Presentation	ASCII, GIF, MPEG	
Session	Control session, between applications	
Transport	TCP, UDP, SPX	방화벽 Rule 적용 계층
Network	IPV4, IPV6, IPX, IPSec, Router	방화벽 Rule 적용 계층
Datalink	802.3(Ethernet), ATM, Frame Relay, Switch	
Physical	01010100101, Hub, Repeater	

2) OSI 7계층 중 3~4계층에서 IP/Port정보를 체크하여 사전에 정의된 허용하는 IP/Port는 허용하고 허용되지 않으면 차단해주는 패킷/세션 단위로 처리되는 모든 트래픽의 관련 로그들을 기록해준다.

3 방화벽의 구조

〈방화벽의 기본 설치구조〉

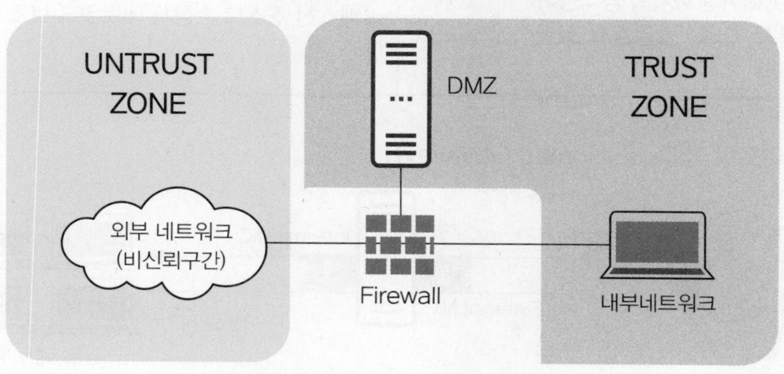

1) 스크리닝 라우터(Screening Router)

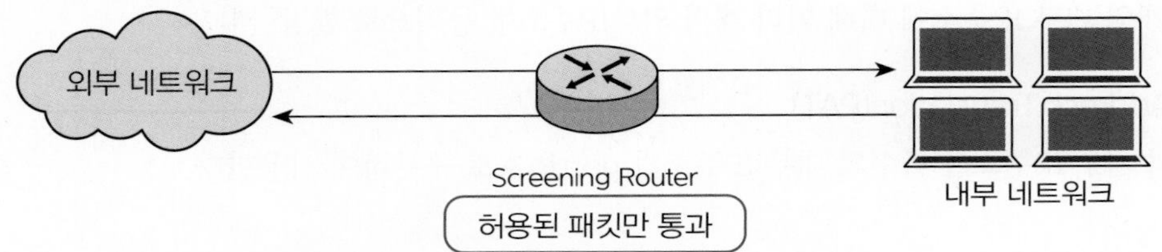

IP, TCP, UDP 헤더 부분에 포함된 내용만 분석하여 동작하며 내부 네트워크와 외부 네트워크 사이의 패킷트래픽을 허용하거나 차단하는 라우터이다.

장점	단점
• 필터링 속도가 빠르며 비용이 저렴하다. • 네트워크 및 전송 계층에서 동작하기 때문에 유연성을 가지고 있다. • 라우터 하나로 네트워크 전체를 동일하게 보호할 수 있다.	• IP, TCP, UDP 트래픽만 제어할 수 있다. • 패킷 필터링 규칙을 구성하여 검증하기 어렵다. • 허용/차단에 대한 로그를 기록/관리하기가 어렵다.

2) 베스천 호스트(Bastion Host)

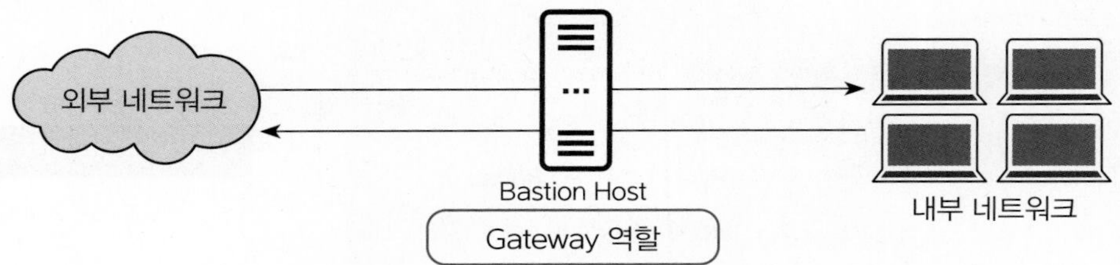

① 내/외부 사이 게이트웨이 역할을 하며 침입차단 소프트웨어가 설치되어 있는 호스트

② 내부네트워크 최전단에 위치하여 내부 네트워크를 목표로 하는 공격에 방어할 수 있도록 설계되었다. 단일 베스천 호스트 자체로써의 기능과 다른 보안시스템과의 구성으로 포함되기도 한다.

장점	단점
• 스크리닝 라우터 방식보다 안전 • Application Layer계층까지의 공격방어 • 접근제어, 프록시, 인증, 로깅등의 실질적인 방화벽 기능 수행	• 베스천 호스트 손상시 네트워크 보호 불가

3) 듀얼 홈드 게이트웨이(Dual-Homed Gateway)

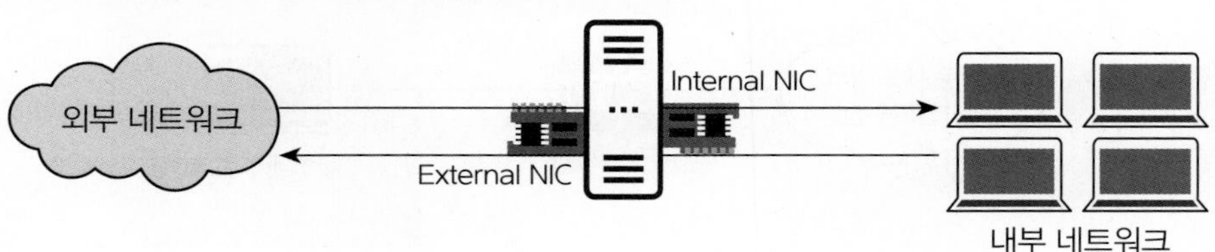

내부/외부 인터페이스를 가지는 장비(NIC카드)를 말하며, 라우팅 기능이 없는 방화벽을 설치하는 형태이다. 모든 패킷을 검사하고 필터링하므로 높은 성능이 요구되어 작은 규모의 네트워크에 적용하기가 용이하다.

장점	단점
• 스크리닝 라우터 방식보다 안전 • Application Layer계층까지의 공격방어 • 접근제어, 프록시, 인증, 로깅등의 실질적인 방화벽 기능 수행	• 베스천 호스트 손상시 네트워크 보호 불가 • 간단한 서비스 구성의 경우 유지 보수가 편하지만 서비스가 늘어날수록 관리하기가 힘들어진다.

4) 스크린드 호스트 게이트웨이 구조

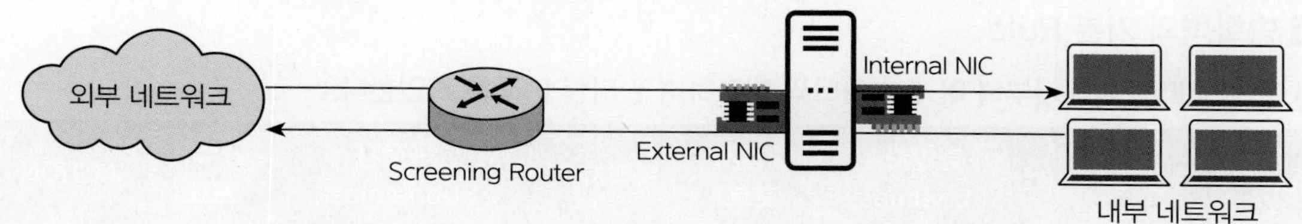

① Dual-Homed Gateway + Screening Router를 결합한 형태로 내부 네트워크에 놓여 있는 베스천 호스트와 외부 네트워크 사이에 스크리닝 라우터를 설치하여 구성한다.

② 1차로 스크리닝 라우터에서 Network Layer, Transport Layer의 IP, TCP, UDP를 필터링하고 2차로 듀얼 홈드 게이트웨이의 베스천 호스트에서 Application Layer의 패킷을 검사한다.

장점	단점
• 방화벽의 모든 기능을 활용하며 융통성이 뛰어남 • 계층별로 각각 방어하기 때문에 2단계로 방어 가능	• 베스천 호스트 손상시 네트워크 보호 불가 • 내부자의 공격으로 외부트래픽이 베스천 호스트를 우회하여 내부 네트워크로 침투하면 방어 불가

5) 스크린드 서브넷 게이트웨이(Screend Subnet Gateway)

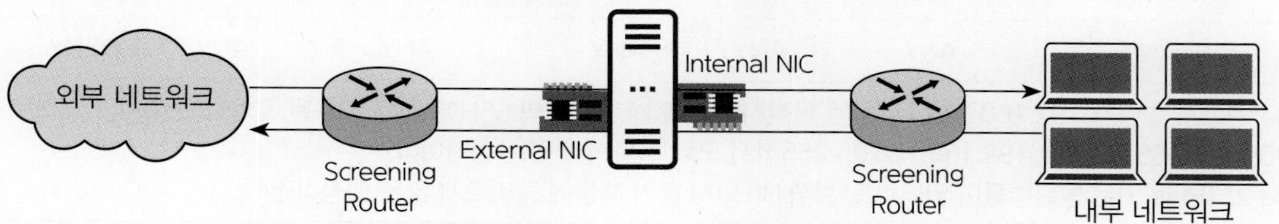

스크리닝 라우터들 사이에 듀얼 홈드 게이트웨이가 위치하는 형태로 외부 네트워크과 내부 네트워크 사이에 DMZ(Demilitarized Zone)이라는 네트워크를 구성하여 운영하는 방식이다.

장점	단점
• DMZ네트워크가 구성되어 매우 안전하며 보안장비들이 각 단계별 보안설정으로 계층적으로 방어하여 보안성 및 융통성이 뛰어남	• 속도가 가장 느림 • 다른 방화벽에 비해 설치/관리가 어렵고 구축비용이 높음

4 방화벽의 운영 정책과 추가 기능

방화벽의 최하단 정책 즉, 특정 트래픽이 상위정책과 매칭이 안 될 시 마지막에 적용하는 정책에 따라 White list정책인지 Black list정책인지 구분한다.

정책	상세 내용	예시
Deny All 정책 (White List)	허용하는 트래픽만 상위 정책에서 허용하고 나머지 모든 트래픽은 차단	외부→내부의 접속허용 (내부 업무망 접속 허용 정책 등)
Permit All 정책 (Black List)	모든 트래픽에 대해 허용하고, 정의된 특정 트래픽만 차단	내부→외부의 접속차단 (유해사이트 등)

4 방화벽의 기본 Rule

1) 방화벽룰은 위에서부터 아래로 하나씩 대조하며 필터링 여부를 확인한다.

Rule	출발지IP	출발지 Subnetmask	출발지 포트	목적지IP	목적지 Subnetmask	목적지 포트	ACTION
1	192.168.128.1	255.255.255.255	ANY	10.1.214.11	255.255.255.255	22/TCP	ALLOW
2	192.168.128.1	255.255.255.255	ANY	10.1.214.11	255.255.255.255	22/TCP	DENY
3	ANY	ANY	ANY	ANY	ANY	ANY	DENY

출발지 192.168.128.1/32는 목적지 10.1.214.11의 SSH서비스에 대해 허용한다.

Rule	출발지IP	출발지 Subnetmask	출발지 포트	목적지IP	목적지 Subnetmask	목적지 포트	ACTION
1	192.168.128.1	255.255.255.0	ANY	10.1.214.11	255.255.255.255	22/TCP	ALLOW
2	192.168.128.1	255.255.255.255	ANY	10.1.214.11	255.255.255.255	22/TCP	ALLOW
3	192.168.128.1	255.255.255.255	ANY	10.1.214.11	255.255.255.255	22/TCP	DENY
4	ANY	ANY	ANY	ANY	ANY	ANY	DENY

[Rule 1]에서 출발지 192.168.128.1/24 는 목적지 10.1.214.11/32의 SSH에 대해 허용된 것처럼 보이지만 서브넷이 255.255.255.0이므로 192.168.128.0~255까지 모두 허용되어 있는 상태이다.
[Rule 2], [Rule 3]은 방화벽룰이 있더라도 실제 HIT되지 않기 때문에 올바르지 않은 설정이 된다.

2) 방화벽의 우선순위가 존재할 경우 숫자가 낮을수록 우선순위가 높다.

우선 순위	출발지IP	출발지 Subnetmask	출발지 포트	목적지IP	목적지 Subnetmask	목적지 포트	ACTION
10000	ANY	ANY	ANY	ANY	ANY	ANY	ALLOW
10001	ANY	ANY	ANY	ANY	ANY	ANY	DENY

우선순위 100000이 적용되어 모든 트래픽을 허용하는 상태가 된다.

3) 방화벽의 룰은 최소한의 원칙에 따라 적용한다.

서버 관리 및 운영을 위해 SSH접속이 필요할 때 접속하는 클라이언트에 대한 범위는 최소한으로 적용하여 방화벽을 개방해야 한다.

Rule	출발지IP	출발지 Subnetmask	출발지 포트	목적지IP	목적지 Subnetmask	목적지 포트	ACTION
1	192.168.128.0	255.255.255.0	ANY	10.1.214.11	255.255.255.255	22/TCP	ALLOW
2	ANY	ANY	ANY	ANY	ANY	ANY	DENY

출발지 192.168.128.0~255로 10.1.214.11의 22번 포트로의 접속을 허용하는 설정으로 방화벽 개방시 허용되는 IP대역이 과도하게 적용되어 있다.

Rule	출발지IP	출발지 Subnetmask	출발지 포트	목적지IP	목적지 Subnetmask	목적지 포트	ACTION
1	192.168.128.1	255.255.255.255	ANY	10.1.214.11	255.255.255.255	80/TCP	ALLOW
2	192.168.128.1	255.255.255.255	ANY	10.1.214.11	255.255.255.255	22/TCP	ALLOW
3	ANY	ANY	ANY	ANY	ANY	ANY	DENY

출발지 192.168.128.1로 10.1.214.11의 22번 및 80번 포트로의 접속을 허용하는 설정으로 가능한 잘 적용된 예로 볼 수 있다.

4) 방화벽의 허용/차단에 대한 사유는 명확하게 정의되어야 한다.

① 개발팀의 L씨(10.1.210.55)는 내부서버에 존재하는 개발서버 10.1.214.11의 원격접속을 위해 22번 포트개방이 필요하다. (X)

② 개발팀의 L씨(10.1.210.55/32)는 내부서버에 존재하는 개발서버 10.1.214.11/32의 원격접속을 위해 SSH 22번 TCP포트 개방을 요청하였다.

10.1.210.55	255.255.255.255	ANY	10.1.214.11	255.255.255.255	22/TCP	ALLOW

③ 즉 방화벽 개방이 필요한 IP 및 포트가 명확히 적용되어야 한다. 단순히 10.1.210.55/24의 대역으로 전체를 허용하여서는 안 되며, TCP인지 UDP인지 명확히 정의하여 개방이 필요하다.

Chapter 1 확인 문제

1 네트워크상에 일련의 프로토콜을 사용하여 엔드포인트(Endpoint)가 처음 내부의 네트워크에 접근을 시도할 때 보안정책 등을 적용하는 것은 EDR이다.

(O, X)

해설

NAC에 대한 설명이다. EDR은 엔드포인트상(Endpoint)에 각종 이벤트나 악성행위가 있는지 없는지 등을 감시하고 대응할 수 있는 솔루션이다.

2 포트 스캔은 자체만으로는 취약점으로 이어지지 않는다.

(O, X)

3 규모가 큰 기업일수록 UTM 같은 통합된 보안솔루션이 비용대비 효율적이고 적절하다.

(O, X)

해설

UTM은 오히려 작은 규모의 기업일수록 더 적절한 보안장비가 될 수 있다. 인프라를 간소화시키고 비용을 최소화하여 운영할 수 있기 때문이다.

4 현재 주요 웹 브라우저는 TLS 1.0 및 1.1 지원을 중단하고 1.2버전 이상부터 지원하고 있으며, 1.2 미만의 버전은 취약하여 인증기준을 만족하지 않는다.

(O, X)

5 OSI 7Layer에서 세션의 접속 및 관리를 수행하는 계층은 4계층이다.

(O, X)

해설

OSI 7Layer에서 세션의 접속 및 관리를 수행하는 계층은 5계층(세션계층)이다.

6 OSI 7Layer에서 웹방화벽은 방화벽과 동일한 Layer에 위치한다.

(O, X)

해설

일반적인 방화벽은 Layer 4의 계층까지 지원하고 웹방화벽의 경우 Layer 7의 애플리케이션의 HTTP Request, Reply 패킷등을 검사하는 방화벽이다.

7 ACL은 윗줄부터 순서대로 수행되고 마지막줄엔 permit any가 생략되어 있다.

(O, X)

해설

deny any가 생략되어 있다. ACL의 기본정책은 permit any를 명시하지 않으면 화이트리스트 기반으로 정책이 설정되어 있다.

8 Stateful Inspection이 지원되는 방화벽의 경우 Outbound 룰에 매칭되는 Inbound 룰을 별도로 생성할 필요가 없다.

(O, X)

9 DDoS공격을 방어하는 방법으로 공격 영향을 최소화하기 위한 방법으로 트래픽 모니터링, 많은 대역폭 확보, CDN사용, DDoS대응 장비설치로 필터링 등이 있다.

(O, X)

10 NAT에서 여러 개의 사설 IP가 한 개의 공인 IP를 사용하는 방식을 PAT(Port Address Translation)이라고 한다.

(O, X)

★ 정답 ★	1 ×	2 ○	3 ×	4 ○	5 ×	6 ×	7 ×	8 ○	9 ○	10 ○

Chapter 1 실전 문제

1 다음 중 OSI 7Layer 모델의 계층과 해당 계층의 프로토콜이 알맞게 짝지어지지 않은 것은?

① 2계층: MAC ② 3계층: IP ③ 4계층: ICMP
④ 6계층: JPEG ⑤ 7계층: HTTP

해설

ICMP는 3계층 프로토콜이다. 4계층 프로토콜의 예시: TCP, UDP

2 A사는 1개의 공인 IP를 보유하고 있으며, 유입되는 포트 번호에 따라 A사의 스위치가 각각 다른 서비스로 전송한다. 예를 들면 http://acompany.co.kr/ 의 경우 80번 포트로 전송되고 https://acompany.co.kr/ 의 경우 443번 포트로 전송된다. 또한 ftp acompany.co.kr 의 경우 21번 포트로 전송된다. 이때 OSI 7 Layer 상에서 A사의 스위치가 동작하는 Layer는 무엇인가?

① 2계층 ② 3계층 ③ 4계층
④ 5계층 ⑤ 7계층

해설

위 시나리오에서 설명하는 것은 포트번호에 따른 서비스 제공이며, 이는 L4 스위치의 특성이다.

3 A사는 해커의 공격으로 인해 정상 사이트로의 연결 시도가 지속적으로 악성 사이트로 접속되는 증상을 겪고 있다. 정보보호 전문가의 확인 결과 사내의 악성 사용자가 라우터의 IP 주소를 자신의 MAC 주소라고 알리는 어떤 패킷을 지속적으로 전송하고 있어 생기는 문제였다. 다음 중 이 상황에 대처하기 위한 대응방안으로 옳은 것은 무엇인가?

① ARP 테이블을 정적으로 관리한다.
② DNS Zone Transfer를 허용한다.
③ 소스 MAC과 목적 MAC이 동일한 패킷을 차단한다.
④ 패킷의 최대 사이즈를1500바이트로 제한한다.
⑤ ARP Reply 패킷을 차단한다.

해설

위 공격은 ARP Spoofing에 대한 설명이다. ARP Spoofing은 위조된 ARP Reply 패킷의 전송으로 희생자와 라우터의 ARP 테이블을 변조해서 중간자 공격을 할 수 있는 공격이다.
ARP 테이블을 정적으로 관리하면 ARP 패킷의 무단 수정을 막을 수 있다.
ARP Reply 패킷을 모두 차단할 경우, 정상적인 네트워크 이용에 문제가 생길 수 있다.

★ 정답 ★	1 ③	2 ③	3 ①

4 **다음 Snort 룰 설명으로 잘못된 것을 고르시오.**

```
Drop tcp any any → $HOME_NET 80 (msg: "|0d0a|" content: "slowloris")
```

① Inline 모드에서만 정상적으로 동작하는 Rule이다.

② 내부 웹 서버를 대상으로 하는 Rule이다.

③ 0d0a 라는 text 전송 시 탐지되지 않는다.

④ |0d0a|라는 hex값 전송 시 탐지된다.

⑤ HOME_NET 변수 설정을 해야만 한다.

해설

msg는 Rule의 이름이며 실제 탐지되는 Content는 content에 따라 탐지된다.

5 **다음 Snort 룰 설명으로 옳은 것을 고르시오.**

```
alert tcp any any ↔ 192.168.10.24 443 (msg: "apple" content: "6170706c65")
```

① TAP 모드에서만 정상적으로 동작하는 Rule이다.

② Log는 별도로 남기지 않고 경고 메시지만 발생시킨다.

③ 192.168.10.24:443에서 10.10.10.10으로 가는 패킷은 탐지 대상이 아니다.

④ ascii 코드로 6170706c65, 즉 apple 이라는 문자열은 탐지되지 않는다.

해설

① alert는 패킷을 차단하지 않기 때문에 모드에 상관없이 동작한다.
② alert는 경고 후 Log를 남긴다.
③ Rule의 적용 방향이 ↔로 되어 있어 192.168.10.24:443에서 외부로 가는 패킷도 탐지 대상이다.
④ ascii 코드 탐지를 위해서는 content: |6170706c65| 형식을 사용해야 한다.

6 **A씨는 최근 L2스위치가 허브와 같이 동작하는 것을 확인했다. 원인을 분석한 결과 공격자가 스위치를 대상으로 특정 행위를 했기 때문이었는데, 다음 중 공격자의 행위에 대한 서술로 틀린 것을 모두 고르시오. (2개)**

① 공격자가 공격 대상 스위치에 연결되어 있는 단말을 장악해야만 가능하다.

② HTTPS 패킷을 스니핑 하기 위한 공격이다.

③ 공격자는 위조된 MAC 패킷을 스위치로 전송했다.

④ 스위치의 MAC 테이블이 가득 차면 스위치는 모든 패킷을 NULL 캐스팅하는 것을 이용한 공격이다.

해설

Switch Jamming은 암호화되지 않은 패킷을 스니핑하기 위한 공격으로, 스위치의 MAC 테이블이 가득 차면 스위치는 모든 패킷을 브로드 캐스팅하는 것을 이용한 공격이다.

★ 정답 ★	4 ④	5 ④	6 ②, ④

7 다음 공격에 대한 설명으로 틀린 것을 고르시오.

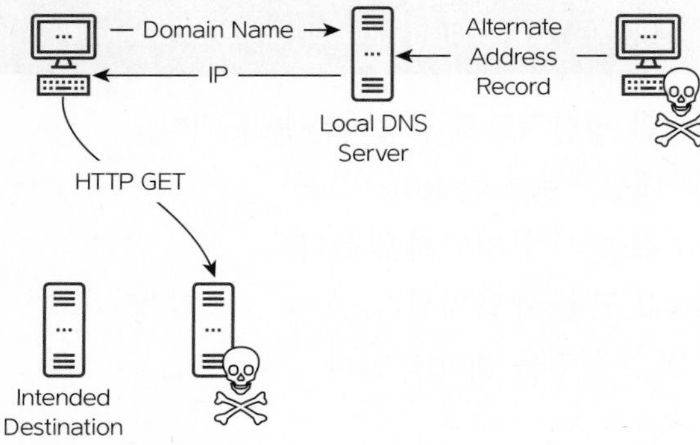

① 파밍 공격에 사용되는 공격이다.

② 사용자가 자신의 hosts 파일에 중요 도메인의 IP를 기재하면 위 공격을 방어할 수 있다.

③ 위 공격이 발생하는 근본적인 원인은 DNS는 이후에 오는 응답을 먼저 받는 응답에 덮어쓰기 때문이다.

④ DNS 캐시의 취약점을 이용하는 공격이다.

해설

위 공격은 DNS cache poisoning (DNS Spoofing)으로, 공격이 발생하는 근본적인 원인은 DNS는 먼저 받는 응답을 cache에 저장하고 이후에 오는 응답은 Drop 하기 때문이다.

8 다음 IPTables 룰에 대한 설명으로 틀린 것을 고르시오.

```
[root@testpc] # /sbin/iptables -nL
Chain INPUT
target     prot     opt     source          destination
DROP       tcp      --      0.0.0.0/0       dpt:139
ACCEPT              --      120.10.34.9/32  tcp dpt:22
Chain FORWARD
target     prot     opt     source          destination
ACCEPT              --      0.0.0.0/0       tcp dpt:123
Chain OUTPUT
target     prot     opt     source          destination
ACCEPT              --      0.0.0.0/0       tcp dpt:80
DROP       tcp      --      0.0.0.0/0       tcp dpt:21
```

① TCP 22번 포트에 접속할 수 있는 IP는 1개뿐이다.

② 외부로 FTP 접속 (TCP 21번 포트)을 할 수 없다.

③ 외부로 웹 접속은 모두 허용된다.

④ NETBIOS 서비스는 내/외부 모두 허용되지 않는다.

해설

NETBIOS 서비스는 Inbound만 허용되지 않는다.

★ 정답 ★	7 ③	8 ④

9 다음 보기에서 설명하는 용어는 무엇인가?

하드웨어 기반의 네트워크 서비스를 소프트웨어화하여 가상화하고 라우팅, 방화벽, 로드밸런싱, WAN 가속, 암호화 등의 기능들을 분리하여 제공한다.

① SDN(Software Defined Networking)

② NFV(Network Function Virtualization)

③ NGFW(Next Generation Firewall)

④ VNF(Virtual Network Functions)

⑤ DID(Decentralized identifier)

해설

① SDN은 소프트웨어 정의 네트워킹으로 네트워크의 제어 플레인을 네트워크 트래픽을 전달하는 데이터 플레인과 분리한다는 개념이다.
② 네트워크 서비스를 가상화하고 이를 전용 하드웨어에서 추출하여 가상화기술을 이용하여 가상서버에서 네트워크 서비스를 지원해주는 것이다.
③ 차세대 방화벽이라고 불리우고 IDS/IPS, 멀웨어 필터링 및 바이러스 검출, DPI(Deep Packet Inspection)등을 제공하는 방화벽이다.
④ NFV환경에서 하나하나의 네트워크 기능들을 제공하는 것을 VNF라고한다. NFV인프라 위에 올라가는 개념이다.
⑤ 탈중앙 신원확인 방식 : 온라인에서 중앙 시스템의 통제 없이 개인이 자신의 신원을 인증하는 것이다.

10 다음 공격의 이름과 다음 공격을 방어할 수 있는 보안 솔루션으로 알맞게 짝지어진 것을 고르시오.

① Slowloris - IPS ② Slowloris - 방화벽

③ Slowread - IPS ④ Slowread - 방화벽

⑤ Slowread - NAC

해설

slowloris 공격은 HTTP 패킷의 종료를 나타내는 0d0a0d0a 패킷의 끝을 잘라 0d0a만 보내 서버의 세션을 잠식하는 공격으로 IPS나 L7 기능이 지원되는 Anti DDoS 장비로 방어 가능하다.

★ 정답 ★	9 ④	10 ①

11 다음 공격의 이름은 무엇인가?

Source	Destination	Window size	Info
10.10.10.20	10.10.10.10	0	[TCP ZeroWindow] 41970 → 80 [ACK]
10.10.10.20	10.10.10.10	0	[TCP ZeroWindow] 41958 → 80 [ACK]
10.10.10.20	10.10.10.10	0	[TCP ZeroWindow] 41956 → 80 [ACK]
10.10.10.20	10.10.10.10	0	[TCP ZeroWindow] 41960 → 80 [ACK]
10.10.10.20	10.10.10.10	0	[TCP ZeroWindow] 41962 → 80 [ACK]
10.10.10.20	10.10.10.10	0	[TCP ZeroWindow] 41964 → 80 [ACK]
10.10.10.20	10.10.10.10	0	[TCP ZeroWindow] 41966 → 80 [ACK]

① slowloris ② SYN Flooding ③ tear drop
④ bonk ⑤ Slowread

해설

Slowread 공격은 패킷의 window size를 작게 설정해 지속적으로 세션을 유지하면서 서버의 리소스를 소진시키는 공격이다.

12 다음 공격의 이름은 무엇인가?

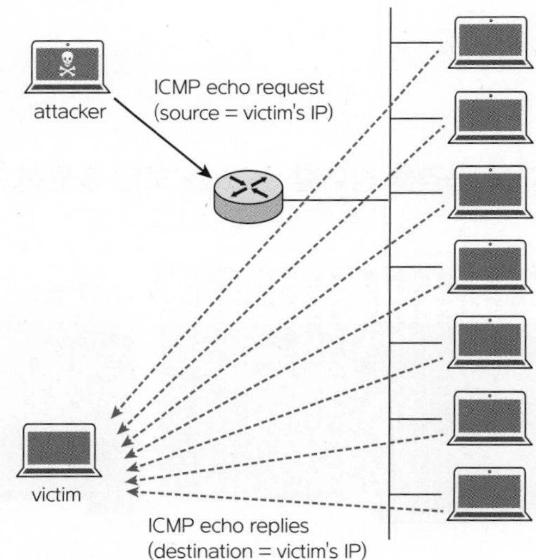

① arp spoofing ② SYN flooding ③ smurf
④ slowread ⑤ ping of death

해설

smurf 공격은 발신자의 IP주소를 희생자의 IP주소로 위장해서 다량의 Ping패킷을 무작위로 전송하는 공격이다. 따라서 서로 다른 IP에서 희생자의 PC로 패킷이 유입된다.

★ 정답 ★	11 ⑤	12 ③

13 다음 공격 기법 중 OSI 7 Layer의 최상위 계층에서 수행되는 공격은 무엇인가?

① Port Scan　② Ping of Death　③ RUDY
④ Syn Flooding　⑤ Smurf

해설

① Port Scan은 4계층에서 수행되는 공격이다.
② Ping of Death은 3계층에서 수행되는 공격이다.
③ RUDY는 Slow Http POST DoS)로 7계층에서 수행되는 공격이다.
④ Syn Flooding은 3계층에서 수행되는 공격이다.
⑤ Smurf는 3계층에서 수행되는 공격이다.

14 무선네트워크 보안에서 스니핑을 예방하기 위한 대책으로 틀린 것은?

① 업무용 무선AP와 Guest AP를 같이 사용한다.
② 무선 AP의 비밀번호는 안전한 비밀번호로 설정한다.
③ 업무용 단말기는 Guest AP에 접속할 수 없도록 설정한다.
④ 암호화 통신을 이용하여 전송한다.
⑤ IP/MAC등 추가적인 인증수단을 적용하여 비인가 단말기기가 접속하지 못하도록 한다.

해설

업무용 AP와 Guest AP는 동일 무선네트워크가 아닌 별개의 네트워크로 분리되어야 한다.

15 다음 시나리오에서 사용되지 않은 공격기법을 모두 고르시오. (정답 2개)

공격자는 (주)가나다를 공격하기 위해 주요 포트에 SYN 패킷을 전송해 서비스 제공여부를 확인했다. 443 포트에서 웹서비스를 제공하는 것을 확인한 공격자는 시스템 다운을 위해 65000 바이트 이상의 Ping 패킷을 전송해 서비스 다운을 시도하였다. 그러나 서비스에 영향이 없어 (주)가나다의 웹서버에 패킷 끝의 0d0a를 삭제한 HTTPS 요청을 다수 전송, 그 결과 (주)가나다 웹서버 다운에 성공하였다.

① SYN Flooding　② Ping of death　③ slowloris
④ smurf　⑤ Port scan

해설

위 시나리오는 각각 다음 공격을 포함하고 있다.
Port scan: 공격자는 (주)가나다를 공격하기 위해 주요 포트에SYN 패킷을 전송해 서비스 제공여부를 확인했다.
Ping of death: 443 포트에서 웹서비스를 제공하는 것을 확인한 공격자는 시스템 다운을 위해 65000 바이트 이상의 Ping 패킷을 전송해 서비스 다운을 시도하였다.
slowloris: 그러나 서비스에 영향이 없어 (주)가나다의 웹서버에 패킷 끝의 0d0a를 삭제한 HTTPS 요청을 다수 전송, 그 결과 (주)가나다 웹서버 다운에 성공하였다.

★ 정답 ★	13 ③	14 ①	15 ①, ④

16 C씨는 평소 팝업창 혹은 경고 창이 뜨면 항상 읽지 않고 확인버튼을 누르는 습관이 있다. 어느 날 C씨는 웹 서핑 중 인증서 설치와 관련된 팝업 창이 떠 내용을 읽지 않고 습관처럼 확인버튼을 클릭하고 쇼핑몰에 로그인, 카드번호를 입력하고 상품을 주문하였다. 다음날 C씨는 쇼핑몰의 계정정보와 카드정보가 해킹 당한 것을 확인했고, 확인 결과 악성 인증서가 자신의 PC에 설치된 것을 확인하였다. 다음 중 C씨가 당한 공격 유형의 특징으로 옳게 짝지어진 것을 모두 고르시오.

㉠ 인증서 Pinning으로 방어 가능하다. ㉡ HTTPS 통신 사용으로 방어 가능하다. ㉢ 공격 시 공격자의 인증서를 브라우저에 제출한다. ㉣ 공격 시 브라우저의 인증서를 서버에 제출한다.

① ㉠, ㉢ ② ㉠, ㉣ ③ ㉡, ㉢ ④ ㉡, ㉣

해설

위 공격은 MITM(중간자 공격)으로, 브라우저와 서버에 공격자의 인증서를 제출해 2개의 HTTPS 연결을 만드는 공격이다. HTTPS 통신을 위/변조하기 위해 만들어진 이 공격은 인증서 Pinning을 통해서 막을 수 있다.

17 다음 시나리오에서 사용되지 않은 공격기법을 고르시오.

공격자는 (주)가나다의 임원에게 [2019년 목표수립]이라는 이름의 SMS를 전송하였고 이를 클릭한 임원의 핸드폰에 악성코드가 설치되었다. 공격자는 이 악성코드로 해당 임원의 메일 계정을 탈취, 거래처에 결제 계좌 변경을 요청하였다. 그러나 거래처가 이를 의심, 결제계좌변경을 거부하자 (주)가나다의 임원인 것처럼 전화를 걸어 다시 한 번 결제 계좌 변경을 요청해 약 100억 원의 금전을 편취하였다.

① 스캠 ② 피싱 ③ 파밍 ④ 스미싱

해설

시나리오는 각각 다음 공격을 포함하고 있다.

- 스미싱: 공격자는 (주)가나다의 임원에게 [2019년 목표수립]이라는 이름의 SMS를 전송하였고 이를 클릭한 임원의 핸드폰에 악성코드가 설치되었다.
- 스캠: 공격자는 이 악성코드로 해당 임원의 메일 계정을 탈취, 거래처에 결제 계좌 변경을 요청하였다.
- 피싱: 그러나 거래처가 이를 의심, 결제계좌변경을 거부하자 (주)가나다의 임원인 것처럼 전화를 걸어 다시 한 번 결제 계좌 변경을 요청해 약 100억 원의 금전을 편취하였다.

★ 정답 ★	16 ①	17 ③

18 **A기업의 접근통제 영역에 대해 심사하고 있다. 다음 심사원의 판단을 보고 잘못 판단한 부분을 모두 고르시오. (정답 2개)**

① 심사원은 A기업의 윈도우 웹서버를 심사하던 중 터미널 서비스를 이용하여 웹서버에 접근하고 있으나 Session Timeout이 설정되어 있지 않아 결함으로 판단하였다.

② 심사원은 A기업의 윈도우 웹서버를 심사하던 중 80포트와 443포트가 불필요하게 열려 있는 걸로 판단하여 결함으로 판단하였다.

③ 심사원은 내부업무망에서 관리용 단말기로 웹서버에 SSH로 원격접근이 가능한 부분에 대해 결함으로 판단하였다.

④ 심사원은 관리용 단말기로 DB서버에 Console로 접근이 가능한 부분에 대해 결함이 아니라고 판단하였다.

⑤ 심사원은 외부에서 내부DB서버로 원격으로 접속가능한 부분을 확인하였고, 확인결과 추가 인증이나 VPN등이 적용되어 있지 않아 결함으로 판단하였다.

해설

② 주어진 상황만으로 결함으로 판단할 수 없다. 웹서버는 http(80/TCP)와 https(443/tcp)를 사용하므로 서비스를 위해서 포트가 개방이 되어 있어야 하기 때문에 결함으로 단정지으면 안 된다.

③ 주어진 상황만으로 결함으로 판단할 수 없다. 결함으로 판단하기 위해서는 웹서버의 접근통제정책을 추가적으로 확인하여야 하고, 관리용 단말기로 접속하는 부분에서 결함으로 판단할 수 없다.

19 **다음 중 포트스캔 공격 중 닫힌 포트에 대한 응답이 다른 공격을 모두 고르시오. (정답 2개)**

① TCP XMAS ② UDP ③ TCP NULL

④ TCP FIN ⑤ TCP SYN

해설

포트스캔 공격에서 포트 상태에 따른 응답은 다음과 같다.

	포트가 열린 경우	포트가 닫힌 경우
TCP SYN	SYN + ACK	RST + ACK
TCP FIN	응답이 없음	RST
TCP NULL	응답이 없음	RST
TCP XMAS	응답이 없음	RST
UDP	응답이 없음	ICMP Unreachable

★ 정답 ★	18 ②, ③	19 ②, ⑤

20 **다음 기업의 무선랜 보안사항 중 ISMS-P 인증기준에 결함으로 판단할 만한 사항을 고르시오.**

① 심사원은 업무용 무선네트워크 환경을 확인한 결과 WPA2 암호화를 적용하고 있는 것을 확인하였다.

② 무선AP의 물리적인 특성이 취약하기 때문에 무선AP 외부에 케이스와 잠금장치를 설정하여 운용하고 있다.

③ 무선 네트워크의 인증을 SSID와 패스워드 기반으로 접근통제를 설정하여 운용하고 있다.

④ WIPS를 설치하여 무선네트워크 접근통제 정책을 설정하고 있다.

⑤ SSID숨김 기능을 사용하고 있고 무선랜 사용자 현황을 정기적으로 검토하고 있다.

해설

③ 무선 네트워크의 인증은 SSID와 패스워드 기반이 아닌 IP와 MAC 등의 통제로 이루어져야 한다.

21 **다음 라우터의 ACL룰을 보고 어떠한 공격을 방어하기 위한 설정인지 고르시오.**

```
access-list 110 deny ip 10.1.214.0 0.0.0.255 10.1.214.0 0.0.0.255
access-list 110 permit ip any any
```

① Syn flooding ② TearDrop ③ Fragment Overlap

④ Ping of Death ⑤ Land Attack

해설

same IP 즉 소스IP와 목적지IP가 동일한 경우 거부하는 ACL설정이다. 이는 LandAttack을 방어하기 위한 ACL설정이다.

22 **스타트업 회사인 S사는 ISMS 인증심사를 준비 중이다. 접근통제 항목을 준수하기 위해 네트워크 보안장비를 구매하려고 한다. S사의 목적은 최대한 저렴한 예산으로 ISMS 인증심사 요구사항을 준수하는 것이며, 현재 S사의 트래픽은 최대 50Mbps 정도이다. 이때 A사에게 가장 적합한 보안솔루션을 모두 고르시오.**

① UTM ② 방화벽 ③ IPS

④ NAC ⑤ 웹방화벽

해설

UTM(Unified threat management)이란 방화벽, IPS, Anti DDoS, NAC의 기능을 모두 포함한 관리 도구이다. UTM의 단점은 많은 기능을 사용할수록 성능이 저하된다는 점이다. 따라서 일정 규모 이상의 회사는 개별 보안장비를 이용하는 것이 좋고, 중소기업의 경우 UTM을 이용하는 것이 좋다.

★ 정답 ★	20 ③	21 ⑤	22 ①

23 다음 tracert 실행결과에 대해 맞는 설명을 고르시오.

```
1   3 ms    3 ms    2 ms    2001:2d8:6580:180c: :a3
2   *       *       *       요청 시간이 만료되었습니다.
3   59 ms   27 ms   54 ms   fd00:604:558:2: :3
4   30 ms   50 ms   29 ms   fd00:606:3a06:1: :1
5   42 ms   28 ms   37 ms   64:ff9b: :ac1c:8309
```

① 좌측의 1, 2, 3, 4, 5는 가장 빠른 경로로 갈 수 있는 주소를 이야기한다.

② *은 방화벽에 의해 거부되었음을 나타낸다.

③ 목적지 경로까지의 도달시간을 계산하기 위해 3번 시도하였다.

④ UDP를 사용하여 추적한다.

⑤ IP의 TTL값을 사용하여 추적한다.

해설

윈도우의 tracert는 IP의 TTL값을 사용하여 ICMP기반으로 경로추적을 수행하고 리눅스의 traceroute는 UDP기반으로 경로추적을 수행한다.

24 다음 중 서비스와 사용하는 포트가 잘못 짝지어진 것을 모두 고르시오. (2개)

① 20번 포트: FTP Control

② 21번 포트: FTP Data

③ 22번 포트: SSH

④ 25번 포트: SMTP

⑤ 53번 포트: DNS

해설

FTP 제어 포트는 21/TCP, 데이터 포트는 20/TCP이다. 만약 Active모드의 FTP를 사용중 명령어는 입력이 되나 파일전송이 되지 않을시에 클라이언트의 inbound 방화벽정책에서 데이터 포트의 방화벽 오픈 여부를 확인하여야 한다.

25 DMZ네트워크 내에 설치될 서버로 가장 적절하지 않는 것은?

① DB서버 ② WEB서버 ③ Proxy서버

④ 메일서버 ⑤ DNS 서버

해설

DMZ네트워크내에 설치되는 서버의 용도는 외부에서 접속할 필요가 있을시 해당 네트워크에 구성한다. Web, Proxy, 메일, DNS서버 등은 외부에서 접근할 필요가 있지만 DB서버의 경우 중요정보가 저장되어 있고 Web서버 등으로의 쿼리등을 DB서버로 보내어 처리하기 때문에 DB서버는 외부에서 접근이 불필요하다.

★ 정답 ★	23 ⑤	24 ①, ②	25 ①

26 다음과 같이 설정된 라우터의 acl에 의한 결과로 옳지 않은 것을 모두 고르시오.

```
Router(config)#access-list 110 deny tcp 10.1.212.0 0.0.0.255 192.168.0.0 0.0.255.255. eq 22
Router(config)#access-list 110 deny tcp 20.33.12.0 0.0.0.255 203.245.24.65 0.0.0.0 eq 443
Router(config)#access-list 110 permit ip any any
Router(config)#interface fa0/0
Router(config-if)#ip access-group 110 in
```

① 라우터 인터페이스 fa0/0을 통해 유입되는 출발지 IP가 10.1.212.1, 목적지 IP가 192.168.12.1인 SFTP트래픽은 차단된다.

② 라우터 인터페이스 fa0/0을 통해 유입되는 출발지 IP가 10.1.212.2, 목적지 IP가 192.168.1.2인 FTP트래픽은 허용된다.

③ 라우터 인터페이스 fa0/0을 통해 유입되는 출발지IP가 20.33.12.1, 목적지 IP가 203.245.24.64인 SSL트래픽은 차단된다.

④ 라우터 인터페이스 fa0/0을 통해 유입되는 출발지 IP가 20.33.12.2, 목적지 IP가 203.245.24.65인 ICMP트래픽은 허용된다.

⑤ 라우터 인터페이스 fa0/0을 통해 유입되는 출발지 IP가 20.33.12.3, 목적지 IP가 203.245.24.65인 HTTP트래픽은 허용된다.

해설

① SSH의 하위 시스템이며 기본 포트는 22이다.
② ACL에 정의된 FTP(21/TCP)포트가 없기 때문에 허용된다.
③ SSL트래픽은 ACL에 정의되어 있지만 목적지 와일드 카드 마스크가 0.0.0.0이므로 목적지 203.245.24.65/32이므로 203.245.24.64에 대한 트래픽은 모두 허용된다.
④ ACL에 정의된 ICMP가 없기 때문에 허용된다.
⑤ ACL에 정의된 HTTP(80/TCP)포트가 없기 때문에 허용된다.

27 다음 중 서브넷 마스크에 대한 설명으로 틀린 것을 고르시오.

① 서브넷 마스크는 8, 16, 24, 32 단위로 설정이 가능하다.

② 192.168.10.0/24에서 실제로 사용이 가능한 IP는 254개이다.

③ 192.168.0.125/24처럼 가운데 대역에 마스크를 적용할 수는 없다.

④ 서브넷 마스크로 나뉜 대역의 첫 번째 IP는 네트워크 주소이다.

⑤ 서브넷 마스크로 나뉜 대역의 마지막 IP는 브로드캐스트 주소이다.

해설

서브넷 마스크는 1bit 단위로 설정이 가능하며 뒷자리부터 0으로 덮어씌우는 방식이다.
192.168.10.0/24는 192.168.10.0~192.168.10.255 총 256개의 IP로 192.168.10.0은 네트워크 ID, 192.168.10.255는 브로드캐스트 주소이다.

★ 정답 ★	26 ③	27 ①

28 다음은 인증심사를 위해 제출 받은 A사의 방화벽 Rule이다. 이 방화벽 Rule에 대한 설명으로 잘못된 것은 무엇인가?

번호	소스IP	소스 포트	방향	목적지IP	목적지 포트	대응
1	ALL	ALL	Inbound	192.168.20.0/24	80	ACCEPT
2	ALL	ALL	Inbound	192.168.20.0/24	ALL	DROP
3	123.123.123.123	ALL	Inbound	192.168.20.23	22	ACCEPT
4	ALL	ALL	Inbound	192.168.10.23	22	ACCEPT
5	ALL	ALL	Inbound	192.168.10.23	ALL	DROP
6	ALL	ALL	ALL	ALL	ALL	DROP

① 3번째 Rule은 무의미한 Rule이다.
② 누구나 192.168.20.0/24의 80포트에 접속할 수 있다.
③ 정상적인 서비스를 위해서는 Stateful inspection이 적용된 방화벽을 사용해야 한다.
④ 123.123.123.123은 192.168.10.23에 접속할 수 없다.
⑤ 4번 Rule에 대해 추가적으로 확인이 필요하다.

해설

4번 Rule에 의해 모든 IP에서 192.168.10.23의 22번 포트에 접근할 수 있도록 허용하고 있다.

29 다음 중 SSL/TLS에 대한 설명으로 틀린 것을 고르시오.

① 2020년 이후로 공식적인 TLS 1.0, 1.1사용은 중단되었다.
② 중간자 공격에 취약하다.
③ 현재는 TLS 1.3 이상 프로토콜 사용을 권장한다.
④ 서버만 안전한 Ciphersuite를 설정해도 안전한 통신이 가능하다.
⑤ SSL 1.0은 공식적으로 사용된 적이 없다.

해설

TLS 1.2이상 프로토콜 사용을 권장한다.

★ 정답 ★	28 ④	29 ③

30 **다음 중 SSL VPN의 설명 중 잘못된 것을 고르시오.**

① 네트워크와 네트워크를 연결하는 데 주로 사용된다.

② TCP프로토콜을 주로 사용한다.

③ 1개의 SSL VPN장비로 운영 가능하다.

④ 웹 브라우저를 통해 주로 연결된다.

⑤ IPSec VPN과 비교해 비용이 저렴한 편이다.

해설

네트워크와 네트워크를 터널링하여 연결하는 것은 주로 IPSec VPN이 해당된다. SSL VPN은 클라이언트-네트워크(SSL VPN G/W)를 연결하는 데 주로 사용된다.

31 **A사는 해외의 특정 IP 대역에서 다수의 SYN 패킷이 유입, 서비스에 장애를 일으킨 적이 있다. 다음 중 이러한 공격을 방어할 수 있는 장비로 가장 적합한 것을 둘 고르시오.**

① Anti DDoS ② 방화벽 ③ IPS ④ 웹방화벽

해설

SYN Flooding 공격은 DDoS 공격으로, Anti DDoS에서 방어 가능하다.
또한 사용하지 않는 포트에 대한 공격은 방화벽에서 방어 가능하다.

32 **서버운영자가 관리자PC로 내부 웹서버에 원격접속(SSH)을 하려고 한다. 방화벽 정책에서 어떤 Rule에서 허용이 되는지 고르시오.**
(관리자PC의 IP는 192.168.128.100, 웹서버의 IP는 192.168.127.10)

Rule	출발지IP	출발지 포트	목적지	목적지 포트	ACTION
1	192.168.128.100/32	ANY	192.168.127.0/29	22/TCP	ALLOW
2	192.168.128.100/32	ANY	192.168.127.0/30	22/TCP	ALLOW
3	192.168.128.100/32	ANY	192.168.127.0/28	22/TCP	ALLOW
4	ANY	ANY	ANY	80/TCP	ALLOW
5	ANY	ANY	ANY	ANY	DENY

① Rule 1 ② Rule 2 ③ Rule 3

④ Rule 4 ⑤ Rule 5

해설

Rule 1은 서브넷마스크가 255.255.255.248, Rule 2는 255.255.255.252이다. 해당 목적지 대역에서 네트워크 범위는 서브넷팅 되어 각각 Rule1 : 192.168.127.0~192.168.127.7의 대역이 되고, Rule 2 : 192.168.127.0~3까지가 되므로 웹서버의 IP인 192.168.127.10으로 접속할 수 없다. Rule3은 192.168.127.0~15까지의 네트워크 범위가 되므로 Rule 3에서 허용되고 있다. 단, 해당 문제는 방화벽 정책으로는 적절하지 않은 정책으로 볼 수 있다.

★ 정답 ★	30 ①	31 ①, ②	32 ③

33 B사는 최근 공격자가 자신의 노트북을 반입, 사내망에 연결해서 악성코드를 퍼트리는 공격에 의해 10억 원 상당의 피해를 입었다. 이때 B사가 고려할 수 있는 보안장비로 가장 적합한 것은 무엇인가?

① Anti DDoS
② 방화벽
③ IPS
④ 웹방화벽
⑤ NAC

해설

공격자가 사내망에 접근할 수 없게 하려면 NAC를 통해 공격자가 내부 네트워크에 접근하는 것을 방어해야 한다.

34 G사는 최근 홈페이지에 웹쉘이 업로드 되어 내부 서버를 탈취당했다. 이때 G사가 고려할 수 있는 보안장비로 가장 적합한 것은 무엇인가?

① Anti DDoS
② 방화벽
③ IPS
④ 웹방화벽
⑤ NAC

해설

웹방화벽은 웹쉘업로드 등 웹사이트에 대한 공격을 방어할 수 있는 보안장비이다.

35 Q사는 최근 악성코드를 포함한 메일을 받아 직원 PC에 랜섬웨어가 감염되었다. 다음 중 Q사가 엔드포인트를 제외하고 고려할 수 있는 보안장비로 가장 적합한 것은 무엇인가?

① Anti DDoS
② 방화벽
③ IPS
④ 웹방화벽
⑤ NAC

해설

IPS는 패킷의 컨텐츠를 확인, 내부로 유입되는 악성 코드를 탐지 및 차단할 수 있다.

★ 정답 ★	33 ⑤	34 ④	35 ③

2.1 리눅스 시스템 로그

리눅스 시스템의 특징은 윈도우와는 다르게 CLI를 주로 사용한다는 점이다.
따라서 원활한 리눅스 사용을 위해서는 리눅스 명령어에 익숙해져야 할 필요성이 있다.
아래 표는 리눅스 시스템의 주요 로그 및 명령어를 나타낸 표이다.

로그명	위치	명령어	로그 정보
utmp	/var/run/utmp	w, who, finger	현재 로그인 상태 정보
wtmp	/var/log/wtmp	Last	사용자 로그인/아웃 리부팅 정보
btmp	/var/log/btmp	lastb	실패한 로그인 정보
lastlog	/var/log/lastlog	lastlog	계정 사용자 마지막 로그인 정보
secure	/var/log/secure	secure	원격접속 관련 정보
dmesg	/var/log/dmesg	dmesg	부팅 로그 정보
messages	/var/log/messages	Messages	콘솔 및 전체적인 로그 기록
syslog	/var/log/syslog❶	syslog	커널 로그, 심각한 에러 로그 기록
sulog	/var/log/sulog		su 명령어 기록
pacct	/var/account/pacct	lastcomm	사용자별 수행한 정보, 명령어
history	/root/.bash_history		사용자가 입력한 명령어 목록

1 utmp로그(w, who, finger) – 현재 로그인 상태 정보

```
┌──root 💀 kali)-[~]
└─# W
 21:36:29 up 3 min, 1 user, load average: 0.23, 0.16, 0.07
USER  TTY   FROM          LOGIN@   IDLE   JCPU   PCPU      WHAT
root   tty7   : 0            21:33     3:08    1.45s   1.45s /usr/lib/xorg/Xorg :0 -seat seat0 -auth /var

┌──root 💀 kali)-[~]
└─# who
root   tty7    2022-11-16 21:33 (:0)

┌──root 💀 kali)-[~]
└─# finger
Login  Name   Tty    Idle   Login Time          Office    Office Phone
root   root   tty7      3   Nov 16 21:33 (:0)
```

binary 파일로 되어 있으며 w, who, finger 등의 명령어를 이용한다. 각 명령어에 대해 표시되는 내용은 위 그림❷과 같다.

❶ 메시지 종류 : authpriv, cron, daemon, kern, lpr, mail, mark, news, security, syslog, user, uucp, local0-7, *
메시지 레벨 : emerg, alert, crit, error, warn, notice, info, debug, none
메시지 기록위치 : /var/logmessages, /dev/console, root(특정사용자), @hostA, @로그서버IP
Facility.priority Action (ex : cron.* /var/log/cron → crond 데몬에 발생하는 모든 로그 레벨(*)을 /var/log/cron파일에 기록

❷ USER : 로그인 계정, TTY : 터미널 장치 명, FROM : 원격 호스트 주소, LOGIN@ : 로그인한시간, IDLE : 아무 입력도 수행하지 않은idle시간, WHAT현재 수행하는 작업 또는 명령어)

❷ wtmp로그(last) – 사용자 로그인/아웃 리부팅 정보

```
┌── root💀kali)-[~]
└ # last
root      tty7          :0               Wed Nov  16 21:33   still logged in
reboot    system boot   5.10.0-kali3-amd Wed Nov  16 21:33   still running
root      tty7          :0               Fri Sep  10 17:49 - crash (432+03:43)
reboot    system boot   5.10.0-kali3-amd Fri Sep  10 17:49   still running
root      pts/3         192.168.198.1    Sun Apr  11 17:35 - 23:10 (40+05:34)
root      pts/2         192.168.198.1    Sun Apr  11 15:57 - 19 : 46 (03:48)
root      pts/1         :: 1             Sun Apr  11 15:57 - 17:49 (152+01:52)
root      tty7          :0               Sun Apr  11 15:52 - 17:49 (152+01:56)
reboot    system boot   5.10.0-kali3-amd Sun Apr  11 15:52 - 17:49 (152+01:56)
ddanglyo  tty7          :0               Sun Apr  11 15:48 - 15:52 (00:04)
reboot    system boot   5.10.0-kali3-amd Sun Apr  11 15:47 - 15:52 (00:05)

wtmp begins Sun Apr 11 15:47:25 2021
```

binary 파일로 되어 있으며 last명령어를 이용한다.

❸ btmp로그(lastb) – 실패한 로그인 정보

```
┌── root💀kali)-[~]
└ # lastb
root    tty7    :0      Wed Nov 16 21:33 - 21:33 (00:00)
root    tty7    :0      Wed Nov 16 21:33 - 21:33 (00:00)

btmp begins Wed Nov 16 21:33:32 2022
```

binary파일로 되어 있으며 "lastb" 명령을 통해 모든 사용자의 로그인 실패 기록을 확인하고 "lastb 계정명"명령을 통해 개별 계정에 대한 로그인 실패 기록을 확인할 수 있다.

❹ lastlog로그(lastlog)

```
┌── root💀kali)-[~]
└ # lastlog
사용자이름  포트    어디서          최근정보
root        pts/3   192.168.198.1   일 4월 11 17:35:53 +0900 2021
daemon                              **한번도 로그인한 적이 없습니다.**
bin                                 **한번도 로그인한 적이 없습니다.**
sys                                 **한번도 로그인한 적이 없습니다.**
sync                                **한번도 로그인한 적이 없습니다.**
games                               **한번도 로그인한 적이 없습니다.**
man                                 **한번도 로그인한 적이 없습니다.**
lp                                  **한번도 로그인한 적이 없습니다.**
mail                                **한번도 로그인한 적이 없습니다.**
news                                **한번도 로그인한 적이 없습니다.**
uucp                                **한번도 로그인한 적이 없습니다.**
proxy                               **한번도 로그인한 적이 없습니다.**
```

"lastlog"명령을 통해 모든 계정의 최근 접속 기록을 확인할 수 있고, "lastlog -u 계정명"을 통해 사용자 계정의 최근접속 기록을 확인 가능하다. 또한 "lastlog -t 일수"를 통해 해당 일수 이내 접속한 기록을 확인 가능하다.

리눅스 시스템 로그 활용 사례

주요 로그 분석 명령어는 인증심사 및 심사준비를 위해 반드시 숙지해야 하는 명령어로, 심사 상황에서 다음과 같이 활용 가능하다.

1. 개인정보 시스템에 백도어 계정이 접속해 있는지, 혹은 인가받지 않은 사용자가 접속해 있는지 여부 확인을 위해서 who 명령어를 사용, 현재 접속 중인 사용자를 조회
2. Brute force공격 혹은 다수의 로그인 실패 시 계정 잠금 이력을 확인하기 위해 lastb 명령어 사용
3. 사용하지 않는 계정을 식별하기 위해서 lastlog 명령어를 입력

2.2 리눅스 주요 파일

1 passwd 파일

사용자 계정 정보는 /etc[1]디렉터리의 passwd 파일에 저장된다.

사용자 계정 정보를 보기 위해서는 다음 명령어를 사용하면 된다.

1) Passwd 파일 확인

vi /etc/passwd

```
root:x:0:0:root:/root:/usr/bin/zsh
daemon:x:1:1:daemon:/usr/sbin:/usr/sbin/nologin
bin:x:2:2:bin:/bin:/usr/sbin/nologin
sys:x:3:3:sys:/dev:/usr/sbin/nologin
sync:x:4:65534:sync:/bin:/bin/sync
games:x:5:60:games:/usr/games:/usr/sbin/nologin
man:x:6:12:man://var/cache/man:/usr/sbin/nologin
lp:x:7:7:lp:/var/spool/lpd:/usr/sbin/nologin
mail:x:8:8:mail:/var/mail:/usr/sbin/nologin
news:x:9:9:news:/var/spool/news:/usr/sbin/nologin
uu c p :x:10:10:uucp:/var/spool/uucp:/usr/sbin/nologin
```

2) Passwd 파일 구조

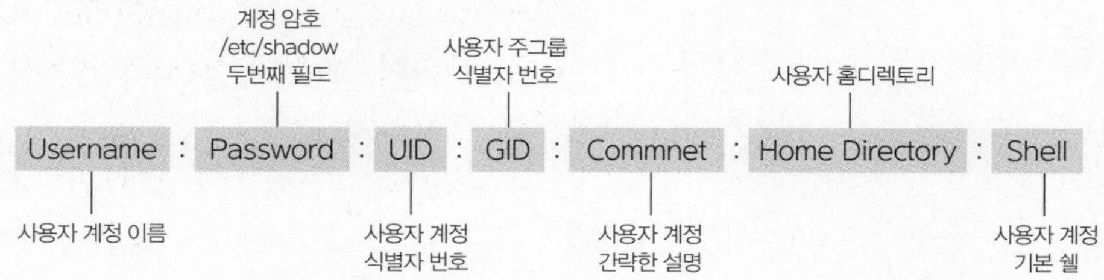

① Username : 사용자 계정 이름

[1] /etc 디렉토리는 시스템의 부팅, 셧다운 시에 필요한 파일들과 시스템 전반에 걸친 설정 파일들 초기스크립트 파일들이 있다.

② Password : 패스워드에서 x가 의미하는 것은 사용자 패스워드가 /etc/shadow 파일에 보관되어 있다는 것을 의미한다. 로그인 하지 않는 계정의 경우 사용하는 쉘을 /bin/false나 /use/sbin/nologin 등으로 변경해서 쉘을 사용할 수 없게 해야 한다. 인증심사시 2.5 인증 및 권한관리 항목의 심사시에 주로 확인한다. 특히 불필요한 계정을 주기적으로 검토하여 확인하여 삭제하였는지 여부 등을 중점적으로 확인하여야 한다.

③ UID : user identifier 즉, 사용자계정의 식별자 번호이다.(0 : root)

④ GID : group identifier 즉, 그룹 식별 번호를 뜻한다.(0 : root그룹)

passwd 파일 읽기

passwd 파일을 볼 때에는 패스워드와 uid와 gid, 쉘을 보아야 한다.
패스워드가 x가 아닐 경우 암호화되어서 보호되고 있지 않으며 mail, News 등의 계정이 bash 쉘을 사용할 경우 보안상 취약하다. 또한 uid나 gid가 잘못 설정되어 있을 경우 백도어 계정일 수 있다.

2 shadow 파일

사용자 패스워드 정보는 shadow 파일에 저장된다.

사용자 패스워드 정보를 보기 위해서는 다음 명령어를 사용하면 된다.

1) /etc/shadow 파일 확인

```
vi /etc/shadow
```

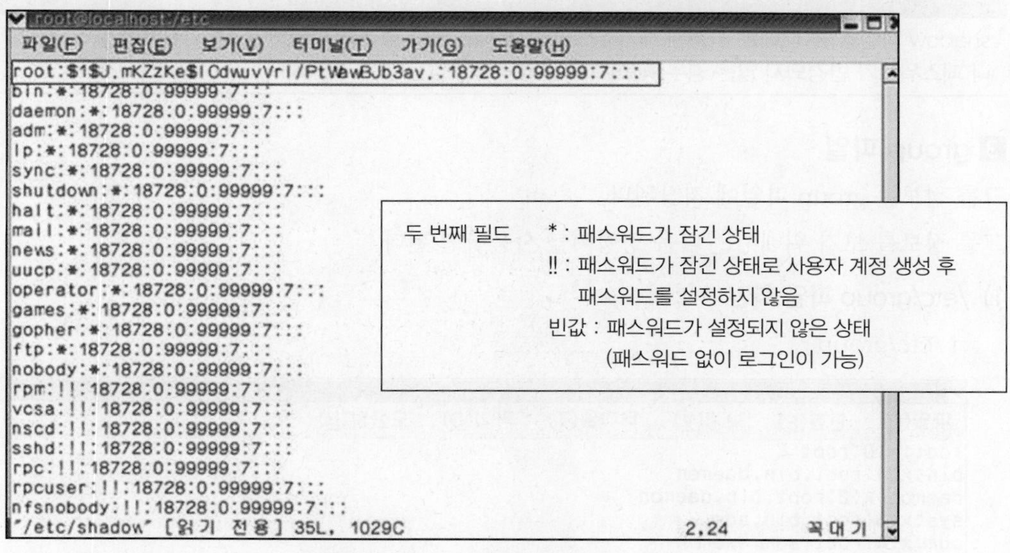

위 shadow 파일의 경우 다음 취약점이 있다.

① md5 암호를 사용하고 있음

② 패스워드 최종 변경일이 오래되었음(18728 = 2021년)

③ 패스워드 최대 사용기간이 무한대(99999)임

2) /etc/shadow 파일 구조

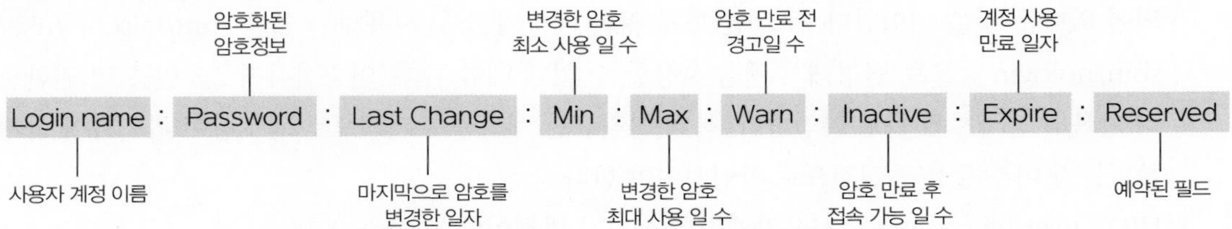

① Login name : 사용자 계정명을 나타낸다.

② Password : 암호화된 패스워드를 나타낸다.

※ $암호화에 적용된 일방향 해시 알고리즘❶ $솔트(Salt)❷ $패스워드+솔트를 조합한 해시값으로 $로 필드가 구분되어 나뉘어진다.

③ Last Change : 마지막으로 암호를 변경한 일자(1970년 1월 1일 기준으로 일수로 표시된다.)

④ Min : 변경한 암호를 변경한 날 이후부터 최소 사용 일수를 나타낸다.(1일 또는 1주로 설정 권장)

⑤ Max : 변경한 암호를 변경한 날 이후부터 패스워드 만료 일수를 나타낸다.(90일 또는 12주 설정 권장)

⑥ Warn : 암호가 만료되기 전 경고 일수를 의미한다.

⑦ Inactive : 암호 만료 후 계정이 잠기기 전까지 비활성 일수로 해당 비활성 기간 동안 변경치 않으면 계정이 잠긴다.

⑧ Expire : 계정 사용 만료일로 1970년 1월 1일 기준으로 일수로 표시된다.

shadow 파일 읽기

shadow 파일을 볼 때에는 사용된 해시 알고리즘과 패스워드 정책을 확인해야 한다. 취약한 알고리즘을 사용하거나 패스워드가 변경되지 않은 경우, 패스워드 변경정책이 없는 경우 취약하다.

3 group 파일

그룹 정보는 group 파일에 저장된다.

그룹 정보를 보기 위해서는 다음 명령어를 사용하면 된다.

1) /etc/group 파일 확인

vi /etc/group

```
root:x:0:root
bin:x:1:root,bin,daemon
daemon:x:2:root,bin,daemon
sys:x:3:root,bin,adm
adm:x:4:root,adm,daemon
tty:x:5:
```

---

❶ 1 : MD5(취약), 2 : BlowFish(권장되지 않음), 5 : SHA-256(안전한 암호알고리즘), 6 : SHA-512(안전한 암호알고리즘)

❷ 패스워드 암호화 강도를 높이기 위한 랜덤한 값으로 소금을 친다라는 단어에서 유래되었다. 동일한 패스워드라도 서로 다른 솔트로 인해 실제 패스워드는 다른 해시값이 나오기 때문에, 솔트를 통해 레인보우 테이블공격(해시테이블을 이용한 대입공격)을 효과적으로 대응할 수 있다.

2) /etc/group 파일 구조

/etc/group에 기재된 내역은 순서대로 다음과 같다.

- 아이디: 패스워드: 그룹ID : 그룹에 속한 사용자 이름

  위 화면에서 bin그룹에 root, bin, daemon 3명의 사용자가 포함되어 있는 것을 확인 가능하다. 사용자는 반드시 특정 그룹에 소속되어야 한다는 점을 기억하자. 만약 사용자를 생성할 때 별도로 그룹을 지정하지 않는다면, 해당 사용자 이름과 동일한 그룹을 자동으로 생성하고 사용자를 그 그룹에 소속시킨다.

group 파일 읽기

group 파일을 볼 때에는 가장 먼저 root 그룹에 불필요한 사용자가 있는지 확인해야 한다.
다음으로는 admin 등의 주요 그룹에 불필요한 사용자가 있는지 확인해야 한다.

2.3 리눅스 시스템 관리

1 파일 권한 보기

리눅스 시스템에서 ls -al (파일 List)을 입력하면 다음 결과를 볼 수 있다.

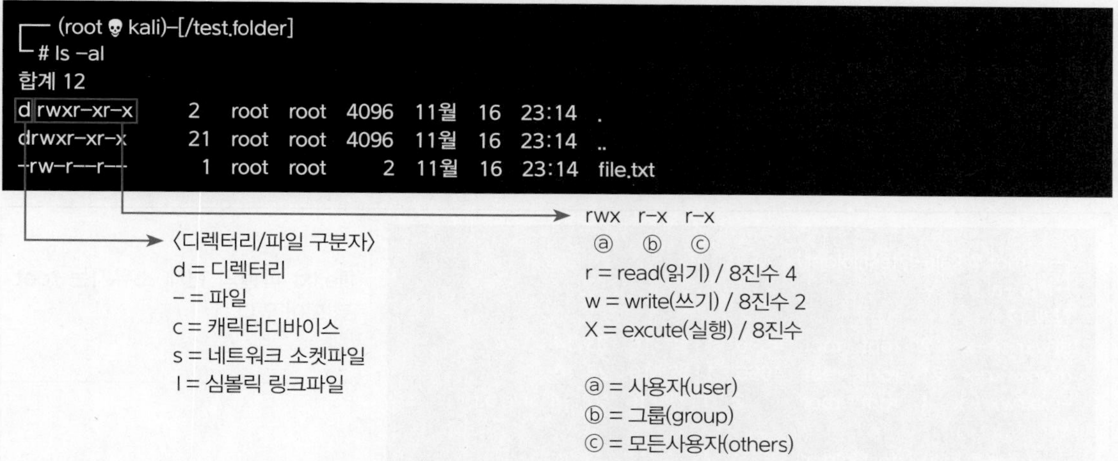

file.txt은 소유자는 rw(읽기, 쓰기), 소유 그룹은 r(읽기), 모든사용자(others)는 r(읽기)로 설정되어 있다. rw-r—r—는 8진수로 변환시 권한(permission❶)은 644가 된다.

※ /etc/profile에서 UMASK 기본값을 변경 가능하다.

passwd와 shadow의 권한

passwd 파일은 권한이 644로 설정되어 있으며 shadow 파일은 권한이 600으로 설정되어 있다.

❶ permission은 리눅스 시스템에서 파일/디렉터리 생성시 umask설정(초기 접근권한 설정)과 조합되어 사용된다. umask가 000으로 설정되었다면 초기 파일/디렉터리 생성시 권한은 666/777이 되고 umask기본값은 022로 설정되어 있어 644/755로 파일/디렉터리가 생성된다.

❷ 파일 권한 변경

파일의 권한을 변경하기 위해서는 다음과 같이 chmod [변경할 권한] [변경할 파일 명]을 입력하면 된다.

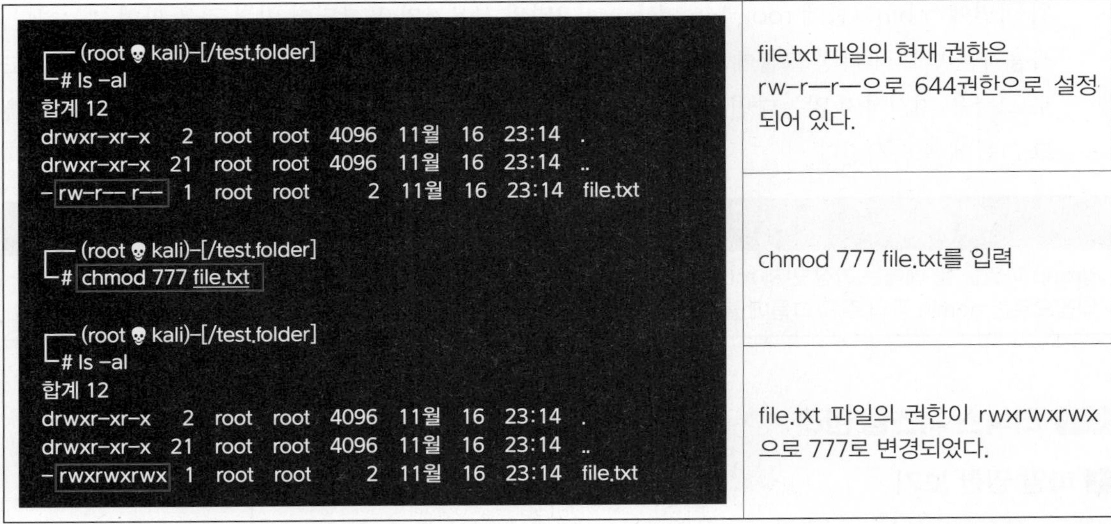

❸ 파일 소유주 변경

파일의 소유주를 변경하기 위해서는 다음과 같이 chown [변경할 소유주] [변경할 파일 명]을 입력하면 된다.

〈파일 소유주 변경〉

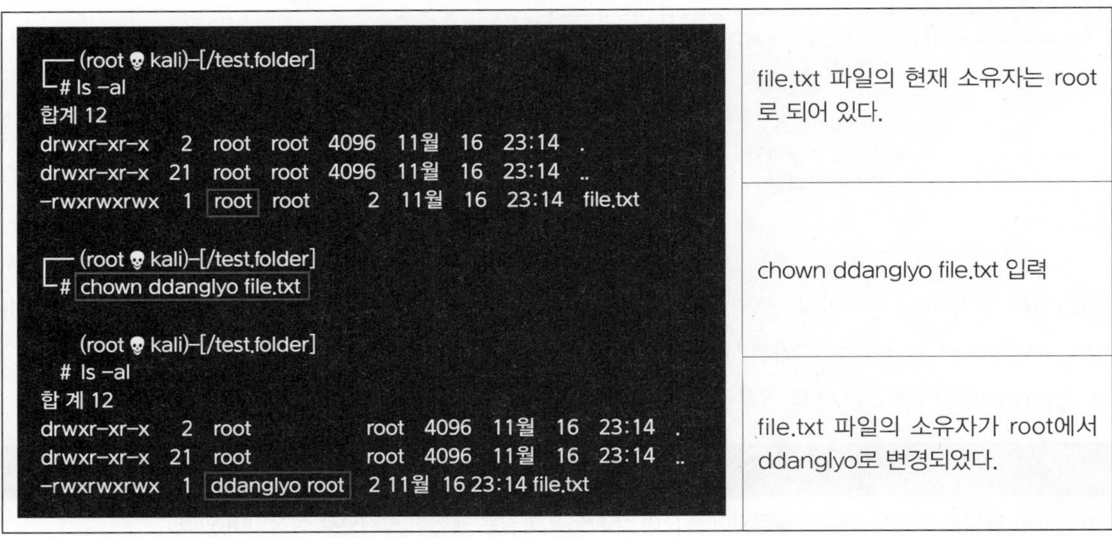

❹ 파일 그룹 변경

파일의 권한을 변경하기 위해서는 다음과 같이 chgrp[변경할 그룹] [변경할 파일명]을 입력하면 된다.

〈파일 그룹 변경 확인〉

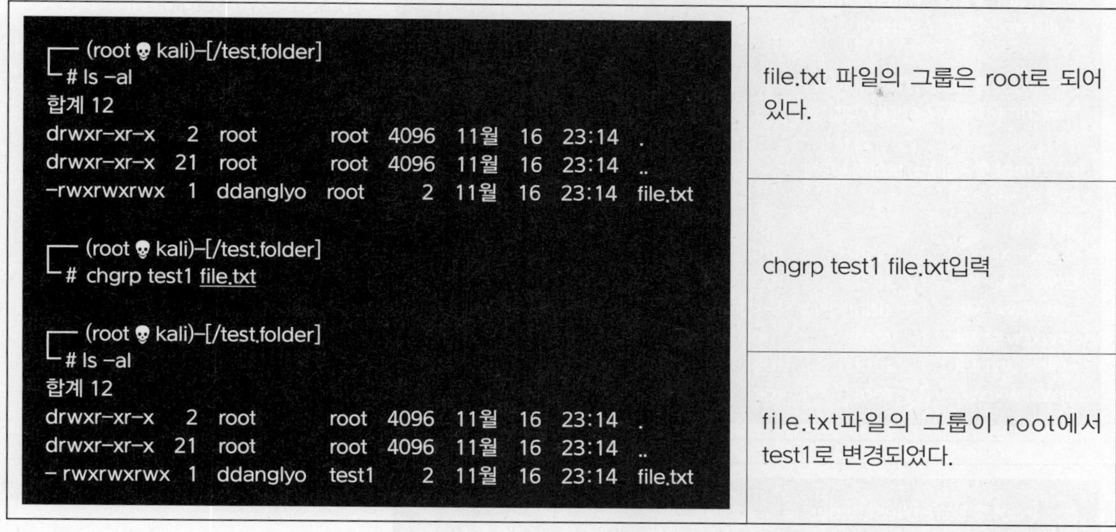

┌─(root 💀 kali)-[/test.folder] └─# ls -al 합계 12 drwxr-xr-x 2 root root 4096 11월 16 23:14 . drwxr-xr-x 21 root root 4096 11월 16 23:14 .. -rwxrwxrwx 1 ddanglyo root 2 11월 16 23:14 file.txt	file.txt 파일의 그룹은 root로 되어 있다.
┌─(root 💀 kali)-[/test.folder] └─# chgrp test1 file.txt	chgrp test1 file.txt입력
┌─(root 💀 kali)-[/test.folder] └─# ls -al 합계 12 drwxr-xr-x 2 root root 4096 11월 16 23:14 . drwxr-xr-x 21 root root 4096 11월 16 23:14 .. - rwxrwxrwx 1 ddanglyo test1 2 11월 16 23:14 file.txt	file.txt파일의 그룹이 root에서 test1로 변경되었다.

❺ SETUID, SETGID, Sticky bit

1) SETUID는 특정 파일을 실행할 때 **해당 파일의 소유자 권한으로 실행**이 가능한 Flag이다. (Permission 상의 숫자는 4000이며 파일소유자 권한 표시 x 자리에 s로 표시된다.)
   마찬가지로 SET GID는 특정 파일을 실행할 때 **해당 파일의 소유그룹 권한으로 실행**이 가능한 Flag이다. (Permission 상의 숫자는 2000이며 파일그룹 권한 표시 x 자리에 s로 표시된다.)
2) Sticky bit는 **공용 디렉터리의 보안**을 위해 사용되는 것으로 **파일 및 디렉터리에 설정 가능한 접근 권한**이다.
3) Sticky bit가 있으면 파일 및 디렉터리의 **소유자와 Root만 하위 파일을 삭제 가능**하지만 **파일과 디렉터리 생성은 누구나 가능**하다.
   따라서 tmp 등의 공유 폴더에서 폴더 자체는 보존하지만 누구나 사용하고 싶게 할 때 적용할 수 있다. (Permission 상의 숫자는 1000이며 파일 other 권한 표시 x 자리에 t로 표시된다.)
4) 아래 화면의 경우 각각 차례대로 SETGID, SETUID, Sticky bit가 설정된 것을 알 수 있다.

┌─ (root 💀 kali)-[/test.folder] └─#chmod 4777 setugid01 ┌─ (root 💀 kali)-[/test.folder] └─# chmod 2777 setgid01 ┌─ (root 💀 kali)-[/test.folder] └─# chmod 1777 sticky bit	chmod 4777 setuid01 chmod 2777 setgid01 chmod 1777 sticky_bit 입력
┌─ (root 💀 kali)-[/test.folder] └─# ls -al 합계 16 drwxr-xr-x 3 root root 4096 11월 17 18:52 . drwxr-xr-x 21 root root 4096 11월 16 23:14 .. -rwxrwxrwx 1 ddanglyo test1 2 11월 16 23:14 file.txt -rwxrwsrwx 1 root root 0 11월 17 18:50 setgid01 -rwsrwxrwx 1 root root 0 11월 17 18:50 setuid01 drwxrwxrwt 2 root root 4096 11월 17 18:52 sticky_bit	각각 SETGID, SETUID, Sticky bit가 설정되어 있다.

┌─ (root 💀 kali)-[/test.folder] └─#chmod 4077 setugid01 ┌─ (root 💀 kali)-[/test.folder] └─# chmod 2707 setgid01 ┌─ (root 💀 kali)-[/test.folder] └─# chmod 1707 sticky bit ┌─ (root 💀 kali)-[/test.folder] └─# ls -al 합계 16 drwxr-xr-x 3 root root 4096 11월 17 18:52 . drwxr-xr-x 21 root root 4096 11월 16 23:14 .. -rwxrwxrwx 1 ddanglyo test1 2 11월 16 23:14 file.txt -rwx--Srwx 1 root root 0 11월 17 18:50 setgid01 ---Srwxrwx 1 root root 0 11월 17 18:50 setuid01 drwxrwx--T 2 root root 4096 11월 17 18:52 sticky_bit	※ SETGID, SETUID, Sticky bit 설정이 대문자로 표시되는 경우는 기존권한에 실행권한이 없는 경우 대문자로 표시된다. 즉, SETGID, SETUID, Sticky bit가 설정되어 있더라도 해당권한으로 실행이 되지 않는다는 의미이다.

SETUID의 위험성

SETUID 파일은 실행시 해당 파일의 소유자 권한으로 실행이 가능하다.
따라서 SETUID가 Root로 되어 있을 경우, 누구나 해당 파일을 Root 권한으로 실행시킬 수 있다.

6 UMASK

UMASK는 파일 생성 시 기본적으로 설정되는 권한을 설정하는 변수이다.

777에서 UMASK 값을 뺀 값이 파일 생성 시 설정되는 권한이다.

UMASK는 /etc/profile에서 확인 가능하다.

UMASK가 022라면 파일 생성 시 644, 디렉터리 생성 시 755 권한이 설정된다.

7 리눅스 시스템 파일 검색

리눅스 이용 시 특정 조건에 맞는 파일을 검색하는 일이 있다. 예를 들면 특정 권한을 가진 파일, 혹은 특정 사용자가 소유한 파일, 혹은 특정 날짜 이후로 바뀌거나 특정 날짜 이후로 바뀌지 않은 파일 등이 있다. 이때 사용 가능한 명령어가 find이다. find의 주요 옵션은 다음과 같다.

〈리눅스 파일 검색 옵션〉

옵션	용도
−user [ID]	해당 ID와 일치하는 파일을 찾음
−group [그룹]	해당 그룹과 일치하는 파일을 찾음
−perm [+/−권한]	+: 해당 권한 중 하나 이상을 가진 파일 −: 해당 권한을 모두 보유한 파일을 찾음
−name [파일명]	해당 파일명과 일치하는 파일을 찾음
−atime [+/−/ 날짜]	마지막으로 파일에 접근한 시간을 확인 +날짜: 해당일, 해당일 이전에 접근한 파일 −날짜: 해당일 전 ~ 오늘 사이에 접근한 파일 날짜: 정확히 해당일 전에 접근한 파일
−mtime [+/−/날짜]	마지막으로 파일이 수정된 시간을 확인 +날짜: 해당일, 해당일 이전에 수정한 파일 −날짜: 해당일 전 ~ 오늘 사이에 수정한 파일 날짜: 정확히 해당일 전에 수정한 파일
−ctime [+/−/날짜]	마지막으로 파일의 권한이 변경된 시간을 확인 +날짜: 해당일, 해당일 이전에 권한 변경된 파일 −날짜: 해당일 전 ~ 오늘 사이에 권한 변경된 파일 날짜: 정확히 해당일 전에 권한 변경된 파일

〈리눅스 파일 검색 예시〉

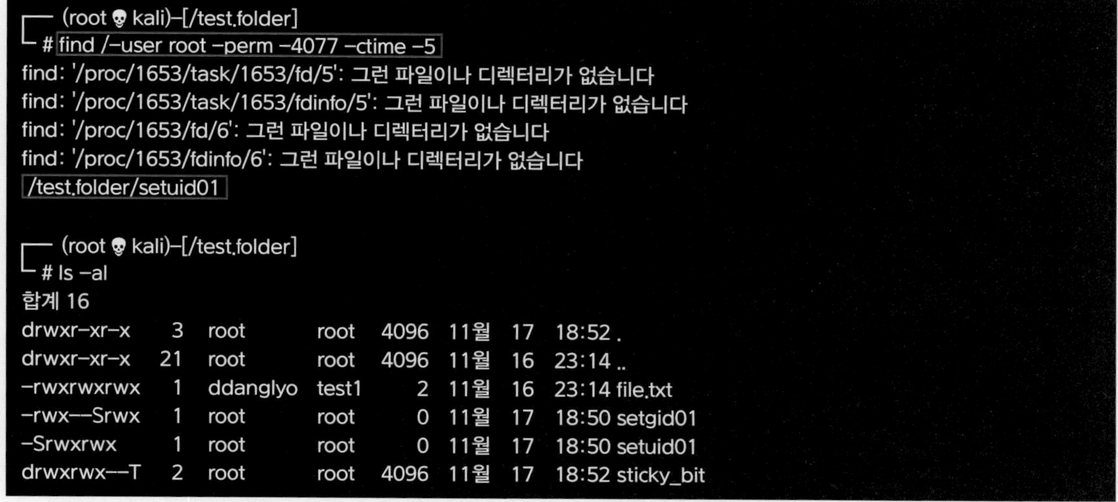

```
┌──(root💀kali)-[/test.folder]
└─# find /-user root -perm -4077 -ctime -5
find: '/proc/1653/task/1653/fd/5': 그런 파일이나 디렉터리가 없습니다
find: '/proc/1653/task/1653/fdinfo/5': 그런 파일이나 디렉터리가 없습니다
find: '/proc/1653/fd/6': 그런 파일이나 디렉터리가 없습니다
find: '/proc/1653/fdinfo/6': 그런 파일이나 디렉터리가 없습니다
/test.folder/setuid01

┌──(root💀kali)-[/test.folder]
└─# ls -al
합계 16
drwxr-xr-x   3 root      root   4096 11월 17 18:52 .
drwxr-xr-x  21 root      root   4096 11월 16 23:14 ..
-rwxrwxrwx   1 ddanglyo  test1     2 11월 16 23:14 file.txt
-rwx--Srwx   1 root      root      0 11월 17 18:50 setgid01
-Srwxrwx     1 root      root      0 11월 17 18:50 setuid01
drwxrwx--T   2 root      root   4096 11월 17 18:52 sticky_bit
```

find / -user root -perm -4077 -ctime -5
사용자명이 root이며 setuid가 설정되어 있고 파일권한이 077를 포함한 권한을 지닌 파일 중 오늘부터 5일 이내에 변경이 된 파일을 검색

8 리눅스 시스템 암호정책 설정

리눅스 시스템의 암호정책은 /etc/login.defs의 파라미터를 변경함으로써 설정할 수 있다.
주요 파라미터의 의미는 다음과 같다.

항목	기본값	의미
PASS_MAX_DAYS	99999	패스워드를 변경 없이 사용 가능한 최대 일자
PASS_MIN_DAYS	0	패스워드를 변경 후 다시 변경 가능한 최소 일자
PASS_WARN_AGE	7	패스워드 만료 경고일
PASS_MIN_LEN	5	패스워드의 최소 길이
ENCRYPT_METHOD	SHA512	비밀번호 암호화 기법[1]

/etc/login.defs
별도의 서버 패스워드 관리 솔루션이 없는 경우, 심사 혹은 심사 준비 시 본 파일을 확인해야 한다.

10 Root 계정의 SSH 원격접속 제한

Root 계정이 SSH 원격 접속이 가능할 경우, 공격자의 침투경로가 될 수 있다.
Root 계정의 SSH에 원격접속을 제한하려면 다음과 같이 설정을 변경한다.

1) Root 계정의 SSH 원격접속 제한 설정

```
vi /etc/ssh/sshd_config
#PermitRootLogin yes → PermitRootLogin no
PermitRootLogin no
service sshd restart
```

2) 좌측 화면 설명

이때 SSH 데몬이 재시작되며 ssh로 연결한 상태라면 기존의 연결이 끊어진다. 이후 해당 서버로는 다음과 같은 방식으로 Root 접근이 가능하다.

SSH 원격접속 제한
중요 시스템의 경우 Root 계정의 SSH 원격접속 제한을 통해서 Local에서만 접속하게 할 수 있다. 이를 통해 SSH를 이용한 외부로부터의 공격 시도를 차단할 수 있다. 현재 SSH에 Root로만 로그인 가능한 상태라면 SSH로는 더 이상 접근이 불가능하기 때문에 주의해야 한다.

[1] $1 : MD5, $2 : blowfish, $2a : eksblowfish, $5 : SHA-256, $6 : SHA-512

⑪ 세션 타임아웃 설정

계정이 접속된 상태로 사용자가 장기간 자리를 비울 경우, 악의적인 사용자가 이를 사용할 수 있다, 이를 막기 위해서는 일정시간 이용하지 않을 경우 세션을 종료하도록 설정해야 한다.
세션 타임아웃 설정방법은 다음과 같다.

1) 세션 타임아웃 설정

```
vi /etc/profile
TIMEOUT=600 설정
```

2) 좌측 화면 설명

TIMEOUT의 단위는 초이다.

세션 타임아웃 점검 팁

세션 타임아웃 점검은 점심시간을 끼고 하면 정확히 1시간 동안 해당 세션을 사용하지 않으면 로그아웃 되는지 볼 수 있다.

⑫ 로그인 실패 시 계정 잠금 설정

사용자 지정 횟수 이상 로그인 실패 시 계정 잠금 설정을 하기 위해서는 pam.d 파일의 설정을 수정해야 한다. 설정 방법은 다음과 같다.

1) 로그인 실패 시 계정 잠금 설정

```
vi /etc/pam.d/system-auth
auth  required  /lib/security/pam_tally.so deny=3 unlock_time=600 no_magic_root
account required /lib/security/pam_tally.so no_magic_root reset 설정
```

2) 좌측 화면 설명

패러미터명	의미
deny=3	3회 실패 시 계정 잠금
unlock_time=600	600초 뒤 잠금 풀림
no_magic_root	root 계정은 count만 함
reset	정상 로그인 성공 시 이전 실패 카운터 초기화

no_magic_root

Root에 별다른 걸 허용하지 않는다는 것으로 보이나 사실은 root만 예외를 둔다는 것이다. 이것이 없으면 root 계정 n회 실패 시 시스템의 root 계정이 아예 못쓰게 되어버린다.

⓭ crontab

crontab은 등록된 작업을 주기적으로 실행시켜 주는 프로그램[1]이다.

주로 서버에서 일 batch 작업등에 사용된다.

① crontab의 옵션은 크게 세 가지가 있고 각각 다음과 같다.

② crontab -l: 등록된 작업 리스트를 보여준다.

③ crontab -e: 등록된 작업 리스트를 편집한다.

④ crontab -r: 예약된 작업을 삭제한다.

⑤ crontab은 다음과 같이 구성된다.

*(분) *(시) *(일) *(월) *(요일, 0이 일요일, 1이 월요일이다.) 수행할 명령어

명령어	의미
* * * * * /every_1min.sh	1분마다 every_1min.sh 실행
*/10 * * * * /every_10min.sh	10분마다 every_10min.sh 실행
10,30,50 * * * * /every_20min.sh	매시 10, 30, 50분마다 every_20min.sh 실행
30 6 * * * /0630.sh	매일 06:30에 0630.sh 실행
30 */4 * * * /0430.sh	4시간마다 30분에 0430.sh 실행
0 6 * * 0 /0600_sunday.sh	일요일 6시마다 0600_sunday.sh 실행
0 6 * * 1-5 /0600_weekday.sh	월~금 6시마다 0600_weekday.sh 실행

crontab 활용법
주기적으로 해야 하는 작업 수행 시 crontab을 활용하면 좋다. 예를 들면 매일 밤 당일 퇴사자 정보를 삭제하거나 매월 1일에 전월 접속 로그에서 이상 신호를 추출하는 데 사용할 수 있다.

❶ 분 시 일 월 요일 [수행할 명령어] 내용을 꼭 외우고 있어야 한다.

14 TCP Wrapper

TCP Wrapper는 리눅스에서 호스트 기반 네트워킹 ACL시스템으로 /etc/hosts.allow와 /etc/hosts.deny를 설정 파일로 사용한다.

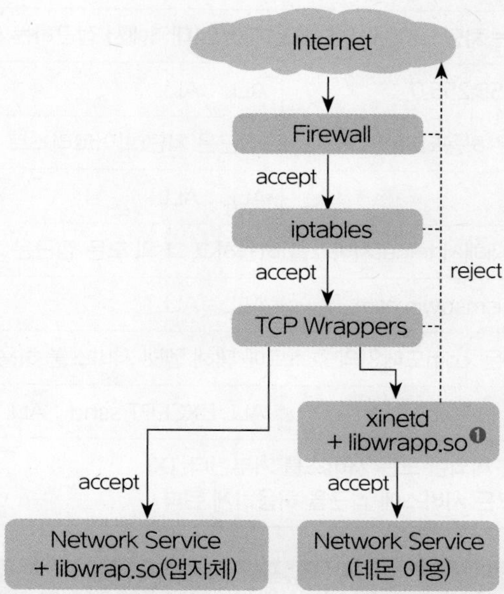

hosts.allow는 통과시킬 서비스/IP를, hosts.deny는 차단할 서비스/IP를 [서비스]:[IP] 형식으로 지정한다. 두 파일에 겹치는 부분이 있을 경우 hosts.allow가 우선적으로 적용되어 통과되고, 명시적으로 hosts.deny에 ALL:ALL설정이 없다면 통과·차단을 허용하지 않은 모든 트래픽은 통과된다.

단계	절차	설명
1단계	xinetd 서비스 구동	xinetd를 이용하여 필요한 서비스를 등록/구성
2단계	hosts.allow 확인	허용 규칙을 대조한 후 일치한 규칙이 있으면 연결을 허용, 이후 무시한다.(hosts.deny를 읽지 않는다.)
3단계	hosts.deny 확인	허용 규칙이 없으면, 거부 규칙을 읽어서 일치하는 규칙이 있으면 연결을 거부한다. 일치하는 규칙이 없으면 연결을 허용한다.

1) TCP Wrapper에서 사용할 수 있는 와일드카드

① ALL : 모든 것과 매칭, 데몬 목록과 클라이언트 목록 모두에 사용한다.

② LOCAL : localhost와 같이 .을 포함하지 않은 모든 호스트에 매칭한다.

③ A EXCEPT B : A에서 B를 제외하고 매칭한다.

④ KNOWN : 호스트IP와 호스트 이름을 알 수 있다면, 모두 매칭한다.

⑤ UNKNOWN : 알 수 없는 호스트 IP와 호스트 이름에 대해서 매칭한다.

⑥ PARANOID : 호스트 이름이 주소와 일치되지 않는 호스트에 대해서 매칭한다.

---

❶ libwrap.so : 라이브러리에 대해 컴파일된 서비스

2) TCP Wrapper의 예시 및 사용법

hosts.allow	host.deny
sshd : 192.168.10.0 / 255.255.255.0	ALL : 192.168.10.0 / 255.255.255.0
192.168.10.0/24의 모든 서비스는 차단되지만 192.168.10.0/24대역에서 접근하는 ssh는 모두 허용한다.	
in.ftpd[1] : 192.168.20.0 / 255.255.255.0	ALL : ALL
192.168.20.0/24대역의 ftp접속은 허용되지만 그 외 모든 접근은 차단(화이트리스트 기반)	
in.telnetd : 192.168.1.	ALL : ALL
192.168.1.로 시작하는 IP주소에 대해서 telnet서비스를 허용하고 그 외 모든 접근은 차단한다.	
in.telnetd : .com EXCEPT www.ismspwin.com	ALL : ALL
www.ismspwin.com을 제외한 모든 .com도메인의 호스트에 대해 텔넷 서비스를 허용한다.	
ALL : ALL	ALL EXCEPT sshd : ALL
모든 호스트에 대해 SSH 서비스를 제외한 모든 서비스를 거부한다. (X) hosts.allow가 먼저 적용되므로 모든 서비스에 접근을 허용하게 된다.	

TCP Wrapper
TCP Wrapper에서 주의 깊게 봐두어야 할 부분은 설정 파일의 이름과 룰의 적용순서, 그리고 맨 마지막의 ALL: ALL이다. 방화벽 룰을 보여주고 실제로 어떻게 적용되고 있는지를 묻는 문제는 상당히 자주 찾아볼 수 있다.

⑮ ISMS-P와 연관된 linux 시스템 명령어

인증심사원이라면 심사수행시 linux 및 windows 그리고 각종 네트워크장비들의 기본적인 내용들은 숙지를 할 필요가 있다.

항목	내용	명령어
로그기록	시스템 /var/log/message	해당 디렉토리 경로에서 확인
	보안 : /var/log/secure	
	cron : /var/log/cron	
	부팅 : /var/log/boot.log	
	FTP : /var/log/xferlog	
	웹서버 : /var/log/httpd/access_log ,error_log	
시스템로그	시스템부팅메시지 : /var/log/dmesg	dmesg

[1] 서비스목록은 서비스명(ftp)이 아닌 실행 데몬명(in.ftpd)으로 작성하여야한다.(ex : in.telnetd, sshd)

항목	내용	명령어
보안로그	현재접속자 확인 /var/log/utmp	w,who,finger
	로그인/아웃/부팅 /var/log/wtmp	last
	로그인실패 /var/log/btmp	lastb
하드웨어 관련	CPU 사용량	top
	RAM 사용량	free
	HDD 사용량	df -k 또는 -g
시스템 점검관련	CPU 세부사항 정보 /proc/cpuinfo	cat /proc/cpuinfo
	가동시간	uptime
프로세스 확인	좀비프로세스 확인	ps -ef | grep defunt
	죽은프로세스 확인	ps -ef | grep dead
패스 설정	패스 설정이 취약한지 확인	echo $PATH

```
┌─ (root💀kali)-[/var/log]
└─ # echo $PATH
/usr/local/sbin:/usr/local/bin:/usr/sbin:/usr/bin:/sbin:/bin:/usr/local/games:/usr/games
```

(::가 연속 두 번 나오거나 :이 있는 경우 취약)

파일 및 디렉토리 소유자 확인	소유자가 없거나 그룹이 없는 파일을 검색	find / -nouser find / -nogroup
SUID, SGID설정 파일 점검	SETUID나 SETGID가 설정되어 있는 파일들을 검색	find / -user root -type f \\(-perm -04000 -o -perm -02000 \\) -xdev -exec ls -al {} \\;

```
┌─ (root💀kali)-[/var/log]
└─ # find /_ -user root -type f \ ( -perm -04000 -o -perm -02000 \) -xdev -exec ls -al {} \;          1 x 1 ⚙
find: warning: you have specified the global option -xdev after the argument -user, but global options are not positio
nal, i.e., -xdev affects tests specified before it as well as those specified after it. Please specify global options
   before other arguments.
- rwsrwsrwx  1  root  root  0  4월  11  2021  /test/setugid.dat
- rwxrwsrwx  1  root  root  0  4월  11  2021  /test/setgid.dat
- rwsrwxrwx  1  root  root  0  4월  11  2021  /test/setuid.dat
```

world writable 파일점검	world writable(모든 사용자에게 쓰기 가능)가능한 파일들을 점검	find / -type f -perm -2 -exec ls -l {} \\;
숨겨진 파일 및 디렉터리	숨겨진 파일 및 디렉터리 점검명령	find / -type f -name ".*" find / -type d -name ".*"
불필요 서비스	불필요 포트 오픈여부, 서비스 사용 여부확인	netstat -antup chkconfig --list

2.4 윈도우 보안

1 로컬 보안 정책 설정

윈도우에서 사용자 계정 암호 정책을 확인하려는 경우 시작→제어판→관리도구→로컬보안정책 또는 Windows + R 키를 눌러 실행창을 띄운 후, secpol.msc를 실행시키면 된다.

〈로컬 보안 정책 화면〉

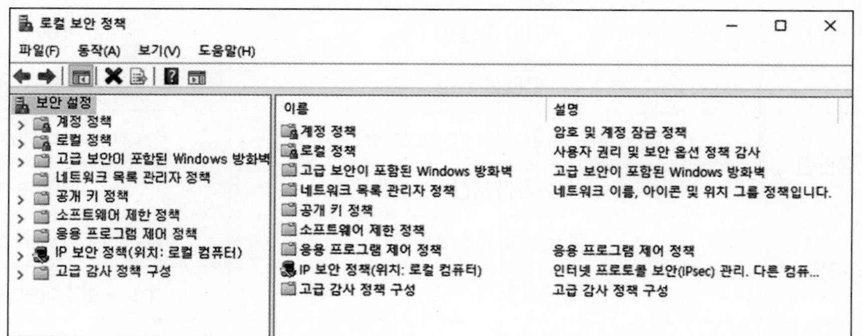

1) 암호 정책 탭

〈로컬 보안 정책의 계정정책→암호정책 설정 화면〉

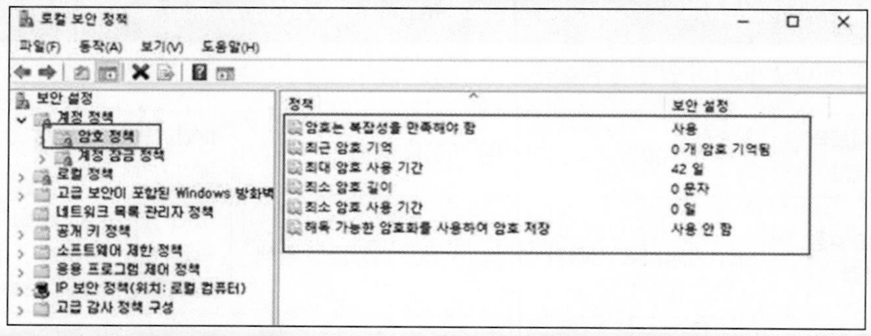

정책	설명
암호는 복잡성을 만족해야 함	사용자의 계정 이름이나 연속되는 문자 2개를 초과하는 사용자 전체 이름의 일부를 포함하지 않아야 함 길이가 최소한 6자 이상이어야 함 다음 네 가지 범주 중 세 가지의 문자를 포함해야 함 영문 대문자(A – Z) / 영문 소문자(a – z) 기본 10개 숫자(0 – 9) / 특수 문자(예: !, $, #, %)
최근 암호 기억	설정한 개수만큼 최근에 사용한 암호를 기억, 해당 암호를 사용할 수 없게 함
해독 가능한 암호화를 사용하여 암호 저장	CHAP 등의 별도 프로토콜 사용 시 해당 프로토콜이 해독할 수 있는 형태로 패스워드를 저장하며 기본값은 '사용 안 함'이어야 함

2) 계정잠금정책

〈계정 잠금 정책 설정 화면〉

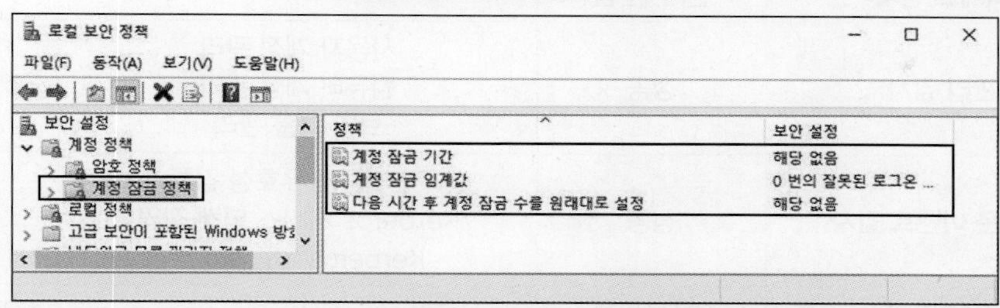

정책	설명
계정 잠금 시간	연속 N번 로그인 실패 후 설정 시간 동안 계정을 잠금
계정 잠금 임계값	설정한 횟수만큼 연속 로그인 실패 후 계정을 잠금
다음 시간 후 계정 잠금 수를 원래대로 설정	설정한 시간이 경과 후 로그인 실패 횟수를 0으로 재설정

로컬 보안계정 설정

암호복잡성 정책에서는 패스워드 최소 길이를 8자로 요구하기 때문에 개인정보 시스템 등 법적 요건이 있는 시스템의 경우 반드시 최소암호 길이도 별도로 설정해 주어야 한다.

계정 잠금 정책

본 정책은 Brute force 공격을 막기 위한 정책이다.

3) 감사정책

리눅스의 각종 로그들이 저장되는 것처럼 윈도우에서도 로그를 기록할 수 있는 정책을 하는 것이 감사 정책이다. 감사설정이 구성되어 있지 않거나 설정 수준이 너무 낮으면 보안 관련 문제 발생 시 원인을 파악하기 어렵다.

〈윈도우 감사정책 (올바르지 않은 감사정책)〉

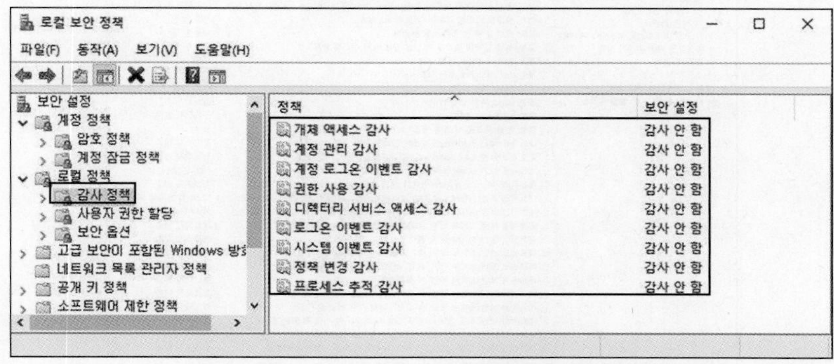

KISA에서 발간한 주요정보통신기반시설 기술적 취약점 분석·평가 방법 상세가이드를 참조한 감사 정책 권고 기준은 다음과 같다.

감사 정책	설정	고급 감사 정책	설정
개체 엑세스 감사	감사 안 함	–	감사 안 함
계정 관리 감사	성공	사용자 계정 관리 컴퓨터 계정 관리 보안 그룹 관리	성공 성공 성공
계정 로그온 이벤트 감사	성공	자격 증명 유효성 검사 Kerberos 서비스 티켓 작업 Kerberos 인증서비스	성공 성공 성공
권한 사용 감사	감사 안 함	–	감사 안 함
디렉토리 서비스 엑세스 감사	성공	디렉토리 서비스 액세스	성공
로그온 이벤트 감사	성공, 실패	로그온 로그오프 계정 잠금 특수 로그온 네트워크 정책 서버	성공, 실패 성공 성공 성공 성공, 실패
시스템 이벤트 감사	성공, 실패	보안 상태 변경 시스템 무결성 기타 시스템 이벤트	성공 성공, 실패 성공, 실패
정책 변경 감사	성공	감사 정책 변경 인증 정책 변경	성공 성공
프로세스 추적 감사	감사 안 함	–	감사 안 함

4) 보안옵션

〈로컬보안정책→로컬 정책→보안 옵션〉

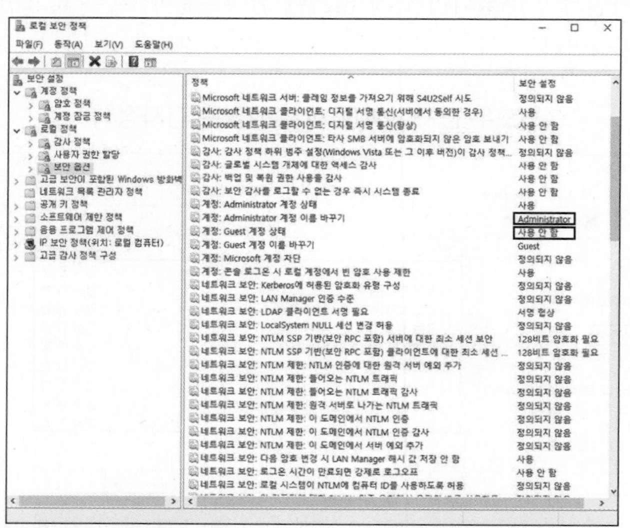

정책	보안설정
계정: Administrator 계정 이름 바꾸기	Administrator 사용 지양
계정: Guest 계정 상태	Guest 계정 사용 안 함 권고

2 레지스트리

윈도우는 시스템의 정보 및 설정을 레지스트리에 저장하고 있다.

레지스트리를 확인하기 위해서는 경우 Windows + R 키를 눌러 실행창을 띄운 후, regedit을 실행시키면 된다.

〈레지스트리 설정 화면〉

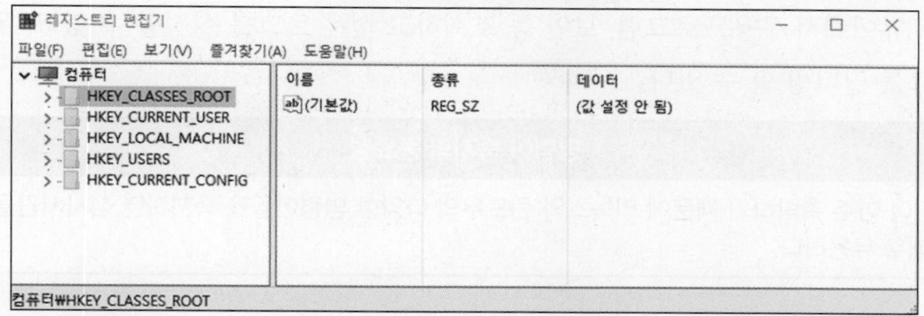

레지스트리 편집기에서 이름, 종류, 데이터 설정을 변경한다.

레지스트리의 주요 내용

레지스트리 명	설명
HKEY_CLASSES_ROOT	확장자 설정 및 등록된 응용프로그램에 대한 정보를 저장한다.
HKEY_CURRENT_USER	현재 사용자의 설정을 저장한다.
HKEY_LOCAL_MACHINE	시스템 정보 및 모든 사용자의 설정, 하드웨어의 드라이버 정보를 저장한다.
HKEY_USERS	모든 사용자의HKEY_CURRENT_USER에 대한 설정을 저장한다.
HKEY_CURRENT_CONFIG	디스플레이 및 프린터에 관한 설정을 저장한다.

하이브(Hive)파일

레지스트리의 정보를 가지고 있는 파일이다. 레지스트리 편집기는 하이브 파일을 읽어서 보여주거나 수정하는 것으로 레지스트리와 관련된 모든 정보는 하이브 파일에 저장되어 있다. 주로 %systemroot%\system32\config 디렉터리에 위치해있다.

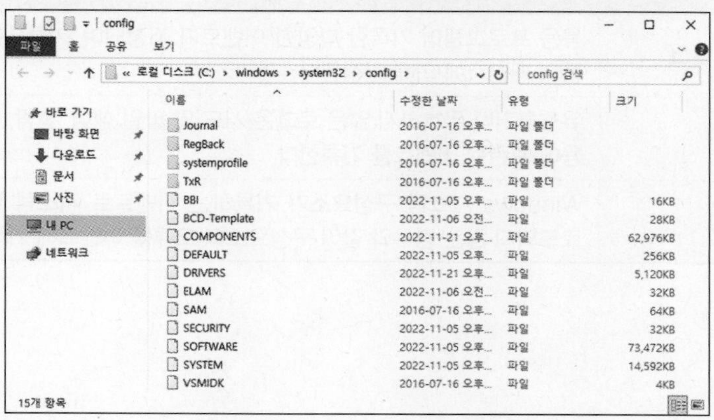

❸ 윈도우 로그파일 확인

서로 다른 파일에서 로그를 분산 관리하는 리눅스와는 다르게 윈도우에서는 로그를 중앙집중적으로 관리한다.

윈도우에서 로그파일을 확인하려는 경우 Windows + R 키를 눌러 실행창을 띄운 후, eventvwr.msc를 실행시키면 된다.

좌측의 이벤트 뷰어에서 응용프로그램, 보안 등 조회하고 싶은 로그를 설정할 수 있고, 우측의 필터에서 원하는 로그를 필터링 할 수 있다.

명령어 숙지의 중요성
심사 때는 시간이 아주 촉박하기 때문에 리눅스와 윈도우의 다양한 명령어들을 숙지하면 심사시간을 단축시킬 수 있어 심사 시 매우 유용하다.

〈윈도우 이벤트 뷰어〉

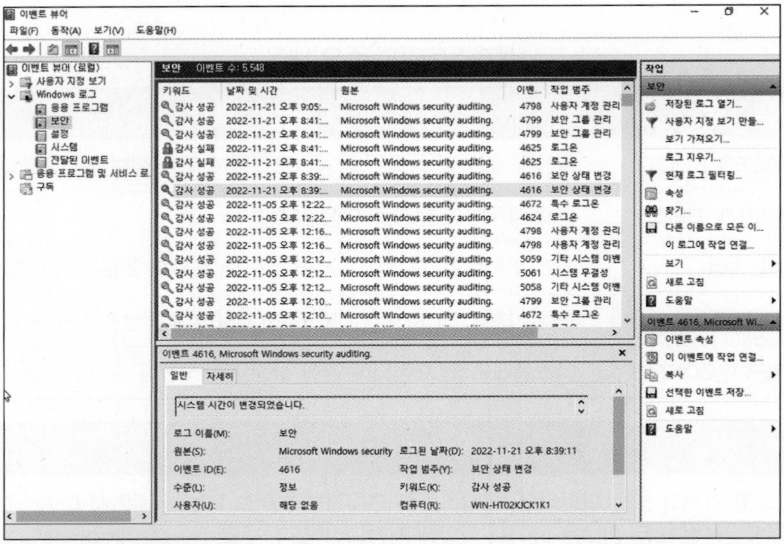

이벤트 로그	설명
응용 프로그램 로그	응용 프로그램이 기록한 다양한 이벤트가 저장되며, 기록되는 이벤트는 해당 제품의 개발자에 의해 결정된다.
보안로그	유효하거나 유효하지 않은 로그온 시도 및 파일 생성, 열람, 삭제 등의 리소스 사용에 관련된 이벤트를 기록한다.
시스템 로그	Windows 시스템 구성요소가 기록하는 이벤트로 시스템 부팅 시, 드라이버가 로드되지 않는 경우와 같이 구성요소의 오류를 이벤트에 기록한다.

4 net명령어

NetBIOS상에서 이루어지는 명령어의 집합. Net명령어를 사용하여 파일과 프린터 공유, 서비스 시작/중단, 시간설정, 계정설정 등의 명령어들을 사용할 수 있다. ISMS-P인증심사시 자주 사용되는 명령 위주로 기술하였다.

〈net명령어〉

```
Administrator: C:₩Windows₩system32₩cmd.exe

Microsoft Windows [Version 10.0.14393]
(c) 2016 Microsoft Corporation. All rights reserved.

C:\Users \Administrator>net
The syntax of this command is:

NET
                [ ACCOUNTS | COMPUTER | CONFIG | CONTINUE | FILE | GROUP | HELP |
                  HELPMSG | LOCALGROUP | PAUSE | SESSION | SHARE | START
                  STATISTICS | STOP | TIME | USE | USER | VIEW ]

C:\Users\Administrator>
```

• 사용법 : net [명령어] [옵션] [UNC_path[1]]

1) net accounts

암호, 로그온제한사항 및 도메인 정보의 현재 설정상태를 보여준다.

```
Administrator: C:₩Windows₩system32₩cmd.exe

Microsoft Windows [Version 10.0.14393]
(c) 2016 Microsoft Corporation. All rights reserved.

C:\Users\Administrator>net accounts
Force user logoff how long after time expires?:        Never
Minimum password age (days):                           0
Maximum password age (days):                           42
Minimum password length:                               0
Length of password history maintained:                 None
Lockout threshold:                                     Never
Lockout duration (minutes):                            30
Lockout observation window (minutes):                  30
Computer role:                                         SERVER
The command completed successfully.

C:\Users\Administrator>_
```

[1] ₩컴퓨터이름 및 IP디렉터리이름

2) net share

공유폴더를 확인하고 설정한다.

```
Administrator: C:₩Windows₩system32₩cmd.exe

C:\Users\Administrator>net share

Share name      Resource                      Remark

-------------------------------------------------------------------------------
C$              C:\                           Default share
IPC$                                          Remote IPC
ADMIN$          C:\Windows                    Remote Admin
The command  completed successfully.

C:\Users\Administrator>
```

• 공유폴더 제거 방법 : net share C$ /delete 를 입력하면 공유 폴더를 제거할 수 있다.

```
Administrator: C:₩Windows₩system32₩cmd.exe

C:\Users\Administrator>net share C$ /del
C$ was deleted successfully.


C:\Users\Admirnistrator>net  share

Share name      Resource                      Remark

-------------------------------------------------------------------------------
IPC$                                          Remote IPC
ADMIN$          C:\Windows                    Remote Admin
The command completed successfully.


C:\Users\Administrator>
```

폴더명	설명
C$	C드라이브 접근에 사용되는 공유폴더이다.
IPC$	Inter Process Communication의 약자로 네트워크에서 프로세스간 통신 시 사용된다. Null 세션 연결(계정명과 패스워드를Null로 로그인) 취약점에 악용될 수 있다.❶
ADMIN$	대상 시스템의 윈도우 설치 폴더에 접근할 수 있는 관리용 공유폴더이다.

공유폴더 설정
이 폴더들은 기본적으로 공유되는 폴더들이기 때문에 별도의PC 관리 솔루션이 없다면 놓치기 쉬운 부분이다. 심사를 대비 중이라면 한 번쯤 짚고 넘어가자.

❶ TCP139번에서 만들어지며 Windows의 계정, 비밀번호, 그룹, 프로세서를 보여주는 기능을 한다. IPC$를 제거하면 네트워크 서비스 일부 문제가 발생 될 수 있기 때문에 환경을 고려하여 공유를 제거할지 확인하여야 한다.

5 netsh 명령어

현재 실행 중인 컴퓨터의 네트워크 구성을 표시하거나 수정할 수 있다. 즉 기본 윈도우 방화벽 설정[1]을 설정할 수 있고 네트워크 카드의 인터페이스를 확인하여 ip설정 등도 가능하다. 또한 기존에 저장된 무선네트워크 프로파일도 확인 가능하며 저장 및 삭제도 가능하다.

- 사용법: netsh [-a 별칭 파일] [-c 컨텍스트] [-r 원격 컴퓨터] [-u [DomainName\]UserName] [-p 암호 | *] [명령 | -f 스크립트 파일]

〈무선랜 드라이버 정보 확인 : netsh wlan show drivers〉

```
C:₩Windows₩system32>netsh wlan show drivers

인터페이스 이름: Wi-Fi
드라이버                : Realtek 8822BE Wireless LAN 802.11ac PCI-E NIC
공급업체                : Realtek Semiconductor Corp.
공급자                  : Microsoft
날짜                    : 2019-06-05
버전                    : 2024.0.8.108
INF 파일                : netrtwlane.inf
유형                    : 기본 Wi-Fi 드라이버
지원되는 주파수 형식    : 802.11n 802.11g 802.11b 802.11ac 802.11n 802.11a
FIPS 140-2 모드 지원됨 : 예
802 . 11w 관리 프레임 보호 지원됨 : 예
호스트된 네트워크 지원 : 아니요
인프라 모드에서 지원되는 인증 및 암호:
                        오픈                    없음
                        WPA2-개인               CCMP
                        오픈                    WEP-40bit
                        오픈                    WEP-104비트
                        오픈                    WEP
                        WPA-엔터프라이즈        TKIP
                        WPA-개인                TKIP
                        WPA2-엔터프라이즈       TKIP
                        WPA2-개인               TKIP
                        WPA-엔터프라이즈        CCMP
                        WPA-개인                CCMP
                        WPA2-엔터프라이즈       CCMP
                        공급업체 정의           TKIP
                        공급업체 정의           CCMP
                        공급업체 정의           공급업체 정의
                        공급업체 정의           공급업체 정의
                        WPA2-엔터프라이즈       공급업체 정의
                        WPA2-엔터프라이즈       공급업체 정의
                        공급업체 정의           공급업체 정의
                        공급업체 정의           공급업체 정의
지원되는 무선 디스플레이: 예(그래픽 드라이버: 예, Wi-Fi 드라이버: 예)
```

---

[1] netsh advfirewall firewall add rule name="SSH" dir=in action=deny protocol=TCP localport=22
[netsh명령을 이용하여 윈도우 방화벽에 TCP 22번 포트의 인바운드 접속을 차단하는 설정]

〈무선랜 보고서 생성 : netsh wlan show WLANreport〉

```
선택 관리자: 명령 프롬프트

Microsoft Windows [Version 10.0.19044.2251]
(c) Microsoft Corporation. All rights reserved.

C:₩Windows₩s₩sytem32>netsh wlan show WLANreport
보고서 생성 중…
WLAN 이벤트 쿼리 중…
NCSI 이벤트 쿼리 중···
NDIS 이벤트 쿼리 중…
EAP 이벤트 쿼리 중…
WCM 이벤트 쿼리 중
커널 이벤트 쿼리 중…
시스템 이벤트 쿼리 중…
Ipconf ig 실행 중…
netsh wlan show all 실행 중…
무선 프로필 쿼리 중…
시스템 사용자 및 정보 사용자 쿼리 중
인증서 쿼리 중…
네트워크 장치 쿼리 중…
보고서를 다음에 기록했습니다:C:₩ProgramData₩Microsoft₩Windows₩WlanReport₩wlan-report-latest.html
완료.
C: ₩Windows₩system32>
```

〈netsh wlan show profiles "무선랜명"〉

```
C: ₩Users₩ddang>netsh wlan show profiles Troopers2.4Ghz

Wi-Fi 인터페이스의 Troopers2. 4Ghz 프로필:
=======================================================
적용됨 : 모든 사용자 프로필

프로필 정보
------------------------
버전                    : 1
유형                    : 무선 LAN
이름                    : Troopers2.4Ghz
제어 옵션               :
연결 모드               : 자동 연결
네트워크 브로드캐스트   : 이 네트워크가 브로드캐스트 중인 경우에만 연결
자동 전환               : 다른 네트워크로 전환 안 함
MAC 임의 지정           : 사용 안 함

연결 설정
------------------------
SSID 개수               : 1
SSID 이름               : "Troopers2.4Ghz"
네트워크 종류           : 인프라
Radio 유형              : [ 모든 무선 유형 ]
공급업체 확장           : 없음

보안 설정
------------------------
인증                    : WPA2-개인
암호                    : CCMP
인증                    : WPA2-개인
암호                    : GCMP
보안 키                 : 있음

비용 설정
------------------------
비용                    : 제한 없음
정체됨                  : 아니요
데이터 제한에 근접      : 아니요
데이터 제한 초과        : 아니요
로밍                    : 아니요
비용 출처               : 기본값

C: ₩Users₩ddang>_
```

2.5 시스템 보안 위협

1 경쟁조건(Race condition)

경쟁조건(Race condition)은 리눅스 시스템에서 하나의 자원에 동시에 여러 프로세스가 접근하여 발생하는 문제이다.

1) 경쟁조건을 일으키기 위해서는 취약한 프로그램이 임시 파일을 생성해야 하고, 악성 프로그램은 해당 프로그램의 이름을 지닌 심볼릭 링크를 생성, 이를 악성 파일에 연결해야 한다.

2) 경쟁조건(Race condition)의 방어 기법

경쟁조건을 막기 위해서는 Argument로 전달받은 파일이 심볼릭 링크 파일일 경우 프로그램을 종료해야 한다.

〈경쟁조건의 공격 예시〉

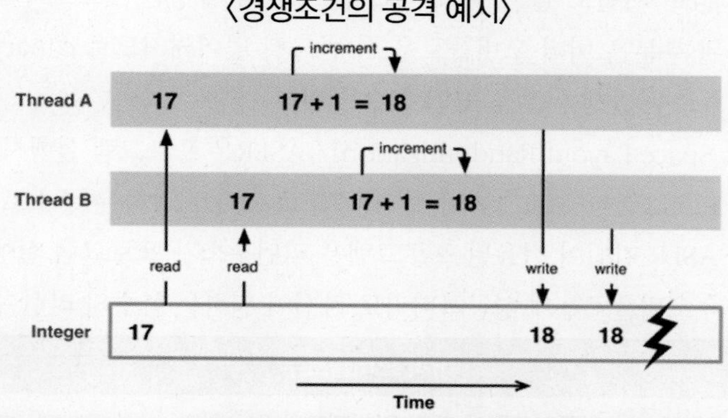

경쟁조건이 만드는 악성 파일

경쟁조건을 일으키는 악성코드로 발생되는 백도어, 혹은 백도어 계정을 찾기 위해서는 Root 소유주인 파일 중 SetUID가 되어 있는 파일을 찾거나 passwd 파일 등의 변경을 주시해야 한다.

2 버퍼 오버플로우(Buffer Overflow)

사용자로부터 입력받은 값보다 입력받은 값을 메모리상에 저장하는 버퍼(Buffer)가 작아 입력받은 값이 버퍼 밖으로 흘러넘치는(Overflow) 취약점을 의미한다.

1) 버퍼 오버플로우의 공격 과정

버퍼 오버플로우 취약점으로 인해 버퍼 밖으로 넘친 입력값은 버퍼 이후 주소의 메모리를 순서대로 덮어쓰게 된다. 이를 그림으로 나타내면 아래와 같다.

〈Buffer Overflow 공격 예시〉

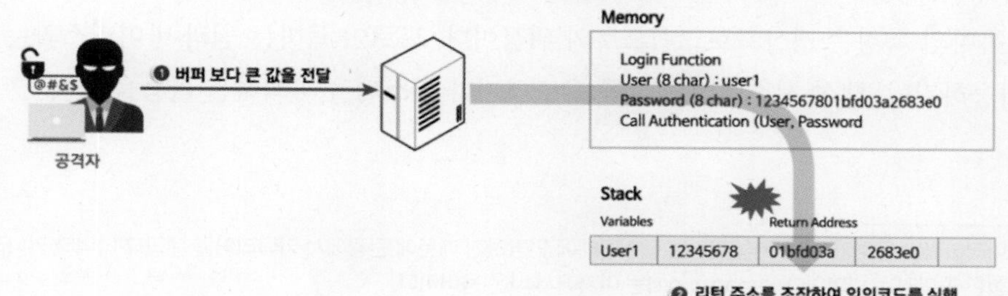

버퍼 오버플로우로 인하여 공격자가 메모리상에 존재하는 대상프로그램의 복귀주소를 덮어쓴 경우, 공격자는 자신이 원하는 함수로 복귀주소를 변조, 인증과정을 건너뛰는 등의 행위를 수행할 수 있다.

2) 버퍼 오버플로우의 방어기법

① 안전한 함수 사용 : strcpy 함수의 경우, 입력값과 입력값을 넣을 곳, 2개의 인자 값을 지닌다. 이때 입력값이 입력값을 넣을 곳보다 크다면 버퍼 오버플로우가 발생한다.
그러나 strncpy 함수의 경우, 입력값과 입력값을 넣을 곳, 복사할 길이 3개의 인자 값을 지니고 있어, 복사할 길이만큼만 복사한다. 따라서 입력값이 입력값을 넣을 곳보다 크더라도 의도한 길이 이외에는 복사가 되지 않는다.

② Canary word[1] : Canary word는 stack guard라고도 하며 버퍼와 메모리상의 공간에 canary 값을 두고 해당 값이 위변조 될 경우 버퍼오버플로우가 발생한 것으로 간주하는 것이다. 위 표에서 음영표시 된 부분은 버퍼 오버플로우 시 반드시 덮어써지므로 canary word의 위변조 여부로 버퍼 오버플로우 발생 여부를 확인할 수 있다.

③ ASLR (Address Space Layout Randomization) : ASLR은 프로그램 실행시마다 Base 주소를(메모리 영역에서 프로그램이 프로그램이 자리를 잡고 쓰기 시작하는 주소로) 랜덤하게 가지도록 하는 기법이다. ASLR 기법이 적용된 프로그램은 리턴주소가 프로그램 실행시마다 바뀌기 때문에 공격자는 버퍼 오버플로우에 성공하더라도 자신이 원하는 함수의 리턴 주소를 알 수 없다.

버퍼 오버플로우

버퍼 오버플로우를 막기 위해서는 시큐어코딩에 대한 인식제고가 필요하다.
일전에 개발자분과 시큐어 코딩에 대한 이야기를 하면서 들은 이야기가 본인은 개발을 10년 넘게 했지만 시큐어 코딩이 필요하다는 이야기는 한번도 듣지 못했다는 것이었다. 그것은 결코 자랑이 아니다.

3 악성 프로그램

의도적으로 시스템을 침해할 목적으로 만들어진 프로그램 악성 프로그램(Malware)이라 하며, 악성 프로그램은 다음과 같은 유형이 있다.

1) 웜(Worm)

웜의 특징은 복제와 전파이다. 웜은 네트워크를 통해 스스로를 복제, 전파하는 악성 프로그램이며 바이러스와는 달리 다른 프로그램을 감염시키지는 않는다.

2) 트로이 목마(Trojan horse)

트로이목마의 특징은 정상프로그램으로의 위장이다. 트로이 목마는 웜과 바이러스와는 달리 복제는 불가능하지만, 대상 시스템의 자료를 유출하거나 시스템을 파괴하는 활동을 한다.

---

[1] 탄광의 카나리아라는 용어가 있다. 카나리아는 대기상태에 민감하기 때문에 탄광에서 카나리아를 데리고 다니다 카나리아가 죽으면 그곳은 위험한 곳이라는 의미이다. canary word는 여기에서 나온 용어이다.

3) 바이러스(Virus)

바이러스의 특징은 감염과 복제이다. 바이러스는 독립적으로 존재하지 못하고 숙주가 필요하며, 숙주로 하여금 악성 행위를 하게 하고 다른 시스템으로 전파되게 한다. 바이러스의 종류는 파일, 부트섹터, 메모리 바이러스가 있다.

4) 스파이웨어(Spyware)

스파이웨어의 특징은 스파이처럼 조용히 정보를 유출하는 것이다. 스파이웨어는 시스템 파괴행위를 수행하지는 않으나, 사용자 몰래 사용자의 개인정보 혹은 시스템의 정보를 유출하는 악성 프로그램이다.

5) 랜섬웨어(Ransomware)

랜섬웨어는 Ransom + software에서 온 것으로 사용자의 디스크를 암호화하고 복호화를 대가로 금전(특히 가상화폐)을 요구하는 악성코드이다. RSA1024, AES128 등의 암호화를 이용해 현재 기술로는 복호화 키 없이 복구가 불가능한 것이 대부분이며 대가를 지불하더라도 복호화를 제공하지 않는 경우가 있기 때문에 랜섬웨어 예방 및 복구를 위해서는 백업이 필수적이다.

6) 크립토재킹(Cryptojacking)

암호화폐를 뜻하는 cryptocurrency와 납치를 뜻하는 hijacking의 합성어로 해커가 암호화폐를 채굴하기 위해 피해자 몰래 악성코드를 심어 컴퓨터를 채굴에 이용하는 신종 사이버 범죄이다.

7) 키로거(Keylogger)

키로거는 사용자의 키, 마우스 입력을 기록, 공격자에게 전달하는 악성 프로그램이다. 키로거를 이용해서 사용자의 계정정보 등을 탈취할 수 있다. 금융권에서는 키로거를 방어하기 위해 가상키보드를 사용한다.

8) 백도어(Backdoor)

백도어는 'Back'door 라는 이름처럼 로그인 등의 정상적인 사용자 인증을 거치지 않고 관리자권한 혹은 내부정보를 획득할 수 있는 프로그램이다. 유지보수 등을 위해서 뚫어놓은 비밀 경로도 백도어라고 부를 수 있다.

9) 루트킷

루트킷은 Root 'kit'이라는 이름처럼 단순히 관리자 권한 접근뿐만 아니라 공격경로 은폐 및 사용기록 삭제 등을 동시에 수행해 공격자의 침입을 알아채기 힘들게 하는 여러 프로그램의 집합이다.

악성 프로그램 대응
네트워크: 방화벽 및 IPS 도입, 주기적인 IPS Rule 업데이트 사용자: 백신 설치 및 주기적인 OS 패치

Chapter 2 확인 문제

1 Root 소유 파일이며 SetUID가 설정된 파일은 보안상 취약할 가능성이 높다.

(O, X)

2 최근 접속한 사용자의 기록을 확인할 수 있는 명령은 w이다.

(O, X)

해설

lastlog명령이다. w명령은 utmp파일을 조회하는 명령으로 현재 로그인 상태 정보를 확인하는 명령어이다.

3 사용자 계정 정보는 passwd 파일에 저장되고 사용자 패스워드 정보는 shadow 파일에 저장된다.

(O, X)

해설

사용자 패스워드 정보는 pwunconv명령어로 passwd 파일에 저장할 수도 있지만 권장하지 않는 방법이다.

4 리눅스의 secure로그에서 보안관련(audit, permission 등) 로그를 확인 가능하다.

(O, X)

해설

secure로그의 경로는 /var/log/secure이며, 원격(ssh, telnet, ftp)로그인정보를 저장하는 로그이다.

5 리눅스의 chage –l [계정명] 명령어를 사용하여 패스워드의 날짜관련 설정들을 확인할 수 있다.

(O, X)

6 리눅스에서 파일 소유주의 권한이 4755인 파일은 GID가 설정된 파일이다.

(O, X)

해설

리눅스에서 권한이 4755인 파일은 SetUID가 설정된 파일이다.(SetUID : 4000, SetGID : 2000, StickyBit : 1000)

7 윈도우에서 사용자 계정 암호강도 준수 여부를 확인하고 싶을 경우 secpol.msc를 실행하면 된다.

(O, X)

8 리눅스 시스템의 암호정책은/etc/profile에서 관리한다.

(O, X)

해설

리눅스 시스템의 암호정책은 /etc/login.defs에서 관리한다.

9 윈도우에서 생성된 계정을 확인하는 명령어로 net명령어를 사용한다.

(O, X)

해설

정확히 net user명령이다. 하지만 포괄적으로 net명령어를 사용해 그룹, 사용자, 계정 정책, 공유 등에 대한 작업을 할 수 있다.

10 윈도우에서 관리목적상 ADMIN$, C$, D$, IPC$는 기본적으로 공유하도록 설정되어 있다.

(O, X)

★ 정답 ★	1 ○	2 ×	3 ○	4 ×	5 ○	6 ×	7 ○	8 ×	9 ○	10 ○

Chapter 2 실전 문제

1 인증심사 과정에서 SSH를 이용해 개인정보시스템에 Root 계정 접근이 가능한 것이 결함 사항으로 지적되었다. 다음은 이에 대해 수정한 내역이며 이 대응 내역 중 적절하지 않은 것은 무엇인가?

① /etc/ssh/sshd_config 파일의 PermitRootLogin 항목을 수정하였다.
② 수정 후 반영을 위해 기존 Root 터미널을 모두 종료하였다.
③ 개인정보 시스템에는 권한이 있는 사용자가 Local에서 접속하게 하였다.
④ 반드시 원격접속을 해야 할 경우 타 계정으로 접근한 뒤, su 명령어를 이용하도록 하였다.

해설

sshd_config 수정 후 반영을 위해서는 service sshd restart 명령어를 입력해야 한다.

2 다음은 침해사고가 발생한 개인정보 시스템의 /etc/passwd, /etc/group 파일이다.

```
vi /etc/passwd
root:x:0:0:root:/root: /bin/bash
mail:x:8:8:mail:/var/mail: /bin/false
news:x:9:9:news:/usr/news: /news/nologin
games:x:10:0:games:/usr/games: /bin/bash
irc:x:11:11:irc:/var/irc: /use/sbin/nologin
user01:x:1001:1001::/home/user01: /bin/bash

vi /etc/group
root: x : 0: games
mail: x : 8
news: x : 9:
irc: x : 11
sysadmins: x: 1001: user01, user02
user: x : 1002:
```

다음 중 백도어로 의심되는 계정은 어느 것인가?

① mail ② news ③ user01
④ games ⑤ irc

해설

보기 Games가 root 그룹에 포함되어 있으며, bin/bash 쉘을 사용하고 있다.

★ 정답 ★	1 ②	2 ④

3 다음 /etc/shadow 파일에서 문제가 되는 항목은 총 몇 개인가?

```
vi /etc/shadow
root:$1$Mg4AK$9QfefVKYef:19440:0:99999:7:::
```

* 1970년 1월 1일부터 2018년 12월 31일까지는 1789일이다.

① 없음 ② 1개 ③ 2개
④ 3개 ⑤ 4개 이상

해설

① Md5로 패스워드를 암호화하고 있음 ($1)
② 마지막 패스워드 변경일이 2018년 12월 31일보다 5천일 이상 이전임 (12345)
③ 패스워드 최대 사용 기간이 무한대임 (99999)

4 인증심사 중 심사원이 더 이상 로그인하지 않는 사용자 확인을 요청했다. 이때 가장 적합한 명령어는 무엇인가?

① who ② lastb ③ lastlog
④ syslog ⑤ messages

해설

Lastlog는 계정 사용자의 마지막 로그인 정보를 확인할 수 있는 명령어이다.

5 인증심사 중 심사원이 lastb 명령어 입력을 요청했다. 이때 심사원이 파악하고자 하는 공격으로 가장 적절한 것은 무엇인가?

① Brute force ② 파밍 ③ SYN Flooding
④ ARP 스푸핑 ⑤ Port scan

해설

lastb는 실패한 로그인 정보를 확인할 수 있는 명령어로 Brute force 공격 식별에 사용할 수 있다.

★ 정답 ★	3 ④	4 ③	5 ①

6 **다음 인터뷰에서 언급된 담당자의 업무설명 중 특정 악성코드 행위와 유사한 것이 있다. 어떤 악성코드인가?**

> 심사원: 내부망PC에 대한 백신은 어떻게 업데이트하고 있습니까?
> 담당자: 회사 홈페이지에서 백신 파일을 다운로드, 해시값을 확인 후 전용 USB로 옮겨서 설치합니다.
> 심사원: 개인정보 처리 프로그램 유지보수는 어떻게 진행됩니까?
> 담당자: 업체 유지보수 담당자가 와서 특정 버튼을 순서대로 눌러서 관리자 모드로 진입, 점검합니다.
> 심사원: 데이터 백업은 어떻게 하고 있습니까?
> 담당자: 당일 자정에 Batch 작업으로 당일 치 작업 내역을 클라우드 서버에 백업합니다.

① 스파이웨어 ② 루트킷 ③ 백도어
④ 웜 ⑤ 트로이목마

해설

백도어는 정상적인 인증 절차를 거치지 않고 권한 획득을 가능하게 하는 프로그램으로 유지보수를 위한 것 역시 포함된다.

7 **B사의 직원이 인터넷 도박 사이트에 접속하여 승률 분석 프로그램으로 알려진 프로그램을 업무PC에 다운로드를 받아 실행하였다. 그러나 사실 이 프로그램은 내부의 문서, 그림 파일, 동영상 등을 모두 암호화하는 프로그램이고, 바탕화면에 readme.txt라는 파일이 생성되며 암호화를 해제하려면 암호화폐를 송금하라는 메시지가 남겨져 있다. B 사의 직원의 PC에 설치된 악성 프로그램은 무엇인가?**

① 키로거 ② 루트킷 ③ 스파이웨어
④ 랜섬웨어 ⑤ 웜

해설

랜섬웨어에 대한 설명이다. 주요 파일들을 암호화하고 복호화를 대가로 금전(가상화폐)를 요구하는 악성코드이다.

8 **다음 리눅스 서버에 대해 심사원이 확인한 내용 중 잘못된 것은?**

① 심사원은 lastlog명령어를 입력하여 최근 접속한 사용자 목록을 확인하였다.
② 심사원은 원격로그인 정보를 확인하기 위해 /var/log/secure 파일을 확인하였다.
③ 심사원은 시스템 ip정보를 확인하기 위해 ipconfig명령어를 입력하여 확인하였다.
④ 심사원은 리눅스 서버에 현재 오픈되어 있는 포트정보를 확인하기 위해 netstat명령어를 입력하여 확인하였다.

해설

③ ipconfig는 윈도우에서 사용되는 명령어이고 리눅스에서는 ifconfig 명령이다.

★ 정답 ★	6 ③	7 ④	8 ③

9 다음 화면들에 대한 설명으로 틀린 것을 고르시오.

```
cat (가)
root: x : 0: test01
games: x : 20:
sysadmins: x: 1002: user01, user02
user: x : 1003:
```

```
cat /etc/passwd
root:x:0:0:root:/root: /bin/bash
mail:x:8:8:mail:/var/mail: /bin/sh
user01:x:1001:1002::/home/user01: /bin/bash
```

① 위의 스크린 캡처에서 (가)에 들어갈 파일 경로는 /etc/group 이다.
② 위의 스크린 캡처는 보안상 취약한 부분이 있다.
③ 아래의 스크린 캡처는 보안상 취약한 부분이 있다.
④ user 01의 GID는 1001이다.
⑤ root의 UID는 0이다.

해설

② 위의 스크린 캡처는 root 그룹에 test01 사용자가 들어가 있다.
③ 아래의 스크립 캡처는 mail 계정이 bin/sh를 사용 가능하다.
④ user 01의 UID는 1001이고 GID는 1002이다.

10 다음 화면은 /etc/shadow파일의 일부분이다. 결함으로 판단되는 항목을 고르시오. (1970년 1월 1일부터 현재 2024년 2월 23일까지는 19776일이다.)

```
troopers:$y$j9T$w6Y0vrBlxAlWiJGbvVOFfo$gkDQjD7eGqWEQK1p2/L87CVVxT3Ej2DxEkNfeGXDfPD:19701:0:99999:7:::
```

① 패스워드 암호화방식에 대해서 결함이라고 판단하였다.
② 패스워드 변경 날짜가 오래되어 결함이라고 판단하였다.
③ 암호를 변경한 날 이후부터 패스워드 만료일수가 길게 설정되어 있어 결함이라고 판단하였다.
④ 해당 계정은 솔트가 적용되어 있지 않아 결함이라고 판단하였다.

해설

① 해당 패스워드 암호화방식 yescrypt방식이며 scrypt를 기반으로 하는 KDF암호해싱체계이다. 신청기관에서 해당 암호화방식이 안전한 암호화 알고리즘이라고 객관적인 자료를 제시한다면 무조건 결함이라고 판단하면 안 된다.(최신 ALT Linux , Debian 11 , Fedora 35+ , Kali Linux 2021.1+ 및 Ubuntu 22.04+ 의 기본 암호해싱 체계임. Fedora 29+ , RHEL 9+ 및 Ubuntu 20.04+ 에서도 지원되며 Fedora CoreOS 의 새 암호에 권장되는 방식이다.)
② 현재 2024년 2월 23일 기준 비밀번호를 변경하고 75일이 지났으므로 비밀번호 변경 주기가 아직 되지 않았을 것으로 판단된다.
③ 해당 문제에 가장 결함으로 가까운 항목이다.
④ 솔트는 문제 없이 적용이 되어 있다. 또한, 솔트가 적용이 되지 않았다고 하더라도 암호화 가이드라인상에는 솔트에 대한 기준이 없으므로, 무조건 결함이라고 판단하지 않아야 한다.

★ 정답 ★	9 ④	10 ③

11 **다음 중 그림의 리눅스의 파일 권한과 관련해서 잘못된 내용을 고르시오.**

```
-rw-r--r--    1 root    root      2356    Oct   8   22:29     passwd
```

```
-rw-r-----    1 root    shadow    1132    Dec   6   21:50     shadow
```

① 누구나 passwd 파일을 읽을 수 있다.

② root이거나 shadow 그룹이 아니면 누구도 shadow 파일을 읽을 수 없다.

③ 파일의 소유주는 chown 명령어를 이용해서 변경 가능하다.

④ 파일의 그룹은 chage 명령어를 이용해서 변경 가능하다.

⑤ Umask가 022라면 기본적으로 생성되는 파일 권한은 644이다.

해설

① passwd 파일의 권한은 644이므로 누구나 읽을 수 있다.
② shadow 파일의 권한은 640이므로 root와 shadow 그룹만 읽을 수 있다.
③ 파일의 권한은 chmod 명령어를 이용해서 변경 가능하다.
④ 파일의 그룹은 chown [옵션] [소유자:그룹] [파일] , chgrp [옵션] [그룹소유자이름] [파일] 명령어로 변경 가능하다. chage는 패스워드 만료 정보를 변경하는 명령어이다.
⑤ 666 – UMASK값(write가 제거) = 기본적으로 생성되는 파일 권한이다. / 디렉터리는 777 – UMASK값이다.

12 **다음 화면에 대한 설명으로 틀린 것을 모두 고르시오. (2개)**

```
-rwsr-xr-x     1  root  games     0 Dec  6  22:21  file_1
-rwxrwsr-x     1  root  games     0 Dec  6  22:21  file_2
drwxrwxrwt     2  root  games  4096 Dec  6  22:21  folder_3
```

① folder_3은 Root와 디렉터리 소유자만 변경 및 삭제 가능하다.

② 일반 사용자가 file_1를 실행시 games의 권한으로 실행된다.

③ 일반 사용자가 file_2를 실행시 root 권한으로 실행된다.

④ folder_3과 같은 형식의 폴더는 공유 폴더의 보안성을 높이기 위해서 사용된다.

⑤ folder_3과 같은 형식의 폴더는 임시폴더에 주로 쓰인다.

해설

file_1은 Set UID, file_2는 Set GID, folder_3은 sticky bit이다.
일반 사용자가 file_1를 실행시키면 소유자인 root권한으로 실행된다.
일반 사용자가 file_2를 실행시키면 games그룹권한으로 실행된다.
sticky bit는 보안성을 높이기 위해서 사용된다.

★ 정답 ★	11 ④	12 ②, ③

13 **다음 중 리눅스 /etc/shadow파일을 통해서 알 수 없는 것은 무엇인가?**

① 사용자 계정명

② 암호화 적용시 해시 알고리즘 및 솔트의 적용 유무

③ 해시 알고리즘으로 암호화 적용된 원본 패스워드의 길이

④ 변경한 패스워드의 최대 사용 가능 일수

해설

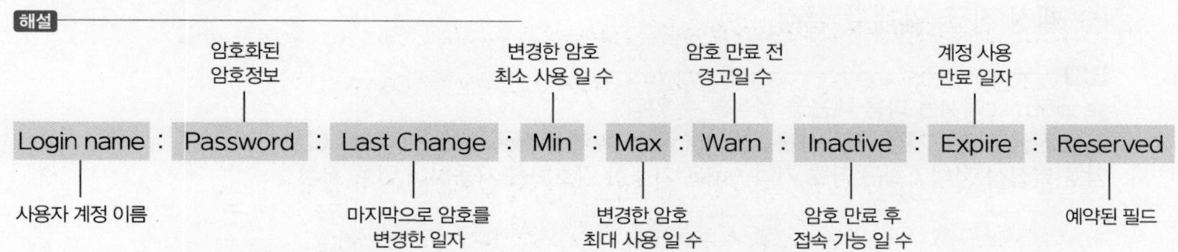

③ 암호화 적용된 패스워드의 길이는 알 수 없다.

14 **다음 중 잘못된 설명을 고르시오.**

① 리눅스 시스템의 암호 정책은 /etc/login.defs에서 변경한다.

② 세션 타임아웃 시간은 /etc/profile에서 변경한다.

③ 로그인 실패 시 계정 잠금 정책은 /etc/pam.d/system-auth에서 변경한다.

④ no_magic_root 설정 시 Root 계정도 로그인 실패 시 계정 잠금이 되기 때문에 주의해야 한다.

⑤ reset 설정 시 2회 로그인 실패 후 정상 로그인이 되면 로그인 실패 카운터는 0이 된다.

해설

no_magic_root 설정 시 Root 계정은 로그인 실패 시 count만 한다.

15 **다음 중 잘못된 설명을 고르시오.**

① crontab의 옵션은 세 가지가 있고 각각 -e(편집), -d(삭제), -l(목록조회)이다.

② * * * * */init.sh 은 1분에 1번 실행된다.

③ 0 6 **1/init.sh 은 월요일마다 1번씩 실행된다.

④ 30 */4 * * * /init.sh은 하루에 6번 실행된다.

⑤ 10,50 * * * */init.sh은 하루에 48번 실행된다.

해설

crontab의 옵션은 세 가지가 있고 각각 –e(편집), –r(삭제), –l(목록조회)이다.(분, 시, 일, 월, 요로 암기)

★ 정답 ★	13 ③	14 ④	15 ①

16 다음 중 secpol.msc에서 설정할 수 없는 내용은 무엇인가?

① 암호 복잡도 정책

② 최근 사용한 N개 암호 사용하지 않기

③ 계정 잠금 기간 설정

④ 암호 저장 시 사용하는 해시 알고리즘

⑤ 계정 잠금 임계값 설정

해설

secpol.msc에서는 다음 내용을 설정할 수 있다.
계정 잠금 시간 / 계정 잠금 임계값 / 다음 시간 후 계정 잠금 수를 원래대로 설정
암호 복잡성 정책 / 최근 암호 기억 / 해독 가능한 암호화를 사용하여 암호 저장

17 ISMS 인증심사 중 심사원이 로그인 이벤트 조회를 요청했다. 다음 중 어느 명령어를 사용해야 하는가?

① regedit ② eventvwr.msc ③ certutil

④ nslookup ⑤ secpol.msc

해설

각각의 명령어의 용도는 다음과 같다.

- regedit: 레지스트리 편집
- eventvwr.msc: 로그인 이벤트 조회
- certutil: 인증서 정보 조회
- nslookup: DNS 관련 정보 조회
- secpol.msc: 사용자 계정 암호정책 조회

18 다음 중 Null 세션 연결 취약점과 관련된 공유폴더를 고르시오.

① IPC$ ② ADMIN$ ③ USER$

④ NULL$ ⑤ C$

해설

ADMIN$은 대상 시스템의 원격 관리 시 사용하는 공유폴더이다.
Null 세션 연결 (계정명과 패스워드를 Null로 로그인) 취약점과 관련이 있는 공유폴더는 IPC$ 이다.

★ 정답 ★	16 ④	17 ②	18 ①

19 다음 TCP Wrapper Rule에 대하여 바르게 설명한 것을 고르시오. (단, TCP Wrapper 데몬은 구동중인 상황이다)

```
hosts.allow
[내용 없음]
hosts.deny
[내용 없음]
```

① 모든 접속이 허용된다.
② 모든 접속이 거부된다.
③ TCP Wrapper 데몬이 중지된다.
④ TCP Wrapper에서 제어되는 모든 서비스는 허용된다.
⑤ TCP Wrapper에서 제어되는 모든 서비스는 거부된다.

해설

적용순서 : hosts.allow → hosts.deny
hosts.allow에 정의된 서비스가 있으면 해당 서비스는 허용된다.
hosts.allow에 정의된 서비스가 없으면 hosts.deny파일에 정의되어 있는 서비스를 확인하고 있으면 거부한다.
hosts.allow와 hosts.deny파일에 아무런 내용이 없으면 기본적으로 모든 것이 허용되어 있다.

20 다음 TCP Wrapper Rule에 대한 서술로 틀린 것을 모두 고르시오. (2개)

hosts.allow

```
SSH: 192.168.10.200/255.255.255.255
FTP: 192.168.0.0/255.255.0.0
```

hosts.deny

```
SSH:192.168.10.0/255.255.255.0
FTP: 192.0.0.0/255.0.0.0
```

① 192.168.10.7의 사용자는 SSH를 제외한 모든 서비스를 이용할 수 있다.
② hosts.allow와 hosts.deny에 중복되는 Rule이 있을 경우 hosts.deny가 우선적으로 적용된다.
③ 192.168.10.0/24 대역에서 SSH에 접속 가능한 IP는 1개이다.
④ FTP를 쓸 수 있는 사용자는192.168.0.0/16 대역의 모든 사용자이다.
⑤ List에 명시되어 있지 않은 패킷은 모두 차단된다.

해설

hosts.allow와 hosts.deny에 중복되는 Rule이 있을 경우 hosts.allow가 우선적으로 적용된다.
List에 명시되어 있지 않은 패킷은 모두 통과된다.

★ 정답 ★	19 ④	20 ②, ⑤

21 다음 TCP Wrapper Rule에 대한 서술로 잘못 설명된 것을 모두 고르시오.

①

```
hosts.allow
ALL: localhost .isms.co.kr
hosts.deny
ALL:ALL
로컬호스트와 isms.co.kr 도메인의 호스트에 대해 모든 서비스는 허용하고 나머지 모두 거부한다.
```

②

```
hosts.allow
sshd: ALL
hosts.deny
sshd: 10.10.10.
모든 대역의 호스트에 대해 sshd서비스는 허용하지만 10.10.10.X대역의 sshd서비스는 거부한다.
```

③

```
hosts.allow
ALL EXCEPT sshd: 10.10.10.214
hosts.deny
ALL: ALL
10.10.10.214호스트에 대해 sshd서비스를 제외한 모든 서비스를 허용하고 나머지 모두 거부한다.
```

④

```
hosts.allow
ALL: 10.1.1.1/255.255.255.128
hosts.deny
ALL: ALL
10.1.1.1 ~ 10.1.1.127까지의 호스트에 대해 모든 서비스를 허용하고 나머지 모두 거부한다.
```

해설

모든 대역의 호스트에 대해 sshd서비스가 허용되는 걸로 hosts.allow에 정의가 되어 있으면 hosts.deny 파일은 무시된다. 즉, hosts.deny에 sshd: 10.10.10.으로 정의가 되어 있다고 하더라도 거부되지 않고 allow설정이 우선되기 때문에 sshd서비스가 모두 허용된다.

★ 정답 ★	21 ②

22 **다음 심사원이 사용한 명령어 중 잘못된 것을 고르시오.**

① 심사원은 윈도우 서버의 사용자 계정 현황을 확인하기 위해 net user명령어를 입력하였다.

② 심사원은 리눅스 서버의 사용자 계정 현황을 확인하기 위해 /etc/passwd파일을 확인하였다.

③ 심사원은 DB서버의 데이터베이스 사용자 계정 권한을 확인하기 위해 show grants 명령어를 입력하였다.

④ 심사원은 윈도우 서버의 공유현황을 확인하기 위해 net share명령어를 입력하였다.

⑤ 심사원은 윈도우 서버의 모든 사용자 계정에 대한 로그인정책을 수정하기 위해 net logon 명령어를 입력하였다.

해설

net account명령은 모든 사용자 계정에 대한 로그인정책을 수정한다.

```
C:\Users\ddang>net accounts
만료 시간이 지난 얼마 후에 강제 로그오프하시겠습니까?:    아님
최소 암호 사용 기간 (일):                                0
최대 암호 사용 기간 (일):                                42
최소 암호 길이:                                          0
암호 기록 개수:                                          없음
잠금 임계값:                                             아님
잠금 기간 (분):                                          30
잠금 관찰 창 (분):                                       30
컴퓨터 역할:                                             WORKSTATION
명령을 잘 실행했습니다.
```

★ 정답 ★	22 ⑤

Chapter 3 애플리케이션 보안

3.1 TCP/UDP 포트목록

1 well-known Port(잘 알려진 포트)[1]

특정 쓰임을 위해 IANA에서 권고한 TCP 및 UDP 포트번호 인증심사시 잘 알려진 포트의 주요 목록들은 숙지하고 있어야 해당 포트들이 적용된 방화벽등에 대해 확인을 할 수 있다.

〈주요 well-know port 목록〉

포트	TCP	UDP	설명
20	TCP		파일 전송 프로토콜 (FTP, File Transfer Protocol) – 데이터 포트
21	TCP		파일 전송 프로토콜 (FTP, File Transfer Protocol) – 제어 포트
22	TCP		시큐어 셸 (SSH, Secure SHell) ssh scp, sftp같은 프로토콜 및 포트 포워딩
23	TCP		텔넷 프로토콜 (Telnet Protocol) – 암호화되지 않은 텍스트 통신
25	TCP		SMTP(Simple Mail Transfer Protocol) – 이메일전송에 사용
53	TCP	UDP	도메인 네임 시스템 (DNS, Domain Name System)
69		UDP	간단한 파일 전송 프로토콜 (TFTP, Trivial File Transfer Protocol)
80	TCP	UDP	HTTP(HyperText Transfer Protocol) – 웹 페이지 전송
110	TCP		POP3(Post Office Protocol version 3) – 전자우편가져오기에 사용
123		UDP	NTP(Network Time Protocol) – 시간 동기화
139	TCP		넷바이오스 (NetBIOS, Network Basic Input/Output System)
143	TCP		인터넷 메시지 접속 프로토콜 4 (IMAP4, Internet Message Access Protocol 4)이 메 일 가져오기
161		UDP	SNMP(Simple Network Management Protocol)[2] – Agent 포트
162		UDP	SNMP – Manager 포트
443	TCP		HTTPS 보안 소켓 레이어 (SSL, Secure Socket Layer)위의 HTTP(암호화 전송)
445		UDP	Microsoft-DS SMB파일 공유
514		UDP	syslog프로토콜 – 시스템 로그 작성

[1] 0~1023 : well-know port, 1024~49151 : registered port, 49152 ~ 65535 : dynamic port

[2] 각 호스트로부터 정기적으로 여러 관리정보를 자동으로 수집하거나 실시간으로 모니터링 및 설정할 수 있는 서비스이며, 관리 시스템을 Manager라고 하며 관리 대상을 Agent라고 한다. 161/UDP는 Polling(Manager가 Agent에게 요청하면 응답을 주는 방식)방식을 사용하며 162/UDP는 Event Reporting(Agent가 이벤트발생시 Manager에게 알림)방식을 사용한다.

❷ Registered Port(등록된 포트)

특정 용도로 사용되기 위해 등록된 포트번호

포트	TCP	UDP	설명
1433	TCP	UDP	MSSQL : 마이크로소프트(MS)에서 제공하는 데이터베이스 SQL 사용하기 위한 포트
1521	TCP		Oracle
3306	TCP	UDP	MySQL을 사용하기 위한 포트
3389	TCP	UDP	원격 접속을 사용하기 위한 포트
8080	TCP		HTTP 포트(80/TCP)을 대체할 수 있는 포트

❸ Dynamic Port(다이나믹 포트)

어느 프로그램에서나 사용할 수 있는 포트

3.2 FTP 보안

FTP(File Transfer Protocol)는 호스트간 파일을 전송을 위해 TCP/IP에서 제공하는 기능으로, 서버와 클라이언트간 연결 방식에 따라 Passive 모드와 Active 모드로 나뉜다.

❶ Passive 모드

〈FTP Passive 모드의 패킷 흐름도〉

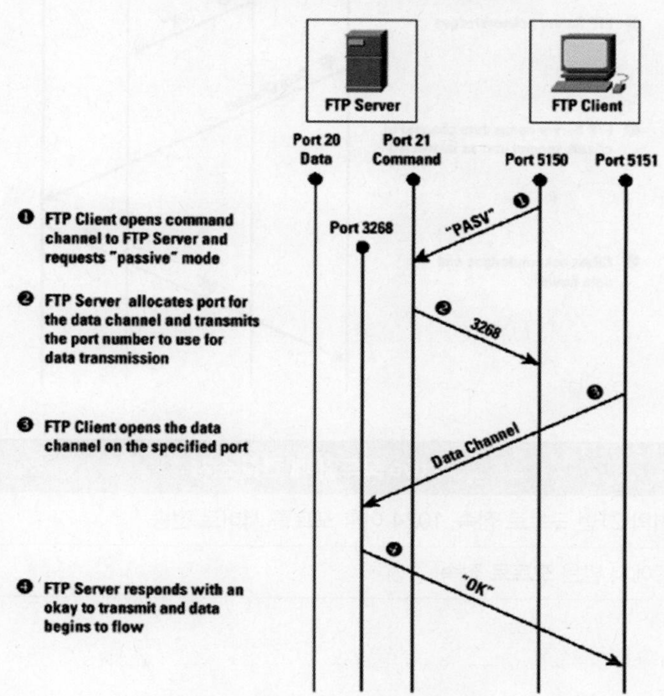
FTP Server
FTP Client
Port 20
Data
Port 21
Command
Port 5150
Port 5151
❶ FTP Client opens command channel to FTP Server and requests "passive" mode
Port 3268
"PASV"
❷ FTP Server allocates port for the data channel and transmits the port number to use for data transmission
3268
❸ FTP Client opens the data channel on the specified port
Data Channel
❹ FTP Server responds with an okay to transmit and data begins to flow
"OK"

Passive 모드일 때 연결 순서
1. 클라이언트 → 서버 21번 포트로 접속 2. 서버의 1024 이후 PORT → 클라이언트로 해당포트정보 전송 3. 클라이언트는 해당 포트로 서버에게 접속

Passive 모드일 경우 방화벽 설정	
서버	**클라이언트**
1024 이상의 inbound 패킷에 대해서 Allow	1024 이상의 outbound 패킷에 대해서 Allow
장점	**단점**
클라이언트가 불필요하게 모든 Inbound 포트를 모든 IP에 대해 Open 할 필요가 없다.	서버가1024 이상의 모든 포트에 모든 IP를 허용해야 한다.

2 Active모드

〈FTP Active 모드의 패킷 흐름도〉

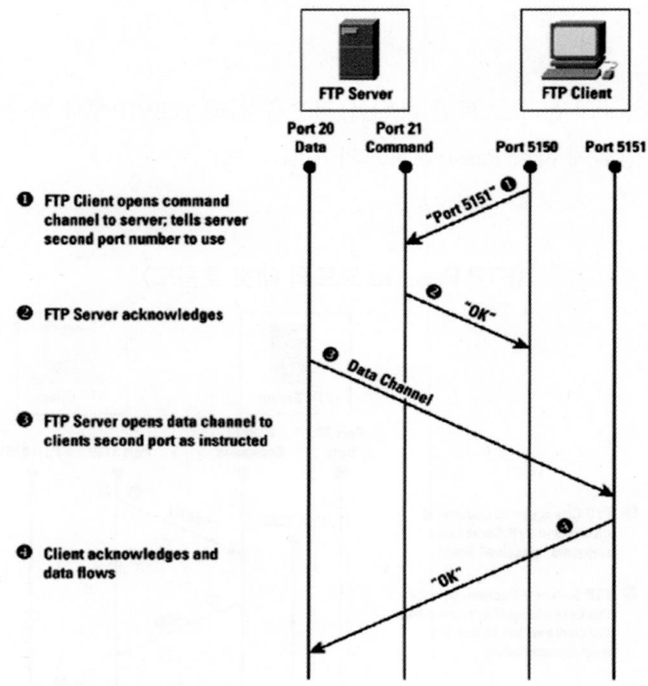

Active 모드일 때 연결 순서
1. 클라이언트 → 서버의 21번 포트로 접속, 1024 이후 포트를 서버로 전송
2. 서버 → 클라이언트에서 받은 포트로 접속

Passive 모드일 경우 방화벽 설정	
서버	클라이언트
20번 포트에서 나가는 1024 이상의 outbound 패킷에 대해서 Allow	모든 1024 이상의 inbound 패킷에 대해서 Allow
장점	단점
서버가 불필요하게 모든 IP에서 1024 이상 포트로 트래픽이 유입되도록 설정할 필요가 없고 20번 포트에서 나가는 패킷만 허용하도록 하면 되기 때문에 서버의 보안성이 높다.	클라이언트의 방화벽이 모든 IP에서 1024 이상 포트로 트래픽이 유입되도록 설정되어 있지 않다면 정상적인 연결이 되지 않는다.

FTP의Active 모드와 Passive 모드
Active 모드와 Passive 모드는 각각의 장단점이 있다. 장애가 일어난 상황이 문제로 주어지면 증상을 보고 Active모드인지 Passive 모드인지 알아야 한다. Active 모드는 서버의 보안성이, Passive 모드는 클라이언트의 보안성이 높다.

FTP 접근제어 보안 설정
/ftpusers에 기재된 사용자는 FTP 접근을 할 수 없다.

3.3 애플리케이션 공격 및 OWASP TOP 10

1 XSS(Cross Site Script)

XSS(Cross Site Scripting)는 웹사이트를 대상으로 한 공격으로, 악성 사용자가 웹사이트에 스크립트를 삽입, 해당 스크립트가 포함된 게시물을 보는 사람에게 악성 행위를 수행하게 하거나 쿠키, 세션 등 정보를 탈취하는 공격이다. XSS는 고전적이면서도 아직까지도 유효한 공격이다. 모든 사용자 입력 필드는 XSS 방어가 되어 있어야 한다.

〈Stored XSS 공격 원리〉

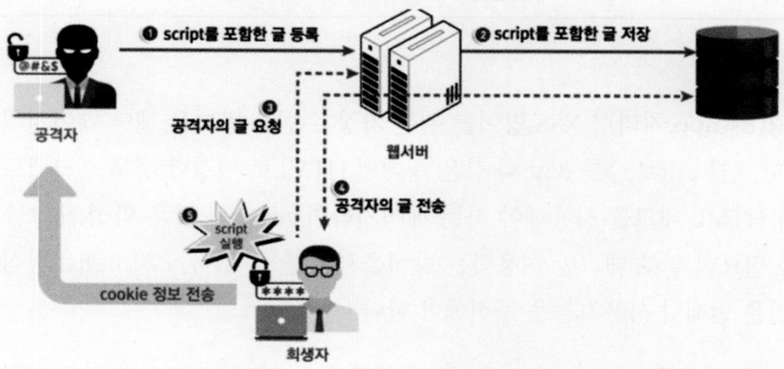

〈Reflected XSS 공격 원리〉

1) Stored XSS

Stored XSS는 게시물 등에 악성 스크립트를 포함시켜 희생자가 해당 게시물을 조회할 경우 악성 스크립트를 실행시키는 방식이다. 공격자는 게시판에 〈script〉 [악성 행위를 실행하는 스크립트] 〈/script〉 형식의 데이터를 남기며 이를 열람하는 희생자의 PC에서 악성 스크립트가 실행된다.

2) Reflected XSS

Reflected XSS는 HTTP헤더 혹은 URL 파라미터를 조작해 공격자가 직접 악성 스크립트를 실행시키는 방식이다. 공격자는 검색창이나 URL 등에 악성스크립트를 입력, 해당 사이트에서 공격자의 요청을 실행하면서 악성 스크립트가 실행된다.

〈특수문자 치환 예시〉

변환대상	변환값	변환대상	변환값
〈	<	)	)
〉	>	#	#
(	(	&	&
“	"	‘	'
/	/	–	–

3) XSS의 방어기법

입력값필터링(Escape 처리) : XSS 방어를 위한 가장 손쉬운 방법은 해당 페이지의 HTML 태그를 막는 방법이다. 〈를 <로, 〉를 > 와 같은 형태의 HTML로 변경할 경우 스크립트가 동작하지 않는다. 그러나 HTML 태그를 사용해야 하는 페이지라면 script와 같은 악성 태그를 필터링 한다거나 반대로 꼭 필요한 일부 태그만 허용하는 방식을 적용할 수 있다. (Whitelist 방식이 보안성은 더 높다.) 보안인은 언제나 사용자들을 불신해야 한다.

4) 사용자들의 모든 입력은 Untrusted Input으로 간주되어 반드시 입력값 검증을 거쳐야 한다.

2 SQL Injection

데이터베이스 내의 데이터를 조회 및 변경하거나 데이터베이스의 구조를 조작할 때 사용되는 언어이다. SQL Injection은 데이터베이스를 대상으로 한 공격으로 공격자가 원하는 악성구문을 데이터베이스상에서 실행시키도록 하는 공격이다.

〈SQL Injection 공격 예시〉

a' or 'a' = 'a
admin' --
admin' #
❶ 쿼리를 조작할 수 있는 문자열 입력
아이디
비밀번호
로그인
IP보안 ON
일회용 로그인
로그인 상태 유지 회원가입 아이디/비밀번호 찾기
❷ 조작된 요청
❹ 공격 결과
❸ DB 쿼리 실행
공격자
웹서버
인가되지 않은 사용자가 DB 데이터를 무단으로 조회 또는 삭제

1) SQL Injection 사례

① 2011년: 소니픽쳐스 미공개 영화 사본 및 직원 개인정보 유출

② 2015년: 뽐뿌 개인정보 196만 건 유출

③ 2017년: 여기어때 개인정보 99만 건 유출

2) SQL Injection의 공격 과정

① SQL Injection은 주로 웹페이지의 로그인 창 혹은 검색 창처럼 사용자 입력을 바탕으로 DB에 SQL 쿼리를 전송하는 곳에서 발생한다.

② 공격자는 ' OR '1' = '1, ; SELECT 등의 구문으로 기존 SQL 쿼리를 종료시키고 조건을 항상 참으로 만들어 비밀번호에 상관없이 관리자 계정으로 로그인 하거나 UNION 등의 구문을 이용해 DB의 내용을 유출할 수 있다.

3) SQL Injection의 방어기법

① 저장 프로시저 사용 : 저장 프로시저를 이용해 사용자가 어떤 값을 넣든 해당 값을 통째로 파라미터로 인식시켜 공격자가SQL 구문을 조작할 수 없게 한다.

② 선처리 질의문(Prepared Statements) 사용 : Prepared Statements 형식으로 쿼리에 삽입될 데이터를 받아와 서버단에서SQL 구문을 생성시켜 공격자가 SQL 구문을 조작할 수 없게 한다.

③ 입력값 검증 : 특수문자가 필요 없는 입력 폼이라면 사용자의 입력을 서버단에서 검증, ; ' = 등의 특수문자를 필터링해서 공격자가 원하는SQL 구문을 생성할 수 없게 한다.

3 openssl 취약점

openssl은 세계적으로 사용되는 TLS와 SSL 통신용 오픈소스 라이브러리이다. 사용자는 openssl을 이용해 자신의 RSA 키 쌍을 생성하거나 서버의 인증서를 검증하고, Self signed 인증서(암호화보안에서 설명)를 만드는 등, 다양한 활용을 할 수 있다. 그러나 2014년, openssl에서 Heartbleed❶라는 치명적인 버그가 발견되었다.

〈Heartbleed 공격 원리〉

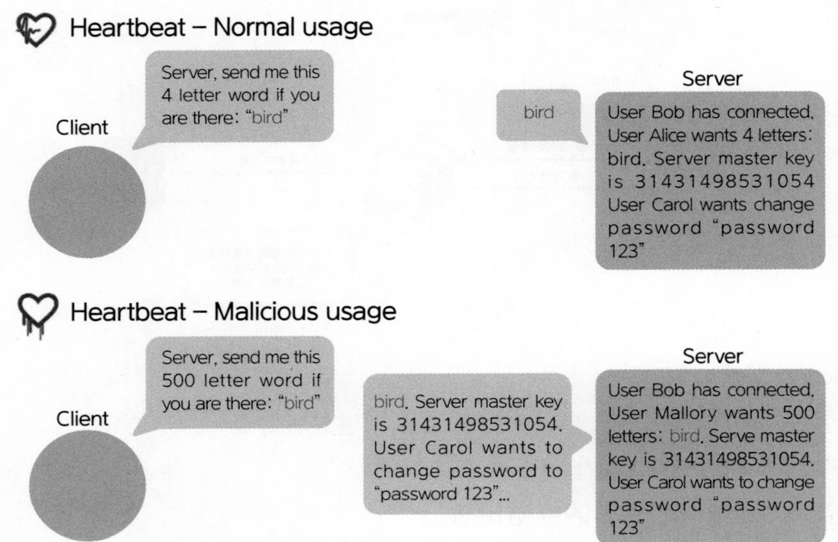

1) Heartbleed 개념

Heartbleed는 2014년 발표된 openssl의 보안취약점으로 openssl의 heartbeat❷에 구현되어 있는 버퍼 오버 플로우 취약점이다.

2) Heartbleed의 대응방안

① Heartbleed는 openssl 패치를 통해서 방어할 수 있다.

② 서버측의 비밀키가 유출되었을 가능성이 있으니 인증서 재발급을 검토하여야 한다.

③ 해당 취약점 조치완료 후, 탈취된 계정의 악용으로 인한 추가피해 발생을 막기 위하여 사용자 비밀번호 재설정을 유도하여야 함

openssl 보안 설정

다른 모든 프로그램처럼 openssl은 주기적으로 버그패치를 발표한다. 따라서 인증심사 대상 기관에서는 반드시 사용하는 오픈소스의 최신화 여부를 주기적으로 점검해야 한다.

❶ CVE-2014-0160

❷ 서버와 클라이언트 사이 연결을 유지하기 위한 목적으로 일정 신호를 주고받을 때 사용하는 확장 규격

4 Log4J 취약점❶

Log4j는 자바기반❷의 오픈소스 로깅 라이브러리로 많이 사용되는 라이브러리다.

1) 개념

Log4J가 로그를 출력할 경우 로그에 사용자ID등이 있을 때 자동으로 내부에 운영중인 LDAP서버 등에 접속을 해서 변환하는 기능(Lookup 기능)에서 공격자의 서버로 접속하여 악성코드를 서버로 다운로드 및 실행되어 서버가 탈취된다.

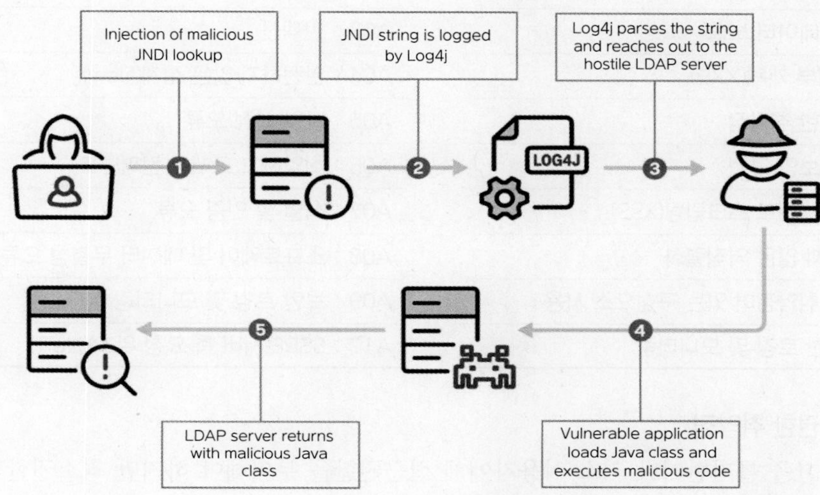

2) 대응방안

① 취약점 패치 및 업데이트 불가능시 아래와 같이 조치한다.

② JMSAppender 사용 확인 후 코드 수정 또는 삭제

③ JndiLookup 클래스를 경로에서 제거

---

❶ CVE-2021-44228, CVE-2021-45046, CVE-2021-4104

❷ 해당 취약점은 운영체제에 영향을 받는 게 아닌 Log4J라이브러리 버전에 따라 영향을 받는다.

3 OWASP TOP 10

Open Web Application Security Project에 따라 악용가능성, 탐지가능성 및 영향에 대해 빈도수가 높고 보안상 영향을 줄 수 있는 10가지 웹 애플리케이션 보안 취약점 목록이다. 3~4년에 한번씩 정기적으로 업데이트 되고 있고 OWASP TOP 10 2017에서 2021로 업데이트되고 난 후 변경점은 다음과 같다.

OWASP TOP 10 2017
A01 : 인젝션
A02 : 취약한 인증
A03 : 민감한 데이터 노출
A04 : XML 외부 개체(XXE)
A05 : 접근 권한 취약점
A06 : 잘못된 보안 구성
A07 : 크로스 사이트 스크립팅(XSS)
A08 : 안전하지 않은 역직렬화
A09 : 알려진 취약점이 있는 구성요소 사용
A10 : 불충분한 로깅 및 모니터링

OWASP TOP 10 2021
A01 : 접근 권한 취약점
A02 : 암호화 오류
A03 : 인젝션
A04 : 안전하지 않은 설계(New)
A05 : 보안 설정 오류
A06 : 취약하고 오래된 컴퍼넌트
A07 : 식별 및 인증 오류
A08 : 소프트웨어 및 데이터 무결성 오류(New)
A09 : 보안 로깅 및 모니터링 실패
A10 : SSRF(서버 측 요청 위조)(New)

1) A01 접근 권한 취약점

① 특정 권한을 롤기반이나 최소 사용자에게 접근권한을 부여해야 하지만 최소권한 원칙을 위반하고 일반 사용자가 관리자 권한으로 활동이 가능

② POST, PUT, DELETE API요청에 대한 접근제어가 되지 않고 파라미터나 쿠키등의 요청을 조작하여 권한상승이나 다른 사용자의 권한을 사용할 수 있는 경우 등이 대표적

③ 예방방법 : 화이트 리스트 기반 접근제어 및 정책 적용이 일괄적으로 적용되는지 확인한다.

2) A02 암호화 오류

① 민감한 데이터 노출 → 암호화 오류로 명칭이 변경되었다.

② 데이터 전송구간에서 평문으로 전송되거나 취약한 암호화 프로토콜, 알고리즘, 컴포넌트 등을 사용하는 경우

③ Salt나 난수가 미포함된 고정된 암호문을 사용하거나, 인증서와 도메인간 불일치, 암호키가 하드코딩 되어 있는 경우이다.

④ 예방방법 : 평문 프로토콜(FTP, TELNET 등)사용금지, 최신버전의 암호 프로토콜 및 안전한 암호알고리즘을 사용해야 하며 Salt, 또는 의사 난수 생성기를 사용하여 암호화를 적용하여야 하며 신뢰할 수 있는 기관에서 발급한 인증서를 사용하여야 한다.

3) A03 인젝션

① 웹 취약점 중 가장 많이 알려진 취약점이다. 2021에서는 XSS가 인젝션 항목에 포함되었고, 데이터를 조작하는 공격은 모두 인젝션 항목으로 병합되었다.

② 대표적으로 SQL Injection, OS Command Injection, XSS 등이 있다.

③ 예방방법 : 선 처리 질의문(Prepared statement) 적용, 입력값 화이트 리스트 기반 서버 측 검증

4) A04 안전하지 않은 설계

① 새롭게 추가된 항목으로 기획과 설계 단계에서 발생하는 결함이다.

② 예방방법 : 보안요구사항 및 리소스 관리, 시큐어 코딩, 보안 개발 생명 주기 적용 등

5) A05 보안 설정 오류

① 2017의 XXE항목이 보안 설정 오류에 통합되었고 애플리케이션 최초설치 및 업데이트시 보안성을 고려하지 않은 설정으로 인해 취약점이 발생하는 경우이다.

② 불필요 기능 활성화, 관리자 디폴트 계정 미변경, 에러정보 노출, OS나 DB등의 보안설정이 누락된 것을 예로 들 수 있다.

③ 예방방법 : 설치 및 업데이트시 불필요 기능, 구성, 샘플, 문서 등은 사전에 제거하고 애플리케이션 보안설정을 검증하는 프로세스를 구현하여야 함

6) A06 취약하고 오래된 컴퍼넌트

① 소프트웨어 기술지원 중단(EOS[1], EOL[2], EOD[3]소프트웨어를 계속 사용하는 경우를 이야기하며, 기술지원 중단에 따른 각종 취약점을 이야기하고 있다.

② EOS된 OS사용(Windows 7, Windows Server 2008 등), 알려진 취약점이 존재하는 버전의 애플리케이션, 프레임워크, 라이브러리 사용 등

③ 불필요한 소프트웨어 제거 및 소프트웨어 버전 체크, 패치 관리 프로세스를 수립하여 소프트웨어 최신버전을 유지하여야 하며 알려진 취약점을 모니터링하여 취약한 소프트웨어를 확인하여야 함

7) A07 식별 및 인증 오류

① 사용자 신원 확인과 인증 및 세션관리에 해당하는 항목

② 안전하지 않은 비밀번호, 크리덴셜 스터핑[4], 무작위 대입 공격등에 노출, 세션ID 재사용, 세션 타임아웃이 없는 경우 등이 있다.

③ 예방방법 : Multi-Factor 인증[5]이나 2차 인증 구현, 안전한 비밀번호 정책과 실패 횟수 적용을 하고 세션타임아웃을 설정하거나 로그인시 세션ID를 새로 부여하는 등이 필요

---

[1] End Of Service : 서비스나 판매 중단, 간혹 업데이트가 있을 수 있음

[2] End Of Life : 모든 상태가 종료

[3] End Of Development : 유지보수가 종료

[4] Credential Stuffing : 크리덴셜은 암호화된 개인정보나 로그인 자격증명을 이야기하고 크리덴셜 스터핑은 공격자가 미리 확보해놓은 다른 사이트 침해로 얻은 크리덴셜을 다른 곳에 무작위로 대입(Stuffing)하여 사용자 자격증명을 탈취하는 공격 방식이다.

[5] 다중인증(MFA:Multi-Factor Authentication) : 3가지 인증 팩터(지식기반,소유기반,속성기반) 중 최소 2가지 이상의 확인 요소를 제공해야 하는 인증 방법

8) A08 소프트웨어 및 데이터 무결성 오류

① 역직렬화 항목과 합쳐졌으며 애플리케이션이 사용하는 라이브러리나 모듈에 대한 무결성 검증이 이루어지지 않아 변조가 가능하고 CI/CD 파이프라인은 개발 및 배포 과정에서 보안성 검토가 없는 경우가 해당된다.

② 예방방법 : 무결성 검증(전자서명, 해시 알고리즘 적용등), 보안성 검토

9) A09 보안 로깅 및 모니터링 실패

① 중요 기능 수행에 대한 로깅이 없거나 로그에 대한 무결성 검증절차가 존재하지 않고, 로그 백업절차가 존재하지 않으며 불명확하게 로깅 및 모니터링을 수행하는 경우가 있다.

② 예방방법 : 로그인, 접근제어, 인증실패에 대한 로깅 및 정기적인 백업 및 무결성 검증을 하며 이상행위를 모니터링 할 수 있게 임계치를 설정한다. 또한, 침해사고 발생시 대응 및 복구 계획을 수립하여야 한다.

10) A10 SSRF 서버 측 요청위조

① CSRF[1]와는 달리 서버가 적절한 검증 절차 없이 사용자 요청을 리소스에 접근하도록 하는 경우이다. 즉 서버가 하는 요청을 공격자가 위조하는 것을 의미한다.

② 서버팜 네트워크에서도 접근제어 규칙을 설정하고 모든 사용자 제공 데이터에 대한 검증이 실시되어야 하며, 사용자 요청에 대한 서버측 수행 결과값을 검증하여야 한다.

3.4 웹 서버 보안

1 Apache

Apache는 아파치 소프트웨어 재단에서 공개한 웹서버 프로그램이다.

Apache의 보안 관련 주요 설정방법 : Apache의 설정은 httpd.conf에 저장되며 보안관련 주요 설정은 다음과 같다.

1) 에러 페이지 통일

에러코드가 노출될 경우 공격자에게 공격의 단서를 제공할 수 있다. 따라서 하나의 에러페이지를 생성한 다음 모든 에러 발생시 해당 에러페이지로 리다이렉트 시키면 공격자에게 서버 정보 노출을 최소화할 수 있다.

```
ErrorDocument 500 [에러페이지 URL]
ErrorDocument 404 [에러페이지 URL]
ErrorDocument 402 [에러페이지 URL]
```

[1] Cross Site Request Forgery : 클라이언트가 자신의 의지와는 무관하게 공격자가 의도한 행위(비밀번호 변경, 게시글 등록, 삭제 등)를 특정 웹사이트에 요청하게 만드는 공격

2) 서버 정보 은닉

ServerTokens의 설정에 따라 http 헤더를 통해 클라이언트에게 서버 버전 및 설치된 프로그램 정보를 송신한다. 이는 공격자에게 공격의 단서를 제공할 수 있다. 따라서 ServerTokens 항목을 다음과 같이 설정해 최소한의 서버 정보만 제공해야 한다.

```
ServerTokens Prod
```

3) 웹루트 설정

① 웹루트는 웹서버의 Root 디렉터리에 해당한다. 웹쉘 업로드 등 악성행위로 인해 웹루트가 침해되는 것에 대비해 **웹루트는 시스템Root 파일시스템 외의 별도의 파일시스템을 사용**하는 것이 좋다.

② 웹루트 설정은 httpd.conf의 다음 행에서 변경할 수 있다.

```
DocumentRoot "[웹루트 위치]"
```

4) 디렉터리 리스팅

디렉터리 리스팅은 사용자가 웹 브라우저에 URL을 입력했을 때, 해당 리소스가 없을 경우 디렉터리에 있는 모든 파일의 목록을 보여주는 것이다. 이 경우 웹서버의 구성요소를 전부 알 수 있기 때문에 디렉터리 리스팅은 반드시 해제해야 한다. 디렉터리 리스팅을 해제하기 위해서는 아래 〈Directory /〉 부분의 Options 항목에서 Indexes를 삭제하면 된다.

```
<Directory />
    Options FollowSymLinks Indexes
    AllowOverride None
</Directory>
```

〈Directory Listing 예시〉

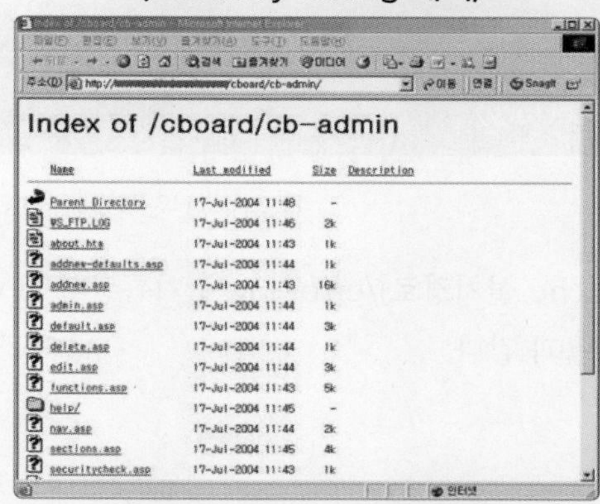

APM

APM은 Apache와 PHP, MYSQL을 묶어서 부르는 것으로 리눅스 OS에 웹서버를 구축할 때 많이 쓰이는 소프트웨어들이다.
정보보안 실습을 하고 싶을 때 라즈베리파이에 APM을 구축하고 미디어 위키 등 오픈소스 프로그램을 설치해 나만의 홈페이지를 만들고 해킹 연습을 하면 아주 도움이 된다.

5) 접근제어

특정 IP 대역에 대해 접근제어를 하기 위해서는 아래와 같이 Allow from과 Deny from 뒤에 접근제어를 원하는 IP를 입력하면 된다. 주의할 점은 Order[1] 항목으로 순서를 정할 수 있다는 것과 서브넷 마스크는8자리 단위로 입력 가능하다는 점, 서브넷 마스크를 입력하기 위해서는192.168 처럼 서브넷 마스크 자리를 공백으로 두면 된다는 점이다.

```
<Directory /hom/www/admin/>
  AllowOverride AuthConfig (또는 All)
  Order deny, allow
  Deny from all
  Allow from 10.10.100.7 10.10.2.1/24
</Directory>
```

〈접근제어 설정 예시〉

IP Tables와 차이
IP Tables도 접근제어를 수행하지만 httpd.conf는 웹페이지에 대한 접근을 차단하고, IP Tables는 해당 IP의 모든 접근을 차단하는 것이 다르다.

6) 불필요한 메서드 차단

Limit에서는 사용할 메서드를 정의할 수 있다. 반드시 필요한 경우가 아니라면 GET과 POST만 남겨두는 것을 권장한다.

PUT과 DELETE의 경우 서버의 리소스를 삭제 가능하기 때문에 적절한 보안조치가 있는 경우가 아니라면 사용하면 안 된다.

```
<Directory />
        <Limit GET POST OPTIONS>
</Directory>
```

7) 에러로그 분석

apache의 에러로그는 [Apache 설치경로]/error.log에 기록된다. apache의 에러로그는 총7단계이며 Log level과 의미는 다음과 같다.

[1] Order절은 뒤에서부터 진행된다. 즉, Order deny, allow일 경우 allow규칙 먼저 반영되고, Deny가 적용된다.(블랙리스트 방식)

Log Level	의미
Debug	디버그 메시지
Info	일반 정보 메시지
Notice	중요하지 않은 메시지
Warn	경고 메시지
Error	에러메시지
Crit	중요한 에러 메시지
Alert	사용자의 조치가 필요한 에러메시지
Emerg	시스템 에러

8) 접속로그 분석

apache의 접속로그는 [Apache 설치경로]/access_log에 기록된다.

apache의 접속로그에서는 사용자의 IP, 접속 시간, 접속한 페이지, 사용자의 클라이언트 정보 등을 확인할 수 있다.

접속로그 분석
사용자의 접속로그를 분석할 때는 최다 접속IP, 혹은 다량의 에러코드 발생자, 혹은 SQL이나 XSS 구문을 넣은 페이지 접속자 등으로 필터링 하면 유용하다.

2 Tomcat

Tomcat 아파치 소프트웨어 재단에서 공개한 WAS 서버 프로그램이다. Tomcat의 보안 관련 주요 설정은 Tomcat의 설정은 web.xml에 저장되며 다음과 같다.

1) 에러페이지 설정

모든 에러코드에 대해서 단일 에러페이지로 연결되도록 web.xml 파일을 다음과 같이 수정한다.

```
<error-page>
  <error-code>401</error-code>
  <location>/[에러페이지URL]</location>
</error-page>
```

2) 서버정보 노출 방지

[설치 경로]/lib/org/apache/catalina/util/ServerInfo.properties에 아래 내용 추가.

```
server.info=" "
```

3) 디렉터리 리스팅

web.xml 파일을 다음과 같이 수정한다.

```
<servlet>
    <init-param>
      <param-name>listings</param-name>
      <param-value>true</param-value>
    </init-param>
    </servlet>
```

4) 접근제어

① IP허용: <Valve className="org.apache.catalina.valves.RemoteAddrValve" allow="192.168.10.1,192.168.11.*"/>

② IP 거부: <Valve className="org.apache.catalina.valves.RemoteAddrValve" deny="192.168.12.*"/>

5) 불필요한 메서드 차단

web.xml 파일을 다음과 같이 수정한다.

```
<security-constraint>
    <web-resource-collection>
      <web-resource-name>Forbidden</web-resource-name>
      <url-pattern>/*</url-pattern>
      <http-method>POST</http-method>
      <http-method>GET</http-method>
    </web-resource-collection>
    <auth-constraint />
</security-constraint>
```

6) 접속로그 분석

tomcat의 접속로그 설정을 위해서는 server.xml에서 다음 부분의 주석을 제거하면 된다.

```
<Valve className="org.apache.catalina.valves.AccessLogValve"
        directory="[폴더명]"prefix="[로그명]." suffix=".[확장자]"
        pattern="[사용자가 원하는 패턴 설정]"
        resolveHosts="false"/>
```

접속로그 설정

tomcat의 로그 패턴은 다음 형식이다.
1. %a: 외부ID
2. %A: 로컬ID
3. %v: 로컬 서버명
4. %U: URL
5. %T: 접속 시간
6. %m: 메서드

3 IIS

IIS(Internet Information Services)는 윈도우에서 제공하는 웹서버 프로그램이다. IIS의 보안 설정은 web.config에 저장되나, UI에서 많은 설정이 가능하다.

〈IIS의 보안 설정 예시〉

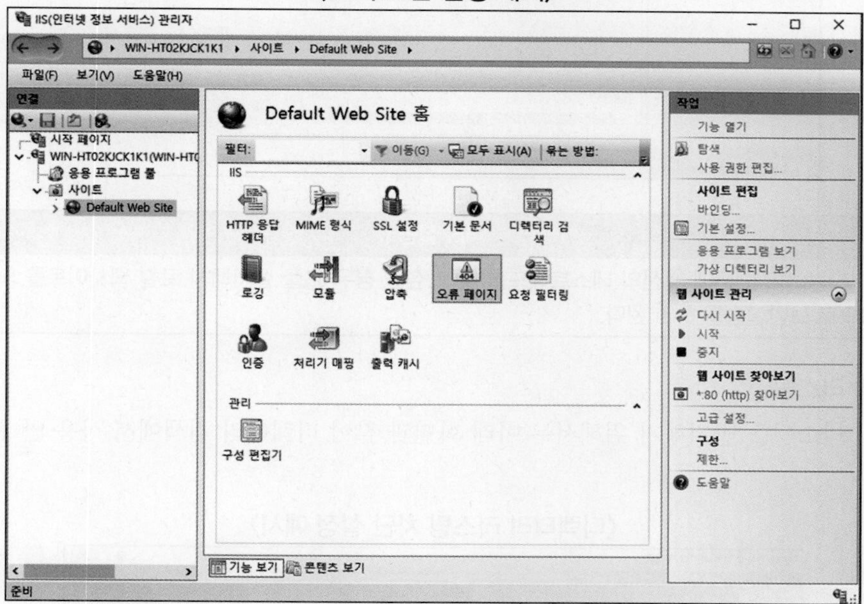

1) 에러페이지 설정

에러페이지 설정은 위 페이지의 오류페이지에서 아래 화면과 같이 모든 에러코드를 동일한 에러 페이지로 링크하면 된다.

〈에러페이지 설정 예시〉

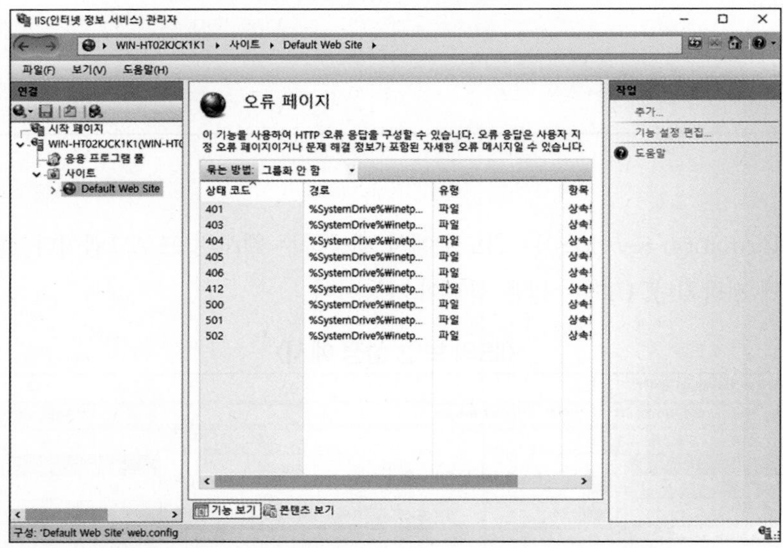

IIS 실습

IIS는 설치가 간편하기 때문에 자신의 테스트베드를 갖고 싶을 경우 IIS를 설치해서 로컬 웹사이트를 띄우고 이 사이트를 대상으로 보안실습을 하면 된다.

2) 디렉터리 리스팅

디렉터리 리스팅을 방지하기 위해서는 아래 화면과 같이 디렉터리 검색에서 사용 안 함을 클릭하면 된다.

〈디렉터리 리스팅 차단 설정 예시〉

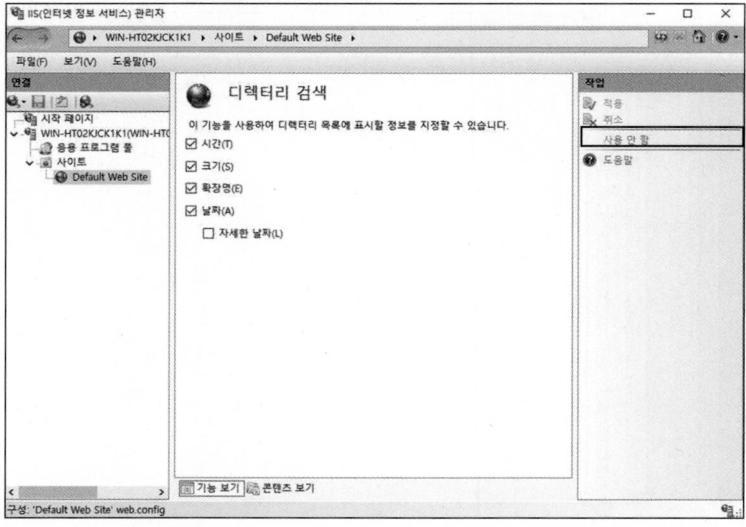

3) 불필요한 메서드 차단

불필요한 메서드를 차단하기 위해서는 web.config 파일에서 다음 내용을 수정하면 된다.

```
<httpProtocol>
    <customHeaders>
        <add name="Allow"  value="GET,POST" />
        <add name="Public" value="GET,POST" />
    </customHeaders>
</httpProtocol>
```

3.5 DNS

1 DNS 서버의 동작 과정

DNS(Domain Name System)는 **사용자가 입력한 URL을 IP로 변경해 주는 시스템**이다. 예를 들면 https://google.com의 실제IP는 8.8.8.8이지만 일반적인 웹서핑을 할 때, 구글, 네이버 등으로 기억하지 누구도IP를 기억하지 않는다. 그러나 네트워크를 통해 해당 서버에 접근하기 위해서는 해당서버의 IP가 필요하다. 이 때 우리가 기억하는 URL을 IP로 변경해 주는 것이 DNS서버이다.

〈DNS 서버의 동작 과정〉

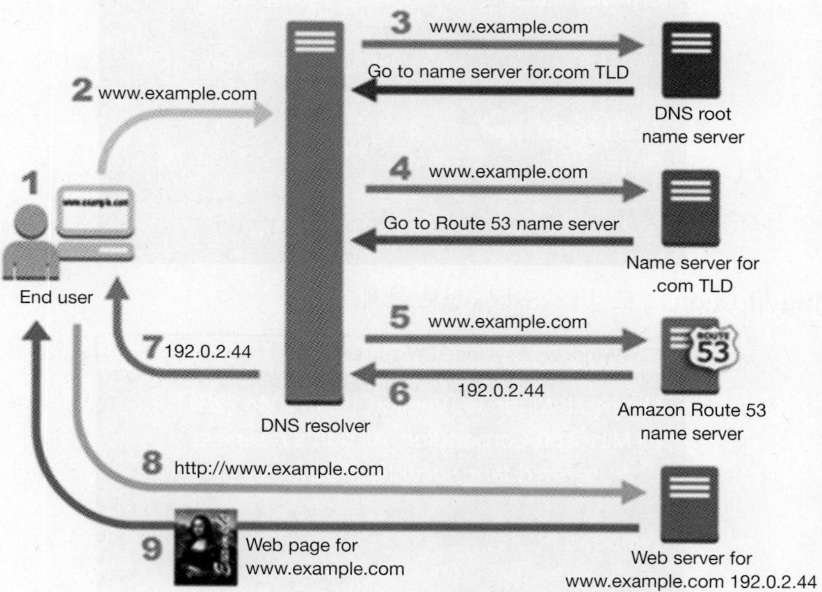

1) 위 그림은 AWS에 존재하는 www.example.com에 대한 연결시도를 처리하는 과정이다.

2) 사용자가 www.example.com에 대한 요청을 전송하면 DNS 서버가 해당 URL에 대응하는 서버의 실제 IP를 사용자에게 전달하고, 사용자는 이 IP를 찾아 www.example.com에 연결한다.

※ TLD는 top-level domain으로 .com, .net .org 등의 최상위 도메인을 관리하는 서버이다.

3) 사용자가 공격자의 서버를 DNS 서버로 사용하고 있다면 공격자는 어떤 요청이든 악성 서버로 전송할 수 있다. (파밍 공격)

4) 안전한 DNS의 사용을 위해 DNSSEC[1]을 이용할 수 있다.

5) DNS 명령어 정리

① ipconfig /displaydns : 로컬 DNS캐시 정보 조회

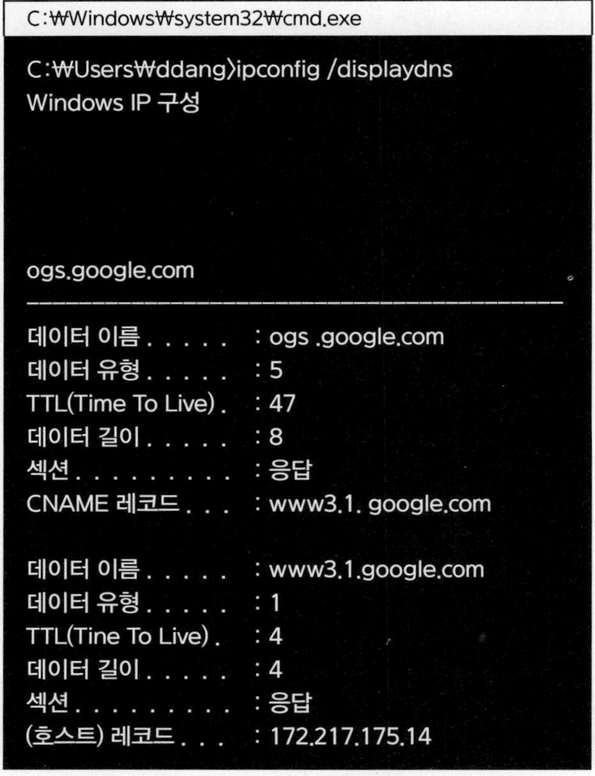

② ipconfig /flushdns : 로컬 DNS캐시 정보 삭제

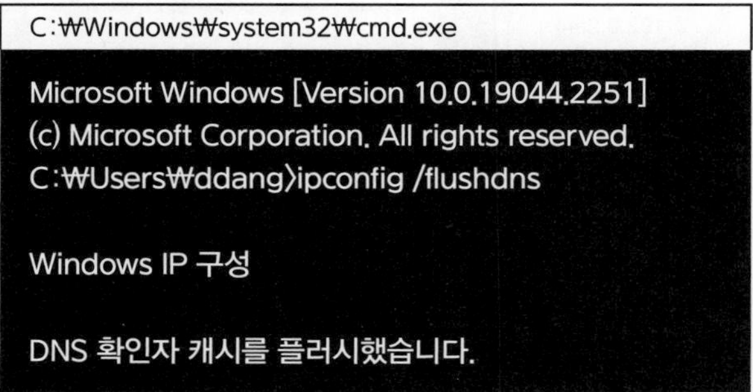

[1] 사용자의 요청에 대해 전자서명을 함으로써 요청의 위변조를 검증하고 요청의 스니핑을 방지

③ nslookup [도메인명], nslookup [도메인명] [네임서버&IP] : DNS서버에 질의하여 도메인정보를 조회하는 명령어이다.(리눅스에서는 nslookup, dig명령어를 사용)

C:₩Windows₩system32₩cma.exe
Microsoft Windows [Version 10.0.19044.2251]
(c) Microsoft Corporation. All rights reserved.
C:₩Users₩ddang〉nslookup google.com
서버: 57.172.252.162.in-addr.arpa
Address: 162.252.172.57
권한 없는 응답:
이름: google.com
Addresses: 2404:6800: 4004:811::200e
172.217.175.238
C:₩Users₩ddang〉nslookup google.com ns.lgtelecom.com
서버: ns. lgtelecom.com
Address: 164.124.101.2
권한 없는 응답:
이름: google.com
Addresses: 2404:6800:4005:81a: : 200e
142.250.66.78

DNS 차단

정부가 특정사이트에 대한 접속을 차단하고 싶을 때 DNS서버단에서 해당 사이트 연결을 차단할 수 있다. 예를 들면 http://facebook.com에 대한 DNS 쿼리가 유입되었을 때, 정부소유의 웹페이지인 http://deny.com의 IP를 회신하고 http://deny.com에서 에러메시지를 띄우는 방식이있다.
이 방법은 사용자의 hosts 파일에 http://facebook.com의 실제 IP를 입력하는 것으로 우회 가능하다.

3.6 웹 브라우저 보안

1 쿠키

쿠키는 사용자가 웹브라우저를 이용해 웹사이트에 접속할 때 사용자의 PC에 저장되는 정보이다. HTTP는 기본적으로 Stateless[1]이다. 따라서 쿠키, 세션 등이 전혀 없다고 가정하면 매 페이지 이동시마다 서버는 이전 사용자의 정보를 알 수 없게 되고 모든 페이지마다 로그인을 해야 하고 장바구니 같은 개념도 존재할 수 없게 된다.

[1] 서버가 클라이언트의 이전 상태를 보존하지 않는다는 것이다.(ex : 장바구니에 상품을 담아도 다른 페이지에 가면 장바구니에 담은 상품이 존재하지 않음)

이를 보완하기 위한 것이 쿠키와 세션이다.

만약, **쿠키에 중요한 정보를 평문으로 저장하게 된다면 해당PC의 다른 사용자에 의해 쉽게 탈취당할** 수 있다. 또한, 악의적인 공격자가 자신의 쿠키를 위변조해 권한상승 등을 시도할 수도 있다.

아래에 서술할 세션 ID를 담은 쿠키를 탈취당할 경우, 사용자의 로그인정보 및 세션에 담긴 정보를 탈취당할 수 있다.❶ **따라서 쿠키는 반드시 암호화 저장되어야 하며 인증이나 구매금액 등 중요한 정보는 쿠키에 저장해서는 안 된다.**

〈쿠키 설정 과정〉

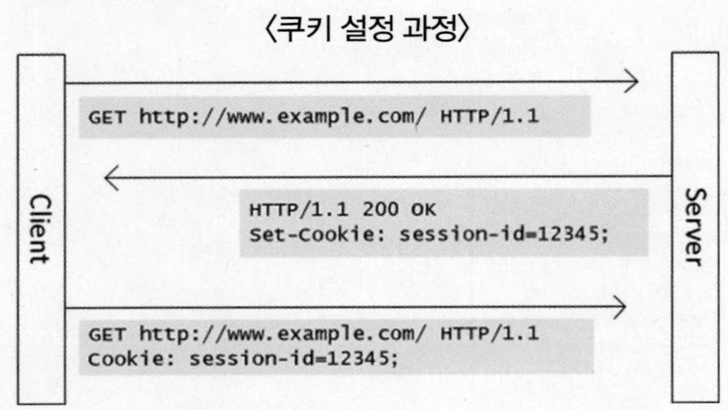

2 캐시

캐시는 웹페이지 접속시 중복되는 리소스 다운로드를 막기 위해 사용된다.

사용자가 웹페이지에 처음 접속 시 웹페이지에서 이미지, js 파일 등이 사용자의 브라우저로 전달된다. 매 접속 시 해당파일들을 다시 받아오는 것은 비효율적이기 때문에 사용자는 해당 파일들을 PC에 저장해 놓고 다음에 같은 페이지에 접속하거나 해당 이미지, js 파일을 공유하는 다른 페이지에 접속할 때 해당 캐시를 로드해서 사용한다. 이처럼 js파일은 캐시로 사용자의 PC에 저장되기 때문에, js파일에 입력값 검증, 로그인 로직, 주석 처리된 주요정보 등이 있을 경우 악의적인 사용자에 의해 쉽게 위변조가 가능하다. 따라서 입력값 검증 등의 **중요로직은 반드시 서버단에 존재해야 한다.**

〈캐시의 동작과정〉

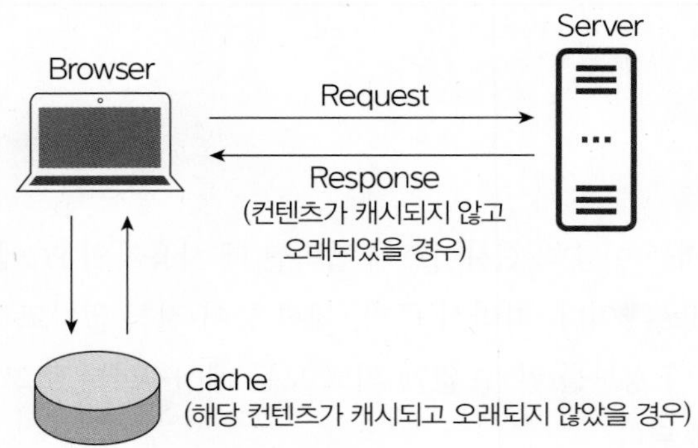

❶ 대표적인 공격이 XSS이며 쿠키에 HttpOnly(XSS공격차단:브라우저에서 해당 쿠키로 접근할 수 없게 됨), secure(https가 아닌 통신에서는 쿠키를 전송 못하게 하는 설정) 속성 등을 넣어준다.

3 세션

세션은 쿠키와 마찬가지로 HTTP의 Stateless를 보완하기 위해 사용된다.

그러나 쿠키와 세션의 가장 큰 차이는 쿠키는 클라이언트 단에 저장되는데 반해, 세션은 서버단에 저장된다는 점이다.

사용자가 웹페이지에 처음 접속 시 서버에서 세션ID가 발급된다.

이 세션ID는 사용자에게 전달되고 사용자는 이 세션 ID를 쿠키로 저장하고, 다음 페이지 호출 시 쿠키를 제출, 자신을 증명한다.

서버는 세션ID를 저장하고 (세션ID, 데이터) 형식으로 주요 데이터를 서버 내 저장한다.

따라서 사용자 관련 중요한 정보는 반드시 세션내 저장을 원칙으로 해야 한다.

〈쿠키와 세션의 동작 구조〉

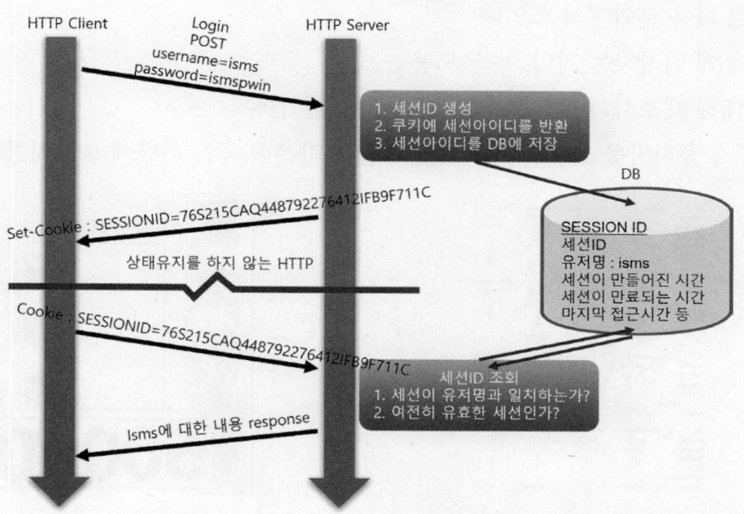

세션의 활용

세션이 쿠키보다 보안성이 좋기 때문에 모든 정보를 세션에 담을 수도 있지만 그렇게 할 경우 서버의 부하가 증가하기 때문에 중요정보는 세션에, 일반 정보는 쿠키에 저장하는 것이 좋다.

3.7 데이터보안

1 DRM

DRM(Digital Rights Management)은 디지털 저작물을 보호하는 방식 중 하나로 서버인증을 받은 단말만 저작물을 열어볼수 있게 해 저작물에 대한 접근권한을 중앙집중식으로 통제하는 것을 의미한다.

DRM은 크게 두 가지 목적이 있다.

첫 번째는 주변에서 흔히 볼 수 있는 것처럼 음악파일이나 전자책 등에DRM을 적용해서 재생자 혹은 독자를 제한하는 것이다.

두 번째는 기업의 문서에 DRM을 적용해서 인증을 받은 사용자만 해당문서를 조회/수정 가능하게 하는 것이다.

DRM의 단점

DRM의 단점은 장점과 정반대로, 인증을 받을 수 없는 환경(ex: 오프라인 등)에서는 권한을 보유한 정상 사용자도 문서 등을 이용할 수 없다는 점이다.

2 워터마크

워터마크는 이미지나 문서파일 등의 하단에 저작권자의 서명 혹은 로고 등을 새겨넣는 것을 말한다. 워터마크는 DRM과 달리 조회나 복제 등을 제한하지는 않는다. 그러나 워터마크가 새겨진 파일은 복제를 하더라도 복제본에 워터마크가 표시된다.

워터마크는 주로 다음 분야에서 쓰인다.

- 동영상 사진 등에 원작자를 기입, 무단 도용을 방지
- 샘플 파일에 대해 제조사의 로고를 기입, 정품 구매를 권유
- 출력물보안에서 출력자를 식별하기 위해 출력물의 가운데 혹은 하단에 출력자를 기입

Q1	Horatio's team	Rosita's team	Olivia's team	Phillip's team
Salaries	$30,000	$32,000	$24,000	$240,000
Hardware	$9,000	$10,000	$6,000	$6,000
Software	?	?	?	?
Travel	?	?	?	?
Conferences	?	?	?	?
Vendors	$45,000	?	$20,000	?

Q2	Horatio's team	Rosita's team	Olivia's team	Phillip's team
Salaries	$30,000	$32,000	$24,000	$240,000
Hardware	$9,000	$10,000	$6,000	$6,000
Software	?	?	?	?
Travel	?	?	?	?
Conferences	?	?	?	?
Vendors	$45,000	?	$20,000	?

Q3	Horatio's team	Rosita's team	Olivia's team	Phillip's team
Salaries	$30,000	$32,000	$24,000	$240,000
Hardware	$9,000	$10,000	$6,000	$6,000
Software	?	?	?	?
Travel	?	?	?	?
Conferences	?	?	?	?
Vendors	$45,000	?	$20,000	?

Q4	Horatio's team	Rosita's team	Olivia's team	Phillip's team
Salaries	$30,000	$32,000	$24,000	$240,000
Hardware	$9,000	$10,000	$6,000	$6,000
Software	?	?	?	?
Travel	?	?	?	?
Conferences	?	?	?	?
Vendors	$45,000	?	$20,000	?

DRAFT

〈워터마크가 적용된 문서〉

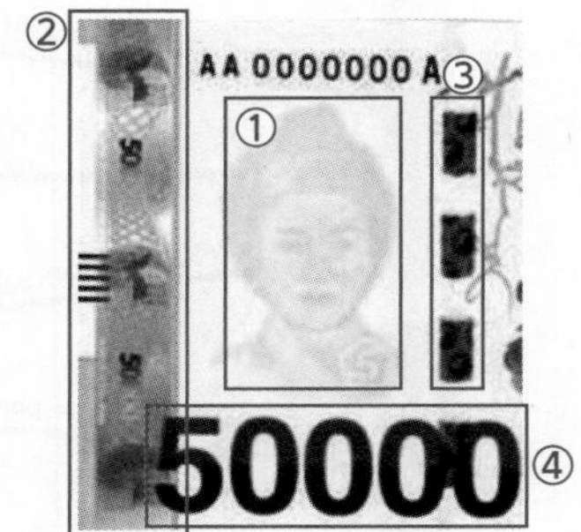

〈지폐 속의 워터마크〉

3 핑거프린팅

핑거프린팅(Fingerprinting)❶은 영어로 지문을 의미하며 워터마크와 동일하게 이미지 혹은 문서등에 특정 컨텐츠를 삽입하는 방식으로 적용된다.

그러나 핑거프린팅과 워터마크의 차이는 사용자가 핑거프린팅 혹은 워터마크가 적용된 매체를 봤을 때 눈으로 적용여부를 식별할 수 있는지 여부이다.

워터마크의 경우 흐릿한 로고등으로 확인이 바로 가능하지만 핑거프린팅은 눈으로 확인할 수 있는 형태로는 원본과 차이가 나지 않는다.

핑거프린팅은 저작물의 불법유통 시 최초 유출자를 파악하는데 사용된다.

❶ 풋프린팅(Footprinting) : 족적이란 뜻과 같이 컴퓨터 시스템과 공격하여야 할 대상들에 대한 정보를 수집하는 기법이다. nmap으로 포트스캔을 수행하거나 dns쿼리를 해보거나 whois쿼리 등을 해보거나 검색엔진을 이용해 해당 시스템에 대한 정보를 얻기 위해 사용될 수 있다.

❹ MDM

MDM(Mobile Device Management)은 모바일 단말 보안을 위해 사용되는 솔루션으로 GPS나 출입카드와 연동되어 제한구역 진입 시 사용자의 핸드폰에 대해 카메라, 혹은 녹음 등의 기능을 제한한다. 생산라인이나 연구실 등 높은 수준의 비밀을 유지해야 하는 곳은 MDM설치를 통해 정보유출을 차단할 수 있다.

❺ CCE(Common Configuration Enumeration)

ISMS-P에서 이행해야 하는 취약점 진단에서 주로 점검하는 설정상의 취약점을 말한다. 잘못된 설정으로 인해 불필요한 권한이 사용자에게 할당되어 있거나 주어진 범위 이상으로 정보를 열람·변조·유출이 가능한 시스템 설정을 이야기한다. CCE는 시스템설정으로 자체적으로 개선이 가능한 부분이기 때문에 인증을 받아야 하는 기업이라면 규정에 맞게 이행해야 한다.

❻ CVE(Common Vulnerabilities and Exposure)

공개적으로 알려진 소프트웨어의 보안 취약점 리스트. 미국의 비영리기관단체 MITRE에서 CVE와 CWE를 체계로 만들어 관리하고 있다. 소프트웨어나 하드웨어 상의 결함등을 이야기하기 때문에 익스플로잇 코드가 존재하며 패치로써 해당 취약점을 해결할 수 있다.
CVE는 CVE-년도-취약점번호와 같은 형식을 가진다.

❼ CWE(Common Weakness Enumeration)

일반적으로 소프트웨어에서 공통으로 발생하는 보안약점 리스트를 말하며 개발단계에서 발생 가능한 취약점이다. 개발단계에서 주로 발생하는 취약점이므로 시큐어코딩 및 코드리뷰등을 통하여 보안상의 취약점을 개선 가능하다.

❽ CVSS(Common Vulnerability Scoring System:공통 취약점 스코어링 시스템)

보안의 심각도 및 위험을 정량적으로 평가하는데 사용되는 점수

❾ CWSS(Common Weakness Scoring System:공통 약점 스코어링 시스템)

소프트웨어 보안약점의 정량적인 측정을 제공하여 소프트웨어의 위험을 평가하는데 사용되는 점수

Chapter 3 확인 문제

1 FTP는 제어포트로 20/TCP를 사용하고 데이터 포트로 21/TCP를 사용한다.

(O, X)

해설

FTP는 제어포트로 21/TCP를 사용하고 데이터 포트로 20/TCP를 사용한다.

2 XSS는 클라이언트가 자신의 의지와는 무관하게 공격자가 의도한 행위를 특정 웹사이트에 요청하게 만드는 공격이다.

(O, X)

해설

CSRF에 대한 설명이다. XSS는 공격자가 웹사이트에 스크립트를 삽입하여(Stored) 해당 스크립트가 포함된 게시물을 보는 사람에게 악성행위를 수행하거나 정보를 탈취하는 공격이다.

3 인젝션 종류의 공격을 예방하기 위한 대책으로 선 처리 질의문 적용, 입력값 검증등이 대표적이다.

(O, X)

4 사용자가 웹 페이지에 접속시 특정 에러 표시의 정보를 제공하는 게 유지보수 측면이나 보안적인 측면에서는 더 좋다.

(O, X)

해설

웹페이지 에러 표시는 공격자에게 좋은 정보를 제공하기 때문에 보안적인 측면에서 좋지 않다. 제공해야 한다면 최소한의 정보만 제공해야 한다.

5 아파치 웹서버에서 디렉터리 리스팅을 활성화시켜 서버오류 시 사용자가 해당 디렉터리를 직접 찾아서 이용할 수 있도록 하는 게 좋다.

(O, X)

해설

디렉터리 리스팅을 활성화(Options지시자의 Indexes를 추가)시키면 해당 웹서버 디렉터리의 모든 내용을 확인할 수 있게 때문에 보안적인 측면에선 지양해야 한다.

6 DNS 서버는 사용자의 IP에 도메인을 할당해주는 서버이다.

(O, X)

해설

DNS 서버는 도메인을 IP로 변경하는 서버이다.

7 XSS 공격을 막는 방법 중 하나로 해당 사이트의 HTML 스크립트를 막는 방법이 있다.

(O, X)

8 워터마크는 사용자의 눈으로 식별이 불가능하다.

(O, X)

해설
워터마크는 사용자가 식별이 가능하며 핑거프린팅은 육안으로 식별이 불가능하다.

9 SQL 인젝션은 클라이언트단에서 입력값을 검증하는 것으로 방어해야 한다.

(O, X)

해설
SQL 인젝션은 서버단 입력값 검증이나 저장 프로시저 사용, 선 처리 질의문 적용 등으로 방어해야 한다.

10 아파치 웹서버의 오류로그는 error_log에 저장된다.

(O, X)

★ 정답 ★	1 ×	2 ×	3 ○	4 ×	5 ×	6 ×	7 ○	8 ×	9 ×	10 ○

Chapter 3 실전 문제

1 **다음 시나리오에서 설명이 잘못된 것은 무엇인가?**

> 서버 담당자: 어제 클라이언트단 방화벽 업데이트 이후로 모든 클라이언트에서 FTP서버 접속이 되지 않습니다.
> 보안 담당자: 어떤 정책을 넣으셨나요?
> 서버 담당자: 클라이언트에 불필요한 포트가 열려 있어 1024 이상의 모든 Inbound포트에 대해 차단 정책을 적용했습니다.

> ㉠ FTP 서버는 현재 Passive 모드로 동작하고 있다.
> ㉡ FTP 서버는 현재 Active 모드로 동작하고 있다.
> ㉢ FTP 서버는 20번 포트를 Data 포트로 사용한다.
> ㉣ FTP 서버는 1024 이상의 임의의 포트를 Data 포트로 사용한다.

① ㉠, ㉢ ② ㉡, ㉢ ③ ㉠, ㉣
④ ㉡, ㉣ ⑤ ㉠, ㉡

해설
서버가 클라이언트의 1024 이상 포트로 접속하는 것은 Active 모드이다.
이때, 서버는 20번 포트를 data 포트로 사용한다.

2 **다음 중 SNMP 프로토콜에 대한 설명으로 잘못된 것을 고르시오.**

① 네트워크 모니터링에 사용되는 프로토콜이다.
② Trap과 Get 두 가지 방식이 있다.
③ 커뮤니티명은 Private로 설정해 외부인을 불허해야 한다.
④ 안전한 SNMP 프로토콜 버전은 SNMP V3이다.
⑤ SNMP 프로토콜을 이용하고 싶은 경우 MIB 파일이 필요하다.

해설
커뮤니티명은 일종의 비밀번호와 같이 동작하기 때문에 Public, Private가 아닌 외부인이 알기 어려운 것을 사용해야 한다.

★ 정답 ★	1 ③	2 ③

3 다음 패킷에 대한 설명으로 옳은 것을 고르시오.

```
Frame 16: 115 bytes on wire (920 bits), 115 bytes captured (920 bits)
Ethernet II, Src: Fuji-xer_15:e6:bc (08:00:37:15:e6:bc), Dst: Dell_4a:33:d2 (00:12:3f:4a:33:d2)
Internet Protocol Version 4, Src: 172.31.19.73 (172.31.19.73), Dst: 172.31.19.54 (172.31.19.54)
User Datagram Protocol, Src Port: 161 (161), Dst Port: 15923 (15923)

  version: version-1 (0)
  community: public
⊟ data: get-response (2)
  ⊟ get-response
      request-id: 45
      error-status: noError (0)
      error-index: 0
  ⊟ variable-bindings: 2 items
    ⊟ 1.3.6.1.2.1.1.5.0: 4236333030
        object Name: 1.3.6.1.2.1.5.0 (iso.3.6.1.2.1.5.0)
      ⊞ Value (octetstring): 4236333030
    ⊟ 1.3.6.1.2.1.1.6.0: 4368616e64726127732063756265
        object Name: 1.3.6.1.2.1.1.6.0 (iso.3.6.1.2.1.1.6.0)
        Value (octetstring): 4368616e64726127732063756265
```

① 네트워크 모니터링에 사용되는 프로토콜이다.
② 파일 전송에 사용되는 프로토콜이다.
③ 원격접속에 사용되는 프로토콜이다.
④ 메일 전송에 사용되는 프로토콜이다.
⑤ IP 요청에 사용되는 프로토콜이다.

해설

위 프로토콜은 SNMP 프로토콜로 네트워크 모니터링에 사용되는 프로토콜이다.

4 다음 Log4J 취약점에 대한 설명 중 잘못된 것을 고르시오.

① Log4j는 웹 서비스 동작 과정에서 일어나는 일련의 모든 기록을 남기는 기능이며, JNDI와 LDAP을 이용한 취약점이다.
② 보안장비를 이용해 네트워크 inbound/outbound에 탐지정책을 적용하여 지속적으로 업데이트하여 임시적으로 조치를 취할 수 있다.
③ Log4j 1.x 버전도 해당 취약점들의 영향이 미치므로 업데이트 적용을 권고한다.
④ 윈도우 서버에 설치된 Log4J는 해당 취약점이 발생하지 않는다.
⑤ 즉시 업데이트가 어려운 경우 JndiLookup클래스를 경로에서 제거하거나 JMSAppender 코드를 수정하거나 삭제하여 임시 조치한다.

해설

Log4j 취약점은 O/S는 상관없으며 Log4j 버전의 영향을 받는다.

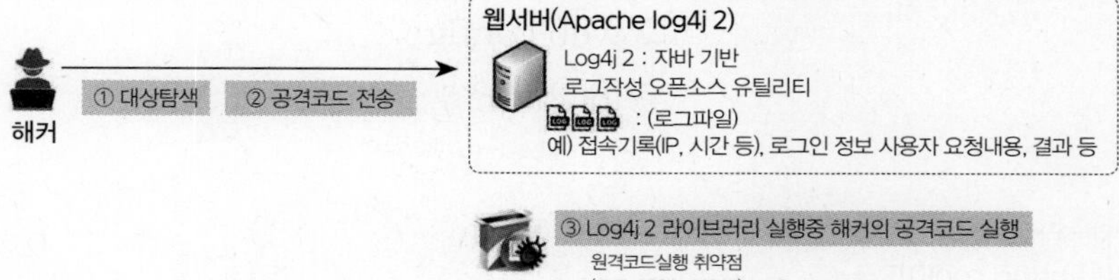

★ 정답 ★	3 ①	4 ④

5 다음 인터뷰에서 명백히 잘못 조치된 사항은 모두 몇 가지인가?

> 심사원: 웹 애플리케이션 공격에 대해서는 어떻게 대처하고 계십니까?
> 담당자A: 저희는 홈페이지에 HTML 태그를 사용하지 못하도록 . 〈를 <로 치환하는 방식의 입력값 필터링을 적용했습니다. HTML 사용이 꼭 필요한 게시판은 Whitelist 방식으로 사용할 수 있는 태그를 몇 가지만 허용하고 있습니다.
> 담당자 B: 저희 쪽 파트는 js파일에서 입력값 검증을 수행, XSS 및 SQL 인젝션을 방어하고 있습니다.
> 담당자 C: 저희 쪽 파트는 검색이 메인인데 저장프로시저를 이용해 SQL 인젝션에 대응하고 있습니다.
> 담당자 D: 저희는 시큐어코딩 적용을 통해 안전한 함수만을 사용하도록 개발단에 가이드하고 있습니다.

① 0가지 ② 1가지 ③ 2가지
④ 3가지 ⑤ 4가지

해설

js파일은 사용자단(클라이언트)에 저장되는 파일로 js파일에서 사용자 검증을 수행할 경우 사용자가 검증 로직을 마음대로 조작이 가능하다.

6 다음 중 SQL 인젝션에 대한 대응으로 적절하지 못한 것을 모두 고르시오. (2개)

① 입력값 검증 ② 저장 프로시저 사용
③ HTML 태그 차단 ④ Prepared Statements 사용
⑤ Canary word 사용

해설

HTML 태그 차단의 경우 XSS에 대한 대응방안이다.
Canary word의 경우 버퍼 오버플로우에 대한 대응방안이다.

7 A사는 최근 해외에서 A사의 웹페이지에 공격이 들어오는 것을 확인하고 A사의 홈페이지에 해당 IP에 대한 차단을 하려고 한다. A사의 웹페이지는 Apache를 사용하는데 이때 담당자가 해외 IP의 웹 접속 차단을 위해 변경해야 하는 파일로 가장 적절한 것은 무엇인가?

① web.xml ② web.config
③ httpd.conf ④ iptables
⑤ tcpwrapper

해설

apache의 설정 파일은 httpd.conf이다.
iptables와 tcpwrapper는 서버 자체에 대한 접근제어이기 때문에 httpd.conf를 사용하는 것이 더 적절하다.

★ 정답 ★	5 ②	6 ③, ⑤	7 ③

8 **다음 인터뷰에서 잘못 조치된 사항은 모두 몇 가지인가?**

> 심사원: 웹서버 보안은 어떻게 조치하셨습니까?
> 담당자: 먼저 PUT, GET 외의 모든 메서드는 차단하였습니다. 다음으로 서버에서 클라이언트로 서버 버전을 전송하지 않도록 설정을 변경하였습니다.
> 그리고 클라이언트에서 존재하지 않는 웹 페이지를 호출할 경우 해당 디렉터리 내 파일 목록을 보여주지 않도록 변경하였습니다.
> 에러가 발생한 경우 각각의 에러코드 페이지로 연결, 원인을 명확히 식별할 수 있도록 변경했습니다.
> 사용자의 접속로그는 필터링을 통해 주기적으로 이상행위를 분석하고 있습니다.

① 0가지 ② 1가지 ③ 2가지
④ 3가지 ⑤ 4가지

해설

PUT 메서드가 허용되어 있을 경우 웹쉘 등의 악성 파일을 서버에 업로드 할 수 있다.
또한 에러코드가 사용자에게 표시될 경우, 에러발생 시 공격자가 에러의 원인을 추정할 수 있기 때문에 에러코드를 노출시키지 말고 공통 코드로 연결해야 한다.

9 **A사는 윈도우와 리눅스, MYSQL, Oracle, MSSQL 등 다양한 환경으로 이루어진 시스템을 보유하고 있다. 최근 A사는 이 시스템에 대해 통합 조회 가능한 개인정보 조회 애플리케이션 개발 건이 발생, 가장 적절한 개인정보 암호화 방식을 찾고 있다. A사는 신규 개발되는 애플리케이션에 대해 어느 정도 비용은 투자할 수 있지만 구형 DB서버가 많아 가능한 한 DB서버에 부하가 가지 않는 방식으로 개발을 고려 중이다. 이때 A사에게 가장 적합한 암호화방식은 무엇인가?**

① 응용 프로그램 자체 암호화 ② DB 서버암호화
③ DBMS자체암호화 ④ DBMS암호화 기능 호출
⑤ 운영체제암호화

해설

응용 프로그램 자체 암호화방식은 다음 특징이 있다.
암, 복호화 모듈이 API 라이브러리 형태로 각 애플리케이션 서버에 설치되고, 응용프로그램에서 해당 암, 복호화 모듈을 호출하는 방식

- DB 서버에 영향을 주지 않아 DB 서버의 성능 저하가 적은 편이지만 구축 시 응용프로그램 전체 또는 일부 수정 필요
- 기존 API 방식과 유사

★ 정답 ★	8 ③	9 ①

10 **B사는 유지보수가 불가능한 구형 애플리케이션을 이용하는 개인정보 시스템을 운영하고 있다. ISMS 인증심사 결과 이 시스템이 취약한 것으로 확인되어 해당 시스템에 저장된 개인정보에 대해 암호화를 해야 한다. 해당 시스템은 규모도 작고 이용자수도 적어 DBA가 혼자서 운영하고 있으며 B사는 가능한 한 적은 투자로 요구조건을 만족시키고자 한다. 이 때 B사에게 가장 적합한 암호화방식은 무엇인가?**

① 응용 프로그램 자체 암호화

② DB 서버암호화

③ DBMS자체암호화

④ DBMS암호화 기능 호출

⑤ 운영체제 암호화

해설

DBMS 자체 암호화방식은 다음 특징을 갖고 있다.

DB 서버의 DBMS 커널이 자체적으로 암, 복호화 기능을 수행하는 방식

- 구축 시 응용프로그램 수정이 거의 없으나, DBMS에서 DB 스키마의 지정 필요
- 기존 커널 방식(TDE)과 유사

11 **다음은 무엇에 대한 설명인가?**

- 이것은 문서보안의 한 형태로 사용자가 식별할 수 있는 형태로 대상에 이미지 등을 삽입하는 것이다.
- 우리 주변에서 가장 쉽게 찾아볼 수 있는 이것의 형태는 지폐이다.
- 군대, 금융권 등에서는 출력자의 이름을 문서에 새기는 방식으로 이것을 구현했다.

① DRM

② 핑거프린팅

③ 신뢰컴퓨팅

④ 워터마크

⑤ 포렌식

해설

위 설명은 워터마크에 대한 설명이다.

워터마크의 특징은 다음과 같다.

- 사용자가 육안으로 이미지를 식별 가능
- 복제 및 유포 자체에 통지를 하지는 않음
- 저작권자를 문서 등에 명시적으로 남길 때 주로 사용함

★ 정답 ★	10 ③	11 ④

12 다음 중 A사의 저작물에 적용된 보안 솔루션은 어떤 종류인가?

> 김군은 A사에서 이용권을 구매한 뒤, 기본서를 PDF 파일로 다운로드 받아 개인적인 목적으로 이용하고 있었다. 김군은 친구 최군의 부탁으로 이 PDF 파일을 공유했고 PDF 파일에서 유포자를 특정할 수 있는 단서를 찾을 수 없었던 최군은 PDF 파일을 인터넷에 유포하였다. 자사의 파일이 인터넷에 유포된 것을 확인한 A사는 경찰에 수사를 의뢰, PDF 파일에 숨겨진 이것을 이용해 김군을 특정하였다.

① DRM
② 핑거프린팅
③ 신뢰컴퓨팅
④ 워터마크
⑤ 포렌식

해설

위 설명은 핑거프린팅에 대한 설명이다.
핑거프린팅의 특징은 다음과 같다.
- 사용자가 육안으로 이미지를 식별 불가능
- 복제 및 유포 자체에 통지를 하지는 않음
- 유포자 혹은 유포경로를 추적하는데 사용됨

[13~15]

> - A씨는 최근 인터넷 익스플로러를 이용해 웹사이트 접속 시 자꾸 악성사이트에 접속이 되는 것을 확인했다.
> - A씨는 자신의 PC에 바이러스 검사를 했으나 이상한 점을 확인할 수 없었고 컴퓨터 전문가인 친구 B씨에게 이 증상을 이야기하자 B씨는 어떤 파일에 URL과 IP를 적는 방법을 이야기했고 그 결과 IP를 적은 사이트들은 정상적으로 접속이 되는 것을 확인했다.

13 이때 어떤 시스템에 문제가 있다고 볼 수 있는가?

① 공유기
② DNS 서버
③ 라우터
④ 방화벽
⑤ 웹 사이트의 백본 스위치

해설

위 상황은 DNS 스푸핑 등으로 DNS 서버 이상 등으로 DNS 쿼리가 정상적인 답변을 받지 못했을 때 발생한다.

★ 정답 ★	12 ②	13 ②

14 위 시나리오에서 A씨가 노출된 공격은 무엇인가?

① 피싱　② 스미싱　③ 스니핑
④ 파밍　⑤ 중간자공격

해설
위 시나리오는 전형적인 파밍 공격의 사례이다.
파밍 공격은 정상적인 웹사이트로 가장해서 피해자로 하여금 ID, PW 등을 입력하도록 유도하는 공격이다.

15 위 시나리오에서 B씨가 수정한 파일은 무엇인가?

① profile　② hosts　③ sec.config
④ ipsec　⑤ hosts.allow

해설
hosts에 등록된 IP는 DNS쿼리 결과보다 우선 적용된다.

16 다음 공격패턴은 어떤 공격인지 가장 적절한 것을 고르시오.

```
'&cat /etc/passwd&'
&cat /etc/passwd&
;cat /etc/passwd;
";cat /etc/passwd;\"
"&cat /etc/passwd&\"
';cat /etc/passwd;'
%SYSTEMROOT%\\win.ini
'&type %SYSTEMROOT%\\win.ini&'
"|type %SYSTEMROOT%\\win.ini
"&type %SYSTEMROOT%\\win.ini&\"
'|type %SYSTEMROOT%\\win.ini
```

① SQL Injection　② OS Command Injection
③ CSRF　④ Xpath Injection
⑤ XSS

해설
OS Command Injection의 공격 패턴이다. 파이프라인(|), 세미콜론(;), &, || 등의 메타 문자(meta character)[1]를 이용해 해당명령을 수행할 수 있게 해주는 패턴을 입력하고 있다.

---

[1] 정규 표현식에서 특별하게 쓰이는 사전에 약속되어진 문자를 뜻한다.
파이프라인 | : 왼쪽 명령의 결과를 오른쪽 명령의 입력으로 전달
세미콜론 ; : 하나의 라인에 여러 명령어를 차례대로 수행
더블 엔퍼센트 && : 첫 번째 명령이 에러가 없고 정상종료되면 두 번째 명령을 수행한다.
더블 버티컬바 || : 첫 번째 명령이 에러가 발생했을 때 다음 명령을 수행한다.

★ 정답 ★	14 ④	15 ②	16 ②

17 다음 공격패턴은 어떤 공격인지 가장 적절한 것을 고르시오.

ⓘ 127.0.0.1/dom.php?page= <img%20src=" "%20onerror="alert(document.cookie)">

127.0.0.1 내용:
PHPSESSID=795444a64116a055202cc2313be62ab55
확인

① SQL Injection
② OS Command Injection
③ CSRF
④ Xpath Injection
⑤ XSS

해설

XSS(Cross-Site Scripting) 공격이다. XSS는 사용자 입력에 따라 동적인 페이지가 할당된다면 모든 것이 공격 대상이 된다. 위 예는 공격자가 해당 게시판에 XSS취약점이 존재하는지 alert()구문으로 테스트 하는 예제이다.

18 A사원은 웹사이트 개발중 쿠키 기본 설정을 다음과 같이 변경하였다.

```
document.cookie = 'cookie1=value1; SameSite=Lax';
document.cookie = 'cookie2=value2; SameSite=None; Secure';
```

어떠한 공격에 대응하기 위한 설정인가?

① SQL Injection
② OS Command Injection
③ CSRF
④ Xpath Injection

해설

CSRF 공격에 대응하기 위한 설정이다. 쿠키 설정에서 SameSite는 같은 사이트인지 확인하는 설정이고 SameSite=None으로 설정되어 있으면 모든 사이트에서 쿠키전송을 허용한다는 뜻이다. Strict는 같은 사이트에서만 쿠키전송을 허용하고, Lax는 같은 사이트와 허용된 사이트만 쿠키전송을 허용한다는 뜻이다. 또한, SameSite=None으로 작동할시 Secure속성을 추가하여 CSRF공격을 방지하는 설정이다. Secure속성은 평문으로 쿠키를 전송을 허용하지 않는 속성이다 즉, http환경(암호화 미적용)에선 쿠키전송을 허용하지 않고, https환경(암호화 적용)에서만 쿠키전송을 허용한다는 뜻이다.

★ 정답 ★	17 ⑤	18 ③

Chapter 4 암호화 보안

4.1 암호화 개요

암호는 권한이 있는 자 만이 내용을 알 수 있는 파일 혹은 문서 등이다.

현재 주로 사용되는 암호는 용도에 따라서 크게 대칭키 암호 / 비대칭키 암호 / 해시함수로 나뉜다. 2022년 현재는 암호강도 118비트 이상(2030년까지 사용가능)의 암호에 대해 안전한 암호로 인정하고 있다.

1 국내외 권고 암호 알고리즘(2018.12. KISA, 암호 알고리즘 및 키 길이 이용안내서 참고)

분류		NIST(미국) (2015)	CRYPTREC(일본) (2013)	ECRYPT(유럽) (2018)	국내 (2018)
대칭키 암호 알고리즘 (블록암호)		AES 3TDEA	AES Camellia	AES Cemellia Serpent	SEED HIGHT ARIA LEA
해시함수		SHA-224 SHA-256 SHA-384 SHA-512 SHA-512/224 SHA-512/256 SHA3-224 SHA3-256 SHA3-384 SHA3-512	SHA-256 SHA-384 SHA-512	SHA-256 SHA-384 SHA-512 SHA-512/256 SHA3-256 SHA3-384 SHA3-512 SHA3-shake128 SHA3-shake256 Whirlpool-512 BLAKE-256 BLAKE-384 BLAKE-512	SHA-224 SHA-256 SHA-384 SHA-512 SHA-512/224 SHA-512/256 SHA3-224 SHA3-256 SHA3-384 SHA3-512 LSH-224 LSH-256 LSH-384 LSH-512 LSH-512-224 LSH-512-256
공개키 암호 알고리즘	키 공유용	DH ECDH MQV ECMQV	DH ECDH	ECIES-KEM PSEC-KEM RSA-KEM	DH ECDH
	암·복호화용	RSA	RSA-OAEP	RSA-OAEP	RSAES

공개키 암호 알고리즘	전자 서명용	RSA[1] DSA ECDSA	RSA-PASS RSASSA-PKCS1(v1.5) DSA ECDSA	RSA-PSS ISO-9796-2RSA-DS2 PV Signatures schnorr ECSchnorr KDSA ECKDSA XMSS	RSA-PSS KCDSA ECDSA EC-KCDSA

2 보안강도[2]에 따른 대칭키 암호 알고리즘 분류(2018.12. KISA, 암호 알고리즘 및 키 길이 이용안내서 참고)

분류	NIST(미국)	CRYPTREC(일본)	ECRYPT(유럽)	국내
112비트 이상 (2011~ 2030년까지 권고)	AES-128 AES-192 AES-256 3TDEA	AEA-128 AES-192 AES-256 Camellia-128 Camellia-192 Camellia-256	AEA-128 AES-192 AES-256 Camellia-128 Camellia-192 Camellia-256 Serpent-128 Serpent-192 Serpent-256	SEED HIGHT ARIA-128 ARIA-192 ARIA-256 LEA-128 LEA-192 LEA-256
128비트 이상 (2030년 이후 /최대30년)	AES-128 AES-192 AES-256	AEA-128 AES-192 AES-256 Camellia-128 Camellia-192 Camellia-256	AEA-128 AES-192 AES-256 Camellia-128 Camellia-192 Camellia-256 Serpent-128 Serpent-192 Serpent-256	SEED HIGHT ARIA-128 ARIA-192 ARIA-256 LEA-128 LEA-192 LEA-256
192비트 이상 (2030년 이후/ 최대30년)	AES-192 AES-256	AES-192 AES-256 Camellia-192 Camellia-256	AES-192 AES-256 Camellia-192 Camellia-256 Serpent-192 Serpent-256	ARIA-192 ARIA-256 LEA-192 LEA-256
256비트 이상 (2030년 이후/ 최대30년)	AES-256	AES-256 Camellia-256	AES-256 Camellia-256 Serpent-256	ARIA-256 LEA-256

[1] RSA알고리즘의 경우 최소 2048비트 이상(~2030년까지) 권장된다.

[2] 암호 알고리즘의 취약성을 찾아내는데 소요되는 작업량의 수치

❸ 보안강도에 따른 해시함수(메시지인증❶/키유도/난수생성용❷, 단순해시/전자서명용❸) 암호 알고리즘 분류(2018.12. KISA, 암호 알고리즘 및 키 길이 이용안내서 참고)

분류	NIST(미국)	CRYPTREC(일본)	ECRYPT(유럽)	국내
메시지인증 키유도 난수생성용	SHA-1 SHA-224 SHA-256 SHA-384 SHA-512 SHA-512/224 SHA-512/256 SHA3-224 SHA3-256 SHA3-384 SHA3-512	SHA-256 SHA-384 SHA-512	SHA-224 SHA-256 SHA-384 SHA-512 SHA-512/224 SHA-512/256 SHA3-224 SHA3-256 SHA3-384 SHA3-512 SHA3-shake128 SHA3-shake256 Whirlpool-512 BLAKE-224 BLAKE-256 BLAKE-384 BLAKE-512	HAS-160 SHA-1 SHA-224 SHA-256 SHA-512 SHA-512/224 SHA-512/256 SHA3-/224 SHA3-256 SHA-384 SHA3-512 LSH-224 LSH-256 LSH-512 LSH-512-224 LSH-512-256
※ SHA-1, HAS-160은 안전한 보안강도를 제공하지 못하므로 단순해시/전자서명용으로는 사용이 안되지만 메지시인증/키유도/난수생성용으로는 사용 가능하다. 해당 내용에 대해 반드시 알고 넘어가야한다.				
단순해시 전자서명용	SHA-224 SHA-256 SHA-384 SHA-512 SHA-512/224 SHA-512/256 SHA3-224 SHA3-256 SHA3-384 SHA3-512	SHA-256 SHA-384 SHA-512	SHA-224 SHA-256 SHA-384 SHA-512 SHA-512/224 SHA-512/256 SHA3-224 SHA3-256 SHA3-384 SHA3-512 SHA3-shake128 SHA3-shake256 Whirlpool-512 BLAKE-224 BLAKE-256 BLAKE-384 BLAKE-512	SHA-224 SHA-256 SHA-512 SHA-512/224 SHA-512/256 SHA3-/224 SHA3-256 SHA-384 SHA3-512 LSH-224 LSH-256 LSH-512 LSH-512-224 LSH-512-256

❶ 메시지 위·변조를 방지하기 위한 해시함수 알고리즘
❷ 키유도/난수생성용 : 안전한 키와 랜덤한 난수를 생성하기 위한 해시함수 알고리즘
❸ 단순해시/전자서명용 : 패스워드저장용이나 전자서명 생성을 위해 메시지 압축시 해시함수 이용

❹ 보안강도에 따른 공개키 암호 알고리즘 분류(2018.12. KISA, 암호 알고리즘 및 키 길이 이용안내서 참고)

기반	NIST(미국)	CRYPTREC(일본)	ECRYPT(유럽)	국내
인수분해[1] 문제	RSA (암호화, 전자서명)	RSA-OAEP(암호화) RSASSA-PKCS1(v1.5) (전자서명) RSA-PSS(전자서명)	RSA-KEM(키 공유) RSA-OAEP(암호화) RSA-PSS(전자서명) ISO-9796-2 RSA-DS2(전자서명)	RSAES(암호화) RSA-PSS(전자서명)
이산대수[2] 문제	DH(키 공유) DSA(전자서명) MQV(키 공유)	DH(키 공유) DSA(전자서명)	ECIES-KEM(키 공유) Schnorr(전자서명) PV SIgnatures(전자서명) KDSA(전자서명) XMSS(전자서명)	DH(키 공유) KCDSA(전자서명)
타원곡선[3]	ECDH(키 공유) ECDSA(전자서명) ECMQV(키 공유)	ECDH(키 공유) ECDSA(전자서명)	PSEC-KEM(키 공유) ECKDSA(전자서명) ECSchnorr(전자서명)	ECDH(키 공유) ECDSA(전자서명) EC-KCDSA(전자서명)

❺ 취약, 안전한 암호 알고리즘 목록

구분	취약한 알고리즘	안전한 알고리즘
대칭키 암호 알고리즘	DES, 128bit 미만의 AES, ARIA, SEED	SEED, ARIA-128/192/256, AES-128/192/256, HIGHT, LEA 등
공개키 암호 알고리즘	2048bit 미만의 RSA, RSAES	RSAES-OAEP, RSAES-PKCS1 등
일방향 암호 알고리즘	MD5, SHA-1, HAS-160[4]	SHA-256/384/512 등

---

❶ 매우 큰 수의 소인수분해 기반 문제

❷ 이산로그 방정식의 해를 구하는 문제

❸ 타원곡선을 기반으로 한 암호방식(RSA암호방식 대안으로 짧은 키길이를 제공하여도 RSA와 비슷한 수준의 안전성)

❹ SHA-1, HAS-160은 단순해시/전자서명용으로는 사용불가하지만 메시지인증/키유도/난수 생성용으로는 사용가능하다는 점을 꼭 알고있어야함.

6 암호의 종류 및 용도

구분	대칭키	비대칭키 개인키	비대칭키 공개키	해시함수
성능	O			
전자서명	O	O	O	O
부인방지		O		
발신지증명		O		
기밀성	O		O	
무결성				O
1:1 통신	O			
1:다 통신		O	O	
난수생성				O
PW 저장				O

위의 표에서 볼 수 있는 것처럼 각각의 암호화방식은 장단점이 있다. 이를 용도에 맞게 적절히 혼합해서 사용해야 한다. 예를 들면 인터넷 세션의 경우, 세션키 교환은 비대칭키 암호화를 통해 이루어지고 그 세션키를 통해 데이터를 암호화 해 키분배와 성능이라는 두 마리 토끼를 모두 잡을 수 있었다

7 암호키 사용 유효기간(NIST 권고안)(2018.12. KISA, 암호 알고리즘 및 키 길이 이용안내서 참고)

심사시에 2.7.2 암호키 관리 항목에 해당되는 암호키 사용 유효기간이 적절한지에 대해서도 확인이 필요하다. 만약 NIST권고안보다 초과되었으면 초과된 이유에 대해서 확인하고 관리체계 운영에 적절하지 않다면 결함지적이 필요 할 수도 있다라는걸 생각하고 심사에 임하여야 한다. 인증심사 시험에서도 마찬가지로 해당 인터뷰내용에 NIST권고안은 암호키 사용 유효기간이 2년으로 지정되어있으나 10년동안 해당 암호키를 그대로 사용하였는데 적절한 경영진 보고, 위험평가, 해당 사유에 대한 객관성이 입증되지 않았다면 관리체계의 입장에서 객관성있게 바라봤을 때, 충분히 결함사항으로 지적 할 수 있으니 항상 심사원의 관점으로 심사에 임한다는 생각으로 문제를 풀이해야 한다.

키종류		사용 유효기간	
		송신자 사용기간	수신자❶ 사용기간
대칭키 암호 알고리즘	비밀키	최대 2년	최대 5년
공개키 암호 알고리즘	암호화 공개키	최대 2년	
	복호화 개인키		
	검증용 공개키		
	서명용 개인키		

4.2 대칭키 암호

대칭키 암호는 암, 복호화에 같은 Key를 사용하는 암호이다.

대칭키 암호의 핵심은 암/복호화에 같은 Key를 사용하는 것이다. 따라서 사전에 안전한 방식으로 Key 분배가 필수적이다

대칭키 암호는 블록암호와 스트림 암호로 나뉘며 각각의 특징은 다음과 같다.

❶ 대칭키 암호의 종류와 특징

블록암호는 암호화할 문구를 일정 길이의 Block으로 나누어 암호화 키를 더해 암호화하는 방식이며 ECB 방식과 CBC 방식으로 나뉜다.

ECB: electronic codebook, 모든 암호화 블록에 같은 암호화 키를 사용하며, 같은 평문은 항상 같은 암호문이 도출된다.(취약한 암호방식)

CBC: cipher-block chaining, 최초 암호화 블록에는 Initial Vector(IV)를 사용하고, 암호화된 결과문은 다음 평문 블록과 xor 연산 되어 같은 평문이라도 항상 다른 암호문이 도출된다.

스트림암호는 유사난수를 연속적으로 생성하여 평문과 결합하여 암호문을 생성한다. 스트림암호는 구현이 간단하며 속도가 빠르기 때문에 무선통신 등에서 주로 사용된다.

❷ 대칭키 암호의 장점

속도가 빠르며, 암복호화 Key가 짧음. 리소스를 적게 사용함

❸ 대칭키 암호의 단점

1) 암,복호화 기능만 제공하며, 두 Node중 한곳만 해킹 당해도 전체 암/복호 기능이 노출됨.
2) N:N 통신 시 N(N−1)/2개의 키가 필요하기 때문에 키 분배/관리가 복잡함. (key distribution problem)

〈ECB 모드의 암호화방식〉

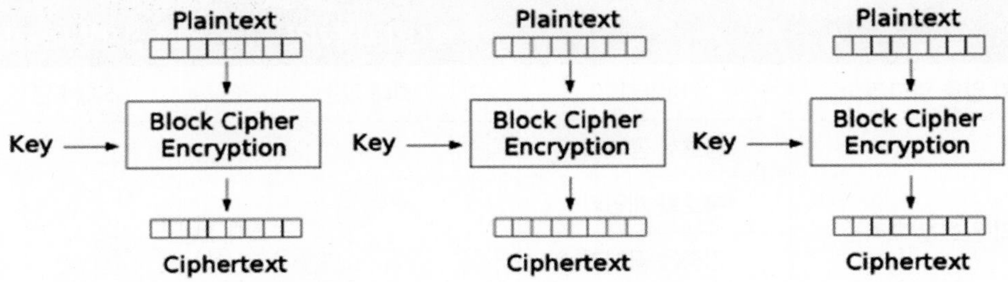
Plaintext
Plaintext
Plaintext
Key
Block Cipher Encryption
Key
Block Cipher Encryption
Key
Block Cipher Encryption
Ciphertext
Ciphertext
Ciphertext

〈CBC 모드의 암호화방식〉

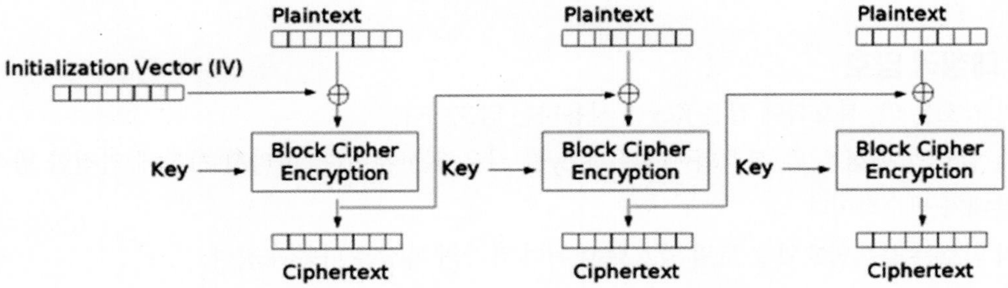
Plaintext
Plaintext
Plaintext
Initialization Vector (IV)
Key
Block Cipher Encryption
Key
Block Cipher Encryption
Key
Block Cipher Encryption
Ciphertext
Ciphertext
Ciphertext

4.3 비대칭키 암호

비대칭키 암호는 암, 복호화에 개인키와 공개키라는 서로 다른 Key를 사용하는 암호이다.

Key 생성 시 개인키, 공개키 한 쌍이 생성되며, 개인키는 생성자 자신이 보관하고, 공개키는 인증서 등에 담아 배포한다.

비대칭키 암호의 특징은 한 Key로 암호화된 문구는 다른 Key로만 풀 수 있다는 것이다.

1 비대칭키 암호의 특징

1) 개인키 암호화

부인방지, 인증, 무결성 (해당 키쌍의 생성자만이 해당 암호를 생성할 수 있으며 모든 사람이 복호화 할 수 있다.)

2) 공개키 암호화

기밀성 (모든 사람이 해당 암호를 생성할 수 있으나, 해당 키쌍의 생성자만이 복호화 할 수 있다.)

3) 비대칭키 암호의 장점

키 관리가 용이함 (몇명이 통신하든 인원수*2개의 키만 필요), 다양한 기능 지원 (부인방지, 발신지증명, 전자서명, 기밀성)

4) 비대칭키 암호의 단점

비대칭키 검증을 위한 PKI 인프라 구축이 필요함, 대칭키에 비해 속도가 느림

5) 보안강도에 따른 취약여부는 다음의 표를 참고한다.

보안강도	인수분해 문제(비트)	이산대수 문제(비트)		타원곡선(비트)
		공개키	개인키	
112비트	2048	2048	224	224
128비트	3072	3072	256	256
192비트	7680	7680	384	384
256비트	15360	15360	512	512

※ 공개키 기반에서는 키 길이로 2048비트 미만의 키길이로 구성되어 있으면 취약한 암호 알고리즘으로 정의하고 해당내용을 숙지할 수 있도록 하여야 한다.

〈비대칭키 암호화방식〉

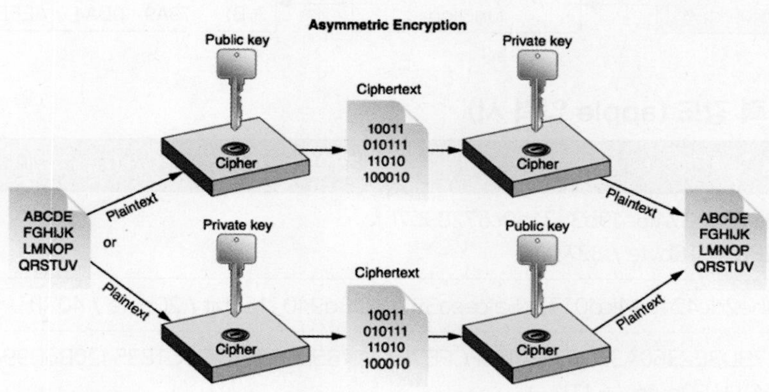

공개키를 이용해 평문을 암호화하고 개인키를 이용해 암호문을 복호화 하는 예시와 개인키를 이용해 평문을 암호화하고 공개키를 이용해 암호문을 복호화 하는 예시가 각각 상/하단으로 나뉘어져 있다.

4.4 해시함수

해시함수는 원문을 일정한 길이의 고유한 결과값으로 출력하는 함수이다.

해시함수의 핵심은 특정한 원문에 대해 일정한 길이의 고유한 결과값을 출력하는 것이다.

이러한 특성으로 인해 원문이 조금이라도 달라질 경우, Hash값이 크게 달라지기 때문에 원문의 위/변조를 쉽게 확인할 수 있다.

❶ 해시함수 특징

해시함수의 특징
1. 일방향 암호화이므로 원문을 복호화 할 수 없다. (원문의 완전한 손실) 2. 입력값의 길이에 상관없이 항상 일정한 길이의 결과값을 배출한다. 3. 입력값이 조금만 달라져도 결과값이 완전히 바뀐다. 4. 서로 다른 값을 입력해서 같은 결과값이 나오는 것 (해시충돌)은 극히 힘들다.

〈해시함수 사용 사례〉

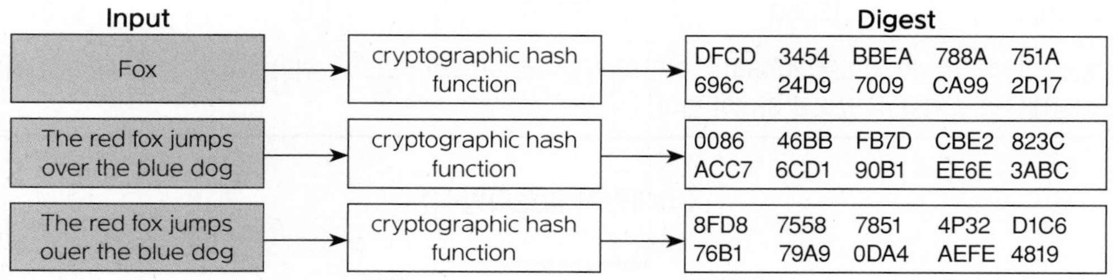

❷ 해시함수 출력 강도 (apple 입력 시)

알고리즘	출력값(암호강도)
MD5	1f3870be274f6c49b3e31a0c6728957f (128bit / 16byte / 32자)
SHA1	D0be2dc421be4fcd0172e5afceea3970e2f3d940 (160bit / 20byte / 40자)
SHA256	3A7BD3E2360A3D29EEA436FCFB7E44C735D117C42D1C1835420B6B9942DD4F1B (256bit/ 32byte / 64자)
SHA512	844D8779103B94C18F4AA4CC0C3B4474058580A991FBA85D3CA698A0BC9E52C5940 FEB7A65A3A290E17E6B23EE943ECC4F73E7490327245B4FE5D5EFB590FEB2 (512bit /64byte / 128자)

해시함수는 한 알고리즘 내에서는 같은 길이의 결과값을 도출하지만 암호강도가 강한 해시함수일수록 더 긴 결과값을 도출한다. 이 경우 동일한 결과값이 나오는 경우(충돌)을 찾기가 더 어려워진다.

❸ 인증심사시 해시함수 관련 주요 확인사항

1) Linux,Unix 시스템 심사시 /etc/shadow파일 내용중 패스워드의 암호화[1] 상태 확인(암호화방식, salt여부, 인증기준에 맞는 키길이), 단 salt가 추가되지 않더라도 바로 결함으로 판단하여서는 안됨. KISA에서 발간한 암호 알고리즘 및 키길이 이용 안내서 및 개인정보의 안전성 확보조치 salt를 무조건 추가하라는 내용은 없음. 심사상황을 보고 판단하여야 함.

[1] \$1\$: MD5, \$2a\$: Blowfish, \$2y\$: Blowfish, \$5\$: SHA-256, \$6\$: SHA-512

2) 패스워드 저장목적으로 설계된 bcrypt❶, scrypt❷는 법령 및 해설서상에 안전한 암호 알고리즘으로 표기가 되어 있지 않으나 역시 심사상황을 종합적으로 판단하여야함.

4.5 전자서명과 전자봉투

1 전자서명

1) 전자서명

서명자를 확인하고 서명자가 당해 전자문서에 서명했다는 사실을 나타내는 데 이용하려고, 특정 전자문서에 첨부되거나 논리적으로 결합된 전자적 형태의 정보를 말한다.

2) 전자서명의 원리

- 원문 데이터의 해시값 생성 및 해시값을 서명자의 개인키로 암호화
- 원문 데이터와 서명자의 개인키로 암호화된 해시값을 수신자에게 전송
- 수신자는 서명자의 공개키로 해시값을 복호화 및 수신한 데이터의 해시값와 대조
- 복호화한 해시값과 수신한 데이터의 해시값을 대조, 일치할 경우 데이터의 무결성 검증 가능

위 과정에서 서명자의 개인키로 암호화된 해시값은 서명자만이 만들 수 있기 때문에 서명자 검증 및 부인방지를 제공한다. 또한, 데이터가 위변조 되었을 경우, 해시값을 대조하는 과정에서 이를 확인할 수 있기 때문에 무결성을 보장할 수 있다.

전자봉투는 송신자가 메시지를 암호화하기 위해 수신자의 공개 키를 사용하여 암호화한 것이다. 암호화 메시지와 암호화 비밀 키로 구성되며, 수신자의 공개 키를 사용해 암호화했기 때문에 수신자 이외에는 메시지 내용을 파악하기 어렵다.

〈전자서명의 원리〉

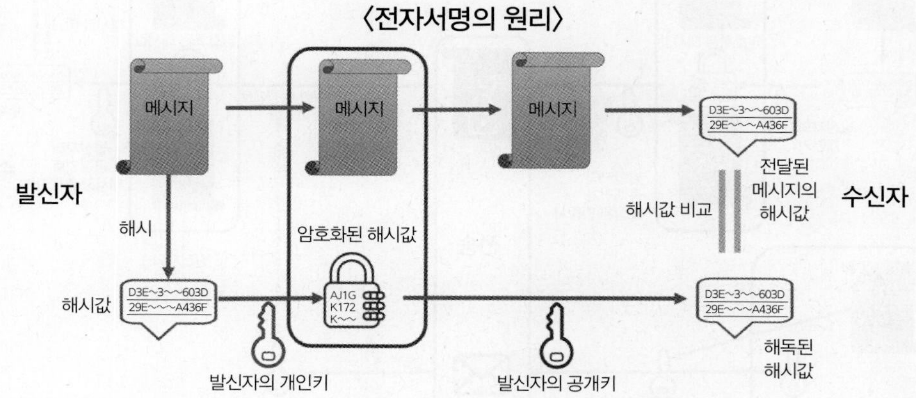

3) 전자서명이 제공하는 기능 : 위조불가, 인증, 재사용 불가, 변경불가, 부인방지 등을 제공

---

❶ OpenBSD에서 Blowfish를 기반으로 설계된 암호화 함수이며 비밀번호를 해시하면서 salt정보를 같이 저장하여 SHA2보다 보안성이 높다고 평가되고 있으나 우리나라의 안전한 암호 알고리즘 목록에는 포함되지 않고 있다.

❷ 2009년 개발된 key derivation function. 많은 메모리와 CPU를 사용하지만 brute force공격에 강하다 보안시스템 구현시 많은 비용이 투자가 가능하다면 추천되는 알고리즘

❷ 전자봉투

1) **전자봉투는 대칭키를 사용하여 문서의 내용을 암호화 한 후 해당 대칭키를 수신자의 공개키(비대칭키)를 이용하여 다시 암호화 한 형태이다.**

2) **전자봉투의 과정과 특징**

- 원문 데이터의 해시값 생성 및 해시값을 서명자의 개인키로 암호화
- 서명자의 개인키로 암호화된 해시값을 검증자에게 전송
- 검증자는 이를 서명자의 공개키로 복호화, 원문 데이터의 해시값 획득
- 서명자는 사전에 배포하지 않은 대칭키로 원문 데이터를 암호화
- 대칭키를 검증자의 공개키로 암호화
- 서명자는 검증자의 공개키로 암호화된 대칭키를 검증자에게 전송
- 검증자는 자신의 개인키로 암호화된 대칭키를 복호화, 대칭키 획득
- 서명자는 대칭키로 암호화된 원문 데이터를 검증자에게 전송
- 검증자는 대칭키로 암호화된 원문 데이터를 복호화
- 검증자는 원문 데이터의 해시값과 3에서 획득한 원문 데이터의 해시값을 비교

원문 데이터는 대칭키로 암호화되어 전송되기 때문에 기밀성을 보장한다. 또한 원문 데이터의 해시값은 서명자의 개인키로 암호화되기 때문에 서명자 검증이 가능하다. 마지막으로 대칭키는 검증자의 공개키로 암호화되기 때문에 수신자 제한이 가능하다.

〈전자봉투의 원리〉

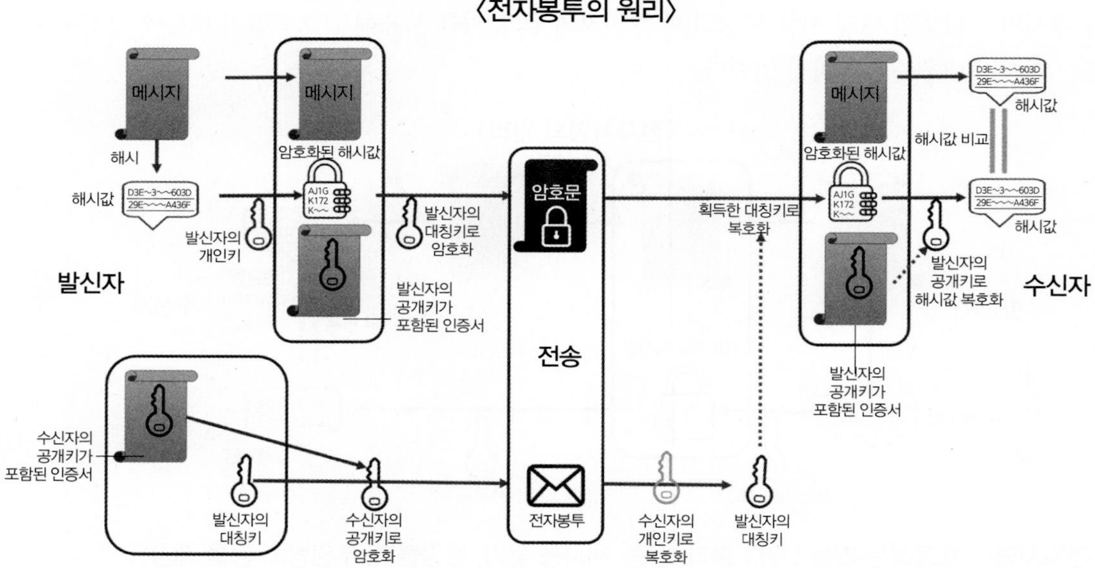

3) **전자봉투는 기밀성, 무결성, 부인방지 모두 지원한다.**

원문의 해시를 발신자의 개인키로 암호화해 원문 + 암호화된 해시를 보낸다면 무결성 검증만 가능하다.

4.6 PKI

PKI(Public Key Infrastructure)는 공개키 기반구조로 공개키 알고리즘을 이용해 전자서명과 암호화 등을 제공하는 인프라를 의미한다.

PKI는 서버인증서 및 공인인증서등 현재 우리가 사용하는 대부분의 인증서의 기반이 되고 있다.

〈PKI의 사용 절차〉

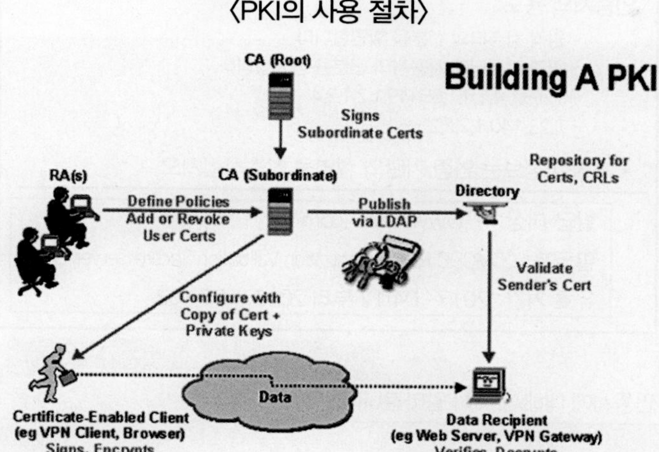

1 PKI의 구성요소

1) CA(인증기관)

공개키에 대해 인증서를 발급한다. 최상위 CA를 ROOT CA라고 한다.

2) RA(등록기관)

CA의 위임을 받아 인증서 목록 검색 및 인증서 취소요청, 인증요청 등을 수행한다.

3) 디렉터리

인증서와 인증서 취소목록, 사용자 정보 등을 저장하고 검색할 수 있는 장소이다.

4) 사용자

PKI를 이용하는 사용자와 시스템을 의미한다.

2 X.509 인증서

X.509인증서는 PKI(Public Key Infrastructure) 구조 기반의 인증서 형식으로 다음 내용을 포함하고 있다. 서버 인증서는 인터넷 익스플로러의 URL 입력창 옆에 있는 자물쇠 버튼을 클릭하면 확인할 수 있다. 인증서는 자신을 발급한 상위 CA에 의해 서명되고, 상위 CA는 최상위 CA에 의해 서명되는 Tree 구조를 지닌다. 인증서 검증 시에는 이 상위 CA의 유효성을 검증하는 방식으로 진행된다.

〈Naver의 인증서 샘플〉

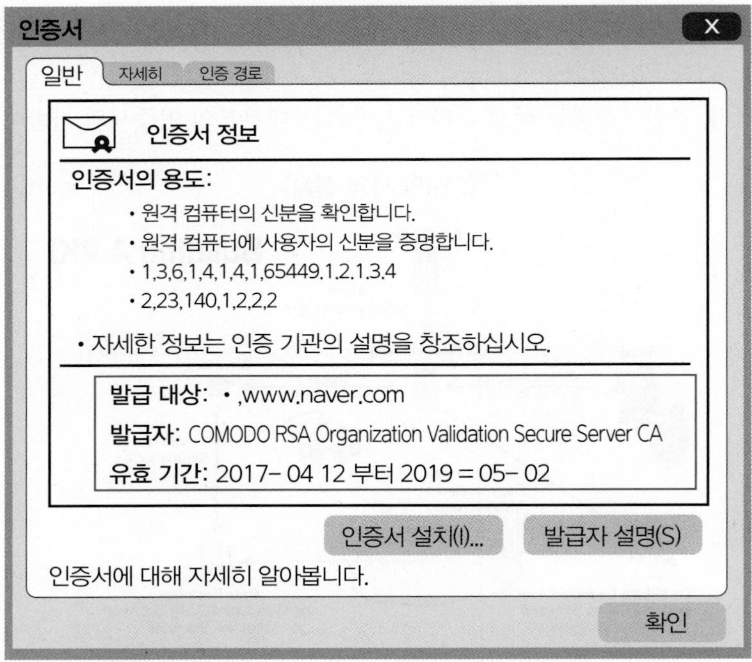

1) X.509인증서의 구성요소

① 발급 대상

② 발급자

③ 유효기간

④ 발급 대상의 공개키

⑤ 발급자의 서명

⑥ 공개키 및 서명 알고리즘

⑦ 인증 경로

2) 일반 탭에서 발급대상과 발급자, 유효기간을 확인할 수 있다. 일반적으로 웹사이트 인증서의 유효기간은 3개월에서 3년이다.

Chapter 4 확인 문제

1 대칭키의 장점은 키 관리가 간편하고 속도가 빠르다.

(O, X)

해설

대칭키는 공개키보다 속도가 빠르지만 N명이 통신할 경우 N(N-1)/2개의 키가 필요하나 비대칭키는 2N개의 키만 필요하다.

2 대칭키의 키교환 문제를 해결하기 위해 키사전 공유, KDC, 디피헬만 키교환(Diffie-Hellman key exchange), 공개키 암호 사용 등으로 해결할 수 있다.

(O, X)

해설

KDC (Key Distribution Center): 대칭키 암호화 통신에서 키 분배를 담당하는 역할을 한다.

3 비대칭키를 사용할 때 수신자의 공개키로 암호화할 경우 기밀성을 보장할 수 없다.

(O, X)

해설

수신자의 공개키로 암호화한 데이터는 수신자의 개인키로만 복호화가 가능하여 기밀성을 보장한다.

4 비대칭키를 사용할 때 발신자의 개인키로 암호화할 경우 부인방지를 보장할 수 없다.

(O, X)

해설

발신자의 개인키로 암호화한 데이터는 발신자의 공개키로만 복호화가 가능하여 부인방지를 보장한다.

5 Hash 함수는 서로 다른 입력값에 대해 서로 다른 길이의 결과값을 출력한다.

(O, X)

해설

Hash 함수는 서로 다른 입력값에 대해 동일한 길이의 서로 다른 결과값을 출력한다.

6 Hash 함수는 입력값에 사소한 차이가 있어도 결과값은 전혀 달라지지 않는다.

(O, X)

해설

Hash 함수는 입력값의 사소한 차이가 결과값의 큰 차이로 이어져 무결성 검증에 사용된다.

★ 정답 ★	1 ×	2 ○	3 ×	4 ×	5 ×	6 ×

7 **전자봉투는 원문 데이터의 Hash값을 대칭키로 암호화하여 전송한다.**

(O, X)

해설

전자봉투는 대칭키를 사용하여 문서의 내용을 암호화한 후 해당 대칭키를 수신자의 공개키를 이용하여 암호화한 형태이다.

8 **메시지인증/키유도/난수생성용으로 SHA-1을 사용하는건 안전한 암호 알고리즘이 아니다.**

(O, X)

해설

SHA-1은 보안강도를 만족하지 못해 해시/전자서명용으로는 취약하지만 메시지인증/키유도/난수생성용으로는 사용 가능하다. / 참고 : 암호 알고리즘 및 키 길이 이용 안내서(한국인터넷진흥원, 2018)

9 **Root CA 인증서는 탈취 시 영향도가 매우 크므로 3개월에서 3년의 유효기간을 가져야 한다.**

(O, X)

해설

Root CA 인증서가 변경되면 하위 인증서가 모두 못쓰게 되므로 20~30년의 유효기간을 지녀야 한다.

10 **PKI 구조를 이루는 구성요소는 CA, RA, 디렉터리, 사용자가 있다.**

(O, X)

★ 정답 ★	7 ✕	8 ✕	9 ✕	10 ○

Chapter 4 실전 문제

1 **다음 중 대칭키 암호로 짝지어진 것은 무엇인가?**

㉠ ARIA	㉡ Whirlpool	㉢ LEA	㉣ HAS160

① ㉠, ㉢　　② ㉡, ㉢　　③ ㉠, ㉡
④ ㉡, ㉣　　⑤ ㉠, ㉣

해설
- 대칭키 암호: AES, 3DES, SEED, ARIA, HIGHT, Blowfish, LEA, KASUMI, DES, RC4, RC5
- 비대칭키 암호: RSA, RSAES-OAEP
- 해시함수: SHA224, SHA256, SHA384, SHA512, Whirlpool, MD5, SHA1, HAS160

2 **다음 중 해시함수를 사용하기에 가장 적합하지 않은 분야를 고르시오.**

① 전자서명　　② 암호 저장　　③ 난수 생성
④ 기밀성 보장　　⑤ 무결성 검증

해설
해시함수는 Input을 일정한 길이의 Output으로 변환하기 때문에 원문이 완전히 소실된다.

3 **국내에서 개발된 암호알고리즘으로 바르게 구성된 것을 고르시오.**

① ㉠ AES　㉡ LEA　㉢ 3DES　㉣ LSH
② ㉠ SEED　㉡ IDEA　㉢ 3TDEA　㉣ SHA
③ ㉠ SEED　㉡ HIGHT　㉢ ARIA　㉣ LSH
④ ㉠ AES　㉡ Serpent　㉢ ARIA　㉣ BLAKE

해설
국내 암호 알고리즘으로 SEED, ARIA, HIGHT, LEA, LSH(해시)가 있다.

★ 정답 ★	1 ①	2 ④	3 ③

4 **다음 중 비대칭키 암호에 대한 설명으로 잘못된 것을 고르시오.**

① 비대칭키 암호는 스트림 암호화와 블록 암호화방식이 있다.
② 비대칭키 암호는 몇 명이 통신하건 상관없이 통신인원수 *2개의 키만 필요하다.
③ 비대칭키 암호는 대칭키 암호에 비해 속도가 느리다.
④ 비대칭키 암호화방식으로는 RSA가 있다.
⑤ 누구나 수신자의 공개키로 암호화할 수 있다.

해설

대칭키 암호화의 방식으로 스트림 암호화와 블록 암호화방식이 있다.

5 **다음 비대칭키 암호화 사용 사례에 대한 설명으로 잘못된 것을 모두 고르시오. (3개)**

① 발신자의 개인키로 암호화할 경우 기밀성을 확보할 수 있다.
② 발신자의 공개키로 암호화 후 수신자의 개인키로 암호화할 경우 1:1 통신이 가능하다.
③ 수신자의 개인키로 암호화할 경우 부인방지가 가능하다.
④ 수신자의 공개키로 암호화할 경우 수신자 제한이 가능하다.
⑤ 발신자의 공개키로 암호화하는 경우는 일반적으로 없다.

해설

① 발신자의 개인키로 암호화할 경우 부인방지가 가능한다.
② 발신자가 수신자의 공개키로 암호화하면 수신자는 개인키로 복호화하여 1:1 통신이 가능하다.
③ 수신자의 공개키로 암호화할 경우 기밀성을 확보할 수 있다.

6 **다음 중 해시함수의 특성으로 잘못된 것을 고르시오.**

① 해시함수로 암호화된 값의 원문은 찾을 수 없다.
② 서로 다른 값을 입력하더라도 같은 결과 값이 나오는 경우가 있다.
③ 입력값이 조금만 달라져도 결과값은 완전히 바뀐다.
④ 어떤 값을 입력하더라도 항상 결과값의 길이는 같다.
⑤ 16진수로 된 결과값을 도출한다.

해설

해시함수는 서로 다른 입력 값에 대해 일정한 길이의 고유한 값으로 나오도록 설계가 된다.

★ 정답 ★	4 ①	5 ①, ②, ③	6 ②

7 해커 A는 현재 C사에 대한 공격을 준비 중이다. A는 공격을 위해 Rainbow Table을 준비하고 있다. 이때 A가 공격 대상으로 삼은 데이터는 다음 중 어떤 데이터인가?

① 대칭키 암호화된 데이터
② 비대칭키 암호화된 데이터
③ 해시함수를 사용한 데이터
④ 전자 서명된 데이터
⑤ 평문 데이터

해설

Rainbow Table은 해시함수에서 입력값과 결과값의 키 쌍을 미리 만들어놓은 Table이다.

8 해커 A는 Rainbow Table을 통해서 C사에 대한 공격을 시도, 성공하였다. 이때 C사가 고려할 수 있는 대응방안으로 적합한 것을 모두 고르시오. (3개)

① 안전한 패스워드 사용
② 대칭키의 안전한 분배
③ SHA256 이상의 해시함수 사용
④ Salt값 적용
⑤ 비대칭키의 키 길이 강화

해설

충분히 길고 복잡한 패스워드 정책을 도입하면 기존 rainbow 테이블에서 일치하는 패스워드를 찾기 더 어려워진다. SHA256 이상의 해시함수를 사용하면 rainbow 테이블을 작성하기 더 어려워진다. Salt값은 패스워드에 임의의 값을 덧붙임으로써 기존 rainbow 테이블을 무력화할 수 있다.

9 다음 중 전자봉투에서 지원하는 것을 모두 고르시오. (4개)

① 서명자 검증
② 기밀성
③ 수신자 검증
④ 수신자 제한
⑤ 무결성

해설

전자봉투는 기밀성, 무결성, 서명자 검증(부인방지), 수신자 제한을 지원한다.

★ 정답 ★	7 ③	8 ①, ③, ④	9 ①, ②, ④, ⑤

10 **다음은 isms라는 패스워드를 MD5와 SHA해시알고리즘을 이용하여 해시를 생성한 결과이다. 실제 사용자 계정과 패스워드가 저장된 데이터베이스에 암호화 되어있다고 가정하였을 때, 취약하다고 판단되는 알고리즘을 모두 선택하시오. (2개)**

㉠	20860da370a7360a7295a9aeb950ae6a1fdc91ce03435292878f5eea309eab5ce 8c2bf0d3461fd9aab6cbe9d35d7b5fc
㉡	40b794aaaa8c8c9171cb706d043cd51da31243ce
㉢	6ef935d5bd00afd1925740b85463f5b2
㉣	13acc52013195fa06e1727270274414c54f85df40a1f478ba6e4349493ca69db
㉤	2aeb7edeb5400e26d009a93c084d08d23d0d1731c2195d7c7668c0bb
㉥	7e038064a7a53dd35f5ebecce4d650fdf238ebb130432d2f7fe4f9443ec905e9d 044184df5a1247e683d21934df94df60f711dbec59b707d76822942bedc763a

① ㉠, ㉡　　② ㉡, ㉥　　③ ㉢, ㉤
④ ㉥, ㉠　　⑤ ㉡, ㉢

해설

MD5의 키길이는 128비트, SHA-1의 키길이는 160비트이다. 취약한 암호 알고리즘으로 권고되지 않는다.
㉠ SHA-384　㉡ SHA-1　㉢ MD5　㉣ SHA-256　㉤ SHA-224　㉥ SHA-512

11 **다음 인터뷰 내역 중 결함 사항은 모두 몇 가지인가?**

심사원: 개인정보 암호화는 어떻게 이루어지고 있습니까?
담당자: 먼저 패스워드는 SEED를 이용해 일방향 암호화를 하고 있습니다.
다음으로 주민등록번호의 경우 복호화가 필요하기 때문에 DES를 이용해 양방향 암호를 하고 있습니다.
심사원: 접속기록 보관은 어떻게 이루어지고 있습니까?
담당자: 접속기록은 위변조 방지를 위해 SHA256으로 암호화하여 보관하고 있습니다.
심사원: 데이터 발신자 검증에는 어떤 암호화 알고리즘을 사용하나요?
담당자: RSA 2048을 이용합니다.

① 없음　　② 1가지　　③ 2가지
④ 3가지　　⑤ 4가지

해설

1. SEED는 양방향 암호이기 때문에 패스워드를 암호화하는데 사용할 수 없다.
2. DES의 경우 취약한 암호화 알고리즘이기 때문에 사용할 수 없다.
3. 접속기록을 SHA256으로 해시할 경우 원문이 모두 소실된다.

★ 정답 ★	10 ⑤	11 ④

12 **다음 Java소스코드 예제에서 취약한 부분은 무엇인지 고르시오.**

```
public boolean VerifyAdmin(String password) {
if (password.equals("68af404b513073584c4b6f22b6c63e6b")) {
System.out.println("Entering Diagnostic Mode...");
return true;
}
System.out.println("Incorrect Password!");
return false;
```

① 부적절한 인증
② 하드코딩된 암호화 키
③ 하드코딩된 패스워드 사용
④ 부적절한 입력 유효성 검사
⑤ 잘못된 기본 권한

해설

CWE-321 : User of Hard-coded Cryptographic Key 하드 코딩된 암호화 키 사용으로 인한 취약점이다.

13 **다음 중 X.509 인증서에 대한 설명으로 옳은 것은 무엇인가?**

① X.509 인증서의 일련번호 필드는 인증서 소유자가 생성한 고유번호이다.
② X.509 인증서의 발급자 필드는 인증서를 발급받은 소유주를 의미한다.
③ X.509 인증서의 공개키 필드는 인증서를 서명하는데 사용된 공개키이다.
④ X.509 인증서의 서명 필드는 인증서를 상위 CA의 개인키로 서명한 값이다.
⑤ X.509 인증서의 확장영역은 인증서의 용도, 정책 등에 대한 설명이며 X.509 V2에서만 사용된다.

해설

① 일련번호는 상위 CA가 인증서마다 매긴 고유한 번호이다.
② 발급자는 상위 CA에 대한 정보이다.
③ 공개키는 인증서의 공개키이다.
⑤ 확장영역은 인증서의 용도, 정책 등에 대한 설명이며 X.509 V3에서만 사용된다.

★ 정답 ★	12 ②	13 ④

14 다음 중 인증서 검증에 대한 내용으로 잘못된 것은 무엇인가?

① HTTPS 연결 시 서버에서 클라이언트로 서버 인증서를 전달한다.
② 서버는 서버 인증서 전달 시 클라이언트 인증서를 요구할 수 있다.
③ 클라이언트는 자신의 브라우저에 있는 서버 인증서와 자신이 전달받은 서버 인증서를 비교한다.
④ IoT기기나 APP의 경우 Pinning을 통해서 인증서를 사전에 탑재한다.
⑤ 위 과정을 통하여 파밍 공격을 방어할 수 있다.

해설

클라이언트는 자신의 브라우저에 있는 Root CA 인증서로 자신이 전달받은 서버 인증서를 Chain 검증한다. 공격자가 가짜 사이트를 만들어서 희생자를 접속시키더라도 (파밍 공격) 서버의 개인키가 없는 공격자는 사용자와 서버의 인증서를 사용한 통신을 할 수 없다.

15 다음 암호 사용 사례 중 잘못된 것은 무엇인가?

① 사용자 패스워드를 Whirlpool + SALT를 이용해 저장하였다.
② 웹 접속 로그를 3DES를 이용해 암호화하여 보관하였다.
③ 다수의 사용자와 통신 시 RSA 알고리즘을 사용하여 데이터를 암호화 송수신 하였다.
④ 서버 내 저장되는 개인정보에 대해 HIGHT를 사용하여 암호화하였다.
⑤ 서버 인증서 공개키 알고리즘에 SEED를 사용하였다.

해설

seed는 대칭키 암호화 알고리즘이다.

16 다음 중 안전한 암호화 알고리즘으로 알맞게 짝지어진 것은 무엇인가?

㉠ HAS 160	㉡ Blowfish (키 길이 128비트 이상)
㉢ RSA (공개키 길이 1024비트 이상)	㉣ KASUMI

① ㉠, ㉡　　② ㉠, ㉢　　③ ㉡, ㉢
④ ㉡, ㉣　　⑤ ㉢, ㉣

해설

사용 가능, 불가능한 암호 알고리즘은 다음 표를 참조하면 된다.

구분	구분	알고리즘
대칭키암호	안전한 알고리즘	AES, 3DES(AES로 대체 권고), SEED, ARIA, HIGHT, Blowfish(키 길이 128비트 이상), LEA, KASUMI
	취약한 알고리즘	DES, 보안강도 112비트 이하 알고리즘
비대칭키 암호	안전한 알고리즘	RSA(공개키 길이 2048비트 이상), RSAES-OAEP
	취약한 알고리즘	공개키 길이 2048비트 미만 알고리즘
해시 함수	안전한 알고리즘	SHA224, SHA256, SHA384, SHA512, Whirlpool
	취약한 알고리즘	RC4, RC5, MD5, SHA1, HAS160, 보안강도 112비트 이하 알고리즘

★ 정답 ★	14 ③	15 ⑤	16 ④

17 **다음 중 사용자의 신용카드 정보를 암호화하기 가장 부적절한 알고리즘은 무엇인가?**

① 3DES ② RSA
③ ARIA ④ AES
⑤ SHA256

해설
SHA 256은 해시 함수이며 해시 함수는 원문 데이터를 전부 소실시키는 특징이 있다.

18 **다음 설명과 일치하는 알고리즘은 무엇인가?**

- 이 알고리즘은 키 분배와 관련된 이슈가 없다.
- 이 알고리즘은 IV를 사용하지 않는다.
- 이 알고리즘은 난수 생성에 유용하게 사용된다.
- 이 알고리즘은 사용자 패스워드 저장에 사용된다.

① Whirlpool ② KASUMI
③ ARIA ④ AES
⑤ DES

해설
위 설명은 해시 함수에 대한 설명이며, 보기 중 해시알고리즘은 Whirlpool뿐이다. 나머지 알고리즘은 모두 대칭키 알고리즘이다.

19 **모바일 쇼핑몰을 운영하는 A사는 홈페이지에서 주문을 받아 사용자들에게 발송한다. 그런데 가끔 주문을 한 적이 없는데 그냥 배송이 와서 제품을 사용했다고 우기는 악성 사용자들과 주문을 한 것은 맞지만 자신이 주문한 것과 다른 상품이 왔다고 우기는 사용자들이 있어 곤혹을 겪고 있다. 이때 A사가 활용하기 가장 적합한 해결책은 무엇인가?**

① 대칭키 암호화 알고리즘을 사용한다.
② 비대칭키 암호화 알고리즘을 사용한다.
③ 해시 함수를 사용한다.
④ 전자서명을 사용한다.

해설
위 문제를 해결하기 위해서는 부인방지가 필요하다. 전자서명은 부인방지를 지원한다.

★ 정답 ★	17 ⑤	18 ①	19 ④

20 다음 시나리오와 가장 연관성이 낮은 알고리즘은 무엇인가?

> A사는 업무상 해외지사와 기밀문서를 주고받는 일이 잦다. 기밀문서는 인터넷망을 통해 전달되는데, 이때 침해사고를 막기 위해 A사는 문서를 암호화한 뒤, 해외지사로 전송한다. 이때 암복호화를 위한 키는 매번 변경되며, A사가 해외지사로 전화를 걸어 담당자의 신원을 확인하고 복호화 키를 유선상으로 알려준다. 그런데 해외지사로 가는 인터넷망이 안정적이지 않아 암호화된 문서가 종종 일부 유실되어 최근 무결성 검증을 위한 조치를 추가적으로 하였다.

① SHA256

② Blowfish

③ Whirlpool

④ AES

⑤ RSA

해설

위 시나리오와 관련된 알고리즘은 대칭키 알고리즘(유선상으로 복호화 키를 전달)과 해시 알고리즘(무결성 검증)이다.

RSA는 비대칭키 알고리즘으로 위 시나리오에서는 사용되지 않았다.

21 다음 중 잘못된 설명을 모두 고르시오.

① 대칭키 암호 사용 시 블록크기 이하의 암호화에 대해서는 ECB와 CBC 모드 모두 보안성이 동일하다.

② 대칭키 암호 사용 시 스트림 암호는 블록암호에 비해 빠르다.

③ 해시함수 사용 시 Salt를 이용하지 않으면 비슷한 Input에 대해 비슷한 Output이 나오므로 Salt는 필수적으로 적용해야 한다.

④ 해시함수 사용 시 암복호화 키를 관리할 필요가 없다.

⑤ 비대칭키 암호 사용 시 키 교환이 간단하다.

해설

Salt를 이용하지 않더라도 Hash 함수 사용 시 Input이 조금만 달라져도 완전히 다른 Output이 나온다.

★ 정답 ★	20 ⑤	21 ③

22 다음 설명과 일치하는 알고리즘은 무엇인가?

- 이 알고리즘은 키 분배가 간편하다.
- 이 알고리즘의 장점은 부인방지 등 다양한 기능을 지원한다는 점이다.
- 이 알고리즘의 단점은 AES와 같은 종류의 알고리즘에 비해 속도가 느리다는 점이다.
- 이 알고리즘은 서버 인증서 서명 등에 사용된다.

① SHA256

② RSA

③ MD5

④ AES

⑤ KASUMI

해설

위 설명과 관련된 알고리즘은 비대칭키 알고리즘이며, 보기 중 비대칭키 알고리즘은 RSA이다.

23 다음 중 PKI 구조에 대한 설명으로 잘못된 것을 고르시오.

① PKI 구조에서 발급되는 인증서는 보통 Root CA, SUB CA, 인증서로 3단 구조를 지닌다.

② Root CA 인증서는 SUB CA 인증서보다 유효기간이 같거나 짧아야 한다.

③ 서버 인증서는 개인키 공개키 쌍은 그대로 두고 유효기간 만료 시 서명만 다시 받아도 된다.

④ 서버 인증서는 보통 1~3년의 유효기간을 지닌다.

⑤ 사설 인증서를 함부로 설치할 경우 MITM의 위험이 있다.

해설

② Root CA 인증서가 SUB CA 인증서보다 유효기간이 짧으면 인증서 Root CA 인증서 만료 시 Sub CA 인증서도 모두 폐기해야 한다.

③ 서버 인증서는 개인키 공개키 쌍은 그대로 두고 유효기간 만료 시 서명만 다시 받아도 된다. 특히 이 인증서로 Pinning을 하는 경우라면 IoT 기기 혹은 APP을 매번 변경하지 않아도 되는 장점이 있다.

④ 서버 인증서는 보통 1~3년의 유효기간을 지니고 극히 중요한 사이트의 경우 3개월인 경우도 있다.

⑤ 공격자의 인증서를 신뢰할 수 있는 인증서로 등록할 경우, 중간자공격에 노출된다.

★ 정답 ★	22 ②	23 ②

24 **다음 중 서버인증서를 이용한 HTTPS 통신 시 사용되는 알고리즘은 무엇인가?**

① 해시 알고리즘

② 대칭키 알고리즘

③ 비대칭키 알고리즘

④ 모두 사용됨

⑤ 모두 사용되지 않음

해설

HTTPS 통신 시 해시 알고리즘, 대칭키 알고리즘, 비대칭키 알고리즘을 모두 사용해서 기밀성, 무결성, 부인방지, 수신자 제한 등을 제공한다.

25 **이용자의 개인정보를 처리하는 정보통신망 서비스 제공자가 저장시 필수적으로 암호화 하여야 하는 항목중 잘못된 것을 고르시오**

㉠ 비밀번호는 대칭키를 이용하여 암호화하여 저장하여야 한다.
㉡ 계좌번호는 대칭키를 이용하여 암호화하여 저장하여야 한다.
㉢ 생체인식정보는 대칭키를 이용하여 암호화하여 저장하여야 한다.
㉣ 생체정보는 대칭키를 이용하여 암호화하여 저장하여야 한다.
㉤ 주민등록번호는 대칭키를 이용하여 암호화하여 저장하여야 한다.

① ㉢, ㉣

② ㉠, ㉢, ㉤

③ ㉢, ㉣, ㉤

④ ㉠, ㉣

⑤ ㉣, ㉤

해설

비밀번호는 법령상 일방향 암호화하여 저장해야하며, 생체정보는 암호화 대상이 아니다.(생체인식정보가 암호화 대상이다)

<table>
<tr><td>생체정보</td><td colspan="2">개인의 신체적, 생리적, 행동적 특징에 관한 정보로 특정 개인을 인증·식별하거나 개인에 관한 특징(연령·성별·감정 등)을 알아보기 위해 일정한 기술적 수단을 통해 처리되는 정보</td></tr>
<tr><td rowspan="3">생체인식 정보</td><td colspan="2">생체정보 중 특정 개인을 인증·식별할 목적으로 일정한 기술적 수단을 통해 처리되는 정보</td></tr>
<tr><td>생체인식 원본정보</td><td>생체인식정보 중 입력장치 등을 통해 수집·입력된 특징정보 생성에 이용되는 정보</td></tr>
<tr><td>생체인식 특징정보(민감정보)</td><td>원본정보로부터 특징점을 추출하는 등의 일정한 기술적 수단을 통해 생성되는 정보</td></tr>
</table>

★ 정답 ★	24 ④	25 ④

Chapter 5 클라우드 보안

5.1 클라우드 소개

1 클라우드란?

일반적으로 정보시스템이라고 하면 서버실과 거기에 빼곡하게 들어찬 랙, 서버를 상상하게 마련이다. 지금까지 정보시스템 구축은 사용자가 소유한 자산에 OS와 SW를 설치하고 애플리케이션을 구동시키며 이렇게 구성된 시스템을 스위치 등의 네트워크 장비로 이어주고 방화벽이나 IPS 같은 보안 장비로 보호하는 방식으로 이루어졌다. 이를 온 프레미스(On Premise) 시스템이라 한다. 그러나 클라우드 컴퓨팅(Cloud computing)은 AWS, MS 등의 클라우드 제공 업체가 보유한 서버, DB 등의 IT 리소스를 인터넷을 통해 제공하고, 사용자는 자신이 사용한 만큼 비용을 지불한다.

2 클라우드 컴퓨팅의 특징은 크게 다음과 같다.

1) 클라우드 제공 업체의 자산을 이용

클라우드 서비스의 사용자는 더 이상 자신만의 물리적 자산을 보유하지 않는다. 사용자는 클라우드 제공 업체가 보유한 자산을 이용하여 자신이 원하는 서비스를 구축할 수 있다.

2) 민첩성

신규 서비스를 위해 서버를 증설한다고 가정하자, 그러면 서버 발주부터 OS 및 Apache 등 업무 프로그램 구매, 설치까지 오랜 시간이 걸린다. 그러나 클라우드를 이용하면 5분 이내로 자원을 증설할 수 있다.

3) 유연성

명절 기차표나 대학교 수강신청, 유명 연예인의 콘서트 티켓팅처럼 짧은 시간에 트래픽이 몰리는 서비스의 경우, 이 짧은 시간 때문에 장기간 서버의 대역폭을 높게 유지해야 하는 경우가 있다. 그러나 클라우드에서 제공하는 자동 자원 증설(Auto scaling)을 이용한다면 순간적으로 치솟는 트래픽에 쉽게 대응할 수 있다.

4) 사용한 만큼 비용을 지불 (On-demand, pay as you go)

클라우드는 분단위, 혹은 초단위로 자신이 사용한 만큼만 비용을 지불한다. 평소에 10개의 서버를 유지하고 있다가 명절 기차표 예약 당일 오전 서버를 100개로 증설하고 예약일 오후에는 50개, 예약 다음날에는 평소처럼 10개의 서버만 구동할 경우 각각의 서버가 구동되는 시간에만 비용을 내기 때문에 상대적으로 부담 없이 자원을 쓸 수 있다.

〈온프레미스 vs 클라우드〉

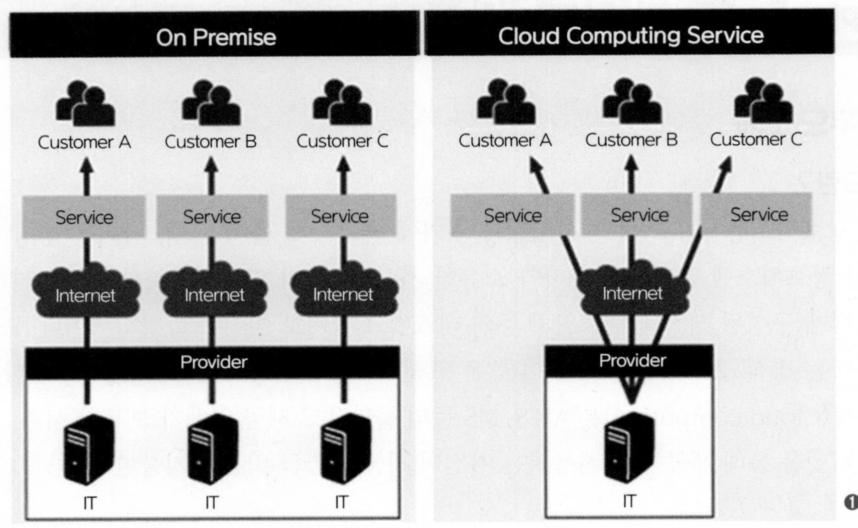

❶

구분	On Premise	Cloud Computing Service
초기 투자비용	높음(HW임대 및 구축)	없음
유지비용	높음	낮음
자원할당	고정	유연
자원이용절차	구매 및 설치 후	신청 후 즉시
지리적 위치	한정	한정 없음
트래픽 처리	한정된 트래픽 처리	대규모 수용 가능

5.2 주요 클라우드의 용어

1 CSP (Cloud Service Provider)

CSP는 클라우드 서비스 제공 업체를 의미한다.

전 세계적으로 Amazon AWS, MS Azure, Google Cloud Platform이 Top 3의 자리를 차지하고 있으며, 국내에서는 KT 클라우드 및 Naver Cloud Platform이 있다.

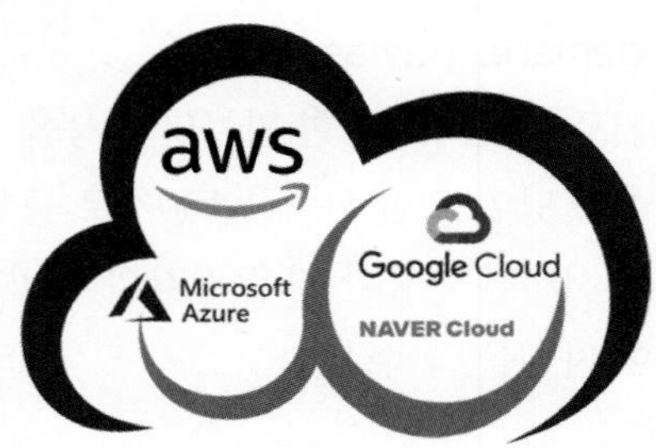

❶ 온프레미스에서는 각각의 자원을 소유하지만 클라우드에서는 공통된 자원을 공유한다.

❷ IaaS (Infrastructure as a service)

IaaS는 CSP에서 하드웨어만을 제공하고 사용자가 OS 및 업무 프로그램을 관리하는 형태의 서비스이다. OS가 설치되지 않은 서버를 생각하면 된다.

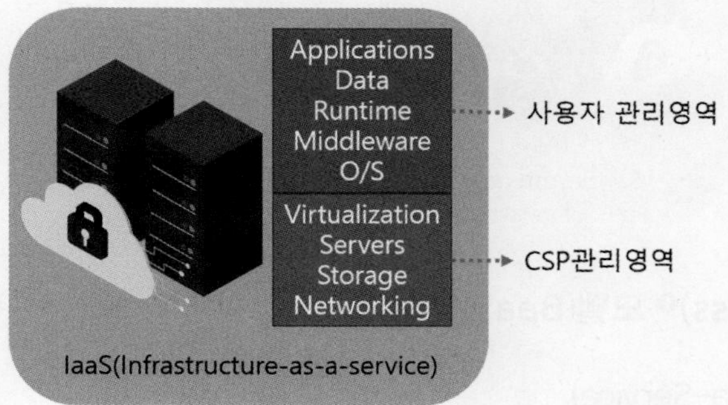

❸ PaaS (platform as a service)

PaaS는 IaaS에 서비스[1]를 위한 환경까지 제공한다. PaaS를 이용하여 OS나 인프라를 신경쓰지 않고 서비스를 개발할 수 있다. 예를 들어 사용자가 웹 소스만 업로드 하면 바로 구동되는 서비스, 혹은 계정정보를 입력하면 즉시 이용할 수 있는 DB가 이러한 형태이다.

리눅스 OS에 아파치가 설치되어 사용자는 웹 소스만 업로드 하면 바로 구동되게 한다거나, 윈도우 OS에 MSSQL이 설치되어 제공되는 형태를 생각하면 된다.

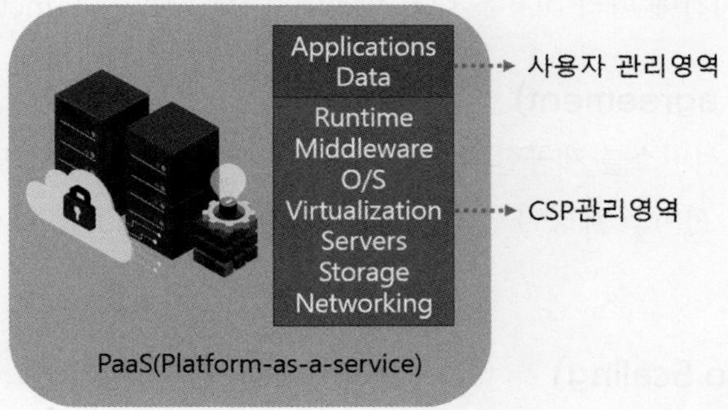

❹ SaaS (software as a service)

SaaS는 PaaS에 애플리케이션 서비스까지 제공되어 사용자는 해당서비스를 이용하는 형태로 Office365, 캘린더, 메일 등을 생각하면 된다. SaaS는 사용자가 제어할 수 있는 부분이 가장 적지만 그만큼 사용자가 신경 써야 할 부분도 적다.

❶ 오픈 소스 프로젝트(예: Apache Stratos, Cloud Foundry)로서 또는 소프트웨어 벤더(예: Red Hat OpenShift 및 Salesforce Heroku)를 통해서도 사용 가능

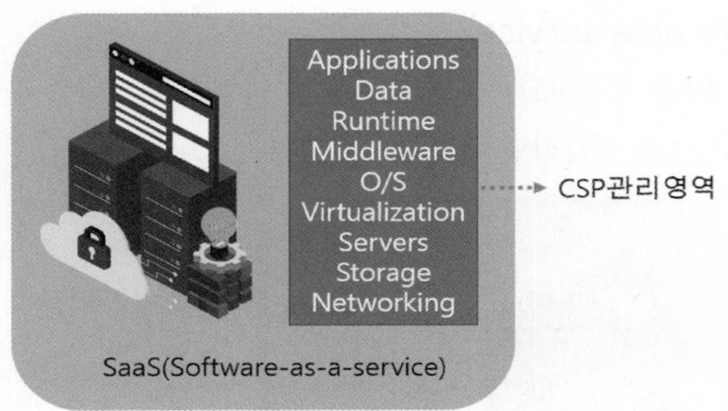

5 서버리스(Serverless)[1] 모델(BaaS/FaaS)

1) BaaS(Backend-as-a-Service)

개발자가 다양한 제3사 서비스와 애플리케이션에 액세스 할 수 있게 해주는 서버리스 모델이다. 즉, 서버에서 개발하는 환경(백엔드 환경)을 구성 할 필요 없이 프론트 엔드에서 사용하는 기능인 데이터베이스, 소셜서비스 연동, 파일시스템 등을 API형태로 제공해주고 비용은 API를 사용한 만큼 나가는 원리로 구성되는 서비스이다.

2) FaaS(Function-as-a-Service)

BaaS와 유사하지만 백엔드 환경이 아닌 Function 즉, 함수를 클라우드에 등록해두고 함수들이 실행한 횟수 및 실행된 시간에 따라 비용을 내는 방식이다.(MS Azure Function, AWS Lambda등)

6 SLA(service level agreement)

SLA는 클라우드 등의 서비스를 제공할 때, 서비스 제공자와 이용자 간에 맺는 서비스 목표에 대한 협약서이다. 여기에는 서비스 제공자가 보장하는 서비스의 가용 및 응답시간, 보호 수준 등이 명시되어 있다.

7 자동 자원 증설(Auto Scaling)

자동 자원 증설(Auto Scaling)은 클라우드가 제공하는 유연성의 핵심으로 볼 수 있다. 자동 자원 증설이 설정된 리소스는 사용량 증가에 맞춰 자동으로 리소스가 확장된다. 4Core 서버가 1대 구동되고 있다면 4Core 서버 2대로 변경되는 것을 수평적 확장(Scale out), 8Core 서버 1대로 변경되는 것을 수직적 확장(Scale up)이라고 한다. 이러한 자동 자원 증설은 순간적인 트래픽 폭증에 대응하기 용이하나, 과다한 요금 발생의 원인이 될 수도 있다.

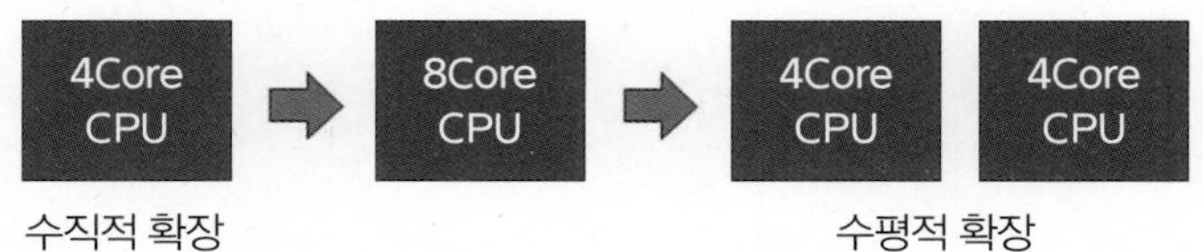

---

[1] 개발자가 서버를 관리할 필요 없이 애플리케이션을 빌드하고 실행 할 수 있도록 하는 클라우드 네이티브 개발 모델

8 공동 책임모델

공동 책임모델은 클라우드 서비스에 대해서 CSP와 고객이 공동으로 책임지는 영역을 의미한다. 간단히 말하면 CSP가 제어하는 부분은 CSP가 책임을 지고, 고객이 제어하는 부분은 고객이 책임을 지는 것이다. IAAS 서비스를 예로 든다면 CSP는 항온항습기, 전원 등 서버의 물리적 보안에 대한 책임을 진다. 그러나 IAAS 서비스 상에서 구동되는 OS의 패치나 애플리케이션의 취약점에 대해서는 고객이 관리 책임을 진다. SAAS 서비스의 경우에는 물리보안, OS, 애플리케이션 취약점까지 모두 CSP가 책임을 지고 사용자는 서비스에 보관되는 데이터에 대한 책임만을 진다.

〈클라우드 컴퓨팅 서비스 모델 IaaS/PaaS/SaaS〉

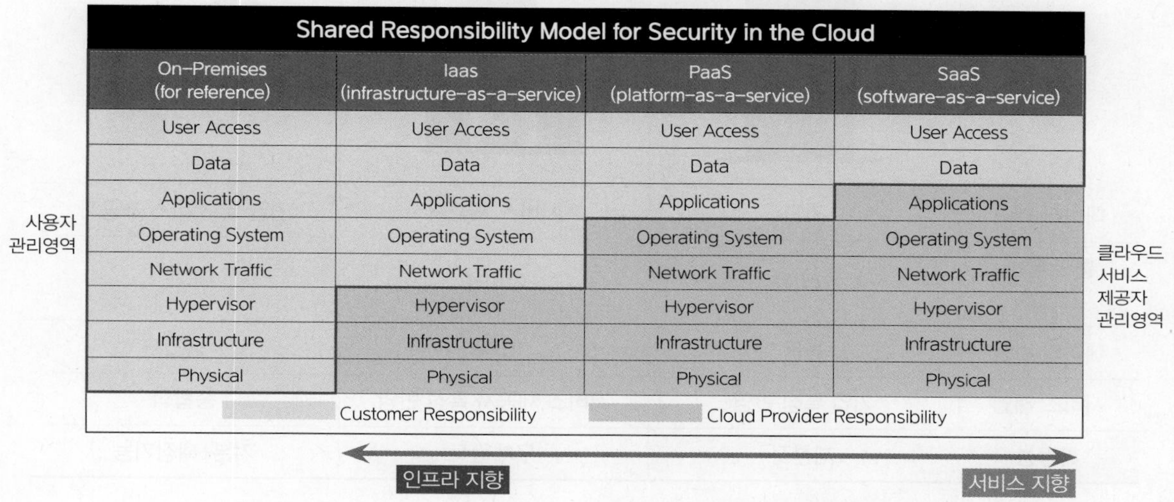

Shared Responsibility Model for Security in the Cloud

On-Premises (for reference)	Iaas (infrastructure-as-a-service)	PaaS (platform-as-a-service)	SaaS (software-as-a-service)
User Access	User Access	User Access	User Access
Data	Data	Data	Data
Applications	Applications	Applications	Applications
Operating System	Operating System	Operating System	Operating System
Network Traffic	Network Traffic	Network Traffic	Network Traffic
Hypervisor	Hypervisor	Hypervisor	Hypervisor
Infrastructure	Infrastructure	Infrastructure	Infrastructure
Physical	Physical	Physical	Physical

Customer Responsibility　Cloud Provider Responsibility

사용자 관리영역

클라우드 서비스 제공자 관리영역

인프라 지향 ↔ 서비스 지향

On premises, IaaS, PaaS, SaaS는 자원에 대한 관리 주체를 정의한 모델

공동 책임모델에 대해서는 반드시 SLA에 명시하여 CSP의 책임을 확실히 해야 한다.

9 퍼블릭 클라우드(Public cloud)

퍼블릭 클라우드(Public cloud)는 일반적으로 생각하는 형태의 클라우드로 CSP가 모든 자원을 소유하고, 사용자는 CSP로부터 자원을 대여해서 사용한다. 퍼블릭 클라우드는 아키텍처의 유연성이 높지만, 모든 자원이 인터넷에서 접근가능하기 때문에 보안수준이 상대적으로 낮다.

10 프라이빗 클라우드(Private cloud)

프라이빗 클라우드(Private cloud)는 클라우드 이용자의 자체 데이터센터 내에 클라우드를 구축하는 형태로 온프레미스와 퍼블릭 클라우드의 중간형이다. 프라이빗 클라우드는 자체적으로 데이터센터를 보유하기 때문에 클라우드의 장점인 On-demand와 유연성, 민첩성을 일부 포기하게 된다. 프라이빗 클라우드는 사용자를 한정하기 쉽기 때문에 보안성이 높다.

⑪ 하이브리드 클라우드(Hybrid cloud)

하이브리드 클라우드(Hybrid cloud)는 퍼블릭 클라우드와 프라이빗 클라우드를 함께 구성하는 것이다. 핵심 시스템은 보안성이 높은 프라이빗 클라우드에, 대역폭의 변화가 크고 민첩성이 필요한 일반 시스템은 퍼블릭 클라우드에 구축하고 두 클라우드를 전용선으로 이어 보안성과 민첩성을 모두 확보할 수 있다.

〈클라우드 컴퓨팅 배치 모델 비교〉

항목	Private	Public	Hybrid
개념도			
데이터 제어	기업	서비스 제공자	기업 및 서비스 제공자
총 소유비 (TCO)	고비용	저비용	중간
데이터 보안	높음	낮음	중간
서비스 레벨	기업 특성 반영	서비스 제공자 특성 반영	종합적
확장성	제한적	무제한적	기본+확장기능

⑫ 가용영역

가용영역 (AZ, Available Zone)은 장애가 영향을 미치는 범위라고 생각하면 된다.

예를 들어서 데이터센터 A, B는 같은 발전소에서 전력을 공급받는다. 이 경우, 발전소가 작동을 멈추면 A, B는 모두 동작을 멈추게 되지만 다른 발전소에서 전력을 공급받는 물리적으로 충분히 떨어진 데이터센터 C는 정상동작 한다. 이는 자연재해에도 동일하게 적용되며, 서로 다른 가용영역에 서버를 구축할 경우, 서비스의 가용성을 확보할 수 있다.

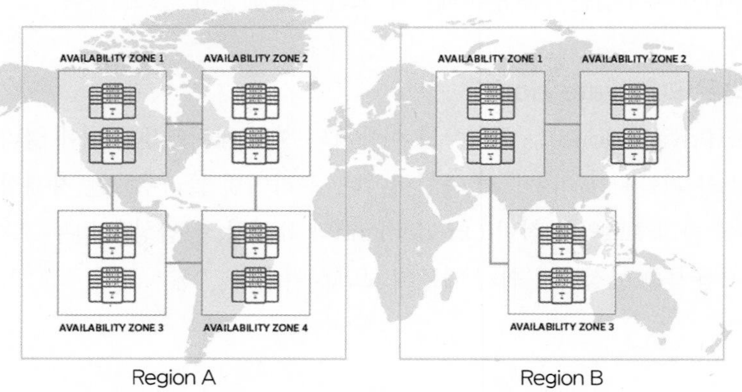

⓭ 리전

리전(Region)은 CSP가 서비스를 제공하는 지역 단위라고 생각하면 된다.

두 개 이상의 AZ가 묶여서 하나의 리전을 구성하며, 리전간 데이터 전송은 사용자 요구에 의해서만 발생한다. AWS 아시아 리전의 경우, 서울, 홍콩, 오사카, 도쿄, 뭄바이, 베이징 등으로 여러 리전이 존재한다. 의도하지 않은 데이터 국외 이전을 막기 위하여 국외 리전 사용 시에는 주의를 기울여야 한다.

⓮ CASB(Cloud Access Security Broker)

클라우드 서비스 이용자와 클라우드 서비스 공급자 중간에서 구성되어 클라우드 이용에 있어서 보안을 제공해주는 중개자 기능을 제한다. 클라우드 및 애플리케이션에 대한 가시성을 확보하고 사용자 접근 통제를 적용하여 기업의 자산을 보호하는 개념

⓯ CWPP(Cloud Workload Protection Platform)

서버 워크로드 중심의 보안 방어를 위해 특별히 설계된 제품으로 정의되 사용하는 새로운 범주의 솔루션을 말한다. 개발부터 운영까지 워크로드에서의 보안을 구현하며 안정적인 클라우드 구성을 보장하기위한 보안형상관리의 개념

⓰ CSPM(Cloud Security Posture Management)

클라우드 서비스의 구성 위험 평가 및 위험을 지속 관리하는 솔루션으로 자산을 가시화하고 취약한 설정을 지속적으로 탐지하여 대응하면 많은 보안사고를 사전에 방지 할 수 있는 개념

⓱ CSAP(Cloud Security Assurance Program : 클라우드 서비스 보안인증제)

클라우드 서비스 제공자가 제공하는 서비스에 대해 「클라우드 컴퓨팅 발전 및 이용자 보호에 관한 법률」 제23조 제2항에 따라 정보보호 기준의 준수여부 확인을 인증기관이 평가·인증하여 이용자들이 안심하고 클라우드 서비스를 이용할 수 있도록 지원하는 제도

⓲ SASE(Secure Access Service Edge)

보안 액세스 서비스 에지(SASE)는 보안 웹 게이트웨이, 클라우드 액세스 보안 브로커, 방화벽, 제로 트러스트 네트워크 액세스 등의 클라우드 네이티브 보안 기능과 VPN 및 SD-WAN[1] 기능이 통합되어 있는 네트워크 아키텍처

---

[1] SD-WAN(Software-Defined Wide Area Network : 소프트웨어 정의 광역 네트워크) : SDN(소프트웨어 정의망)과 WAN(광역망)이 합성어이며, 장치에 대한 WAN연결을 단순화 시켜주는 기술

5.3 AWS 클라우드의 서비스 소개

AWS는 시장점유율 1위의 CSP이다. 이번 챕터에서는 AWS에서 제공하는 서비스들에 대해 간략히 소개하고자 한다.

1 컴퓨팅

1		AWS EC2	AWS EC2(Elastic Computer Cloud)는 IaaS형 클라우드 자원으로 일반적으로 생각하는 클라우드 가상 서버에 해당한다. 사용자는 자신이 원하는 OS를 골라 구동할 수 있으며, SW 및 애플리케이션을 직접 설치하여 사용할 수 있다. EC2는 기본적으로는 여러 사용자가 하나의 하드웨어를 공유하지만 타 사용자가 자신의 영역에 접근할 수는 없다.
2		AWS ECS	AWS ECS (Elastic Container Service)는 컨테이너 관리 시스템으로 Kubernetes와 Docker와 비슷한 용도로 사용되며 컨테이너의 구축, 관리, 배포 등을 용이하게 할 수 있다. ※ 컨테이너: 한 OS 안에서 다른 프로세스 그룹들과 격리되어 실행되는 프로세스 그룹으로 하나의 서버 안에서 동일한 환경을 가진 다수의 프로세스 그룹들이 서버의 OS를 공유하며 구동하는 것을 생각하면 된다.
3		AWS Elastic Beanstalk	Elastic Beanstalk은 웹서비스 배포를 위한 PAAS형 웹서버 구동 환경을 제공하는 서비스이다. 사용자는 웹서버 구축에 대해 신경 쓸 필요 없이 애플리케이션만 작성하여 업로드 하면 웹서비스를 구동할 수 있다.
4		AWS Lambda	AWS Lambda는 서버리스 서비스로 사용자가 코드를 작성하여 업로드하면 AWS에서 해당 코드를 실행시켜주는 서비스이다. Lambda는 서비스간 joint로 사용할 수 있다. 예를 들어 EC2의 CPU 사용률이 임계치를 넘으면 알람을 발생, Lambda를 동작 시켜 AWS SNS(알람 발송 서비스)를 가동, 사용자에게 이메일을 보내도록 할 수 있다.

2 DB

1		AWS RDS	AWS RDS(Relational Database Service)는 완전 관리형 데이터베이스로 사용자는 DB 사용자 계정만 보유하며 AWS가 DB 패치, 백업(사용자 설정 필요) 등 제반작업을 모두 수행한다. 사용자는 DB 인스턴스에 외부 IP 주소를 할당하여 EC2, 인터넷에서 연결이 가능하며 백업 자동화 및 DB 스냅샷을 이용해서 데이터를 손쉽게 백업, 복제할 수 있다.
2		AWS Dynamo DB	AWS Dynamo DB는 완전 관리형 No SQL[❶] 데이터 베이스이다. Dynamo DB 역시 서버리스 서비스이기 때문에 사용자가 OS, DB패치나 백업 등을 신경 쓸 필요가 없다.
3		AWS RedShift	AWS RedShift는 PostgreSQL 기반의 완전 관리형 데이터 웨어하우스[❷]이다. RDS나 Dynamo DB와 같이 사용자는 인프라 관리 부담 없이 서비스에만 집중할 수 있다.

❶ No SQL은 Not only SQL이라는 의미로, 데이터 관리에 SQL만을 사용하고 엄격한 스키마 관리가 필요한 기존 RDBMS(관계형 데이터 베이스)에서 탈피하기 위해 만들어진 사상이다. Dynamo DBS는 Key-value모델을 사용하는 DB로 키값과 데이터가 함께 저장되며, 이때 저장되는 데이터의 형식에는 제한이 없다.

❷ 데이터 웨어하우스는 직역하면 데이터 창고이다. 기존의 데이터베이스는 단순히 데이터를 저장만 하지만, 데이터 웨어하우스는 여러 곳에 분산 저장된 데이터를 단일 스키마, DB 등으로 통합, 의미있는 형태로 가공 및 추출하여 사용자에게 제공할 수 있는 체계를 제공한다.

3 스토리지

1		AWS EBS	AWS EBS(Elastic Block Store)는 EC2에서 사용하도록 설계된 블록스토리지 서비스이다. (PC에 외장하드를 하나 달았다고 생각하면 된다.) EBS는 AZ 내에서 복제를 통해 99.999%의 가용성을 제공하며 스냅샷을 통해 쉽게 백업할 수 있고 사용자 요청에 따라 용량을 쉽게 늘리고 줄일 수 있다. EBS 볼륨 암호화를 통해 EBS에 데이터를 암호화 저장할 수 있다.
2		AWS S3	AWS S3(Simple Storage Service)는 완전 관리형 스토리지로 EBS보다는 느리지만 가격이 1/6 정도로 저렴하여 로그, 데이터 등의 자료를 저장할 때 사용된다. S3는 버킷이라는 폴더에 데이터를 저장하며 자체적으로 백업을 수행, 99.999999999%의 내구성을 제공한다. 버킷 암호화를 통해서 로그, 개인정보 등을 안전하게 보관할 수 있다. 또한 S3는 수명주기 설정을 통해 일정 시간이 지난 파일을 삭제하거나 다른 스토리지로 옮길 수 있다.
3		AWS Glacier	영어 단어 Glacier는 빙하를 의미한다. AWS Glacier는 이름과 동일하게 냉동실처럼 데이터를 장기간 보관할 때 사용된다. AWS Glacier는 검색에 오랜 시간이 걸리기 때문에 (표준 검색 3~5시간, 대량 검색 5~12시간) 일반적인 데이터 검색에 사용해서는 안되며, 3~5년간 보관해야 하는 로그 처럼 장기간 보관이 필요하나, 거의 읽지 않는 파일들을 보관할 때 사용한다. Glacier는 이처럼 속도가 매우 낮지만 대신 1테라 바이트에 월별 1달러라는 저렴한 요금으로 99.999999999%의 높은 내구성을 제공한다. Glacier 역시 저장데이터 암호화 및 수명주기 설정을 통해 일정시간이 경과된 데이터를 자동으로 삭제한다.

4 네트워킹 및 콘텐츠 전송

1) AWS VPC

AWS VPC(Virtual Private Cloud)는 가상 사설 클라우드로 퍼블릭 클라우드 내에서 논리적으로 분리된 공간을 만들고 여기에 사용자가 서브넷, 라우팅 테이블, IP 주소 설정 등 가상 네트워크를 설정하는 것이다. 웹 서버는 인터넷 접근이 가능한 퍼블릭 서브넷에 배치하고 WAS, DB서버는 외부 접근이 불가능한 프라이빗 서브넷에 배치한 뒤, 웹서버로부터의 연결만 허용하는 방식으로 네트워크 보안을 확보할 수 있다. VPC는 온프레미스의 방화벽과 스위치를 합친 것으로 클라우드 네트워크 보안의 핵심 역할을 수행한다.

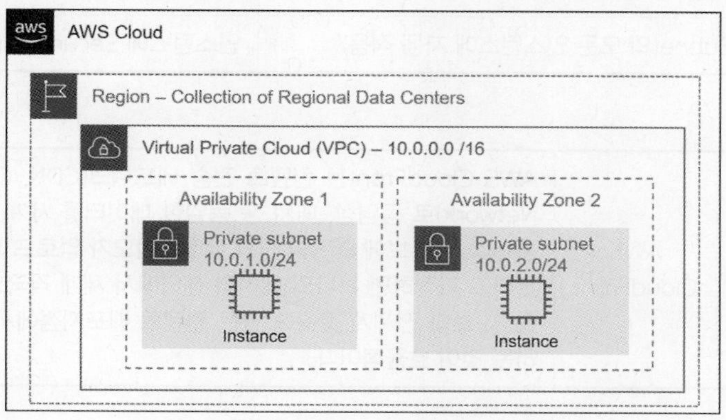

2) NACL(Network Access Control Lists)

NACL은 서브넷에 접근하는 트래픽을 제어하는 Stateless 하게 동작하는 방화벽이다. VPC를 구성한 다음, 서브넷을 만들고 서브넷에 각각 NACL을 할당하여 서브넷에 대한 접근제어를 수행할 수 있다. NACL은 기본적으로 모든 트래픽을 허용한다.

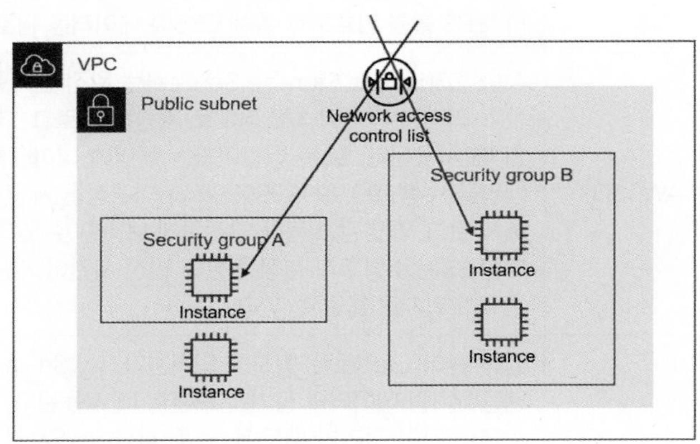

3) Security Group(SG:보안그룹)

보안그룹은 인스턴스별로 적용 가능한 Stateful 한 방화벽이다. 웹, WAS, DB 서버 인스턴스로 이루어진 3-Tier 구조에서 각각의 서버 인스턴스별로 다른 보안그룹 적용이 가능하다. 보안그룹은 기본적으로 모든 인바운드 트래픽은 Deny, 모든 아웃바운드 트래픽은 Allow한다.

〈NACL VS SG〉

구분	Network ACL(NACL)	Security Group(SG)
서비스 범위	서브넷 레벨에 적용	인스턴스 레벨에 적용
적용 정책	Inbound, Outbound Allow, Deny규칙 모두 적용가능	Allow 규칙만 적용 [Security Group 기본정책] Inbound : all deny Outbound : all allow
구동 방식	Stateless하여 반환되는 트래픽 별도 허용 설정 필요	Stateful하여 별도 허용 설정없이 반환되는 트래픽 허용
Rule	해당 객체 내 Rule을 순서대로 처리	해당 객체 내 모든 Rule검토
적용 방법	Subnet의 모든 인스턴스에 자동 적용	인스턴스에 Security Group 추가 필요

4 컨텐츠 전송

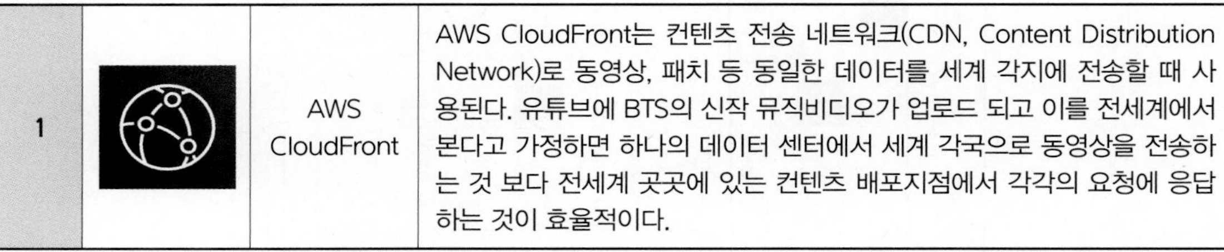

1		AWS CloudFront	AWS CloudFront는 컨텐츠 전송 네트워크(CDN, Content Distribution Network)로 동영상, 패치 등 동일한 데이터를 세계 각지에 전송할 때 사용된다. 유튜브에 BTS의 신작 뮤직비디오가 업로드 되고 이를 전세계에서 본다고 가정하면 하나의 데이터 센터에서 세계 각국으로 동영상을 전송하는 것 보다 전세계 곳곳에 있는 컨텐츠 배포지점에서 각각의 요청에 응답하는 것이 효율적이다.

5 관리도구

1		AWS Cloudwatch	Cloudwatch는 AWS의 리소스나 애플리케이션에 대한 모니터링을 수행하는 서비스이다. Cloudwatch를 통해서 자신이 보유한 EC2, RDS 등 리소스의 상태변화를 확인할 수 있다. 예를 들어 CPU 사용률이 70% 이상이거나 RDS의 사용량이 90% 이상일 때 사용자에게 알람을 가게 하고싶다면 Cloudwatch를 사용해야 한다.
2		AWS CloudTrail	CloudTrail 역시 AWS의 모니터링을 수행하는 서비스이다. 그러나 CloudTrail이 Cloudwatch와 다른 점은 CloudTrail은 누가 언제 어떤 명령어를 내렸는지 책임 추적성에 중점을 둔 API 호출 추적 도구이다. 예를 들어 관리자 권한을 지닌 사용자가 생성될 때 사용자에게 알람을 가게 하고 싶다면 CloudTrail을 사용해야 한다.
3		AWS Config	AWS Config는 AWS 계정 내의 리소스의 설정을 확인하기 위한 도구이다. AWS Config를 이용하여 사용자가 보유한 리소스의 설정이 사용자가 정의한 설정과 일치하는지 여부를 확인할 수 있고, 리소스의 생성 및 수정, 삭제 시 알람을 받을 수 있다. 예를 들어 사내에 다수의 부서가 있고, 해당 부서가 각자 AWS를 사용할 때, 컴플라이언스 준수를 위하여 S3, RDS 암호화 정책을 적용하고 싶다면 AWS Config를 사용할 수 있다. 부서에서 암호화 되지 않은 S3를 생성하거나, 임의로 RDS의 암호화를 해제한다면 AWS Config이 이를 탐지한다.
4		AWS CloudFormation	AWS CloudFormation은 템플릿을 이용해서 리소스를 빠르게 배포하기 위한 도구이다. 예를 들어서 웹, WAS, DB 서버 인스턴스로 이루어진 3-Tier 구조에 각각의 보안 그룹이 적용되며, 웹서버는 퍼블릭 서브넷, WAS, DB 서버는 프라이빗 서브넷에 있으며 프라이빗 서브넷은 웹서버에서만 접근 가능하게 하는 인프라를 만들고 싶다면 콘솔에서 하나씩 설정해서 만들 수도 있지만 CloudFormation을 이용해서 위와 같은 리소스를 만드는 코드를 작성해도 된다. 만약에 같은 구조를 지닌 다수의 서비스를 배포해야 한다면 콘솔에서 하나씩 만드는 것 보다 CloudFormation을 이용해서 하나를 만들고 나머지를 복사 및 배포하는 것이 훨씬 빠르다. 이러한 코드 기반 인프라 배포를 Infrastructure as Code라고 한다.

❻ 보안 및 자격증명

1		AWS KMS	AWS KMS(Key Management Service)는 암호키를 생성, 관리하기 위한 서비스로 사용자는 키 사용 권한을 정의하고, AWS는 이에 대한 물리적 보안 및 키의 안전한 보관을 수행한다. 사용자는 KMS를 통해 안전한 키 생성, 주기적인 키 교체 등의 작업을 수행, 사용자 리소스에 대한 암호화 작업을 수행할 수 있으며 키 사용 등의 작업은 CloudTrail을 통해서 모니터링된다.
2		AWS IAM	AWS IAM(Identity and Access Management)은 AWS에서 제공하는 중앙집중형 인증 및 권한관리 서비스이다. 사용자는 IAM을 이용해서 AWS 사용자와 그룹을 만들고 AWS 리소스에 대한 접근을 허용 또는 거부할 수 있다. 웹, WAS, DB 서버 인스턴스로 이루어진 3-Tier 구조의 서비스를 예로 든다면 웹 개발자, WAS 개발자, DBA, 보안 담당자, 4개의 계정을 만들고 보안 담당자는 모든 인스턴스에 대해 읽기 권한을, 그 외에는 각각 자신이 담당하는 서비스에 대한 읽기 / 쓰기 권한을 주어 권한분리를 수행할 수 있다. ① 클라우드의 접근제어를 이해할려면 IAM(Identity and Access Management)에 대해 이해하여야 한다. IAM은 사용자와 그룹을 생성하고 클라우드 각 리소스에 대해 접근제어와 권한관리를 제공하는 서비스다. ② 사용자 → 클라우드 접근제어 시스템의 접근제어는 MFA와 IP/MAC주소를 통한 접근제어 ③ 클라우드 접근제어 시스템 → 클라우드 자원 접근(DB, OS, VM등)의 접근제한은 DB 쿼리를 제어 하거나 OS에 대한 원격접속을 차단하고 개발자에 한정해 접속을 허용하는 정책, VM 생성/삭제 권한은 해당 클라우드 운영자만 한정하여 적용하는 정책등을 예로 들 수 있다. 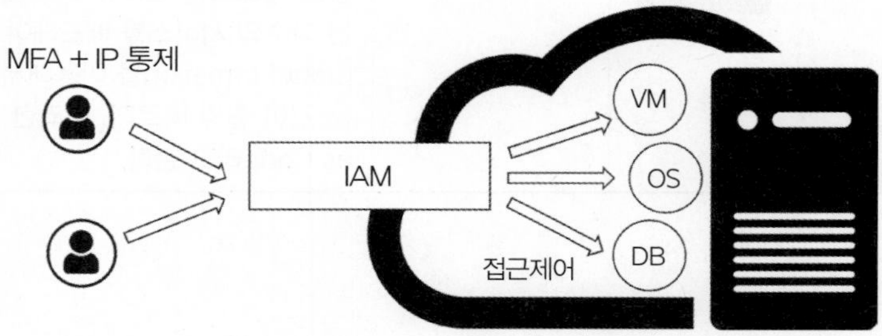
3		AWS CloudHSM	암호키를 안전하게 보관하기 위한 서비스로 HSM[1]기능을 HSM as-a-service개념으로 적용된다.

[1] 하드웨어보안모듈(HSM) : 암호화 키를 생성하고 저장하는 역할을 하는 물리적인 장치이다. 난수발생이나 암호키 탈취를 위한 공격에 대한 방어기능을 제공한다.(네트워크 공격, 물리적 공격)

5.4 인증심사 시 확인해야 하는 클라우드 보안

최근 경험했던 ISMS-P 인증심사에서는 거의 모든 기업이 크건 작건 클라우드를 사용하고 있었다. 또한, ISMS-P 인증심사원 선발 시험에서도 클라우드 문제가 나오고 있어, 클라우드 보안은 심사원의 필수 소양이 되어가고 있다. 이번 장에서는 ISMS-P 인증심사의 보호대책 요구사항을 만족시키기 위해 수행해야 하는 업무를 알아보고자 한다.

❶ 보호대책 요구사항 2.1 정책, 조직, 자산관리

클라우드는 자산이 수시로 변경되기 때문에 기존과 같은 단순 목록, IP리스트로는 자산을 적절히 관리할 수 없다. 오토스케일링을 사용한다면 Tag를 활용하여 자산을 관리하거나 서비스 및 그룹으로 자산을 관리할 수 있다.

❷ 보호대책 요구사항 2.2 인적보안, 2.3 외부자 보안

클라우드에서는 임직원 및 외부자에 대한 권한 설계를 수행하여 누구에게, 어떤 권한을 부여하며 이를 언제까지 부여할 것인가에 대한 정책을 수립해야 한다. 네트워크 담당자는 Network 자산에 대한 권한만을 가진 계정을, 모니터링 담당자는 로그에 대한 권한만을 가진 계정을, 서비스 담당자는 서비스 자산에 대한 권한만을 가진 계정을 보유하는 것이 그 예이다.

❸ 보호대책 요구사항 2.4 물리보안

퍼블릭 클라우드의 경우, CSP가 물리보안에 대해 모든 책임을 진다. 따라서 클라우드 사용자는 별도의 물리보안에 대한 조치를 수행할 필요가 없으나, SLA에 물리보안에 대한 내용을 명시하여 CSP로 하여금 준수할 수 있도록 해야 한다.

프라이빗 클라우드의 경우, 클라우드 사용자가 자산을 보유하고 있기 때문에 온 프레미스와 동일한 물리적 보안조치를 수행해야 한다.

❹ 보호대책 요구사항 2.5 인증 및 권한 관리

AWS의 경우 IAM 서비스에서 본 요구사항을 준수하기 위한 기능을 제공한다. 기본적으로 1인 1계정을 원칙으로 하며, 패스워드 정책을 적용하여야 한다. 또한 AWS의 경우 Root 계정은 최초 계정 생성 시에만 사용하되, 계정 로그인 시 MFA를 활성화 하고 로그인 시 관리자에게 알람이 가도록 해야 한다. 기존 AD 계정을 사용 시 AD 계정 연동을 사용하여 보안성을 확보할 수 있다.

❺ 보호대책 요구사항 2.6 접근통제

네트워크의 경우 VPC를 활용하여 접근통제를 수행해야 한다. 트래픽 유입 경로를 고려하여 클라우드를 설계, 해당 설계에 맞게 서브넷 및 보안 그룹, NACL 정책을 적용해야 한다. 애플리케이션과 DB의 경우, 완전 관리형 서비스를 사용하고 있다면 OS 및 프로그램 자체에 대해서는 마찬가지로 SLA를 통해 CSP에 책임을 부여하고 사용자는 계정 및 데이터 관리만을 수행하면 된다.

6 보호대책 요구사항 2.7 암호화 적용

CSP에서 제공하는 키관리 솔루션(KMS, HSM)을 이용해 용이하게 키 관리 및 주기적 키 변경을 수행할 수 있다. 키 생성 및 삭제 권한 부여를 엄격히 수행하되, 해당 이벤트 발생 시 관리자에게 알람이 가도록 하여 의도하지 않은 키 변경을 탐지할 수 있다. 개인정보가 저장되는 S3, EBS 등 스토리지는 볼륨 암호화를 통해 스토리지를 통째로 암호화 할 수 있고 RDS와 같은 DB의 경우 TDE 암호화를 수행할 수 있다.

7 보호대책 요구사항 2.8 정보시스템 도입 및 개발보안

개발 Zone과 운영 Zone을 분리하고 각각의 Zone 내에 개발과 운영을 위한 자원을 배치하되, Zone에는 개발계정과 운영 계정이 접근할 수 있도록 권한을 부여하면 기본적인 개발과 운영의 분리는 달성할 수 있다. 그러나 클라우드와 함께 DevOps의 도입으로 개발과 운영의 경계가 불명확해지고 소규모 기업에서는 겸직을 하는 경우가 많다. 이 경우 무조건 개발과 운영은 분리를 해야 한다는 원칙을 적용해서는 안되고 운영자의 임의적인 소스 수정이나 개발자의 운영 데이터 접근 등 개발과 운영이 분리되지 않는 경우를 어떻게 차단하는지 확인해야 한다.

8 보호대책 요구사항 2.9 시스템 및 서비스 운영관리

시스템의 변경 관리는 CloudTrail에서, 시스템의 성능관리는 Cloudwatch로 수행할 수 있다. 로그보관은 S3에 하되, 버킷암호화와 수명주기 설정을 통해 법적 요구사항을 준수할 수 있으며, Glacier를 이용하여 요금을 절감할 수 있다. 또한, 로그 모니터링 시 로그 모니터링 계정을 생성 후 로그가 저장된 S3 버킷에 대한 접근은 해당 계정만 허용하고 버킷 위변조 방지 옵션을 설정하여 신뢰성 있는 로그에 대한 로그 모니터링을 수행할 수 있다.

백업 및 복구는 가용영역 및 CSP에서 제공하는 완전관리형 서비스를 통해 달성할 수 있다. 2개의 가용영역에 EC2 인스턴스를 각각 구동하고, 로그는 90일까지 S3에 보관, 이후 Glacier로 옮겨서 보관한다면 하나의 가용영역이 다운되더라도 다른 가용영역에서 서비스를 제공하기 때문에 가용성을 확보할 수 있다. (S3와 Glacier는 자체적으로 백업을 수행한다.) 다음으로 S3, RDS 등의 저장 매체 반납 시 CSP에서 내용에 대한 삭제처리를 한 뒤 다른 사용자에게 할당하기 때문에 정보자산의 재사용 및 폐기는 SLA에 명시하는 것으로 충분하다.

9 보호대책 요구사항 2.10 시스템 및 서비스 보안관리

공개서버 보안의 경우 퍼블릭 서브넷과 프라이빗 서브넷을 활용하여 외부에서 접근 가능한 서버를 분리하고 여기에 대한 강화된 보안을 수행할 수 있다.

정보전송 보안의 경우 암호화 통신을 사용하는 것으로 달성할 수 있다. 그러나 CSP 내부 통신은 기본적으로 비 암호화 통신이기 때문에 여기에 대해서는 SLA를 통해서 보안성을 담보하거나 암호화 통신을 강제적으로 사용할 수 있다.

패치관리의 경우 공동 책임 모델에 따라 CSP가 책임져야 하는 부분은 SLA로, 사용자가 책임져야 하는 부분은 온 프레미스와 같이 직접 수행할 수 있다.

악성코드 통제의 경우 클라우드에서 제공하는 UTM, IPS, WAF 등의 보안장비를 네트워크 앞단에 설치하거나, Host IPS를 인스턴스에 설치하는 방법으로 대응 가능하다. 그러나 Lambda와 같은 서버리스 아키텍처의 경우, 인스턴스에 Host IPS 설치가 불가능하기 때문에 Host IPS가 설치된 인스턴스를 거쳐서 트래픽이 유입되거나, 네트워크 앞단에 보안장비를 설치해야 한다.

⑩ 보호대책 요구사항 2.11 사고 예방 및 대응

CSP에서 제공하는 클라우드 모니터링 기능을 통해서 이상행위를 분석하고 침해시도를 탐지할 수 있다. 취약점 점검에 대해서는 공동 책임 모델에 따라 CSP가 책임져야 하는 부분은 SLA로, 사용자가 책임져야 하는 부분은 온 프레미스와 같이 직접 수행할 수 있다.

⑪ 보호대책 요구사항 2.12 재해복구

기본적으로 클라우드의 가용성은 앞에서 서술한 것처럼 가용영역과 완전 관리형 서비스를 통해 달성 가능하다. 가용성이 극히 중요한 서비스의 경우, 여러 리전에 서비스를 배포함으로써 리전 전체에 장애가 나더라도 대응할 수 있으나, 이 경우, 의도하지 않은 개인정보의 국외 이전이 발생할 수 있어 주의해야 한다. 프라이빗 클라우드의 경우, 온 프레미스와 같이 핫사이트 / 웜사이트 / 콜드사이트를 운영하여 재해 대응을 할 수 있다.

Chapter 5  확인 문제

01 클라우드 컴퓨팅의 특징으로는 민첩성, 유연성, 온 프레미스가 있다.

(O, X)

해설
클라우드 컴퓨팅의 특징으로는 민첩성, 유연성, 온 디맨드(On-demand, pay as you go)가 있다.

02 IaaS형태의 클라우드 서비스는 사용자가 OS, 업무 프로그램, 데이터에 대한 책임을 진다.

(O, X)

03 프라이빗 서브넷은 외부 네트워크와 완전히 단절되어 있고 인터넷으로 연결하려면 NAT Gateway가 필요하다.

(O, X)

04 프라이빗 클라우드는 클라우드 자산이 사용자의 데이터센터에 위치한다.

(O, X)

05 Security Group은 Stateful 성격을 가지고 있으며, 각 rule에 대해 allow/deny 규칙으로 구성 할 수 있다.

(O, X)

해설
Security Group은 각 rule에 대해 allow(허용) 규칙만 지원한다.

06 NACL은 인스턴스에 대한 인바운드/아웃바운드 트래픽을 제어하는 방화벽 역할을 한다.

(O, X)

해설
Security Group(보안그룹)에 대한 설명이다. NACL은 인스턴스가 아닌 서브넷 단위로 적용된다.

07 짧은 지연시간으로 상호 연결된 하나 이상의 개별 데이터 센터로 구성된 것을 Region이라고 한다.

(O, X)

해설
AZ(Availabillity Zone)에 대한 설명이다. Region은 여러 AZ가 있는 세계의 물리적 위치를 이야기하며, AZ는 하나 이상의 개별 데이터 센터로 구성되어있다.

08 서로 다른 리전에서 서비스를 제공할 경우, 가용성이 낮아진다.

(O, X)

해설
기본적으로 가용성을 고려하기 위해서는 서로 다른 가용영역을 사용한다. 그러나 서로 다른 리전일 경우에도 가용영역이 달라지기 때문에 가용성을 확보할 수 있다. 단, 의도하지 않은 데이터의 국외 이전에는 주의해야 한다.

09 AWS KMS는 암호키 관리를 위한 서비스로, CloudFlare를 통해서 키 사용 작업을 모니터링 할 수 있다.

(O, X)

해설

AWS KMS는 암호키 관리를 위한 서비스로, CloudTrail을 통해서 키 사용 작업을 모니터링 할 수 있다.

10 CASB(Cloud Access Security Broker)란 CSP와 사용자 중간에 위치하여 보안에 대한 전반을 책임지는 보안 중계 서비스 플랫폼이다.

(O, X)

11 시스템의 변경 관리는 Cloudwatch에서, 시스템의 성능관리는 CloudTrail로 수행할 수 있다.

(O, X)

해설

시스템의 변경 관리는 CloudTrail에서, 시스템의 성능관리는 Cloudwatch로 수행할 수 있다.

12 모든 형태의 클라우드 이용은 CSP가 물리보안에 대한 책임을 진다.

(O, X)

해설

프라이빗 클라우드의 경우 사용자가 물리보안에 대한 책임을 진다.

13 VPC에서는 NACL과 보안그룹을 이용하여 이용하여 클라우드상에 있는 네트워크에 대한 접근제어를 수행할 수 있다.

(O, X)

14 NACL은 인스턴스에 접근하는 트래픽을 제어하며, 보안그룹은 서브넷에 접근하는 트래픽을 제어하는 기능이다.

(O, X)

해설

NACL은 서브넷에 접근하는 트래픽을 제어하며, 보안그룹은 인스턴스에 접근하는 트래픽을 제어하는 기능이다.

★ 정답 ★	1 ×	2 ○	3 ○	4 ○	5 ×	6 ×	7 ×	8 ×	9 ×	10 ○	11 ×	12 ×	13 ○	14 ×

Chapter 5 실전 문제

01 **다음은 AWS 클라우드 도입을 위한 F인터넷 쇼핑몰의 회의록이다. 다음 중 잘못된 발언을 고르시오.**

① A 부장: 매번 특가세일 때 이용자들이 몰려서 서버가 다운되었는데 클라우드가 제공하는 Auto Scaling으로 이런 일을 막을 수 있습니다.

② B 차장: 하이브리드 클라우드로 구성하여 기밀정보는 보안성이 강한 프라이빗 클라우드에 저장하는 방식은 어떻습니까?

③ C 과장: 법적으로 다년간 저장이 필요한 로그는 3개월까지 S3 버킷에 저장 후 Glacier로 이관하는 방식을 통해 데이터 저장비용을 줄일 수 있습니다.

④ D 대리: 클라우드에서는 Lambda 서비스를 적극 활용하여 서비스간 연동을 수행할 수 있습니다. 다만 모든 Lambda를 대상으로 H-IPS 설치를 수행하여 침해사고 대응이 필요합니다.

⑤ E 사원: As Is에서는 암호키의 주기적 변경이 이슈였습니다. KMS를 이용하여 이슈를 쉽게 해결할 수 있습니다.

해설

AWS Lambda는 서버리스형 서비스로 사용자가 임의로 호스트에 IPS 등을 설치할 수 없다.

02 **다음 중 전세계를 대상으로 동영상 및 음악 등의 컨텐츠를 배포하는 업체에서 안정적이고 빠른 컨텐츠 전달을 위해 고려할 수 있는 AWS의 서비스로 가장 적합한 것은 무엇인가?**

① AWS S3

② AWS Glacier

③ AWS CloudFront

④ AWS CloudTrail

⑤ AWS RDS

해설

AWS CloudFront는 컨텐츠 전송 네트워크(CDN, Content Distribution Network)로 동영상, 패치 등 동일한 데이터를 세계 각지에 전송할 때 사용된다.

★ 정답 ★	1 ④	2 ③

03 **다음은 B모바일 게임사의 업무 환경을 나타낸 것이다. 주어진 환경을 보고 보기 중 B사에게 가장 적합한 아키텍처를 고르시오.**

> • 오픈 시 사용자들이 집중되며 안정화 후에는 오픈 시점의 10%까지 이용자가 하락, 이후 인기도에 따라 이용자 수가 변동함
> • 다수의 게임을 제공하며, 인기가 없는 게임은 조기에 서비스를 종료하고, 인기가 있는 게임은 서비스를 지속함
> • 전세계를 대상으로 게임 패키지 및 패치파일을 배포함
> • 게임 개발자의 수는 많으나, 인프라 관리자의 수가 부족함

① Public 클라우드
② Private 클라우드
③ 온 프레미스
④ Private 클라우드+온 프레미스
⑤ Public 클라우드+온 프레미스

해설

B 모바일 게임사는 민첩성과 유연성을 제공하는 환경을 요구한다. Public 클라우드는 주어진 아키텍처 중 가장 유연성이 높은 아키텍처이다.
B사의 문제인 인프라 관리자 부족은 클라우드에서 제공하는 PAAS형 서비스를 이용함으로써 해결할 수 있다.

04 **E 화장품 판매업체는 IT 유지보수 인력이 적어 인프라 관리에 대한 부담을 절감하기 위하여 AWS의 서비스를 이용하고자 한다. 개발자는 소스코드를 개발하여 완성된 웹서버 환경에 업로드만 하고자 한다면 E 화장품 판매업체가 사용하기에 가장 적합한 서비스는 무엇인가?**

① AWS Elastic Beanstalk
② AWS ECS
③ AWS CloudFormation
④ AWS IAM
⑤ AWS RedShift

해설

Elastic Beanstalk은 웹서비스 배포를 위한 PAAS형 웹서버 구동 환경을 제공하는 서비스이다. 사용자는 웹서버 구축에 대해 신경 쓸 필요 없이 애플리케이션만 작성하여 업로드하면 웹서비스를 구동할 수 있다.

★ 정답 ★	3 ①	4 ①

05 다음은 컨테이너 도입에 대한 보고서의 일부이다. 다음 중 잘못된 부분을 고르시오.

〈전략〉

컨테이너 도입으로 기대되는 장점

① AWS ECS를 이용하여 다수의 컨테이너를 용이하게 관리할 수 있음
② 리눅스, 윈도우 등 다수의 OS를 하나의 서버 안에서 구동할 수 있음
③ 가상환경에 비해 환경이 가볍고 이미지 크기가 작음
④ 환경설정에 대한 부담이 적음
⑤ 배포가 용이함

〈후략〉

해설

컨테이너는 한 OS 안에서 시스템 파일을 공유하며 다른 프로세스 그룹들과 격리되어 실행되는 프로세스 그룹으로 하나의 컨테이너 그룹은 하나의 OS를 사용한다.

06 다음은 A사의 퍼블릭 클라우드의 웹서버 서브넷에 적용된 NACL에 대한 정책목록이다. 다음 중 잘못된 것은 무엇인가?

연번	소스 IP	목적 IP	목적 포트	방향	대응	비고
①	ALL	–	443	Inbound	허용	웹서버용 정책
②	10.10.3.3	–	22	Inbound	허용	서버 접근제어 솔루션
③	–	ALL	ALL	Outbound	허용	웹서버, 서버 접근제어 솔루션용 Inbound 정책 대응
④	ALL	ALL	ALL	Inbound	차단	불필요 트래픽 차단 정책
⑤	ALL	ALL	ALL	Outbound	차단	불필요 트래픽 차단 정책

해설

NACL의 동작을 위해서는 Inbound 트래픽에 대한 Outbound 트래픽을 허용해야 하나, 동적으로 할당되는 포트를 대응하기 위해서는 Outbound 트래픽을 49152~65535번 포트만 허용하면 된다. (3번 정책과 같은 경우, 서브넷 내부에서 외부로 SSH, FTP 접속 등을 허용하게 된다.)

★ 정답 ★	5 ②	6 ③

07 다음은 클라우드의 공동 책임모델을 나타낸 것이다. 다음 중 CSP에서 보안을 책임지는 영역으로 옮게 짝지어진 것을 모두 고르시오.

On premise	SaaS	PaaS	IaaS
데이터	데이터	데이터	데이터
애플리케이션	애플리케이션	애플리케이션	애플리케이션
OS	OS	OS	OS
인프라	인프라	인프라	인프라

㉠ On premise – 애플리케이션
㉡ IAAS – 인프라
㉢ PAAS – OS
㉣ SAAS – 데이터

① ㉠, ㉣
② ㉠, ㉡
③ ㉡, ㉢
④ ㉢, ㉣
⑤ ㉡, ㉣

08 다음은 A공사의 클라우드 도입 완료 보고이다. 보고자의 발언에서 가장 적절하지 않은 것을 고르시오.

보고자: 지금부터 이번 클라우드 도입 프로젝트의 완료보고를 시작하겠습니다. 먼저 다수의 개인정보와 대국민 서비스를 취급하는 저희 기관의 특성 상 이번 프로젝트는 Public, Private 클라우드를 모두 사용하였습니다.

① 민첩성과 유연성이 중요한 대국민 서비스는 Public 클라우드에 배치하였습니다.
② 짧은 시간에 대규모의 트래픽이 몰리는 저희 기관 대국민 서비스의 특성상 순간적으로 다수의 서버를 증설하는 수직적 확장성을 제공하는 Auto Scaling을 사용하였습니다.
③ 개인정보와 기밀정보는 Private 클라우드에 배치하여 보안성을 확보하였습니다.
④ 또한 온프레미스에서 제공되는 기존 서비스와 클라우드 연동 시 클라우드와 온프레미스간 전용선을 사용, 보안성을 확보하였습니다.
⑤ 클라우드에 올라가는 서비스의 특성에 맞춰 CSP의 IAAS, PAAS, SAAS 서비스를 혼용하여 사용, 보안수준에 대해서는 각각 서비스의 특성에 맞게 SLA에 명시하였습니다.

해설

4Core 서버가 1대 구동되고 있다면 4Core 서버 2대로 변경되는 것을 수평적 확장(Scale out), 8Core 서버 1대로 변경되는 것을 수직적 확장(Scale up)이라고 한다.

★ 정답 ★	7 ③	8 ②

09 클라우드 액세스 키 관리에 대한 설명이다. 잘못된 설명을 고르시오.

> ㉠ IAM 액세스 키 생성은 가급적 지양해야 하며, 불가피한 경우 Root Access Key를 생성하여 서비스를 이용하는 것이 안전하다.
> ㉡ 서로 다른 애플리케이션에 대해 별도의 액세스 키를 생성하여 CloudTrail를 사용하여 특정작업을 수행한 애플리케이션을 확인 할 수 있다.
> ㉢ 주기적으로 액세스 키를 교체하며, 사용하지 않는 액세스 키는 제거한다.
> ㉣ 액세스 키가 유출 되었을 경우, 모든 관련 액세스키를 삭제하거나 교체하여야 하지만 Root Password 변경은 액세스키 변경으로 인해 필요하지 않다.

① ㉠, ㉢　② ㉡, ㉣　③ ㉠, ㉣
④ ㉢, ㉠　⑤ ㉠, ㉡

해설

㉠ Root Access Key 생성은 지양하고, 불가피한 경우 IAM 사용자가 Access Key를 생성하여 서비스를 이용하는 것이 더 안전하다.
㉣ 액세스 키가 유출되었을 경우 Root 패스워드도 같이 유출되었을 가능성이 있어 Root패스워드도 재설정하여야 한다.

10 다음은 AWS 퍼블릭 클라우드 도입에 대한 F사의 내부 회의이다. 다음 중 잘못된 발언을 한 사람을 모두 고르시오. (2개)

① A 연구원: AWS와 SLA 계약을 맺기 전에 고려해야 할 사항을 한번 정리해보도록 하겠습니다. 먼저 물리보안에 대해서는 전부 AWS의 책임으로 하도록 해야 합니다.
② B 선임: 그렇다면 우리는 SLA 준수 여부에 대한 주기적인 현장실사를 하도록 하면 되겠군요.
③ C 책임: IAAS형 서비스에 대한 OS, SW 패치도 고려해야 합니다.
④ D 수석: 안전한 자산 파기를 고려하여 EBS 사용 후에는 AWS에서 사용한 디스크를 받아 파기하는 절차를 SLA에 명시하도록 해야 합니다.
⑤ E 총괄: 서비스에 대한 가용성 수준 역시 SLA에 명시해야 할 항목입니다.

해설

② AWS의 데이터센터는 비공개로 운영되어 실사가 불가능하다.
④ AWS 퍼블릭 클라우드 이용 시 사용한 디스크를 반납받아 파기하는 절차는 존재하지 않는다. 사용한 디스크는 AWS의 책임 하에 디스크 내 데이터를 파기하도록 SLA에 명시해야 한다.

★ 정답 ★	9 ③	10 ②, ④

11 **다음은 P사의 ISMS-P 인증심사 후 심사원이 작성한 중간보고이다. 심사원의 중간보고 중 결함으로 볼 수 없는 것을 고르시오.**

① Auto Scaling이 적용된 EC2 인스턴스에 대해 IP 기반으로 자산관리를 수행하고 있음
② 클라우드관리팀의 팀장이 AWS Root Account를 사용하고 있음
③ EC2에 Postgre SQL을 설치하여 사용하고 있으나, 별도 패치를 수행하고 있지 않음
④ 개인정보를 보안성이 낮은 Public Cloud에 보관하고 있음. 개인정보는 Private Cloud에 보관해야만 함
⑤ CloudTrail 로그를 1년간 보관하고 있음

해설

Public Cloud가 Private Cloud 대비 보안성이 낮지만 그렇다고 반드시 개인정보를 Private Cloud에 보관해야만 하는것은 아니다.
CloudTrail 로그에는 사용자 권한 부여 이력이 남기 때문에 해당 로그는 「개인정보보호법」에 따른 개인정보처리자는 최소 3년간 보관해야 한다.

12 **다음은 ISMS-P 인증심사원과 신청기관 담당자 간의 대화이다. 담당자의 설명 중 옳은 것으로 짝지어진 것을 고르시오.**

> 담당자: 지금부터 저희 기관의 계정관리 현황에 대해서 말씀드리겠습니다.
> ㉠ 먼저 Root 계정은 최초 계정 생성 목적으로만 사용하고 그 이후로 사용하고 있지 않습니다.
> ㉡ 그러나 어디선가 Root 계정이 로그인 될 때를 대비하여 MFA를 켜놓고 로그 인 시 저에게 SMS가 발송되도록 하고 있습니다.
> ㉢ 서비스별로 계정을 분리하여 개발, 운영, 모니터링, 네트워크, 보안 이렇게 5 개의 계정을 생성, 각 팀에 할당하였습니다.
> 심사원: 확인하였습니다. 감사합니다.

① ㉠　　② ㉠, ㉡　　③ ㉡
④ ㉢　　⑤ ㉡, ㉢

해설

㉢ 서비스별로 계정을 분리하는 것은 좋으나, 계정이 각 팀당 1개이기 때문에 팀 내에서 계정공유가 발생하게 된다.

★ 정답 ★	11 ④	12 ②

13 **다음 설명에 해당하는 AWS의 서비스는 무엇인가?**

> 이 서비스는 암호키를 생성, 관리하기 위한 서비스로 사용자는 키 사용 권한을 정의하고, AWS는 이에 대한 물리적 보안 및 키의 안전한 보관을 수행한다. 사용자는 이 서비스를 통해 안전한 키 생성, 주기적인 키 교체 등의 작업을 수행, 사용자 리소스에 대한 암호화 작업을 수행할 수 있다.

① AWS KMS
② AWS HSM
③ AWS CloudTrail
④ AWS RedShift
⑤ AWS Cloudformation

14 **OSINT(Open Source Intelligence)는 공개출처정보들을 말한다. 클라우드 보안과 연관된 설명 중 맞는 것을 고르시오.**

> ㉠ 자동으로 기본값으로 설정된 페이지 노출을 피하기 위해 해당 페이지에 대한 기본 설정을 변경하여야 함
> ㉡ 클라우드에서 리소스를 자동으로 생성해주는 서비스 등은 외부에 노출되거나 방치될 수 있으므로 주기적으로 관리하여야 함
> ㉢ Instance Data, Amazon EC2 Instance의 키워드 등으로 OSINT에서 기본페이지가 노출될 수 있으므로 변경하여야 함
> ㉣ 클라우드 관리자는 많은 시스템을 스크립트로 가동하고 자동화하여 설정을 하는 경우가 빈번하므로 해당되는 리소스에 대한 누락과 디폴트 상태로 운영되고 있는 자원이 있는지 확인하여야 함

① ㉠, ㉡
② ㉡, ㉢, ㉣
③ ㉠, ㉡, ㉢
④ ㉠, ㉢, ㉣
⑤ ㉠, ㉡, ㉢, ㉣

해설

공개출처정보(OSINT)를 활용한 클라우드 보안에 관한 설명이다. 관리자는 많은 클라우드 리소스를 관리하여야 하기 때문에 OSINT를 활용하여 검색시 디폴트페이지 노출 및 취약점이 빈번하게 발생할 수 있으므로 각 항목에 대한 관리를 하여야 한다.

★ 정답 ★	13 ①	14 ⑤

15 **다음은 ISMS-P 인증심사원과 M 인터넷 서점의 인증심사 담당자 간의 대화이다. 다음 중 잘못된 것을 고르시오.**

> 심사원 : 안녕하세요. M 인터넷 서점은 올해 AWS 클라우드를 도입하셨군요. 클라우드의 백업 및 복구, 가용성에 대한 조치에 대해서 설명 부탁드립니다.
> 담당자 : 네 알겠습니다.
> ① 먼저 EC2는 2개의 AZ에 배치하여 가용성을 확보했습니다.
> ② 두 AZ는 모두 서울 리전에 존재하여 데이터의 국외이전 이슈는 없습니다.
> ③ 결제내역이 저장된 RDS는 주 1회 스냅샷을 떠서 S3에 저장합니다.
> 심사원 : S3에 저장된 데이터에 대해서는 별도의 백업조치를 수행하나요?
> 담당자 : ④ S3에 대해서는 별도의 백업조치를 수행하고 있지 않습니다.
> ⑤ 서비스 다운 시 AWS Confing를 통하여 즉각 담당자에게 알람조치를 수행, 복구합니다.
> 심사원 : 설명 감사드립니다.

해설

AWS Config는 AWS 계정 내의 리소스의 설정을 확인하기 위한 도구로 서비스 상태 점검 및 알람과는 무관하다. 사용자에게 알람을 보내기 위해서는 AWS SNS를 사용해야 한다.

16 **다음 클라우드 환경의 보안과 네트워크 보안에 관한 담당자의 설명 중 틀리게 설명한 것을 모두 고르시오.**

① 담당자 : CMP(Cloud Management Portal)에서 IAM으로 사용자 별로 권한을 할당하여 정책과 역할을 설정하고 있습니다. 권한부여시 관리자 권한은 MFA인증을 통해 추가 인증을 진행하여 운영토록 정책을 설정하였습니다.

② 담당자 : CMP에서 책임추적성 확보를 위해 클라우드 스토리지, 데이터베이스, 운영되고 있는 인스턴스등에대한 로그를 저장하고 있고, 모니터링하여 이상행위 발생시 보안관리자에게 SMS, 메일등을 발송 할 수 있게 구축되어있습니다.

③ 담당자 : 네트워크 접근제어는 운영 및 개발환경으로 프라이빗 서브넷을 구성하여 사설대역으로 네트워크를 구성하여 운영하고 있고, 퍼블릭 서브넷에 Web서버를 두고 운영하고 있습니다. NACL과 SG그룹으로 각 접근통제를 수행하고 있습니다.

④ 담당자 : 각 클라우드 Instance 보안설정은 root계정의 원격접속은 관리자만 접속 할 수 있게 설정해두고있고 sftp는 사용하지 않기 때문에 막아두고 있습니다.

⑤ 담당자 : 클라우드의 Instance에는 Docker를 올려두고 Docker 데몬에 대해 수행되는 모든 활동을 감사하여 로그를 남기고 있습니다.

해설

온프레미스 환경이던 클라우드 환경이던 기본적으로 root계정의 원격접속은 제한 하여야한다. 반드시 접속하여야 할 사유가 있다면 해당 사유에 대한 위험평가와 승인이 필요하고 보완대책이 필요한 사항이다.

★ 정답 ★	15 ⑤	16 ④

17 **다음은 AWS 네트워크 보안에 대한 노트이다. 다음 중 잘못된 메모는 무엇인가?**

① VPC를 이용하여 퍼블릭 클라우드 내에서 논리적으로 분리된 공간을 만들 수 있다.
② NACL은 서브넷단위로 적용된다.
③ 보안그룹은 VPC단위로 적용된다.
④ NACL은 Stateless한 특성을 갖고 있기 때문에 In, Outbound 정책을 모두 적용해야 한다.
⑤ 보안그룹은 기본적으로 모든 Inbound 트래픽은 Deny, 모든 Outbound 트래픽은 Allow한다.

해설

보안그룹은 인스턴스별로 적용된다.

18 **다음은 P사의 퍼블릭 클라우드의 DB서버 인스턴스에 적용된 보안그룹에 대한 정책목록이다. 다음 중 불필요한 정책은 무엇인가?**

연번	소스 IP	목적 IP	목적 포트	방향	대응	비고
①	WAS	–	1433	Inbound	허용	WAS→ DB서버 접근용 정책
②	–	WAS	49152~65535	Outbound	허용	DB서버 응답 허용 정책
③	10.10.3.7	–	22	Inbound	허용	서버 접근제어 솔루션 정책
④	ALL	ALL	ALL	Inbound	차단	불필요 트래픽 차단 정책
⑤	ALL	ALL	ALL	Outbound	차단	불필요 트래픽 차단 정책

해설

보안그룹은 Stateful로 동작하기 때문에 1번 정책이 있으면 2번에 해당하는 정책은 자동 생성되므로 2번 정책은 불필요하다.

★ 정답 ★	17 ③	18 ②

19 **클라우드에서 다음 보기와 같이 보안그룹이 구성되어 있다. 다음 설명 중 틀린 것을 모두 고르시오.(2개)**

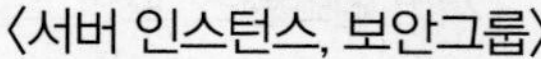

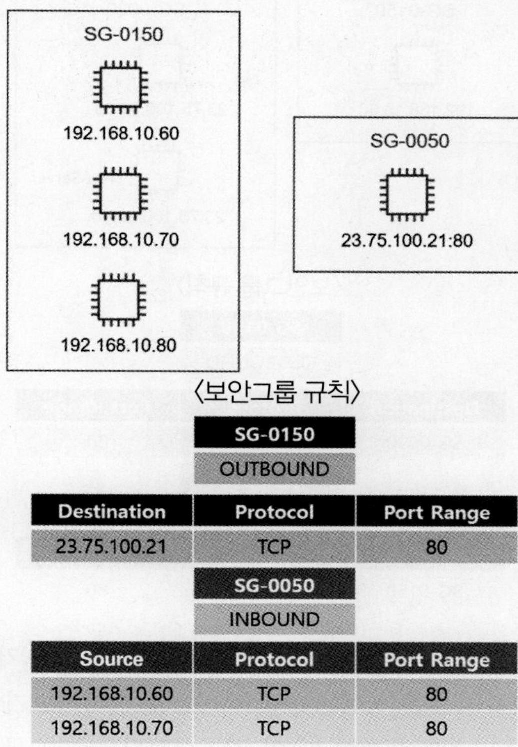

SG-0150 OUTBOUND

Destination	Protocol	Port Range
23.75.100.21	TCP	80

SG-0050 INBOUND

Source	Protocol	Port Range
192.168.10.60	TCP	80
192.168.10.70	TCP	80

① 192.168.10.60 인스턴스는 23.75.100.21 인스턴스로 웹서비스가 가능하다.
② 192.168.10.80 인스턴스는 23.75.100.21 인스턴스로 웹서비스가 가능하다.
③ SG-0050의 INBOUND source를 SG-0150로 변경하면 192.168.10.80 클라이언트에서 23.75.100.21로 웹서비스가 가능하다.
④ 인바운드 규칙 소스의 SG는 해당 SG를 사용하는 컴퓨팅서비스로 접속이 허용된다.
⑤ 인바운드 규칙 소스의 SG는 해당 SG를 사용하는 컴퓨팅 서비스의 접속이 차단된다.

해설

② 192.198.10.80 클라이언트는 23.75.100.21 서버로 허용규칙이 없어서 웹서비스가 불가하다.
⑤ 인바운드 규칙 소스의 SG는 해당 SG를 사용하는 컴퓨팅 서비스의 접속이 허용된다. SG 규칙은 허용규칙만 가능하다.

★ 정답 ★	19 ②, ⑤

20 클라우드에서 다음 보기와 같이 보안그룹이 구성되어 있다. 다음 설명 중 틀린 것을 모두 고르시오. (2개)

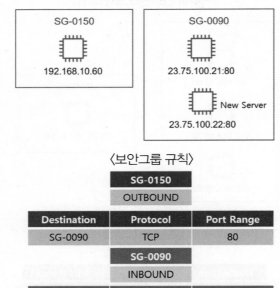

〈서버 인스턴스, 보안그룹〉

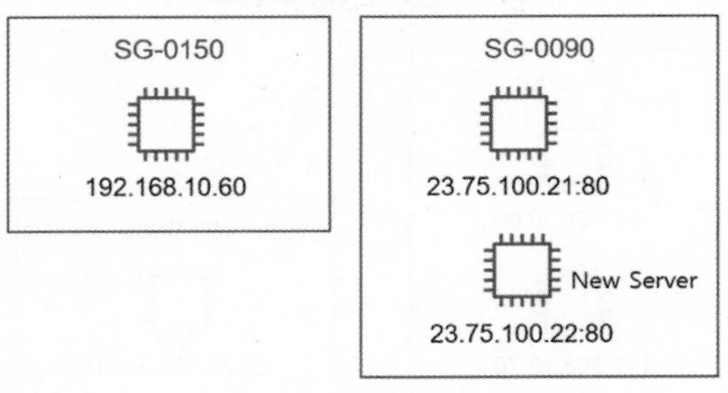

〈보안그룹 규칙〉

SG-0150
OUTBOUND

Destination	Protocol	Port Range
SG-0090	TCP	80

SG-0090
INBOUND

Source	Protocol	Port Range
SG-0150	TCP	80

① 192.168.10.60 에서 기존 서버 23.75.100.21 로 웹서비스가 가능하다.
② 192.168.10.60 에서 새로운 서버 23.75.100.22 로 웹서비스가 불가하다.
③ 23.75.100.22 인스턴스를 생성할 때 이전에 생성된 sg0095를 연결했다고 가정하면 새로운 허용 규칙을 입력하지 않아도 의도치 않은 허용 경로가 생긴다.
④ 사용하지 않는 SG는 다른 ENI에 연결할 수 없으므로 삭제할 필요는 없다.
⑤ 인스턴스는 생성단계에서 ENI를 장착하므로 SG 역시 인스턴스 생성 시 함께 선택, 연결토록 설계돼 있다.

해설

② 192.168.10.60에서 23.75.100.22 웹서비스가 가능하다.
④ 불필요SG는 인스턴스에서 반드시 해제해야 하며, 사용하지 않는 SG는 다른 ENI에 연결 할 수 없도록 주기적으로 확인하고 삭제해야 한다.

★ 정답 ★	20 ②, ④

21 **다음 AWS 보안 정책 중 가장 부적절한 것은 무엇인가?**

① AWS Root 사용자는 하위 사용자 생성 시를 제외하고는 사용해서는 안 된다.

② AWS Root 및 일반 사용자는 로그인 시 패스워드 정책과 MFA를 적용해야 한다.

③ AWS Root 및 일반 사용자는 로그인 시 운영자에게 알람이 가도록 설정해야 한다.

④ 개발 Zone과 운영 Zone을 분리하고 개발 계정은 개발 Zone에, 운영 계정은 운영 Zone에 대한 접근권한을 부여하였다.

⑤ WEB서버는 퍼블릭 서브넷에, WAS, DB서버는 프라이빗 서브넷에 배치하였다.

해설

모든 사용자 로그인 시 운영자에게 알람이 갈 경우 모니터링 부담이 과도해진다.

★ 정답 ★	21 ③

PART 5

파이널 실전 모의고사

- 실전 모의고사 1회
  정답 및 해설 1회
- 실전 모의고사 2회
  정답 및 해설 2회

※ 실제 시험은 50문항이 출제되지만, 수험자 분들에게 도움이 되고자 파이널 실전 모의고사는 회당 100문항의 문제를 실었습니다.

파이널 실전 모의고사 1회

01 다음 중 ISMS-P 인증에 대한 설명으로 잘못된 것을 고르시오.

① 법적근거는 과학기술정보통신부, 개인정보보호위원회의 정보보호 및 개인정보보호 관리체계 인증 등에 관한 고시이다.

② 정보보호 및 개인정보보호 영역에서 각각의 인증제도 운영에 따른 혼란 해소 및 융합 고도화 되는 침해위협에 효과적으로 대응하기 위해서 2018년 11월 ISMS 인증제도와 PIMS 인증제도를 통합하였다.

③ 인증범위 내 중요한 변경이 있을 시 최초심사를 수행한다.

④ 매년 갱신심사를 통해 인증 이후 정보보호 관리체계가 지속적으로 유지되고 있는지 확인한다.

⑤ 사후심사에는 별도로 인증위원회를 개최하지 않는다.

02 다음 중 ISMS-P 인증에 대한 설명으로 잘못된 것을 고르시오.

① KISA와 금융보안원에서 인증을 부여한다.

② 인증 신청 전 최소 3개월간 ISMS-P 운영이 필요하다.

③ 인증신청서는 최소 인증 시작 최소 8주 전에 제출해야 한다.

④ 인증심사 중 도출된 결함에 대해 최대100일까지 수정이 가능하다.

⑤ ISMS-P 인증이 침해사고로부터 안전하다는 것을 의미하지는 않는다.

03 다음 중 ISMS-P 인증을 담당하는 기관에 대한 설명으로 잘못된 것을 고르시오.

① 인증기관은 KISA와 금융보안원으로 구성되어 있다.

② 심사기관은 실제 신청기관인 기업에서 심사원과 인증심사를 수행한다.

③ 한국정보통신진흥협회, 한국정보통신기술협회, 개인정보보호협회, 차세대정보보안인증원은 심사기관에 속한다.

④ 인증협의회는 법, 제도 개선 및 정책을 결정하며 인증기관 및 심사기관을 지정한다.

⑤ 심사위원회는 인증심사 결과를 심의 및 의결하며 35인 이내의 위원으로 구성된다.

04 다음 중 ISMS 인증 의무 대상자가 아닌 자를 모두 고르시오. (2개)

① 재학생 수가 1만 명 이상이며 매출액이 1500억 이상인 사이버 대학교
② 연간 매출액 1500억 원 이상인 종합병원
③ 매출이 1천억 원 이하인 재판매 사업자(VIDC)
④ 전년도 직전 3개월간 일평균 이용자수가 100만 명 이상인 게임사
⑤ 부산광역시에서 인터넷접속서비스를 제공하는 ISP사

05 다음은 서버실 실사 후 발견된 결함사항을 정리한 것이다. 잘못된 것은 무엇인가?

① 서버실 입구에 별도의 표시판이 없어 2.4.1 보호구역 지정 결함으로 판단했다.
② 내부규정에는 서버실 내 작업 시 정직원이 동행해야 하나 외주직원이 혼자서 작업을 진행하고 있어 2.4.5 보호구역 내 작업으로 판단하였다.
③ 서버실 내에 항온항습기가 존재하지 않아 2.4.3 정보시스템 보호 결함으로 판단했다.
④ 통제구역 권한자 목록에 퇴사자가 존재하여 2.4.2 출입통제 결함으로 판단했다.
⑤ 내부규정에는 서버실 내 PC반입을 금지하고 있으나 외주직원이 노트북으로 작업을 진행하고 있어 2.4.6 반출입기기 통제 결함으로 판단했다.

06 다음 중 인증 심사기준 1.1.1 경영진의 참여 결함 사항인 것은 무엇인가?

① CISO를 신규 선임하였으나 최고경영자가 공식적으로 지정하지 않았다.
② 정보보호 위원회가 실무조직의 장으로 구성되어 있다.
③ 정책문서 신규 개정 시 정보보호 최고 책임자의 승인을 근거로 개정하였다.
④ 정보보호 현황을 경영진에게 보고하도록 명시하였으나 보고를 수행하지 않았다.
⑤ 최고 경영자가 식별된 위험에 대해 모두 위험수용으로 결정하였다.

07 다음 중 다른 항목과 결함 사항이 다른 것은 무엇인가?

① 개인정보처리시스템의 개발업무를 담당하는 외주업체직원의 PC가 인증범위에서 누락됨
② ISMS-P 범위 내 서비스 담당 임원이 인증범위에서 누락됨
③ 인증범위 내 적용된 백신이 인증범위에서 누락됨
④ 인터넷에 공개된 ISMS 의무 대상자의 일부 웹사이트가 인증범위에서 누락됨
⑤ 내부 지침에 명시된 정보자산 및 개인정보 보안등급 분류 기준과 자산관리 대장의 분류 기준이 일치하지 않음

08 **다음 중 인증심사기준 1.2.3 위험평가 결함사항이 아닌 것은 무엇인가?**

① 위험관리계획서에 위험평가 기간 및 위험관리 대상과 방법이 정의되어 있으나, 위험관리 수행 인력과 소요 예산 등 구체적인 실행계획이 누락되어 있음

② 위험관리 계획에 따라 위험 식별 및 평가를 수행하고 수용 가능한 목표 위험수준을 설정하였으나 관련 사항을 경영진(정보보호 최고책임자 등)에 보고하여 승인을 받지 않음

③ 위험감소가 요구되는 일부 위험의 조치 이행계획이 누락되어 있음

④ 전년도에는 위험평가를 수행하였으나, 금년도에는 자산의 변경이 없었다는 사유로 위험 평가를 수행하지 않음

⑤ 위험관리 계획에 따라 위험 식별 및 평가를 수행하고 있으나, 범위 내 중요 정보자산에 대한 위험 식별 및 평가를 수행하지 않음

09 **다음 중 인증기준 1.3.1 보호대책 구현 결함사항인 것은 무엇인가?**

① 관리체계 범위 내의 주요 자산 목록이 누락되어있음

② 법에 따라 의무적으로 이행하여야 할 사항, 보안 취약성이 높은 위험 등을 별도의 보호조치 계획 없이 위험수용으로 결정하여 조치하지 않은 경우

③ 위험조치 이행결과보고서는 '조치 완료'로 명시되어 있으나, 관련된 위험이 여전히 존재하거나 이행결과의 정확성 및 효과성이 확인되지 않은 경우

④ 보호대책을 구현하고 있으나, 관련내용을 충분히 공유·교육하지 않아 실제 운영 또는 수행 부서 및 담당자가 해당 내용을 인지하지 못하고 있는 경우

⑤ 관리체계 범위 내 주요 서비스의 업무 절차·흐름 및 현황에 문서화가 이루어지지 않은 경우

10 **다음 중 다른 항목과 결함 사항이 다른 것은 무엇인가?**

① 정보통신서비스 제공자가 작년에 개정된 「개인정보보호법」 내용을 검토하지 않아 정책서의 내용이 법령의 내용과 일치하지 않음

② 조직에서 준수해야 할 법률이 개정되었으나 해당 법률 준거성 검토를 1년 이상 수행하지 않음

③ 「개인정보보호법」 준수 여부를 점검하는 체크리스트를 2년간 업데이트하지 않아 최신 법규에 어긋나는 내용이 다수 발견됨

④ 외주개발 시 개발 요구사항에 법률 준거성 검토를 수행하지 않아 법적 요구사항을 반영하지 않음

⑤ 법적 준거성 준수 여부에 대한 검토가 적절히 이루어지지 않아 「개인정보보호법」등 법규 위반사항이 다수 발견되었다.

11 **다음은 K사의 시스템 및 서비스 보안관리에 대한 인터뷰 결과 도출된 결함이다. 잘못된 것은 무엇인가?**

① DDoS 정책검토가 미흡하여 해외 사용자에 대한 임계치가 과도하게 높게 설정되어 있다. 그 결과, 서비스 거부공격에 실질적으로 대응이 안되고 있어 2.10.1 보안시스템 운영 결함으로 판단하였다.

② PaaS 형태로 운영하는 일부 서비스에 대해 OS 패치를 수행하고 있지 않아 2.10.2 클라우드 보안 결함으로 판단하였다.

③ 일부 개인정보가 포함된 이벤트 당첨자 정보를 공개할 때 최초 1회만 개인정보보호파트 승인을 받고 이후 동일 이벤트 시에는 담당자 재량으로 이벤트 당첨자 정보를 공개하고 있어 2.10.3 공개서버 보안 결함으로 판단하였다.

④ 결제를 전자결제 대행업체에 위탁하였으나 연계 시스템에 대한 별도의 보안통제가 존재하지 않아 2.10.4 전자거래 및 핀테크 보안 결함으로 판단하였다.

⑤ 계열사간 개인정보 전송 시 별도의 전송정책이 존재하지 않아 2.10.5 정보전송 결함으로 판단하였다.

12 **다음은 P사의 시스템 및 서비스 운영관리 현황 인터뷰 결과 도출된 결함이다. 결함 판단으로 적절하지 않은 것을 고르시오.**

① 신규 장비 도입 시 이에 대한 공식적인 절차가 확인되지 않아 2.9.1 변경관리 결함으로 판단하였다.

② IPS의 임계치에 대한 정의 및 임계치 초과 시 별도의 대응계획 등이 존재하지 않아 2.9.2 성능 및 장애관리 결함으로 판단하였다.

③ 네트워크 보안장비 장애 시 대응절차가 수립되어 있으나 담당자 연락처가 이전 유지보수 업체인원의 연락처로 되어있고 금년도 도입된 신규 장비의 대응절차가 누락되어 2.9.2 성능 및 장애관리 결함으로 판단하였다.

④ 법적 요구사항에 따라 5년간 보관하도록 되어있는 백업 대상 데이터가 최근 3년치 이후로 존재하지 않아 2.9.3 백업 및 복구관리 결함으로 판단하였다.

⑤ 정보통신서비스 제공자가 개인정보처리 시스템의 접속기록 점검주기를 반기 1회로 정하고 있어 2.9.4 로그 및 접속기록 관리 결함으로 판단하였다.

13 **다음은 P사의 시스템 및 서비스 보안 관리 결과 도출된 결함이다. 결함 판단으로 잘못된 것은 무엇인가?**

① 방화벽 정책 설정 시 이에 대한 절차가 없어 장비 담당자가 임의로 정책을 설정하고 있어 2.10.1 보안시스템 운영 결함으로 판단하였다.

② 클라우드 서비스에 대한 보안설정 변경 이력을 별도로 검토하지 않아 2.10.2 클라우드 보안 결함으로 판단하였다.

③ P사 공식 홈페이지에 권한검증 취약점이 존재, 일반 사용자가 작성한 비밀 글을 타 사용자가 열람할 수 있는 문제가 있어 2.10.3 공개서버 보안 결함으로 판단하였다.

④ 사용자의 핸드폰을 업무용으로 사용하고 있고 이에 대해 접근통제 정책을 적용하고 있으나 접근통제 대책의 적절성에 대해 검토한 이력이 존재하지 않아 2.10.6 업무용 단말기기 보안 결함으로 판단하였다.

⑤ 일부 생산망에서 생산망 프로그램 미지원을 이유로 윈도우XP를 사용하고 있어 2.10.8 패치 관리 결함으로 판단하였다.

14 **다음 중 인증기준 3.5.1 개인정보처리방침 공개 결함이 아닌 것은 무엇인가?**

① 개인정보 처리방침을 별도로 홈페이지에 공개하지 않고 사업장에 게시함

② 개인정보보호책임자가 변경되었으나 이를 개인정보 처리방침에 반영하지 않음

③ 개인정보 처리방침이 개인정보보호정책이라는 이름으로 공개되어 있음

④ 개인정보 처리방침이 매년 개정되고 있으나 예전에 작성된 개인정보 처리방침의 내용을 확인할 수 있도록 공개되어 있지 않음

⑤ 개인정보 처리방침에 공개되어 있는 제3자 제공 내역이 실제 제공하는 내역과 다름

15 다음은 P 펫샵의 ISMS 인증심사 인터뷰이다. 다음 인터뷰를 보고 문제에 답하시오.

■ 심사원 : 안녕하십니까. 지금부터 P사의 개인정보 처리 과정에 대한 인터뷰를 진행하겠습니다.
○ 담당자 : 안녕하십니까.
■ 심사원 : 개인정보 수집, 보관, 이용, 제공, 파기 순으로 나누어서 인터뷰를 진행하겠습니다. 먼저 개인정보 수집입니다. P사는 어떤 방식으로 개인정보를 수집하십니까?
○ 담당자 : 개인정보는 회원 가입 시 수집합니다. 회원가입 시 SMS 인증을 통하여 본인인증을 진행합니다.
■ 심사원 : 회원 가입 시 수집하는 개인정보는 어떤 것이 있습니까?
○ 담당자 : 필수정보와 선택정보로 나눌 수 있습니다.
필수정보는 아이디, 패스워드, 이메일, 본인인증 정보, 연락처, 회원성별, 자녀유무, 주소입니다. 선택정보는 키우는 동물의 정보, 관심 있는 제품입니다. 주소는 제품 발송 시 사용되며, 선택정보는 추가 동의 후 맞춤형 광고 서비스 제공에 사용됩니다.
■ 심사원 : 확인하였습니다. 개인정보 보관은 어떻게 하고 계십니까?
○ 담당자 : 자사의 개인정보는 모두 고객DB에 보관하고 있습니다.
고객DB는 DB 접근제어 솔루션을 적용하여 접근경로를 통제하고 있으며, 접근권한이 있는 직원은 DBA와 고객팀 직원으로 한정되어 있습니다. 고객팀은 업무상 전원이 고객DB 접근권한이 필요하기 때문에 고객팀 직원은 입사 시 자동으로 DB 접근 권한을 부여받습니다.
■ 심사원 : 확인하였습니다. DB 보안에 대해서는 별도 인터뷰를 DBA 분과 잡도록 하겠습니다. 다음으로는 제공에 대한 인터뷰를 시작하겠습니다. 개인정보 제공 현황에 대해 설명 부탁드립니다.
○ 담당자 : 기본적으로는 개인정보 제공을 하지 않습니다.
고객이 주문한 제품 발송 시 택배사에 주문정보를 제공하는 것이 전부이며, 택배사에 주문정보를 제공하지 않으면 제품을 발송할 수 없기 때문에 이에 대해서는 별도 고객동의를 받지 않습니다.
■ 심사원 : 확인하였습니다. 마지막으로 개인정보 파기에 대한 설명을 부탁드립니다.
○ 담당자 : 개인정보 파기는 업무팀과 법무팀의 협의하에 수행됩니다.
먼저 개인정보를 식별하고 식별된 정보에 대해서는 업무팀 검토와 법무팀 검토를 거쳐 개인정보의 보관기간을 정의합니다. 업무적으로 보관해야 하는 기간, 법적으로 보관해야 하는 기간 중 긴 기간을 개인정보의 보관기간으로 정의하고, 개인정보 수집 동의서에 해당 내용이 반영되었는지 확인합니다. 그리고 개인정보 보유기간이 만료된 정보에 대해서는 매월 15일 00시에 Batch 작업을 통해서 삭제합니다.
■ 심사원 : 확인하였습니다. 감사합니다.
○ 담당자 : 감사합니다.

다음 중 위 사례에서 결함으로 판단 가능한 것을 모두 고르시오. (2개)

① 개인정보 수집 제한
② 주민등록번호 처리 제한
③ 개인정보 목적 외 이용 및 제공
④ 개인정보의 파기
⑤ 응용프로그램 접근

16 **다음 사례 중 2.2.4 인식제고 및 교육훈련 결함이 아닌 것은 무엇인가?**

① 연간 개인정보보호 교육 계획에 시행일정과 내용이 누락됨
② 정보보호교육 실시 후 출석부 혹은 설문지 등의 기록을 남기지 않음
③ 개인정보보호교육 대상에 외주개발자 및 건물 출입 청소원이 누락됨
④ 외주업체에 대해서 직접 교육을 수행하지 않음
⑤ 개인정보보호교육 미이수자를 파악하고 있으나 별도로 추가교육 일정을 수립하지 않음

17 **다음 중 2.4.5 보호구역 내 작업 결함이 아닌 것을 모두 고르시오. (2개)**

① 내부 지침에 전산장비 반출입 시 작업계획서에 반출입 내용을 기재하고 관리책임자의 서명을 받도록 되어 있으나, 작업계획서의 반출입 기록에 관리책임자의 서명이 다수 누락되어 있음
② 서버실 출입 기록에 외주업체 직원의 출입기록이 남아있으나, 보호구역 작업 신청 내역이 없음
③ 내부 규정에는 보호구역 내 작업기록에 대해 분기별 1회 이상 점검하도록 되어 있으나, 특별한 사유 없이 장기간 동안 보호구역 내 직업기록에 대한 점검이 이루어지고 있지 않음
④ 내부 규정에 따른 보호구역 작업 신청 없이 보호구역 출입 및 작업이 이루어지고 있는 경우
⑤ 노트북 반출입에 대한 통제 절차를 수립하고 있으나, 통제구역 내 노트북 반입에 대한 통제를 하고 있지 않아 출입이 허용된 내외부인이 노트북을 제약없이 사용하고 있음

18 **다음 중 결함사항이 아닌 것을 고르시오.**

① 개인정보 내부관리계획서 내 개인정보보호를 위한 생활보안 점검을 정기적으로 수행하도록 명시하고 있으나 이를 이행하지 않음
② 직원들의 사물함에 자물쇠가 설정되어 있지 않음
③ 직원들의 PC에 화면보호기가 설정되어 있지 않음
④ 회의실에 설치된 공용PC에 백신이 설치되어 있지 않음
⑤ 개인정보가 포함된 서류를 쓰레기통에 폐기함

19 **다음 중 인증기준 2.5.1 사용자 계정 관리 결함이 아닌 것을 모두 고르시오. (2개)**

① 개인정보처리시스템 사용자에게 기본적으로 모든 권한을 부여하여 불필요한 개인정보에 접근이 가능함

② 개인정보취급자가 휴가를 사유로 공식적인 절차를 거치지 않고 개인정보취급자로 지정되지 않은 인원에게 개인정보취급자 계정을 알려줌

③ 다수의 개발자가 개인정보처리 시스템 계정을 공용으로 사용하고 있음

④ 개인정보취급자 권한 신청을 공식적인 절차를 거치지 않고 구두요청으로 처리함

⑤ 외주 직원이 별도 승인 없이 유지보수하는 정보시스템의 운영 계정을 개인계정처럼 사용하고 있음

20 **ISMS(정보보호 관리체계)의 보호대책 요구사항 중 2.1은 정책, 조직, 자산의 유기적인 관리에 대한 인증기준이다. 정책, 조직, 자산이 PDCA(Plan, Do, Check, Act) 기반으로 지속적으로 변화관리되고 개선되어야 함을 의미한다. 2.1 정책, 조직, 자산 관리에 대한 다음 설명 중 틀린 것을 모두 고르시오. (2개)**

① 정보보호 최고책임자 및 관련 담당자의 활동을 주기적으로 평가할 수 있는 목표, 기준, 지표 등의 체계가 마련되어 있지 않은 경우 2.1.2 조직의 유지관리 결함이다.

② 내부 지침 및 직무기술서에 정보보호 최고책임자, 개인정보보호책임자 및 관련 담당자의 역할과 책임을 정의하고 있으나 실제 운영현황과 일치하지 않는 경우 2.1.1 정책의 유지관리 결함이다.

③ KPI(Key Performance Indicator)는 피터 드러커(Peter Drucker)가 1954년에 저술한 'The Practice of Management'를 통해서 학문적으로 널리 알려지기 시작했으며, '목표에 의한 관리'를 의미한다.

④ 정보보호 활동 평가체계 수립을 위해 조직의 정보보호 또는 개인정보보호 담당자에게 정보보호 및 개인정보보호 KPI를 반영하여, 관련 활동 이행률을 제고하도록 하는 것이 바람직하다.

⑤ 개인정보보호책임자의 책임으로 개인정보 유출 방지를 위한 내부통제시스템의 구축 업무를 수행하여야 한다.

21 **ISMS 인증을 받으려는 Loto Mall을 운영하는 정보통신서비스 제공자가 있다. 다음 문서 심사 내역을 볼 때 가장 가까운 결함으로 볼 수 있는 인증기준을 고르시오.**

전사 정보자산 관리지침

제7조 (정보자산 보안등급 부여)

① 정보자산 중요도는 정보자산에 대한 기밀성, 무결성, 가용성 평가 값의 합으로 하며, 기밀성, 무결성, 가용성의 값은 "제5조 정보자산 평가기준"에 따라 결정된다.

정보자산 중요도 = 기밀성(C) + 무결성(I) + 가용성(A)

② 정보자산 보안등급은 평가된 정보자산 중요도에 따라 부여한다.

정보자산 중요도	정보자산 보안등급	정보자산 보안등급 값
8 ~ 9점	상	3
5 ~ 7점	중	2
3 ~ 4점	하	1

정보자산목록

No.	서비스	정보자산명 (HostName)	상세 설명			기밀성	무결성	가용성	관리자	운영자
			용도	OS버전	IP주소				성명	성명
1	Loto Mall	lotoweb1	웹서버#1	Windows	192.168.0.10	1	2	3	홍길동 과장	김서영 과장
2	Loto Mall	lotoweb2	웹서버#2	Windows	192.168.0.11	4	5	2	홍길동 과장	김서영 과장
3	Loto Mall	lotowas	WAS	Linux	10.42.2.12	3	3	3	홍길동 과장	김서영 과장
4	Loto Mall	lotodb	DB	Linux	192.168.1.21	1	1	1	홍길동 과장	김서영 과장
5	ERP	beweb1	웹서버	Windows	123.20.21.14	1	1	1	홍길동 과장	김서영 과장
(생략)										

① 1.1.4 범위 설정
② 1.1.5 자원 할당
③ 1.2.1 정보자산 식별
④ 2.1.3 정보자산 관리
⑤ 2.2.1 주요 직무자 지정

22 **다음 중 다른 보기와 결함 항목이 다른 보기는 무엇인가? (2개)**

① 개인정보 검색 화면에서 Like 검색으로 불필요하게 과도한 개인정보가 조회 가능하다.

② 수집한 개인정보를 빅데이터 분석을 위해 수집 시 동의를 받은 이용 목적 외로 이용할 때, 별도 적정성 평가를 수행하지 않았다.

③ 서비스 제공과 직접 관련 없는 타겟 마케팅 목적으로 사용자의 동의 없이 쿠키에 포함된 개인정보를 수집하였다.

④ 개인정보 표시제한 조치 표준이 없어 A시스템에서는 사용자의 핸드폰 뒷 4자리를, B시스템에서는 사용자의 핸드폰 가운데 4자리를 마스킹 한다.

⑤ 개인정보 마스킹 조치가 사용자단에서 이루어져서 소스보기를 통해서 마스킹 되지 않은 전체 개인정보를 확인 가능하다.

23 **심사원은 2.2 인적 보안을 심사하고 있다. 심사원의 판단으로 적절한 것을 고르시오.**

① 내부 지침에는 주요 직무자 권한 부여 시에는 보안팀의 승인을 득하고 주요 직무에 따른 보안서약서를 작성하도록 하고 있으나, 보안팀 승인 및 보안서약서 작성 없이 등록된 주요 직무자가 다수 존재하는 경우 2.2.1 주요 직무자 지정 및 관리 결함이다.

② 개인정보취급자는 개인정보처리자의 지휘·감독을 받아 개인정보를 처리하는 자로 개인정보처리자의 수탁사 직원이 아닌 자사직원으로 임직원, 파견근로자 등을 말한다.

③ 부서 단위로 개인정보취급자 권한을 일괄 부여하고 있어 실제 개인정보를 취급할 필요가 없는 인원까지 과다하게 개인정보취급자로 지정된 경우 2.2.2 직무분리 결함이다.

④ 대량의 전산화된 정보를 취급하는 자로 IT 개발 및 운영부서 직원은 개인정보취급자로 지정하여야 한다.

⑤ ISMS-P 인증을 받는 대기업 중 개발과 운영 직무를 분리하지 않았다면 2.2.2 직무 분리 결함에 해당한다.

24 **다음 중 인증기준 2.3.3 외부자 보안 이행관리 결함으로 추정되지 않는 보기는 무엇인가?**

① A사는 운영업무를 담당하는 상주 외주업체에 대해 주기적 보안점검을 수행하지 않았다.

② B사는 정보통신서비스 제공자이며 F사에 개인정보 처리업무를 위탁 운영하고 있다. 그런데 F사는 이 개인정보 처리업무의 일부를 G사에 재위탁 하였다.

③ C사는 규정에 의해 외주업체목록을 관리하고 있으나, 금년도 신규 계약된 업체가 외주업체목록에서 식별되지 않았다.

④ D사는 운영업무를 담당하는 상주 외주업체에 대해 자체적으로 보안점검을 수행하도록 연1회 요청하고 있다.

⑤ E사는 개인정보 처리업무를 외주로 수행하고 있고 연1회 공문으로 보안교육 실시를 요청하고 있다.

25 **다음 중 인증기준 3.2.4 개인정보 목적 외 이용 및 제공 결함이 아닌 것은 무엇인가?**

① X쇼핑몰은 상품배송을 목적으로 수집한 개인정보를 사전에 동의 받지 않은 자사 상품의 통신판매 광고에 이용하였다.

② T구청은 범죄수사를 목적으로 경찰서에 용의자의 개인정보를 제공하면서 개인정보 목적 외 이용 및 제3자 제공 대장에 관련 사항을 기록하지 않았다.

③ 조세 담당 공무원이 자신과 채권채무 관계로 소송 중인 사람에 관한 납세정보를 조회하여 소송에 이용하였다.

④ V마트는 고객 만족도 조사, 경품 행사에 응모하기 위해 수집한 개인정보를 자사의 할인판매 행사 안내용 광고 발송에 이용하였다.

⑤ 공공기관에서 국제협정의 이행을 위하여 미국정부에 고객의 금융정보를 제공하였다.

26 **보고서의 위 파트를 작성하기 위해 사고조사반 인원이 입력한 명령어로 가장 알맞은 것을 고르시오.**

> (주) 가나다는 리눅스 서버에 해커가 침입, 내부 정보를 유출한 정황을 확인하였다. 이에 해당 서버에 사고조사반을 투입하여 다음과 같은 보고서를 받았다.
>
> 〈전략〉
>
> - 공격자는 BruteForce 공격을 통하여 계정과 패스워드를 유추.
> - 2021년 2월 10일 오전 1시~ 7시까지 다수의 로그인 실패 로그가 확인됨.
>
> 〈후략〉

① last ② lastb ③ secure
④ who ⑤ lastlog

27 **다음 중 2.6.3 응용 프로그램 접근 결함을 보완하기 위해 수행하는 내용으로 가장 적절하지 않은 것은 무엇인가?**

① 사용자의 업무에 따라 응용프로그램 접근 권한을 차등 부여
② 응용프로그램에 대해 세션 타임아웃 적용
③ 개인정보를 처리하는 응용프로그램에서 Like 검색을 최소화
④ 응용프로그램의 관리자 페이지를 인터넷에 오픈하지 않음
⑤ 응용프로그램 접속시 동일 사용자 세션을 허용하도록 적용

28 **다음 중 결함이 아닌 것은 무엇인가?**

① 개인정보를 저장하고 있는 데이터베이스의 테이블 현황이 파악되지 않아, 임시로 생성된 테이블에 불필요한 개인정보가 파기되지 않고 대량으로 저장되어 있음
② 개인정보를 다른 법령에 따라 보존하여야 하는 경우 데이터베이스를 물리적으로 분리하지 않고 테이블만 분리 보관하여 보존하고 있는 경우
③ 대량의 개인정보를 보관·처리하고 있는 데이터베이스를 인터넷을 통해 접근 가능한 웹 응용프로그램과 분리하지 않고 물리적으로 동일한 서버에서 운영하고 있음
④ 가명정보와 추가정보에 대한 접근권한이 적절히 분리되어 있지 않음
⑤ DB접근제어 솔루션을 도입하여 운영하고 있으나, 데이터베이스 접속자에 대한 IP주소 등이 적절히 제한되어 있지 않아 DB접근제어 솔루션을 우회하여 데이터베이스에 접속하고 있음

29 **다음 개인정보 목적 외 이용 사례 중 결함 사항이 아닌 것을 고르시오.**

① P 동사무소가 경찰의 수사 협조 요청을 받아 내부 승인 후 주민의 개인정보를 경찰에 제공하고 별도 기록을 하지 않았다.

② J 마트는 고객이 자사의 10주년 맞이 경품행사 참여 시 작성한 주소로 할인 전단을 발송하였다.

③ H 구청은 법적 의무를 준수하기 위해 국세청에 구민의 납세정보를 제공하고 별도 조치를 취하지 않았다.

④ 법원이 징역형의 집행을 위하여 교도소에 피고인의 개인정보를 제공하였다.

⑤ K 홈쇼핑은 자사 쇼핑몰에서 상품을 주문한 고객에게 일1회 SMS로 오늘의 특가 제품 목록을 전송하고 있다.

30 **다음은 XX 시스템 ISMS-P 인증심사 중 인증심사원과 인증대상업체 담당자 간의 대화이다. 대화내역에서 도출 가능한 결함 내역으로 가장 적절한 것은 무엇인가?**

■ 심사원 : (점심식사 후 화면보호기가 켜져 있지 않은 PC들을 보며) 저 PC는 화면보호기가 적용되어 있지 않는 듯합니다. 잠깐 설정을 보여주십시오.
(확인 결과 화면보호기가 설정되어 있지 않음)
■ 심사원 : 이 파티션에 있는 PC들은 전부 화면보호기가 설정되어 있지 않습니다. 이 PC들은 어느 팀의 것입니까?
○ 담당자 : 이 PC들은 XX 시스템 유지보수업체인 Q사의 PC입니다.
■ 심사원 : 다른 PC들은 전부 시스템 보안 프로그램이 설치되어 있는데 이 PC들은 별도로 보안프로그램이 없습니다. 원인이 무엇입니까?
○ 담당자 : 확인해보도록 하겠습니다.
○ 담당자 : 확인 결과 XX시스템 유지보수업체 목록과 조직도에 Q사가 누락되어 있었습니다.
■ 심사원 : 그러면 Q사에 대한 정보보안 교육 및 정보보안 서약서 징구 역시 되지 않은 것인가요?
○ 담당자 : 그렇습니다. 최대한 빠른 시일 내에 실시하도록 하겠습니다.
■ 심사원 : Q사의 인원들은 어떻게 출입하고 있습니까?
○ 담당자 : 이전에 제가 정보보안팀에 메일로 출입카드 신청 후 발급해 주었습니다.
■ 심사원 : 운영현황과 지침에는 외부업체도 관리를 해야 하고 구체적으로 정의가 되어있는데 누락이 되어있네요.

① 1.1.4 범위 설정

② 2.2.3 보안서약

③ 2.3.1 외부자 현황 관리

④ 1.2.1 정보자산 식별

⑤ 2.4.7 업무환경 보안

31 주민등록번호 수집에 대한 다음 설명 중 틀린 것을 모두 고르시오. (2개)

① 주민번호 뒷자리만 수집하는 것은 사용 가능하다.
② 주민번호 앞자리에 해당하는 생년월일은 수집이 가능하다.
③ 현금영수증 발급을 위해 주민번호를 수집하는 것은 가능하다.
④ 멤버십 회원 포인트 부여 및 사용을 위해 고객 수집 동의 절차를 통해 주민번호를 수집·이용할 수 있다.
⑤ 회사내 직원들의 주민번호를 수집할 수 있다.

32 다음 중 개인정보의 이용·제공 내역 통지와 관련한 사항 중 잘못된 것을 고르시오.

① 모든 개인정보처리자는 개인정보의 이용·제공 내역을 정보주체에게 연 1회 이상 통지하여야 한다.
② 처리하는 정보주체의 개인정보 중 연락처 등 정보주체에게 연락할 수 있는 개인정보를 수집·보유하지 않은 경우 통지하지 않을 수 있다.
③ 정보주체가 통지에 대한 거부의사를 표시한 경우 통지하지 않을 수 있다.
④ 통지 시 개인정보 수집·이용 목적 및 수집한 개인정보 항목과 개인정보를 제공받은 자와 그 제공 목적 및 제공한 개인정보 항목을 포함한다.
⑤ 개인정보의 수집 출처 등에 관한 사항을 통지하면서 함께 통지할 수 있다.

33 다음 중 인증기준 3.4.1 개인정보의 파기 결함인 것은 무엇인가?

① 탈퇴한 회원의 개인정보를 별도의 DB에 분리하여 보관하고 있으며 전화번호나 주소 등은 파기하였으나, ID와 거래내역은 3년간 보관하고 있음
② 소비자의 상품에 대한 반품 및 환불 접수에 관한 사항을 법규에서는 5년간 보관하고 있도록 하나 3년간 보관하고 있음
③ 탈퇴한 회원의 개인정보를 별도의 DB에 분리하여 보관하고 있으며 일반회원 DB와 동일한 접근제어 정책을 사용하고 있음
④ 1년 이상 미 이용자에 대해서 월 batch 작업을 통해 개인정보 파기 및 DB분리 절차를 거치고 있음
⑤ 탈퇴를 요청한 회원에 대해서 회원 DB에서는 탈퇴처리를 하고 있으나 타 DB에 해당 회원의 정보가 남아있는 경우

34 정보통신서비스 제공자가 개인정보보호 관련 법제에 명시된 기간에 대해 다음 보기 안의 설정 기간 중 올바로 나열한 것을 고르시오.

A. 개인정보 불필요 시 파기 기한 : (　　)일 B. 개인영상정보 열람 통지 기한 : (　　)일 C. 영업 양도 시 인터넷 홈페이지 최소 게시기간 : (　　)일 D. ISMS, ISMS-P 구축 후 최소 운영기간 : (　　)개월 E. 정보통신서비스 제공자 등 접근권한 기록 보관 : (　　)년

① 5 - 14 - 30 - 2 - 3
② 5 - 10 - 10 - 3 - 5
③ 3 - 10 - 30 - 2 - 5
④ 5 - 10 - 30 - 3 - 5
⑤ 5 - 10 - 30 - 2 - 3

35 다음 중 2.10.9 악성코드 통제 결함이 아닌 것을 고르시오.

① 내부망 PC에 대해서는 백신 업데이트가 수행되고 있지 않았다.
② 일부 임직원이 자신의 PC에서 백신의 실시간 검사를 해제한 상태로 사용하고 있었다.
③ 일부 임직원이 도박사이트에 접속, 악성코드에 감염되었으나, 이에 대해 별도로 현황분석 및 조치를 하지 않았다.
④ 업무 중 도박사이트 접속으로 악성코드를 감염시킨 임직원에 대해 별도의 징계를 하지 않았다.
⑤ 백신 패턴 배포 시 무결성 검증을 하지 않아 악의적인 사용자에 의해 패턴이 위변조 되었다.

36 다음 중 인증기준 2.8.2 보안요구사항 검토 및 시험 결함인 것은 무엇인가?

① 정보시스템 인수 전 보안성 검증 절차가 마련되어 있지 않아 보안성 검증 테스트가 누락되었다.
② 공공기관이 1만 명 이상의 정보주체의 고유식별정보를 처리하는 시스템을 구축하면서 개인정보 영향평가를 받지 않았다.
③ 개발표준정의서에 사용자 패스워드를 MD5로 암호화하도록 되어있었다.
④ 개발관련 내부지침에 보안로그와 관련된 내용이 누락되어 있었다.
⑤ 영향평가서를 제출받은 대상기관의 장은 2개월 이내에 평가결과에 대한 내부승인 절차를 거쳐 영향평가서를 인터넷진흥원에 제출하였다.

37 **(주)가나다는 암호화 솔루션을 운영하고 있으나, Inhouse로 개발한 솔루션의 노후화 문제로 인하여 해당 솔루션이 패스워드 해시 저장 시 SHA-256으로 저장하지 못하는 문제가 발생하였다. 이에 정보보안팀에서는 암호화 솔루션 신규 도입을 검토하고 경영진의 투자승인을 받았다. 솔루션에 필요한 법적 요구사항 검토를 거쳐 RFP를 작성, 신규 솔루션 도입을 완료하여 인프라 운영팀에 솔루션을 이관하였으나, 다음해 ISMS 인증심사 수행 시 일부 패스워드가 여전히 SHA-1으로 해시되어 있는 문제를 발견하였다. 심사원이 원인을 파악한 결과, 솔루션 도입 후 운영 이관 시 사내 개발자들에게 암호화 솔루션을 교체하게 된 원인과 법적 요건을 교육하지 않아 이전 개발가이드대로 SHA-1 알고리즘을 계속 사용했던 것이 문제였다. 이 상황에서 심사원이 판단할 수 있는 결함으로 가장 적절한 것은 무엇인가?**

① 1.3.2 보호대책 공유
② 1.4.1 법적 요구사항 준수 검토
③ 2.5.4 비밀번호 관리
④ 2.7.1 암호정책 적용
⑤ 2.8.6. 운영환경 이관

38 **다음 중 결함사항을 고르시오.**

① 개인정보 처리 시스템에 일부 IP만 접속 가능하도록 제한하였다.
② 클라우드 서비스 제공자에 물리보안 등 일부 영역에 대한 관리를 위탁하였다.
③ 전체 서버의 시간을 NTP 서버에 의존하였다.
④ 홈페이지 등 일부 웹서버를 외부에 공개하였고 구글 검색이 가능하게 하였다.
⑤ 신뢰할 수 있는 고객사와 인터넷망을 이용해 통신 시 VPN, 전용망 등 암호화 통신 기법을 사용하지 않았다.

39 **다음 중 인증기준 2.10.6 업무용 단말기기 보안 결함에 해당하지 않는 것은 무엇인가?**

① 업무용 모바일기기에 비밀번호 설정 등 별도의 분실 및 도난 대책을 적용하지 않아 도난 후 내부 정보를 유출 당했다.
② 업무용 단말기기의 접근통제 정책의 적절성에 대해 주기적으로 점검하지 않아 랜섬웨어에 감염되었다.
③ 업무용 단말기에 대해 보안통제 정책을 별도로 수립하지 않았다.
④ 공용PC에 대한 보호대책을 별도로 수립하지 않았다.
⑤ 내부 규정에서는 업무용 단말기의 공유폴더의 사용을 금지하고 있으나 실제 임직원들은 과도한 공유폴더를 설정 및 사용하고 있었다.

40 **다음은 ISMS-P 인증심사원과 인증대상 업체 담당자 간의 대화이다. 대화에서 도출 가능한 결함 내역으로 가장 적절한 것은 무엇인가?**

> ■ 심사원 : 개인정보 흐름도에 대한 설명을 간략히 부탁합니다.
> ○ 담당자 : 먼저 저희는 정보통신서비스 제공자로서 사용자들에게 여행용품을 인터넷으로 판매하는 쇼핑몰입니다. 개인정보 흐름도는 다음과 같습니다.
> 먼저 회원가입 시 회원의 기본 신상 정보와 주문에 필수적인 개인정보를 같이 수집합니다. 개인정보 수집 시에는 정보주체의 동의를 받습니다. 정보수집에 동의하지 않을 경우 회원가입 및 서비스 제공이 불가능하다는 고지를 함께 합니다. 또한 현재 비회원 주문은 불가능합니다.
> 다음으로 회원이 상품을 주문하면 회원가입 시 입력했던 개인정보를 불러옵니다. 그리고 이 정보를 이용해서 상품을 배송합니다. 상품배송은 R택배사에 위탁해서 하고 있습니다.
> 그리고 회원탈퇴 시에 회원의 정보를 파기합니다.
> 또한 1년 이상 이용하지 않은 회원에 대해서도 자체 규정에 의거하여 분리보관하고 있습니다. 그 외에 개인정보를 별도로 제공하는 곳은 없습니다.

① 3.1.1 개인정보 수집·이용
② 3.3.2 업무 위탁에 따른 정보주체 고지
③ 3.4.1 개인정보의 파기
④ 3.4.2 처리목적 달성 후 보유 시 조치
⑤ 결함사항 없음

41 **다음 AWS 보안 정책 중 가장 부적절한 것은 무엇인가?**

① AWS Root 사용자는 하위 사용자 생성 시를 제외하고는 사용해서는 안 된다.
② AWS Root 및 일반 사용자는 로그인 시 패스워드 정책과 MFA를 적용해야 한다.
③ AWS Root 및 일반 사용자는 로그인 시 운영자에게 알람이 가도록 설정해야 한다.
④ 개발Zone과 운영Zone을 분리하고 개발 계정은 개발Zone에, 운영 계정은 운영Zone에 대한 접근권한을 부여하였다.
⑤ WEB서버는 퍼블릭 서브넷에, WAS, DB 서버는 프라이빗 서브넷에 배치하였다.

42 **정보시스템의 보안성 확보를 위해 허용할 호스트에 대한 접속 IP 주소 제한 및 포트 제한 설정 여부를 점검하여야 한다. 보기 안에 들어갈 접속 IP 및 포트 제한 애플리케이션을 순서대로 나열한 것을 고르시오.**

> A. 네트워크 서비스에 관련한 트래픽을 제어하고 모니터링할 수 있는 UNIX 기반의 방화벽
> B. 유닉스 계열에서 사용하는 공개형 방화벽으로 Packet Filter로 시스템 및 네트워크 보안에 아주 강력한 기능을 보유한 프로그램
> C. 리눅스 커널 방화벽이 제공하는 테이블들과 그것을 저장하는 체인, 규칙들을 구성할 수 있게 해주는 응용프로그램

① A. TCP Wrapper / B. IPFilter / C. IPtables
② A. IPtables / B. IPFilter / C. TCP Wrapper
③ A. TCP Wrapper / B. IPtables / C. IPFilter
④ A. IPFilter / B. TCP Wrapper / C. IPtables
⑤ A. Tripwire / B. IPFilter / C. Snort

43 **다음 중 Rainbow 테이블의 사용 목적은 무엇인가?**

① hash 함수의 길이를 늘려 암호강도를 높이는데 사용된다.
② 방어자의 salt값을 무력화시키는데 사용된다.
③ 공격자의 Dictionary를 무력화시키는데 사용된다.
④ salt를 사용하지 않은 hash테이블에서 원문과 hash값이 일치하는 값을 찾아내기 위해 사용된다.
⑤ IV를 대신하여 같은 입력 값에 대해 서로 다른 결과값을 도출하기 위해 사용된다.

44 **다음 중 클라우드 보안사항에 대해 결함이 될 사항 중 맞는 것을 고르시오.**

① AWS Admin Console 계정에 Access Key가 존재하는 경우
② AWS 계정 및 IAM 사용자 계정 로그인 시 MFA가 활성화 되어 있는 경우
③ 인스턴스 서비스 IAM 사용 권한이 각각 서비스 역할에 맞게 설정되어 있는 경우
④ 보안 그룹 인/아웃바운드 규칙 내 불필요한 정책이 존재하지 않는 경우
⑤ NACL 인/아웃바운드에 대한 모든 트래픽이 허용되어 있지 않을 경우

45 다음 중 클라우드에 대한 설명으로 잘못된 것을 고르시오.

① Private Cloud는 기존의 데이터 센터와 동일하게 사용자가 물리보안에 대한 책임을 진다.
② SaaS형 서비스라 할지라도 계정과 데이터 백업에 대한 책임은 사용자가 진다.
③ Public Cloud는 Private Cloud보다 높은 수준의 민첩성과 유연성을 제공한다.
④ Auto Scaling 이용 시 서버의 수량이 변경되는 것을 수평적 확장(Scale out), 서버의 스펙이 변경되는 것을 수직적 확장(Scale up)이라고 한다.
⑤ 다수의 리전을 사용할 시에는 데이터의 국외이전에 주의해야 한다.

46 다음 중 crontab에 대한 설명으로 옳지 않은 것은 무엇인가?

① 작업 목록을 보기 위해서는 crontab -l 명령어를 입력한다.
② 작업 목록을 삭제하기 위해서는 crontab -d 명령어를 입력한다.
③ 작업 목록을 편집하기 위해서는 crontab -e 명령어를 입력한다.
④ crantab은 다음과 같이 구성된다. *(분) *(시) *(일) *(월) *(요일, 0이 일요일) 수행할 명령어
⑤ 30 */4 * * * /0430.sh는 4시간 마다 30분에 실행된다.

47 다음 중 윈도우 보안설정에 대한 설명으로 잘못된 것은 무엇인가?

① 개인정보 처리 시스템의 암호 복잡성 정책을 만족하기 위해서는 secpol.msc에서 '암호는 복잡성을 만족해야 함' 항목만 설정해주면 된다.
② CHAP 등의 프로토콜을 사용할 경우 secpol.msc에서 해독 가능한 암호화를 사용하여 암호 저장항목은 반드시 사용함으로 설정해야 한다.
③ regedit 후 항목을 편집할 때는 사전에 백업을 수행해야 한다.
④ 이벤트 로그를 확인하고 싶을 경우 eventvwr.msc를 실행하면 된다.
⑤ ADMIN$ 폴더가 공유되고 있는지 여부를 확인하려면 net share 명령어를 입력하면 된다.

48 **리눅스 시스템 보안과 관련하여 다음 설명 중 옳은 것을 모두 고르시오. (2개)**

① 리눅스 시스템에서 비인가자의 접근 위협에 안전하게 보호하기 위해 사용자 계정 UID를 0으로 하여야 한다.

② #usermod – u 2002 test 명령을 실행하면 test 계정의 UID를 2002로 바꿀 수 있다.

③ /etc/passwd 파일 구조를 볼 때 "bin:x:1:1:bin:/bin:/sbin/nologin"이면 x가 UID 자리이다.

④ su 명령어를 모든 사용자가 사용하도록 설정되어 있는 경우 root 계정 권한을 얻기 위해 제로데이 공격을 시도하여 root 계정 패스워드가 유출될 위협이 있다.

⑤ 리눅스 시스템의 PAM은 사용자를 인증하고 그 사용자의 서비스에 대한 엑세스를 제어하는 모듈화된 방법을 말한다.

49 **다음 중 리눅스 시스템 보안에 대한 설명으로 잘못된 것은 무엇인가?**

① SetUID가 설정된 파일은 모두 해제한다.

② 임시 폴더에는 Stickybit를 적극 활용한다.

③ Root 계정은 원격접속을 이용할 수 없게 한다.

④ 시스템 로그의 권한은 644 이하로 수정한다.

⑤ 주기적으로 실행해야 하는 batch 파일은 crontab을 활용한다.

50 **다음은 P사의 침해사고 보고서의 일부이다. 보고서를 읽고 P사에 가해진 공격을 방어할 수 있는 솔루션으로 가장 적절한 것을 고르시오.**

> 7월 25일 19시~19시 15분 : 홈페이지 웹서버의 세션이 지속적으로 증가함
> 7월 25일 20시 : 홈페이지 웹서버 다운
> 7월 25일 21시 : 장애대응팀 분석 결과 19시부터 해외로부터 소량의 트래픽이 유입됨을 확인
> 7월 25일 22시 : 국외IP 차단 및 웹서버 재 기동 후 정상 동작
> * 19시부터 22시까지 평소대비 트래픽은 1% 증가함
> * 국외로부터 유입된 트래픽은 패킷의 끝이 0D0A 하나임

① IPS　② MDM　③ AntiDDoS

④ 방화벽　⑤ NAC

51 **다음 중 XSS를 방어할 수 있는 보안장비는 무엇인가?**

① 웹방화벽
② IPS
③ Anti DDoS
④ NAC
⑤ 방화벽

52 **다음은 로그인 보안성 확보를 위한 방안이다. 다음 중 잘못된 것을 고르시오.**

① 사용자가 입력한 패스워드를 DB에 AES로 암호화 저장한 뒤, 사용자 로그인 시 사용자가 입력한 값과, DB에 저장된 패스워드를 비교한다.
② 2Factor 인증을 사용할 경우에는 지식기반, 소지기반, 생체기반, 행동기반 등 여러가지 특성 중 서로 다른 2가지를 사용해야 한다.
③ 해시함수를 사용할 때는 SHA-256, 혹은 그 이상의 안전한 암호알고리즘을 사용해야 한다.
④ SALT값을 이용하여 Rainbow 테이블 공격에 대응할 수 있다.
⑤ 잘못된 것이 없음

53 **네트워크 기반 프로그램을 활용하여 네트워크 상의 노드에 대한 진단과 제어를 할 수 있다. 네트워크 프로그램에 대한 다음 설명 중 틀린 것을 모두 고르시오. (2개)**

① 컴퓨터의 포트 및 네트워크 상태를 보여주고, 패킷 통계 등의 정보로 활용할 수 있는 명령어는 netstat이다.
② 유닉스 시스템에서 로컬 호스트의 이더넷 주소(MAC 주소)를 볼 수 있는 명령어는 ipconfig이다.
③ ping은 네트워크 상에 있는 다른 시스템에서 TCP/IP가 정상적으로 동작하는지를 알려주는 명령어로 ICMP를 이용하여 일련의 에코 메시지를 만들어 지정한 컴퓨터 이름이나 IP 주소의 시스템에 전송한다.
④ dnslookup은 패킷이 목적지까지 도달하는 동안 거치는 라우터 IP를 확인하는 도구이다.
⑤ 윈도우즈 환경에서 tracert 명령을 통해 컴퓨터가 인터넷을 통해 목적지를 찾아가면서 거치는 구간에서의 ICMP 프로토콜과 IP헤더의 TTL 필드를 사용하여 라우팅 경로를 추적한다.

54 **다음 보기의 공격은 무엇인가?**

> 공격자가 여러 가지 경로로 수집한 사용자들의 로그인 인증 정보를 다른 사이트의 계정 정보에 무차별로 대입하는 공격

① Brute Force
② Rainbow Table Attack
③ Credential Stuffing
④ Pass the Hash
⑤ Dictionary Attack

55 **다음 ㉮, ㉯, ㉰에 들어갈 인증 관련 용어를 순서대로 적절한 것을 고르시오.**

> ㉮ 신분증명을 요청하는 서버가 신분을 밝히라는 요청을 클라이언트에게 보내면 클라이언트는 그 비밀정보를 이용하여 응답함으로써 서버에게 자신을 증명하는 프로토콜이다.
> ㉯ ID, Password, 신용카드에 대한 개인식별번호 등을 기초로 접근제어를 수행하는 사용자 인증기법이다.
> ㉰ 은행, 현금카드 등과 함께 사용되며 사람이 기억하는 유형의 인증수단이다. 공격자가 이 인증수단을 공격할 때는 추측한 값들을 카드 서버에 송신하는 방법이 유일하다.

① ㉮ IPSec, ㉯ 생체기반 사용자 인증, ㉰ One Time Password
② ㉮ SSL(Secure Socket Layer), ㉯ 지식 기반 사용자 인증, ㉰ Personal Identification Number
③ ㉮ 시도/응답(Challenge/Response), ㉯ 지식 기반 사용자 인증, ㉰ One Time Password
④ ㉮ Kerberos, ㉯ 혼합형 사용자 인증, ㉰ Security Token
⑤ ㉮ 시도/응답(Challenge/Response), ㉯ 지식 기반 사용자 인증, ㉰ Personal Identification Number

56 **다음 보안솔루션 도입 사례 중 가장 잘못된 것은 무엇인가?**

① 판매되고 있는 음원의 불법복제를 막기 위해 DRM을 도입하였다.
② Rogue AP에 의한 내부정보 유출을 막기 위해 WIPS를 도입하였다.
③ 내부문서 유출자 식별을 위해 핑거프린팅을 도입하였다.
④ 기밀성이 중요한 문서의 무단 열람을 막기 위해 워터마크를 도입하였다.
⑤ 생산라인 촬영 및 유포를 막기 위해 임직원의 단말에 MDM을 설치하였다.

57 다음 클라우드 사용 사례 중 ISMS-P 인증기준에 따라 결함사항인 것은 무엇인가?

① IaaS 형태로 클라우드를 이용하면서 애플리케이션에 대한 책임은 CSP에 있다는 내용의 SLA를 체결하지 않았다.

② IaaS 형태로 클라우드를 이용하면서 CSP가 서버에 대한 물리보안 조치를 별도로 수행하지 않았다.

③ SaaS 형태로 클라우드를 이용하면서 CSP가 별도로 애플리케이션 보안패치를 수행하지 않았다.

④ PaaS 형태로 클라우드를 이용하면서 CSP가 별도의 물리적 백업 사이트를 운영하지 않았다.

⑤ IaaS 형태로 클라우드를 이용하면서 CSP가 별도의 OS 패치를 수행하지 않았다.

58 다음 대화를 보고 심사원이 판단할 수 있는 결함으로 가장 적절한 것을 고르시오.

■ 심사원 : 안녕하세요. (주) 가나다의 위험 관리 현황에 대해 인터뷰를 시작하겠습니다.
○ 담당자 : 네 안녕하세요.
■ 심사원 : 먼저 (주) 가나다의 위험 관리 현황을 설명 부탁드립니다.
○ 담당자 : 자사의 경우, 자산 및 업무 환경의 변화가 있을 때 위험평가를 실시합니다. 최근 3년간 실시 현황은 2021년 3월, 9월, 2023년 1월, 6월, 12월, 이렇게 총 5회입니다. 신규 시스템 구축 시 기존 시스템에 미치는 영향을 분석하고, 신규 시스템이 자체적으로 보유하는 위험을 분석하여 거기에 맞는 대응절차를 수행합니다.
■ 심사원 : 그렇습니까. 그렇다면 발견된 위험에 대해서는 어떻게 조치하십니까?
○ 담당자 : 위험 수용/ 회피/ 감소/ 전가로 나누어 대응합니다. 위험 전가의 경우 클라우드 사용 시 CSP가 물리보안을 수행하는 것을 예를 들 수 있습니다. 위험 감소의 경우 보안장비 도입, 시큐어 코딩 등을 통하여 발견된 위험을 DoA 이하로 감소시킵니다.
■ 심사원 : 위험 감소에 대한 구체적인 과정을 설명 부탁드립니다.
○ 담당자 : 위험 평가를 통해 위험요소가 발견되면 유관부서에 발견된 위험을 공유합니다. 그리고 해당 위험을 처리할 담당자와 메인 부서를 선정하고 해당 부서의 주도 아래 TF를 만들어 위험 감소 활동을 수행합니다. 예를 들어 보안장비 도입이라면 네트워크 운영팀이 해당 업무를 수행합니다. 위험 감소 활동을 마치면 재차 위험평가를 통해 발견된 위험이 적절히 처리되었는지 확인 후 위험 처리를 CIO께 보고합니다. 마지막으로 위험 감소 결과를 내부 공유하고 해당 건을 관리할 담당자를 결정하고 위험감소 처리를 마칩니다.
■ 심사원 : 감사합니다.

① 1.2.1 정보자산 식별

② 1.2.2 현황 및 흐름분석

③ 1.2.3 위험평가

④ 1.2.4 보호대책 선정

⑤ 1.3.1 보호대책 구현

59 **다음 보안장비 도입 사례 중 가장 적절하지 않은 것은 무엇인가?**

① IP 기반 패킷 탐지 및 차단을 위해 방화벽을 도입하였다.
② 내부망에 악성코드 유입 차단을 위해 IPS를 도입하였다.
③ 웹사이트에 국내에서 유입된 패킷만 허용하기 위해 Anti DDoS를 도입하였다.
④ 공격자가 내부 네트워크에 연결하는 것을 막기 위해 NAC을 도입하였다.
⑤ SQL 인젝션 공격을 막기 위해 웹 방화벽을 도입하였다.

60 **다음 중 리눅스 주요 시스템 로그에 대한 설명으로 잘못된 것을 고르시오.**

① syslog : 커널로그 및 심각한 에러로그를 기록한다.
② wtmp : 계정 사용자의 마지막 로그인 정보를 보여준다.
③ btmp : 실패한 로그인 정보를 보여준다.
④ pacct : 사용자별 수행한 명령어를 보여준다.
⑤ utmp : 현재 로그인 상태 정보를 보여준다.

61 **다음 중 리눅스 주요 시스템 파일에 대한 설명으로 잘못된 것을 고르시오.**

① passwd 파일은 누구나 읽을 수 있다.
② passwd 파일에 [ID]:x 형식으로 기재되어 있다면 해당ID의 패스워드는 암호화 되어있다.
③ passwd 파일에서는 사용자가 최종 로그인 한 날짜를 확인할 수 없다.
④ passwd 파일에서는 UID와 GID, 홈 디렉토리와 사용하는 쉘을 모두 확인할 수 있다.
⑤ passwd 파일에서는 마지막으로 암호를 변경한 날짜를 확인 가능하다.

62 **다음 중 안전한 암호화 알고리즘으로 알맞게 짝지어진 것을 고르시오.**

① 대칭키 : DES	비대칭키 : RSA-2048	해시알고리즘 : SHA-512
② 대칭키 : ARIA-128	비대칭키 : RSAES	해시알고리즘 : SHA-1
③ 대칭키 : LEA	비대칭키 : ECDSA	해시알고리즘 : SHA-256
④ 대칭키 : AES-128	비대칭키 : ECDH	해시알고리즘 : MD5
⑤ 대칭키 : SEED-128	비대칭키 : DSA	해시알고리즘 : SHA-1

63 다음 설명에 알맞은 도구(명령어)를 순서대로 알맞은 것을 고르시오.

㉮ 목적지까지 데이터 도달여부를 확인하는 도구이다. 네트워크와 라우팅의 문제점을 찾아내는 목적으로 많이 사용되며, UDP 패킷을 이용해 진행경로의 추적과 패킷이 지나가는 IP주소나 이름을 알아낼 수 있다. 결과에서 응답시간 *로 표시되는 경우 침입차단시스템 등의 접근통제리스트에 의해 패킷이 차단되었음을 확인할 수 있다.

㉯ 네트워크 인터페이스를 거치는 패킷의 내용을 출력해주는 프로그램으로, 스니핑 도구의 일종으로 자신의 컴퓨터로 들어오는 모든 패킷의 내용을 도청할 수 있으며, 공격자를 추적 및 공격 유형 분석을 위한 패킷 분석 시에 활용할 수 있는 도구이다.

① Tracert - Ping
② Traceroute - Tcpdump
③ Tracert - Tcpdump
④ Traceroute - Netstat
⑤ Traceroute - Nmap

64 다음 중 정보통신 서비스 제공자가 법적으로 반드시 보관해야 하는 로그인 것을 모두 고르시오. (2개)

① 개인정보 처리 시스템 접속 기록
② 개인정보 처리 시스템 내부 이용자 변동 기록
③ 개인정보 처리 시스템 해외 접속IP 목록
④ 개인정보 처리시스템 권한 부여 기록
⑤ 개인정보 출력내역

65 다음 중 DBMS에서 DB스키마를 지정하고 DMBS 커널이 암복호화 기능을 수행하는 방식은 무엇인가?

① DB 서버 암호화
② DBMS 자체 암호화
③ 운영체제 암호화
④ DBMS 암호화 기능 호출
⑤ 응용프로그램 자체 암호화

66 다음 중 출입통제 설계로 가장 잘못된 것은 무엇인가?

① 서버실 출입 통제를 위해 interlocking door를 도입하였다.

② 사무실 출입통제를 위해 Speed gate를 도입하였다.

③ 기밀성이 중요한 공간의 출입문은 Fail-Close 정책을 적용하였다.

④ 화물엘리베이터는 별도의 카드를 인식해야만 동작하도록 설계하였다.

⑤ 비상계단으로 통하는 출입문은 밀어서 비상계단 쪽으로 열리도록 설계하였다.

67 Z 알뜰폰 업체는 최근 업무 효율성 증대를 위해 AWS Public 클라우드 도입을 고려 중이다. 다음은 Z 알뜰폰 업체에서 작성한 Public 클라우드 도입에 대한 보안성 검토이다. 검토내용 중 잘못된 것을 고르시오.

① 가용성 확보를 위해 CSP에서 별도로 가용성을 담보하지 않는 서비스는 2개 이상의 가용영역을 사용해야 한다.

② 개인정보의 의도하지 않은 국외 유출을 막기 위해 국내 리전만을 사용하는 것을 원칙으로 한다.

③ 네트워크 접근제어에 NACL을 이용할 경우 서브넷 설계와 Stateless한 NACL의 특성을 고려해야 한다.

④ ADFS를 통하여 As Is에서 사용중인 AD 계정을 클라우드 계정과 연동, 1인 1계정 원칙을 수행해야만 한다.

⑤ IAM은 RBAC으로 운영하되, Root 사용자는 최초에 하위 계정에 Role을 부여한 뒤, 사용을 금지한다.

68 다음 방화벽 정책에서 가장 잘못된 것을 고르시오(내부망IP는10.10.0.0/16이며 시스템 유지보수 업체 IP대역은 123.75.4.0/24이다).

연번	Source	Destination	Destination 포트	대응
①	ANY	10.10.7.4(Web서버)	443	Accept
②	123.75.4.3	10.10.7.4	23	Accept
③	123.75.4.2	10.10.6.4(WAS서버)	3389	Accept
④	123.75.4.6	10.10.6.4(DB서버)	1433	Accept
⑤	ALL	ALL	ALL	Deny

69 다음 클라우드 도입 사례 중 잘못된 것을 고르시오.

① 로컬 PC에서 클라우드 PC로 클립보드 데이터를 복사 및 붙여 넣기에 대해 별도의 제한을 두지 않았다.
② 클라우드 내에서 로컬 PC의 C 드라이브에 읽기 전용으로 접근 가능하게 하였다.
③ 로컬 PC에 USB나 외장하드를 연결했을 때, 별도의 조치 없이 Cloud PC에서는 읽기전용으로 접근이 가능하게 하였다.
④ 클라우드 PC의 클립보드 데이터를 로컬PC에서 접근할 수 있게 하였다.
⑤ 클라우드 PC에서 로컬 PC로 데이터를 옮길 때는 리더 승인 후 승인을 받은 파일에 대해 업무망 내부에서 다운로드가 가능하도록 하였다.

70 다음 중 IPS 도입 사례로 가장 잘못된 것은 무엇인가?

① 장애를 방지하기 위해 TAP 모드로 일정기간 운영 후 Inline 모드로 변경하였다.
② IPS를 방화벽 앞에 설치하여 방화벽에서 차단하는 공격을 추가적으로 탐지하였다.
③ 무선랜을 이용한 공격을 탐지 및 차단하기 위한 용도로 사용하였다.
④ 내부망 안에서 이루어지는 공격은 차단하지 못하여 별도의 보안장비를 도입하였다.
⑤ 일반 룰은 탐지 모드로 1주일 운영 후 적용하나 긴급적용이 필요한 룰은 즉시 차단을 적용하였다.

71 다음 중 개인정보의 안전성 확보조치 기준에서 용어가 잘못된 것은 무엇인가?

① "개인정보처리자"란 업무를 목적으로 개인정보파일을 운용하기 위하여 스스로 또는 다른 사람을 통하여 개인정보를 처리하는 공공기관, 법인, 단체 및 개인 등을 말한다.
② "개인정보처리시스템"이란 데이터베이스시스템 등 개인정보를 처리할 수 있도록 체계적으로 구성한 시스템을 말한다.
③ "모바일 기기"란 무선망을 이용할 수 있는 PDA, 스마트폰, 태블릿PC 등 개인정보 처리에 이용되는 휴대용 기기를 말한다.
④ "생체정보"란 지문, 얼굴, 홍채, 정맥, 음성, 필적 등 개인의 신체적, 생리적, 행동적 특징에 관한 정보로서 특정 개인을 인증·식별하거나 개인에 관한 특징을 알아보기 위해 일정한 기술적 수단을 통해 처리되는 정보를 말한다.
⑤ "접속기록"이란 개인정보처리시스템에 접속하는 자가 개인정보처리시스템에 접속하여 수행한 업무내역에 대하여 식별자, 접속일시, 접속지 정보, 수행업무 등을 전자적으로 기록한 것을 말한다. 이 경우 "접속"이란 개인정보처리시스템과 연결되어 데이터 송신 또는 수신이 가능한 상태를 말한다

72 **다음 중 개인정보의 안전성 확보조치 기준에 따라 10만명 미만의 정보주체에 관하여 개인정보를 처리하는 공공기관이 내부관리계획에 포함하지 않아도 되는 항목은 무엇인가?**

① 물리적 안전조치에 관한 사항
② 개인정보보호조직에 관한 구성 및 운영에 관한 사항
③ 악성프로그램 등 방지에 관한 사항
④ 암호키 생성, 이용 등의 관리절차
⑤ 개인정보 유출사고 대응 계획 수립·시행에 관한 사항

73 **이용자수가 200만명인 정보통신망 서비스 제공자인 T사는 코로나19로 인하여 재택근무를 실시하고 있다. T사의 임직원은 집에서 개인 PC를 이용하여 인터넷망을 통해 회사의 PC에 원격접속 후 업무를 수행하고 있다. 이때, T사의 임직원이 재택근무로 수행할 수 없는 업무를 모두 고르시오. (3개)**

① 개인정보 다운로드
② 개인정보 업데이트
③ 개인정보 파기
④ 개인정보 시스템에 대한 접근권한 변경
⑤ 개인정보 시스템에 대한 접속로그 삭제

74 **개인정보보호 처리를 위하여 정보주체의 동의가 필요한 것은?**

① 개인정보처리자가 가명정보를 처리하는 경우
② 개인정보처리자가 개인정보 처리업무를 위탁하는 경우
③ 정보통신서비스 제공자가 국외이전에 따른 개인정보 이전을 하는 경우
④ 이용자가 이용내역 통지를 받으려는 경우
⑤ 개인정보처리자가 영업 양수도에 따른 개인정보를 이전하는 경우

75 **개인정보보호책임자 지정과 관련하여 틀린 것을 모두 고르시오. (2개)**

① 개인정보보호책임자의 자격요건은 임원급 또는 개인정보와 관련하여 이용자의 고충처리를 담당하는 부서의 장이다.

② 개인정보보호책임자 지정 면제 사유가 있는 경우에는 개인정보보호책임자를 선임하지 않고, 정보보호 최고책임자가 대신한다.

③ 개인정보보호 계획의 수립 및 시행과 개인정보 처리와 관련한 불만의 처리 및 피해구제는 개인정보보호책임자의 역할 및 책임에 해당한다.

④ 인증심사 예비 점검 기간동안 심사수행기관의 심사팀장은 신청기관의 정보보호 최고책임자(CISO, Chief Information Security Officer) 및 개인정 보보호책임자(CPO, Chief Privacy Officer) 또는 담당자와 예비점검 결과를 공유하고, 인증 범위를 고려하여 심사일정을 확정한다.

⑤ 보호위원회는 개인정보보호책임자가 자신의 업무를 원활히 수행할 수 있도록 개인정보보호책임자에 대한 교육과정을 개설·운영하는 등 필요한 지원을 할 수 있다. 또한 외부강사를 초빙하여 교육을 진행할 수 있도록 개인정보보호 전문강사단을 운영하고 있다.

76 **2024년 3월 12일 개인정보보호법 시행령 개정에서는 개인정보 보호책임자의 전문성 강화를 목적으로 매출액, 개인정보의 보유 규모를 고려하여 일정기준 이상 개인정보처리자는 개인정보보호 경력 등 자격요건을 갖춘 개인정보 보호책임자를 지정하도록 하고 있다. 다음 중 개인정보 보호책임자에 관한 설명 중 잘못된 것을 고르시오.**

① 개인정보보호책임자의 자격요건이 필요한 경우, 개인정보보호 경력으로만 4년 이상 보유한 경우에도 자격요건은 충족된다.

② 연간 매출액이 1500억 이상이면서 정보주체의 개인정보를 100만명 이상 처리하는 자는 개인정보보호책임자 자격요건을 만족해야 한다.

③ ISMS-P 인증심사원 자격증이 있는 자는 경력에 상관없이 개인정보보호 책임자 자격요건에 만족한다.

④ 시행령 이전에 개인정보보호 책임자를 지정한 기관이 개인정보보호 책임자 자격 요건을 만족해야 하는 경우에는 영 시행 후 2년 이내에 자격 요건을 갖추면 된다.

⑤ 개인정보 보호책임자 지정 의무 대상 기준에서 정보주체의 개인정보 수를 산정할 때, 임직원개인정보나 분리 보관된 개인정보도 포함하여야 한다.

77 **다음 개인정보보호법 대상자의 사례 중 올바르게 동의를 받지 않은 사항을 고르시오.**

① 법령에 따라 민감정보와 고유식별정보를 수집하면서 일반 개인정보와 별도로 각각 동의를 받았다.
② 유선상으로 동의를 받을 때, 고지 사항이 너무 길어 고지사항을 확인할 수 있는 URL을 별도로 안내하고 다시 전화를 걸어 동의를 받았다.
③ 정보주체에게 동의할 경우 동의라는 문자메시지를 개인 명의의 휴대전화로 회신하는 방식으로 동의를 받았다.
④ 신상품 홍보를 위한 동의를 회원가입과 같은 방식으로 포괄적으로 동의를 받았다.
⑤ 정보주체의 신용카드 비밀번호를 입력하는 방식으로 동의를 받았다.

78 **다음 개인정보보호법 해석 중 틀린 것을 모두 고르시오. (2개)**

① 목적에 필요한 최소한의 범위를 벗어난 경우에 정보주체의 동의를 받으면 모든 개인정보(주민등록 번호 등) 수집이 가능하다.
② 법원 규칙에서 구체적으로 주민등록번호의 처리를 허용하면 주민등록번호 처리가 가능하다.
③ 단체보험 가입 목적으로 임직원의 주민등록번호를 처리할 수 있다.
④ 내부망에 주민등록번호를 저장하는 경우 암호화 조치를 수행해야 한다.
⑤ 민감정보의 정의는 사상, 신념, 노동조합, 정당의 가입, 탈퇴, 정치적 견해, 건강, 성생활 등에 관한 정보, 그 밖에 정보주체의 사생활을 현저히 침해할 우려가 있는 개인정보로서 대통령령으로 정하는 정보이므로 정보주체가 임의로 정의할 수 없다.

79 **다음 개인정보보호법에 따라 개인정보를 목적 외 이용 혹은 제3자 제공한 사례 중 위법은 무엇인가?**

① 범죄수사를 위해 구청에서 용의자의 동의를 받지 않고 경찰에게 용의자의 개인정보를 제공하였다.
② 종합병원에서 주민건강실태연구를 위해 해당 지역 주민들의 거주실태를 익명처리 후 DB화하여 타 병원에 공유하였다.
③ 구청에서 재판 수행을 위해 법원에 요청자료를 제공하였으나 관보에 기록하지 않고 홈페이지에만 게재하였다.
④ 겨울에 취객이 쓰러져 있어 집에 데려 주기 위해 지갑에서 신분증을 꺼내 주소를 확인하였다.
⑤ 상선업체에서 국제해양법을 준수하기 위해 국제해양기구에 승조원의 개인정보를 동의 없이 제공하였다.

80 **다음 업무 위탁과 관련된 설명 중 잘못된 것은 무엇인가?**

① KISA가 타 기관에 업무를 위탁, 해당기관의 개인정보 취급자가 개인정보보호법을 위반했을 경우 해당 기관의 개인정보 취급자는 KISA의 직원으로 본다.

② 개인정보보호법 대상자가 서비스 홍보 업무를 위탁할 경우, 정보주체에게 동의를 받아야 한다.

③ 개인정보 처리자가 개인정보 처리업무를 위탁할 때는 위탁하는 업무의 내용과 수탁자를 지속적으로 공개하여야 한다.

④ 개인정보처리자는 구두계약으로 개인정보 처리위탁을 할 수 없다.

⑤ 개인정보보호법 대상자인 위탁자가 반드시 수탁자를 직접 교육해야 하는 의무를 지지는 않는다.

81 **다음 중 정보통신망법 위법사례에 해당하는 것을 고르시오.**

① 이용자의 수신동의를 받고 광고성 정보를 전송하였으나, 매년 수신동의 여부를 확인하지 않았다.

② 이용자가 영리목적의 광고성 정보에 대해 수신거부 동의 철회 의사를 표시하여 10일이 되는 날에 전송자의 명칭, 수신동의 철회사실, 해당의사를 표시한 날짜, 처리결과를 수신자에게 알렸다.

③ 정보주체에게 제품을 판매하고 6개월 이내에 동일한 제품에 대한 광고성 정보를 별도의 동의 없이 보냈다.

④ 영리목적의 광고성 정보를 이메일로 전송할 때 수신동의 철회를 자동응답기를 통해서 접수하였다.

⑤ 이용자에게 영리목적의 광고성 정보에 대한 수신동의를 받은 뒤, 매일 밤 10시에 오늘의 특가 야식 광고를 문자메시지로 전송하였다.

82 **다음 중 개인정보처리자의 개인정보에 대한 안전성확보 조치와 관련하여 잘못된 항목을 고르시오.**

① 개인정보보호책임자는 내부관리계획의 이행 실태를 연 1회 이상 점검·관리 하여야 한다.

② 전년도 말 기준 직전 3개월간 그 개인정보가 저장、관리되고 있는 이용자의 수가 일일 평균 100만명 이상인 경우에는 개인정보처리시스템에 접속하는 개인정보 취급자의 컴퓨터 등에 인터넷 망 차단 조치를 하여야 한다.

③ 클라우드컴퓨팅서비스를 이용하여 개인정보처리시스템을 구성、운영하는 경우에는 해당 서비스 접속 이외에는 인터넷 망을 차단하는 조치를 하여야 한다.

④ 이용자가 아닌 정보주체의 개인정보를 처리하는 자는 신용카드번호, 계좌번호를 개인정보처리시스템에 저장하는 경우 암호화하지 않아도 된다.

⑤ 이용자의 개인정보를 처리하는 개인정보처리자가 5만명 이상의 정보주체에 관한 개인정보를 처리하는 개인정보처리시스템에 대한 접속기록은 1년 이상 보관해야 한다.

83 **다음 고정형 영상정보처리기기 설치 사례 중 위법 사항은 무엇인가?**

① 임직원의 동의를 받지 않고 출입통제가 되는 사무실 내에 고정형 영상정보처리기기를 설치 및 운영하였다.

② 고정형 영상정보처리기기 설치 안내판을 부착하지 않고 서버실 내에 고정형 영상정보처리기기를 설치 및 운영하였다.

③ 시설안전을 위해 공장 펜스와 펜스 밖 인도를 포함하여 고정형 영상정보처리기기를 설치 및 운영하였다.

④ 산불감시를 위해 고정형 영상정보처리기기를 설치하며 별도의 안내판을 부착하지 않고 홈페이지에 안내판에 해당하는 내용을 게시하였다.

⑤ 교도소의 독방에 화장실과 방 전체를 촬영하는 CCTV를 설치하였다.

84 **다음 중 자동화된 결정(완전히 자동화된 시스템으로 개인정보를 처리하여 이루어지는 결정)과 관련하여 잘못된 것을 고르시오.**

① 정보주체인은 자동화된 결정이 자신의 권리 또는 의무에 영향을 미치는 경우에는 개인정보처리자에게 해당 결정에 대한 설명 또는 검토해 줄 것을 요구할 수 있다.

② 정보주체의 설명 요구를 받은 개인정보처리자는 해당 결정의 기준 및 처리 과정에 대해서 일반적으로 이해할 수 있는 간결하고 의미있는 정보를 제공해야 한다.

③ 자동화된 결정이 이루어진다는 사실에 대해 정보주체가 명확히 알 수 있도록 동의, 계약 등을 통해 미리 알린 경우라도, 자동화된 결정이 정보주체의 권리 또는 의무에 중대한 영향을 미치는 경우라면 해당 결정에 대해 거부할 수 있다.

④ 개인정보처리자가 완전히 자동화된 결정을 하는 경우에는 그 기준과 절차 개인정보가 처리되는 방식 등을 정보주체가 쉽게 확인할 수 있도록 인터넷 홈페이지 등에 공개하여야 한다.

⑤ 개인정보처리자는 정보주체의 요구를 받은 날부터 30일 이내에 정보주체에게 조치 사실을 알리거나 설명 등의 조치를 하여야 한다.

85 **다음 개인정보 암호화 사례 중 잘못된 것은 무엇인가?**

① 이용자의 개인정보를 처리하는 정보통신서비스 제공자가 내부망에 저장되는 계좌번호를 암호화하지 않았다.

② 이용자가 아닌 정보주체의 개인정보를 처리하는 개인정보처리자가 신용카드번호를 보조저장매체 저장 시 암호화하지 않았다.

③ 이용자의 개인정보를 처리하는 정보통신서비스 제공자가 개인정보처리시스템에 사용자의 연락처 저장 시 암호화하지 않았다.

④ 이용자가 아닌 정보주체의 개인정보를 처리하는 개인정보처리자가 사용자의 내부망의 여권번호를 개인정보처리시스템에 저장 시 위험도분석을 거쳐 암호화하지 않았다.

⑤ 이용자의 개인정보를 처리하는 정보통신서비스 제공자가 인증정보를 송수신하는 서버 구축 시 SSL 통신을 사용하지 않고 별도의 암호화 프로그램을 설치하였다.

86 **다음 중 개인정보처리자의 내부관리계획에 포함되지 않아도 되는 내용은 무엇인가?**

① 개인정보보호책임자의 자격요건 및 지정에 관한 사항

② 개인정보보호책임자와 개인정보취급자의 역할 및 책임에 관한 사항

③ 개인정보 유출사고 대응 계획 수립·시행에 관한 사항

④ 물리적 안전조치에 관한 사항

⑤ 개인정보 처리 실태 및 관행의 정기적인 조사 및 개선에 관한 사항

87 다음 중 개인정보의 안전성 확보조치 기준에 대한 설명으로 옳은 것은 무엇인가?

① 개인정보처리자는 개인정보취급자가 개인정보처리시스템에 접속한 기록을 반기별로 1회 이상 점검하여야 한다.

② 개인정보처리자는 개인정보를 다운로드하는 경우 다운로드 사유를 반드시 남겨야 한다.

③ 개인정보처리자는 개인정보취급자의 접속기록이 위·변조 및 도난, 분실되지 않도록 해당 접속기록을 논리적 혹은 물리적으로 분리 보관하여야 한다.

④ 개인정보처리자는 내부관리계획의 이행 실태는 반기별 1회 이상 점검하여야 한다.

⑤ 모든 개인정보처리자가 화재, 홍수, 단전 등의 재해·재난 발생 시 개인정보처리시스템 보호를 위해서 대응절차를 마련하고 백업 및 복구 계획을 마련해야 하는 것은 아니다.

88 다음 중 개인정보의 파기 방법으로 가장 올바르지 않은 것은 무엇인가?

① 하드디스크를 소각처리 하였다.

② 개인정보가 출력된 문서를 전용 소자장비를 이용해 삭제하였다.

③ 기밀 데이터가 저장된 디스크를 공개된 데이터로 3회 덮어쓰기 처리했다.

④ 회원 가입 문서의 개인정보가 적힌 부분을 천공처리 하였다.

⑤ 1년간 로그인 하지 않은 사용자의 개인정보에서 불필요한 부분을 *로 치환하고 논리적 테이블을 분리하여 저장하였다.

89 다음 중 개인정보처리자의 개인정보 유출에 대한 대응으로 가장 올바르지 않은 것은 무엇인가?

① 개인정보 1백 건 유출사고에 대해 KISA에 별도로 신고를 하지 않았다.

② 고유식별정보 100건의 유출사고에 대해 보호위원회에 신고하지 않고 정보주체에게 해당 사실을 통지만 하였다.

③ 개인정보 100만 건 유출사고에 대해 인지 후 즉시 KISA에 신고하였으나, 유출이 된 개인정보 항목을 파악하지 못하여 해당 부분을 제외하고 이용자에게 고지하였다.

④ 개인정보 1천 건 유출사고에 대해 인지 후 24시간이 경과한 뒤 정보주체에게 법에서 정하는 내용을 통지하였다.

⑤ 개인정보 유출 사고에 대해 연락처를 알 수 없는 사용자는 별도 통지를 하지 않고 홈페이지에서 ID 입력 후 법에서 정하는 내용을 확인할 수 있도록 하였다.

90 **다음은 정보통신서비스 제공자인 P사의 ISMS-P 인증 심사 중 심사원이 작성한 한 줄 결함보고이다. 다음 중 적절하지 않은 항목으로 선택된 것을 고르시오.**

> ㉠ 결함사항 : P사는 임직원의 개인 핸드폰에 업무APP을 설치하여 업무를 수행하고 있으나 MDM을 설치하지 않았음
> 개선방향 : 업무를 수행하는 모바일 기기에는 MDM을 설치해야 함
> ㉡ 결함사항 : P사는 Public Cloud를 사용하고 있으나, 임직원의 자원 생성에 대한 별도의 통제를 수행하고 있지 않음
> 개선방향 : Public Cloud의 자원 생성은 내부 통제를 거쳐 수행되어야 한다.
> ㉢ 결함사항 : P사의 로비에 설치된 감시카메라의 표지판은 법적인 요건을 준수하고 있으나, 영상이 암호화 저장되고 있지 않음
> 개선방향 : 개인을 식별할 수 있는 감시카메라의 영상은 암호화 저장되어야 함
> ㉣ 결함사항 : 재해복구 시스템을 핫사이트 방식으로 운영하고 있으나, RTO를 0시간으로 설정함
> 개선방향 : 백업 테스트 후 RTO를 실제 RTO 시간과 동일하게 설정하거나, 재해복구 시스템을 미러 시스템으로 고도화 해야함

① ㄱ, ㄴ ② ㄴ, ㄷ ③ ㄷ, ㄹ
④ ㄱ, ㄷ ⑤ ㄴ, ㄹ

91 **다음 개인정보 비식별화 사례 중 잘못된 것을 고르시오.**

① 홍길동, 35세, 서울 거주, 한국대 재학 → 임꺽정, 30대, 서울 거주, 국제대 재학
② 임꺽정 180cm, 홍길동 170cm, 이콩쥐 160cm, 김팥쥐 150cm → 물리학과 학생 키 합 : 660cm, 평균키 165cm
③ 주민등록번호 901206-1234567 → XXXXXX-1234567
④ 홍길동, 35세 → 홍씨, 30~40세
⑤ 홍길동, 35세, 서울 거주, 한국대 재학 → 홍○○, 35세, 서울 거주, ○○대학 재학

92 개인정보보호법에서 규정하고 있는 가명정보 처리에 대한 설명 중 틀린 것은?

① 민간 회사가 도로구조 개선 및 휴게공간 추가설치 등 고객서비스 개선을 위하여 월별 시간대별 차량 평균속도, 상습 정체구간, 사고구간 및 원인 등에 대한 통계를 작성하는 경우 가명정보 처리가 가능하다.

② 민간 연구소에서 연령, 성별에 따른 체중관리 운동 시뮬레이션 프로그램 또는 운동관리 애플리케이션을 개발하기 위하여 웨어러블 기기를 이용하여 수집한 맥박, 운동량, 평균 수면시간 등에 관한 정보와 이미 보유한 성별, 연령, 체중을 가명처리하여 활용하는 경우 가명정보 처리가 가능하다.

③ 민간 연구소가 현대사 연구 과정에서 수집한 정보 중에서 사료가치가 있는 생존 인물에 관한 정보를 기록·보관하고자 하는 경우 가명정보 처리가 가능하다.

④ 가명정보 처리 시 기록 보관 사항으로 1. 가명정보 처리의 목적, 2. 가명처리한 개인정보의 항목, 3. 가명정보의 이용내역, 4. 제3자 제공 시 제공받는 자, 5. 그 밖에 가명정보의 처리 내용을 관리하기 위하여 보호위원회가 필요하다고 인정하여 고시하는 사항이 있다.

⑤ 가명정보를 통계작성, 과학적 연구, 공익적 기록보존 등을 위하여 공개할 수 있다.

93 다음 중 개인정보보호법을 위반한 사례는 무엇인가?

① 정보주체가 주문한 상품을 아직 발송하지 못하여 정보주체의 개인정보 처리 정지 요구를 거절하였다.

② 연락처 정보에 대해 정보주체가 정정 요청을 전송, 14일째에 이를 처리하였다.

③ 정보주체의 개인정보 열람 요구에 대해 3일째에 이를 처리하고 우송료와 수수료를 청구하였다.

④ 학원에서 초등학생 학부모가 자녀의 원생명부 열람 요청을 하여 이를 승낙하였다.

⑤ 산업인력공단에서 자격심사 수행 후 정보주체의 답안 확인 요구를 거절하였다.

94 **다음 중 개인정보보호책임자 지정이 잘못된 것은 무엇인가?**

① 국회에서 고위공무원단에 속하는 인원을 개인정보보호책임자로 지정하였다.

② 정무직 공무원을 장으로 하는 국가기관에서 고위 공무원단에 속하는 인원을 개인정보보호책임자로 지정하였다.

③ 부산시 교육청에서 4급 공무원을 개인정보보호책임자로 지정하였다.

④ 학교에서 해당 학교의 행정실장을 개인정보보호책임자로 지정하였다.

⑤ 고위공무원단에 속하는 공무원을 장으로 하는 국가기관에서 3급 공무원을 개인정보보호책임자로 지정하였다.

95 **다음 중 공공기관이 개인정보 파일 관련해서 등록해야 할 사항이 아닌 것을 고르시오.**

① 개인정보파일에 기록되는 개인정보의 항목

② 개인정보의 처리방법

③ 개인정보 암호화 대상인 경우 암호화하는 항목 및 사용 알고리즘

④ 개인정보파일의 운영 근거 및 목적

⑤ 개인정보파일의 개인정보 중 법 제35조제4항에 따라 열람을 제한하거나 거절할 수 있는 개인정보의 범위 및 제한 또는 거절 사유

96 **다음 중 개인정보의 안전성 확보조치 기준에 대한 설명으로 잘못된 것을 모두 고르시오. (2개)**

① 1만 명의 개인정보를 처리하는 공공기관은 내부관리계획을 수립하여야 한다.

② 5천 명의 개인정보를 처리하는 소상공인은 내부관리계획을 수립하지 않아도 된다.

③ 100만 명 이상의 개인정보를 처리하는 개인은 재해 및 재난 대비 개인정보처리시스템의 안전조치를 수립·시행하지 않아도 된다.

④ 1천 명의 개인정보를 처리하는 소상공인은 악성프로그램 등을 방지·치료할 수 있는 보안 프로그램을 설치·운영하지 않아도 된다.

⑤ 100만 명의 개인정보를 처리하는 중소기업은 개인정보를 안전하게 관리하는데 사용되는 안전한 암호키 관리 절차를 수립·시행하지 않아도 된다.

97 **다음 영상정보처리기기의 설치 운영 사례 중 잘못된 것을 고르시오.**

① 민원실에 CCTV를 설치하고 상담사 보호 및 폭언 증거 수집을 위해 별도 고지 후 녹음 기능을 사용하였다.

② 회사 내 엘리베이터와 복도에 CCTV를 설치하였다.

③ 별도의 안내판을 설치하지 않고 고속도로에 CCTV를 설치하고 관보에 법에서 정하는 사실을 공개하였다.

④ 택시에 블랙박스를 외부를 향하도록 설치하였다.

⑤ 화재 예방을 위해 캠퍼스 건물 뒤편에 CCTV를 설치하였다.

98 **다음 중 위법사례를 고르시오.**

① 영업상 목적을 위하여 이용자의 주민등록번호 수집, 이용이 불가피한 정보통신서비스 제공자로서 행정안전부가 고시함에 해당하여 이용자의 주민등록번호를 수집하였다.

② 보험사에서 정보주체의 동의를 받고 외국인 등록번호를 수집하였다.

③ 본인확인기관에서 본인확인을 위해 주민등록번호를 수집하였다.

④ 의식불명인 환자의 신원을 조회하기 위해 주민등록번호를 수집하였다.

⑤ 렌터카 회사가 별도의 동의를 받고 정보주체의 운전면허번호를 수집하였다.

99 **다음 중 개인정보보호법 제17조 제2항(개인정보의 제공)에 따라 동의를 받을 때 명확히 표시해야 하는 항목이 아닌 것은 무엇인가?**

① 민감정보

② 개인정보를 제공받는자 및 개인정보를 제공받는자의 개인정보 이용 목적

③ 개인정보의 수집, 이용 목적 중 재화나 서비스의 홍보 또는 판매 권유 등을 위하여 해당 개인정보를 이용하여 정보주체에게 연락할 수 있다는 사실

④ 주민등록번호, 여권번호, 운전면허의 면허번호 및 외국인등록번호

⑤ 개인정보를 제공받는 자의 개인정보 보유 및 이용 기간

100 **다음은 A초등학교의 방과 후 교실의 개인정보 수집 동의서이다. 아래 양식은 ISMS-P 인증기준의 어떤 항목의 결함인가?**

> **방과후 교실 신청서**
>
> 이름 :
> 연락처 :
> 가입 신청 과목 :
> (축구, 농구, 코딩, 서예, 수학, 논술 중 택①)
>
> A 초등학교는 개인정보보호법에 따라 본인의 동의를 받아 개인정보를 수집·이용합니다.
> 1. 개인정보 수집 목적 : 방과 후 교실 가입
> 2. 개인정보 수집 항목 : 이름, 연락처
> **3. 보유 및 이용기간 : 방과 후 교실 기간 만료 시까지**
> *개인정보 수집 이용에 동의를 거부할 권리가 있으며 동의를 거부할 경우 방과후 교실 이용이 불가능합니다.
> 위와 같이 개인정보를 처리하는데 동의하십니까? 동의 □ 동의하지 않음 □
>
> 아래와 같이 민감정보를 처리합니다.
> **항목 : 병력**
> 수집목적 : 스포츠 교실 수업 참고 자료(학생의 건강상태 파악)
> **보유기간 : 방과 후 교실 기간 만료 시까지**
> *개인정보 수집 이용에 동의를 거부할 권리가 있으며 동의를 거부할 경우 스포츠교실 이용이 불가능합니다.
> 위와 같이 민감정보를 처리하는데 동의하십니까? 동의 □ 동의하지 않음 □

① 3.1.1 개인정보 수집·이용
② 3.1.2 개인정보 수집 제한
③ 3.1.4 민감정보 및 고유식별정보의 처리제한
④ 3.1.5 개인정보 간접수집
⑤ 3.4.1 개인정보 파기

파이널 실전 모의고사 1회 - 정답 및 해설

01	02	03	04	05	06	07	08	09	10	11	12	13	14	15	16	17	18	19	20
④	②	⑤	②, ⑤	③	④	⑤	③	③	④	②	⑤	⑤	①	①, ④	④	①, ⑤	②	③, ⑤	②, ③
21	**22**	**23**	**24**	**25**	**26**	**27**	**28**	**29**	**30**	**31**	**32**	**33**	**34**	**35**	**36**	**37**	**38**	**39**	**40**
③	②, ③	①	③	⑤	②	⑤	②	④	③	①, ④	①	⑤	⑤	④	⑤	①	⑤	④	①
41	**42**	**43**	**44**	**45**	**46**	**47**	**48**	**49**	**50**	**51**	**52**	**53**	**54**	**55**	**56**	**57**	**58**	**59**	**60**
③	①	④	①	②	②	①	②, ⑤	①	①	①	①	②, ④	③	⑤	④	⑤	③	③	②
61	**62**	**63**	**64**	**65**	**66**	**67**	**68**	**69**	**70**	**71**	**72**	**73**	**74**	**75**	**76**	**77**	**78**	**79**	**80**
⑤	③	②	①, ④	②	③	④	②	④	③	⑤	④	①, ③, ④	③	①, ②	③	④	①, ②	⑤	②
81	**82**	**83**	**84**	**85**	**86**	**87**	**88**	**89**	**90**	**91**	**92**	**93**	**94**	**95**	**96**	**97**	**98**	**99**	**100**
⑤	⑤	①	③	①	⑤	⑤	②	②	④	③	⑤	②	③	③	④, ⑤	①	①	④	①

01 사후 심사에 대한 설명이다.

02 최소 2개월간 운영이 필요하다.

03 인증위원회이다.

04 ② 매출액 1500억 원 이상인 상급 종합병원이 의무 대상자이다.
⑤ 서울특별시 및 모든 광역시에서 정보통신망 서비스를 제공하는 자가 의무 대상자이다.

05 내부지침에 정한 보호설비를 갖추고 있지 않은 경우 2.4.4 보호설비 운영 결함이다.

06 ④번이 경영진의 참여 결함이다.

07 다른 항목은 1.1.4 범위 설정이나 ⑤번은 1.2.1 정보자산 식별 결함이다.

08 1.2.4 보호대책 선정 결함이다.

09 주요 결함사례
- 정보보호 및 개인정보보호 대책에 대한 이행완료 결과를 정보보호 최고책임자 및 개인정보보호책임자에게 보고하지 않은 경우
- 위험조치 이행결과보고서는 '조치 완료'로 명시되어 있으나, 관련된 위험이 여전히 존재하거나 이행결과의 정확성 및 효과성이 확인되지 않은 경우
- 전년도 정보보호대책 이행계획에 따라 중·장기로 분류된 위험들이 해당연도에 구현이 되고 있지 않거나 이행결과를 경영진이 검토 및 확인하고 있지 않은 경우

10 다른 항목은 1.4.1 법적 요구사항 준수 검토이나 ④번은 2.3.2 외부자 계약 시 보안이다.

11 IaaS형태의 서비스를 이용할 때에만 사용자의 OS패치가 필요하다.

12 2.9.5 로그 및 접속기록 점검 결함이다.

13 별도의 보완통제가 존재하는지 여부를 확인해야 하며 이 사항만으로는 결함판단을 할 수 없다.

14 홈페이지에 게시할 수 없을 경우 개인정보처리자의 사업장 등의 보기 쉬운 장소에 게시할 수 있다.

15 ① 필수정보로 아이디, 패스워드, 이메일, 본인인증 정보, 연락처, 회원성별, 자녀유무, 주소로 최소수집의 원칙을 위배하고 있다.
④ 보유기간이 만료된 정보에 대해서 지체 없이(5일 이내) 파기하여야 하나 1개월 주기로 Batch작업을 하여 파기하고 있다.

16 외주업체에 대한 교육을 반드시 실시할 필요는 없으며 적절히 교육이 실시 되었는지에 대한 감독이 필요하다.

17 2.4.6 반출입 기기 통제 결함이다.

18 자물쇠가 설치되지 않은 것 만으로는 결함사항이라 볼 수 없다.

19 2.5.2 사용자 식별 결함이다.

20 ② 2.1.2 조직의 유지관리 결함이다.
③ MBO(목표관리 : Management By Objectives)에 대한 설명이다. KPI(핵심 성과 지표 : Key Performance Indicator)는 기업의 목표를 달성하기 위한 성과지표이다.

21 정보자산 중요도에 대한 평가점수 표기가 지침과 상이하고 보안등급 표기가 누락되어있다.
1.2.1 정보자산 식별 결함사례 : 내부 지침에 명시된 정보자산 및 개인정보 보안등급 분류 기준과 자산관리 대장의 분류 기준이 일치하지 않은 경우

22 보기 ①, ④, ⑤는 2.6.3 응용프로그램 접근 결함이고 ②는 3.2.5 가명정보처리, ③은 3.1.5 간접수집 보호조치 결함이다.

23 ② "개인정보취급자"란 개인정보처리자의 지휘·감독을 받아 개인정보를 처리하는 업무를 담당하는 자로서 임직원, 파견근로자, 시간제근로자 등을 말한다.
③ 2.2.1 주요 직무자 지정 및 관리 결함이다.
④ 개인정보가 취급되는지 확인하여야 한다.
⑤ 직무 분리 결함이 가깝지만 추가증적이나 인터뷰 등으로 직무분리가 되지 않은 사유를 확인하여야 한다.

24 2.3.1 외부자 현황 관리 결함이다.

25 개인정보보호법 제18조 참조(6. 조약, 그 밖의 국제협정의 이행을 위하여 외국정부 또는 국제기구에 제공하기 위하여 필요한 경우)

26 lastb 명령어를 이용하여 사용자의 로그인 실패 기록을 확인할 수 있다.

27 ⑤는 잘못된 보완조치를 적용하였다. 동일 사용자 세션을 허용하지 않도록 하여야 한다.

28 개인정보를 다른 법령에 따라 보존하여야 하는 경우 물리적, 논리적 분리 보관도 허용된다.

29 ① 공공기관이 범죄수사의 목적으로 경찰서에 개인정보를 제공할 경우, 개인정보 목적 외 이용 및 제3자 제공대장에 이를 기록해야 한다.
② 광고 발송을 위해서는 별도의 동의를 받아야 한다.
③ 공공기관이 다른 법률에 근거하여 민원인의 개인정보를 목적 외로 타 기관에 제공할 경우 관련 사항을 관보나 인터넷 홈페이지에 게시해야 한다.
④ 법원의 재판업무 수행을 위하여 필요한 경우는 개인정보를 목적 외의 용도로 이용, 제공이 가능하다.
⑤ 6개월 이내 동종 재화는 별도 동의가 필요 없으나 오늘의 특가 제품 목록처럼 광고 발송을 위해서는 별도의 동의를 받아야 한다.

30 Q사의 모든 유지보수 인원이 식별되지 않아 외부자 현황 관리가 되고 있지 않다.

31 ① 주민등록번호 뒷자리를 수집하여 회원에 유일성과 식별성을 확보하는 것은 주민등록번호의 체계를 활용하여 고유한 특성을 이용하는 것이므로 금지된다.
④ 멤버쉽 회원의 포인트 관리를 위해 해당 회원의 주민번호를 수집하여 포인트 이용실적 합산 등을 위해 이용하는 경우는 그 목적의 적합성이나 대체수단 적용 가능성 등을 고려할 때 개인정보보호법에 따라 주민번호 수집을 허용하는 경우로 보기는 어렵다.

32 전년도말 기준 직전 3개월간 일일평균 100만명 이상의 정보주체의 개인정보를 처리하였거나 5만명 이상의 정보주체의 민감정보 또는 고유식별정보를 처리한 개인정보처리자가 개인정보의 이용·제공의 통지 의무 부과 대상이 된다.

33 보기 ①, ②, ③ : 3.4.2 처리목적 달성 후 보유 시 조치 결함이다. 보기 ④의 휴면이용자의 개인정보 파기는 2023년 개인정보보호법 개정 시 해당 의무사항이 폐기되었다.

34 A. 개인정보 불필요 시 파기 기한 : 5일이내
B. 개인영상정보 열람 통지 기한 : 10일이내
C. 영업 양도 시 인터넷 홈페이지 최소 게시기간 : 30일
D. ISMS, ISMS-P 구축 후 최소 운영기간 : 2개월
E. 정보통신서비스 제공자 등 접근권한 기록 보관 : 3년

35 2.2.6 보안 위반 시 조치 결함사항이다.

36 제12조(영향평가서의 제출) 영 제38조제2항에 따라 영향평가서를 제출받은 대상기관의 장은 2개월 이내에 평가결과에 대한 내부승인 절차를 거쳐 영향평가서를 보호위원회에 제출하여야 한다.

37 위 상황의 근본적인 문제는 보호대책 도입 후 관련 내용을 담당자 및 유관부서에 공유 및 교육하지 않은 것이 문제이다.

38 인터넷망을 통한 개인정보 전송 시 VPN 및 암호화 통신 등을 사용해야 한다.

39 2.4.7 업무환경 보안 결함이다.

40 회원가입 시점에 주문에 필요한 정보를 일괄적으로 수집하는 것은 최소 수집의 원칙에 어긋난다. 따라서 위 시나리오는 3.1.1 개인정보 수집 이용 결함에 해당한다.

41 모든 사용자 로그인 시 운영자에게 알람이 갈 경우 모니터링 부담이 과도해진다.

42 A. TCP Wrapper / B. IPFilter / C. IPtables

43 레인보우 테이블은 해시함수를 이용하여 저장된 비밀번호로부터 원래의 비밀번호를 추출해내는 데 사용된다.

44 루트 사용자 계정(Admin Console)에는 반드시 액세스 키를 삭제하거나 비활성화 하여야 함(키 탈취시 수만 달러의 비용이 청구되는 피해가 발생할 수 있음)

45 SaaS형 서비스 이용 시 계정과 데이터에 대한 책임은 CSP가 진다.

46 crontab –r(remove)이다.

47 최소 암호 길이도 별도로 설정해야 한다. 또한 CHAP 프로토콜은 '해독 가능한 암호화를 사용하여 암호저장' 항목을 사용함으로 설정하여야 해당 프로토콜이 정상동작한다.

48 ① 사용자 계정의 UID가 0인 계정은 루트 계정의 권한을 가지므로 위험하다.
③ x는 패스워드가 /etc/shadow에 해시암호화되어 있는지에 해당하는 자리이다.
④ 브루트포스 공격에 해당한다. 제로데이 공격은 신규 시스템이 보안 패치가 나오기 전까지 취약한 상태에서의 공격 방법이다.
⑤ PAM(Pluggable Authentication Module)은 사용자를 인증하고 그 사용자의 서비스에 대한 엑세스를 제어하는 모듈화된 방법을 말한다.

49 SetUID가 설정된 파일을 모두 해제하면 파일 소유자의 권한으로 실행되는 시스템 명령어 등을 사용할 수 없으므로 장애가 발생할 수 있어 권장되지 않는다. 권장되는 방법은 find명령으로 SetUID가 설정되어 있는 파일의 목록을 확인 후 불필요한 권한이 설정된 파일을 삭제하거나 권한을 해제시키는 방법이 있다.

50 보고서에서 서술하는 공격은 Slowloris 공격이다. 패킷의 패턴인 0D0A(CRLF)의 패턴을 IPS에 등록하여 해당공격을 방어할 수 있다.

51 웹방화벽은 XSS, SQL Injection, 웹쉘 업로드 등을 방어 가능하다.

52 사용자가 입력한 패스워드는 해시하여 저장해야 한다.

53 ② ifconfig 명령은 TCP/IP를 사용하는 네트워크에 대한 네트워크 인터페이스 매개변수를 설정하거나 설정된 정보를 표시하는 명령어이다.
④ traceroute 명령은 어떤 컴퓨터까지의 경로를 표시하는 명령어로 윈도우에서는 tracert, 유닉스에서는 traceroute라고 입력한다. 네트워크와 라우팅의 문제점을 찾아내는 목적으로 많이 사용한다.

54 크리덴셜 스터핑(Credential Stuffing)에 대한 설명이다. 해킹된 특정사이트나 데이터 유출로 인하여 입수된 사용자들의 유효한 인증 정보의 목록을 이용하여 다른사이트 공격에 이용한다. 여러 웹사이트에 같은 비밀번호를 재사용하는 사람이 많으므로 공격의 성공률이 높다.

55 ㉮ 시도/응답(Challenge/Response), ㉯ 지식 기반 사용자 인증, ㉰ Personal Identification Number

56 워터마크는 배포/유출자 추적에 사용되나 열람을 제어할 수는 없다.

57 IaaS의 경우 VM, PaaS의 경우 Container, SaaS의 경우 Application 보안까지 클라우드 서비스 제공자(CSP)의 책임영역이므로 ⑤ IaaS형태로 사용시 OS패치는 사용자 영역으로 결함이다.

58 위험평가는 연 1회 이상 수행해야 하며 자산이나 환경의 변화가 없다는 이유로 위험평가를 수행하지 않아서는 안 된다.

59 Anti DDoS는 임계치 기반 패킷 제어만 가능하다.

60 lastlog : 계정 사용자의 마지막 로그인 정보를 보여준다.

61 shadow 파일에서 마지막으로 암호를 변경한 날짜를 확인 가능하다.

62 대칭키: LEA, 비대칭키: ECDSA, 해시알고리즘: SHA-256

63 ㉮는 Traceroute에 대한 설명이고 Tracert는 윈도우에서 ICMP를 이용한다.
㉯는 Tcpdump에 대한 설명이다.

64 개인정보 처리 시스템 접속 기록은 개인정보 처리자의 규모에 따라 1~2년, 개인정보 처리시스템 권한 부여 기록은 3년간 보관해야 한다.

65 DBMS 자체 암호화 방식은 DBMS에 내장되어 있는 암호화 기능(TDE : Transparent Data Encryption)을 이용하여 암·복호화 처리를 수행하는 방식이다.

66 모든 출입문은 화재 시 개방되어야 한다.

67 1인 1계정 원칙의 목적은 책임 추적성 확보이다. 책임 추적성 확보가 가능하다면 반드시 ADFS 연동을 하지 않고 한사람이 AD계정 하나, 클라우드 계정 하나 이렇게 2개의 계정을 사용해도 무방하다.

68 SSH를 사용하지 않고 취약한 프로토콜인 telnet을 사용하고 있다.

69 클라우드 PC 내 데이터는 로컬에서 접근해서는 안 된다.

70 무선망을 이용한 공격은 WIPS로 탐지 차단이 가능하다.

71 "처리한 정보주체 정보"도 포함해야 한다.

72 10만명 미만의 정보주체에 관하여 개인정보를 처리하는 공공기관은 암호키 생성, 이용 등의 관리절차가 수립되어 있지 않아도 개인정보 안전성 확보조치 기준의 위반사항은 아니다.

73 전년도 말 기준 직전 3개월간 그 개인정보가 저장·관리되고 있는 이용자수가 일일평균 100만명 이상인 개인정보처리자는 개인정보처리시스템에서 개인정보를 다운로드 또는 파기할 수 있거나 개인정보처리시스템에 대한 접근 권한을 설정할 수 있는 개인정보취급자의 컴퓨터 등에 대한 인터넷망 차단 조치를 하여야 한다.

74
- 가명처리 : 동의없이 가능
- 위탁 : 개인정보처리방침 공개 필요
- 국외이전 : 개인정보처리방침 공개, 고지, 동의 필요
- 이용내역 : 통지 필요
- 영업 양도 양수 : 통지 필요

75 ① 개인정보보호책임자의 자격 요건은 임원급이 아닌 [임원 또는 개인정보와 관련하여 개인정보 처리 관련 업무를 담당하는 부서의 장]이다.
② 개인정보보호책임자 지정 면제 사유가 있는 경우에는 사업주 또는 대표자가 개인정보보호책임자가 된다.

76 개인정보 보호책임자 경력 인정 시 ISMS-P 인증심사원은 1년의 기간을 인정해 준다. (참조, 개인정보 보호법 및 시행령 2차 개정사항 안내서(24.3.15 시행) P8~14)

77 개인정보처리자는 정보주체에게 재화나 서비스를 홍보하거나 판매를 권유하기 위하여 개인정보의 처리에 대한 동의를 받으려는 때에는 정보주체가 이를 명확하게 인지할 수 있도록 알리고 동의를 받아야 한다.

78 법률·대통령령·국회규칙·대법원규칙·헌법재판소규칙·중앙선거관리위원회규칙 및 감사원규칙에서 구체적으로 주민등록번호의 처리를 요구하거나 허용한 경우에 주민등록번호 처리가 가능하다.

79 조약, 그 밖의 국제협정의 이행을 위하여 정보주체의 동의 없이 외국정부 또는 국제기구에 개인정보를 제공하는 것은 공공기관에만 해당된다.

80 재화 또는 서비스를 홍보하거나 판매를 권유하는 업무를 위탁하는 경우에는 위탁하는 업무의 내용과 수탁자를 정보주체에게 알려야 한다.

81 21시에서 08시 사이에 광고성 메시지를 전송하기 위해서는 별도의 동의가 필요하다.

82 모든 개인정보처리자는 5만명의 정보주체에 관한 개인정보를 처리하는 개인정보처리시스템에 대한 접속기록을 2년 이상 보관하여야 한다.

83 사무실에 CCTV를 설치하는 경우 임직원의 사생활 침해 가능성이 높기 때문에 정당성이 없다.

84 자동화된 결정이 정보주체의 권리 또는 의무에 중대한 영향을 미치는 경우라고 하더라도, 자동화된 결정이 이루어진다는 사실에 대해 정보주체가 명확히 알 수 있도록 동의, 계약 등을 통해 미리 알렸거나 법률에 명확히 규정이 있는 경우에는 거부권은 인정되지 않고, 자동화된 결정에 대한 설명 요구 또는 의견제출을 통한 검토 요구만 가능하다.

85 내부망, 개인정보처리시스템에 저장되는 계좌번호는 암호화 대상이다.

86 ⑤는 개인정보보호 최고책임자의 업무이다.

87 ① 접속기록을 월1회 점검해야 한다.
② 다운로드 사유를 반드시 남기는 게 아니라 내부관리 계획으로 정하는 바에 따라 그 사유를 반드시 확인하여야 한다.
③ 해당 접속기록을 안전하게 보관하여야 한다.
④ 내부관리계획의 이행실태는 연 1회 이상 점검해야 한다.

88 소자장비를 이용해 데이터 삭제는 전자매체만 가능하다.

89 개인정보처리자는 고유식별정보의 경우 유출 건수와 상관없이 72시간 이내에 보호위원회 또는 한국인터넷진흥원에 신고하여야 한다. (「개인정보보호법 시행령」 제40조 (개인정보 유출 등의 신고))

90 ㉠ 정보통신서비스 제공자 등은 처리 중인 개인정보가 열람권한이 없는 자에게 공개되거나 외부에 유출되지 않도록 개인정보 처리시스템 및 개인정보취급자의 모바일 기기에 조치를 취하여야 한다. 그러나 그 조치가 반드시 MDM일 필요는 없다.
㉢ 감시카메라 영상을 암호화 저장해야 하는 의무는 없다.

91 주민등록번호는 뒤 6자리를 마스킹 해야 한다.

92 가명정보는 유출 시 신고, 통지의무까지 면제로 하고 있으나 유출 시 추가정보를 통해 재식별이 가능하므로 공개하는 것을 금지하고 있다.

93 개인정보보호법에서는 10일 이내에 처리해야 한다.

94 시·도 교육청은 3급 이상 공무원을 개인정보보호책임자로 지정하여야 한다.

95 개인정보보호법 제32조(개인정보파일의 등록 및 공개)
1. 개인정보파일의 명칭
2. 개인정보파일의 운영 근거 및 목적
3. 개인정보파일에 기록되는 개인정보의 항목
4. 개인정보의 처리방법
5. 개인정보의 보유기간
6. 개인정보를 통상적 또는 반복적으로 제공하는 경우에는 그 제공받는 자
7. 그 밖에 대통령령으로 정하는 사항

96 ④ 모든 개인정보처리자는 악성프로그램 등을 방지·치료할 수 있는 보안 프로그램을 설치·운영하여야 한다.
⑤ 10만 명 이상의 정보주체에 관하여 개인정보를 처리하는 대기업, 중견기업, 공공기관과 100만 명 이상의 정보주체에 관하여 개인정보를 처리하는 중소기업, 단체는 개인정보를 안전하게 관리하는데 사용되는 안전한 암호키 관리 절차를 수립·시행하여야 한다.

97 ① 고정형 영상정보처리기기는 녹음 기능을 사용할 수 없다.
④ 이동형 영상정보처리기기인 블랙박스를 업무 목적이 아닌 사적인 용도로 촬영하는 경우로서 설치가능하다.

98 개인정보보호위원회가 고시하는 경우에 가능하다.

99 여권번호, 운전면허의 면허번호 및 외국인등록번호이다.

100 14세 미만 아동에 대해서는 개인정보 수집 시 법정대리인의 동의가 필요하다.

파이널 실전 모의고사 2회

1 **다음 중 ISMS-P 인증 관련 기관에 대한 설명으로 잘못된 것을 고르시오.**

① 정책기관은 ISMS-P 인증과 관련된 상위 수준의 법, 제도, 정책을 수립한다.
② 인터넷진흥원은 제도 운영, 인증서 발급, 심사원 양성 등의 업무를 담당한다.
③ 심사기관은 심사원을 모집하고 실제 신청기관인 기업에서 인증심사를 수행한다.
④ 심사위원회는 심사기관의 선정 및 취소를 담당한다.
⑤ 인증위원회는 인증심사 결과를 심의 및 의결한다.

2 **다음은 ISMS-P 인증심사를 앞둔 P 게임개발사의 내부 스터디이다. 강사의 발언 중 잘못된 것을 모두 고르시오. (2개)**

강사 : 안녕하세요. 오늘은 ISMS-P 인증심사의 개요에 대해 설명하겠습니다.

① ISMS-P 인증은 정보보호 관리체계 인증의 약자로 인터넷진흥원에서 해당기관의 정보보호 관리체계에 대한 안전성이 적합한지 심시하고 인증서를 부여하는 제도입니다.
② 인증을 처음 취득시에는 최초심사를, 이후 매년 갱신심사를 받습니다.
③ ISMS-P 인증의 정책을 수립하는 정책기관, 실제 심사를 수행하는 심사기관, 심사결과 적합여부 판단 후 인증서를 발급하는 인증기관, 그리고 저희처럼 심사를 받는 신청기관으로 나뉩니다.
④ 인증 신청자는 의무 대상자와 자율신청자로 나눌 수 있으며, 저희 회사는 정보통신서비스 부문 전년도 매출액에 500억이므로 의무 대상자에 속합니다.
⑤ 의무 대상자는 ISMS 인증과 ISMS-P 인증 중 하나를 골라서 받을 수 있으며, 미인증 시 매년 3000만원 이하의 과태료가 부과됩니다.

3 **다음 중 ISMS-P 인증심사에 대한 설명으로 잘못된 것을 고르시오.**

① 최초심사의 유효기간은 3년이다.
② 사후심사는 매년 1회 시행한다.
③ 사후심사는 인증위원회를 개최하지 않는다.
④ 갱신심사는 3년단위로 시행한다.
⑤ 인증범위 내 중요한 변경이 있을시 갱신심사를 신청해야 한다.

4 **다음 중 ISMS-P 인증 심사에 대한 설명으로 잘못된 것을 고르시오.**

① ISMS-P의 법적 근거는 개인정보보호위원회에서 고시한 정보보호 및 개인정보 관리체계 인증 등에 관한 고시이고, ISMS의 법적근거는 과학기술정보통신부에서 고시한 정보보호 관리체계 인증등에 관한 고시이다.
② 신청기관에서는ISMS-P 구축 후 최소 2개월 이상의 운영기간을 두고 심사를 신청해야 한다.
③ 인증심사 신청서는 인증심사 시작일로부터 최소 8주 전에 제출되어야 한다.
④ 인증심사 후 발생한 결함에 대해 최대 100일간의 보완조치 기간이 주어진다.
⑤ 인증 컨설팅을 받더라도 컨설팅 담당 업체는 인증심사과정에 참여할 수 없다.

5 **다음 중 ISMS 의무 대상자를 모두 고르시오. (2개)**

① 연간 매출액이 1천억원 이상인 상급 종합병원
② 매출 100억원 이상인 재판매 사업자 (VIDC)
③ 5만건 이상의 고유식별정보를 처리하는 정보통신서비스 제공자
④ 100만건 이상의 개인정보를 처리하는 공공기관
⑤ 코로케이션(Co-location)서비스 사업자

6 **다음은 접근통제에 대한 인터뷰를 수행하고 도출된 결함이다. 잘못된 것은 무엇인가?**

① A 시스템의 DBA가 DB서버에 접속 후 DB서버 내에서 SSH를 통해서 B시스템의 DB 서버로 접근이 가능하여 2.6.2 정보시스템 접근 결함으로 판단하였다.

② 장애대응을 위해 장애대응 전담 인원의 핸드폰에 업무용 앱을 설치하여 내부 시스템 제어를 할 수 있게 하였으나 백신 등 보안조치를 별도로 적용하지 않아 2.10.6 업무용 단말기기 결함으로 판단하였다.

③ D 제약사의 고객 관리 프로그램이 별도의 세션 타임아웃 시간이 없어 2.6.3 응용프로그램 접근 결함으로 판단하였다.

④ 접견실에서 방문자가 방문자용 유선 네트워크를 통해서 내부망 접속이 가능하여 2.6.1 네트워크 접근 결함으로 판단하였다.

⑤ DB서버가 DMZ 내에 WAS 서버와 같이 존재하여 2.6.4 데이터베이스 접근 결함으로 판단하였다.

7 **다음은 U사의 인적보안 관련 인터뷰 결과 도출된 결함이다. 잘못된 결함 판단은 무엇인가?**

① 정보보호 최고책임자가 팀장급으로 지정되어 있어 2.2.1 주요 직무자 지정 및 관리 결함으로 판단하였다.

② U사는 DevOps 도입으로 인하여 개발과 운영직무를 별도로 분리하지 않는 정책을 운영하고 있다. 그러나 피어리뷰 등의 보완통제가 별도로 이루어지고 있지 않아 2.2.2 직무 분리 결함으로 판단하였다.

③ 외주인력에게 징구한 보안서약서를 별도로 문서고 등에 보관하지 않고 담당자의 책상에 보관하고 있어 2.2.3 보안서약 결함으로 판단하였다.

④ 법규의 지속적인 변경에도 불구하고 5년 전 정보보호 교육 교재를 그대로 사용하고 있어 2.2.4 인식제고 및 교육훈련 결함으로 판단하였다.

⑤ 근로자의 퇴직정보가 타 부서에 공유되고 있지 않아 퇴직자의 계정으로 일부 시스템 로그인이 가능하여 2.2.5 퇴직 및 직무변경 관리 결함으로 판단하였다.

8 **다음 중 인증기준 2.1.1 정책의 유지관리 결함이 아닌 것은 무엇인가?**

① A사의 패스워드 사용 지침에는 영어 대문자, 소문자, 숫자, 특수문자 중 3가지 이상 사용 및 8자 이상으로 패스워드를 사용하도록 하고 있으나 서버 패스워드 설정 지침에서는 6자리의 패스워드를 사용하도록 하고 있다.
② B사는 올해 개인정보보호 정책을 개정하였으나, 별도로 임직원들에게 공유하지 않았다.
③ C사는 작년에 DB 접근통제 솔루션을 신규로 도입하였으나, 내부 보안지침서에 별도의 접근통제 관련 사항을 반영하지 않았다.
④ D사는 올해 1월에 개인정보보호 정책을 개정하였으나, 별도로 정책 시행 기준일을 명시하지 않았다.
⑤ E사는 올해 2월 변경된 개인정보보호법을 내부 개인정보보호 정책서에 반영하지 않았다.

9 **다음 사례에서 심사원이 판단할 수 있는 결함으로 가장 적절한 것을 고르시오.**

■ 심사원 : 안녕하십니까 오늘은 네트워크 보안장비에 대한 실사를 진행하도록 하겠습니다. 잘 부탁드립니다.
○ 담당자 : 잘 부탁드립니다.
■ 심사원 : 먼저 방화벽을 확인하도록 하겠습니다. 방화벽 로그인을 부탁드립니다.
○ 담당자 : 로그인 하였습니다.
■ 심사원 : 사용자 계정을 확인하려고 합니다. /etc/passwd 파일확인을 부탁드립니다.
○ 담당자 : 파일 내용은 다음과 같습니다.
■ 심사원 : sysop 계정은 무엇입니까?
○ 담당자 : 지금 로그인한 운영용 계정입니다.
■ 심사원 : 유지보수용 계정이 따로 안보이는 것 같은데 유지보수 시에는 어떤 계정을 사용합니까?
○ 담당자 : 동일한 sysop 계정을 사용합니다. 다수의 계정 사용 시 관리가 힘들기 때문입니다.
■ 심사원 : 여기에 대해서 별도로 승인을 받았습니까?
○ 담당자 : 따로 승인을 받고 있지 않습니다만, 상부에서는 알고 계신 사항으로 특별히 문제가 안되는 걸로 알고 있습니다.
■ 심사원 : 알겠습니다.

① 2.3.1 외부자 현황관리
② 2.3.3 외부자 보안 이행관리
③ 2.5.1 사용자 계정관리
④ 2.5.2 사용자 식별
⑤ 2.5.5 특수계정 및 권한관리

10 **다음 중 인증기준 2.4.7 업무환경 보안 결함이 아닌 것은 무엇인가?**

① 내부 규정에는 공유폴더 사용을 금지하고 있으나 실제 직원들은 업무용 PC에서 공유폴더를 설정하여 사용하고 있다.
② 직원들의 PC에 화면보호기 및 패스워드가 설정되어 있지 않다.
③ 개인정보 내부관리 계획서에는 주 1회 클린데스크 운영을 수행하도록 명시하고 있으나 이를 별도로 이행하지 않고 있다.
④ 회의실의 공용 PC에 대한 보호대책이 별도로 수립되어 있지 않아 보안업데이트가 수행되고 있지 않다.
⑤ 서비스 가입 신청서를 별도의 잠금장치가 없는 사무실 캐비닛에 보관하고 있다.

11 **다음 중 인증기준 2.1.2 조직의 유지관리 결함에 해당하지 않는 것은 무엇인가?**

① 직무기술서에 개인정보보호책임자의 역할과 책임을 정의하고 있으나 실제 개인정보보호책임자는 다른 업무를 하고 있음
② ISMS-P 운영현황에 대한 주기적 검토가 이루어지지 않아 개인정보처리시스템 IP 분석 등 주기적으로 수행되어야 하는 활동의 이행여부를 확인할 수 없음
③ 정보보호 최고책임자 및 관련 담당자의 활동을 주기적으로 평가할 수 있는 체계가 마련되어 있지 않음
④ 내부 지침에는 부서별 정보보호 담당자는 정보보호와 관련된 KPI를 설정하여 인사평가 시 반영하도록 되어 있으나, 부서별 정보보호 담당자의 KPI에 정보보호와 관련된 사항이 반영되어 있지 않음
⑤ 정보보호 최고책임자가 지정되어 있으나, 직무기술서에 정보보호 최고 책임자의 직무가 구체적으로 명시되어 있지 않음

12 **A사의 자산관리 지침서에는 모든 문서에는 보안등급이 표시되어야 한다고 명시되어 있다. 그러나 실제로 A사에서 생산하는 문서에는 보안등급이 별도로 표시되어 있지 않다. 이때 인증심사원이 판단할 수 있는 결함 사항으로 가장 적절한 것은 무엇인가?**

① 1.1.4 범위 설정
② 1.1.6 자원할당
③ 1.2.1 정보자산 식별
④ 2.1.1 정책의 유지관리
⑤ 2.1.3 정보자산 관리

13 **다음 사례 중 다른 보기와 결함 내용이 다른 것은 무엇인가?**

① 퇴사하는 임직원에 대해서 보안서약서를 별도로 징구하지 않음
② 개인정보취급자 목록에 작년도 퇴사자가 남아있음
③ 주요직무자 권한 부여시에는 보안팀의 승인을 거치도록 되어있으나, 보안팀 승인 없이 등록된 직무자가 존재함
④ 비밀정보관리자 명단에 DBA가 누락됨
⑤ 고객상담을 위해 개인정보를 취급하는 부서에 개인정보취급자 권한을 부여할 때, 해당 부서의 행정처리를 전담하는 서무 인원까지 개인정보취급자로 지정됨

14 **클라우드 컴퓨팅 기반 기술 중 가상화 기술이 있다. 다음 중 가상화 기술에 대한 설명으로 틀린 것을 모두 고르시오. (2개)**

① 서버 가상화는 하이퍼바이저 가상화 기술로 OS와 APP의 독립적 사용이 가능하다.
② 컨테이너 기술은 리눅스 커널 기능을 통해 다른 애플리케이션 프로세스별로 격리된 공간을 제공하는 기술이다.
③ 네트워크 가상화는 cgroup, namespace 기술을 사용한다.
④ 스토리지 가상화는 스토리지를 효율적으로 관리할 수 있으며, 구축 시 벤더 락인 현상이 없다.
⑤ 서버 가상화 기술의 사례로는 Xen, KVM 등이 있다.

15 **각 조직은 자기 조직의 위험에 대한 태도에 따라 서로 다른 처리 전략을 가질 수 있다. 각 조직은 위험 처리 전략을 개발하거나 적절히 변경하여 활용할 수 있다. 다음 중 위험처리 전략에 대한 설명 중 틀린 것을 모두 고르시오. (2개)**

① 위험 수용은 위험을 경영진이 결정한 수용 가능한 목표 위험 수준과 비교하여 목표위험 수준과 같거나 그 이하의 위험을 수용한다.

② 위험감소는 목표 위험수준보다 위험도가 높은 경우 위험을 목표 위험 수준까지 감소 시킬수 있는 대책이 있는지 알아본다. 이 경우 들어가는 비용과 감소되는 위험을 비교하여 구현비용을 감수할 가치가 있는지를 평가한다.

③ 위험 회피는 위험을 목표 수준까지 감소시킬 수 있는 대책이 기술적으로 존재하지 않거나 대책이 존재하더라도 구현 및 유지 비용이 감소되는 위험의 규모 이상이라고 판단되면 쓸 수 있는 방법이다. 예를 들어 위험에 대응하기 위해 보험 상품이 있는지 알아본다.

④ 위험을 발생시키는 업무를 포기하거나, 네트워크 연결을 차단하거나, 물리적으로 철수하는 등의 방법도 위험처리전략 중 하나에 해당한다.

⑤ 위험 회피의 예시로는 "유지보수 등 협력업체, 개인정보 처리 수탁자 중 당사에서 직접 관리, 감독할 수 없는 PG사, 본인확인기관 등과 같은 대형 수탁자에 대하여는 해당 수탁자가 법령에 의한 정부 감독을 받거나 정부로부터 보안인증을 획득한 경우에는 개인정보보호법에 따른 문서체결 이외의 별도 관리감독은 생략할 수 있다."가 해당한다.

16 **다음은 W사의 시스템 및 서비스 보안관리에 대한 인터뷰 결과 도출된 결함이다. 잘못된 것은 무엇인가?**

① 법규를 준수하기 위해 주기적으로 금융감독원에 정보주체의 개인정보를 전송하면서 법적근거에 대한 현황관리를 하지 않아 2.10.5 정보전송 보안 결함으로 판단하였다.

② 개인의 노트북을 업무용 목적으로 이용할 수 있도록 허용하고 있어 2.10.6 업무용 단말기기 보안 결함으로 판단하였다.

③ 서버실 내에서는 보안 USB만 사용하도록 정책을 수립하였으나 실제 담당자들이 개인 USB로 내부망 내 시스템에 대한 보안 패치를 수행하고 있어 2.10.7 보조 저장매체 관리 결함으로 판단하였다.

④ IPS에서 openssl을 사용하여 ssh통신을 수행하고 있으나, 이를 별도로 관리하지 않아 취약한 openssl 버전을 사용하고 있어 2.10.8 패치관리 결함으로 판단하였다.

⑤ 정책에 모든 서버에 백신프로그램을 설치하여 운영하도록 되어있으나, 리눅스 서버에는 별도로 백신이 설치되어 있지 않아 2.10.9 악성코드 통제 결함으로 판단하였다.

17 **다음 중 인증기준 3.1.4 민감정보 및 고유식별정보의 처리 제한 결함이 아닌 것은 무엇인가?**

① A 통신사는 장애인에 대한 요금감면 등 혜택 부여를 위해 장애여부 등 건강에 관한 민감정보를 수집하면서 다른 개인정보 항목에 포함하여 일괄 동의를 받고 있다.

② B 통신사는 회원가입 시 외국인에 한해 외국인등록번호를 수집하면서 다른 개인정보 항목에 포함하여 일괄 동의를 받고 있다.

③ C 자동차 보험사는 항공권 발권 시 고객의 전화번호 및 주소 등 일반 개인정보에 대해 하나의 동의를 받고, 병력과 운전면허번호에 대해 민감정보 및 고유식별정보 항목으로 하나의 동의를 받고 있다. (단, 이 정보는 모두 필수 정보이다.)

④ D 여행사는 민감정보 수집에 대한 별도 동의를 받을 시 동의 거부 권리 및 동의 거부에 따른 불이익 사항을 고지하지 않았다.

⑤ E 경찰서는 업무수행을 위하여 정보주체의 유전자 정보를 별도의 동의 없이 수집하였다.

18 **다음은 A전자의 침해사고 대응실태를 인터뷰 후 도출한 결함내역이다. 잘못된 것을 모두 고르시오. (2개)**

① 보안관제업체와의 계약서에 침해사고 대응체계와 관련된 내용이 누락되어 2.11.1 사고 예방 및 대응체계 구축 결함으로 판단하였다.

② 보안관제업체의 침해시도 대응 모니터링 보고서를 별도로 점검하지 않아 2.11.2 취약점 점검 및 조치 결함으로 판단하였다.

③ 서버 및 보안시스템에 대한 침해사고를 인지할 수 있는 절차가 없어 2.11.3 이상행위 분석 및 모니터링 결함으로 판단하였다.

④ 침해사고 모의훈련을 수행하였으나 별도의 계획서 및 보고서를 작성하지 않아 2.11.4 사고대응 훈련 및 개선 결함으로 판단하였다.

⑤ 상반기 중 침해사고 대응훈련을 계획하였으나 상반기 내 수행하지 않아 2.11.5 사고대응 및 복구 결함으로 판단하였다.

19 **다음 중 인증기준 3.4.2 처리목적 달성 후 보유 시 조치 결함인 것은 무엇인가?**

① H구 보건소는 건강증진 프로그램에 가입한 구민들의 개인정보를 별도로 파기하지 않았다.

② 전자상거래법은 소비자 불만 및 분쟁처리에 관한 기록을 3년간 보존하도록 하고 있으나 A 쇼핑몰은 가입시 별도 동의를 받아 탈퇴 회원에 대한 불만 및 분쟁처리기록을 5년간 보존하고 있다.

③ D여행사는 콜센터에서 수집되는 민원처리 관련 개인정보를 전자상거래법을 근거로 3년간 보존하고 있으나, 3년이 경과한 후에도 파기하지 않고 보관하고 있다.

④ O 구청은 개인정보를 파기할 때 개인정보보호팀장의 승인을 받고 증적을 남기고 있으나 별도의 파기업체를 이용하지 않고 소각로에서 개인정보 파일을 소각처리 하고 있다.

⑤ J 신문사는 퇴사자가 향후 본인 경력정보를 요구할 것을 대비해서 모든 개인정보를 분리보관하여 저장하고 있다.

20 **XX시청은 시민들의 불편사항을 접수하는 함께해요 XX시 홈페이지를 개설했다. 그러나 홈페이지 설계 시 담당자가 홈페이지 설계에 보안과 관련된 내용을 전혀 반영하지 않았다. 다행히 침해사고가 발생하기 전 ISMS-P 인증심사를 통해 인증심사원이 이 내용을 확인하고 적절한 결함을 주었다. 이때 인증심사원이 판단한 결함으로 가장 옳은 것은 무엇인가?**

① 1.1.6 자원 할당

② 1.4.1 법적 요구사항 준수

③ 2.2.4 인식제고 및 교육훈련

④ 2.8.1 보안 요구사항 정의

⑤ 2.8.2 보안 요구사항 검토 및 시험

21 다음 중 다른 보기와 결함 사항이 다른 것을 고르시오.

① 내부 규정에는 특수권한자 목록을 관리하도록 되어 있으나 이를 작성 관리하고 있지 않음
② 정보시스템의 유지보수를 위하여 분기1회에 방문하는 유지보수용 특수 계정이 사용기간 제한이 없이 상시로 활성화되어 있음
③ 관리자 권한의 사용 여부를 정기적으로 검토하지 않아 일부 관리자 권한자의 업무가 변경되었음에도 불구하고 기존 관리자 권한을 계속 보유하고 있음
④ 다수의 개발자가 Admin 권한을 공유하여 사용하고 있음
⑤ 개인정보처리시스템의 관리자 권한 부여 등의 승인 이력이 시스템이나 문서상으로 확인이 되지 않음

22 다음 중 인증기준 3.4.2 처리목적 달성 후 보유조치 결함인 것을 모두 고르시오. (2개)

① 회원탈퇴 고객에 대해 주1회 Batch를 통해 개인정보 삭제 시
② 회원탈퇴 고객의 거래 정보 보관 시 DB의 탈퇴여부 컬럼에 Y 표시 후 해당 컬럼으로 접근제어 수행
③ 업무적으로 10년, 법적으로 5년간 보관이 필요한 개인정보를 고객 동의 후 10년간 보관함
④ 법적 요구사항에 따라 개인정보를 5년간 보관 후 파기하였으나, 탐색기에서 파일 삭제로 개인정보 파기를 수행함
⑤ 회원 탈퇴 고객의 거래 정보를 해지 DB에 보관하며 매년1회 재가입을 요청하는 메일을 전송

23 다음 중 인증기준 2.5.6 접근권한 검토 결함이 아닌 것을 모두 고르시오. (2개)

① 내부 지침에 장기 미사용자 계정은 삭제 조치하도록 되어있으나 6개월 이상 미접속한 사용자의 계정이 활성화되어 있음
② 퇴직자의 계정이 활성화 되어있어 퇴직자의 계정으로 개인정보처리시스템에 로그인이 가능함
③ 접근권한 검토 시 접근권한의 과다 부여 의심사례가 발견되었으나 이에 대한 후속조치가 수행되지 않음
④ 접근권한 검토와 관련된 방법, 점검주기, 보고체계, 오·남용 기준 등이 관련 지침에 구체적으로 정의되어 있지 않아 접근권한 검토가 정기적으로 수행되지 않음
⑤ 사용자 계정에 대한 접근권한 부여 시 별도의 처리 절차가 없음

24 **다음 중 인터넷망 차단 조치에 대한 설명으로 옳은 것을 모두 고르시오. (2개)**

① 개인정보처리시스템을 클라우딩컴퓨팅서비스를 이용하여 구성·운영하는 경우에는 인터넷망 차단 조치가 불가하므로 인터넷망 차단을 위한 별도의 조치를 하지 않아도 된다.

② 전년도 말 기준 직전 3개월간 그 개인정보가 저장·관리되고 있는 이용자 수가 일일평균 100만명 이상인 개인정보처리자는 인터넷망 차단 조치 의무 대상 사업자이다.

③ 안전한 인터넷망 차단조치는 물리적 방식으로 만 인터넷망 차단 조치를 적용하는 것을 말한다.

④ 인터넷망 차단 조치 대상 사업자 중 개인정보를 다운로드 또는 파기할 수 있으면 인터넷 망 차단 조치 의무 대상자에 해당한다.

⑤ 인터넷망 차단 조치 대상 사업자 중 개인정보 조회가 가능한 자는 인터넷망 차단 조치 의무 대상자에 해당한다.

25 **다음은 K 전자의 ISMS 인증심사 현장이다. 심사원과 담당자의 대화에서 잘못된 발언을 고르시오.**

심사원 : 안녕하세요 지금부터 서버실 현장실사를 시작하겠습니다. 서버실 보안에 대해 설명 부탁드립니다.

① 담당자 : 네 가장 먼저 서버실 입구에는 서버실 표지를 설치하여 위치와 보안등급을 확인할 수 있게 하였습니다. 그리고 출입통제 단말을 설치, 권한이 없는 사람의 출입을 통제하고 있습니다.

심사원 : 출입권한 및 장비 반출입 절차에 대한 설명을 부탁드립니다.

② 담당자 : 출입권한은 사내 시스템을 통해서 신청하면 해당부서 팀장님 1차 승인 후 보안팀 팀장님의 2차 승인을 거쳐 부여됩니다. 권한은 서버실 1개월 미출입 시 삭제됩니다.

③ 담당자 : 장비 반출입은 사내 시스템을 통해 작업신청 후 이루어집니다. 장비 반출입은 해당부서 팀장님 승인만으로 되지만 출입권한이 부여되는 것은 아니기 때문에 반출입 인원은 출입대장 기록 후 출입권한이 있는 직원과 동행해야 합니다.

심사원 : 감사합니다. 서버실 내 보호장치에 대한 설명을 부탁드립니다.

④ 담당자 : 물리적 보호설비로는 항온항습기, UPS, 스프링클러, CCTV, 누수 감지기가 있습니다. 전원은 이중전원을 사용하여 어댑터의 고장에 대비하고 있습니다.

⑤ 담당자 : 클라우드에서 운영되는 서비스의 경우 CSP와의 계약서에 물리보안에 대한 내용과 책임소재를 기재하였습니다.

26 **정보보호 관리체계 운영을 위해서는 조직 또는 서비스의 특성에 따라 다양한 측면에서 발생할 수 있는 위험을 식별하고 평가하여야 한다. 1.2.3 위험 평가 수행과 관련한 다음 설명 중 틀린 것을 모두 고르시오. (2개)**

① 위험평가 방법론은 조직의 특성에 맞게 자체적으로 정하여 적용할 수 있으나, 위험평가의 과정은 합리적이어야 하고 위험평가 결과는 실질적인 위험의 심각성을 대변할 수 있어야 한다.

② 위험 평가는 최소 연 1회 이상 정기적으로 이루어져야 한다.

③ 위험 평가 수행은 위험관리 전문가, 정보보호·개인정보보호 전문가, 법률 전문가, IT 실무 책임자, 현업부서 실무 책임자, 외부 전문컨설턴트가 참여해야 한다.

④ 수용가능한 목표위험수준(DoA)은 CISO, CPO 등 경영진의 의사결정을 통해 결정하여야 한다.

⑤ 경영진이 정확하게 의사결정할 수 있도록 IT(정보기술), 법률적인 전문 용어를 사용하여 보고서를 작성하여야 한다.

27 **다음은 (주) 가나다의 ISMS-P 인증심사 중 서버실 실사에서 발생한 일이다. 다음 대화를 보고 심사원이 판단할 수 있는 결함으로 가장 적절한 것을 고르시오.**

(심사원과 보안담당자가 서버실을 실사하던 중 서버실 구석에서 핸드폰을 하고 있는 엔지니어를 발견했다.)
■ 보안담당자 : 잠깐만요. 여기서 뭐하시는 중이십니까?
○ 엔지니어 : 아 저는 서버 접근제어 솔루션 유지보수 엔지니어입니다.
■ 보안담당자 : 여기는 핸드폰 사용 금지구역입니다. 핸드폰은 서버실 입구 보관함에 두고 오셔야 합니다. 그리고, 서버실 작업은 인솔자와 함께 하시는 것이 원칙인데 인솔자는 어디 있습니까?
○ 엔지니어 : 어…. 인솔자분은 저를 출입시키고 일하러 가셨습니다. 작업이 끝나면 전화를 드립니다. 지금까지 유지보수는 항상 이렇게 진행했습니다.
(서버 접근제어 솔루션 담당자를 서버실로 호출하여 상황에 대한 설명을 듣기로 하였다.)
△ 솔루션 담당자 : 서버실 출입은 명부만 작성하고 출입하면 되는 것이 아닌가요?
■ 보안담당자 : 아닙니다. 명부를 작성하고 핸드폰을 맡기고, 인솔자와 엔지니어가 함께 작업을 해야 합니다.
△ 솔루션 담당자 : 네? 거기에 대한 내용은 전혀 들은 적이 없습니다.
■ 보안담당자 : 서버실 작업 절차는 보안구역 출입절차서를 참고하시면 됩니다.
△ 솔루션 담당자 : 처음 들어보는 문서입니다. 어디서 확인이 가능한가요?
■ 보안담당자 : 내부 포털에는 없습니다. 제가 메일로 보내드리겠습니다.

① 1.1.5 정책 수립
② 2.1.1 정책의 유지관리
③ 2.4.2 출입통제
④ 2.4.5 보호구역 내 작업
⑤ 2.4.6 반출입기기 통제

28 **다음 중 주민등록번호를 이용할 수 없는 사례를 고르시오.**

① 수사기관이 전기통신사업법에 의한 통신자료 요청 시 전기통신 사업자가 주민등록번호 제출

② 금융실명거래 및 비밀보장에 관한 법률에 따라 금융회사가 금융거래 시 거래자의 실명, 주민등록번호로 실제 명의 확인

③ 고용보험법에 따라 직업능력개발 훈련비용 청구를 위한 지원서 작성 시 훈련생의 주민번호 기재 및 훈련기관의 주민번호 처리

④ 부가가치세법에 따라 사업자 등록번호가 있는 일반 사업자가 세금계산서에 사업자의 주소, 성명, 주민번호 기재

⑤ 전자금융 거래법에 따라 금융기관이 전자화폐를 사용하고자 할 경우 주민번호를 실제 명의와 연결하여 관리

29 **다음은 K사의 외부자 보안실태 점검 결과이다. 결함판단이 잘못된 것을 모두 고르시오. (2개)**

① K사는 최근 관리체계 범위 내 일부 개인정보처리시스템을 외부 클라우드 서비스로 이전하였으나 이에 대한 식별 및 위험평가가 수행되지 않아 2.3.1 외부자 현황 관리 결함으로 판단하였다.

② O사는 K사의 시스템 개발을 담당하고 있다. 점검결과 O사의 인원이 교체될 때 별도의 보안서약서를 징구하지 않아 2.3.3 외부자 보안 이행관리 결함으로 판단하였다.

③ O사의 인원에 대해 K사는 별도로 보안교육을 실시하지 않아 2.3.3 외부자 보안 이행관리 결함으로 판단하였다.

④ O사와의 계약서에 보안요구사항이 별도로 식별되지 않아 2.3.2 외부자 계약 시 보안 결함으로 판단하였다.

⑤ P사는 K사의 개인정보 관리 시스템을 위탁운영하고 있으나, 별도의 위탁계약서를 작성하지 않아 2.3.1 외부자 현황 관리 결함으로 판단하였다.

30 **다음은 C사의 ISMS-P 인증심사 중 인증심사원과 인증대상업체 담당자 간의 대화이다. 대화내역에서 도출 가능한 결함 내역으로 가장 적절한 것은 무엇인가?**

> ■ 심사원 : 작년도 결함에 웹서버 접근제어 미비가 있는데 올해도 해당 내역이 조치되지 않았습니다. 이 부분에 대해서 조치가 필요합니다.
> ○ 담당자 : 위험분석 결과 해당 위협에 대해 접근제어 솔루션을 도입하기로 하였고 이에 대해 CEO보고 및 승인을 받았습니다. 그러나 실무진 선에서 아직 세부 계획을 수립 중입니다.
> ■ 심사원 : 진행상황에 대한 보고일정은 언제 입니까?
> ○ 담당자 : 아직 없습니다. 접근제어 솔루션 도입이 완료되면 완료보고를 하려고 합니다.

① 1.2.3 위험 평가
② 1.2.4 보호대책 선정
③ 1.3.1 보호대책 구현
④ 1.3.2 보호대책 공유
⑤ 2.6.1 네트워크 접근

31 **정보시스템 관리, 개인정보 및 중요정보 관리 등 특수목적을 위한 계정 및 권한 유형을 정의하고, 관리자 등 특수권한은 최소한의 인원에게만 부여될 수 있도록 공식적인 권한 신청 및 승인 절차를 수립·이행하여야 한다. 계정 관리 지침에 대한 설명 중 적절하지 않은 것을 모두 고르시오. (2개)**

① 관리자 계정(Administrator Account)과 관리자 그룹(Administrators Group)은 접근 권한의 제한이 없으므로 특별히 주의하여 설정되어야 한다.
② 모든 운영자용 계정은 관리 작업용, 일반 작업용과 구분하여 분리하지 말고, 통합하여 사용한다.
③ 기존 시스템에 새로운 운영자가 선임되었다면 시스템 운용자는 즉시 운영자 계정명과 패스워드를 변경하여야 한다.
④ 모든 운영자 계정으로의 실패한 로그인 시도보다 더욱 중요한 것은 성공한 로그온 시도로 이는 반드시 기록되어야 한다.
⑤ 사용자 그룹 중 특별한 권한을 갖는 그룹은 그룹의 member를 검토하여 불필요한 사용자 계정은 삭제한다.

32 다음은 ISMS-P 인증심사원과 정보통신서비스 제공자인 인증대상업체 담당자 간의 대화이다. 대화내역에서 도출 가능한 결함 내역으로 가장 적절한 것은 무엇인가?

■ 심사원 : 개인정보 처리 시스템 접근제어는 어떻게 이루어지고 있습니까?
○ 담당자 : 서버 접속은 접근제어 프로그램을 통해서 이루어집니다. 접근제어 프로그램은 사용자 별로 계정이 있으나. 접근제어 프로그램을 거쳐서 들어가는 서버는 계정을 공용으로 사용합니다. 사용자 별 이용내역은 접근제어 프로그램이 기록합니다.
■ 심사원 : 접근제어 프로그램 로그인을 부탁합니다.
○ 담당자 : (apple을 입력)
■ 심사원 : 패스워드가 한가지의 문자로 구성되어 있나요?
○ 담당자 : 그렇습니다. 2023년도에 법이 개정되면서 패스워드에 대한 기준이 사라지면서, 내부 정책에서도 관련 조항이 삭제되어 이용자 별로 관리가 용이한 형태로 패스워드를 정하고 있습니다.

① 1.4.1 법적 요구사항 준수 검토
② 2.5.1 사용자 계정 관리
③ 2.5.2 사용자 식별
④ 2.5.3 사용자 인증
⑤ 2.5.4 비밀번호 관리

33 다음 중 인증기준 2.7.1 암호정책 결함 사항이 아닌 것을 고르시오.

① 정보주체의 개인정보를 처리하는 개인정보처리자가 위험도 분석 결과에 따라 DMZ구간에서 여권번호를 저장 시 암호화하지 않았다.
② 암호정책내에 암호키 관리 절차가 누락되어 있어 담당자별로 암호키 관리 방법이 상이하였다.
③ 정보주체의 비밀번호 암호화 시에 MD5를 사용하였다.
④ 내부 정책에 법적 요구사항을 고려한 암호화 대상 및 강도 등이 명시되어 있지 않았다.
⑤ 로그인 및 회원가입 페이지에는 SSL 통신을 적용하였으나, 회원정보 변경 페이지에는 HTTP 통신을 사용함

34 **R 사는 이용자의 메신저 대화를 분석해 주는 APP을 출시하여 다수의 대화로그를 수집하였다. 그러나 R사는 이 데이터를 이용자의 별도 동의 없이 자사의 다른 APP 개발에 사용하였다. 보기에서 이 사례와 동일한 결함을 모두 고르시오. (2개)**

① E 중고거래 앱은 필수항목과 선택항목을 구분하지 않고, 앱 이용에 불필요한 권한도 동의하여야만 앱을 이용할 수 있게 구현하였다.

② O은행의 은행원 J대리는 자신의 은행에서 저신용으로 인하여 대출을 거절당한 사람들의 연락처를 제2금융권에 제공, 대출광고를 전송하였다.

③ K카메라 필터 앱은 사용자가 촬영/선택 사진에 필터를 입히고 이를 사용자의 연락처에 공유하는 앱으로 설치 시 카메라/ 주소록/ 데이터에 대한 접근을 요구한다.

④ L택배사는 홈쇼핑사로부터 제품 배송을 위해 제공받은 개인정보를 자사의 택배회원 가입에 사용하였다.

⑤ M게임사는 가명처리된 이용자의 로그를 가공하여 재식별하여 이용자별 게임 패턴 파악에 활용하였다.

35 **다음 중 결함사항이 아닌 것은 무엇인가?**

① 관리자 승인을 받고 실제 운영 데이터를 테스트 데이터로 가져와서 사용 후 파기하지 않았다.

② 테스트 데이터 생성기준 및 절차가 별도로 존재하지 않았다.

③ 임의 가공한 테스트 데이터에 대해 별도의 보안조치를 수행하지 않았다.

④ DevOps 환경에서 개발자가 임의로 운영 데이터를 테스트 데이터로 사용하였다.

⑤ 관리자 승인 후 실제 운영데이터를 테스트 데이터로 사용했으나 별도의 보안조치를 수행하지 않았다.

36 **다음 중 인증기준 2.10.8 패치관리 결함인 것을 고르시오.**

① 생산망 시스템이 최신 윈도우를 사용하지 않아 정보보안팀 승인 하에 보완계획을 수립 후 윈도우 XP를 사용하고 있으며 망을 별도로 분리하여 운영하고 있다.

② 보안장비의 경우 반드시 보안 USB를 통해서 매일 점심시간에 업데이트를 수행하도록 하고 있다.

③ 망분리 된 서버들에 대해서는 별도의 패치 관리 절차가 존재하지 않는다.

④ IPS 장비의 최신 시그니쳐 업데이트가 지연되고 있으나, 지속 발표되는 패턴에 대해 수동으로 입력하고 있다.

⑤ 인증범위 내 일부 자산이 패치관리 목록 및 자산목록에서 누락되어 취약한 OS를 사용하고 있다.

37 **다음 중 다른 항목과 결함 내역이 다른 하나는 무엇인가?**

① IT 재해복구 절차서 내에 비상연락체계가 누락되어 유지보수인력이 제때 연락을 받지 못했다.

② IT 재해복구 지침서에 복구 목표시점이 없어 매번 다른 시점으로 복구가 된다.

③ IT 재해복구 정책에 백업센터를 활용한 재해복구절차가 없어 재해복구 시험이 효과적으로 진행되고 있지 않다.

④ 복구 목표시간이 과도하게 짧게 설정되어 복구 효과성을 보장할 수 없다.

⑤ 재해 복구 훈련을 수행하였으나 별도로 결과보고서나 계획서를 작성하지 않았다.

38 **다음 중 2.5(인증 및 권한관리)분야에 대한 심사원의 확인사항으로 가장 적절하지 않은 것을 고르시오.**

① 2.5.5 특수 계정 및 권한관리 – 정보시스템 관리, 개인정보 및 중요정보 관리 등 특수목적을 위한 계정 및 권한 유형을 정의하고 Root, Administrator, admin, sys, system, sa 등 최상위 권한에 대한 통제절차가 있는지 확인

② 2.5.2 사용자 식별 – 불가피한 사유로 계정을 공유하는 경우 그 사유와 타당성을 검토하고 보완대책을 마련하여 책임자의 승인을 받고 있는지 확인

③ 2.5.1 사용자 계정 관리 – 수립한 사용자 계정 및 권한 부여 절차에 따라 실제 사용자 계정 및 권한을 관리하는지 확인

④ 2.5.4 비밀번호 관리 – 이용자가 이용하는 웹 서비스에 대한 안전한 비밀번호 작성규칙을 수립하고 적용하고 있는지 확인

⑤ 2.5.6 접근권한 검토 – 퇴사자 또는 직무 변경자에 대한 인사변동 사항이 정보시스템에 반영하는 절차가 존재하는지 확인하고, 적절히 반영되고 있는지 확인

39 **(주) 가나다는 대민업무 대응을 위하여 클라우드 도입을 했으나, 클라우드에 대한 보안성 검토를 거치지 않아 SLA에 물리보안에 대한 내용이 누락되었다. 심사원이 확인한 결과, (주) 가나다의 보안담당자가 퇴사하여 신규 보안담당자 채용을 건의하였으나, 경영진에서 예산부족을 이유로 신규 보안담당자 채용을 미루어 장기간 공석으로 보안담당자가 공석이었고, 이 때 클라우드 계약이 이루어진 것이 원인이었다. 이 상황을 확인한 심사원이 판단한 결함으로 가장 적절한 것은 무엇인가?**

① 1.1.1 경영진의 참여
② 1.1.6 자원할당
③ 2.1.2 조직의 유지관리
④ 2.3.2 외부자 계약 시 보안
⑤ 2.10.2 클라우드 보안

40 **다음은 ISMS-P 인증심사원과 인증대상업체 담당자 간의 대화이다. 대화내역에서 도출 가능한 결함 내역으로 가장 적절한 것은 무엇인가?**

■ 심사원 : K사는 DevOps 개념을 도입했다고 하셨습니다. 간략한 설명을 부탁합니다.
○ 담당자 : 저희 회사는 개발과 운영의 경계가 모호합니다. 이는 개발의 신속성을 위해 설립 당시부터 실행해온 내용으로 모든 개발자가 개발과 운영업무를 동시에 수행하고 있습니다.
■ 심사원 : 보안통제는 어떻게 되고 있습니까?
○ 담당자 : 핵심 업무의 경우 공모를 막기 위해 반드시 두 명 이상의 담당자가 작업을 수행해야 합니다. 또한 모든 작업은 육하원칙에 의거한 기록을 남기고 개발팀장님이 매달 모니터링합니다. 마지막으로 주기적인 피어리뷰를 통해서 동료의 작업을 모니터링 합니다.
■ 심사원 : 운영 이관 과정은 어떻게 됩니까?
○담당자 : 먼저 개발이 완료되면 2명의 피어리뷰를 받습니다. 피어리뷰가 완료되면 매니저가 변경내역을 확인, 소스코드를 운영 서버로 전송, 컴파일 합니다. 마지막으로 일 batch 작업을 통해 야간에 새로운 실행파일이 적용됩니다. 만약 제대로 변경이 되지 않았을 경우 백업된 이전 버전 파일을 통해 즉시 복구됩니다.
■ 심사원 알겠습니다. 형상관리는 어떻게 수행합니까?
○ 담당자 : SVN을 이용합니다. 아까 설명을 놓쳤는데 피어리뷰 후 매니저가 승인하면 그때 Commit을 수행합니다. 또한 SVN 역시 매일 밤 증분백업을 실시합니다. SVN에 대한 접근권한은 개발자들이 모두 갖고 있지만 SVN 관리자 권한은 SVN 담당자만 갖고있습니다.
■ 심사원 : 감사합니다. 단위테스트 및 통합테스트는 어떻게 수행합니까?
○ 담당자 : 타사와 연동되는 서비스이기 때문에 단위 테스트를 위해서는 실제 운영데이터와 동일한 데이터를 사용해야만 합니다. 매번 테스트 데이터 필요 시 개발팀장님의 승인을 받아서 운영 DB에서 개발 DB로 테스트 데이터를 복사합니다. 그리고 테스트 종료 시 테이블을 모두 Drop합니다.
■ 심사원 : 확인했습니다. 감사합니다.

① 2.8.3 시험과 운영 환경 분리
② 2.8.4 시험 데이터 보안
③ 2.8.5 소스 프로그램 관리
④ 2.8.6 운영환경 이관
⑤ 결함이 없다.

41 **다음은 네트워크 보안장비에 대한 설명을 기재한 표이다. 다음 표에서 잘못된 것을 모두 고르시오. (2개)**

이름	탐지기반	방어 가능한 공격	장점	단점
방화벽	IP 및 포트	차단 설정한 포트에 대한 모든 트래픽 차단	성능이 좋고 가장 기본적인 방어를 제공	① Inbound 트래픽에 대한 Outbound 정책을 따로 설정해야 함
IPS	② 패킷 내 콘텐츠	악성코드가 존재하는 트래픽	패킷 컨텐츠 분석으로 세밀한 방어 제공	③ 주기적인 탐지 룰 업데이트가 필요함
Anti-DDoS	패킷량 (임계치)	DoS, DDoS 공격	④ DDoS 공격 시 통신 차단으로 내부 시스템 보호	임계치 이하의 트래픽은 대응 불가능
웹방화벽	패킷 내 콘텐츠	⑤ XSS, SQL Injection, 웹쉘 업로드	웹서비스 대상 공격에 대한 세밀한 방어를 제공	웹서비스 대상 공격 이외의 공격은 방어 불가
UTM	복합적	위 공격을 통합 방어 가능	하나의 장비로 다수의 기능을 제공	다수의 기능 사용 시 성능 저하

42 **다음 중 리눅스 주요 시스템 로그에 대한 설명으로 잘못된 것은 무엇인가?**

① 사용자가 입력한 명령어는 ~/.bash_history에 기록된다.
② 사용자의 마지막 로그인 정보는 /var/log/btmp에 기록된다.
③ 부팅로그 정보를 확인하고 싶다면 dmesg를 입력하면 된다.
④ 사용자의 로그인, 아웃 리부팅 정보는/var/log/wtmp에 기록된다.
⑤ 현재 로그인 한 사용자를 확인하고 싶다면 w, who 명령어를 입력하면 된다.

43 **다음 보안장비 사용 사례 중 잘못된 것을 고르시오.**

① 소형 사무실에 UTM을 설치, 다수의 보안장비를 대체하였다.
② 방화벽을 이용해 외부에서 유입되는 Telnet 패킷을 차단하였다.
③ WIPS를 이용해 Rogue AP를 차단하였다.
④ 웹방화벽을 이용해 악성 호스트가 지속적으로 대량의 트래픽을 전송하며 내부 네트워크로 접속시도를 하는 것을 차단하였다.
⑤ Anti DDoS를 이용해 Port Scan을 차단하였다.

44 보기와 같은 방화벽 정책이 적용되어 있을 때, 다음 보기 중 옳지 않은 것을 모두 고르시오. (2개)

〈방화벽 정책〉

A rule : 10.10.12.0/24 → 168.8.21.0/24 허용
B Rule : 15.10.12.0/24 → 168.30.22.0/24 거부
C Rule : 192.20.0.0/16 → 168.15.0.0/16 허용
D Rule : any → any 거부

① 출발지 10.10.12.24로 부터 도착지 168.8.21.15로 가는 패킷은 B 정책에 의해 거부된다.
② 출발지 15.10.12.2로 부터 도착지 168.30.22.11로 가는 패킷은 B 정책에 의해 거부된다.
③ 출발지 15.10.22.2로 부터 도착지 168.15.0.4로 가는 패킷은 C 정책에 의해 허용된다.
④ 출발지 192.20.5.11로 부터 도착지 162.15.43.7로 가는 패킷은 C 정책에 의해 허용된다.
⑤ A, B, C 정책에 포함되지 않는 다른 모든 전송은 D 정책에 의해 차단된다.

45 다음 중 Snort에 대한 설명으로 잘못된 것은 무엇인가?

① Snort의 룰은 헤더부와 옵션부로 나뉜다.
② 최초 도입 후 IPS로 운영 시 Inline 모드로 운영 후 TAP 모드로 전환하는 것이 좋다.
③ 운영자가 리눅스 및 IPS에 대해 어느정도 지식이 있어야 효율적인 운영이 필요하다.
④ sdrop 모드에서는 패킷을 차단하지만 로그를 남기지 않는다.
⑤ content로 지정한 내용을 탐지하고 msg로 지정한 이름으로 alert 로그를 남긴다.

46 다음 중 데이터보안 솔루션에 대한 설명으로 잘못된 것은 무엇인가?

① 워터마크는 데이터 복제 자체를 막을 수는 없다.
② DRM은 인증서버가 필수적이다.
③ MDM은 출입통제 혹은 GPS 등과 연동되어야 정상적으로 사용 가능하다.
④ 핑거프린팅은 권한이 없는 자의 열람을 막을 수는 없다.
⑤ MDM은 촬영 자체를 막을 수는 없다.

47 **다음 기사에서 설명하는 악성 프로그램의 명칭을 고르시오.**

> 신문기사
>
> 최근 P화학의 사무실에 외부인이 침입하여 노트북을 절취한 사고가 발생하였다. 경찰수사 결과 범인은 P화학의 사무실에 설치된 출입통제 단말기의 제조사 Q Security의 전 단말기 연구원으로, 해당 출입통제 단말기는 특정 순서로 버튼을 조작하면 출입문이 열리도록 설계되어 있었다. 범인은 Q Security에서 해고당한 후 생활고로 자신이 알고 있는 단말기의 숨겨진 기능을 이용해 Q Security의 단말기가 설치된 기업에서 이와 같은 범행을 벌인 것으로 밝혀졌다. Q Security는 즉시 해당 기능을 제거한 펌웨어를 긴급 배포하였다.

① 트로이 목마
② 백도어
③ 스파이웨어
④ 루트킷
⑤ 그레이웨어

48 **다음 중 보안 위협에 대한 설명 중 틀린 것을 고르시오.**

① 분산 반사 서비스 거부 공격(DRDoS : Distributed Reflection DoS)은 DDoS의 에이전트 설치의 어려움을 보완한 공격으로 TCP프로토콜, 라우팅 테이블 운영상의 취약성을 이용한 공격으로 공격자의 주소를 위장하는 IP Spoofing을 적극적으로 이용하며 반사체(Reflector)를 이용하여 공격을 수행하는 기법이다.

② 봇넷을 이용한 공격은 봇에 의해 감염된 다수의 컴퓨터가 좀비와 같이 C&C 서버를 통해 전송되는 봇 마스터의 명령에 의해 공격이 이루어지므로 공격자 즉 공격의 진원지를 추적하는데 어려움이 있다.

③ Smurf 공격은 ICMP Flooding 기법을 이용한 DoS 공격으로 Broadcast address 주소의 동작 특성과 IP Spoofing 기법을 악용하고 있다.

④ XSS(Cross-Site Scripting) 공격은 공격 대상 사용자가 이용하는 컴퓨터 시스템의 브라우저 등에서 악성코드가 수행되도록 조작하여 사용자의 쿠키 정보를 탈취, 세션 하이재킹과 같은 후속 공격을 가능하게 한다.

⑤ 공격자는 보안이 취약한 사이트를 공격하여 암호화되지 않은 아이디와 비밀번호를 취득했다. 공격자는 이 아이디 비밀번호를 인터넷 뱅킹에 그대로 입력하여 피해자의 금융정보에 접근할 수 있었다. 취약한 웹사이트에 무분별하게 가입하고 모든 사이트의 아이디 비밀번호를 동일하게 사용할 경우 이 공격에 노출되기 쉽다. 위 공격은 파밍 공격이다.

49 다음 중 DRM의 단점으로 옳은 것은 무엇인가?

① 책임추적성 확보는 가능하나, 파일 유출 자체를 차단할 수는 없다.
② 위변조에 취약하다.
③ 사용자 단말에 설치되어 사용자의 반발을 불러올 수 있다.
④ 인증서버 장애 시 정상 권한을 가진 사용자도 사용이 불가능하다.
⑤ 오거부율(FRR:False Rejection Rate)이 높다.

50 다음 중 리눅스 시스템의 파일 권한에 대한 설명으로 잘못된 것은 무엇인가?

① UMASK가 022일 때 Root가 파일을 하나 생성했다면 이 파일은 일반 사용자는 읽을 수 없다.
② Root 소유의 권한이 4755인 파일은 보안상 위험할 수 있다.
③ 권한 변경은 chmod 명령어를 이용한다.
④ SETGID는 파일 그룹 권한의x 자리에 s로 표시된다.
⑤ 권한이 1777인 디렉토리는 공유디렉터리에서 보안성을 높이기 위해 주로 사용된다.

51 A사에서 최근에 신규 도입한 장비는 네트워크 패킷을 분석, 패킷의 데이터를 확인 가능하다. 이 장비로 대응하기에 가장 부적절한 공격은 무엇인가?

① Window size를 아주 낮은 값으로 설정해 세션을 지연시키는 공격
② 소스 IP와 목적지 IP를 동일하게 설정해서 보내는 공격
③ HTTP 패킷의 종료를 나타내는 0d0a0d0a 패킷의 끝을 잘라 0d0a만 보내는 공격
④ 희생자와 라우터의 ARP 테이블을 변조하는 공격
⑤ 악의적인 스크립트를 게시물에 포함시켜 업로드 해 게시물을 조회하는 사용자로 하여금 악성행동을 수행하게 하는 공격

[52~53]

(주)가나다의 직원K씨의 사내 메일로 '2023년 성과급 테이블(기획팀 내부자료, 배포 금지)' 라는 제목의 메일이 왔다. K씨는 메일을 열어 메일에 있는 링크를 클릭하였으나, 아무런 내용이 없어 메일을 삭제하고 잊어버렸다. 그러나 다음날 K씨가 컴퓨터를 켜자 K씨의 PC에는 다음과 같은 화면이 나타났다.

```
You became victim of the PETYA

The harddisks of your computer have been encrypted with an Military grade
encryption algorithm. There is no way to restore your data without a special key.
You can purchase this key on the darknet page shown in step 2.
To purchase your key and restore your data, please follow these three easy steps :

1. Download the Tor Browser at "https://www. torproject.org/". If you need help, please google for
   "access onion page".
2. Visit one of the following pages with the Tor Browser :

   http://petya37h5tbhyvki.onion/dnKLyF
   http://petya5koahtsf7sv.onion/dnKLyF

3. Enter your personal decryption code there :

   f2Mukr-DXSKuU-9ctXCp-M5866N-Ycs7Fp-ZdAa5q-Fujv1G-btCA8y-3QHdzw-NmBcow-
   oJiPY5-g8fL6V-jrdbb9-8xzbs8-Nb8FL8

If you already purchased your key, please enter it below.

Key :  _
```

메시지는 K씨에게 K씨 PC 내의 데이터가 모두 암호화 되었으며, 복호화를 위해서는 돈을 지불하라는 내용이었다. 또한, K씨 PC 외에도 같은 사무실에 있는 다수의 PC가 동일 증상을 보였다. 내부 조사 결과, 해당 메일은 K씨 외에도 여러 사람에게 보내졌으며, 링크를 클릭한 사람들은 모두 같은 형태의 피해를 입었다.

52 위 공격 시나리오와 관련이 없는 공격을 모두 고르시오. (3개)

① 제로데이

② 피싱

③ 랜섬웨어

④ 스캠

⑤ 파밍

53 **위와 같은 공격에 노출되었을 경우 피해를 줄일 수 있는 솔루션으로 가장 적절한 것을 고르시오.**

① 암복호화 솔루션
② CSPM
③ 문서중앙화
④ SSO
⑤ SIEM

54 **다음 공격 대응 사례 중 잘못된 것을 고르시오.**

① A사는 랜섬웨어를 방어하기 위해 방화벽에서 Inbound 방향의 139 포트를 차단하였다.
② B사는 SYN Flooding을 방어하기 위해 SYN Cookie를 이용하였다.
③ C사는 DNS Cache Poisoning을 방지하기 위해서 주요 사이트 목록을 hosts.allow에 등록하였다.
④ D사는 ARP Spoofing을 방어하기 위해서 ARP 테이블을 정적으로 설정하였다.
⑤ E사는 스니핑을 방지하기 위해서 자사 App에 인증서를 Pinning 하였다.

55 **ISMS 인증기준인 2.6.2 정보시스템 접근에는 정보시스템의 사용목적과 관계없는 서비스를 제거하도록 하고 있다. 리눅스에서 rlogin을 이용한 원격접속, 두 시스템 간 신뢰관계를 맺어 암호없이 접근을 허용하는 호스트를 설정하는 파일을 고르시오.**

① /etc/xinetd.conf
② /etc/hosts.equiv
③ /etc/hosts.allow
④ /etc/hosts
⑤ /etc/services

56 **다음 중 ISMS-P 인증심사원이 윈도우 서버를 대상으로 인증기준 2.5.4 비밀번호 관리에 대한 준수 여부를 확인하고 싶을 때 입력해야 하는 명령어로 가장 적합한 것은 무엇인가?**

① secpol.msc
② eventvwr.msc
③ userpol.msc
④ userinfo.msc
⑤ netshare.msc

57 **(주)가나다는 티켓팅 서비스 오픈을 위해 AWS 클라우드 사용을 고려하고 있다. 다음 AWS 서비스 중 Host IPS 사용이 가능한 서비스를 고르시오.**

① EC2

② RDS

③ S3

④ EBS

⑤ AWS Glacier

58 **다음은 웹서버를 대상으로 Scan한 결과이다. 이 중 결함사항에 가장 가까운 것은 무엇인가?**

① TCP 443 포트에 SYN 패킷을 전송 시 SYN+ACK 패킷이 돌아왔다.

② TCP 1433 포트에 NULL 패킷을 전송 시 RST 패킷이 돌아왔다.

③ TCP 23 포트에 FIN 패킷을 전송 시 응답이 없었다.

④ UDP 53 포트에 패킷을 전송 시 ICMP Unreachable 패킷이 돌아왔다.

⑤ TCP 3389 포트에 X-MAS 패킷을 전송 시 RST 패킷이 돌아왔다.

59 **다음 암호 사용 사례 중 잘못된 것을 고르시오.**

① 쇼핑몰에서 인터넷망을 통해 사용자의 카드정보 수신 시 sha256+salt로 암호화 후 수신하였다.

② 인터넷 뱅킹 시 RSA2048을 사용해 클라이언트와 서버간 통신 암호화용 키를 공유하였다.

③ 공공기관에서 내부 개인정보파일을 seed로 암호화 하였다.

④ 포털사이트에서 관리자 계정 접속기록 위변조 여부를 sha512로 검증하고 있다.

⑤ 네트워크 보안장비가 내부DB 저장데이터를 ARIA로 암호화 보관하고 있다.

60 **침입탐지기법 중 오용탐지(Misuse Detection)에 대한 올바른 설명들로 짝지은 것을 고르시오.**

㉮ 정량적인 분석, 통계적인 분석 등이 사용된다. ㉯ 비교적 오탐률이 낮고 효율적이지만 알려진 공격 이외에는 탐지할 수 없다. ㉰ 정상적이고 평균적인 상태를 기준으로 상대적으로 급격한 변화가 발생하면 침입탐지를 알린다. ㉱ 이미 발견되고 정립된 공격 패턴을 미리 입력해 두었다가 이에 해당하는 패턴이 탐지되면 알려준다.

① ㉮, ㉰
② ㉮, ㉱
③ ㉯, ㉰, ㉱
④ ㉯, ㉰
⑤ ㉯, ㉱

61 **다음 중 공격에 대한 설명이 잘못 짝지어진 것을 고르시오.**

① smurf : 발신자의 IP주소를 희생자의 IP 주소로 위장해서 다량의 Ping 패킷을 무작위로 전송하는 공격이다.
② mac flooding : 네트워크 스위치에 대해 정상적인 MAC테이블을 스위치에서 강제로 빼내고 공격자가 각각 다른 소스 MAC주소를 포함하는 많은 이더넷 프레임을 전송하여 스위치의 MAC주소 테이블을 저장하기 위한 메모리를 소진시키는 공격이다.
③ Slow Http Read Dos : HTTP 패킷의 종료를 나타내는 0d0a0d0a 패킷의 끝을 잘라 0d0a만 보내는 공격이다.
④ Tear drop : 패킷을 분할해서 보낼 때, Fragment Offset과 추가 패킷정보에 논리적인 오류를 발생시키는 공격
⑤ Brute force : 가능한 모든 경우의 수를 대입하는 공격이다.

62 **다음 중 해시함수에 대한 설명으로 잘못된 것을 고르시오.**

① SHA-256의 해시값 크기는 256bit이다.
② Rainbow 테이블을 사용하면 원문을 복원할 수 있다.
③ 입력값의 길이와 결과값의 길이는 상관관계가 전혀 없다.
④ salt를 사용해서 보안성 강화를 노릴 수 있다.
⑤ 전자서명에서 원문의 무결성 검증에 사용된다.

63 **T사는 인프라 관리 부담으로 인하여 AWS Beanstalk 서비스를 이용하여 자사의 웹서비스를 제공하려고 한다. 이 때, T사가 AWS와 SLA 계약을 맺을 때 AWS가 전적으로 책임져야하는 ISMS 인증기준을 모두 고르시오. (2개)**

① 2.4.3 정보시스템 보호
② 2.5.4 비밀번호 관리
③ 2.8.5 소스프로그램 관리
④ 2.9.7 정보자산의 재사용 및 폐기
⑤ 2.10.5 정보전송 보안

64 **다음 중 리눅스 서버보안에 대한 설명으로 잘못된 것은 무엇인가?**

① Root 계정의 SSH 원격접속을 제한하기 위해서는 vi /etc/ssh/sshd_config에서 PermitRootLogin no를 설정하면 된다.
② 로그인 실패 카운터가 누적되어 로그인성공 여부와 상관없이 로그인 실패횟수가 누적 n회가 되면 로그인 할 수 없게 되는 일을 막기 위해서는 pam.d 파일의 reset 항목을 설정하면 된다.
③ 30분 단위의 세션 타임아웃을 설정하기 위해서는 vi /etc/profile에서 TMOUT=30을 설정하면 된다.
④ pam.d 파일을 수정 해 로그인 실패 시 계정 잠금 설정을 할 때 Root 계정을 완전히 못쓰게 되는 사태를 막기 위해서는 no_magic_root을 설정하면 된다.
⑤ 리눅스 시스템의 패스워드 최소 길이는 /etc/login.defs에서 정할 수 있다.

65 **다음 중 FTP에 대한 설명으로 옳은 것을 모두 고르시오. (2개)**

① 보안을 위해서는 ftp 사용자 목록을 /ftpusers에 명시적으로 기록해야 한다.
② Active 모드는 Server의 20번 포트가 Client의 임의의 포트로 접속한다.
③ 서버의 Inbound 방화벽 설정 후 장애가 발생했다면 FTP는 Active 모드로 동작하고 있었을 가능성이 높다.
④ Passive 모드는 서버의 보안성이 높다.
⑤ Active 모드는 클라이언트의 방화벽 일부 해제가 필요하다.

66 다음 보기에서 설명하는 공격이 무엇인지 고르시오.

> A : printf 등의 함수에서 문자열 입력 형식을 잘못 입력하는 경우에 나타난다. 이전까지 입력된 문자열의 길이만큼 해당 변수에 저장시키기 때문에 메모리의 내용도 변조 가능하다.
> B : 네트워크 통신 내용을 도청하는 행위이다. 네트워크의 일부나 디지털 네트워크를 통하는 트래픽의 내용을 저장하거나 가로채는 기능을 하는 소프트웨어 또는 하드웨어이다.
> C : 버퍼에 저장된 프로세스 간의 자원 경쟁을 야기시켜 권한을 획득하는 기법으로 공격하는 방법이다.

① A : Format String, B : Packet sniffing, C : Race Condition
② A : Denial of Servcie, B : Packet sniffing, C : buffer overflow
③ A : Race Condition, B : Packet sniffing, C : buffer overflow
④ A : Format String, B : Buffer overflow, C : Race Condition
⑤ A : Buffer overflow, B : Format String, C : Packet sniffing

67 다음 이미지에서 수행하는 작업을 수행하지 않을 경우 어떤 취약점이 발생하는가?

```
<Directoy />
  Options FollowSymLinks Indexes
  AllowOverride None
</Directoy>
```

① Root 사용자가 FTP를 이용해 로그인 가능하다.
② 사용자가 파일 업로드 위치를 추정할 수 있다.
③ 사용자가 서버의 버전정보를 확인할 수 있다.
④ 임의의 파일을 서버에 업로드 할 수 있다.
⑤ 사용자가 웹서버의 구성요소를 확인할 수 있다.

68 다음은 애플리케이션 공격에 대한 설명이다. 잘못된 설명을 고르시오.

① 게시물 업로드를 하지 않아도 XSS 공격이 가능하다.
② SQL injection을 방어하기 위해서 저장 프로시저를 사용할 수 있다.
③ 게시물의 HTML 태그를 차단하면 XSS 공격을 방어할 수 있다.
④ SQL injection을 방어하기 위해서 DB 접근제어를 도입할 수 있다.
⑤ SQL injection은 주로 로그인창이나 검색창에서 발생한다.

69 **T전기의 시스템 담당자는 리눅스 서버의 보안성을 점검하기 위하여 리눅스 서버의 /etc/passwd 파일을 확인하였다.**

```
vi /etc/passwd
root:x:0:0:root:bin/bash
mail:x:8:8:mail:/var/mail:bin/bash
user01:x:1001:1001:1001:user01:/home/user01:bin/bash
```

위 그림에서 시스템 담당자가 보안상 취약하다고 판단할 수 있는 부분은 무엇인가?

① 각 계정의 두번째 필드가 X로 되어있음
② mail 계정이 /bin/bash 쉘 사용
③ 각 계정의 첫번째 필드와 다섯번째 필드의 내용이 동일함
④ user01의 3,4번째 필드가1001로 되어있음
⑤ 이상없음

70 **crontab에 0 6 * * 0 /batch.sh 로 입력된 작업이 있다. 다음 중 batch.sh로 실행하기에 가장 적절한 작업을 모두 고르시오. (2개)**

① 퇴직자의 정보처리 시스템 접근권한 말소
② 개인정보처리자가 개인정보 유출사고 발생 시 정보주체에게 일괄 통지
③ 정보주체의 개인정보 열람 요구에 대한 일괄 회신
④ 정보주체 이외로부터 수집하는 개인정보에 대해 정보주체의 요구가 있어 일괄 회신
⑤ 정보주체의 광고 문자 전송 정지 요청에 대한 처리결과를 일괄 통지

71 **다음 중 잘못된 설명을 고르시오.**

① 개인정보보호법과 정보통신망법이 상충될 때에는 정보통신망법의 적용을 따른다.
② 시행령은 법률을 위반하는 내용으로 만들어질 수 없다.
③ 법적 안정성을 위해서 기존법과 신규 법이 상충될 때에는 기존 법을 따른다.
④ '법률'이라 함은 헌법과 법률을 말하며 시행령과 고시 등은 포함되지 않는다.
⑤ 법령이 정하는 바에 따라 일정한 사항을 일반에게 알리기 위한 문서 또는 그러한 문서의 형태로 존재하는 법규범은 고시를 의미한다.

72 다음 개인정보와 관련된 서술 중 옳은 것을 고르시오.

① 개인정보는 정보주체의 생존여부를 따지지 않는다.
② 다른 결합정보 없이 오로지 핸드폰 번호 끝 4자리만 있다면 이는 개인정보가 아니다.
③ 법인대표 및 임원진의 개인정보는 개인정보에 속하지 않는다.
④ 개인정보보호 법령에서 '알아볼 수 있는'은 정보주체의 입장에서 합리적인 방법으로 식별이 가능할 경우를 의미한다.
⑤ 개인정보보호 법령에서 '쉽게 결합하여'는 대상 정보의 결합 가능성을 의미한다.

73 다음 중 법규 위반사례는 무엇인가?

① A PC방은 초등학생의 회원 가입 시 부모님의 동의 없이는 가입이 불가능하게 하였다.
② B 쇼핑몰은 인터넷으로 회원가입 후 탈퇴 시에는 고객센터로 fax를 접수해서 처리하도록 하였다.
③ C 여행사는 개인정보 동의를 받을 때, 정보주체에게 고지해야 하는 사항을 URL로 안내하였다.
④ D 배달앱은 1년 이상 미사용 회원에 대해 재가입 방지를 위해 연락처를 해시 후 별도 보관하였다.
⑤ E 결혼정보회사는 회원간 매칭을 위해 별도 동의 후 회원의 병력정보를 수집하였다.

74 다음 중 법령에 따라 개인정보를 수집 및 이용한 사례 중 위법사례는 무엇인가?

① 교통사고를 당한 의식불명 환자의 핸드폰에서 가족의 연락처를 확인, 전화를 걸었다.
② 통신사에서 통신 요금 정산을 위하여 별도 동의 없이 정보주체의 통신사용량을 수집하였다.
③ 개인정보처리자가 14세미만의 정보주체의 개인정보 수집 시 법정대리인의 동의를 받도록 하고 있으나, 별도로 쉬운 언어 등을 사용하지는 않았다.
④ A 대학교에서 대학생들의 생활패턴 연구를 위해 재학생들의 별도 동의 없이 개인정보를 수집 후 비식별화 한 뒤 이용하였다.
⑤ 문방구에서 외상을 하고 갚지 않은 학생의 집에 연락하기 위해 학생의 동의 없이 부모님 연락처를 수집하였다.

75 **다음은 H 패션의 월간 신상품 카탈로그 전송에 대한 고객 동의 여부를 확인하기 위한 문구이다. 아래 문구에서 법적으로 반드시 필요한 항목이 아닌 것을 고르시오.**

> [① H 패션] 광고성 정보 수신동의 안내
>
> H 패션을 이용해 주셔서 감사합니다.
>
> H 패션은
> ② 정보통신망법 제50조 및 동법 시행령 제62조의3에 따라 회원님께
> ③ 2023년1월8일 기준 H패션 광고성 정보 수신동의 결과를 안내 드립니다.
> ④ 월간 신상품 카탈로그 전송 : 동의
> ⑤ 무료 수신동의 철회 : 080-1234-5678

76 **개인정보보호법이 개정되면서 이동형 영상정보처리기기의 운영 기준이 추가되었다. 다음 중 올바르지 않은 내용을 고르시오.**

① "이동형 영상정보처리기기"란 사람이 신체에 착용 또는 휴대하거나 이동 가능한 물체에 부착 또는 거치(据置)하여 사람 또는 사물의 영상 등을 촬영하거나 이를 유·무선망을 통하여 전송하는 장치이다.

② 착용형 장치는 안경 또는 시계 등 사람의 신체 또는 의복에 착용하여 영상 등을 촬영하거나 촬영한 영상정보를 수집·저장 또는 전송하는 장치를 말한다.

③ 휴대형 장치는 이동통신단말장치 또는 디지털 카메라 등 사람이 휴대하면서 영상 등을 촬영하거나 촬영한 영상정보를 수집·저장 또는 전송하는 장치

④ 교통사고 발생시 원인분석 및 사고 대응 목적으로 운영하는 자동차 블랙박스도 "이동형 영상정보처리기기"에 해당된다.

⑤ 부착·거치형 장치는 차량이나 드론 등 이동 가능한 물체에 부착 또는 거치(据置)하여 영상 등을 촬영하거나 촬영한 영상정보를 수집·저장 또는 전송하는 장치

77 다음 업무 위탁 사례 중 위법사항은 무엇인가?

① 정보통신서비스 제공자인 T사는 빠른 배송을 위해 배송업무를 우체국에 위탁하면서 홈페이지에 고지만 하고 별도의 개별고지를 하거나 동의를 받지 않았다.

② 개인정보 처리자인 P사는 상품발송 시 필요한 주소 등의 배송업무를 위탁하면서 정보주체에게 별도의 고지를 하지 않았다.

③ D사는 개인정보 처리자인 R사로부터 위탁 받은 업무 중 일부를 R사로부터 동의를 받고 C사에 재위탁하였다.

④ 정보통신서비스 제공자인 A사는 업무를 B사에 위탁하였고 B사는 A사의 동의를 받고 일부를 V사에 재위탁 하였다.

⑤ 개인정보 처리자인 G사는 신제품 홍보업무를 위탁하면서 정보주체에게 별도의 고지를 하지 않고, 개인정보 처리방침에 위탁 시 수탁사 명칭 및 위탁업무내용을 공개하고 있다.

78 다음 개인정보보호책임자 지정 사례 중 잘못된 것을 고르시오.

① C고등학교는 교감선생님이 개인정보보호책임자로 선임되었다.

② 3인 스타트업인 B게임사는 별도로 개인정보보호책임자를 지정하지 않고 대표가 겸임하였다.

③ A제약회사는 정보보호팀장을 임원으로 승격하고 개인정보보호책임자로 지정하였다.

④ D시 교육청은 3급 공무원을 개인정보보호책임자로 선임하였다.

⑤ 헌법재판소는 고위공무원단에 속하는 공무원 중1인을 개인정보보호책임자로 선임하였다.

79 다음 개인정보 유출 대응 사례 중 잘못된 것을 모두 고르시오. (2개)

① 개인정보처리자인 A는 개인정보 유출 사실을 인지하고 72시간 동안 사실확인을 거친 후 유출된 개인정보가 1만건이 넘는 것을 확인 후 개인정보보호위원회에 신고하였다.

② 개인정보처리자인 B는 고유식별정보의 유출 사실을 인지하고 48시간이 지나 정보주체에게 유출사실을 통지하고 KISA와 보호위원회에 신고하였다.

③ 개인정보처리자인 C는 개인정보 유출 사실을 인지하고 유출된 개인정보의 항목과 유출일시, 정보주체가 할 수 있는 대응, 현재 자사의 대응현황과 피해구제절차와 담당부서의 연락처를 정보주체에게 통지하였다.

④ 개인정보처리자인 D는 개인정보 유출사실을 인지하였으나 100건 미만이어서 정보주체에게 개별통지만 하였다.

⑤ 개인정보처리자인 E는 개인정보 유출사실을 인지하였으나 유출된 개인정보가 1천건 미만이며 유출된 일시 등이 불분명하여 내부적으로 검토 후 통지하는 것으로 정보보호팀장 승인을 받았다.

80 **개인정보보호법에는 다른 법령에 따라 보존해야 하는 경우를 제외하고, 수집·이용 목적 달성, 보유기간 경과 시 지체 없이 해당 정보를 복구·재생할 수 없도록 파기하도록 하고 있다. 다음 파기 방법 중 적절한 것으로 묶인 것을 고르시오.**

> 가. 소각(消却)
> 나. 침수(沈愁)
> 다. 파쇄(破碎)
> 라. 용해(鎔解)
> 마. 전용 소자장비(Degaussing)
> 바. 로우레벨 포맷(Low Level Format)
> 사. 빠른 포맷(Quick Format)
> 아. 와이핑(Wiping)
> 자. PC 휴지통 비우기

① 가, 다, 마, 아
② 다, 라, 바, 사, 자
③ 가, 나, 다, 라, 마, 사
④ 가, 다, 라, 마, 바, 아
⑤ 가, 나, 다, 라, 마, 바, 아

81 **개인정보의 보호조치에 따른 비밀번호 작성규칙에 대한 설명 중 적절하지 않은 것을 고르시오.**

① 개인정보취급자 또는 정보주체가 안전한 비밀번호를 설정하여 이행할 수 있도록 비밀번호 작성규칙을 수립하고 이를 개인정보처리시스템, 접근통제시스템, 인터넷 홈페이지 등에 적용하여야 한다.
② 비밀번호는 정당한 접속 권한을 가지지 않는 자가 추측하거나 접속을 시도하기 어렵도록 문자, 숫자 등으로 조합, 구성하여야 한다.
③ 안전한 비밀번호 작성규칙을 통해 무작위 대입공격에 대해 어느정도 대응이 가능하다.
④ 비밀번호 작성 규칙에 대한 기준이 사라졌으므로 사용자 및 관리자가 비밀번호 관리가 용이하도록 비밀번호 작성규칙을 수립하여 운영할 수 있다.
⑤ 정보통신서비스 제공자 등은 이용자가 안전한 비밀번호를 이용할 수 있도록 비밀번호 작성규칙을 수립하고, 이행한다.

82 다음 고정형 영상정보처리기기 설치 및 운영사례 중 잘못된 것을 모두 고르시오. (2개)

① A사는 고정형 영상정보처리기기 운영을 타사에 위탁하였다.

② 도로교통공단에서 교통정보 수집을 위해 고속도로상에 CCTV를 운영하며 홈페이지에 CCTV 설치 목록을 공개하였다.

③ 구치소에서 CCTV 설치 시 설명회를 거쳤으나 재소자의 별도 동의는 받지 않았다.

④ B 운수회사는 승차인원 확인을 위하여 버스 내부에 CCTV를 설치하였다.

⑤ 군사시설에 CCTV를 설치하며 별도의 안내판을 설치하지 않았다.

83 다음 영리목적의 광고성 정보 전송 사례 중 위법사항은 무엇인가?

① 정보주체에게 영리목적의 광고성 정보 전송 별도 동의를 받고 매일 자정에 당일의 특가 상품을 이메일로 전송했다.

② 정보주체에게 별도의 동의를 받지 않고 전화를 걸어 개인정보의 수집 출처를 고지 후 전화상으로 제품 판매를 시도하였다.

③ 정보주체가 광고 수신 거부 의사를 표명한 후 즉시 광고 전송을 중단하였으나, 8일 후 광고 수신 거부 결과 처리 메시지를 전송하였다.

④ 정보주체에게 2년에 1번씩 수신동의 여부를 확인하였다.

⑤ 정보주체에게 광고 수신 거부요청을 받을 시 연락처와 성명으로 본인 확인 및 로그인 후 수신 거부 처리할 수 있도록 안내하였다.

84 다음 중 정보주체의 동의가 필요한 상황을 모두 고르시오. (2개)

① 기존 병원 폐업으로 인한 업무 양도로 타 병원으로 기존 환자의 개인정보가 이전될 때

② 인터넷 쇼핑몰에서 매일 아침 7시에 당일의 특가상품을 SMS로 전송할 때

③ 마트에서 보험사에 정보주체의 정보를 마케팅용으로 제공할 때

④ 정보통신서비스 제공자인 쇼핑몰이 배송업무를 택배사에 위탁할 때

⑤ 정보통신서비스 제공자인 보험사가 비용절감을 이유로 개인정보를 클라우드로 이전할 때

85 **OECD 프라이버시 8원칙에 대한 설명으로 옳은 것을 고르시오.**

① 개인정보는 이용목적에 부합되어야 하고, 이용목적 범위에서 정확하고, 완전하며, 최신화하는 것은 목적 명확화의 원칙에 해당한다.

② 합법적, 공정한 절차로 수집하고 익명처리를 원칙으로 함은 수집제한의 원칙에 해당한다.

③ 개인정보 분실, 불법접근, 파괴, 오남용, 수정, 게시 등 위험에 대하여 합리적인 안전조치를 함은 책임의 원칙에 해당한다.

④ 정보주체 동의, 법률 규정에 의한 경우 예외로 하고, 명확화된 목적이외에 이용, 제공을 금지하는 것은 목적 명확화의 원칙에 해당한다.

⑤ 개인정보 관련 개발, 실시, 정책을 공개하는 것은 정보주체 참여의 원칙에 해당한다.

86 **고정형 영상정보처리기기 설치·운영 및 개인영상정보 보호에 대한 다음 설명 중 틀린 것을 고르시오.**

① 특정 직원들만 출입 가능한 사무실은 공개되지 않은 장소에 해당한다.

② 출입이 통제되는 사무실에 CCTV를 설치하는 경우 개인정보보호법의 적용을 받지 아니한다.

③ 외부를 촬영하는 차량용 블랙박스는 영상정보처리기기가 아니다.

④ 상가건물 5층에 위치한 상가 주인이 상가 이용자들이 공동으로 이용하는 공용 엘리베이터 내부에 CCTV를 설치· 운영하여 공용 엘리베이터 내부를 촬영하는 것은 바람직하지 않다.

⑤ 찜질방의 불가마 외부 공간에서 옷을 입고 출입한다면 개인의 사생활을 현저히 침해할 우려가 있는 장소로 보기 어렵다.

87 **다음 중 위법사항은 무엇인가?**

① 정보주체가 자신의 개인정보 열람을 요구했으나, 문서고에서 개인정보가 적힌 파일을 찾는데 시간이 오래 걸릴 듯하여 이를 당일 통지하고 15일차에 개인정보를 회신하였다.

② 고등학교에서 학생의 아버지가 학생의 성적열람을 요청하여 가족관계 증명서와 신분증을 확인하고 성적을 열람하게 하였다.

③ 정보주체가 자신의 회원정보 삭제를 요구했으나 법적으로 구매내역을 보존해야 하기 때문에 회원정보의 모든 내용을 보존해야 한다고 3일차에 회신하였다.

④ F 포털사이트는 자사에서 운영하는 블로그 서비스에 어떤 사용자가 타인의 개인정보를 업로드 하였다는 것을 신고 받아 확인 후 해당 사용자의 동의 없이 즉시 블로그를 차단 조치하고 모든 게시물을 비공개 처리하고 이 결과를 신고자에게 통지하였다.

⑤ 정보주체가 자신의 개인정보 열람을 요구해 이를 우편으로 발송하며 수수료와 우송료를 청구하였다.

88 **개인영상정보라 함은 영상정보처리기기에 의하여 촬영, 처리되는 영상정보 중 개인의 초상, 행동 등 사생활과 관련된 영상으로서 해당 개인의 동일성 여부를 식별할 수 있는 정보를 의미한다. 고정형 영상정보처리기기 설치, 운영에 대한 설명 중 틀린 것을 모두 고르시오. (2개)**

① 영상정보의 보관기간은 반드시 30일 이내로 정해야 한다.

② 공공기관이 개인영상정보를 파기하는 경우에는 파기하는 개인영상정보 파일의 명칭, 개인영상정보의 파기일시, 개인영상정보 파기 담당자를 기록하고 관리하여야 한다.

③ 정보주체의 영상자료를 열람 요청 시에는 본인이 확인되면 원본 영상정보를 10일 이내에 제공하여야 한다.

④ 고정형 영상정보처리기기는 설치목적에 따른 줌(Zoom) 기능이나 촬영방향 전환 기능을 이용할 수 있다.

⑤ 공개된 장소에서의 고정형 영상정보처리기기 설치, 운영은 원칙적으로 금지되지만 교통정보의 수집, 분석 및 제공을 위한 경우는 허용된다.

89 **다음 개인정보 이용사례 중 잘못된 것을 고르시오.**

① P 쇼핑몰은 고객에게 광고메시지를 보낼 때 '(광고) 같지만 광고 아닌 꿀팁'이라는 제목으로 전송하였다.

② D 헬스장은 광고메시지 수신해제 시 핸드폰번호 외의 별도의 인증을 하지 않았다.

③ Q 포털사는 1년 이상 로그인 하지 않은 사용자의 DB를 별도의 물리적 매체에 보관하지 않았다.

④ A 그룹은 패밀리 사이트 제도를 도입하면서 기존의 계열사 홈페이지에 가입한 회원들을 통합 DB로 이관하였다.

⑤ H 여행사는 개인정보 처리방침의 내용과 정보주체와의 계약 내용이 달라 정보주체에게 유리한 조항을 적용하였다.

90 **다음 중 정보통신서비스 제공자의 개인정보 처리방침에 의무적으로 들어가야 할 내용으로 잘못된 것은 무엇인가?**

① 개인정보의 처리 목적, 개인정보의 처리 및 보유기간

② 개인정보의 수집방법

③ 개인정보처리의 위탁에 관한 사항(해당하는 경우)

④ 인터넷 접속정보파일 등 개인정보를 자동으로 수집하는 장치의 설치, 운영 및 그 거부에 관한 사항

⑤ 개인정보의 안전성 확보 조치에 관한 사항

91 **다음 중 인터넷망 차단 대상자에 해당하는 자는 누구인가?**

① 전년도 총 매출이 100억 원인 게임사의 개인정보처리시스템

② 전년도 말 기준 직전 3개월간 그 개인정보가 저장·관리되고 있는 이용자 수가 일일평균 100만명 이상인 공공기관의 조회업무용 개인정보 취급자 PC

③ 금년도 누적 접속자 수가 100만 명인 쇼핑몰

④ 서울특별시 및 전 광역시에 서비스를 제공하는 ISP

⑤ 전년도 말 기준 직전 3개월간 100만 명 이상의 개인정보를 관리하는 포털사이트의 개인정보를 다운로드 할 수 있는 개인정보 취급자 PC

92 **다음 중 정보주체의 권리 행사와 관련된 내용으로 잘못된 것은 무엇인가?**

① 개인정보의 열람, 정정, 처리정지 등의 요구는 반드시 정보주체 본인이 해야 하는 것은 아니다.

② 개인정보처리자는 열람요구를 하는 자에게 수수료를 청구할 수 있다.

③ 개인정보처리자는 정보주체의 열람요구 거절 시 이의제기 절차를 마련해야 한다.

④ 개인정보처리자는 정보주체의 열람요구방법과 절차를 마련, 공개해야 한다.

⑤ 개인정보처리자는 정보주체의 열람 요구를 영업일 기준 10일 이내에 처리해야 한다.

93 **다음 중 개인정보보호법에서 정의하는 개인정보보호책임자의 업무에 해당하지 않는 것은 무엇인가?**

① 개인정보보호 계획의 수립 및 시행

② 개인정보파일의 보호 및 관리, 감독

③ 개인정보 유출 사고에 대한 대응

④ 개인정보 처리와 관련한 불만의 처리 및 피해 구제

⑤ 개인정보 처리 실태 및 관행의 정기적인 조사 및 개선

94 **개인정보보호법에서 개인정보란 개인에 관한 정보로서 개인을 식별할 수 있는 정보를 말한다. 다음 보기안의 정보 중 개인정보로 묶인 것을 고르시오.**

A. 개인사업자의 상호명, 사업장 주소, 전화번호, 사업자등록번호, 매출액, 납세액
B. 법인 또는 단체의 이름, 소재지 주소, 대표 연락처(이메일 주소 또는 전화번호), 영업실적
C. 법인 대표자를 포함한 임원진과 업무 담당자의 이름·주민등록번호·자택주소 및 개인 연락처
D. 사물 등의 제조자 또는 소유자 등을 나타내는 정보
E. SNS에 올린 단체 사진 정보
F. 특정 아동의 심리치료를 위해 작성된 아동 행태 등이 포함된 진료 기록
G. △△기업 평균연봉, ○○대학 졸업생 취업률
H. 결합되지 않은 휴대전화번호 뒤 4자리

① A, C, D, F, H

② B, C, D, E

③ C, D, E, F

④ C, D, E, F, H

⑤ C, D, E, F, G, H

95 **온라인 쇼핑몰을 운영하는 ABC 쇼핑몰에 대하여 ISMS-P 인증심사를 수행하고 있다. 심사원과 담당자 간의 대화 자료를 바탕으로 모든 상황을 종합하여 결함으로 가장 적절한 것을 고르시오.**

■ 심사원 : ABC 쇼핑몰은 사무실 보안 점검을 어떻게 하고 있나요?
○ 담당자 : 사무실 보안 점검은 정보보호지침에 따라 반기 1회 회사 전체 사무실과 PC 등에 대하여 점검을 수행하고 있습니다.
■ 심사원 : 문서고, 회의실, 공용사무기기들도 함께 점검하는 건가요?
○ 담당자 : 모든 부속시설과 복합기 같은 공용사무기기들도 함께 점검하고 있습니다.
■ 심사원 : 점검 결과에 대한 사후 조처는 어떻게 하고 있나요?
○ 담당자 : 사후 조처까지 포함한 사무실 보안 점검 결과를 CISO에게 보고하고 있습니다.
■ 심사원 : 직원들의 자리 이석 시 보호조치는 어떻게 하고 있나요?
○ 담당자 : 개인정보가 포함된 서류 또는 보조저장매체 등을 방치하지 않도록 클린데스크 캠페인을 지속적으로 운영하고 있고, 이석 후 5분이 경과하면 PC 화면보호기가 자동으로 가동되어 비밀번호를 입력해야만 재사용이 가능하도록 운영하고 있습니다.
■ 심사원 : 개인정보 또는 중요정보가 포함된 서류의 파기는 어떻게 하고 있나요?
○ 담당자 : 사무실 내 복합기 옆에 세절기가 설치되어 있어 즉시 파쇄하도록 하고 있습니다. 문서 파일의 파기는 정보보호지침에 따라 문서고 이관 서류 중에 보존기간이 경과한 서류 파일을 모아 외부업체에 의뢰하여 파기하고 있습니다.
■ 심사원 : 서류 파기를 의뢰한 외부업체에 대하여 계약서와 파기한 보고서 등을 받고 있나요?
○ 담당자 : 외부업체에 대한 계약서와 파기한 결과 보고서는 제출해 드린 자료에 포함되어 있습니다.
■ 심사원 : 보조저장매체(USB) 사용 정책은 어떻게 하고 있나요?
○ 담당자 : 보조저장매체(USB)는 직원 개인이 임의로 사용하는 것을 시스템적으로 제한하고 있고, 불가피한 경우에만 보안팀에서 보안 USB를 지급받아, 해당 사용자의 PC를 예외 적용하여 사용하도록 하고 있습니다.
■ 심사원 : 조금 전에 담당자님과 동행하여 전산팀 사무실을 직접 점검하였을 때, 보안 USB와 멤버십 가입신청서 등 개인정보가 포함된 서류들이, 금일 휴가자 책상 위에 있는 것을 발견하였습니다. 어떻게 된 상황인가요?
○ 담당자 : 보조저장매체(USB)와 개인정보 또는 중요정보가 포함된 서류는 잠금장치가 있는 문서함에 보관하도록 하고 있는데 깜빡하고 그냥 휴가를 간 것 같습니다. 원인을 파악하여 필요한 조치를 취하겠습니다.
■ 심사원 : 보조저장매체(USB) 정책은 읽기만 가능하고 쓰기는 금지하고 있는데, 일부 쓰기 가능한 PC가 있네요?
○ 담당자 : 현업부서에서 업무 상 꼭 필요하면 신청서를 상신하고 CISO 승인이 나면 허용해 주고 있습니다.
■ 심사원 : 네. 알겠습니다.

① 1.4.2 관리체계 점검
② 2.1.3 정보자산 관리
③ 2.4.7 업무환경 보안
④ 2.10.7 보조저장매체 관리
⑤ 2.11.2 취약점 점검 및 조치

96 **개인정보의 안전성 확보조치 기준에 의거, 잘못된 내용을 모두 고르시오. (2개)**

① 기간통신사업자는 개인정보 취급자가 개인정보처리시스템에 접속한 기록을 최소 6개월 이상 보존, 관리해야 한다.

② 개인정보처리자는 접속기록을 월1회 이상 점검 하여야 하는 의무가 있다.

③ 인터넷망 차단 조치 의무 대상의 개인정보처리자는 개인정보시스템에 접근하여 단순 조회업무만 수행하는 개인정보 취급자의 컴퓨터에 대한 인터넷망 차단조치 의무가 없다.

④ 이용자가 아닌 정보주체에 관한 개인정보를 보유한 단체는 VPN 또는 전용선 등의 안전한 접속수단 혹은 안전한 인증수단을 사용하지 않고 외부에서 개인정보처리시스템에 접속할 수 있다.

⑤ 개인정보처리자이며 1천명의 정보주체에 대한 개인정보를 보유하고 있는 소상공인은 업무용 모바일 기기의 개인정보가 유출되지 않도록 해당 모바일 기기에 비밀번호 설정 등의 보호조치를 하여야 한다.

97 **다음 중 10만명의 개인정보를 처리하는 중소기업이 개인정보 안전성 확보조치기준에 의해 의무적으로 수행해야 하는 사항이 아닌 것을 모두 고르시오. (2개)**

① 안전한 암호 키 생성, 이용, 보관, 배포 및 파기 등에 관한 절차를 수립, 시행

② 비밀번호, 생체인식정보 등 인증정보를 저장 또는 정보통신망을 통하여 송·수신하는 경우에 이를 안전한 암호 알고리즘으로 암호화

③ 위기대응 매뉴얼 등 대응절차를 마련하고 정기적으로 점검

④ 개인정보를 정보통신망을 통하여 인터넷망 구간으로 송·수신하는 경우에는 이를 안전한 암호 알고리즘으로 암호화

⑤ 이용자의 개인정보를 암호화하는 경우 안전한 암호알고리즘으로 암호화하여 저장

98 **다음 중 개인정보의 안전성 확보조치 기준에 의해 잘못된 설명은 무엇인가?**

① 개인정보처리자는 개인정보처리시스템의 접속기록을 월1회 이상 점검하여야 하며, 해당 접속기록을 안전하게 보관하기 위한 물리적인 분리 조치를 하여야 한다.

② 4만명의 개인정보를 처리하는 개인정보처리자는 개인정보취급자의 개인정보처리시스템에 대한 접속기록을 1년 이상 보관·관리하여야 한다.

③ 기간통신사업자는 개인정보취급자의 개인정보처리시스템에 대한 접속기록은 2년 이상 보관·관리하여야 한다.

④ 정보주체의 개인정보를 처리하는 개인정보처리시스템의 경우 가상사설망 등 안전한 접속수단이나 안전한 인증수단중에 하나만 적용하여도 문제가 되지 않는다.

⑤ 클라우드컴퓨팅서비스를 이용하여 개인정보처리시스템을 구성·운영하는 경우에는 해당 서비스에 대한 접속 외에는 인터넷을 차단하는 조치(인터넷망 차단 조치)를 하여야 한다.

99 **다음은 A 초등학교의 방과 후 교실의 개인정보 수집 동의서이다. 아래 양식은 ISMS-P 인증기준의 어떤 항목의 결합인가?**

> **방과후 교실 신청서**
>
> 이름 :
> 연락처 :
> 가입 신청 과목:
> (축구, 농구, 코딩, 서예, 수학, 논술 중 택①)
>
> A초등학교는 개인정보보호법에 따라 본인의 동의를 받아 개인정보를 수집, 이용합니다.
> 1. 개인정보 수집 목적 : 방과 후 교실 가입
> 2. 개인정보 수집 항목 : 이름, 연락처
> 3. 보유 및 이용기간 : 방과 후 교실 기간 만료 시까지
> *개인정보 수집 이용에 동의를 거부할 권리가 있으며 동의를 거부할 경우 방과후 교실 이용이 불가능 합니다.
> 위와 같이 개인정보를 처리하는데 동의하십니까? 동의 □ 동의하지 않음 □
>
> 아래와 같이 민감정보를 처리합니다.
> 항목 : 병력
> 수집목적 : 스포츠 교실 수업 참고 자료(학생의 건강상태 파악)
> 보유기간 : 방과 후 교실 기간 만료 시까지
> *개인정보 수집 이용에 동의를 거부할 권리가 있으며 동의를 거부할 경우 스포츠교실 이용이 불가능합니다.
>
> 위와 같이 민감정보를 처리하는데 동의하십니까? 동의 □ 동의하지 않음 □
>
> 위와 같이 학생의 개인정보를 수집, 처리하는데 동의하십니까?
>
> 동의 □ 동의하지 않음 □ 부모님 성함 (서명)

① 3.1.1 개인정보 수집·이용
② 3.1.2 개인정보 수집 제한
③ 3.1.4 민감정보 및 고유식별정보의 처리제한
④ 3.1.5 개인정보 간접수집
⑤ 3.4.1 개인정보 파기

100 **정보통신서비스를 제공하고 있는 항공사 '찐웰쓰 항공'은 정보보호 및 개인정보보호 인증 갱신심사를 받고 있다. 인증심사원과 담당자의 문서심사와 인터뷰 정황을 보았을 때 결함 항목으로 가장 적절한 것을 고르시오.**

■ 심사원 : 안녕하세요 심사원 나도해입니다. 최초심사 때와 비교하여 달라진 부분들이 있을까요?
○ 담당자 : 개인정보보호법이 개정됨에 따라 개인정보보호 업무 영역에서 바뀐 부분들이 있습니다. 저희는 개인정보보호에 특별히 더 신경을 쓰고 있어서 올해 개인정보 영향평가도 진행하였습니다.
■ 심사원 : 네, 제출해 주신 문서와 인터뷰를 진행하면서 하나씩 살펴보도록 하겠습니다.
○ 담당자 : 알겠습니다. 궁금하신 부분들에 대해 말씀해주세요
■ 심사원 : 별도로 동의를 받아야 하는 수집 항목이 여러 개 있는데 설명 좀 부탁드리겠습니다.
○ 담당자 : 기본 수집·이용에 대한 동의와 마일리지, 타 항공 연계 등과 관련한 제3자 동의와, 프로모션 행사 홍보 및 참여와 관련하여 동의를 받고 있으며, 항공권 예약 시에는 고유식별정보에 대한 동의도 받고 있습니다.
■ 심사원 : 고유식별이라면 주민등록번호를 수집하고 계신 건가요?
○ 담당자 : 아니요, 항공권 예약과 발권 시 필요하기 때문에 여권번호를 수집하고 있습니다.
■ 심사원 : 그럼 해당 개인정보들에 대한 저장 관리는 어떻게 하고 계시나요?
○ 담당자 : 법적 요구사항에 맞춰 암호화하여 저장하고 있으나, 여권번호의 경우 개인정보 영향평가 결과에 따라 별도의 암호화 처리는 하고 있지 않습니다.
■ 심사원 : 응용프로그램 상에서는 어떻게 표시되는지 보여주실 수 있을까요?
○ 담당자 : 이름의 경우 가운데 글자, 여권번호는 9자리 중 뒤 5자리, 카드번호는 7번째 번호부터 6자리 등 지침에 따라 마스킹 기준에 따라 적용하고 있습니다.
■ 심사원 : 네, 알겠습니다. 별도로 개인정보 영향평가를 시행한 이유가 있으실까요?
○ 담당자 : 새로 도입한 예약관리 시스템에 100만건 이상의 고유식별정보 처리가 수반되는 개인정보 파일들이 포함되기 때문에 보안성 검토 강화의 일환으로 시행하였습니다.
■ 심사원 : 개인정보 업무에 대해 계획부터 운영까지 모든 단계에서 노력하고 계시네요.
○ 담당자 : 워낙 개인정보에 대한 이슈도 많고 중요성이 강조되다 보니, 회사 차원에서도 많은 지원이 있어서, 다양하게 보호대책을 세울 수 있는 것 같습니다.
■ 심사원 : 알겠습니다. 앞으로도 지금처럼만 하시면, 개인정보보호는 걱정할 필요가 없겠네요. 수고 많으셨습니다.

① 2.6.3 응용프로그램 접근
② 2.7.1 암호정책 적용
③ 2.8.2 보안 요구사항 검토 및 시험
④ 3.1.4 민감정보 및 고유식별정보의 처리제한
⑤ 정답 없음

파이널 실전 모의고사 2회 - 정답 및 해설

01	02	03	04	05	06	07	08	09	10	11	12	13	14	15	16	17	18	19	20
④	①, ②	⑤	①	②, ⑤	②	①	②	④	①	②	⑤	①	③, ④	③, ⑤	②	⑤	②, ⑤	⑤	④
21	**22**	**23**	**24**	**25**	**26**	**27**	**28**	**29**	**30**	**31**	**32**	**33**	**34**	**35**	**36**	**37**	**38**	**39**	**40**
④	②, ⑤	②, ⑤	②, ④	④	③, ⑤	①	④	②, ⑤	③	②, ④	⑤	②	②, ④	③	③	⑤	⑤	②	④
41	**42**	**43**	**44**	**45**	**46**	**47**	**48**	**49**	**50**	**51**	**52**	**53**	**54**	**55**	**56**	**57**	**58**	**59**	**60**
①, ④	②	④	①, ③	②	⑤	②	⑤	③	①	④	①, ④, ⑤	③	③	②	①	①	③	①	⑤
61	**62**	**63**	**64**	**65**	**66**	**67**	**68**	**69**	**70**	**71**	**72**	**73**	**74**	**75**	**76**	**77**	**78**	**79**	**80**
③	②	①, ④	③	②, ⑤	①	⑤	④	②	③, ⑤	③	②	②	④	②	④	⑤	①	③, ⑤	④
81	**82**	**83**	**84**	**85**	**86**	**87**	**88**	**89**	**90**	**91**	**92**	**93**	**94**	**95**	**96**	**97**	**98**	**99**	**100**
④	②, ④	⑤	②, ③	②	②	③	①, ③	④	②	⑤	⑤	③	③	③	①, ④	①, ③	①	①	③

01 심사위원회는 존재하지 않는다. 심사기관의 선정 및 취소의 담당은 '인증협의회'에서 담당한다.

02 ① ISMS-P 인증은 정보보호 및 개인정보 관리체계 인증이고 ISMS인증은 정보보호 관리체계 인증이다.
② 갱신심사가 아닌 사후 심사이다. 인증 유효기간 만료이전에 갱신심사를 통해 유효기간을 갱신하여야 한다.
(최초심사→사후심사→사후심사→갱신심사)

03 인증범위 내 중요한 변경이 있을시 최초심사를 신청해야 한다.

04 ISMS-P의 법적 근거는 과학기술정보통신부, 개인정보보호위원회에서 공동 고시한 정보보호 및 개인정보 관리체계 인증등에 관한 고시이다.

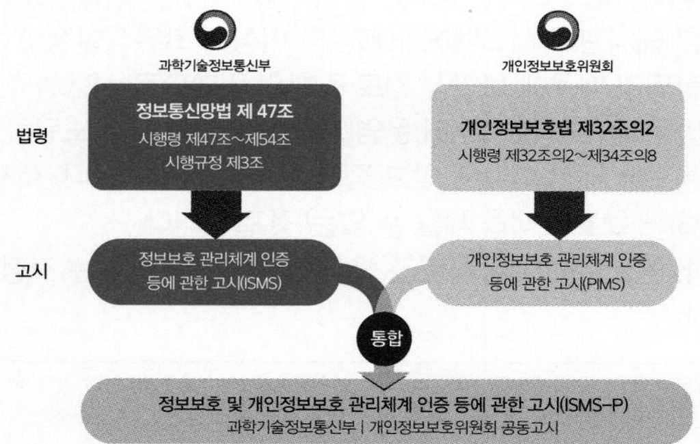

05 ② 타인에 의해 구축된 집적정보통신시설의 일부를 임대하여 서비스를 재판매하는 사업자(VIDC)의 경우 연간매출액(100억원) 또는 이용자 수(100만 명) 기준을 적용한다.
⑤ 집적정보통신시설사업자(IDC) : 서버 호스팅, 스토리지 호스팅, 코로케이션, 네트워크 제공 서비스(회선 임대포함), 보안관리 서비스, 도메인관리 서비스의 서비스들은 매출액과 관계없이 의무대상자이다.

06 2.6.6 원격접근 통제 결함이다.

07 1.1.2 최고 책임자의 지정 결함이다.

08 1.1.5 정책 수립 결함이다.

09 본 사례의 문제점은 책임추적성이 확보되지 않는다는 점이다. 인증기준 2.5.2 사용자 식별은 1인 1계정 원칙을 기반으로 누가, 어떤 작업을 했는지에 대한 책임추적성을 확보할 수 있는지 여부를 판별하는 기준으로 본 사례는 사용자 식별 결함에 해당한다.

10 2.10.6 업무용 단말기기 보안 결함이다.

11 1.3.3 운영현황 관리 결함이다.

12 정보자산의 보안등급을 별도로 표기하지 않은 경우 2.1.3 정보자산 관리 결함이다.

13 2.2.3 보안서약 결함이다.

14 ③ Cgroup, namespace은 컨테이너 가상화 기술이며 네트워크 가상화는 SDN, NFV 기술을 사용한다.
④ 스토리지 가상화는 벤더 락인이 될 수 있다.(벤더 락인 현상은 특정 업체의 서비스나 솔루션에 종속되는 현상이다.)

15 ③ 위험 전가에 해당한다.
⑤ 생략은 위험수용에 해당하고, 파기(또는 폐기)가 위험 회피에 해당한다.

16 개인의 노트북을 업무용 목적으로 이용하더라도 별도의 보완통제가 존재한다면 결함으로 볼 수 없다. 따라서 위 상황만으로는 결함이라고 단정지을 수 없다.

17 유전정보, 범죄경력 정보는 공공기관이 업무수행을 위하여 처리하는 경우에는 민감정보로 보지 않는다. 또한, 공공기관이 법령 등에서 정하는 소관 업무의 수행을 위하여 불가피한 경우 개인정보를 동의없이 수집할수 있으므로 결함이 아니다.

18 ② 2.11.3 이상행위 분석 및 모니터링 결함이다.
⑤ 2.11.4 사고 대응 훈련 및 개선 결함이다.

19 ①, ③ 3.4.1 개인정보의 파기결함
②, ④는 결함이 아니다.(단 보기 ②가 이용자의 동의를 받아 법적 요구사항보다 짧은 기간으로 분쟁처리기록 등을 보존하고 있을 경우, 이는 결함사항이 된다.)
⑤ 모든 퇴사자의 모든 개인정보가 아닌 요구하는 경력정보만 분리하여 보관하여야 한다.

20 이 시나리오의 문제는 담당자가 보안 요구사항을 홈페이지 개발시 반영하지 않은 것이다. 따라서 2.8.1 보안 요구사항 정의가 가장 적절한 결함이다.

21 2.5.2 사용자 식별 결함이고, 나머지는 2.5.5 특수 계정 및 권한 관리 결함이다.

22 보기 ①, ④는 3.4.1 개인정보의 파기 결함이며, 보기 ③은 결함이 아니다.

23 ② 2.2.5 퇴직 및 직무변경 관리
⑤ 2.5.1 사용자 계정관리 결함

24 ① 개인정보처리시스템은 클라우드컴퓨팅서비스를 이용하여 구성·운영하는 경우에는 해당 서비스에 대한 접속 외에는 인터넷을 차단하는 조치를 하여야 한다.
③ 안전한 인터넷망 차단 조치는 물리적 또는 논리적 방식 모두 가능하다.
⑤ 개인정보처리시스템에 대한 접근권한을 설정할 수 있는 자가 인터넷망 차단 조치 의무 대상자에 해당한다.

25 서버실에 스프링클러를 설치하면 화재 시 장비가 침수된다. 기체로된 자동소화설비를 설치 하여야 한다.

26 ③ 이해관계자 참여가 필요하지만, 위험관리 전문가, 정보보호, 개인정보보호 전문가, 법률 전문가, IT 실무 책임자, 현업부서 실무 책임자, 외부 전문컨설턴트가 모두 참여하기는 어렵다.
⑤ IT, 법률적 전문 용어보다는 경영진의 눈높이에서 쉽게 이해하고 의사 결정할 수 있도록 보고서를 작성하여 보고하여야 한다.

27 위 문제의 근본적인 원인은 보안구역 출입절차서가 임직원들에게 적절히 전달되지 않았기 때문이다. 인증기준 1.1.5 정책수립에서는 정책과 시행문서를 임직원 및 관련자에게 이해하기 쉬운 형태로 전달하도록 하고 있다.

28 분야별 주민등록번호 처리기준 상담사례집(P.83)

> 나아가 렌터카 이용자가 세금계산서 발행을 요청하는 경우, 「부가가치세법」 제32조 제1항에 따라 사업자가 재화 또는 용역을 공급(부가가치세가 면제되는 재화 또는 용역의 공급은 제외)하는 경우에는 그 공급을 받는 자에게 세금계산서를 발급하여야 하며, 동 세금계산서에는 사업자 등록번호나 고유번호 또는 주민등록번호를 기재토록 하고 있는 바, 세금계산서를 발급받는 자가 사업자 등록번호나 고유번호가 없는 경우에는 주민등록번호를 기재한 세금계산서 발행이 가능합니다. 다만, 이 경우에도 세금계산서 발급과 국세청 신고를 목적으로 수집한 주민등록번호는 당초 수집 목적과 다른 용도로 이용하거나 제3자에게 제공할 수 없으며 특히, 「부가가치세법」 제71조 제3항에 따라 전자세금계산서의 형태로 세금계산서를 발급한 경우에는 국세청에 전자세금계산서 발급명세를 전송한 이후 별도로 주민등록번호를 저장·보관할 수 없습니다.

29 ② 2.3.4 외부자 계약 변경 및 만료 시 보안 결함이다.
⑤ 2.3.2 외부자 계약 시 보안 결함이다.

30 이행계획에 따른 진행 사항을 파악할 수 있도록 보고하지 않아 보호대책에 대한 진행경과가 경영진에서 파악이 안되고 있다.

31 ② 모든 운영자용 계정은 두 개의 계정(관리 작업용, 일반 작업용)을 사용한다.
④ 모든 운영자 계정으로의 실패한 로그온 시도는 기록되어야 한다.

32 개인정보취급자의 비밀번호 작성규칙에 관한 종전 기준은 삭제되었으나, 개인정보처리시스템에 대한 접속권한을 가지지 않은 자가 추측하거나 접속을 시도하기 어렵게 비밀번호 작성규칙을 수립 및 운영하여야 한다.

33 2.7.2 암호키 관리 결함이다.

34 본문의 결함은 인증심사 기준 3.2.4 개인정보의 목적 외 이용 및 제공에 해당한다.
①, ③은 인증기준 3.2.3 이용자 단말기 접근 보호 결함에 해당한다.
⑤는 인증기준 3.2.5 가명정보 처리 결함에 해당한다.

35 ③ 테스트 데이터의 내용에 대해 추가로 확인하여야 하므로 결함이 아니다.

36 ①, ②, ④는 보안대책이 마련되어 적용되고 있어 결함이 아니다.
⑤는 1.2.1 정보자산식별 결함에 해당한다.

37 ①~④는 2.12.1 재해, 재난 대비 안전조치이며 ⑤는 2.12.2 재해복구 시험 및 개선이다.

38 2.2.5 퇴직 및 직무변경 관리 인증기준이다.

39 이 상황의 근본적인 원인은 경영진이 신규 인력채용을 위한 자원을 할당하지 않은 것이다. 인증기준 1.1.6 자원할당은 관리체계의 효과적 구현과 지속적 운영을 위한 예산 및 자원을 할당하도록 하고 있다.

40 이 시나리오의 결함은 소스코드 컴파일이 운영환경에서 이루어진다는 점이다. 운영환경에 소스코드가 방치될 경우 2.8.6 운영 환경 이관 결함에 해당한다.

41 ① Stateful 하게 동작하는 방화벽은 inbound 트래픽에 대한 정책을 만들면 대응하는 Outbound정책은 자동으로 생성된다.
④ DDoS 공격시 최소한의 가용성을 보장한다.

42 사용자의 마지막 로그인 정보는 /var/log/lastlog에 기록된다.

43 Anti DDoS의 역할이다.

44 ① A 정책에 의해 허용되며, B정책부터 적용되지 않는다.
③ A, B, C 정책이 적용되지 않고, D 정책에 의해 거부된다.

45 IPS는 악성트래픽 차단이 목적이기 때문에 Inline 모드로 운영한다.

46 MDM은 기기의 권한을 제어, 촬영자체를 차단할 수 있다.

47 '백도어(backdoor)'는 뒷문이라는 뜻으로, 하드웨어나 소프트웨어 등의 개발과정이나 유통과정 중에 몰래 탑재돼 정상적인 인증 과정을 거치지 않고 보안을 해제할 수 있도록 만드는 악성코드를 말한다.

48 크리덴셜 스터핑이다.

49 ③ 사용자 단말기에 DRM이 설치되면 문서가 암호화 된 후 사용에 불편함이 생겨 반발이 있을 수 있다.
④ 인증서버가 작동되지 않더라고 오프라인 로그인*을 지원하는 DRM도 존재한다.
오프라인 로그인*: 네크워크가 연결되지 않은 상태에서도 서비스를 지원할 수 있도록 하는 로인, 예시로는 한번이라도 로그인이 되었던 단말기라면 이전 로그인 시 저장된 인증 및 권한정보를 바탕으로 오프라인 모드 로그인을 지원하는 방식이 있다.

50 umask가 022라면 파일은 644로 생성, 일반 사용자들이 읽을 수 있다.

51 IPS 또는 IDS에 대한 이야기다. arp 스푸핑은 내부망에서 OSI 7계층중 2계층을 이용한 공격으로 해당 행위에 대한 탐지는 불가하다.

52 위 공격은 피싱을 이용해 랜섬웨어를 설치, 실행시키는 공격이다.

53 문서 중앙화를 통해 문서를 중앙보관 함으로써 사용자 단말이 랜섬웨어에 의한 피해를 입더라도 문서 중앙화 시스템에 보관된 중요 문서에 대한 피해를 막을 수 있다.

54 hosts또는 hosts.ics에 등록해야 한다.

55 rlogin : .rhosts파일 또는 /etc/hosts.equiv 파일에 접속할 호스트를 등록한다.

56 로컬보안정책(secpol.msc)에서 확인하여야 한다.

57 Host IPS는 IaaS형 서비스에만 설치 가능하다. 보기에서 IaaS형 서비스는 EC2 뿐이다.

58 Telnet 포트가 열려 있다.

59 카드번호를 sha256+salt로 암호화 시 원래 카드번호를 확인할 수 없게 된다.

60 ㉯, ㉱는 오용탐지에 대한 설명이고 ㉮, ㉰는 이상탐지에 대한 설명이다.

61 Slow Http Header Dos(Slowloris) 공격이다.

62 Rainbow 테이블을 사용하더라도 원문과 같은 해시값을 가지는 입력값은 찾을 수 있지만 원문을 100% 찾을 수는 없다.

63 AWS Beanstalk 서비스는 PaaS서비스로 CSP가 물리보안, OS보안에 대한 책임을 진다.

64 TMOUT 단위는 초이다.

65 ① ftpusers에 기록된 사용자는 FTP접속이 불가능하다.

67 위 이미지는 디렉터리 리스팅을 방어하기 위한 설정화면이다. 디렉터리 리스팅이 설정될 경우 사용자가 웹브라우저에 URL을 입력했을 때 해당 리소스가 없을 경우 디렉터리에 있는 모든 파일의 목록을 확인 가능하여, 웹서버의 구성요소를 전부 알 수 있다.

68 SQL Injection은 이미 DB 접근권한을 갖고 있는 웹서버의 취약점을 악용한다.

69 mail, news 등의 계정은 bash쉘을 사용해서는 안되며 /sbin/nologin, /bin/false등의 설정을 하여 쉘을 사용하지 못하게 하여야 한다.

70 처리기간이 7일 이상인 작업을 묻는 문제이다.

71 신법과 구법이 충돌할 때에는 신법을 따른다.

72 개인정보보호법령에서 '알아볼 수 있는'은 해당 정보를 처리하는 자의 입장에서 합리적인 방법으로 식별이 가능할 경우를 의미한다. 또한, '쉽게 결합하여'의 의미는 결합 대상이 될 정보의 '입수 가능성'이 있어야 하고 '결합 가능성'이 높아야 함을 의미한다.

73 회원탈퇴는 반드시 회원가입보다 쉽게 해야 한다.

74 개인정보 수집단계에서 동의가 필요하다.

75 근거법령은 고지대상이 아니다.

76 업무 목적이 아닌 사적인 용도의 이동형 영상정보처리기기를 통한 영상 촬영에는 적용되지 않는다.
*(예시) 교통사고 발생시 원인분석 및 사고 대응 목적으로 운영하는 자동차 블랙박스. 다만 촬영된 영상을 별도의 업무상 목적으로 이용하는 경우에는 해당하지 않음.

77 재화, 서비스 홍보나 판매 권유 업무 위탁시 정보주체에게 수탁자를 알려야 한다.

78 각급 학교는 해당 학교 행정사무를 총괄하는 사람을 선임해야 한다.

79 ③ 유출 경위가 누락되었다.
⑤ 확인된 사항만이라도 정보주체에게 지체없이 통지해야 한다.

80 • 소프트웨어적인 파기 : 로우레벨 포맷, 와이핑
• 물리적인 파기 : 천공, 소각, 파쇄, 디가우저

81 4. 개인정보취급자의 비밀번호 작성규칙(예: 문자열 조합, 변경주기 등)에 관한 종전 기준은 삭제되었으므로, 개인정보를 처리하는 방법 및 환경 등을 고려하여 정당한 접속권한을 가지지 않은 자가 추측하거나 접속을 시도하기 어렵게 비밀번호 작성규칙을 수립하여 운영하여야 함

82 ②는 설치된 CCTV의 목록만 있어서는 안되고 설치 안내판에 기재해야 하는 내용(설치 목적 / 장소 / 촬영범위 / 시간 / 관리책임자 및 연락처)을 공개해야 한다.
④는 버스내부에 CCTV를 설치할 경우 공개된 장소에 지속적으로 CCTV를 설치하게 되어 개인정보보호법의 적용 대상이 된다.

83 연락처 이외의 정보를 요구할 수 없으며, 로그인 과정을 요구하여 수신거부의사를 쉽게 할 수 있는 조치를 하고 있지 않으므로 위법사항이다.

84 ① 업무 양수도시에는 고지만 하면 된다.
④, ⑤ 위탁시 수탁자를 현행화하여 정보주체가 쉽게 확인할 수 있도록 지속적으로 공개하여야 한다.

85 합법적, 공정한 절차로 수집하고 익명처리를 원칙으로 함은 수집제한의 원칙에 해당한다.

86 ② 비공개된 장소에 설치된 영상정보처리기기는 법 제25조가 적용되지 않으나 이를 통해 수집되는 영상정보는 개인정보에 해당하므로 법 제15조가 적용된다.

87 회원정보에서 불필요한 부분은 삭제해야 한다.

88 ① CCTV 설치 목적 등해당기관의 특성에 따라 보관 목적 달성을 위해 필요한 최소한의 기간이 30일을 초과하는 경우에는 이를 CCTV 운영·관리 방침에 반영하고 그기간 동안 보관할 수 있다. 또한 다른 법령에 보관기간이 정해져 있는 경우에는 그에 따라야 한다.
③ 다른 사람은 식별할 수 없도록 모자이크 처리 등을 해서 최소한으로 제공하여야 한다.
④ 고정형 영상정보처리기기를 당초 설치 목적이 아닌 다른 목적으로 임의로 조작하거나 다른 곳을 촬영하는 것을 금지하는 것으로, 당초 설치 목적 범위 내에서 이용하는 것은 가능하다.

89 같은 계열사라 하더라도 위와 같은 사례에서는 정보주체의 동의가 필요하다.

90 개인정보보호위원회 개인정보 처리방침 작성지침(2022.3.) 참고

91 전년도 말 기준 직전 3개월간 그 개인정보가 저장·관리되고 있는 이용자 수가 일일평균 100만명 이상인 개인정보처리자는 개인정보처리시스템에서 개인정보를 다운로드 또는 파기할 수 있거나 개인정보처리시스템에 대한 접근 권한을 설정할 수 있는 개인정보취급자의 컴퓨터 등에 대한 인터넷망 차단 조치를 하여야 한다. 또한, 클라우드컴퓨팅서비스를 이용하여 개인정보처리시스템을 구성·운영하는 경우에는 해당 서비스에 대한 접속 외에는 인터넷을 차단하는 조치를 하여야 한다.

92 영업일이 아니라 일반적인 날짜 계산으로 10일 이내에 처리해야 한다.

93 제31조(개인정보보호책임자의 지정) ① 개인정보처리자는 개인정보의 처리에 관한 업무를 총괄해서 책임질 개인정보보호책임자를 지정하여야 한다.
② 개인정보보호책임자는 다음 각 호의 업무를 수행한다.
1. 개인정보보호 계획의 수립 및 시행
2. 개인정보 처리 실태 및 관행의 정기적인 조사 및 개선
3. 개인정보 처리와 관련한 불만의 처리 및 피해 구제
4. 개인정보 유출 및 오용·남용 방지를 위한 내부통제시스템의 구축
5. 개인정보보호 교육 계획의 수립 및 시행
6. 개인정보파일의 보호 및 관리·감독
7. 그 밖에 개인정보의 적절한 처리를 위하여 대통령령으로 정한 업무

94 A, B, G(통계정보) : 개인정보가 아님
C, D, F : 개인정보가 될 수 있음
E : 개인정보
H : 결합하지 않은 상태의 오로지 휴대전화번호 뒤4자리는 개인정보가 아님

95 ③ 보안 USB와 개인정보가 포함된 서류들이 함께 휴가자 책상 위에 방치되어 있어 2.4.7 업무환경 보안 결함으로 판단하는 것이 적절함
④ 개인정보가 포함된 서류 방치는 2.10.7 보조저장매체 관리 결함으로 보기 어려움(보안 USB의 방치만으로는 2.10.7 보조저장매체 관리 결함이 가능함)

96 ① 기간통신사업자에 해당하는 경우 개인정보 처리 시스템 접속 기록은 최소 2년 이상 보관·관리해야 한다.

④ 이용자가 아닌 정보주체의 개인정보를 처리하는 개인정보처리시스템의 경우 가상사설망 등 안전한 접속수단 또는 안전한 인증수단을 적용할 수 있다.

97 개인정보의 안전성 확보조치기준 제7조, 제11조 참조 / 10만명 이상의 정보주체에 관하여 개인정보를 처리하는 대기업·중견기업·공공기관 또는 100만명 이상의 정보주체에 관하여 개인정보를 처리하는 중소기업·단체에 해당하는 개인정보처리자

98 개인정보처리자는 접속기록이 위·변조 및 도난, 분실되지 않도록 해당 접속기록을 안전하게 보관하기 위한 조치를 하여야 한다. 즉, 논리적인지 물리적인지 여부는 지정이 되어 있지 않으나 안전하게 보관하고 있다는 증명은 개인정보처리자가 하여야 함

99 서면 동의 시 중요 내용(개인정보의 보유 및 이용기간, 수집하는 민감정보의 항목) 등은 보호위원회가 정하는 고시에 따라 글씨의 크기, 색깔, 굵기 또는 밑줄 등을 통하여 그 내용이 명확히 표시되도록 하여야 하며, 동의 사항이 많아 중요한 내용이 명확히 구분되기 어려운 경우에는 중요한 내용이 쉽게 확인될 수 있도록 그 밖의 내용과 별도로 구분하여 표시하여야 함

100 ② 이용자의 개인정보 중 주민등록번호, 여권번호, 운전면허번호, 외국인등록번호, 신용카드번호, 계좌번호, 생체인식정보는 저장위치에 상관없이 무조건 암호화 하여야 함

[참고] 암호화 대상 : 법적요구사항, 처리 정보 민감도 및 중요도에 따라 정의

<table>
<tr><th colspan="2" rowspan="2">구분</th><th colspan="2">개인정보 보호법에 따른 암호화 대상 개인정보</th></tr>
<tr><th>이용자가 아닌 정보주체의 개인정보</th><th>이용자의 개인정보</th></tr>
<tr><td rowspan="2">정보통신망을 통한 송·수신 시</td><td>정보통신망</td><td colspan="2">인증정보(비밀번호, 생체인식정보 등)</td></tr>
<tr><td>인터넷망</td><td colspan="2">개인정보
※ 단, 종전의 개인정보의 안전성 확보조치 기준 적용대상의 경우 2024.9.15 시행</td></tr>
<tr><td rowspan="4">저장 시</td><td>저장 위치 무관</td><td colspan="2">인증정보(비밀번호, 생체인식정보 등)
※ 단, 비밀번호는 일방향암호화</td></tr>
<tr><td></td><td colspan="2">주민등록번호
※ 법 제24조의2 제2항에 따라 암호화</td></tr>
<tr><td>인터넷구간, DMZ</td><td>고유식별정보</td><td rowspan="2">주민등록번호, 여권번호, 운전면허번호, 외국인등록번호, 신용카드번호, 계좌번호, 생체인식정보
※ 저장 위치 무관</td></tr>
<tr><td>내부망</td><td>※ 단, 주민등록번호 외의 고유식별정보를 내부망에 저장하는 경우에는 개인정보 영향평가의 결과 또는 위험도 분석에 따른 결과에 따라 암호화의 적용 여부 및 적용범위를 정하여 시행 가능</td></tr>
<tr><td colspan="2">개인정보취급자 컴퓨터, 모바일기기, 보조저장매체 등에 저장 시</td><td>고유식별정보, 생체인식정보</td><td>개인정보</td></tr>
</table>

제 _ 회 ISMS-P 실전 모의고사

확인	

ISMS-P 검정 대비 답안지

성명	

문제 유형
___형
① A형 ② B형

수험번호			
ⓞ	ⓞ	ⓞ	ⓞ
①	①	①	①
②	②	②	②
③	③	③	③
④	④	④	④
⑤	⑤	⑤	⑤
⑥	⑥	⑥	⑥
⑦	⑦	⑦	⑦
⑧	⑧	⑧	⑧
⑨	⑨	⑨	⑨

번호	답	번호	답	번호	답	번호	답
1	① ② ③ ④ ⑤	16	① ② ③ ④ ⑤	31	① ② ③ ④ ⑤	46	① ② ③ ④ ⑤
2	① ② ③ ④ ⑤	17	① ② ③ ④ ⑤	32	① ② ③ ④ ⑤	47	① ② ③ ④ ⑤
3	① ② ③ ④ ⑤	18	① ② ③ ④ ⑤	33	① ② ③ ④ ⑤	48	① ② ③ ④ ⑤
4	① ② ③ ④ ⑤	19	① ② ③ ④ ⑤	34	① ② ③ ④ ⑤	49	① ② ③ ④ ⑤
5	① ② ③ ④ ⑤	20	① ② ③ ④ ⑤	35	① ② ③ ④ ⑤	50	① ② ③ ④ ⑤
6	① ② ③ ④ ⑤	21	① ② ③ ④ ⑤	36	① ② ③ ④ ⑤		
7	① ② ③ ④ ⑤	22	① ② ③ ④ ⑤	37	① ② ③ ④ ⑤		
8	① ② ③ ④ ⑤	23	① ② ③ ④ ⑤	38	① ② ③ ④ ⑤		
9	① ② ③ ④ ⑤	24	① ② ③ ④ ⑤	39	① ② ③ ④ ⑤		
10	① ② ③ ④ ⑤	25	① ② ③ ④ ⑤	40	① ② ③ ④ ⑤		
11	① ② ③ ④ ⑤	26	① ② ③ ④ ⑤	41	① ② ③ ④ ⑤		
12	① ② ③ ④ ⑤	27	① ② ③ ④ ⑤	42	① ② ③ ④ ⑤		
13	① ② ③ ④ ⑤	28	① ② ③ ④ ⑤	43	① ② ③ ④ ⑤		
14	① ② ③ ④ ⑤	29	① ② ③ ④ ⑤	44	① ② ③ ④ ⑤		
15	① ② ③ ④ ⑤	30	① ② ③ ④ ⑤	45	① ② ③ ④ ⑤		

필적 확인란

본인은 ISMS-P 인증심사원 자격검정 시험에 응시함에 있어 일체의 부정행위를 하지 않을 것을 서약합니다.

_ _ _ (서명)

제 __ 회 ISMS-P 실전 모의고사

확인	

ISMS-P 검정 대비 답안지

성명	

문제 유형
___형
① A형 ② B형

수험번호			
ⓞ	ⓞ	ⓞ	ⓞ
①	①	①	①
②	②	②	②
③	③	③	③
④	④	④	④
⑤	⑤	⑤	⑤
⑥	⑥	⑥	⑥
⑦	⑦	⑦	⑦
⑧	⑧	⑧	⑧
⑨	⑨	⑨	⑨

번호	답	번호	답	번호	답	번호	답
1	① ② ③ ④ ⑤	16	① ② ③ ④ ⑤	31	① ② ③ ④ ⑤	46	① ② ③ ④ ⑤
2	① ② ③ ④ ⑤	17	① ② ③ ④ ⑤	32	① ② ③ ④ ⑤	47	① ② ③ ④ ⑤
3	① ② ③ ④ ⑤	18	① ② ③ ④ ⑤	33	① ② ③ ④ ⑤	48	① ② ③ ④ ⑤
4	① ② ③ ④ ⑤	19	① ② ③ ④ ⑤	34	① ② ③ ④ ⑤	49	① ② ③ ④ ⑤
5	① ② ③ ④ ⑤	20	① ② ③ ④ ⑤	35	① ② ③ ④ ⑤	50	① ② ③ ④ ⑤
6	① ② ③ ④ ⑤	21	① ② ③ ④ ⑤	36	① ② ③ ④ ⑤		
7	① ② ③ ④ ⑤	22	① ② ③ ④ ⑤	37	① ② ③ ④ ⑤		
8	① ② ③ ④ ⑤	23	① ② ③ ④ ⑤	38	① ② ③ ④ ⑤		
9	① ② ③ ④ ⑤	24	① ② ③ ④ ⑤	39	① ② ③ ④ ⑤		
10	① ② ③ ④ ⑤	25	① ② ③ ④ ⑤	40	① ② ③ ④ ⑤		
11	① ② ③ ④ ⑤	26	① ② ③ ④ ⑤	41	① ② ③ ④ ⑤		
12	① ② ③ ④ ⑤	27	① ② ③ ④ ⑤	42	① ② ③ ④ ⑤		
13	① ② ③ ④ ⑤	28	① ② ③ ④ ⑤	43	① ② ③ ④ ⑤		
14	① ② ③ ④ ⑤	29	① ② ③ ④ ⑤	44	① ② ③ ④ ⑤		
15	① ② ③ ④ ⑤	30	① ② ③ ④ ⑤	45	① ② ③ ④ ⑤		

필적 확인란

본인은 ISMS-P 인증심사원 자격검정 시험에 응시함에 있어 일체의 부정행위를 하지 않을 것을 서약합니다.

_ _ _ (서명)

제 _ 회 ISMS-P 실전 모의고사

확인	

ISMS-P 검정 대비 답안지

성명	

문제 유형
___형
① A형 ② B형

수험번호			
ⓞ	ⓞ	ⓞ	ⓞ
①	①	①	①
②	②	②	②
③	③	③	③
④	④	④	④
⑤	⑤	⑤	⑤
⑥	⑥	⑥	⑥
⑦	⑦	⑦	⑦
⑧	⑧	⑧	⑧
⑨	⑨	⑨	⑨

번호	답	번호	답	번호	답	번호	답
1	① ② ③ ④ ⑤	16	① ② ③ ④ ⑤	31	① ② ③ ④ ⑤	46	① ② ③ ④ ⑤
2	① ② ③ ④ ⑤	17	① ② ③ ④ ⑤	32	① ② ③ ④ ⑤	47	① ② ③ ④ ⑤
3	① ② ③ ④ ⑤	18	① ② ③ ④ ⑤	33	① ② ③ ④ ⑤	48	① ② ③ ④ ⑤
4	① ② ③ ④ ⑤	19	① ② ③ ④ ⑤	34	① ② ③ ④ ⑤	49	① ② ③ ④ ⑤
5	① ② ③ ④ ⑤	20	① ② ③ ④ ⑤	35	① ② ③ ④ ⑤	50	① ② ③ ④ ⑤
6	① ② ③ ④ ⑤	21	① ② ③ ④ ⑤	36	① ② ③ ④ ⑤		
7	① ② ③ ④ ⑤	22	① ② ③ ④ ⑤	37	① ② ③ ④ ⑤		
8	① ② ③ ④ ⑤	23	① ② ③ ④ ⑤	38	① ② ③ ④ ⑤		
9	① ② ③ ④ ⑤	24	① ② ③ ④ ⑤	39	① ② ③ ④ ⑤		
10	① ② ③ ④ ⑤	25	① ② ③ ④ ⑤	40	① ② ③ ④ ⑤		
11	① ② ③ ④ ⑤	26	① ② ③ ④ ⑤	41	① ② ③ ④ ⑤		
12	① ② ③ ④ ⑤	27	① ② ③ ④ ⑤	42	① ② ③ ④ ⑤		
13	① ② ③ ④ ⑤	28	① ② ③ ④ ⑤	43	① ② ③ ④ ⑤		
14	① ② ③ ④ ⑤	29	① ② ③ ④ ⑤	44	① ② ③ ④ ⑤		
15	① ② ③ ④ ⑤	30	① ② ③ ④ ⑤	45	① ② ③ ④ ⑤		

필적 확인란

본인은 ISMS-P 인증심사원 자격검정 시험에 응시함에 있어 일체의 부정행위를 하지 않을 것을 서약합니다.

— — — (서명)

제 __ 회 ISMS-P 실전 모의고사

확인	

ISMS-P 검정 대비 답안지

성명	

문제 유형
___형
① A형 ② B형

수험번호			
ⓞ	ⓞ	ⓞ	ⓞ
①	①	①	①
②	②	②	②
③	③	③	③
④	④	④	④
⑤	⑤	⑤	⑤
⑥	⑥	⑥	⑥
⑦	⑦	⑦	⑦
⑧	⑧	⑧	⑧
⑨	⑨	⑨	⑨

번호	답	번호	답	번호	답	번호	답
1	① ② ③ ④ ⑤	16	① ② ③ ④ ⑤	31	① ② ③ ④ ⑤	46	① ② ③ ④ ⑤
2	① ② ③ ④ ⑤	17	① ② ③ ④ ⑤	32	① ② ③ ④ ⑤	47	① ② ③ ④ ⑤
3	① ② ③ ④ ⑤	18	① ② ③ ④ ⑤	33	① ② ③ ④ ⑤	48	① ② ③ ④ ⑤
4	① ② ③ ④ ⑤	19	① ② ③ ④ ⑤	34	① ② ③ ④ ⑤	49	① ② ③ ④ ⑤
5	① ② ③ ④ ⑤	20	① ② ③ ④ ⑤	35	① ② ③ ④ ⑤	50	① ② ③ ④ ⑤
6	① ② ③ ④ ⑤	21	① ② ③ ④ ⑤	36	① ② ③ ④ ⑤		
7	① ② ③ ④ ⑤	22	① ② ③ ④ ⑤	37	① ② ③ ④ ⑤		
8	① ② ③ ④ ⑤	23	① ② ③ ④ ⑤	38	① ② ③ ④ ⑤		
9	① ② ③ ④ ⑤	24	① ② ③ ④ ⑤	39	① ② ③ ④ ⑤		
10	① ② ③ ④ ⑤	25	① ② ③ ④ ⑤	40	① ② ③ ④ ⑤		
11	① ② ③ ④ ⑤	26	① ② ③ ④ ⑤	41	① ② ③ ④ ⑤		
12	① ② ③ ④ ⑤	27	① ② ③ ④ ⑤	42	① ② ③ ④ ⑤		
13	① ② ③ ④ ⑤	28	① ② ③ ④ ⑤	43	① ② ③ ④ ⑤		
14	① ② ③ ④ ⑤	29	① ② ③ ④ ⑤	44	① ② ③ ④ ⑤		
15	① ② ③ ④ ⑤	30	① ② ③ ④ ⑤	45	① ② ③ ④ ⑤		

필적 확인란

본인은 ISMS-P 인증심사원 자격검정 시험에 응시함에 있어 일체의 부정행위를 하지 않을 것을 서약합니다.

_ _ _ (서명)

제 _ 회 ISMS-P 실전 모의고사

확인	

ISMS-P 검정 대비 답안지

성명	

문제 유형
___형
① A형 ② B형

수험번호			
ⓞ	ⓞ	ⓞ	ⓞ
①	①	①	①
②	②	②	②
③	③	③	③
④	④	④	④
⑤	⑤	⑤	⑤
⑥	⑥	⑥	⑥
⑦	⑦	⑦	⑦
⑧	⑧	⑧	⑧
⑨	⑨	⑨	⑨

번호	답	번호	답	번호	답	번호	답
1	① ② ③ ④ ⑤	16	① ② ③ ④ ⑤	31	① ② ③ ④ ⑤	46	① ② ③ ④ ⑤
2	① ② ③ ④ ⑤	17	① ② ③ ④ ⑤	32	① ② ③ ④ ⑤	47	① ② ③ ④ ⑤
3	① ② ③ ④ ⑤	18	① ② ③ ④ ⑤	33	① ② ③ ④ ⑤	48	① ② ③ ④ ⑤
4	① ② ③ ④ ⑤	19	① ② ③ ④ ⑤	34	① ② ③ ④ ⑤	49	① ② ③ ④ ⑤
5	① ② ③ ④ ⑤	20	① ② ③ ④ ⑤	35	① ② ③ ④ ⑤	50	① ② ③ ④ ⑤
6	① ② ③ ④ ⑤	21	① ② ③ ④ ⑤	36	① ② ③ ④ ⑤		
7	① ② ③ ④ ⑤	22	① ② ③ ④ ⑤	37	① ② ③ ④ ⑤		
8	① ② ③ ④ ⑤	23	① ② ③ ④ ⑤	38	① ② ③ ④ ⑤		
9	① ② ③ ④ ⑤	24	① ② ③ ④ ⑤	39	① ② ③ ④ ⑤		
10	① ② ③ ④ ⑤	25	① ② ③ ④ ⑤	40	① ② ③ ④ ⑤		
11	① ② ③ ④ ⑤	26	① ② ③ ④ ⑤	41	① ② ③ ④ ⑤		
12	① ② ③ ④ ⑤	27	① ② ③ ④ ⑤	42	① ② ③ ④ ⑤		
13	① ② ③ ④ ⑤	28	① ② ③ ④ ⑤	43	① ② ③ ④ ⑤		
14	① ② ③ ④ ⑤	29	① ② ③ ④ ⑤	44	① ② ③ ④ ⑤		
15	① ② ③ ④ ⑤	30	① ② ③ ④ ⑤	45	① ② ③ ④ ⑤		

필적 확인란

본인은 ISMS-P 인증심사원 자격검정 시험에 응시함에 있어 일체의 부정행위를 하지 않을 것을 서약합니다.

_ _ _ (서명)